DAS GROSSE GARTENLEXIKON

BLUMEN & PFLANZEN – TECHNIKEN – ARBEITSWEISEN

A-L

ULMER

DAS GROSSE GARTENLEXIKON

BLUMEN & PFLANZEN – TECHNIKEN – ARBEITSWEISEN

A-L

Joachim Mayer
unter Mitarbeit von Dr. Sigrun Künkele und Bärbel Oftring

ULMER

Praxis-Seiten

Anzucht aus Samen – Pflanzen selbst vorziehen	S. 42 – 43
Aussaat im Freien – Direktsaat ins Beet	S. 70 – 71
Balkongefäße bepflanzen – Kästen, Töpfe, Hanging Baskets	S. 82 – 83
Balkonpflanzenpflege und -überwinterung	S. 84 – 85
Beete neu anlegen – Planung und Umsetzung	S. 98 – 99
Bewässerungsmethoden und -techniken	S. 108 – 109
Bodenbearbeitung und Beetvorbereitung	S. 138 – 139
Düngeverfahren und –methoden	S. 174 – 175
Farben gezielt kombinieren	S. 228 – 229
Folien und Vlies richtig einsetzen	S. 260 – 261
Fruchtfolge und Fruchtwechsel im Gemüsegarten	S. 276 – 277
Frühbeete selbst bauen – individuelle Lösungen	S. 282 – 283
Vom Lageplan zum Entwurfsplan	S. 304 – 305
Gehölzschnitt im Ziergarten	S. 316 – 317
Gemüse lagern und haltbar machen	S. 324 – 325
Hecken pflanzen, pflegen und schneiden	S. 374 – 375
Hügelbeete und Hochbeete anlegen	S. 402 – 403
Johannisbeeren pflanzen und schneiden	S. 424 – 425
Klettergehölze – Hinweise zum Schnitt	S. 462 – 463
Kompostieren – bewährte Methoden und Maßnahmen	S. 482 – 483
Kräuter verarbeiten und konservieren	S. 492 – 493
Kübelpflanzen pflegen und überwintern	S. 504 – 505

PIKTOGRAMME UND SYMBOLE

- ☼ = sonniger Standort
- ◐ = halbschattiger Standort
- ⊖ = schattiger Standort
- ✖ = Pflanze mit Giftstoffen
- ☺ = pflegeleichte Pflanze
- Ø = Durchmesser

Vorwort

Das zweibändige Gartenlexikon bietet Informationen zu allen gebräuchlichen Zier- und Nutzpflanzen sowie zu manch seltener Schönheit. Sachbegriffe aus der Gartenpraxis lassen sich ebenso nachschlagen wie Fachwörter aus der gärtnerischen Botanik, die einem immer wieder begegnen. Neben Erläuterungen, die mit vielen praktischen Tipps verbunden sind, bietet jeder Lexikonband zudem besondere PRAXIS-Seiten, auf denen die wichtigsten Arbeiten und Maßnahmen anschaulich beschrieben werden.

Anordnung der Stichwörter

■ Bei der alphabetischen Anordnung der Begriffe werden die Umlaute ä, ö und ü wie die einfachen Buchstaben a, o und u behandelt.
■ Dagegen werden ae, oe und ue als getrennte Buchstaben eingeordnet.
■ Der Buchstabe ß wird wie ss eingeordnet.

Verweise und Verweisbegriffe

■ Verweise erfolgen durch Pfeile (→) und *Kursivdruck* des Begriffs, unter dem eine ausführliche Erläuterung zu finden oder Weiteres zum Thema zu erfahren ist.
■ Aus Gründen der besseren Lesbarkeit wurde darauf verzichtet, jeden an anderer Stelle erläuterten Begriff mit einem Verweispfeil zu versehen. Deshalb empfiehlt es sich, eventuell fragliche Begriffe unter dem jeweiligen Stichwort nachzuschlagen.
■ Infolge des Textzusammenhangs kann ein Verweisbegriff in der Mehrzahl auftauchen, z. B. → *Drahtwürmer,* obwohl das Hauptstichwort in der Einzahl, z. B. Drahtwurm, steht und umgekehrt. Ebenso verhält es sich mit gebeugten Endungen (z.B. des → *Nützlings;* Stichwort Nützling) und bei Pflanzen mit Begriffsverbindungen wie → *Bambusarten* (Stichwort Bambus). Auch dies geschieht zum Zwecke besserer Lesbarkeit und Übersichtlichkeit.

Pflanzenporträts und -namen

■ Die Pflanzen sind unter ihren geläufigsten deutschen Namen beschrieben. Von den botanischen bzw. wissenschaftlichen (lateinischen) Pflanzennamen erfolgen Verweise auf die jeweiligen Pflanzenporträts.
■ Die botanischen Namen stehen im Porträt jeweils unter den deutschen Bezeichnungen. Wird im Text auf verschiedene Arten der Gattung Bezug genommen, dann ist der Gattungsname abgekürzt. Beispiel: Unter dem Stichwort Adonisröschen, botanischer Gattungsname *Adonis,* steht *A. aestivalis* für *Adonis aestivalis* (vgl. auch Stichworterläuterungen zu → *Botanische Namen* und → *Art*).
■ Den Porträts mancher Pflanzen folgen gesonderte Stichwörter mit Beschreibungen der wichtigsten Krankheiten und Schädlinge. Dies ist nur dann der Fall, wenn die Pflanze durch auf sie spezialisierte Schaderreger befallen wird. Wo solche Krankheits- oder Schädlingsstichwörter fehlen, bedeutet dies freilich nicht, dass die jeweiligen Pflanzen stets befallsfrei bleiben. Hierzu sei auf die Stichwörter zu allgemein vorkommenden Schaderregern wie z. B. Blattläuse verwiesen.

Allgemeine Hinweise

■ Beim Gärtnern stößt man auf eine Vielzahl von Fachbegriffen aus unterschiedlichen Bereichen, z. B. aus Gartenbau, Botanik, Chemie oder Bodenkunde. Dabei ist der Wortgebrauch je nach Wissensgebiet teils etwas unterschiedlich. Ein Obstbauexperte z. B. beschreibt einen Baum und seine Teile unter anderen Gesichtspunkten als ein Botaniker. Daneben haben sich viele eher umgangssprachliche Ausdrücke aus der gärtnerischen Praxis etabliert. So kommt es, dass manche Begriffe verschiedene Bedeutungen haben und unterschiedlich verwendet werden können.
■ Manche gärtnerische Begriffe unterliegen mit der Zeit einem Bedeutungswandel oder werden infrage gestellt (z. B. Unkraut versus Wildkraut). In solchen Fällen verwendet das Gartenlexikon die geläufigsten Begriffe, weist aber auf entsprechende Sachverhalte hin.
■ Es gibt einige Maßnahmen und Unternehmungen im Gartenbereich, die sehr aufwändig sind, teils diffizile oder körperlich besonders schwere Arbeiten erfordern oder spezielle Fachkenntnisse verlangen. Hierzu zählen z. B. Baumaßnahmen, Dachbegrünung, das Anlegen eines Bachlaufs oder einer Trockenmauer. Im Rahmen dieses Gartenlexikons können jeweils nur die wichtigsten Schritte skizziert werden. Bei konkreten Vorhaben empfiehlt sich unbedingt das Hinzuziehen von Spezialliteratur oder von Fachleuten (z. B. Gartenbaufirmen).

A

Abbinden
Herunterbinden von Obstbaumtrieben zum Fördern der Blütenbildung oder zum Hemmen des Triebwachstums. Ähnliche Maßnahmen stellen das → *Abspreizen* und → *Abklammern* der Triebe dar.
→ *Obstbäume formieren*

Abdecken
Pflanzen mit Kälte- oder Winterschutz versehen. Dies betrifft zum einen mehrjährige Pflanzen wie Stauden und Gehölze. Besonders in rauen Lagen, bei Jungpflanzen und bei empfindlichen Arten ist über Winter ein Abdecken des Wurzelbereichs ratsam, ggf. auch oberirdischer Pflanzenteile. Zum Abdecken werden luftdurchlässige Materialien wie Nadelbaumreisig oder Sackleinen verwendet; → *Winterschutz*. Dem Schutz vor Frost dient auch das → *Anhäufeln* der Rosen im Herbst.

Zum andern ist das Abdecken beim Gemüseanbau üblich. Hier verwendet man Folie oder Vlies, um frisch gesetzte Pflanzen zu schützen und vor allem die Ernte zu verfrühen; → *Folienanbau*. Dafür dürfen nur spezielle gelochte oder geschlitzte Folien zum Einsatz kommen. Luftundurchlässige, nicht für Gartenzwecke ausgewiesene Folien sollten zum Abdecken generell nicht verwendet werden.

Durch kurzzeitiges Abdecken, z. B. mit Jutestoff, Leintüchern oder Vlies, kann man auch die Blüten zeitig austreibender Obstbäume vor Spätfrösten im April/Mai schützen, ebenso den letzten Flor spät blühender Sommerblumen vor früh einsetzenden Herbstfrösten.

Abgangswinkel
Begriff aus dem Obstbaumschnitt; bezeichnet den Winkel zwischen Mittelast (Haupttrieb) und den seitlich davon abgehenden Leitästen (Obstbaum, Kronenaufbau), ebenso zwischen Leitästen und den ihnen entspringenden Seitenzweigen. Im Allgemeinen wird ein Abgangswinkel der Leitäste zwischen 40° und 80° angestrebt, je nach Obstart und → *Obstbaumform*. Um die Äste junger Bäume in die richtige Stellung zu bringen, verwendet man Maßnahmen wie das → *Abklammern*.

Auch → *Obstbäume formieren*

Abgase
Abgase können beim Gärtnern auf verschiedene Weise eine Rolle spielen: Zum einen als Schadstoffeintrag (Immissionen) aus Industrie oder KFZ-Verkehr, die den Pflanzenanbau einschränken; zum andern als Schadstoffausstoß (Emissionen), mit denen Gärtner selbst die Umwelt belasten.

Abdeckung im Gemüsegarten mit luftdurchlässigem Vlies

Gärten in der Nähe von Industrieanlagen oder an stark befahrenen Straßen sind oft hohen Abgasbelastungen ausgesetzt. Stickoxide, Schwefeldioxid, Kohlenwasserstoffe und Abgase mit Schwermetallanteilen können das Pflanzenwachstum beeinträchtigen und der menschlichen Gesundheit schaden.

Wer an abgasbelasteten Standorten trotzdem Gemüse, Kräuter und Obst anbauen möchte, sollte unbedingt den Boden und das Erntegut auf Schadstoffe untersuchen lassen, entweder durch private Labors oder landwirtschaftliche Untersuchungsanstalten. Schutzpflanzungen mit Gehölzgruppen und Hecken vermögen zumindest Abgase aus dem Straßenverkehr abzuhalten. Allerdings müssen gerade Gehölze, die ja langfristige Anschaffungen darstellen, an solchen Problemstandorten sorgfältig ausgewählt werden. Einige Arten reagieren äußerst empfindlich auf Luftverschmutzung. Man sollte sich in einer Baumschule genau erkundigen, welche Gehölze industriefest, rauchhart und abgasverträglich sind.

Durch Gärtnern verursachte Abgase entstammen hauptsächlich benzingetriebenen Geräten wie Rasenmähern, Häckslern, Motorhacken und -fräsen sowie Kettensägen und Laubsaugern. Die dadurch verursachten Umweltbelastungen sollte man nicht unterschätzen: Laut BUND (Bund für Umwelt- und Naturschutz) stößt z. B. ein Zweitakt-Rasenmäher pro Betriebsstunde so viel Kohlenwasserstoffe aus wie 156 Autos mit Katalysator. Bei Viertaktern fällt die Bilanz deutlich günstiger aus, allerdings immer noch wesentlich schlechter als bei einem modernen PKW. Man sollte deshalb alte Geräte möglichst früh ausmustern und bei Neukauf auf abgasarme Modelle achten. Dies auch im eigenen Interesse,

Vor dem Auspflanzen ins Freie sollte man Jungpflanzen abhärten.

denn wer mit „Abgasschleudern" arbeitet, atmet selbst große Mengen an Schadstoffen ein. Es lohnt sich demnach, auch abgasfreie Alternativen zu prüfen, von Elektro- oder Akku-Werkzeug über Solarantrieb bis zu handgetriebenen Geräten, die für kleinere Gärten oft ausreichen.

Unnötige, umweltbelastende Abgase entstehen beim Verbrennen von Gartenabfällen sowie beim unsachgemäßen Grillen, das nicht selten zu Nachbarschaftsstreitigkeiten und Gerichtsprozessen führt.

Mit Abgasen hat man schließlich auch dann zu tun, wenn man Heizöfen (Öl, Kohle, Petroleum) im Gewächshaus betreibt. Neben der Wahl geeigneter Öfen und regelmäßiger Wartung ist eine Vorrichtung nötig, um die Abgase nach draußen zu führen. Nur bei speziellen Gewächshaus-Gasheizungen werden unter Glas keine giftigen Nebenprodukte freigesetzt.

Abgetragenes Fruchtholz

Bezeichnung aus dem Obstbau für ältere Fruchttriebe, die nach einigen Ernten kaum noch Blüten ansetzen bzw. Früchte bilden. Sie werden entweder ganz entfernt oder bis zu einer kräftigen Knospe bzw. zur Ansatzstelle jüngerer Triebe zurückgeschnitten.
→ *Fruchtholz,* → *Obstbaumschnitt*

Abhärten

Jungpflanzen oder drinnen überwinterte Pflanzen an kühlere Temperaturen, Wind und intensive Sonneneinstrahlung gewöhnen.

Das Abhärten ist sowohl bei selbst angezogenen Pflanzen wie bei gekauften Exemplaren, die aus Gewächshauskultur stammen, vorteilhaft. Die Pflanzen entwickeln sich robuster und überstehen die ersten kritischen Tage nach dem Auspflanzen besser. In erster Linie härtet man einjährige Sommerblumen für Beet und Balkon sowie Gemüsepflänzchen ab. Die Jungpflanzen werden dazu vor dem Pflanztermin bei milder, frostfreier Witterung tagsüber oder stundenweise nach draußen gestellt. Optimal ist dafür ein etwas geschützter, leicht beschatteter Platz.

Kübelpflanzen und Sommerblumen kommen in der Regel Mitte Mai nach draußen, hier kann man ab April ans Abhärten denken. Für frühe Gemüsesorten, z. B. von Kohl oder Salat, gibt es zuweilen schon im Februar geeignete Tage, an denen man sie draußen vorbeugend an das raue Gartenleben gewöhnen kann.

Beim Vorziehen im Gewächshaus, Frühbeet oder unter Folie härtet man die Pflanzen durch anfangs mäßiges, später stärkeres Lüften ab bzw. durch zunehmend häufigeres und längeres Abnehmen der Abdeckung.

Abhäufeln

Entfernen der Erdabdeckung über dem unteren Sprossteil einer Pflanze. Praktische Bedeutung hat das Abhäufeln vor allem bei Rosen, bei denen man vorm Winter Wurzelbereich und Veredlungsstelle durch → *Anhäufeln* schützt. Abgehäufelt werden die Rosen je nach Lage und Wetterentwicklung meist ab der zweiten Märzhälfte. Als Stichtermin gilt erfahrenen Rosengärtnern der Beginn der Forsythienblüte.

Abies
Botanische Gattungsbezeichnung für → *Tanne*

Abiotische Pflanzenkrankheiten
Auch als nichtparasitäre Pflanzenkrankheiten bezeichnet; Schäden oder Wachstumsstörungen, die nicht durch pilzliche, tierische oder andere Schaderreger hervorgerufen werden, sondern durch unbelebte (= abiotische) Ursachen wie Witterungseinflüsse, Bodenprobleme, Schadstoffe oder unsachgemäße Pflege.
→ *Pflanzenkrankheiten*

Abklammern
Fixieren heruntergebogener Steiltriebe von Obstbäumen durch Klammern bzw. Zweigkrümmer. Dadurch wird das Triebwachstum gehemmt und die Knospenbildung auf der Trieboberseite gefördert. Die dafür benötigten Klammern kann man aus kräftigem Spanndraht leicht selbst herstellen: Man schneidet Drahtstücke von 20 – 30 cm Länge und biegt die Enden (je etwa 4 cm lang) ungefähr im 90°-Winkel um, und zwar in entgegengesetzter Richtung, so dass eine Z-Form entsteht. Das eine Ende der Klammer hakt man in der Nähe des Stamms ein, in das andere wird die Spitze des heruntergebogenen Triebs eingehängt.

Ähnliche Maßnahmen sind das → *Abbinden* und → *Abspreizen* von Trieben oder das dauerhafte Herunterbiegen durch das Anhängen von Gewichten.
→ *Obstbäume formieren*

Ablagerungsgesteine
Nach Verwitterung, Transport durch Winde, Flüsse oder auch Gletscher und Ablagerung entstandene Gesteine sowie Gesteinsbildungen aus See- und Meeresablagerungen.
→ *Absatzgesteine*

Ablaktieren
Veredlungsmethode für Pflanzen, die bei sonst üblichen Verfahren (→ *Veredlung*) sehr schlecht mit der Unterlage verwachsen. Der veredelte Pflanzentrieb, das Edelreis, bleibt dabei so lange an der Mutterpflanze, bis er mit der Unterlage verwachsen ist und sich langsam der „Mutternahrung" entwöhnt hat (lat. ablactare = der Muttermilch entwöhnen).

Das Ablaktieren ist eine relativ seltene Methode, die u. a. zum Veredeln von Robinien sowie zum Einsetzen von Zweigen bei Bonsais verwendet wird. Für Hobbygärtner kommt sie noch am ehesten bei Gurken infrage, die wegen Anfälligkeit für Fusariumwelke auf unempfindliche Feigenblattkürbisse (*Cucurbita ficifolia*) veredelt werden sollen.

Zum Ablaktieren müssen Unterlage und Edelreismutterpflanze direkt nebeneinander gepflanzt oder in Töpfen nebeneinander gestellt werden. In gewünschter Veredlungshöhe entfernt man an je einem Trieb der Unterlage und der Edelreismutterpflanze durch 1 – 3 cm lange Einschnitte die Rinde, so dass das → *Kambium* freiliegt. Die Triebe werden dann so miteinander verbunden, dass die Schnittstellen engen Kontakt bekommen. Durch schräge, gegenläufige Einschnitte (vgl. Abbildung) erreicht man eine bessere „Verzahnung". Erst wenn die Schnittstellen gut miteinander verwachsen sind, ist die Veredlung lebensfähig und kann nach Abtrennen von der Mutterpflanze gesetzt werden.

Ableger
Der Begriff wird oft allgemein für Tochterpflanzen verwendet, die sich durch Abtrennen von der Mutterpflanze gewinnen lassen; häufig auch gleich bedeutend mit → *Ausläufern* und → *Kindeln*.

Im engeren Sinne sind Ableger Triebe, die sich bei Bodenkontakt oder flach unterhalb der Erdoberfläche leicht bewurzeln. An den bewurzelten Stellen treiben neue Sprosse aus, die dann als eigenständige Jungpflanzen abgetrennt werden können.

Abgesehen von Kriechsträuchern wie Efeu erfordert die Entwicklung der Nachkommen meist aktives Ablegen durch Herunterbiegen der Triebe. Diese Vermehrungsmethode wird hauptsächlich bei Gehölzen angewandt, z. B. bei Johannis- und Stachelbeeren, Weiden, Mahonien, Hortensien und Blauregen.

Man biegt dazu im zeitigen Frühjahr vor dem Austrieb vorjährige Triebe herunter, legt sie der Länge nach in flache Erdrillen und fixiert sie dort mit kräftigen Haken. Die Rillen bleiben zunächst offen. Erst wenn sich aus den Ablegern Seitentriebe gebildet haben, wird nach und nach Erde aufgefüllt, und zwar jeweils so, dass das obere Drittel der Triebe unbedeckt bleibt. Im Spätherbst nach dem Laub-

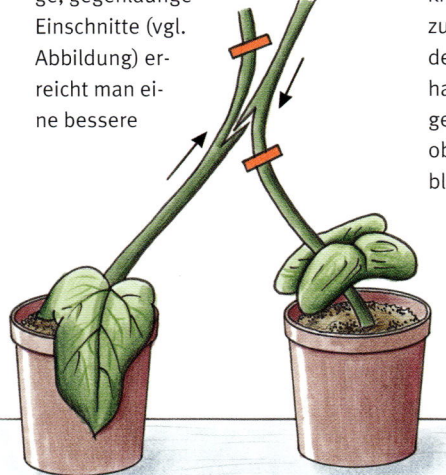

Ablaktieren: Nachdem die Schnittstellen miteinander verwachsen sind, trennt man die aufveredelte Pflanze (rechts) von ihrer Mutterpflanze. Auch die Unterlage (links) wird oberhalb der Veredlungsstelle gekappt.

fall trennt man dann die vollständig entwickelten Ableger von der Mutterpflanze ab, setzt sie gleich am gewünschten Platz ein oder überwintert sie an einem kühlen Ort in Töpfen.

Ableiten

Einkürzen eines Zweigs oder Asts knapp oberhalb eines günstiger stehenden, nach außen weisenden Seitentriebs oder einer Seitenknospe, aus der sich eine neue Abzweigung bildet. Der ursprüngliche Zweig wird dadurch in der Wuchsrichtung um- oder abgeleitet, da sich die tiefer liegende Abzweigung zu seiner neuen Verlängerung entwickelt.

Durch das Ableiten auf flachere Seitentriebe bringt man zu steil wachsende Zweige in eine günstigere Stellung. Das Triebwachstum wird dadurch gehemmt, der Blüten- und Fruchtansatz verbessert. Im umgekehrten Fall, bei Korrektur zu flach wachsender Zweige, nennt man dies → *Aufleiten*. Ableiten kommt meist beim → *Auslichten* oder bei der → *Verjüngung* älterer Bäume und Sträucher zum Einsatz. So können eigentlich günstig ansetzende, aber zu lange und zu steile Äste oder Zweige beibehalten werden, der gewünschte Kronen- oder Strauchneuaufbau wird schneller erreicht als bei völligem Wegschnitt. Obwohl das Ableiten vor allem im → *Obstbaumschnitt* üblich ist, kann man es auch beim Auslichten von Ziersträuchern anwenden.

Abmagern

Den Nährstoffvorrat eines Gartenbodens verringern, um Voraussetzungen für naturnahe Pflanzengesellschaften zu schaffen. Die hohen Nährstoffgehalte normaler Gartenböden bereiten z. B. oft Schwierigkeiten bei der Ansaat von Blumenwiesen. Die gewünschten Wildblumen und -kräuter entwickeln sich nur schlecht und werden schnell von Pflanzen

Für gleichmäßige Wildblumenpracht ist es oft nötig, den Boden vor der Aussaat abzumagern.

überwuchert, die sich als typische Kulturbegleiter an nährstoffreiche Böden angepasst haben, also von so genannten Unkräutern. Auch manche Steingartenpflanzen und Heidearten lassen sich nur schlecht auf nährstoffreichen Böden ansiedeln.

Wurden die Böden vorher nicht allzu intensiv gedüngt, reicht zum Abmagern oft schon das Untermischen von Sand oder Kies.

Bei bislang intensiv versorgten Beet- und Rasenflächen ist es ratsam, sie vor Ansiedlung solcher Pflanzen wenigstens 2 Jahre nicht zu düngen und brach liegen zu lassen, also nicht zu bepflanzen. Der dann entstehende Wildwuchs muss häufig gemäht werden, die Reste werden gleich abgerecht und kompostiert, weil sie sonst Nährstoffe nachliefern. Den Nährstoffentzug kann man durch Anbau stark zehrender Pflanzen wie Kohl beschleunigen. Sie dürfen natürlich nicht gedüngt werden, die Pflanzenreste inklusive Wurzeln sind möglichst gründlich zu entfernen.

Abmoosen

Form der → *vegetativen Vermehrung*, die besonders bei zu groß gewordenen, verholzenden Zimmerpflanzen Verwendung findet. Dabei versieht man den Stamm oder einen kräftigen Trieb der Pflanze mit einem kräftigen, schrägen Einschnitt, der etwa bis zur Mitte des Sprosses reicht. Die Schnittstelle wird mit einem Steinchen o. Ä. offen gehalten. Nun bindet man unterhalb der Schnittstelle ein Stück Kunststofffolie manschettenartig fest, füllt feuchtes Sphagnum-Torfmoos (daher der Begriff „Abmoosen") oder feuchten Torf ein und verschließt die Folienmanschette dann auch oben. Je nach Art dauert es nur einige Wochen oder auch mehrere Monate, bis sich an der Schnittstelle Wurzeln gebildet haben. Das Substrat muss bis dahin stets feucht gehalten werden. Nachdem sich ausreichend Wurzeln gebildet haben, wird der obere Stammteil mit den Wurzeln abgetrennt und eingepflanzt. Das Verfahren lässt sich z. B. gut bei Gummibäumen, Efeuaralie, Zimmeraralie und Philodendron anwenden.

Abpflanzung

Abschirmende Gehölzpflanzung in Form von → *Hecken* oder locker aufgebauten Strauch- und Baumgruppen.

Bei Grundstücken dient die Abpflanzung der Abgrenzung zu den Nachbargrundstücken und zur Straße oder zur offenen Landschaft hin. Sie bildet den gestalterischen Rahmen der Grundstücksbepflanzung und kann nicht nur gegen unerwünschte Einblicke schützen, sondern bei entsprechender Anlage und Pflanzenwahl auch gegen Wind, Lärm und Abgase. Daneben setzt man Abpflanzungen auch zur optischen Abgrenzung von Gartenteilen ein oder zum Kaschieren von Kompost- und Mülltonnenstellplatz oder von unschönen Mauern.

Abräumen

Entfernen der Überreste einer Beetbepflanzung, etwa von abgeblühten Sommerblumen oder abgeerntetem Gemüse. Im Herbst, wenn keine Nachpflanzung mehr ansteht, kann man die pflanzlichen Reste auch auf dem Beet belassen und oberflächlich einarbeiten, sofern keine tiefgründige Bodenbearbeitung durch Umgraben nötig ist. Pflanzenreste mit Krankheitsbefall dürfen jedoch nicht auf dem Beet verbleiben. Auch dicke Stängel und ähnliche schwer verrottende Pflanzenteile sollten entfernt werden und kommen nach Zerkleinern auf den Kompost.

Abrissvermehrung

Methode zur → *vegetativen Vermehrung* von Gehölzen, auch Anhäufeln genannt. In Baumschulen verwendet man dieses Verfahren u. a. zur Gewinnung von Veredlungsunterlagen für Äpfel, Quitten und Kirschen. Im Garten kann man nach dieser Methode recht einfach Beerensträucher vermehren, deren Jungtriebe leicht sprossbürtige → *Adventivwurzeln* bilden. Dazu zählen vor allem Johannis-, Stachel- und Heidelbeeren.

Für die Abrissvermehrung wird die Mutterpflanze im Herbst kräftig zurückgeschnitten, um den Neuaustrieb aus der Basis anzuregen. Die ab Frühjahr erscheinenden Jungtriebe werden bis Juni mehrmals angehäufelt, so dass sie schließlich etwa 20 – 30 cm hoch mit einer lockeren Erdaufschüttung bedeckt sind. Dadurch wird die Wurzelbildung an der Triebbasis gefördert. Im Herbst nach dem Laubfall entfernt man die aufgeschüttete Erde und schneidet die Triebe unmittelbar an der Basis ab. Teils kann man die bewurzelten Nachkömmlinge auch mit kräftigem Ruck abreißen, deshalb der Begriff Abrisslinge. Wenn man darin jedoch keine Übung hat, kommt es leicht zu Verletzungen an den Pflanzen. Sicherer gelingt das saubere Abschneiden mit einer scharfen Gartenschere.

Die so gewonnenen Abrisslinge setzt man meist zunächst in ein gut vorbereitetes Pflanzbeet mit lockerer, durchlässiger Erde und schneidet sie im darauf folgenden Frühjahr stark zurück. Wenn sich die Jungpflanzen gut entwickelt und verzweigt haben, werden sie dann im Herbst an den endgültigen Standort verpflanzt.

Absanden

Bezeichnet im gärtnerischen Zusammenhang zwei ganz unterschiedliche Verfahren:

1) Bei Boden- und Wegbelägen: Das mehrmalige Abstreuen der Fläche mit Sand zum Verfüllen der Fugen, etwa zwischen Pflaster- oder Klinkersteinen.

2) Beim Rasen: Das Einbringen von Sand in die nach dem → *Aerifizieren* entstandenen Löcher. Verwendet wird dafür üblicherweise Flusssand (Quarzsand) der Körnung 0 – 2 mm, von dem man 1 – 3 l je m² ausstreut. Das Absanden empfiehlt sich vor allem bei schweren, tonreichen, feuchten Böden, auf denen der Rasen stark zur Moosbildung neigt. Es kann auch nach dem → *Vertikutieren* durchgeführt werden.

Absatzgesteine

Auch Sediment- bzw. Ablagerungsgesteine genannt. Bei den Gesteinen der Erdoberfläche handelt es sich zu etwa 75 % um Absatzgesteine, die damit besondere Bedeutung für die → *Bodenbildung* haben. Weitere Gesteinsgruppen sind die → *Erstarrungsgesteine* und die → *Umwandlungsgesteine*.

Zu den Absatzgesteinen zählen die feinkörnigen Mineralbestandteile wie Sand, Lehm und Ton, deren Anteil die → *Bodenart* bestimmt, sowie etwas größere „Brocken" wie Geröll oder Kies. Sie entstanden ursprünglich durch Verwitterung oder Zerkleinerung fester Gesteine und nachfolgenden Transport durch Wind (Löss, Dünensand), Flüsse (z. B. Kies, Sand, Lehm) oder Gletscher (Geschiebelehm, Geschiebemergel). Daneben gibt es See- und Meerablagerungen wie Schlick, Ton oder Kalkschalen.

Aus Kalkschalen und anderen abgelagerten Resten von Muscheln, Algen und sonstigen Lebewesen entstanden unter Druck, z. B. am Meeresboden, die Kalkgesteine. Auch Kohle ist ein Absatzgestein biogenen Ursprungs, gebildet aus dem Kohlenstoff abgestorbener Pflanzenteile.

Zu den Absatzgesteinen mineralischen und biogenen Ursprungs kommt eine dritte Gruppe, die chemischen Sedimente, an deren Entstehung Lösungs- und Ausfällprozesse beteiligt waren. Hierzu gehören z. B. Kalktuff und Gips.

Ebenso wie Kalksteine durch Verfestigung aus kleineren Kalkpartikeln entstanden sind, wurden auch mineralische Lockergesteine vielfach durch Umwelteinflüsse verändert und durch Druck zusammengepresst. Verfestigte Absatzgesteine sind z. B. Sandstein, Kalksandstein, Grauwacke, Tonschiefer und Dolomit, also Gesteine, die im Garten als Bau- und Wegematerialien sowie als prägende Elemente im Steingarten eine wichtige Rolle spielen.

Abschlitzen

Abbrechen eines Asts, das schwere Verletzungen an seiner Ansatzstelle bzw. an benachbarten Baumteilen hervorruft. Zum Abschlitzen kann es beim unsachgemäßen Absägen schwerer Äste kommen sowie bei Astbruch durch Wind oder Schneelasten, besonders bei steil bzw. spitzwinklig stehenden Ästen. Durch den abbrechenden Ast wird der Stamm oder Mittelast, an dem er steht, stark in Mitleidenschaft gezogen, und zwar vom großflächigen Abreißen der Rinde bis hin zum Absplittern des Holzes.

Abschlussgewebe

Zellverband, der die Außenhaut der Pflanze bildet, auch Epidermis oder Oberhautgewebe genannt.

Das meist aus einer Zellschicht gebildete, seltener vielschichtige Dauergewebe umgibt alle Pflanzenteile. Es dient dem Schutz der inneren Zellen und reguliert insbesondere beim → *Blatt* Gasaustausch und Transpiration. Die Abschlussgewebe der oberirdischen Pflanzenteile sind häufig durch Zellulose- und Kutineinlagerung verdichtet, teils auch durch Kalk- oder Kieselsäure in den Zellen verfestigt. Außerdem werden sie oft von einem festen Häutchen, der Kutikula, umgeben. Durch Wachseinlagerung oder Wachsüberzüge (→ *Bereifung* genannt) wird das Gewebe weitgehend wasserundurchlässig, wodurch u. a. die Transpiration, die Verdunstung über die Blätter herabgesetzt wird.

Bei Früchten und Samen sind die Außenhautzellen oft behaart oder schleimig-klebrig. So bleiben sie z. B. leicht an Vögeln und anderen Tieren hängen, was ihre Verbreitung fördert. Spezielle Auswüchse des Abschlussgewebes sind → *Stacheln,* etwa die der Rosen, die oft botanisch unkorrekt als Dornen bezeichnet werden. Als so genanntes sekundäres Abschlussgewebe bezeichnet man Korkgewebe, das abgestorbene Außenhautzellen ersetzt.

Absenker

Gehölzjungpflanzen, die man durch eine dem Ablegen ähnliche Vermehrungsmethode gewinnt. Anders als → *Ableger* bewurzeln sich die Absenker jedoch nicht freiwillig, sondern erst nach gezielt angebrachter Verletzung. Durch Absenken kann man u. a. Brombeere, Haselnuss, Magnolien und Zaubernuss-Arten vermehren.

Zum Absenken nimmt man bevorzugt ein- und zweijährige Triebe. Sie werden im zeitigen Frühjahr heruntergebogen und so unter der Erdoberfläche verankert, dass die Triebspitze etwa 30 – 40 cm aus dem Boden herausragt. Oft kommt es schon durch das Biegen zu leichten Verletzungen an der Rinde, sicherer und schneller bewurzelt sich die Biegungsstelle, wenn man sie zuvor kräftig schräg in Richtung der Triebspitze einschneidet. Man versenkt den gebogenen Triebteil in einem 10 – 20 cm tiefen Loch, fixiert ihn dort mit einem Haken und füllt dann mit Kompost und Sand vermischte Erde auf, die stets feucht gehalten werden muss. Die Triebspitze wird am besten an einem Stab aufgebunden. Bei manchen Pflanzen hat sich der Absenker schon bis zum Herbst bewurzelt, bei anderen kann es bis zu 3 Jahren dauern. Nach erfolgter Bewurzelung (Kontrolle durch vorsichtiges Aufgraben) werden die Absenker im Herbst abgetrennt und verpflanzt.

Absenkervermehrung:
1. *Trieb zunächst herunterbiegen.*

2. *Biegungsstelle in einer Bodengrube fixieren, Triebspitze senkrecht aufrichten.*

3. *Nach Erdabdeckung bewurzelt sich der Absenker an den Verletzungsstellen und kann später von der Mutterpflanze abgetrennt werden.*

Absonnig

Bezeichnet die Lichtverhältnisse an einem Standort, der kaum direkt besonnt wird, aber auch nicht durch Gehölze beschattet ist. Solche Plätze finden sich z. B. an nach Norden oder Nordosten weisenden Hängen oder im Schattenbereich von Mauern. Sofern nicht eine zusätzliche Beschattung, etwa durch in der Nähe stehende Gebäude, erfolgt, gedeihen hier die meisten Halbschattenpflanzen und selbst einige für sonnigen Stand ausgewiesene Arten recht gut. Die Pflanzen können an solchen Plätzen das durch Streuung der Sonnenstrahlen indirekt einfallende, diffuse → *Licht* für die → *Photosynthese* nutzen. Bei Mauern fördert ein weißer Anstrich an absonnigen Plätzen den Lichtgenuss.

Der Begriff „absonnig" wird nicht immer einheitlich verwendet; teils definiert man ihn auch im Sinne von Beschattung um die Mittagszeit oder verwendet ihn vereinfachend als Synonym für schattig.

Auch → *Schatten*

Abspreizen

Fixieren heruntergebogener Steiltriebe von Obstbäumen durch Spreizhölzer, die zwischen Mittelast (Stammverlängerung) und Leitast geklemmt werden. Diese Methode zur Korrektur des → *Abgangswinkels* ist eine Variante des → *Abbindens* oder → *Abklammerns*.

Auch → *Obstbäume formieren*

Abstand

Bei allen Gestaltungen und Beetbepflanzungen sollte unbedingt der je nach Art erforderliche → *Pflanzabstand* berücksichtigt werden. Eine Unterschreitung führt oft zu Wachstumsstörungen und begünstigt Krankheits- sowie Schädlingsbefall.

Ärger anderer Art kann das Missachten des → *Grenzabstands* für Gehölze an der Grundstücksgrenze verursachen – bis hin zur behördlichen Anordnung, die Bäume oder Sträucher zu entfernen. Die gesetzlichen Mindestabstände sind je nach Bundesland bzw. Kanton verschieden geregelt, wobei jeweils wieder unterschiedliche Abstände für Hecken, Sträucher und Bäume gelten. Am besten erkundigt man sich bei der zuständigen Gemeinde-, Stadt- oder Kreisverwaltung nach den örtlich geltenden Regelungen.

Abutilon

Botanischer Name der Schönmalve, einer attraktiven, kälteempfindlichen Zierpflanze, die meist als → *Kübelpflanze* kultiviert wird.

Abwehrpflanzen

Pflanzen, die Schädlinge fern halten bzw. vertreiben. Das heißt nicht unbedingt, dass solche Pflanzen selbst völlig frei von Schädlingsbefall bleiben. Sie bewahren jedoch als Nachbarn oder Vorpflanzung anderer Arten jene weitgehend vor Schädlingsbefall. Dies macht man sich in → *Mischkulturen* zunutze, z. B. in der altbewährten Kombination von Zwiebeln und Möhren, die sich gegenseitig vor der Zwiebel- bzw. Möhrenfliege schützen. Das intensiv duftende Bohnenkraut reduziert den Blattlausbefall an Bohnen, wenn es vor und zwischen die Reihen gepflanzt wird; Tomaten oder Sellerie halten als Pflanzpartner von Kohl den Kohlweißling ab. Bei Zierpflanzen hat sich vor allem die auch gestalterisch wirkungsvolle Kombination von Rosen mit Lavendel bewährt, der Blattläuse und andere Rosenschädlinge durch seinen Duft irritiert.

Die Abwehr beruht meist auf hohen Gehalten an Aromastoffen bzw. → *ätherischen Ölen*, weshalb Kräuter wie Thymian, Salbei und Pfefferminze als Schädlingsvertreiber gelten. Intensive Düfte können die Schaderreger zum einen direkt abschrecken, zum andern verwirren sie die Lästlinge, die zwischen den intensiven Aro-

Absonnige Plätze sind relativ hell, bekommen aber kaum direkte Sonneneinstrahlung ab.

Achillea

Attraktive Rosenbegleitung mit Abwehrkräften: Lavendel hält durch intensiven Duft Schädlinge fern.

men den Geruch ihrer bevorzugten Wirtspflanzen nicht mehr wahrnehmen können.

Daneben spielen bei einigen Abwehrpflanzen auch die Wurzelausscheidungen eine Rolle. So haben sich z. B. Tagetes (Studentenblumen) als wirksam gegen → *Nematoden* im Boden erwiesen. Knoblauch hat sogar eine anerkannt vorbeugende Wirkung gegen Pilzkrankheiten. Dies kann man u. a. nutzen, indem man ihn in Mischkultur mit Erdbeeren pflanzt. Es schadet auch nichts, ihn großzügig im Garten zu verteilen und überall neben krankheitsanfällige Pflanzen zu setzen, sofern man selbst dem Knoblauch nicht völlig abgeneigt ist.

Eine spezielle Art der Abwehr nutzt das Prinzip der „Ablenkungsfütterung". So zieht etwa die Kapuzinerkresse schwarze Blattläuse geradezu magisch an und hält sie damit gleichzeitig von benachbarten Pflanzen fern. Salatpflanzen lassen sich als Fangpflanzen für Drahtwürmer einsetzen und dienen so ebenfalls der Abwehr.

Die Wirksamkeit der Abwehrpflanzen wird im Einzelnen recht unterschiedlich beurteilt. Gerade mit Pflanzen, die Wühlmäuse vertreiben sollen, z. B. Kaiserkrone und Hundszunge, sind die Erfahrungen sehr unterschiedlich. Wie bei vielen Maßnahmen des naturgemäßen → *Pflanzenschutzes* hängt der Erfolg auch von den Umweltbedingungen und sonstigen Verhältnissen im Garten ab. Abwehrpflanzen allein bieten keine Garantie gegen Schädlinge. Im Verein mit anderen Maßnahmen, etwa der gezielten Förderung von Nützlingen, können sie jedoch dabei helfen, weitgehend ohne Spritzmittel auszukommen.

Abwerfen
Vorbereiten einer Obstbaumkrone für die → *Umveredlung,* also das Aufpropfen einer neuen Sorte. Dabei lichtet man die Krone sehr stark aus und schneidet dann die kräftigen Äste, auf die später veredelt werden soll, etwa um die Hälfte zurück. Das Abwerfen erfolgt meist im Spätwinter oder im zeitigen Frühjahr noch vor dem Neuaustrieb.

Abziehen
Schärfen und Schleifen von Messern und Scheren. Obwohl dies heute meist mit einem elektrischen Schleifgerät geschieht, hat sich der Begriff „Abziehen" erhalten. Er nimmt Bezug zur früher üblichen Schleifpraxis: Nach dem Anschleifen und Schärfen mit speziellen Steinen wurden die Klingen anschließend zum Glätten der Schleifstellen mit einem Lederriemen abgezogen.

Abzugsloch
Loch an der Unterseite von Töpfen und anderen Pflanzgefäßen, über das überschüssiges Gießwasser ablaufen kann. Mit Ausnahme ausgesprochener Sumpfpflanzen, wie z. B. Zypergras, sollten keine Pflanzen in Behältnisse ohne Abzugsloch gesetzt werden. Hier droht ständig die Gefahr starker Vernässung des Erdballens, die zum Absterben der Wurzeln und schließlich der ganzen Pflanze führen kann.

Acaena
Wintergrüne Bodendeckerstauden für sonnige bis halbschattige Plätze
→ *Stachelnüsschen*

Acanthus
Naturnahe, hochwüchsige Stauden für sonnige Plätze
→ *Bärenklau*

Acer
Botanischer Gattungsname für
→ *Ahorn*

Achillea
Sonnenliebende Beetstauden, auch als Heilpflanzen bekannt.
→ *Schafgarbe*

Achnatherum
Alte, teils noch geläufige botanische Bezeichnung für die Gattung *Stipa*
→ *Silberährengras*

Achsel
Verzweigungs- bzw. Übergangsstelle zwischen Blatt und Stängel (Blattachsel), Seitenspross und Hauptspross (Sprossachsel). Meist legen Pflanzen an diesen geschützten Stellen Trieb-, Blatt- oder Blütenknospen an.

Achselknospe
Knospe, die in der Blattachsel oder Sprossachsel angelegt wird; heißt auch Seitenknospe, im Gegensatz zur an der Spitze der Sprossachse gebildeten Endknospe.

Achselspross
Spross, der sich als Seitentrieb aus einer Knospe in der Blattachsel entwickelt.

Achselständig
In einer → *Achsel* befindlicher Pflanzenteil. Oft wird der Begriff verwendet, um die Stellung von Knospen oder Blüten bzw. Blütenständen zu charakterisieren. Im Gegensatz zu achselständigen Blüten werden endständige Blüten an den Spitzen der Haupt- oder Seitensprosse angelegt.

Achterschleife
Empfehlenswerte Anbindetechnik für alle Pflanzen, die an Stützstäben oder -pfählen befestigt werden. Man legt dazu die Bindeschnur um den Spross, überkreuzt sie zwischen Spross und Stab und verknotet sie schließlich auf der gegenüberliegenden Seite der Stütze, so dass die Form einer liegenden Acht entsteht. Die Schleife wird dabei zwar fest, aber nicht zu straff angezogen. So kann das Bindematerial auch bei zunehmendem Dickenwachstum nicht in den Spross einschneiden oder bei jungen Bäumen die Rinde aufscheuern.

Ackerschachtelhalm
Oft als Unkraut angesehene Pflanze, die jedoch im naturgemäßen Pflanzenschutz als Grundstoff für Pflanzenstärkungs- und Pilzbekämpfungsmittel sehr geschätzt wird.
→ *Kräuterauszüge,* → *Schachtelhalm*

Acidität
Maß für den Säuregrad des Bodens oder Wassers
→ *Bodenreaktion,* → *pH-Wert*

Ackerbohne
Hülsenfruchtgemüse für den Frühanbau, auch als Dicke Bohne und → *Puffbohne* bekannt.

Aconitum
Hochwüchsige Stauden für Halbschatten und Schatten
→ *Eisenhut*

Acorus
Schilfartige Staude für den Sumpf- und Flachwasserbereich von Gartenteichen
→ *Kalmus*

Actaea
Schattenstaude mit zierenden Früchten
→ *Christophskraut*

Actinidia
Wärmebedürftige, Früchte liefernde Kletterpflanzen
→ *Kiwi*

Bei Tomaten sind die in den Blattachseln gebildeten Sprosse unerwünscht und werden entfernt.

Bei der Bach- oder Wasserminze sind die achselständigen Blütenstände sehr gut zu sehen.

Das Anbinden mit Achterschleife beugt späterem „Strangulieren" von Stämmen und Stängeln vor.

Adonisröschen

Adlerfarn (Pteridium aquilinum)

Ader
Leitungsbahn des → *Blatts,* meist als Blattader oder Blattnerv bezeichnet.

Adiantum
Halbhohe Farne
→ *Frauenhaarfarn*

Adlerfarn
PTERIDIUM AQUILINUM

Dieser Farn hat gleich einer ganzen Familie den Namen gegeben – den Adlerfarngewächsen. Er wird als pflanzlicher Kosmopolit bezeichnet, da er abgesehen von Wüsten und Polargebieten fast weltweit vom Tiefland bis in mittlere Gebirgslagen vorkommt. Die Verwendung des attraktiven Farns im Garten wird durch seinen starken Ausbreitungsdrang eingeschränkt. Wer nicht allzu viel Platz hat, pflanzt ihn am besten in einen großen Kübel, der im Gartenboden versenkt wird. So lässt sich dem Wuchern am ehesten Einhalt gebieten.
Merkmale: Staude mit kriechendem Wurzelstock (einem so genannten Rhizom), 50 – 250 cm hoch; Wedelblätter aufrecht, mehrfach gefiedert, im Umriss dreieckig, Fiedern am Rand eingerollt; im Herbst wochenlang anhaltende, attraktiv kupferfarbene Verfärbung, danach fallen die Blätter ab.
Verwendung: Für Schattenpflanzungen unter Bäumen, für relativ leicht beschattete Plätze in der Teichumgebung.
Standort: Humoser, saurer, feuchter Boden.
Pflanzen/Vermehren: Pflanzung im Herbst, dann auch Vermehrung durch Teilung der Rhizome möglich. Wächst im 1. Jahr nach dem Umpflanzen nur langsam, dann allerdings zunehmend stärker.
Pflege: Bei freier Auspflanzung Wuchs durch häufiges Entfernen bzw. Abstechen der Ausläufer eindämmen; in anhaltenden Trockenperioden gießen.

Adonis
Botanischer Gattungsname für
→ *Adonisröschen*

Adonisröschen
ADONIS

Aus dieser Gattung werden vorwiegend zwei Stauden kultiviert, das aus Ostasien stammende Amuradonisröschen sowie das in Mitteleuropa heimische, unter Naturschutz stehende Frühlingsadonisröschen.

Gelegentlich bieten Spezialgärtnereien auch Samen zweier einjähriger Arten an, nämlich von Sommeradonisröschen (*A. aestivalis*) und Herbstadonisröschen (*A. annua*). Diese auch als Blutströpfchen bekannten Adonisröschen haben kräftig rote Blüten mit schwarzem Fleck; die erstgenannte Art blüht von Mai bis Juli, die andere von Juli bis August. Die zarten Pflanzen haben Wildblumencharakter und wachsen um 30 cm hoch. Man sät sie im Herbst oder Frühjahr an sonnigen, trockenen Stellen im Garten.

Die zu den Hahnenfußgewächsen zählenden Adonisröschen enthalten herzwirksame, bei Aufnahme in höherer Dosis giftige Glykoside.

Amuradonisröschen
ADONIS AMURENSIS

Merkmale: Staude mit kompaktem Wuchs, 10 – 20 cm hoch; fein fiederteilige Blätter, die nach der Blüte einziehen; goldgelbe, schalenförmige Blüten, erscheinen vor den Blättern. Es gibt mehrere Sorten mit Blüten in verschiedenen Gelbtönen sowie eine gefüllt blühende Sorte namens 'Pleniflora'.
Blütezeit: Februar – April
Verwendung: Für Steingarten, Gartenbereiche mit naturnahem Charakter, Vorpflanzung von sommergrünen Laubgehölzen; schön mit Schneeglöckchen unter früh blühenden Sträuchern.
Standort: Bevorzugt leicht beschattete Plätze auf humosem, durchlässigem, nicht zu trockenem Boden.

ADR-Rosen

Frühlingsadonisröschen (Adonis vernalis)

Pflanzen/Vermehren: Pflanzung im Frühjahr; Vermehrung durch Teilen nach der Blüte. Aussaat ist auch möglich (Kaltkeimer), aber sehr langwierig.
Pflege: Einfach ungestört wachsen lassen.

Frühlingsadonisröschen
ADONIS VERNALIS
☼ ☺ ✖

Merkmale: Staude mit buschigem Wuchs, 20 – 30 cm hoch; dem Amuradonisröschen sehr ähnlich, mit etwas größeren, um 6 cm breiten Blüten, die erst mit oder nach den Blättern erscheinen.
Blütezeit: April – Mai
Verwendung: Für Steingärten, Heidegärten, Gartenbereiche mit naturnahem Charakter. Passende Begleiter sind Küchenschelle, Ziergräser und verschiedene Frühjahrszwiebelblumen.
Pflanzen/Vermehren: Hier gilt das Gleiche wie für das Amuradonisröschen.
Pflege: Einfach ungestört wachsen lassen.

ADR-Rosen
Das Qualitätszeichen ADR tragen Rosen, die die „Allgemeine Deutsche Rosenneuheitsprüfung" mit Erfolg bestanden haben. Dazu werden die Prüfsorten an etwa einem Dutzend verschiedener Standorte über mehrere Jahre ohne Pflanzenschutzmitteleinsatz angebaut. Prüfkriterien sind u. a. Robustheit, Gesundheit und Winterhärte, Reichblütigkeit, Wirkung der Blüte, Duft und Wuchsform. Durchführung und abschließende Beurteilung dieses Tests, der als strengste Rosenprüfung der Welt gilt, übernimmt ein Arbeitskreis aus Bund deutscher Baumschulen (BdB), Rosenzüchtern und unabhängigen Prüfungsgärten, in enger Zusammenarbeit mit dem Bundessortenamt.

Diese Sichtung von Rosenneuheiten wurde bereits 1950 vom Züchter Wilhelm Kordes als „Alldeutsche Rosen-Neuheiten-Prüfung" ins Leben gerufen. Zu den ältesten, heute noch anerkannten ADR-Rosen gehören die Strauchrose 'Elmshorn' und die Kletterrose 'Flammentanz'. Anderen älteren Sorten wurde das Gütesiegel zwischenzeitlich wieder aberkannt, weil sie den erhöhten Ansprüchen an die Widerstandsfähigkeit gegen Krankheiten nicht mehr genügen konnten. Zu den ausgezeichneten Rosen der letzten Jahre gehören z. B. die Bodendeckerrose 'Danica' sowie die Beetrosen 'Kronjuwel' und 'Crimson Meidiland'.

Auch → *Rosen*

Adventivbildung
Entsprechend dem Wortstamm *advenire* (lat. = neu herankommen, erscheinen, ausbrechen) nachträgliche, zusätzliche Bildung von Pflanzenorganen, meist an für sie ungewöhnlichen Stellen; vgl. nachfolgende Begriffe.

Adventivknospe
Nachträglich gebildete Knospe, die anders als → *Achselknospen* nicht in den Blattachseln entsteht, sondern z. B. am Stamm, am Ast oder auch an Blatt und Wurzel. Häufig werden solche Knospen nach Verletzungen angelegt und führen zum Austrieb so genannter Adventivsprosse.

Adventivwurzel
Adventivwurzeln bilden sich nach äußerer Reizeinwirkung am Stängel und werden auch als sprossbürtige Wurzeln bezeichnet. Diese nachträglich gebildeten, zusätzlichen Wurzeln können die Standfestigkeit sowie Wasser- und Nährstoffaufnahme der Pflanzen verbessern, was man sich beim → *Anhäufeln* zunutze macht. Hilfreich ist die Adventivwurzelbildung außerdem bei der → *vegetativen Vermehrung*. Bei einigen Arten regt schon der Dauerkontakt des Sprosses mit Erde die Adventivwurzelbildung an (→ *Ableger,* → *Abrissvermehrung*), bei anderen entstehen solche Wurzeln erst nach Verletzung (→ *Absenker,* → *Stecklinge*). Auch die Büschelwurzeln → *einkeimblätt-*

riger Pflanzen, die sich nach dem Absterben der Keimwurzel entwickeln, werden als Adventivwurzeln angesehen.

Aegopodium
Ausdauerndes, Ausläufer bildendes Unkraut
→ *Giersch*

Aerenchym
Bei Sumpf- und Wasserpflanzen häufig vorkommendes Gewebe mit großen, Luft führenden Zellzwischenräumen. Es findet sich als vergrößertes → *Atmungsgewebe* in den Blättern von Wasserpflanzen, vor allem aber in den Stängeln. Hier bilden die durch einfache Zellschichten voneinander abgetrennten, oft radial angeordneten Zwischenräume regelrechte Luftkanäle. Zum einen dient das Aerenchym der Durchlüftung und dem Gasaustausch von Pflanzenteilen, die sich unter dem Wasser befinden und deshalb von der atmosphärischen Luft abgeschlossen sind. Zum andern erhalten Stängel wie Blätter durch das „luftige" Gewebe Auftrieb und können so auf der Wasseroberfläche schwimmen.

Aerifizieren
Belüftung der Rasenfläche bei Bodenverdichtung. Dabei werden in gleichmäßigen Abständen von 10 – 15 cm Löcher in die Grasnarbe eingestochen bzw. gebohrt, die als Lüftungskanäle dienen. Für diesen Zweck gibt es spezielle Aerifiziergeräte und -gabeln, für nicht ganz so tief reichende Löcher werden auch Stachelwalzen eingesetzt. Kleinere Rasenflächen kann man mithilfe einer Grabegabel aerifizieren. Das Verfahren ist z. B. dann nötig und sinnvoll, wenn sich Moos auf dem Rasen breit macht, und empfiehlt sich etwa alle 2 bis 3 Jahre an Stellen, die durch häufiges Betreten verdichtet werden. Durch nachfolgendes → *Absanden* lässt sich die Struktur schwerer, tonhaltiger Böden etwas verbessern.

Bodenbelüftung durch Aerifizieren hält den Rasen fit.

Aerob
Mit Sauerstoff ablaufend bzw. – bezogen auf Organismen – Sauerstoff benötigend. Der Begriff taucht häufig im Zusammenhang mit der Zersetzung organischer Substanz auf, z. B. von Pflanzenresten. Wenn genügend Sauerstoff vorhanden ist, etwa in einem locker geschichteten Komposthaufen, siedeln sich aerobe Bakterien und andere Kleinlebewesen an und sorgen für die gewünschte Verrottung. Bei Sauerstoffmangel können sie nicht überleben; statt dessen machen sich → *anaerobe* Fäulnisbakterien breit, die nur übel riechende, pflanzenschädliche Zersetzungsprodukte hervorbringen. Auch im Boden sorgen aerobe Mikroorganismen für günstige und schnelle Verwesung. Außerdem sind die Bakterien, die Ammonium in das pflanzenverfügbare Nitrat umwandeln, an Sauerstoff gebunden, ebenso die Stickstoff sammelnden Bakterien. Deshalb ist eine gute Durchlüftung mit entscheidend für die Bodenfruchtbarkeit.

Die Begriffe aerob und anaerob spielen außerdem im Zusammenhang mit dem pflanzlichen Stoffwechsel eine Rolle. Dem Energiegewinn der Pflanze dient zum einen der aerobe Prozess der → *Atmung,* zum andern spielen bei Wasserpflanzen und deren Keimlingen anaerobe Gärungsprozesse (alkoholische und Milchsäuregärung) eine wesentliche Rolle.

Aesculus
Sommergrüne Sträucher oder Bäume mit auffallenden Blütenkerzen
→ *Kastanie*

Afterraupe
Larven der → *Blattwespen,* die aufgrund ihrer Ähnlichkeit mit Schmetterlingsraupen als „falsche" oder Afterraupen bezeichnet werden. Sie unterscheiden sich von echten Raupen einerseits durch einen senkrecht stehenden Kopf mit nach unten gerichteten Fresswerkzeugen (bei Raupen nach vorn gerichtet) und andererseits durch nur ein Punktauge auf jeder Kopfseite (bei Raupen je ca. fünf Punktaugen).

Die Afterraupen sind in der Regel das schädliche Stadium der Blattwespen, die meistens auf bestimmte Obst- oder Ziergehölze spezialisiert sind. Näheres → *Blattwespen*

Afterleittrieb
Andere Bezeichnung für den Konkurrenztrieb in der Krone eines Obstbaums. Es handelt sich um Triebe, die mehr oder weniger parallel zum Mittelast (Stammverlängerung) wachsen und mit diesem konkurrieren. Sie sollten frühzeitig entfernt werden, sofern man sie nicht als Ersatz für einen kranken, überalterten oder sich ungünstig entwickelnden Mittelast braucht.
→ *Obstbaumschnitt*

Agaricus
Wissenschaftlicher Gattungsname für Champignon
→ *Pilzanbau*

Ageratum
Niedrige bis mittelgroße einjährige Sommerblume
→ *Leberbalsam,* auch → *Balkonbepflanzung*

Agropyron
Alter, teils noch geläufiger botanischer Name der → *Quecke*

Ahorn
ACER

Die Gattung Ahorn gab gleich einer ganzen Pflanzenfamilie ihren Namen, den Ahorngewächsen. Alle bei uns vorkommenden Arten sind sommergrün, ihre Blätter verabschieden sich im Herbst meist mit prächtiger Färbung. Die großen, schön geformten Blätter sind aber auch vorher schon sehr attraktiv. Dazu kommen die verschiedenen ansprechenden Wuchsformen. Eher unscheinbar bleiben die Blüten, mehr fallen da schon die charakteristischen zweiflügeligen Früchte auf. Von den in freier Natur oft majestätisch wachsenden Bäumen gibt es verschiedene kleiner bleibende, oft strauchig wachsende Formen, die sich gut in die Gartengestaltung einfügen. Die aus Ostasien stammenden Arten, Japanischer Ahorn, Fächer- und Feuerahorn, sind schwachwüchsig und finden selbst in kleineren Gärten Platz.

Feldahorn
ACER CAMPESTRE

Merkmale: Kurzstämmiger Baum mit kegelförmiger bis rundlicher Krone oder mehrstämmiger Großstrauch, 5 – 15 m hoch, 5 – 10 m breit; drei- bis fünflappige Blätter, gelbe bis orangerote Herbstfärbung; gelbgrüne, unauffällige Blüten in aufrechten Rispen.
Blütezeit: Mai – Juni
Verwendung: Bei genügend Platz als Hausbaum in Einzelstellung, ansonsten in Gehölzgruppen oder Hecken; gut schnittverträglich, auch für Schnitthecken verwendbar.
Standort: Jeder normale Boden; außerdem rauchhart sowie stadtklimaverträglich.
Pflanzen/Vermehren: Pflanzung vorzugsweise im Herbst, aber auch im Frühjahr möglich; Vermehrung durch Steckhölzer.
Pflege: Baumscheibe mit Kompost oder Laub mulchen, bei Bedarf zurückschneiden, ansonsten keine Maßnahmen nötig.

Schlangenhautahorn
ACER CAPILLIPES

Merkmale: Baum mit lockerer Krone oder Großstrauch, 5 – 10 m hoch, 4 – 5 m breit; zierende olivgrüne Rinde mit weißen Längsstreifen; dreilappige Blätter mit roten Blattstielen, im Austrieb rötlich, im Herbst gelborange bis rote Verfärbung; unauffällige gelbliche Blüten in hängenden Rispen.
Blütezeit: Mai
Verwendung: Als Blickpunkt in Einzelstellung, durch die auffällige Rinde auch im Winter zierend.
Standort: Humoser, durchlässiger, kalkhaltiger Boden.
Pflanzen/Vermehren: Wie Feldahorn.
Pflege: Mulchen der Baumscheibe mit Kompost oder Laub günstig, sonst kein Pflegebedarf.

Japanischer Ahorn
ACER JAPONICUM 'ACONITIFOLIUM'

Merkmale: Meist baumartiger Großstrauch mit lockerem Aufbau, verzweigt sich bereits knapp über dem Boden, 3 – 5 m hoch und breit; tief fiederschnittige Blätter mit 9 – 11 Lappen, leuchtend orangerote bis rote Herbstfärbung; purpurne Blüten in traubenartigen Rispen, die vor dem Laubaustrieb erscheinen.
Blütezeit: Mai
Verwendung: In Einzelstellung, in Gehölzgruppen, auch in großen Kübeln.
Standort: Vorzugsweise im lichten Schatten größerer Bäume; humoser, durchlässiger, lockerer, frischer Boden, sauer bis neutral.
Pflanzen/Vermehren: Pflanzung vorzugsweise im Herbst, aber auch im Frühjahr; Vermehrung durch Steckhölzer oder Absenker möglich.
Pflege: Wie Schlangenhautahorn.

Eschenahorn
ACER NEGUNDO

Merkmale: Baum mit locker aufgebauter Krone oder Großstrauch; für Gärten nur Sorten empfehlenswert, diese werden etwa 4 – 8 m hoch und um 5 m breit; gefiederte Blätter mit 3 bis 7 Teilblättchen, bei Sorten buntlaubig mit weißem, gelbem oder rosa überhauchtem Rand, blassgelbe Herbstfärbung; unauffällige gelbliche Blüten in hängenden Rispen, vor dem Laubaustrieb.
Blütezeit: April – Mai
Verwendung: Vorzugsweise in Einzelstellung, sehr attraktiv auch in etwas größeren Vorgärten. Bewährte Sorten sind u. a. 'Aureomarginatum' (Blätter dunkelgrün mit gelben Flecken), 'Variegatum' (grün, weiß gerandet).
Standort: Jeder normale Boden; kein windexponierter Platz, da Äste im Alter brüchig; industriefest, stadtklimaverträglich.
Pflanzen/Vermehren: Pflanzung vorzugsweise im Herbst, aber auch im Frühjahr möglich; sortenechte Eigenvermehrung der Cultivare funktioniert nicht.
Pflege: Mulchen der Baumscheibe mit Kompost oder Laub günstig; bei buntlaubigen Sorten gelegentlich austreibende Zweige mit rein grünen Blättern komplett an der Ansatzstelle wegschneiden.

Ahorn

Acer platanoides

Acer capillipes

Acer japonica

Acer ginnala

Acer negundo

Acer palmatum

Ahorn

Fächerahorn
ACER PALMATUM

Merkmale: Meist mehrstämmiger, breitwüchsiger Großstrauch, seltener als Baum, je nach Sorte 1 – 4 m hoch und 2 – 4 m breit; Blätter tief eingeschnitten fünf- bis siebenlappig, bei den 'Dissectum'-Sorten (Schlitzahorne) tief und fein geschlitzt, leuchtend rote Herbstfärbung, Sorten häufig bereits ab Austrieb mit roten bis braunroten Blättern; purpurfarbene Blüten in Rispen.
Blütezeit: Mai
Verwendung: Wächst am schönsten in Einzelstellung, sonst in locker arrangierten Gehölzgruppen; passt gut in Teichnähe, auch für Steingärten und große Kübel geeignet. Vor der Auswahl sollte man das Sortenangebot genau studieren, da mehrere, in Wuchs und Belaubung recht unterschiedliche Formen im Handel sind und das Angebot zuweilen durch Einführung japanischer Sorten ergänzt wird.
Standort: Vorzugsweise im lichten Schatten größerer Bäume; humoser, durchlässiger, lockerer, frischer Boden, sauer bis neutral; mäßig rauchhart.
Pflanzen/Vermehren: Pflanzung vorzugsweise im Herbst, aber auch im Frühjahr; sortenechte Vermehrung schwierig, teils durch Stecklinge oder Absenker möglich.
Pflege: Im Jugendstadium etwas frostempfindlich, deshalb im Wurzelbereich mit Winterschutz versehen. Nach Austrieb Mulchen mit Kompost oder Laub günstig; bei längerer Trockenheit durchdringend gießen.

Spitzahorn
ACER PLATANOIDES

Merkmale: Meist kurzstämmiger, rundkroniger Baum, für Gärten nur in niedrigen Sorten mit 3 – 8 m Höhe und 3 – 5 m Breite; fünf- bis siebenlappige Blätter mit zugespitzten Lappen, glänzend grün, bei manchen Sorten auch ab Austrieb rot, gelborange Herbstfärbung; unauffällige gelb-grüne Blüten in kurzen Rispen vor dem Laubaustrieb.
Blütezeit: April – Mai
Verwendung: Markanter Baum für Einzelstellung; gartentauglich ist vor allem die Sorte 'Globosum' mit kugelförmiger Krone, nur 3 – 4 m hoch, auch für große Kübel geeignet.
Standort: Jeder normale, durchlässige, auch kalkhaltige Boden; rauchhart und stadtklimaverträglich.
Pflanzen/Vermehren: Wie Fächerahorn.
Pflege: Mulchen der Baumscheibe mit Kompost oder Laub günstig, sonst kein Pflegebedarf.

Feuerahorn
ACER TATARICUM SSP. GINNALA

Merkmale: Vieltriebiger, locker aufgebauter Großstrauch oder kleiner Baum, 5 – 7 m hoch, bis 5 m breit; dreilappige, glänzend grüne Blätter, leuchtend rote Herbstfärbung; grünlich weiße, duftende Blüten in aufrechten Rispen.
Blütezeit: Mai
Verwendung: In Einzelstellung oder locker arrangierten Gehölzgruppen, auch für Steingärten und große Kübel geeignet.
Standort: Humoser, durchlässiger, lockerer, frischer Boden, sauer bis neutral; stadtklimaverträglich.
Pflanzen/Vermehren: Wie Fächerahorn.
Pflege: Mulchen der Baumscheibe mit Kompost oder Laub günstig, sonst kein Pflegebedarf.

Ahornkrankheiten
Die meisten Pilzkrankheiten, die an Ahorn auftreten, sind relativ harmlos und lassen sich gut durch frühes Reagieren in den Griff bekommen.

Ahornmehltau
Durch Echte Mehltaupilze verursacht, kommt vor allem an Feldahorn und Spitzahorn vor.
Schadbild: Weiße bis grauweiße Überzüge auf der Blattoberseite, bei Feldahorn auch unterseits.
Abhilfe: Vorbeugend Schachtelhalmbrühe oder Stärkungsmittel spritzen; befallene Teile frühzeitig entfernen; Falllaub im Herbst entfernen; bei starkem Befall geeignetes Fungizid anwenden.

Auch → *Mehltau, Echter*

Rotpustelkrankheit
Durch Schadpilz *Nectria* verursacht, gilt als Schwächeparasit; Infektion kann über frische Schnittstellen erfolgen.
Schadbild: Absterben einzelner Äste, darauf Bildung kleiner roter Pusteln.
Abhilfe: Befallene Teile bis ins gesunde Holz zurückschneiden, Schnittstelle mit Wundverschlussmittel verstreichen; Schnittwerkzeug gründlich desinfizieren.
Hinweis: Gelegentlich bewirken auch andere Schadpilze das Absterben von Ast- oder Zweigpartien. Auch hier hilft in der Regel ein Wegschnitt kranker Teile bis ins gesunde Holz.

Ahornbäume bestechen durch ihre großen, schön geformten Blätter.

Teerfleckenkrankheit

Durch Schadpilz *Rhytisum* verursacht, auch als Ahornrunzelschorf bekannt; tritt besonders nach feuchtem Frühjahr auf.
Schadbild: Im Sommer anfangs gelbliche, später teerschwarze, glänzende Flecken auf den Blättern, teils als erhabene Pusteln (Runzelschorf); bei starkem Befall vorzeitiger Blattabwurf und häufig vollständige Schwarzfärbung.
Abhilfe: Bei häufigem und nach starkem Befall im Herbst unbedingt die abgefallenen Blätter gründlich entfernen.
Hinweis: Es gibt noch einige weitere Pilzkrankheiten, die braune bis schwärzliche Blattflecken an Ahorn verursachen. Sie beeinträchtigen ebenso wie die Teerfleckenkrankheit das Baumwachstum kaum, stark befallenes Herbstlaub sollte jedoch entfernt werden.

Verticillium-Welke

Durch Bodenpilze verursacht, die oft über Wunden an der Wurzel oder Stammbasis eindringen; Befall wird durch Frost oder Trockenstress gefördert.
Schadbild: Äste oder Zweige verwelken beim oder bald nach dem Austrieb und zeigen eingesunkene Streifen; beim Anschneiden befallener Teile ringförmige braune Verfärbung erkennbar, älteres Holz innen graugrün bis bläulich gefärbt.
Abhilfe: Erholung der Bäume nach kräftigem Rückschnitt kranker Teile möglich, Junggehölze sterben allerdings oft ganz ab. Nicht mehr zu rettende Bäume mitsamt den Wurzeln roden und vollständig vernichten, möglichst gründlichen Bodenaustausch vornehmen.
Hinweis: Die → *Verticillium-Welke* kann eine Vielzahl verschiedener Pflanzen befallen, auch Obstgehölze, Gemüse und Stauden.

Ahornschädlinge

Außer der nachfolgend beschriebenen Gallmilbe zählen nur → *Blattläuse* zu den nennenswerten Ahornschädlingen.

Ahorngallmilbe

Die winzigen, in den Gallen lebenden Milben richten kaum ernsthaften Schaden an.
Schadbild: Kugelige oder zipfelartige Gallen auf den Blattoberseiten, anfangs grün, später rotbraun.
Abhilfe: Vorbeugend befallene Blätter entfernen; Bekämpfen durch Austriebsspritzung ist lediglich bei regelmäßigem, sehr starkem Befall angebracht.

Ähre

Die Ähre gehört neben Traube und Rispe zu den traubigen → *Blütenständen,* bei denen die Hauptachse länger und kräftiger ist als die Nebenachsen – dies im Gegensatz zu den doldigen Blütenständen. Die Einzelblüten der Ähre sitzen ungestielt an der verlängerten Hauptachse. Dadurch unterscheidet sie sich von der Traube, bei der die Blüten wenigstens kurz gestielt sind, z. B. bei Lupinen. Echte Ähren kommen bei Blütenpflanzen relativ selten vor, Paradebeispiele dafür sind Wegerich (*Plantago*), Geflecktes Knabenkraut

Die Blütenstände des Wegerichs, hier Spitzwegerich, sind Ähren.

Schadbild der Ahorngallmilbe

(*Dactylorhiza maculata*) und Schneebeere (*Symphoricarpos albus*).

Als Arten bzw. Sonderformen der Ähre werden angesehen: der Kolben (verdickte Hauptachse, z. B. Aronstab, Mais), das Kätzchen (hängende Hauptachse, z. B. Weide, Birke) und der Zapfen (verholzte Hauptachse mit verholzten Schuppen, beispielsweise Tanne). Bei den Gräsern findet man oft zusammengesetzte Ähren, d. h., von der Hauptachse gehen anstelle von Einzelblüten wiederum ährige Teilblütenstände ab, die so genannten Ährchen.

Ajuga

Bodendeckerstaude für halbschattige Standorte
→ *Günsel*

Akazie

Bei den im Volksmund als Akazien bezeichneten Bäumen mit den großen Fiederblättern handelt es sich eigentlich um → *Robinien*. Diese Schmetterlingsblütengewächse der Gattung *Robinia* werden deshalb auch als Scheinakazien bezeichnet. Echte Akazien (*Acacia*) gehören hingegen zur Familie der Mimosengewächse. Sie sind in Mitteleuropa nicht winterhart und werden daher bei uns nur gelegentlich als Kübelpflanzen kultiviert.

Akelei

Akelei-Hybride

*Alpenakelei
(Aquilegia alpina)*

*Gewöhnliche Akelei
(Aquilegia vulgaris)*

Akelei
AQUILEGIA

Die anmutigen Akeleien aus der Familie der Hahnenfußgewächse zeigen deutlichen Wildpflanzencharakter. Gewöhnliche Akelei und Alpenakelei sind bei uns heimisch, kommen in freier Natur jedoch kaum noch vor und zählen zu den geschützten Pflanzen. Die zahlreichen Hybriden der aus Nordamerika stammenden *A. caerulea* bereichern das Angebot für den Garten. Aus Ostasien kommen zwei weitere Akeleien, die gelegentlich für Gärten angeboten werden: *A. chrysantha* blüht gelb und wird bis 80 cm hoch; *A. flabellata* hat lilablaue, weiß gezeichnete Blüten und eignet sich mit nur 10 – 20 cm Höhe gut für Steingärten und für Topfpflanzung. Alle Akeleien enthalten giftige Blausäureverbindungen.

Akelei-Hybriden
AQUILEGIA-CAERULEA-HYBRIDEN

Merkmale: Staude, aufrecht in lockeren Horsten, 40 – 80 cm hoch; große, sternförmige Blüten mit auffälligen Spornen, blau, violett, rot, weiß oder gelb, oft mit andersfarbigem inneren Blütenblattkreis.
Blütezeit: Mai – Juni
Verwendung: Als Gehölzvorpflanzung, in Beeten und Rabatten, niedrige Sorten auch in Pflanzgefäßen; als Schnittblume.
Standort: Bevorzugt wenigstens leicht beschattete Plätze; humoser, lockerer, frischer Boden.
Vermehren: Akeleien lassen sich am einfachsten durch Aussaat im Frühjahr vermehren oder durch selbst gewonnenes Saatgut, das man gleich nach der Samenreife im Sommer wieder aussät.
Pflege: Bei anhaltender Trockenheit gießen, sonst anspruchslos.

Gewöhnliche Akelei
AQUILEGIA VULGARIS

Merkmale: Staude, aufrecht in lockeren Horsten, 30 – 80 cm hoch; Blüten oft glockenförmig geschlossen, gespornt, nickend, an langen, dünnen Stielen, blau, violett, rosa oder weiß.
Blütezeit: Mai – Juni
Verwendung: Wie Akelei-Hybriden.
Standort: Wie Akelei-Hybriden.
Vermehren: Wie Akelei-Hybriden; vermehren sich besonders stark durch Selbstaussaat.
Pflege: Bei anhaltender Trockenheit gießen, sonst anspruchslos; überhand nehmende Sämlinge aus

Algen

Alant (Inula helenium)

Selbstaussaat regelmäßig entfernen.
Hinweis: Recht ähnlich ist die Alpenakelei (*A. alpina*), meist in der lichtblau blühenden Sorte 'Superba' angeboten. Sie braucht allerdings kalkfreien Boden.

Alant
INULA HELENIUM

Dieses vermutlich in Zentralasien beheimatete Korbblütengewächs wird in Europa schon seit dem Mittelalter als Heilpflanze angebaut und bei Erkrankungen der Atemwege verwendet. Hier und da findet man Bestände, die aus Gärten früherer Zeiten ausgewildert sind. Extrakte der rübenartigen Wurzelstöcke werden wegen ihres hohen Inulingehalts in Diabetikernahrungsmitteln verwendet, ihre Bitterstoffe nutzt man zum Aromatisieren von Likören. In Gärten wird der Alant recht selten kultiviert, bietet sich aber für Gestaltungen im Bauerngartenstil geradezu an. Der nah verwandte Zwergalant (*A. ensifolia*) wird nur 20 cm hoch und ist eine hübsche Wildstaude für Natur- und Steingärten.

Merkmale: Staude mit aufrechtem, stark verzweigtem Stängel, 50 – 150 cm hoch; große gelbe Blütenkörbe, bis 7 cm Ø.
Blütezeit: Juli – September
Verwendung: Einzeln oder in kleinen Gruppen vor Gehölzen, in gemischten Staudenpflanzungen, für Bauern- und Naturgärten, in Teichnähe.
Standort: Humoser, lockerer, frischer Boden.
Pflanzen/Vermehren: Pflanzung im Frühjahr; Vermehrung durch Aussaat oder Teilung der Wurzelstöcke.
Pflege: Junge Pflanzen vorm Winter mit Nadelholzreisig abdecken; bei anhaltender Trockenheit gießen.

Alcea
Zweijährige, hochwüchsige Sommerblume, die sich leicht selbst aussät.
→ *Stockrose*

Alchemilla
Niedrige bis mittelgroße Staude mit zierenden Blättern und zarten Blüten für Sonne und Halbschatten
→ *Frauenmantel*

Älchen
Winzige, fadenförmige Würmer, die sich schlängelnd wie Aale fortbewegen, deshalb der Name „Älchen". Sie sind sehr zahlreich in jedem Gartenboden vorhanden, wo sie für die Zersetzung organischer Substanz sorgen. Einige Arten parasitieren auch Schädlinge, z. B. den → *Dickmaulrüssler*. Allerdings gibt es auch etliche Arten, die als Wurzel-, Stängel- oder Blattälchen eine Vielzahl von Pflanzen schädigen können und nicht direkt zu bekämpfen sind. Befallene Pflanzen müssen ganz entfernt werden. Wichtigste Vorbeugungsmaßnahme ist ein häufiger Fruchtwechsel, auch bei Zierpflanzen. In der Fachliteratur werden die Älchen als → *Nematoden* bezeichnet und sind unter diesem Begriff näher beschrieben.

Algen
Ein- oder vielzellige Organismen, die zu den einfachsten Formen der Pflanzenwelt gehören und seit Jahrmillionen auf der Erde vorkommen. Sie sind vorwiegend an Wasser gebunden, leben aber auch an Land an feuchten Stellen, z. B. als Grünalgen auf der Wetterseite von Bäumen. Vor allem Meeresalgen sind reich an wertvollen Inhalts- und Nährstoffen und werden häufig gefischt und zu Tierfutter oder → *Algenkalk* verarbeitet.

Nicht nur grüne, sondern auch blaugrün, rot oder braun gefärbte Algen enthalten Chlorophyll, den grünen Pflanzenfarbstoff. Dies ermöglicht ihnen den Stoffaufbau durch → *Photosynthese*, wobei ständig Sauerstoff frei wird. Seit Anbeginn des pflanzlichen Lebens spielen deshalb Algen eine wichtige Rolle für die Sauerstoffversorgung der Erde. Durch Abbau organischer Stoffe tragen Algen zum biologischen Gleichgewicht von Gewässern bei. Außerdem dienen sie kleinen Wassertieren als Nahrung und stehen so am Anfang der Nahrungskette.

In Gartenteichen bereiten Algen allerdings öfter Probleme, indem sie überhand nehmen. Das kann eine vorübergehende, z. B. wetterbedingte Erscheinung sein, bei der das häufige Abfischen als Gegenmaßnahme genügt. Bei anhaltender Veralgung sollte allerdings ein Wassertest durchgeführt werden. Ursache ist meist eine überhöhte Nährstoffanreicherung im Teich, etwa durch unsachgemäße Wasserpflanzendüngung, zu hohen Fischbesatz oder Einschwemmen nährstoffreicher Gartenerde. Nachdem solche Faktoren ausgeschaltet sind, kann es durch Abfischen der Algen, Zufuhr von Frischwasser, Einsetzen Algen vertilgender Wasserschnecken und ähnliche Maßnahmen wieder zur Erholung kommen. Andernfalls müssen Bodengrund und

Wasser ausgetauscht werden. Bei einer Neuanlage sollte man unbedingt nährstoffarme Teicherde verwenden und sehr hartes, kalkhaltiges Leitungswasser vor dem Einfüllen mit einem geeigneten Mittel (Fachhandel) aufbereiten. Zudem beugt ein reicher Besatz mit Unterwasserpflanzen der Algenvermehrung vor.

Chemische Algenbekämpfungsmittel sind völlig ungeeignet, da sie das Zusammenspiel aller Lebewesen im Teich empfindlich stören. Ein dauerhaftes Gleichgewicht, das die Veralgung von selbst in Grenzen hält, kann so nicht entstehen.

Weniger problematisch, aber zumindest unschön sind Algenbeläge auf Töpfen, die regelmäßig abgewischt bzw. mit einer Drahtbürste entfernt werden sollten.

Algenblüte

Sehr starke, explosionsartige Vermehrung von Algen, meist in heißen Hochsommerperioden. Dies kann sich in intakten Gewässern mit der Zeit wieder regulieren; meist ist die Algenblüte jedoch Anzeichen für eine übermäßige Nährstoffanreicherung (Eutrophierung).

Vgl. → *Algen*

Algenfarn

Wuchsfreudige → *Schwimmpflanze*, die den Algenwuchs hemmt.

Algenkalk

Langsam wirkender Kalkdünger, der aus kalkhaltigen Meeresalgen, meist Rotalgen, gewonnen wird. Neben Kalk enthält er verschiedene Spurennährstoffe. Algenkalk wird auch im Pflanzenschutz eingesetzt: Fein über die Blätter gestreut, kann er manchen Pilzkrankheiten und Schädlingen vorbeugen. Zudem lässt er sich gut für schützende Weißanstriche an Obstbäumen verwenden.

Auch → *Kalkung*

Algenpräparate

Meist aus Braunalgen gewonnene Gartenhilfsmittel, deren Hauptwirkstoffe die so genannten Alginate sind. Sie werden in verschiedenen Auf- und Zubereitungen verwendet, meist als Extrakte. Als Bodengranulate verbessern sie die Krümelstruktur sowie den Wasser- und Nährstoffhaushalt von Böden. Daneben sollen sie die biologische Aktivität anregen, im Boden wie als Kompostzusatz. Außerdem werden Braunalgenpräparate als Pulver, Spritz- oder Gießmittel zum Fördern der Bewurzlung, zur Pflanzenstärkung und für die Baumpflege angeboten.

Alisma

Weiß blühende Sumpfstaude
→ *Froschlöffel*

Alkalisch

Im Zusammenhang mit Böden ein Begriff, der den Säuregrad bzw. die → *Bodenreaktion* beschreibt; gleichbedeutend mit basisch. Ein alkalischer Boden ist – vereinfacht ausgedrückt – das Gegenteil eines sauren Bodens. Sein → *pH-Wert,* die Maßzahl für den Säuregrad, liegt über 7. Alkalische Böden haben meist einen mehr oder weniger hohen Kalkgehalt; kalkunverträgliche Pflanzen, z. B. viele Heidekrautgewächse, gedeihen hier nicht. Ansonsten sind schwach alkalische Böden für die meisten Pflanzen recht günstig. Auf stark alkalischen Standorten nimmt jedoch die Verfügbarkeit einiger Nährstoffe, darunter Eisen, stark ab, worauf viele Pflanzen mit Blattvergilbungen und Wachstumsstörungen reagieren.

Alkaloide

Stickstoffhaltige Kohlenwasserstoffe, die in etlichen Pflanzen vorkommen und meist starke Wirkungen auf das menschliche Nervensystem zeigen. Sie sind je nach Pflanze unterschied-

Der Eisenhut enthält in allen Pflanzenteilen hochgiftige Alkaloide.

lich zusammengesetzt und tragen oft den Namen der jeweiligen Gattung, z. B. das Nikotin den des Tabaks (*Nicotiana*).

Auch weitere bekannte suchterzeugende Stoffe gehören zu den Alkaloiden, z. B. Kokain. Viele Alkaloide sind in hoher Dosierung stark bzw. tödlich giftig, etwa das Atropin der Tollkirsche (*Atropa belladonna*). Hochgiftige alkaloidhaltige Gartenpflanzen sind Eisenhut (*Aconitum*) und Herbstzeitlose (*Colchicum*). Daneben können z. B. auch Eibe (*Taxus*) und der Enzianbaum (*Solanum*) durch ihren Alkaloidgehalt sehr gefährlich werden, vor allem für kleine Kinder, die Pflanzenteile essen.

Auch → *Giftpflanzen*

Allium

Große Gattung mit einigen der wichtigsten essbaren Zwiebelpflanzen wie → *Bärlauch,* → *Knoblauch,* → *Knoblauchschnittlauch,* → *Porree,* → *Schnittlauch,* → *Zwiebel* sowie diversen → *Zierlaucharten*

Almenrausch
Anderer Name für → *Rhododendron*, vor allem für die bei uns heimischen, im Gebirge wild wachsenden Arten

Alnus
Botanischer Gattungsname für → *Erle*

Alpenaster
Niedrige, besonders für Steingärten geeignete → *Aster*, die im Frühsommer blüht.

Alpenaurikel
Für Steingärten geeignete, gelb blühende → *Primel*

Alpenedelweiß
Charakteristische weiß blühende Alpenpflanze für Steingärten
→ *Edelweiß*

Alpengarten
Eine Art botanischer Garten, in dem Alpenpflanzen für wissenschaftliche Beobachtungen kultiviert werden. Den Alpengarten kennzeichnet im Gegensatz zum → *Alpinum,* dass er stets im Hochgebirge, also am natürlichen Standort angelegt ist.

Alpenpflanzen
→ *Alpinpflanzen*

Alpenrose
Anderer Name für → *Rhododendron*

Alpenveilchen
CYCLAMEN
Die zu den Primelgewächsen gehörenden Alpenveilchen sind vor allem als Zimmerpflanzen populär. Daneben gibt es einige Arten, die auch im Garten verwendet werden können. Bedeutung haben hier vor allem das aus Süd- und Südosteuropa stammende Efeublättrige Alpenveilchen sowie das Wilde Alpenveilchen, das in den Alpen und im Jura wächst. Wild

Wildes Alpenveilchen (Cyclamen purpurascens)

wachsende Bestände stehen unter Naturschutz. Gelegentlich werden für den Garten auch aus Kleinasien stammende Arten angeboten, die im Frühjahr blühen, am häufigsten das Vorfrühlingsalpenveilchen (*C. coum*) mit rundlichen bis nierenförmigen Blättern. Ansonsten ist es in allem den anderen Alpenveilchen sehr ähnlich. Die Alpenveilchen enthalten vor allem in den Knollen Giftstoffe.

Efeublättriges Alpenveilchen
CYCLAMEN HEDERIFOLIUM

Merkmale: Wintergrüne Knollenpflanze, 10 – 15 cm hoch; Blätter unterschiedlich geformt, meist efeuartig, ziehen über Sommer ein und treiben erst im Herbst wieder aus; Blüten rosa oder weiß; Knollen unten abgeflacht, nur oberseits bewurzelt.
Blütezeit: September – Oktober
Verwendung: Im Steingarten, am Gehölzrand, unter lichten, Laub abwerfenden Gehölzen.
Standort: Humoser, durchlässiger, kalkhaltiger Boden, der auf gar keinen Fall staunass sein darf.
Pflanzen/Vermehren: Knollen im Frühjahr 5 – 10 cm tief einpflanzen; Vermehrung durch Aussaat bald nach der Samenreife.
Pflege: Winterschutz mit Nadelholzreisig vor allem in den ersten Jahren; etwa alle 2 Jahre Kompost geben.

Wildes Alpenveilchen
CYCLAMEN PURPURASCENS

Merkmale: Immergrüne Knollenpflanze, 10 – 15 cm hoch; Blätter herz- bis nierenförmig, oft mit silbriger Zeichnung; Blüte rosa oder rosarot, angenehmer Duft; Knollen rundlich, rundum bewurzelt.
Blütezeit: Juli – Oktober
Verwendung: Wie Efeublättriges Alpenveilchen.
Standort: Wie Efeublättriges Alpenveilchen.
Pflanzen/Vermehren: Knollen im Frühjahr ca. 5 cm unter der Erdoberfläche einsetzen; Vermehrung durch Aussaat bald nach der Samenreife.
Pflege: Wie Efeublättriges Alpenveilchen.

Alpenveilchennarzisse
Früh blühende Narzissenart, die im Aussehen an das namensgebende Alpenveilchen erinnert.
→ *Narzisse*

Alpenwaldrebe
Aus dem Alpenraum stammende Kletterpflanze der Gattung *Clematis*
→ *Waldrebe*

Alpinpflanzen
Pflanzen, die in den Alpen und anderen Hoch- und Mittelgebirgen der gemäßigten Zone beheimatet sind. Neben Klein- und Zwerggehölzen sowie einigen Farnen und Gräsern erregten vor allem alpine Blütenstauden schon vor Jahrhunderten das besondere Interesse der Pflanzen- und Gartenliebhaber. Diese Pflanzen bilden oft besonders auffällige Blütenformen und -farben aus, um die in höheren Lagen nicht mehr so zahlreich vorkommenden Insekten zur Bestäubung anzulocken. Besonders reizvoll sind die alpinen Stauden häufig auch durch polsterartigen Wuchs oder grau bis bläulich grün gefärbte Blätter. Solche Merkmale stellen ebenfalls Anpassungen an die Verhältnisse im Gebirge dar.

Charakteristisch für Gebirgsstandorte sind extreme Witterungsbedingungen und vor allem starke Temperaturdifferenzen, sowohl zwischen Tag und Nacht als auch zwischen Sommer und Winter. Alpinpflanzen haben sich an solche Verhältnisse ebenso angepasst wie an den meist kargen, nährstoffarmen Untergrund. Teils gedeihen sie noch auf minimaler Humusauflage oder wurzeln sogar in Felsspalten. In Gärten macht man sich diese Eigenschaften z. B. bei der Begrünung von Mauern zunutze. Andererseits versagen viele alpine Arten auf gut gedüngten Gartenböden (auch → *Abmagern*). Sie sind außerdem häufig an bestimmte Gesteine gebunden, auf denen sie am Naturstandort wachsen. Vor allem der Kalkgehalt des Untergrunds entscheidet oft darüber, ob solche Arten in einem Steingarten gedeihen.

Berücksichtigt man diese Ansprüche, sind viele alpine Arten als pflegeleichte, robuste Steingartenpflanzen kultivierbar. Das gilt jedoch nicht für alle; bei manchen Alpinpflanzen haben sich Versuche, sie im Tiefland anzusiedeln, als aussichtslos erwiesen.

Die natürlichen Bestände vieler Alpinpflanzen sind gefährdet, die meisten Arten stehen unter Naturschutz. Ein besonders trauriges, bekanntes Beispiel bietet das Alpenedelweiß (*Leontopodium alpinum*), das nicht zuletzt durch häufiges Pflücken nahezu ausgerottet wurde. Wer Alpinpflanzen im Steingarten kultivieren möchte, sollte keinesfalls Exemplare im Gebirge ausgraben, sondern ausschließlich gärtnerisch vermehrte Pflanzen verwenden.

Alpinum
Steingartenanlage, in der alpine Arten vorwiegend zu wissenschaftlichen Zwecken gepflanzt und beobachtet werden. Anders als ein → *Alpengarten* kann ein Alpinum auch im Tiefland angelegt sein. Ursprünglich dienten solche Anlagen oft dazu, Anbauversuche mit Alpinpflanzen durchzuführen bzw. zu erforschen, inwieweit sie sich überhaupt kultivieren lassen. Dazu wurde ihre natürliche Umwelt auch in gebirgsfernen Regionen möglichst vorbildgetreu nachgestaltet. Heute sind Alpinum-Anlagen meist botanischen Gärten angegliedert und demonstrieren die Vielfalt der Alpenflora. Solch ein Alpinum ist häufig geographisch und nach verschiedenen Gesteinsarten gegliedert, so dass auf engem Raum Pflanzengesellschaften verschiedener Gebirgsstandorte nebeneinander wachsen.

Früher auf alpinen Matten verbreitet, heute in freier Natur fast ausgerottet: das Alpenedelweiß.

Manchmal werden auch private Steingärten, die nach ähnlichen Prinzipien angelegt worden sind, als Alpinum bezeichnet. Sie beherbergen dann lediglich natürlich vorkommende Arten und keinerlei Züchtungen oder Hybriden.

Auch → *Steingarten*

Alte Rosen

Zu den Alten Rosen zählen streng genommen nur Rosensorten und -gruppen, die vor 1867 entstanden sind. In diesem Jahr wurde die erste Teehybride mit dem Namen 'La France' eingeführt, was als Startschuss für das Zeitalter der modernen Rosen gilt. Die zuvor kultivierten Rosen blühten zwar ebenfalls prächtig, aber meist nur wenige Wochen. Teils mangelte es ihnen auch an Robustheit. Vor einiger Zeit hat man allerdings den nostalgischen Charme der Zentifolien, der Alba-, Bourbon-, Gallicarosen und ähnlicher Gruppen wiederentdeckt. Sie zeichnen sich häufig durch dicht gefüllte, intensiv duftende Blüten aus.

Auch etwas jüngere Abkömmlinge solcher Rosen, die nach dem oben genannten Stichjahr entstanden, werden als Alte Rosen geführt, wenn sie historisches Flair zeigen. Meist handelt es sich um hochwüchsige Strauchrosen, aber auch Kletterrosen und beet- oder edelrosenähnliche Sorten fallen in diese Kategorie. Die mittlerweile sehr beliebten → *Englischen Rosen* sind Kreuzungen solcher historischer Rosen mit modernen Sorten.

Alternanz

Bezeichnet eine Besonderheit im Fruchtungsverhalten von Obstgehölzen, nämlich den jährlichen Wechsel zwischen hohem Ertrag und weitgehendem Ertragsausfall. Die Stärke der Alternanz ist sortenabhängig und kommt vor allem beim Apfel, seltener bei Birne und Pflaume vor. Deutliche jährliche Ertragsschwankungen zeigen z. B. die Apfelsorten 'Berlepsch', 'Boskoop', 'Gravensteiner' und 'Ingrid Marie'.

Auch der beliebte 'Elstar' neigt zur Alternanz, die Erfahrungen und Angaben sind hier jedoch wie bei einigen anderen Sorten unterschiedlich. Zur Alternanz kommt es dadurch, dass Früchte die Entwicklung von tiefer am Trieb sitzenden Blütenknospen durch hormonelle Vorgänge hemmen. Übergeordnete, d. h. oberhalb der Früchte sitzende Blütenknospen werden dadurch nicht beeinflusst. Da beim Kernobst neues Fruchtholz vorwiegend unterhalb der Früchte entsteht, gibt es hier häufiger deutliche Alternanzerscheinungen: Nach Jahren mit reichem Fruchtbehang fällt die Blüte und damit die Ernte oft ganz aus. Dies lässt sich durch → *Ausdünnen* der Früchte in den ertragsstarken Jahren ein wenig regulieren. So kann es auch im Folgejahr zu ausreichendem Blütenbesatz kommen.

Die Apfelsorte 'Boskoop' neigt zur Alternanz, also zu ausgeprägten Ertragsschwankungen.

Alternativer Anbau

Anbauweise, die als umweltschonende Alternative zum herkömmlichen Garten- und Landbau entwickelt wurde, wird heute meist als ökologischer oder biologischer Anbau bezeichnet. Wichtige Prinzipien und Methoden sind der Verzicht auf chemische Pflanzenschutzmittel und synthetische → *Dünger,* die Verbesserung der Bodenfruchtbarkeit durch naturnahe Verfahren und Mittel, vielfältige Fruchtfolgen und Mischkulturen sowie die Förderung von Nützlingen wie beispielsweise Marienkäfer oder Florfliegen. Im Idealfall streben alternativ wirtschaftende Betriebe einen geschlossenen Nährstoffkreislauf unter Einbeziehung einer artgerechten Tierhaltung an. Auch im eigenen Garten kann man viele Elemente dieser Anbauweise sinnvoll umsetzen und nutzen.

→ *Bio-Anbau*

Althaea
Hochwüchsige Staude, traditionelle Bauerngarten- und Heilpflanze
→ *Eibisch*

Altweibersommer
Schönwetterlage, die sich in Mitteleuropa bislang in 2 von 3 Jahren recht zuverlässig Mitte bis Ende September eingestellt hat. Zum typischen Bild dieser angenehmen Frühherbsttage gehören Spinngewebe, meist von jungen Krabben- oder Herbstspinnen, die des Öfteren durch den Wind fortgetragen werden. Im Mittelalter nannte man sie „fliegende Sommer". Der Volksglaube deutete diese Fäden als Zeichen der Jungfrau Maria, in vorchristlicher Zeit wurden sie u. a. auch als Gespinste von Elfen und Zwergen oder als von Schicksalsgöttinnen gesponnene Lebensfäden angesehen. Aus einer dieser vielfältigen Interpretationen der Spinngewebe rührt wahrscheinlich auch die bekannte Bezeichnung Altweibersommer her.

Die Hochdrucklage sorgt für sonnige, warme, trockene Tage, die sich z. B. sehr gut für die Anlage neuer Beete und Rabatten oder die Vorbereitung von Gehölzpflanzungen eignen. Nachts wird es allerdings schon recht kühl. In Höhenlagen kann es dann bereits zu ersten Frösten kommen, die dann entsprechende Vorkehrungen wie das Einräumen von Kübelpflanzen oder auch das Abdecken empfindlicher Gewächse verlangen.

Die Schönwetterphase des Altweibersommers verlängert sich zuweilen bis in den Oktober hinein.

Aluminium
Chemisches Element mit der Abkürzung Al; hat im Zusammenhang mit Garten oder Pflanzen zweierlei Bedeutung:

1) Als Bodenbestandteil: Aluminium ist das häufigste Metall der Erdkruste. Neben Silizium ist es wichtigstes Bauteil der Tonminerale, die für Nährstoff- und Wasserhaushalt eines → *Bodens* eine entscheidende Rolle spielen. Einige wenige Pflanzen wie Farne und Schachtelhalm nutzen Aluminium als Nährstoff; für fast alle anderen Arten jedoch ist es mehr oder weniger schädlich, wenn es aus seinen festen Bindungen im Boden freigesetzt wird. Dies geschieht auf sehr sauren Böden (→ *Bodenreaktion*) und ist eine der indirekten Ursachen für das Waldsterben.

2) Als Baustoff: Vor allem für Gewächshausbauteile verwendet man gern Aluminiumlegierungen. Das Material ist leicht und trotzdem stabil, lange haltbar, chemisch und witterungsbeständig, rostet nicht und verlangt keinen Erhaltungsaufwand. Darüber hinaus lässt es sich bei der Herstellung fast beliebig formen, so etwa zu Sprossenprofilen, die die kittlose Verglasung z. B. von gewächshäusern einfach machen.
Auch → *Gewächshaus*

Alyssum
Gelb blühende Polster- und Steingartenstaude
→ *Steinkraut*

Amaranthus
Einjährige Pflanze, die sich auch als Schnittblume eignet.
→ *Fuchsschwanz*

Amarelle
Sortengruppe der → *Sauerkirsche*, die sich durch gelbliches Fruchtfleisch und gelblichen oder farblosen Saft auszeichnet.

Ambossschere

Gartenschere mit geraden Klingen, von denen die eine als Schneide ausgebildet ist, die andere als breiter Amboss, gegen den die Triebe beim Schnitt gedrückt werden. Bei kräftigen, älteren Zweigen oder Stängeln ist diese Funktionsweise recht praktisch, für den Schnitt an jüngeren, empfindlichen Obsttrieben etwas nachteilig, da der Rindenrand stark gequetscht wird.

Auch → *Schnittwerkzeug*

Ameise

Ameisen gehören zoologisch zu den Hautflüglern, derselben Insektengruppe wie Bienen, Wespen und Hummeln. Geflügelte Tiere treten allerdings nur im Sommer zur Fortpflanzungszeit auf, dann oft in großen Schwärmen. Nach dem Paarungsflug sterben die geflügelten Männchen, die weiblichen Königinnen verlieren nur die Flügel und legen dann ihre Eier in die Erde ab. Daneben gibt es die ungeflügelten Arbeiterinnen, ebenfalls wichtige Glieder des so genannten Ameisenstaats. In Gärten leben hauptsächlich die Schwarze Wegameise und die Gelbe Wiesenameise. Sie füttern ihre Larven mit Insekten, beseitigen tote Kleintiere sowie Pflanzenreste und sind so in mehrfacher Beziehung nützlich. Im Normalfall sollte man sie deshalb dulden und muss sie keineswegs bekämpfen.

Indirekt lästig werden sie bei starkem Läusebefall, da sie die Schädlinge gegen deren Feinde verteidigen. Ameisen fressen gern den Honigtau, die süßen, klebrigen Ausscheidungen, die Blattläuse und einige andere Pflanzensauger produzieren. Man kann beobachten, dass sie die Läuse regelrecht „streicheln" bzw. „melken", um das Ausscheiden der geschätzten Substanz anzuregen. Direkte Probleme können Ameisen bei

Ameisen beim „Melken" von Blattläusen

Massenvermehrung, häufig in trockenen Sommern, bereiten. Dann untertunneln sie größere Bereiche in Beeten oder unter Wegplatten, fressen verstärkt auch lebende Pflanzenwurzeln an und werden teils durch Besiedeln von Terrassen und an den Garten angrenzende Räumlichkeiten lästig. Beim Vertreiben helfen intensiv riechende Pflanzen wie Thymian und Lavendel oder Wermuttee, den man des Öfteren über die Tiere und ihre bevorzugten Plätze gießt. Es gibt auch verschiedene käufliche Vertreibungsmittel auf pflanzlicher Basis. Eine ungiftige, aber rabiate Bekämpfungsmethode stellt das mehrmalige Übergießen der unterirdischen Nester mit kochendem Wasser dar. Die erwachsenen Tiere können mit Leimringen bekämpft werden. Dies empfiehlt sich auch bei Blattlausbefall, z. B. an Obstbäumen, um die Unterstützung durch die Ameisen einzudämmen.

Amelanchier

Im Frühjahr blühende Sträucher oder Bäume mit essbaren Früchten
→ *Felsenbirne*

Amerikanischer Stachelbeermehltau

Pilzkrankheit an Stachelbeeren, teilweise auch an Johannisbeeren, die einen mehligen Überzug auf jungen Triebspitzen, Blättern und Früchten verursacht.
→ *Stachelbeerkrankheiten*

Ammobium

Botanischer Name für Papierknöpfchen, Sandimmortelle
→ *Trockenblumen*

Ammoniak

Stickstoffverbindung, chemische Formel NH_3; farbloses Gas, das bei der Zersetzung organischer Stickstoffverbindungen entsteht und in höherer Konzentration stechend riecht. Bei der Umsetzung organischer Substanz im Boden werden stickstoffhaltige Anteile zunächst als Ammoniak frei, das mit dem Bodenwasser zu → *Ammonium* reagiert. Synthetisch gewonnenes Ammoniak dient als Ausgangssubstanz für die Herstellung von Stickstoffdüngern. Unter ungünstigen Bedingungen kann der Stickstoff im Boden oder aus Düngemitteln durch gasförmiges Entweichen als Ammoniak verloren gehen.

Ammoniak, schwefelsaures

→ *Ammoniumdünger*

Ammonium

Stickstoffverbindung, chemische Formel NH_4^+, als positiv geladenes Kation meist Bestandteil eines Salzes, z. B. Ammoniumsulfat. Ammonium ist eine im Boden vorkommende Stickstoffform, die von den Pflanzen direkt als Nährstoff aufgenommen werden kann. Hauptsächlich wird es jedoch von Bakterien in das leicht lösliche, schnell verfügbare Nitrat (NO_3^-) umgewandelt, die Form, in der Pflanzen Stickstoff hauptsächlich aufnehmen. Ammonium kann sich an Bodenteilchen anlagern und wird deshalb weniger stark ins Grundwasser ausgewaschen als Nitrat.

Auch → *Ammoniumdünger*,
→ *Stickstoff*

Ammoniumdünger

Dünger, die den wichtigen Hauptnährstoff Stickstoff in Ammoniumform enthalten und langsamer wirken als Nitrat-(Salpeter-)dünger. Das geläufigste Düngemittel dieser Gruppe ist Ammoniumsulfat, auch Schwefelsaures Ammoniak genannt. Das weiße, nadelförmige Salz der Schwefelsäure ist gut wasserlöslich. Wenn es des Öfteren verwendet wird, bewirkt es eine Bodenversauerung und kann dazu benutzt werden, den pH-Wert zu alkalischer bzw. kalkhaltiger Böden zu senken (→ *Bodenreaktion*). Allerdings entweicht bei einer Düngung auf alkalischen Böden ein Teil des Stickstoffs auch als Ammoniak in die Luft.

Ampel

Auch Blumenampel genannt; meist schalen- oder topfförmiges Pflanzgefäß, das an der Decke oder an der Wand angebracht und mit langtriebigen Hängepflanzen bestückt wird. Ampeln eignen sich gut, um auf Balkon, Terrasse oder auch am überdachten Gartensitzplatz gestalterische Akzente zu setzen. Eine besondere Form der Hängegefäße sind die allseitig bepflanzbaren Hanging Baskets, bei denen es sich um grobmaschige Körbe handelt.

Ampeln müssen sehr sorgfältig mit geeigneten, stabilen Befestigungshilfen angebracht werden; inklusive des notwendigen feuchten Substrats können sie ein beachtliches Gewicht erreichen. Bei der Platzierung ist zu bedenken, dass die Ampeln zum Gießen und für andere Pflegezwecke gut erreichbar bleiben sollten und dass sich das Herablaufen von Gießwasser oft nicht vollkommen vermeiden lässt. Der Fachhandel bietet teilweise spezielle Vorrichtungen an, mit denen man die Ampeln zum Gießen herablassen und später wieder hochziehen kann.

Ampelpflanzen erweitern die Gestaltungsmöglichkeiten auf Balkon und Terrasse.

Ampelpflanzen

Ampeln werden vorwiegend mit einjährigen oder nur einjährig gezogenen Hänge- oder Kletterpflanzen bepflanzt. Besonders attraktiv sind Arten, deren hängende Triebe dicht mit Blüten besetzt sind, z. B. Zweizahn (*Bidens ferulifolia*), Blaues Gänseblümchen (*Brachyscome*-Arten), Fächerblume (*Scaevola saligna*), Blaue Mauritius (*Convolvulus sabatius*) und Schwarzäugige Susanne (*Thunbergia alata*). Dazu kommen Hängeformen altbewährter Balkonblumen, wie Hängepetunien (besonders die langtriebigen Surfinia-Sorten), Hängepelargonien und Hängefuchsien. Daneben eignen sich auch dekorative Blattpflanzen mit Hängewuchs gut für Ampeln, etwa Efeu oder Harfenstrauch (*Plectranthus forsteri*).

Auch → *Balkonbepflanzung*

Ampfer

Große Gattung ausdauernder Pflanzen mit dem botanischen Namen *Rumex*. Einige Arten kommen vor allem an nährstoffreichen, eher feuchten Plätzen als → *Unkräuter* vor. Der → *Sauerampfer* wird als Wildgemüse genutzt und kann auch als Gemüse bzw. Würzkraut angebaut werden.

Amphibien

Eine Klasse wechselwarmer Wirbeltiere, die auch Lurche genannt wird. Die Amphibien werden in drei Gruppen unterteilt: die nur in den Tropen heimischen Blindwühle, die Schwanzlurche und die Froschlurche. Bei uns heimische Schwanzlurche sind → *Salamander* und → *Molche*, zu den Froschlurchen gehören → *Kröten* und → *Frösche*. Alle Amphibien haben eine schuppenlose, drüsenreiche, meist feuchte Haut und legen ihre Eier im Wasser ab. Aus ihnen schlüpfen wasserbewohnende Larven, die mit Kiemen atmen. Sie verwandeln sich später zu lungenatmenden Landlurchen.

Im Gartenteich trifft man am häufigsten die grünen Teich- und Wasserfrösche an. Molche nehmen den Gartenteich gern an, sofern sich darin keine Fische tummeln.

Je nachdem, ob im Umland des Gartens Lurche vorkommen, können sich in naturnahen Gärten auch Grasfrosch, Laubfrosch und Erdkröte ansiedeln. Dazu sollten allerdings Wasserstellen, schützende Hecken aus Sträuchern, Blumenwiesen und dichter Bodenbewuchs sowie ausreichend Unterschlupfmöglichkeiten in Form von Totholz- oder Steinhaufen vorhanden sein. Gitterroste vor den Kellerfenstern machen Luftschächte unzugänglich und entschärfen so typische Todesfallen für Lurche. Alle Amphibien ernähren sich von tierischer Kost, meist Insekten, Spinnen, Würmern und Schnecken, und regulieren so auch die Pflanzenschädlinge. Sie stehen bei uns unter strengem Naturschutz und das Entnehmen von Laich oder Fangen einzelner Tiere in der freien Natur ist absolut nicht erlaubt.

Grasfrösche besiedeln gern Teiche und deren Umgebung (oben).

Feuersalamander lieben warme Steine zum „Sonnen" und als Verstecke (unten).

Amsel

Der etwa 25 cm große, auch Schwarzdrossel genannte Vogel kommt das ganze Jahr über häufig in Gärten und Parks vor. Das schwarze Männchen mit dem gelben Schnabel hat einen schmalen, gelben Ring um das Auge. Das Weibchen ist insgesamt bräunlicher mit braunem Schnabel. In der Morgendämmerung oder nach Regenschauern ertönt ihr flötender Gesang von den Dächern und Baumspitzen. Ihre Nester bauen Amseln bevorzugt in Hecken, immergrünen Gehölzen und grünen Fassaden.

Die Amsel hat erst im vergangenen Jahrhundert die menschlichen Siedlungen erobert, zuvor war sie ein scheuer Waldvogel. Heute gehört sie zu den Vögeln, die am häufigsten im Siedlungsbereich vorkommen. Amseln ernähren sich teils von Regenwürmern und Insekten. Da sie auch Schnecken und andere Schädlinge vertilgen, hat ihre Anwesenheit im Garten durchaus Vorteile. Andererseits fressen sie aber auch gern Kirschen, Beeren und andere Früchte. Davon kann man sie am besten mit Vogelschutznetzen abhalten. Beim noch spärlichen Nahrungsangebot im Frühjahr machen sich Amseln bevorzugt über Frühlingsblüher her, wobei sie eine besondere Vorliebe für gelbe Krokusse zeigen. Neben Netzen und auf kurzen Stöckchen angebrachten, im Wind flatternden Silberstreifen kann hier auch das Bereitstellen von etwas Futter und Trinkwasser Abhilfe schaffen.

Auch → *Vögel*

Anaerob

Ohne Sauerstoff ablaufend bzw. – bezogen auf Organismen – Sauerstoff meidend; Gegensatz zu → *aerob*. Für manche anaerobe Organismen ist Sauerstoff absolut giftig, z. B. für Buttersäure- oder Methanbakterien. Einige anaerobe Mikroorganismen können aber auch bei Anwesenheit von Sauerstoff existieren, so die Milchsäurebakterien und Hefepilze, die verschiedene Formen der Gärung bewirken. Die gezielt genutzte Milchsäuregärung, etwa zur Herstellung von Sauerkraut aus Weißkohl, läuft allerdings unter weitgehendem Luftabschluss am besten ab.

Im Boden oder Kompost sind anaerobe Verhältnisse sehr ungünstig, weil die Sauerstoff liebenden Mikroorganismen ausbleiben, die sonst für die erwünschte Verrottung organischer Reste sorgen. Statt dessen dominieren bei Sauerstoffmangel Bakterien, die Fäulnis verursachen. Dabei entstehen die bekannten unangenehmen Gerüche, teilweise bilden diese Organismen auch giftige Stoffwechselprodukte. Das Problem tritt ebenfalls in sauerstoffarmen und übermäßig mit Nährstoffen angereicherten Gartenteichen auf, an deren Grund sich in der Folge Faulschlamm ansammelt.

Ananaserdbeere

Bezeichnung für großfrüchtige Gartenerdbeeren
→ *Erdbeere*

Anbau

Der Begriff wird im Allgemeinen nur auf Nutzpflanzen bezogen und meist so verstanden, dass er sämtliche Maßnahmen von Aussaat und Pflanzung über die Pflege bis zur Ernte umfasst. Im Erwerbsgartenbau spricht man auch bei Zierpflanzen von Anbau. Anbauarbeiten im engeren Sinn sind hier alle Vermehrungsmaßnahmen inklusive Säen und Topfen, die von den späteren Pflegearbeiten abgegrenzt werden.

Anbaufläche

Die für den Gemüse- und Kräuteranbau zur Verfügung stehende Flächen, wird oft gleichgesetzt mit Nutzfläche. Fachsprachlich versteht man darunter die insgesamt ausgenutzte Fläche im Lauf eines Jahres. Wenn auf einem Beet von Frühjahr bis Herbst nacheinander verschiedene Kulturen (→ Kulturfolge) angebaut werden, z. B. nach der sommerlicher Kohlernte noch eine Herbsteinsaat von Spinat, so ist die Anbaufläche größer als die Nutzfläche.

Anbaufolge

Abfolge der nacheinander auf einer bestimmten Fläche angebauten Gemüsearten. Bei Anbaufolgen innerhalb einer Vegetationsperiode spricht man von einer → Kulturfolge; die abwechselnde Belegung über mehrere Jahre hinweg heißt → Fruchtfolge. Enge Anbaufolgen, bei denen ein und dieselbe Art häufig oder gar ständig angebaut wird, führen zu einseitiger Bodenbeanspruchung und fördern den Krankheits- und Schädlingsbefall. Hier sollte man durch gezielten → Fruchtwechsel vorbeugen, sowohl innerhalb eines Jahres als auch über die Jahre hinweg.

Anbauplanung

Um die Gemüsebeete im Verlauf eines Jahres sinnvoll zu nutzen, macht man sich am besten schon im Winter vorher darüber Gedanken, was man wann wo anbauen möchte. Die meist bescheidene Nutzfläche muss nicht unbedingt am Reißbrett geplant werden, aber eine Skizze des Gemüseteils inklusive einiger Kopien ist oft hilfreich.

Am Anfang steht die Frage nach dem Bedarf: Zum einen, was man selbst sowie die Familie oder der Partner am liebsten isst; zum andern, welche Mengen jeweils angebaut werden sollen. Bei den Anbaumengen empfiehlt sich anfangs Zurückhaltung, bis man Erfahrungswerte gesammelt hat, wie viel man von den verschiedenen Gemüsen wirklich braucht und wie hoch die Erträge ausfallen. Außerdem sollte man daran denken, dass oft alle Pflanzen einer Gemüseart zur selben Zeit erntereif werden. Bei hohen Stückzahlen hat man dann häufig Mühe, die gesamte Ernte zu verwerten.

Von den bevorzugten Gemüsen werden zuerst die Hauptkulturen ausgewählt, die lange auf dem Beet bleiben, z. B. Tomaten oder Kohl. Solche Arten brauchen teils recht große Pflanzabstände, die man bei der planerischen Verteilung auf die Beete berücksichtigen muss. Sie sollten keinesfalls auf das Beet kommen, auf dem sie schon im Jahr zuvor standen. Am günstigsten ist ein gezieltes Wechseln von Gemüsen aus verschiedenen Pflanzenfamilien, wobei die einzelnen Arten dann höchstens alle 3 Jahre auf derselben Fläche angebaut werden (→ Fruchtwechsel). Bei

Gute Planung verlangt das Einschalten geeigneter Vor- und Nachkulturen. So lässt sich die effektive Anbaufläche bei begrenzter Nutzfläche vergrößern.

recht aktivem, vielfältigem Gemüseanbau lohnt sich zu diesem Zweck das Notieren der jährlichen Beetbelegung.

Nachdem die Hauptkulturen feststehen, kann man geeignete Partner für → *Mischkulturen* auswählen. Je nach Saat- und Erntezeit der Hauptkulturen können zur besseren Beetausnutzung auch Vor- und Nachkulturen eingeplant werden, beispielsweise Schnittsalat, der das Beet räumt, bevor Mitte Mai die Tomaten gepflanzt werden. Auch bei Misch- und Nebenkulturen sollte man auf geeignete Fruchtwechsel achten. So sind etwa Radieschen vor Kohl ungünstig, da beide zur Familie der Kreuzblütler gehören, auf die sich mehrere Schädlinge und Krankheiten spezialisiert haben. Es empfiehlt sich, neben Gemüse auch Kräuter in die Planung mit einzubeziehen – nicht nur wegen der kulinarischen Genüsse, sondern auch weil sie recht häufig günstige Wirkungen als → *Abwehrpflanzen* entfalten.

Kurzlebige Kulturen wie Radieschen und manche Salate baut man am besten in Folgesätzen an, d. h., man sät sie zeitlich gestaffelt. So gibt es stets etwas zu ernten, ohne dass übergroße Mengen anfallen. Dabei muss man wie bei einigen anderen Arten beachten, dass es verschiedene Sorten für den Früh-, Sommer- und Spätanbau gibt.

Mit der Sortenwahl tritt die Anbauplanung schon in die konkretere Phase. Es ist durchaus sinnvoll, sich nach dem Planen der Beetbelegung bald Gedanken über das nötige Saat- oder Pflanzgut zu machen. Zu Beginn des eigentlichen Anbaus – je nach Region meist im März – fallen häufig auch viele andere Gartenarbeiten an. Für die Beschaffung einer besonderen Gemüsesorte oder die eigene Anzucht wird es dann schnell terminlich zu eng.

Ein gutes „Timing" ist gerade bei einem vielfältigen Gemüseanbau mit Misch-, Vor- und Nachkulturen entscheidend. Das Verpassen von Sä- und Pflanzterminen führt häufig zu Misserfolgen und Ernteausfall. Deshalb gehört zur erfolgversprechenden Anbauplanung eine Zeitplanung, die ein Terminieren der wichtigsten Arbeiten beinhaltet. Dabei sollte man bedenken, dass einem das Wetter z. B. bei anstehenden Säarbeiten und voraussichtlichen Ernteterminen oft einen Strich durch die Rechnung macht. Deshalb ist es günstig, Saat oder Pflanzung jeweils möglichst früh anzugehen.

Die Anbauplanung lässt sich sehr gut durch ein → *Gartentagebuch* unterstützen, in dem z. B. Erfahrungen mit verschiedenen Arten und Sorten kurz festgehalten werden.

Anbauweise

In Gartenbau und Landwirtschaft wurden verschiedene Anbauweisen oder -richtungen entwickelt, die auch die Praxis in Hausgärten unterschiedlich beeinflusst haben und prägen. Obwohl die Begriffe teils umstritten sind, kann man grob zwischen konventionellem, integriertem und ökologischem bzw. biologischem Anbau unterscheiden.

Der **konventionelle oder herkömmliche Anbau** galt trotz dieser Bezeichnung lange Zeit als die modernste Anbauform. Mit Einsatz von Arbeit sparender Technologie, Verwendung hochwirksamer, oft vorbeugend ausgebrachter chemischer Pflanzenschutzmittel und synthetisch hergestellter, leicht löslicher Dünger waren Höchsterträge das erklärte Ziel. Dem dienten auch rein ökonomisch ausgerichtete Fruchtfolgen und Monokulturen. Durch deutlich negative Auswirkungen auf die Umwelt (z. B. Wasserverschmutzung, Artensterben, Bodenerosion) und

Gerade im Obstanbau sind häufige Spritzungen üblich. Durch Wahl standortgerechter, widerstandsfähiger Arten und Sorten lässt sich das Auftreten von Schaderregern von vornherein vermindern.

teilweise auch auf die Nahrungsmittelqualität geriet der konventionelle Anbau schon früh in die Kritik. Außerdem verlangt diese Wirtschaftsweise einen hohen Energieeinsatz, z. B. bei der Düngemittelherstellung. Hochintensiver Anbau beeinträchtigt zudem auf Dauer die Böden, was wiederum erhöhte Düngung erfordert und die Ausbreitung von Schaderregern im Boden fördern kann. Große Probleme bereitet weiterhin die Resistenz vieler Schädlinge und Pilze gegen gebräuchliche Wirkstoffe; sie wurden durch häufigen Pflanzenschutzmitteleinsatz gewissermaßen abgehärtet.

Im kleinen Maßstab gelten all diese Nachteile und Negativwirkungen auch für Privatgärten, in denen mit hohem Einsatz chemischer Mittel gearbeitet wird. Bei der Vielzahl an Gärten sind dabei die Umweltwirkungen keinesfalls unerheblich. Verschiedene Untersuchungen haben zudem gezeigt, dass Hobbygärtner in der Vergangenheit viel großzügiger und unbedachter mit Spritzmitteln und Düngern umgingen als Erwerbsgärtner. Heute noch gibt es z. B. zahlreiche Gartenböden, die mit Kalium und Phosphor deutlich überdüngt sind. Da es im Privatgarten nicht um wirtschaftlich notwendige hohe Erträge geht, sollte der Einsatz umweltbelastender Stoffe so weit wie möglich reduziert werden oder besser noch ganz unterbleiben.

Wer nicht ganz auf chemische Mittel und synthetische Dünger verzichten will, kann sich wiederum an neueren Entwicklungen im Erwerbsanbau orientieren. Hier hat ebenso wie bei vielen Hobbygärtnern ein Umdenken stattgefunden, teils auch bedingt durch wirtschaftliche Erwägungen und Restriktionen des Gesetzgebers. Die **integrierte Anbauweise** zielt darauf ab, Dünger- und vor allem Pflanzenschutzmitteleinsatz auf ein Minimum zu reduzieren. Chemische Schädlingsbekämpfung erfolgt erst nach genau ermittelten Schadschwellen und vorzugsweise mit nützlingsschonenden Präparaten.

Die Düngung wird anhand von → *Bodenuntersuchungen* sehr gezielt und bedarfsgerecht eingesetzt. Ergänzend wendet man häufiger Methoden an, die im ökologischen Anbau verbreitet sind, wie Gründüngung und Mulchen. In der Praxis richten sich heute viele so genannte konventionelle Betriebe zumindest punktuell nach den Prinzipien des integrierten Anbaus.

Der **ökologische oder biologische Anbau** entstand zum Teil als Gegenentwurf zum chemiebetonten Anbau, deshalb auch die Bezeichnung → *alternativer Anbau*. Die Grundlagen dafür wurden schon in den 20er und 30er Jahren des letzten Jahrhunderts entwickelt. Wichtige Ansätze stammen zum einen aus der von Hans Müller und H. P. Rusch begründeten organisch-biologischen Wirtschaftsweise. Im Mittelpunkt steht hier die Erhaltung der → *Bodenfruchtbarkeit* durch Humusbildung und Förderung des Bodenlebens sowie die Schonung der natürlichen Ressourcen. Zum andern ist der → *biologisch-dynamische Anbau* nach Rudolf Steiner zu nennen, für den u. a. speziell angefertigte Pflanzenpräparate und Beachtung von Planetenkonstellationen kennzeichnend sind.

Grundsätzlich beschränkt sich der ökologische Anbau nicht auf das einfache Weglassen chemischer Hilfsstoffe. Er stellt vielmehr ein genau aufeinander abgestimmtes Bündel von Methoden dar, die sich an Vorgängen in der Natur orientieren und versuchen, diese sowohl optimal zu lenken als auch zu nutzen.

Zur Praxis im Garten → *Bio-Anbau*

Anchusa
Gattung blau blühender Sommerblumen und Stauden
→ *Ochsenzunge*

Androsace
Mehrjährige, niedrige Steingartenpflanze
→ *Mannsschild*

Anemone
ANEMONE

Unter den Anemonen, eine sehr farben- und formenreichen Gattung der Hahnenfußgewächse, findet man niedrige bis hohe Frühlings- und Herbstblüher. Sie zeichnen sich durch attraktive Blüten sowie schön geformte Blätter aus und eignen sich teilweise sehr gut als Schnittblumen. Im Garten sind sie vor allem eine Bereicherung für nicht allzu sonnenverwöhnte Plätze. Die Anemonen enthalten schwach giftige Stoffe, die bei einigen eher empfindlichen Personen bei Berührung Hautreizungen bis hin zur Blasenbildung verursachen können.

→ *Anemonen, Frühjahrsblüher*,
→ *Anemonen, Herbstblüher*

Anemonen, Frühlingsblüher
Plätze unter oder vor Laub abwerfenden Bäumen und Sträuchern eignen sich für die Frühjahrsanemonen besonders gut. Hier erhalten sie während der Blütezeit genügend Licht, da die Gehölze noch unbeblättert sind. Trotzdem kommt ihnen der Schutz der größeren Pflanzennachbarn zugute und später dann auch deren Falllaub, das beim Verrotten für Nährstoffnachlieferung sorgt, sofern man es liegen lässt. Keinesfalls sollte man die Anemonen jedoch in die

Vielfältige Mischkulturen sind ein Element des ökologischen Anbaus, das sich gut im eigenen Garten umsetzen lässt.

Anemonen, Frühlingsblüher

Kronenanemone (Anemone coronaria)

Nähe von Pflaumen-, Pfirsich- oder Aprikosenbäumen pflanzen. Einige Arten sind Zwischenwirt für den Pflaumenrost, einem Schadpilz, der auch Schäden an den Anemonenblättern hervorruft.

Strahlenanemone
ANEMONE BLANDA

Merkmale: Knollenpflanze mit teppichartigem Wuchs, 10 – 20 cm hoch; eingeschnittene, gezähnte Blätter, die nach der Blüte einziehen; strahlenförmige, etwa 4 cm breite Blüten mit schmalen Blütenblättern, je nach Sorte blau, rosa oder weiß, häufig auch zweifarbig mit einem weißen Ring in der Mitte.
Blütezeit: März – April
Verwendung: Am Gehölzrand, wo sie leicht verwildern, auf Beeten, im Steingarten, schön zusammen mit anderen Frühjahrsblühern wie Traubenhyazinthen und Primeln; auch für Pflanzgefäße und als niedrige Schnittblumen.
Standort: Etwas geschützter Platz; humoser, durchlässiger Boden, mäßig trocken bis frisch, Kalk liebend.
Pflanzen/Vermehren: Knollen im Herbst 5 – 10 cm tief pflanzen, mit 15 cm Abstand; vorher über Nacht in lauwarmem Wasser quellen lassen. Vermehrung durch Abnahme der Brutknollen nach der Welke oder im Spätsommer.
Pflege: Nach der Pflanzung, in rauen Lagen auch jährlich, über Winter mit Nadelholzreisig und Laub abdecken, sonst keine besondere Pflege nötig; günstig sind Kompostgaben im Herbst.
Hinweise: Strahlenanemonen werden häufig in bunten Farbmischungen angeboten. Eine sehr attraktive Züchtung, gerade auch für Beete, ist die Sorte 'White Splendour' mit rein weißen, besonders großen Blüten.

Kronenanemone
ANEMONE CORONARIA

Merkmale: Knollenpflanze, zwischen 15 – 40 cm hoch; handförmig eingeschnittene Blätter, die nach der Blüte einziehen; Blüten an aufrechten Stielen, bis 7 cm Ø, Blütenblätter deutlich breiter als die der Strahlenanemone, weiß, rosa, rot, blau oder violett, auch zweifarbig, einfach oder gefüllt.
Blütezeit: März – Mai
Verwendung: Auf Beeten und am Gehölzrand, wird vorzugsweise als Schnittblume verwendet.
Standort: Geschützter Platz; humoser, durchlässiger, gleichmäßig feuchter Boden.
Pflanzen/Vermehren: Knollen im Herbst, in frostigen Lagen erst im Frühjahr pflanzen, Tiefe und Abstand sowie vorheriges Quellen in Wasser wie Strahlenanemone; Vermehrung durch Knollenteilung im Herbst oder durch kühle Anzucht aus Samen im zeitigen Frühjahr.
Pflege: Bei Herbstpflanzung über Winter mit Reisig und Laub abdecken; in stark frostgefährdeten Regionen nach Verblühen und Einziehen der Blätter ausgraben und bis zur Pflanzung im nächsten Frühjahr kühl, aber frostfrei und trocken aufbewahren.

Buschwindröschen
ANEMONE NEMOROSA

Merkmale: Staude mit kriechendem Rhizom (Wurzelstock) und teppichartiger Ausbreitung, 10 – 20 cm hoch; dreiteilige, tief eingeschnittene Blätter, die nach der Blüte einziehen; einfache, schalenförmige Blüten weiß, außen oft rosa überhaucht, auch blau blühende und gefüllte Sorten.
Blütezeit: März – April
Verwendung: Am Gehölzrand, in schattigen Naturgartenbereichen; bildet mit der Zeit dichte Bestände. Passende Pflanzpartner sind Lungenkraut, Waldmeister und Primeln.
Standort: Etwas geschützter Platz, am besten unter im Frühjahr noch unbelaubten Gehölzen; humoser, durchlässiger, frischer Boden.
Pflanzen/Vermehren: Rhizome im Spätsommer oder Herbst 5 – 10 cm tief pflanzen, Abstand 10 – 15 cm. Vermehrung durch Teilung oder Wurzelschnittlinge nach der Blüte möglich.
Pflege: Am besten ungestört wachsen lassen, nur bei anhaltender Frühjahrstrockenheit gießen. Gelegentlich mit Kompost versorgen.
Hinweise: Das ebenfalls heimische Gelbe Windröschen (*A. ranunculoides*) ist recht ähnlich, blüht aber goldgelb.

Buschwindröschen (Anemone nemorosa)

Anemonen, Herbstblüher

Herbstanemone (Anemone hupehensis)

Anemonen, Herbstblüher

Unter den Herbstanemonen wird am häufigsten die aus China stammende *A. hupehensis* gepflanzt sowie die japanischen Hybriden, auch als Japananemonen bekannt. Als deutlich frosthärtere Alternative kommt die im Himalaja heimische Weinblättrige Anemone (*A. tomentosa*) mit rosa Blüten infrage, die allerdings stark wuchert.

Herbstanemone
ANEMONE HUPEHENSIS

Merkmale: Staude mit locker aufrechtem, verzweigtem Wuchs, 30 – 100 cm hoch, Ausläufer bildend; dreiteilige, schwach behaarte, mattgrüne Blätter, die sich im Herbst dunkelbraun verfärben; schalenförmige große Blüten mit breiten Blütenblättern, zart rosa bis dunkelrosa gefärbt, mit sehr auffälligen gelben Staubfäden.
Blütezeit: August – Oktober
Verwendung: Am Gehölzrand, in schattigen Rabatten; sehr attraktiv mit Silberkerze, Eisenhut, Funkie wie aber auch mit Farnen.
Standort: Etwas geschützt; humoser, nährstoffreicher, frischer bis feuchter Boden.
Pflanzen/Vermehren: Pflanzung nur im Frühjahr mit 30 – 40 cm Abstand. Vermehrung durch Wurzelschnittlinge nach der Blüte oder durch Aussaat im November (Kaltkeimer).
Pflege: In den ersten Jahren nach der Pflanzung Winterschutz (Laub, Nadelholzreisig) geben; Liegenlassen des Gehölzlaubs günstig, ebenso Kompostgaben im Herbst oder Frühjahr. Bei Sommertrockenheit gießen; hohe Sorten, wenn nötig, an Stäben aufbinden. Bei älteren Pflanzen kann ein ebenerdiger Rückschnitt im Spätwinter dichteren Neuaustrieb und reiche Blüte fördern.
Hinweis: Eine Varietät der Herbstanemone sind die früher als eigene Hybridgruppe betrachteten Japananemonen (*A. hupehensis* var. *japonica*). Sie haben oft besonders große, teils halb gefüllte Blüten in Weiß, Rosa, Rot. Die bei Herbstanemonen öfter zu sehenden wolligen Samenstände sind bei der rein weiß blühenden Sorte 'Honorine Jobert' besonders ausgeprägt und zierend.

Anethum
Botanischer Gattungsname für das einjährige Würzkraut
→ *Dill*

Angelica
Eindrucksvolle hohe Staude für Sonne bis Halbschatten sowie Heil- und Gewürzpflanze
→ *Engelwurz*

Angießen
Sehr gründliches Gießen einer frisch gesetzten Pflanze. Durch die kräftige Wasserzufuhr wird Erde in die Hohlräume um die Wurzel eingespült, die Feinwurzeln erhalten so besseren Kontakt mit den Bodenteilchen. Zudem soll damit die Wasserversorgung nach der Pflanzung sichergestellt werden. Besonders intensiv wässert man bei Gehölzen, wo dieser Vorgang auch → *Einschlämmen* genannt wird. In der Regel wird am besten mit einer Gießkanne ohne Brauseaufsatz angegossen, wobei man direkt in den Wurzelbereich wässert. Vor allem bei lockeren Böden setzt sich die Oberfläche nach dem Angießen noch ein wenig, was man bei der Pflanztiefe berücksichtigen sollte. Vertiefungen, die durch das Angießen rund um die Stängelbasis entstehen, werden wieder mit Erde aufgefüllt, da anhaltende Pfützen bei krautigen Jungpflanzen zu Pilzbefall und Fäulnis führen können. Für Gehölze sind dagegen Gießmulden vorteilhaft.
Auch → *Pflanzung*

Angiospermae
Wissenschaftliche Bezeichnung für → *Bedecktsamer*, bei denen die Samenanlagen in einen Fruchtknoten eingeschlossen sind. Dies im Gegen-

satz zu den → *Nacktsamern* (*Gymnospermae*) mit frei zugänglichen Samenanlagen, zu denen die Nadelgehölze gehören. Die *Angiospermae*, zu denen die Mehrzahl unserer Gartenpflanzen zählt, stellen die bislang höchste Entwicklungsstufe der Pflanzen dar. Im → *System der Pflanzen* entsprechen sie der Unterabteilung *Magnoliophytina*.

Anhäufeln

Anhäufen von Erde oder reifem Kompost über dem Wurzelbereich bzw. im unteren Sprossbereich von Pflanzen. Dies dient verschiedenen Zwecken:

1) Bei Gemüse wie Kohl und Tomaten, teils auch bei einigen hochwüchsigen Stauden und Sommerblumen, fördert das Anhäufeln die Bildung von → *Adventivwurzeln* und verbessert die Standfestigkeit.

2) Bei Kartoffeln und Möhren verhindert es das unerwünschte Vergrünen des Ernteguts. Ähnlich verhält es sich mit Porree und Stangensellerie, wo man anhäufelt, um helle, zart schmeckende Stangen zu erzielen. Zum Bleichen dient auch das intensive Anhäufeln des Spargels durch Hochziehen von Dämmen.

3) Bei Beet- und Edelrosen gehört es zu den wichtigen Winterschutzmaßnahmen. Durch Anhäufeln schützt man die empfindliche Veredlungsstelle.

4) Bei manchen Gehölzen nutzt man das Anhäufeln zum Gewinnen von Pflanzennachwuchs, → *Abrissvermehrung*.

Zum Anhäufeln von Gemüse zieht man die zuvor gelockerte Erde zwischen den Reihen von beiden Seiten an die Pflanze heran, z. B. mit dem Rechen, einer Ziehhacke oder einer speziellen Häufelhacke, und drückt sie danach am besten leicht an. Man beginnt mit dem Anhäufeln, sobald die Jungpflanzen vollständig entwickelt sind, und wiederholt es bei Bedarf mehrmals.

Beim Anhäufeln der Rosen werden rund um die Pflanzen 10 – 20 cm hohe Hügel aufgeschüttet. Danach überdeckt man diese Erd- oder Kompostaufschüttung ausreichend mit Laub und/oder Fichtenreisig. Sobald die Rosenstöcke dann im Frühjahr mit dem Austrieb beginnen, erfolgt das → *Abhäufeln*.

Anion

Negativ geladenes Atom oder Molekül (Atomgruppe oder Atome), z. B. Nitrat (NO_3^-). Pflanzen nehmen die im Bodenwasser gelösten mineralischen Nährstoffe in Form von elektrisch geladenen Teilchen auf, den so genannten Ionen. Hierbei unterscheidet man die positiv geladenen → *Kationen* und die negativen Anionen. Als Anionen werden hauptsächlich Stickstoff-, Phosphor- und Schwefelverbindungen aufgenommen, nämlich Nitrat, Phosphate und Sulfat. In Düngesalzen sind diese Anionen aufgrund der Anziehung entgegengesetzter Ladungen an Kationen angelagert.

Auch → *Düngung*, → *Pflanzennährstoffe*

Das Anhäufeln sorgt beim Porree für lange, helle Stangen.

Anis ist ein Würzkraut, das nicht nur duftet, sondern auch Zierwirkung entfaltet.

Anis

PIMPINELLA ANISUM

☼

Der zu den Doldenblütlern gehörende Anis stammt aus dem östlichen Mittelmeergebiet und wird schon sehr lange als Heil- und Gewürzpflanze kultiviert. Neben der bekannten Verwendung für Backwaren und die Herstellung von Alkoholika lassen sich die Samen auch als Würze für Gemüsegerichte und Suppen nutzen. Daneben kann man die jungen Blätter zum Verfeinern von Salaten und Soßen verwenden.

Merkmale: Einjährig, aufrecht mit nur oben verzweigten, gerillten Stängeln, 30 – 60 cm hoch; Blätter einfach oder gefiedert; kleine weiße oder gelblich weiße Blüten in Doppeldolden; Früchte mit je zwei rundlichen oder birnenförmigen Teilfrüchten.

Blütezeit: Juli – August

Standort: Braucht warme, sonnige Plätze mit humusreichem, durchlässigem, etwas kalkhaltigem Boden.

Kultur: April – Mai direkt auf das Beet säen, in Reihen mit 30 -35 cm Abstand; Samen gut abdecken (Dunkelkeimer); wegen langsamer Keimung einige Radieschen- oder Koriandersamen als Markiersaat beigeben; 2 – 3 Wochen nach Saataufgang auf 20 cm in der Reihe vereinzeln.
Pflege: Regelmäßige Bodenlockerung, bei Trockenheit gießen.
Ernte: Ab August/September, sobald sich die Früchte bräunlich verfärben, reife Dolden oder ganze Pflanzen abschneiden und zum Trocknen aufhängen; danach Samen ausschütteln und in Schraubgläsern aufbewahren. In kühlen, verregneten Jahren reifen die Früchte erst spät, oft auch gar nicht richtig aus.

Anlehngewächshaus

→ *Gewächshaus,* das an die Wand eines Wohnhauses oder an eine Mauer gebaut wird. Es hat gewöhnlich ein nach vorn abfallendes Pultdach und lässt sich auch als → *Wintergarten* nutzen. Voraussetzung für die Verwendung eines Anlehngewächshauses ist ein Platz an einer Südwand. Da man mit diesem Gewächshaustyp die Wärmespeicherung bzw. Abstrahlungswärme der Wand nutzt, ist es unter Energiegesichtspunkten besonders vorteilhaft. Allerdings hat es im Vergleich zu einem frei stehenden Gewächshaus eine kleinere Glasfläche. Dadurch steht eine geringere Lichtmenge zur Verfügung, die z. B. für Gemüseanbau im Winter oft nicht ausreicht.

Anlockpflanzen

Pflanzen, die bestimmte Schädlinge stark anziehen und so auch von anderen Gewächsen abziehen. Bekanntestes Beispiel ist die Kapuzinerkresse, die von → *Blattläusen* bevorzugt und deshalb z. B. unter Obstbäume gepflanzt wird. Auch → *Puffbohnen* kann man als Anlockpflanze für schwarze Blattläuse einsetzen, etwa zwischen anderen Gemüsen. Die Anlockpflanzen werden dabei gewissermaßen „geopfert". Dem Anlocken von → *Drahtwürmern* dienen junge Salatpflanzen, von denen man die sich ansammelnden Schädlinge ablesen kann.

Auch → *Abwehrpflanzen*

Annuelle

Pflanzen, die innerhalb einer Vegetationsperiode aus Samen heranwachsen, Spross, Blätter, Blüten und Früchte ausbilden und nach der Bildung von Samen absterben. Ihre widerstandsfähigen Samen, die sie bis zum Herbst in großer Menge gebildet haben, überdauern auch kalte Winter oder länger anhaltende Trockenperioden. Im Gegensatz dazu stehen die perennierenden krautigen Pflanzen, also die ausdauernden bzw. mehrjährigen Stauden.

Der Begriff Annuelle wird meist auf Blumen bezogen und steht so gleichbedeutend für → *Sommerblumen.* Dabei ist zu unterscheiden zwischen Sommerannuellen oder Einjahrsblumen, die im Frühjahr keimen und schon im Jahr der Aussaat zur Blüte kommen, z. B. Löwenmäulchen und Ringelblume. Die Winterannuellen, auch Zweijahrsblumen oder Bienne genannt, dagegen keimen im Sommer, bilden bis zum Herbst meist eine Blattrosette und blühen erst im darauf folgenden Jahr, dies schon zeitig im Frühjahr oder Frühsommer. Zu dieser Gruppe zählen u. a. Gänseblümchen (Maßliebchen) und Stiefmütterchen. Neben den Sommerblumen gehören auch einige Ziergräser zu den Annuellen. Auch viele Gemüse und Kräuter sind annuelle Pflanzen.

Anplatten

Methode der → *Veredlung,* die besonders bei Nadelgehölzen und Kernobstbäumen verwendet wird. Das Edelreis wird dabei am unteren Ende zunächst schräg angeschnitten und dann keilförmig zugespitzt. An der Unterlage löst man ebenfalls in Keilform ein entsprechendes Rindenstück mit etwas Splintholz heraus, so dass beide Schnittflächen aufeinander passen. Dann wird das Edelreis eingesetzt und fest mit der Unterlage verbunden. Beim Kernobst verwendet man diese Methode anstelle der → *Kopulation,* wenn die Unterlage dicker ist als das Edelreis. Sie wird hier auch seitliches Anplatten genannt.

Anritzen

Verfahren zur → *Keimförderung* bei hartschaligen Samen, auch Einritzen genannt. Dabei werden die Samen in einem Behälter mit Scherben oder Eisenspänen geschüttelt bzw. in einer speziellen Trommel gedreht. Dies wendet man u. a. bei der Samenvermehrung von Kern- und Steinobst sowie einigen Nadelgehölzen an. Bei Bohnen und anderen hartschaligen Samen, die im Hausgarten Verwendung finden, genügt meist das Einweichen in Wasser, um die → *Keimruhe* zu durchbrechen.

Ansatzwinkel

Bei Obstbäumen der Winkel zwischen Mittelast (Haupttrieb) und den seitlich davon abgehenden Leitästen

→ *Abgangswinkel*

Antennaria

Wildstaude und Bodendeckerpflanze für sonnige Standorte

→ *Katzenpfötchen*

Anthere

Fachsprachlich für Staubbeutel; die Anthere setzt sich aus den Pollensäcken zusammen und bildet zusammen mit dem Staubfaden (Filament) das Staubblatt oder Staubgefäß.

→ *Blüte*

Anthozyane

Auch Anthocyane. Gruppe weit verbreiteter roter, violetter und blauer Pflanzenfarbstoffe, die meist im Zellsaft der Epidermis (→ *Abschlussgewebe*) gelöst sind. Die Farbe der Anthozyane hängt von der Konzentration der Wasserstoffionen, dem → *pH-Wert,* im Zellsaft ab: In saurer Lösung sind sie rot, in neutraler violett und in basischer blau. Dieses Farbspiel kommt durch eine Änderung der chemischen Molekülstruktur zustande.

Anthozyane bewirken die Färbung von Blüten (z. B. das Rot von Mohn und Rosen, das Blau von Rittersporn und Kornblumen) sowie zahlreicher Obst- und Zierfrüchte, vom kräftigen Hellrot bei Kirschen bis zum Schwarzviolett der Holunderbeeren. Auch Blätter enthalten Anthozyane, die nach Abbau des Blattgrüns (Chlorophylls) als rötliche Herbstfärbung zum Vorschein kommen. Das Braun- bis Schwarzrot so genannter „Blutsorten" (Blutbuche, Bluthasel) und des Rotkohls kommt durch das Zusammenwirken von Anthozyanen und dem in den darunter liegenden Zellen enthaltenen Blattgrün zustande. Die in Früchten und Gemüsen enthaltenen Anthozyane tragen zum Gesundheitswert der pflanzlichen Kost bei.

Anthriscus

Botanischer Gattungsname für das einjährige Würzkraut
> → *Kerbel*

Antirrhinum

Sommerblume mit eigentümlich geformten Blüten
> → *Löwenmäulchen*

Antreiben

Auch Vortreiben oder Treiberei genannt; Durchbrechen der Wachstumsruhe von Pflanzen, z. B. durch Wärme, Kältereize oder erhöhte Feuchtigkeitszufuhr.

Besonders häufig wird dies bei Knollen- und Zwiebelpflanzen eingesetzt, um eine frühere Blüte zu erzielen. Dazu werden die Knollen oder Zwiebeln im Spätwinter oder zeitigen Frühjahr in Blumenerde getopft und an einen hellen Platz gestellt. Dabei brauchen robuste Zwiebelblumen meist kühle Temperaturen, während man z. B. Dahlien oder Indisches Blumenrohr (*Canna*) warm antreibt. Angetrieben werden auch abgeschnittene Gehölzzweige, die man als → *Barbarazweige* zur Winterblüte bringt.

Bei Kartoffeln erreicht man durch Antreiben bzw. Vorkeimen eine frühere Ernte. Das Antreiben von Chicoréewurzeln dient dem Gewinnen der bleichen, zarten Triebknospen.

Antreten

Festtreten des Bodens nach einer Pflanzung, damit die Wurzeln eine bessere Verbindung zum Boden erhalten und die Pflanze einen besseren Halt bekommt. Das Antreten führt man vor allem nach der → *Gehölzpflanzung* durch, auf leichteren Böden auch bei großen Stauden. In anderen Fällen ist die damit verbundene Verdichtung des Bodens eher nachteilig, hier beschränkt man sich auf Andrücken der Erde mit der Hand.

Auch → *Pflanzung,* → *Angießen*

Die Blattfärbung der Blutbuche wird durch Anthozyane bewirkt.

Beim herbstlichen Abbau des Blattgrüns treten die roten und gelben Farbstoffe hervor.

Anwachsen

Das erfolgreiche Einwurzeln einer frisch gesetzten Pflanze am neuen Standort, meist erkennbar an der Bildung neuer Triebe und Knospen.

Anzucht

Bezeichnet allgemein das Heranziehen von Pflanzen aus Samen oder durch → *vegetative Vermehrung*. Oft verwendet man den Begriff im Sinne von Vorziehen oder Vorkultur. D. h., die Pflanzen werden unter geschützten Bedingungen in → *Anzuchtgefäßen* herangezogen und erst später, bei entsprechenden Witterungsbedingungen, ins Freie gepflanzt.

Aus Samen werden am häufigsten Sommerblumen, Gemüse und Kräuter angezogen. Hier ist die Vorkultur besonders bei empfindlichen Arten vorteilhaft, die während der Keimung und des Anwachsens hohe Temperaturen benötigen. So stehen wesentlich früher kräftige Jungpflanzen zur Verfügung als bei Freilandaussaat, entsprechend verfrühen sich Blüte bzw. Ernte. Auch bei einigen Stauden ist die Anzucht aus Samen möglich und günstig. Dabei muss man allerdings berücksichtigen, dass manche Arten → *Kaltkeimer* sind, d. h., ihre Samen benötigen eine Kälteperiode, um zu keimen. Auch andere spezielle Methoden zur → *Keimförderung* werden bei Stauden häufiger nötig als bei den ein- und zweijährigen Pflanzen. Dies gilt auch für Gehölze und exotische Kübelpflanzen, die sich nur vereinzelt aus Samen vorziehen lassen. Verfahren der vegetativen Vermehrung sind hier in der Regel einfacher und weniger langwierig.

→ PRAXIS-SEITE Anzucht aus Samen (S. 42/43)

Anzuchterde

Spezielle Substratmischung für die → *Anzucht* von Pflanzen. Anzuchtversuche in normaler Garten- oder Blumenerde schlagen oft fehl, da Anzuchterden besonders hohen Anforderungen genügen müssen. Für die Keimung und die anfangs sehr zarten Wurzeln muss die → *Erde* eine besonders gute Struktur aufweisen. Sie darf weder verdichten noch vernässen und sollte bei ausreichendem Sauerstoffgehalt Wasser gut speichern können. Das Substrat muss nährstoffarm sein, da die Sämlinge höhere Salzkonzentrationen nicht vertragen, und keimfrei, um dem Auftreten von Pilzkrankheiten vorzubeugen. Diese Anforderungen gelten ebenfalls für die Anzucht aus Stecklingen.

Es gibt zahlreiche Mischungsrezepte für eigene Erdmischungen. Verbreitet ist etwa die Mischung aus einem Teil guter Gartenerde, einem Teil gereinigtem Quarzsand und einem Teil feinfasrigem Torf. Torf galt lange als unverzichtbar für die nachhaltig gute Struktur von Anzuchterden. Teilweise zeigen jedoch auch Kokossubstrate als Torfersatz gute Ergebnisse. Ein hoher Torfanteil macht das Substrat sauer (→ *Bodenreaktion*) und erfordert ein Aufkalken bis zu einem → *pH-Wert* von etwa 6–6,5. Wird statt Gartenerde oder zusätzlich Kompost verwendet, muss er gut ausgereift, also völlig verrottet sein (auch → *Kressetest*). Sterilisieren kann man solche Erdmischungen bestens im Backofen (30 min bei ungefähr 150° C).

Wesentlich einfacher ist der Kauf fertiger Substrate, die als Anzucht-, Aussaat- oder Vermehrungserde gekennzeichnet sind. Garantie für gleich bleibende, geprüfte Substratmischungen bieten hier Einheitserden (Typ 0 oder Typ VM) sowie Torfkultursubstrate (TKS 0 oder TKS 1). Neben diesen Fertigsubstraten auf Torfbasis werden mittlerweile auch vollkommen torffreie Anzuchterden angeboten.

Anzuchtgefäße

Für die Anzucht aus Samen, teils auch für Stecklinge und andere Formen der → *vegetativen Vermehrung*, werden oft flache Schalen oder Kisten verwendet. Man sät bzw. steckt recht eng, später werden die stärksten Pflanzen durch → *Pikieren* oder Umtopfen vereinzelt.

So lässt sich die vor allem im Frühjahr meist begrenzte Anzuchtfläche Platz sparend nutzen.

Anzuchtschalen bzw. Saatkisten sind meist aus Kunststoff. Als so genannte Multitopfplatten weisen sie topfförmige Vertiefungen zum gezielten Ablegen einzelner Samen auf. Für Anzuchten mit hohem Wärmebedarf kommen auch Saatkisten aus Styropor infrage, vor allem beim Aufstellen auf kühlen Fensterbrettern aus Stein o. Ä. Günstig sind Gefäße mit passender, durchsichtiger Kunststoffhaube, die bis zum Aufgang der Sämlinge die nötige Feuchtigkeit bewahrt. Sie werden teils als Zimmer- oder Minigewächshäuser bezeichnet; unter diesem Namen findet man aber auch Modelle, die zusätzlich eine elektrisch beheizbare Bodenplatte aufweisen.

Erfolgt die Anzucht, etwa bei großen Samen oder Stecklingen, in Einzeltöpfe, wählt man diese nicht allzu groß. Meist genügen zwischen 6–10 cm Ø. Alternativen zu Plastik- und Tontöpfen sind Torfpresstöpfe bzw. Jiffy-Pots aus Weißtorf und Zellulose sowie Paperpots aus Recyclingpapier. Sie können später mitgepflanzt werden, das Material verrottet im Boden. Eine spezielle Lösung stellen die tablettenartigen Torfquelltöpfe dar, die nach Wässern auf ein Mehrfaches ihrer Höhe aufquellen.

→ PRAXIS-SEITE Anzucht aus Samen (S. 42/43)

Praktisch: Anzuchtschalen mit Abdeckhauben als Verdunstungsschutz

Anzucht

Anzucht aus Samen – Pflanzen selbst vorziehen

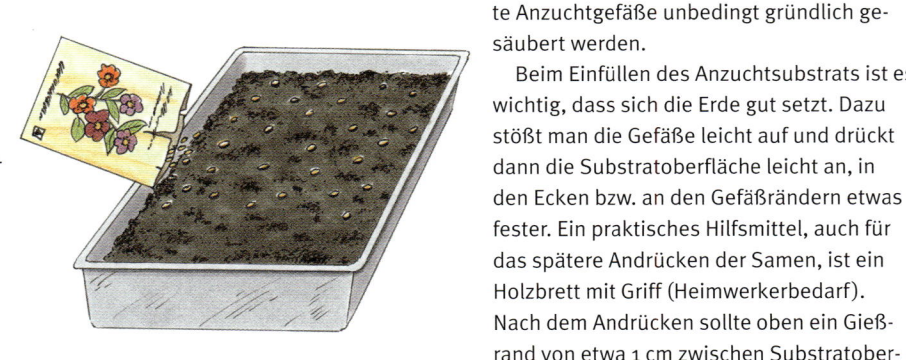

1. *Die Samen werden möglichst gleichmäßig ausgestreut, aus der Samentüte oder mithilfe eines gefalteten Kartons. Größere Samen legt man in 1 – 2 cm Abstand aus.*

2. *Das Abdecken der Samen geschieht am besten mit einem Sieb. Lichtkeimer werden gar nicht oder höchstens hauchdünn übersiebt.*

3. *Nach dem Aufgang der Sämlinge wird der Verdunstungsschutz immer häufiger zum Lüften angehoben und schließlich ganz entfernt.*

Vorbereitung der Anzuchtgefäße

Zunächst müssen bereits im Vorjahr genutzte Anzuchtgefäße unbedingt gründlich gesäubert werden.

Beim Einfüllen des Anzuchtsubstrats ist es wichtig, dass sich die Erde gut setzt. Dazu stößt man die Gefäße leicht auf und drückt dann die Substratoberfläche leicht an, in den Ecken bzw. an den Gefäßrändern etwas fester. Ein praktisches Hilfsmittel, auch für das spätere Andrücken der Samen, ist ein Holzbrett mit Griff (Heimwerkerbedarf). Nach dem Andrücken sollte oben ein Gießrand von etwa 1 cm zwischen Substratoberfläche und Gefäßoberkante verbleiben.

Die Aussaat

Achten Sie beim Ausstreuen des Saatguts auf möglichst gleichmäßige Verteilung. Größere Samen werden bei Anzucht in Schalen am besten in Reihen mit 1 – 2 cm Abstand ausgelegt. Sehr große Samen, z. B. von Gurken, zieht man meist in Töpfen an, ebenso viele Stauden und Gehölze. Dabei legt man 2 bis 4 Samen pro Topf aus und lässt später nur den stärksten Sämling stehen.

Nach dem Ausbringen werden die Samen leicht angedrückt. Im Allgemeinen deckt man sie anschließend mit Erde ab. Dabei gilt die Faustregel: So hoch abdecken, wie die Samen dick sind. Feine Sämereien werden demnach nur ganz dünn übersiebt. Eine hinreichende Abdeckung sollten ausgesprochene Dunkelkeimer wie Kürbis erhalten; sie

T I P P

Bei der Anzucht können Pilzkrankheiten auftreten, die die Sämlinge, oft nach dunkler Verfärbung des Stiels, zum Absterben bringen. Die wichtigsten Vorbeugungsmaßnahmen sind Verwendung gesunden, eventuell gebeizten Saatguts, sorgfältige Hygiene, Vermeiden von Staunässe und genügend Luftzufuhr. Kalte Zugluft muss jedoch vermieden werden.

keimen nur unter Lichtabschluss gut. Im Gegensatz dazu stehen die Lichtkeimer, z. B. Salat. Diese werden nur angedrückt oder hauchdünn übersiebt. Die meisten Samen keimen bei Licht und Dunkelheit gleich gut, Ausnahmen sind in der Regel als Hinweise auf den Samenpackungen vermerkt.

Gießen Sie die Saat anschließend mit feiner Brause an. So lässt sich das Substrat gründlich durchfeuchten, ohne dass die Samen weggeschwemmt werden.

Nach dem Säen

In der Folgezeit darf das Substrat nie austrocknen, aber auch nicht klatschnass sein. Sehr vorteilhaft ist ein Verdunstungsschutz in Form einer Kunststoffhaube oder einer Glasscheibe, die man über die Schalen oder Töpfe legt. Sobald sich die Spitzen der Sämlinge zeigen, muss der Verdunstungsschutz regelmäßig zum Lüften angehoben werden, nach vollständigem Aufgang entfernt man ihn ganz. Ab diesem Zeitpunkt brauchen die Saaten unbedingt ausreichend Licht, müssen jedoch vor praller Sonne geschützt werden.

Bei Anzucht in Schalen bzw. Kisten wird je nach Art etwa 3 bis 6 Wochen nach Aussaat das → *Pikieren* erforderlich, d. h., man setzt die Sämlinge in Einzeltöpfe oder mit 4 – 5 cm Abstand in andere Anzuchtschalen um.

Anzuchttemperaturen

Für die meisten im Frühjahr angezogenen Pflanzen liegen die optimalen Keimtemperaturen zwischen 18 und 20° C, einige robuste Arten mögen es auch um 16° C. Wärme liebende Pflanzen haben auch während der Keimung meist höhere Ansprüche; so brauchen z. B. Gurken 22 – 25° C. Etwa 2 bis 3 Wochen nach dem Aufgang der Saat kann man die Anzuchtgefäße in der Regel ein paar Grad kühler stellen.

Besonderheiten gelten für einige Stauden, die eine Kälteperiode vor der Keimung benötigen (→ *Kaltkeimer*). Dazu zählen z. B. Lupinen. Diese sät man meist schon im November und stellt sie zunächst 1 bis 2 Wochen warm auf. Nach dem Quellen der Samen kommen sie nach draußen an einen etwas geschützten Platz; dort kann man die Töpfe auch in die Erde einsenken. Etwa im Februar werden sie im Haus oder Frühbeet bei 10 – 15° C aufgestellt, wo dann die Keimung erfolgt.

Ähnlich verfährt man mit Gehölzen, die in der Regel im Herbst oder Spätherbst angezogen werden. Häufig muss zunächst eine → *Stratifikation* durch schichtweises Einlegen in Sand erfolgen. Weniger empfindliche Arten brauchen selbst zur Keimung nicht geschützt stehen, die Anzuchttöpfe bleiben dann die ganze Zeit über draußen.

> **CHECKLISTE**
>
> Verwenden Sie nur gut keimfähiges, nicht zu altes Saatgut. Außerdem werden benötigt:
> - Anzuchtschale oder -töpfe
> - geeignete Anzuchterde
> - Abdeckhaube oder Glasscheibe
> - Holzbrett mit Griff
> - Wasserzerstäuber oder Kanne mit feinem Brausenaufsatz
> - Etiketten und wasserfester Stift zum Markieren verschiedener Saaten

1. Torfquelltöpfe eignen sich für größere Samen. Sie bestehen aus stark zusammengepresstem Weißtorf.

2. Nach gründlichem Wässern quellen sie auf ein Mehrfaches ihrer Höhe auf. Die Samen werden einzeln in die Mulden ausgelegt.

3. Feine Netze halten die Ballen zusammen und werden später nach dem Auspflanzen durch das Wachstum der Wurzeln gesprengt.

Apfel

Apfelsorten im Überblick

Name	Frucht	Pflückreife	Genussreife	Hinweise
'Alkmene'	gelborange, knackig, süß-säuerlich	ab Anfang September	September – November	wenig krankheitsanfällig
'Berlepsch' und 'Roter Berlepsch'	grünlich gelb oder rot, aromatisch, säuerlich, saftig, fest	ab Ende September	November – Februar	neigt zu Alternanz, anfällig für Obstbaumkrebs
'Boskoop' und 'Roter Boskoop'	sehr groß, gelblich grün oder rot, fest, süß-säuerlich	ab Anfang Oktober	November – April	hohe Erträge, schlechter Pollenspender
'Discovery'	kräftig rosarot, aromatisch, feinsäuerlich, saftig	ab Mitte August	August – Anfang September	robuster Frühapfel, guter Pollenspender
'Elstar'	goldgelb, süß-säuerlich	ab Ende September	Ende September – März	neigt etwas zu Alternanz, frostempfindlich
'Gloster'	glockenförmig, dunkelrot, mildsäuerlich	ab Mitte Oktober	Dezember – Februar	anfällig für Schorf und Obstbaumkrebs
'Golden Delicious'	goldgelb, saftig, süß aromatisch, wenig Säure	ab Mitte Oktober	Ende Oktober – Mitte März	guter Pollenspender
'Goldparmäne'	goldgelb mit roter Flammung, knackig, saftig süß	ab Mitte September	Oktober – Dezember	anfällig für Blutlausbefall, guter Pollenspender
'Gravensteiner'	gelbgrün, duftend, süß, sehr aromatisch	ab Ende August	Ende August – November	neigt zu Alternanz, schlechter Pollenspender
'Idared'	rot, mild süß-säuerlich, knackig	ab Ende Oktober	Dezember – April	
'James Grieve'	grüngelb mit roten Streifen, saftig, süß-säuerlich	ab Anfang September	Anfang September – Mitte Oktober	hohe Erträge, anfällig für Blutläuse und Spinnmilben
'Jonagold'	grünlich gelb, fest, süß-aromatisch	ab Ende September	November – Februar	hohe Erträge, kaum Alternanz, schlechter Pollenspender
'Klarapfel'	leicht säuerlich	ab Mitte Juli	Mitte Juli – Mitte August	frosthart, recht krankheitsanfällig
'Ontario'	grüngelb mit Wachsschicht, vollsaftig, süß-säuerlich	ab Mitte Oktober	Dezember – März	hohe Erträge, neigt zu Alternanz, frostanfällig
'Pinova'	rot, saftig-knackig, aromatisch süß-säuerlich,	ab Oktober	November – April	hohe Erträge, recht frosthart, guter Pollenspender
'Resi'	rot, aromatisch, süßlich saftig, fest	ab Mitte September	Oktober – Januar	hoher Ertrag, mehrfach resistent und frosthart
'Rewena'	hellrot, saftig, süß-säuerlich	ab Oktober	November – Februar	hoher Ertrag, mehrfach resistent und frosthart
'Summerred'	rot, saftig, sehr aromatisch	ab Anfang September	September	hohe Bodenansprüche, kaum krankheitsanfällig

Apfel

MALUS DOMESTICA
☼

Mit weltweit rund 100 000 Kultursorten gehört der Apfel zu den wichtigsten Obstarten und nimmt auch im Hausgarten eine bevorzugte Stellung unter den Obstbäumen ein. Er ist ein Mitglied der großen Familie der Rosengewächse und zählt zusammen mit → *Birne* und → *Quitte* zum → *Kernobst*. Die heutigen Kultursorten stammen vermutlich von Wildäpfeln aus Westasien ab, teils auch von europäischen Wildäpfeln. In Mitteleuropa gelten etwa 100 Apfelsorten als allgemein anbauwürdig, daneben gibt es Hunderte von traditionellen Lokalsorten. Solche an das regionale Klima angepasste Sorten können sich auch sehr gut für den Garten eignen, gerade in etwas raueren Lagen. Dazu lässt man sich am besten in einer örtlichen Baumschule beraten.

Doch auch abgesehen von Lokalsorten kommt ein breites Sortiment für den Garten infrage. Eine Auswahl zeigt die nebenstehende Übersicht. Wichtige Kriterien für die eigene Sortenwahl sind Geschmack, Reifezeit und – sofern erwünscht – Lagerfähigkeit. Daneben spielen, je nach Region, die Frosthärte eine große Rolle sowie die Widerstandsfähigkeit gegen verschiedene Krankheiten. Hierbei haben einige Sorten, die in neuerer Zeit in Dresden-Pillnitz gezüchtet worden sind, einen besonders guten Ruf erlangt. Bereits die so genannten Pi-Sorten (z. B. 'Piros', 'Pinova') erwiesen sich teilweise als sehr robust. Die nachfolgenden Re-Sorten (z. B. 'Resi', 'Retina', 'Rewena') sind resistent gegen Schorf und Mehltau, zum Teil auch gegen Spinnmilben und den gefährlichen Feuerbrand.

Bei der Auswahl ist weiterhin zu berücksichtigen, dass Apfelbäume selbstunfruchtbar sind, d. h., Blüten einer Sorte können sich nicht selbst bestäuben. Wenn in der näheren Umgebung keine anderen Apfelsorten wachsen, die zur gleichen Zeit blühen, muss man – nach Beratung in einer Baumschule – selbst eine geeignete Pollenspendersorte dazupflanzen oder ein → *Duobäumchen* mit aufveredelter Zweitsorte wählen.

Entscheidend ist schließlich die Wahl der passenden → *Obstbaumform,* die großteils von der Unterlage abhängt. Auf schwach wachsenden Unterlagen gezogene Büsche, Spindelbüsche oder Spindeln passen mit 2 – 3 m Wuchshöhe besser in den normalen Hausgarten als große Hoch- oder Halbstämme und lassen sich auch für Obsthecken verwenden. Niedrig bleiben zudem die aus Eng-

Beim Apfel stehen dem Gärtner verschiedene klein bleibende Baumformen zur Verfügung.

land stammenden Ballerina-Bäume (Säulenäpfel); das Besondere an ihnen ist, dass die kronenlosen, unverzweigten Stämme nur 40 – 50 cm breit werden. Die kurzen Seitentriebe tragen Früchte normaler Größe, die Bäumchen sind recht pflegeleicht, da sich die Schnittarbeiten auf das Entfernen störender Seitentriebe beschränken.

Merkmale: Baum mit sehr unterschiedlichen Wuchsformen, je nach Unterlage, Sorte und Erziehung, 2 – 15 m hoch; eiförmig zugespitzte Blätter, Blüten weiß bis rosa in Büscheln; Früchte je nach Sorte.

Apfelbirne

'Gravensteiner'

'Berlepsch'

Blütezeit: April – Mai
Standort: Möglichst etwas geschützter, nicht windexponierter Platz; in kalten, spätfrostgefährdeten Lagen robuste bzw. spät blühende Sorten wählen; besonders vorteilhaft ist hier auch die Erziehung als Spalierobst an einer warmen Hauswand; Apfelbäume gedeihen am besten in tiefgründigen, humosen, schwach sauren bis neutralen, nicht zu trockenen Böden.
Pflanzen/Vermehren: Pflanzung bevorzugt im Herbst, je nach Baumform und späterer Größe im Abstand von 2 – 10 m; sortenechte, eigene Vermehrung kaum möglich, da die Sorten stets auf Unterlagen veredelt.
Pflege: Im Frühjahr düngen oder mit reifem Kompost versorgen; bei langer Trockenheit kräftig gießen, vor allem während der Fruchtbildung; Baumscheibe von Unkraut frei halten und nach den letzten Spätfrösten mulchen. Bei starkem Fruchtbehang nach Ende des natürlichen Junifruchtfalls auf 2 bis 3 Äpfel pro Fruchtstand ausdünnen; dadurch werden die Früchte größer und qualitativ hochwertiger. Wichtig für gesundes Wachstum und reiche Ernte ist ein regelmäßiger → *Obstbaumschnitt*. Man unterscheidet den → *Erziehungsschnitt* an Jungbäumen sowie den etwa ab dem 4. Standjahr durchgeführten → *Erhaltungsschnitt,* an älteren Bäumen schließlich den nur gelegentlich nötigen → *Verjüngungsschnitt.*
Ernte: August – November. Die frühen Sorten eignen sich meist für den Frischverzehr, Herbst- und Wintersorten entfalten meist erst nach Lagerung ihr Aroma. Man unterscheidet deshalb hier zwischen Pflück- oder Baumreife und Genussreife. Anhaltspunkte für die Pflückreife sind: Aufhellung der Grundfarbe, intensive Ausprägung der Deckfarbe sowie leichtes Lösen des Stiels beim Drehen der Frucht.
Hinweis: Die nur aufgrund ihrer attraktiven Blüte kultivierten *Malus*-Arten und Hybriden sind unter → *Zierapfel* beschrieben.

Apfelbirne

Wärmebedürftige, mit der Birne verwandte Obstart
   → *Nashi*

Apfelfrucht

Botanisch bezeichnet man als Apfelfrucht eine besondere Fruchtform, die nicht nur der Apfel aufweist, sondern auch Birne, Quitte, Eberesche, Weißdorn, Zwergmispel und einige andere Arten aus der Familie der Rosengewächse. Gemeinsam ist ihnen das Kerngehäuse mit mehreren durch pergamentartige Wände abgetrennten Abteilungen, die die Samen enthalten. Jede dieser Kammern wird aus einem Fruchtblatt gebildet und stellt eine eigene Frucht dar, deshalb spricht man auch von einer Sammelfrucht. Die Kammern werden bei der Fruchtbildung von der fleischigen Blütenachse umwachsen, so dass die Sammelfrucht als Ganzes abfällt und wie eine Einzelfrucht erscheint. Apfelfrüchte werden aus diesem Grund als Schein- oder unechte Früchte eingestuft.

Apfelkrankheiten

Neben den nachfolgend beschriebenen speziellen Apfelkrankheiten gibt es eine Reihe weiterer Krankheiten, die nicht nur den Apfel, sondern mehrere Obstarten befallen.
   → *Bleiglanzkrankheit,* → *Feuerbrand,* → *Grauschimmel,* → *Kragenfäule,* → *Monilia,* → *Obstbaumkrebs,* → *Rindenbrand*

Die beerenähnlichen Früchte des Weißdorns sind botanisch gesehen kleine Apfelfrüchte.

Apfelkrankheiten

Apfelmehltau
Durch Echte Mehltaupilze verursacht; schwächt auf Dauer die Bäume und mindert den Ertrag.
Schadbild: Mehliger, grauweißer Belag auf Blättern und Trieben, vor allem an den Spitzen; bei frühem Befall auch auf Knospen und Blüten, bei empfindlichen Sorten auch auf Früchten. Die sich nach oben einrollenden Blätter fallen ab, befallene Triebe werden meist dürr; teils auch Vergrünung der Blütenblätter, bräunlich netzartige Berostung der Früchte.
Abhilfe: Vorbeugend gering anfällige Sorten wählen; Staunässe im Boden und übermäßige Stickstoffdüngung vermeiden; im Herbst Falllaub beseitigen, regelmäßig Schachtelhalmbrühe spritzen. Kranke Triebe bis ins gesunde Holz zurückschneiden; befallene Blatt- und Blütenbüschel herausschneiden; im Winter deutlich verkrüppelte Zweige entfernen. Notfalls ab April bienenungefährliche Fungizide spritzen.

Apfelmosaikvirus
Stark sortenabhängige Viruskrankheit, die auch Birne, Quitte und verwandte Ziergehölze befallen kann. Schwächt den Baum und verursacht mit den Jahren bis zu 50 % Ertragsrückgang.
Schadbild: Auf den Blättern gelbliche bis weißliche, mosaikartige Punkte, Flecken oder Bänderungen; Blätter gekräuselt oder deformiert, vorzeitig abfallend; Wachstumsstockungen, Veränderungen der Blütenfarbe.
Abhilfe: Direkte Bekämpfung nicht möglich; gering anfällige Sorten und virusfreies Pflanzmaterial wählen; Sauberkeit bei allen Schnittmaßnahmen, da die Viren oft mit dem Werkzeug übertragen werden. Befallene Bäume entfernen und vernichten.
Hinweis: Am Apfel treten seltener noch einige weitere durch Viren oder → *Phytoplasmen* verursachte, nicht bekämpfbare Krankheiten auf; vor allem Besenwuchs (→ *Triebsucht*), Flachästigkeit und Sternrissigkeit der Früchte. Hier gelten dieselben Vorbeugungsmaßnahmen wie beim Apfelmosaikvirus; zusätzlich sollten Läuse und Spinnmilben als mögliche Überträger bekämpft werden.

Apfelschorf
Durch den Schadpilz *Venturia inaequalis* verursacht; die wichtigste Pilzkrankheit, weit verbreitet und stark sortenabhängig; eine eng verwandte Schorfart befällt Birnen. Der Pilz überwintert in schwarzen, kugeligen Fruchtkörpern in den abgestorbenen Blättern am Boden. Bei feucht-warmem Wetter im Frühjahr reifen die Wintersporen und werden vom Wind zu den jungen Blättern und Knospen getragen. Auf den Flecken der Blätter reifen bei feuchter Witterung die Sommersporen, die durch den Regen auf weitere Blätter und die Früchte gelangen. Gesundheitsschäden durch den Genuss schorfbefallener Äpfel sind nicht zu befürchten.
Schadbild: Braungrüne bis braungraue, samtige Flecken, vergrößern sich im Lauf der Vegetationsperiode; frühzeitiger Blattfall; auf den Früchten eingefallene, braungraue, „schorfige" Flecken, die aufreißen und verkorken, Früchte oft deformiert; bei starkem Befall Absterben von Trieben.
Abhilfe: Vorbeugend resistente Sorten wählen; luftigen, etwas windigen Pflanzplatz aussuchen, an dem die Blätter schnell abtrocknen; Falllaub im Herbst entfernen; für aktives Bodenleben sorgen, das die Blätter schnell beseitigt; Krone durch sorgfältigen Schnitt luftig halten. Vorbeugung hier besonders wichtig, da chemische Bekämpfung sehr aufwändig, muss bei feuchtem Wetter häufig, am besten direkt nach jedem Regen erfolgen, nur bienenungefährliche Mittel verwenden.

Apfelmehltau

Apfelschorf

Lagerkrankheiten
Eine ganze Reihe von Pilzen kann zu Schäden an gelagerten Äpfeln führen. Zum Teil sind aber auch ungeeignete Lagerbedingungen Ursache für unerwünschte Erscheinungen und Fruchteinbußen. Eine spezielle Lagerkrankheit ist die unten extra beschriebene Stippigkeit.
Schadbild: Fleisch- und Schalenbräunung, Flecken- und Faulstellenbildung oder Entwicklung von Sporenrasen, oft bis zur vollständigen Fäulnis; bei Bitterfäule Früchte zudem durch bitteren Geschmack ungenießbar.
Abhilfe: Gering anfällige Lagersorten wählen; Krankheiten, soweit schon am Baum erkennbar, bekämpfen und befallene Früchte frühzeitig entfernen; nur gesunde Äpfel ohne Verletzungen und Schorfstellen einlagern.

A — Apfelquitte

Lagerung kühl, aber frostfrei bei etwa 4° C in dunklem, möglichst lüftbarem Raum, der luftfeucht, jedoch nicht nass ist (auch → *Obstlagerung*); Früchte möglichst so lagern, dass sie sich nicht berühren; regelmäßig kontrollieren und faulende Früchte sofort aussortieren.

Stippigkeit, Stippe

Die Stippigkeit ist eine nicht parasitäre Krankheit der Früchte, die auf physiologischen Störungen beruht. Sie tritt oft erst im Lager auf, kann aber auch schon bei Früchten am Baum sichtbar werden. Verursacht wird sie in erster Line durch Calciummangel der Früchte. Dieser lässt sich jedoch nicht einfach durch Kalkdüngung beheben, da das Calcium bevorzugt jungen Trieben zugute kommt und zudem bei hoher Kaliumaufnahme der Früchte verdrängt wird. Die Stippigkeit entsteht durch ein kompliziertes Zusammenspiel der Nährstoffe in den verschiedenen Wachstumsstadien. Sie ist teils auch sortenabhängig und lässt sich nur langfristig durch geeignete Kulturmaßnahmen eindämmen.
Schadbild: Kleine braune, vertrocknete, eingesunkene Flecken im Fruchtfleisch, meist dicht unter der Schale und in Kelchnähe konzentriert; Befallsstellen schmecken bitter.
Abhilfe: Ausgewogene Nährstoffversorgung, bei ausreichenden Kalium- und Magnesiumwerten im Boden (→ *Bodenuntersuchung*) keine Düngung mit diesen Nährstoffen, zurückhaltende Stickstoffdüngung; gleichmäßige Wasserversorgung während der Fruchtbildung; Austriebsförderung durch zu starken Rückschnitt vermeiden; Krone licht halten; starken Fruchtbehang ausdünnen.

Apfelquitte

→ *Quitte* mit rundlichen, apfelähnlichen Früchten

Apfelrose

Wildrose mit großen, besonders Vitamin-C-reichen Hagebutten
→ *Rose*

Apfelschädlinge

Entsprechend seiner weiten Verbreitung und jahrhundertelangen Kultur gibt es mehrere Schädlinge, die sich auf den Apfel spezialisiert haben. Daneben kann er von verschiedenen Schädlingen befallen werden, die auch an anderen Obstarten und Gartenpflanzen auftreten.
Vor allem → *Blutlaus*, → *Frostspanner*, → *Obstbaumminiermotte*, → *Schildlaus* und → *Spinnmilbe*
Gegen die verschiedenen Kleinschmetterlinge (Wickler, Spanner, Eulen), deren Raupen Äpfel und andere Obstarten schädigen, stehen teilweise auch dem Hobbygärtner → *Lockstofffallen* zur Verfügung. Da sie artspezifische Pheromone (Sexuallockstoffe) enthalten, ziehen sie jeweils nur selektiv die zu bekämpfende Art an. Einige Schädlinge legen ihre Eier im Herbst am Stamm, an Zweigen oder Ästen ab. Durch genaue Kontrolle im Winter und Frühjahr kann man die Gelege oft frühzeitig erkennen und beseitigen. Hilfreich ist auch eine gute Stammpflege, vor allem bei älteren Bäumen (lose und abgestorbene Teile abbürsten oder abkratzen, Weißanstrich).
Nicht nur die Blattläuse, sondern auch andere Schädlinge haben viele natürliche Feinde. Breit wirksame Insektizide sollten deshalb möglichst nicht eingesetzt werden, da sie auch die → *Nützlinge* erfassen.

Apfelbaumgespinstmotte

Gespinstmotten sind kleine Schmetterlinge, die in Mitteleuropa in über 50 Arten vorkommen und verschiedene Pflanzen schädigen können. Die grauweißen Apfelbaumgespinstmotten mit nur etwa 2 cm Flügelspannweite fliegen ab Juli und legen ihre Eier in großer Zahl dachziegelartig an den Trieben ab. Mit dem Knospenaustrieb schlüpfen die graugelben, schwarz gepunkteten Raupen und fressen zunächst an den Knospen, später an Blättern und teils auch an Blüten. Ab Mitte Mai bilden sie ihre Gespinste. Starker Befall schwächt die Bäume und kann zu völligem Ernteverlust führen.
Schadbild: Minenartige Fraßgänge in Knospen- und Laubblättern; um die Blätter bis faustgroß werdende Gespinste, in denen zahlreiche Raupen leben.
Abhilfe: Vorbeugend Eigelege im Winter abkratzen; schon im Frühjahr minierte Blätter entfernen, Gespinste mit den Raupen möglichst frühzeitig abschneiden oder mit kräftigem Wasserstrahl abspritzen; Bekämpfung mit *Bacillus-thuringiensis*-Präparaten oder anderen bienenungefährlichen Mitteln muss erfolgen, bevor die Raupen sich durch die Gespinste schützen.

Das regelmäßige Auflesen des Fallobstes ist eine wichtige Vorbeugemaßnahme gegen den Apfelwickler und andere Schädlinge sowie Krankheiten.

Apfelschädlinge

Apfelblattlaus

Am häufigsten tritt die Grüne Apfelblattlaus auf, etwas seltener die Mehlige Blattlaus, die Apfelfaltenlaus und die kaum Schaden anrichtende Apfelgraslaus. Die schwarzen Eier der um 2 mm großen Blattläuse überwintern an den Trieben. Aus ihnen schlüpfen um die Zeit des Austriebs je nach Art Larven oder gleich ungeflügelte „Stammmütter". Die weiblichen Tiere gebären ohne Befruchtung weitere Larven, wobei die Grüne Apfelblattlaus bis zu 16 Generationen pro Jahr hervorbringen kann. Geflügelte Weibchen treten ab Mai/Juni auf, Männchen erst ab September. Starken Befall und schwere Schäden erleiden zur Hauptsache junge Apfelbäume.

Schadbild: Durch Saugtätigkeit der Blattläuse eingerollte, oft gekräuselte Blätter; die Blätter bleiben dabei grün (Grüne Apfelblattlaus), verfärben sich rot (Apfelblattfaltenlaus) oder vergilben (andere Blattlausarten); häufig klebrige Ausscheidungen (Honigtau) auf den Blättern, mit der Zeit schwärzlich verfärbt, da sich auf ihnen in der Folge sehr gern Rußtaupilze ansiedeln. Bei starkem Fall verkrüppelte Triebspitzen, Blüten und Früchte.

Abhilfe: Vorbeugend natürliche Feinde wie Marienkäfer, Florfliegen, Schwebfliegen und Ohrwürmer schonen und fördern; Ameisen, die die Blattläuse schützen, bekämpfen; zurückhaltende Stickstoffdüngung; Wegerich (Zwischenwirt der Mehligen Apfelblattlaus) in Obstbaumnähe jäten. Blattlauskolonien mit kräftigem Wasserstrahl abspritzen, stark befallene Teile herausschneiden; wiederholt Pflanzenauszüge (beispielsweise Rainfarn, Farnkraut) spritzen; bei starkem Befallsdruck frühzeitig nützlings- und bienenschonende Präparate ausbringen.

Auch → *Blattlaus*

Apfelblattsauger

Gehört zu den Blattflöhen, auch Apfelsauger oder Apfelblattfloh genannt. Die grünlich gelben Larven schlüpfen zur Zeit des Knospenaustriebs und saugen an Knospen, jungen Blättern und Blüten. Ab Mai treten die ausgewachsenen, etwa 4 mm großen, grünlich braunen Tiere auf. Die Weibchen legen im Herbst ihre Eier an die Rinde dünner Apfelbaumzweige, bevorzugt an Zweigspitzen der Kurztriebe. Dort entdeckt man die gelben, etwa 0,5 mm langen Eier.

Schadbild: Abgestorbene Knospen, keine Entfaltung der Blatt- und Blütenbüschel; vertrocknete Jungtriebe, Blüten und Blätter; klebriger Honigtau auf den Blättern, oft von Schwärzepilzen überzogen.

Abhilfe: Wie Blattläuse; bei Befall außerdem im Winter gelbe Eier zerdrücken; bei starkem, häufigem Auftreten im Spätwinter oder zum Austrieb ölhaltige Präparate ausbringen.

Apfelblütenstecher

Es handelt sich um einen bis 4 mm großen, graubraunen Rüsselkäfer mit langem Rüssel. Die Weibchen legen im Frühjahr die Eier einzeln in Blütenknospen ab. Die daraus schlüpfende Larve frisst das Innere der Knospe und verpuppt sich dann. Hauptsächlich im Juni schlüpfen die jungen Käfer, die zunächst an den Blättern fressen und den Winter über in Borkenritzen und -schuppen ruhen. Schon ab Mitte März, vor der Eiablage, fressen sie an jungen Knospen. Beträchtliche Schäden verursacht der Apfelblütenstecher nur bei ohnehin schwachem Blütenansatz, andernfalls ist eine Bekämpfung oft nicht nötig.

Schadbild: Blüten öffnen sich nicht, vertrocknen und werden braun; im Innern der Knospe gelbe Larven; ab Juni Fraßlöcher an den Blättern.

Abhilfe: Vorbeugend Rindenpflege im Winter; vor Beginn des Austriebs im Frühjahr Wellpapperinge um den Stamm legen, sich darunter sammelnde Käfer ablesen; nur wenn Käfer sehr zahlreich, kann zu diesem Zeitpunkt Bekämpfung mit einem Spritzmittel erwogen werden; bei Befall trockene Knospen entfernen und vernichten.

Apfelsägewespe

Das um 5 mm große, braunschwarze Blattwespenweibchen legt im Frühling bis Frühsommer jeweils meist mehrere Eier in die Blütenkelche. Die daraus schlüpfenden Larven fressen im Innern der jungen Früchte. Sie überwintern in gesponnenen Kokons im Boden und verpuppen sich im Frühjahr. Bei starkem Blütenansatz ist schwacher Befall sogar positiv, da er zum Ausdünnen der Früchte beiträgt. Starker Befall kann jedoch zum Totalausfall der Ernte führen.

Schadbild: Spiralig verlaufender, eingeschnürter brauner Miniergang auf unreifen Äpfeln oder innen ausgehöhlte Früchte mit weißlicher, gut 1 cm großer, nach Wanzen riechender Larve; früher Abwurf befallener Äpfel.

Abhilfe: Befallene Früchte frühzeitig entfernen, am Baum wie auf dem Boden; während der Blüte weiße Leimtafeln aufhängen; bei starkem Befall mit möglichst selektiv wirkendem Mittel direkt nach der Blüte bekämpfen.

Schadbild der Apfelsägewespe

Apikaldominanz

Apfelschalenwickler

Auch Fruchtschalenwickler genannt, kann auch Birne und Pflaume befallen. Im Frühjahr fressen die bis 2 cm großen, grünbraunen Raupen dieses Schmetterlings an Knospen und jungen Blättern. Die kleinen braunen Falter fliegen ab Ende Mai, die Weibchen legen die Eier zu 25 – 50 auf den Blattoberseiten ab. Daraus schlüpft die nächste Generation, deren Raupen an Blättern und Früchte fressen und Gespinste bilden. In diesen verpuppt sich die Folgegeneration mit Raupen, die die reifenden Früchte beschädigen und schließlich in Gespinsten an den Zweigen überwintern.

Schadbild: Angefressene Blätter, teils Skelettierfraß; großflächiger Schabefraß (flache Fraßmulden) an den Früchten; Blätter und Früchten durch Gespinst verbunden.

Abhilfe: Regelmäßige Kontrolle, auch im Winter, auf Gespinste an Zweigen und Blättern, die umgehend entfernt werden sollten; von Mai bis August Lockstofffallen aufhängen; direkte Bekämpfung der Raupen mit *Bacillus thuringiensis*-Präparaten möglich.

Apfelwickler

Dieser bräunliche, um 1 cm große Falter mit bis zu 2 cm Flügelspannweite ist der wichtigste Apfelschädling. Seine bis zu 2 cm großen, rötlichen Raupen mit braunem Kopf sind als Apfelmaden oder schlicht „Würmer" bekannt und machen bei starkem Befall einen Großteil der Ernte unbrauchbar. Die Raupen überwintern unter Gespinsten in den Borkenschuppen. Ab Mitte Mai fliegt bei milden Temperaturen die erste Faltergeneration, vorwiegend in der Dämmerung. Im Juni legen die Weibchen ihre Eier einzeln an jungen Früchten und Blättern ab, die daraus schlüpfenden Raupen bohren sich in die Früchte ein. Bei warmer Witterung

Die rötliche Raupe des Apfelwicklers

erscheint noch eine zweite Generation, deren Raupen an den reifenden Äpfeln besonders starken Schaden anrichten.

Schadbild: Ab Ende Juni abfallende Früchte, die bei näherem Hinsehen ein Bohrloch aufweisen; reifende Früchte später mit zerfressenem Kerngehäuse, darin anfangs weiße, später rötliche Raupen.

Abhilfe: Vorbeugend Bäume im Winter gründlich kontrollieren und Larvennester abkratzen; befallene Früchte und Fallobst schnellstmöglich beseitigen. Ab Ende Mai Obstmaden-Fanggürtel aus Wellpappe um den Stamm legen, regelmäßig kontrollieren und darin gefundene Raupen absammeln; ab Ende Juli neuen Fanggürtel gegen zweite Generation anbringen, Anfang November abnehmen und vernichten; ab Mai bis August spezielle Lockstofffallen aufhängen. Mit Präparaten, die einen selektiv gegen Apfelwicklerraupen wirkenden Granulose-Virus enthalten, ist eine direkte biologische Bekämpfung möglich.

Apikaldominanz

Fachsprachliche Bezeichnung für → *Spitzenförderung*. Benennt den Sachverhalt, dass bei Bäumen der am höchsten stehende Trieb im Wachstum am stärksten gefördert wird und die Entwicklung nachrangiger Pflanzenorgane hemmen kann.

Apium

Botanischer Gattungsname für → *Sellerie*

Aprikose

PRUNUS ARMENIACA

Die auch als Marille bekannte Obstart gehört zur Familie der Rosengewächse und zählt wie Pfirsich, Pflaume oder Kirsche zum Steinobst. Sie stammt ursprünglich wohl aus China und wurde bereits während der Römerzeit aus Ostasien eingeführt und später nach Mitteleuropa gebracht. Hier lässt sich die Aprikose jedoch nur in wintermilden und nicht allzu niederschlagsreichen Regionen problemlos kultivieren. In rauen Lagen können vor allem die früh erscheinenden Blüten leicht durch Spätfröste beeinträchtigt werden. Ein möglichst warmer, geschützter Platz im Garten ist in jedem Fall anzuraten, etwa vor einer nach Süden gerichteten Hauswand. Bei intensiver Frühjahrssonne empfiehlt sich jedoch vor Wänden und Mauern eine Schattierung, damit der empfindliche Austrieb nicht zu früh erfolgt.

Häufig wird die Aprikose als Fächerspalier direkt an einer Wand gezogen, ansonsten kommen für den Garten Busch oder Niederstamm infrage, mit Pyramiden- oder Hohlkrone (auch → *Obstbaumformen*). Aprikosen werden wie die meisten Obstbäume veredelt, auf Pflaumenunterlagen oder auf Aprikosensämlinge, die sich vor allem für leichtere Böden eignen. Das Sortenangebot ist nicht allzu groß, am günstigsten wählt man Züchtungen, die sich in der jeweiligen Gegend bewährt haben. Die angebotenen Sorten sind in der Regel selbstfruchtbar, brauchen also keine zweite Sorte als Pollenspender.

Merkmale: Baum mit unterschiedlichen Wuchsformen, je nach Unterlage, Sorte und Schnitt, mit nahezu

ARCTOSTAPHYLOS

Aprikosen reifen nicht alle zur gleichen Zeit und müssen mehrmals durchgepflückt werden.

waagrecht abstehenden Ästen, zwischen 4 – 8 m hoch; ei- bis herzförmige Blätter; Blüten außen rötlich, innen weiß, erscheinen vor dem Laubaustrieb; gelbe Früchte, teils rot überlaufen, je nach Sorte gelboranges bis rötliches Fruchtfleisch; die Steinkerne sind giftig.
Blütezeit: März – April
Standort: Warmer, frost- und windgeschützter Platz, in niederschlagsreichen Gegenden auch unter Dachvorsprüngen; lockerer, durchlässiger, nährstoffreicher Boden; gedeiht noch auf recht trockenen Standorten.
Pflanzen/Vermehren: Wegen Frostempfindlichkeit am besten im Frühjahr pflanzen, je nach Baumform mit 4 – 8 m Abstand; Vermehrung nur durch Veredlung auf geeignete Unterlagen möglich.
Pflege: Düngung im März und/oder Juni; Baumscheibe nach der Blüte mit Kompost oder Mulch bedecken; bei Trockenheit während der Fruchtbildung gießen; am besten gleich nach der Ernte Krone auslichten und abgetragene Seitentriebe auf basisnahe Jungtriebe zurückschneiden, da Aprikosen am einjährigen (vorjährigen) Holz fruchten; Weißanstrich der Stämme im Winter und Spätwinter empfehlenswert.
Ernte: Fruchtreife je nach Sorte und Wetter im Juli oder August; vollreif ernten oder noch hartreif und dann einige Tage nachreifen lassen; mehrmals durchpflücken.

Aprikosenkrankheiten
Spezielle Krankheiten gibt es bei der Aprikose kaum, am ehesten wird sie von Pilzkrankheiten befallen, die auch an einigen anderen Obstarten Schäden anrichten, besonders → *Monilia-Spitzendürre* und *-Fruchtfäule,* → *Bleiglanzkrankheit* und → *Schrotschusskrankheit.* Sehr gefährlich kann die Scharkakrankheit werden, auch als Pockenkrankheit geläufig. Gegen diese Virose hilft nur Vorbeugung durch virusfreies Pflanzmaterial, stets sauberes Schnittwerkzeug sowie frühzeitige Bekämpfung von Blattläusen, die das Virus übertragen. Näheres → *Pflaumenkrankheiten.*

Als Ursache des so genannten Aprikosensterbens wird teils die → *Verticillium-Welke* angesehen, teils vermutet man ein ungünstiges Zusammentreffen mehrerer Faktoren. Dabei sterben ältere Bäume sehr plötzlich ab. Hiergegen lässt sich lediglich durch Wahl robuster Unterlagen, geeignete Pflanzplätze und gute Pflege vorbeugen.

Aprikosenschädlinge
Der Schädlingsbefall bei Aprikosen hält sich meist in Grenzen. Hauptsächlich treten → *Frostspanner,* → *Spinnmilben* und → *Schalenwickler* (vgl. → *Apfelschädlinge*) auf. Bei Pflanzung direkt vor oder an warmen Südwänden kann es häufiger zum Auftreten von → *Schildläusen* kommen.

Aquilegia
Botanischer Gattungsname für
→ *Akelei*

Arabis
Polsterstaude für Steingärten und Einfassungen
→ *Gänsekresse*

Architektonischer Steingarten
Im Gegensatz zum naturnahen → *Steingarten* eine Anlage mit regelmäßig gesetzten Steinen, geraden Linien und gleichmäßiger Terrassierung. Steine oder auch andere passende Materialien werden als architektonische Elemente eingesetzt, z. B. für Stützmauern und Treppen. Neben oder statt wildstaudenartiger → *Alpinpflanzen* werden häufig auch bunt blühende Polsterstauden verwendet.

Arctostaphylos
Bodendeckender Zwergstrauch mit roten Früchten für Sonne und Halbschatten
→ *Bärentraube*

Arctotis
Mittelhohe bis niedrige Sommerblume mit großen Blüten
→ *Bärenohr*

Arenaria
Sonnenliebende Polsterstaude für Steingärten
→ *Sandkraut*

Argyranthemum
Botanischer Gattungsname der teils noch als Chrysanthemum geführten Strauchmargerite
→ *Margerite*

Aristolochia
Klettergehölz mit großen, zierenden Blättern
→ *Pfeifenwinde*

Armeria
Sonnenliebende Polsterstaude für Steingärten
→ *Grasnelke*

Armoracia
Botanischer Gattungsname für
→ *Meerrettich*

Aronstab
ARUM

Die Aronstabarten bilden eine eigene Familie, die Aronstabgewächse. Für den Garten kommen vor allem der heimische Gefleckte Aronstab und der Italienische Aronstab, der an steinigen Plätzen Südeuropas beheimatet ist, infrage. Mit den kolbenartigen Blütenständen, die von einem großen, hellen Hüllblatt (Spatha) umgeben sind, und den dicht gedrängt stehenden, leuchtend roten Beeren wirken die Pflanzen fast exotisch. Sie passen jedoch hervorragend in naturnahe, mehr oder weniger schattige Gartenbereiche.

Der ungewöhnliche Blütenstand mitsamt Hüllblatt stellt eine raffinierte Kesselfalle dar. Gegen Abend erwärmt sich der Blütenkolben und verströmt dann einen für Fliegen und Mücken unwiderstehlichen Aasgeruch. Die Insekten rutschen beim Landeversuch an der öligen Innenwand des Hüllblatts ab und gelangen so in den trichterartigen Hüllblattgrund. Dort versperren ihnen lange, quer stehende Borstenhaare den Weg nach draußen. Erst wenn die Blüten bestäubt sind, erschlaffen die Borstenhaare und geben die Insekten wieder frei.

Alle Pflanzenteile, besonders die Beeren, sind giftig. Die Berührung der Blätter kann Hautreizungen verursachen.

Italienischer Aronstab
ARUM ITALICUM

Merkmale: Staude mit knolligem Rhizom, 30–50 cm hoch; spatelförmige, dunkelgrüne Blätter an langen Stielen, erscheinen schon im Herbst und bleiben über Winter grün; gelblicher Blütenkolben, von hellgrünem Hochblatt umgeben; rote Beeren.
Blütezeit: April – Mai
Verwendung: Unter Laub abwerfenden Gehölzen, im Teichrandbereich, im Steingarten, vor Mauern; passt gut zu Funkien, Gräsern und niedrigen Storchschnabelarten.

Gefleckter Aronstab (Arum maculatum)

Standort: Bevorzugt leicht beschattet; tiefgründiger, humus- und nährstoffreicher Boden, mäßig feucht.
Pflanzen/Vermehren: Knollige Rhizome im Herbst 10–15 cm tief pflanzen, 10–20 cm Abstand; Vermehrung durch Tochterknollen, Teilung oder Aussaat (lange Keimdauer).
Pflege: Im Frühjahr bei anhaltender Trockenheit wässern, im Herbst mit reifem Kompost versorgen. In rauen Lagen über Winter durch Laubdecke oder Nadelholzreisig schützen.

Gefleckter Aronstab
ARUM MACULATUM

Merkmale: Staude mit knolligem Rhizom, 20–30 cm hoch; lang gestielte spießförmige Blätter, dunkelgrün mit dunklen Flecken, erscheinen im Frühjahr; gelblicher Blütenkolben, von hellgrünem, teils rot gepunktetem Hochblatt umgeben; rote Beeren.
Blütezeit: April – Mai
Verwendung: Unter Laub abwerfenden Gehölzen, im Teichrandbereich, für naturnahe Gestaltungen; passt gut zu Leberblümchen, Anemonen, Schaumblüte, Farnen.
Standort: Bevorzugt im Halbschatten; tiefgründiger, humus- und nährstoffreicher Boden, mäßig feucht.
Pflanzen/Vermehren: Wie Italienischer Aronstab.
Pflege: Wie Italienischer Aronstab, jedoch nach dem Einwachsen kaum Winterschutz nötig.
Hinweis: Breitet sich an günstigen Standorten von selbst aus und bedeckt bald größere Flächen.

Art
Wichtigste Einheit im System der Pflanzen und Tiere, auch als Spezies bezeichnet. Die Individuen einer Art stimmen in allen wesentlichen Merkmalen miteinander überein, von Form und Wuchs der

unterirdischen Organe, Stängel, Blüten, Blätter und Früchte bis hin zu den Chromosomensätzen. Zu diesen Merkmalen gehören auch die Ansprüche an die Umweltbedingungen, weshalb Pflanzen einer Art in der Natur meist an ähnlichen Biotopen vorkommen. Im → *System der Pflanzen und Tiere* steht die Art als Rangstufe unterhalb der → *Gattung,* einer Gruppe von Arten mit mehreren gemeinsamen Merkmalen.

Zur Gattung Glockenblume (*Campanula*) gehören beispielsweise viele verschiedene Arten, darunter die Karpatenglockenblume (*Campanula carpatica*), die Knäuelglockenblume (*Campanula glomerata*) und die Pfirsichblättrige Glockenblume (*Campanula persicifolia*). Der wissenschaftliche → *Artname* setzt sich aus dem groß geschriebenen und an erster Stelle genannten Gattungsnamen (hier *Campanula*) und der klein geschriebenen Artbezeichnung (z. B. *carpatica*) zusammen.

Die Individuen einer Art können sich in der Regel problemlos miteinander kreuzen, die Nachkommenschaft weist dieselben wesentlichen Merkmale auf und gibt sie wiederum beständig an die nächste Generation weiter. Während bei Tieren unter natürlichen Bedingungen nur artgleiche Individuen fruchtbare Nachkommen erzeugen können, sind bei Pflanzen teils auch vermehrungsfähige Spontankreuzungen nah verwandter Arten möglich, → *Arthybriden.*

Innerhalb einer Art können Individuen – oft umweltbedingt – Merkmale ausbilden, die sie von den anderen unterscheiden und auf die Nachkommen vererbt werden, z. B. Wuchshöhe, Blattbehaarung oder Blütenfarbe. Man stuft sie dann als Unterart ein (Subspezies, Abkürzung subsp. oder ssp.), als Varietät (Abkürzung var.), als Form (Abkürzung f.) oder als Rasse. Durch Züchtung entstandene Abwandlungen nennt man Sorten (Kulturvarietäten). Von der oben genannten Karpatenglockenblume gibt es z. B. die Sorten 'Blaue Clips' und 'Weiße Clips' mit himmelblauen bzw. rein weißen Blüten. Die Blütenfarbe ist demnach kein wesentliches Kennzeichen einer Art.

Artemisia
Gattung, zu der mehrere Heil- und Würzkräuter mit filigranem Laub gehören.
→ *Beifuß,* → *Eberraute,* → *Estragon,* → *Wermut*

Artenschutz
Der durch verschiedene Maßnahmen angestrebte Schutz von Tier- und Pflanzenarten, die in der freien Natur im Bestand bzw. vom Aussterben bedroht sind. Die jeweiligen Maßnahmen werden von den Behörden je nach Gefährdungsgrad angeordnet. Durch sie soll die Artenvielfalt erhalten werden, die ein möglichst breit gestreutes Genpotenzial sichert. Da die Arten in vielfältigen wechselseitigen Beziehungen mit anderen Arten und der unbelebten Umwelt stehen, funktioniert der Artenschutz ohne die Erhaltung funktionsfähiger Lebensräume (→ *Biotop*) nicht. Man ist deshalb schon seit einiger Zeit dazu übergegangen, ganze Lebensräume und Pflanzengesellschaften unter Schutz zu stellen, z. B. Moorlandschaften und Heiden.

In Deutschland, Österreich und Schweiz sind die gefährdeten Tier- und Pflanzenarten in Roten Listen aufgeführt, wobei landesweite Listen durch Bestandsaufnahmen und Artenschutzverordnungen der Bundesländer bzw. Kantone ergänzt werden.

Mittlerweile wird der Arten- und Biotopschutz verstärkt auch auf europäischer Ebene geregelt.

Geschützte Pflanzen und Tiere dürfen auf gar keinen Fall der freien Natur entnommen werden. Man kann beispielsweise Amphibien durch Anlage eines naturnahen Teiches geeignete Lebensbedingungen schaffen, sollte aber „Zwangsansiedlungen" unbedingt unterlassen, wobei diese ohnehin meist fehlschlagen. Dasselbe gilt für Wildpflanzen, etwa von Alpenstandorten oder Feuchtbereichen. Hier kann man mittlerweile auf ein recht breites Angebot von Spezialgärtnereien zurückgreifen, die ausschließlich gärtnerisch vermehrte Wildstauden und -gehölze vertreiben. Umgekehrt dürfen zum Schutz heimischer Arten auch keine fremdländischen Pflanzen und Tiere in die freie Natur ausgebracht werden.

Zu den geschützten Arten zählen auch einige Tiere, die im Garten lästig werden können. Gegen den → *Maulwurf* sind deshalb nur vertreibende Maßnahmen zulässig. Lästige Wespen- und Hornissennester dürfen nicht zerstört werden. Man sollte sie – nach Nachfrage bei der zuständigen Naturschutzbehörde – durch Experten umsiedeln lassen, teils übernimmt dies auch die örtliche Feuerwehr.

Der Maulwurf gehört zu den geschützten Arten. Wenn er lästig wird, hilft nur Vertreiben.

ARTHYBRIDE

Hybride aus mehreren Spierstraucharten: Spiraea x arguta, der Brautspierstrauch

Artischocken können mehrere Jahre lang beerntet werden.

Vom Cardy nutzt man ähnlich wie beim Bleichsellerie die Blattstiele.

Arthybride

Auch Artbastard genannt; Kreuzung aus verschiedenen Arten derselben Gattung, die Merkmale beider Eltern in sich vereint. Arthybriden sind beständig, d. h., sie geben ihre Merkmale auch an die nächste Generation weiter, sofern sie sich über Samen vermehren können. Sie stellen im Grunde eine eigenständige Art dar.

Bei verschiedenen Gattungen kommt es in freier Natur recht häufig zur spontanen Bildung von Arthybriden, etwa bei den Weiden. Daneben werden im Garten viele Arthybriden genutzt, die durch züchterische Arbeit entstanden sind, z. B. die Bartblume (*Caryopteris* x *clandonensis*) oder der Garteneisenhut (*Aconitum* x *cammarum*). Das x zwischen Gattungsname und Artname weist darauf hin, dass es sich um Arthybriden handelt.

Artischocke

CYNARA SCOLYMUS

Dieses hauptsächlich im Mittelmeerraum angebaute Korbblütengewächs wurde schon im alten Ägypten kultiviert und von den Römern als Spezialität geschätzt. Bei uns gedeiht die mehrjährige Pflanze am sichersten in klimamilden Regionen, lässt sich aber nach Rückschnitt und mit Winterschutz auch andernorts recht gut über die kalte Jahreszeit bringen. Unter dieser Voraussetzung kann man eine Pflanze etwa 4 Jahre lang nutzen, danach nimmt der Ertrag stark ab, so dass man besser neue, durch Teilung gewonnene Pflanzen setzt.

Geerntet werden die geschlossenen, noch knospigen Blütenkörbe, von denen man die Blütenböden und den unteren fleischigen Teil der inneren Hüllblätter verwertet. Nach Kochen in Salzwasser mit etwas Zitronensaft erhält man ein bekömmliches, leicht bitteres Gemüse mit hohem Mineralstoffgehalt. Bei Verzicht auf einen Teil der Ernte entpuppt sich die Artischocke als herrlicher Herbstblüher mit großen purpurblauen Blüten. Da außerdem das Blattwerk sehr ansehnlich ist, lässt sich die Artischocke auch als Solitärstaude verwenden.

Merkmale: Staude, stark verzweigt, bis 2 m hoch; große, silbrig grüne, tief fiederschnittige Blätter; faustgroße Blütenkörbe, Blütenblätter purpur- bis violettblau.
Blütezeit: August – Oktober
Standort: Vollsonniger, warmer und geschützter Platz; durchlässiger, tiefgründiger, humus- und nährstoffreicher Boden; Boden im Herbst vor der Pflanzung mit Kompost oder anderen organischen Düngern versorgen.
Kultur: Anzucht im März bei 20 – 22° C; ab etwa Mitte Mai im Abstand von 100 x 100 cm auspflanzen. Auch Freilandsaat möglich, dazu ab April je vier Samen mit 100 cm Abstand säen, nach Aufgang nur stärkste Pflanze stehen lassen; Blüte dann erst im Jahr nach der Aussaat. Teilung älterer Pflanzen im Frühjahr möglich; bewurzelte Nebentriebe abtrennen und bis zur Pflanzung im Mai in Töpfen kultivieren.
Pflege: Regelmäßig gießen, ein- bis zweimal nachdüngen, Boden um die Pflanzen mulchen; wenn nötig, an Stab aufbinden; im Herbst bodennah zurückschneiden und Wurzelbereich mit Fichtenreisig abdecken.
Ernte: Im ersten Jahr im August/September, danach ab Juli; geschlossene, knospige Blütenkörbe vor Violettfärbung abschneiden.
Hinweis: Der nah verwandte Cardy (*C. cardunculus*), auch bekannt als Kardone oder Spanische Artischocke, ist bei uns eine Rarität. Die Staude mit den 150 cm langen, fiederteiligen Blättern wird einjährig kultiviert und ähnlich wie Bleichsellerie genutzt. Ab August bindet man die Blätter lose zusammen und umhüllt sie zum Bleichen mit Pappe o. Ä. Einige Wochen später kann man die fleischigen Blattstiele ernten. Ansprüche, Kultur, Pflege ähnlich Artischocke.

Artname

Wissenschaftliche, international gültige Benennung einer → *Art,* aus dem groß geschriebenen Gattungsnamen und der klein geschriebenen, eigentlichen Artbezeichnung zusammengesetzt, z. B. *Vinca minor* (Kleines Immergrün). Die meist aus dem Lateinischen oder Griechischen stammenden Artbezeichnungen heißen in der Biologie Epitheton („Hinzugefügtes") und sind oft beschreibender Natur, z. B. *annuus* = einjährig, *luteus* = gelb, *tristis* = traurig (für Arten mit hängendem „Trauerwuchs"). Häufig nehmen die Artattribute auch Bezug zur geographischen Herkunft, etwa *japonicus,* oder sie würdigen den Erstbeschreiber: Die Berberitze *Berberis thunbergii* ist z. B. nach dem schwedischen Arzt und Botaniker C. P. Thunberg (1743 – 1828) benannt.
Auch → *botanische Namen*

Aruncus

Robuste, große Schattenstaude
→ *Geißbart*

Arundinaria

Alter botanischer Gattungsname für verschiedene → *Bambusarten*

Arundo

Hochwüchsiges, imposantes Ziergras
→ *Pfahlrohr*

Arzneipflanzen

Pflanzen, die Inhaltsstoffe mit heilender oder lindernder Wirkung enthalten und in der Pflanzenheilkunde Verwendung finden. Vielfach handelt es sich um Kräuter wie Thymian oder Salbei, die sich gut im Garten kultivieren lassen. Dazu kommen Gehölze wie Ginkgo, Linde und Essigrose (*Rosa gallica*) sowie Stauden, von denen häufig Wurzeln verwertet werden, z. B. Engelwurz und Primeln. Auch Flechten wie Isländisches Moos und fremdländische Pflanzen, etwa Eukalyptus oder Süßholz, zählen zu den Arzneipflanzen. Getrocknete und zerkleinerte oder anderweitig aufbereitete Pflanzenteile werden Drogen genannt. In der modernen Pflanzenheilkunde (Phytotherapie) kommen meist hoch dosierte, standardisierte Pflanzenextrakte zum Einsatz.

Während man die Heilwirkungen der bekannten Gartenkräuter gut in Tees und ähnlichen Zubereitungen nutzen kann, ist bei den meisten anderen Arzneipflanzen größte Vorsicht geboten. Ihre medizinisch wirksamen Stoffe sind teils bei Überdosierung giftig, so dass hier von Experimenten dringend abzuraten ist.

Der Gebrauch von Heilpflanzen ist aus allen alten und naturnahen Kulturen bekannt und spielt in der Geschichte der Medizin eine große Rolle. Basierend auf dem Heilwissen der Antike und der schon frühzeitig hoch entwickelten arabischen Medizin kultivierte man in den mittelalterlichen Klostergärten eine Vielzahl von Heilpflanzen. Bereits um 825 legte der Benediktiner-Abt Walahfrid Strabo auf der Insel Reichenau/Bodensee einen Arzneipflanzengarten an, der Vorbild für viele weitere Klostergärten war. Bald tauschten Ärzte ihre Erfahrungen mit verschiedenen Pflanzen aus und legten fest, welche Arten als wirksam einzustufen sind. Man deklarierte solche Pflanzen nach der Offizin, der früheren Bezeichnung für eine Apotheke, als „offizinell". Viele Pflanzen führen dieses Attribut heute noch im botanischen Namen.

Mit der neuzeitlichen chemischen Inhaltsstoffanalyse wurden einige der früheren Beurteilungen revidiert. Doch ein Großteil der seit Jahrhunderten verwendeten Pflanzen ist heute auch aus wissenschaftlicher Sicht anerkannt. In der modernen Medizin spricht man lieber von Arznei- als von Heilpflanzen. Damit ist eine gewisse Abgrenzung zu den Hausmitteln der Volksheilkunde verbunden, deren Wirksamkeit nicht immer gegeben ist.

Historische Arzneipflanzengärten geben einen Einblick in die jahrhundertealte Tradition des Heilpflanzenanbaus.

Asarina
Einjährige, rankende Kletterpflanze
→ *Maurandie*

Asarum
Immergrüne Bodendeckerstaude, die selbst im Vollschatten gedeiht.
→ *Haselwurz*

Asche
Asche war in früheren Zeiten ein wichtiges Düngemittel. Holzasche, die heute hauptsächlich aus Kaminholzverbrennung anfällt, hat recht hohe Kalium- und Kalkgehalte. Sie stellt so eine gute Ergänzung zu anderen organischen → *Düngern* dar, die vor allem Stickstoff und Phosphat enthalten. Holzasche ist wasserlöslich und lässt sich so gut als Flüssigdünger ausbringen. Günstig ist auch das Untermischen beim Aufsetzen des Komposts. Asche gilt zudem als altbewährtes Mittel zum Desinfizieren von Schnittstellen bei Vermehrung und Veredlung.

Asche aus Braun- und Steinkohle sowie Koks enthält zum einen geringere Nährstoffanteile, zum andern teils Schwefel- und Borverbindungen, die manche Pflanzen nicht vertragen. Sie sollte deshalb im Garten besser keine Verwendung finden.

Asienbirne
Wärmebedürftige, mit der Birne verwandte Obstart
→ *Nashi*

Asparagus
Botanischer Gattungsname für
→ *Spargel*

Aspe
Anderer Name für Zitterpappel
→ *Pappel*

Asplenium
Robuster, immergrünes Farn
→ *Streifenfarn*

Bei der Anzucht unter Glas können die sonst nützlichen Asseln Schäden verursachen.

Assel
Zu den Zehnfußkrebsen gehörende Ordnung mit weltweit rund 4 000 Arten. Asseln werden bis 3 cm lang. Ihr Körper ist in viele Segmente gegliedert, die je ein Beinpaar tragen. Die vorderen Beine sind zum Laufen da, während sie mit den hinteren, zu Platten umgebildeten Beinen atmet. Bei uns kommt die rötlich graue Kellerassel am häufigsten vor, daneben die hellbraune Mauerassel und die Rollassel, die sich bei Gefahr zu einer runden Kugel zusammenrollen kann.

Asseln sind an feuchte Lebensräume gebunden, man findet sie u. a. in Gewächshäusern, unter Steinplatten, in begrünten Hausfassaden, feuchten Kellern und an Fallobst. Sie ernähren sich vorwiegend von abgestorbenen Pflanzenteilen. Wegen dieser „Aufräumarbeit" und der Vorzerkleinerung von organischem Material für die nachfolgenden Rotteorganismen ist ihre Anwesenheit durchaus positiv zu sehen. Ihre nützliche Tätigkeit entfalten sie auch im Komposthaufen. An lebenden Pflanzen, etwa an jungen Saaten im Frühbeet, fressen sie hauptsächlich bei mangelndem sonstigen Nahrungsangebot. Wurzeln oder Blumenzwiebeln werden in der Regel nur geschädigt, wenn diese in vernässten Böden ohnehin schon schlecht wachsen. Die Schäden bleiben meist gering, so dass keine Bekämpfung nötig ist. Vorbeugend sollte man jedoch faulende Pflanzenreste oder Früchte sowohl im Garten wie im Lagerkeller frühzeitig beseitigen. Wenn Asseln z. B. im Gewächshaus überhand nehmen, kann man sie durch Auslegen feuchter Bretter oder Säcke anlocken und mitsamt diesen Materialien auf den Kompost geben.

Assimilate
Auch Bildungsstoffe genannt; Kohlenhydrate und Eiweißvorstufen (Aminosäuren), die bei der → *Assimilation* entstehen. Sie werden vor allem in den Blättern gebildet und dann bevorzugt zu den Wurzeln sowie zu den aktiven Wachstumszonen geleitet, etwa Triebspitzen und Knospen. Als Reservestoffe werden Assimilate in Samen, Zwiebeln, Knollen und Wurzeln eingelagert. Eine verbreitete Speicherform von Kohlenstoff-Assimilaten ist beispielsweise die Stärke.

Assimilation
Begriff aus der Pflanzenphysiologie: der Aufbau körpereigener organischer Substanzen, Assimilate genannt, aus anorganischen Stoffen. Assimilation lässt sich als „Ähnlichmachung" übersetzen; die Pflanzen machen dabei die unbelebten Stoffe ihrer eigenen, lebenden Substanz ähnlich, wofür sie Energie benötigen. Man unterscheidet drei wichtige Assimilationsarten:

1) Kohlenstoff-Assimilation: als → *Photosynthese* einer der zentralen Vorgänge des pflanzlichen Stoffwechsels. Unter Einwirkung von Lichtenergie wird über die Spaltöffnungen der

Blätter aufgenommenes Kohlendioxid in Zucker und andere Kohlenhydrate umgewandelt.

2) Stickstoff-Assimilation: Hierbei bauen Pflanzen einfache Stickstoffverbindungen wie Nitrat, die vor allem über die Wurzel aufgenommen werden, in Aminosäuren und schließlich auch Eiweiße um.

3) Phosphor-Assimilation: Aus dem Boden als Düngesalze aufgenommene Phosphate werden in hochkomplexe Nukleinsäuren eingebaut, die zum einen die Genstruktur bilden, zum andern den Energiestoffwechsel regeln.

Der Gegensatz zur Assimilation heißt Dissimilation und bezeichnet den Stoffabbau. Zuvor gebundene Energie wird wieder frei; die wichtigste Form, in der dies geschieht, ist die → *Atmung*.

Assimilationsgewebe

Verband von Zellen, in denen die Assimilate (→ *Assimilation*) aufgebaut werden; als Assimilationsgewebe werden im Speziellen die besonders blattgrünreichen Palisadenzellen der Blätter bezeichnet, in denen die Kohlenstoff-Assimilation hauptsächlich stattfindet.

→ *Blatt*

Ast

Beim → *Baum* die mehrjährige, verholzte Nebenachse 1. Ordnung, die direkt vom Stamm bzw. seiner Verlängerung abgeht. Ihm entspringen die Zweige als Nebenachsen 2. Ordnung. Abgesehen von der beschreibenden Pflanzenanatomie hat solch eine Begriffsbestimmung vor allem bei der Erziehung von Obstbäumen Bedeutung. Hier strebt man einen möglichst vorteilhaften Kronenaufbau durch gleichmäßige Verteilung der Leitäste an.

→ *Obstbaumschnitt*, → *Obstbäume formieren*

Aster
Aster

Aus dieser großen Gattung, die zur Familie der Korbblütengewächse gehört, haben etliche Arten Eingang in unsere Gärten gefunden. Teils kommen sie in Mitteleuropa auch wild vor, wie Alpenaster und Bergaster, teils stammen sie aus Asien oder Nordamerika. Die Blütezeiten dieser Stauden sind sehr unterschiedlich, so dass sie gärtnerisch in Frühjahrs-, Sommer- und Herbstastern unterteilt werden.

Für etwas Namenswirrwarr sorgt in dem Zusammenhang die einjährige → *Sommeraster* (*Callistephus chinensis*), die einer anderen Gattung angehört.

→ *Astern, Frühjahrsblüher,*
→ *Astern, Sommerblüher,* → *Astern, Herbstblüher*

Astern, Frühjahrsblüher

Trotz der üblichen Bezeichnung als Frühjahrsastern handelt es sich im Grunde um Frühsommerblüher, deren Flor bis in den Juni hineinreicht. Die Alpenaster kommt in freier Natur auf steinigen, kalkhaltigen Böden der Alpen und anderer Gebirge vor und zählt zu den geschützten Arten. Die höher wachsende *A. tongolensis* stammt aus Westchina und wird meist schlicht als Frühjahrs- oder Frühlingsaster bezeichnet.

Alpenaster
Aster alpinus
☼–◐ ☺

Merkmale: Staude, buschig, 20 – 30 cm hoch; längliche, spatelförmige Blätter; Blüten violettblau, rosa oder weiß.
Blütezeit: Mai – Juni
Verwendung: Im Steingarten, in Ritzen von Trockenmauern und Geröllfugen, auch in Rabatten.
Standort: Humusreicher, kalkhaltiger, nicht zu trockener Boden.
Pflanzen/Vermehren: Pflanzung im Frühjahr oder Herbst mit 25 – 30 cm Abstand; Vermehrung durch Teilung im Februar/März oder durch Aussaat.
Pflege: Bei anhaltender Trockenheit gießen; nur gelegentlich im Frühjahr mit etwas Kompost und kalkhaltigem Steinmehl versorgen; am besten alle 2 bis 3 Jahre durch Teilung verjüngen.

Frühlingsaster
Aster tongolensis
☼ ☺

Merkmale: Staude, buschig, aufrecht, 40 – 50 cm hoch; längliche Blätter; große, hell oder dunkel blauviolette Blüten mit auffälliger goldgelber Mitte.
Blütezeit: Mai – Juni
Verwendung: Für Beete und Rabatten; gute Schnittblume.
Standort: Humoser, nährstoffreicher, nicht zu trockener Boden.
Pflanzen/Vermehren: Pflanzung im Frühjahr oder Herbst mit 40 cm Abstand; Vermehrung durch Teilung im Februar/März oder durch Aussaat.
Pflege: Bei anhaltender Trockenheit gießen; im Frühjahr mit Kompost versorgen; Pflanzen nach der Blüte zurückschneiden.

Alpenaster (Aster alpinus)

Astern, Sommerblüher

Bergaster (Aster amellus)

Astern, Sommerblüher

Im Sommer blühen hauptsächlich Astern, die in Europa auch wild vorkommen und geschützt sind. Sie zeigen trotz reicher Blüte anmutigen Wildpflanzencharakter und gedeihen auf eher mageren Böden besser als auf nährstoffreichen.

Bergaster
ASTER AMELLUS

Merkmale: Staude, aufrecht buschig, 30 – 60 cm hoch; Blätter lanzettlich, mattgrün und rauhaarig; Blüten rosa, blau oder violett mit gelber Mitte.
Blütezeit: Juli – September
Verwendung: In Rabatten, in Heide- und Steingärten, in Naturgartenbereichen; niedrige Sorten auch für Einfassungen; als Schnittblume.
Standort: Möglichst volle Sonne, auch heiße und trockene Plätze; humoser, leicht kalkhaltiger Boden.
Pflanzen/Vermehren: Pflanzung im Frühjahr mit 30 – 40 cm Abstand; Vermehrung durch Teilung im Februar/März oder durch Aussaat.
Pflege: Bei anhaltender Trockenheit gießen; nur gelegentlich im Frühjahr mit etwas Kompost und kalkhaltigem Steinmehl versorgen; nach der Blüte zurückschneiden; alle 2 bis 3 Jahre durch Teilung verjüngen.
Hinweis: Etwas höher (bis 80 cm) und graziler wächst *A.* x *frikartii,* eine Kreuzung der Bergaster mit einer asiatischen Art. Sie hat besonders große hellblaue oder blauviolette Blüten, eignet sich vor allem für sonnige Rabatten und braucht nährstoffreichen Boden.

Goldaster
ASTER LINOSYRIS

Merkmale: Staude, aufrecht, grazil, 20 – 50 cm hoch; schmale, nadelartige, graugrüne Blätter; gelbe Blütenkörbchen in kleinen Dolden.
Blütezeit: Juli – September
Verwendung: In naturnahen Gestaltungen, Heide- und Steingärten, an trockenen Hängen und Böschungen.
Standort: Vollsonnig, warm; durchlässiger, auch sandiger oder steiniger Boden; kommt gut mit trockenen Standorten zurecht.
Pflanzen/Vermehren: Pflanzung im Frühjahr mit etwa 30 cm Abstand; Vermehrung durch Aussaat im Februar oder Teilung nach der Blüte.
Pflege: Kaum nötig; verwelkte Blütenstände entfernen, wenn als störend empfunden.

Zwerg-Wildaster
ASTER SEDIFOLIUS

Merkmale: Staude, buschig, kompakt, 20 – 30 cm hoch; blaugrüne, lanzettliche Blätter; zahlreiche sternförmige blaue oder rosa Blüten.
Blütezeit: Juli – September
Verwendung: In Stein-, Heide- und Naturgärten.
Standort: Möglichst sonnig und warm; humoser, durchlässiger Boden.
Pflanzen/Vermehren: Wie Bergaster.
Pflege: Wie Bergaster.

Astern, Herbstblüher

Am häufigsten werden in Gärten die Herbstastern mit ihren kräftigen Blütenfarben gepflanzt, deren Pracht oft bis zu den ersten stärkeren Frösten anhält. Sie sind ursprünglich in Nordamerika und Kanada beheimatet, ebenso wie die etwas seltener zu sehende, schleierartig wirkende Myrtenaster. In ihrer Heimat wachsen sie an Waldrändern oder auf Wiesen und haben höhere Ansprüche an Boden und Feuchtigkeit als die Sommerastern. Alle Arten lassen sich sehr schön mit gelb blühenden Spätblühern wie Sonnenhut, Sonnenauge und Goldrute sowie Chrysanthemen kombinieren. Durch die späte und reiche Blüte sind sie besonders wertvolle Bienenweiden und Insektenfutterpflanzen.

Kissenaster
ASTER DUMOSUS

Merkmale: Staude, kompakt, teils Polster bildend, 20 – 50 cm hoch; Blüten rosa, rot, violett, blau oder weiß, bei einigen Sorten halb gefüllt. Bei den Kissenastern handelt es sich teilweise um Hybriden, die unter Einkreuzung von Glattblattastern entstanden sind.

Kissenaster (Aster dumosus)

Astern, Herbstblüher

Raublattaster (Aster novae-angliae)

Blütezeit: August – Oktober
Verwendung: In Beeten und Rabatten, im Steingarten, niedrige Sorten auch als Einfassung oder in Pflanzgefäßen.
Standort: Humus- und nährstoffreicher, tiefgründiger, nicht zu trockener Boden.
Pflanzen/Vermehren: Pflanzung im Frühjahr mit 30 – 50 cm Abstand, je nach Wuchshöhe; Vermehrung durch Teilung im Frühjahr oder Stecklinge möglich.
Pflege: In Trockenperioden reichlich wässern; im Frühjahr organisch düngen; nach der Blüte zurückschneiden; alle 3 bis 4 Jahre teilen und an anderem Platz wieder einsetzen.

Myrtenaster
Aster ericoides
☼

Merkmale: Staude, buschig, reich verzweigt, 60 – 120 cm hoch; linealische, nadelartige Blätter; zahlreiche kleine, weiße Blütenkörbchen in Rispen.
Blütezeit: September – November
Verwendung: In Beeten und Rabatten; als Schnittblumen für gemischte Herbststräuße.
Standort: Humoser, nährstoffreicher, kalkhaltiger, frischer Boden.
Pflanzen/Vermehren: Wie Kissenaster; 50 – 60 cm Pflanzabstand.
Pflege: Wie Kissenaster.
Hinweis: Sehr ähnlich, mit etwas grazilerem Wuchs, präsentiert sich die Schleieraster (*A. cordifolius*).

Raublattaster
Aster novae-angliae
☼

Merkmale: Staude, aufrecht, locker horstartig, 80 – 150 cm hoch; lanzettliche Blätter, dicht behaart (daher der Name); große Blüten, je nach Sorte rot, rosa, blau, violett, weiß, einfach bis gefüllt; Blüten abends und bei trübem Wetter geschlossen.
Blütezeit: September – November
Verwendung: Im Hintergrund von Rabatten und Beeten, in Bauerngartengestaltungen, an Zäunen; als Schnittblume.
Standort: Nährstoffreicher, durchlässiger, frischer Boden.
Pflanzen/Vermehren: Pflanzung im Frühjahr mit 50 – 60 cm Abstand; Vermehrung durch Teilung im Frühjahr.
Pflege: In Trockenzeiten gut wässern; im Frühjahr organisch düngen; nach der Blüte kräftig zurückschneiden; im Sommer aufbinden und stützen; alle 3 bis 4 Jahre teilen, bei starker Verkahlung im Inneren der Horste auch früher, und an anderem Platz neu einsetzen.

Glattblattaster
Aster novi-belgii
☼

Sie ist wohl die wichtigste Herbstaster, die je nach Sorte Blüten in verschiedenen Rosa- bis Blautönen bildet. Rund um die Uhr sind ihre Blüten geöffnet.
Merkmale: Staude, aufrecht, locker horstartig, 60 – 140 cm hoch; lanzettliche, kaum behaarte Blätter; große Blüten, je nach Sorte in verschiedenen Rottönen, blau, violett oder weiß, oft halb gefüllt; Blüten bleiben stets geöffnet.
Blütezeit: September – November
Verwendung: Wie Raublattaster.
Standort: Wie Raublattaster.
Pflanzen/Vermehren: Wie Raublattaster.
Pflege: Wie Raublattaster, jedoch generell etwas empfindlicher und anspruchsvoller.

Glattblattaster (Aster novi-belgii)

Astilbe
Gattung attraktiver Stauden für halbschattige und schattige Plätze
→ *Prachtspiere*

Astrantia
Naturnahe Staude für Sonne und Halbschatten
→ *Sterndolde*

Astring
Ansatz- bzw. Austriebsstelle eines Asts am Stamm, auch als Astkragen bezeichnet und häufig wulstartig verdickt. Auch bei Zweigen ist die Ansatzstelle am Ast teils entsprechend deutlich ausgebildet. Im Astring sind wichtige Reservestoffe sowie Abwehrstoffe gegen Krankheiten gespeichert. Hier sind zudem auch die teilungsfähigen Gewebezellen konzentriert, die nach Schnitt oder Bruch des Asts für eine schnelle Überwallung der Wunde sorgen. Man entfernt deshalb Äste oder Zweige stets „auf Astring", d. h., man lässt diese Ansatzstelle stehen. Auch bei Gehölzen, die keinen deutlichen Astring zeigen, schneidet man nicht direkt am Stamm weg, sondern so, dass an der Ansatzstelle der Äste und Zweige ein wenige Millimeter dickes Stück samt Rinde verbleibt.

Astschere
Schere mit langen Holmen bzw. Griffen zum Schneiden von Ästen und dicken Zweigen, auch Langarmscheren genannt
Auch → *Schnittwerkzeug*

Aststütze
Vorrichtung zum Stützen von Obstbaumästen, um Bruch durch reichen Fruchtbehang zu verhindern. Zuweilen werden dafür spezielle Stangen mit verschiebbarem Asthalter aus Metall oder Kunststoff angeboten. Man kann sich aber auch mit kräftigen Ästen mit einer Gabelung am Ende oder mit stabilen Latten behelfen, was sicherlich preiswerter ist.

Ätherische Öle
Leicht flüchtige, stark riechende, ölartige Substanzen, die das Aroma vieler Duftpflanzen, Kräuter und essbarer Pflanzenteile ausmachen. Sie werden häufig in besonderen Öldrüsen, Ölschuppen oder Drüsenhaaren der Pflanzen gebildet. Diese befinden sich oft an bzw. in den Laubblättern, so bei den meisten Würzkräutern. Aber auch andere Pflanzenteile können ätherische Öle enthalten, z. B. Blüten (Rose, Lavendel), Wurzeln bzw. Wurzelstöcke (Kalmus, Ingwer), Rinden (Zimt) und Samen und Früchte (Anis, Kümmel). Da sich ätherische Öle leicht verflüchtigen, verströmen sie schon beim leichten Reiben von Pflanzenteilen den arttypischen Duft. Dieser entsteht jeweils durch eine spezifische Zusammensetzung aus bis zu 200 verschiedenen Komponenten, da ätherische Öle Gemische chemischer Verbindungen darstellen, darunter beispielsweise Terpene, Sesquiterpene, Ester und Phenole.

Den Pflanzen dienen diese Stoffe u. a. zum Anlocken bestimmter Tiere, umgekehrt aber auch zum Abwehren von Schädlingen und Krankheiten. Dies nutzt man bei der Verwendung von → *Abwehrpflanzen*. Vor allem aber machen die ätherischen Öle viele Pflanzen zu wertvollen Würzkräutern und → *Arzneipflanzen*. Die flüchtigen Substanzen können durch Destillation gewonnen werden und finden Verwendung in der Parfümindustrie, Pharmazie, Kosmetik, bei der Lebensmittelherstellung und nicht zuletzt in Schädlingsvertreibungsmitteln.

Je nachdem welche ätherischen Öle enthalten sind bzw. vorherrschen, ändert sich die Wirkung: Pfefferminze regt an, Melisse und Baldrian beruhigen, Thymian wirkt antibakteriell, Heidelbeeren helfen bei Durchfall, verschiedene Küchenkräuter sind appetit- und verdauungsfördernd und Kamille unterstützt die Heilung von Entzündungen.

Reich tragende, schwere Äste sollten vorsichtshalber abgestützt werden.

Die Würzkraft ätherischer Öle lässt sich sehr gut durch Kräuteressig und -öle konservieren.

Athyrium
Attraktiver, fein gefiederter Farn für schattige Plätze
→ *Frauenfarn*

Atlasblume
Prächtige Sommer- und Schnittblume, früher *Godetia* genannt, heute zum → *Mandelröschen* (*Clarkia*) zählend.

Atlaszeder
Eindrucksvoller Nadelbaum mit grünen oder bläulichen Nadeln
→ *Zeder*

Atmung
Im Allgemeinen der Gasaustausch von Organismen, bei dem Sauerstoff aus der Luft aufgenommen und das bei Stoffwechselvorgängen entstandene Kohlendioxid an die Umgebung abgegeben wird; auch Respiration genannt.

Ein ähnlicher, aber doch etwas anders gelagerter Vorgang ist die innere Atmung, die in allen Zellen stattfindet und als Dissimilation bezeichnet wird. Hierbei werden zelleigene Substanzen zur Energiegewinnung abgebaut; d. h., Pflanzen erhalten durch diesen Vorgang die nötige Energie für sämtliche Stoffwechselvorgänge. Sie bauen dazu die bei der → *Assimilation* von Kohlenstoff (→ *Photosynthese*) entstehenden Kohlenhydrate ab und nutzen so die in ihnen gespeicherte Lichtenergie. Für den Abbau der Kohlenhydrate (Traubenzucker) ist Sauerstoff nötig, als Ergebnis wird Kohlendioxid frei. Somit ist dies der umgekehrte Vorgang zur Photosynthese.

Die Atmung läuft Tag und Nacht in allen lebenden Zellen ab, die lichtabhängige Photosynthese nur am Tag, wobei unter günstigen Bedingungen der Stoffaufbau überwiegt. Deshalb ist letztendlich auch die Beachtung der Lichtansprüche von Pflanzen so wichtig: Sonnenliebende Pflanzen bauen bei dunklem Stand mehr Substanz durch Atmung ab, als sie durch Photosynthese gewinnen, so dass sie mit der Zeit kümmern und absterben.

Atmungsflocken
Zuschlagsstoffe für Erden und Böden, die bei Untermischen die Durchlüftung und teils auch die Wasser- und Nährstoffspeicherung verbessern. Teilweise werden zerkleinerte Vulkangesteine in Balkon- und Kübelpflanzenerden als Atmungsflocken bezeichnet. Teils versteht man darunter auch synthetische Bodenverbesserungsmittel wie Styromull und Hygromull (→ *Bodenverbesserung*), die ebenfalls Topfsubstraten untergemischt werden können.

Atmungsgewebe
Zellverband in den Blättern, der wegen seiner großen Zellzwischenräume einem Schwamm ähnelt (deshalb auch Schwammgewebe) und mit den Spaltöffnungen in Verbindung steht; → *Blatt*. Eine Sonderform stellt das → *Aerenchym* der Sumpf- und Wasserpflanzen dar.

Atriplex
Botanischer Gattungsname für die → *Melden*, die teils als Unkraut angesehen, teils als Blattgemüse genutzt werden.

Atriumgarten
Allseits von Gebäuden umschlossener Garten, Innenhofgarten. Im alten Rom diente das Atrium im Innenhof der Stadthäuser lediglich dazu, in einem Becken das Regenwasser zu sammeln. Gärten wurden nur von Wohlhabenden in einem weiteren Innenhof, dem Peristyl, angelegt, wobei verschiedene griechische Anlagen als Vorbilder dienten.

Nach dieser Tradition werden heute als Wohngärten genutzte Innenhöfe zwischen Flachbauten bzw. nicht allzu hohen Gebäudeteilen als Atriumgärten bezeichnet. Häufig kombiniert man hier Bodenbeete oder erhöhte Mauerbeete mit gepflasterten Flächen, auf denen Topf- und Kübelpflanzen die Gestaltung bereichern können.

Der begrenzte Platz verlangt eine sehr sorgfältige Auswahl, vor allem bei Gehölzen, die nicht allzu groß werden dürfen. Die angrenzenden Gebäude sorgen für eine im Tagesverlauf stark wechselnde Beschattung der einzelnen Gartenbereiche, was bei der Pflanzenwahl ebenfalls berücksichtigt werden muss. Sehr vorteilhaft ist diese geschützte Lage für Wärme liebende, etwas frostempfindliche Pflanzen. An solch warmen, relativ windgeschützten Pflanzplätzen kommt es allerdings häufiger zum Befall durch Schädlinge und vor allem zu Pilzkrankheiten, was eine erhöhte Aufmerksamkeit notwendig macht.

Aubergine
SOLANUM MELONGENA
☼

Die Aubergine, als Nachtschattengewächs eine Verwandte von Tomate, Paprika und Kartoffel, stammt ursprünglich aus dem tropischen Ostindien und wird schon seit Jahrhunderten in Südeuropa angebaut. Andere Bezeichnungen sind Eierfrucht oder Melanzani. Aufgrund ihrer Herkunft benötigt die Aubergine während der ganzen Kulturdauer viel Wärme. Bei uns verspricht in der Regel nur der geschützte Anbau unter Glas oder Folie sichere Ernten.

Merkmale: Einjährig kultivierte, buschig wachsende Pflanze, 50 – 100 cm hoch; große eiförmige, oft gelappte Blätter; violette Blüten; bis 30 cm lange, länglich birnenförmige Früchte mit glänzender, meist schwarzvioletter Schale.

Auberginen reifen im Freien nur unter sehr günstigen Bedingungen aus.

Blütezeit: Juni – Juli

Standort: Am besten im warmen Gewächshaus (Mindesttemperatur 15° C); im Freiland am ehesten im Folientunnel, auf einem Hügelbeet oder Pflanzung in schwarze Mulchfolie; lockerer, tiefgründiger, humus- und nährstoffreicher Boden.

Kultur: Anzucht ab Ende Februar, Keimtemperatur 22 – 25° C; Sämlinge einzeln in kleine Töpfe pikieren; Pflanzung ins warme Gewächshaus ab April, ins Freie erst gegen Ende Mai.

Pflege: Regelmäßig gießen; nach dem Anwachsen düngen, wenn nötig, Ende Juli/Anfang August zweite Düngergabe, organische Düngung günstig; am besten nur drei, im Gewächshaus höchstens vier Haupttriebe mit 2 bis 3 Blütenansätzen belassen, restliche Triebe, die aus den Blattachseln wachsen, entfernen; Haupttriebe an Stäben aufbinden; im Gewächshaus regelmäßig lüften und blühende Triebe zum Fördern der Bestäubung des Öfteren behutsam schütteln.

Ernte: Etwa ab August, wenn die Früchte gut ausgefärbt sind und den typischen fettigen Glanz zeigen; die Früchte reifen nach und nach, bis Oktober.

Aubrieta

Früh blühende Polsterstaude für sonnige Plätze
→ *Blaukissen*

Aufbauschnitt

Auch Erziehungsschnitt genannt; Schnitt an jungen Obstbäumen, mit dem ein optimaler Aufbau der Krone erzielt werden soll. Der Aufbauschnitt stellt eine Fortsetzung des Pflanzschnitts dar und wird über mehrere Jahre hinweg durchgeführt, bis sich ein stabiles, gut belichtetes Astgerüst mit günstig stehendem Fruchtholz entwickelt hat. Beim Apfelbuschbaum dauert dies beispielsweise 5 bis 6 Jahre. Daran schließt sich der Erhaltungs- oder Instandhaltungsschnitt an.
→ *Obstbaumschnitt*

Aufbinden

Bezeichnet zwei verschiedene Maßnahmen des Anbindens:

1) Das Befestigen von Sprossen und langen, rutenförmigen sowie rankenden, schlingenden oder kletternden Trieben an Stäben, Rankgittern, Kletterspalieren, Drähten usw.

2) Das Hochbinden junger, in zu flachem → *Abgangswinkel* stehender Obstbaumäste. Dafür gibt es spezielle Bänder mit breiter Auflage, um die Rinde von Ast und Stamm nicht zu beschädigen.
Auch → *Obstbäume formieren*

Auffrieren

Das Anheben von Pflanzen bzw. ihres Wurzelwerks durch Frosteinwirkung. Durch das abwechselnde Gefrieren und Tauen des Bodenwassers im Winter kann es zu recht starker Bewegung der obersten Bodenschicht kommen, wobei sich Wurzeln lösen oder gar abreißen. Gerade bei im Herbst neu gepflanzten Gehölzen oder Stauden sowie bei Herbstsaaten kommt es dadurch öfter zu Ausfällen. Man sollte deshalb nach Frösten gefährdete Pflanzen kontrollieren und durch Andrücken oder Antreten der Erdoberfläche den Bodenschluss wieder herstellen.

Auflaufen

Der Aufgang von Sämlingen nach erfolgreicher Keimung, erkennbar an den Keimblättern, die die Boden- oder Substratoberfläche durchstoßen. Man spricht dann auch vom „Spitzen" der Sämlinge, die bis zu diesem Zeitpunkt noch als Keimlinge bezeichnet werden.

Aufleiten

Schnitttechnik beim → *Obstbaumschnitt;* Einkürzen eines zu flach wachsenden Asts oder eines abgetragenen Fruchtzweigs mit dem Ziel, einen steileren → *Abgangswinkel* zu erreichen. Dazu entfernt man den störenden Trieb knapp oberhalb eines günstiger stehenden, nach außen weisenden Seitentriebs oder einer Seitenknospe, aus der sich eine neue Abzweigung bildet.
Auch → *Ableiten*

Aufnehmen

Ausgraben von Zwiebeln, Knollen, Rhizomen oder ganzen Pflanzen mitsamt Wurzelwerk, um sie anschließend zu teilen, umzusetzen oder bis zum nächsten Pflanztermin zu lagern. Der günstigste Zeitpunkt für das Aufnehmen liegt meist kurz nach der Blüte. Bei Zwiebel- und Knollenblumen sollte man damit warten, bis das Laub ganz verwelkt ist, damit sie genügend Nährstoffe einlagern können. Zwiebeln und Knollen lassen sich gut mit einer Pflanzschaufel aufnehmen, bei größerem Wurzelwerk lockert man zunächst rundum den Boden durch Einstechen mit Grabegabel oder Spaten. In allen Fällen muss man behutsam vorgehen, um die unterirdischen Organe nicht zu verletzten.

Aufsitzer
Andere Bezeichnung für → *Epiphyten*, die nicht im Boden wurzeln, sondern auf Bäumen wachsen. Dazu zählen einige Orchideen, Bromelien und Farne sowie die Misteln.

Aufsteigend
Wuchsform von Pflanzen, deren Sprosse liegend oder kriechend am Boden wachsen, an den Spitzen jedoch aufwärts weisen. Mit aufsteigenden Ästen wächst z. B. die Zwergbirke (→ *Birke*), auch die Preiselbeere hat aufsteigende Sprosse.

Auge
Andere Bezeichnung für die → *Knospe*, den durch Blättchen geschützten Wachstumspunkt. Während unter den Begriff Knospe auch Blüten- und Brutknospen fallen, versteht man unter dem Auge in der Regel nur diejenigen Wachstumspunkte, aus denen sich neue Triebe oder Blätter bilden.

Auge, schlafendes
Ruhe- oder Reserveknospe, die zwar wachstumsfähig ist, aber oft über Jahre hinweg nicht austreibt. Solche schlafenden Augen werden von Pflanzen gewissermaßen als Ersatzknospen angelegt, falls andere Knospen oder Triebe Schäden erleiden. Häufig werden sie durch Verletzung des Sprosses zum Austrieb angeregt. Dies macht man sich beim Rückschnitt von Trieben oder Zweigen zunutze; danach treiben verstärkt solche Ruheknospen aus. Bei Gehölzen ist deshalb auch der Schnitt auf → *Astring* wichtig, an dem sich die schlafenden Augen befinden.

Äugeln
Methode der → *Veredlung*, meist als → *Okulation* bezeichnet. Hierbei wird ein Auge der zu veredelnden Pflanze (Edelauge) in die Unterlage eingesetzt, deren Rinde man mit einem T-förmigen Einschnitt versieht. Nach dem Verwachsen entsteht also lediglich aus der Knospe der gewünschten Art oder Sorte ein kompletter neuer Strauch oder Baum. Dieses Verfahren wird u. a. bei der Rosenveredlung häufig eingesetzt.

Augenstecklinge
Im Garten kaum gebräuchliche Form von → *Stecklingen* zur → *vegetativen Vermehrung*. Hierbei werden kleine Triebstücke mit einem Auge (Knospe) samt benachbartem Blatt verwendet. Direkt gegenüber dem Auge erfolgt ein tiefer Einschnitt, dann legt man den Steckling so in das Vermehrungssubstrat, dass das Auge nach oben zeigt. Häufig angewandt wird diese Methode bei der Weinrebe. Auch Himbeeren, Brombeeren, Chrysanthemen oder Pelargonien lassen sich so vermehren, hier sind jedoch in der Regel andere Vermehrungsmethoden einfacher und günstiger.

Augenveredlung
Andere Bezeichnung für das → *Äugeln* bzw. die → *Okulation*

Aurikel
Bezeichnung für einige Primelarten → *Primel*

Ausblühung
Belag, der durch das Auskristallisieren wasserlöslicher Salze nach Verdunstung entsteht.

Am häufigsten machen sich solche Beläge aus Kalk und/oder Mineralsalzen an der Außenseite unglasierter Tontöpfe störend bemerkbar. Oft siedeln sich darauf mit der Zeit noch Algen an, so dass die Gefäße sehr unansehnlich werden. Zudem kann der Belag einen Nährboden für Krankheitserreger darstellen. Man sollte solche Beläge deshalb frühzeitig mit Essigwasser und einer Bürste entfernen. Auch Baulichkeiten und Fliesen im Außenbereich zeigen häufiger solche unschönen Ausblühungen, da sie erhöhter Luftfeuchtigkeit und aufsteigender Bodenfeuchtigkeit ausgesetzt sind.

Zu Ausblühungen kann es schließlich auch an der Oberfläche von Topferden, seltener von Böden kommen. Hier sorgt eine regelmäßige Lockerung für Abhilfe.

Ausdauernde Pflanzen
Auch als mehrjährige, perenne bzw. perennierende Pflanzen bezeichnet.

Obwohl auch → *Gehölze* ausdauernd wachsen, charakterisiert man mit diesem Begriff vorrangig die krautigen, nicht verholzenden → *Stauden*, um sie von → *einjährigen* und → *zweijährigen Pflanzen* abzugrenzen (auch → *Annuelle*). Bei ausdauernden Pflanzen endet der

Durch den Rückschnitt werden die schlafenden Augen zum Austrieb angeregt.

Ausdünnen

Ausdauernde Blütenstauden wie Astilben und Lilien überdauern mit verdickten Speicherorganen und bringen alljährlich neue Blüten hervor.

Lebenszyklus nicht mit der Blüten- und Samenbildung. Vielmehr können sie sich über Jahre hinweg immer wieder aus unterirdischen Speicherorganen (Rhizomen bzw. Wurzelstöcken, Zwiebeln, Knollen) erneuern, auch wenn die oberirdischen Teile nach der Blüte oder im Winter absterben und die Pflanzen dann vorerst nicht mehr zu sehen sind.

Neben den Blütenstauden (z. B. Rittersporn), Zwiebel- und Knollenblumen, vielen Farnen und Gräsern wachsen auch einige Gemüse und Kräuter ausdauernd, z. B. Artischocke, Rhabarber und Pfefferminze. Zu den ausdauernden Pflanzen zählen außerdem die → *Halbsträucher,* die nur an der Triebbasis verholzen, z. B. Lavendel.

Die Lebensdauer ausdauernder krautiger Pflanzen kann je nach Art und Umweltbedingungen von wenigen Jahren bis zu mehreren Jahrzehnten reichen.

Ausdünnen

Bezeichnet zwei unterschiedliche Maßnahmen:

1) Bei Saaten, z. B. von Gemüse: Das Entfernen einzelner Sämlinge, wenn die Pflanzen nach dem Aufgang der Saat zu dicht stehen. Dies nennt man auch Verziehen oder Vereinzeln. Man dünnt dabei so aus, dass die verbleibenden Pflanzen im jeweils optimalen Endabstand stehen, wobei man zugleich möglichst die kräftigsten Sämlinge im Beet belässt. Häufig ist es günstig, nicht schon im ersten Anlauf alle überschüssigen Sämlinge zu entfernen, sondern mehrmals auszudünnen. So bleiben bei eventuellen Ausfällen genügend Pflanzen übrig. Nach dem vorsichtigen Herausziehen der nicht benötigten Sämlinge drückt man die Erde um die verbleibenden leicht an.

2) Bei Obstbäumen: Das Verringern des Fruchtbehangs im Frühsommer mit dem Ziel, größere und besser ausreifende Früchte zu erzielen. Dies wird vor allem bei reich tragenden Apfelbäumen praktiziert, auch bei Pflaumen kann es vorteilhaft sein. Beim Apfel lassen sich so auch Ertragsschwankungen durch → *Alternanz* vorbeugen und das Auftreten von Stippigkeit (→ *Apfelkrankheiten*) vermindern. Mit dem Ausdünnen wartet man bis nach dem natürlichen → *Junifruchtfall*. Verbleibt danach immer noch ein starker Behang, wird so ausgepflückt, dass pro Fruchtstand nur 1 bis 2, höchstens 3 Früchte verbleiben. Dies muss unter Schonung der verbleibenden Früchte vorsichtig geschehen, am besten mit einer geeigneten Schere. Mit etwas Übung kann man die Früchte auch seitlich abdrücken, während man den Fruchtstiel festhält.

Ausgangsgestein

Das Gestein, aus dem ein → *Boden* ursprünglich durch Verwitterung entstanden ist. Legt man durch Aufgraben eines Bodens das so genannte Bodenprofil frei, dann stößt man meist zwischen 1 und 2 m Tiefe auf das Ausgangsgestein, den mineralischen Untergrund (auch → *Bodenhorizont*). Das Ausgangsgestein bestimmt die Bodeneigenschaften mehr oder weniger stark mit. Aus Kalkgesteinen z. B. entwickelten sich kalkhaltige Böden, aus Tonschiefer schwere, tonhaltige Böden, aus Löss die fruchtbaren Schwarzerdeböden.

Ausgeizen

Auch Entgeizen genannt; Entfernen von Seitentrieben, die den Blattachseln entspringen. Diese werden als Geiztriebe oder Geize bezeichnet und konkurrieren mit den Haupt- bzw. Fruchttrieben.

Am verbreitetsten ist das Ausgeizen der Tomaten. Hier entfernt man regelmäßig die jungen → *Achselsprosse,* indem man sie mit den Fingern ausbricht oder ausknipst. Zu groß gewordene Geiztriebe schneidet man besser mit einer Schere ab, um keine unnötigen Verletzungen zu ver-

Ausläufer

Ausgeizen von Tomaten: Die jungen Achselsprosse werden mit leichtem Ruck abgebrochen, ausgeknipfen oder mit scharfem Messer entfernt.

ursachen; dabei kann das unterste Blatt solcher Triebe stehen bleiben. Wird auf das Ausgeizen verzichtet, wächst die Tomatenpflanze vieltriebig und bringt zahlreiche Blüten hervor, die großteils nicht zur Fruchtbildung kommen. Dies gilt nur für höherwüchsige Stabtomaten, bei Buschtomaten entfällt das Ausgeizen.

Mit Seitentrieben von Auberginen wird ebenso verfahren wie mit Tomatengeiztrieben. Auch von der Weinrebe ist das Ausgeizen bekannt, wobei die nicht fruchtbildenden Triebe im Sommer entfernt werden. Diese Maßnahme ist allerdings umstritten, da die zusätzliche → *Assimilation* dieser Triebe nach Meinung mancher Experten die Traubenqualität verbessert.

Aushub

Das beim Graben oder Baggern aus dem Boden gelöste und herausbeförderte Erdreich.

Der aus tieferen Bodenschichten hervorgeholte, oft mit grobem Gesteinmaterial vermischte Aushub, der bei Bauarbeiten anfällt, eignet sich in der Regel nicht für die Gartenanlage. Je nach Beschaffenheit und vorgesehener Gestaltung lässt er sich teils als Füllerde für das Modellieren von Hängen, Wällen o. Ä. verwenden.

Ebenso kann man den Aushub nutzen, der bei der Anlage von Teichen oder Steingärten anfällt. Da hier jedoch meist überschaubare Aushubmengen anfallen, lohnt es sich, Oberboden (die oberen 20 – 30 cm) und Unterboden getrennt abzulegen. Für den humosen Oberboden findet sich an anderer Stelle im Garten Verwendung. Der nährstoffarme Unterboden eignet sich häufig zumindest als Mischanteil für die Steingartenerde oder den Bodengrund des Teichs.

Das getrennte Ablegen von Ober- und Unterboden empfiehlt sich auch bei großen Pflanzgruben für Gehölze. So kann der Aushub später wieder entsprechend der natürlichen Bodenschichtung eingefüllt werden, ggf. nach Untermischen von Zuschlagsstoffen (z. B. Kompost, Sand).

Aushungern

Bezeichnet zwei verschiedene, altbewährte Verfahren, die man zum naturgemäßen Pflanzenschutz rechnen kann:

1) Gegen Unkräuter: Das Prinzip besteht schlicht daran, ab Vegetationsbeginn die oberirdischen Pflanzenteile hartnäckiger Wurzelunkräuter, etwa von Quecke oder Winde, häufig und regelmäßig zu entfernen. Da es oft nicht gelingt, bei solchen Unkräutern das tief reichende bzw. stark verzweigte Wurzelwerk samt Ausläufern restlos zu entfernen, stellt das Aushungern eine wichtige Ergänzung dar. Durch das rigorose Entfernen des Aufwuchses erschöpfen sich die Pflanzen mit der Zeit. Die Methode ist langwierig, zeigt aber bei „Durchhalten" des Gärtners auf Dauer deutliche Erfolge.

2) Gegen Schaderreger im Boden: Diese werden ausgehungert, indem man ihnen durch entsprechenden → *Fruchtwechsel* die Nahrungsgrundlage entzieht. So können z. B. einige auf bestimmte Arten oder Familien spezialisierte → *Nematoden* (Älchen) bekämpft werden, indem man ihre Wirtspflanzen nur im vier- bis fünfjährigen Turnus auf derselben Fläche anbaut.

Ausläufer

Auch Stolonen genannt; ober- oder unterirdische, meist lange und dünne Seitensprosse, mit denen sich manche Stauden und Gehölzen ausbreiten. Meist bewurzeln sie sich an den → *Stängelknoten* und bilden an diesen Stellen neue Pflanzen. Diese lassen sich durch Abtrennen sehr einfach zur vegetativen Vermehrung nutzen. Erdbeeren, Taubnessel und Gundermann bilden beispielsweise oberirdische Ausläufer, während sich z. B. Glockenblume und Knöterich unterirdisch ausbreiten. Unterirdische Ausläufer treibt auch die Kartoffel, wobei die Enden dieser Stolonen zu Sprossknollen, also den Kartoffeln, verdickt sind.

Bei den so genannten Wurzelausläufern handelt es sich um verschiedene unterirdische Sprosse, die

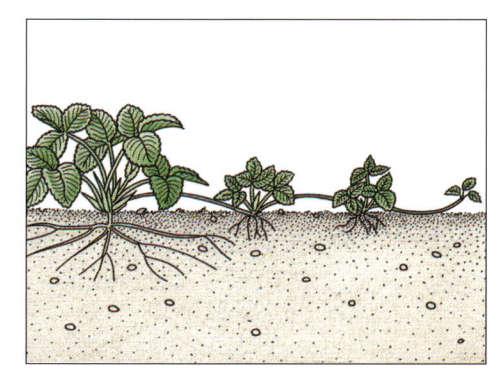

Erdbeeren lassen sich sehr einfach durch Abtrennen ihrer Ausläufer vermehren.

streng botanisch gesehen nicht immer Ausläufer sind. Für die gärtnerische Praxis ist dies allerdings kaum von Bedeutung. Wurzelausläufer können zum einen sehr lästig werden, so bei Unkräutern wie Quecke, Winde oder Giersch oder bei Pflanzen mit starkem Ausbreitungsdrang, z. B. Essigbaum und einige Bambusarten. Zum andern dienen sie ebenso wie die übrigen Ausläufer zur Vermehrung, etwa bei Forsythie, Himbeere oder Pfefferminze.

Auslese

Als natürliche Auslese oder Selektion ein biologisches Phänomen, bei dem diejenigen Individuen einer Art, die am besten an die herrschenden Umweltbedingungen angepasst sind, bei der Fortpflanzung den größten Erfolg haben. In den folgenden Generationen sind daher die besser Angepassten anzahlmäßig stärker vertreten und können so den Fortbestand der Art gewährleisten.

Ähnlich geht der Mensch schon seit Jahrtausenden bei der Auslesezüchtung, dem ältesten Züchtungsverfahren, vor: Vermehrt werden nur Individuen, die die gewünschten Eigenschaften, wie große Blüten, Ertragsreichtum oder Widerstandsfähigkeit in besonderem Maße zeigen. Viele der heute noch gebräuchlichen Apfel- und Birnensorten sind beispielsweise im 18. und 19. Jahrhundert durch Auslese und Weitervermehrung so genannter Zufallssämlinge entstanden.

Die unterschiedliche Ausprägung von Merkmalen beruht zum einen auf der genetischen Vielfalt bzw. Streuung innerhalb einer → *Art*. Zum andern kommt es auch in der Natur zuweilen zu → *Mutationen,* so dass Pflanzen mit neuen Eigenschaften entstehen, z. B. Nachkommen ursprünglich buschig wachsender Rosen mit Klettertrieben.

Auslichten

Entfernen von Trieben, um das Innere eines Strauchs oder einer Baumkrone licht zu halten und zugleich einen harmonischen Aufbau zu erzielen.

Das regelmäßige Auslichten ist die wichtigste Schnittmaßnahme bei Zier- und Obststräuchern sowie bei Obstbäumen und wird gelegentlich auch bei Zierbäumen durchgeführt. Es fördert den Zutritt von Licht und Luft an alle verbleibenden Partien, trägt so zu besserer Blüten- oder Fruchtbildung und geringerem Krankheitsbefall bei und unterstützt die fortlaufende Verjüngung durch gesunden Neuaustrieb.

Weggeschnitten werden dabei zunächst alle abgestorbenen, verletzten und überalterten Zweige oder Äste. Je nach Art und Schnittziel nimmt man dann auch Triebe heraus, die zu dicht stehen, sich mit anderen überkreuzen, stark nach innen wachsen, mit erwünschten Haupttrieben konkurrieren oder anderweitig stören. Teils schneidet man dabei Verzweigungen oder Seitentriebe weg; bei Sträuchern entfernt man auszulichtende Triebe häufig komplett durch Schnitt kurz über dem Boden.

Auch → *Gehölzschnitt,* → *Obstbaumschnitt*

Auslichtungsschnitt

Bezeichnet zum einen allgemein das Auslichten von Gehölzen. Auf Obst bezogen versteht man darunter meist das gründliche, oft etappenweise Schneiden lange vernachlässigter Baumkronen. Dabei wird im Prinzip vorgegangen, wie beim → *Auslichten* beschrieben. Mit dem Entfernen des störenden Holzes wird zugleich darauf abgezielt, wieder einen günstigen, ausgeglichenen Aufbau der Krone zu erreichen (→ *Obstbaumschnitt*). Der Auslichtungsschnitt geht häufig mit einem → *Verjüngungsschnitt* einher. Bei Pflaumen- und vor allem bei Sauerkirschbäumen wird solch ein starker Schnitt mit der Zeit selbst dann nötig, wenn sie regelmäßig gepflegt werden, um die Bildung von jungem Fruchtholz anzuregen.

Auspflanzen

Jungpflanzen an den endgültigen Wuchsort pflanzen.
→ *Pflanzung*

Ausputzen

Entfernen welker Blüten und Blätter. Dies wird vor allem bei Sommerblumen, insbesondere auf dem Balkon, durchgeführt, aber auch bei Blütenstauden. Das Ausputzen dient nicht nur optischen Zwecken. Durch Entfernen vorzeitig vertrockneter, beschädigter oder gelb gewordener Blätter kann man so manchem Krankheitsbefall vorbeugen. Das Entfernen verwelkter Einzelblüten oder Blütenstände fördert bei vielen Arten den Ansatz und Aufgang neuer Blütenknospen. Oft lassen sich die welken Pflanzenteile mit den Fingernägeln abknipsen oder ausbrechen, andernfalls nimmt man eine Schere zu Hilfe.

Das Ausputzen verwelkter Blüten oder Blütenstände fördert bei vielen Pflanzen die Nachblüte.

Aussaat

Ausräumen

Im Haus, Schuppen oder Wintergarten überwinterte Pflanzen an ihren sommerlichen Aufenthaltsort im Freien bringen. In erster Linie geht es dabei um kälteempfindliche → *Kübelpflanzen* oder mehrjährige Balkonpflanzen. Diese werden in der Regel ab Mitte Mai, sehr empfindliche Arten erst Ende Mai, nach draußen gestellt, am besten nach vorherigem → *Abhärten*.

Ausreifen

Von Reife spricht man im Gartenbau nicht nur bei Früchten oder Samen, sondern auch bei jungen Trieben und Wurzeln, wenn sie bereits gut entwickelt sind. Ausgereifte Jungpflanzen zeigen ein hinreichend ausgebildetes Wurzel- und Sprosssystem, sie gelten dann als „reif" für Verkauf oder Versand und somit für die Pflanzung. Neutriebe von Gehölzen werden als ausgereift bezeichnet, wenn sie weitgehend verholzt sind. Um die Ausreife und damit die Winterhärte nicht zu verzögern, gibt man Bäumen und Sträuchern ab Spätsommer keinen stickstoffhaltigen → *Dünger* mehr.

Aussaat

Vermehrung von Pflanzen durch Samen, auch als generative (geschlechtliche) Vermehrung bezeichnet. Nachwuchs von Stauden und Gehölzen lässt sich häufig viel leichter oder auch ausschließlich durch → *vegetative Vermehrung* (z. B. Stecklinge) gewinnen. Bei einjährigen Pflanzen dagegen stellt die Aussaat in der Regel die einzige Möglichkeit der Vermehrung dar.

Die Aussaat kann als geschützte → *Anzucht* oder als Direktsaat ins Beet erfolgen. Ein Sonderfall ist gewissermaßen die Saat im Freien, bei der die Pflanzen später auf ein anderes Beet umgesetzt werden. Man kann dann ebenfalls von Anzucht sprechen. Dies betrifft in erster Linie späte Gemüsearten und -sorten sowie zweijährige Sommerblumen, die im Sommer keimen und deshalb keinen besonderen Anzuchtplatz benötigten. Meistens sind zu der Zeit noch alle anderen Flächen belegt, so dass sich die dichte Saat solcher Pflanzen auf einem kleinen Anzuchtbeet schon aus rein praktischer Notwendigkeit ergibt.

Ansonsten sät man meist schon im nötigen Endabstand, zumindest was die Reihenabstände angeht (auch → PRAXIS-SEITE Aussaat).

Wichtige Voraussetzungen für das Gelingen der Aussaat sind die Wahl geeigneten → *Saatguts* und das Beachten der jeweiligen Aussaattermine. Diese sind nicht nur von Art zu Art

Wärmebedürftige Arten wie Bohnen werden erst im Mai ins Freiland gesät.

unterschiedlich; bei einigen Gemüsen, z. B. Möhren oder Salat, muss man berücksichtigen, dass bestimmte Sorten entweder nur für Frühsaat oder für Sommersaat geeignet sind. Beim Saatgut mancher Arten kann es hilfreich oder nötig sein, besondere Methoden der → *Keimförderung* anzuwenden, etwa indem man Bohnen vor dem Säen in Wasser einweicht.

Entscheidend für Aufgang und Entwicklung der Aussaat ist schließlich auch eine gründliche Beetvorbereitung durch entsprechende → *Bodenbearbeitung*.

→ PRAXIS-SEITE Aussaat (Seite 70/71). Auch → *Anbauplanung*, → *Raseneinsaat*

Aussaaterde
Nährstoffarmes Substrat mit besonders guter Struktur, das sich für die Pflanzenanzucht eignet.
→ Anzuchterde

Aussaatgefäße
Für die Anzucht aus Samen geeignete Gefäße
→ Anzuchtgefäße

Austernseitling
Auch Austernpilz genannt; für den → *Pilzanbau* geeigneter Speisepilz, der auf Holz oder Stroh gezogen werden kann.

Austopfen
Herausnehmen einer Pflanze aus ihrem Gefäß, zum Zwecke des Auspflanzens oder Umtopfens. Besonders wenn es sich um Jungpflanzen handelt, sollte man behutsam austopfen, um weder die Wurzeln noch die Blätter oder eventuell bereits vorhandene Blüten zu schädigen. Wenn der Wurzelballen feststeckt, hilft manchmal schon mehrmaliges Aufschlagen des Topfrands auf der Hand. Andernfalls löst man mit einem Messer vorsichtig die Wurzeln rundum von der Topfwand.

Austrieb
Wird mit zwei etwas unterschiedlichen Bedeutungen verwendet, speziell im Zusammenhang mit Gehölzen:
1) Wachstumsbeginn nach der Vegetationsruhe, in der Regel im Frühjahr; macht sich zuerst durch das Anschwellen und Aufbrechen der Knospen bemerkbar, dann durch das Entfalten der ersten Blattanlagen oder Blüten.
2) Die zu einem bestimmten Zeitpunkt entwickelten neuen Triebe, etwa der Frühjahrsaustrieb, der Sommeraustrieb (Johannisaustrieb) oder der Neuaustrieb nach Rückschnitt oder Verletzung von Sprossen

Austriebsspritzung
Pflanzenschutzmittelbehandlung von Bäumen und Sträuchern unmittelbar vor dem Aufbrechen der Knospen. Als letztmöglicher Zeitpunkt gilt das so genannte Mausohrstadium, bei dem die ersten Blätter an der sich öffnenden Knospe sichtbar werden. Da viele Gehölz- bzw. Obstschädlinge zur Zeit des Austriebs ebenfalls aktiv werden, ist dies ein günstiger Termin für die Bekämpfung. Häufig werden dafür paraffinölhaltige Mittel (→ *Weißöl*) benutzt, die die überwinternden oder ersten Jugendstadien z. B. von Spinnmilben und Schildläusen unter einem Ölfilm ersticken.

Auswaschung
Durch Regen- und Gießwasser verursachte Nährstoffverlagerung in tiefere, wurzelferne Bodenschichten und schließlich dann auch häufig ins Grundwasser.

Von den wichtigsten Nährstoffen wird vor allem Stickstoff in seiner gut wasserlöslichen Form Nitrat leicht ausgewaschen, was zu großen Problemen bei der Trinkwasseraufbereitung führt. Dem kann man am ehesten durch zurückhaltende Stickstoffdüngung vorbeugen. Zudem sollte man leicht löslichen Stickstoffdünger keinesfalls auf längere Zeit ungenutzte Beete, etwa vor dem Winter, ausbringen. Winterliche Beetnutzung, etwa durch Gründüngung oder Wintergemüse, ist vorteilhaft, weil die Pflanzen die vorhandenen Nährstoffe verwerten und so die besonders starke Auswaschung im Herbst und Winter reduzieren. Am meisten auswaschungsgefährdet sind leichte, sandige sowie saure Böden. Entsprechende Maßnahmen der → *Bodenverbesserung* bringen auch in dieser Beziehung Vorteile.

Neben Stickstoff wird Kalk in recht hohen Mengen ausgewaschen, was zur Bodenversauerung beiträgt. Es lohnt sich deshalb, von Zeit zu Zeit eine → *Bodenuntersuchung* durchführen zu lassen und bei Bedarf zu kalken.

Auch → *Bodenreaktion*, → *Düngen*

Auswildern
Ansiedlung und Verbreitung von ehemaligen Kulturpflanzen in der freien Landschaft. Zu den so genannten aus-

Bei manchen Gehölzen, z. B. Rosen, zeigt der junge Austrieb eine rötliche Färbung.

Eine Austriebsspritzung im zeitigen Frühjahr erfasst empfindliche Winter- und Jugendstadien von Schadinsekten.

Auf durchgehend genutzten, vielfältig bepflanzten Flächen hält sich die Nährstoffauswaschung in Grenzen, sofern bedarfsgerecht gedüngt wird.

gewilderten Arten gehören teils Pflanzen, die früher verbreitet als Gemüse angebaut wurden, etwa Melden oder Guter Heinrich. Nach Einführung des Spinats verloren sie an Bedeutung, breiteten sich wild in der Umgebung von Siedlungen aus und wurden schließlich als Unkräuter bekämpft. Andere ausgewilderte bzw. verwilderte Pflanzen wurden ursprünglich als Nutz- oder Zierpflanzen aus fernen Ländern eingeführt, z. B. der Kalmus, und konnten sich ebenfalls in der freien Landschaft etablieren. Man bezeichnet sie auch als eingebürgerte Arten. Unter ihnen können manche durch besonders starke Ausbreitung und Wuchskraft Probleme bereiten, beispielsweise die Herkulesstaude (Riesenbärenklau).

Autogamie
Fachbegriff für → *Selbstbefruchtung*; d. h., einzelne Pflanzen, teilweise sogar einzelne Blüten, können sich selbst bestäuben und befruchten. Dies kommt bei einjährigen Unkräutern häufig vor, ebenso beispielsweise bei Erbsen.

Autotroph
Der Begriff lässt sich als „selbst ernährend" übersetzen. So bezeichnet man Organismen, die aus anorganischen Stoffen körpereigene organische Substanzen aufbauen können. Dies vermögen lediglich Pflanzen und einige Bakterien. Alle grünen Pflanzen ernähren sich selbst durch die → *Photosynthese* und decken ihren Energiebedarf aus der Sonnenstrahlung (auch → *Assimilation*). Einige Bakterien oxidieren statt dessen anorganische Substanzen und nutzen die so gewonnene Energie zum Aufbau von organischen Verbindungen. Im Gegensatz dazu stehen die heterotrophen Lebewesen, zu denen nicht nur die meisten Bakterien sowie die Pilze zählen, sondern auch Tiere und Menschen. Gemeinsames Kennzeichen: Sie müssen organische Substanzen von außen, also etwa über die Nahrung aufnehmen, und gewinnen durch deren Abbau die Energie für den Stoffwechsel.

Auxine
Pflanzeneigene Hormone (Phytohormone), die schon in sehr geringen Konzentrationen wirksam werden. Sie steuern das Wachstum und werden daher auch Wuchsstoffe genannt. Auxine fördern die Zellteilung und -streckung und damit das Wachstum von Sprossen. Zugleich können sie indirekt den Austrieb von Seitenknospen hemmen und bewirken so die → *Spitzenförderung*. Künstlich gewonnene Auxine werden als → *Bewurzlungsmittel* eingesetzt.

Azaleen
Bezeichnung für sommergrüne sowie für einige – je nach Klima – meist wintergrüne Rhododendren. Zu den sommergrünen Azaleen zählen viele orange und gelb blühende Sorten; die wintergrünen Japanischen Azaleen haben meist Blüten in leuchtenden Rosa- und Pinktönen und bleiben häufig deutlich unter einer Wuchshöhe von 1 m.
→ *Rhododendron*

Azolla
Botanischer Gattungsname für Algenfarn
→ *Schwimmpflanze*

Azotobakter
Wichtige Gattung von Bodenbakterien, die Stickstoff aus der Luft binden können, der auch den Pflanzen zugute kommt.
Anders als die → *Knöllchenbakterien* bilden sie keine Symbiose mit bestimmten Pflanzen, sondern leben frei im Boden oder im Wasser. Die Azotobakter tragen zur natürlichen Bodenfruchtbarkeit bei. Sie werden durch gute Bodendurchlüftung und organische, spurennährstoffreiche Düngung gefördert, durch leicht löslichen mineralischen Stickstoffdünger dagegen gehemmt.

Aussaat im Freien – Direktsaat ins Beet

1. Mit dem Rechen wird die Saatfläche eingeebnet und von groben Schollen befreit.

2. Ein zusätzliches Glätten der Oberfläche kann mit der Rückseite des Rechens erfolgen.

3. Die Aussaat in Reihen, z. B. mit der Rechenkante gezogen, erleichtert später die Bodenlockerung und Unkrautbekämpfung.

4. Nach dem Ausstreuen oder Auslegen der Samen zieht man vorsichtig Erde in die Rillen.

Vorbereitung der Aussaatfläche

Wenn erst kurz vor der Aussaat eine tiefgründige Bodenlockerung (→ *Bodenbearbeitung*) durchgeführt werden kann, sollte man danach mit der eigentlichen Saatbeetvorbereitung und Einsaat noch 1 bis 2 Wochen warten. Die Erde kann sich dann noch etwas setzen, was für den späteren Bodenschluss der Saat wichtig ist.

Der bei Frühjahrsausaat am besten schon im Herbst tief gelockerte Boden wird nun, je nach Zustand, mit Hacke, Kultivator oder Grubber nachbearbeitet. Dabei werden gründlich Unkrautwurzeln sowie bereits aufkeimende Unkräuter entfernt. Anschließend kommt der Rechen zum Einsatz, mit dem man die Oberfläche möglichst sorgfältig einebnet. Sehr grobkrümelige Oberflächen kann man danach noch glätten, indem man den Rechen mit der Rückseite darüber zieht.

Reihensaat

Das häufigste und meist günstigste Saatverfahren ist das Ablegen der Samen in parallelen Reihen, deren Abstände von der jeweiligen Pflanzenart abhängen. Zum Festlegen der Reihen ist eine Schnur praktisch, die an zwei Pflöcken über das Beet gespannt und mithilfe eines Zollstocks ausgerichtet wird. Entlang dieser zieht man dann mit einem Stock, mit der Kante oder mit dem Stielende des Rechens die Saatrillen. Sie werden je nach Größe der Samen 2 – 5 cm tief angelegt. Für Lichtkeimer, z. B. Kopfsalat, Endivien, Möhren und Ringelblumen, sind

> **TIPP**
>
> Streuen Sie bei langsam keimenden Saaten, z. B. von Möhren, zusätzlich in halbwegs regelmäßigen Abständen einige Radieschensamen ein. Diese gehen wesentlich früher auf und zeigen als Markiersaat den Reihenverlauf an. So wird die frühzeitige Lockerung und Unkrautbekämpfung zwischen den Reihen einfacher.

höchstens flache Rillen nötig. Sie keimen zwar ohne Erdabdeckung am besten, im Freiland ist es jedoch, u. a. zum Schutz vor Vogelfraß, günstiger, die Samen etwa einen halben Zentimeter hoch mit Erde zu überziehen.

Das Ausstreuen feiner Samen erfolgt möglichst gleichmäßig aus der Samentüte, mit einem gefalteten Karton als Sähilfe oder mit der Hand (zwischen Daumen und Zeige- sowie Mittelfinger – ähnlich wie beim Würzen mit Salz). Nach dem Aufgang der Sämlinge wird dann ein → *Ausdünnen* erforderlich. Größere Samen können Sie direkt im nötigen Endabstand auslegen. Allerdings ist es oft vorteilhaft, etwas dichter zu säen bzw. pro Saatstelle 2 bis 3 Körner auszulegen, um Lücken bei Ausfällen zu vermeiden. Später werden dann die schwächeren Sämlinge entfernt.

Nach der Aussaat zieht man mit dem Rechen oder mit der Hand von der Seite Erde über die Samen und drückt sie an. Gießen Sie abschließend gründlich mit feiner Brause und nur mäßigem Wasserdruck. Kennzeichnen Sie abschließend die Reihen bzw. verschiedene Saaten mit wetterfesten Stecketiketten, auf denen Sie mit wasserfestem Stift die Art, ggf. auch Sorte sowie Aussaatdatum vermerken.

Spezielle Saatgutformen

Um ein Säen auf Endabstand ohne späteres Ausdünnen zu erleichtern, bieten Saatgutfirmen speziell präparierte Samen an. Pilliertes Saatgut ist mit einer Hüllmasse (z. B. aus Lehm, Ton oder Zellulose) umgeben und dadurch rundlich und von einheitlicher Größe. So lassen sich auch ursprünglich sehr kleine Samen gut im gewünschten Abstand auslegen; meist handelt es sich um qualitativ hochwertiges Saatgut, das recht zuverlässig und kaum lückig aufgeht.

Eine andere Möglichkeit stellen Saatbänder dar. Hier sind die Samen schon im erforderlichen Endabstand zwischen zwei Lagen Schutzpapier befestigt. Die Bänder werden in die Rillen ausgelegt, am Reihenende abgeschnitten, dann angefeuchtet und schließlich mit Erde abgedeckt. Gelegentlich angeboten werden außerdem die aus England stammenden Quicksticks, kleine Pappstäbchen mit je einem Samen, die einfach in die Erde gesteckt werden. Alle Hüll- bzw. Trägermaterialien dieser Spezialsaatgutformen verrotten im Boden.

Breitsaat

Die Breitsaat ist vor allem üblich bei Rasen und Gründüngung, teils wendet man sie auch bei Feldsalat, Spinat und einigen Sommerblumen an. Auch auf Anzuchtbeeten, von denen die Sämlingen bald wieder verpflanzt werden, kann man die Platz sparende Breitsaat durchführen. Dazu streut man die Samen breitwürfig mit der Hand aus, am besten mit etwas Schwung. Bei feinem Saatgut hilft das Vermischen mit Sand, eine möglichst gleichmäßige Verteilung zu erzielen. Abschließend werden die Samen mit dem Rechen eingeharkt und gründlich angegossen.

> **CHECKLISTE**
>
> Neben gesundem, gut keimfähigem Saatgut sollte man bereithalten:
> - Bodenbearbeitungsgeräte (z. B. Kultivator) je nach Bodenzustand
> - Rechen (Harke)
> - Schnur mit Pflöcken
> - Metermaß bzw. Zollstock
> - Stock als Reihenzieher
> - Brausenaufsatz für Gießkanne oder Schlauch
> - Stecketiketten, wasserfester Stift

1. Saatbänder rollt man in die zuvor gezogenen Rillen aus, schneidet sie am Beetende ab und feuchtet sie schon vor dem Abdecken an.

2. An Pappstäbchen befestigte Samen, Quicksticks genannt, werden im gewünschten Abstand in die Erde gesteckt.

B

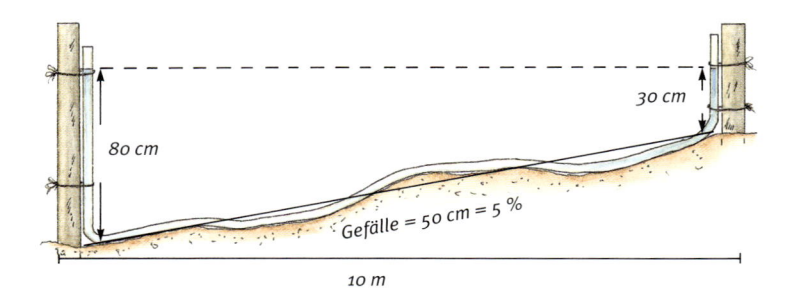

Die Gefällemessung mit dem Schlauch ergibt hier einen Unterschied von 50 cm über 10 m Länge, pro m also durchschnittlich 5 cm; das entspricht 5 % Gefälle.

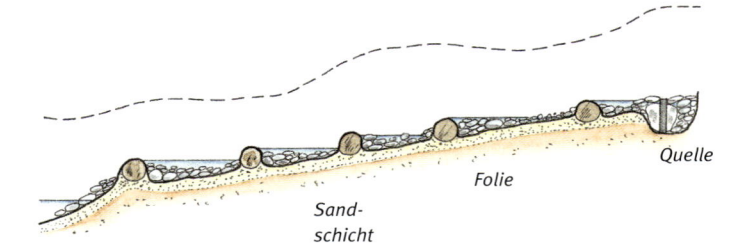

Um das recht starke Gefälle auszugleichen, werden Staustufen eingebaut, wobei das Gefälle der einzelnen Terrassen nur etwa 1 % beträgt.

Die Aufsicht zeigt den Verlauf des Bachs sowie den Kreislauf des Wassers, das von einer Pumpe aus dem Teich oder Becken zur Quelle befördert wird.

Bachbunge
Auch Bachehrenpreis genannte Sumpfstaude
→ *Ehrenpreis*

Bachkresse
Anderer Name für die → *Brunnenkresse*

Bachlauf
Ein kleiner Bachlauf im Garten stellt eine besonders reizvolle Gestaltungsmöglichkeit dar. Ideal ist die Anlage in Verbindung mit einem Gartenteich, dessen Wasserqualität durch ständige Zufuhr bewegten, sauerstoffreichen Bachwassers verbessert wird. Die Kombination beider Gewässer ist allerdings eine Platzfrage; ein Bachlauf kann auch ohne angegliederten Teich als Gartenelement Verwendung finden.

Die nebenstehende Abbildung zeigt das Grundprinzip und zugleich Details der Bachanlage. In der Regel ist ein mehr oder weniger starkes Gefälle nötig, von dessen höchstem Punkt, der Quelle, das Wasser nach unten fließt. Es mündet in einem kleinen Sammelbecken oder in einem Teich. Dort befindet sich eine Pumpe, die das Wasser über einen meist unterirdisch verlegten Schlauch oder ein Rohr wieder zur Quelle zurück befördert.

Planung
Bei der gestalterischen Planung kann man sich vorerst an verschiedenen in der Natur vorkommenden Bachtypen orientieren. Die wichtigsten Formen sind:

BACHLAUF

Gemächlich fließender Bachlauf mit sanftem Gefälle

Durch Einbau hoher Staustufen kommt mehr Bewegung ins Wasser.

Wiesenbach: vorwiegend sonnige Lage, geringes Gefälle, ruhig fließend, vielfältige Vegetation.
Waldbach: wie Wiesenbach, allerdings vorwiegend halbschattige bis schattige Lage mit entsprechender Vegetation.
Bergbach: sonnige bis schattige Lage, stärkeres Gefälle, steiniges Bachbett, recht stark und schnell fließend, Vegetation fast nur im Uferbereich.

Daneben kommt eine eher architektonische Anlage eines mit Steinen eingefassten Wasserlaufs infrage, der in geraden Linien oder geometrischen Formen verläuft und sich z. B. gut in die Terrassengestaltung integrieren lässt.

Bei Bachläufen nach natürlichen Vorbildern wird man dagegen einen geschwungenen bzw. sich windenden, etwas unregelmäßigen Verlauf bevorzugen. Dieser wird zunächst mithilfe von Pflöcken und Schnüren markiert.

In kleineren Gärten ist es häufig vorteilhaft, den Bachlauf entlang eines Weges oder des Rasenrands anlegen, damit die Fläche nicht zu stark zerschnitten wird. Die Nähe größerer Laub abwerfender Gehölze sollte man – abgesehen vom Waldbachtyp – möglichst vermeiden. Die Ansammlung von Herbstlaub im Bachbett kann nämlich auf Dauer Probleme bereiten und sollte auch beim Waldbach durch regelmäßiges Herausfischen der Blätter vermieden werden.

Für die Aufrechterhaltung des Wasserkreislaufs wird eine Tauch- oder Unterwasserpumpe benötigt. Die erforderliche Leistung der Pumpe hängt sowohl vom Gefälle als auch von Bachlänge, -breite und -tiefe ab. Am besten erkundigt man sich im Fachhandel unter möglichst genauer Angabe der geplanten Bacheigenschaften nach geeigneten Modellen. Zur Planung gehört schließlich auch das Vorsehen eines geeigneten Stromanschlusses für die Pumpe, sofern keine Solarpumpe angeschafft werden soll. Ebenso sollte möglichst ein Wasseranschluss in der Nähe sein.

Für die Wasserführung verwendet man am besten spiralverstärkte Schläuche oder verzinkte Rohre, die entlang des Bachlaufs verlegt werden, meist unterirdisch in ein etwa 20 cm tiefes Sandbett.

Gefälle des Bachlaufs

Das Gefälle eines Bachlaufs bezeichnet die Höhendifferenz zwischen Quelle und Mündung bzw. Sammelbecken. Gefälle werden in % angegeben, wobei 1 cm Höhenunterschied auf 1 m Länge 1 % Gefälle entspricht. Für den Wiesen- oder Waldbach ist ein Gefälle um 2 % günstig, ein Bergbach kann bis etwa 4 % Gefälle haben. Bei größeren Höhenunterschieden fließt das Wasser zu schnell ab, sofern nicht eine außerordentlich leistungsstarke Pumpe für Nachschub sorgt.

Mit einer Schlauchwaage ist die Ermittlung des Gefälles recht einfach. Dazu braucht man einen durchsichtigen Wasserschlauch oder einen Gartenschlauch mit durchsichtigen Röhrchen an den Enden. An Bachanfang und -ende werden jeweils Holzpfähle eingeschlagen. Dann bindet man die beiden Schlauchenden in etwa gleicher Höhe an den Pfählen auf und füllt über einen Trichter Wasser auf. Die Wasserspiegel in den Schlauchenden pendeln sich in der Waagrechten ein. Man misst dann die beiden Abstände zwischen Wasserspiegel und Erdboden. Aus ihrer Differenz lässt sich das Gefälle berechnen (vgl. Abbildung).

Anlage des Bachbetts

Zunächst muss die Entscheidung über die Art der Abdichtung fallen. Hierfür kommen in erster Linie entweder Fertigformteile oder Teichfolie infrage. Fertigteile bzw. Bachschalen aus Kunststoff, Glasfaserstoffen oder gemahlenem Sandstein gibt es in verschiedenen Größen und Formen, die meist im Baukastensystem kombiniert werden können. Die Grube wird entsprechend der Größe der Formteile ausgehoben. Dabei gibt man am besten ein paar Zentimeter Zuschlag, um zuvor auf der Sohle und später auch seitlich Sand einzu-

Bachminze

Mithilfe von Pflanzkörben und -beuteln kann man den Bachlauf auch im Böschungsbereich gut bepflanzen.

füllen. Im Sandbeet lassen sich die Schalen dann leichter ausrichten und stabilisieren.

Bei Abdichtung mit Teichfolie (nur stabiles Qualitätsmaterial verwenden) hebt man den Bachlauf etwa 40–50 cm tief aus. Die Breite hängt vom Platz und den eigenen Vorstellungen ab, meist wählt man zwischen 60 und 150 cm. Mit den Grabarbeiten beginnt man üblicherweise am tiefer gelegenen Ende des Bachlaufs. Erfolgt kein Anschluss an einen Teich, dann hebt man hier zunächst ein etwas größeres Sammelbecken aus. Beim Ausgraben des weiteren Bachverlaufs in Richtung späterer Quelle werden vorgesehene Staustufen oder flachere Sumpfbereiche gleich mitmodelliert bzw. eingebaut und gründlich verfestigt.

Nach den Aushubarbeiten wird das Bachbett zunächst sorgfältig von großen Steinen und Wurzeln befreit, dann stampft man den Untergrund fest und bringt eine etwa 5 cm hohe Sandschicht oder ein Teichvlies aus. Darüber legt man die Folie möglichst faltenfrei aus. Sie sollte so breit zugeschnittenen werden, dass sie die Oberkanten der Bettseiten etwas überragt, um Wasserverluste durch angrenzendes Erdreich zu verhindern. Die Ränder werden später durch die Bepflanzung oder mit Steinen verdeckt.

Im fertig abgedichteten Bachbeet kann man nach Belieben Kiesel oder andere größere, nicht zu spitze, kalkarme Steine verteilen, die stellenweise die Fließgeschwindigkeit herabsetzen oder auch nur dekorative Wirkung entfalten. Einzelne Abschnitte mit einer 20 cm hohen Aufschüttung aus gewaschenem Kies dienen als Klärstufen. Kieselsteine oder Steinplatten verwendet man schließlich auch als Uferbefestigung, die ein Abrutschen und Einspülen der Bachränder verhindern soll.

Bepflanzung

Für die Bachränder und -ufer bieten sich zahlreiche Sumpf- und Feuchtstauden an, die auch bei der Teichbepflanzung verwendet werden. Zur Bepflanzung des Bachs selbst eignen sich z. B. Igelkolben, Zwergrohrkolben, Pfeilkraut, Brunnenkresse, Seggen und Simsen. Man pflanzt sie in Wasserpflanzenkörbe oder -beutel, wobei nur nährstoffarmes Substrat oder spezielle Wasserpflanzenerde Verwendung finden darf. Die Pflanzen werden dann in Ufernähe in das Wasser eingesenkt und die Behältnisse mit Steinen verdeckt und beschwert.

Bachminze

MENTHA AQUATICA

Die heimische Bach- oder Wasserminze ist ein Lippenblütengewächs und nah mit der Pfefferminze verwandt. Mit dieser hat sie den intensiven Duft gemeinsam, den sie beim Berühren verströmt.

Merkmale: Staude, buschig aufrecht, 30–60 cm hoch, bildet Ausläufer; eiförmige, aromatisch duftende Blätter; violette bis bläuliche Lippenblüten in achselständigen Köpfchen.
Blütezeit: Juli – September
Verwendung: Im Sumpfbereich von Teich und Bach, in feuchten Naturgartenbereichen.
Standort: Feuchter bis nasser Sumpfboden, verträgt bis 10 cm Wassertiefe.
Pflanzen/Vermehren: Pflanzung im Frühjahr oder Herbst; Vermehrung durch Teilung oder Abtrennen bewurzelter Ausläufer.
Pflege: Anspruchslos, aber mit der Zeit wird regelmäßiges Abstechen der Ausläufer erforderlich.

Bach- oder Wasserminze (Mentha aquatica)

Bacillus-thuringiensis-Präparate

Mittel zur biologischen Bekämpfung von schädlichen Schmetterlingsraupen und anderen Insektenlarven. Wirksamer Bestandteil ist die Bakterienart *Bacillus thuringiensis* in pulverförmiger Aufbereitung; die Präparate können ebenso wie andere Pflanzenschutzmittel mit Wasser angerührt und einfach im Spritzverfahren ausgebracht werden. Die Schädlingsraupen nehmen beim Fressen an den Blättern die Bakterien mit auf. Diese verursachen im Darm der Raupen eine Infektion. Dabei bilden sich Eiweißkristalle, die die Darmwand zerstören, zusätzlich werden Stoffwechselgifte frei, so dass die Raupen bald mit dem Fressen aufhören und innerhalb weniger Tage absterben.

Mit *Bacillus-thuringiensis*-Präparaten lassen sich z. B. Raupen von Kohlweißling, Kohleule, Frostspanner, Goldafter, Schwammspinner und Gespinstmotten bekämpfen. Spezielle Stämme werden gegen Stechmücken sowie bei der Imkerei gegen Wachsmotten eingesetzt. Die Präparate wirken nur gegen die genannten Schädlingsgruppen und sind demnach bienenungefährlich, nützlingsschonend und ungiftig für Warmblüter, also auch für Menschen.

Badeteich

Gartenteich, der sich zum Baden bzw. Schwimmen eignet. Er wird in einen Schwimmbereich sowie einen flacheren Pflanzenbereich unterteilt, wobei die Pflanzen zur Wasserklärung beitragen. Die erforderliche Mindestfläche beträgt zwischen 25 – 30 m².

Näheres → *Schwimmteich*

Bakterien

Einzellige Mikroorganismen mit fester Zellwand und ohne echten Zellkern (Prokaryonten), die sich durch Querteilung vermehren; deshalb auch die frühere Bezeichnung Spaltpilze. Sie wurden lange Zeit als niedrige Stufe des Pflanzenreichs angesehen, heute fasst man sie allerdings als selbständige Einheit neben den Pflanzen, Pilzen und Tieren auf. Derzeit kennt man etwa 4 000 verschiedene Arten, die fast alle mikroskopisch klein und oft stäbchen- oder kugelförmig sind. Viele Bakterien können sich mithilfe von Geißeln oder gleitend fortbewegen.

Bakterien besiedeln in unermesslich großer Zahl den Boden, die Gewässer, die Luft und alle Lebewesen. Schon in 1 g fruchtbarem Boden leben mehrere Milliarden Bakterien. Sie vermehren sich außerordentlich schnell; teilweise erfolgt die Zellteilung alle 10 min. Manche Arten können das Licht als Energiequelle nutzen und wie die grünen Pflanzen → *Photosynthese* betreiben. Die meisten leben jedoch saprophytisch, d. h. als Zersetzer toter organischer Substanz, oder parasitisch an Wirtspflanzen bzw. -tieren, wobei diese nicht unbedingt beeinträchtigt werden müssen. Allerdings gibt es auch bei Pflanzen die verschiedensten → *Bakterienkrankheiten,* die große Schäden hervorrufen können.

Manche Bakterien gehen dagegen eine Symbiose mit ihren Wirtspflanzen ein, so die → *Knöllchenbakterien,* die Hülsenfruchtgewächse im Gegenzug für erhaltene Kohlenhydrate mit Stickstoff versorgen. Den vermögen sie aus der Luft zu binden, ebenso wie die frei im Boden lebenden → *Azotobakter.* Andere Bodenbakterien sind am Auf- und Umbau von Stickstoffverbindungen beteiligt und spielen so ebenfalls eine Rolle bei der Pflanzenernährung (auch → *Stickstoff*).

Besonders wichtig sind außerdem → *aerobe* (Sauerstoff liebende) Bakterien, die im Boden oder Kompost für günstige Zersetzung (Verwesung) organischer Reste sorgen und so wesentlich zur Humusbildung beitragen. Unter Luftabschluss dagegen kommt es zur Fäulnis durch → *anaerobe* Bakterien.

Andere, teils ebenfalls anaerobe Bakterien werden wirtschaftlich oder medizinisch genutzt, z. B. bei der Herstellung von Käse, Joghurt und Sauerkraut oder von Antibiotika sowie Enzymen.

Bakterienbrand

Durch Bakterien der Gattung *Pseudomonas* verursachte Krankheit an Stein- und Kernobst, speziell an Sauer- und Süßkirsche. Die Erreger des Bakterienbrands können auch Triebfäulen an Forsythien und Rosen hervorrufen. Diese Krankheit ist nicht zu verwechseln mit dem gefährlicheren → *Feuerbrand,* der nur Kernobst und einige Ziergehölze befällt und sofort bei den zuständigen Pflanzenschutzdienststellen gemeldet werden muss.

Schadbild: Auf den Blättern kleine braune, hell umrandete Flecken, bei Obstgehölzen nach Herausbrechen des abgestorbenen Gewebes oft als Löcher, bei Ziergehölzen Kräuseln und völliges Schwarzwerden der Blätter; Absterben ganzer Triebe oder Äste (besonders bei Sauerkirsche und Forsythie); bei Frühbefall stecken bleibende, sich nicht öffnende Knospen; halb geöffnete, vertrocknete Blütenbüschel; an Rosen Kelch- und Stielfäule; an Obst deformierte Früchte mit eingesunkenen dunklen Stellen.

Abhilfe: Auf anfällige Sorten verzichten; ausgewogene Düngung, gute Bodenpflege und regelmäßiger Schnitt mit sorgfältig gereinigtem Werkzeug. Kranke Teile umgehend entfernen, befallene Triebe bis ins gesunde Holz zurückschneiden (nur bei trockenem Wetter).

Auch → *Bakterienkrankheiten*

Bakterienkrankheiten

Werden auch Bakteriosen genannt. Bakterien treten im Vergleich zu Pilzen eher selten als Verursacher von Pflanzenkrankheiten auf, können aber durch die rasche Vermehrung besonders gefährlich werden. Zudem ist eine direkte Bekämpfung nicht möglich: Chemische Mittel bzw. Antibiotika gegen bakterielle Pflanzenkrankheiten stehen nicht zur Verfügung. Es gibt allerdings einige erfolgsversprechende Ansätze, pflanzenschädigende Bakterien durch bestimmte Pflanzenextrakte (z. B. Mahonie, Berberitze, Knoblauch) oder antagonistische Bakterien zu bekämpfen. Teils lässt sich mit kupferhaltigen Spritzpräparaten die Ausbreitung der Erreger vermindern.

Befallene Pflanzenteile müssen umgehend entfernt werden, dürfen aber nicht auf den Kompost gelangen. Zu den wichtigsten Vorbeugungsmaßnahmen gehören der Verzicht auf hochanfällige Pflanzenarten und -sorten, die Wahl gesunden Saat- und Pflanzguts, die regelmäßige Desinfektion von Schnittwerkzeug, Stützpfählen und weiterem Zubehör sowie bei Gehölzen der sorgfältige Verschluss offener Wunden. Auch das Vermeiden unnötiger Verletzungen gehört dazu, denn Bakterien dringen häufig über Wunden ins Pflanzengewebe ein. Ansonsten mindert alles den Befallsdruck, was ein gesundes, harmonisches Wachstum der Pflanzen fördert, inklusive eines weiten → *Fruchtwechsels* bei Gemüse.

Recht deutlich identifizieren und auf einen bestimmten Schaderreger zurückführen lassen sich → *Bakterienbrand* und → *Feuerbrand*, beides Krankheiten an Obst- und Ziergehölzen. Daneben treten mehrere Bakterienarten auf, die an verschiedenen Pflanzen ähnliche Symptome verursachen. Die wichtigsten Schadbilder sind im Folgenden beschrieben.

Manche Bakterien verursachen Welkekrankheiten durch Verstopfen der Leitungsbahnen, so auch bei der bakteriellen Tomatenwelke.

Bakterienkrebs, Wurzelkropf
Geschwulstartige, unregelmäßige Wucherungen an Wurzel, Wurzelhals und Trieben. Tritt an Zier- und Obstgehölzen, ebenfalls an krautigen Zierpflanzen auf; recht häufig z. B. bei Forsythien, Rosen, Oleander und Pelargonien. Daneben können gallenartige Verdickungen vorkommen, beispielsweise bei Petunien und Begonien.

Bakterielle Blattflecken
Je nach Erreger und Pflanze dunkle oder helle, bei Feuchtigkeit schleimige Blattflecken, die mit der Zeit zusammenfließen und sich auch auf Stängel und Blüten ausbreiten können. Auch als Ölfleckenkrankheit bekannt, z. B. an Pelargonien, Begonien und Efeu. Teils treten auch schwarze, eckige Flecken auf, besonders an Rittersporn, oder mosaikartige Scheckungen durch Dunkelfärbung bzw. Aufhellung kleiner Blattpartien. Zu speziellen Blattfleckenkrankheiten auch → *Bohnenkrankenheiten* (Fettfleckenkrankheit) und → *Gurkenkrankheiten*

Bakterielle Fäulen
Treten meistens als Nassfäulen auf, d. h., das befallene Gewebe löst sich feucht bis nass auf. Häufig an unterirdischen Pflanzenorganen, z. B. an Zwiebeln und Knollen, an den Wurzelstöcken von Schwertlilien, an Möhren. Stängelfäulen kommen u. a. an Chrysanthemen des Öfteren vor. An Kartoffeln können Bakterien starke Schäden durch Stängel- und Knollenfäule verursachen.

Bakterielle Welken
Bedeutsam vor allem bei Tomaten, → *Tomatenkrankheiten*. Auch bei Kartoffeln und einigen Zierpflanzen, z. B. Dahlien, treten bakterielle Welken auf. Beim Querschnitt durch die Sprossachse erkennt man eine bräunliche Verfärbung, beim Zusammenpressen tritt gelblicher Bakterienschleim aus, der die Leitungsbahnen verstopft.

Bakterienpräparate

Präparate aus nützlichen, häufig getrockneten Bakterien finden im Gartenbau für verschiedene Zwecke Verwendung:

1) Im Pflanzenschutz: Am häufigsten werden → *Bacillus-thuringiensis*-Präparate eingesetzt. Daneben gibt es u. a. Präparate zum Schutz keimender Kartoffelknollen.

2) Im Kompost und Boden: Hier „impft" man die Substrate durch Zugabe von erwünschten Bakterien, die sich dann bei günstigen Bedingungen schnell vermehren. Kompoststarter oder -beschleuniger enthalten häufig Bakterien, die die Zersetzung fördern. Andere Mittel dienen der Anreicherung des Bodens mit Stickstoff sammelnden → *Azotobaktern* oder → *Knöllchenbakterien*.

Bakteriosen

Andere Bezeichnung für → *Bakterienkrankheiten*

Baldrian

VALERIANA OFFICINALIS

Das heimische Baldriangewächs ist eine alte Heilpflanze, deren in den Wurzeln konzentrierte Inhaltsstoffe auch heute noch in Tees, Tinkturen und Kapseln Verwendung finden. Sie wirken beruhigend und werden bei Schlaflosigkeit, nervösen Magen- und Darmbeschwerden und ähnlichen Leiden erfolgreich eingesetzt. Schon Hildegard von Bingen erwähnte Baldrian als Mittel gegen Gicht und Seitenstechen. Für ergiebige Wurzelerträge zur Nutzung für Heilzwecke ist das zeitige Ausbrechen der Blütenknospen notwendig.

Im Garten baut man den Baldrian jedoch eher als hübsche wildstaudenartige Zierpflanze an und beraubt ihn dann natürlich nicht seiner Blüten. Baldrian ist wuchsstark und treibt unterirdische Ausläufer, er kann deshalb leicht benachbarte Pflanzen bedrängen. Gelegentlich wird eine nur um 20 cm hoch werdende Art, der Sumpfbaldrian (*V. dioica*) angeboten.

Merkmale: Staude, 70 – 150 cm hoch; mit stark gerieftem Stängel und großen, gefiederten Blättern; Rispen mit rosa bis weißlichen Blüten; charakteristischer, insbesondere für Katzen unwiderstehlicher Geruch, Wurzelstock besonders stark duftend.

Blütezeit: Mai – August

Verwendung: In naturnahen, feuchten Gartenbereichen, als Uferpflanze am Gartenteich oder Bachlauf; Wurzeln nach Waschen, Zerteilen und Trocknen für Heilpflanzentees verwendbar.

Standort: Feuchter, humus- und nährstoffreicher Boden; für Heilpflanzenanbau (Wurzelgewinnung) vorzugsweise auf leichte Böden pflanzen.

Pflanzen/Vermehren: Pflanzen im Frühjahr oder Herbst setzen oder auch Samen im Spätsommer oder Herbst ins Freiland säen und später vereinzeln bzw. verpflanzen, Abstand 40 – 50 cm; Vermehrung durch Teilung möglich.

Baldrian (Valeriana officinalis)

Pflege: Bei anhaltender Trockenheit entsprechend gießen; bei Bedarf organisch düngen.

Baldrianblütenextrakt

Das aus Baldrianblüten hergestellte Präparat wurde ursprünglich vor allem im → *biologisch-dynamischen Anbau* als Kompostmittel eingesetzt. Mittlerweile wird es häufiger auch im allgemeinen Gartenbedarfshandel angeboten und als Pflanzenstärkungsmittel empfohlen. Man verwendet es zur Förderung der Blüten- und Fruchtbildung und für quellungsfördernde Samenbäder vor der Aussaat. Außerdem soll der Extrakt Spätfrostschäden bei blühenden Obstbäumen verhindern, wenn man die Blüten damit fein übersprüht.

Balgfrucht

Eine Frucht, die aus nur einem Fruchtblatt der Blüte entsteht und sich später an dessen Verwachsungsnaht (Bauchnaht) öffnet, um die Samen zu entlassen. Balgfrüchte bilden z. B. Rittersporn und Akelei.

Balkanginster

Andere Bezeichnung für den Lydischen Ginster, einem Zwergstrauch für den Steingarten
→ *Ginster*

Balkanstorchschnabel

Auch Felsenstorchschnabel genannte immergrüne Bodendeckerstaude
→ *Storchschnabel*

Balkenmäher

Mähgerät mit ein oder zwei Messerbalken vor der Achse. Die einzelnen Messer sind als Dreiecksmesser ausgebildet und arbeiten gegenläufig. Balkenmäher eignen sich gut für Wild- und Blumenwiesen und bewältigen auch hohes Gras mühelos. Für den normalen Zierrasenschnitt lassen sie sich dagegen kaum verwenden.

BALKONBEPFLANZUNG

Verschiedene Pflanzgefäße wie Ampeln, Töpfe und Schalen ermöglichen eine vielfältige Bepflanzung.

Balkonbepflanzung

Nicht nur in Häusern ohne Garten kommt dem Balkon ein besonderer Stellenwert zu. Auch bei verfügbarer Freifläche wird der Balkon als wohnungsnaher, geschützter Pflanzenstandort oft intensiv genutzt.

Pflanzen für den Balkon

Auf dem Balkon werden vorwiegend einjährige bzw. einjährig kultivierte Blumen mit besonders reicher Blütenpracht verwendet. Darunter gibt es viele Arten, die als Sommerblumen auch auf Beeten gedeihen. Von diesen wählt man für den Balkon häufig spezielle Sorten mit niedrigem oder hängendem Wuchs. Gerade die klassischen Balkonblumen wie Pelargonien (Geranien), Petunien und Fuchsien haben als Beetpflanzen kaum Bedeutung.

Neben Sommerblumen werden auch verschiedene Stauden in kompakten Sorten für den Balkon angeboten. Eine besondere Rolle spielen darunter Prachtspieren (*Astilben*) und Funkien, die als Schattenpflanzen die eingeschränkte Auswahl für dunkle Balkone bereichern.

Des Weiteren kommen für den Balkon infrage:
- Topfgehölze, z. B. Zwergrosen, Rhododendren, Hortensien, Buchs
- mediterrane oder auch exotische → *Kübelpflanzen*
- schwachwüchsige Obstbäumchen, z. B. die schmal bleibenden Ballerina-Säulenäpfel (auch → *Apfel*) oder Zwergpfirsiche
- Gemüse, z. B. Balkontomaten, und Kräuter in Töpfen
- für Frühjahrsbepflanzungen Zwiebelblumen, z. B. Narzissen, Tulpen, Hyazinthen, und zweijährige Sommerblumen wie Stiefmütterchen, Vergissmeinnicht und Goldlack
- für Herbstbepflanzungen u. a. Herbstastern, Chrysanthemen, Topfheide und verschiedene Blattschmuckpflanzen
- für Winter- und Dauerbepflanzungen Zwergnadelgehölze und kleine immergrüne Laubgehölze sowie Schneeheide als Winterblüher

Hauptauswahlkriterium ist neben Vorlieben und gestalterischen Aspekten die verfügbare Lichtmenge, wobei die meisten Sommerblumen recht viel Sonne brauchen. Daneben sollte man beachten, dass manche Arten regenempfindlich, teils auch windempfindlich sind.

Die Sommerbepflanzung wird Anfang bis Mitte Mai vorgenommen. Die Pflanzen kommen dann ab Mitte Mai, nach den letzten Spätfrösten, nach draußen. Robuste Topfgehölze und Stauden können dagegen schon ab März/April den Balkon zieren. Sie lassen sich ohnehin meist mit etwas Schutz draußen überwintern.

Pflanzgefäße und Pflanzerde

Balkonkästen gibt es in den verschiedensten Größen. In der Regel empfiehlt sich eine Länge zwischen 60 und 100 cm bei wenigstens 15 cm Höhe. Zur sicheren Befestigung am Geländer oder auf Fensterbänken bietet der Handel verschiedene Kastenhalter an. Vorteilhaft sind mehrfach verstellbare Modelle mit Kippsicherung bzw. Ecksicherung.

Neben Kästen finden flache Pflanzschalen, Töpfe und Kübel verschiedener Größe sowie → *Ampeln* und allseitig bepflanzbare Hanging Baskets Verwendung. Für Zier- und Obstgehölze können mit der Zeit Kübel mit 20 – 50 l Fassungsvermögen nötig werden. Solche Gefäße haben, mit feuchter Erde befüllt, ein beachtliches Gewicht; im Zweifelsfall

Balkonbepflanzung

sollte man sicherheitshalber die Tragfähigkeit seines Balkons überprüfen lassen.

Pflanzenbehältnisse gibt es in den unterschiedlichsten Materialien. Ob Kunststoff, unglasierter oder glasierter Ton, Terrakotta oder Holz ist zum einen Geschmackssache, zum andern eine Kostenfrage. Die Gefäße müssen in jedem Fall für den Außenbereich geeignet und entsprechend witterungsstabil sein, für draußen überwinternde Pflanzen zudem frostfest. Unverzichtbar sind Wasserabzugslöcher an der Unterseite. Eine Alternative zu normalen Behältnissen stellen Wasserspeichergefäße mit Zwischenboden und darunter befindlichem Wasserreservoir dar.

Gewähr für gesundes Wachstum und reiche Blüte bieten am ehesten Qualitätsblumen- bzw. -balkonkastenerden oder Einheitserden (→ *Erden*). Wer torffreie Alternativen mit Ersatzstoffen wie Kokos- oder Holzfaser bevorzugt, findet auch hierunter gut geeignete Qualitätssubstrate.

→ PRAXIS-SEITEN Balkongefäße bepflanzen (S. 82/83), Balkonpflanzenpflege und -überwinterung (S. 84/85)

Beliebte Balkonpflanzen im Überblick

Name	Licht	Blütezeit / Blütenfarbe	Wuchshöhe	Hinweise
Leberbalsam (*Ageratum houstonianum*)	☼–◐	Mai – Oktober blau, violett, weiß	15 – 25 cm	hübscher, dezenter Begleiter für hohe Arten; wetterfest
Löwenmäulchen (*Antirrhinum majus*)	☼–◐	Juni – September gelb, rosa, rot, weiß	15 – 30 cm	buschige und Hängeformen; oft in bunten Mischungen
Topfastilbe, Prachtspiere (*Astilbe*-Arten)	◐–◑	Juni – September rot, rosa, weiß	20 – 60 cm	Staude, kann mit Schutz draußen überwintert werden
Eisbegonie (*Begonia-Semperflorens*-Gruppe)	☼–◐	Mai – Oktober weiß, rosa, rot	15 – 30 cm	bei sonnigem Stand viel gießen; gut windverträglich; schön in Farbmischungen
Knollenbegonie (*Begonia-Tuberhybrida*-Gruppe)	◐–◑	Mai – Oktober alle Farben außer Blau	15 – 35 cm	aufrechter oder hängender Wuchs; meist gefüllte Blüten
Gänseblümchen, Tausendschön (*Bellis perennis*)	☼–◐	März – Mai weiß, rosa, rot	15 – 20 cm	zweijährig; schöner Partner für blaue und gelbe Frühjahrsblüher
Zweizahn (*Bidens ferulifolia*)	☼	Mai – Oktober goldgelb	15 – 30 cm	reich blühend; sehr wuchsstark; wetterfest
Blaues Gänseblümchen (*Brachyscome*-Arten)	☼	Juli – Oktober blau, rosa, weiß	20 – 30 cm	halb hängend; für Ampeln und gemischte Kästen
Blaue Mauritius (*Convolvulus sabatius*)	☼	Mai – Oktober blau, violett	15 – 25 cm	hängend mit bis 100 cm langen Trieben; schöne Ampelpflanze
Topfheide (*Erica gracilis*)	☼–◐	September – November rot, weiß	15 – 35 cm	frostempfindlich, wird nur einjährig gezogen
Kapaster (*Felicia amelloides*)	☼	Mai – Oktober blau mit gelber Mitte	20 – 50 cm	dominierende Art; gut windverträglich
Fuchsie (*Fuchsia*-Hybriden)	☼–◑	Mai – Oktober rot, rosa, weiß, auch zweifarbig	20 – 150 cm	kompakte und hochwüchsige Sorten; aufrechter oder hängender Wuchs; vielseitig einsetzbar

BALKONBEPFLANZUNG

BELIEBTE BALKONPFLANZEN IM ÜBERBLICK

Name	Licht	Blütezeit / Blütenfarbe	Wuchshöhe	Hinweise
Mittagsgold (*Gazania*-Hybriden)	☼	Juni – Oktober / gelb, rot, rosa, weiß	20 – 25 cm	große attraktive Strahlenblüten; windfest, aber regenempfindlich
Fleißiges Lieschen (*Impatiens*-Hybriden)	☼–◐	Mai – Oktober / weiß, rosa, orange, violett	20 – 40 cm	nicht alle Sorten sonnenverträglich; erst gegen Ende Mai nach draußen stellen
Lobelie, Männertreu (*Lobelia erinus*)	☼–◐	Mai – August / blau, violett, rosa, weiß	10 – 20 cm	buschig aufrecht oder hängend; ideale, reich blühende Füllpflanze
Duftsteinrich (*Lobularia maritima*)	☼–◐	Juni – Oktober / weiß, rosa, violett	8 – 15 cm	angenehmer Duft; schöne Kastenrandpflanze; windfest
Pelargonie, Geranie (*Pelargonium*-Hybriden)	☼–◐	Mai – Oktober / rot, rosa, lila, weiß, auch zweifarbig	30 – 35 cm	dominante, robuste Pflanze; aufrechte Formen (*Zonale*-Hybriden) und langtriebige Hängeformen (*Peltatum*-Hybriden)
Petunie (*Petunia*-Hybriden)	☼–◐	Mai – Oktober / in fast allen Farben	20 – 30 cm	aufrecht oder hängend; groß- oder kleinblütig; langtriebige Surfinia-Petunien sehr robust und wuchsstark; giftig
Harfenstrauch, Weihrauch (*Plectranthus forsteri*)	☼–◐	August – September / unscheinbar	15 – 30 cm	immergrüne Staude mit weiß oder gelb gerandeten Blättern; herb duftend
Kissenprimel (*Primula-Vulgaris*-Hybriden)	☼–◐	März – Mai / rosa, rot, gelb, weiß, violett	5 – 15 cm	einjährig gezogene Staude; kissenartiger Wuchs; giftig
Husarenknöpfchen (*Sanvitalia procumbens*)	☼	Juni – Oktober / gelb	8 – 15 cm	gut geeignet für Kastenränder und Hanging Baskets; windfest
Tagetes (*Tagetes*-Arten und -Hybriden)	☼	Mai/Juli – Oktober / gelb, orange, rot, rotbraun	15 – 30 cm	einfache oder gefüllte bis pomponartige Blüten
Schwarzäugige Susanne (*Thunbergia alata*)	☼	Juni – Oktober / gelb, orange, weiß	100 – 150 cm	Schlingpflanze, kletternd oder hängend zu ziehen; sowohl wind- als auch regenempfindlich
Verbene, Eisenkraut (*Verbena*-Hybriden)	☼	Juni – Oktober / blau, violett, weiß, rot, rosa	25 cm	aufrecht oder hängend; moderne Hängesorten (Tapien) starkwüchsig und wetterfest
Stiefmütterchen (*Viola* x *wittrockiana*)	☼–◐	März – Juni/Herbst / alle Farben	15 – 25 cm	zweijährig; Blüten oft zweifarbig gezeichnet
Zinnie (*Zinnia*-Arten)	☼	Juli – September / viele Farbtöne	15 – 30 cm	kräftige, warme Farben, z. B. Orange, Rot, Gelb und Rosa, aber auch Weiß

BALKONBEPFLANZUNG

Männertreu (Lobelia erinus)

Topfheide (Erica gracilis)

Zweizahn (Bidens ferulifolia)

Rote Pelargonien, Vanilleblume und Harfenstrauch

Surfinia-Petunien und gelbe Rudbeckien

Fleißige Lieschen (Impatiens walleriana)

Prachtspieren (Astilbe) als Topfpflanzen

Fuchsie (Fuchsia-Hybride)

Balkongefässe bepflanzen – Kästen, Töpfe, Hanging Baskets

Vorbereitung der Pflanzgefäße

Hauptpflanzzeit ist Anfang bis Mitte Mai (auch → *Balkonbepflanzung*). Bereits benutzte Gefäße sollten vorher gründlich mit Seifen- oder Essigwasser und einer Bürste gereinigt werden. Unglasierte Ton- und Terrakottagefäße legt man vor dem Bepflanzen am besten 1 bis 2 Tage in Wasser, damit die porösen Gefäßwände gesättigt sind und der Pflanzerde keine Feuchtigkeit entziehen. Bei einigen Gefäßen sind die Abzugslöcher an den Unterseiten nur vorgestanzt und müssen vorsichtig mit einem Metallstift o. Ä. durchbrochen werden.

Balkonkästen

Vielfältige Gestaltungsmöglichkeiten bieten Kästen, die 20 – 25 cm breit bzw. tief sind. Hier kann man dreireihig pflanzen, wobei aufrechte, hohe Arten nach hinten gesetzt werden, davor dann mittelgroße oder halb hängende und an den vorderen Kastenrand sowie an die Seiten schließlich Hänge- oder kleine Füllpflanzen. Bei schmalen Kästen beschränkt man sich besser auf einreihige Bepflanzung. Die Abstände sollten nicht zu eng gewählt werden: Große oder breitwüchsige Pflanzen brauchen wenigstens 20 – 30 cm Abstand zu den Nachbarn, mittelgroße 15 – 20 cm, kleinwüchsige Arten 10 – 15 cm.

Beim Einsetzen beginnt man dann mit den größten Pflanzen, die häufig in der Mitte platziert werden, bei asymmetri-

1. Nach Ausbringen von Dränagematerial auf dem Kastenboden befüllt man das Gefäß gut zur Hälfte mit Erde und drückt diese leicht an.

2. Die Pflanzen werden von hinten her und meist von der Mitte ausgehend eingesetzt. Danach durch Einfüllen von etwas Erde gleich für festen Stand sorgen.

3. Restliche Erde nach dem Einfüllen etwas andrücken, so dass zum Kastenrand etwa 2 cm Gießrand bleibt. Dann wird gründlich angegossen.

> **TIPP**
>
> Sehr vorteilhaft ist eine Dränageschicht, z. B. aus Tonscherben oder Blähton, über den Abzugslöchern oder dem ganzen Gefäßboden. Sie verbessert später das Ablaufen des Wassers. Der Pflanzerde kann man vor dem Einfüllen Langzeitdünger untermischen, dessen allmähliche Nährstofffreisetzung oft für die ganze Vegetationszeit ausreicht.

PRAXIS

scher Anordnung aber auch an den Seiten optische Schwerpunkte bilden können. Den eigentlichen Pflanzvorgang zeigen die nebenstehenden Abbildungen. Denken Sie schon beim Einsetzen und Ausrichten der Pflanzen an den späteren Gießrand; der Abstand zur oberen Kastenkante vermeidet das lästige Überschwappen von Gießwasser. Schon beim ersten Wässern (ohne Brauseaufsatz) sollte möglichst direkt in den Wurzelbereich zwischen den Pflanzen gegossen werden. Vor dem Aufstellen der Kästen am endgültigen Ort ist ein allmähliches → *Abhärten* ratsam.

Töpfe und Schalen

Die Pflanztechnik ist im Prinzip dieselbe wie bei den Balkonkästen. Wählen Sie Töpfe oder Kübel so groß, dass etwa 2 – 4 cm Platz zwischen Wurzelballen und Gefäßwand bleibt. Mehrjährigen Pflanzen setzt man je nach Wachstum alle 1 bis 3 Jahre in einen größeren Topf um.

Während Töpfe mit den unterschiedlichsten Pflanzen bestückt sein können, werden in flache Pflanzschalen vorwiegend kleine bis mittelgroße Sommerblumen oder Frühlingsblüher gesetzt. Zwiebelblumen kann man im Frühjahr zeitig kaufen und dann teils schon blühend einsetzen. Eine andere Möglichkeit ist das Pflanzen der Zwiebeln bereits im Herbst. Die Schale muss dann über Winter kühl, aber möglichst frostfrei stehen, wobei man die Erde stets leicht feucht, aber keinesfalls nass hält.

Ampeln und Hanging Baskets

In Ampeln pflanzt man meistens nur eine oder wenige Pflanzen mit langen, hängenden Trieben. Um einerseits herablaufendes Gießwasser, andererseits aber auch Vernässung zu vermeiden, sind Übergefäße sinnvoll, in die man dann Töpfe mit Abzugsloch setzt.

Bei Hanging Baskets lässt sich das Herabtropfen von Wasser nicht ganz verhindern, was beim Aufhängungsort berücksichtigt werden sollte. Sofern man keinen vorgefertigten Pflanzeinsatz verwendet (vgl. Abbildungen), werden die Körbe mit Moos, Kokosmaterial oder Filz ausgelegt. Darüber kann von innen noch eine kräftige Kunststofffolie kommen. Für die seitlich eingesetzten Pflanzen müssen dann Schlitze in Auslegematerial und Folie geschnitten werden. Setzen Sie den Korb zum Bepflanzen am besten auf einen Eimer oder großen Topf.

CHECKLISTE

Neben Pflanzen und Gefäßen nach Wahl sollte beim Einpflanzen Folgendes bereitstehen:
- Qualitätspflanzerde (ca. 25 – 35 l pro Balkonkasten, je nach Größe)
- Dränagematerial (z. B. Tonscherben, Blähton, Kies)
- kleine Pflanzschaufel
- Gießkanne

***1.** Hanging Basket mit Pflanzeinsatz: Zuerst werden die seitlichen Pflanzen nach Einfüllen von Erde in die vorgesehenen Löcher gesteckt.*

***2.** Dann wird das restliche Substrat aufgefüllt und angedrückt, so dass alle seitlich eingesetzten Pflanzen guten Erdkontakt haben.*

***3.** Als letztes kommen die oberen Pflanzen an die Reihe. Auch hier belässt man oben einen Gießrand und gießt schließlich kräftig an.*

***4.** Der Pflanzeinsatz wird bald von den hängenden Trieben verdeckt. Die Aufhängung sollte stabil und sicher sein.*

83

BALKONPFLANZENPFLEGE UND -ÜBERWINTERUNG

1. Gießen direkt in den Wurzelbereich bringt am meisten. Durch Einstecken eines kurzen Rohrstücks kann man das Wasser gezielt leiten.

2. Für Hängepflanzen eignen sich handliche Gießkannen am besten; es gibt dafür auch spezielle Kannen mit langer Tülle.

3. Flüssigdünger wird gemäß der Gebrauchsanweisung im Gießwasser aufgelöst. Beim Ausbringen die Blätter möglichst nicht benetzen.

Gießen

Bei sonnigem Stand müssen Balkonblumen im Sommer meist täglich gegossen werden, wobei eine Fühlprobe mit der Hand zeigt, ob die Erde unter der Oberfläche noch feucht ist. Gießen Sie möglichst morgens oder früh abends. Denn beim Gießen in praller Mittagshitze verdunstet unnötig viel Wasser, bevor es an die Wurzeln gelangt; bei spätabendlichem Wässern trocknen Pflanzen und Erdoberfläche nicht mehr ab, was die Ausbreitung von Pilzkrankheiten fördern kann. Dem beugen Sie auch durch das Wässern ohne Brauseaufsatz direkt in den Wurzelbereich vor, da so Blätter und Blüten nur wenig benetzt werden.

Die Pflanzerde sollte zwar nie ganz austrocknen, eine Dauervernässung muss jedoch unbedingt vermieden werden. Besonders bei Zwiebel- und Knollenpflanzen führt Staunässe schnell zu Fäulnis.

Düngung

Pflanzerden sind in der Regel aufgedüngt, der Nährstoffvorrat reicht dann für die ersten 4 bis 6 Wochen aus. Wurde beim Pflanzen Langzeit- bzw. Depotdünger untergemischt, ist häufig bis zum Herbst keine Zusatzdüngung mehr nötig. Andernfalls versorgt man die Pflanzen etwa alle 2 Wochen mit Flüssigdünger, wobei Überdosierung unbedingt zu vermeiden ist. Bei wüchsigen Sommerblumen wie Pelargonien, Petunien und Zweizahn empfiehlt sich

TIPP

Das kalte, oft harte (kalkreiche) Wasser direkt aus der Leitung ist für die Balkonpflanzen wenig „bekömmlich". Sofern keine Möglichkeit besteht, weiches Regenwasser zu nutzen, sollte man die Kannen nach dem Gießen gleich wieder befüllen. Das Wasser wird so bis zum nächsten Gießen etwas vorgewärmt, der Kalk setzt sich zum Teil unten ab.

wöchentliche Düngung, kleinere Pflanzen dagegen düngt man seltener und schwächer dosiert. Für Topfstauden und -gehölze sind einmalige Gaben von Langzeitdünger im Frühjahr am günstigsten. Stellen Sie bei allen Pflanzen, die überwintert werden sollen, die Düngung spätestens Mitte August ein, damit sie nicht zu „mastig" in die Ruheperiode gehen.

Ausputzen und Rückschnitt

Das regelmäßige Abzupfen oder Abschneiden welker Blüten und Blätter sorgt für einen schöneren Anblick, beugt Krankheitsbefall vor und verbessert die Nachblüte (auch → *Ausputzen*). So genannte selbstreinigende Sorten werden vor allem von Hängeformen angeboten. Sie stoßen die abgewelkten Blüten von selbst ab oder verdecken sie unter üppigem Neuaustrieb.

Bei einigen Pflanzen lässt die Blüte nach kräftigem Hauptflor deutlich nach, z. B. bei Männertreu (Lobelien), Duftsteinrich, Eisbegonien und Balkonmargeriten. Durch einen Rückschnitt der Blütentriebe um etwa ein Drittel werden sie zur Entwicklung eines reich blühenden Neuaustriebs angeregt, so dass man sich dann noch längere Zeit an den Blüten erfreuen kann.

Überwintern

Unter den meist einjährig gezogenen Balkonblumen gibt es auch einige Arten, die in ihrer wärmeren Heimat ausdauernd wachsen. Einige davon lassen sich recht gut überwintern und im nächsten Jahr erneut zu reicher Blüte bringen, z. B. Zweizahn, Harfenstrauch, Surfinia-Petunien sowie Fuchsien und Pelargonien, bei denen Überwinterung am häufigsten praktiziert wird. Sie brauchen dafür einen frostfreien, aber kühlen Platz mit ca. 5 – 10° C (z. B. Treppenhaus, Dachboden), der für die meisten Arten hell sein muss, für Fuchsien auch dunkel sein kann, wie z. B. in einem frostfreien Keller.

Die Pflanzen kommen vor den ersten Frösten ins Winterquartier, werden zuvor nochmals gründlich ausgeputzt und auf Krankheits- und Schädlingsbefall untersucht. Große sowie langtriebige Hängepflanzen kürzt man vor dem Einräumen etwas ein. Man kann auch gleich einen kräftigen Rückschnitt vornehmen, günstiger geschieht dies jedoch im Frühjahr, wobei man Pelargonientriebe auf 3 bis 4 Knospen zurücknimmt. Über Winter empfiehlt sich eine regelmäßige Kontrolle und an frostfreien Tagen ein gelegentliches Lüften. Der Ballen sollte nur leicht feucht gehalten werden.

Topfgehölze sowie Stauden, die auch als Gartenpflanzen wachsen, können in der Regel draußen überwintert werden. Nur empfindliche Pflanzen, z. B. Zwergrosen, bringt man im Zweifelsfall besser an einen hellen, kühlen Ort im Haus. Die anderen stellt man nahe der Hauswand auf und schützt sie durch Unterlegen dicker Styroporplatten und Umhüllen der Pflanzgefäße mit Säcken, Kokosmatten o. Ä. Die Topfoberfläche sollte zusätzlich mit Laub und/oder Nadelholzreisig abgedeckt werden, um den Wurzelballen rundum zu schützen. Bei stärkeren Frösten sind solche Maßnahmen auch für Winterbepflanzungen sinnvoll. Die Pflanzen müssen von Zeit zu Zeit bei frostfreiem Wetter gegossen werden.

CHECKLISTE

Balkonblumen sind recht pflegeintensiv. Hier die wichtigsten Maßnahmen auf einen Blick:

- **Gießen:** im Sommer meist täglich, bei bedecktem Wetter alle 3 bis 4 Tage
- **Düngen:** je nach Art alle 1 bis 3 Wochen
- **Ausputzen:** während der Hauptsaison etwa alle 3 Tage
- regelmäßig auf Krankheiten und Schädlinge kontrollieren
- hohe Pflanzen an Stäben aufbinden
- wenn nötig, verkrustete Erdoberfläche auflockern

1. Beim Ausputzen der Pelargonien bricht man die verwelkten Blütenstiele komplett an der Ansatzstelle aus.

2. Vor dem Einräumen zur Überwinterung werden die Pflanzen sorgfältig ausgeputzt und mehr oder weniger stark zurückgeschnitten.

Ballenlose Pflanzen

Angebotsform von Junggehölzen für die Pflanzung, auch wurzelnackte Pflanzware genannt; häufig bei Heckenpflanzen und Rosen, teils auch bei Obstgehölzen. Die Wurzeln sind nicht von Erde umgeben, demnach muss schnell gepflanzt werden. In der Regel stellt man die Wurzeln oder die ganzen Pflanzen vor dem Auspflanzen über Nacht in Wasser.
→ *Gehölzpflanzung*

Ballenpflanzen

Angebotsform von Junggehölzen für die Pflanzung, auch ballierte Pflanzware genannt. Das Wurzelwerk ist von einem Erdballen umgeben, der im Baumschulbeet ausgestochen und dann durch ein Tuch oder Netz zusammengehalten wird. So verbleibt der Großteil der Wurzeln an der Pflanze, weshalb sie nach dem Einsetzen schneller und sicherer anwachsen als ballenlose Ware. Ballenpflanzen sind nicht zu verwechseln mit → *Containerpflanzen,* die von vornherein in Töpfen angezogen werden.
→ *Gehölzpflanzung*

Ballhortensie
→ *Hortensie* mit großen kugeligen Blütenständen

Ballonstadium

Stadium der Blütenentwicklung bzw. -entfaltung: Die Knospe ist bereits geöffnet, Stempel, Narbe und Staubfäden werden jedoch noch von den Blütenblättern ballonartig umhüllt. Folgt auf das → *Mausohrstadium* und wird schließlich abgelöst von der Vollblüte. Diese Blütenentwicklungsstadien spielen vor allem im Obstbau eine Rolle, insbesondere als Termine für Pflanzenschutzmaßnahmen.

Balsamine
Anderer Name für das → *Fleißige Lieschen*

Balsamtanne
In der Zwergform 'Nana' beliebte
→ *Tanne*

Bambus

Die Bambusgräser gehören zu den Süßgräsern und kommen nicht nur in Asien, sondern auch in Südamerika, Afrika und Australien wild vor. In Mitteleuropa werden jedoch fast nur Arten aus kühleren Regionen Ostasiens gepflanzt, die hier hinreichende Winterhärte zeigen. Die Riesengräser sind ausdauernd und werden teils zu den Stauden, häufiger aber zu den Gehölzen gezählt, da die Halme vieler Arten verholzen.

Die botanische Einteilung und Benennung der Bambusse ist oft sehr uneinheitlich. Dies liegt vor allem daran, dass die Blüte als wichtiges Gattungs- und Artmerkmal teils nur alle 100 Jahre erscheint. Nach der Blüte sterben die meisten Bambusgräser ab. Dabei gibt es ein besonderes Phänomen, das in den 90er Jahren des letzten Jahrhunderts beim beliebten Schirmbambus (*Fargesia murielae*) für Furore sorgte: Bei vielen Arten kommen fast alle Exemplare gleichzeitig und überall auf der Welt zur Blüte. Versuche, dies durch Entfernen der Blütentriebe und Düngung aufzuhalten, schlugen beim Schirmbambus meist fehl. Bei einigen anderen Arten, z. B. beim Zickzackbambus, dagegen war man damit erfolgreicher.

Aus den großen Grasblüten entwickeln sich getreideähnliche Körner (Karyopsen). Diese wurden bei den abgeblühten Arten von den Züchtern verwendet, um neue Pflanzen anzuziehen und Sorten auszulesen. Durch das oben genannte „Bambussterben" hat sich die Angebotsvielfalt letztendlich vergrößert, zumal auch einige neue Arten eingeführt wurden. Die nebenstehende Übersicht stellt eine Auswahl bewährter Gartenbambusse vor.

Merkmale: Immergrün, mit meist verholzenden Halmen, straff aufrecht und mehrtriebig oder durch starke Seitenhalmbildung buschig wachsend; Blätter meist lanzettlich und wenigstens 10 cm, teils bis 60 cm lang; mehr oder weniger starke Ausläuferbildung aus Rhizomen.

Verwendung: Größere Arten vor allem im Einzelstand, bei genügend Platz in kleinen Gruppen als Bambus-

Bambuspflanzung mit Palmwedelbambus (Sasa palmata) als zentralem Blickpunkt

hain; für Hecken, niedrige Arten auch als Unterwuchs und Bodendecker. Bambusse passen gut in Teichnähe, geben eine schöne Kulisse für blühende Sträucher und Stauden ab und bilden z. B. an der Terrasse einen besonderen Blickpunkt.
Standort: Für die meisten Arten bevorzugt Halbschatten, Sonne wird jedoch in der Regel vertragen; möglichst windgeschützter Platz mit hoher Luftfeuchtigkeit; humoser, nährstoffreicher, durchlässiger, feuchter, aber keinesfalls staunasser Boden. Viele Arten sind nur bedingt frosthart, d. h., sie brauchen in rauen Lagen Winterschutz.
Pflanzen/Vermehren: Pflanzung im späten Frühjahr (April/Mai) am günstigsten; bei stark Ausläufer bildenden Arten vorher Wurzelsperre (z. B. große Röhre aus kräftigem Kunststoff) eingraben. Vermehrung durch Teilung möglich.
Pflege: Bei Trockenheit gießen, auch im Winter an frostfreien Tagen; zwischen Frühjahr und August zwei- bis dreimal mit organischem Dünger oder salzarmem Mineraldünger versorgen; Mulchen günstig; abgefallene Blätter liegen lassen, beim Verrotten wird das für Bambusse wichtige Silizium frei, das die Pflanzen wieder aufnehmen. Niedrige, bodenbedeckende Arten jährlich zurückschneiden; bei aufrecht wachsenden Arten alle paar Jahre unansehnlich gewordene Halme entfernen. Wurzelbereich vor starken Frösten durch hohe Laubaufschüttung, durch Drahtröhre zusammengehalten, schützen.

BAMBUSGRÄSER IM ÜBERBLICK

Name	Wuchs	Lichtanspruch	Hinweise
Hellgrüner Schirmbambus (*Fargesia murielae;* auch: *Sinarundinaria murielae*)	2 – 4 m hoch, horstartig, anfangs aufrecht, später breit überhängend; Halme gelbgrün bis gelb, hellgrüne Blätter	☼–◐	bildet kaum Ausläufer, recht frosthart
Dunkelgrüner Schirmbambus (*Fargesia nitida;* auch: *Sinarundinaria nitida*)	2 – 4 m hoch, horstartig, anfangs aufrecht, später breit überhängend; Halme dunkel purpurfarben, dunkelgrüne Blätter	◐	bildet kaum Ausläufer, frosthart
Schattenbambus (*Indocalamus tessellatus*)	1 – 1,5 m hoch, breit buschig, sehr große dunkelgrüne Blätter	◐–●	bildet Ausläufer, mäßig frosthart
Zickzackbambus (*Phyllostachys flexuosa*)	3 – 7 m hoch, straff aufrecht, bogig überhängend; Halme teils zickzackartig wachsend, große grüne Blätter	☼–◐	starke Ausläuferbildung, bedingt frosthart
Schwarzrohrbambus (*Phyllostachys nigra*)	3 – 6 m hoch; Halme dunkelbraun gepunktet, später glänzend schwarz, große dunkelgrüne Blätter	☼–◐	auch Schwarzer Unrund genannt; starke Ausläuferbildung, bedingt frosthart
Gelbbunter Buschbambus (*Pleioblastus auricoma;* auch: *Arundinaria viridistriata*)	0,5 – 2 m hoch, buschig; große, schwertförmige, grün-gelb gestreifte Blätter	◐	bildet nur kurze Ausläufer, bedingt frosthart
Mattenbuschbambus (*Pleioblastus pumilus;* auch: *Sasa pumila*)	0,3 – 0,6 m hoch, buschig kompakt; kleine grüne Blätter	☼–◐	bildet nur kurze Ausläufer, sehr frosthart
Pfeilbambus (*Pseudosasa japonica*)	1,5 – 3 m hoch, breit und dicht buschig; fächerartig angeordnete, sehr große Blätter	◐	lang kriechende Ausläufer, Frosthärte umstritten
Palmwedelbambus (*Sasa palmata*)	1 – 2 m hoch, breit buschig; fächerartig angeordnete große, breite, glänzend grüne Blätter	◐	lang kriechende Ausläufer, frosthart

Barbarazweige

Zweige, die am 4. Dezember, im Kirchenkalender Tag der heiligen Barbara, für die Vase geschnitten werden und dann um Weihnachten drinnen ihre Blüten öffnen. Man verwendet dafür meist Blütentriebe von Forsythien, Zierkirschen, Kirschen oder Pflaumen. Zunächst werden sie bei 10 – 15° C aufgestellt, nach dem Anschwellen der Blütenknospen dann wärmer. Man sollte alle 1 bis 2 Tage frisches Wasser in die Vase geben.

Bärenfellschwingel

Rundlich wachsendes, durch feine, fadenartige Blätter fellartig wirkendes Ziergras
→ *Schwingel*

Bärenklau
ACANTHUS MOLLIS

Die bei uns gelegentlich in Gärten gepflanzten Akanthusgewächse stammen aus Süd- und Südosteuropa. Es sind robuste, dekorative Stauden, die vorwiegend in Einzelstellung gepflanzt werden. Neben der beschriebenen Art gibt es die recht ähnliche *A. hungaricus,* mit weißen, rosa oder purpurfarbenen Blüten sowie den nur 40 cm hoch wachsenden *A. spinosus. A. mollis* ist eine alte Heilpflanze, die u. a. appetitanregende und wundheilende Wirkung hat.

Merkmale: Staude, breit buschig, 80 – 150 cm hoch; grundständige Blätter sehr groß, tief eingeschnitten, ornamental; lippenblütenartige Blüten in langen Ähren, weiß mit purpurroten Adern.
Blütezeit: Juli – August
Verwendung: Als Solitärstaude, in großen Staudenbeeten und Steingärten.
Standort: Durchlässiger Boden, der auch steinig sein kann.
Pflanzen/Vermehren: Pflanzung im Frühjahr; Vermehrung durch Aussaat oder Teilung im Februar/März.
Pflege: Anspruchslos, jedoch Winterschutz empfehlenswert; im Herbst Rückschnitt bis knapp über dem Boden.

Bärenohr
ARCTOTIS-HYBRIDEN

Die Korbblütengewächse wachsen in ihrer südafrikanischen Heimat ausdauernd, überstehen bei uns jedoch den Winter nicht und werden deshalb nur einjährig gezogen. Die Blüten werden abends geschlossen und öffnen sich morgens nur an sonnigen Tagen.
Merkmale: Sommerblume, aufrecht buschig, 30 – 50 cm hoch; fiederschnittige, wollig graugrüne Blätter; große Korbblüten mit bis zu 7 cm Ø in Weiß, Gelb, Orange oder Rotbraun, oft Pastelltöne.
Blütezeit: Juli – September
Verwendung: Für Beete und Rabatten, im Steingarten, als Schnittblumen; meist in bunten Farbmischungen angeboten.
Standort: Sandhaltiger, durchlässiger, nährstoffreicher Boden; trockenheitsverträglich.
Kultur: Anzucht im Februar/März in Töpfen; nach Mitte Mai mit 30 cm Abstand auspflanzen.
Pflege: Recht anspruchslos.

Bärentraube
ARCTOSTAPHYLOS UVA-URSI

Die heimische Bärentraube, ein Heidekrautgewächs, ist ein kleiner Strauch der Nadelwälder und alpinen Matten und Gebüsche. Sie gehört zu den geschützten Pflanzen. Schon seit langem wird sie in der Heilkunde verwendet, Tees und Extrakte aus den Blättern setzt man auch heute noch

Bärenklau (Acanthus mollis)

Bärenohr (Arctotis-Hybride)

Bärentraube (Arctostaphylos uva-ursi)

bei Harnwegserkrankungen ein.
Merkmale: Immergrüner, teppichartig wachsender Zwergstrauch mit niederliegenden, bis 1 m langen Zweigen, 20 – 30 cm hoch; ledrig glänzende Blätter; krugförmige, weiße bis hellrosa Blüten in Trauben; glänzend rote, beerenartige Früchte.
Blütezeit: April – Mai
Verwendung: Als Bodendecker, vor Nadelbäumen, im Stein- und Heidegarten.
Standort: Humoser, sandiger, durchlässiger Boden; recht trockenheitsverträglich.
Pflanzen/Vermehren: Pflanzung im Frühjahr oder Herbst mit 40 – 50 cm Abstand; Ablegervermehrung durch Abtrennen bewurzelter Zweigstücke möglich.
Pflege: Anspruchslos.

Barfrost

Auch Kahlfrost genannt; Frost ohne schützende Schneedecke. Meist treten Barfröste bei Hochdrucklagen und nachtklarem Himmel auf. Da der Boden dann ohne Schneebedeckung viel Wärme abstrahlt und keine Bewölkung für Gegenstrahlung sorgt, sind solche Fröste für alle überwinternden Pflanzen besonders gefährlich. Sie treten schon ab Oktober auf und verlangen bis ins Frühjahr hinein besondere Aufmerksamkeit. In winterlichen Hochdruckperioden ist eine Verstärkung der Frostschutzabdeckung im Wurzelbereich empfindlicher Pflanzen ratsam.

Bärlauch
ALLIUM URSINUM

Der Bärlauch, ein Liliengewächs, ist ein wilder Verwandter von Zwiebel, Porree und Knoblauch. Dem Maiglöckchen ähnlich, überzieht er von April bis Juni feuchte Böden in heimischen Laub- und Auwäldern mit einem dichten Blüten- und Blättermeer, das einen intensiven Knoblauchgeruch verströmt. Blätter und Zwiebeln lassen sich gut als knoblauchähnliche Würze nutzen, wobei man sie aufgrund des kräftigen Aromas roh besser sparsam verwendet. Gekocht schmecken sie deutlich milder. Die Blätter fördern die Verdauung und wirken leicht antiseptisch. Obwohl der Bärlauch manchem als Delikatesse gilt, wird er kaum im Kräuterbeet angebaut. Man nutzt ihn hauptsächlich zur Unterpflanzung von Bäumen, wo er sich mit den Jahren von selbst ausbreitet.
Merkmale: Ausdauernde Zwiebelpflanze; 20 – 40 cm hoch; Blätter maiglöckenähnlich; sternförmige weiße Blütchen in doldenartigen Ständen; zieht nach der Blüte ein.
Blütezeit: April – Juni
Verwendung: Als frühlingsblühende Unter- oder Vorpflanzung von Gehölzen; in feuchten, schattigen Naturgartenbereichen. Bei Verwendung als Würze Blätter vor der Blüte ernten, Zwiebeln im Herbst ausgraben.
Standort: Frischer bis feuchter, durchlässiger, humus- und nährstoffreicher Boden.
Pflanzen/Vermehren: Im Herbst die länglichen Zwiebeln 4 – 5 cm tief pflanzen; auch Aussaat möglich, Samen von August – Februar (Kaltkeimer) breitwürfig ausstreuen, 1 – 2 cm hoch mit Erde abdecken.
Pflege: Anspruchslos; bei unerwünscht starker Ausbreitung Bestände durch Abstechen mit dem Spaten verringern.

Barometer

Gerät zum Messen des Luftdrucks, der in hPa (Hektopascal) oder mbar (Millibar) angegeben wird (1 hPa = 1 mbar). Die jeweiligen Werte werden durch einen Zeiger auf einer meist kreisförmigen Skala angegeben. Für zuverlässige Messungen muss ein Barometer auf die Höhenlage des

Bärlauch (Allium ursinum)

Wohnorts geeicht werden. Zur Abschätzung der Gartenwetterentwicklung braucht es nicht draußen angebracht zu werden, es kann ebenso gut in der Wohnung hängen. Hoher Luftdruck bedeutet meist sonniges, trockenes Wetter; tiefer dagegen feuchtes, bewölktes Wetter. Mehr als der aktuelle Zeigerstand sagen allerdings Luftdruckänderungen aus; ein rapider Abfall deutet z. B. auf Sturm, Gewitter oder Hagel hin. Schnelle Barometersprünge zeigen eine nur kurzzeitige Wetteränderung an.

Bartblume
CARYOPTERIS x CLANDONENSIS

Dieser in Ostasien beheimatete Halbstrauch aus der Familie der Eisenkrautgewächse hat seinen Namen von den fransenartigen Anhängseln an der Unterlippe der Blüten. Mit seinen zahlreichen Blüten ist er im Herbst eine besondere Zierde und wird gern von Bienen sowie Schmetterlingen besucht. Da die Triebe in kalten Wintern oft zurückfrieren, wird die Bartblume manchmal als Halbstrauch, in Pflanzenkatalogen auch

Bartfaden

Bartblume (Caryopteris × clandonensis)

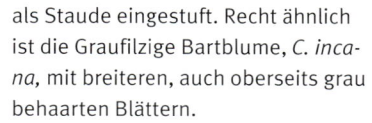

Bartfaden (Penstemon-Hybride)

als Staude eingestuft. Recht ähnlich ist die Graufilzige Bartblume, *C. incana,* mit breiteren, auch oberseits grau behaarten Blättern.
Merkmale: Kleinstrauch, vieltriebig, straff aufrecht, 50 – 100 cm hoch; lanzettliche, unterseits graufilzige Blätter; blaue oder violette Blüten, stehen dicht gedrängt in rispenartigen Blütenständen.
Blütezeit: September – Oktober
Verwendung: Meist einzeln oder zu wenigen gepflanzt in Beeten und Rabatten, im Stein- und Heidegarten, im Vorgarten; auch für Pflanzgefäße geeignet.
Standort: Geschützter, warmer Platz; humoser, trockener bis frischer, durchlässiger Boden.
Pflanzen/Vermehren: Pflanzung im Frühjahr; Vermehrung durch Stecklinge im Sommer möglich.
Pflege: Winterschutz empfehlenswert, im Frühjahr kräftiger Rückschnitt abgefrorener Triebe; im Frühjahr mit Kompost versorgen; sonst recht anspruchslos.

Bartfaden
Penstemon-Hybriden
☼

Die Blüten des in Nordamerika beheimateten Bartfaden ähneln denen von Löwenmäulchen und Fingerhut, denn er gehört ebenfalls zu den Rachenblüten- bzw. Braunwurzgewächsen. Der deutsche Name rührt von den bartartigen Haaren am Blütenschlund her. Am häufigsten werden Arthybriden gepflanzt, teils finden auch reine Arten bzw. deren Sorten Verwendung (vgl. Hinweis). Sie alle sind im Grunde ausdauernd, aber bei uns nicht hinreichend winterhart und werden meist einjährig gezogen.
Merkmale: Einjährig kultivierte Staude, buschig, aufrecht, 30 – 80 cm hoch; dunkelgrüne, längliche Blätter; glockenförmige Blüten, rosa, rot oder lila mit weißem Schlund.
Blütezeit: Mai – September
Verwendung: Wie Sommerblumen in Beeten und Rabatten, niedrige Sorten auch im Steingarten; gute Schnittblume.
Standort: Möglichst warmer, geschützter Platz auf humus- und nährstoffreichem, gut durchlässigem Boden.
Kultur: Anzucht im Februar/März, nach Mitte Mai auspflanzen.
Pflege: Gleichmäßig leicht feucht halten; ab Juni ein- bis zweimal düngen; hohe Sorten an Stützstäben anbinden; Ausschneiden verblühter Stände fördert die Nachblüte.
Hinweis: Den Hybriden recht ähnlich ist *P. barbatus* mit rosa bis purpurroten Blüten. Der nur 20 – 30 cm hohe *P. pinifolius* entfaltet von Juni bis Juli röhrenförmige, rote Blüten und eignet sich für Steingärten. Beide Arten sind etwas robuster als die Hybriden und können in milden Lagen mit Winterschutz mehrjährig gezogen werden.

Bartiris
→ *Iris* mit auffälliger Behaarung auf den äußeren, herabhängenden Blütenblättern

Bartnelke
Beliebte ein- oder zweijährig kultivierte → *Nelke*

Basalt

Dunkles, basisches → *Ergussgestein* mit hohem Silizium-, Kalk- und Magnesiumgehalt. Böden, die sich aus dem Ausgangsgestein Basalt entwickelt haben, sind meistens nährstoffreich und fruchtbar. Das Gestein ist durch seine dichte, feinkristalline Struktur recht hart und witterungsbeständig. Es kann als prägendes Element in Steingärten verwendet werden, wo es durch seine dunkle Farbe einen besonderen Anblick bietet. Die Bepflanzung muss dann allerdings entsprechend kalkverträglich sein, um dort zu gedeihen.

Basaltmehl

Durch Brechen und Zerkleinern von Basalt gewonnenes Gesteinsmehl, das als Bodenverbesserungsmittel, Kompostzusatz und langsam wirkender Kalkdünger eingesetzt werden kann.

Basengehalt

Basen, auch als Laugen, alkalische Verbindungen oder Hydroxide bezeichnet, entstehen durch Reaktion eines Metalloxids mit Wasser. Dabei lagern die Metalle, z. B. Calcium (Kalk) OH-Gruppen an, die die basische Wirkung verursachen. Chemisches Gegenstück der Basen sind die Säuren. Gartenpraktische Bedeutung hat dies vor allem in Bezug auf den Boden. In ihm kommen Basen z. B. in Form von Calcium-, Magnesium- und Kaliumverbindungen vor. Ihr Gehalt hängt vor allem vom → *Ausgangsgestein* und von der Düngung ab. Bei hohem Basengehalt haben die Böden einen hohen → *pH-Wert*. Dies kann bei manchen Pflanzen die Aufnahme wichtiger Nährstoffe wie Eisen oder Mangan einschränken.
   Auch → *Bodenreaktion*

Basilienkraut

Anderer Name für → *Basilikum*

Basilikum

OCIMUM BASILICUM

☼

Ursprünglich stammt Basilikum, ein Lippenblütengewächs, aus Indien. Doch schon früh war das aromatisch duftende Würzkraut den alten Kulturen im Mittelmeerraum bekannt und wurde von dort im 9. Jahrhundert nach Mitteleuropa eingeführt. Hier gedeiht es jedoch nur in warmen Lagen und warmen Sommern sicher. Es gibt Sorten mit großen und kleinen sowie mit dekorativen rötlichen Blättern.
Merkmale: Einjährig, buschig aufrecht, 15 – 60 cm hoch; eiförmig zugespitzte, glänzend grüne oder rote Blätter gewölbt; kleine weiße Blüten.
Blütezeit: Juli – September
Standort: Warm, geschützt; lockerer, nährstoffreicher Boden.
Kultur: Anzucht ab Ende März/April (Lichtkeimer), nach Mitte Mai, besser erst Ende Mai mit 25 x 30 cm Abstand auspflanzen; oder ab Mitte Mai Aussaat ins Beet mit 25 cm Reihenabstand, später in der Reihe auf 30 cm ausdünnen. Ab April auf der Fensterbank oder im warmen Frühbeet aussäen (→ *Lichtkeimer*); nach den Eisheiligen kann ausgepflanzt werden. Danach direkt ins Freiland nachsäen. Auch Topfkultur auf Balkon oder Fensterbrett möglich.
Pflege: Vor kühlen Frühsommertemperaturen mit Vlies oder Folie schützen, gleichmäßig feucht halten, bei Bedarf organisch düngen
Ernte: Frische Blätter und junge Triebe fortlaufend nach Bedarf pflücken; zum Einfrieren oder Einlegen in Öl vor der Blüte Ende Juni/Anfang Juli ganze Triebe ernten; bei Trocknung schneller Aromaverlust.

Basisch

Auch → *alkalisch*. Wird meist auf den Boden bezogen und bezeichnet einen → *pH-Wert* über 7.
   Auch → *Basengehalt*

Bast

Hat zwei Bedeutungen, die eng miteinander zusammenhängen:

1) Pflanzengewebe: Beim Dickenwachstum von Spross und Wurzel vom Kambium (Bildungsgewebe) nach außen abgegebenes Gewebe, auch sekundäre Rinde oder Phloem genannt. Es besteht aus längs verlaufenden Siebröhren, Bastfasern sowie Bastparenchym und erhöht die Festigkeit und Dehnbarkeit der Pflanzen. In den Siebröhren werden Assimilate zumeist von den Blättern in Richtung Wurzel transportiert.

2) Bindematerial: Die im Bast der Pflanzen enthaltenen Fasern können zu langen Strängen (Naturbast) präpariert werden und dienen zum Binden von Blumen u. Ä. Bindebast wird meist von der Bastpalme gewonnen.

Bastard

Kreuzung zwischen verschiedenen Arten, Unterarten, Varietäten oder Gattungen. Wird auch als → *Hybride* bezeichnet.

Bataviasalat

Weichblättrige Form des Eissalats
   → *Salat*

Basilikum

Bauerngarten

Der Begriff Bauerngarten steht heute eher für einen besonderen Stil der Gartengestaltung als für eine bestimmte Gartentradition auf dem Lande. Hier finden Elemente aus bäuerlichen Gärten verschiedener Regionen und Jahrhunderte Eingang, die bei passender Kombination durchaus auch ins städtische Umfeld passen können.

Die frühen Bauerngärten beherbergten in der Hauptsache Gemüse und Kräuter und dienten der Ergänzung der oft kargen Felderten. Schöne Blüten lieferten höchstens einige lebensnotwendige Heilpflanzen wie der Eibisch. Später kamen dann auch für Zierzwecke angebaute Blütenpflanzen hinzu, die wohl vor allem als Schnittblumen zum Schmuck bei kirchlichen Festen dienten. Die Zierpflanzen durften nicht allzu viel Arbeit machen, robuste Arten hatten

Charakteristische Bauerngartenelemente: Buchseinfassung der Beete, einträchtiges Nebeneinander von Blumen und Gemüse

den Vorzug. Sie wuchsen notgedrungen zusammen mit den Nutzpflanzen auf engem Raum, der nach dem Vorbild alter Klostergärten streng funktional gegliedert war. Mit der Zeit fügten wohlhabendere Bauern Zierpflanzen hinzu, an denen sich vorher nur Adlige und reiche Stadtbürger erfreut hatten. Ab dem 17. Jahrhundert hielten dann in bescheidenem Maßstab Stilmittel der prächtigen Barockgärten Einzug, so die geometrischen Formen, der Buchs als Beeteinfassung und in Form geschnittene Gehölze.

So etwa entwickelten sich die Gestaltungsmittel, die man heute als typisch für den Bauerngarten ansieht:
- rechteckige oder quadratische Beete mit Einfassungsbuchs, in denen häufig Blumen, Gemüse und Kräuter nebeneinander wachsen
- ein gerader Weg als Mittelachse oder eine Weganlage in Kreuzform, in der Mitte oft mit einem Rondell, das z. B. mit einer Hochstammrose bepflanzt wird
- altbewährte Sommerblumen und Stauden in einfachen, züchterisch wenig bearbeiteten Formen, z. B. Ringelblumen, Türkenbundlilien und Pfingstrosen

Weitere kennzeichnende oder passende Elemente sind u. a. Rosenbogen, Obststräucher und traditionelle Ziergehölze wie Flieder, Pfeifenstrauch und Holunder, Beeteinfassungen aus Holzpalisaden, Wegbeläge aus Kies oder Holz.

Bauernhortensie
→ *Hortensie* mit halbkugeligen Blütenständen, auch Gartenhortensie genannt

Bauernjasmin
Anderer Name für den nach Jasmin duftenden → *Pfeifenstrauch*

Bauernpfingstrose
Gruppe langlebiger, altbewährter → *Pfingstrosen* mit einfachen oder gefüllten Blüten

Bauernregeln
Volkstümliche, teils seit dem Mittelalter nachgewiesene, oft in Reime gefasste Merksprüche zur Wettervorhersage und Ernteprognose. Viele beziehen sich auf so genannte Lostage, die im Kirchenkalender bestimmten Festen bzw. Heiligen gewidmet sind oder waren; z. B. „Hält St. Rupert (28.3.) den Himmel rein, so wird es auch im Juli sein." Manche Bauernregeln lassen sich recht deutlich als Aberglaube einstufen, viele beruhen jedoch auf sehr genauer, langjähriger Wetterbeobachtung. Aufgrund der Gregorianischen Kalenderreform 1582 haben allerdings alte Lostags-

Oft zutreffende Bauernregel: „Reif und Tau machen den Himmel blau."

regeln ihren ursprünglichen Terminbezug verloren. Außerdem schränken langfristige Klimaveränderungen die Gültigkeit traditioneller Wetterregeln ein. Merksprüche, die z. B. aus Wind- und Himmelsbeobachtungen resultieren, treffen aber immer noch häufig, so z. B. die winterliche Hochdruckwetterprognose: „Weht's aus Ost bei Vollmondschein, stellt sich strenge Kälte ein."

Baugenehmigung

Die obligatorische Baugenehmigung für Gebäude oder Gebäudeteile kann auch für Baulichkeiten im Garten nötig werden, z. B. für Gartenhäuser und Lauben, Mauern oder massive Gewächshäuser. Dies hängt zum einen von den jeweiligen Landesregelungen ab, zum andern von der Größe und Bauweise des geplanten Objekts. Teils genügt auch eine einfache Bauanzeige. Bei entsprechenden Bauvorhaben sollte man sich vorsichtshalber bei der örtlich zuständigen Baubehörde erkundigen.

Baum

Ausdauerndes Holzgewächs mit einem stabilen verholzten Stamm, der eine Krone aus Ästen und Zweigen trägt. Im Gegensatz dazu bildet ein Strauch mehrere gleichwertige Stämme bzw. Schösslinge aus, die dem Erdboden entspringen. Im Durchschnitt erreichen Bäume eine Höhe von 30 – 50 m und werden so alt wie kein anderes Lebewesen auf der Erde. Die ältesten Bäume der Erde sind mit 4 600 Jahren die Grannenkiefern in Kalifornien. Eine ausgewachsene Buche erzeugt mit ihren 200 000 Blättern täglich rund 7 000 Liter Sauerstoff.

Baumanstrich

Anstrich des Baumstamms und der unteren Kronenteile mit Weißanstrich-Präparaten, Kalk-Lehm-Gemisch o. Ä. Die helle Farbe schützt vor übermäßiger Erwärmung durch Wintersonne, die in Kombination mit Nachtfrost Rindenschäden verursachen kann.

Auch → *Stammpflege*

Baumharz

→ Baumwachs

Baumformen

Durch die Erziehung in der Baumschule und die jeweilige Veredlungsunterlage vorgegebene Wuchsformen von Obstbäumen wie Halbstamm oder Busch, die sich vor allem in der Höhe des Stamms unterscheiden.

→ *Obstbaumformen*

Baumkratzer

Handgerät mit dreieckiger Schabefläche zum Reinigen von Baumstämmen. Man entfernt damit vorsichtig Moose, Flechten und lose Rindenstücke, unter denen sich oft Schädlinge einnisten bzw. ihre Eier ablegen. Teils werden auch spezielle Drahtbürsten, die demselben Zweck dienen, als Baumkratzer bezeichnet.

Auch → *Stammpflege*

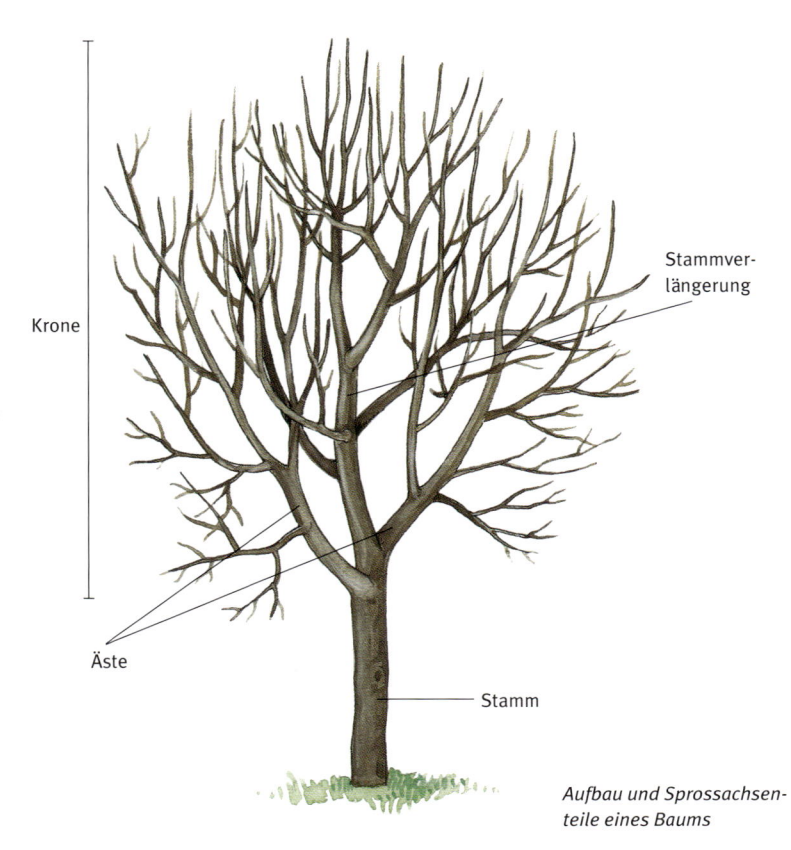

Aufbau und Sprossachsenteile eines Baums

Bei Baumreife bildet sich zwischen Fruchtstiel und Zweig eine Trennschicht, die später dann auch zum Abfallen der Früchte führt.

Baummesser
Auch → *Hippe* genanntes Messer mit gekrümmter, stabiler Klinge, das sich z. B. gut zum Nachschneiden von Sägewunden eignet.
Auch → *Schnittwerkzeug*

Baumobst
Zusammenfassender Begriff für alle Obstarten, die auf Bäumen wachsen, wie Apfel oder Kirsche; dies im Gegensatz zum Strauch- oder Beerenobst.

Baumpfahl
Runder, glatter, unten zugespitzter Stützpfahl zum Anbinden junger Obst- und Zierbäume nach der Pflanzung (auch → *Achterschleife*). Geeignete Stützpfähle sind durch pflanzenverträgliche Imprägnierung witterungsbeständig und im unteren Bereich, der in die Erde eingeschlagen wird, relativ verrottungsstabil. Sie sollten so groß gewählt werden, dass sie nach dem Einschlagen bis in die Krone reichen.
Auch → *Gehölzpflanzung*

Baumreife
Auch Pflückreife genannt; Reifezustand, in dem Obst am besten geerntet wird. Die Früchte sind zu diesem Zeitpunkt schon sortentypisch ausgefärbt und lassen sich leicht vom Zweig lösen, in der Regel schon durch eine Drehbewegung. Dies wird möglich, weil sich zwischen Fruchtstiel und Zweig während der Reife eine trennende Korkschicht bildet, durch die die Früchte dann später von selbst abfallen. Diese Reife ist nicht immer mit der → *Genussreife* gleichzusetzen, bei der die Früchte verzehrt werden können bzw. am besten schmecken. Vor allem bei vielen Apfelsorten tritt die Genussreife erst nach einer gewissen Lagerzeit ein.

Baumsäge
Bügelsäge mit schmalem, im gewünschten Schnittwinkel verstellbarem Sägeblatt und Spannhebel; je nach Größe geeignet zum Entfernen von Zweigen oder starken Ästen.
Auch → *Schnittwerkzeug*

Baumscheibe
Von Pflanzenbewuchs frei gehaltene, kreisförmige Fläche um den Stamm eines Baums. Wird schon bei der Pflanzung angelegt und über mehrere Jahre beibehalten, bei Obstbäumen oft auch noch im ausgewachsenen Stadium. Die Größe der Baumscheibe entspricht in etwa dem Umfang der Krone, bei älteren Bäumen beschränkt man sie auf ca. 1,5 – 2 m Ø, je nach Stammdicke. Das Freihalten von Gräsern und Unkräutern sorgt dafür, dass den Baumwurzeln keine Wasser- bzw. Nährstoffkonkurrenz entsteht und Gießwasser sowie Dünger möglichst direkt in den Wurzelbereich gelangen. Die Baumscheibe wird häufig mit Kompost oder Mulch (z. B. Rasenschnitt, Laub) bedeckt. Während der Blütezeit von Obstbäumen sollte man die Mulchschicht entfernen, da so die nächtliche Wärmeabstrahlung des Bodens Spätfrostschäden verhindern kann. Etwas Wurzelkonkurrenz nimmt man in Kauf, wenn man gut eingewachsene Bäume mit Kräutern oder Kapuzinerkresse zur Schädlingsabwehr unterpflanzt.

Baumschere
Stabile Gartenschere mit kräftigen Klingen zum Schnitt von Zweigen und starken Trieben
Auch → *Schnittwerkzeug*

Baumschnitt
Hat als gezielte, regelmäßige Schnittmaßnahme vor allem Bedeutung bei Obstbäumen. Bei Zierbäumen beschränkt sich der Schnitt hauptsächlich auf gelegentliches Entfernen störender Äste.
→ *Gehölzschnitt*, → *Obstbaumschnitt*

Baumschule
Gartenbaubetrieb, in dem Gehölze vermehrt und bis zur Entwicklung als verkaufsfertige Pflanzware angepflanzt (aufgeschult) werden. Viele Baumschulen sind den jeweiligen landesweiten Verbänden angeschlossen, nämlich dem Bund deutscher

Zum Verkauf aufgestellte Container-Junggehölze in einer Baumschule.

Baumschulen (BdB), der Bundesfachsektion Baumschulen Österreichs bzw. dem Verband Schweizerischer Baumschulen (VSB). Diese Verbände stellen an ihre Mitglieder bestimmte Güteanforderungen und verleihen nach Prüfung geschützte Qualitätszeichen, an denen sich der Käufer orientieren kann. Die in solchen Baumschulen verkauften Pflanzen müssen sehr genau definierten Gütebestimmungen genügen.

Baumschutzverordnung

Auf Gemeinde- oder Kreisebene erlassene Schutzvorschrift für große, alte Bäume. Für Gartenbesitzer kann solch eine Regelung schon einmal bedeuten, dass ihnen unter Androhung hoher Geldbußen untersagt ist, bestimmte Bäume auf ihrem Grundstück zu fällen.

Ob solche Regelungen bestehen und wie sie im Einzelnen aussehen, sollte man bei der zuständigen Gemeinde- oder Kreisverwaltung erkunden. Meist bezieht sich die Schutzvorschrift nur auf Zierbäume ab etwa 80 cm Stammumfang. In berechtigten Fällen sind Ausnahmegenehmigungen möglich.

Baumteer

Bewährtes Mittel auf Teerbasis zum Bestreichen von Wunden an Gehölzen, das vor allem zur Imprägnierung des Holzkörpers älterer Wunden geeignet ist.

Auch → *Wundverschlussmittel*

Baumwachs

Mittel auf Wachs- oder Harzbasis (Baumharz) zum Bestreichen von Schnittflächen und Wunden an Gehölzen. Diese Maßnahme hat zum Ziel, Austrocknung, Fäulnis durch Eindringen von Feuchtigkeit sowie Infektionen durch Krankheitserreger zu verhindern.

Auch → *Wundverschlussmittel*

Baumwürger

CELASTRUS ORBICULATUS

Der sommergrüne Kletterstrauch aus der Familie der Spindelbaumgewächse stammt ursprünglich aus China und Japan. Seinen deutschen Namen verdankt er der Tatsache, dass er bewachsene Bäume mit den Jahren tatsächlich schädigen kann, indem er mit seinen kräftigen Schlingtrieben die Baumrinde einschnürt. Die interessanten, zierenden Früchte werden nur gebildet, wenn man eine männliche und eine weibliche Pflanze zusammen pflanzt.

Merkmale: Ausdauernde Kletterpflanze mit linkswindenden Trieben, 8 – 12 m hoch bei einem jährlichen Zuwachs von bis zu 1 m; bildet Wurzelausläufer; rundliche Blätter, im Herbst leuchtend gelb gefärbt; grünlich gelbe, unauffällige Blüten; gelbe Früchte mit orangerotem Samenmantel.

Blütezeit: Mai – Juni

Verwendung: Als Schlingpflanze an Pergolen, Lauben, Rankgittern, auch als Hausbegrünung mithilfe von Gerüsten, senkrechten Streben oder starken Drähten.

Standort: Jeder normale Gartenboden.

Pflanzen/Vermehren: Pflanzung im Herbst oder Frühjahr; Vermehrung über Stecklinge oder Wurzelschnittlinge möglich.

Pflege: Anspruchslos; bei Bedarf organisch düngen. Störende Wurzelausläufer mit dem Spaten abstechen; Triebe, die Baumrinden einschnüren, entfernen, ebenso Triebe in der Nähe von Dachrinnen.

Bebauungsplan

Von der Gemeinde erstellter Bauleitplan für die Flächennutzung. Er kann neben der Festsetzung von Grundstücksgröße, Nutzung und Bauweise auch Rahmenvorschriften zur Anlage

Baumwürger (Celastrus orbiculatus)

und Bepflanzung des Gartens enthalten. Vor der Neuanlage eines Gartens empfiehlt es sich, den Bauleitplan bei der Gemeindeverwaltung oder der zuständigen Baubehörde einzusehen. Bauleitpläne regeln außerdem die Größe und Nutzung von → *Kleingärten*.

Auch → *Rechtsvorschriften*

Becherblume

NIEREMBERGIA HIPPOMANICA

Die Becherblume bildet hübsche kleine Polster, die den ganzen Sommer über mit unzähligen weißen oder violettblauen Blüten übersät sind. In ihrer südamerikanischen Heimat ist dieses Nachtschattengewächs eine ausdauernde Staude, bei uns wird sie wegen ihrer geringen Frosthärte nur einjährig kultiviert.

Merkmale: Sommerblume, polsterartiger Wuchs, 15 – 30 cm hoch; kleine linealische Blätter; becherförmige Blüten mit 2 – 3 cm Ø in Weiß, Rosa, Purpur oder Blauviolett.

Blütezeit: Juli – September

Verwendung: Für Beete, Rabatten,

BECHERMALVE

Becherblume (Nierembergia hippomanica)

Bechermalve (Lavatera trimestris)

Steingärten, als Einfassung oder auch als Balkonpflanze im Topf.
Standort: Durchlässiger, humus- und nährstoffreicher Boden.
Kultur: Anzucht im Februar/März, nach Mitte Mai mit 20 – 25 cm Abstand pflanzen; auch Direktsaat ab April ins Freie möglich.
Pflege: In Trockenperioden gießen, Düngung nach dem Anwachsen und nochmals Ende Juli günstig.

Bechermalve
LAVATERA TRIMESTRIS
☼ ☺

Das mit dem Hibiskus verwandte Malvengewächs stammt ursprünglich aus dem Mittelmeerraum und gehört zu den traditionellen Bauerngartenblumen. Die großen und dennoch zart wirkenden Blüten locken zahlreiche Bienen an.
Merkmale: Einjährige Sommerblume, 50 – 120 cm hoch; herzförmige, rau behaarte Blätter; trichterförmige, weiße, rosa oder rote Blüten, meist mit dunkler Aderung, bis 10 cm Ø.
Blütezeit: Juli – Oktober
Verwendung: In Beeten und Rabatten, hohe Sorten als Hintergrundpflanzung, als Lückenfüller in Staudenpflanzungen; auch als Topfpflanze; schöne, aber kurzlebige Schnittblume.
Standort: Durchlässiger, auch sandiger Boden; gedeiht nicht auf sehr feuchtem oder staunassem Tonboden.
Kultur: Anzucht März – Mai, Pflanzung ab Mitte Mai mit 50 – 60 cm Abstand; oder Direktaussaat ins Freie ab April, nach 3 bis 4 Wochen auf den nötigen Abstand vereinzeln.
Pflege: Bei Trockenheit gießen; nur auf kargen Böden düngen; hohe Sorten an Stützstäben aufbinden; für längeren Flor Verblühtes regelmäßig entfernen.

Bechernarzisse
→ *Narzisse* mit großkronigen Blüten

Becherprimel
→ *Primel* mit becherförmigen Blüten

Bedecktsamer
Die mit 250 000 bis 300 000 Arten größte Gruppe unter den → *Samenpflanzen;* wird wissenschaftlich als *Angiospermae* bezeichnet und im → *System der Pflanzen* als *Magnoliophytina* eingeordnet. Hierzu zählen alle Gartenpflanzen mit auffälligen Blüten sowie Obstgehölze, Gemüse, Kräuter und Gräser. Ihr gemeinsames Kennzeichen: Die Samenanlagen sind von einem Fruchtknoten umschlossen. Dies nennt man auch angiosperm (bedecktsamig). Anders als bei den → *Nacktsamern,* zu denen die Nadelgehölze gehören, können hier die Pollenkörner die Samenanlagen nicht unmittelbar erreichen. Eine → *Befruchtung* erfolgt erst, wenn die Pollen auf die Narbe, den äußeren Teil des Fruchtknotens, gelangen.
Auch → *Bestäubung,* → *Blüte*

Beere
Eine Frucht, die mehrere Samen enthält und von einer fleischigen Fruchtwand mit saftiger Innenschicht umschlossen wird. Echte Beeren sind z. B. Johannis- und Stachelbeere, Weintraube, Kiwi, ebenso Tomate, Gurke, Kürbis. Die Erdbeere ist dagegen ist botanisch gesehen eine → *Sammelnussfrucht.*
Auch → *Frucht*

Kiwifrüchte gehören zu den echten Beeren.

Beerenblütenstecher
Käfer, der an Erdbeer- und Himbeerblüten nagt.
→ *Erdbeerschädlinge*

Beerenobst
Hierunter werden alle Obstarten zusammengefasst, die nicht zum → *Baumobst* zählen, unabhängig von der Fruchtart im botanischen Sinn. Die wichtigsten sind die verschiedenen Strauchobstarten wie Johannis- und Stachelbeeren sowie die Erdbeeren, die zu den Stauden gehören. Auch Kiwi und Weinrebe zählt man zum Beerenobst.

Beerenzapfen

Bezeichnung für die beerenartige Frucht des Wacholder, die aus fleischigen Zapfenschuppen gebildet wird.

Beet

Fest umrissene Pflanzfläche für Blumen, Gehölze, Gemüse und Kräuter. Beete werden meist in breiter Rechteckform oder annähernd quadratisch angelegt. Sie sind in der Regel von allen Seiten zugänglich, während die lang gezogenen → *Rabatten* oft rückseitig durch eine Hauswand o. Ä. begrenzt werden. Die bevorzugte Beetbreite liegt bei 1,2 m, weil so alle Pflanzen für Pflegemaßnahmen gut erreichbar sind.

→ *Gemüsebeete* legt man vorwiegend unter praktischen Gesichtspunkten an. Bei Zierpflanzenbeeten dagegen kann das Abweichen von der geradlinigen Rechteckform ein wirkungsvolles Gestaltungsmittel sein. Jeder Beetneuanlage sollte eine gründliche Bodenvorbereitung vorausgehen.

Zierpflanzenbeete werden mit einjährigen Sommerblumen, langlebigen Stauden, Zwiebelblumen oder Rosen und anderen Kleinsträuchern bepflanzt. Bei genügend Fläche lassen sich auch Strauchbeete mit größeren Gehölzen anlegen.

Beeteinfassung

Eine Einfassung von Beeten dient nicht nur optischen, sondern vor allem auch praktischen Zwecken. Sie soll die Pflege angrenzender Rasenränder erleichtern, den Bewuchs der Beetfläche mit Gräsern und Unkräutern verringern und den Abtrag fruchtbarer Beeterde vermeiden. Teils genügt schon die Anlage schmaler Arbeitswege, die rund um die Beete angelegt werden. Im einfachsten Fall versieht man sie mit einer Schicht aus Holzhäckel oder Rindenmulch, die man des Öfteren erneuern muss. Ansonsten kommen alle Arten von festen Wegbelägen infrage (→ *Wege*).

Eine saubere Abgrenzung, die auch den Erdabtrag weitgehend verhindert, lässt sich allerdings nur durch senkrechte, das Erdniveau überragende Barrieren erzielen. Verbreitete Lösungen dafür sind Kunststoff- oder Aluminiumbänder sowie hochkant eingegrabene Platten und Ziegelsteine. Außergewöhnlich und interessant wirken unregelmäßige Natursteine oder große Kiesel. Schön fügen sich Einfassungen aus niedrigen Rundholz- oder Halbpalisaden in den Garten ein, die allerdings mit den Jahren verrotten und ausgetauscht werden müssen. Im Fachhandel findet man auch ähnlich gestaltete Pfähle aus Recycling-Kunststoff.

Anstelle solcher Umrandungen oder ergänzend dazu bieten lebende Einfassungen attraktive Möglichkeiten. Bekanntestes Beispiel ist der Einfassungsbuchs (→ *Buchs,* → *Bauerngarten*). Auch andere niedrig bleibende Pflanzen können Verwendung finden, sofern sie nicht zu breit wachsen oder gut schnittverträglich sind und keine Ausläufer bilden, z. B. → *Gamander,* verschiedene Stauden und Sommerblumen. Hübsch, nützlich und duftend sind Einfassungen aus Kräutern, die besonders gut ins Gemüsebeet passen.

Beetrosen

Reich blühende Rosensorten mit 40 – 100 cm Wuchshöhe, die meist in Gruppen gepflanzt werden.

→ *Rose*

Beetstauden

→ *Stauden*, die reich und auffällig blühen und sich gut für die gemischte Bepflanzung von Beeten oder Rabatten eignen. Sie werden auch als Pracht- oder Rabattenstauden bezeichnet.

Auch → PRAXIS-SEITE Beete neu anlegen (S. 98/99)

Gemischtes Stauden- und Sommerblumenbeet; die Einfassung mit Holzbrettern erleichtert die Pflege der Ränder.

Beete neu anlegen – Planung und Umsetzung

CHECKLISTE

Die wichtigsten Vorbereitungsschritte zur Beetneuanlage:
- Standort auswählen und markieren
- Lage, Licht- und Windverhältnisse überprüfen
- Bodenuntersuchung durchführen lassen
- wenn erforderlich, Bodenverbesserungsmittel und/oder Gründüngungssaat besorgen
- Bodenbearbeitungsgeräte bereithalten, eventuell Motorhacke ausleihen
- bei geplanter Randbefestigung Material beschaffen, schwere Steine frühzeitig anliefern lassen

Zeitpunkt und Standortwahl

Je nachdem, ab wann das Beet genutzt werden soll, geht man die Neuanlage am besten zwischen April und September an, da sonst die Spätherbst- und Winterfeuchte die Arbeiten erschweren. Berücksichtigen Sie bei der Planung, ob eine → *Gründüngung* eingeschaltet werden soll. Das kann die Beetnutzung zwar einige Monate verzögern, ist jedoch gerade bei Neuanlagen ebenso empfehlenswert wie eine umfassende → *Bodenuntersuchung*.

Wo ein neues Beet hin soll, ist natürlich zuerst einmal eine Frage der Gestaltung bzw. der eigenen Vorstellungen und Wünsche. Dem stehen als eventuell begrenzender Faktor die Lichtverhältnisse gegenüber: Für Gemüse-, Sommerblumen-, Prachtstauden- oder Rosenbeete ist ein möglichst sonniger Platz nötig. Berücksichtigen Sie bei einer kompletten Gartenneuanlage auch den späteren Schattenwurf frisch gepflanzter, noch kleiner Gehölze. Halbschatten- oder Schattenbeete können nur mit schattenverträglichen Stauden oder Kleingehölzen gestaltet werden.

Auch an das → *Kleinklima* sollte man denken: An wind- oder frostexponierten Stellen gedeihen nur robuste Pflanzen, starker Windeinfluss beschleunigt zudem das Austrocknen. Gerade bei häufig zu gießenden Gemüse- oder Sommerblumenbeeten ist es zudem sehr vorteilhaft, wenn sich eine Wasserzapfstelle in der Nähe befindet.

Die Arbeitsschritte

Nachdem die Standortfrage geklärt ist, wird der vorgesehene Beetumriss mit Pflöcken und einer aufgespannten Schnur gekennzeichnet. Für unregelmäßige Umrisse und geschwungene Beetränder können Sie einen Gartenschlauch als Hilfe nehmen: Mit ihm lassen sich beliebige Umrisslinien immer wieder neu ausprobieren. Das Markieren der Beetumrisse ist nicht nur für die Umsetzung wichtig: Sie können so vorher nochmals prüfen, ob Ihnen die Lage zusagt und wie sich die Licht- und Schattenverhältnisse im Tagesverlauf verändern.

1) Meist ist die vorgesehene Fläche mit Rasen oder Wiese bewachsen. Der erste Schritt besteht dann im Abschälen der Gras-

1. Nach dem Markieren des Beetumrisses wird Grasbewuchs möglichst flach abgeschält. Die Grassoden ergeben wertvolles Material für den Kompost.

2. Besonders wichtig – die gründliche Bodenbearbeitung. Nach dem Umgraben die Schollen mit zerkleinern; mit der Schlaghacke am besten vorwärts gehend arbeiten.

3. Für das Zerkleinern größerer Schollen ist ein Krümler (Gartenwiesel oder Sternwalze) praktisch. Dann wird die Fläche mit dem Rechen eingeebnet.

narbe. Dabei sticht man den Spaten fast parallel zur Bodenoberfläche ein, um die Graswurzeln zu durchtrennen, aber nicht allzu viel Erde auszuheben. Das so gewonnene Material kommt am besten gleich auf den Kompost.

2) Nun wird die Fläche mit dem Spaten umgegraben. Bei deutlicher Verdichtung des Untergrunds kann es nötig werden, nach Aufhacken der Verfestigungszone zwei oder mehr Spatenstiche tief umzugraben (auch → *Rigolen*). Wesentlich arbeitssparender ist dann jedoch das Arbeiten mit einer Motorhacke, die man sich teils bei Bau- oder Landmaschinenanbietern bzw. Gartenbaufirmen ausleihen kann. Nach normalem Umgraben erfolgt dann das Zerkleinern der Schollen mit einer kräftigen Schlaghacke. Dies erfolgt je nach Zeitplanung entweder gleich oder dann später erst im Frühjahr nach dem Umgraben.

Nun können, soweit das erforderlich ist, verschiedene Maßnahmen der → *Bodenverbesserung* vorgenommen werden, z. B. Untermischen von Sand oder Einarbeiten von Kompost. Ebenso kann nun, falls notwendig, das Ausbringen von Dünger erfolgen. Eine → *Gründüngung* ist besonders bei nährstoffarmem oder verdichtetem Boden wichtig, da die kräftigen Wurzeln mancher Pflanzen wie z. B. Ölrettich oder Raps auch den Untergrund für nachfolgende Arten aufschließen. Nach dem Abfrieren oder Verrotten der Gründüngung erfolgt nochmals eine → *Bodenbearbeitung* mit Grabegabel oder Spaten.

3) Die Feinbearbeitung entspricht dann der normalen Saat- oder Pflanzflächenvorbereitung, wie man sie auch auf bereits bestehenden Beeten vornimmt.

Sofern eine feste Beeteinfassung oder Wegumrandung geplant ist, legt man sie am besten schon vor der Feinbodenbearbeitung an. Platten und Pflastersteine werden in ein Sandbett verlegt, bei befestigten Hauptwegen sollte man darunter eine 15 – 20 cm hohe Kies- oder Schotterschicht als Dränage ausbringen.

Nebenweg 60 cm

Hauptweg 80 cm

1. Klassische Beetanlage, vor allem bei Gemüse sehr praktisch: Die Beete, meist mit 1,8 – 2,5 m Länge und 1,2 m Breite angelegt, sind von beiden Längsseiten gut zu bearbeiten. Auf dem breiten Hauptweg kann man gut z. B. eine Schubkarre, größere Erntekörbe oder Düngersäcke abstellen.

2. Geschwungene Beetränder machen sich bei Blumen- und Kräuterbeeten sehr schön. Trittsteine im Beet erleichtern die Pflege.

3. Geometrisch, aber nicht schnurgerade: Vieleckige Beetumrisse lassen sich z. B. mit in Sand verlegtem Kleinpflaster einfassen.

TIPP

Lesen Sie bei allen Bodenbearbeitungsgängen gründlich größere Steine und Unkrautwurzeln aus – die Mühe lohnt sich. Warten Sie möglichst zwischen Feinbodenbearbeitung und Erstbepflanzung noch 2 bis 3 Wochen ab. So können aus im Boden verbliebenen Samen auflaufende Unkräuter schnell und einfach entfernt werden.

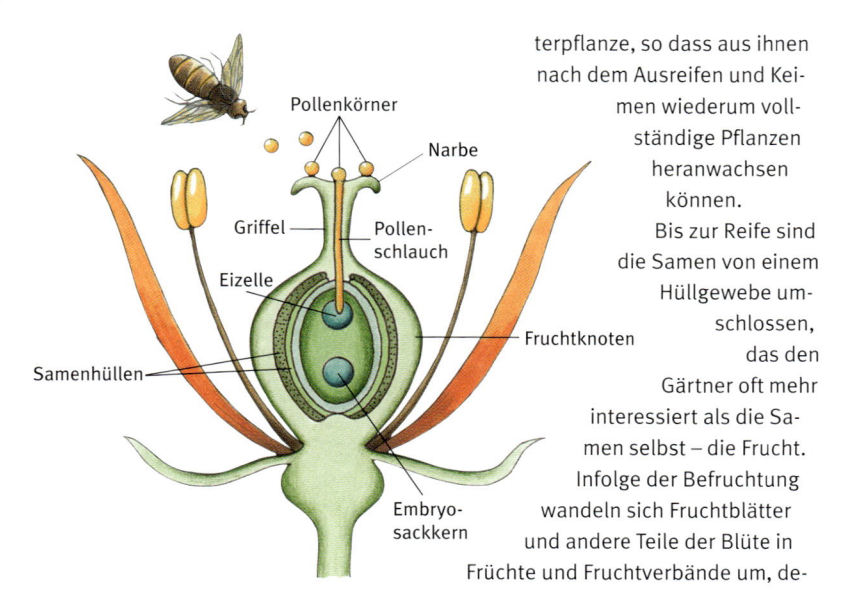

Befruchtung: Pollenkörner, die bei der Bestäubung auf die Narbe gelangen, bilden einen Pollenschlauch aus. Dieser wächst durch den Griffel hindurch und befruchtet die Eizelle sowie den Embryosackkern, der sich dann zum Nährgewebe für den Keimling im Samen entwickelt. Die Hüllen der Samenanlage werden zur Samenschale, die Fruchtknotenwand zur Fruchtschale.

Befruchtersorte

Selbstunfruchtbare Obstsorten, z. B. von Apfel oder Birne, brauchen geeignete Befruchtersorten als → *Pollenspender,* damit sie Früchte entwickeln können.

Befruchtung

Bei der Befruchtung verschmelzen die männlichen Geschlechtszellen der Pollen mit den weiblichen Eizellen in den Samenanlagen, die bei → *Bedecktsamern* vom Fruchtknoten umhüllt sind. Voraussetzung ist die → *Bestäubung,* Ergebnis ist die Entwicklung eines Keimlings, der von einer Samenhülle geschützt wird. Die so entstehenden Samen enthalten die kompletten Erbanlagen der Mutterpflanze, so dass aus ihnen nach dem Ausreifen und Keimen wiederum vollständige Pflanzen heranwachsen können.

Bis zur Reife sind die Samen von einem Hüllgewebe umschlossen, das den Gärtner oft mehr interessiert als die Samen selbst – die Frucht. Infolge der Befruchtung wandeln sich Fruchtblätter und andere Teile der Blüte in Früchte und Fruchtverbände um, deren saftige oder nussige Teile bei manchen Arten als Obst und Fruchtgemüse geschätzt werden. Auch zierende Beeren oder Steinfrüchte sind gärtnerisch beliebte Ergebnisse der Befruchtung. Die Blüten vieler Zierpflanzensorten sind allerdings züchtungsbedingt steril, z. B. wegen starker → *Blütenfüllung,* so dass keine Befruchtung und damit keine Samenbildung möglich wird.

Begleitpflanzen

Meist in kleineren oder größeren Gruppen verwendete Zierpflanzen, die dominanten Gehölzen oder Großstauden (Leitpflanzen) zur Seite gestellt werden und ihre Wirkung unterstützen. Rosen kombiniert man z. B. vorteilhaft mit Stauden wie Rittersporn und Sonnenhut oder mit Lavendel; den Rhododendren werden gern Astilben, Fingerhut oder schattenverträgliche → *Bodendecker* beigesellt; der Flor des Flieders lässt sich durch benachbarte Pfeifensträucher oder Spiersträucher untermalen. Die Begleiter müssen jeweils ähnliche Standortansprüche wie die Leitpflanzen haben und dürfen diese nicht durch zu starken Wuchs bedrängen.

Blühende Begleitpflanzen werden farblich auf die Leitpflanzen abgestimmt; sie sollten diesen nicht durch allzu intensive Blütenfarben die Show stehlen. Bei Leitpflanzen mit kurzer Blütezeit ist es günstig, wenn man Begleiter wählt, deren Flor bereits früher einsetzt oder nach Verblühen der Hauptattraktion andauert. Daneben eignen sich auch Pflanzen mit dekorativem Laub gut als Begleiter, etwa Arten mit silbrigen oder blaugrünen Blättern, Ziergräser und im Schatten Farne.

Begleitstauden

In der Regel mittelgroße Stauden, die in Beeten und Rabatten die Funktion von → *Begleitpflanzen* übernehmen. Bei Kombination mit hohen Leitstauden und niedrigen Füllstauden ergeben sich harmonisch wirkende Pflanzengruppen, die als Grundelement der Beetgestaltung dienen.

Auch → *Staudenbeete* und *-rabatten*

Begonie

BEGONIA

Begonien stammen ursprünglich aus Südamerika, Afrika oder Asien und sind dort vorwiegend in subtropischen und tropischen Regionen zuhause. Es gibt weit über 1000 natürlich vorkommende Arten, von denen viele auffällig unsymmetrisch geformte Blätter haben, deshalb der Name Schiefblatt. Bei den gärtnerisch genutzten Begonien handelt es sich um Kreuzungen (Hybriden) aus verschiedenen Stammarten. Man unterscheidet Blatt- und Blütenbegonien. Die Blattbegonien mit ihrem dekorativ gefärbten Laub haben speziell als Zimmerpflanzen Bedeutung, ebenso einige besonders empfindliche Blütenbegonien. Für die Pflanzung im Freien stehen zwei Gruppen von Blütenbegonien zur Verfügung, nämlich Eis- und Knollenbegonien.

Eisbegonie
BEGONIA-SEMPERFLORENS-GRUPPE
☼–◐

Eisbegonien wachsen in ihrer brasilianischen Heimat als ausdauernde Stauden, sind allerdings bei uns nicht winterhart. Das Sortenangebot ist gewaltig, die Züchtungen unterscheiden sich nicht nur Blütenfarbe und -größe, sondern auch noch in der Blattfarbe.
Merkmale: Einjährig gezogene Staude, buschig, kompakt, 15 – 35 cm hoch; Blätter je nach Sorte hellgrün, rotbraun oder schwarzgrün; Blüten meist einfach, auch gefüllt, weiß, rosa, rot, auch zweifarbig.
Blütezeit: Mai – Oktober
Verwendung: Für Beete, Rabatten und Pflanzgefäße, auch als Beeteinfassung.
Standort: Etwas geschützte Lage; moderne Sorten sind wetterfest und blühen in der Sonne am besten. Boden humos, nicht zu trocken.
Kultur: Anzucht muss schon im Januar/Februar bei 20 – 22° C erfolgen, deshalb Pflanzenkauf günstiger; Pflanzung nach Mitte Mai; Pflanzabstand 15 – 20 cm.
Pflege: Gleichmäßig feucht halten, auf nährstoffarmen Böden mehrmals Kompost oder alle 4 bis 6 Wochen Flüssigdünger verabreichen.

Knollenbegonie
BEGONIA-TUBERHYBRIDA-GRUPPE
☼–◐

Ebenso wie die Eisbegonien sind die Knollenbegonien bei uns nicht winterhart, die Knollen können jedoch geschützt überwintert werden. Auch hier gibt es eine sehr große Sortenfülle, die nach Blütengröße und Wuchshöhe unterteilt wird in Riesen-, groß-, mittel- und kleinblumige Knollenbegonien. Dazu kommen langtriebige Hängebegonien.
Merkmale: Nicht winterharte Knollenpflanze, 15 – 60 cm hoch, Triebe aufrecht oder überhängend, grün- und dunkellaubige Sorten; Blüten einfach, halb gefüllt oder gefüllt, 5 – 20 cm Ø, rot, rosa, orange, gelb, weiß oder zweifarbig; oft in attraktiven Farbmischungen angeboten.
Blütezeit: Mai – Oktober
Verwendung: Für Beete, Rabatten und Pflanzgefäße. Durch die Schattenverträglichkeit besonders vielseitig einsetzbar.
Standort: Moderne Sorten meist sonnenverträglich, ansonsten ist ein halbschattiger, geschützter Platz am besten; humoser, nährstoffreicher, nicht zu trockener Boden.
Kultur: Pflanzung der Knollen nach Mitte Mai (mit der bauchigen Seite nach unten etwa 3 cm tief in die Erde drücken); Pflanzabstand 20 – 40 cm, je nach Wuchshöhe. Günstig ist ein Vortreiben der Knollen im Februar/März; Knollen dazu in Töpfe oder Kisten mit Anzuchterde legen und bei 18 – 22° C hell aufstellen.
Pflege: Leicht feucht, aber nie staunass halten, bei Sommertrockenheit kräftig gießen; Boden vor der Pflanzung gut mit reifem Kompost versorgen, auf nährstoffarmen Böden alle 3 bis 4 Wochen Flüssigdünger verabreichen; hohe Sorten mit Stützstäben versehen. Im Oktober vor Eintritt der ersten Fröste oberirdische Pflanzenteile dicht über den Knollen abschneiden; Knollen von Erde befreien, einige Tage abtrocknen lassen, dann in Kiste mit trockenem Torf oder Sand legen, bei 5 – 10° C an dunklem Ort überwintern.

Knollenbegonie (Begonia-Tuberhybrida-Hybride)

Beifuß
ARTEMISIA VULGARIS
☼ ☺

Das ausdauernde, 100 – 200 cm hohe Würzkraut aus der Familie der Korbblütler wächst in der freien Natur häufig an Waldrändern oder an Böschungen, bevorzugt auf sandigen, kargen Böden. Seine Blätter nutzt man vor allem als verdauungsfördernde Würze zu fettem Gänse- oder Entenbraten sowie in naturheilkundlichen Tees. Im Garten wird der Estragon-Verwandte selten angebaut, aufgrund des raumgreifenden Wuchses genügt in der Regel eine Pflanze.

Man kann Beifuß im März/April vorziehen und ab Mitte Mai pflanzen oder gleich gekaufte Pflanzen setzen. Von dem sehr anspruchslosen Kraut erntet man die Triebspitzen und frischen Blätter bis kurz vor der Blüte; zur Konservierung trocknen.

Beifuß (Artemisia vulgaris)

Beiknospe

Auch Beiauge oder Nebenknospe genannt; einer Achsel- oder Spitzenknospe unmittelbar benachbarte, meist schwächer entwickelte Knospe. Beiknospen treiben oft nur aus, wenn die Hauptknospe verletzt wird bzw. bei Blütenknospen erst dann, wenn der Flor der Hauptknospe verblüht ist.

Beikraut

Vor allem im biologischen Anbau gebräuchlicher Begriff für → *Unkräuter,* der für diese Pflanzen weniger abwertend ist.

Beinwell

SYMPHYTUM OFFICINALE

In der Natur kommt der heimische Beinwell, ein Borretschgewächs, auf feuchten Wiesen, an Bachufern und in Auwäldern auf nährstoffreichen Böden vor. Seit alters her werden aus den kräftigen Wurzeln Breis oder Salben gewonnen, die äußerlich angewendet bei Knochenbrüchen, Prellungen und schlecht heilenden Wunden helfen. Die jungen Blätter werden teils als Würze oder Salat genutzt. Zumindest vor einer Daueraufnahme ist allerdings zu warnen, da alle Pflanzenteile Alkaloide enthalten, die in größerer Menge gesundheitsschädlich sind. Im Garten wird Beinwell vor allem als Zierstaude für naturnahe Feuchtbereiche verwendet. Außerdem liefert er wertvolles Mulchmaterial und ist im Bio-Garten eine wichtige Pflanze zum Gewinnen düngender Jauchen.

Der Comfrey (*S. asperum*) hat borstig behaarte Blätter und ist in allen Teilen größer, aber sonst dem Beinwell sehr ähnlich

Merkmale: Staude, buschig, zwischen 50 – 100 cm hoch; breit lanzettliche, rau behaarte Blätter; 1 – 2 cm lange, röhrenförmige Blüten in nickenden Trauben, hellviolett, purpurn oder cremeweiß.
Blütezeit: Mai – August
Verwendung: In naturnahen Staudenpflanzungen, am Teichrand.
Standort: Nährstoffreicher, feuchter, lehmig-humoser Boden.
Pflanzen/Vermehren: Im Frühjahr pflanzen oder aussäen; Vermehrung durch Teilung im Frühjahr oder Herbst.
Pflege: Anspruchslos, gelegentlich mit Kompost düngen.

Beinwelljauche

Vergorene, streng riechende Pflanzenjauche aus Beinwellblättern; die kalium- und stickstoffreiche Jauche kann zur Düngung, stark verdünnt auch als Pflanzenstärkungsmittel verwendet werden.
→ *Kräuterauszüge*

Beizen

Vorbehandlung von Samen mit Pflanzenschutzmitteln zur Vorbeugung gegen diverse Sämlingskrankheiten und Schädlinge
→ *Saatgutbeizung*

Beleuchtung

Betrifft im Gartenzusammenhang zwei verschiedene Themen:
1) → *Gartenbeleuchtung* zum Erhöhen der Sicherheit und für Dekorationszwecke bei Nacht
2) Pflanzenbelichtung mit speziellen Lampen: für Hobbygärtner vor allem als → *Zusatzbeleuchtung* während der Pflanzenanzucht sowie im Gewächshaus interessant

Beleuchtungsstärke

Maß für die Helligkeit mit der Einheit Lux (lx). Sie gibt den auf eine Fläche auftreffenden Lichtstrom (Lichtmenge) an. Etwa 500 lx gelten je nach Art als Untergrenze für pflanzliches Wachstum, die → *Photosynthese* verläuft bei vielen Pflanzen im Bereich um 10 000 lx optimal. Für eine → *Zusatzbeleuchtung,* z. B. im Gewächshaus, sind mindestens 2 000 lx erforderlich. Zum Vergleich: Die Beleuchtungsstärke an einem trüben Wintertag beträgt etwa 1 500 lx, an einem sonnigen, klaren Sommertag 80 000 – 12 0000 lx.

Bellis

Botanischer Name für das bekannte → *Gänseblümchen,* auch Maßliebchen oder Tausendschön genannt

Belüften des Rasens

→ *Aerifizieren*

Bemehlt

Bezeichnet einen natürlichen, nicht durch → *Mehltau* hervorgerufenen mehlartigen Belag auf den Blattunterseiten und teils auch Blütenknospen mancher Pflanzen, z. B. bei einigen Primeln.

Bentonit

Ein Ton mit dem besonders quellfähigen Tonmineral Montmorillonit als Hauptbestandteil. Bentonit wird als Tonmehl angeboten und eignet sich

Beinwell (Symphytum officinale)

Kugelberberitze (Berberis × frikartii)

Thunbergs Berberitze (Berberis thunbergii)

Thunbergs Berberitze, Herbstfärbung

Große Blutberberitze (Berberis × ottawensis 'Superba')

als Bodenverbesserungsmittel besonders für Sandböden, indem es die Nährstoff- und Wasserhaltekraft sowie die Strukturstabilität des Bodens erhöht. Daneben lässt es sich als geruchsbindender Kompostzusatz einsetzen. Zudem findet Bentonit in Kombination mit → *Algenpräparaten* Anwendung beim Pflanzenschutz und als Stärkungsmittel. Gelegentlich werden auch Gartenteiche mit Bentonit abgedichtet.

Berberis

Botanischer Gattungsname der
→ *Berberitze*

Berberitze

BERBERIS

☼ ☀ (≡) ☺ ✖

Zur Gattung *Berberis* gehört eine Vielzahl von Sträuchern, die als Gartengehölze Bedeutung haben. Die Mehrzahl der Arten, die als Berberitzengewächse eine eigene Familie bilden, stammt aus Ostasien. Berberitzen sind hübsche, zugleich anspruchslose Ziergehölze.

Die in Europa heimische Gewöhnliche Berberitze (*B. vulgaris*) wurde vielerorts fast ausgerottet, da sie dem Getreiderost, einer gefürchteten Pilzkrankheit, als Zwischenwirt dient. Wer den bis 3 m hohen, sommergrünen Strauch im Garten pflanzen möchte, muss dabei mindestens 300 m Abstand zum nächstgelegenen Getreidefeld halten.

Merkmale: Je nach Art sommer- oder wintergrün; meist dicht buschig, alle Arten mehr oder weniger stark bedornt; meist eiförmige Blätter, bei einigen Sorten ab dem Austrieb bleibend rot oder rotbraun, sommergrüne Arten oft mit auffälliger rötlicher Herbstfärbung; gelbe, teils duftende Blüten; blauschwarze, bei Thunbergs Berberitze und Blutberberitze rote Beeren, enthalten Giftstoffe.

Blütezeit: Mai – Juni

Verwendung: Je nach Größe und Wuchsform für Flächenbegrünung, Hecken oder als attraktive Einzelpflanzen verwendbar. Wegen der Dornen und der giftigen Früchte ist Vorsicht in Bezug auf Kinder geboten.

Standort: Jeder normale Gartenboden; immergrüne Arten teils etwas frostempfindlich.

Pflanzen/Vermehren: Pflanzung im Herbst oder Frühjahr, frostempfindliche Arten vorzugsweise im März/April. Vermehrung durch Absenker oder Steckhölzer, bei einigen Arten auch über Samen möglich.

Berberitzen im Überblick

Name	Wuchs	immergrün	Standort	Verwendung/Hinweise
Polsterberberitze *Berberis buxifolia* 'Nana'	rundlicher Zwergstrauch, bis 0,8 m hoch	x	☼–◐	für flächige Pflanzungen, Einfassungen, Steingärten; Blüten unscheinbar, Früchte selten
Kissenberberitze *Berberis candidula*	breitwüchsiger Zwergstrauch, bis 0,8 m hoch	x	☼–◐	für flächige Pflanzungen, Heide- und Steingärten
Kugelberberitze *Berberis x frikartii*	breitbuschiger Kleinstrauch, bis 1,5 m hoch	x	☼–◐	für Einzelstellung, in Heide- und Steingärten; frosthart
Lanzenberberitze *Berberis gagnepainii* var. *lanceifolia*	stark bedornter Strauch, 1,5 – 3 m hoch	x	☼–◐	für Einzelstellung, gemischte Hecken
Julianes Berberitze *Berberis julianae*	Strauch mit langen Dornen, 2 – 4 m hoch	x	☼–◐	für Einzelstellung, in Strauchgruppen
Blutberberitze *Berberis x ottawensis* 'Superba'	Großstrauch mit braunrotem Laub und roter Herbstfärbung, 3 – 4 m hoch		☼	für Einzelstellung, in Strauchgruppen
Thunbergs Berberitze *Berberis thunbergii*	Strauch, Herbstfärbung orange bis rot; niedrige Sorten bis 0,8 m, hohe 1 – 3 m hoch		☼–◐	für frei wachsende und Schnitthecken, Einzelstellung; grün- und rotlaubige Sorten
Warzenberberitze *Berberis verruculosa*	breitwüchsiger Kleinstrauch, bis 1,5 m hoch	x	☼–◐	für frei wachsende und Schnitthecken, Einzelstellung

Pflege: Gelegentlich Kompost verabreichen; immergrüne Arten im Spätherbst und bei Wintertrockenheit gießen; bei frei wachsenden Sträuchern Schnitt nicht nötig, aber bei Bedarf gut möglich; Heckenberberitzen Ende Juni schneiden.

Beregnung

Künstliche → *Bewässerung* mit einem → *Regner* oder Sprenger, bei der die Wasserstrahlen nicht direkt auf die Pflanzen, sondern nach oben gerichtet werden; die Wassertropfen fallen wie Regen auf die Pflanzen nieder. Anwendung findet die Beregnung vor allem auf Rasenflächen, auch für Beete wird sie teils eingesetzt. Man sollte möglichst morgens beregnen, um zu große Verdunstung und Blattverbrennungen durch die „Lupenwirkung" der Wassertropfen zu vermeiden. Spätabendliches Beregnen kann Pilz- und Schneckenbefall fördern.

Bereifung

Weißlicher oder bläulich weißer Belag auf Blättern, Trieben oder Früchten, z. B. bei Rotkohl und Pflaumen, der meistens abwischbar ist. Es handelt sich dabei um einen hauchdünnen, weitgehend wasserundurchlässigen Wachsüberzug, der die Transpiration (Verdunstung) vermindert und Früchte vor Fäulnis durch Dauerfeuchte bewahrt.

Bergaster

Heimische → *Aster* mit ausgeprägtem Wildpflanzencharakter, die im Sommer blüht.

Bergbohnenkraut

Ausdauerndes Würzkraut
→ *Bohnenkraut*

Bergenia

Botanischer Gattungsname der
→ *Bergenie*

Bergenie

BERGENIA CORDIFOLIA
☼–◐ ☺

Das im Altai-Gebirge Kasachstans beheimatete Steinbrechgewächs ist eine ausgesprochen robuste Gartenstaude. Neben dem ansprechenden Frühjahrsflor haben Bergenien das ganze Jahr über zierendes Blattwerk zu bieten. Zusätzlich zur reinen Art werden zahlreiche Hybriden angeboten, die teils im Herbst einen Nachflor hervorbringen.

Merkmale: Meist immergrüne Staude, dicht buschig mit kriechendem Wurzelstock, 30 – 50 cm hoch; große, runde bis herzförmige, ledrige Blätter, im Herbst oft rotbraun verfärbt; glockenförmige rosa Blüten in dichten Trugdolden, bei Hybriden auch rot oder weiß.
Blütezeit: März – Mai
Verwendung: In Beeten und Rabatten, als Bodendecker am Gehölzrand oder im Mauerschatten, im Uferbereich von Teichen, im Steingarten; kompakte Sorten auch in Pflanzgefäßen.
Standort: Bevorzugt frischen, nährstoffreichen Boden, nimmt aber mit fast jedem Standort und Boden vorlieb; blüht im Schatten etwas schwächer.
Pflanzen/Vermehren: Pflanzung im Frühsommer mit 40 – 50 cm Abstand; Vermehrung durch Teilung direkt nach der Blüte oder auch im Herbst möglich.
Pflege: Bei anhaltender Trockenheit gießen; im Frühjahr vertrocknete Blätter entfernen.

Bergflockenblume
Staude für Sonne und Halbschatten
→ *Flockenblume*

Bergkiefer
Andere Bezeichnung für die Krummholzkiefer oder Legföhre
→ *Kiefer*

Bergsteinkraut
Gelb blühende Polsterstaude für den Steingarten
→ *Steinkraut*

Bergwaldrebe
Raschwüchsige → *Waldrebe* (*Clematis*), die im Frühsommer blüht.

Berufkraut
Anderer Name für → *Feinstrahl*, eine Gattung, zu der einige überaus attraktive Stauden und Sommerblumen zählen.

Besenginster
Reich blühender Strauch mit ginsterähnlichen goldgelben Blüten
→ *Geißklee*

Besenheide
Immergrüner Zwergstrauch für Sonne und Halbschatten auf sauren Böden
→ *Heidekraut*

Besenwuchs
Übermäßige Bildung von meist dünnen, schwachen Trieben an Zweigen oder Ästen von Gehölzen. Diese besenartigen Triebbildungen können verschiedene Ursachen aufweisen:

1) Bei Ziersträuchern wie bei Obstbäumen kann es dazu durch falschen Schnitt kommen; meistens dann, wenn Zweige häufig, aber lediglich schwach zurückgeschnitten werden;
→ *Gehölzschnitt*, → *Obstbaumschnitt*.

2) Bei Birken, auch bei einigen anderen Laub- und Nadelbäumen, verursacht ein Schadpilz die Bildung so genannter Hexenbesen. Die Bäume werden dadurch in der Regel nicht stärker beeinträchtigt.

3) Bei Obstgehölzen, insbesondere beim Apfel, verursachen virenähnliche Mikroorganismen, Phytoplasmen genannt, krankhaften Besenwuchs mit stark gestauchten, hellgrünen Trieben. Weitere Symptome sind Rotfärbung des Laubs und kleine, farblose Früchte. Werden solche Symptome beobachtet, sollte unbedingt eine Meldung an das zuständige Pflanzenschutzamt erfolgen. Die bislang hauptsächlich im Erwerbsanbau einiger Regionen verbreitete Krankheit ist sehr gefährlich und kann nicht bekämpft werden.

Bestäubersorte
→ *Befruchtersorte*, → *Pollenspender*

Bestäubung
Die Übertragung von Pollenkörnern auf die Narbe der Fruchtblätter (→ *Bedecktsamer*) bzw. auf die frei zugänglichen Samenanlagen (→ *Nacktsamer*) als Voraussetzung für die → *Befruchtung* der Blüte.

Bergenie (Bergenia-Hybride)

Bei der Selbstbestäubung findet die Bestäubung innerhalb derselben Blüte statt, bei der Nachbarbestäubung zwischen verschiedenen Blüten derselben Pflanze, bei der Fremdbestäubung zwischen Blüten verschiedener Individuen derselben Art. Da bei Selbstbestäubung die Gefahr erblicher Defekte der Nachkommen recht hoch ist, haben die meisten Arten Mechanismen entwickelt, um dies zu verhindern: etwa durch unterschiedliche Reifezeit der Pollen und Narben innerhalb einer Blüte (z. B. Glockenblume, Erdbeere) oder durch Ausbildung getrennter männlicher und weiblicher Blüten auf verschiedenen Pflanzen (zweihäusig, z. B. Kiwi).

Die Pollen werden durch Wind oder Tiere verbreitet, bei untergetaucht lebenden Wasserpflanzen über das Wasser. Zu den Windbestäubern gehören z. B. Birke, Hasel, Gräser und Nadelgehölze. Sie bilden riesige Mengen trockener Pollen, die beim Menschen unangenehme Allergien verursachen können.

Hauptsächlich auf Tierbestäubung durch Bienen, Hummeln, Ameisen, Fliegen und Schmetterlinge bauen die meisten Pflanzen mit mehr oder weniger auffälligen Blüten. Mit Farben, Duftstoffen oder Saftmalen locken ihre Blüten die Bestäuber an. Neben dem Pollen produzieren die meisten Blüten auch zuckerreichen Nektar, der den Blüten besuchenden Insekten als Nahrung dient.

Auch → *Blüte*

Beta
Botanischer Name einer Gattung, zu der → *Mangold,* → *Rote Bete* und Zuckerrübe gehören.

Bete, Rote
→ *Rote Bete*

Betula
Botanischer Gattungsname der → *Birke*

Beutelgallmilbe
→ *Gallmilbe,* die auf den Blattunterseiten von Pflaumen die Bildung beutelförmiger Gallen hervorruft.
→ *Pflaumenschädlinge*

Bewässerung
Die Wasserversorgung der Pflanzen zählt zu den wichtigsten Pflegemaßnahmen. Krautige Pflanzen bestehen im Schnitt zu 80 – 90 % aus Wasser. Das Wasser verleiht den Geweben durch den Zellinnendruck die notwendige Spannung, ist ein wichtiger Bau- und Betriebsstoff für den pflanzlichen Stoffwechsel, dient als Lösungs- sowie Transportmittel für die Nährstoffe und trägt zur Temperaturregulierung bei.

Trotz unserer durchschnittlich recht hohen Niederschlagsmengen (je nach Region etwa zwischen 400 und 2500 mm; auch → *Regenmesser*) ist aufgrund der ungleichen Verteilung übers Jahr künstliche Bewässerung unerlässlich. Dafür kommen verschiedene Verfahren infrage, → PRAXIS-SEITE Bewässerungsmethoden und -technik (S. 108/109).

Neben Fragen der optimalen Pflanzenversorgung, eventueller Aufwandserleichterungen sowie der Qualität des → *Gießwassers* ist in den letzten Jahrzehnten ein weiterer Aspekt in den Vordergrund gerückt: das Wassersparen, zum einen, um die Trinkwasserressourcen zu schonen, zum andern, um die Kosten zu senken. Nützliche Hinweise dazu finden sich unter → *Gießen* sowie unter → *Regenwassernutzung.*

Bewurzlungsmittel
Auch Bewurzlungshormone genannt; künstlich hergestellte Wuchsstoffe aus der Gruppe der → *Auxine,* durch die die Wurzelbildung z. B. von Stecklingen gefördert wird.

Bibernelle
Andere Bezeichnung für die → *Pimpernelle,* ein mehrjähriges Würzkraut, das auch unter dem Namen Kleiner Wiesenknopf bekannt ist.

Bibernellrose
Früh blühende Wildrose mit weißen Blüten
→ *Rose*

Biene
Bienen gehören ebenso wie die Wespen und Ameisen zur Insektengruppe der Hautflügler. Beim Begriff Biene denkt man meist an die Honigbiene, obwohl in Mitteleuropa über 500 verschiedene Bienenarten leben. Viele dieser Arten, darunter auch die Hummeln, spielen eine große Rolle bei der Bestäubung von Blüten – so erledigen z. B. Bienen 70 % der Obstbestäubung. Alle heimischen Bienenarten stehen unter Naturschutz.

Bei der Hasel erfolgt die Bestäubung durch den Wind, der die Pollen der männlichen Kätzchen zu den roten Narben der weiblichen Blüten trägt.

Bienen sorgen für die Bestäubung vieler Pflanzen.

Phacelia ist eine beliebte Gründüngungspflanze.

Die Honigbiene ist das bekannteste sozial lebende Insekt und wird seit mindestens 5 000 Jahren vom Menschen als Honig- und Wachslieferant gehalten. Die Insekten leben in einem hoch organisierten Staat, der aus über 50 000 Individuen bestehen kann. Jedes Volk hat nur eine Königin, die bis zu 2 000 Eier täglich legt. Die Arbeiterinnen versorgen die Eier und Brut, bauen aus selbst produziertem Wachs die Waben, sammeln Pollen und Nektar, reinigen und reparieren den Stock.

Den zuckerreichen Nektar saugen sie mit ihren Mundwerkzeugen aus den Blüten. Zum Sammeln der eiweißreichen Blütenpollen und des zuckerhaltigen Nektars besuchen sie Blüten in einem Umkreis von etwa 1 km um ihren Stock herum.

Wegen ihrer Widerhaken bleibt der Stachel der Biene nach einem Stich in der menschlichen Haut stecken. Das dabei injizierte Gift führt zu Schmerzen, wirklich gefährlich ist ein Bienenstich jedoch nur für allergisch reagierende Menschen.

Zum Schutz der Bienen sollte man nur solche Spritzmittel verwenden, die als bienenungefährlich gekennzeichnet sind. Falls dies nicht möglich ist, muss außerhalb der Blütezeit und abends, wenn keine Bienen fliegen, gespritzt werden.

Bienenfreund
Anderer Name für *Phacelia*, auch Büschelschön genannt. Ihre von Juni bis August erscheinenden lilablauen Blüten werden von Bienen, Hummeln und Schwebfliegen besucht. Die recht anspruchslose, etwa 80 cm hohe Pflanze wächst schnell und wird im Garten hauptsächlich als → *Gründüngungspflanze* verwendet.

Bienenweide
Als Bienenweiden bezeichnet man Pflanzen, deren nektarreiche Blüten von Bienen besonders gern angeflogen werden. Dazu zählen z. B. Obstbäume, blühende Kräuter sowie zahlreiche Sommerblumen, Stauden und Blütengehölze, sofern sie einfache (nicht gefüllte) und damit für die Bienen gut zugängliche Blüten haben. Besonders wertvoll sind Pflanzen, die den Insekten auch außerhalb der Hauptblütezeit Pollen und Nektar anbieten, also die ersten Frühlingsblüher sowie ausgesprochene Spätblüher.

Bienne
Auch zweijährige oder winterannuelle Pflanzen genannt. Sie werden in der Regel im Sommer gesät, bilden bis zum Herbst meist eine Blattrosette und blühen erst im darauf folgenden Jahr. Mit der Blüte bzw. Samenbildung ist ihr Lebenszyklus beendet. Zu den Biennen gehören → *Sommerblumen* wie Gänseblümchen (Maßliebchen), außerdem einige Kräuter, beispielsweise die Petersilie.

Auch → *Annuelle*

Bierfalle
Hilfsmittel zur Bekämpfung von
→ *Schnecken*

Bildungsgewebe
Auch Teilungsgewebe oder Meristem genannt. Es besteht aus teilungsfähigen Zellen, d. h. aus Zellen, die sich durch Teilung vermehren können und somit das Gewebe für neue Pflanzenorgane oder für das Dickenwachstum liefern. Bildungsgewebe befindet sich im Keimling, bei wachsenden Pflanzen vor allem in den Wurzelspitzen und Knospen. Das Kambium, im äußeren Bereich der Wurzel und bei zweikeimblättrigen Pflanzen sowie Nadelgehölzen außerdem in der Sprossachse vorhanden, ist ebenfalls ein Bildungsgewebe. Es bewirkt das sekundäre Dickenwachstum, z. B. von Baumstämmen, sowie die Überwallung von Schnittwunden.

Bimskies
Mineralgemisch aus verschiedenen Gesteinen vulkanischen Ursprungs, das aufgrund seiner zahlreichen kleinen Hohlräume als Bodenlockerungsmittel und Füllmaterial in der Hydrokultur verwendet wird.

Bindesalat
Auch als Römischer Salat bekannte Kopfsalatvarietät
→ *Salat*

Bewässerungsmethoden und -techniken

1. Ein Schlauchwagen hilft, unnötige Knicke und Windungen beim Umgang mit langen Schläuchen zu vermeiden.

2. Gießstäbe sind praktische Schlauchaufsätze, die z. B. das gezielte Wässern schwer erreichbarer Pflanzen ermöglichen.

3. Regner erleichtern die Rasenbewässerung. Bei jedem Beregnen sollte der Boden 15 – 20 cm tief durchfeuchtet werden.

Wasserquellen und -verteilung

Als Alternative zur Verwendung des teuren, oft stark kalkhaltigen Leitungswassers bietet sich die → *Regenwassernutzung* an. Hierbei reichen die Möglichkeiten von der einfachen Sammeltonne bis zur kompletten Regenwassernutzungsanlage mit Pumpe, Filter und Verteilungsrohren. Eine weitere mögliche Wasserquelle stellt ein → *Brunnen* dar, dessen Bohrung genehmigungspflichtig ist. (Zur Wasserqualität → *Gießwasser*)

Mit Bedacht und großzügig im Garten verteilte Wasseranschlüsse und Zapfstellen erleichtern die Gießarbeiten sehr. Stabile Rohrleitungen und sichere Verlegung beugen späterem Ärger vor. Unterirdisch verlegte Rohre vermerkt man am besten genau in einem Gartenplan, um unerwünschte Beschädigungen bei Grabarbeiten zu vermeiden.

Umfangreiche Rohrinstallationen sind allerdings beim heutigen Angebot an Bewässerungstechnik nicht unbedingt nötig: Flexible Rohr- oder Schlauchsysteme mit passenden Verteilern, Kupplungen, Ventilen, Hähnen oder „Wassersteckdosen" bieten die Möglichkeit, Wasserstränge im Garten ganz nach Bedarf zu verlegen und auch zu erweitern.

Gießgeräte

Bei allen Raffinessen moderner Bewässerungstechnik sind Gießkannen immer noch unentbehrlich. Mehrere Kannen in verschiedenen Größen, aus stabilem, jedoch nicht zu schwerem Material, sollten in jedem Garten zur Verfügung stehen.

TIPP

Vor Frosteintritt lässt man Rohrleitungen vollständig leer laufen. Die Wasserhähne bleiben aufgedreht und werden sorgfältig mit Isoliermaterial (Säcke, Schaumstoff o. Ä.) umhüllt. Auch Kannen und Schläuche sollte man entleeren und frostfrei aufbewahren, ebenso Regner und Tropfer.

Schläuche gehören zumindest ab mittlerer Gartengröße ebenfalls zum Standardinventar. Hier sollte man keinesfalls an der Qualität sparen und auf druckfeste, knickstabile Ware achten (auch → Gartenschlauch).

Einheitliche Schlauchkupplungen mit passenden Aufsätzen bieten allerhand Vorteile. Sehr praktisch sind zudrehbare bzw. entkuppelbare Endstücke oder Spritzen, so dass man den Wasserzufluss direkt am Schlauch stoppen kann. Neben Spritzaufsätzen gibt es Brausen mit feinem Sprühstrahl sowie lange Gießstäbe, die das gezielte Wässern schwer erreichbarer Pflanzen erleichtern. Häufig lässt sich an solchen Aufsätzen Wasserstrahlform und -menge regulieren. Nützliches Zubehör: Schlauchwagen sowie Schlauchführungen, die man mit spitzem Stab in den Boden stecken kann, um den Schlauch ohne Verwicklungen ziehen zu können.

Spezielle Bewässerungsformen

Die → *Beregnung* ist vor allem bei Rasenflächen üblich, wobei meist Viereck-, Kreis- oder Sektorenregner (→ *Regner*) eingesetzt werden. Zum Bewässern von Beeten können hoch stehende Sprühregner Verwendung finden. Der sanfte, gleichmäßige Tropfenfall schont Pflanzen wie Boden. Allerdings liegt der Wassernutzungsgrad – je nach Besonnung, Luftfeuchte und Betriebsweise – oft deutlich unter 50 %, da das Nass nur langsam zu den Wurzeln vordringt und ein Teil zuvor verdunstet.

Um 80 % Nutzungsgrad erreicht dagegen eine Tropfbewässerung, bei der das Wasser nahe der Pflanzen tropfenweise direkt an den Boden gegeben wird. Dies kann zum einen über perforierte Tropf- bzw. Perlschläuche geschehen, zum anderen über Tropfstellen, die über Verteilerschläuche einzeln zu den Pflanzen geführt werden. Die Bewässerung mit Einzeltropfern wird vor allem auf dem Balkon oder im Gewächshaus eingesetzt, solche Systeme gibt es aber auch für Beete. Weniger aufwändig ist die Verlegung von Tropfschläuchen.

Automatische Bewässerung

Beregnung und Tropfbewässerung können mit erschwinglichen technischen Hilfsmitteln automatisiert werden. Das Angebot reicht von speziellen Zeitschaltuhren bis zu Bewässerungscomputern, die mehrere Wasserstränge über Verteiler steuern können. Bei zusätzlicher Verwendung von Feuchtesensoren wird die Bewässerung in Abhängigkeit von der Bodenfeuchtigkeit geregelt. Eine andere Lösung bieten Systeme mit Tonkegeln, die Fühler und Tropfer zugleich sind. Sie arbeiten unabhängig von elektronischen Steuerungsgeräten; ab einem einstellbaren Grad der Bodentrockenheit öffnet sich das Ventil im Trockner und schließt bei genügend Feuchte dann wieder selbsttätig. Es sind mehrere praxisbewährte Systeme auf dem Markt, über die man sich vor dem Kauf genau informieren sollte. Bei Einsatz als Urlaubsbewässerung empfiehlt sich zuvor ein längerer Probelauf.

CHECKLISTE

Einige wichtige Auswahlkriterien für Gießgeräte und Bewässerungshilfen:

- **Gießkanne:** stabiles, aber nicht zu schweres Material
- **Schlauch:** druck- und abriebfestes sowie knickstabiles Material
- **Regner:** einstellbare Wurfweite, optimal mit regulierbaren Beregnungssektoren
- **automatische Systeme:** einfache Bedienung, gute Betriebssicherheit; vor Urlaub längeren Probelauf durchführen

4. Tonkegel mit Feuchtesensoren regeln über Ventile die Wasserversorgung jeder Pflanze individuell nach Bodenfeuchtigkeit.

5. Tropfbewässerungssysteme mit Einzeltropfern oder Sprühdüsen können bei Balkon- wie bei Beetpflanzen eingesetzt werden.

6. Bewässerungsuhren und -computer werden direkt an den Wasserhahn angeschlossen, meist mit einer Überwurfmutter.

Binse

*Zwergbinse
(Juncus ensifolius)*

*Flatterbinse
(Juncus effusus)*

*Knäuelbinse
(Juncus conglomeratus)*

Binse
JUNCUS
☼ – ◐ ☺

Die grasähnlich wachsenden Binsengewächse kommen teils über die ganze Erde in nassen Wiesen und Sümpfen oder an Gewässern vor. Am Gartenteich oder Bachrand sorgen sie für naturnahes Flair und geben einen schönen Hintergrund für die Farben blühender Sumpfstauden ab. Allerdings breiten sich die meisten Arten mit kriechenden Wurzelstöcken aus, so dass entsprechende Vorkehrungen getroffen werden sollten. Die rosa blühende → *Blumenbinse* gehört einer anderen Gattung an.

Merkmale: Sumpf- und Teichrandstauden, grasartige Horste bildend, 20 – 100 cm hoch; mit meist runden Halmen und stängelähnlichen oder linealischen Blättern; grünliche oder braune Blüten in knäueligen Blütenständen.
Blütezeit: Juni – August
Verwendung: Im Sumpf- und Feuchtbereich von Gartengewässern.
Standort: Saurer, feuchter bis nasser Boden, Wasserstand 0 – 10 cm.
Pflanzen/Vermehren: Pflanzung im Frühjahr, am besten in großen Pflanzgefäßen, um das Wuchern einzudämmen; Vermehrung durch Teilen älterer Pflanzen im Frühjahr.

Pflege: Sich zu stark ausbreitende Bestände durch Abstechen mit dem Spaten eindämmen.

Bio-Anbau
Die griffige Kurzform für den biologischen Anbau hat sich im allgemeinen Sprachgebrauch durchgesetzt. Prinzipien und Methoden der biologischen oder ökologischen → *Anbauweise* werden häufig auch im Privatgarten umgesetzt. Dazu zählen in erster Linie:

- Erhöhung und Bewahrung der Bodenfruchtbarkeit durch Kompostzufuhr, Mulchen, Gründüngung und schonende Bodenbearbeitung

Binsen im Überblick

Name	Wuchshöhe	Hinweise
Knäuelbinse (*Juncus conglomeratus*)	60 – 100 cm	Halme und Blätter meist graugrün; stattliche Binse für Einzelstellung an größeren Gartenteichen
Flatterbinse (*Juncus effusus*)	20 – 40 cm	glänzend grasgrüne Halme, bei der Sorte 'Spiralis' korkenzieherartig verdreht; wuchert stark
Zwergbinse (*Juncus ensifolius*)	25 – 30 cm	kräftig grün mit langen, aufgerichteten, linealischen Blättern, auffällige dunkelbraune Blütenstände; gut für kleinere Teiche geeignet
Blaugrüne Binse (*Juncus inflexus*)	40 – 80 cm	blaugrüne, gerippte Halme; kaum wuchernd

- Verzicht auf schnell lösliche, synthetische Dünger; statt dessen bedarfsgerechte organische Düngung sowie Verwendung natürlich vorkommender Stoffe wie Gesteinsmehle und Algenpräparate
- beim Nutzpflanzenanbau Beachtung von Fruchtfolge und Fruchtwechsel, um einseitige Bodenbelastung und die Vermehrung von Bodenkrankheiten und -schädlingen zu vermeiden; außerdem Anbau in Mischkulturen
- gezielte Wahl robuster, wenig krankheitsanfälliger, standortgerechter Arten und Sorten
- Verzicht auf chemische Pflanzenschutzmittel, statt dessen Einsatz von aus Naturstoffen gewonnenen Präparaten, Kräuterauszügen, mechanischen und biotechnischen Maßnahmen sowie die Förderung von Nützlingen

Zu einem Bio-Garten gehört weiterhin eine vielfältige, artenreiche Bepflanzung mit besonderen naturnahen Bereichen, z. B. eine Ecke mit blühenden Wildkräutern oder eine Vogelschutzhecke.

Biologisch-dynamischer Anbau

→ *Anbauweise,* die auf den Lehren von Rudolf Steiner, des Begründers der Anthroposophie, beruht. Zur grundsätzlichen gärtnerischen Praxis, wie beim → *Bio-Anbau* beschrieben, kommen so genannte dynamische Maßnahmen hinzu, die auf feinstofflicher Ebene wirken sollen.

Es handelt sich dabei zum einen um spezielle Spritzpräparate aus Kuhmist und Kieselsäure (Präparate 500 und 501), die auf den Boden oder die wachsenden Pflanzen ausgegeben werden. Dazu kommen besonders zubereitete Kompostpräparate aus Teilen von Schafgarbe, Kamille, Brennnessel, Eiche, Löwenzahn und Baldrian (Präparate 502 bis 507).

Ein weiteres wichtiges Element ist die Beachtung kosmischer Konstellationen und -rhythmen, vor allem des Mondumlaufs vor den Tierkreisbildern (siderischer Mondrhythmus). Danach ergeben sich abwechselnde Phasen, die jeweils als günstig für die Wurzel-, Blüten-, Blatt- oder Fruchtentwicklung angesehen werden. Gemäß dieser Einteilung terminiert man die Aussaaten und Pflegearbeiten. Maßgeblich ist dabei ein jährlich herausgegebener Aussaatkalender.

Biologischer Pflanzenschutz

Im engeren, fachsprachlichen Sinn benennt dieser Begriff den gezielten Einsatz von Organismen gegen Schädlinge und parasitäre Krankheiten. Zum biologischen Pflanzenschutz gehört z. B. das Ausbringen von Florfliegen gegen Blattläuse (im Gewächshaus), die Bekämpfung des Dickmaulrüsslers durch spezielle Nematoden oder die Anwendung von → *Bacillus-thuringiensis-Präparaten.*

Im weiteren Sinn kam man ebenfalls die Schonung und Förderung von → *Nützlingen* im Garten dazu rechnen. Der Einsatz aus Naturstoffen gewonnener → *Pflanzenschutzmittel* zählt jedoch nicht zum biologischen Pflanzenschutz.

Auch → *Pflanzenschutz*

Biotop

Der durch die Umweltbedingungen geprägte Lebensraum einer Lebensgemeinschaft aus Pflanzen und Tieren. Das können größere Ökosysteme wie z. B. See, Meeresküste, Wald, Wiese oder Moor sein, aber auch sehr kleinräumige Bereiche, etwa ein Tümpel. Natürliche Biotope wurden und werden durch menschliche Tätigkeit oft beeinflusst, beeinträchtigt oder gar zerstört, mit entsprechenden Auswirkungen auf die Pflanzen- und Tierwelt. Andererseits stellen auch durch Menschenhand geschaffene Landschaftselemente Biotope dar, etwa eine Landschaftshecke, ein Weinberg oder – im Kleinen – ein Gartenteich. Im Grunde genommen kann man auch den Garten als Biotop ansehen. Bei entsprechend vielfältiger Anlage und Bepflanzung stellt sich eine artenreiche Lebensgemeinschaft ein.

Birke
BETULA

Birken gehören wie Erle, Haselnuss und Hainbuche zur Familie der Birkengewächse. Mit ihrem gleichmäßigen Wuchs, dem lichten Blätterdach und der oft sehr dekorativen Rinde sind sie besonders schöne Bäume. Allerdings bereitet vor allem die Weißbirke mit der Zeit Probleme, da sie bis 30 m Höhe und 15 m Breite erreichen kann. Ein Kappen im oberen Kronenbereich ist möglich, beeinträchtigt jedoch den optischen Eindruck stark. Von daher weicht man in Gärten normaler Größe besser auf kleinere Arten oder Sorten aus. Einige andere attraktive Birken, die sich nur für große Gärten eignen, seien hier nur kurz erwähnt: Schwarzbirke

Statt chemischer Pflanzenschutzmittel werden im Bio-Anbau Kräuterauszüge verwendet.

Birke

(*B. nigra*, gelbbraune Rinde), Papierbirke (*B. papyrifera*, cremeweiße Rinde), Goldbirke (*B. ermanii*, cremeweiße Rinde), Himalajabirke (*B. utilis* 'Doorenboos', weiße, nach Abrollen hellorange Rinde).

Die männlichen Blütenkätzchen der Birken sind auffälliger als die weiblichen und verbreiten im Frühjahr massenhaft Pollen, die bei vielen Menschen äußerst unangenehme allergische Reaktionen verursachen.

Kupferbirke
BETULA ALBOSINENSIS

Dieser lockerkronige Baum wird nach seiner Herkunft auch Chinesische Birke genannt. Durch seine glänzend rötliche, in dünnen Fetzen abrollende Rinde ist er auch im Winter attraktiv.
Merkmale: Mittelgroßer Baum mit kegeliger Krone, 8 – 10 m hoch; Rinde orange bis rotbraun; eiförmige frischgrüne Blätter, goldgelbe Herbstfärbung; männliche Kätzchen gelbgrün.
Blütezeit: April
Verwendung: Einzeln als Blickpunkt auf einer Rasenfläche, zur Auflockerung von Gehölzgruppen.
Standort: Etwas geschützt; jeder normale, nicht zu trockene Gartenboden.
Pflanzen/Vermehren: Pflanzung am günstigsten im späten Frühjahr (April); Vermehrung durch Aussaat möglich.
Pflege: Bei Trockenheit durchdringend gießen, im Frühjahr düngen oder Kompost verabreichen.

Strauchbirke
BETULA HUMILIS

Mit eindrucksvoller Rindenfärbung kann dieser Strauch nicht aufwarten, er stellt jedoch eine recht ansehnliche Birke für den kleinen Garten dar. Seine seltenen Bestände in freier Natur, u. a. in Norddeutschland und im Alpenvorland, sind ebenso geschützt wie die der Zwergbirke (vgl. Hinweis).
Merkmale: Etwas sparrig verzweigter Kleinstrauch, 0,5 – 1,5 m hoch; frischgrüne, elliptische Blätter, gelbe Herbstfärbung; unauffällige Blütenkätzchen.
Blütezeit: April – Mai
Verwendung: Einzeln und in kleinen Gruppen, besonders passend in Heide- und Moorbeeten.
Standort: Vorzugsweise feuchter, saurer, nährstoffarmer Boden, gedeiht aber auch auf normalen, nicht zu trockenen Gartenböden; sehr frosthart.
Pflanzen/Vermehren: Wie Kupferbirke.
Pflege: Stets feucht halten, bei Trockenheit gründlich gießen; nur störende und abgestorbene Zweige ausschneiden.
Hinweis: Die Zwergbirke (*B. nana*) hat dieselben Standort- und Pflegeansprüche. Der ausgebreitet bis niederliegend wachsende Zwergstrauch wird nur etwa 0,6 m hoch und passt in Heide-, Moor- und Steingärten. Er hat kleine, rundliche, dunkel- bis graugrüne Blätter, die sich im Herbst gelborange verfärben.

Strauchbirke (Betula humilis)

Weißbirke (Betula pendula)

Weißbirke
BETULA PENDULA

Der beliebte, bei uns heimische Baum trägt viele Namen und ist auch als Sand- oder Warzenbirke bekannt, botanisch unter den Synonymen *B. verrucosa* oder *B. alba*. Ältere Exemplare der rasch wachsenden Art bereiten vielen Gartenbesitzern Kopfzerbrechen, nicht nur wegen ihrer Ausmaße: Das kräftige, flach streichende Wurzelwerk hebt Platten und Wegbeläge an und beeinträchtigt den Pflanzenwuchs in der Umgebung. Dies sollte vor der Wahl einer Weißbirke berücksichtigt werden.
Merkmale: Großer lockerkroniger Baum, im Alter mit überhängenden Zweigen, 15 – 30 m hoch, Sorten 5 – 15 m; Rinde weiß mit schwarzborkigen Rissen; dreieckige bis rautenförmige Blätter, goldgelbe Herbstfärbung; männliche Kätzchen gelbgrün.
Blütezeit: April – Mai
Verwendung: Vorzugsweise in niedrigeren Sorten (vgl. Hinweis) einzeln als besonderer Blickpunkt; Unterpflanzung beispielsweise mit Mahonien und einigen Storchschnabelarten möglich.

Standort: Nährstoffreicher, kalkarmer, trockener bis frischer, auch steiniger oder sandiger Boden.
Pflanzen/Vermehren: Wie Kupferbirke.
Pflege: Gelegentlich mit Kompost düngen, Mulchen ist günstig.
Hinweis: Niedrig bleibende Sorten sind z. B. 'Youngii' (Trauerbirke mit herabhängenden Zweigen), nur 5 – 7 m hoch sowie 'Purpurea' (Purpurbirke mit purpurfarbenen Blättern) und 'Fastigiata' (schmalwüchsige Säulenbirke), beide 8 – 15 m hoch.

Birne
PYRUS COMMUNIS

Die Birne zählt wie der Apfel zum → *Kernobst* und zur Familie der Rosengewächse. Zu ihren wilden Vorfahren gehören die europäische Holzbirne (*P. pyraster*) und die eurasische Schneebirne (*P. nivalis*), wobei die Urform der Kulturbirne wahrscheinlich in Asien entstand. In Mitteleuropa wird sie seit dem 16. Jahrhundert kultiviert. In Frankreich und Belgien betrieb man schon früh intensive Züchtungsarbeit. Darauf weisen die französischen Namen einiger heute noch angebauten Sorten hin.

Im Vergleich zum Apfel stellt die Birne deutlich höhere Ansprüche an Standort, Klima und Boden. Das Holz ist frostempfindlicher und die oft etwas frühere Blütezeit bedingt größere Spätfrostgefährdung, zudem schmecken vor allem Spätsorten nach sommerlicher Kühle oft fad. Häufig werden deshalb Birnen als Spalierobst an einer Südwand gezogen, deren Wärmeabstrahlung im Frühjahr Frostschäden vermeiden kann und ab Sommer die Reife beschleunigt. Für frei stehende Birnen stehen verschiedene → *Obstbaumformen* zur Verfügung, unter denen sich für kleinere Gärten Buschbaum oder Spindel am besten eignen.

Kleine Baumformen sind auf Quittenunterlagen veredelt, stärker wachsende auf Birnensämlinge. Quittenunterlagen wirken sich günstig auf die Fruchtqualität aus, benötigen allerdings gute, kalkarme Böden und sind frostempfindlicher als die Birnenunterlagen. In neuerer Zeit ist es gelungen, schwachwüchsige und zugleich robuste Unterlagentypen zu züchten, die möglicherweise die bisherigen ablösen werden.

Frostgefährdung ist auch eine Frage der Sortenwahl, für rauere Lagen sollte man robuste Sorten mit nicht allzu früher Blütezeit bevorzugen. Im milderen, aber luftfeuchten Klima ist geringe Schorfanfälligkeit ein wichtiges Auswahlkriterium. Je nach Reifezeit kann man zwischen Sommer-, Herbst- und Winterbirnen wählen.

Birnen sind selbstunfruchtbar und brauchen jeweils eine andere Sorte als Pollenspender. Stehen in der Umgebung keine anderen Birnbäume, muss man zwei Sorten pflanzen (beim Kauf nach geeigneter Bestäubersorte erkundigen). Bei einigen Sorten wie 'Williams Christ' oder 'Conference' entwickeln sich zuweilen auch ohne vorangegangene Bestäubung Früchte mit sortenuntypischer Form (→ *Jungfernfrüchtigkeit*), meist nach Blütenschäden durch Spätfröste.

'Conference'

Merkmale: Baum mit sehr unterschiedlichen Wuchsformen, je nach Unterlage, Sorte und Erziehung, 2 – 25 m hoch; rundliche bis eiförmige Blätter; weiße Blüten mit meist roten Staubbeuteln in Doldentrauben; Früchte je nach Sorte.
Blütezeit: April – Mai
Standort: Warm, geschützt; warmer, humus- und nährstoffreicher, tiefgründiger, sandig-lehmiger, leicht saurer Boden ohne Staunässe; Bodenansprüche bei Birnenunterlagen etwas geringer.
Pflanzen/Vermehren: Pflanzung im Herbst oder Frühjahr, bei Quittenunterlage unbedingt mit Stützpfahl, Pflanzabstand bei schwach wachsenden, kleinen Baumformen 2 – 2,5 m, bei stark wachsenden (z. B. Nieder- oder Halbstamm) 6 – 8 m.

'Gute Luise'

'Clapps Liebling'

Pflege: Im Frühjahr düngen oder mit reifem Kompost versorgen; bei anhaltender Trockenheit kräftig wässern, speziell während der Fruchtbildung; Baumscheibe von Unkraut frei halten und mulchen; in den ersten Standjahren dicke Mulchschicht bzw. Laubabdeckung als Winterschutz empfehlenswert; Mulchschicht vor Blühbeginn entfernen und erst nach Ende der Spätfrostgefahr erneuern; starken Fruchtbehang nach Ende des natürlichen Junifruchtfalls ausdünnen.

Regelmäßiger → *Obstbaumschnitt* ist wichtig, anfangs zur Erziehung der Krone (meist mit Mittelast und 3 bis 5 Leitästen); später Krone licht halten und altes Fruchtholz einkürzen bzw. entfernen; Längenwachstum durch Rückschnitt des Mittelasts bis zu einem tiefer gelegenen Konkurrenztrieb bremsen; Langtriebe am Seitenholz, bei Spindelbüschen alle Seitentriebe im Sommer waagrecht binden.

Ernte: Je nach Sorte Juli – Oktober. Frühe Sorten entfalten schon nach wenigen Tagen Lagerzeit ihr volles Aroma, Herbstsorten erreichen nach 2 bis 4 Wochen die Genussreife, Winterbirnen erst nach längerer Lagerung (bei 1 – 2° C und hoher Luftfeuchte teils bis März lagerfähig).

Birnenkrankheiten

Außer den hier beschriebenen speziellen Birnenkrankheiten können Krankheiten auftreten, die auch an anderen Obstarten vorkommen; vor allem → *Bleiglanzkrankheit*, → *Feuerbrand*, → *Kragenfäule*, → *Monilia* und → *Obstbaumkrebs*.

Birnengitterrost

Durch den Pilz *Gymnosporangium sabinae* verursacht. Dieser benötigt als Zwischenwirt den Sadebaum oder andere Wacholderarten, in deren Trieben er überwintert. Im Frühjahr können die Sporen durch Wind und Regen über etwa 150 m Entfernung auf die jungen Birnenblätter gelangen. Größerer Schaden entsteht nur bei starkem Blattverlust.

Schadbild: Ab Mai orangerote Flecken auf den Blattoberseiten, später dunkler und größer werden; im Sommer gelbbraune knollige Höcker (Sporenlager) an den Blattunterseiten mit gitterartigen Öffnungen; befallene Wacholdertriebe ab Herbst mit spindelartigen Verdickungen.

Abhilfe: Vorbeugend auf Pflanzung von Wacholderarten verzichten; befallene Birnenblätter und Wacholdertriebe frühzeitig entfernen.

Birnenschorf

Durch den Pilz *Venturia pirina* verursacht, der mit dem Erreger des Apfelschorfs eng verwandt ist (siehe → *Apfelkrankheiten*). Bei der Birne werden neben Früchten und Blättern

Birnen im Überblick (Auswahl)

Name	Frucht	Ernte	Anmerkung
'Alexander Lucas'	groß bis sehr groß, leuchtend grüngelb, saftig, süß-säuerlich	ab Ende September	Wintertafelsorte mit langer Lagerfähigkeit; recht robust, aber spätfrostgefährdet
'Clapps Liebling'	groß, gelb mit roten Backen, saftig mit leichter Würze	ab Mitte August	recht anspruchslos, auch für kühlere Lagen geeignet; schorfanfällig; vor der Vollreife (noch hart) ernten
'Conference'	grünlich gelb, berostet, sehr süßer und würziger Geschmack, saftig	ab Ende September	anspruchslos und robust, auch für rauere Lagen geeignet; Fruchtausdünnung empfehlenswert
'Frühe von Trevoux'	leuchtend gelb bei Reife, auf der Sonnenseite gerötet, fruchtig, aromatisch	ab Mitte August	gute Frühsorte; auch für rauere Lagen geeignet
'Gute Luise'	gelbgrün, rotbackig, saftig, süß mit angenehmer Säure, edles Aroma	ab September	bewährte Sorte für den Hausgarten; allerdings schorfanfällig und starke Alternanzneigung
'Vereinsdechantbirne'	groß, braunrot, ungewöhnlich saftig, hocharomatisch	ab Anfang Oktober	sehr gute Tafelbirne; jedoch hohe Ansprüche an Boden und Klima; mäßiger Ertrag
'Williams Christbirne'	goldgelb, saftig-süß, aromatisch	ab Mitte August	beliebte, ertragreiche Herbstbirne für warme, geschützte Lagen; sehr feuerbrandanfällig

Birnengitterrost

auch die Triebe stark befallen. Der durch feuchte Witterung geförderte Pilz überwintert an Zweigen und an den abgefallenen Blättern.
Schadbild: Ab Frühjahr dunkle, größer werdende Flecken auf den Blättern, vorzeitiger Blattfall; tiefe Risse in der Rinde junger Triebe, teils absterbende Zweigspitzen; auf den Früchten schwärzliche, „schorfige" Flecken, die aufreißen und verkorken, Früchte oft deformiert.
Abhilfe: Vorbeugend gering anfällige Sorten wählen; Falllaub im Herbst entfernen; durch Mulchen und Kompost Bodenleben fördern, das die Blätter schnell beseitigt; Krone durch Schnitt luftig halten; bei starkem und häufigem Befall regelmäßige Spritzungen vor und nach der Blüte, nur mit bienenungefährlichen Mitteln, z. B. Netzschwefel, am besten nach jedem Regen.

Viruskrankheiten und Birnenverfall

Solche Krankheiten treten in Privatgärten bislang recht selten auf. Viruskrankheiten können ringförmige Blattflecken oder deformierte, harte, ungenießbare Früchte mit vielen Steinzellen verursachen. Der Birnenverfall (Birnbaumsterben) wird von → *Phytoplasmen* hervorgerufen, äußert sich durch Kümmerwuchs und Rotfärbung der Blätter und kann das plötzliche Absterben junger Bäume bewirken. Diese Krankheiten lassen sich nicht direkt bekämpfen. Der Vorbeugung dienen gesundes Pflanzmaterial und sauberes Schnittwerkzeug; in Befallsgebieten sollte man die wichtigsten Überträger, vor allem Birnenblattsauger (→ *Birnenschädlinge*) und → *Blattläuse,* regelmäßig bekämpfen. Erkrankte Bäume müssen gerodet werden; bei Befallsanzeichen sollte man das zuständige Pflanzenschutzamt informieren.

Birnenquitte

→ *Quitte* mit birnenförmigen Früchten

Birnenschädlinge

Ebenso wie bei den Krankheiten gibt es auf Birnen spezialisierte Schädlinge. Neben den nachfolgend beschriebenen Schadinsekten können an der Birne u. a. *Blattläuse,* → *Blutläuse,* → *Frostspanner,* → *Gallmilben,* → *Gallmücken* und → *Schildläuse* auftreten.

Birnenblattsauger

Die blattlausähnlichen, sehr beweglichen, 3 – 4 mm großen Insekten und vor allem ihre Larven schaden durch ihre Saugtätigkeit, bei der sie auch → *Viren* oder → *Phytoplasmen* übertragen können. Pro Jahr treten etwa 1 bis 3 Generationen auf; die erwachsenen Weibchen überwintern am Baum und legen im Frühjahr mehrere hundert Eier ab.
Schadbild: Eingerollte, gekräuselte Blätter, verkümmerte Triebspitzen, sowie missgebildete Früchte; durch Honigtauausscheidung klebrige Pflanzenteile, oft mit Schwärzepilzbesatz.
Abhilfe: Vorbeugend Nützlinge wie Raubmilben fördern; befallene Triebe abschneiden; bei häufigem Auftreten vor dem Austrieb ölhaltige Austriebsmittel spritzen, falls nötig, nach der Blüte spezielle Insektizide.

Birnenknospenstecher

Im Oktober legt das etwa 5 mm große Weibchen dieses Rüsselkäfers je ein Ei in die Birnenknospe. Im Frühjahr schlüpft die Larve, frisst die Knospe aus und verpuppt sich dann in ihr. Der schlüpfende Käfer ernährt sich von den Triebspitzen und Blattstielen der Birne, im Herbst von den neu angelegten Knospen.
Schadbild: Blütenknospen öffnen sich nicht, vertrocknen und sehen wie verbrannt aus; Knospeninneres ausgehöhlt, manchmal mit heller Larve oder Puppe.
Abhilfe: Käferbesatz durch Abklopfen ermitteln; bei starkem Fall im Mai/Juni und im Herbst mit zugelassenem Insektizid bekämpfen.

Birnensägewespe

Während der Blütezeit legt diese 4 – 5 mm große Blattwespe ihre Eier in den Blütenboden. Die schlüpfenden Larven fressen sich im Innern oder in einem Minengang nahe der Oberfläche durch die jungen Früchte. Verpuppung und Überwinterung erfolgen im Boden.
Schadbild: Minengang dicht unter der Oberfläche junger Früchte, die nicht reifen und bei starker Schädigung abfallen.
Abhilfe: Befallene Früchte frühzeitig entfernen, am Baum wie auf dem Boden; während der Blüte weiße Leimtafeln aufhängen. Bei starkem Befall mit möglichst selektiv wirkendem Mittel direkt nach der Blüte bekämpfen.

Bitterfäule

→ *Fruchtfäule,* die durch einen Pilz verursacht wird und dem Fruchtfleisch einen unangenehm bitteren Geschmack verleiht.
→ *Apfelkrankheiten, Lagerkrankheiten*

Bitterklee

Andere Bezeichnung für → *Fieberklee*

Bittersalz
Leicht löslicher, schnell wirkender → *Magnesiumdünger,* der gut zur Blattdüngung geeignet ist.

Bitterstoffe
Bitter schmeckende Pflanzeninhaltsstoffe mit unterschiedlichem chemischen Aufbau, die z. B. in Enzian, Wermut sowie in verschiedenen Kräutern aus der Familie der Lippenblütengewächse vorkommen. Auch Korbblütler können Bitterstoffe enthalten, so etwa Endivie und Chicorée. Bitterstoffe finden wegen ihrer appetitanregenden und verdauungsfördernden Wirkung u. a. in Magenbitterlikören und pflanzlichen Arzneimitteln Verwendung. Bei Gurken macht erhöhte Bitterstoffbildung, z. B. aufgrund ungleichmäßiger Bodenfeuchtigkeit, die Früchte ungenießbar.

Bitterwurz
LEWISIA COTYLEDON

Nordamerika ist die Heimat dieses hübschen Portulakgewächses. Da es sehr nässeempfindlich ist, gedeiht es nur auf trockenen Standorten, an denen das Wasser gut ablaufen kann. Für die Blütenbildung braucht die Bitterwurz zudem winterliche Trockenheit, aber reichlich Feuchte im Frühjahr. Neben der reinen Art werden häufig auch Hybriden angeboten.
Merkmale: Staude mit immergrüner, fleischiger Blattrosette, 20 – 30 cm hoch; sternförmige, weiße Blüten mit rosa Mittelstreifen, Hybriden auch mit gelben, rosa und roten Blüten.
Blütezeit: Mai – Juni, teils Nachblüte im Herbst.
Verwendung: Im Steingarten, auf Mauerkronen, in größere Mauerfugen; Hybriden auch in Pflanzgefäßen.
Standort: Absonnig bis halbschattig; kalkfreier, sehr gut durchlässiger Boden, am besten auf geneigter Fläche mit gutem Wasserabfluss.
Pflanzen/Vermehren: Pflanzung im April oder nach der Blüte; Vermehrung durch Aussaat im zeitigen Frühjahr oder durch Stecklinge im Sommer möglich.
Pflege: Wurzelhals mit Granitsplitt, Sand oder Schotter umgeben; im Winter vor Nässe und Kälte schützen, im Frühjahr reichlich gießen und vorsichtig mit schwach konzentriertem Flüssigdünger düngen.

Blähton
Durch Brennen bei hohen Temperaturen aufgeblähte bzw. aufgeschäumte Tonkugeln mit zahlreichen Luftporen, die an der Oberfläche Nährstofflösungen anlagern können. Blähton ist hauptsächlich als Substrat für Hydrokulturpflanzen bekannt, kann aber auch als Dränage bei Topfbepflanzung sowie als verbessernder Zusatz für Pflanzerden und Böden verwendet werden.

Blasenfuß
Andere Bezeichnung für → *Thrips,* der durch Saugen Pflanzen schädigt.

Blasenlaus
Blasenläuse sind eine Gruppe von Blattläusen, die Pflanzensäfte saugen und dadurch bzw. durch ihre Speichelausscheidung häufig blasenartige Gallen oder Wucherungen an Blättern und Trieben hervorrufen. Am häufigsten kommen sie an Gehölzen vor. Der wichtigste Schädling aus dieser Gruppe ist die → *Blutlaus.*

Die nah verwandten Röhrenläuse können ähnliche Schäden hervorrufen. Hierunter hat die Johannisbeerblasenlaus (→ *Johannisbeerschädlinge*) die größte Bedeutung.

Blatt
Obwohl man beim Begriff Blatt zuerst an die Laubblätter denkt, werden botanisch alle flächig gestalteten Anhangsorgane an der Sprossachse der → *Samenpflanzen* als Blätter bezeichnet. Dazu zählt auch das Blütenblatt (→ *Blüte*), das die Blüte schützende → *Hochblatt* sowie das oft schuppenförmige, farblose → *Niederblatt,* z. B. an unterirdischen Erdsprossen; außerdem die schützenden Hüllblätter der Knospen (Knospenschuppen) oder der Zwiebeln. Dem Laubblatt geht als erstes Entwicklungsstadium das einfach gebaute → *Keimblatt* voran. Die folgenden Ausführungen beziehen sich auf das Laubblatt als Blatt im engeren Sinne.

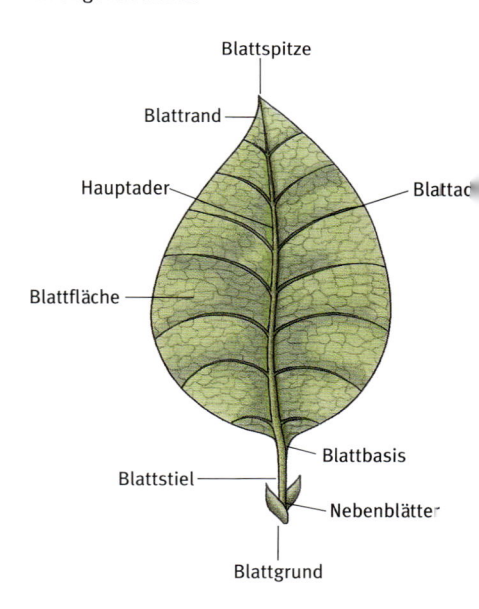

Bitterwurz (Lewisia cotyledon)

Der äußere Blattaufbau

BLATT

Das Blatt ist das entscheidende Organ für die → *Photosynthese* zum Aufbau energiereicher Kohlenhydratverbindungen (auch → *Assimilate*). Darüber hinaus versorgen die Blätter durch → *Atmung* die Pflanze mit Sauerstoff und regeln über die → *Transpiration* den Wasserhaushalt.

Äußerer Blattaufbau

Ein Laubblatt besteht aus der meist dünnen Blattfläche (Blattspreite), die von Blattadern (auch Blattnerven oder Blattrippen) durchzogen wird. Sie dienen der Wasser-, Nährstoff- und Assimilatleitung sowie zur Festigung. Im Blattstiel setzen sich die Leitungsbahnen der Blattadern fort. Der Blattgrund (Blattbasis) kann jedoch auch ungestielt direkt an der Sprossachse sitzen. Bei einigen Pflanzen ist er zum Schutz der Blattknospe und des Stiels verbreitert und abgeplattet (→ *Blattscheide*). Den jungen Trieb schützen auch die Nebenblätter, die teils nach der Laubentfaltung abfallen. Sie werden manchmal auch als „Öhrchen" bezeichnet. Bei einigen Arten sind sie zu Dornen umgebildet.

Von diesem grundsätzlichen Blattaufbau gibt es in der Natur zahlreiche Abwandlungen, z. B. die nadel- oder schuppenförmigen Blätter der Nadelgehölze und Heidekrautgewächse oder zu Blattranken umgebildete Blätter. Neben den verschiedenen einfachen → *Blattformen* kommen häufig auch zusammengesetzte Blätter vor, oft in Form gefiederter Blattspreiten. Ein Blatt setzt sich dann aus mehreren Teilblättern zusammen, z. B. das Rosenblatt. Übergangsformen vom einfachen zum zusammengesetzten Blatt sind verschieden starke Einschnitte, etwa bei gelappten Blättern. Die Ausgestaltung des Blattrands ist in der Botanik ein wichtiges Bestimmungsmerkmal, ebenso die → *Blattstellung*.

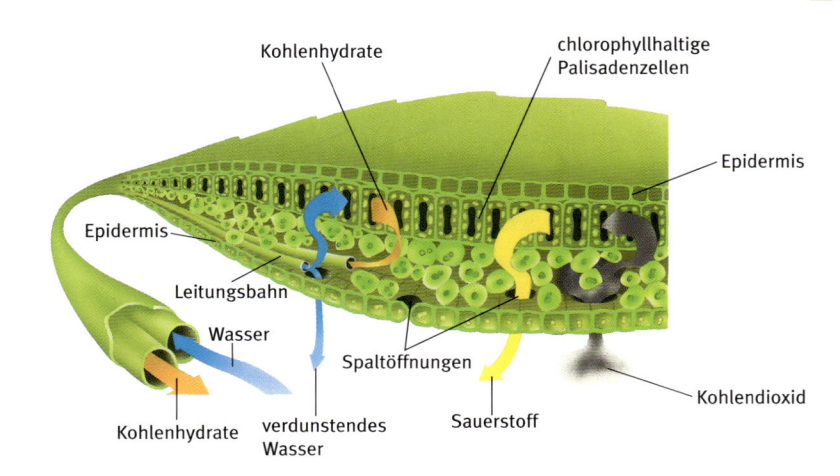

Der innere Blattaufbau

Innerer Blattaufbau

Das Blatt besteht im Querschnitt aus verschiedenen Schichten. Es wird allseits vom meist einzelligen → *Abschlussgewebe* (Epidermis) umgeben. Dieses ist an der Unterseite mit Spaltöffnungen (Blattporen) für den Gasaustausch durchsetzt. Unter dem oberen Abschlussgewebe liegt das Palisadengewebe, in dessen lang gestreckten Zellen sich die meisten Chloroplasten befinden, die für die Photosynthese unentbehrlichen grünen Chlorophyllkörner. Unter dem Palisadengewebe befindet sich das → *Atmungsgewebe* bzw. Schwammgewebe, das aus unregelmäßig geformten Zellen und vielen Zellzwischenräumen besteht. Durch das Blatt verlaufen die von außen teils deutlich als Blattadern sichtbaren Leitbündel als „Transportröhren" für Nährstoffe und Assimilate.

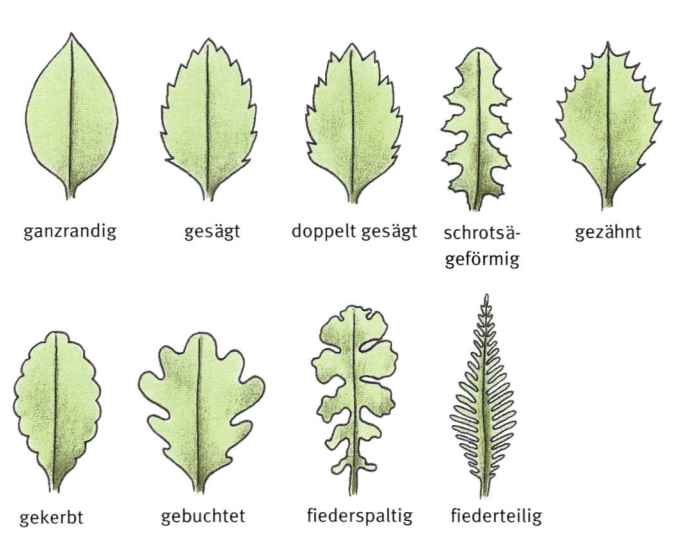

ganzrandig gesägt doppelt gesägt schrotsägeförmig gezähnt

gekerbt gebuchtet fiederspaltig fiederteilig

Blattränder

Blattachsel

Verzweigungs- bzw. Übergangsstelle zwischen Blatt und Stängel. An dieser geschützten Stelle werden häufig die Seitenknospen angelegt.

Blattader

Leitungsbahn in der Blattspreite eines Laubblatts, auch Blattnerv oder Blattrippe genannt.
→ *Blatt*

Blattälchen

Winzige, fadenförmige Würmer, die durch ihre Saugtätigkeit Blätter schädigen.
→ *Nematoden*

Blattbatavia

Pflücksalat mit stark gekrausten Blättern ('Lollo'-Sorten)
→ *Salat*

Blattbrand

Bezeichnung für verschiedene pilzliche → *Blattfleckenkrankheiten,* die braune bis schwärzliche Flecken hervorrufen, z. B. an Schwertlilien oder Möhren.

Blattdüngung

Spezielle Form der Flüssigdüngung, bei der die Nährstoffe auf die Blätter gespritzt bzw. gesprüht werden. Sie ist sehr schnell wirksam, da die Nährstoffe sofort von den Blättern über feinste Mikroporen aufgenommen werden. Eine Blattdüngung setzt man hauptsächlich bei Mangel bestimmter → *Spurennährelemente* ein, etwa bei akutem Eisen- oder Bormangel. Man sollte ausschließlich für solche Zwecke vorgesehene Düngemittel verwenden, und dies genau nach Herstellerangaben. Andernfalls können Verätzungen der Blätter auftreten. Eine Blattdüngung ist außerdem auch mit einigen → *Algenpräparaten* möglich.
Auch → *Düngen*

Blattfallkrankheit

Durch einen Pilz hervorgerufene Krankheit an Johannis- und Stachelbeeren
→ *Johannisbeerkrankheiten*

Blattfleckenkrankheiten

Blattflecken unterschiedlichster Größe, Form und Farbe können an allen Gartenpflanzen auftreten. Verursacher sind häufig Schadpilze, aber auch → *Bakterienkrankheiten* oder → *Viruskrankheiten* führen teils zu Blattflecken, bei Viren oft mosaikartig ausgebildet. Beim Versuch, die Schadursache einzugrenzen, sollte man zunächst prüfen, ob die Flecken eventuell nichtparasitären Ursprungs sind: Verbrennungen (z. B. nach Gießen in praller Sonne) oder Frost können ebenso gelbliche oder dunkle Blattflecken hervorrufen wie unsachgemäßer Gebrauch von Düngern und Pflanzenschutzmitteln oder Nährstoffmangel.

Blattfleckenpilze rufen gelbliche, graue, braune, schwarze oder rötliche Flecken hervor, oft mit dunklem Rand. Häufig sind sie anfangs zerstreut und breiten sich mit der Zeit aus, einhergehend mit der Bildung von Pilzrasen bzw. blattunterseits angelegten Sporenlagern. Es handelt sich oft um Schwächeparasiten, weshalb man ihnen am besten durch gesundes Saat- und Pflanzgut, geeignete Standortwahl sowie gute Pflege vorbeugt. Befallene Blätter frühzeitig entfernen. Teils lassen sich die Erreger mit → *Fungiziden* bekämpfen.

Spezielle, häufig auftretende Blattfleckenkrankheiten sind bei den jeweiligen Pflanzen beschrieben.

Blattfloh

Bei den Blattflöhen handelt es sich um eine Pflanzensaft saugende Insektenfamilie, deren als Schädlinge auftretende Arten unter dem Namen → *Blattsauger* geläufiger sind.

Blattformen

Die Form des → *Blatts* ist oft artspezifisch und zum einen Bestimmungsmerkmal, zum andern strukturbildendes Gestaltungselement. Man unterscheidet in einfache, geteilte (z. B. fiederteilige) und zusammengesetzte Blattformen, die aus mehreren Teil- oder Fiederblättchen bestehen.

nadelförmig lineal lanzettlich spatelförmi

eiförmig elliptisch kreisrund schildför

rautenförmig nierenförmig herzförmig pfeilfö

spießförmig drei- oder fünflappig fünfzählig gefingert

einfach gefiedert doppelt (zweifach) gefiedert unpaarig gefie mit Ranke

Blattgemüse

Gemüse, von dem vor allem die Blätter gegessen werden, also → *Spinat*, → *Salat*, → *Chicorée* oder Kopfkohl (→ *Kohl*)

Blattgrün

Grünes Blattpigment
→ *Chlorophyll*

Blattgrund

Blattbasis, unterer Teil des → *Blatts*

Blattkäfer

Käferfamilie, die mit über 600 Arten in Mitteleuropa vertreten ist. Viele Arten unter ihnen schädigen verschiedene Kulturpflanzen, da sowohl die Larven als auch die ausgewachsenen Käfer reine Pflanzenfresser sind. Die 3–12 mm großen, meist gedrungenen Käfer haben häufig metallisch glänzende Flügeldecken. Zu ihnen gehören auch der → *Erdfloh* sowie mehrere spezialisierte Arten wie → *Lilienhähnchen* und → *Kartoffelkäfer*. Diverse Blattkäfer bzw. ihre meist buckligen, dunklen Larven fressen an Ziergehölzen, vor allem an Schneeball, Weide und Erle.
Schadbild: Fraßstellen an den Blättern vom Rand oder der Unterseite her, als Lochfraß oder als Fensterfraß; teils bleiben nur die Blattadern, manchmal mit dünnhäutigen Blattresten dazwischen, stehen.
Abhilfe: Vorbeugend natürliche Feinde wie Laufkäfer, Kröten, Grasfrösche, Zauneidechsen, Igel und Vögel fördern; Käfer absammeln, befallene Teile abschneiden und samt Larven vernichten; bei starkem Befall spezielle Mittel gegen beißende Insekten einsetzen.

Blattknospe

→ *Knospe*, aus der sich Blätter entwickeln, die im Gegensatz zu den rundlichen Blütenknospen länglich geformt ist.

Blattknoten

Fachsprachlich Nodium; meist verdickte Ansatzstelle der Blätter an der Sprossachse

Blattlaus

Blattläuse können nahezu alle Pflanzen befallen und durch Saugen des Pflanzensafts schädigen. Die etwa 2–6 mm großen Schadinsekten kommen in etlichen verschiedenen Arten vor und sind grün, dunkelbraun, gelblich, rötlich oder schwarz gefärbt. Meist treten sie in Kolonien auf. Manche Arten haben sich auf bestimmte Pflanzen spezialisiert, andere schädigen zahlreiche Wirtspflanzen.

Die ärgsten Schädlinge dieser Gruppe sind Grüne Pfirsichblattlaus und Schwarze Bohnenlaus. Die Pfirsichblattlaus überwintert zwar hauptsächlich an Pfirsichbäumen, deren Austrieb sie im Frühjahr schädigt, kann aber über 400 weitere Pflanzenarten befallen, krautige wie Gehölze. Die Schwarze Bohnenlaus legt ihre Eier vorm Winter an der Rinde verschiedener Sträucher ab und befällt als wirtswechselnde Art im Lauf des Jahres ebenfalls viele verschiedene Pflanzen. Blattläuse bilden jährlich um zehn Generationen mit teils ungeflügelten, teils geflügelten Tieren. Bis zum Herbst sind es ausschließlich Weibchen, die sich ohne Befruchtung vermehren können. Bei trocken-warmer Witterung kommt es schnell zur Massenvermehrung.

Da Blattläuse einen hohen Eiweißbedarf haben, saugen sie große Mengen Pflanzensaft und sondern dabei schädlichen Speichel ab. Den Zuckerüberschuss geben sie als süßen Honigtau ab, der von Bienen und Ameisen gern aufgenommen wird. Die sich auf dem Honigtau ansiedelnden Rußtaupilze mindern durch den schwarzen Belag die Assimilation der Blätter, so dass die Pflanzen zusätzlich geschädigt werden. Außerdem können Blattläuse beim Saugen etliche → *Viruskrankheiten* übertragen, wodurch sie erst wirklich gefährlich werden. Die Saugtätigkeit selbst führt meist nur bei jungen Pflanzen zu starker Beeinträchtigung.
Schadbild: Stark eingerollte, gekräuselte, teils blasig aufgetriebene Blätter; klebrige Pflanzenteile, häufig mit schwarzem Pilzbelag; Blattläuse meist dicht gedrängt an Blattunterseiten oder jungen Trieben sichtbar; kümmernde, deformierte Triebe und Blütenstände.
Abhilfe: Zur Vorbeugung übermäßige Stickstoffdüngung vermeiden, die zu weichem, anfälligem Gewebe führt; in Trockenzeiten ausreichend wässern; → *Anlockpflanzen* wie Kapuzinerkresse einsetzen; natürliche → *Blattlausfeinde* schonen und fördern; im Gewächshaus biologische Bekämpfung durch Ausbringen von Florfliegen oder Gallmilben möglich. Stark befallene Pflanzenteile entfernen oder Blattläuse an robusten Pflanzen des Öfteren mit kräftigem Wasserstrahl abspritzen; häufig wiederholte Spritzungen mit Seifenlösung, Rainfarntee oder Brennnesselauszug; nur nützlingsschonende Insektizide verwenden.

Der Marienkäfer gehört zu den natürlichen Blattlausfeinden.

Blattlausfeinde

Ihrem verbreiteten und häufigen Vorkommen entsprechend, haben Blattläuse in der Natur zahlreiche Gegenspieler bzw. Fressfeinde. Die populärsten sind wohl die → *Marienkäfer*, von denen manche bis zu 150 Blattläuse am Tag vertilgen. Fleißige Blattlausvertilger sind außerdem die Larven der → *Florfliege*, auch Blattlauslöwen genannt, sowie Larven räuberischer → *Gallmücken* und → *Schwebfliegen*, außerdem → *Ohrwürmer* und → *Vögel*. Dazu kommen noch weitere Insekten sowie Spinnen, die gelegentlich Blattläuse auf dem Speiseplan haben. Außerdem haben sich einige → *Schlupfwespen* auf Blattläuse spezialisiert: Sie legen ihre Eier in die Blattlaus, die daraus schlüpfenden Larven fressen ihren Wirt von innen her auf.

All diese Tiere gehören zu den so genannten → *Nützlingen*. Man kann sie fördern, indem man ihnen Unterschlupf-, Nist- und Überwinterungsmöglichkeiten bietet, z. B. durch Stein- und Laubhaufen oder spezielle Insektennisthilfen aus dem Fachhandel. Sehr wichtig ist außerdem der Verzicht auf breit wirksame → *Insektizide*, egal ob auf chemischer oder pflanzlicher Basis. Unter solchen Voraussetzungen können die Nützlinge Blattlausplagen im Zaum halten. Allerdings greift dies meist erst einige Wochen nach dem ersten Auftreten der Blattläuse im Frühjahr bzw. bei den Sommergenerationen.

Blattmangold

Sorten des → *Mangolds*, von denen man – im Gegensatz zum Stielmangold – die Blätter nutzt und wie Spinat verwendet.

Blattnarbe

Stelle am Spross, an der zuvor ein Blatt saß. Recht deutliche, oft leicht erhabene Blattnarben zeigen viele Gehölze. Sie entstehen durch Bildung einer Trennschicht zwischen Blattstiel und Spross, die dem Blattfall vorausgeht.

Blattnematoden

Winzige, fadenförmige Würmer (Älchen), die durch ihre Saugtätigkeit Blätter schädigen.
→ *Nematoden*

Blattnerv

Andere Bezeichnung für Blattader
→ *Blatt*

Blattpflanzen

→ *Blattschmuckpflanzen*

Blattpore

Andere Bezeichnung für die Spaltöffnung
→ *Blatt*

Blattrand

Laubblätter können ganzrandig sein oder verschiedene Formen von Einschnitten zeigen, die von leichter Zähnung bis zu starker Fiederteiligkeit reichen. Die charakteristische Ausgestaltung des Blattrands ist in der Botanik ein wichtiges Bestimmungsmerkmal und trägt zur zierenden Wirkung vieler Pflanzen bei, etwa bei den Ahornarten und -sorten.

Blattranken

Dünne, lange Pflanzenorgane, die zum Umschlingen stützender Gegenstände dienen und durch Umwandlung von Blättern oder Blattteilen entstanden sind. Bei der Erbse und Wicke z. B. sind die oberen Teile der Fiederblätter als Ranken ausgebildet, während beim Kürbis das ganze Blatt eine aus der Mittelrippe bestehende Ranke bildet.

Blattrippe

Andere Bezeichnung für Blattader
→ *Blatt*

Auch Wicken bilden Blattranken aus.

Blattrollkrankheit

Als Blattrollkrankheit wird in erster Linie eine → *Viruskrankheit* bezeichnet, die an Kartoffeln nach Übertragung durch Blattläuse auftritt. Zunächst rollen sich die älteren Blätter tütenförmig ein, später auch die jüngeren. An der gesamten Pflanze kommt es zu Wuchsstörungen. Ähnliche Symptome verursacht ein Virus an der Weinrebe sowie an der Aprikose.

Ein Einrollen der Blattränder kann ansonsten sehr verschiedene Ursachen haben, z. B. Trockenheit, Kalimangel oder Befall durch verschiedene Schädlinge und Pilzkrankheiten.

Blattsalat

Andere Bezeichnung für Schnittsalat
→ *Salat*

Blattsauger

Diese zur Familie der Blattflöhe zählenden 1 – 4 mm großen Insekten können hervorragend springen, fliegen aber trotz gut entwickelter Flügel meist nur wenig. Im Aussehen ähneln sie → *Blattläusen* oder → *Zikaden*. Die Larven richten durch ihre Saugtätigkeit meist den größten Schaden an. Am wichtigsten sind die an Obstgehölzen auftretenden Arten, die dort Blattsauger genannt werden (→ *Apfelschädlinge*, → *Birnenschäd-*

linge). Auch an Ziergehölzen wie Buchsbaum oder Weißdorn können Blattflöhe mit nachfolgend beschriebenen Symptomen auftreten.
Schadbild: Verkrüppelte, deformierte, oft löffelförmig nach oben gebogene Blätter, meist an den Triebenden, die bei starkem Befall verkümmern.
Abhilfe: Vorbeugend Nützlinge fördern; befallene Blätter und Triebe entfernen; notfalls Mittel gegen saugende Insekten einsetzen.

Blattscheide
Eine Verbreiterung des Blattgrunds, die den Stängel umfasst und so den Blattstiel sowie die Achselknospe schützt. Die teils hautartig ausgebildeten Blattscheiden kommen vor allem bei Gräsern und Doldenblütengewächsen vor.

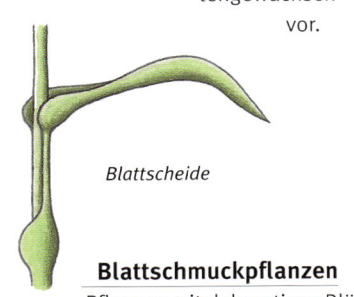

Blattscheide

Blattschmuckpflanzen
Pflanzen mit dekorativen Blättern stellen ein wichtiges, oft unterschätztes Stilmittel bei der Gartengestaltung dar. Sie bringen als Nachbarn oder hintergrundbildende Pflanzen die Blüten anderer Arten besonders gut zur Geltung, vermitteln zwischen verschiedenen Blütenfarben, bieten Ruhepunkte für das Augen oder setzen besondere Akzente. Blattschmuckpflanzen gibt es unter den Einjährigen wie bei den Stauden. Im Grunde gehören auch viele Ziergehölze dazu, da sie vorwiegend über ihr Blattwerk wirken und dieselbe gestalterische Funktion haben.

Eine Zierde stellen die Blätter schon aufgrund ihrer Form, Struktur und Farbe dar, etwa die mächtigen, kräftig grünen Blätter des Mammutblatts oder die frischgrünen Wedel von Farnen. Silbrig oder blaugrün gefärbte Blätter, z. B. von Greiskraut oder manchen Funkiensorten, verleihen Pflanzungen ein vornehmes Flair. Die Funkien, die zugleich auch hübsche Blüten hervorbringen, gehören mit ihren zahlreichen Sorten mit unterschiedlicher Blattfärbung zu den wichtigsten Blattschmuckstauden, ebenso die robusten Bergenien. Weiße oder gelbe Blattränder und Zeichnungen, ebenfalls bei den Funkien oder z. B. beim Efeu und Salbei zu finden, sorgen für besondere Zierwirkung. Die Blätter der einjährigen Buntnessel haben sogar kräftige Rottöne zu bieten. Auch unter den Stauden gibt es Sorten mit rötlicher Blattfärbung, z. B. beim Günsel.

Das Schaublatt (Rodgersia podophylla) beeindruckt durch seine großen, schmückenden Blätter.

Blattsellerie
→ *Sellerie*, bei dem im Gegensatz zum Stangen- oder Knollensellerie die Blätter verwendet werden.

Blattspreite
Der flächig ausgebildete Teil des → *Blatts*

Blattsteckling
→ *Steckling*, der aus einem Blattteil oder einem ganzen Blatt besteht, aus dem eine neue Pflanze heranwächst.

Blattstellung
Die Anordnung der Blätter an der Sprossachse. Hierbei kann man unterscheiden in:

1) Wechselständig: Die Blätter stehen einzeln am Knoten und sind dabei an der Sprossachse schraubig versetzt angeordnet.

2) Gegenständig: Zwei Blätter stehen sich an einem Knoten auf gleicher Höhe gegenüber.

3) Kreuzständig: Gegenständige Blattpaare stehen von Knoten zu Knoten jeweils um 90° versetzt, so dass sie also kreuzweise übereinander folgen.

4) Quirlständig oder wirtelig: Drei oder mehrere Blätter stehen an einem Blattknoten.

5) Grundständig: Die Blätter stehen an der Basis der Sprossachse und sind häufig rosettenartig angeordnet.

wechselständig kreuzgegenständig gegenständig quirlständig rosettenartig

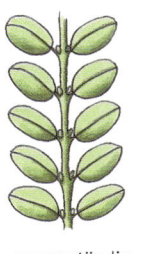

Blattstellungen

Blattstiel
Verbindung zwischen Blattgrund und Sprossachse, mit der Aufgabe, die Blattfläche günstig zum Licht einzustellen.
→ Blatt

Blattvergilbung
Unnatürliche Blattaufhellungen können durch Schadpilze, → Viruskrankheiten oder saugende Schädlinge verursacht sein. Nicht selten spielen aber auch unbelebte Faktoren eine Rolle, z. B. → Frostschäden, Wintertrockenheit, Lichtmangel oder Nässe im Wurzelbereich, bei der die Blätter fahl und weich werden. Auch bei → Nährstoffmangel treten Blattvergilbungen auf, die als Chlorosen bezeichnet werden, insbesondere bei Unterversorgung mit Eisen, Magnesium und Stickstoff.

Blattwanze
Die zoologisch zu den Weichwanzen zählenden Insekten sind breit gebaut und recht flach, 5 – 10 mm lang und von grüner oder brauner Farbe. Sie stechen Blätter, Knospen, Blüten und weiche Triebe an, um Pflanzensaft zu saugen. Besonders gefährdet sind Jungpflanzen. Befall und Schäden an älteren Pflanzen halten sich meist in Grenzen. Im Jugendstadium besogene Knospen zeigen allerdings später verkrüppelte Blätter, Blütenknospen öffnen sich nicht. Des Öfteren betroffen sind z. B. Engelstrompete, Dahlien, Rhododendren und Kartoffeln. Durch die Saugtätigkeit können Viren übertragen werden.
Schadbild: Unregelmäßig verteilte, verschieden große, rundliche Löcher auf Blättern, Stichränder oft gelb verfärbt; verkrüppelte Blätter, Triebspitzen und Blüten; geschlossen bleibende Blütenknospen.
Abhilfe: Gefährdete Pflanzen ab Frühjahr regelmäßig kontrollieren; morgens die in der Frühe noch trägen Tiere ablesen; mit kräftigem Wasserstrahl abspritzen; notfalls nützlingsschonende Insektizide einsetzen.

Blattwespe
Die nur wenige Millimeter großen, geflügelten Pflanzenwespen ernähren sich hauptsächlich von Nektar und Honigtau. Die schmetterlingsraupenähnlichen Larven (Afterraupen) einiger Arten können jedoch verheerende Fraßschäden anrichten. Im Unterschied zu echten Raupen haben sie einen senkrecht stehenden Kopf mit nach unten gerichteten Fresswerkzeugen und nur ein Punktauge auf jeder Kopfseite (bei Raupen je ca. fünf Punktaugen). Manche Arten haben sich auf bestimmte Gehölze spezialisiert und werden je nach Schädigungsart auch als Sägewespen oder Triebbohrer bezeichnet; → Apfelschädlinge, → Birnenschädlinge, → Rosenschädlinge, → Stachelbeerschädlinge. Andere schaden an verschiedenen Laub- und Nadelbäumen wie Ahorn, Birke, Lärche und Kiefer.
Schadbild: Bei Bäumen oft Kahlfraß der Blätter innerhalb weniger Tage; welkende Triebe, in denen Afterraupen fressen.
Abhilfe: An erreichbaren Baumpartien Larven absammeln; betroffene Pflanzenteile entfernen und vernichten; notfalls spezielle Insektizide einsetzen.

Blaubeere
Anderer Name für → Heidelbeere

Blaudolde
Robuste → Schnittblume mit hellblauen Blütendolden

Blauglockenbaum
PAULOWNIA TOMENTOSA
☼

Der aus Ostasien stammende Baum gehört zu den Braunwurzgewächsen. Er ist ein äußerst attraktiver Zier-

Blauglockenbaum (Paulownia tomentosa)

baum, allerdings besonders im Jugendstadium recht frostempfindlich und deshalb nur für wintermilde Regionen geeignet. Mit zunehmendem Alter sinkt die Gefahr von Frostschäden.
Merkmale: Baum mit breit gewölbter Krone, 10 – 15 m hoch; große, breit eiförmige Blätter; Blüten trichterförmig, blauviolett, innen mit gelben Streifen, in 20 – 30 cm langen Rispen, duftend; eiförmige klebrige Fruchtkapseln.
Blütezeit: April – Mai
Verwendung: Als prägender Baum in größeren Gärten.
Standort: Warme, frostsichere Lage; nährstoffreicher, durchlässiger Boden, gut kalkverträglich.
Pflanzen/Vermehren: Pflanzung im Frühjahr; Vermehrung über Wurzelschnittlinge möglich.
Pflege: In den ersten Standjahren Wurzelbereich über Winter durch Laub- und Nadelreisigauflage schützen, bei stärkeren Frösten auch oberirdische Teile mit luftdurchlässiger Umhüllung schützen; erfrorene Triebe im Frühjahr zurückschneiden; Jungbäume in sommerlichen Trockenperioden durchdringend gießen.

BLAUSTERN

Blaukissen (Aubrieta-Hybride)

Blauraute (Perovskia abrotanoides)

Blaukissen
AUBRIETA-HYBRIDEN

Diese überreich blühende Polsterstaude aus der Familie der Kreuzblütengewächse hat ihre Heimat in den Gebirgen des Mittelmeerraums und im Balkan. Sie gehört zu den beliebtesten Frühjahrsblühern und Steingartenpflanzen. Neben Sorten mit den namengebenden Blüten in Blau gibt es auch Züchtungen in Rosa- und Rottönen.
Merkmale: Polsterstaude, 5 – 15 cm hoch; kleine, spatelförmige, grau behaarte Blätter; Blüte blau, violett, rosa oder rot, sehr zahlreich.
Blütezeit: April – Mai
Verwendung: Im Steingarten, auf Mauerkronen, als Beeteinfassung, in Pflanztrögen.
Standort: Möglichst vollsonniger, warmer Platz; nährstoffreicher, durchlässiger, kalkhaltiger, mäßig trockener Boden.
Pflanzen/Vermehren: Pflanzung im Frühjahr mit 20 – 30 cm Abstand; Vermehrung durch Teilung nach der Blüte oder über Stecklinge im Frühjahr und Frühsommer; bei manchen Sorten auch Aussaat möglich.
Pflege: In Trockenperioden wässern; im Frühjahr organisch düngen oder Kompost; starker Rückschnitt nach der Blüte fördert ebenso die Blühwilligkeit wie ein Umpflanzen nach 4 bis 5 Jahren.

Blaukorn
Blau eingefärbter, mineralischer, gekörnter Mehrnährstoffdünger, wird auch als Flüssigdünger angeboten.
→ *Dünger*

Blaulauch
Zwiebelpflanze mit kugeligen, himmelblauen Blütenständen
→ *Zierlauch*

Blauraute
PEROVSKIA ABROTANOIDES

Das in Steppengebieten Asiens beheimatete Lippenblütengewächs ist ein attraktiver Spätblüher, der auch durch sein silbrig graues Laub ziert und einen aromatisch würzigen Duft verströmt. Die Blauraute verholzt nur im unteren Bereich und gilt deshalb als Halbstrauch. In kalten Wintern können die Triebe abfrieren, werden aber nach Rückschnitt im Frühjahr durch Neuaustrieb ersetzt.
Merkmale: Halbstrauch, locker buschig mit vielen Trieben, 60 – 120 cm hoch; silbergraue, fiederschnittige Blätter; sehr zahlreiche kleine, lilablaue Blüten in ährenartigen Ständen.
Blütezeit: August – September
Verwendung: Meist einzeln als Blickpunkt in Rabatten und vor Gehölzen, im Staudenbeet; schöne Rosenbegleitpflanze.
Standort: Möglichst vollsonniger, warmer Platz; leichter, durchlässiger, kalkhaltiger Boden.
Pflanzen/Vermehren: Pflanzung im Frühjahr; Vermehrung durch Stecklinge im Sommer.
Pflege: Bei anhaltender Trockenheit gießen; Wurzelbereich im Herbst mit Winterschutz versehen; im Frühjahr handbreit über dem Boden zurückschneiden und mit Kompost oder organischem Dünger versorgen.

Blauregen
Anderer Name für die → *Glyzine*, eine Kletterpflanze mit langen, blauen Blütentrauben

Blauschwingel
Dekoratives Gras mit bläulichen Blättern
→ *Schwingel*

Blaustern
SCILLA SIBERICA

Diese robuste, genügsame Zwiebelpflanze aus der Familie der Hyazinthengewächse wirkt besonders schön, wenn man ihr etwas Fläche gönnt, auf der sie verwildern kann. Ihrer Herkunft aus lichten Wäldern in Vorderasien, Russland und Südosteuropa entsprechend, breitet sie sich gern unter sommergrünen Gehölzen aus. Dort wächst sie geschützt, erhält aber trotzdem im Frühjahr vor dem Laubaustrieb der Gehölze genügend Licht.

123

Blaustrahlhafer

Blaustern (Scilla siberica)

Blaustrahlhafer (Helictotrichon sempervirens)

Merkmale: Zwiebelpflanze, 10 – 20 cm hoch; bildet flächendeckende Bestände; breit linealische Blätter, mehrere Blütenstiele mit sternförmigen, glockenartig zusammengefalteten Blüten in Blau, Blauviolett oder Weiß.
Blütezeit: März – April
Verwendung: In kleinen oder größeren Gruppen am Gehölzrand, unter sommergrünen Gehölzen, als Beetumrahmung, in Rasen oder Wiese; schön mit Narzissen und Tulpen.
Standort: Bevorzugt leicht schattigen Platz; durchlässiger, humusreicher Boden mit ausreichend Frühjahrsfeuchtigkeit, jedoch keine Nässe.
Pflanzen/Vermehren: Pflanzung mit 10 – 15 cm Abstand im Spätsommer oder Herbst, Zwiebeln etwa 10 cm tief pflanzen; Vermehrung durch Teilen größerer Bestände oder Abnehmen und Einpflanzen der Brutzwiebeln nach Vergilben des Laubs, sofort einpflanzen, da Zwiebel nicht lagerfähig. Aussaat direkt nach der Samenreife, Sämlinge blühen aber erst nach 2 bis 3 Jahren. Verwildert schnell durch Selbstaussaat.
Pflege: Ungestört wachsen lassen; auf humusarmen Böden im Herbst oder im zeitigen Frühjahr etwas Kompost geben.

Hinweis: In Wuchs, Ansprüchen und Verwendung ähnliche *Scilla*-Arten sind *S. bifolia* (Zweiblättriger Blaustern; Blüten blau, weiß oder rosa), die schon ab Februar blühende *S. mischtschenkoana* (bläulich weiß) sowie die erst im Frühsommer blühende *S. litardierei* (auch *S. pratensis* genannt, dunkelblau). Zu den engsten Verwandten gehören die etwas höheren → *Hasenglöckchen*, die früher ebenfalls zu den Blausternen gezählt wurden.

Blaustrahlhafer
Helictotrichon sempervirens

Mit seinen blaugrünen, dichten Horsten, die im Sommer von den Blütenhalmen weit überragt werden, ist der Blaustrahlhafer ein sehr attraktives Ziergras. Seine Herkunft von besonnten Schutthängen der westlichen Mittelmeergebirge und der Alpen weist auf den idealen Standort hin: sonnig, warm und nicht allzu feucht.
Merkmale: Immergrünes Staudengras mit aufrechten, breiten, bläulich grünen Horsten, 30 – 50 cm hoch; Blütenhalme bis 120 cm hoch, gelbe Blütenrispen.
Blütezeit: Juni – August
Verwendung: Auf trockenen und sonnigen Rabatten, im Steingarten und Heidegarten, einzeln oder in kleinen Gruppen.
Standort: Möglichst vollsonnig; durchlässiger, kalkhaltiger, eher nährstoffarmer Boden, keine nassen Plätze.
Pflanzen/Vermehren: Pflanzung im Frühjahr, späteren Breitenwuchs von bis zu 100 cm berücksichtigen; Vermehrung durch Teilen im Frühjahr vor dem Neuaustrieb.
Pflege: Im Frühjahr handbreit über dem Boden zurückschneiden oder nach Neuaustrieb alte, abgeblühte Halme entfernen.

Blautafel
Blaue Leimtafel zur Bekämpfung von → *Thripsen*, die von der blauen Farbe angezogen werden; Einsatz im Gewächshaus oder in der Wohnung.

Blauzungenlauch
→ *Zierlauch*, der seinen Namen von den breiten, blaugrünen Blättern erhalten hat.

Blechnum
Bewährter immergrüner Farn mit lederartigen Wedeln
→ *Rippenfarn*

Bleichen
Gezielter Lichtentzug bei manchen Gemüsen, um das Grünwerden von Blättern oder Sprossen zu verhindern. Das Gewebe bleibt dadurch zarter. Gebleicht wird vor allem durch → *Anhäufeln* (z. B. Porree, Spargel), durch Abdecken mit Erde (Chicorée), Zusammenbinden der Blätter oder Abdecken mit einer Bleichhaube (Endivie). Von einigen der so genannten Bleichgemüse, etwa von Bleichsellerie und Endivie, werden selbstbleichende Sorten angeboten, die solche Verfahren entbehrlich machen.

Bleichsellerie
Sorten des → *Selleries*, von denen man die gebleichten bzw. hellgelben Stiele nutzt.

Bleichspargel
Durch Anbau in Hügeln bzw. Dämmen gebleichter → *Spargel*

Bleiglanzkrankheit
Auch Milch- oder Silberglanzkrankheit genannt. Es handelt sich um einen Holz zerstörenden Pilz, der über Wunden in Stämme und Äste eindringt und diese ganz oder teilweise zum Absterben bringt. Er kann an allen Obstarten, auch an Beerenobst, auftreten, außerdem an einigen Laubbäumen wie Erle oder Buche.
Schadbild: Blätter schon beim Austrieb mit silbrig weißem Glanz bzw. bleigrauer Verfärbung; verkümmerte Blüten; blätterartige, violette bis braune Pilzfruchtkörper im unteren Stammbereich.
Abhilfe: Vorbeugend größere Wunden mit Wundverschlussmittel behandeln; erkrankte Teile frühzeitig bis ins gesunde Holz herausschneiden; stark erkrankte Bäume müssen gerodet werden.

Bleiwurz
Blau blühende → *Kübelpflanze*

Endivien, die nicht von selbst bleichen, bindet man zusammen.

Bleiglanzkrankheit an Sauerkirschen

Blindschleiche
Die ausgewachsen um 40 cm langen, glänzend braun, bronzefarben oder schwärzlich gefärbten Blindschleichen erinnern zwar an Schlangen, sind jedoch beinlose Echsen. Als → *Kriechtiere* (Reptilien) gehören sie zur selben Gruppe wie die Eidechsen. Die unter Naturschutz stehenden Blindschleichen sind nicht nur ungiftig und völlig harmlos, sondern auch nützliche Helfer, da sie Nacktschnecken, Insekten und Würmer verzehren. Auf Jagd gehen sie vor allem in der Dämmerung und nachts. Sie lieben schattige, feuchte Plätze und können sich in Laub- oder Reisighaufen in ungestörten Gartenecken ansiedeln.

Blühwilligkeit
Die bei hübsch blühenden Zierpflanzen sowie Obst erwünschte Bereitschaft Blüten anzusetzen, hängt zunächst einmal von Art und Sorte ab, ist also genetisch bedingt. Sie kann durch ungeeignete Standortbedingungen eingeschränkt werden, etwa durch zuwenig Licht oder nicht zusagende Bodenverhältnisse, ebenso durch Witterungseinflüsse, z. B. durch Kälte oder anhaltende Regenfälle. Wie sich solche Faktoren im Einzelnen auswirken, ist wiederum artspezifisch. Viele Pflanzen brauchen z. B. zur Zeit der Blütenanlage recht viel Feuchtigkeit. An trockene Standorte gebundene Arten dagegen blühen meist schwächer, wenn der Boden während der Knospenbildung zu feucht ist. Die Blühwilligkeit kann auch durch unausgewogene oder zu starke Düngung, insbesondere mit Stickstoff, beeinträchtigt werden. Phosphor dagegen fördert die Blütenbildung.

Bei Gehölzen hat starker Rückschnitt in der Regel kräftigen Neuaustrieb zur Folge. Bei Pflanzen, die am älteren Holz blühen, geht dies meist auf Kosten der Blüten. Umgekehrt fördert Rückschnitt bei Sträuchern, die an neuen Trieben blühen, den nächsten Flor, ebenso das Zurückschneiden von Stauden und manchen Sommerblumen. Dem Erhalt der Blühwilligkeit dient auch das Entfernen verwelkter Blüten (auch → *Ausputzen*). Lässt bei Stauden und Zwiebelblumen nach einigen Jahren der Blütenreichtum nach, hilft es häufig, wenn man sie teilt bzw. aufnimmt und neu verpflanzt.

Auch → *Blüteninduktion*

Blume
Dieser Begriff bezeichnet zum einen die aufgrund ihrer Farbe bzw. Form auffällige, der Tieranlockung dienende → *Blüte* vieler Samenpflanzen.

Zum andern fasst man als Blumen alle krautigen Pflanzen zusammen, die ansehnliche Blüten bilden, also Sommerblumen, Zwiebel- und Knollenblumen sowie Blütenstauden.

Blumenampel
Meistens mit langtriebigen Hängepflanzen bestücktes, hoch aufgehängtes Gefäß
→ *Ampel*

Blumenbeet

Traditionelle Blumenbeete, wie sie z. B. in → *Bauerngärten* vorkommen, haben häufig Rechteckform und sind ähnlich angelegt wie Gemüsebeete. In modern gestalteten, von Rasenflächen dominierten Gärten werden die Blumenbeete eher als → *Rabatten* gestaltet, d. h. als oft schmale Vorpflanzung einer Mauer oder Terrasse oder z. B. als Pflanzstreifen entlang von Wegen und Gehölzgruppen. Attraktiv wirken sie auch als Blumeninseln inmitten einer Rasenfläche. Neben geradlinigen Beetumrissen lassen sich rundliche, ovale oder unregelmäßige Formen bzw. Beetränder in die Gestaltung einbeziehen.

Bepflanzungen mit → *Sommerblumen* werden jährlich neu angelegt, erlauben demnach eine regelmäßige Neugestaltung, verlangen aber auch mehr Aufwand als → *Staudenbeete*. Viele Sommerblumen blühen ab Frühsommer bis zum Herbst. Durch Ergänzung mit Frühjahrsblühern (Zwiebelblumen, zweijährige Sommerblumen) kann man leicht für einen anhaltenden Flor über die ganze Wachstumszeit hinweg sorgen. Bei → *Stauden* bedarf das Abstimmen der Blütezeiten etwas mehr Planung. Anders als bei Sommerblumen gibt es hier etliche Arten, die gut halbschatten- oder gar schattenverträglich sind und so auch Blütenpracht auf weniger lichtverwöhnten Beeten gewährleisten. Neben Stauden, Zwiebel- und Sommerblumen können auch Zwerg- und Kleingehölze Blumenbeete zieren.

Bei der Pflanzenzusammenstellung kombiniert man hohe, auffällige Leitpflanzen mit etwas dezenteren Begleitpflanzen. Niedrige, oft polster- oder kissenartige Füllpflanzen in den Lücken und an den Beeträndern runden die Kombinationen ab. Die Pflanzen werden in etwa nach Wuchshöhen gestaffelt, so dass die höchsten Arten nach hinten kommen, bei allseits zugänglichen Beeten in die Mitte.

Auch → *Beet*, PRAXIS-SEITE Beete neu anlegen (S. 98/99), → *Farbkombinationen*

Blumenbinse
BUTOMUS UMBELLATUS

Die auch Schwanenblume genannte Staude aus der Familie der Wasserlieschgewächse gehört zu den schönsten Blühern unter den heimischen Sumpfpflanzen. Sie breitet sich mit der Zeit über kriechenden Wurzelstöcke aus, wuchert jedoch nicht allzu stark.

Merkmale: Sumpfstaude, 60 – 100 cm hoch; linealische, grasartige Blätter; bis zu 30 zartrosa Blüten in Scheindolden an hohen Stielen; auch weiß und dunkelrosa blühende Sorten.
Blütezeit: Juni – August
Verwendung: Im Sumpf- und Uferbereich von Teich und Bachlauf; schön zusammen mit Sumpfschwertlilie, Pfennigkraut und Pfeilkraut.
Standort: Lehmhaltiger, sumpfiger bis nasser Boden, bis 30 cm Wassertiefe.
Pflanzen/Vermehren: Pflanzung im Frühjahr oder Herbst; Vermehrung durch Teilung der Wurzelstöcke oder Aussaat sofort nach der Samenreife in Töpfe mit sandig-lehmiger Erde, Töpfe zum Keimen ins Wasser stellen.
Pflege: Sehr anspruchslos.

Blumenbinse (Butomus umbellatus)

Blumenerde
→ *Erden*

Blumenhartriegel
Gehölz mit auffälligen weißen oder rosa Hochblättern, die wie Blüten wirken.
→ *Hartriegel*

Blumenkohl
BRASSICA OLERACEA BOTRYTIS-GRP.

Blumenkohl, auch Karfiol genannt, gehört wie die anderen Kohlgemüse zur Familie der Kreuzblütengewächse. Seine „Blume" setzt sich aus fleischig verdickten Blütenstandsanlagen zusammen. Obwohl er eine der beliebtesten Gemüsearten ist, wird er nur selten im Garten angebaut. Denn die Kultur erfordert ein hohen, regelmäßig betriebenen Pflegeaufwand und führt dennoch nicht immer zu den reinweißen Köpfen, wie sie im Gemüseladen erhältlich sind. Neuere gelbe, grüne und violette Sorten sind vitaminreicher als die weißen, ergeben aber kleinere Köpfe. Daneben unterscheidet man Früh-, Sommer- und Herbstsorten. Gute Mischkulturpartner sind Dill, Salat und Sellerie.
Merkmale: Rosette aus großen, langovalen Blättern mit kurzem Strunk; halb entwickelte Blütenstandsanlagen („Rosen"), die zu einem festen Kopf verwachsen sind.
Standort: Möglichst nicht allzu heißer, luftfeuchter Standort; nährstoff- und humusreicher, tiefgründiger Boden, am besten sandiger Lehmboden; ohne Verdichtungen, die zu kleinen Köpfen führen (so genannte Vorblüher).
Kultur: Frühsorten in der ersten Aprilhälfte, Sommersorten von Mitte Mai

bis Anfang Juni, Herbstsorten in der weiten Junihälfte pflanzen; Jungpflanzen für den Frühanbau an besten zukaufen, Folgesätze kann man selbst anziehen, am besten in kleinen Töpfen, mit 4 bis 5 Wochen Anzuchtzeit; Pflanzabstand 50 x 50 cm, bei Herbstsorten 50 x 65 cm.

Pflege: Frühsorten bei kühler Witterung mit Folie oder Vlies abdecken; gleichmäßig feucht, aber nicht nass halten, regelmäßig hacken, mehrmals organischen oder mineralischen Volldünger verabreichen; während der Blumenbildung besonders empfindlich gegen Wassermangel und Pflegefehler; zum Erzielen weißer Blumen einige Blätter umknicken und über den Kopf legen.

Ernte: 8 bis 12 Wochen nach der Pflanzung, sobald der Kopf am Rand etwas locker wird; bei warmen Temperaturen nicht zu lange auf dem Beet stehen lassen, da dann viele Blätter und nur kleine Köpfe gebildet werden.

Blumenrohr, Indisches

CANNA-INDICA-HYBRIDEN

☼

Das exotisch wirkende Blumenrohrgewächs mit den leuchtend gelben bis dunkelroten Blüten stammt aus Mittel- und Südamerika. Dort wächst es mehrjährig, bei uns übersteht die Pflanze den Winter draußen kaum. Aus der Wildart wurden zahlreiche großblütige Hybriden gezüchtet, wobei niedrige (bis 60 cm), mittelhohe (bis 120 cm) und hohe (bis 200 cm) Sorten unterschieden werden.

Merkmale: Nicht winterharte Staude mit knolligem Rhizom; 40 – 200 cm hoch; Rosette mit großen, je nach Sorte frischgrün, blaugrün, rötlich oder bronze gefärbten Blättern; an aufragenden Blütenschäften gelbe, orange, rote oder rosa, auch zweifarbige Blüten, die ständig nachgebildet werden.

Blütezeit: Juni – Oktober

Verwendung: Als Blickpunkt in Beeten und Rabatten; niedrige Sorten in Pflanzgefäßen, größere einzeln als Kübelpflanzen; als Schnittblume.

Standort: Warmer, geschützter Platz; nährstoffreicher, feuchter, aber keinesfalls staunasser, gut durchlässiger Boden.

Pflanzen/Vermehren: Knollige Rhizome nach Mitte Mai 8 – 12 cm tief pflanzen, je nach Wuchshöhe 50 – 100 cm Pflanzabstand; Anzucht aus Samen im Februar/März; Vermehrung durch Teilung im März/April, warm vortreiben und Ende Mai auspflanzen.

Pflege: Pflanzstelle gut mit Kompost oder organischem Flüssigdünger versorgen; etwa alle vier Wochen nachdüngen, in Gefäßen von April/Mai bis August wöchentlich, bis sich die Blüten entfalten; feucht, aber nicht nass halten; Verblühtes regelmäßig ausschneiden. Im Herbst nach den ersten Frösten die Blütenschäfte handbreit über dem Boden abschneiden, Rhizome ausgraben, abtrocknen lassen und mit der Oberfläche nach unten in trockenem Sand einschlagen; bei 5 – 10° C überwintern.

Blumenkohl (Brassica oleracea Botrytis-Grp.)

Indisches Blumenrohr (Canna indica)

Blumenwiese

Blütenreicher Wildblumenrasen, auch Wildrasen oder Wiesenrasen genannt. Auf solchen Flächen wachsen verschiedene Wild- und Feldblumen, Wildstauden, Kräuter und Gräser. Die naturnahe, oft farbenfrohe Blumengesellschaft wirkt viel lebendiger als das Einheitsgrün des Rasens, zudem zieht sie Bienen, Schmetterlinge und verschiedene → *Nützlinge* an. Ein Ersatz für Gebrauchsrasen kann die Blumenwiese jedoch nicht sein, da unter ständigem Betreten vor allem die zarten Blüher leiden. Bei größeren Flächen kann man zum Begehen schmale Wege oder Natursteintrittplatten einsetzen.

Grundsätzlich gibt es drei Möglichkeiten, zu einer Blumenwiese zu kommen:

1) Rasen verwildern lassen: Hierbei mäht man einfach nach und nach immer seltener, verzichtet auf das Düngen und überlässt blühenden Rasen-„Unkräutern" wie Gänseblümchen, Margeriten oder Schafgarbe das Feld. Besonders das Dazupflanzen passender Wildstauden und Zwiebelblumen

Blumenzwiebel

Eine farbenfrohe Wiese z. B. mit Fingerhut und Storchschnabel hat oft mehr zu bieten als ein einfacher Rasen.

erhöht schließlich die Arten- und Farbenvielfalt.

2) Wildblumen in Rasen einsäen: Dazu reißt man die Grasnarbe mit einem Vertikutierer auf, sät im späten Frühjahr eine Wildblumenmischung ein, streut sie dünn mit Sand ab und hält die Fläche bis zum Aufgehen der Blumensaat feucht.

3) Blumenwiese neu anlegen: Die Fläche wird nach vorherigem → *Abmagern* vorbereitet wie ein Saatbeet. Die Aussaat der Wiesenmischung erfolgt am besten im April/Mai. Das Saatgut wird breitwürfig ausgestreut, mit einer Walze festgedrückt, anschließend mit feiner Brause angegossen und in der Folgezeit feucht gehalten.

Der Handel bietet Samenmischungen für verschiedene Bodenverhältnisse an. Allzu nährstoffreich sollte der Boden nicht sein, da sonst eher unerwünschte Arten überhand nehmen. Die einjährigen Wiesenblumen, die im ersten Jahr prächtig blühen, verschwinden ohnehin oft recht schnell, können aber nachgesät werden. Die Pflanzengesellschaft einer Blumenwiese entwickelt bald ein Eigenleben, das man nur durch sanfte Eingriffe etwas lenken kann. Auf Dauer setzen sich die Pflanzen durch, die an den Standort am besten angepasst sind.

Die Pflege beschränkt sich auf ein- bis zweimaliges Mähen. Üblicherweise nimmt man den ersten Schnitt im Juni/Juli vor, den zweiten im September. Am günstigsten erfolgt dies mit einer Sense. Man kann notfalls aber auch mit einem leistungsstarken Rasenmäher in zwei Durchgängen mähen, wobei man beim ersten Arbeitsgang die größtmögliche Schnitt-höhe einstellt.

Blumenzwiebel

Speicherorgan der → *Zwiebelblumen,* das die Anlagen für eine komplette Pflanze enthält.

Blutberberitze

Berberitzensorte mit braunrotem Laub
→ *Berberitze*

Blüte

Im gärtnerischen Sprachgebrauch steht der Begriff Blüte oft vereinfacht für die Blütezeit oder die Gesamtheit der Blüten einer Pflanze, auch Flor genannt. Beides leitet sich ab von der einzelnen Blüte, die charakteristisches Merkmal der → *Samenpflanzen* ist. Ohne sie können keine Früchte und Samen gebildet werden.

Die Blüten der → *Nacktsamer,* zu denen die Nadelgehölze gehören, sind meist recht unscheinbar. Viele → *Bedecktsamer* dagegen haben sehr auffällige Blüten, die häufig einen ganz typischen Aufbau zeigen.

Blütenaufbau

Die Blüte setzt sich von außen nach innen zusammen aus den Blättern der Blütenhülle, aus Staubblättern als männlichen Blütenorganen und aus Fruchtblättern als weiblichen Organen. Die Blätter der Blütenhülle sind steril und können alle gleich gestaltet sein (z. B. Tulpe). Häufig gibt es jedoch einen äußeren Kreis aus grünen Kelchblättern (Kelch), der die oft bunt gefärbten Kronblätter, die eigentlichen Blütenblätter, umschließt.

Die Staubblätter oder Staubgefäße tragen am Staubfaden die Staubbeutel, die mit männlichen Pollen gefüllt sind (auch → *Bestäubung*).

Die Fruchtblätter sind bei den Bedecktsamer zu einem Gehäuse, dem Fruchtknoten, verwachsen. Er enthält die Samenanlagen und bildet zusammen mit dem Griffel und der Narbe den Stempel. Die klebrige Narbe nimmt den männlichen Blütenstaub auf (auch → *Befruchtung*).

Hüll- bzw. Kelchblätter entspringen dem Blütenboden. Diesem kann der Fruchtknoten aufsitzen (oberständig), oder der Fruchtknoten wird mehr oder weniger stark vom Blütenboden umschlossen (unter- oder mittelständig).

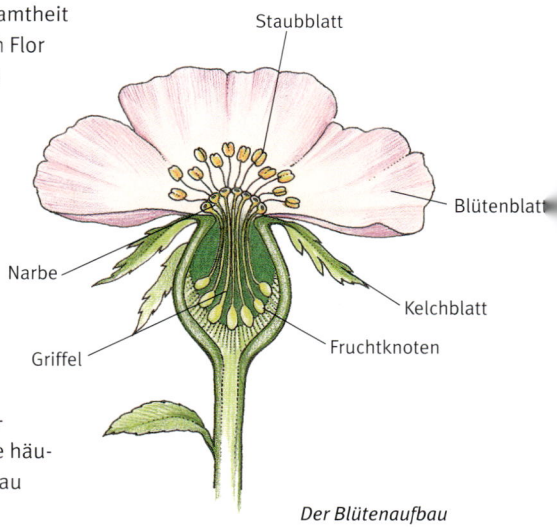

Der Blütenaufbau

BLÜTENFORM

Korbblüte Schmetterlingsblüte glockige Blüte strahlenförmige Blüte Lippenblüte

Verschiedene Blütenformen

Blütenformen

Während die Blüten windbestäubter Bedecktsamer, z. B. Hasel, meist unauffällig und „funktional" gestaltet sind, gibt es unter den insektenbestäubten Arten zahlreiche besondere Formen. Bei den einfachsten Blüten stehen die Kronblätter radiär (strahlig) um die Blütenachse, je nach Kronblattform können sie dann schalen- oder tellerartig wirken. Häufig sind die Kronblätter zum Teil oder ganz miteinander verwachsen und ergeben glocken-, röhren- oder krugförmige Blüten sowie aparte Sonderformen. Unterschiedlich große, in Zweier- oder Dreiergruppen miteinander verwachsene Kronblätter bilden bei den Lippenblütlern eine Ober- und Unterlippe. Bei Schmetterlingsblüten ist das obere Kronblatt, die Fahne, am größten, die zwei seitlichen, Flügel genannt, greifen um die beiden unteren, miteinander verwachsenen Blütenblätter, das Schiffchen.

Die Korbblütengewächse, z. B. Gänseblümchen, haben „Scheinblüten" entwickelt, die sich aus zahlreichen Einzelblüten mit zweierlei Gestalt zusammensetzen: Bei den äußeren Strahlen handelt es sich um unfruchtbare Zungenblüten, die der Insektenanlockung dienen. In der Mitte befinden sich die kronblattlosen Röhrenblüten, die die Geschlechtsanlagen enthalten. Die vermeintliche Blüte dieser Pflanzen ist demnach ein kompletter → *Blütenstand*, ein Körbchen.

Geschlecht der Blüten

Enthält eine Blüte männliche Staub- und weibliche Fruchtblätter, so heißt sie Zwitterblüte oder zwittrig. Eingeschlechtige Blüten dagegen enthalten entweder nur Staub- oder nur Fruchtblätter. Einhäusige Pflanzen tragen jeweils männliche und weibliche Blüten (z. B. Kürbis). Sind dagegen die weiblichen und männlichen Blüten auf verschiedene Individuen verteilt, so heißt das zweihäusig (z. B. Kiwi, Sanddorn).

Bluten

Austreten von Pflanzensaft aus einer Wunde, z. B. nach Schnitt

Blüteninduktion

Neben der erblich bedingten und durch Wachstumsfaktoren beeinflussten Bereitschaft zu blühen (→ *Blühwilligkeit*) gibt es bei vielen Pflanzen spezielle Auslöser für die Blütenanlage. Zum einen sind es niedrige Temperaturen, zum anderen bestimmte Tageslängen, die die Blütenbildung „induzieren", also veranlassen.

Viele Frühjahrsblüher, z. B. Zwiebelblumen, brauchen einen winterlichen Kältereiz (Vernalisation), um Blüten anzulegen. Deshalb misslingt oft das → *Antreiben* im Warmen, wenn die Zwiebeln nicht zwischendurch eine Kältephase durchleben.

Bei der Tageslängenabhängigkeit (Photoperiodismus) gibt es unterschiedliche Reaktionsweisen:

1) Kurztagpflanzen brauchen zur Blütenbildung lange Nächte und kurze Tage (unter 12 h). Ihre Blütezeit liegt deshalb im Spätsommer und Herbst, z. B. bei Herbstchrysanthemen. Im Gartenbau bringt man sie durch künstliche Verdunklung in den Gewächshäusern auch im Sommer zum Blühen.

2) Langtagpflanzen legen erst bei Tageslängen ab etwa 14 h Blüten an, z. B. Fuchsien und Rittersporn. Auch Kopfsalat und Spinat sind Langtagspflanzen und „schießen" deshalb im Sommer schnell, sofern man keine speziellen Sommersorten verwendet.

Viele Pflanzen sind jedoch tagneutral, ihre Blüteninduktion hängt nicht von der Tageslänge, sondern vom Temperaturverlauf ab.

Blütenblatt
→ *Blüte*

Blütenboden
→ *Blüte*

Blütenduft

Viele Blütenblätter enthalten in ihren Zellen → *ätherische Öle* oder bilden diese in speziellen Drüsen. Sie dienen der Anlockung von bestäubenden Tieren und erfreuen nebenbei viele Gärtner. Manche Pflanzen haben sich bei der Bestäubung auf Nachtfalter eingestellt und entfalten deshalb erst in der Dämmerung einen betörenden Duft, so z. B. Engelstrompete und Geißblatt.

Blütenform
→ *Blüte*

Blütenfüllung

Je nach Zahl bzw. Dichte der Blütenblattkreise unterscheidet man einfache, halb gefüllte und gefüllte Blüten. Die Blütenfüllung kommt häufig durch Umwandlung von Staub- oder Fruchtblättern zu Blütenblättern zustande, z. B. bei Rosen. Sie kann aber auch entstehen durch Vervielfachung oder Spaltung von Blütenblättern (z. B. Nelken), bei Korbblütlern durch Umwandlung von Röhren- in Strahlenblüten (z. B. Chrysanthemen). Während in der Natur entstandene Blütenfüllungen durch verstärktes Anlocken von Insekten die Bestäubung fördern, sind gefüllte Züchtungen häufig unfruchtbar; teils weil die Tiere nicht mehr zur Narbe vordringen können, teils weil Staub- und Fruchtblätter völlig fehlen.

einfach   halb gefüllt

gefüllt

Verschiedene Blütenfüllungen

Blütengehölze

Sträucher und Bäume mit attraktiven Blüten wie Flieder, Zierkirsche, Kolkwitzie, Deutzie und Blauglockenbaum. Im Garten sollte man bei der Auswahl von Blütengehölzen auf miteinander harmonierende Blütenfarben und -formen achten sowie die unterschiedlichen Blütezeiten berücksichtigen. Die Mehrzahl der Blütengehölze entfaltet ihren Flor im Frühjahr oder Frühsommer, von daher stellen Sommer- und Herbstblüher wie der Schmetterlingsstrauch eine besondere Bereicherung dar.

Blütenhecke

Frei wachsende, nicht geschnittene Hecke aus Blütensträuchern. Sie braucht mehr Platz als eine Schnitthecke, wirkt jedoch lebendiger. Man kann sie aus Sträuchern nur einer Art zusammenstellen, z. B. aus Spiersträuchern, und erreicht so eine geschlossene Wirkung mit eindrucksvollem Blütenhöhepunkt. Optische Abwechslung macht sich jedoch besonders bei größeren bzw. längeren Hecken gut. Hierzu kombiniert man Sträucher mit verschiedenen Blütezeiten und Wuchshöhen. Arten mit schöner Herbstfärbung und zierenden Früchten sorgen dafür, dass die Hecke auch im Herbst noch etwas fürs Auge bietet. Geeignete Sträucher für die Blütenhecken sind z. B. Felsenbirne, Weißdorn, Wildrosen, Holunder, Deutzie, Forsythie, Blutjohannisbeere, Geißblatt (Heckenkirsche) und Spiersträucher.

Blütenkirsche, Japanische

Im Frühjahr eindrucksvoll blühendes Gehölz mit weißen oder rosa Blüten
→ *Zierkirsche*

Blütenknospe

Von Blattanlagen bzw. Knospeschuppen umschlossene Knospe, die die Anlagen für eine Blüte enthält. Blütenknospen werden in den Blatt- oder Sprossachseln oder an den Triebspitzen als End- bzw. Gipfelknospen angelegt. Sie sind im Gegensatz zu den eher länglichen
→ *Blattknospen* rundlich.

Blütenmispel

Reich blühende, attraktive Art der
→ *Zwergmispel*

Blütenhecken können auch nur aus verschiedenen Rosen bestehen.

Blütenpflanzen

Mit unterschiedlicher Bedeutung verwendeter Begriff:

1) Gärtnerisch bzw. im allgemeinen Sprachgebrauch: Pflanzen, die auffällige, zierende Blüten bilden, im Gegensatz zu → *Blattschmuckpflanzen*.

2) Botanisch: Die am höchsten entwickelte Gruppe im Pflanzenreich, die zur geschlechtlichen Vermehrung Blüten bildet und Samen hervorbringt. Hierzu zählen die → *Bedecktsamer* wie die → *Nacktsamer* (z. B. Nadelgehölze). Fachsprachlich wird für diese Gruppe die Bezeichnung → *Samenpflanzen* bevorzugt.

Blütenstand

Blüten sind häufig zu einem für die Familie, Gattung oder Art charakteristischen Blütenstand vereinigt. Diese Blüten tragenden Sprossteile unterscheiden sich vom übrigen Spross durch das Fehlen von Laubblättern und ihre typische Verzweigungsform. Je mehr Blüten in einem Blütenstand vereint sind, umso kleiner ist meist die Einzelblüte. Oft ist dann der gesamte Blütenstand von kelch- oder kronblattähnlichen → *Hochblättern* umgeben oder die außen stehenden Blüten sind besonders auffällig ausgebildet.

Die Blütenstände werden nach der Anordnung der Einzelblüte an der Hauptachse unterschieden. Die Hauptachse kann auch stark verdickt sein, so bei Kolben, Körbchen und Köpfchen. Aus den Blütenständen gehen nach Befruchtung entsprechende Fruchtstände hervor.

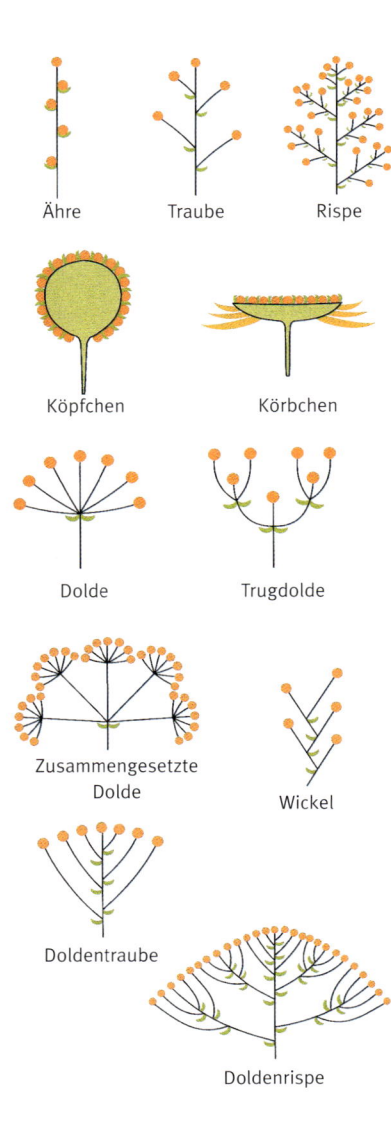

Blütenstände

Man unterscheidet einfache und zusammengesetzte Blütenstände. Einfache Blütenstände sind Traube (z. B. Maiglöckchen), Dolde (z. B. Apfel), Doldentraube (z. B. Rainfarn), Ähre (Wegerich), Kolben (z. B. Aronstab), Köpfchen (z. B. Margerite), Körbchen (z. B. Klee). Die Kätzchen, z. B. von Weide und Hasel, sind hängende Ähren oder Trauben aus unscheinbaren Blüten, die als Ganzes abfallen. Bei den Zapfen der Nadelgehölze (Koniferen) handelt es sich um verholzte Kolben.

Zusammengesetzte Blütenstände sind Rispe (mehrfach verzweigte Traube, z. B. Weinrebe), Doldenrispe (z. B. Eberesche), Doppeldolde (aus vielen Einzeldolden zusammengesetzt, z. B. Anis), Doppelähre (aus vielen kleinen Ährchen zusammengesetzt, z. B. bei vielen Gräsern), Doldenrispe (z. B. Eberesche). Bei der Trug- oder Scheindolde (z. B. Holunder) sind die Einzelblüten anders als bei der Dolde nicht alle gleich lang gestielt; durch die Anordnung der Teilblütenstände ähneln sie im Erscheinungsbild einer Dolde.

Daneben gibt es etliche, teils recht kompliziert aufgebaute Sonderformen, u. a. Knäuel (Knäuelgras), Wickel (Beinwell), Schraubel (Taglilie), Fächel (Iris) und Sichel (Binse).

Blütenstaub
Fachsprachlich Pollen genannt; die Gesamtheit wird als Pollenkörner bezeichnet.

Auch → *Blüte,* → *Bestäubung,* → *Befruchtung*

Blütenstauden
→ *Stauden* mit attraktiven Blüten

Blütenzeichnung
Auffällige Muster, Streifen, Striche, Flecken oder Punkte auf den Blütenblättern, farblich oft deutlich anders als die Grundfarbe der Blüte.

Blütezeit
Blühdauer, also die Zeitspanne innerhalb des Jahres, in der die Pflanze Blüten hervorbringt. Sie hängt nicht nur von der jeweiligen Art oder Sorte ab, sondern wird auch durch die Standortverhältnisse und insbesondere das Klima beeinflusst. Beginn und Ende der Blütezeit können je nach geografischer Breite und Höhenlage schwanken. In klimabegünstigten Regionen entfalten Pflanzen ihre Blüten teils bis zu vier Wochen früher als in kälteren Lagen. Diese Unterschiede sind vor allem im Frühjahr stark ausgeprägt und gleichen sich im Lauf des Jahres etwas an. Blütezeitangaben in Pflanzenporträts sind deshalb Durchschnittswerte.

Bei manchen Arten wie z. B. Bartfaden oder Bitterwurz kommt es nach der Hauptblüte im Frühjahr oder Sommer nochmals zu einer schwächeren Nachblüte im Herbst, die man durch Entfernen des Verblühten fördern kann.

Bluthasel
Auch Purpurhasel, Form der → *Hasel* mit schwarzroter Belaubung

Beim Stiefmütterchen fällt die dunkle Zeichnung der Blüten auf.

Blutjohannisbeere (Ribes sanguineum)

Blutjohannisbeere
RIBES SANGUINEUM

Die aus Nordamerika stammende Blutjohannisbeere ist ein anspruchsloser und robuster Zierstrauch. Sie gehört ebenso wie die Obst liefernde Johannisbeere zur Familie der Stachelbeergewächse.
Merkmale: Strauch, breit buschig, 1,5 – 2,5 m hoch; gelappte Blätter; rosa bis rote, röhrenförmige Blüten in Trauben; ab Juli blauschwarze, weiß bereifte, fad schmeckende Beeren.
Blütezeit: April – Mai
Verwendung: Einzeln oder in kleinen Gruppen; in Blütenhecken und anderen Gehölzgruppen, im Hintergrund von Frühlingsbeeten; schön mit Forsythie und Felsenbirne.
Standort: Jeder normale, nicht zu trockene Boden.
Pflanzen/Vermehren: Pflanzung im Frühjahr oder Herbst; Vermehrung durch Kopfstecklinge von Seitentrieben oder durch Steckhölzer.
Pflege: An heißen Tagen gießen; auf nährstoffarmen Böden gelegentlich Kompost geben; alle 2 – 3 Jahre vor der Blüte auslichten; sparrig und unschön gewordene Exemplare können unmittelbar nach der Blüte stark zurückgeschnitten werden.
Hinweis: Weitere, in Gärten selten gepflanzte Zierarten sind Alpenjohannisbeere (*R. alpinum*) und Goldjohannisbeere (*R. aureum*) mit gelbgrünen bzw. gelben Blüten. Beide gedeihen auch an Schattenplätzen.

Blutlaus
Die Blutlaus, eine → *Blasenlaus,* ist vor allem ein gefährlicher Schädling an Apfelbäumen. Daneben kann sie auch Ziergehölze mit apfelähnlichen Früchten befallen, nämlich Zierquitte (*Chaenomeles*), manche Zwergmispeln (*Cotoneaster*), Feuerdorn (*Pyracantha*) sowie Weiß- und Rotdorn (*Crataegus*).

Der Körper der etwa 2 mm großen Blutlaus ist rotbraun und mit weißer Wachswolle bedeckt. Beim Zerdrücken einer Blutlaus tritt blutroter Saft aus. Sie überwintert als noch nicht mit Wachs bedeckte Junglarve an geschützten Stellen der Apfelbaumrinde, manchmal auch an den oberen Wurzeln. In feuchtwarmen und windgeschützten Lagen können sich die Blutläuse sehr rasch ungeschlechtlich vermehren. Im Juni/Anfang Juli sind die Populationen am größten, ein zweiter kleinerer Höhepunkt tritt oft im September auf. Die geflügelten Läuse im Sommer dienen allein der Ausbreitung auf andere Apfelbäume.

Die Blutlaus verursacht durch ihre Saugtätigkeit vor allem Schäden an der Rinde. Diese schwillt zu hässlichen Wucherungen an, dem „Blutlauskrebs". Oberhalb der Befallsstelle kann das Holz nicht ausreifen und friert im Winter schnell ab.

Die Apfelblutlaus befällt einige Apfelsorten häufiger als andere. Zu den anfälligen Sorten zählen 'Cox Orange', 'Goldparmäne', 'James Grieve', 'Jonathan', 'Klarapfel' und 'Roter Boskoop'. Auch die Unterlagen sind unterschiedlich blutlausanfällig bzw. -resistent. In stark blutlausgefährdeten Regionen sollte man sich hierzu gründlich bei einer Baumschule beraten lassen.
Schadbild: Weißer, watteähnlicher Überzug mit Blutlauskolonien an Überwallungswülsten von Wunden und auf Trieben; an der Rinde krebsartige Wucherungen, Gewebe später knotenartig aufreißend.
Abhilfe: Vorbeugend auf den Anbau blutlausanfälliger Sorten verzichten; regelmäßige Stammpflege betreiben; auf Baumscheiben Kapuzinerkresse als Abwehrpflanze säen; Nützlinge wie Schwebfliegen, Ohrwürmer und Blutlauszehrwespe fördern und schonen. Bei sichtbarem Befall Blutläuse zerdrücken, Kolonien mit Bürste entfernen; Wucherungen des Blutlauskrebses sorgfältig ausschneiden, Wunden mit Baumwachs verschließen; Bekämpfung nur bei starkem Befall mit nützlingsschonenden Präparaten.

Blutlauszehrwespe
Die recht häufig auftretende Blutlauszehrwespe legt ihre Eier in Blutläusen ab. Die im Schädlingskörper schlüpfenden Larven fressen diesen von innen auf. Solchermaßen parasitierte Kolonien erkennt man daran, dass sich am Rücken der abgestorbenen und dann wachslosen Blutläuse ein Loch befindet, aus dem die Zehrwespe geschlüpft ist. Man kann diesen Nützling dadurch verbreiten, indem man ein Zweigstückchen mit parasitierten Blutlauskolonien in der Nähe frischer Befallsstellen auslegt. Da durch breit wirksame Pflanzenschutzmittel, ob chemisch oder pflanzlich, eher die Zehrwespen als die Blutläuse dezimiert werden, sollte auf deren Einsatz verzichtet werden.

Auch → *Zehrwespe*

Blutmehl

Stickstoffreicher, schnell wirksamer, organischer → *Dünger* aus Schlachthofabfällen, in erster Linie aus Hühnerblut hergestellt. Obwohl nach allen bisherigen Erkenntnissen keine BSE-Gefahr besteht, (→ *Dünger, Organische Dünger*), wird es im ökologischen Anbau nicht mehr verwendet.

Blutpflaume
PRUNUS CERASIFERA 'NIGRA'
☼–⊝ ☺

Zur Gattung *Prunus* aus der Familie der Rosengewächse gehören neben einigen weitverbreiteten Obstgehölzen wie Kirsche, Pflaume, Pfirsich, Mandel und Aprikose auch zahlreiche Ziergehölze, darunter die reich blühenden Zierkirschen. Die Blutpflaume ist ein hübscher, kleiner Baum, der von der aus Südwestasien eingeführten Kirschpflaume abstammt.
Merkmale: Großstrauch oder kleiner Baum, breitwüchsig, 5 – 7 m hoch; ab Austrieb schwarzrote, eiförmige Blätter; rosarote Blüten vor dem Laubaustrieb; ab Juli rundliche, bis 3 cm dicke, dunkelrote, essbare Früchte.
Blütezeit: März – April
Verwendung: Einzeln als prägendes Ziergehölz, in Gehölzgruppen mit anderen Blütensträuchern.
Standort: Nicht zu schattig, sonst unschöne Blattfärbung; nährstoffreicher, frischer bis feuchter, tiefgründiger, neutraler bis stark alkalischer Boden.
Pflanzen/Vermehren: Pflanzung im Frühjahr oder Herbst; eigene Vermehrung nicht lohnend, da Nachkommen nicht sortenecht.
Pflege: Bei anhaltender Trockenheit kräftig wässern, Baumscheibe mulchen, gelegentliche Kompostgaben; zu dichte Sträucher oder Kronen alle paar Jahre im Frühjahr auslichten.
Hinweis: Die nur 2 – 2,5 m hohe Zwergblutpflaume (*P.* x *cistena*) lässt

Zwergblutpflaume (Prunus x cistena)

sich in kleineren Gärten besser unterbringen und kann auch für gemischte Blütenhecken verwendet werden. Ihre zartrosa Blüten erscheinen im Mai. Die dunkel purpurnen Früchte sind ebenfalls essbar.

Blutstorchschnabel
Trockenheitsverträgliche Bodendeckerstaude mit karminroten Blüten und roter Herbstfärbung der Blätter
→ *Storchschnabel*

Blutströpfchen
Einjährige Art des → *Adonisröschens*

Blutweiderich
LYTHRUM SALICARIA
☼–⊝ ☺

Dieses in fast allen Kontinenten vorkommende Weiderichgewächs wächst bei uns wild an Seeufern, Bächen und Gräben. Für den Garten gibt es mehrere Sorten mit leuchtenden Blütenfarben von Rosarot bis Rotviolett. Die Blüten dienen Schmetterlingen und Bienen als Nahrungsquelle.
Merkmale: Staude, buschig aufrecht, 60 – 150 cm hoch; holziger Wurzelstock; vierkantige, behaarte Stängel mit weidenähnlichen Blättern; rosarote bis rotviolette kleine Blüten in bis zu 25 cm langen Ähren.
Blütezeit: Juli – September

Verwendung: Einzeln oder in kleinen Gruppen als Ufer- und Hintergrundpflanze an Teichen, als Gehölzvorpflanzung, in feuchten Naturgartenbereichen; sehr attraktiv mit Goldfelberich.
Standort: Feuchter, nährstoff- und humusreicher Boden, verträgt Nässe sowie Wassertiefen bis zu 15 cm, kann aber auch zeitweilige Trockenheit vertragen.
Pflanzen/Vermehren: Pflanzung im Herbst oder Frühjahr mit 60 – 80 cm Abstand; Vermehrung über Kopfstecklinge im Frühjahr.
Pflege: Robust und völlig winterhart; starker Rückschnitt der Blütentriebe nach der Hauptblüte fördert eine Nachblüte im Herbst; verblühte Stände entfernen, wenn Selbstaussaat vermieden werden soll; bei mit den Jahren nachlassender Blüte im Februar Rückschnitt kurz über dem Erdboden.
Hinweis: Der rosa blühende Rutenweiderich (*L. virgatum*) mit Sorten, die nur 60 cm hoch werden, lässt sich auch im Uferbereich kleinerer Teiche unterbringen.

Blutweiderich (Lythrum salicaria)

Boden

Der Boden ist neben dem Klima wichtigster Wachstumsfaktor für die Pflanzen. In ihm verankern sich die Wurzeln, sein Zustand ist entscheidend für die Wasser- und Nährstoffversorgung.

Wissenschaftlich gesehen ist der Boden die mit Wasser, Luft und Lebewesen durchsetzte obere Schicht der Erdkruste oder -rinde, die unter dem Einfluss verschiedener Klimafaktoren und durch die Tätigkeit von Organismen gebildet wurde. Er besteht aus festen anorganischen Mineral- und Gesteinsteilen, toten organischen Stoffen wie Humus, lebenden tierischen und pflanzlichen Organismen (→ *Bodenleben*) sowie Bodenwasser und Bodenluft.

In der obersten, mehr oder weniger humusreichen Bodenschicht befindet sich der Hauptteil der Pflanzenwurzeln. Diese Schicht ist bei einem Gartenboden natürlich stark von der → *Bodenbearbeitung* und anderen Kulturmaßnahmen geprägt. Zudem besteht sie bei Neubaugrundstücken häufig aus aufgetragenem Mutterboden fremden Ursprungs. Trotzdem haben auch hier die tiefer liegenden Schichten Einfluss auf die Bodeneigenschaften. Diese resultieren letztlich aus dem teils Jahrtausende zurückliegenden Prozess der → *Bodenbildung,* in dem die → *Bodenhorizonte* entstanden sind.

Bodenstruktur

Die Bodenstruktur ergibt sich aus der räumlichen Anordnung der festen Bodenteilchen (mineralische wie organische) und der dadurch gebildeten Hohlräume.

Die festen Mineral- und Gesteinsteile unterscheidet man in:

1) Grobboden: Teile mit Korngrößen über 2 mm; hierzu gehören Steine, Kies und Geröll. Der Grobboden bildet das Bodenskelett.

2) Feinboden: Teilchen mit Korngrößen kleiner als 2 mm. Dazu gehören Sand, Schluff und – als kleinste Bestandteile – Ton. Der jeweilige Mengenanteil der verschiedenen Korngrößen ergibt die Körnung des Bodens und damit die → *Bodenart*.

Obwohl stark tonhaltige Böden problematisch sind, wie man in der Gartenpraxis schnell feststellt, haben die kleinen Tonteilchen, Tonminerale genannt, eine sehr wichtige Funktion im Boden. Sie können anders als Sandkörnchen an ihrer Oberfläche Wasser und Nährstoffe pflanzenverfügbar anlagern. Dieselbe günstige Eigenschaft besitzen winzige Humusteilchen. Man nennt diese Partikel auch **Kolloide** (von kolloid = feinst verteilt). Durch die Anlagerung der Nährstoffe ist ein Boden mit zahlreichen Kolloiden besonders fruchtbar. Die Nährstoffe werden bei Bedarf nach und nach ins Bodenwasser und damit an die Pflanzen abgegeben. Umgekehrt kommt es bei überschüssiger Düngung weniger schnell zu Auswaschung oder Pflanzenschäden. Man spricht deshalb auch von Pufferung, d. h., Extreme im Nährstoffhaushalt werden aufgefangen, ebenso starke Schwankungen im pH-Wert (→ *Bodenreaktion*).

Werden Ton- und Humusteilchen durch Ausscheidungen von Mikroorganismen und Bodentieren (vor allem Regenwürmern) miteinander verklebt, entstehen Ton-Humus-Komplexe, die sich zu locker aufgebauten Krümeln zusammenlagern. So bildet sich eine sehr vorteilhafte **Krümelstruktur** mit zahlreichen feinen Poren. Damit ist ein optimaler Wasser- und Lufthaushalt im Boden gewährleistet. Ungünstiger ist dagegen die Einzelkornstruktur, bei der die Bodenteilchen lose nebeneinander liegen. Dies ist nicht nur bei reinen Sandböden der Fall. Auch tonhaltige Böden können so strukturiert sein, wenn keine Krümelbildung stattfindet, d. h., wenn Humus und Bodenorganismen weitgehend fehlen. Durch den hohen Anteil kleinster Teilchen gibt es kaum größere, Luft führende Poren, die Böden verdichten und vernässen schnell.

Deshalb sollten solche Böden nach starken Niederschlägen nicht unnötig betreten werden.

Bodeneigenschaften

Bodenstruktur und → *Bodenart* sowie Humusgehalt (→ *Bodenfruchtbarkeit*) bestimmen wesentlich die meisten Bodeneigenschaften, die für das Gedeihen der Pflanze wichtig sind:

- die Durchwurzelbarkeit (tiefgründiger oder flachgründiger Boden)
- die Durchlüftung und damit die Sauerstoffversorgung der Wurzel (lockerer oder zu Verdichtung neigender Boden)
- die Nährstoffspeicherung bzw. Nährstoffabgabe (nährstoffarmer bzw. karger oder nährstoffreicher bzw. fetter Boden)

- mineralische Substanz
- Humus
- Organismen

Eine Krümelstruktur weist eine gute Verteilung von Luft und Wasser führenden Poren auf.

BODENART

Ein gesunder Boden kann von den Pflanzen gut durchwurzelt werden.

■ den Grad der Wasserspeicherung (trockener, frischer, feuchter oder nasser Boden)
■ die Art der Wasserleitung und -führung (durchlässiger oder zu Staunässe neigender Boden)

Für mangelnde Durchlässigkeit können auch Verdichtungen in tieferen Bodenschichten die Ursache sein.

Eine weitere bestimmende Kenngröße des Bodens hängt ursächlich nicht von der Bodenstruktur ab, sondern von Faktoren wie Ausganggestein und Düngung: der Säuregrad (pH-Wert) des Bodens. Dazu → *Bodenreaktion*

Bodenanalyse
→ *Bodenuntersuchung*

Bodenart
Die gemeinhin bekannten Bodenarten sind Sand, Lehm und Ton, wobei man diese Begriffe meist nicht im genau definierten Sinne der Bodenkunde versteht. Fachsprachlich stehen die Bezeichnungen für genau festgelegte Korngrößen der mineralischen Teilchen. Ihre jeweiligen Anteile im Boden bestimmen die Bodenart.

Die Korngröße hängt von der Größe der Mineralien im → *Ausgangsgestein* sowie vom Grad der Verwitterung ab.

Sie wird durch Sieben und Aufschlämmen in Wasser ermittelt. Teilchen mit Korngrößen unter 2 mm bilden den Feinboden, während die größeren Bestandteile den Grobboden und bzw. das Bodenskelett darstellen (→ *Boden, Bodenstruktur*).

Die für die Bodenart maßgeblichen Korngrößen im Feinboden sind:
■ Sand: 2,0 – 0,06 mm Ø
■ Schluff: 0,06 – 0,002 mm Ø
■ Ton: weniger als 0,002 mm Ø

Der Lehm gehört nicht in dieses Korngrößensystem. Er stellt ein Gemisch mit etwa gleichen Anteilen von Sand, Schluff und Ton dar und vereint damit die Vorteile aller drei Korngrößenfraktionen. Böden sind jedoch nicht immer so ausgewogen zusammengesetzt. Häufig vorkommende Bodenarten mit ihrem Anteil an mittleren und feinen Korngrößen zeigt untenstehende Übersicht. Nicht gemischte Böden, z. B. reine Sandböden, kommen sehr selten vor.

Bei sehr humusreichen, hauptsächlich aus Pflanzenresten gebildeten Böden spielen die mineralischen Korngrößen keine Rolle. Man nennt sie dann je nach Humusgehalt anmoorige Böden (über 15 %) oder Moorböden (über 30 % Humus)

Mit einer **Fingerprobe** lässt sich die Bodenart grob bestimmen. Dazu reibt man zwischen den Fingern eine genügend feuchte Bodenprobe, versucht sie z. B. zu einer Wurst zu formen bzw. auszurollen. Dabei gilt:
■ Sandiger Boden: nicht formbar, fühlt sich körnig an, haftet nicht in den Fingerrillen.
■ Schluffiger Boden: nur mäßig formbar (zerbröckelt), fühlt sich samtig-mehlig an, haftet in den Fingerrillen.
■ Lehmiger Boden: formbar, wird beim Ausrollen rissig und hat samtartig stumpfe Reibflächen.
■ Toniger Boden: gut formbar, rollbar, hinterlässt schmutzige Reste auf den Fingern und zeigt glänzende Gleitflächen.

Eine sehr praxisnahe Einteilung der Bodenarten ergibt sich durch das Unterscheiden nach **Bearbeitbarkeit:**

1) Leichter Boden: Sandiger Boden mit überwiegend groben Teilchen. Er ist leicht zu bearbeiten, tief durchwurzelbar, gut durchlüftet, kann viel Wasser aufnehmen und erwärmt sich schnell. Er hat ein geringes Speichervermögen für Wasser und Nährstoffe, und macht häufiges Bewässern und Düngen erforderlich. Vor allem Wärme und trockenheitsliebende Pflanzen wie Hauswurz und Silberdistel bevorzugen leichte Böden. Auch für die Spargelkultur sind sie günstig.

2) Mittelschwerer Boden: Zum einen ist dies schluffiger Boden mit vorwiegend mittelgroßen Teilchen. Er lässt sich gut bearbeiten, sofern nicht zu feucht, ist meist tiefgründig, verfügt über einen guten Wasser-, Nährstoff- und Wärmehaushalt und kann durch Zuführung organischer Substanz gut belebt und gelockert werden. Dafür neigt er zum Verschlämmen und verdunstet bei hohen Temperaturen viel Wasser. Zum andern gehört hierzu der Lehmboden: Er zeigt dieselben Vorteile wie der Schluffboden, jedoch kaum Nachteile. Wenn die Tonfraktion überwiegt,

BODENART UND KORNGRÖSSE

Bodenart	Anteil an Schluff- und Tonteilchen (in %)
Sand	10
Anlehmiger Sand	10 – 20
Lehmiger Sand	20 – 25
Stark sandiger Lehm	25 – 30
Sandiger Lehm	30 – 35
Lehm	35 – 40
Lehmiger Ton	40 – 75
Ton	über 75

Bodenaustausch

tendiert er allerdings zu den Eigenschaften des schweren Bodens.

3) Schwerer Boden: Tonboden mit überwiegend feinen Teilchen. Er speichert viel Wasser und Nährstoffe, die kaum ausgewaschen werden können. Dafür ist er schwer zu bearbeiten, leitet Wasser nur im geringen Maße, neigt zu Staunässe, ist oft schlecht durchlüftet und erwärmt sich nur langsam. Pflanzenarten, die Kühle und Feuchtigkeit brauchen wie Schaublatt, Sumpfdotterblume, Adlerfarn oder Blutweiderich bevorzugen schwere Böden.

Wo leichte oder schwere Böden Probleme bereiten, bieten sich die verschiedenen Maßnahmen der → *Bodenverbesserung* an.

Bodenaustausch

Der Austausch von Boden bis in tiefere Schichten kann nötig werden bei starker Schadstoffbelastung oder gravierenden Problemen mit bodenbürtigen Krankheiten oder Schädlingen. Als Ersatz kommt guter Mutterboden infrage.

Nicht ganz so aufwändig ist der kleinflächige Bodenaustausch für Pflanzen mit besonderen Bodenansprüchen, z. B. für Kalk meidende Heidekrautgewächse oder auf magere Erde angewiesene Steingartenpflanzen.

Bodenbearbeitung

Die mechanische Bearbeitung mit entsprechenden Gerätschaften dient verschiedenen Zwecken:

1) Tief reichende Lockerung: Nach Räumen bzw. vor Neubestellung von Beeten wird meist eine Lockerung durchgeführt, die Verdichtungen vorbeugt und die Durchlüftung verbessert; entweder durch Umgraben mit dem Spaten oder nicht wendend mit der Grabegabel.

3) Oberflächenlockerung: Das Aufbrechen der Verkrustung bzw. Verdichtung zwischen den Reihen oder um die Pflanzen herum gehört zu den laufenden Pflegearbeiten und wird mit Hacke, Grubber oder ähnlichen Geräten vorgenommen. Es verbessert Durchlüftung, Erwärmung und Wasseraufnahme des Bodens. Zugleich werden dabei haarfeine Röhrchen, die Kapillaren zerstört, über die das Bodenwasser verdunstet.

4) Saat- und Pflanzbeetvorbereitung: Hierzu gehören das Zerkleinern von Erdschollen und -brocken sowie das Einebnen, Glätten und Krümeln der Erdoberfläche.

5) Unkrautbekämpfung: Wird bei der Oberflächen- und Tiefenlockerung mit erledigt oder erfolgt gezielt mit Hacke, Grubber oder Krail.

6) Inkulturnahme von Böden: Vor Neuanlage z. B. von Beeten oder Rasenflächen erfolgt eine besonders gründliche Bearbeitung durch Entfernen vorhandenen Bewuchses, tief reichende Lockerung, Hacken und Feinbearbeitung wie bei der Saat- und Pflanzbeetvorbereitung.

→ PRAXIS-SEITE Bodenbearbeitung und Beetvorbereitung (S. 138/139), auch → PRAXIS-SEITE Beete neu anlegen (S. 98/99)

Bodenbearbeitungsgeräte

Handgeräte für die Bodenbearbeitung sollten besonders stabil und gut verarbeitet sein. Je nach Körpergröße passende Stiellängen erleichtern das Arbeiten.

1) Für tiefe Lockerung und Erdarbeiten:

- Spaten: zum Umgraben, Ausheben von Pflanzgruben, Abstechen von wuchernden Pflanzenteilen oder Rasenkanten
- Grabegabel: für nicht wendende Bodenlockerung, aber auch zum Umgraben geeignet; praktisch zum Ernten von Wurzelgemüse
- Schaufel: zum Verteilen und Umsetzen von Erde, Kompost oder Sand

2) Für Oberflächenlockerung und -bearbeitung sowie Bekämpfung von Unkraut:

- Hacken: Schlaghacke mit breitem, kräftigem Blatt; Ziehhacke mit kurzem, breitem Blatt an zwei Bügeln; Doppelhacke mit Blatt auf einer, Zinken auf der anderen Seite
- Kultivator oder Grubber: mit 3 bis 5 gekrümmten Zinken; gut zum Einarbeiten von Kompost geeignet; praktisch auch als Kleingeräte mit kurzem Stiel. Zwischen Kultivator und

Leichter, sandiger Boden rieselt durch die Finger.

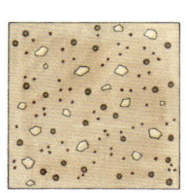

Mittelschwerer, lehmiger Boden rieselt kaum, ist eher bröckelig und hinterlässt dunkle Fingerrillen.

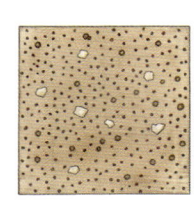

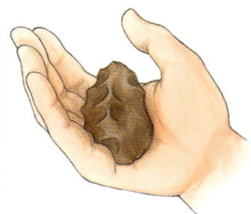

Schwerer, toniger Boden lässt sich gut formen, zeigt fettigen Glanz und hinterlässt einen feinen dunklen Belag auf der Handfläche.

Bodendecker

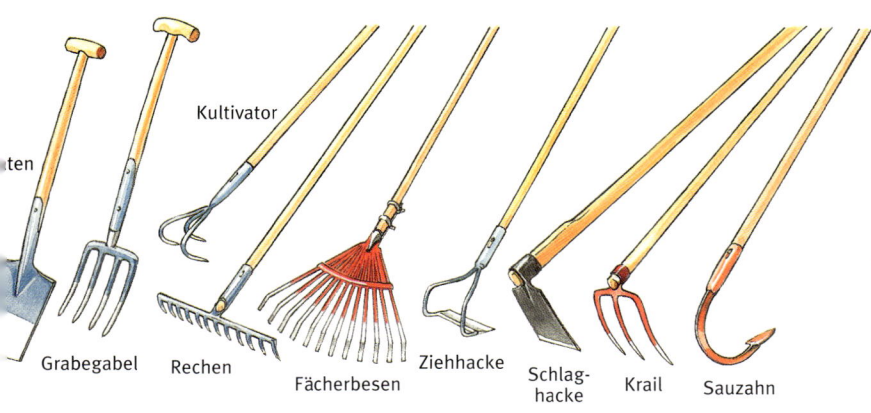

Gartengeräte für die Bodenbearbeitung
(Grabegabel, Kultivator, Rechen, Fächerbesen, Ziehhacke, Schlaghacke, Krail, Sauzahn)

Grubber wird manchmal nach Zinkenzahl und Breite der Spitzen (teils als Schare ausgebildet) unterschieden; die Bezeichnungen sind jedoch uneinheitlich.

- Sauzahn: gebogene, kräftige Zinke mit pflugartiger Spitze
- Krail: einer umgebogenen Grabe- oder Mistgabel ähnlich, mit vier, seltener drei Zinken

3) Zum Krümeln und Einebnen:
- Rechen (Harke): auch für das Einarbeiten von Samen, Dünger und Kompost geeignet.
- Sternfräse, Gartenwiesel oder Kombikrümler: mit rotierenden, sternförmig spitzen Scheiben

Bodenbedeckung
Bedeckung offener Bodenflächen mit organischem Material (z. B. Rasenschnitt) oder dunkler Folie
→ *Mulchen*

Bodenbildung
Unter den oberen 30 cm des Bodens, mit denen man es beim Gärtnern meist zu tun hat, ruht häufig das Ergebnis einer Jahrtausende alten Entwicklung. Durch Vulkantätigkeit, Gletscher, Wind und Gewässer geformte → *Ausgangsgesteine* wurden durch Verwitterung allmählich zerkleinert. Unter Einfluss von Frost, Temperaturschwankungen, Wasser, Algen, Flechten und Moosen lösten sich massive Gesteine auf, teils kam es zur Bildung neuer Mineralien. Pflanzen siedelten sich an und hinterließen nach dem Verrotten erste Humusauflagen. Gesteinspartikel und Humusstoffe vermischten sich, über dem Ausgangsgestein bildeten sich neue Schichtungen.

Je nach Ausgangsgestein und Umweltbedingungen entwickelten sich verschiedene Bodentypen mit unterschiedlicher Eignung als Pflanzenstandort, z. B. die bei uns weit verbreitete, recht günstige Braunerde. Beim Aufgraben zeigen die verschiedenen Bodentypen durch Ausprägung und Färbung der → *Bodenhorizonte* ein charakteristisches Bodenprofil.

Bodendecker
Auch Flächendecker genannt. Niedrige Pflanzen, die sich durch kriechenden, polsterförmigen, mattenartigen oder ausgeprägt breiten Wuchs eignen, größere Flächen ansehnlich zu bedecken. Dazu gehören verschiedene, meist immergrüne Gehölze sowie Stauden, die sich häufig durch Ausläufer verbreiten. In relativ kurzer Zeit bedecken die Pflanzen den Boden, unterdrücken somit den Unkrautwuchs und beschränken den Pflegeaufwand auf ein Minimum. Bodendecker können eine auflockernde Alternative zum Rasen darstellen, werden jedoch vor allem an etwas schwierig zu begrünenden oder abgelegenen Stellen eingesetzt. Man verwendet sie häufig als Unterpflanzung von Gehölzen, für Hänge und Böschungen, in Vorgärten oder für kleine, ungenutzte Freiflächen, z. B. zwischen zwei Häusern.

Bewährte Bodendecker für halbschattige und schattige Plätze sind Günsel, Waldmeister, Goldnessel, Schaumblüte, Immergrün und Efeu. Für sonnige, trockene Plätze eignen sich u. a. Katzenminze, Stachelnüsschen und Hornkraut. Unter den Gehölzen gelten die Zwergmispeln (*Cotoneaster*) als die Bodendecker schlechthin. Es gibt jedoch noch andere Arten, die für Abwechslung sorgen, z. B. Johanniskraut und Kriechspindel. Unter den Nadelgehölzen wird vor allem der Kriechwacholder gern als Flächendecker verwendet.

Die Pflanzflächen für Bodendecker sollten gut vorbereitet und gründlich von Unkräutern befreit werden. Denn es dauert einige Zeit, bis die gewünschte geschlossene Decke entstanden ist und unerwünschter Wildwuchs unterdrückt wird. Bodendeckerstauden und kleine Gehölze pflanzt man meist mit 8 bis 12 Exemplaren je m², bei etwas höheren, breitwüchsigen Gehölzen variieren die Stückzahlen je nach Art und Wuchskraft zwischen 2 und 4.

Immergrün (Vinca minor) eignet sich, um größere Flächen zu begrünen.

Bodenbearbeitung und Beetvorbereitung

1. *Umgraben 1: Man beginnt am vorderen Beetrand und hebt den ersten Graben aus. Die Erde kann man am Rand ablegen oder gleich mit dem Spaten nach hinten über die Fläche verteilen.*

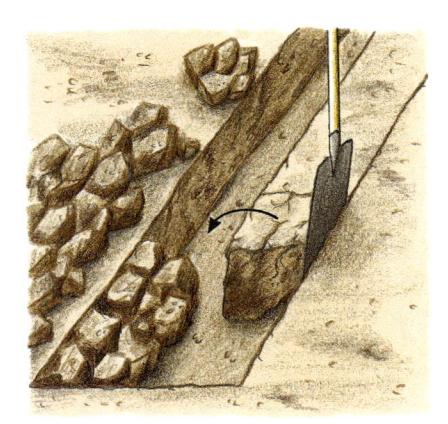

2. *Umgraben 2: Die Schollen der nächsten Reihe werden im ersten Graben abgelegt und dabei gewendet. So verfährt man dann auch mit den nachfolgenden Reihen.*

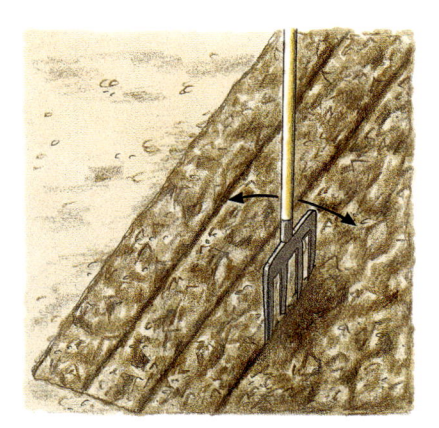

3. *Alternative zum Umgraben: Zum nicht wendenden Lockern sticht man die Grabegabel in Abständen von 10 cm in den Boden und rüttelt sie vor und zurück. Es wird ebenso wie beim Umgraben reihenweise gearbeitet.*

Umgraben

Das Umgraben oder Umspaten erfolgt in der Regel im Herbst, nachdem die Beete geräumt sind; andernfalls mit einigen Wochen Abstand vor der Neueinsaat oder -bepflanzung, damit sich der Boden bis dahin absetzen kann. Nach Umgraben im Herbst bleiben die Schollen liegen. Bei stärkeren Frösten werden sie durch Gefrieren und Wiederauftauen des Wassers vorzerkleinert (Frostgare). Vermeiden Sie ein Umgraben bei sehr feuchten Böden. Das ist nicht nur anstrengend, sondern führt auch eher zum Verschmieren der Bodenteile als zum Lockern.

Das Spatenblatt sollte möglichst gerade und tief eingestochen werden, wobei man durch Auftreten mit dem Fuß auf die Kante nachhilft. Ob man fein säuberlich abgelegte Schollen hinbekommt, hängt zum einen vom Bodenzustand ab und ist zum andern Übungssache. Es gibt so manch raffinierte oder auch aufwändige Verfahren, den Aushub des ersten Grabens zum Schluss im letzten unterzubringen. Einfacher ist es, ihn über der Fläche zu verstreuen. Das Auffüllen der verbleibenden leeren Furche ergibt sich bei der Nachbearbeitung von selbst.

Durch das Wenden der Schollen werden die normalerweise oben lebenden, Luft liebenden Bodenorganismen nach unten vergraben. Dies bedeutet einen starken Eingriff, das förderliche Bodenleben braucht dann einige Zeit, bis es wieder intakt ist, was man durch Kompostgaben unterstützen kann. Es

> **TIPP**
>
> In der Regel arbeitet man rückwärts gehend, um bereits gelockerte Stellen nicht wieder durch Betreten zu verdichten. Eine Ausnahme stellt das Bearbeiten stark verdichteter oder verunkrauteter Flächen dar, die am besten mit einer kräftigen Schlaghacke bearbeitet werden. Der nötige Kraftaufwand lässt sich im Vorwärtsgang besser bewältigen.

gibt deshalb gute Gründe, auf das Umgraben zu verzichten, sofern es die Bodenverhältnisse erlauben, zumal die Arbeit recht mühsam ist.

Schonend lockern ohne Wenden

Sofern man die Grabegabel bis zum Anschlag einstechen kann, erreicht man durch das Rütteln in kurzen Abständen eine ähnlich tiefe und gründliche Lockerung wie beim Umgraben. Bei schweren, tonhaltigen Böden ist dies jedoch oft sehr schwierig. Außerdem werden sie durch Umgraben besser belüftet. Verbessert man solche Böden nach und nach durch Humuszufuhr und eventuell Sanduntermischung, dann lässt sich das Umgraben zumindest alle 2 bis 3 Jahre durch die Grabegabelbearbeitung ersetzen. Bei günstiger Entwicklung kann das Umgraben mit der Zeit ganz entbehrlich werden.

Für leichte und sehr gut strukturierte, lockere Böden genügt sogar das gründliche Durchziehen mit dem Sauzahn, ohne dass vorher die Grabegabel zum Einsatz kommen muss.

Schonend gelockerte Böden kann man im Herbst auch gleich mit einer Kompostschicht überziehen und eine Mulchschicht aus Laub darüber packen. Darunter beginnt sich das Bodenleben im Frühjahr zeitig zu regen.

Nach Jahren mit starkem Schneckenauftreten lässt man die Bodenbedeckung jedoch besser weg.

Nachbearbeitung

Auf umgegrabenen Böden werden im Frühjahr, sobald der Boden abgetrocknet ist, die Schollen zerkleinert, falls nicht schon Frost die Hauptarbeit erledigt hat. Dafür kommt je nach Bodenart und -zustand die Hacke, der Krail oder der Kultivator zum Einsatz. Bei grobscholligen Böden werden zwei Arbeitsgänge – erst Hacke, dann Kultivator oder Gartenwiesel – erforderlich. Dabei kann auch das Einarbeiten von Kompost erfolgen, der für baldige Aussaaten völlig ausgereift, also verrottet sein muss. Für mit der Grabegabel bearbeitete Böden genügt meist das Nachlockern mit Sauzahn oder Kultivator. Lesen Sie bei allen Arbeiten immer wieder Unkrautreste und -wurzeln aus.

Zum Einebnen zieht man den Rechen mehrmals in verschiedenen Richtungen über die Fläche, bis alle Mulden gefüllt sind. Dabei werden größere Erdbrocken zerkleinert, wenn nötig auch mit dem Gartenwiesel, oder abgerecht. Nicht allzu große Klumpen stören höchstens bei der Aussaat, für Pflanzungen muss die Oberfläche nicht perfekt feinkrümelig sein.

> **CHECKLISTE**
>
> Bei der regelmäßigen Bodenlockerung nach Aussaat oder Pflanzung ist in manchen Fällen besondere Vorsicht geboten:
> - bei keimender Saat: nur zwischen genau markierten Reihen hacken
> - zwischen Jungpflanzen
> - zwischen Zwiebel- und Knollenpflanzen
> - bei Flachwurzlern wie Johannisbeeren

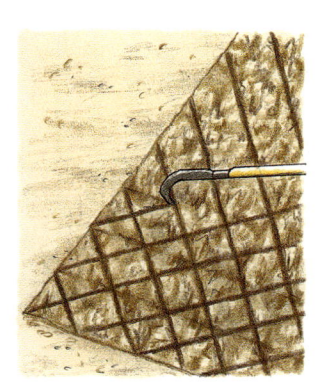

1. Beim Arbeiten mit dem Sauzahn hat sich das Durchziehen in zweifach diagonaler Richtung quer über die Beetfläche bewährt.

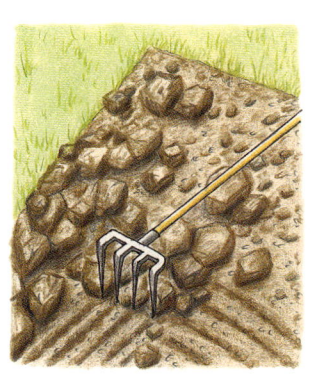

2. Der Krail eignet sich gut, um tief gelockerte Beete nachzuarbeiten sowie Pflanzenreste und Unkräuter aus dem Boden zu ziehen.

3. Mit dem Kultivator kann man grobe Bodenschollen zerkleinern und dabei die Oberfläche nochmals gründlich lockern.

4. Mit dem Gartenwiesel lassen sich größere Brocken fein zerkrümeln und verfestigte Krusten aufbrechen.

BODENDECKERROSEN

Die Schneedecke schützt den Boden vor allzu großer Wärmeabstrahlung.

Eine Gründüngung z. B. mit Senf und Phacelia fördert die Bodenfruchtbarkeit.

Bodendeckerrosen
Breit oder niederliegend wachsende Rosen, die sich für flächige Pflanzung eignen.
→ *Rose*

Bodenfrost
Von Bodenfrost spricht man, wenn die Temperatur, die 5 cm über dem Erdboden gemessen wird, in der Nacht unter den Gefrierpunkt, also 0° C sinkt. Dann gefriert auch das Wasser in den Poren der Bodenoberfläche. Gefährlich können solche Tieftemperaturen vor allem dann werden, wenn sie als → *Barfröste* auftreten. Zu ernsthaften Wurzelschäden kommt es jedoch in der Regel erst ab -10° C in der obersten Bodenschicht.

Bodenfruchtbarkeit
Fähigkeit des Bodens, gleichmäßig und dauerhaft gutes Pflanzenwachstum zu ermöglichen. Im Grunde ist die Bodenfruchtbarkeit ein Sammelbegriff für optimale Bodeneigenschaften und gute Bodenstruktur (→ *Boden*). Sie wird durch geeignete Bodenbearbeitung und Düngung erhalten und insbesondere durch Unterstützen der Humusbildung sowie Anregung des → *Bodenlebens* gefördert. Dazu dienen Kompostgaben, Mulchen und Düngen mit organischen Stoffen und Gründüngung.

Humus entsteht bei der Verrottung von pflanzlichen oder tierischen Organismen und gibt dem Boden seine dunkle Farbe. Langsam zersetzbare organische Substanz wird zum Dauerhumus und bildet strukturfördernde Ton-Humus-Komplexe (→ *Boden*). Bei leicht zersetzbarer organischer Substanz, dem Nährhumus, schließen Bodenorganismen recht schnell die Nährstoffe auf und machen sie pflanzenverfügbar. Damit wird diese Humusform aber auch schnell abgebaut, was bei intensiver Bodenbearbeitung umso rascher erfolgt. Für die positive Wirkung des Humus genügen relativ geringe Anteile: Mit 2 – 4 % organischer Substanz gilt ein Boden als humos, mit 4 – 8 % als stark humos. Sehr hohe Humusanteile über 15 % bestehen meist aus kaum zersetztem Rohhumus. Es handelt sich dann um anmoorige oder Moorböden, auf denen nur spezielle Pflanzen gedeihen.

Bodengare
Günstiger Bodenzustand, der eng mit der → *Bodenfruchtbarkeit* zusammenhängt, aber insbesondere auf die Struktur bzw. Krümelung abzielt. Eine längerfristige Bodengare entwickelt sich durch günstige Krümelstruktur und entsprechenden Humusgehalt (→ *Boden, Bodenstruktur*). Weniger beständig ist die durch Bodenbearbeitung erzielte Gare sowie die Frostgare, bei der winterlicher Frost das Zerkrümeln im Herbst umgegrabener Schollen bewirkt.

Bodengefüge
Andere Bezeichnung für Bodenstruktur
→ *Boden*

Bodenhorizont
Horizontal verlaufende, mehr oder weniger einheitliche Schichten eines natürlichen Bodens. Von der Oberfläche bis in die Tiefe werden im Allgemeinen drei Haupthorizonte unterschieden:

1) Der Ober- oder Mutterboden (A-Horizont, auch Krume genannt), der mit organischer Substanz und Bodenleben durchsetzt und durch Humus dunkel gefärbt ist.

2) Der Unterboden (B-Horizont), ein heller gefärbter, humusarmer Boden

3) Der Untergrund (C-Horizont), das unverwitterte → *Ausgangsgestein*

Zusammen ergeben sie das Bodenprofil. Je nach Ausgangsgestein und → *Bodenbildung* können die Horizonte sehr verschieden ausgebildet sein. Bei lange Zeit gärtnerisch genutzten, gut gepflegten Böden reicht der Oberboden bis in 40 – 60 cm Tiefe und weist eine intensiv dunkle Färbung auf.

Bodenimpfung
→ *Bakterienpräparate*

BODENMÜDIGKEIT

Bodenleben
Tierische und pflanzliche Organismen (Bodenfauna, Bodenflora), die ständig oder zeitweise in den wasser- und luftgefüllten Hohlräumen des Oberbodens leben und durch ihre Tätigkeit eine wichtige Rolle im Stoffkreislauf der Natur und für die Bodenfruchtbarkeit spielen.

Unter der **Bodenflora** sind die Bodenbakterien am zahl- und formenreichsten und mit einer durchschnittlichen Masse von rund 5 kg pro 100 m² Boden enthalten. Zu ihnen gehören die frei lebenden → *Azotobakter*-Arten und die an Wurzeln symbiontisch lebenden *Rhizobium*-Arten (→ *Knöllchenbakterien*), die die Fähigkeit haben, Stickstoff aus der Luft zu binden und dem Boden zuzuführen. Daneben binden Bakterien z. B. Eisen durch Oxidation in Salzen, das so von den Pflanzen aufgenommen werden kann. Die Bakterien haben die größte Bedeutung bei der Bildung von mineralischen Pflanzennährstoffen, für den Aufbau von Huminsäuren und die Erhaltung der Bodenkrümel (auch → *Bakterien*).

Zur Bodenflora gehören weiterhin die bakterienähnlichen Strahlen- und Bodenpilze, Algen und Flechten, von denen besonders die Mykorrhizapilze bedeutend sind. Sie leben mit verschiedenen Pflanzen in Symbiose (beidseits nützliche Lebensgemeinschaft) und übernehmen dann die Aufgaben der Wurzelhaare. Pilzliche Bodenorganismen bauen zum größten Teil Cellulose und Lignin aus verholzten Pflanzenteilen ab.

Vielfältig belebte Böden haben ein so genanntes „antiphytopathogenes Potenzial", d. h. die Fähigkeit, Pflanzenkrankheiten auslösende Keime oder Bestandteile durch bodeneigene Bakterien, Algen und Pilze zu unterdrücken oder zu hemmen.

Zur **Bodenfauna** gehören Einzeller, Fadenwürmer (Nematoden), Rädertiere, Milben, Springschwänze, Insekten und ihre Larven, Asseln, Spinnen, Schnecken, Regenwürmer sowie einige Wirbeltiere. Manche leben ständig im Boden wie Regenwürmer und Springschwänze, andere verbringen nur einen Teil ihrer Entwicklung im Boden, wie z. B. manche Insektenlarven. Die wichtigste Nahrungsquelle sind abgestorbene organische Stoffe und pflanzliche Bodenorganismen. Auch die tierischen Bodenorganismen wirken bei der Bodenentwicklung mit: Sie zerkleinern größere organische Partikel; bei der Verdauung werden organische Substanzen mineralisiert und zersetzt. Grabende Bodentiere wie z. B. Regenwurm oder Doppelfüßer durchmischen und lüften den Boden. Dadurch fördern sie eine stabile Krümelstruktur.

Manche Bodenbewohner fressen auch an den Pflanzenwurzeln; im lebendigen Boden haben sie jedoch ihre Gegenspieler und treten nur selten gehäuft als → *Bodenschädlinge* auf. Die manchmal lästigen, unter Naturschutz stehenden Maulwürfe durchmischen und lockern mit ihrer grabenden Tätigkeit nicht nur den Boden, sondern sind auch eifrige Jäger Pflanzen schädigender Bodentiere.

Bodenlockerung
→ *Bodenbearbeitung*

Bodenmodellierung
Schaffung künstlicher Hügel, Hänge, Terrassierungen und ähnlicher Geländeänderungen durch größere Erdarbeiten. Bei → *Teich* oder → *Bachlauf* modelliert man im kleineren Maßstab Tiefenzonen oder Staustufen.

Bodenmüdigkeit
Bodenzustand, der zu einem schlechten Gedeihen darauf wiederholt angebauter Pflanzen führt, oft mit deutlichem Kümmerwuchs als Folge. Man kennt dies besonders bei verschiedenen Gemüsen und bei Rosen, wo das Phänomen auch als Rosenmüdigkeit bezeichnet wird. Dabei sind oft nicht nur bestimmte Arten, sondern mehrere oder alle Pflanzen einer Familie betroffen.

Das Bodenleben eines gesunden Bodens kann sehr vielfältig sein: (1) Ameise, (2) Nematode, (3) Käfer, (4) Steinläufer, (5) Tausendfüßler, (6) Käferlarven, (7) Spinne, (8) Milbe, (9) Assel, (10) Pantoffeltierchen und Amöben, (11) Enchyträe, (12) Regenwurm, (13) Bakterien und Pilze, (14) Springschwanz, (15) Ohrwurm

Bodenorganisation

Eine der Hauptursachen für den „müden" Boden ist die Vermehrung von Schädlingen (vor allem → *Nematoden*) und Krankheiten, die durch den ständigen Bewuchs mit derselben Wirtspflanze gefördert werden. Weiterhin spielt einseitiger Nährstoffentzug eine Rolle, der durch mangelnde Düngung und Bodenpflege noch gefördert wird. Außerdem wird angenommen, dass die Wurzeln bestimmter Pflanzen entwicklungshemmende Stoffe ausscheiden, die auch nah verwandte Arten beinträchtigen. Beste Vorbeugungsmaßnahme ist der häufige Wechsel des Anbauplatzes.

Bodenorganismen
Alle pflanzlichen und tierischen Organismen, die ganz oder teilweise im Boden leben.
→ *Bodenleben*

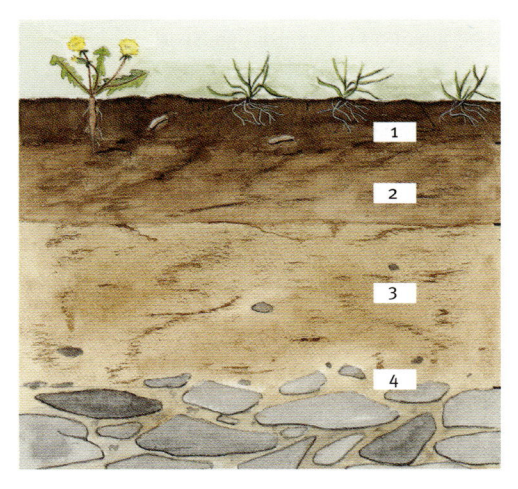

Ein Bodenprofil kann man in drei Horizonte einteilen. Ganz oben befindet sich der bis zu 60 cm dicke Oberboden, der aus dem obenauf liegenden, ca. 20 cm dicken Mutterboden (1) und der darunter befindlichen, humosen, ca. 40 cm starken Übergangsschicht (2) besteht. Dann folgt der weitgehend anorganische Unterboden von 60 – 80 cm Dicke (3). Daran schließt sich der steinige Unterboden an (4).

Auch das Mulchen mit Stroh dient der Bodenpflege.

Bodenpflege
Sämtliche Maßnahmen, die der Verbesserung und Erhaltung der → *Bodenfruchtbarkeit* und einer guten Bodenstruktur dienen. Dazu gehören in erster Linie → *Bodenbearbeitung* und Humuszufuhr durch → *Kompost* und → *Mulchen*.

Bodenpilze
Im Boden kommen zahlreiche Pilzarten vor, die Bestandteile eines intakten → *Bodenlebens* sind. Der Begriff Bodenpilze taucht jedoch meist im Zusammenhang mit Schadpilzen auf, die im Boden leben oder die Pflanzen vom Boden aus befallen. Teils sind sie auch Ursache für die → *Bodenmüdigkeit*. Es handelt sich um verschiedene Pilzgattungen mit Namen wie *Fusarium, Phoma* und *Pythium,* die unterirdische oder bodennahe Pflanzenteile infizieren. Nach den Krankheitsbildern werden sie Wurzelbräune oder -fäule, Knollen- oder Stängelfäule sowie Fußkrankheiten genannt. Eine speziell Form davon ist die → *Umfallkrankheit* (Schwarzbeinigkeit) von Sämlingen. Besonders stark treten solche Krankheiten auf intensiv genutzten Gewächshausböden auf.
Schadbild: Dunkle Verfärbungen und Fäulnis an unterirdischen Pflanzenteilen, Wurzelhals oder Stängelbasis; häufig Absterben der Wurzeln; oberirdische Teile vergilben und welken, Blätter und Blüten kippen um.
Abhilfe: Vorbeugend gute Bodenpflege betreiben, bei Anzucht nur gut strukturierte, nährstoffarme Qualitätssubstrate verwenden; Staunässe und Übergießen vermeiden, zurückhaltende (Stickstoff-)Düngung; befallene Pflanzen entfernen und beseitigen (nicht auf den Kompost geben).

Bodenprobe
Die möglichst repräsentative, an verschiedenen Stellen des Gartens entnommene Bodenportion für eine → *Bodenuntersuchung*

Bodenprofil
Querschnitt durch den Boden, der Aufschluss über Art, Mächtigkeit, Struktur und Zustand der einzelnen → *Bodenhorizonte* gibt, außerdem z. B. über die Höhe des Grundwasserstands. Zum Begutachten dieses Profils wird in der Regel nicht der ganze Boden aufgegraben, sondern ein spezieller Tiefenbohrstock verwendet.

Bodenreaktion
Der Grad der Bodensäure, der durch den pH-Wert gemessen und ausgedrückt wird. Die für das Pflanzenwachstum wichtige Bodenreaktion ist das Ergebnis recht komplizierter bodenchemischer Zusammenhänge. Für die Gartenpraxis genügt es zunächst einmal zu wissen, dass es saure, neutrale und alkalische (= basische) Böden gibt, wobei letztere meist einen hohen Kalkgehalt haben. Der pH-Wert, die genaue Messgröße für diese Eigenschaft, ist bei sauren Böden niedrig, bei alkalischen Böden hoch.

Die Bodenreaktion ist entscheidend für die Verfügbarkeit von → *Nährstoffen*. In den Extrembereichen (stark saurer oder stark alkalischer Boden) kann die Pflanze bestimmte Nährstoffe nicht mehr auf-

Der Säuregrad der Böden

pH-Wert	Bodenreaktion
3,5 – 4,5	sehr stark sauer bis stark sauer
4,5 – 5,5	stark sauer bis sauer
5,5 – 6,5	sauer bis schwach sauer
6,5 – 7,2	schwach sauer bis schwach alkalisch (Neutralbereich)
7,2 – 7,7	schwach alkalisch bis alkalisch
7,7 – 8,4	alkalisch bis stark alkalisch

nehmen. Zugleich werden manche Elemente im Übermaß frei und wirken giftig (auch → *Aluminium*).

In der Natur haben sich manche Pflanzen auf solche Extremstandorte eingestellt. Viele Heidekrautgewächse brauchen sauren Boden, auf alkalischen bzw. kalkhaltigen Standorten gedeihen sie nicht. Umgekehrt gibt es Pflanzen, die z. B. in kalkhaltigen Gebirgsregionen zuhause sind, etwa die Alpenaster. Sie benötigen im Garten entsprechend alkalischen Boden. Die meisten Gartenpflanzen kommen allerdings im neutralen bis schwach sauren Bereich am besten zurecht.

Zum Veranschaulichen der Bodenreaktion kann man sich bekannte Säuren, z. B. Salz- oder Kohlensäure, vorstellen. Es sind deutlich „reagierende" Verbindungen, wenn auch mehr oder weniger stark. Der chemisch reaktive Teil der Säuren ist Wasserstoff (chemisches Symbol H) in Form positiv geladener Ionen (H^+-Ionen). Der pH-Wert ist die Messgröße für die Konzentration an Wasserstoffionen im Boden. Aufgrund einer speziellen Berechnungsweise (→ *pH-Wert*) nimmt er bei hoher Wasserstoffkonzentration niedrige Werte an. Die pH-Wert-Skala reicht von 0 bis 14. Dabei bedeutet ein pH-Wert von 7,0 neutral, darunter liegende Werte sauer, darüber liegende Werte alkalisch. Extremwerte, z. B. über 9, kommen im Boden kaum vor. Hier ergibt sich nebenstehende Einteilung.

Der optimale pH-Bereich liegt für die meisten Pflanzen zwischen 6,0 und 7,0, auf leichten Sandböden etwas niedriger, auf schweren Lehm- und Tonböden etwas höher. Die zuverlässigste Auskunft über den pH-Wert des eigenen Gartenbodens erhält man durch eine → *Bodenuntersuchung*. Ansonsten gibt es verschiedenes Testzubehör zur Ermittlung des Säuregrads im Fachhandel.

Von der Bodenstruktur her sind saure Böden im Allgemeinen ungünstiger und neigen stärker zur Verdichtung. Schwankungen oder Extreme der Bodenreaktion werden durch Kolloide und eine gute Krümelstruktur optimal abgepuffert (→ *Boden, Bodenstruktur*). Das Pufferungsvermögen von über längere Zeiträume konsequent mit Kompost versorgten und gemulchten Gartenböden ist besonders hoch. Eine gewünschte pH-Wert-Erhöhung erreicht man durch → *Kalkung* und Einsatz stark kalkhaltiger Dünger, eine Absenkung durch Einarbeiten von Torf oder Verwendung saurer wirkender Düngemittel z. B. Ammoniumsulfat.

Auch → *Bodenversauerung*

Bodenrelief

Oberflächenverlauf eines Geländes, der durch → *Bodenmodellierung* neu gestaltet werden kann. Bei der Beurteilung eines Bodenreliefs spielt u. a. die Exposition, d. h. die Lage je nach Himmelsrichtung, eine Rolle. Ein Südhang z. B. ist ein recht günstiger Pflanzenstandort.

Bodenschädlinge

Ganz oder hauptsächlich im Boden lebende Schädlinge bzw. ihre Larven, die an Wurzeln, Knollen oder bodennahen oberirdischen Pflanzenteilen fressen oder saugen. Zu ihnen gehören → *Nematoden* (Fadenwürmer), → *Asseln,* → *Drahtwürmer,* → *Engerlinge,* → *Erdraupen,* → *Maulwurfsgrillen* und → *Trauermücken*. Teils handelt es sich um typische Vertreter der Bodenfauna (→ *Bodenleben*), die eher nützlich sind und nur in Ausnahmefällen schädlich werden, z. B. die Asseln. In einem humusreichen, belebten Boden gibt es zahlreiche Gegenspieler, die Bodenschädlinge im Zaum halten. Durch → *Fruchtwechsel* lässt sich dem Überhandnehmen mancher Schädlinge vorbeugen. Gegen Bodenschädlinge wie → *Schnecken* helfen diese Maßnahmen jedoch kaum. Da sind Fressfeinde wie Vögel und Igel nützlich, die auch Larven und Raupen im Boden dezimieren.

Bodenschichtung

→ *Bodenhorizont*

Bodenschluss

Wird als Beschreibung für zwei verschiedene, aber eng miteinander zusammenhängende Sachverhalte verwendet:

1) Die für die Wasserversorgung und Keimung von Sämlingen günstige leichte Verdichtung der Boden- oder Substratoberfläche. Bei kurzfristig tief gelockerten Böden, die sich bis zur Saat oder Pflanzung nicht mehr setzen können, sorgt man zuvor durch leichtes Andrücken oder Walzen für den notwendigen Bodenschluss.

2) Die hohlraumfreie Verbindung zwischen Samen oder Wurzeln und dem umgebenden Boden. Diese Art von Bodenschluss erreicht man durch Andrücken nach Saat oder Pflanzung sowie durch gründliches Angießen.

Bodenskelett

Die größeren, auch Grobboden genannten mineralischen Teile eines → *Bodens*, also Steine und Kies

Bodenstruktur
→ *Boden*

Bodentest
→ *Bodenuntersuchung*

Bodenuntersuchung

Die Untersuchung bzw. Analyse einer Bodenprobe durch ein Labor gibt Aufschluss über die → *Bodenart,* den Nährstoff- und Kalkgehalt sowie den → *pH-Wert.* Oft wird auch der Humusgehalt mit angegeben; eine genaue Analyse aller wichtigen → *Spurennährstoffe* sowie von Schadstoffen wie Blei oder Cadmium bedarf meist eines besonderen Auftrags. Teils liefern die Untersuchungsinstitute auch gleich Düngungsempfehlungen mit. Eventuelle Angaben zu → *Stickstoff* sind allerdings mit Vorsicht zu betrachten, da der Gehalt an pflanzenverfügbarem Stickstoff im Boden ständigen Änderungen unterliegt.

Eine solche Untersuchung hilft, den Gartenboden genau einzuschätzen und ermöglicht eine sehr zielgerichtete Bodenbearbeitung und -verbesserung sowie Düngung. Sie ist nicht allzu teuer und empfiehlt sich in jedem Fall bei der Neuanlage von Gärten oder Gartenteilen. Auch später sind Bodenuntersuchungen im Abstand von 3 bis 4 Jahren empfehlenswert, besonders im Gemüsegarten oder auch in Problembereichen, wo nichts zufrieden stellend wächst. Es gibt verschiedene Labore, die Bodenanalysen durchführen. Adressen kann man im Branchenbuch finden oder bei der für den Wohnort zuständigen Landwirtschaftskammer bzw. -behörde erfragen.

Die günstigsten Termine für die Durchführung einer Bodenanalyse sind der Spätherbst oder das zeitige Frühjahr. Die Einzelproben sollten gut verteilt über die Fläche entnommen werden. Das kann bei Neuanlage das gesamte Gartengelände sein, ansonsten nimmt man Proben von einheitlich genutzten Flächen, und zwar je nach Größe 10 bis 20 Stück. Die Entnahme erfolgt mit einem Bohrstock oder Spaten. Bei Entnahme mit dem Spaten sticht man entweder nur dünne Scheiben ab oder kratzt die Erde entlang des Einstichs von unten nach oben mit einem Löffel ab. Bei Rasen genügt eine Entnahmetiefe von etwa 10 cm, ansonsten geht man 30 cm tief. Die Einzelproben werden dann gut durchmischt; von dieser Mischprobe füllt man 200 – 300 g (für manche Untersuchungen auch mehr) in einen Plastikbeutel und sendet diesen an das Labor.

Der Gartenhandel bietet auch Bodenprobesets für eigene Untersuchungen an. Ausstattung und Genauigkeit der Ergebnisse sind freilich nicht mit denen eines Labors vergleichbar.

Bodenverbesserung

In einem bereits genutzten Garten mit normalem Boden stellen sachgerechte → *Bodenbearbeitung* und → *Düngung,* regelmäßige Zufuhr von → *Kompost,* Bodenbedeckung durch → *Mulchen* und eine gelegentliche → *Gründüngung* die wichtigsten Verbesserungsmaßnahmen dar.

Bei Neuanlage und Problemböden können besondere Maßnahmen erforderlich werden. Oft bereiten Bodenverdichtungen Probleme, die z. B. bei Neubaugrundstücken durch Befahren mit schweren Maschinen entstehen. Hier empfiehlt sich der Einsatz einer leistungsfähigen Motorhacke, eventuell auch das Heranziehen einer Gartenbaufirma oder eines Landwirts, die über geeignete Gerätschaften verfügen. Professionelle Hilfe mit Spezialmaschinen wird auch nötig, wenn im Unterboden Verdichtungen festgestellt werden, die das Ablaufen von Wasser verhindern. Ansonsten helfen → *Gründüngungspflanzen* mit tief reichenden Wurzeln nachhaltig, den Boden aufzulockern

Probennahme für Bodenuntersuchungen

1. An ca. zehn Stellen im Garten kleinere Erdmengen entnehmen.

2. Die Einzelproben gut durchmischen.

3. Etwa 300 g der Mischprobe in eine stabile Tüte füllen, Tüte mit Adresse versehen.

und aufzuschließen. Bei mäßiger Verdichtung leisten auch Kartoffeln gute Dienste.

Neben technischen Maßnahmen und Verwendung spezieller Pflanzen können verschiedene Bodenverbesserungsmittel eingesetzt werden. Eins der besten und zugleich das billigste ist → *Kompost*. Er eignet sich bei leichten wie schweren Böden, auf Dauer die Struktur zu verbessern. Steht nicht genügend eigener Kompost zur Verfügung, können käufliche Komposte oder Rindenhumus zum Einsatz kommen. Solche Stoffe ersetzen heute in vielen Gärten den → *Torf*, der aus Umweltgründen (Zerstörung von Mooren) zumindest nicht in großen Mengen verwendet werden sollte. Zum Verbessern von Böden trägt auch organischer Dünger wie Mist bei.

Weitere, für alle Böden günstige Zuschlagsstoffe sind → *Gesteinsmehle* sowie spezielle → *Algenpräparate*. Auch → *Kalk* wirkt bei richtiger Anwendung bodenverbessernd, besonders auf schweren Böden.

Bei schweren, tonhaltigen Böden sollen Verbesserungsmittel zur Lockerung beitragen. Hierfür eignen sich Sand, feiner Kies, Bimskies und ähnliche Materialien sowie Styromull (aufgeschäumtes, zerkleinertes Polystyrol).

Zum Verbessern leichter, sandhaltiger Böden mischt man Stoffe unter, die die Wasserhaltekraft und teils auch die Nährstoffspeicherung verbessern. Neben Lehm und Kompost kommen hierfür z. B. Bentonit und Hygromull (Kunststoffgranulat mit torfähnlichen Eigenschaften) infrage.

Bodenverdichtung
→ *Bodenverbesserung*

Bodenversauerung
Absinken des → *pH-Werts* (auch → *Bodenreaktion*). In unseren Breiten ist die Bodenversauerung ein normaler Vorgang, da über das Jahr verteilt reichlich Niederschläge fallen, die → *Kalk* aus dem Boden auswaschen. Der in manchen Regionen durch Luftschadstoffe entstehende saure Regen beschleunigt diesen Vorgang stark. Einer Bodenversauerung, die negative Auswirkungen auf Bodenstruktur und Bodenleben hat, kann man durch → *Kalkung* entgegenwirken.

Bodenvorbereitung
Alle Maßnahmen der → *Bodenbearbeitung*, die vor der Aussaat und Pflanzung durchgeführt werden müssen.

Bohne
PHASEOLUS
☼

Die Bohnen, auch Fisolen genannt, haben ihren Ursprung in Amerika. Sie sind – anders als die entfernt verwandte → *Puffbohne* – kälteempfindlich und kommen erst ab Mai nach draußen. Die höchsten Ansprüche an Wärme und Boden stellt die Stangenbohne, zudem braucht man für ihren Anbau Platz. Sie bringen allerdings auch deutlich mehr Ertrag als die Buschbohnen. Feuerbohnen haben mit ihren schmucken roten oder weißen Blüten als zierende Kletterpflanzen fast mehr Bedeutung denn als Gemüse. Hülsen und Samen der *Phaseolus*-Bohnen enthalten den Giftstoff Phasin, der erst durch Kochen zerstört wird. Bohnen dürfen deshalb nicht roh gegessen werden. Meist verwertet man die ganzen, noch zarten Fruchthülsen, seltener die reifen, getrockneten Samen. Heute werden hauptsächlich fadenlose Sorten angeboten.

An den Wurzeln der Bohnen leben, wie für die Familie der Schmetterlingsblütler typisch, → *Knöllchenbakterien*, die Stickstoff aus der Luft binden und im Boden anreichern. Deshalb belässt man nach der Ernte am besten die Wurzelrückstände im Boden. Günstige Mischkulturpartner sind Bohnenkraut, Salat, Sellerie, Gurke und Kohlgemüse. Als schlechte Nachbarn gelten Erbse, Zwiebel und Porree.

Auch → *Bohnenkrankheiten*, → *Bohnenschädlinge*

Buschbohne (Phaseolus vulgaris var. nanus)

Buschbohne
PHASEOLUS VULGARIS VAR. NANUS
☼–◐

Merkmale: Einjährig, buschig, 30 – 50 cm hoch; weiße, gelbe oder violette Blüten; grüne, gelbe (Wachsbohnen) oder blaugrüne Fruchthülsen.

Standort: Humoser, gut durchlässiger, weder staunasser noch trockener Boden; kälteempfindlich.

Kultur: Vorkultur oder Direktsaat; warme Anzucht wie Stangenbohnen; Direktsaat ab Mitte Mai bis erste Juliwoche, mit 40 cm Reihenabstand und 10 cm Pflanzenabstand oder alle 40 cm Horste mit 4 bis 6 Samen, Saattiefe 2 – 3 cm; günstiger Anbau in Folgesaaten oder bei später Saat als Nachkultur für frühe Gemüse.

Bohne, dicke

Pflege: Jungpflanzen anhäufeln; bei Trockenheit und während der Blüte ausreichend gießen; regelmäßig hacken oder mulchen.
Ernte: 6 bis 10 Wochen nach Aussaat; Hülsen früh und zart ernten, häufig durchpflücken.

Stangenbohne
PHASEOLUS VULGARIS
☼

Merkmale: Einjährige, linkswindende Schlingpflanze, bis 3 m hoch; weiße oder lila Blüten; grüne, gelbe (Wachsbohnen) oder blaue Fruchthülsen.
Standort: Warmer, geschützter Standort; lockerer, tiefgründiger, humusreicher, nicht zu schwerer Boden; verträgt keinen Frost, keine Trockenheit und Staunässe.
Kultur: Vorkultur oder Direktsaat möglich; warme Anzucht ab Ende April bei 20° C, 3 bis 4 Samen in Töpfe säen, Pflanzung nach Mitte Mai; Direktsaat ab Mitte Mai bis Ende Juni; Saat oder Pflanzung an zeltartigen Stangengerüsten, Schnurgerüsten oder Drähten zum späteren Hochwinden; Abstand der Reihen bzw. Stangen 100 x 50 cm; bei Direktsaat an Gerüsten 6 bis 8 Bohnen (3 cm tief) kreisförmig um die Stangen säen (Horstsaat); Samen können vor Aussaat über Nacht zum Vorkeimen in Wasser gelegt werden.
Pflege: Anfangs Pflanzen hochleiten, bis sie sich selbst festhalten; bei Trockenheit durchdringend gießen, während der Blüte ausreichend feucht halten; bei Blühbeginn und nach der ersten Ernte organisch düngen; herabhängende Triebe aufbinden.
Ernte: Etwa zehn Wochen nach der Aussaat fortlaufend bis in den Herbst hinein möglich. Vorsichtig ernten, dabei die Hülsenstiele am besten mit dem Daumennagel abkneifen und nicht abreißen.

Feuerbohne (Phaseolus coccineus)

Feuerbohne, Prunkbohne
PHASEOLUS COCCINEUS
☼

Merkmale: Einjährige Schlingpflanze, 3 – 4 m hoch rankend; leuchtend rote oder weiße Blüten; Hülsen etwas derb, anfangs behaart, fleischig, mit kräftigem Aroma; farbig gescheckte oder weiße Samenkörner werden teils als Trockenbohnen verwendet.
Standort: Etwas windgeschützter Platz; auf jedem nicht zu trockenen und nicht zu nassen Gartenboden; verträgt auch raueres Klima.
Kultur: Wie Stangenbohnen, aber frühere Direktsaat ab Anfang Mai möglich; letzte Saat Anfang Juni; bei Verwendung als Zierpflanze Saat oder Pflanzung an Klettergerüsten, Pergolen oder anderen aufrechten Streben.
Pflege: Wie Stangenbohnen.
Ernte: Junge, zarte Hülsen im Juli/August oder Samen als Trockenbohnen bei Vollreife im Herbst.

Bohne, Dicke
Andere Bezeichnung für die → Puffbohne.

Bohnenkrankheiten
Wo ein Befall mit einer der nachfolgend beschriebenen Krankheiten auftritt, sollten die Beete erst nach 3 bis 4 Jahren wieder mit Bohnen bepflanzt werden. Gelegentlich kommt auch → *Grauschimmel* vor sowie das durch Blattläuse übertragene Bohnenmosaikvirus, das eine hellfleckige Marmorierung der Blätter verursacht (→ *Viruskrankheiten*).

Bohnenrost
Diese Pilzkrankheit befällt vor allem Stangenbohnen. Der Pilz überwintert auf pflanzlichen Resten im Boden, aber auch an Bohnenstangen. Im Frühjahr infiziert er von dort neue Pflanzen und vermehrt sich bei feuchtwarmer Witterung besonders gut.
Schadbild: Im Frühjahr weiße Pusteln auf den Blattunterseiten; später zimtbraune Sommersporen, dann schwarzbraune Wintersporenlager an Blättern und Hülsen, Pflanzen kümmern und sterben ab.
Abhilfe: Vorbeugend widerstandsfähige Sorten wählen; gebrauchte Bohnenstangen gründlich reinigen, leichter zu säubernde Wellstäbe aus Metall statt Holzstangen verwenden; nicht zu dicht pflanzen; abends nicht über die Blätter gießen. Befallene Blätter sofort entfernen, nicht auf den Kompost geben.

Brennfleckenkrankheit
In feuchten Jahren und Regionen tritt diese Pilzkrankheit besonders stark auf, vor allem an Buschbohnen. Der Pilz überdauert auf den Samen sowie auf abgestorbenen Pflanzenteilen und im Boden.
Schadbild: Braune, eingesunkene Flecken mit schwarzen Sporenlagern auf Keimblättern, Stängeln und Hülsen; in Hülsen auch Löcher, durch die man Samen sehen kann.
Abhilfe: Vorbeugend nur gesundes Saatgut und resistente Sorten wählen; unnötiges Befeuchten der Blätter vermeiden; in Befallsgebieten schon Sämlinge regelmäßig kontrollieren; kranke Pflanzen umgehend entfernen.

Fettfleckenkrankheit

Eine Bakterienkrankheit, die sich bei feucht-warmer Witterung besonders an Buschbohnen verbreitet.
Schadbild: Auf den Blättern kleine dunkle Flecken mit hellem Hof, an Stängeln lang gestreckte braune Flecken, auf Hülsen fettige, glasige, eingesunkene Stellen.
Abhilfe: Wie Brennfleckenkrankheit.

Bohnenkraut
SATUREJA
☼

Hierzu zählen das einjährige Sommerbohnenkraut und das ausdauernde Berg- oder Winterbohnenkraut. Die beiden Lippenblütengewächse aus dem Mittelmeerraum werden schon seit alters als aromatische Würzkräuter mit leichter Schärfe in der Küche und als Heilkräuter bei Appetitlosigkeit und Verdauungsproblemen verwendet. Sofern man ihnen einen warmen, geschützten Platz bieten kann, sind sie recht anspruchslos. Bohnenkraut eignet sich als Mischkulturpartner zwischen Bohnen, das Bergbohnenkraut kann auch im Steingarten gepflanzt werden

Sommerbohnenkraut (Satureja hortensis)

Sommerbohnenkraut
SATUREJA HORTENSIS
☼ ☺

Merkmale: Einjährig, buschig, 20–40 cm hoch; schmale, rau behaarte Blätter; Blüten zart rosaviolett.
Blütezeit: Juli – Oktober
Standort: Windgeschützt, warm; humoser, durchlässiger Boden.
Kultur: Folgesaaten im Freien ab Mai bis Anfang Juli in Reihen mit 25 cm Abstand, Sämlinge in der Reihe später auf 25 cm Abstand ausdünnen; Lichtkeimer, Samen nur dünn mit Erde bedecken.
Pflege: Bei kühlem Wetter mit Folie oder Vlies abdecken.
Ernte: Junge Blätter bzw. Triebe fortlaufend pflücken; intensivstes Aroma kurz vor und während der Blüte, dann auch bester Zeitpunkt für die Ernte des ganzen Krauts zum Trocknen.

Bergbohnenkraut
SATUREJA MONTANA
☼

Merkmale: Halbstrauch, buschig, 20–50 cm hoch; linealische, glänzend grüne, am Rand rau behaarte Blätter; Blüten weiß, rosa oder violett.
Blütezeit: Juli – Oktober
Standort: Windgeschützt, warm; durchlässiger, nicht zu schwerer und eher nährstoffarmer Boden.
Kultur: Aussaat wie Sommerbohnenkraut; Vermehrung durch Teilen älterer Pflanzen.
Pflege: Verträgt Trockenheit besser als Nässe; vor dem Winter mit Nadelholzreisig gegen austrocknende Winde schützen; kann im Frühjahr leicht zurückgeschnitten werden, um Neuaustrieb zu fördern.
Ernte: Wie Sommerbohnenkraut.

Bohnenschädlinge

Die Schwarze Bohnenblattlaus und die Bohnenfliege gehören zu den häufigsten Schädlingen an Bohnen. Weitere Schädlinge sind → *Thripse* und → *Spinnmilben,* vor allem bei Gewächshauskultur.

Schwarze Bohnenblattlaus

Sie ist eine der häufigsten Blattlausarten und kann neben Bohnen etliche andere Pflanzen befallen; auch → *Blattlaus*.
Schadbild: Dunkle Blattläuse in Kolonien an Blattunterseiten oder jungen Trieben; eingerollte, teils gekräuselte Blätter; klebrige Pflanzenteile, oft mit schwarzem Pilzbelag; Blütenabwurf, verkrüppelte Triebe und Hülsen.
Abhilfe: Vorbeugend übermäßige Stickstoffdüngung vermeiden und stets ausreichend wässern; natürliche → *Blattlausfeinde* schonen und fördern; im Gewächshaus biologische Bekämpfung durch Ausbringen von Florfliegen oder Gallmilben möglich. Häufig wiederholte Spritzungen mit Seifenlösung, Rainfarntee oder Brennnesselauszug; nur nützlingsschonende Insektizide verwenden.

Bohnenfliege

Die Bohnenfliege bzw. nahe Verwandte befallen neben Bohnen auch Gurken, Erbsen, Tomaten, Kartoffeln, Spinat und Zwiebeln. Die etwa 5 mm große, graue Fliege legt ihre Eier an die Samen oder Keimlinge im Boden ab. Die schlüpfenden weißlichen bis bräunlichen Maden fressen sich durch den keimenden Spross und die Keimblätter. Danach verpuppen sie sich im Boden. Jährlich entwickeln sich 2 bis 4 Generationen, von denen die erste im Frühjahr am gefährlichsten ist.
Schadbild: Samen keimen zum Teil nicht; zerfressene Keimblätter und Triebspitzen.
Abhilfe: Vorbeugend weite Fruchtfolge und kein Anbau nach anderen Wirtspflanzen, vor allem nicht nach Spinat und Kartoffeln; gründliche Bodenbearbeitung; keine Zugabe

von frischem Kompost oder Mist. Sofort nach der Aussaat mit Schutznetzen abdecken, diese erst nach dem Auflaufen entfernen, oder noch besser vorgezogene Jungpflanzen setzen.

Bonsai

In flacher Schale kultivierter Miniaturbaum. Der Begriff Bonsai bezeichnet zugleich auch die kunstfertige, im Ursprung religiös verstandene Erziehung und Pflege solcher Bäumchen. Bei der im alten China entstandenen und in Japan weiterentwickelten Bonsaikunst behalten die Gehölze trotz des Kleinwuchses ihre natürliche Form. Der dafür nötige Schnitt von Trieben, Blättern und Wurzeln sowie das Eindrahten erfordern Spezialkenntnisse und werden nicht anfangs vollzogen, sondern gehören zu den laufenden Pflegemaßnahmen. Wer sich ernsthaft für die Bonsaikultur interessiert, muss sich intensiv damit beschäftigen und sei auf entsprechende Speziallitteratur sowie auf die zahlreichen Bonsaiclubs und Liebhabergesellschaften verwiesen.

Ansonsten entspricht die Pflege der bei anderen Topfpflanzen, wobei aufgrund der flachen Schalen recht häufiges Gießen nötig ist. Gedüngt wird dagegen zurückhaltend, am besten mit speziellem Bonsaiflüssigdünger oder durch Zugabe von Langzeitdünger beim Umtopfen. Dieses erfolgt je nach Wuchsentwicklung alle 1 bis 4 Jahre, wobei jeweils ein Wurzelschnitt vorgenommen wird. Als Substrate verwendet man verschiedene Mischungen aus Blumenerde, Torf oder Kompost mit hohem Kiesanteil. Dazu können spezielle japanische Tongranulate sowie Lavagesteine kommen.

Unterschieden werden Wärme bedürftige Indoor-Bonsais und robustere Outdoor-Bonsais. Letztere sind aus Gehölzen gezogen, die man auch im Garten pflanzt, z. B. verschiedene Ahorn- und Wacholderarten, Birke, Buche, Zierapfel, Ginkgo und Kiefer. Sie werden auf der Terrasse oder im Garten an Stellen platziert, wo sie gut zur Geltung kommen und besondere Blickpunkte darstellen. Bonsais sollten nicht auf den Boden gestellt werden, sondern auf erhöht angebrachte Borde oder Tische. Ob eher Sonne oder Halbschatten gefragt ist, hängt von der jeweiligen Pflanzenart ab. Outdoor-Bonsai müssen kühl überwintert werden, vertragen aber keine starken Fröste. Gewächshaus und Wintergarten sind gut geeignet. Setzt man sie ohne Schale in isolierte, mit feuchtem Torf gefüllte Kisten, ist die Überwinterung auch auf dem Balkon oder unter einem Folientunnel möglich.

Bor

Chemisches Element mit der Abkürzung B; für Pflanzen unentbehrliches Spurenelement, das am Aufbau der Zellwände beteiligt ist und die Blüten- und Fruchtbildung fördert.

Zu Bormangel kommt es besonders auf leichten Böden durch Auswaschung, auf trockenen Böden sowie auf sehr ton- oder kalkhaltigen Böden durch Festlegung. Er zeigt sich in verkrüppelten jungen Blättern, Blüten und Früchten, beim Sellerie kommt es zu Knollenfäule; kurzfristige Abhilfe durch Boden- oder Blattdüngung mit Borax, langfristige und vorbeugende durch Bodenverbesserung.

Borago

Botanischer Gattungsname des → *Borretschs*

Borke

Der außen liegende, abgestorbene Teil der Gehölzrinde. Beim Dickenwachstum wächst die unelastische Borke nicht mit, sondern reißt auf oder blättert ab. Nach Art der Ablösung unterscheidet man Schuppenborke (z. B. Platane, Nadelgehölze), Ringelborke (z. B. Birke, Kirsche) oder Streifenborke (z. B. Waldrebe).

Bormangel
→ *Bor*

Borretsch

BORAGO OFFICINALIS

Auch Gurkenkraut genannt; der aus dem Mittelmeerraum stammende Borretsch, ein Borretsch- oder Raublattgewächs, lässt sich problemlos im Garten kultivieren und verbreitet sich bald durch Selbstaussaat. Die attraktiven Blüten sind nicht nur eine ausgezeichnete Bienenweide, sondern auch eine hübsche, essbare Garnierung für Salate. Die rauen Blätter schmecken zart nach Gurke und würzen z. B. Blattsalate. Verträgt sich mit fast allen Pflanzen, besonders günstig als Nachbar von Gurke, Zucchini und Kohl.

Merkmale: Einjährig; breit buschig, 40 – 80 cm hoch; Stängel behaart;

Bonsais sind immer ein besonderer Blickfang – hier ein prachtvoll gefärbter Ahorn.

Borretsch (Borago officinalis)

Blätter beidseits behaart; blaue, seltener weiße oder rosa, sternförmige, nickende Blüten.
Blütezeit: Mai – August
Standort: Humusreicher, durchlässiger, leicht feuchter Boden.
Kultur: Aussaat ab April bis Juni, Samen gut abdecken (Dunkelkeimer); z. B. an den Rand von Gemüsebeeten oder zwischen die Reihen, nur in kleinen Mengen, später auf 25 cm ausdünnen.
Pflege: Ausreichend feucht halten; bei starker Selbstaussaat etwas eindämmen.
Ernte: Frische Blätter und Blüten fortlaufend ab Mai.

Böschung
Stark geneigte, abschüssige Fläche

Böschungsmatte
Matte aus Kunststoffgeflecht, Jute oder Kokosfasern zum Befestigen steiler Teichränder. In dem Gewebe haften Pflanzerde, Kies und Wurzeln. Wird auch als so genannte Böschungstasche angeboten, die mit Erde befüllt und bepflanzt werden kann. Die Befestigung erfolgt mit Haken, die außerhalb des Teichrands in den Boden eingesteckt werden.

Botanische Namen
Die wissenschaftlichen Artnamen dienen dazu, jede Pflanzenart zweifelsfrei und international gültig zu benennen und zu beschreiben. Nach einem ursprünglich von dem schwedischer Naturforscher Carl von Linné (1707 – 1778) entwickelten System werden die Pflanzen bestimmten Familien und Gattungen zugeordnet und erhalten einen zweigliedrigen (binären) Namen. Der setzt sich aus dem groß geschriebenen Gattungsnamen (z. B. *Bellis*) und dem klein geschriebenen Artnamen (z. B. *perennis*) zusammen. Vollständig lautet der botanische Name im Beispiel *Bellis perennis* und bezeichnet zweifelsfrei die Pflanze, die dem einen als Gänseblümchen, dem andern vielleicht eher als Maßliebchen oder Tausendschön bekannt ist.

Allerdings gibt es auch in der botanischen Namensgebung (Nomenklatur) manchmal unterschiedliche Bezeichnungen, so genannte Synonyme, die für Verwirrung sorgen. Zudem werden Pflanzen gelegentlich nach neuen Erkenntnissen umbenannt, aber die alten, eingeführten Namen in der Praxis weitergeführt. Internationale Gremien von Botanikern bemühen sich, uneinheitliche Benennungen und Zweifelsfälle zu regeln.

Auch → *Art,* → *Gattung*

Botanische Tulpe
Zusammenfassende Bezeichnung für verschiedene Wildtulpen und ihre Hybriden
→ *Tulpe*

Botrytis
Wissenschaftlicher Name für den Pilz, der → *Grauschimmel* verursacht.

Bourbonrose
Bourbonrosen sind eine Gruppe der → *Alten Rosen* mit meist schalenförmigen, dicht gefüllten Blüten und kräftigem Wuchs.
Auch → *Rose*

Boysenbeere
Aus Kreuzung zwischen Himbeere und Brombeere in den USA entstanden. Sie hat sehr saftige, große Früchte mit wenig Samen. Ihr Anbau entspricht dem der → *Brombeere,* sie sind im Unterschied zu dieser allerdings recht frostempfindlich.

Brachyscome
Sommerblume mit weißen, rosafarbenen, blauen oder violetten Blüten und teils hängendem Wuchs
→ *Gänseblümchen, Blaues*

Braktee
Andere Bezeichnung für → *Hochblatt.* Die schützenden Blätter in der Blütenregion sind manchmal bunt gefärbt und ersetzen bei einigen Pflanzen die Wirkung der eigentlich unscheinbaren Blüten. Bekanntes Beispiel ist der Weihnachtsstern.

Branntkalk
Schnell wirkender → *Kalk* zur Kalkdüngung schwerer Böden

Bei der Bougainvillea wirken die violetten Hochblätter wie eine Blüte.

Brassica

Große Pflanzengattung, zu der alle Kohlgemüse gehören.
→ *Blumenkohl,* → *Brokkoli,* → *Chinakohl,* → *Grünkohl,* → *Kohlrabi,* → *Kohlrübe,* → *Kopfkohl* mit Rotkohl, Weißkohl und Wirsing, → *Rosenkohl,* → *Speiserübe*

Braunelle
PRUNELLA GRANDIFLORA

Dieser Lippenblütler heimischer Magerrasenstandorte gedeiht im Garten auf nährstoffarmen Böden. Die unempfindlichen Matten sind den ganzen Sommer über mit violetten, weißen oder rosa Blüten übersät.
Merkmale: Staude mit kriechendem, mattenartigem Wuchs, 15 – 20 cm hoch; schmal eiförmige, oft gezähnte Blätter; Lippenblüten in dichten, zusammengesetzten Ähren, violett, Sorten auch weiß, lila oder rosa.
Blütezeit: Juni – September
Verwendung: Für den Vordergrund von Rabatten; im Naturgarten, Heidegarten und Steingarten; als Bodendecker.
Standort: Mäßig trockener bis frischer, durchlässiger, kalkhaltiger Boden.
Pflanzen/Vermehren: Pflanzung im Herbst oder Frühjahr mit 30 cm Abstand; Vermehrung durch Teilung nach der Blüte.
Pflege: Anspruchslos.

Braunfäule

Meint meist die Kraut- und Braunfäule bei Tomaten bzw. die vom selben Schadpilz verursachte Kraut- und Knollenfäule bei Kartoffeln (→ *Tomatenkrankheiten,* → *Kartoffelkrankheiten*). Wird teils auch sehr uneinheitlich als Bezeichnung für verschiedene Fäulen an unterschiedlichen Pflanzen verwendet, besonders an Knollen, Zwiebeln und Lagerobst.
Auch → *Bodenpilze*

Braunelle (Prunella grandiflora)

Große Brennnessel (Urtica dioica)

Braunkohl

Andere Bezeichnung für → *Grünkohl*

Brautspiere

Früh blühender → *Spierstrauch*

Breitsaat

Saatverfahren, bei dem die Samen breitwürfig ausgestreut werden.
→ PRAXIS-SEITE Aussaat im Freien (S. 70/71)

Brennende Liebe

→ *Lichtnelke* mit intensiv leuchtenden roten Blüten

Brennfleckenkrankheit

Pilzkrankheit, die besonders in feuchten Jahren bei Bohnen auftritt; kommt auch an Erbsen vor.
→ *Bohnenkrankheiten*

Brennnessel
URTICA

Zur Brennnessel gehören zwei Arten, die ausdauernde, 50 – 150 cm hohe Große Brennnessel (*U. dioica*) und die niedrigere, einjährige Kleine Brennnessel (*U. urens*) mit kleineren, oft noch intensiver „brennenden" Blättern.

Die Brennhaare beider Arten enthalten das so genannte Nesselgift, das auf der Haut schmerzt und gerötete Quaddeln verursacht. Daneben haben die Pflanzen einen schlechten Ruf als Unkräuter, die man nur durch ständiges Entfernen inklusive der unterirdischen Ausläufer loswird. Sie breiten sich besonders auf stickstoff- und humusreichen Böden aus und zeigen damit einen guten Nährstoffzustand des Bodens an.

Manche Gärtner sehen sie nicht nur aus diesem Grund gern. Brennnesseln eignen sich hervorragend für düngende Jauchen. Als Brühe oder Kaltwasserauszug angesetzt, dienen sie der Pflanzenstärkung und Schädlingsbekämpfung (→ *Kräuterauszüge*). Das Kraut lässt sich zudem gut zum Mulchen nutzen. Zudem wären unsere Gärten ohne Brennnesseln um einige Tagfalter ärmer, denn die Raupen z. B. von Tagpfauenaugen ernähren sich nur von ihren Blättern. Junge, zarte Blätter lassen sich im Frühjahr spinatähnlich als gesundes Gemüse nutzen, das auch von Feinschmeckern geschätzt wird. Brennnesseltees und -auszüge helfen bei Nieren- und Rheumabeschwerden.

Brennnesselblättrigkeit

Viruskrankheit, die an Johannisbeeren die Bildung brennnesselähnlicher Blätter hervorruft.
→ *Johannisbeerkrankheiten*

Briza

Mittelgroßes Ziergras, das sich gut für Stein- und Heidegärten eignet.
→ *Zittergras*

Brockelerbse

Andere Bezeichnung für Schalerbse
→ *Erbse*

Brokkoli
BRASSICA OLERACEA ITALICA-GRP.

Brokkoli, auch als Spargel- oder Sprossenkohl bekannt, gehört zur Familie der Kreuzblütengewächse und stammt wie die anderen Kohlgemüse von der Wildform *B. oleracea* ab. Anders als beim Blumenkohl werden hier die Köpfchen nicht von Blütenstandsanlagen, sondern von schon weiter entwickelten Blütenknospen gebildet, die sehr Vitamin-C-reich sind. Die bei manchen Sorten violetten Köpfe werden beim Kochen grün. Man unterscheidet frühe und späte Sorten, unter den letzteren gibt es auch Züchtungen mit türmchenartigen Köpfen. Brokkoli sollte weder direkt nach noch zusammen mit anderen Kreuzblütlern gepflanzt werden. Er verträgt sich u. a. gut mit Salat, Spinat, Erbsen und Tomaten.
Merkmale: Lange, fleischige Stiele mit großen Blättern; endständige grüne oder violette Blütenknospen in lockeren Köpfen.
Standort: Lockerer, humus- und nährstoffreicher, feuchter Boden.
Kultur: Frühsorten von Januar bis März im Warmen vorziehen, Sämlinge einzeln in Töpfe pikieren, ab April unter Folie, ab Mitte Mai ins Freie pflanzen, Abstand 40 x 50 cm. Spätsorten von April bis Mitte Juni mit 50 cm Rei-

Brokkoli (Brassica oleracea Italica-Grp.)

henabstand ins Beet säen, je drei Samen im Abstand von 40 cm, später nur kräftigsten Sämling wachsen lassen; auch engere Aussaat mit späterem Verpflanzen möglich.
Pflege: Boden gleichmäßig feucht halten; häufig lockern oder mulchen; zum Start mit Kompost versorgen, ab Beginn der Blütenstandsbildung ein- bis zweimal nachdüngen; Herausschneiden des Haupttriebs fördert die Kopfbildung an Seitentrieben.
Ernte: Frühe Sorten ab Juni, späte ab Juli bis zum Herbst; geschlossene Blütenknospen ab Ende Juni mit einem fingerlangen Stielstück ernten, das mitgekocht werden kann; bei sommerlicher Hitze schnelle Blütenbildung, deshalb häufig und frühzeitig ernten.

Brombeere
RUBUS FRUTICOSUS AGG.

Im Gegensatz zu den dichten, undurchdringlichen Brombeerhecken mit stacheligen Trieben in der freien Natur werden im Garten meist stachellose Sorten angebaut, die großteils aus Amerika stammen. Bei regelmäßigem Schnitt können sie an Spanndrähten kultiviert werden, ohne andere Pflanzen zu überwuchern. Die Früchte dieses Rosengewächses sind reich an Mineralstoffen und den Vitaminen A und C.
Merkmale: Halbstrauch, bis 2 m hoch; rankende Sorten mit bis 8 m langen Trieben, je nach Sorte bestachelt oder stachellos; gefingerte, behaarte Blätter; Blüten weiß; schwarze Brombeeren (Sammelfrüchte), säuerlich süß und aromatisch; trägt nur an jungen, vorjährigen Ruten, selbstfruchtbar.
Standort: Warm und windgeschützt; Sorten teils frostempfindlich; geringe Bodenansprüche, jedoch tiefgründiger, humoser, gut mit Kompost versorgter Boden vorteilhaft.
Pflanzen/Vermehren: Vorzugsweise im Frühjahr pflanzen; so tief einsetzen, dass die Triebknospen am Wurzelhals unter der Erde sind; nach Pflanzung Ruten auf etwa 40 cm Länge einkürzen. Pflanzung an Zäune oder Gerüste mit quer gespannten, starken Drähten; Reihenabstand 2,5 – 3,5 m, Pflanzenabstand bei rankenden Sorten 2,5 m, bei aufrecht

Brombeere (Rubus fruticosus)

wachsenden Sorten 75 cm. Vermehrung über Absenker oder Stecklinge.
Pflege: Im Frühjahr organisch düngen; gleichmäßige Wasserversorgung verbessert die Ernte; Mulchen vorteilhaft. Pflanzen mit nur je 4 bis 6 Ruten ziehen, diese fortlaufend am Draht nach links und rechts anbinden; im Sommer Seiten- oder Geiztriebe bei 40 cm Länge auf 2 bis 4 Knospen einkürzen; abgetragene Ruten im Herbst als Winterschutz am Gerüst belassen, im Frühjahr dicht am Boden abschneiden, ebenso überzählige Jungruten; bei den verbleibenden erfrorene Spitzen zurückschneiden. Zum Winterschutz Ruten anhäufeln, frostempfindliche Sorten mit Schilfmatten o. Ä. schützen; bei rankenden Sorten können die Langtriebe auch im Herbst vom Gerüst gelöst und zum Abdecken auf den Boden gelegt werden.
Ernte: Je nach Sorte zwischen Mitte Juli und Oktober; fortlaufend durchpflücken.

Brombeerkrankheiten

An Brombeeren können diverse Pilzkrankheiten vorkommen, darunter in feuchten Jahren recht häufig der → *Grauschimmel*. Verschiedene Erreger treten an Brombeeren wie Himbeeren auf, darunter das → *Himbeermosaikvirus* (→ *Himbeerkrankheiten*). Den meisten Pilzkrankheiten lässt sich durch nicht zu enge Pflanzung und regelmäßiges Auslichten vorbeugen.

Brombeerrankenkrankheit
Diese Pilzkrankheit befällt vor allem bei feuchter Witterung die jungen Ruten und überwintert in deren Gewebe. Krankheitsanzeichen fallen oft erst ab dem darauf folgenden Frühjahr auf.
Schadbild: Zunächst winzig kleine Flecken an den Ranken, die sich erst rötlich, dann braun verfärben; bei starkem Befall auch stängelumfassende Flecken; ab Frühjahr dunkle Höckerchen, aus denen bald weiße Sporen heraustreten; befallene Ruten kümmern und sterben später ab.
Abhilfe: Vorbeugend resistente Sorten wählen; Ranken frühzeitig hochbinden. Bei geringem Befall einzelne Ranken entfernen und vernichten; sonst spezielle Fungizide einsetzen.

Gnomonia-Rindenkrankheit
Auch dieser Pilz befällt die Brombeerruten, kann über Wunden eindringen und durch Schnittwerkzeug übertragen werden.
Schadbild: Länglich ovale, hellbraune bis silbrig graue Flecken mit dunkler Randzone; nach Ausbreitung Umfassen der ganzen Ruten, die oberhalb der Umgürtung absterben; auf abgestorbenen Teilen zahlreiche winzige Pusteln.
Abhilfe: Vorbeugend unnötige Verletzungen vermeiden; Schnittwerkzeug gut reinigen und ggf. desinfizieren; Wunden sorgfältig behandeln. Befallene Ranken bis weit ins gesunde Gewebe zurückschneiden.

Brombeerschädlinge
Die häufigsten tierischen Schädlinge an Brombeeren sind die Brombeermilbe und verschiedene → *Blattläuse*, die vor allem durch Virusübertragung schaden können. Der Erdbeerblütenstecher (→ *Erdbeerschädlinge*) tritt auch an Brombeeren auf.

Brombeermilbe
Diese Milbe überwintert in den Knospen und wandert im Frühjahr auf Blätter und Blüten, wo sie an Blüten und jungen Früchten saugt. Befallene Früchte können nur noch bedingt oder gar nicht mehr verwertet werden.
Schadbild: Früchte bleiben zum Teil oder ganz rot, reifen nicht und schmecken sauer.
Abhilfe: Vorbeugend alte Ruten schon im September abschneiden; befallene Früchte umgehend entfernen; bei häufigem Auftreten schon junge Triebe mit rapsölhaltigen Spritzmitteln behandeln, mehrmals wiederholen.

Bruchstein
Gebrochener, unbehauene, Naturstein, dessen Bruchfläche je nach Mineralgehalt recht unterschiedlich ist.

Brugmansia
Botanischer Name für strauchartige, verholzende Formen der → *Engelstrompete*

Brühe
Als Pflanzenstärkungsmittel bzw. Pflanzenschutzmittel eingesetzte Zubereitung aus Kräutern und anderen Gartenpflanzen. Anders als Jauchen werden sie abgekocht und sollen nicht gären (→ *Kräuterauszüge*).

Im Pflanzenschutz bezeichnet man auch allgemeiner alle mit Wasser angesetzten Mittel, gleich aus welchen Grundstoffen, als Brühe oder Spritzbrühe.

Brunnen
Ursprünglich Anlage, um Trink- und Nutzwasser zu fördern; in heutigen Gärten häufig in unterschiedlichsten Ausführungen als reine Zierbrunnen, die teils aus der Wasserleitung gespeist werden. Beim Springbrunnen tritt Wasser mit Hilfe einer Pumpe in Strahlen aus.

Soll ein Brunnen zur Gießwassergewinnung aus dem Grundwasserbereich gebohrt werden, muss eine Genehmigung eingeholt werden. Am besten lässt man die Arbeiten von einer Firma durchführen, die vorab eine Probebohrung macht. Vor der endgültigen Brunnenanlage sollte man das Wasser auf Nitratgehalt und andere Schadstoffe untersuchen lassen.

Brunnenkresse
NASTURTIUM OFFICINALE

In der freien Natur kommt die heimische Brunnenkresse, die auf saubere, kühle Bäche und Quellen angewiesen ist, nur noch selten vor. Gärtnerisch vermehrte Pflanzen dieses Kreuzblütengewächses kann man als Wassergarten- wie als Würzpflanze nutzen. Sie eignet sich für Teich und Bachlauf und kann auch untergetaucht im Wasser leben. Andernfalls zieht man sie am besten in wasserdichten Schalen oder Kästen, z. B. auch auf Balkon oder Terrasse. Brunnenkresse enthält viele Mineralstoffe, Vitamine und Senföle und schmeckt daher auch recht scharf senf- oder rettichartig.
Merkmale: Staude mit kriechendem bis aufrechtem Wuchs, 25 – 60 cm hoch mit bis 50 cm langen Trieben; dunkelgrüne, rundliche, etwas fleischige Blätter, wintergrün; kleine weiße Blüten in Trauben.
Blütezeit: Mai – September
Standort: Im Sumpf- und Feuchtbereich von Gartengewässern bis 30 cm Wassertiefe oder in mit nährstoffreicher Erde gefüllten, stets feucht gehaltenen Gefäßen.
Kultur: In Gefäßen Aussaat ab April, Folgesaaten bis August möglich, Samen leicht andrücken und gut feucht halten; Pflanzung draußen ab Mitte Mai, Vermehrung durch Triebstecklinge möglich.
Pflege: Auf ausreichenden Wasserstand achten (kann bis auf die Spitzen bedeckt sein) und Wasser bei Kultur in Gefäßen regelmäßig austauschen; Erde gut auflockern, um Algenwuchs zu verhindern; bei Gefäßkultur im Winter gut abdecken, z. B. mit Laub.
Ernte: Blättchen und Spitzen von noch nicht blühenden Trieben pflücken, Nutzung das ganze Jahr möglich.

Brunnenkresse (Nasturtium officinale)

Brunnera
Anspruchslose, blau blühende Staude für beschattete Plätze
→ *Kaukasusvergissmeinnicht*

Brüsseler Kohl
Andere Bezeichnung für → *Rosenkohl*

Brutknolle
Tochterknolle, die sich an der Basis der Mutterknolle bildet, z. B. bei Gladiolen, Freesien und Krokus. Man verwendet sie vor allem bei Gladiolen zur Vermehrung. Dazu werden sie im Herbst zusammen mit den Mutterknollen aus der Erde genommen, getrocknet und gesäubert und danach kühl, trocken und luftig aufbewahrt. Im nächsten Spätfrühling kann man sie dann als Pflanzknollen stecken. Beim Krokus trennt man nach Welken des Laubs einfach ganze Knollenhaufen ab und pflanzt sie an gewünschter Stelle neu ein.

Brutzwiebel
Auch Neben- oder Tochterzwiebel genannt. Brutzwiebeln werden hauptsächlich am Boden der Mutterzwiebel angelegt, z. B. bei Tulpe, Narzisse und manchen Iris-Arten. Zum Vermehren gräbt man die ganzen Pflanzen nach Verwelken der Blätter aus und bricht die Brutzwiebeln vorsichtig ab. Je nach Art und Pflanzzeit kann man die Brutzwiebeln gleich wieder einsetzen oder, in feuchten Sand o. Ä. eingeschlagen, an einem kühlen Ort aufbewahren. Bei manchen Arten sind sie allerdings kaum ohne Verletzungen abzutrennen. Hier lässt man sie bei kühler Lagerung an der Mutterpflanze ausreifen und pflanzt sie erst im folgenden Jahr. Eine spezielle Form der Brutzwiebeln sind die → *Bulbillen* der Lilien.

Buche
FAGUS SYLVATICA

Die heimische Buche oder Rotbuche passt mit ihrer prächtigen, runden, bis 30 m breiten Krone und bis 35 m Höhe kaum in einen normalen Garten. Sie bzw. einige ihrer Sorten lassen sich allerdings durch Schnitt und enge Pflanzung niedrig halten und können so bei Kauf entsprechend gezogener Junggehölze für hohe Schnitthecken verwendet werden. Daneben gibt es einige nicht ganz so groß wer-

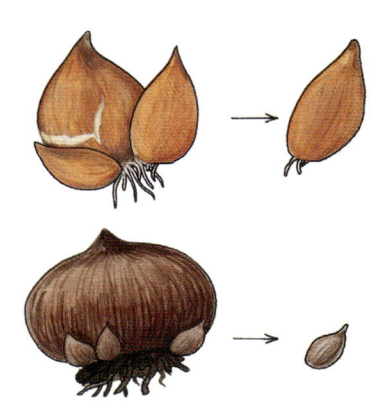

Tochter- bzw. Brutzwiebeln (oben Tulpe) und Brutknollen (unten Gladiole) werden behutsam abgetrennt und dann einzeln eingepflanzt, ggf. zunächst in einen Topf.

Buchs

Buche (Fagus sylvatica)

Buchsbaum (Buxus sempervirens)

dende Sorten, die als prägende Bäume in größeren Gärten Platz finden können, etwa die schmale Säulenbuche 'Dawyck' (15 – 20 m hoch) und die dunkel rotlaubige Hängeblutbuche 'Purpurea Pendula' (8 – 10 m).

Buchen brauchen durchlässigen, nährstoffreichen, feuchten Boden. Sehr empfindlich reagieren sie auf Oberflächenverdichtung im Wurzelbereich. In den ersten Standjahren sollte bei längerer Trockenheit durchdringend gegossen werden, Kompostgaben und Mulchen sind vorteilhaft. Als Bäume gepflanzt, lässt man sie am besten ungeschnitten.

Buchs
BUXUS SEMPERVIRENS

Der Buchs oder Buchsbaum, namensgebend für die Familie der Buchsbaumgewächse, gehört schon seit Jahrhunderten zu den beliebtesten Ziergehölzen. Ursprünglich im Mittelmeerraum beheimatet, liebt er zwar Wärme, ist aber bei uns doch recht winterhart und ansonsten sehr robust. Die außergewöhnliche Schnittverträglichkeit nutzt man schon seit langem für kunstvoll geschnittene Hecken, Kugeln und Figuren. Er wirkt jedoch auch als ungeschnittener Strauch oder kleiner Baum. Beim meist auf nur 30 cm Höhe gestutzten Einfassungsbuchs handelt es sich um die Sorte 'Suffruticosa'. Alle Pflanzenteile, besonders die Blätter, sind giftig.

Merkmale: Immergrüner Strauch oder kleiner Baum, dicht buschig, sehr langsam wachsend, im Alter bis 6 m hoch; dicht belaubt mit eiförmigen, glänzend dunkelgrünen Blättchen, gelb- oder weißgrüne, unscheinbare Blüten.
Blütezeit: April – Mai
Verwendung: Für geschnittene und frei wachsende Hecken, als Formgehölz, niedrige Sorten als Beeteinfassung, im Bauerngarten; ungeschnitten einzeln oder in kleinen Gruppen; auch in Kübeln.
Standort: Verträgt Schatten, Vollschatten aber ungünstig; mäßig trockener bis frischer, humusreicher, kalkhaltiger Boden.
Pflanzen/Vermehren: Pflanzung im Frühjahr oder Herbst; Vermehrung durch Stecklinge oder Absenker möglich.
Pflege: Anspruchslos; Schnitt das ganze Jahr über möglich, Formschnitt mit Schablonen und gespannten Schnüren; frei wachsende Sträucher gelegentlich auslichten.

Buddleja
Strauch, dessen lange, blaue Blütenrispen Schmetterlinge anlocken.
→ *Schmetterlingsstrauch*

Bügelsäge
Säge mit Bügelgriff und verstellbarem Blatt für größere Schnittarbeiten an Bäumen
Auch → *Schnittwerkzeug*

Buketttrieb
Besondere Form des → *Fruchtholzes* beim Steinobst, besonders bei Kirsche und Pfirsich. Der kurze, gestauchte Trieb ist mit vielen Blüten besetzt.

Bulbe
Auch Bolle genannt; Zwiebel, die aus Blättern mit verdickten Grund- und Niederblättern (Schuppen) besteht. Bei den ebenfalls Bulben genannten Verdickungen der Orchideen handelt es sich um zu Wasser- und Nährstoffbehältern umgebildete Blattstiel- oder Sprossteile, botanisch als Pseudo- oder Scheinbulben bezeichnet.

Bulbille
Kleine Brutknospe bzw. -zwiebel in der Blattachsel mancher Lilien, auch Achselbulbe genannt. Im Herbst nach der Ausreife fallen sie zu Boden, manchmal wächst daraus von selbst Nachwuchs heran. Durch Abnehmen und Einpflanzen der Bulbillen im Spätsommer kann man die Lilien sehr einfach vermehren.

Bundzwiebel
Bundzwiebeln, auch Laubzwiebeln oder Schlottenzwiebeln, sind Sorten der Speisezwiebel, von denen man hauptsächlich das Laub nutzt.
→ *Zwiebel*

Buntblättrigkeit
Auch Panaschierung genannt. Abweichend von der normalen Blattfarbe

sind Teile der Blätter weiß, gelb oder in Rosa- bzw. Rottönen gefärbt. In den hellen Bereichen enthalten sie kein grünes → *Chlorophyll,* sondern farblose, gelbliche oder rötliche Farbstoffträger. Buntblättrige Sorten gibt es von zahlreichen Pflanzen. Sie machen den besonderen Zierwert vieler → *Blattschmuckpflanzen* aus. Solche buntblättrigen Formen sind meist ursprünglich als Mutationen entstanden. Bei manchen Zimmer- und Kübelpflanzen werden sie durch nicht weiter schädliche Viren verursacht, z. B. bei der gelb gepunkteten Schönmalve (*Abutilon*). Davon abgesehen können mosaikartige Scheckungen durch gefährliche → *Viruskrankheiten* verursacht sein.

Buntnessel
SOLENOSTEMON SCUTELLARIOIDES

Diese Beet-, Balkon- und Zimmerpflanze aus der Familie der Lippenblütlengewächse ist oft noch unter der alten Bezeichnung *Coleus-Blumei*-Hybriden bekannt. In ihrer Heimat im tropischen Afrika und Asien wächst sie ausdauernd, bei uns aber im Freien nur einjährig. Es gibt zahlreiche Sorten mit unterschiedlicher Färbung, Rottöne dominieren.
Merkmale: Einjährig kultivierte Staude, buschig, 20 – 50 cm hoch; ovale oder herzförmige, scharf gesägte Blätter, in den verschiedensten Kombinationen rosa, rot, grün und gelb gefärbt; kleine blauweiße, eher unscheinbare Blüten.
Blütezeit: Juni – September
Verwendung: In Sommerblumenbeeten und als Balkonpflanze, als Zimmerpflanze, Sommerblume.
Standort: Beste Ausfärbung der Blätter im Halbschatten; durchlässige, nährstoff- und humusreiche Erde.
Pflanzen/Vermehren: Pflanzung gekaufter Jungpflanzen nach Mitte Mai ist am einfachsten; sonst Anzucht im

Buntnessel (Solenostemon scutellarioides)

Januar/Februar bei 20 – 22° C, nach dem Pikieren bei 15 – 18° C weiter kultivieren; Haupttrieb einkürzen für buschiges Wachstum; Vermehrung über Stecklinge im Frühjahr oder Herbst.
Pflege: Gleichmäßig feucht halten, im Sommer alle zwei Wochen düngen; bei Auskneifen der Blüten bleiben die oberen Blätter schöner.

Busch
Umgangssprachlicher Begriff für die Wuchsform eines → *Strauchs* bzw. klein bleibende Obstbaumform,
→ *Buschbaum*
Auch → *Buschig*

Buschbambus
Buschiger → *Bambus* mit großen, meist grüngelb gestreiften Blättern

Buschbaum
Klein bleibende Baumform, die von den meisten Obstarten angeboten wird. Als Pflanzware haben die Buschbäume 40 – 60 cm Stammhöhe; sie werden auch mit den Jahren kaum viel höher als 2 m und erinnern in der Wuchsform an einen Strauch.
Auch → *Obstbaumformen*

Buschbohne
Niedrig bleibende, nicht windende
→ *Bohne*

Büscheltrieb
Andere Bezeichnung für → *Bukett-trieb*

Büschelwurzel
Besonderes Wurzelsystem bei den einkeimblättrigen Pflanzen. Es wird nach dem Absterben der Keimwurzel aus gleich starken Adventivwurzeln gebildet, die sich an der Sprossbasis entwickeln.

Buschig
Steht allgemein für vieltriebigen, dichten, kompakten Wuchs, bei Gehölzen wie bei krautigen Pflanzen.

Buschmalve
Anderer Name für die → *Bechermalve*

Buschtomate
Kompakt wachsende → *Tomaten,* die nicht an Stangen gezogen werden müssen.

Buschwindröschen
Früh blühende Staude für Halbschatten und Schatten
→ *Anemone*

Butomus
Große Sumpfstaude mit rosa Blüten
→ *Blumenbinse*

Butterblume
Anderer Name des → *Löwenzahns*

Buttersalat
Bezeichnung für den normalen, weichblättrigen Kopfsalat, im Gegensatz zum kräftigeren Eissalat
→ *Salat*

Buxus
Botanischer Gattungsname des
→ *Buchses*

C

Calamagrostis
Imposantes zierendes Staudengras
→ *Gartensandrohr*

Calceolaria
Sommerblume mit gelben Blüten
→ *Pantoffelblume*

Calcium
Chemische Bezeichnung für → *Kalk* mit der Abkürzung Ca

Calendula
Robuste, gelb oder orange blühende Sommerblume
→ *Ringelblume*

Calla
Weiß blühende Sumpfpflanze
→ *Schlangenwurz*

Callicarpa
Strauch mit kleinen, perlenartigen, rosafarbenen Früchten
→ *Schönfrucht*

Callistephus
Sommerblume mit zahlreichen Blütenfarben
→ *Sommeraster*

Callitriche
Wintergrüne, als Wasserstern bekannte → *Schwimmpflanze*

Calluna
Immergrüner Zwergstrauch
→ *Heidekraut*

Caltha
Gelb blühende Sumpfpflanze
→ *Sumpfdotterblume*

Calycanthus
Frostempfindlicher Zierstrauch
→ *Gewürzstrauch*

Camellia
Botanischer Gattungsname der → *Kamelie*

Campanula
Botanischer Gattungsname der → *Glockenblume*

Campsis
Schlingpflanze mit auffälligen Trichterblüten
→ *Trompetenblume*

Canna
Nicht winterharte Knollenpflanze
→ *Blumenrohr, Indisches*

Cantalupmelone
Stark gerippte → *Melone*

Capsicum
Botanischer Gattungsname des → *Paprikas*

Cardy
Mit der → *Artischocke* verwandte Gemüsepflanze

Carex
Gattung mit zierlichen Staudengräsern
→ *Seggen*

Carlina
Silbrig blühende Steingartenstaude
→ *Silberdistel*

Carotin
Andere Schreibweise für → *Karotin*, den orangeroten Pflanzenfarbstoff

Carpinus
Laubgehölz, das sich gut für Hecken eignet.
→ *Hainbuche*

Carum
Botanischer Gattungsname des → *Kümmels*

Caryopteris
Kleiner Strauch mit blauen bis violetten Blüten
→ *Bartblume*

Catalpa
Baum mit großen, herzförmigen Blättern und auffälligen Blüten
→ *Trompetenbaum*

Besenheide (Calluna vulgaris)

156

Zypergrassegge (Carex pseudocyperus)

Catananche
Sommerblume mit blauen Blüten
→ *Rasselblume*

Ceanothus
Kleiner Strauch mit blauen Blüten
→ *Säckelblume*

Cedrus
Nadelgehölze mit oft eigenwilliger Wuchsform für die Einzelstellung
→ *Zeder*

Celastrus
Ausdauernde Kletterpflanze mit leuchtend gelber Herbstfärbung
→ *Baumwürger*

Centaurea
Gattung, zu der die mehrjährige
→ *Flockenblume* und die einjährige
→ *Kornblume* gehören.

Centranthus
Naturnahe Staude für sonnige Plätze
→ *Spornblume*

Cerastium
Bodendeckerstaude mit silbrigen Blättern
→ *Hornkraut*

Ceratophyllum
Botanischer Name für Hornblatt
→ *Unterwasserpflanze*

Chabaudnelke
Ein- oder zweijährige, aufrecht wachsende Gartennelke
→ *Nelke*

Chaenomeles
Frühjahrsblühende Ziersträucher mit essbaren Früchten
→ *Zierquitte*

Chamaecyparis
Immergrüne Nadelgehölze mit schuppenförmigen Blättern
→ *Scheinzypresse*

Chamaecytisus
Ginsterähnliches Zwerggehölz
→ *Zwergginster*

Champignon
→ *Pilzanbau*

Cheiranthus
Zweijährige, wohlriechende Sommerblume
→ *Goldlack*

Chemische Pflanzenschutzmittel
Präparate mit chemisch bzw. synthetisch hergestellten Wirkstoffen, die auf verschiedene Schadorganismen giftig wirken. Je nach Schaderregergruppe werden sie unterteilt in Insektizide (gegen Insekten), Fungizide (gegen Schadpilze) und Herbizide (gegen Unkräuter). Daneben gibt es noch einige speziellere Gruppen wie die Akarizide gegen Milben oder die Molluskizide gegen Schnecken.

Chemische Mittel sind meist schnell und hoch wirksam. Die mehr oder weniger starken Giftstoffe können jedoch negative Auswirkungen für die Umwelt haben und neben den Schaderregern eine Vielzahl anderer Organismen beeinträchtigen, bis hin zu Nützlingen und Vögeln. Besonders problematisch sind Wirkstoffe, die sich langsam abbauen und in Wasser oder Boden anreichern. Bei unsachgemäßer Anwendung und Missachtung von Schutzvorschriften drohen auch Gefahren für den Menschen. Die Verfügbarkeit hochgiftiger chemischer Präparate für den Hobbygarten wurde deshalb durch den Gesetzgeber stark eingeschränkt. Allerdings sind längst nicht alle dieser Mittel extrem giftig oder umweltgefährdend; umgekehrt sind Mittel auf rein pflanzlicher Basis nicht unbedingt harmlos.

Auch → *Pflanzenschutzmittel*

Chenopodium
Gattung, zu der alte Gemüsearten wie → *Guter Heinrich,* aber auch Unkräuter wie → *Gänsefuß* gehören.

Chicorée
CICHORIUM INTYBUS VAR. FOLIOSUM

Der Chicorée, auch Treibzichorie oder Witloof genannt, gehört zur selben Korbblütlergattung wie die Endivie, mit der er den hohen Gehalt an verdauungsfördernden Bitterstoffen sowie Vitaminen gemeinsam hat. Er stammt von der heimischen blau blühenden Wegwarte ab. Kopfbildende Formen, von denen man die grünen Blätter nutzt, sind Radicchio und Zuckerhutsalat (→ *Salat*). Vom Chicorée dagegen erntet man nach Vortreiben im Warmen die gebleichten, knospenartigen Sprosse mit zarten, jungen Blättern. Ob die Treiberei ohne Deckerde möglich ist, hängt von der Sorte ab.

Merkmale: Zweijährig; im 1. Jahr Bildung einer Rosette mit löwenzahnähnlichen Blättern, im 2. Jahr Austrieb eines zunächst knospenartigen Sprosses, den man nicht zur Blattentfaltung und Blüte kommen lässt; fleischige, dicke, rübenartige Pfahlwurzel.

Standort: Gut durchlässiger, tiefgründiger, gründlich gelockerter Boden; vor der Kultur nicht mit Stickstoff düngen.

CHILESALPETER

Kultur: Aussaat nur in der zweiten Maihälfte, Saattiefe 2 – 3 cm, Reihenabstand 40 cm, in der Reihe auf 10 cm vereinzeln, damit sich nur eintriebige Wurzeln bilden.
Pflege: Bis zum Schließen der Reihen anfangs regelmäßig zwischen den Reihen hacken; bei Trockenheit ausreichend gießen. Nicht düngen, sonst werden die Wurzeln zu groß.
Ernte der Wurzeln: Zwischen Ende Oktober und Mitte November Wurzeln mit einer Grabegabel ausgraben; einige Tage auf dem Beet im Schatten oder abgedeckt liegen lassen, damit die Inhaltsstoffe aus den Blättern in die Wurzeln gelangen; dann Laub 3 – 5 cm oberhalb der Wurzel abschneiden. Zur Zwischenlagerung Wurzeln im kühlen Keller in Sand oder Erde einschlagen oder gleich mit Treiberei beginnen.
Treiberei: Nur eintriebige Wurzeln mit einem Durchmesser von 3 – 8 cm verwenden. Je nach Sorte werden die Rüben mit oder ohne Deckerde in einem Gefäß mit Abzugslöchern im Boden getrieben.
Mit Deckerde: Gefäß 10 cm hoch mit Erde befüllen und Wurzeln dicht senkrecht nebeneinander stellen. Dann Erde nachfüllen und kräftig angießen. Anschließend 20 cm hoch mit Erde abdecken und bei 12 – 18° C aufstellen. Falls die Erde zu trocken ist, nicht von oben gießen, sondern das Gefäß in einen Behälter mit Wasser stellen.
Ohne Deckerde: Wurzeln statt mit Erde mit schwarzer Folie abdecken, einen großen Eimer überstülpen oder Treibgefäß in einen völlig abgedunkelten Raum stellen; ansonsten wie Treiberei mit Deckerde.
Ernte: Mit Deckerde 5 bis 6 Wochen nach Beginn der Treiberei, Sorten ohne Deckerde schon etwas früher; Sprosse bei ca. 15 cm Länge abschneiden; dunkel, in Papier eingewickelt oder im Kühlschrank aufbewahren. Es erfolgt nur ein Austrieb; nach Ernte Wurzeln zerkleinern und auf den Kompost geben.

Chilesalpeter

Aus natürlichen Lagerstätten in Südamerika gewonnener, schnell wirksamer → *Stickstoffdünger*

Chimonanthus

Im Winter oder zeitigen Frühjahr blühender Strauch für milde Lagen → *Winterblüte*

Chinakohl

BRASSICA RAPA PEKINENSIS-GRP.
☼–☼

Dieses Kohlgemüse aus der Familie der Kreuzblütengewächse stammt aus Asien und wird erst seit wenigen Jahrzehnten in Europa angebaut. Da Chinakohl durch die langen Tage im Frühjahr und Sommer zur nicht gewünschten Blüte angeregt wird, baut man ihn erst im Spätsommer an. Seine großen lockeren Köpfe mit den eher salat- als kohlähnlichen Blättern bildet er dann im Herbst. Durch den späten Anbau eignet er sich gut als Nachkultur. In Mischkultur gedeiht er mit Mangold, Salat, Roten Beten und Sellerie, mit anderen späten Kohlgemüsen sollte man ihn dagegen nicht zusammenpflanzen.
Merkmale: Geschlossene, lockere Köpfe aus gekrausten, hellgrünen bis weißlichen Blättern mit fleischiger Mittelrippe.
Standort: Warm; tiefgründiger, gut gelockerter, nährstoff- und humusreicher, kalkhaltiger Boden.
Kultur: Aussaat Mitte Juli bis Anfang August direkt aufs Beet, Reihenabstand 40 cm, später in der Reihe auf 30 cm vereinzeln.
Pflege: Gleichmäßig feucht halten, Boden regelmäßig lockern.
Ernte: Erste Ernte ab Ende September, weitere Ernten bis Ende November. Chinakohl übersteht leichte Fröste; bei Temperaturen unter -10° C Pflanzen mitsamt Wurzelballen ern-

Chicorée (Chichorium intybus var. foliosum)

Pak choi (Brassica rapa Chinensis-Grp.)

Chinakohl (Brassica rapa Pekinensis-Grp.)

ten und in kühlem Raum in feuchten Sand, Erde oder Papier eingeschlagen lagern.
Hinweis: Der nah verwandte Pak Choi (*B. rapa* Chinensis-Grp.) bildet dicke, fleischige, weiße Blattstiele, die zusammen mit den großen, dunkelgrünen Blättern geerntet und als gedünstetes Gemüse zubereitet werden. Er wird wie Chinakohl kultiviert. Als Reihenabstand genügen 30 cm.

Chinalauch
→ *Knoblauchschnittlauch*

Chinaschilf
MISCANTHUS SINENSIS

Dieses imposante schilfartige Gras hat seine Heimat auf feuchten Wiesen und Berghängen Ostasiens. Neben den verbreiteten Formen mit blaugrünen Blättern werden Sorten mit rotbraunen, weiß gestreiften oder unregelmäßig gefleckten Blättern angeboten. Manche Sorten warten zudem mit ansprechender rötlicher Herbstfärbung auf. Zierend sind auch die langen Blütenrispen, die allerdings nur bei günstigem Witterungsverlauf und nicht bei allen Sorten erscheinen.
Merkmale: Staudengras, 1 – 2 m, zur Blüte bis 2,5 m hoch; dichte, breitwüchsige Horste mit schmalen, bis 1 m langen Blättern, Färbung je nach Sorte; Blütenähren in bis 30 cm langen Rispen, silbrig, cremeweiß, hellbraun, braunrot, teils rosa überhaucht.
Blütezeit: August – Oktober
Verwendung: In Einzelstellung, z. B. im Rasen, an Wegen, im Hintergrund von Teichen oder Staudenrabatten.
Standort: Warm und am besten mit hoher Luftfeuchte (z. B. Teichnähe); frischer bis feuchter, durchlässiger, nährstoffreicher Boden.
Kultur: Pflanzung nur im Frühjahr; Vermehrung durch Teilen, ebenfalls im Frühjahr.

Chinaschilf (Miscanthus sinensis)

Pflege: Stets ausreichend feucht halten; jährlich im Frühjahr Kompost geben oder bei Austrieb düngen; in den ersten Jahren, in rauen Lagen auch danach, Wurzelbereich im Herbst mit Winterschutz versehen; im Frühjahr handbreit über dem Boden zurückschneiden.
Hinweis: Weitere Arten sind das Riesen-Chinaschilf (*M. floridulus*) mit bis 3,5 m hohen Horsten und breiten, überhängenden Blättern sowie das bis 2 m hohe Silberfahnengras (*M. sacchariflorus*) mit sehr dekorativen silbrig weißen Blütenständen.

Chinawacholder
Art des → *Wacholders* mit zahlreichen verschiedenen Sorten

Chinesennelke
→ *Nelke* mit tief eingeschnittenen Kronblättern

Chinesische Stachelbeere
Andere Bezeichnung für die → *Kiwi*

Chionanthus
Sommergrüner Strauch, dessen Blüten an Schneeflocken erinnern.
→ *Schneeflockenstrauch*

Chionodoxa
Im Frühjahr meist blau blühende, teppichbildende Zwiebelblume
→ *Schneestolz*

Chlorid
Salz des chemischen Elements Chlor (Abkürzung Cl). Chlor ist für die Pflanzen kein lebensnotwendiger Nährstoff, wirkt bei Aufnahme aber günstig, u. a. für den Wasserhaushalt. Es kommt im Boden in ausreichenden Mengen als Chlorid vor und braucht nicht gedüngt zu werden. Durch Verwendung des → *Kalidüngers* Kaliumchlorid erfolgt allerdings eine zusätzliche Chloridzufuhr, die viele Pflanzen nur schlecht vertragen; das gilt z. B. für Tomate, Gurke, Zwiebel, Lauch, Beerenobst, Erdbeere und die meisten Zierpflanzen. Chloridverträglich sind dagegen Kohl, Sellerie, Spinat und Salat.

Chlorophyll
Fachsprachlich für das Blattgrün; grüner, fettlöslicher Farbstoff, der bei allen höheren Pflanzen in den → *Chloroplasten* enthalten ist und die Grünfärbung bewirkt. Die Bildung von Chlorophyll ist Voraussetzung für die → *Photosynthese* und wird besonders durch Mangel an → *Magnesium*, einem wichtigen Baustein des Chlorophylls, beeinträchtigt. Durch seinen molekularen Aufbau kann Chlorophyll das sichtbare Licht absorbieren, wobei hauptsächlich rote und blaue Lichtanteile aufgenommen werden. Bei der herbstlichen Laubfärbung wird Chlorophyll abgebaut, so dass andere Blattfarbstoffe wie rote → *Anthozyane* hervortreten.

Chloroplasten
Auch Chlorophyllkörner genannt; winzige ei- oder linsenförmige Gebilde in pflanzlichen Zellen, Träger des grünen Farbstoffs → *Chlorophyll*.
Auch → *Blatt, Innerer Blattaufbau*

Chlorose

Auch als Gelb- oder Bleichsucht bezeichnet; flächige gelbe bis weißliche Aufhellung von Blättern aufgrund mangelnder Chlorophyllbildung. Solche Störungen können unterschiedliche Ursachen haben (auch → *Blattvergilbung*). Von Chlorosen spricht man jedoch in erster Linie, wenn sie aus Nährstoffmangel oder Bodenverdichtungen resultieren. Sie können z. B. das Fehlen von Magnesium, Stickstoff, Mangan oder Kupfer anzeigen (→ *Nährstoffmangel*). Häufig handelt es sich jedoch um Eisenmangel, bei dem die Blätter stark aufhellen, die Blattadern jedoch grün bleiben. Mangel an → *Eisen* und anderen Nährstoffen tritt vor allem bei hohen pH-Werten (auch → *Bodenreaktion*) auf.

Eisenmangelchlorose an Birne

Choenomeles

Synonyme Bezeichnung für *Chaenomeles*, die → *Zierquitte*

Christophskraut

ACTAEA PACHYPODA

Die Schattenstaude mit Wildcharakter stammt aus Nordamerika und gehört zu den Hahnenfußgewächsen. Teils wird sie auch unter dem botanischen Namen *A. alba* geführt. Das Christophskraut ist eine attraktive Bereicherung für Schattenplätze, etwa zusammen mit Farnen und verschiedenen Gräsern.

Merkmale: Staude, aufrecht mit roten, verdickten Stielen, 50 – 80 cm hoch; gefiederte Blätter; unscheinbare weißliche Blüten in Trauben; zierende weiße, giftige Früchte im Herbst.
Blütezeit: Mai – Juni
Verwendung: Einzeln oder in kleinen Gruppen unter Gehölzen, am Gehölzrand.
Standort: Humoser, lockerer, nicht zu trockener Boden.

Pflanzen/Vermehren: Pflanzung im Frühjahr oder Herbst; Vermehrung durch Teilen nach der Blüte oder Aussaat im Frühjahr möglich.
Pflege: Anspruchslos; Falllaub der Gehölze liegen lassen oder Pflanzstellen mit Laub mulchen; kann im Frühjahr bis kurz über dem Boden zurückgeschnitten werden.
Hinweis: Das Schwarzfrüchtige Christophskraut (*A. spicata*) eignet sich ebenfalls gut für dunklere Plätze. Es bleibt etwas kleiner, entwickelt schwarze Früchte und wächst auch unter Fichten und Tannen.

Christrose

Bekannter, mehrjähriger Winter- oder Vorfrühlingsblüher, der zur Gattung → *Nieswurz* gehört.

Chromosomen

Träger der Erbanlagen oder Gene, die sich im Zellkern jeder Zelle befinden. Es handelt sich um lange, spiralig gedrehte Doppelfäden, die aus DNA-Molekülen (auch DNS, Desoxyribonukleinsäure) bestehen. Jede Pflanzenart hat eine bestimmte Chromosomenzahl pro Körperzelle, die Süßkirsche z. B. 16, die Kartoffel 48, der Wurmfarn 164. Bei Teilung der Körperzellen teilen sich auch die Chromosomen durch Längsspaltung, so dass jede Tochterzelle wieder die-

Christophskraut (Actaea spicata)

selbe Zahl aufweist. Für die geschlechtliche Fortpflanzung reduziert sich die Zahl in den Geschlechtszellen zunächst auf die Hälfte (einfacher Chromosomensatz). Bei der → *Befruchtung* vereinigen sich die einfachen Sätze von Pollenkern und Eizellenkern wieder zum normalen, doppelten Chromosomensatz der Körperzellen, der bei Fremdbefruchtung aus den Anlagen beider Elternpflanzen neu „gemischt" ist.

Chrysantheme

DENDRANTHEMA x GRANDIFLORA

Die auch als Garten-, Herbstchrysanthemen oder Winterastern bekannten Blüher gehörten früher zur Gattung → *Chrysanthemum* und werden heute als *Dendranthema* x *grandiflorum* zusammengefasst, wobei die Botaniker nicht mehr zwischen *Indicum*-Hybriden mit stärker gefüllten Blüten und langstieligen *Koreanum*-Hybriden unterscheiden. Schon vor 2 000 Jahren wurde dieser Korbblütler im alten China gezüchtet, heute gibt es Tausende von Sorten. Manche niedrige Sorten werden nur einjährig auf dem Balkon oder als Beeteinfassung gezogen.
Merkmale: Staude, buschig aufrecht, 40 – 100 cm hoch, einjährig gezogene Zwergsorten nur bis 25 cm; aufrech-

ter, horstartiger Wuchs; Blätter tief fiederartig eingeschnitten; Blüten einfach bis pomponförmig, in allen Farben außer Blau und Violett.
Blütezeit: August – November
Verwendung: In kleinen oder großen Gruppen, auch mehrere Sorten miteinander kombiniert, auf Beeten und Rabatten, vor Gehölzen und Mauern, in Gefäßen, als Schnittblumen; einjährige, niedrige Sorten in Balkonkästen.
Standort: Warm, im Windschatten von Gehölzen oder Mauern, gedeihen auch noch im Halbschatten, jedoch mit schwächerer Blüte; mäßig trockener bis frischer, gut durchlässiger, nährstoffreicher, kalkhaltiger Boden.
Pflanzen/Vermehren: Pflanzung im Frühjahr, je nach Wuchshöhe der Sorte mit 30 – 50 cm Abstand; Vermehrung durch Teilung im zeitigen Frühjahr vor dem Blattaustrieb.
Pflege: Im Frühjahr organisch düngen, Nachdüngung bis Juli; bei anhaltender Trockenheit gießen, aber Staunässe unbedingt vermeiden; hohe Sorten und schwere Blütenstände abstützen; nach der Blüte die Blütenstiele abschneiden und Horste mit Fichtenreisig abdecken.

Chrysanthemum
Diese Gattung umfasste früher sehr viele Arten, die immer wieder umbenannt wurden und unter Volksnamen wie Chrysanthemen, Margeriten, Wucherblumen oder Mutterkraut bekannt sind. Derzeit ist die Großgattung aufgespalten in *Dendranthema* (→ *Chrysantheme*), *Argyanthemum*, *Coleostephus*, *Hymenostemma*, *Leucanthemum* und *Tanacetum*. Die wichtigsten Arten für den Garten sind unter dem Stichwort → *Margerite* beschrieben.

Cichorium
Zu dieser Gattung gehören → *Chicorée,* → *Endivie* und → *Salate.*

Cimicifuga
Stauden mit weißen oder cremefarbenen Blütenständen für halbschattige bis schattige Standorte
→ *Silberkerze*

Verschiedene Gartenchrysanthemen

Citrus
Beliebte → *Kübelpflanze,* die je nach Art zierende Orangen oder Zitronen hervorbringt.
→ *Zitrusbäumchen*

Clarkia
Farbenprächtige Sommer- und Schnittblume
→ *Mandelröschen*

Clematis
Botanischer Gattungsname der
→ *Waldrebe*

Clematiswelke
→ *Waldrebenkrankheiten*

Cleome
Hochwüchsige Sommerblume mit rosa oder weißen Blüten
→ *Spinnenpflanze*

Climber-Rosen
Kletterrosen, die sich mit ihren dicken, aufrechten Trieben und kräftigen Stacheln einige Meter ohne Stütze in die Höhe recken können.
→ *Rose*

C/N-Verhältnis
Das Mengenverhältnis von Kohlenstoff (C) zu Stickstoff (N) in organischer Substanz oder im Boden. Es entscheidet über die Zersetzbarkeit von organischer Substanz und damit die Bildung von → *Humus* (auch → *Bodenfruchtbarkeit*).

Bei der Zersetzung dient Kohlenstoff, der in organischen Stoffen reichlich enthalten ist, den → *Bakterien* und anderen Mikroorganismen als Nahrung. Stickstoff brauchen sie zum Aufbau ihres Körpereiweißes. Bei hohem Stickstoffanteil (enges C/N-Verhältnis) vermehren sich die Bakterien rasch, die Zersetzung verläuft dann sehr schnell; bei niedrigem Stickstoffanteil (weites C/N-Verhältnis) ist sie dagegen gehemmt.

Holzhäcksel hat ein weites C/N-Verhältnis.

Krautige Pflanzenteile weisen im Allgemeinen ein enges C/N-Verhältnis auf, holzige Teile sowie Stroh ein weites. Wenn im Garten häufig mit Stroh oder Holzhäcksel gemulcht wird, sollte man auf entsprechenden Stickstoffausgleich achten. Ein sehr enges C/N-Verhältnis ist allerdings nicht anzustreben. Es führt dazu, dass organisches Material sehr schnell in mineralische Nährstoffe umgesetzt wird und kaum zur Bodenverbesserung beiträgt. Beim Aufsetzen von → Kompost empfiehlt sich, Materialien mit engem und weitem C/N-Verhältnis zu mischen.

Ein enges C/N-Verhältnis (bis etwa 25 – 30 : 1) haben z. B. Rasenschnitt, Blumen- und Gemüseabfälle, Küchenabfälle, Gründüngungspflanzen und Mist. Laub (um 50 : 1) nimmt eine Mittelstellung ein. Weit ist das Verhältnis bei Rindenmulch, Stroh, Holzhäcksel, Gehölzschnitt und Sägemehl (ab etwa 70 – 250 : 1).

CO_2
Chemische Formel für → Kohlendioxid

Cobaea
Einjährige Kletterpflanze mit violetten, glockenförmigen Blüten
→ *Glockenrebe*

Cochlearia
Einjährig kultivierte Salat- und Würzpflanze
→ *Löffelkraut*

Cocktailtomate
Tomatensorten mit aromatischen, kirschgroßen Früchten
→ *Tomate*

Colchicum
Im Herbst blühende Knollenpflanze
→ *Herbstzeitlose*

Coleostephus
Zwergmargerite mit gelben Blüten
→ *Margerite*

Comfrey
Früher als Gemüse angebaute Staude
→ *Beinwell*

Containerpflanze
Gehölze oder Stauden, die in der Baumschule bzw. Gärtnerei von vornherein in Kunststofftöpfen (bei Gehölzen mit mehr als 2 l Substratinhalt) oder Kunststoffhüllen angezogen werden. Sie bieten den Vorteil eines besonders gut durchwurzelten Ballens und wachsen entsprechend schnell an. Man kann sie deshalb – abgesehen von Frostperioden – das ganze Jahr über pflanzen, wobei trotzdem – je nach Art – Herbst oder Frühjahr die günstigsten Pflanztermine sind.

Convallaria
Botanischer Gattungsname des
→ *Maiglöckchens*

Convolvulus
Kletterpflanze mit trichterförmigen Blüten
→ *Winde*

Coreopsis
Gelb blühende Staude
→ *Mädchenauge*

Coriandrum
Botanischer Gattungsname des
→ *Korianders*

Cornus
Botanischer Gattungsname von
→ *Hartriegel* und → *Kornelkirsche*

Cortaderia
Imposantes Staudengras
→ *Pampasgras*

Corydalis
Anspruchsloser, gelb blühender Bodendecker
→ *Lerchensporn*

Corylopsis
Früh blühender Strauch mit zartgelben Blüten
→ *Scheinhasel*

Corylus
Botanischer Gattungsname der
→ *Hasel*

Cosmos
Sommerblume mit großen Blütenkörben
→ *Schmuckkörbchen*

Cotinus
Strauch mit großen, fedrigen Fruchtständen
→ *Perückenstrauch*

Cotoneaster
Botanischer Gattungsname der
→ *Zwergmispel*

Cottagegarten
Ursprünglich der typische kleine Garten englischer Landpächter und Kleinbauern. Hier wuchsen einfache Stauden, Sommer- und Zwiebelblumen, die für Herrschaftshäuser nicht edel genug waren, auf engstem Raum zusammen. Diese zwanglos wirkende Blumenfülle hat immer wieder zahlreiche Gartengestalter inspi-

Fingerhut und Storchschnabel sind traditionelle Stauden des Cottagegartens.

riert und gilt auch heute noch als Gestaltungsstil, der sich gut auf moderne Gärten übertragen lässt.

Charakteristische Pflanzen sind z. B. Akelei, Eisenhut, Glockenblumen, Rittersporn, Federnelken, Frauenmantel, Brennende Liebe, Fingerhut, Storchschnabel, Dahlien und Lilien, alle züchterisch nicht allzu stark bearbeiteten Formen. Sommerblumen wie Levkojen, Fleißige Lieschen, Ringelblumen und Jungfer im Grünen werden überall dort dazwischen gepflanzt, wo für sie noch ein Plätzchen bleibt.

Unter den Gehölzen passen u. a. Pfeifenstrauch, Schmetterlingsstrauch, Eibe, einfache Strauchrosen und Kletterpflanzen wie das Geißblatt sowie an der Hauswand gezogenes Spalierobst.

Die Gesamtgestaltung wird häufig in eher zarten Farben gehalten, so dass sich eine romantisch verspielte Wirkung ergibt. Große Rasenflächen passen nicht ins Bild, ebenso wenig die typische Buchseinfassung des → *Bauerngartens*. Kugel- oder kegelförmig geschnittene Buchsbäume dagegen können durchaus als formale Elemente das bunte Blumenmeer ergänzen.

Crambe
Große Solitärstaude
→ *Meerkohl*

Cranberry
Kulturform der → *Preiselbeere*

Crataegus
Gattung mit verschiedenen Wildsträuchern
→ *Weißdorn*

Crocosmia
Sommerblühende Knollenpflanze
→ *Montbretie*

Crocus
Früh blühende Zwiebelpflanze
→ *Krokus*

Cryptomeria
Nadelbaum mit sichelförmig gekrümmten Nadeln
→ *Sicheltanne*

Cucumis
Botanischer Gattungsname von
→ *Gurke* und → *Melone*

Cultivar
Begriff aus der botanischen Nomenklatur, der cv. abgekürzt wird. Er hat die gleiche Bedeutung wie der Begriff
→ *Sorte*.

Cuphea
Sommerblume mit interessant geformte roten Blüten
→ *Köcherblümchen*

Curcurbita
Botanischer Gattungsname von
→ *Kürbis* und → *Zucchini*

Cuticula
Andere Schreibweise für Kutikula, ein zartes, festes Häutchen, das schützend das → *Abschlussgewebe* überzieht.

Cyclamen
Botanischer Gattungsname des
→ *Alpenveilchens*

Cydonia
Botanischer Gattungsname der
→ *Quitte*

Cynara
Botanischer Gattungsname der
→ *Artischocke*

Cynoglossum
Meist blau blühende Sommerblume
→ *Hundszunge*

Cyperus
Sumpfpflanze, die sich auch gut als Zimmerpflanze eignet.
→ *Zypergras*

Cytisus
Eng mit dem Ginster verwandte Blütensträucher, zu denen auch der Besenginster zählt.
→ *Geißklee*

Die Nestfichte (Picea abies 'Nidiformis') ist eine spezielle Sorte der gewöhnlichen Fichte, ist also ein Cultivar.

D

Dachbegrünung

Begrünte Dächer verbessern das Wohnklima, bieten ökologische Vorteile, sind optisch ansprechend und sorgen für Wärme- sowie Lärmdämmung. Ebene oder flach geneigte Dächer lassen sich mit recht wenig Aufwand begrünen. Bei entsprechenden Vorkehrungen kann man aber auch bei bis zu 40° Neigung eine Dachbegrünung aufbringen. Zuvor muss eine behördliche Genehmigung eingeholt werden, die je nach → *Bebauungsplan* und Gestaltungsleitlinien nicht unbedingt erteilt wird. Andererseits gibt es in manchen Kommunen auch Fördergelder für eine Dachbegrünung. Vor der Anlage muss die Statik der Dachkonstruktion überprüft werden; durchschnittlich ist bei einfacher Begrünung mit einer zusätzlichen Belastung von 60 – 120 kg/m² zu rechnen. Es empfiehlt sich immer, eine mit derlei Begrünungen erfahrene Firma heranzuziehen.

Man kann das Hausdach einfach auch nur mit Gras bepflanzen.

Je nach Dachneigung und Art der Begrünung können spezielle Vorrichtungen für die Entwässerung nötig werden. Die vorhandene Dachdichtung muss voll funktionsfähig sein und kann bei Wohnhausdächern durch eine Wärmedämmung ergänzt werden. Zuunterst kommt ein Kunstfaservlies als Ausgleichschicht, darauf die unverzichtbare Wurzelschutzfolie, gefolgt von einer Dränageschicht aus Blähton, Lavagestein oder Kies (ca. 5 – 10 cm dick); darüber wird ein Trenn- bzw. Filtervlies verlegt. Schließlich folgt die Substratschicht für die Pflanzen, meist eine Mischung aus Erde, Sand und Blähton. Bei stärker geneigten Dächern verhindern Krallmatten und Kanthölzer als Schubsicherungen das Abrutschen des Substrats.

Bei der Bepflanzung unterscheidet man Extensiv- und Intensivbegrünung. Für die Extensivbegrünung werden anspruchslose, Hitze und trockenheitsverträgliche Pflanzen verwendet, vor allem *Sedum*-Arten (Fetthenne, Mauerpfeffer), verschiedene Gräser, Zierlauch-Arten, Kräuter und Kleinstauden, die auch im Steingarten gepflanzt werden, beispielsweise Pfingstnelken. Hierfür ist eine Substratschicht von 5 – 15 cm ausreichend. Die Intensivbegrünung ist mit Pflegeaufwand verbunden, der sich bei der einfachen Version, etwa bei Bepflanzung mit Fertigrasen oder kleinen Sträuchern in Grenzen hält; hier wird eine Substratschicht von 10 – 25 cm nötig. Die anspruchsvolle Intensivbegrünung schließlich ist mit dem → *Dachgarten* gleichzusetzen.

Dachgarten

Die Einrichtung begehbarer Dachgärten bedarf einer behördlichen Genehmigung. Für die Statik gelten weitaus höhere Anforderungen als bei der extensiven → *Dachbegrünung*. Hier muss man mit Lasten zwischen 250 – 500 kg/m² rechnen. Noch wichtiger als bei der Dachbegrünung ist das Hinzuziehen von Fachleuten, z. B. eines Architekten, da Punkte wie Wasserabzug und Unfallverhütung durch Geländer geklärt werden müssen.

Für die Anlage von Grundbeeten oder Rasen verwendet man dieselben Schutz- und Ausgleichschichten wie bei der → *Dachbegrünung*. Anspruchsvollere Pflanzen brauchen Substratstärken von bis zu 60 cm. Wesentlich einfacher gestaltet sich die Bepflanzung mit Kübeln und Töpfen, die dann der Nutzung von Terrasse oder Balkon entspricht.

Dachwurz

Polster bildende Stauden mit dickfleischigen Blättern
→ *Hauswurz*

Dahlie

DAHLIA × HORTENSIS
☼

Bereits die Azteken sollen Urformen dieser in Mittelamerika beheimateten Korbblütengewächse gezüchtet haben. Die heutigen Dahlien, auch Georginen genannt, sind Kreuzungen verschiedener Wildarten und werden in einer überwältigen Vielfalt von Sorten angeboten. Das Sortiment reicht von niedrigen Zwergformen, die auch

Daphne

im Balkonkasten gedeihen, bis zu mächtigen, bald 2 m hohen Büschen. Nach der Blütenform werden die Dahlien in drei Klassen unterschieden, zu der wiederum verschiedene Gruppen gehören:

1) Einfach blühende Dahlien: Zwergmignondahlien (auch Top-Mix- oder Liliputdahlien) und Mignondahlien. Ihre Blüten haben einen einfachen Kranz von Zungenblüten; Wuchshöhen von 20 – 60 (– 100) cm.

2) Halb gefüllte Dahlien: Päonienblütige Dahlien, Halskrausendahlien, Anemonenblütige Dahlien. Mehrere Kränze von Zungen-, Strahlen- und/ oder Röhrenblüten umgeben die Blütenmitte; Wuchshöhen von 60 – 110 cm.

3) Gefüllte Dahlien: Kaktusdahlien, Semikaktusdahlien, Schmuckdahlien, Ball- oder Kugeldahlien, Pompondahlien, Orchideenblütige Dahlien, Hirschgeweihdahlie. Blüten aus unzähligen Strahlenblüten in verschiedensten Formen; Wuchshöhen von 60 – 120 cm.

Merkmale: Nicht winterharte Knollenpflanze, aufrecht, buschig, 20 – 120 cm hoch; einfache oder dreiteilige Blätter; Blüten in allen Farben außer Blau, auch mehrfarbig.

Blütezeit: Juni – Oktober

Verwendung: In kleinen und großen Gruppen, auf Beeten und Rabatten, im Bauerngarten, niedrige Sorten für Pflanzgefäße, langstielige Sorten als Schnittblumen.

Anemonenblütige Dahlie

Balldahlie

Halskrausendahlie

Standort: Gut durchlässiger, frischer, nährstoff- und humusreicher Boden.

Pflanzen/Vermehren: Wurzelknollen ab Mai 10 cm tief stecken; bei niedrigen Sorten 30 – 40 cm Pflanzabstand, bei höheren Sorten 60 – 100 cm. Vortreiben ab März/April in Gefäßen im Haus möglich, dann Pflanzung nach Mitte Mai, dadurch Blütenverfrühung; Vermehrung durch Teilung größerer Knollen in Teilstücke mit mindestens einem Auge.

Pflege: Bei Nachtfrostgefahr nach der Pflanzung abdecken; hohe Sorten mit Stützstäben versehen; im Frühjahr Kompost geben oder stickstoffarm düngen, mehrmals bis Anfang August nachdüngen; gleichmäßig feucht halten; Verblühtes regelmäßig entfernen. Im Herbst nach den ersten Frösten die Knollen ausgraben, einige Tage abtrocknen lassen und Stängelreste abschneiden; in eine Kiste mit trockenem Sand oder Torf einschichten und trocken, kühl und frostfrei überwintern.

Dahlienkrankheiten

Unter den Pilzkrankheiten tritt am häufigsten → *Grauschimmel* auf. Daneben kommen verschiedene Viruskrankheiten vor. Der Befall mit Dahlien-Mosaikvirus, Stauchevirus oder Blattfleckenvirus führt zu verkrüppelten Pflanzen, bei denen die Blüten stecken bleiben und die Laubblätter helle Flecken oder mosaikartige Verfärbungen aufweisen. Bei starkem Befall sterben die Pflanzen ab. Da Virosen nicht bekämpft werden können, sind vorbeugende Maßnahmen umso wichtiger: die ausschließliche Verwendung gesunder Knollen, Sauberkeit der Arbeitsgeräte sowie die Bekämpfung Viren übertragender → *Blattläuse*. Befallene Pflanzen vollständig entfernen und vernichten.

Dahlienschädlinge

Spezielle Dahlienschädlinge treten nicht auf. Am häufigsten schaden → *Blattläuse,* → *Schnecken,* → *Spinnmilben* und → *Thripse,* seltener auch → *Zikaden.*

Damaszenerrose

Historische, 1 – 3 m hohe Strauchrosen
→ *Rose,* auch → *Alte Rosen*

Daphne

Gattung mit verschiedenen früh blühender Sträucher
→ *Seidelbast*

Datura
Botanischer Name krautig bleibender Formen der → *Engelstrompete*

Daucus
Botanischer Gattungsname der → *Möhre*

Dauergemüse
Gemüsearten, die über längere Zeit gelagert werden können, z. B. Weiß- und Rotkohl, Sellerie, Möhren, Lauch und Zwiebeln.

Dauergewebe
Pflanzliche Zellverbände, die sich im Gegensatz zum → *Bildungsgewebe* (Meristem) nicht mehr teilen können. Dazu gehören z. B. das Assimilationsgewebe in den Blättern, das Speichergewebe in Wurzel und Spross, das Leitgewebe zur Wasser- und Nährstoffleitung und viele andere. Im Holz oder Kork sind die Zellen nicht nur teilungsunfähig, sondern zudem abgestorben.

Dauerhumus
Schwer zersetzbare organische Substanzen, die lange im Boden verweilen und das Bodengefüge nachhaltig verbessern.
→ *Humus,* auch → *Bodenfruchtbarkeit*

Dauerkultur
Anbau mehrjähriger Gemüse, die ein Beet über längere Zeit belegen. Beispiele hierfür sind Spargel oder auch Rhabarber.

Deckblatt
Andere Bezeichnung für → *Hochblatt;* schützende Blätter nahe der Blüte, die oft anders gestaltet sind als die Laubblätter.

Delphinium
Botanischer Gattungsname des → *Rittersporns*

Dendranthema
Botanischer Gattungsname der im Herbst blühenden Gartenchrysanthemen
→ *Chrysantheme*

Denitrifikation
Durch Bakterien verursachter Vorgang im Boden, bei dem Nitrat, die wichtigste pflanzenverfügbare Stickstoffform, zu gasförmig entweichendem Stickstoff umgebaut wird. Die Denitrifikation tritt bei Sauerstoffmangel auf und ist in verdichteten oder staunassen Böden besonders hoch. Es kann dadurch zu Stickstoffverlusten von bis zu 30 % kommen.

Depotdünger
Auch Langzeitdünger genannt. Die Düngerkörner oder -kugeln sind mit einer Harzhülle umgeben, die sich nur sehr langsam zersetzt. Dadurch werden die Nährstoffe in Abhängigkeit von Temperatur und Wasserversorgung nur allmählich abgegeben, der Vorrat reicht meist etwa für sechs Monate. Im Hobbybereich werden Depotdünger hauptsächlich für Balkon- und Kübelpflanzen angeboten.

Spargelpflanzen können etwa 10 bis 12 Jahre lang genutzt werden.

Deschampsia
Ziergras
→ *Rasenschmiele*

Deutsches Weidelgras
Eines der bewährten → *Rasengräser*

Deutzie
DEUTZIA

Deutzien sind robuste, sommergrüne Gehölze aus der Familie der Hortensiengewächse, die ursprünglich aus Japan oder China stammen. Sie gedeihen an sonnigem Platz auf frischem Boden am besten, vertragen aber auch lichten Schatten. Es gibt mehrere Arten und Sorten, die sich hauptsächlich in der Wuchshöhe unterscheiden. Neben den nachfolgend beschriebenen, häufig gepflanzten Deutzien kommen infrage: Glöckchendeutzie (*D.* x *rosea*), 1–1,5 m hoch, glockige, außen hellrosa Blüten; Kalmiendeutzie (*D.* x *kalmiiflora*), 1,5–2 m, Blüten außen kräftig rosa, innen weiß; Prachtdeutzie (*D.* x *magnifica*), 3–4 m, reinweiße, gefüllte Blüten; Raublättrige Deutzie (*D. scabra*), 2–4 m, gefüllte Blüten, je nach Sorte weiß oder auch rosa.

Zierliche Deutzie, Maiblumenstrauch
DEUTZIA GRACILIS

Merkmale: Kleinstrauch, buschig aufrecht, 0,5–1 m hoch; lanzettliche, gesägte Blätter; glockige, reinweiße Blüten in aufrechten Rispen.
Blütezeit: Mai–Juni
Verwendung: Einzeln oder in Gruppen, für niedrige Blütenhecken, im Hintergrund von Rabatten.
Standort: Humoser, nicht zu trockener Boden.
Pflanzen/Vermehren: Pflanzung im Frühjahr oder Herbst; Vermehrung durch Stecklhölzer oder im Frühsommer geschnittene Kopfstecklinge.

Raublättrige Deutzie (Deutzia scabra)

Pflege: Bei längerer Trockenheit gründlich gießen; Mulchen und gelegentliche Kompostgaben günstig; alle 1 bis 2 Jahre im Frühjahr ältere Zweige bodennah herausschneiden.

Rosendeutzie
DEUTZIA X HYBRIDA 'MONT ROSE'
☼ ☺

Merkmale: Strauch, locker aufrecht bis überhängend, 1,5 – 2 m hoch; dunkelgrüne, länglich eiförmige, gesägte Blätter; große, sternförmige, rosa Blüten in Doldenrispen.
Blütezeit: Juni
Verwendung: Einzeln oder in Gruppen, in gemischten Strauchgruppen.
Standort: Wie Zierliche Deutzie.
Pflanzen/Vermehren: Wie Zierliche Deutzie.
Pflege: Wie Zierliche Deutzie.

Diabas
Dem → *Basalt* ähnliches, basisches → *Ergussgestein* mit dunkel- bis schwarzgrüner Farbe. Es findet als stabiles, frostbeständiges Gestein im Garten, beispielsweise als Wegbelag, Verwendung.

Dianthus
Botanischer Gattungsname der → *Nelke,* zu der ein- und zweijährige sowie ausdauernde Arten gehören.

Dibbelsaat
Auch Horstsaat. Hierbei werden immer mehrere Samen in kleinen Häufchen mit bestimmten Abständen in einer Reihe bzw. in einem Kreis um eine Stange gelegt. Da die Samen fast gleichzeitig keimen, erleichtern sie sich gegenseitig das Durchstoßen des Bodens. Günstig bei größeren Samen wie Bohnen, Erbsen, Wicken oder Kapuzinerkresse und auf Böden, die gern verschlämmen oder verkrusten.

Dicentra
Staude mit charakteristischen roten, herzförmigen Blüten
→ *Tränendes Herz*

Dichternarzisse
→ *Narzisse* mit weißer, sternförmiger Hauptkrone

Dicke Bohne
Andere Bezeichnung für die → *Puffbohne*

Dickenwachstum, sekundäres
Meist zeitlebens anhaltendes Dickenwachstum der Sprossachsen und Wurzeln zweikeimblättriger Pflanzen und Nadelgehölze durch Zellteilungen des → *Kambiums,* eines stets teilungsfähigen Gewebes. Die vom Kambium nach innen abgegebenen Zellen verholzen und bilden ein Festigungsgewebe, die nach außen abgegebenen Zellen bilden den Bast. Durch die im Frühjahr starke, zum Herbst hin dann unterbrochene Tätigkeit des Kambiums entstehen die Jahresringe in den Baumstämmen.

Dickmaulrüssler
Mehrere Arten dieses Rüsselkäfers können im Garten und an Topfpflan-

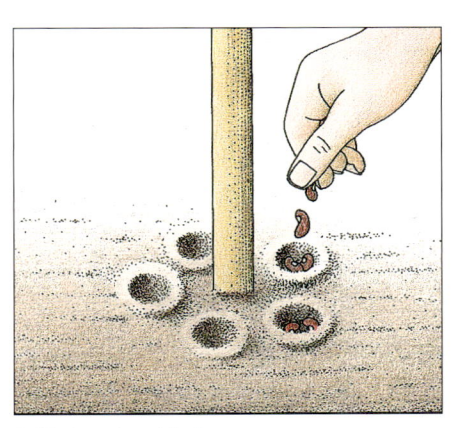

Bei Bohnen hat sich die Dibbel- oder Horstssaat bewährt.

zen große Schäden anrichten. Am häufigsten kommt jedoch der Gefurchte Dickmaulrüssler vor, ein bis 1 cm langer, glänzend schwarzer Käfer. Dickmaulrüssler können an vielen unterschiedlichen Pflanzen schaden z. B. an Rhododendron, Lebensbaum, Eibe, Efeu, Zwergmispeln, Chrysanthemen, Erdbeeren, Beerensträuchern, Begonien und Engelstrompete. Tagsüber leben die flugunfähigen Käfer verborgen in Erdrissen und unter Pflanzen, in der Dämmerung verlassen sie ihre Tagverstecke und klettern auf die Blätter, um daran zu fressen. Der typische buchtige Fraß an den Blatträndern schädigt die Pflanzen nur mäßig, ist jedoch ein deutliches Warnzeichen, das man beachten sollte. Denn die im Boden oder in der Topferde lebenden, gelblich weißen Larven richten den eigentlichen Schaden durch Fraß an Wurzeln und Knollen an.
Schadbild: Große, bogenförmige Kerben im Rand der Blätter (Käferfraß), teils auch Fraßstellen an Blättern oder Stängeln; plötzliches Welken trotz ausreichender Wasserversorgung (Fraß der Larven an den Wurzeln); bei starkem Befall Absterben der ganzen Pflanze.

Dictamnus

Am Rhododendron ist der typischer Fraßschaden des Dickmaulrüsslers zu sehen.

Dill (Anethum graveolens)

Diptam (Dictamnus albus)

Abhilfe: Vorbeugend natürliche Feinde wie Igel und Spitzmaus fördern; regelmäßig den Boden lockern und auf angefressene Blätter achten; Käfer nachts im Schein einer Taschenlampe absammeln. Bei starkem Befall können die Larven biologisch mit parasitären Nematoden bekämpft werden, die im Handel erhältlich sind und mit Wasser einfach auf die gleichmäßig angefeuchtete Erde gegossen werden. Sie töten die Larven zuverlässig und sterben danach ab.

Dictamnus
→ *Diptam*

Digitalis
Botanischer Gattungsname des → *Fingerhuts*

Dikotylen
Fachsprachlich für → *zweikeimblättrige Pflanzen*

Dill
ANETHUM GRAVEOLENS
☼ ☺

Der aus Vorderasien stammende Doldenblütler wurde schon von den alten Ägyptern als Heilkraut verwendet. Heute dient er hauptsächlich als Würze, wofür man die Blättchen, die Blütenstände und die Samen verwenden kann. Im Garten ist Dill ein guter Mischkulturpartner für Gurken und Salat.

Merkmale: Einjährig, aufrecht, wenig verzweigt, 50 – 120 cm hoch; Blätter mehrfach fiederschnittig mit schmalen Zipfeln; gelbe Doldenblüten.

Blütezeit: Juli – September

Standort: Windgeschützt; warmer, humusreicher, lockerer, genügend kalkhaltiger Boden, keine anhaltende Staunässe; am besten jedes Jahr den Standort wechseln.

Kultur: Freilandaussaat von April bis August mit 20 – 30 cm Reihenabstand oder auch breitwürfig, am besten in Folgesaaten; für die Samengewinnung in den Reihen auf 10 – 20 cm ausdünnen.

Pflege: In Trockenperioden wässern, Boden regelmäßig lockern.

Ernte: Blätter fortlaufend bis zum ersten Frost, Blütenstände zum Blühbeginn, Samen bei beginnender Bräunung.

Dimorphoteca
Margeritenähnliche, anspruchslose Sommerblume
→ *Kapkörbchen*

Diorit
Hartes, körniges, grünlich schwarzes → *Tiefengestein;* wird als frostbeständiger Naturstein für Weg- und sonstige Beläge verwendet.

Diplotaxis
Mehrjährige, feinblättrige Rucola-Salatrauke
→ *Salatrauke*

Diptam
DICTAMNUS ALBUS
☼–◐ ☺

Heißt auch Brennender Busch, weil die unreifen Fruchtstände an heißen Sommertagen ätherische Öle verströmen, die sich z. B. mit einem Streichholz entzünden lassen. Bei empfindlichen Menschen können die ätherischen Öle zu allergischen Reaktionen führen. Das heimische Weinrautengewächs – übrigens eine Verwandte der Zitrone und Orange – ist in freier Natur sehr selten geworden und zählt zu den geschützten Arten.

Merkmale: Staude, aufrecht mit meist unverzweigten Stängeln, 60 – 80 cm hoch; Blätter unpaarig gefiedert mit bis zu 4 cm großen Teilblättchen; trompetenförmige Blüten in endständigen, bis zu 45 cm hohen

Trauben, rötlich weiß gefärbt mit roter Aderung.
Blütezeit: Mai – Juli
Verwendung: Im Staudenbeet, möglichst in Einzelstellung, vor Gehölzen, im Steingarten; Bauerngartenstaude, passt auch in Naturgärten; als Schnittblume.
Standort: Warm; lockerer, kalkhaltiger, mäßig trockener, durchlässiger Boden.
Pflanzen/Vermehren: Pflanzung im Herbst oder Frühjahr; Vermehrung durch vorsichtige Teilung oder Aussaat gleich nach der Samenreife; Kaltkeimer.
Pflege: Wächst ungestört am besten; kann im zeitigen Frühjahr zurückgeschnitten werden.

Direktsaat
Aussaat am endgültigen Standort, ohne → *Anzucht* bzw. Vorkultur
    Auch → PRAXIS-SEITE Aussaat im Freien (S. 70/71)

Direktträger
Obstgehölz, das nicht auf eine Unterlage veredelt wurde und mit den eigenen Wurzeln im Boden steht; starkwüchsiger als Veredlungen derselben Sorte.

Dissimilation
Fachsprachlich für → *Atmung*, den Abbau zelleigener Substanzen für die Energiegewinnung

Distelstecher
Handgerät zum Ausstechen von Rasenunkräutern, besonders solchen mit Pfahlwurzeln. Die Wurzeln werden von den Widerhaken des Distelstechers erfasst und unter leichtem Drehen mit herausgezogen.

Dodecatheon
Feuchtstaude mit alpenveilchenähnlichen Blüten
    → *Götterblume*

Dolde
→ *Blütenstand,* bei dem die gleich lang gestielten Einzelblüten vom Endpunkt der verkürzten Hauptachse ausgehen, z. B. bei Efeu und Kirsche. Auch die oft als Büschel bezeichneten Apfelblütenstände sind botanisch gesehen Dolden. Die nach dieser Blütenstandsform benannten → *Doldenblütengewächse* haben häufig so genannte Doppeldolden: Statt Einzelblüten sitzen an den Enden der dünnen Blütenstiele (Strahlen) wiederum kleine Döldchen.

Doldenblütengewächse
Kurz Doldenblütler; wissenschaftlich *Apiaceae* (früher *Umbelliferae*). Große Pflanzenfamilie mit über 3 000 Arten, mit einfachen oder zusammengesetzten Dolden als charakteristischen Blütenständen und häufig mit gefiederten Blättern. In der Natur sind sie meist Steppen-, Wiesen- oder Sumpfpflanzen. Einige Wildarten wie der Wasserschierling enthalten hochgiftige Alkaloide.

Andere Doldenblütler gehören wegen ihres Gehalts an ätherischen Ölen in Früchten, Blättern oder Wurzeln zu den bekanntesten Gemüsepflanzen und Gewürzkräuter, z. B. Kerbel, Koriander, Kümmel, Fenchel, Dill, Petersilie und Möhre.

Giersch (Aegopodium podagraria) ist ein typischer Doldenblütler.

Doldenprimel
→ *Primel* mit doldigem Blütenstand

Dolomit
Grauweißes, auch gelbliches oder bräunliches → *Absatzgestein,* ursprünglich aus Kalkstein entstanden. Als „weiches", nicht verwitterungsstabiles Gestein nur selten im Steingarten oder für Mauern eingesetzt.

Dolomitkalk
Langsam wirkender, aus Dolomitgestein gewonnener → *Kalk*

Doppelhacke
Auch Duo- oder Kombihacke genannt; Hacke mit durchgängigem, breitem Blatt auf der einen Seite und drei kräftigen Zinken auf der andern.

Doppelkronig
Bei Blüten: Eine Krone wächst innerhalb einer zweiten, so dass eine halb gefüllte oder gefüllte Blüte entsteht.

Dornen
Stechende Pflanzenorgane, die durch Umwandlung von Blättern, Blattteilen oder Sprossen entstanden sind. Bei Blattdornen handelt es sich um umgebildete Blätter und Nebenblätter, z. B. Weißdorn und Robinie. Sprossdornen sind umgebildete Sprosse, z. B. bei Berberitze. Da Dornen mit dem Holzkörper der Pflanze verbunden sind, lassen sie sich nicht so leicht entfernen wie die → *Stacheln,* die Oberhautgebilde der Pflanzen sind. Im streng botanischen Sinn besitzen die „stacheligen" Kakteen echte Dornen, während die „dornigen" Rosen Stacheln haben. Dornen wie Stacheln dienen meist als Schutz gegen Tierfraß.

Doronicum
Gelb blühende Staude
→ *Gemswurz*

Dorotheanthus
Sommerblume mit großen Strahlenblüten
→ *Mittagsblume*

Dörren
Verfahren zur Haltbarmachung von Obst und Gemüse durch Wasserentzug unter Wärmeeinsatz, meist bei Temperaturen zwischen 40 und maximal 70° C. Vor allem Obst eignet sich gut zum Dörren, meist werden Äpfel, Pflaumen, Aprikosen und Pfirsiche auf diese Weise getrocknet. Während des Dörrvorgangs in einem Dörrapparat wird das Trockengut mehrmals täglich kontrolliert. Es ist fertig, wenn sich die Oberfläche trocken und ledrig anfühlt. In verschließbaren Gläsern oder Dosen aufbewahren; schimmelig gewordenes Dörrobst vernichten.

Dost
Anderer Name für → *Oregano*

Douglasie
PSEUDOTSUGA MENZIESII

Auch Douglastanne. Die aus Nordamerika stammende Douglasie wird in Mitteleuropa schon seit 200 Jahren als Waldbaum gepflanzt und hat auch unter den Gartenbesitzern ihre Liebhaber gefunden. Manche bereuen jedoch schon die Pflanzung, denn der Baum mit den weichen, duftenden Nadeln wächst recht schnell, wird mit den Jahren ausladend und erreicht bis 30 m Höhe. Für den Garten eignet sich eher die nur 1–3 m hohe, rundlich wachsende Zwergform 'Fletcheri', die gut in Stein- oder Heidegärten passt.

Douglasien brauchen gut durchlässigen, tiefgründigen, feuchten Boden und gedeihen bei hoher Luftfeuchte

Douglasie (Pseudotsuga menziesii)

am besten. Ansonsten sind sie anspruchslos und gut winterhart.

Draba
Gelb blühende Polsterstaude für den Steingarten
→ *Felsenblümchen*

Drahtfolie
Mit Draht verstärkte → *Folie*, wird auch Gitterfolie genannt.

Drahtrahmen
Stützgerüst aus Pfählen und quer gespannten Drähten für Beerenobst, z. B. Brombeere und Himbeere, oder für kleinwüchsige Obstbäume

Drahtspanner
Werkzeug zum einfachen Spannen von Drähten an Zäunen und Spalieren; meist in Bau- und Heimwerkermärkten erhältlich.

Drahtwurm
Drahtwürmer sind die Larven von braunen bis schwarzen, meist knapp 1 cm großen Schnellkäfern, die durch Abknicken der Vorderbrust plötzlich mit einem knipsenden Geräusch aus der Rückenlage hochschnellen können. Die Käfer werden kaum schädlich. Die wurmartigen, gelblich gefärbten, 2–3 cm langen, harten Larven dagegen richten durch Fraß an Wurzeln, Zwiebeln und Knollen große Schäden an. Betroffen sind krautige Pflanzen, besonders Jungpflanzen und verschiedene Gemüse, häufig Möhren, Salat und Kartoffeln. Besonders stark treten Drahtwürmer auf neu angelegten Beeten auf, die vorher mit Rasen oder Wiese bewachsen waren. Natürliche Feinde sind Maulwürfe, Spitzmäuse, Laufkäfer und Vögel, vor allem Stare.

Schadbild: Welkende Pflanzen, die umfallen oder sich einfach herausziehen lassen und kaum noch Wurzelreste aufweisen; regelmäßige Fraßkanäle in unterirdischen Pflanzenorganen, z. B. bei Möhren und Roten Beten.

Abhilfe: Vorbeugend auf frisch umbrochenen Flächen in den ersten 2 Jahren keine besonders gefährdeten Pflanzen anbauen; gründliche, tief reichende Bodenbearbeitung, häufige Lockerung. Halbierte Kartoffeln, mit der Schnittfläche nach unten eingegraben, oder Salatpflanzen als Köder einsetzen, regelmäßig kontrollieren und bei Befall vernichten; notfalls spezielle Streu- oder Gießmittel einsetzen.

Dränage
Auch Drainage oder Dränung; steht allgemein für Entwässerung oder Vorkehrungen, die überschüssiges Wasser ableiten. Die Dränage stark vernässter Böden kann erfolgen durch tief reichende Bodenlockerung, wenn nötig durch Aufbrechen von Sperrschichten im Unterboden, durch Anlegen von Abzugsgräben, Verlegen von unterirdischen Dränrohren aus Ton oder Kunststoff oder durch Einbau von 20–30 cm starken Dränageschichten aus Kies oder Schotter in bis zu 80 cm Tiefe. Entsprechende Dränageschichten aus grobem Material setzt man auch bei Terrassen, Pflasterungen und Wegen als unterste Schicht ein.

DUFTSTEINRICH

Dreimasterblume (Tradescantia x andersoniana)

Dreiastkrone
In einer Ebene angeordnete Längskrone von Obstbäumen mit einem Mittelast und zwei Leitästen; Platz sparende Erziehungsform für die Obstpflanzung in Hecken und in Spalierform

Dreimasterblume
TRADESCANTIA X ANDERSONIANA
☼–◐ ☺

Auch Tradeskantie oder Flinker Heinrich genannt. Das aus Nordamerika stammende Kommelinengewächs ist bei genügend Bodenfeuchte anspruchslos und bildet den ganzen Sommer über neue Blüten.
Merkmale: Staude, locker aufrecht, 40–50 cm hoch; schilfähnliche Blätter; Blüten in Büscheltrauben, zahlreiche Sorten in Blau, Violett, Rot, Rosa und Weiß.
Blütezeit: Juni–August
Verwendung: Am Gewässerrand oder auf feuchten, sonnigen Rabatten.
Standort: Frischer bis feuchter, nährstoffreicher Boden.
Pflanzen/Vermehren: Pflanzung im Herbst oder Frühjahr mit 30–40 cm Abstand; Vermehrung durch Teilung im Frühjahr.
Pflege: Im Frühjahr mit Kompost versorgen; bei anhaltender Trockenheit gießen; Rückschnitt nach der ersten Hauptblüte im Juli/August fördert Nachblüte im September; durch Selbstaussaat überhand nehmende Sämlinge entfernen.

Drillmaschine
Handsämaschine, mit der das Saatgut in gleichmäßigem Reihenabstand und gleichmäßiger Stärke ausgebracht wird.

Dryas
Weiß blühende Steingartenstaude
→ *Silberwurz*

Dryopteris
Wintergrüner, anspruchsloser Farn
→ *Wurmfarn*

Duchesnea
Bodendecker mit erdbeerähnlichen Früchten
→ *Scheinerdbeere*

Duftpflanzen
Pflanzen, die einen mehr oder weniger starken Duft verströmen, bereichern den Garten durch ein besonderes Sinneserlebnis. Den Duft bewirken hauptsächlich verschiedene
→ *ätherische Öle* sowie Harze und Balsame. Nach der Duftentfaltung unterscheidet man Spontandufter und Kontaktdufter. Spontandufter wie Rosen verströmen ihr Aroma von selbst, aber zeitlich begrenzt über Blüten oder Früchte, um bestäubende oder Samen verbreitende Tiere anzulocken (auch → *Blütenduft*). Kontaktdufter wie Rosmarin, Lavendel und viele andere Kräuter duften erst beim Berühren oder Zerreiben intensiv; hier dienen die Düfte wohl auch von Natur aus der Schädlingsabwehr.

Je nach Art kommen herb-würzige, zitronenartige, blumig frische oder schwere, mehr oder weniger süßliche Düfte vor. Man kann Duftpflanzen gezielt z. B. an Sitzplatz oder Terrasse einsetzen, sollte dabei jedoch nicht allzu viele verschiedene Duftrichtungen und -pflanzen miteinander kombinieren. Gerade schwere, intensive Düfte werden nicht immer als angenehm empfunden.

Duftsteinrich
LOBULARIA MARITIMA
☼ ☺

Der einjährige Duftsteinrich, ein in Südeuropa beheimateter Kreuzblütler, lockt mit seinen nach Honig duftenden Blüten viele Insekten an.
Merkmale: Einjährige Sommerblume, bildet kompakte Polster, 5–15 cm hoch; Blüten weiß, rosa oder violett.
Blütezeit: Juni–Oktober
Verwendung: In großen Gruppen, als Bodendecker, für Beeteinfassungen und Unterpflanzungen, für Pflanzgefäße und Balkonkästen, im Steingarten und in Fugen von Trockenmauern.
Standort: Lockerer, nicht zu nährstoffreicher, kalkhaltiger Boden.
Pflanzen/Vermehren: Breitwürfige Direktsaat Ende April an Ort und Stelle, Samen nicht abdecken (Lichtkeimer); auf 10–15 cm Abstand vereinzeln; oder Vorkultur ab Ende März bei 10–12° C, mit Pflanzung im Mai.
Pflege: Bei anhaltender Trockenheit gießen; nach der ersten Hauptblüte im Juli etwa um die Hälfte zurückschneiden, danach Kompost oder schwach dosierten Volldünger geben.

Duftsteinrich (Lobularia maritima)

Duftveilchen
Bodendeckerstaude mit violetten, duftenden Blüten
→ *Veilchen*

Duftwicke
Einjährige Kletterpflanze mit rosa oder weißen, duftenden Blüten
→ *Wicke*

Düngelanze
Gerät zum Einbringen von Flüssigdünger in den Boden an Stellen, an denen nicht gegraben werden kann, z. B. im Rasen, unter Obstbäumen und Hecken.

Düngemittel
→ *Dünger*

Düngen
→ *Düngung*

Dünger
Dünger bzw. Düngemittel sind grundsätzlich alle Stoffe, die Pflanzennährelemente in geeigneter Form enthalten, auch wenn sie erst nach Umwandlung im Boden wirksam werden. Im Allgemeinen unterscheidet man organische und anorganische oder mineralische Dünger.

Organische Dünger
Hierzu gehören zum einen Stoffe wie Kompost, Mist oder Rindenhumus, außerdem das Verfahren der Gründüngung. Sie dienen der Zufuhr von → *Humus,* der zum einen die Bodenstruktur verbessert, zum andern organisch gebundene Nährstoffe enthält, die durch die Mikroorganismen im Boden nach und nach freigesetzt werden. Es entsteht eine nachhaltige, langsam fließende Nährstoffquelle. Lediglich frischer Kompost und Mist wirken schneller und direkter. Eine relativ schnell wirksame organische Düngung erreicht man auch durch Verwendung nährstoffreicher Pflanzenjauchen (→ *Kräuterauszüge*).

Organische Handelsdünger haben höhere, konzentriertere Nährstoffgehalte, werden aber auch vorwiegend durch Mikroorganismen aufgeschlossen. Hierzu zählen Hornspäne, Knochen- oder Blutmehl. Aufgrund des Auftretens der BSE-Krankheit bei Rindern sind diese aus Schlachtabfällen hergestellten Dünger seit Ende des 20. Jahrhunderts sehr umstritten. Ein weniger problematischer, stickstoffreicher Dünger ist der aus Vogelkot hergestellte Guano.

Bei ausschließlicher Verwendung organischer Dünger ist in der Regel eine gute Versorgung mit Spurennährstoffen gewährleistet. Dagegen kann es bei Kalium auf Dauer zu Mangel kommen, so dass eventuell nach → *Bodenuntersuchung* ein Ausgleich durch mineralische Dünger nötig wird.

Mineralische Dünger
Auch anorganische Dünger genannt. Sie werden teils im Bergbau aus mineralischen Lagerstätten gewonnen, so die meisten Kalium-, Phosphat- und Kalkdünger. Auch die Gesteinsmehle fallen in diese Kategorie. Sofern sie nur zerkleinert bzw. zermahlen sind, wirken sie eher langsam und indirekt über den Boden.

Häufig werden sie jedoch durch chemische Verfahren aufgeschlossen. Stickstoffdünger entstehen meist in einem gänzlich synthetischen Verfahren; deshalb auch die Bezeichnung „Kunstdünger". Diese Dünger sind sehr leicht löslich und schnell wirksam. Die Nährstoffe liegen in ihnen als Salze vor, man nennt sie daher auch Düngesalze. Sie eignen sich gut, um kurzfristig Nährstoffmängel auszugleichen, können aber auch leicht zu Überdüngung oder übermäßiger Auswaschung führen. Bei häufigem Gebrauch in hohen Mengen kann zudem das Bodenleben beeinträchtigt und der Humusgehalt des Bodens vermindert werden. Lange Zeit mineralisch gedüngte Gartenböden haben nicht selten überhöhte Phosphat- und Kaliumgehalte.

Richtige Düngung führt zu einer reichen Ernte.

Düngerformen

Fertigdünger, ob mineralische oder organische, werden meist entweder als feste, oft gekörnte Dünger angeboten oder als Flüssigdünger zum Auflösen oder Verdünnen in Wasser. Eine Sonderform stellen die mit Harzen umhüllten → *Depotdünger* oder Langzeitdünger dar.

Mineralische Dünger finden hauptsächlich als Mehrnährstoffdünger oder Volldünger Verwendung. Sie enthalten alle wichtigen Hauptnährstoffe sowie häufig auch einige Spurennährstoffe (→ *Nährstoffe,* auch → *Düngung*) in unterschiedlicher Zusammensetzung. Für manche Pflanzen mit besonderen Bedürfnissen gibt es speziell zusammengesetzte Mehrnährstoffdünger, z. B. für Rhododendren. Einzelnährstoffdünger enthalten nur eine Komponente und dienen zum gezielten Ausgleich bei bestimmten Mängeln, z. B. durch Einsatz von Magnesium- oder Eisendünger, die häufig als flüssige Blattdüngung verabreicht werden.

Auch → PRAXIS-SEITE Düngeverfahren und -methoden (S. 174/175)

Düngesalze
→ *Dünger, Mineralische Dünger*

Düngetorf
Ein handelsüblicher → *Torf,* der anders als seine Bezeichnung vermuten lässt, nur recht wenig Nährstoffe enthält.

Düngung
Die mehr oder weniger regelmäßige Zufuhr von Nährstoffen ist nötig, um den Entzug durch die Pflanzenwurzeln auszugleichen. Besonders bei Gemüse werden mit der Ernte zugleich große Mengen an Nährstoffen aus dem Beet entfernt, ebenso beim herbstlichen Abräumen von Sommerblumen. Aber auch alle mehrjährigen Pflanzen, die an Ort und Stelle verbleiben, entziehen dem Boden ständig Nährstoffe für ihr Wachstum. Dazu kommen Verluste der Bodenvorräte durch Auswaschung, die die Düngung ergänzen soll.

Die einzelnen → *Nährstoffe,* genauer Nährelemente, haben unterschiedliche Funktionen und werden in verschiedenen Mengen gebraucht:

1) Hauptnährstoffe benötigt die Pflanze in größeren Mengen, nämlich Stickstoff (N), Phosphor (P), Kalium (K), Magnesium (Mg), Calcium (Ca) und Schwefel (S). N, P und K heißen auch Kernnährelemente.

2) Spurennährstoffe benötigt die Pflanze nur in kleinen Mengen, hierunter vor allem: Eisen (Fe, teils auch als Hauptnährstoff angesehen), Mangan (Mn), Zink (Zn), Kupfer (Cu), Bor (B) und Molybdän (Mo).

Die Versorgung mit diesen Nährstoffen oder Mineralstoffen kann über verschiedene mineralische oder organische Fertigdünger (→ *Dünger*) erfolgen oder – zumindest zum größeren Teil – über Humus bildende Stoffe wie Kompost, Reste von Gründüngungspflanzen oder Mist.

Für eine gezielte Düngung ist eine gelegentliche → *Bodenuntersuchung* sehr empfehlenswert.

Auch → PRAXIS-SEITE Düngeverfahren und -methoden (S. 174/175)

Dunkelkeimer
Pflanzen, deren Samen im Gegensatz zu den → *Lichtkeimern* nur bei Abdeckung mit Erde gut keimen, z. B. Gurke, Kürbis, Tulpe, Lilie, Alpenveilchen oder Jungfer im Grünen. Die meisten Samen keimen bei Licht und Dunkelheit gleich gut, Abdeckung verbessert jedoch den → *Bodenschluss.*

Duobäumchen
Kleinwüchsiger Obstbaum, ebenfalls Naschbaum genannt, auf dessen → *Unterlage* zwei verschiedene Sorten veredelt sind. Bei selbstunfruchtbaren Arten wie Apfel oder Birne stellen die beiden Sorten bei geeigneter Auswahl die gegenseitige Befruchtung sicher und liefern unterschiedliche Früchte.

Tagetes (Tagetes tenuifolia) gehören zu den Dunkelkeimern.

Durchwurzelung
Ausbreitung des Wurzelwerks im Substrat. Gesunde Pflanzen entwickeln auf günstigen Böden ein gleichmäßig verteiltes → *Wurzelsystem,* das je nach Art bis in verschiedene Tiefen vordringt oder vorwiegend in die Breite wächst. Wurzeln haben die Möglichkeit, zu Nährstoffen bzw. Wasser hinzuwachsen bzw. Störzonen zu umwachsen. In verdichteten Bodenzonen bilden sich wenig Wurzeln, oberhalb dieser Zone hingegen findet man zahlreiche verdickte Wurzeln.

Durchwurfsieb
Großes rechteckiges Drahtsieb, das schräg aufgestellt oder über eine Schubkarre gelegt wird, um → *Kompost* durchzusieben.

Dürre
Andere Bezeichnung für → *Welke,* bei der ganze Pflanzen bzw. Pflanzenteile vertrocknen.

DÜNGEVERFAHREN UND -METHODEN

1. Dünger sollten möglichst nur bei bedecktem Himmel auf leicht angefeuchteten Boden ausgebracht werden. Gekörnte Düngemittel arbeitet man oberflächlich ein.

2. Bei der Blattdüngung, z. B. zum Beheben von Magnesiummangel, werden die Blätter gründlich benetzt, am besten mit fein verteiltem Sprühstrahl.

3. Mithilfe von Bohrstock und Trichter lassen sich die Nährstoffe direkt in den Wurzelbereich von Bäumen einbringen.

Düngetermine

Im Allgemeinen lassen sich Grunddüngung und Nach- bzw. Ergänzungsdüngung unterscheiden.

Die **Grunddüngung** erfolgt vor der Saat oder Pflanzung, entweder kurz zuvor oder bereits bei der ersten Bodenvorbereitung, meist schon im Herbst. Mehrnährstoff- bzw. stickstoffhaltige Dünger sollten hierfür nur im Frühjahr und für ausgesprochen nährstoffliebende Pflanzen eingesetzt werden. Bei Herbstdüngung auf unbelebten Boden kann der Stickstoff zum größeren Teil ausgewaschen werden. Die im Erwerbsanbau oft übliche Herbstgrunddüngung mit Kalium-, Phosphat- oder Kalkdünger sollte man nur nach einer → *Bodenuntersuchung* durchführen. Häufig ist sie gar nicht nötig oder kann z. B. gut durch Gesteinsmehle oder Algenpräparate ersetzt werden.

Der günstigste bzw. preisgünstigste Grunddünger im Privatgarten ist gut ausgereifter Kompost, der auch direkt ins Pflanzloch gegeben werden kann. Bei noch unreifem, halb verrotteten Kompost ist ebenso Vorsicht geboten wie bei frischem Mist. Sie dürfen keinesfalls vor oder zu empfindlichen Saaten und Jungpflanzen ausgebracht werden. Bei Aussaat von Wurzelgemüse, insbesondere von Möhren, sollte frische organische Düngung auch im Herbst zuvor unterbleiben, ebenso vor Pflanzung von Zwiebel- und Knollenblumen.

> **TIPP**
>
> **Wenn der Boden gut aufnahmefähig ist und über ein hohes Nährstoffspeichervermögen verfügt, bringt Düngung am meisten. Zugleich lassen sich Aufwandsmengen und Häufigkeit beim Düngen reduzieren. Sorgen Sie deshalb möglichst für eine gute Bodenstruktur. Vor dem Ausbringen von Düngern den Boden lockern und leicht anfeuchten.**

Bei mehrjährigen Pflanzen, wie Stauden und Gehölzen, ist meistens eine Grunddüngung kurz vor oder zu Beginn des Austriebs am günstigsten.

Die **Nachdüngung,** vor allem im Gemüsebau auch Ergänzungs- oder Kopfdüngung genannt, hängt in Zeitpunkt und Häufigkeit stark von der jeweiligen Pflanze ab. Bei vielen Arten sind weitere Nährstoffgaben während der Vegetationszeit nicht unbedingt nötig. Regelmäßige Nachdüngungen verabreicht man vor allem bei stark zehrenden Gemüsen wie Kohl, bei Sommerblumen und ansonsten bei sehr wüchsigen Pflanzen, die viel Blattmasse hervorbringen. Der größte Bedarf an Nährstoffnachschub besteht meist im Frühsommer, bei vielen Pflanzen die Phase des stärksten Wachstums. Oft verbindet man auch einen Rückschnitt zur Förderung neuen Blütenansatzes mit einer Nachdüngung.

Bei allen mehrjährigen Pflanzen sollte man Gaben mit stickstoffhaltigen Düngern spätestens im August einstellen, damit das Gewebe nicht zu weich und „mastig" in den Winter geht und Neutriebe noch ausreifen können. Dieses Terminlimit für Stickstoff gilt auch für den Rasen.

Düngerausbringung

Feste Dünger werden mit der Hand ausgestreut, wobei man auf möglichst gleichmäßige Verteilung achtet, oder auf größeren Flächen mit einem Streuwagen ausgebracht. Danach arbeitet man sie mit dem Rechen oder Kultivator etwas ein.

Flüssigdünger werden vorschriftsmäßig verdünnt und vor dem Ausbringen mit der Gießkanne nochmals gründlich umgerührt. Verdünnung ist meist auch bei Pflanzenjauchen nötig (→ *Kräuterauszüge*). Es hat sich als günstig erwiesen, vor dem Ausbringen noch etwas Gesteinsmehl beizumischen.

Eine Blattdüngung erfolgt ebenfalls mit Flüssigpräparaten oder mit nach Herstellerangaben aufgelösten Festdüngern. Hier ist es besonders wichtig, die Dosierung keinesfalls zu überschreiten.

Kompost arbeitet man vorzugsweise oberflächlich ein, er kann aber auch untergegraben werden, insbesondere auf sandigen Böden. In schweren, tonhaltigen Böden dagegen kann das „Vergraben" dazu führen, dass das organische Material wegen Sauerstoffmangels kaum positive Wirkung entfaltet, bei Untergraben von Mist können sogar wurzelschädliche „Nester" verbleiben.

CHECKLISTE

Alle Dünger mit konzentrierten Nährstoffgehalten können bei unsachgemäßer Anwendung Schäden verursachen. Deshalb gilt:
- Dünger nie überdosieren und an vorgegebene Anwendungshäufigkeiten halten
- Dünger bei Pflanzen mit unbekanntem Nährstoffbedarf nur schwach dosieren
- Dünger möglichst nur bei trübem Wetter ausbringen
- Dünger außer bei Blattdüngung stets direkt in den Wurzelbereich ausbringen, Düngerreste auf Blättern abspülen

4. Für die Rasendüngung ist ein fahrbarer Düngerstreuer praktisch. Er kann auch für größere Beetflächen eingesetzt werden.

5. Brennnesseljauche wird bei Verwendung als Dünger 1:10 mit Wasser verdünnt und in den Wurzelbereich der Pflanzen gegossen.

6. Mist kann untergegraben oder oberflächlich eingearbeitet werden. Für das Untergraben ist eine Grabegabel günstiger als ein Spaten.

7. Flüssigdünger werden nach Herstellerangaben in Wasser aufgelöst und mit der Gießkanne gut verteilt.

E

Eberesche
Sorbus

Zur großen Gattung *Sorbus* aus der Familie der Rosengewächse gehören rund 100 sommergrüne Bäume und Sträucher, die auf der nördlichen Halbkugel beheimatet sind. Neben den als Ebereschen oder Vogelbeeren bekannten Gehölze zählen hierzu auch Mehlbeere und Elsbeere. Viele davon eignen sich als kleinere Zierbäume für den Garten. Mit ihrem oft dekorativ gelappten oder gefiederten Laub, das sich im Herbst teils prächtig verfärbt, zahlreichen weißen Blütchen im Frühsommer und schon zeitig angesetztem Fruchtschmuck sind sie recht ansprechende Gehölze. Die Blüten duften teils auffallend streng, was nicht jeder als angenehm empfindet. Bei den Früchten, die von den im Garten bevorzugten Arten als kleine, leuchtende „Beeren" angelegt werden, handelt es sich botanisch gesehen um kleine Apfelfrüchte. Sie werden gern von Vögel gefressen, deshalb auch die Namen Vogelbeere oder Vogelkirsche. Für Menschen sind die herb bitteren und säuerlichen, vitaminreichen Früchte der Gewöhnlichen Eberesche nur nach Verarbeitung genießbar, munden dann aber als Marmelade, Saft oder auch Likör. Ebenso lassen sich die Früchte der Mehlbeere und der Elsbeere (vgl. Hinweis bei Mehlbeere) verwerten. Ein besonderes Fruchtgehölz unter den *Sorbus*-Arten ist der → *Speierling*.

Neben diesen heimischen Arten kommen für den Garten auch die Schmuck- oder Labradoreberesche und die Amerikanische Eberesche, beide in Nordamerika beheimatet, infrage sowie die aus China stammende Rosa Straucheberesche. Die Früchte dieser Ebereschen eignen sich nicht zum Verzehr.

Wie alle apfelfrüchtigen Gehölze aus der Familie der Rosengewächse können die Ebereschen von der gefürchteten Bakterienkrankheit → *Feuerbrand* befallen werden. In stark gefährdeten Obstanbaugebieten sollte man sie besser nicht pflanzen. Lediglich die Schwedische Mehlbeere (vgl. Hinweis bei Mehlbeere) gilt als kaum anfällig.

Mehlbeere
Sorbus aria
☼–◐ ☺

Merkmale: Kleiner, breitkroniger Baum oder mehrstämmiger Großstrauch, 8–12 m hoch, langsam wachsend; eiförmige, ledrige Blätter, oberseits glänzend dunkelgrün, unterseits weißfilzig, gelbe Herbstfärbung; weiße Blüten in flachen Schirmrispen, rotorange, bis 2 cm große, kugelige Früchte ab September.
Blütezeit: Mai – Juni
Verwendung: Im Garten am besten nur in Sorten (z. B. 'Magnifica', bis 10 m hoch); einzeln als prägendes Gehölz, in Gehölzgruppen oder großen Hecken, für Schutzpflanzungen.
Standort: Mäßig trockener bis frischer, humusreicher, kalkhaltiger Boden; verträgt Hitze, Trockenheit und Stadtklima, keinesfalls Staunässe.
Pflanzen/Vermehren: Pflanzung im Herbst oder Frühjahr; Sorten meist veredelt, deshalb eigene Vermehrung schwierig.
Pflege: Gelegentlich mit Kompost versorgen, auf schwach sauren Böden zusätzlich mit langsam wirkendem Kalkdünger; Strauchformen von Zeit zu Zeit auslichten.
Hinweis: Eine Kreuzung aus Mehlbeere und Gewöhnlicher Eberesche stellt die Schwedische Mehlbeere (auch Oxelbeere, *S. intermedia*) dar. Sie hat gelappte Blätter, ähnelt sonst der Mehlbeere, eignet sich aber eher für kühle, luftfeuchte Lagen und sandige Böden. Die selten in Gärten gepflanzte Elsbeere (*S. torminalis*) bevorzugt dagegen Wärme. Sie wird bis 15 m hoch, hat ahornähnliche Blätter und unauffällige braune Früchte.

Gewöhnliche Eberesche, Vogelbeere
Sorbus aucuparia
☼–◐ ☺

Merkmale: Kleiner bis mittelhoher Baum mit eiförmiger bis rundlicher Krone oder mehrstämmiger Großstrauch, 5–15 m hoch; bis 20 cm lange, gefiederte Blätter, gelborange bis rote Herbstfärbung; kleine weiße Blüten in großen Schirmrispen; ab August runde, erbsengroße, scharlachrote Früchte, die oft den Winter über am Baum bleiben (wichtiges Winterfutter für Vögel).
Blütezeit: Mai – Juni
Verwendung: Wie Mehlbeere, zudem auch als Haus- oder Hofbaum.
Standort: Gedeiht auf fast jedem nicht zu extremen Boden, robust und anpassungsfähig, verträgt allerdings Hitze schlecht und bevorzugt kühle, luftfeuchte Lagen.
Pflanzen/Vermehren: Wie Mehlbeere.

Eberesche (Sorbus aucuparia)

Pflege: Wie Mehlbeere.
Hinweis: Die Mährische Eberesche (*S. aucuparia* 'Edulis') liefert besonders zahlreiche, große und Vitamin-C-haltige Früchte und wird deshalb vorwiegend als Obstgehölz angebaut. Eine schöne Ziersorte ist die nur 5 – 7 m hohe, langsam wachsende Säuleneberesche, *S. aucuparia* 'Fastigiata' mit ihrer säulenförmigen bis spitzkegeligen Krone. Gleichfalls säulenförmig und ebenso hoch wächst die Thüringische Säuleneberesche (*S.* x *thuringiaca* 'Fastigiata'), ein kleiner Baum mit eiförmiger Krone und scharlachroten, braun gefleckten Früchten.

Schmuckeberesche
SORBUS DECORA

Merkmale: Kleiner Baum mit eiförmiger Krone, seltener Großstrauch, 5 – 10 cm hoch; bis 25 cm lange, gefiederte, glänzend dunkelgrüne Blätter, lang anhaltende Herbstfärbung in leuchtenden Orangetönen; kleine weiße Blüten in großen Schirmrispen; ab August dicht gedrängte, runde, erbsengroße, scharlachrote Früchte.
Blütezeit: Mai – Juni
Verwendung: Wegen der besonderen Zierwirkung vorzugsweise im Einzelstand, schön vor einer Kulisse aus dunklen Immergrünen.

Standort: Trockener bis frischer, humoser, neutraler bis schwach saurer Boden; wenig stadtklimaverträglich.
Pflanzen/Vermehren: Wie Mehlbeere.
Pflege: Gelegentliche Kompostgaben; sollte als Baum bis auf abgeknickte oder störende Zweige ungeschnitten bleiben.
Hinweis: Recht ähnlich, wenn auch mit nicht ganz so hohem Zierwert, präsentiert sich die Amerikanische Eberesche (*S. americana*), die saure wie kalkhaltige Böden verträgt.

Rosa Straucheberesche
SORBUS VILMORINII

Merkmale: Großstrauch, seltener kleiner Baum, breit buschig mit überhängenden Zweigen, 4 – 6 m hoch, langsam wachsend; sehr fein gefiederte, im Herbst rot und purpurn verfärbte Blätter; weiße kleine Blüten in rostbraun behaarten Schirmrispen; anfangs rote, später rosarote Früchte in lockeren, überhängenden Büscheln.
Blütezeit: Mai – Juni
Verwendung: Wie Schmuckeberesche.
Standort: Wie Schmuckeberesche.
Pflanzen/Vermehren: Wie Schmuckeberesche.
Pflege: Wie Schmuckeberesche, Sträucher alle paar Jahre auslichten.

Eberraute
ARTEMISIA ABROTANUM

Die ursprünglich aus Vorderasien und dem Mittelmeerraum stammende Eberraute gehört zu den traditionellen Bauerngartenkräutern. Als Würzpflanze hat sie heute an Bedeutung verloren, obwohl sich die Blätter mit dem herb-bitterem Aroma gut eignen, um – sparsam dosiert – Salate, Soßen, Fischgerichte oder Speisen aus der italienischen Küche zu verfeinern und auch fetthaltige Gerichte bekömmlicher zu machen. Zudem ist dieser Korbblütler mit seinem filigranen, graugrünen Laub eine dekorative Strukturpflanze für Kräuter- wie Staudenbeet und passt auch in größere Steingärten. Die ganze Pflanze verströmt einen herben, an Zitrone erinnernden Duft.
Merkmale: Halbstrauch, dicht buschig, 60 – 100 cm hoch, mit kräftigem Wurzelstock; doppelt gefiederte, graugrüne Blätter mit feinen Fiederblättchen; kleine, kugelige, gelblich weiße Blütenköpfchen in rispenartigen Ständen.
Blütezeit: Juli – Oktober
Standort: Trockener, warmer und geschützter Standort; kalkhaltiger, humoser, durchlässiger, auch sandiger oder steiniger Boden.
Pflanzen/Vermehren: Pflanzung im Frühjahr mit 40 x 40 cm Abstand; meist genügt jedoch eine Pflanze; Vermehrung durch Stecklinge im Sommer oder Teilung im Frühjahr.
Pflege: In rauen Lagen vorm Winter mit Reisigschutz versehen; die holzigen Stängel im Frühjahr zurückschneiden.
Ernte: Frische Triebspitzen ab Frühsommer; zum Trocknen kurz vor der Blüte ganze Triebe schneiden.

Eberraute (Artemisia abrotanum)

Eberwurz
Andere Bezeichnung für die → *Silberdistel*, eine silbrig weiß blühende Steingartenstaude

Eccremocarpus
Einjährige Rankpflanze mit orangeroten Blüten
→ *Schönranke*

Echinacea
Rabattenstaude mit kräftig purpurrosa Blüten
→ *Sonnenhut*

Echinops
Distelartige, weißfilzige Staude mit runden blauen Blütenköpfchen
→ *Kugeldistel*

Echium
Sommerblume mit naturnahem Flair
→ *Natternkopf*

Echte Kamille
→ *Kamille*

Echter Mehltau
Pilzkrankheit, die häufig weißlich graue Beläge auf den Blattoberseiten hervorruft.
→ *Mehltau, Echter*

Edaphon
Fachsprachliche Bezeichnung für das → *Bodenleben*, die Lebensgemeinschaft der pflanzlichen und tierischen Lebewesen im Boden

Edelauge
Knospe einer Sorte oder Art, die durch → *Veredlung* vermehrt werden soll und im Verfahren der → *Okulation* in den Wurzelhals einer Unterlage eingesetzt wird (auch → *Edelsorte*). Nach dem Verwachsen wächst aus dem Edelauge ein neuer Trieb und letztendlich der oberirdische Teil eines kompletten neuen Strauchs oder Baums aus.

Pyrenäendistel (Eryngium bourgatii)

Edeldistel
ERYNGIUM ALPINUM

Auch Alpenmannstreu genannt. In der Natur kommt die Edeldistel auf steinigen Bergwiesen in den Alpen bis in 2 500 m Höhe vor und zählt zu den streng geschützten Arten. Während die meisten anderen Zierdisteln zu den Korbblütlern gehören, handelt es sich hier um ein Doldenblütengewächs. Die auffällige Blütenwirkung kommt durch die stahlblau gefärbten Hoch- oder Hüllblätter zustande. Für den Garten gibt es von der aparten Staude, deren Blüten zahlreiche Bienen und Schmetterlinge anlocken, mehrere Sorten in verschiedenen Blau- und Violetttönen.

Daneben werden einige weitere Arten angeboten, die der Alpendistel in Ansprüchen und Verwendung sehr ähnlich sind: Die nur 30 – 40 cm hohe Pyrenäendistel (*E. bourgatii*) besitzt stark zerteilte, weiß geaderte Blätter. Ebenso das Mannstreu (*E. planum*), von dem vor allem die tiefblaue, bis 50 cm hohe Sorte 'Blauer Zwerg' Bedeutung hat. Diese Art blüht bis in den September hinein. *E.* x *zabelii* ist eine Hybride aus Alpen- und Pyrenäendistel mit besonders großen blauen oder rötlich violetten Blütenköpfen.

Merkmale: Staude, aufrecht, reich verzweigt, 50 – 80 cm hoch, rübenförmiger, fleischiger Wurzelstock; lang gestielte, herzförmige Blätter; kolbige, blaue Blütenköpfchen mit blauen, fiedrig geschlitzten, stacheligen Hochblättern, bei Sorten auch violett.
Blütezeit: Juli – August
Verwendung: Einzeln oder in kleinen Gruppen, auf eher trockenen Rabatten und in Naturgartenbereichen, im Steingarten vor sonnigen Mauern; als Schnitt- und Trockenblume.
Standort: Warm; tiefgründiger, gut durchlässiger, sandiger oder kiesiger, eher nährstoffarmer Boden, kalkverträglich.
Pflanzen/Vermehren: Pflanzung im Frühjahr oder Herbst; Vermehrung der reinen Arten durch Aussaat direkt nach der Samenreife (Kaltkeimer), der Sorten durch Wurzelschnittlinge von Juli bis Februar.

Pflege: Anspruchslos, jedoch im Frühjahr bis kurz über dem Boden zurückschneiden.

Edelflieder
Bezeichnung für Gartenhybriden des Gewöhnlichen → *Flieders*

Edelgarbe
Bezeichnung für großblütige Zuchtsorten der → *Schafgarbe*

Edelginster
Bezeichnung für kräftig gelb oder rot blühende Hybridsorten des Besenginsters
→ *Geißklee*

Edelreis
Trieb einer Sorte oder Art, die durch → *Veredlung* vermehrt werden soll, und mit einem Stämmchen oder Trieb der Unterlage in Verbindung gebracht wird (auch → *Edelsorte*). Nach dem Verwachsen entwickelt sich das Edelreis zu einer neuen Pflanze auf fremden Wurzeln. Edelreiser verwendet man z. B. bei der → *Kopulation* und zwar meist einjährige, bleistiftstarke Triebe, die dicht mit Blattknospen besetzt sind. Sie werden nur von gesunden Gehölzen mit besten Blüh- oder Fruchteigenschaften entnommen.

Edelrosen
Meist zwischen 50–100 cm hohe Rosensorten, bei denen elegant geformte, gefüllte Blüten einzeln oder zu wenigen an langen Stielen sitzen; auch Teehybriden genannt.
→ *Rose*

Edelsorte
Die Sorte oder Varietät eines Obst- oder Ziergehölzes, die durch → *Veredlung* vermehrt werden soll. Meist handelt es sich um Sorten, die mit den eigenen Wurzeln nur schlecht oder aber zu stark wachsen, die anfällig für bestimmte Bodenkrankheiten oder -schädlinge sind oder sich auf andere Art nicht vermehren lassen. Sie werden als → *Edelauge* oder → *Edelreis* mit einer sorten- oder artfremden Unterlage in Verbindung gebracht. Diese liefert dann Wurzelwerk und Stammfuß, teils auch den ganzen Stamm; die Edelsorte bildet hauptsächlich den oberirdischen Teil oder nur die Krone.

Edelweiß
LEONTOPODIUM ALPINUM
Auch Alpenedelweiß. Neben den Enzianen die wohl bekannteste Alpenblume. In den Alpen und Pyrenäen wächst das Edelweiß an mageren, kalkigen Geröllhängen. Heute steht dieser Korbblütler unter strengem Naturschutz, denn durch übermäßiges Pflücken von Bergwanderern und Touristen war er in seinem Bestand bedroht und wuchs nur noch an kaum zugänglichen Stellen. Für den Steingarten stehen Pflanzen aus gärtnerischer Vermehrung zur Verfügung. Die bestechend weißen Hochblätter färben sich leicht graubraun, wenn der Boden zu nährstoffreich ist. Asiatischen Hochgebirgen entstammt das Chinaedelweiß (*L. souliei*), das mit unterirdischen Ausläufern rasenartig wächst und von Juni bis Juli blüht. Gelegentlich wird auch das etwas größere Sibirische Edelweiß (*L. palibinianum*) angeboten.
Merkmale: Horstartig wachsende Staude, 5–20 cm hoch; schmale, lanzettliche, weißfilzige Blätter; winzige, bräunliche Blütenköpfchen, die von sternförmig angeordneten, weißfilzigen Hochblättern umgeben sind.
Blütezeit: Juni – August
Verwendung: Im Steingarten und auf Trockenmauern, schön in Gesellschaft von Enzianen, Glockenblumen und Steinbrech; auch für Tröge und Töpfe.
Standort: Gut durchlässiger, keinesfalls staunasser, humus- und nährstoffarmer, kalkhaltiger Boden, günstig mit hohem Schotteranteil.
Pflanzen/Vermehren: Pflanzung vorzugsweise im Frühjahr; Vermehrung durch Teilung vor oder nach der Blüte oder durch Aussaat im November bis zum zeitigen Frühjahr (Licht- und Kaltkeimer).
Pflege: Alle 2 bis 3 Jahre durch Teilung verjüngen; Chinaedelweiß und Sibirisches Edelweiß bei anhaltender Sommertrockenheit gießen, aber nicht nass halten.

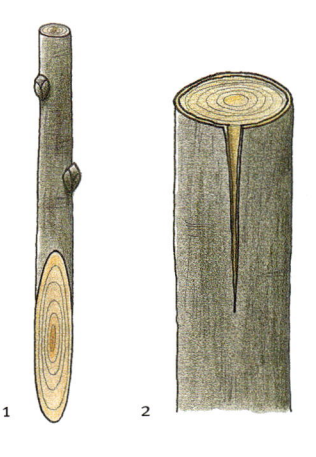

Edelreiser (1) sind junge Triebe, die nach verschiedenen Verfahren zugeschnitten und mit der entsprechend vorbereiteten Unterlage (2) verbunden werden.

Edelweiß (Leontopodium alpinum)

Efeu (Hedera helix)

Efeu
HEDERA HELIX
☼–◐ ☺ ✖

Das außerordentlich anpassungsfähige Efeugewächs kommt wild in west- und mitteleuropäischen Laubwäldern vor, wächst auch auf Felsen und hat sich regional als ausgewilderte Kulturpflanze verbreitet. Im wintermilden Klima wächst der Efeu auf Weinbergterrassen selbst in der prallen Sonne, ansonsten bevorzugt er eher schattige, luftfeuchte Plätze.

Gärtnerische Verwendung findet der Efeu nicht nur als Klettergehölz und Bodendecker; schwachwüchsige Züchtungen werden auch als Balkon- und Zimmerpflanzen mit dekorativem Hängewuchs kultiviert. Beliebt sind vor allem Sorten mit attraktiver Blattfärbung. Neben den langtriebigen, kletternden oder kriechenden Formen wird auch die strauchige, 1–2 m hohe Sorte 'Arborescens' angeboten.

Als Kletterpflanze oder Bodendecker entwickelt sich der Efeu in den ersten Jahren relativ langsam, doch wenn er sich etabliert hat, begrünt er sehr rasch alle horizontalen wie vertikalen Flächen. Sein Einsatz für die Fassadenbegrünung ist allerdings nicht ganz problemlos. Voraussetzung sind ein absolut intakter Putz und porenfreies Mauerwerk. Und selbst dann kommt es zuweilen zu Klagen, dass die kräftigen Haftwurzeln, die dem Efeu das Klettern ohne jegliches Gerüst erlauben, auf Dauer Schäden verursachen. Diesbezügliche Erfahrungen sind sehr unterschiedlich.

Das gilt auch für die eventuelle Schädigung von Bäumen, an denen der Efeu schnell hochklimmt. Sicherheitshalber sollte man das Beranken geschätzter Obst- oder Zierbäume besser verhindern. An alten Bäumen oder Baumstümpfen ergibt sich jedoch ein sehr malerisches Bild, wenn man sie vom Efeu überwuchern lässt. Im dichten Efeugrün finden zahlreiche Tiere, darunter viele Insekten und nistende Vögel, einen Lebensraum. Zudem ist er eine gute Bienenweide im Herbst, wenn das Blütenangebot knapp wird.

Blüten und beerenartige Steinfrüchte erscheinen allerdings erst an älteren Pflanzen. Sie bilden dann nicht kletternde Triebe mit ungelappten Altersblättern aus, die sich deutlich von den gelappten Jugendblättern unterscheiden. Alle Pflanzenteile des Efeus sind giftig.

Merkmale: Immergrünes Klettergehölz mit Haftwurzeln, erreicht bis 20 m Höhe (Sorten oft niedriger), wächst auch kriechend am Boden; drei- bis fünflappige Jugendblätter, an Blütentrieben älterer Pflanzen rautenförmige Altersblätter; Blätter dunkelgrün mit hellem Adernetz, bei Sorten auch mit gelben oder weißen Flecken oder Rändern; erst ab dem 8. bis 10. Jahr grünlich gelbe, unscheinbare Blütendolden und giftige, blauschwarze, bei Vögeln beliebte, beerenähnliche Früchte.

Blütezeit: September – Oktober

Verwendung: Zum Begrünen von Fassaden, Mauern und Zäunen, zum Überranken alter Bäume und als Bodendecker, vor allem auch in schattigen Lagen; strauchig wachsende Sorten als Unterpflanzung unter Gehölze.

Standort: Wenigstens leichte Beschattung vorteilhaft; jeder normale, bevorzugt frische, humusreiche Gartenboden; stadtklimaverträglich.

Pflanzen/Vermehren: In Gegenden mit kaltem Winter im Frühjahr pflanzen; für Bodendeckerverwendung 4 bis 6 Pflanzen/m²; Vermehrung durch Aussaat oder Stecklinge von jungen Trieben mit Haftwurzeln.

Pflege: In den ersten Jahren in rauen Lagen Winterschutz geben, mit Kompost versorgen und bei Sommertrockenheit gießen; Kletterhilfe nur bei sehr glatten Unterlagen notwendig. Nach dem Einwachsen völlig anspruchslos, muss aber ggf. durch Schnitt im Zaum gehalten werden; regelmäßig Ranken von Bäumen und Wänden ablösen, wo Begrünung nicht erwünscht.

Hinweis: Neben dem Gewöhnlichen Efeu werden gelegentlich der Irische

(*H. hibernica*) und der Kolchische Efeu (*H. colchica*) angeboten. Der Irische Efeu gedeiht nur in wintermilden, feuchten Regionen, seine Blätter verfärben sich über Winter ansprechend rot. Der Kolchische Efeu, eine etwas schwächer wachsende Art, die meist in buntblättrigen Sorten im Handel ist, verträgt Kälte besser.

Egerling
Mit dem Champignon verwandter Speisepilz
→ *Pilzanbau*

Ehrenpreis
VERONICA, PSEUDOLYSIMACHION
Die Botaniker haben die Ehrenpreisarten, die zur Familie der Braunwurzgewächse gehören, in neuerer Zeit in zwei bzw. drei verschiedenen Gattungen unterteilt. Dadurch ging einigen der schöne Name *Veronica* verloren; die Arten mit den langen Blütenkerzen zählen nun zur Gattung *Pseudolysimachion*, im Fall des Virginischen Ehrenpreis zu *Veronicastrum*. Nichtsdestotrotz wird man die in kräftigen Blautönen blühenden Stauden wohl weiterhin unter den deutschen Namen Ehrenpreis oder Veronika führen.

Zu den Ehrenpreis zählen niedrige, teils polsterartig wachsende Arten ebenso wie stattliche Stauden. Die Blüten aller Arten werden von zahlreichen Insekten besucht, teils gelten sie als ausgesprochene Bienenweiden.

Die hauptsächlich in Süd- und Südosteuropa sowie Vorderasien beheimateten Stauden bevorzugen größtenteils mäßig frische bis trockene Böden und passen daher z. B. gut in den Steingarten. Die bei uns heimische Bachbunge, auch Bachehrenpreis genannt, besiedelt dagegen in der Natur sumpfige Stellen und Gewässerränder und braucht daher auch im Garten einen feuchten Platz, ebenso der Große Kerzenehrenpreis. Die Bachbunge steht unter Naturschutz, desgleichen der auch in Mitteleuropa wild vorkommende Ährige Ehrenpreis.

→ *Ehrenpreis, feuchte Standorte,*
→ *Ehrenpreis, normale bis trockene Standorte*

Ehrenpreis, feuchte Standorte
Die blauen Blütentrauben oder -kerzen dieser Arten machen sich besonders gut in der Teichumgebung. Dem Kerzenehrenpreis kann man höhere Stauden wie Mädchenauge, Taglilie oder Schafgarbe zur Seite stellen. Die Bachbunge harmoniert schön mit anderen naturnahen Sumpfstauden, wie Kalmus, Rohrkolben oder Felbericharten.

Großer Kerzenehrenpreis
PSEUDOLYSIMACHION LONGIFOLIUM
☼

Auch *Veronica longifolia*; Hoher Wiesenehrenpreis, Kerzenveronika
Merkmale: Staude, horstartig aufrecht, 60–120 cm hoch; lanzettliche, scharf gesägte Blätter; mittelblaue, kleine trichterförmige Blüten in dichten, schlanken Ähren an verzweigten Stängeln, Sorten auch mit weißen oder tiefblauen Blüten.
Blütezeit: Juli–August
Verwendung: Auf bodenfrischen Rabatten und Gehölzrändern, am Teich- oder Bachrand.
Standort: Warm; frischer bis feuchter, nährstoffreicher Boden, am besten kräftiger, sumpfiger Lehmboden.
Pflanzen/Vermehren: Pflanzung im Frühjahr mit 50–60 cm Abstand; Vermehrung durch Teilung älterer Stöcke im Frühjahr.
Pflege: Stets ausreichend feucht halten, im Herbst oder Frühjahr mit Kompost versorgen oder im Frühjahr Volldünger verabreichen; welke Blütenkerzen regelmäßig herausschneiden.
Hinweis: Der Virginische Ehrenpreis (*Veronicastrum virginicum*) lässt sich bei genügend Platz ebenso einsetzen. Er wird mitsamt seinen graziösen, bläulich weißen Blütenkerzen bis 200 cm hoch und hat dekoratives, quirlartiges Laub.

Bachbunge, Bachehrenpreis
VERONICA BECCABUNGA
☼–◐ ☺

Merkmale: Staude mit aufrechten Stielen, 20–60 cm hoch; kriechender, sich ausbreitender Wurzelstock; fleischige, elliptische, gesägte, sattgrüne Blätter, unter Wasser wintergrün; blaue, kleine Blüten in lang gestielten, lockeren Trauben.
Blütezeit: Mai–September
Verwendung: Uferstaude für den Teich- und Bachrand, eignet sich gut zum Verdecken von Folienrändern; auch für Sumpfbeete und feuchte Naturgartenbereiche.
Standort: Feuchter oder sumpfiger Boden bis 10 cm Wassertiefe.
Pflanzen/Vermehren: Pflanzung im Frühjahr mit 30–40 cm Abstand; Vermehrung durch Teilung oder Stecklinge im Frühjahr.
Pflege: Anspruchslos; gelegentlich stark wuchernde Triebe einkürzen.

Bachbunge (Veronica beccabunga)

Ehrenpreis, normale bis trockene Standorte

Hinweis: Auch der heimische, etwas höher wachsende Wasserehrenpreis (*V. anagallis-aquatica*) mit hellblauen, rotviolett geaderten Blüten ist eine hübsche Staude für den Gewässerrand.

Ehrenpreis, normale bis trockene Standorte

Für Rabatten, Beete, Stein- oder Naturgärten kommen mehrere niedrige bis mittelhoch wachsende Arten infrage. Sie sollten stets in Gruppen gepflanzt werden, um die Wirkung der blauen Blütenteppiche auszunutzen.

Ähriger Ehrenpreis
PSEUDOLYSIMACHION SPICATUM

Auch *Veronica spicata* ssp. *spicata*; Ährenveronika

Merkmale: Staude, buschig, niedrige Sorten auch polsterartig, 20 – 50 cm hoch; graugrüne, längliche Blätter; intensiv blauviolette Blütenähren, Sorten auch mit kräftig roten, rosa, violetten und weißen Blüten.
Blütezeit: Juni – August
Verwendung: In kleinen und großen Gruppen, niedrige Sorten im Stein- und Heidegarten, als Partner zu rosa und roten Rosen, auf trockenen, sonnigen Staudenrabatten.
Standort: Warm; gut durchlässiger, eher trockener, gern kalkhaltiger Boden, der auch steinig oder sandig sein kann.
Pflanzen/Vermehren: Pflanzung im Frühjahr mit 20 – 30 cm Abstand; Vermehrung durch Teilung im Frühjahr, reine Arten auch durch Aussaat.
Pflege: Anspruchslos; Entfernen verwelkter Blütenstände fördert gleichmäßigen Flor.
Hinweis: Eine besonders elegante Unterart ist der Silberehrenpreis (*P. spicatum* ssp. *incanum*) mit silbrig grauen Blättern. Er wächst durch Ausläuferbildung polsterartig und wird je nach Sorte 30 – 40 cm hoch.

Büschelehrenpreis
VERONICA TEUCRIUM

Auch *Veronica austriaca* ssp. *teucrium*; Büschelveronika, Großer Ehrenpreis

Merkmale: Staude, buschig, bis 60 cm hoch, Sorten nur 20 – 30 cm; kriechender Wurzelstock; länglich eiförmige bis spitze, gekerbte Blätter; leuchtend azurblaue, sternförmige Blüten in dichten Ähren, Sorten in verschiedenen Blautönen.
Blütezeit: Mai – Juni
Verwendung: In Gruppen in sonnigen Staudenrabatten, im Stein-, Steppen- und Heidegarten, attraktiv mit weißen oder gelben Polsterstauden als Nachbarn.
Standort: Warm; gut durchlässiger, eher trockener, gern kalkhaltiger Boden, der auch steinig oder sandig sein kann.
Pflanzen/Vermehren: Pflanzung im Frühjahr mit 20 – 30 cm Abstand; Vermehrung durch Teilung im Frühjahr, reine Arten auch durch Aussaat.
Pflege: Anspruchslos; Entfernen verwelkter Blütenstände fördert gleichmäßigen Flor.
Hinweis: Dem Büschelehrenpreis ähnliche Arten sind der Liegende Ehrenpreis oder Maiteppich (*V. prostrata*) sowie der Enzianblättrige Ehrenpreis (*V. gentianoides*). Der Liegende Ehrenpreis wächst, wie sein Name besagt, polsterartig, bleibt 10 – 20 cm niedrig und hat kegelige, leuchtend blaue Blütentrauben. Bis 50 cm hoch wächst der Enzianblättrige Ehrenpreis mit bei Sorten teils hellblauen Blüten und weißlichen Blättern.

Eibe
TAXUS

Eiben, die zu den Sumpfzypressengewächsen gehören, sind mit ihren langen, dicht stehenden, weichen Nadeln sehr ansprechende Immergrüne. Die Gewöhnliche Eibe kommt bei uns hauptsächlich in wintermilden und luftfeuchten Regionen wild vor und steht unter Naturschutz. Sie kann sehr alt werden; so gibt es z. B. im Schweizer Jura 1 000-jährige Exemplare. Ostasiatischen Bergwäldern entstammt die Japanische Eibe, durch Kreuzung mit der Gewöhnlichen Eibe ist die Bastardeibe entstanden.

Ähriger Ehrenpreis (Pseudolysimachion spicatum)

Silberehrenpreis (Pseudolysimachion spicatum ssp. incanum)

Eiben sind zweihäusig, d. h., männliche und weibliche Blüten erscheinen getrennt an verschiedenen Pflanzen. Für die Bildung der roten Früchte sind deshalb wenigstens zwei Gehölze nötig. Die schwarzen Samen in diesen beerenähnlichen Gebilden sind ebenso hochgiftig wie alle anderen Pflanzenteile – mit Ausnahme des roten, fleischigen Samenmantels (Arillus).

Das Wurzelwerk der Eiben verläuft flach, sie sind deshalb empfindlich gegen Oberflächenverdichtung. Als gut schnittverträgliche Gehölze lassen sie sich bei Heckenpflanzung streng in Form stutzen. Sie wirken aber auch schön, wenn man sie etwas freier wachsen lässt. Die dunkelgrünen Sorten bilden eine sehr schöne Kulisse für blühende Rosen und Stauden.

Eibe (Taxus baccata)

Eibenfrüchte

Gewöhnliche Eibe
TAXUS BACCATA

Merkmale: Immergrüner Nadelbaum oder -strauch, kegelförmige bis rundliche Krone, 5 – 15 m hoch, langsam wachsend; dunkelgrüne, bis 3 cm lange Nadeln; männliche Blütenstände kugelig und gelblich, weibliche unscheinbar; leuchtend rote Scheinbeeren. Sorten in den unterschiedlichsten Wuchsformen, teils gelb benadelt.
Blütezeit: März – April
Verwendung: Als Solitär oder in Gruppen für viele Gartenbereiche geeignet, wird gern für Vorgärten verwendet; die Art und einige Sorten für Schnitthecken; säulenförmige Sorten z. B. in Heidegärten, breiter wachsende Sorten als Unterpflanzung für größere Gehölze oder Flächendecker.
Standort: Bevorzugt an halbschattigen oder schattigen Plätzen mit hoher Luftfeuchtigkeit; gedeiht auf jedem durchlässigen, nicht zu trockenen und nicht zu sauren Boden; rauchhart und stadtklimaverträglich, in der Jugend etwas frostempfindlich.
Pflanzen/Vermehren: Pflanzung im Herbst oder Frühjahr; Vermehrung über Kopfstecklinge.
Pflege: Gelegentlich mit Kompost versorgen; bei anhaltender Trockenheit wässern, auch im Winter, wenn Boden frostfrei; verträgt Schnitt gut.
Hinweis: Die zahlreichen Sorten sind in Wuchshöhe und -form sehr unterschiedlich. Verbreitete Sorten:

- Mit baumartigem Wuchs:
'Dovastoniana' (4 – 6 m); 'Dovastoniana Aurea' (3 – 6 m, gelbgrüne Nadeln)

- Mit säulenförmigem Wuchs:
'Fastigiata', 'Fastigiata Aureomarginata' (gelbrandige Nadeln) und 'Fastigiata Robusta' (alle 3 – 5 m hoch)

- Mit breitem, strauchigem Wuchs:
'Aureovariegata' (3 – 5 m, tiefgelbe Nadeln), 'Nissen's Kadett' (3 – 4 m); 'Nissen's Präsident' (2 – 3 m), 'Overeynderei' (breit kegelförmig, 3 – 5 m)

- Mit niedrigem, ausgebreitetem Wuchs:
'Semperaurea' (goldgelbe Nadeln), 'Washingtonii' (gelbgrüne Nadeln), 'Nissen's Corona', 'Nissen's Regent', (alle 1 – 2,5 m), 'Repandens' (0,5 – 1 m)

Japanische Eibe
TAXUS CUSPIDATA 'NANA'

Merkmale: Immergrüner Nadelstrauch mit ausgebreiteten Ästen, 1 – 2 m hoch, 3 – 4 m breit, langsam wachsend; tiefgrüne Nadeln, im Winter bronzegrün verfärbt; männliche Blütenstände kugelig und gelblich, weibliche unscheinbar.
Blütezeit: März – April
Verwendung: Einzeln und in Gruppen, im Steingarten, auch in Pflanzgefäßen.
Standort: Wie Gewöhnliche Eibe.
Pflanzen/Vermehren: Wie Gewöhnliche Eibe.
Pflege: Wie Gewöhnliche Eibe.

Bastardeibe
TAXUS x MEDIA

Merkmale: Immergrüner Nadelstrauch, säulen- oder kegelförmig mit meist aufstrebenden Ästen, 1 – 6 m hoch: je nach Sorte hell- oder dunkelgrüne Nadeln; Blüte und Frucht wie Gewöhnliche Eibe.
Blütezeit: März – April
Verwendung: Wie Gewöhnliche Eibe, einige Sorten hauptsächlich als Heckengehölze.
Standort: Wie Gewöhnliche Eibe.
Pflanzen/Vermehren: Wie Gewöhnliche Eibe.

Eibisch

Pflege: Wie Gewöhnliche Eibe.
Hinweis: Die Sorten, z. B. 'Hili' und 'Hatfieldii', wachsen mehr oder weniger breit säulen- bis kegelförmig und bleiben meist unter 4 m Höhe. Bewährte Heckensorten sind 'Straight Hedge' und 'Hicksii'.

Eibisch
ALTHAEA OFFICINALIS

Auch als Echter Eibisch oder Samtpappel bekannt; als Malvengewächs verwandt mit dem ebenfalls Eibisch genannten → *Roseneibisch* (*Hibiscus*-Arten) und der zweijährigen → *Stockrose* (*Alcaea rosea*). Der heimische Echte Eibisch gehört zu den traditionellen Bauerngartenstauden. Seine wilden Bestände auf feuchten Wiesen, in Gräben und Röhrichten sind sehr selten geworden und stehen unter Naturschutz. Eibisch ist eine schleimhaltige Heilpflanze, die schon in der Antike bekannt war und heute noch in pflanzlichen Fertigpräparaten Verwendung findet. Hauptsächlich nutzt man den Wurzelstock, der im Herbst oder Frühjahr ausgegraben, gesäubert und geschält und dann bei 50–60° C getrocknet wird. Aber auch ein Tee aus getrockneten Blättern wirkt bei Reizhusten und anderen Atemwegserkrankungen sowie Entzündungen lindernd.

Merkmale: Staude, aufrecht, breitwüchsig, 60–150 cm hoch; filzig behaarte Stängel; gelappte, unregelmäßig gesägte, samtfilzige Blätter; zartrosa oder weiße Malvenblüten in lockeren Trauben.
Verwendung: Einzeln oder zu wenigen auf Rabatten, an Zäunen und Wegen, in Bauern- und Naturgartengestaltungen.
Blütezeit: Juli – September
Standort: Tiefgründiger, feuchter, humoser Boden, für Wurzelstockgewinnung sandig.
Pflanzen/Vermehren: Pflanzung im Frühjahr mit 60–80 cm Abstand; Vermehrung durch Teilung; Aussaat im Frühjahr oder im August (lange Keimdauer).
Pflege: Bei anhaltender Trockenheit gießen, im Herbst oder Frühjahr mit Kompost versorgen; an Stützstäben aufbinden; Rückschnitt nach der Blüte oder im Frühjahr möglich.

Eichblattsalat
Pflücksalat mit großen Köpfen und eichenlaubartigen Blättern
→ *Salat*

Eiche
QUERCUS

Eichen gehören zur Familie der Buchengewächse und wachsen ebenso wie Buchen zu stattlichen Bäumen mit schön geformten Kronen heran. In Wäldern und Parkanlagen sieht man bei uns vor allem die Stieleiche (*Q. robur*), die Traubeneiche (*Q. petraea*), die Zerreiche (*Q. cerris*) und die aus Nordamerika stammende Roteiche (*Q. rubra*). Für diese 20–40 m Höhe erreichenden und bis 25 m breiten Bäume findet sich in kaum einem Garten Platz, auch wenn es viele Jahrzehnte dauert, bis sie diese Ausmaße erreichen.

Stieleiche (Quercus robur)

Es gibt jedoch einige kleinere Sorten, Formen und Arten, die sich mit höchstens 20 m Höhe bescheiden und eher als prägende Bäume für den Garten geeignet sind. Die meisten haben charakteristische, rundlich gelappte Eichenblätter, aber auch andere Blattformen kommen vor. Eichen legen männliche grünliche Blütenkätzchen sowie unscheinbare weibliche Blütenstände auf demselben Baum an (einhäusig). Daraus gehen die meist ab September reifenden, als Eicheln bekannten Nüsse hervor.

Einige Eichen, die für Gärten, je nach Größe, infrage kommen:
- Säuleneiche (*Q. robur* 'Fastigiata'), 15–20 m hoch, schmale, säulenförmige Krone
- Goldeiche (*Q. robur* 'Concordia'), 10–18 m hoch, im Austrieb gelbe, später gelbgrüne Blätter
- Bluteiche (*Q. robur* 'Purpurea'),

Eibisch (Althaea officinalis)

Pontische Eiche (Quercus pontica)

Eichenfarn (Gymnocarpium dryopteris)

10 – 16 m hoch, im Austrieb purpurrote, später bräunlich rote Blätter
- **Scharlacheiche** (*Q. coccinea*), 15 – 20 m hoch, scharlachrote Herbstfärbung
- **Ungarische Eiche** (*Q. frainetto*), 10 – 15 m, nur für mildes Klima
- **Pontische Eiche** (*Q. pontica*), mehrstämmiger Kleinbaum oder Strauch mit ungelappten Blättern, 4 – 6 m hoch
- **Wintergrüne Eiche** (*Q. x turneri* 'Pseudoturneri'), 6 – 8 m hoch, Kleinbaum oder Strauch mit spitzbuchtig gelappten, wintergrünen Blättern, nur für mildes Klima

Die meisten Eichen nehmen lichten Schatten noch hin, sonniger Stand ist jedoch günstiger. Sie brauchen humosen, nährstoffreichen, durchlässigen, am besten frischen, aber nicht zu feuchten Boden, der schwach sauer bis schwach alkalisch sein kann. Die Pflanzstelle sollte gründlich und tiefreichend gelockert werden, dem Aushub mischt man guten Kompost unter. Nach dem Einwachsen sind sie für gelegentliche Kompostgaben im Frühjahr dankbar; ein Schnitt sollte – außer bei abgeknickten oder abgestorbenen Zweigen – unterbleiben.

Eichenfarn
GYMNOCARPIUM DRYOPTERIS

Der heimische Eichenfarn, ein Frauenfarngewächs, wächst vor allem in Laub- und Mischwäldern und wird oft noch unter seinem früheren botanischen Namen *Currania* geführt. Er eignet sich ebenso wie der sehr ähnliche, eher bläulich grüne Ruprechtsfarn (*G. robertianum*) für die Pflanzung unter Bäumen und Sträuchern.
Merkmale: Ausdauernder, sommergrüner Farn, 10 – 30 cm hoch, sich flächig mit kriechendem Wurzelstock ausbreitend; schmal dreieckige, dreifach gefiederte, hellgrüne Wedel.
Verwendung: Als Bodendecker unter Laubgehölzen, im Schatten von Mauern, in schattigen Steingartenbereichen.
Standort: Humoser, durchlässiger, kalkarmer oder kalkfreier Boden.
Pflanzen/Vermehren: Vermehrung durch Teilung.
Pflege: Anspruchslos.

Eichhornia
Botanischer Gattungsname für die Wasserhyazinthe, eine nicht winterharte → *Schwimmpflanze*

Eichhörnchen
Die flink an Bäumen hochkletternden Eichhörnchen oder „Eichkatzen" sind im Allgemeinen gern gesehene Gartengäste und kommen in mit größeren Bäumen bestandenen Grundstücken recht häufig vor. Die mitsamt des buschigen Schwanzes bis 45 cm langen Nagetiere gehören zur Familie der Hörnchen. Im Tiefland kommen häufiger Tiere mit fuchsrot gefärbter Felloberseite vor, im Gebirge eher solche mit schwarzbrauner Färbung. An der Unterseite sind sie stets weiß. Eichhörnchen können sehr weit und gezielt springen und äußerst behände klettern, wobei sie stammabwärts mit dem Kopf voran laufen. Außerdem vermögen sie notfalls auch zu schwimmen. Sie sind schon am frühen Morgen unterwegs und schlafen ab dem späten Nachmittag. Die Weibchen setzen im Jahr zwei Würfe mit je etwa 2 bis 4 Jungen, die in runden Nestern aus Zweigen, innen mit Moos, Gras oder Federn ausgelegt, aufgezogen werden.

Eichhörnchen ernähren sich zum einen von Nüssen, Eicheln, Rinden, Samen und Beeren, manchmal fressen sie auch an Obst. Zum andern können sie Vogelnester plündern und fressen dann Eier wie Jungvögel. Daneben vertilgen sie allerhand Insekten sowie Schnecken. Für den Winter, in dem sie ohne Winterschlaf aktiv bleiben, legen sie Vorräte aus Samen und Nüssen in Baumlöchern oder in Erdverstecken an.

Eidechse
Eidechsen zählen zu den → *Kriechtieren* (Reptilien) und stehen wie alle heimischen Arten dieser Tierklasse unter Naturschutz.

In Gärten kommt vor allem die gut 20 cm lange Zauneidechse vor. Zur Paarungszeit im Mai fallen die Männchen durch ihre leuchtend grünen Schuppen an den Flanken auf. Den

Rest des Jahres sind sie ebenso wie die Weibchen oberseits braun oder grau gefärbt, mit einem breiten, dunklen Längsband und hellen Flecken. Unterseits zeigen die Männchen eine grünliche, die Weibchen eine gelbe Färbung mit schwarzen Flecken. Farblich heben sie sich kaum von den Steinen ab, auf denen sie gern sitzen, und fallen häufig erst auf den zweiten Blick auf.

Zauneidechsen finden in sonnigen Steingärten, in Fugen von Trockenmauern, auf ungestörten sonnigen Steinhaufen und Terrassen geeignete Lebensräume. Den Winter verbringen sie unter Steinhaufen oder in Erdlöchern. Rechtzeitig im Frühjahr kommen sie aus ihren Winterverstecken hervor. Nach einem ausgiebigen Wärmebad in den Sonnenstrahlen oder auf warmen Steinen haben sie ihre „Betriebstemperatur" erreicht und gehen den ganzen Sommer über auf Jagd nach Fliegen und Heuschrecken, Spinnen, Tausendfüßern, Asseln und Würmern. Etwa im Juni graben sie Höhlen, vorzugsweise in warmem Sand, um dort ihre Eier abzulegen, aus denen nach 8 bis 10 Wochen die Jungen schlüpfen.

Weibchen der Zauneidechse

In warmen, wintermilden Regionen tritt gelegentlich auch die Mauereidechse in Gärten auf. Das bräunliche bis graue Männchen ist schwarz gefleckt oder zeigt ein Netzmuster, das Weibchen mit derselben Grundfarbe hat hell gesäumte Längsbänder an den Flanken. Sie leben an sonnigen, trockenen Plätzen mit entsprechendem Gestein als Unterschlupf, vor allem in Weinbergen und alten Gemäuern. Die größte heimische Eidechse, die gelbgrüne Smaragdeidechse, ist nur in wenigen Regionen anzutreffen, während die Wald- oder Bergeidechse zwar fast überall vorkommt, aber bevorzugt in sumpfigem, feuchtem und bewaldetem Gelände lebt.

Eierfrucht
Anderer Name der → *Aubergine*

Eierpflanze
Anderer Name der → *Aubergine*

Eierpflaume
→ *Pflaumesorten* mit länglich eiförmigen Früchten

Eiertomate
Sortengruppe der → *Tomate* mit länglich eiförmigen Früchten; meist sind sie festfleischig, kernarm und besonders aromatisch.

Einfache Blüte
Blüte mit nur einem Blüten- bzw. Kronblattkreis, im Gegensatz zu gefüllten oder halb gefüllten Blüten
Auch → *Blütenfüllung*, → *Blüte*

Einfache Palmette
Auch Dreiastkrone genannt; in einer Ebene angeordnete Längskrone von Obstbäumen mit einem Mittelast und zwei Leitästen; Platz sparende Erziehungsform für die Obstpflanzung in Hecken und in Spalierform.
Auch → *Obstbaum, Kronenformen*, → *Obstbaum, Spalierformen*

Einfaches Blatt
Blatt mit ungeteilter Spreite, im Gegensatz z. B. zum gefiederten Blatt
→ *Blattformen*

Einfassung
Begrenzung oder Umrahmung von Beeten und anderen Pflanzflächen sowie von ganzen Gartenteilen, Wegen, Sitzplätzen oder Terrassen. Einfassungen können mit unbelebten Materialien wie Natursteinen, Pflastersteinen oder Palisadenhölzern angelegt werden sowie mit Heckenpflanzen, Stauden, Sommerblumen oder Kräutern.
Auch → *Beeteinfassung*

Einfassungsbuchs
Niedrig wachsender und durch regelmäßigen Schnitt klein gehaltener → *Buchs* der Sorte 'Suffruticosa' zum Einfassen von Beeten und anderen Pflanzflächen

Einfassungspflanzen
Für höhere Einfassungen, etwa zur Abtrennung von Gemüsebereich oder Sitzplatz, eignen sich in erster Linie verschiedene → *Heckengehölze*, vor allem solche, die sich auf 1 – 2 m Schnitthöhe halten lassen. Dazu gehören z. B. Berberitzen, Buchs, Hainbuche, Liguster, Heckenkirsche, Lorbeerkirsche und Scheinzypresse. Auch Bambus kann für solche Einfassungen Verwendung finden.

Einige Berberitzen, Buchs sowie Liguster können für niedrige Heckeneinfassungen auch auf Hüfthöhe geschnitten werden. Als Alternative für Höhen zwischen 0,5 und 1 m bieten sich kleine Blütensträucher an, z. B. Fingerstrauch, Rosen und Spierstrauch.

Für nur bis 0,3 m hohe Einfassungen, wie sie sich als Umrahmung von Terrassen oder Beeten eignen, stehen u. a. Einfassungsbuchs und Gamander zur Verfügung. Des Weiteren

Beeteinfassungen aus Buchs sind typische Gestaltungselemente der Bauerngärten.

kommen verholzende Kräuter wie Thymian oder Lavendel infrage, die durch intensiven Duft auch einige Schädlinge fernhalten. Zur Einfassung von Beeten und Rabatten schließlich lassen sich alle niedrigen oder polsterförmig wachsenden Sommerblumen und Stauden verwenden, die lange blühen und möglichst nicht wuchern; z. B. kleine Astern, Duftsteinrich, verschiedene Ehrenpreisarten, Fetthenne, Löwenmäulchen, Männertreu, Nelken, niedrige Ringelblumen, Salbei, Schleifenblumen, Studentenblumen und Zinnien.

Einfriedung

Auch Umfriedung genannt; Umgeben eines Grundstücks bzw. Freiraums mit mehr oder weniger hohen Baulichkeiten (Zaun, Mauer) oder Hecken zur Abgrenzung und zum Schutz vor unerwünschtem Betreten sowie vor Einblicken. Eine höhere Einfriedung sorgt häufig auch für Windschutz und ein wärmeres Kleinklima innerhalb des Gartengrundstücks. Bei der Planung sollte allerdings unbedingt auch der spätere Schattenwurf hoher Hecken und Mauern berücksichtigt werden.

Außerdem sind Vorschriften des Baurechts und Nachbarrechts zu beachten. So können z. B. im → *Bebauungsplan* oder in ergänzenden Gestaltungsvorschriften Vorgaben zur Art und Höhe der Einfriedung festgehalten sein. Das Nachbarrecht regelt die einzuhaltenden → *Grenzabstände* für Heckenpflanzen und Baulichkeiten (auch → *Rechtsvorschriften*). Für eine Einfriedung sollte man unbedingt sorgen, wenn ein Gartenteich auf dem Grundstück zur Gefahr für kleine Kinder, etwa in der Nachbarschaft, werden kann. Bei ungenügender Abgrenzung kann der Gartenbesitzer für eventuelle Unfälle haftbar gemacht werden. Im Hinblick auf Kinder empfiehlt es sich außerdem, keine hochgiftigen Gehölze wie Goldregen, Stechpalme oder Lorbeerkirsche für die Einfriedung zu verwenden, falls z. B. ein Kindergarten oder Spielplatz in der Nähe ist.

Eingebürgerte Pflanzen

Fachsprachlich als Neophyten ("Neubürger") bezeichnet; aus fremden Ländern eingeführte Pflanzen, denen es gelungen ist, sich auf naturnahen Standorten bzw. in der freien Landschaft anzusiedeln. Hierbei handelt es sich häufig um Gartenflüchtlinge, die als Zier- oder Nutzpflanzen kultiviert wurden bzw. werden und sich dank ihres besonderen Ausbreitungsdrangs und guter Umweltanpassung Lebensräume jenseits von Gärten oder Äckern erobert haben.

Dabei sind einige Pflanzen recht problematisch, weil sie als konkurrenzstarke Arten die heimische Flora zurückdrängen. Hierunter zählen z. B. der Riesenbärenklau (auch Herkulesstaude, *Heracleum mantegazzianum*), Kanadische Goldrute (*Solidago canadensis*), Japanknöterich (*Fallopia japonica*) und stellenweise auch die Robinie (*Robinia pseudoacacia*). Andererseits haben sich viele eingebürgerte Arten recht harmonisch in bestehende Pflanzengesellschaften eingefügt und werden teils sogar als Bereicherung angesehen. Das gilt z. B. für die Gewöhnliche Nachtkerze (*Oenothera biennis*) und den Kalmus (*Acorus calamus*). Zu den eingebürgerten Pflanzen gehören daneben auch so vertraute Pflanzen wie Rosskastanie, Schwarzkiefer und Schneeglöckchen.

Als eingebürgert im Sinne von Neubürgern gelten streng genommen nur Arten, die nach 1492, nach der Entdeckung Amerikas, nach Mitteleuropa gelangten. Denn schon seit der jüngeren Steinzeit sind infolge von Klimaverschiebungen immer wieder Pflanzenarten nordwärts gewandert oder auch vom hohen Norden südwärts. Zudem stammen viele unserer längst als heimisch betrachteten Kulturpflanzen ursprünglich aus Vorderasien, Ägypten oder dem Mittelmeerraum und wurden von den Römern

Die um 1612 nach Europa gebrachte Nachtkerze (Oenothera biennis) gilt seit dem 18. Jahrhundert als eingebürgert.

nach Mitteleuropa gebracht. Prominente „Altbürger" sind längst als heimisch betrachtete Arten wie Apfel, Wein oder Mispel, außerdem die meisten Ackerwildkräuter, darunter Kornblume, Klatschmohn und Spitzwegerich.

Eingeschlechtig

Eingeschlechtige Blüten besitzen entweder nur Staubgefäße (männlich) oder nur Stempel (weiblich). Sie werden demnach im Gegensatz zu → *zwittrigen* (zweigeschlechtigen) Blüten als rein männliche oder weibliche Blüten angelegt. Je nach Art stehen sie getrennt auf einer Pflanze (→ *einhäusig,* z. B. Eiche, Gurke) oder auf zwei verschiedenen Individuen (→ *zweihäusig,* z. B. Kiwi, Sanddorn, Weide).
　Auch → *Blüte*

Einharken

Oberflächliches Einarbeiten von Samen (z. B. Rasen, Gründüngung), Dünger oder Kompost mit dem Rechen bzw. der Harke

Einhäusig

Bei einhäusigen (fachsprachlich monözischen) Pflanzenarten stehen die → *eingeschlechtigen* männlichen und weiblichen Blüten zwar getrennt, aber auf einer Pflanze vereint (Gegensatz → *zweihäusig*). Unter den krautigen Pflanzen, die meistens → *zwittrige* Blüten haben, ist dies eine Besonderheit, etwa bei Gurke, Kürbis und Knollenbegonie. Bei Gehölzen dagegen findet sich diese Blütenanordnung recht häufig, z. B. bei Birke, Buche, Eiche, Hasel, Kiefer und Tanne. Die männlichen Blütenstände sind in der Regel auffälliger, z. B. als Kätzchen, ausgebildet, die weiblichen hingegen meist recht unscheinbar.

Einheitserde

Gärtnerische Erde (Substrat), die aus genau festgelegten, stets gleich bleibenden Anteilen von Torf (meist Weißtorf) und Ton (Untergrundton) hergestellt wird. Je nach Zugabe von Nährstoffen gibt es verschiedene Typen, z. B. VM (nährstoffarme Vermehrungserde) oder T (nährstoffreiche Topferde, z. B. für Balkon- und Kübelpflanzen).
　→ *Erden*

Einjährige Pflanzen

Auch Annuelle oder kurz Einjährige genannt; Pflanzen, die noch im Jahr der Aussaat zur Blüte kommen und, soweit zur Befruchtung fähig, zur Frucht- und Samenbildung; danach sterben sie ab. Hierzu zählen viele Gemüse und Kräuter, zahlreiche Sommerblumen sowie manche Kletterpflanzen und Gräser.
　→ *Annuelle,* → *Einjahrsblumen*

Einjahrsblumen

Die Einjahrsblumen machen die größte Gruppe unter den Sommerblumen aus. Hierbei kann man echte Einjährige (Sommerannuelle, → *Annuelle*),

Gurken sind einhäusig.

etwa Ringelblume, Studentenblume und Sonnenblume, von jenen Arten unterscheiden, die bei uns nur einjährig kultiviert werden, jedoch in ihrer wärmeren Heimat als Stauden, Halbsträucher oder kleine Sträucher überdauern. Zur letzteren Gruppe gehören u. a. Leberbalsam, Löwenmäulchen und Männertreu. Gärtnerisch zählen sie dennoch zu den Einjahrsblumen, die man von den früh blühenden → *Zweijahrsblumen,* z. B. Gänseblümchen und Goldlack, sowie von den mehrjährigen → *Stauden* unterscheidet.

　Die einjährigen Blumen haben von Natur aus das Bestreben, besonders viele Samen anzulegen, die für ihren Fortbestand sorgen. Entsprechend ausgeprägt ist die Bildung zahlreicher auffälliger Blüten. Dies hat man sich bei der Züchtung prächtiger Sommerblumen zunutze gemacht, wobei die Samenbildung bei züchterisch stark bearbeiteten Arten oft ausbleibt. Die meisten Einjahrsblumen blühen mehr oder weniger durchgehend ab Frühsommer bis zum September oder Oktober. Eine Sonderform stellen die einjährigen Kletterpflanzen dar, z. B. Duftwicke, Glockenrebe oder Schwarzäugige Susanne.

Einlegen

Krokusse gehören zu den einkeimblättrigen Pflanzen.

Einkeimblättrige Pflanzen

Fachsprachlich monokotyle Pflanzen. Hierzu zählen die Gräser, die Lilien- und Zwiebelgewächse, die Palmen, die Orchideen sowie z. B. auch die Aronstabgewächse und zahlreiche als Teichpflanzen bekannte Gattungen und Arten (u. a. Rohrkolben, Igelkolben, Blumenbinse).

Ihre Samen bilden nach der Keimung nur ein meist schmales, längliches → *Keimblatt* aus, dies im Gegensatz zur Mehrzahl der im Garten kultivierten Pflanzen, bei denen ein Paar Keimblätter erscheint (→ *zweikeimblättrige Pflanzen*). Gemeinsam sind den meisten Einkeimblättrigen außerdem die nicht netzartig, sondern parallel verlaufenden → *Blattadern* sowie die → *Büschelwurzeln*. Weitere Kennzeichen dieser Pflanzengruppe sind zerstreut im Stängel liegende → *Leitbündel*, das Fehlen von → *Kambium* und damit das Unvermögen zum sekundärem → *Dickenwachstum*. Trotzdem können einige Arten verholzte Sprossachsen von beachtlicher Dicke und Festigkeit entwickeln, z. B. Palmen und Bambusse.

Im → *System der Pflanzen* bilden die Einkeimblättrigen als *Liliopsida* (früher *Monocotyledonae*) eine der großen Klassen innerhalb der → *Bedecktsamer*.

Einkochen

Auch als Einmachen oder Einwecken bezeichnet; Haltbarmachen von Obst und Gemüse durch langes Kochen bei Temperaturen zwischen 75 und 100° C und anschließendes luftdichtes Verschließen in abgekochten Gläsern. Die Vitaminverluste sind bei dieser Konservierungsmethode recht hoch.

Auch → *Gemüselagerung und -konservierung*, → *Obstlagerung und -konservierung*

Einlagern

Das Unterbringen von frisch geerntetem, lagerfähigem Gemüse und Obst an einem geeigneten Lagerplatz. Der Aufbewahrungsort sollte kühl, aber frostfrei und weder allzu feucht noch besonders lufttrocken sein. Eingelagert wird nur gesundes, vorher von anhaftenden Pflanzen- und Erdresten gereinigtes Erntegut.

→ *Gemüselagerung und -konservierung*, → *Obstlagerung und -konservierung*

Einlegegurke

Zum Einlegen in Essig geeignete Gurkensorten für den Freilandanbau mit bis 15 cm großen Früchten
→ *Gurke*

Einlegen

Haltbarmachen von Erntegut durch Aufbewahren in Essig, Öl oder Alkohol. Die Essigkonservierung ist vor allem bei Einlege- bzw. Gewürzgurken üblich, man kann das Verfahren aber auch für viele andere Gemüse einsetzen. Konservierend wirkt dabei häufig nicht nur der Essig, sondern das oft reichlich hinzugefügte Salz. Eine Variante ist das süßsaure Einlegen in Essig und Zucker bzw. Honig, beliebt z. B. für Kürbisse. In Öl, meist in kaltgepresstes Olivenöl, werden besonders Fruchtgemüse wie Paprika und Aubergine oder auch Artischocken eingelegt. Auch viele Gewürzkräuter

Obst wie Birnen und Äpfel lässt sich gut im Keller für längere Zeit aufbewahren.

lassen sich gut in Öl oder Essig einlegen, wobei man nicht die Kräuter selbst, sondern ihre Aromen konserviert – die Pflanzenteile werden in der Regel nach 10 bis 20 Tagen abgesiebt.

Obst legt man in erster Linie in Alkohol (Wein, Likör, Schnaps) ein. Es gibt aber auch etliche alte bzw. regionale Spezialitäten wie Essigbirnen und -kirschen oder süßsauer eingelegte Äpfel und Aprikosen.

Konservieren durch Einlegen bedeutet meist zugleich eine starke Geschmacksveränderung, sowohl durch die verwendeten Konservierungsflüssigkeiten als auch durch die übliche Zugabe von Kräutern bzw. Zucker.

Auch → *Gemüselagerung und -konservierung,* → *Obstlagerung und -konservierung*

Einmachen
→ *Einkochen*

Einnährstoffdünger
→ *Einzelnährstoffdünger*

Einräumen
Das Unterbringen nicht winterharter Kübel-, Balkon- oder Gartenpflanzen in einem frostfreien Winterquartier. Das Einräumen nimmt man vor den ersten Frösten vor, die sich im Schnitt um die Oktobermitte einstellen, in rauen Lagen auch deutlich früher, in wintermilden Regionen dagegen oft erst im November. Es empfiehlt sich, in der kritischen Zeit aufmerksam den Wetterbericht zu verfolgen. Denn ein allzu frühes Einräumen, unabhängig von der Wetterlage, verlängert den risikoreichen Überwinterungszeitraum.

Während man Balkonpflanzen wie Pelargonien oder z. B. auch nicht winterharte Seerosen möglichst keinen Minustemperaturen aussetzen sollte, können → *Kübelpflanzen* wie Granatapfel, Lorbeerbaum oder Hanfpalme kurzfristig einige Frostgrade vertragen, sofern es sich um ältere, gesunde Exemplare handelt. Äußerst empfindlich dagegen sind z. B. Schönmalve, Kamelie und Zitrusbäumchen. Im Allgemeinen gelten die Faustregeln: Krautige Pflanzen sind frostempfindlicher als verholzte, Immergrüne sind empfindlicher als Laub abwerfende und junge Pflanzen schließlich empfindlicher als ältere. Neben Frost sind je nach Standort der Pflanzen weitere Witterungsbedingungen zu beachten; so können auch Herbststürme oder Dauerregen zu früherem Einräumen veranlassen.

Zum Vorbereiten auf das Einräumen stellt man spätestens Mitte August das Düngen ein. Die Pflanzen sollten nicht zu nass ins Winterquartier kommen, werden zuvor von allen welken und abgestorbenen Teilen befreit und gründlich auf Krankheiten und Schädlinge untersucht. Notfalls muss noch eine Pflanzenschutzbehandlung erfolgen; solange noch ein Befall festgestellt wird, bringt man die erkrankten Überwinterungskandidaten getrennt von anderen Pflanzen unter. In der Regel kürzt man vor dem Einräumen nur sehr lange und störende Triebe etwas ein, ein richtiger Rückschnitt erfolgt erst im Frühjahr. Als Transporthilfen für schwere Kübelpflanzen dienen Sackkarre, Kübelroller oder spezielle Traggurte aus dem Fachhandel.

Einritzen
Verfahren zur → *Keimförderung* bei hartschaligen Samen
→ *Anritzen*

Einsäuern
Haltbarmachen von Gemüse durch Milchsäuregärung. Am bekanntesten ist dieses altbewährte Verfahren in Form der Sauerkrautherstellung aus Weißkohl, aber auch zahlreiche andere Gemüse können eingesäuert werden, z. B. Rote Bete, Möhren, Sel-

Für das Einsäuern von Weißkohl gibt es spezielle Sauerkrauttöpfe.

lerie, Bohnen und Kohlrabi, außerdem Speisepilze. Den zerkleinerten Gemüsen werden lediglich Salz, meist als wässrige Lösung, und je nach Gemüse auch einige Gewürze zugegeben sowie ggf. etwas Molke als Gärbeschleuniger. Unter Luftabschluss, z. B. in großen Einmachgläsern oder speziellen Gärtöpfen, sorgen dann Milchsäurebakterien für die konservierende Gärung, wobei hohe Anfangstemperaturen und absolut saubere Gefäße wichtige Voraussetzungen sind. Durch Milchsäuregärung konserviertes Gemüse gilt als besonders gesund. Das Verfahren erhält nicht nur die Vitamine und Mineralstoffe; die Milchsäure fördert zudem die Verdauung und hat eine gewisse antimikrobielle Wirkung.

Teils bezeichnet man auch das → *Einlegen in Essig,* z. B. bei Gurken, als Einsäuern.

Auch → *Gemüselagerung und -konservierung*

Einschlagen
Damit bezeichnet man grundsätzlich das Umgeben von Pflanzenteilen mit Erde, Sand oder Torf zum Zweck der

EINTOPFEN

Rosen werden bis kurz unter die Spitzen eingeschlagen

(vorübergehenden) Lagerung. So werden z. B. Dahlienknollen oder Blumenzwiebeln über Winter in Sand oder Torf eingeschlagen; geerntetes Gemüse kann im Erd- oder Sandeinschlag gelagert werden.

Von Einschlagen spricht man außerdem, wenn Gehölz- oder Staudenjungpflanzen bis zum eigentlichen Pflanztermin provisorisch in Erde eingegraben oder -gelegt werden. Dies kann nötig werden, wenn man nach Erhalt der Pflanzware keine Zeit zum richtigen Einsetzen hat oder die Witterungsverhältnisse ungünstig sind. Besonders → *ballenlose Pflanzen* sollte man dann unverzüglich einschlagen, indem man auf einer freien Beetfläche eine schräge Furche bzw. einen Graben für die Pflanzenwurzeln aushebt und diese dann vollständig mit Erde bedeckt. Die Erde drückt oder tritt man danach etwas an. Rosenpflanzen werden sogar häufig so weit eingegraben, dass nur noch die Spitzen herausschauen. Verbleiben die Pflanzen aus irgendwelchen Gründen länger im Einschlag, muss man dafür sorgen, dass die Erde nicht austrocknet.

Eine ähnliche Form des Einschlags praktiziert man bei → *Steckhölzern* für die Vermehrung, nachdem man sie im Herbst geschnitten hat.

Einschlämmen

Besonders kräftiges → *Angießen* nach der Pflanzung, das vor allem bei Gehölzen üblich ist. Nach dem Pflanzen verbleiben kleinere Hohlräume im Bereich der Wurzeln, die durch das Schlämmen der Erde mit reichlich Wasser aufgefüllt werden. Das verbessert die Standfestigkeit sowie den → *Bodenschluss* und damit das Einwurzeln. Dazu setzt sich die beim Einfüllen noch lockere Erde und kann so später nicht mehr nachsacken.

Damit das Wasser wie gewünscht im Wurzelbereich einsickert, legt man die → *Baumscheibe* mit einem ringförmigen kleinen Gießwall an. Gegossen wird mit Kanne oder Schlauch ohne Brauseaufsatz. Für das Einschlämmen von Bäumen können durchaus 20 l Wasser und mehr nötig werden. Man verabreicht solche Mengen allerdings in mehreren Schüben und lässt das Nass nach jedem Gießgang einsickern. Eine nachhaltige, übermäßige Vernässung der Erde im Pflanzloch mit lange anstehenden Oberflächenpfützen kann zu Wurzelfäule führen. Nach dem Einschlämmen lockert man die oberste Erdschicht zur besseren Durchlüftung vorsichtig auf.

Auch → *Gehölzpflanzung*

Eintopfen

Einsetzen von Pflanzen in Töpfe bzw. Gefäße jeder Art, entweder zur Kultur als Topfpflanze oder aber auch als Zwischenschritt bei der → *Anzucht,* dem später das Verpflanzen ins Freiland folgt.

Tontöpfe sollte man vor dem Bepflanzen 1 bis 2 Tage in Wasser legen, damit die Poren in den Gefäßwänden der Pflanzerde später keine Feuchtigkeit entziehen.

Für Topfpflanzen, die dauernd im Gefäß verbleiben sollen, wählt man die Töpfe so groß, dass etwa 2 – 4 cm Platz zwischen Wurzelballen und Gefäßwand bleibt. Zuunterst bringt man eine Dränageschicht z. B. aus Tonscherben, Blähton oder Kies ein, zumindest über dem Wasserabzugsloch. Dann wird der Topf so weit mit Erde gefüllt, dass die Jungpflanze später in der richtigen Höhe zu stehen kommt. Bei Topfpflanzen entspricht dies der Standhöhe im Verkaufstopf. Dabei muss man berücksichtigen, dass zum Schluss oben ein Gießrand von etwa 2 cm verbleiben sollte. Nach dem Einfüllen stößt man die Töpfe leicht auf, so dass sich die Erde etwas setzt. Dann wird die Pflanze in die Mitte des Topfes gehalten, weitere Erde gleichmäßig um den Ballen herum bis kurz unter die Topfunterkante aufgefüllt und schließlich oben angedrückt. Abschließend ist gründlich anzugießen.

Für Sämlinge, Pikierlinge oder Stecklinge wählt man meist Töpfe mit 6 – 10 cm Ø (auch → *Anzuchtgefäße*). Auf Dränagematerial am Topfboden wird aufgrund der geringen Größe meist verzichtet, den Gießrand legt man entsprechend flacher an. Ansonsten ist der Eintopfvorgang derselbe, wobei man Sämlinge nur so tief einsetzt, dass gerade der Wurzelhals und der untere Teil der Stängelbasis mit Erde bedeckt sind.

Für das Eintopfen zur Anzucht verwendet man nährstoffarme Vermehrungssubstrate (→ *Anzuchterde*), für Topfpflanzen aufgedüngte Topf- oder Blumenerde, möglichst von guter Qualität (auch → *Erden*).

191

Eintriebig
Wuchsform von Pflanzen mit nur einem unverzweigten Stängel, der die Blüte trägt, z. B. bei Tulpen, Fingerhut und Königskerze.

Einwecken
→ *Einkochen*

Einwintern
Das Unterbringen von Pflanzenorganen an einem geschützten Platz vor Wintereintritt, sowohl von Erntegut als auch von Zwiebeln oder Knollen (z. B. Dahlien, Gladiolen), die erst im nächsten Frühjahr wieder ausgepflanzt werden.

Zum Einwintern von Erntegut auch → *Einlagern,* → *Gemüselagerung und -konservierung,* → *Obstlagerung und -konservierung*

Einzelfrucht
Eine Frucht, die aus einem einzelnen Fruchtknoten hervorgeht, etwa Beere, Hülse, Nuss oder Steinfrucht. Im Gegensatz dazu stehen Sammelfrüchte (z. B. Sammelsteinfrucht der Himbeere) und Fruchtstände (z. B. Ananas).

Auch → *Frucht*

Einzelkornsaat
Saatverfahren im Freiland, bei dem die Samen in den Reihen gleich im nötigen Endabstand ausgelegt werden, so dass späteres → *Ausdünnen* entfällt. Voraussetzung sind entweder genügend große Samen mit hoher Keimfähigkeit oder mit einer Hüllmasse pillierte Samen.

Auch → *Aussaat,* → *Saatgut*

Einzelnährstoffdünger
Dünger, der nur eine wirksame Nährstoffkomponente enthält, z. B. Stickstoff oder Eisen; wird vor allem verwendet, um gezielt akuten Nährstoffmangel auszugleichen.

→ *Dünger, Düngerformen*

Krokusse ziehen nach der Blüte ein.

Einzelpflanzung
Auch Solitärpflanzung genannt. Bezeichnet als gestalterischer Begriff die Einzelstellung von größeren, auffälligen Pflanzen, die so an exponierter Stelle am besten zur Geltung kommen. In erster Linie geht es dabei um Gehölze und um imposante Blüten- oder Blattschmuckstauden. Vorwiegend einzeln pflanzt man z. B. Kupferbirke, Blauraute, Pfingstrose, hochwüchsige Taglilien, Waldgeißbart, Chinaschilf, Hochstammrosen, Ahorne, Zierkirschen sowie insbesondere kugel- oder säulenförmig wachsende Gehölze. Sie setzen an besonderen Stellen Akzente, z. B. inmitten einer Rasenfläche, an einer Wegbiegung, an der Terrasse, am Sitzplatz oder im Vorgarten. Einzelpflanzung bedeutet freilich nicht, dass man ganz auf Begleitpflanzen oder eine Unterpflanzung, z. B. mit Bodendeckern, verzichten muss. Kleinere, zurückhaltendere Begleiter können vielmehr die Wirkung einzeln gestellter Pflanzenschönheiten unterstreichen.

Eine Einzelpflanzung kommt selbstverständlich auch aus rein praktischen Gründen im Nutzgarten vor, etwa wenn mangels Platz nur ein Obstgehölz gesetzt wird oder nur eine Rhabarberpflanze, die häufig allein den Bedarf abdeckt.

Einzelsaat
Wird mit zweierlei Bedeutung verwendet:

1) → *Einzelkornsaat*

2) Saatgut, das nur Samen einer Pflanzenart enthält. Bei Gründüngungs- oder Wiesensaaten kann man z. B. zwischen Samenmischungen oder Einzelsaaten bestimmter Pflanzen wählen.

Einziehen
Das Absterben der oberirdischen Pflanzenteile bei Zwiebel- und Knollenpflanzen sowie Stauden. Bei Zwiebel- und Knollenblumen, etwa Tulpen oder Narzissen, beginnt das Welken der Blätter nach der Blüte im späten Frühjahr oder Frühsommer, ebenso bei einigen frühjahrsblühenden Stauden, z. B. beim Tränenden Herz. Ob-

wohl man dabei vom Einziehen der Blätter spricht, werden streng genommen nur die darin gebildeten Assimilate in die unterirdischen Speicherorgane „eingezogen". Stauden, die meist im Herbst einziehen, lagern diese Reservestoffe in Wurzelstöcken (Rhizomen), kräftigen Wurzeln oder ähnlichen Speicherorganen ein und legen dabei bodennahe oder unterirdische Überwinterungsknospen an.

Mit dem Entfernen der Blätter von Zwiebelblumen sollte man warten, bis sie vollständig verwelkt sind, ebenso z. B. mit dem Mähen von Blumeninseln aus Krokussen im Rasen. Die Pflanzen müssen vollständig einziehen, damit sie genug Reservestoffe für den nächsten Austrieb haben. Um in Rabatten Lücken durch das Einziehen der Frühblüher zu vermeiden, setzt man sie am besten zwischen oder hinter Stauden, die sich erst später entfalten. Bei Neupflanzungen ist es günstig, die Pflanzstellen zu markieren, um nach dem Einziehen keine Schäden durch Bodenbearbeitung zu verursachen.

Eisbegonie
Niedrige Sommerblume für Sonne und Halbschatten
→ *Begonie*

Eisbergsalat
Andere Bezeichnung für Eissalat
→ *Salat*

Eisen
Chemisches Element mit der Abkürzung Fe; für Pflanzen ein unentbehrliches Spurennährelement, das teils auch als Hauptnährelement angesehen wird, da es in hohen Mengen benötigt wird. Eisen ist ein Bestandteil von pflanzeneigenen Enzymen und wichtig für den Chlorophyll- und Eiweißaufbau sowie für die Atmung.

Eisenmangel zeigt sich in Chlorosen (Aufhellung, Gelbfärbung) zu-

Eisenmangel an einer Rose

nächst an jüngeren Blättern, die bei starkem Mangel weiß werden; die Blattadern bleiben jedoch grün. Das Schadbild wird als Eisenmangelchlorose bezeichnet. Ursache ist in der Regel nicht ein zu geringer Eisengehalt im Boden, sondern vielmehr dessen mangelnde Verfügbarkeit für die Pflanze.

Die Eisenaufnahme ist vor allem auf kalkreichen Böden mit hohem → *pH-Wert* stark eingeschränkt (auch → *Bodenreaktion*). Hier kommt es z. B. bei Obstgehölzen und Rosen häufig zu den genannten Symptomen. Auch stark verdichteter oder staunasser Boden kann dabei eine Rolle spielen. Kurzfristig helfen spezielle → *Eisendünger*, langfristig ist eine entsprechende Bodenverbesserung nötig. Probleme mit Eisenmangel treten ansonsten nur auf Böden mit hohem Anteil an organischer Substanz, z. B. Moorböden, auf.

Eisen ist auch ein wichtiger Mineralstoff in der menschlichen Ernährung. Obwohl der Gehalt im Spinat lange Zeit überschätzt wurde, zählt er nach wie vor zu den besonders eisenhaltigen Gemüsen, ebenso wie Grünkohl, Brokkoli, Schwarzwurzel und Hülsenfrüchte.

Eisendünger
Eisenhaltige Dünger sind Eisensulfat, Eisenchelat und Präparate wie Fetrilon, Sequestren und Radigen. Man setzt sie vor allem zur Behebung von akutem Eisenmangel ein, meist als Blattdüngung.

Eisenholzbaum
PARROTIA PERSICA

Der Eisenholzbaum gehört zur Familie der Hamamelisgewächse und stammt aus dem Nordiran. Mit seiner zeitig einsetzenden und lange anhaltenden leuchtenden Herbstfärbung ist er eine ausgesprochene Schönheit. Leider eignet er sich nur für warme, möglichst wintermilde Regionen.
Merkmale: Weit ausladender Großstrauch oder kleiner Baum, 5 – 8 m hoch; glatte, sich platanenähnlich ablösende Borke; große, verkehrt eiförmige, glänzend dunkelgrüne Blätter, ab September prächtig orange, gelb oder rot verfärbt; vor dem Blattaustrieb Blüten mit tiefbraunen, samtig behaarten Hochblättern und roten Staubgefäßen.

Eisenholzbaum (Parrotia persica)

Eisenhut

Blütezeit: März – April
Verwendung: Als markantes Gehölz im Einzelstand.
Standort: Warm, geschützt; humoser, nicht zu trockener Boden.
Pflanzen/Vermehren: Pflanzung im Frühjahr; eigene Vermehrung schwierig, kann über Steckhölzer versucht werden.
Pflege: In den ersten Jahren nach der Pflanzung Wurzelbereich über Winter durch Laub- und Reisigabdeckung schützen, vor starken Frösten auch oberirdische Pflanzenteile mit Schilfmatten, Jutematerial o. Ä. schützen.

Eisenhut
Aconitum

Die Namensgeber dieser Gattung fühlten sich angesichts der Blüten an eiserne, stahlblaue Ritterhelme erinnert. Mit ihren sattblauen oder blauvioletten Blüten und den schön geformten Blättern sind diese Hahnenfußgewächse wertvolle Gartenstauden, bevorzugt für halbschattige Lagen.

Wo kleine Kinder spielen, sollte man jedoch unbedingt auf Eisenhüte verzichten, denn die Pflanzen enthalten in allen Teilen das hochgiftige Alkaloid Aconitin. Der heimische Blaue Eisenhut gilt sogar als giftigste Pflanze Europas. Aconitin ist eins der stärksten Pflanzengifte überhaupt. Es kann selbst durch die unverletzte Haut in den Körper gelangen und schon in kleinsten Mengen zum Tod durch Herzversagen und Atemlähmung führen. Deshalb empfiehlt es sich, bei allen Pflegearbeiten Handschuhe zu tragen, insbesondere beim Teilen des Wurzelstocks, in dem die meisten Giftstoffe konzentriert sind.

Der Blaue Eisenhut kommt bei uns wild in feuchten Gebüschen und Wäldern vor und zählt zu den geschützten Arten, ebenso der zartgelb blühende, ebenfalls hochgiftige Gelbe Eisenhut (*A. lycoctonum* ssp. *vulparia*), der gelegentlich als Wildstaude angeboten wird. Die Stammform des Herbsteisenhuts ist in China beheimatet.

Herbsteisenhut (Aconitum carmichaelii 'Arendsii')

Herbsteisenhut
Aconitum carmichaelii 'Arendsii'

Merkmale: Staude, kompakter, horstartiger Wuchs, 100 – 140 cm hoch; handförmig gelappte, tief eingeschnittene, sattgrüne Blätter; dunkel violettblaue Blüten in endständigen lockeren Rispen.
Blütezeit: September – Oktober
Verwendung: Einzeln oder in kleinen Gruppen, als Leitstaude auf nicht zu sonnigen Beeten, am Gehölzrand, besonders schön vor Sträuchern mit ausgeprägter Herbstfärbung; im Mauerschatten, in Naturgartenbereichen, im Teichumfeld; haltbare Schnittstaude.
Standort: Besser leicht beschattet oder absonnig als zu sonnig; nährstoff- und humusreicher, frischer bis feuchter Boden.
Pflanzen/Vermehren: Pflanzung im Frühjahr mit etwa 40 cm Abstand; Vermehrung durch Teilung im zeitigen Frühjahr oder durch Aussaat im November (Kaltkeimer).
Pflege: In Trockenperioden ausreichend gießen; im Herbst oder Frühjahr mit Kompost und organischem Dünger versorgen; nach der Blüte bis auf eine Handbreit über dem Boden zurückschneiden.
Hinweis: *A. carmichaelii* var. *wilsonii* blüht etwas früher von August bis September/Anfang Oktober und hat hellere, violettblaue Blüten.

Blauer Eisenhut
Aconitum napellus

Merkmale: Staude, horstartig aufrecht, 120 – 150 cm hoch; handförmig gelappte, tief eingeschnittene, sattgrüne Blätter; blauviolette Blüten in dichten Rispen, bei Sorten auch weiß, rosa oder tief dunkelblau.
Blütezeit: Juli – August
Verwendung: Wie Herbsteisenhut; typische Bauerngartenstaude.

Standort: Wie Herbsteisenhut.
Pflanzen/Vermehren: Wie Herbsteisenhut; jedoch Teilung auch im Herbst gut möglich.
Pflege: Wie Herbsteisenhut.
Hinweis: *A.* x *cammarum* ist eine Kreuzung des Blauen Eisenhuts mit einer anderen Art, die in verschiedenen blau, weiß oder violett blühenden Sorten angeboten wird. Die ebenfalls ab Juli erscheinenden Blüten wirken leicht gescheckt, die Pflanzen werden nur 100 – 120 cm hoch.

Eisenia
Zoologischer Name für den als „Tennessee Wiggler" bekannten Kompost- oder Mistwurm
→ *Regenwurm*

Eisenkraut
Anderer Name für die → *Verbene*, eine in Blau- und Rottönen blühende, duftende Sommerblume
Auch → *Balkonbepflanzung*

Eisenmangelchlorose
→ *Eisen*

Eisfreihalter
Vorrichtung, die auch bei einem zugefrorenen Gartenteich den nötigen Gasaustausch ermöglicht. Bei vollständig gefrorener Teichoberfläche können Faulgase nicht entweichen, andererseits ist keine Zufuhr von Sauerstoff möglich. Hält der Frost länger an, kann dies für im Teich überwinternde Pflanzen und Tiere verheerende Folgen haben.

Eisfreihalter sollen wenigstens an einer Stelle des Teichs den Gastaustausch gewährleisten. In der einfachsten Ausführung bestehen sie aus einem unteren Styroporring und einem deckelartigen Styroporaufsatz. Die Ringe werden je nach Ausführung durch Anhängen von Sandsäckchen, Steinen o. Ä. fixiert oder am Grund des Teichs befestigt. Da Styropor ein

Eisfreihalter

guter Isolator ist, bildet sich bei Temperaturen bis etwa -20° C in der Innenfläche des Rings kein Eis. Kälte von oben wird durch den Deckel abgehalten. Faulgase können im inneren Ringbereich an die Oberfläche treten und entweder durch seitliche Schlitze oder durch Rohre entweichen. Bei höheren Schneeauflagen wird ein PVC-Stück als Entlüftungsrohr in den Ring eingesetzt. Aufwändigere Modelle stehen zusätzlich über einen Schlauch oder ein Rohr mit einer am Teichgrund platzierten Pumpe in Verbindung. Je nach Größe und Ausführung wird damit ein Radius von etwa 20 – 40 cm eisfrei gehalten.

Alternativen zum Eisfreihalter sind Sumpf- und Flachwasserpflanzen wie Binsen, deren Stängel man vor dem Winter nicht abschneidet, sowie als technische Lösungen → *Teichheizung* (bei empfindlichen Fischen) oder → *Oxidator*.
Auch → *Teichpflege*

Eisheilige
Die Zeitspanne vom 12. bis 15. Mai, während der sich früher recht regelmäßig die letzten Nachtfröste (Spätfröste) einstellten. Im Kirchenkalender sind diese Tage den Heiligen Pankratius, Servatius, Bonifatius und Sophia gewidmet. Da sich die ländliche Bevölkerung im Mittelalter bis in die frühe Neuzeit Kalenderdaten anhand der Kirchenheiligen bzw. -feste merkte (auch → *Bauernregeln*), gingen diese Tage als „Eisheilige" in die Wetter- bzw. Gartengeschichte ein. Zahlreiche Bauernregeln hielten die Frostwarnung in Reimform fest, z. B.: „Pankrazi, Servati, Bonifazi sind drei frostige Stazi und zum Schluss fehlt nie die kalte Sophie." Teils zählte man den 11. (Mamertus) oder gar den 10. Mai (Gordian) ebenfalls zu den Eisheiligen. „Nach den Eisheiligen" ist deshalb die althergebrachte Terminvorgabe für das Pflanzen kälteempfindlicher Gemüse wie Tomaten sowie für das Setzen von Sommerblumen und das Ausräumen von Balkonkästen und Kübelpflanzen.

Als „kleine Eisheilige" gelten der 25. und 26. Mai (Urban und Philipp), zumindest in Hochlagen ebenfalls noch spätfrostverdächtig und vor allem im Obstbau gefürchtet.

Fröste um die Eisheiligen gehörten bis etwa 1845 tatsächlich zu den fast regelmäßig wiederkehrenden Wetterereignissen. Danach wurden diverse Verschiebungen auf frühere oder spätere Termine beobachtet. Gemäß der Wetterstatistik überwiegen heute Mitte Mai sogar sommerliche Temperaturen. Doch bald darauf wird es recht häufig noch einmal nass und kühl. Gerade empfindliche Pflanzen, die durch warme Frühlingstage „verwöhnt" sind, können auch dadurch Schäden erleiden, selbst wenn Nachtfröste ausbleiben. In manchen Jahren und Regionen treten die Eisheiligen durchaus immer noch in der „klassischen" Form auf. Von daher ist es nach wie vor sinnvoll, den üblichen Pflanztermin nach Mitte Mai zu respektieren oder zumindest für früher gesetzte Gemüse und Blumen Abdeckfolie oder -vlies bereitzuhalten.

Eiskraut
MESEMBRYANTHEMUM CRYSTALLINUM

Dieses auch Kristallkraut genannte einjährige Gemüse aus der Familie der Mittagsblumengewächse wird nur sehr selten angebaut. Es handelt sich um eine alte Kulturpflanze aus dem Mittelmeerraum, die weiter nördlich vor allem in Ostfriesland und den Niederlanden als Spezialität kultiviert wird bzw. wurde. Der Name rührt von den zahlreichen winzigen Blattdrüsen her, die an sonnigen Tagen wie Eiskristalle glänzen. Man erntet die fleischigen Blätter, die als Salat oder wie Spinat zubereitet werden.

Das Eiskraut braucht viel Sonne und Wärme sowie einen gut durchlässigen, eher sandigen Boden. Man kann entweder im März Pflanzen bei 10 – 15° C vorziehen und nach Mitte Mai auspflanzen oder von Ende April bis August direkt aufs Beet säen. Der empfohlene Pflanzenabstand liegt bei 25 – 30 x 30 cm. Eiskraut fault recht schnell, wenn es zu nass gehalten wird, und braucht außer einer Kompostgabe im Herbst vor der Pflanzung keine zusätzliche Düngung. Geerntet wird ab etwa fünf Wochen nach der Aussaat.

Eissalat
→ *Salat* mit großem, festem Kopf und knackigen Blättern

Eiweiß
Eiweiße gehören zu den wichtigsten Bausteinen aller pflanzlichen und tierischen Zellen. Als Enzyme und Hormone beeinflussen sie zudem den gesamten Stoffwechsel, als Bauteile der Nukleinsäuren in den → *Chromosomen* spielen sie eine wesentliche Rolle bei der Vererbung.

Die pflanzlichen Eiweiße entstehen als Produkte der Stickstoff-Assimilation (→ *Assimilation*), deshalb ist eine ausreichende Versorgung mit → *Stickstoff* grundlegend für das Pflanzenwachstum. Aus einfachen Stickstoffverbindungen wie Nitrat bauen die Pflanzen in ihren Blättern organische Verbindungen, die Aminosäuren, auf, die dann teils zu Eiweißen, auch Proteinen genannt, zusammengefügt werden. Es handelt sich dabei um kompliziert gebaute, räumlich strukturierte Ketten, die neben Stickstoff Kohlen-, Wasser- und Sauerstoff enthalten sowie teils auch Schwefel und Phosphor.

Eiweiße können aus etwa 20 verschiedenen Aminosäuren in unterschiedlichster Zusammensetzung aufgebaut werden. Die Gehalte an bestimmten Aminosäuren sind entscheidend für die Nahrungsqualität des Eiweißes. Recht hochwertiges Eiweiß enthalten die Samen von Hülsenfrüchtlern, z. B. Sojabohne, sowie die Kartoffel und manche Gemüse.

Elaiosom
Ölhaltiges, eiweißreiches Anhängsel an den Samen mancher Pflanzenarten, z. B. bei Pfeifenwinde, Schneeglöckchen, Veilchen- und Wolfsmilcharten. Die Anhängsel locken Ameisen an, die sie verzehren, die Samen dabei verschleppen und so zur Verbreitung beitragen.

Elektroinstallationen
Stromanschlüsse im Garten sind recht praktisch, etwa zum Betreiben von Elektromähern, Pumpen, Häckslern oder Gartenleuchten. Da jedoch Leitungen und Anschlüsse im Garten in besonderem Maße Feuchtigkeit und Witterungseinflüssen ausgesetzt sind, stellen sie bei unsachgemäßer Verlegung oder Verwendung mangelhaften Materials große Gefahrenquellen dar. Es sei deshalb dringend empfohlen, Installationen im Außenbereich von Fachleuten durchführen oder zumindest von einem Elektriker abnehmen zu lassen.

Die Anforderungen an Strom führende Teile, Anschlüsse und Schalter sind im Außenbereich wesentlich höher als im Innenbereich. Alle Teile müssen feuchteunempfindlich sein, Steckdosen und Schalter tropf- und spritzwassergeschützt. Als Strom führende Leitungen kommen nur mäusesichere Spezialkabel infrage, die so verlegt sein müssen, dass sie z. B. durch Erdarbeiten nicht beschädigt werden können. Bei Verlegung im Boden (mindestens 60 cm tief und mit 10 cm Sandabdeckung) führt man sie am besten durch schützende Kunststoffrohre. Vom Verlauf unterirdischer Kabel fertigt man sich am besten einen genauen Lageplan an. Der Sicherungskasten sollte unbedingt mit einem Fehlerstromschutzschalter ausgestattet werden.

Verschiedene Hersteller bieten Gartensteckdosen mit Erdspießen an, die man beliebig platzieren kann.

Eleocharis
Botanischer Gattungsname der binsenähnlichen → *Simsen,* die sich teils als Teichpflanzen eignen.

Elfenbeinginster
Ginsterähnlicher Strauch mit gelben, weißlichen oder roten Blüten
→ *Geißklee*

Elfenblume
EPIMEDIUM

Obwohl man ihnen die Verwandtschaft mit den Berberitzen nicht ansieht, gehören die Elfenblumen, auch Sockenblumen genannt, zur Familie der Berberitzen- bzw. Sauerdorngewächse. Die Großblumige Elfenblume (*E. grandiflorum*) entstammt ostasiatischen Wäldern, die Gelbe Elfenblume (*E. pinnatum* ssp. *colchicum*) ist in Vorderasien beheimatet. Aus diesen und einigen anderen Stammarten wurden zahlreiche Hybriden ge-

Elfenblume

Elfenblume (Epimedium grandiflorum)

Elfenblume (Epimedium grandiflorum 'Lilafee')

züchtet, kenntlich durch das x im botanischen Namen, für die sich noch kaum deutsche Bezeichnungen eingebürgert haben. Häufig werden nur spezielle Sorten dieser Hybriden angeboten. Neben den in der Übersicht aufgeführten Elfenblumen findet man im Handel gelegentlich noch weitere Hybriden, z. B. *E.* x *cantabrigiense* oder *E.* x *warleyense,* die den hier vorgestellten sehr ähnlich sind.

Die zart wirkenden Pflanzen entwickeln sich anfangs etwas zögerlich, erweisen sich aber als sehr robust, nachdem sie einmal Fuß gefasst ha-ben. Viele wachsen mit der Zeit durch Ausläuferbildung flächendeckend, doch auch die anderen Arten breiten sich mit der Zeit durch kriechende Wurzelstöcke aus.

Trotz teils ansehnlicher Blüten haben sie ihre Hauptbedeutung als bodendeckende Blattschmuckpflanzen, die teils auch im Winter einen schönen Anblick bieten. Bei starken Frösten verlieren allerdings auch die sonst wintergrünen Elfenblumen ihr Laub. Sie ertragen recht viel Schatten, Vollschatten mögen sie jedoch nicht.

Merkmale: Staude, buschig, teils polsterartig flächig, je nach Art 15 – 50 cm hoch, kräftiger Wurzelstock, teils Ausläufer treibend; mehrfach dreizählige Blätter mit schmal herzförmigen, lederartigen Teilblättern, im Austrieb bronzefarben; wintergrüne Arten ab Herbst mit rötlicher bis kupferfarbener Verfärbung; lang gesporte Blüten in Trauben an drahtigen Stängeln, Blütenfarben vgl. Übersicht.

Blütezeit: April – Mai

Verwendung: In kleinen oder größeren Gruppen am Gehölzrand, als Bodendecker im lichten Gehölzschatten und im schattigen, bodenfeuchten Vorgarten; niedrige Arten und Sorten auch als Beeteinfassung.

Standort: Vorzugsweise halb- oder lichtschattig; humoser, lockerer, frischer bis feuchter, schwach saurer Boden.

Pflanzen/Vermehren: Pflanzung im Herbst oder Frühjahr mit 20 – 30 cm Abstand, je nach Wuchshöhe; Vermehrung durch Teilung im späten Frühjahr.

Pflege: In langen Trockenperioden gießen, Laub umstehender Bäume zum Verrotten liegen lassen, andernfalls mulchen; gelegentliche Kompostgaben im Herbst; im Frühjahr abgestorbenen Blätter entfernen.

Elfenblumen im Überblick

Name	Wuchshöhe	Blütenfarbe	Hinweise
Epimedium grandiflorum	20 – 30 cm	rosa, purpurlila, violett, weiß	nicht wuchernd
Epimedium x *perralchicum* 'Frohnleiten'	30 cm	gelb	stark Ausläufer bildend, wintergrün
Epimedium pinnatum ssp. *colchicum*	25 – 35 cm	gelb	stark Ausläufer bildend, in milden Lagen immergrün
Epimedium x *rubrum*	20 – 40 cm	gelbrot, rot	wintergrün
Epimedium x *versicolor* 'Sulphureum'	30 – 50 cm	gelb	schwach Ausläufer bildend, wintergrün
Epimedium x *youngianum* 'Niveum'	15 – 30 cm	weiß	nicht wuchernd, wintergrün

ELFENKROKUS

Elfenspiegel (Nemesia-Hybride)

Elfenkrokus
Schon ab Februar blühender → *Krokus* mit zart wirkenden, violetten Blüten

Elfenspiegel
NEMESIA-HYBRIDEN
☼

Die Stammformen dieser einjährigen Rachenblütengewächse sind in Südafrika beheimatet. Aus ihnen entstanden Hybridsorten mit zahlreichen, meist warmen Blütentönen, die hauptsächlich als Farbmischungen angeboten werden. Die prächtigen Blüher brauchen zwar Sonne, vertragen jedoch pralle Hitze nur mäßig. Von daher wird man in etwas kühleren Gebirgs- oder Küstenregionen am meisten Freude an ihnen haben.
Merkmale: Einjährige Sommerblume, buschig, 15 – 40 cm hoch; längliche, dunkelgrüne Blätter; becherartige bis trichterförmige Blüten in doldenartigen Trauben, weiß, gelb, orange, rot oder blau.
Blütezeit: Juni – September
Verwendung: In Gruppen, meist als Farbmischung, für bunte Sommerblumenbeete und -rabatten; niedrige Sorten als Beeteinfassung sowie für Balkonkästen, Töpfe und Schalen; haltbare Schnittblume.
Standort: Durchlässiger, leichter, eher nährstoffarmer, nicht zu trockener Boden, bevorzugt lehmiger oder gut mit reifem Kompost durchmischter Sand.
Kultur: Anzucht im März/April bei 12 – 15° C; nach 2 bis 3 Wochen zu je 3 bis 5 in Töpfe pikieren und bei 10° C weiterkultivieren; Jungpflanzen zur besseren Verzweigung entspitzen; nach Mitte Mai mit 20 – 25 cm Abstand ins Freie pflanzen.
Pflege: Gleichmäßig leicht feucht halten; nur auf sehr kargen Sandböden schwach dosiert düngen; Verblühtes regelmäßig entfernen; Rückschnitt nach der ersten Hauptblüte fördert Nachblüte im September.

Elodea
Botanischer Name der Wasserpest
→ *Unterwasserpflanze*

Elsbeere
Heimisches Wildgehölz
→ *Eberesche*

Elter
In der Pflanzenzüchtung und Genetik verwendeter Begriff für einen Elternteil. Bei → *Arthybriden* z. B. werden die beteiligten Stammarten jeweils als Kreuzungselter bezeichnet.

Elymus
Botanischer Gattungsname der
→ *Quecke*

Endivie
CICHORIUM ENDIVIA
☼

Auch als Winterendivie bekannt. Die aus dem östlichen Mittelmeerraum stammende Endivie, ein eng mit der Wegwarte und dem Chicorée verwandter Korbblütler, wurde schon von den Griechen und Römern als Salatpflanze angebaut. Man unterscheidet die Breitblättrige Endivie (*C. endivia* var. *latifolium*), auch Escariol genannt, mit breiten, ganzrandigen Blättern und die Krause Endivie (*C. endivia* var. *crispum*), auch Friséesalat genannt, mit krausen, geschlitzten Blättern. Beide Varietäten bilden lockere Köpfe und liefern im Herbst und Winter vitaminreichen Salat. Sie enthalten außerdem gesundheitsfördernde Bitterstoffe, in den grünen Blättern allerdings im geschmacksabträglichen Übermaß. Deshalb kam man schon vor Jahrhunderten auf die Idee, die inneren Blätter durch Zusammenbinden der Köpfe oder durch Überstülpen von Eimern und speziellen Hauben zu bleichen. Dies ist bei einigen Sorten heute noch nötig, um zarte, helle Blätter zu erhalten, andere Züchtungen dagegen sind selbstbleichend. Auch ein recht enger Pflanzabstand (vgl. Kultur) kann für das Hellbleiben der inneren Blätter sorgen, begünstigt allerdings bei feuchter Witterung Krankheitsbefall.

Endivien sind zweijährige Pflanzen; nach Rosettenbildung im 1. Jahr kommen sie im darauf folgenden Frühjahr

Krause Endivie (Cichorium endivia var. crispum)

zur Blüte. Als Langtagspflanzen „schießen" sie jedoch auch schon im Aussaatjahr, wenn man sie zu früh sät. Üblich ist der Herbstanbau mit Aussaat im Sommer. Doch auch beim Sommeranbau mit Anzucht ab Mai unter Glas ist die Gefahr des Schossens recht gering. Gute Mischkulturpartner sind Kohlarten und Porree.
Merkmale: Einjährig kultiviert; breit ausladende, locker kopfartige Blattrosette, im Strunk weißer Milchsaft; lange, kräftige Pfahlwurzel.
Standort: Warmer und geschützter Platz; tiefgründiger, mittelschwerer, humoser Boden ohne Vernässung.
Kultur: Herbstanbau: Aussaat ab Mitte Juni bis Anfang/Mitte Juli auf Anzuchtbeete im Freien, 30 cm Reihenabstand; nach etwa vier Wochen im Abstand von 30 x 30 cm (begünstigt Bleichung) bis 40 x 40 cm verpflanzen. Auch Direktsaat ins Freiland möglich, dann späteres Ausdünnen in der Reihe auf 30 cm Abstand. Sommeranbau: Anzucht im Mai bis Anfang Juni im Frühbeet, nach 4 bis 6 Wochen in Endabstand verpflanzen.
Pflege: Gleichmäßig leicht feucht halten, nur zwischen den Pflanzen gießen; regelmäßig hacken; Düngung vorzugsweise organisch bzw. mit Kompost, keine übermäßige Stickstoffdüngung. Zum Bleichen etwa zwei Wochen vor der Ernte bei trockenem Wetter die Blätter vorsichtig zusammenbinden oder mit dunkler Folie abdecken.
Ernte: Bei Sommeranbau ab Juli, Köpfe wegen Schossgefahr recht bald ernten; bei Herbstanbau ab Ende September bis November; Endivien ertragen noch leichte Fröste bis -5° C.

Endknopse

Auch Gipfel-, Spitzen- oder Terminalknospe genannt. Knospe, die an den Triebenden bzw. -spitzen als Blatt-, Holz- oder Blütenknospe angelegt wird; dies im Gegensatz zu den in den Blattachseln angelegten → Achselknospen.

Auch → Knospe

Engelstrompete

BRUGMANSIA, DATURA

Die auch als Trompetenbaum bekannte Engelstrompete gehört zu den prächtigsten und beliebtesten Kübelpflanzen für Terrasse, Balkon und Garten. Neben der Kultur in großen Gefäßen ist auch eine Auspflanzung im Korb möglich (vgl. Hinweis). Die strauchigen Arten, die vorwiegend für Kübelkultur infrage kommen, werden heute zur Gattung *Brugmansia* gezählt. Trotzdem ist der botanische Name *Datura,* nunmehr nur noch für krautige Arten verwendet, immer noch geläufig. Zu den nicht verholzenden Pflanzen zählt auch der heimische Stechapfel (*D. stramonium*), mit dem die Engelstrompeten die starke Giftigkeit aller Pflanzenteile gemeinsam haben. Die Giftwirkung der Alkaloide kann von Hautreizungen über Halluzinationen, Übelkeit und Krämpfe bis zum Todesfall reichen. Am giftigsten sind allerdings die bei uns kaum gebildeten Samen und Früchte.

Die aus dem tropischen Südamerika stammenden, üppig blühenden Nachtschattengewächse werden in verschiedenen, nicht immer einheitlich benannten Arten angeboten. Diese unterscheiden sich in Wuchshöhe und Blütenfarbe. Am häufigsten findet man *Brugmansia* x *candida* (2 – 3 m hoch, Blüten weiß oder rosa), *B. sanguinea* (1,5 – 2,5 m, orangegelb mit rotem Saum) und *B. suaveolens* (2 – 3 m, gelb, weiß oder rosa). Die Arten und Sorten duften unterschiedlich stark, wobei sie ihren intensiven, schweren Geruch erst abends entfalten. Der Duft wird meist als angenehm empfunden, kann jedoch bei empfindlichen Menschen Unwohlsein verursachen.
Merkmale: Strauchig wachsende, nicht winterharte Kübelpflanze, je nach Art mehr oder weniger breit- und starkwüchsig, 1 – 4 m hoch; große, länglich ovale, dunkelgrüne,

Engelwurz

weichfilzige Blätter; 25 – 50 cm lange, hängende Trichterblüten, in Weiß oder verschieden Gelb-, Orange-, Rosa- und Rottönen, teils zweifarbig.
Blütezeit: Juni – September, im mäßig beheizten Wintergarten auch ganzjährig.
Verwendung: Kübelpflanze für Terrasse, Balkon und Wintergarten, im Garten z. B. als Blickpunkt auf dem Rasen oder am Sitzplatz.
Standort: Draußen etwas windgeschützt aufstellen; in gute nährstoffreiche Kübelpflanzen- oder Einheitserde topfen.
Pflanzen/Vermehren: Anfangs jährlich, später alle 2 Jahre im Frühjahr umtopfen, möglichst große Kübel wählen; bei älteren Pflanzen keilförmiges Einscheiden des Wurzelballens und damit Versorgen mit frischer Erde möglich, ohne dass ein größerer Topf nötig wird. Pflanzen erst nach Mitte Mai nach draußen stellen. Vermehrung über Kopfstecklinge im Frühjahr und Sommer.
Pflege: Regelmäßig gießen, im Sommer bis zu zweimal täglich; von Mai bis Mitte August wöchentlich düngen; Verblühtes entfernen. Vor den ersten Frösten einräumen, zuvor lange Triebe auf etwa 30 cm einkürzen; Überwinterung hell oder dunkel bei 4 – 10° C, Substrat nicht ganz austrocknen lassen; im Frühjahr bei Bedarf etwas in Form schneiden; ab März allmählich an mehr Licht und Wärme gewöhnen. Weiterkultur über Winter im Hellen bei 12 – 15° C möglich.
Hinweis: In Gitter- bzw. Kartoffelkörben im Garten eingepflanzte Exemplare blühen besonders prächtig, da sich das Wurzelwerk über die Schlitze ins benachbarte Erdreich ausbreiten kann. Im Herbst Korb ringsum mit dem Spaten abstechen, überstehende Wurzeln abschneiden und ins Winterquartier bringen; Wurzelballen durch Umhüllen mit Folie oder Plastiksack vor Austrocknung schützen.

Engelwurz (Angelica archangelica)

Engelwurz
ANGELICA ARCHANGELICA

Dieser aus Nordeuropa stammende Doldenblütler ist eine imposante Wildstaude mit kräftig würzigem Duft. Die Engelwurz wächst auch in Mitteleuropa wild auf feuchten Wiesen, an Gräben und Ufern. Seit dem 14. Jahrhundert wird sie als Heilpflanze angebaut. Sie enthält in allen Pflanzenteilen, besonders konzentriert in der Wurzel, heilwirksame Substanzen, u. a. ätherische Öle und Bitterstoffe, die in Magenmitteln und Kräuterlikören Verwendung finden. Im Garten kultiviert man sie eher als Würzpflanze. Mit den Blättern lassen sich Suppen, Soßen und Salate aromatisieren, sie können auch als Gemüse gekocht werden. Daneben ist die Engelwurz eine stattliche Zierpflanze für halbschattige Plätze, die z. B. gut in Bauern- und Naturgartengestaltungen passt.
Merkmale: Kurzlebige Staude, meist nur drei- bis vierjährig; aufrecht mit dicken, hohlen, rötlich überhauchten Stängeln, 1,5 – 2,5 m hoch; anfangs lange, rübenartige Wurzel, ab dem 2. Jahr dicker Wurzelstock; bis 90 cm große, dreifach fiederschnittige Blätter mit auffälligen Blattscheiden; gelbgrüne Blüten in großen, halbkugeligen Dolden.
Blütezeit: Juni – August
Standort: Humoser, nährstoffreicher, tiefgründiger, frischer Boden.
Kultur: Aussaat im Herbst ins Freiland (Kaltkeimer), Samen nur dünn abdecken; im Frühjahr auf etwa 1 m Abstand vereinzeln.
Pflege: Im 1. Jahr Blütentriebe zur Förderung eines kräftigen Wurzelstocks ausschneiden; im Frühjahr Kompost verabreichen; bei anhaltender Trockenheit gießen, aber nicht vernässen.
Ernte: Blätter und junge Triebe ab Mai/Juni; Wurzelstöcke im Herbst des 2. Jahres ausgraben, nach Halbierung trocknen, zerkleinern und in Gläsern aufbewahren; auch Samen können im Herbst geerntet und z. B. für die Likörherstellung verwendet werden.

Engerling

Engerlinge werden die teils an Wurzeln fressenden Larven der Blatthornkäfer genannt. Unter diesen Käfern mit den blattartig verbreiterten Fühlergliedern ist der schwerfällig wirkende, 2 – 3 cm lange, glänzend braune Maikäfer mit schwarzem Halsschild am bekanntesten. Nach dem Paarungsflug im April/Mai legen die Weibchen ihre Eier in die Erde ab. Einige Wochen darauf schlüpfen die 4 – 5 cm großen Larven. Sie leben 3 bis 4 Jahre lang im Boden und ernähren sich anfangs von totem organischem Material, zunehmend jedoch von Pflanzenwurzeln. Im Sommer des letzten Larvenjahrs verpuppen sie sich, im nächsten Frühjahr graben sich die Käfer aus dem Boden und fressen an Laubbäumen. Durch diesen Lebenszyklus kann es alle 3 bis 5 Jahre ein regelrechtes Maikäferjahr geben. Zwischendurch sah es so aus, als sei der Maikäfer selten geworden, doch Anfang des 21. Jahrhunderts kam es erneut zu Massenvermehrungen und zu gewaltigen Schäden, besonders durch Larvenfraß an Obstbaumwurzeln.

Neben Maikäferlarven werden im Garten vor allem die Engerlinge von Junikäfer (1–2 cm groß, gelbbraun oder hell rotbraun, leicht behaart) und Gartenlaubkäfer (um 1 cm groß, dunkelbraun, behaart) schädlich. Der etwa 1 cm große Dungkäfer (schwarz mit hellen Härchen auf den Flügeldecken und mit auffällig kräftigen Beinen) ist eigentlich als nützlicher Verwerter toter organischer Substanz bekannt. Seine Engerlinge können jedoch ebenso wie die des Gartenlaubkäfers Rasenschäden verursachen. Die hier genannten Arten haben eine kürzere Entwicklungszeit als der Maikäfer, nämlich nur 1 bis 3 Jahre. Die Engerlinge sind bei allen Blatthornkäfern ähnlich, meist weißlich gelb gefärbt, haben eine stark verhärtete Kopfkapsel, einen am Ende verdickten Hinterleib und liegen häufig gekrümmt im Boden.

Außer Obstbäumen und Rasen sind durch Engerlinge vor allem Rosen, Erdbeeren, Salat und Jungpflanzen gefährdet. Käfer wie Larven haben viele natürliche Feinde, darunter Vögel, besonders Krähen, Möwen und Amseln, Igel und Maulwürfe. Widersacher der Engerlinge sind außerdem verschiedene parasitisch lebende Fliegen sowie Nematoden, Pilze und Bakterien im Boden.

Schadbild: Kümmernde und absterbende Pflanzen, beim Aufgraben abgebissene Wurzeln und angefressene Knollen sichtbar. Auf Rasen anfangs nesterweise braune Stellen, bei starkem Befall großflächige Ausbreitung, Grasnarbe lässt sich leicht abheben.

Abhilfe: Auf Beeten vorbeugend intensive, tiefgründige Bodenbearbeitung, wenn erste Engerlinge gesichtet werden; während Hauptflugzeit der Käfer zwischen Mai und Juni engmaschige Schutznetze auflegen; häufig hacken; Salatsetzlinge als Fangpflanzen einsetzen. Notfalls Bodeninsektizide verwenden, sofern zugelassen; biologischen Bekämpfung von Gartenlaub- und Dungkäfer mit Nematodenpräparaten möglich.

Englische Rosen
Strauchrosen, seltener Beetrosen, die als Kreuzungen zwischen → *Alten Rosen* und modernen Rosensorten entstanden sind. Sie entstammen der Züchtungsarbeit des Engländers David Austin, der sie „New English Roses" nannte. Bei diesen Züchtungen blieben Blütenformen und -duft der alten Sorten erhalten, sie sind jedoch robuster und blühen reich und lang anhaltend. Mit zarten Gelb- und Apricottönen wurde außerdem das Farbenspektrum der Blüten erweitert, die bei Alten Rosen meist rosa oder weiß sind.

Auch → *Rose*

Enkianthus
Schattenverträglicher Strauch mit glöckchenartigen Blüten
→ *Prachtglocke*

Ensete
Botanischer Gattungsname der Zierbanane
→ *Kübelpflanzen*

Entengrütze
Anderer Name für die Wasserlinse
→ *Schwimmpflanze*

Entgeizen
Entfernen von Seitentrieben, die den Blattachseln entspringen, wird vor allem bei Tomaten praktiziert.
→ *Ausgeizen*

Enthärten
Maßnahmen, um zu hartes (d. h. besonders zu kalkreiches) Gießwasser oder Teichwasser pflanzenverträglicher zu machen.
→ *Wasserhärte*, auch → *Gießwasser*

Entspitzen
Auch Pinzieren genannt; Entfernen von Triebspitzen oder Spitzenknospen, meist um die Entwicklung der Seitentriebe oder die Fruchtbildung zu fördern. Kräftigere Triebspitzen werden je nach Pflanzenart abgeschnitten oder vorsichtig ausgebrochen; zarte Triebe oder Knospen knipst man mit Daumen und Zeigefinger ab.

Für besseren Fruchtansatz oder sichere Ausreife der angesetzten Früchte kann man z. B. bei Tomaten und Gurken die Spitzentriebe entfernen bzw. einkürzen, bei Kiwis werden die Spitzen Früchte tragender Seitentriebe gekappt.

Bei selbst angezogenen Jungpflanzen fördert man durch Entspitzen buschigen, kompakten Wuchs. Das Verfahren ist sowohl bei vielen Sommerblumen als auch bei Kübelpflanzen und einigen Gehölzen üblich. Wenn dann entsprechend reichlich Seitentriebe angelegt werden, kann man – je nach gewünschter Wuchsform – wiederum deren Spitzen einfach entfernen, um eine weitere Verzweigung anzuregen.

Das Entspitzen bei Jungpflanzen ergibt einen buschigen Wuchs.

Entwässerung

Bei der Gestaltung von Bonsais gehört das Entspitzen zu den wichtigsten Methoden der Erziehung und Formierung. Hier soll es nicht nur für bessere Verzweigung sorgen, sondern auch das Streckungswachstum der Triebe hemmen.

Statt bei jungen Obstbäumen die Konkurrenztriebe von Leitästen ganz wegzuschneiden, werden sie häufig nur im Sommer entspitzt. Erweisen sich die vorgesehenen Leittriebe als ungeeignet, kann man dann immer noch auf die Konkurrenztriebe ausweichen (auch → *Obstbaumschnitt*).

Entwässerung
→ *Dränage*

Enzian
GENTIANA

Die Enziane, die als Enziangewächse eine eigene Familie bilden, zählen neben dem Edelweiß zu den beliebtesten Symbolpflanzen der Alpen. Dort wachsen, vorzugsweise auf mageren Hochwiesen, Polster oder Matten bildende Arten wie Stängelloser Enzian, Stängelloser Kalk- oder Clusius-Enzian, Schmalblättriger und Frühlingsenzian, alle mit den charakteristischen blauen Blüten, seltener auch in weißen Spielarten. Doch es gibt auch höher wüchsige, mehr an Wälder gebundene Arten wie den Schwalbenwurzenzian und den Kreuzenzian mit den untypisch kreuzförmig angeordneten Blütenzipfeln. Der Gelbe Enzian, aus dessen Wurzeln der Enzianschnaps gewonnen wird, fällt mit seiner Blütenfarbe völlig aus der Reihe. Und auch der blau blühende Lungenenzian, der in Moorwiesen und feuchten Heiden vorkommt, passt nicht ganz ins typische Enzianbild.

Alle heimischen Enzianarten stehen unter strengem Naturschutz und dürfen auf gar keinen Fall ausgegraben werden. Sie würden aber auch in Gär-

Keulenenzian (Gentiana acaulis)

Sommerenzian (Gentiana septemfida)

ten kaum auf Dauer ihre Schönheit entfalten, da sie sehr auf die speziellen Bedingungen an ihren Naturstandorten angewiesen sind. Für den Garten werden meist Zuchtformen der Wildpflanzen angeboten, die jedoch weitgehend ihren natürlichen Charakter behalten haben. Das gilt auch für die nicht heimischen Enziane, die teils aus Südosteuropa und Vorderasien, teils aus China stammen.

Unter den zahlreichen für den Garten angebotenen Arten finden sich hauptsächliche niedrig wachsende Enziane für den Steingarten. Es gibt jedoch, wie eingangs erwähnt, mehrere Ausnahmen, auch was die Verwendung und die Standortansprüche betrifft. Das zeigt die auf S. 33 stehende Übersicht auf einen Blick. Bei der Pflanzung von Gartenenzianen sind in erster Linie die ausgeprägten Unterschiede bei der Kalkverträglichkeit zu beachten. Innerhalb der drei sich daraus ergebenden Gruppen sind die Arten nach Wuchshöhe angeordnet.

Merkmale: Stauden, Wuchsform und -höhen vgl. Übersicht; Ausbreitung der niedrigen Arten durch Ausläufer oder niederliegende, wurzelnde Trie-

be; Blätter eilanzettlich bis linealisch, oft rosettenartig angeordnet; Blüten trichter-, glocken- oder röhrenförmig, meist mit ausgebreiteten Blütenblattzipfeln, meist in kräftigen Blautönen, seltener weiß, teils mit andersfarbigem Schlund.

Blütezeit: Vgl. Übersicht

Verwendung: Hauptsächlich im Steingarten und Naturgarten; niedrige Arten in Pflanztrögen; teils auch für Gehölz- oder Teichrand, für Sumpf- und Moorbeete, vgl. Übersicht. Vorzugsweise mit naturnahen, schwachwüchsigen Pflanzen kombinieren, die Enziane sind eher konkurrenzschwach.

Standort: Die meisten Arten bevorzugt für absonnige und halbschattige, auch sonnige Plätze mit durchlässigem, humosem, jedoch nicht allzu nährstoffreichem, frischem Boden; Ausnahmen vgl. Übersicht. Unbedingt verschiedene Ansprüche an Kalkgehalt beachten; kalktolerante Arten gedeihen auf schwach sauren bis schwach alkalischem Boden, Kalk meidende brauchen schwach saure bis saure Böden.

Pflanzen/Vermehren: Pflanzung vorzugsweise im Frühjahr mit ungefähr 20 cm Abstand, hohe Arten mit 25 – 40 cm Abstand. Vermehrung durch Teilung nach der Blüte, bei Herbstblühern im Frühjahr; häufig auch Aussaat möglich; dazu Samen im November in Schalen säen und draußen, am besten unter einer Schneedecke, überwintern (Kaltkeimer); Keimung dauert oft Monate, danach pikieren.

Pflege: Für gleichmäßige Bodenfeuchtigkeit sorgen, milde Beregnung am Morgen günstig; nur der Kreuzenzian verträgt Trockenheit; nicht düngen; Winterschutz mit Reisig.

Enziane im Überblick

Name	Wuchshöhe	Blütenfarbe, Blütezeit	Standort	Hinweise
Kalk liebende Arten				
Stängelloser Kalkenzian (*Gentiana clusii*)	5 – 10 cm	blau, rosa, weiß, gelblich Mai – Juli	☼	Polster bildend, für Steingärten
Dinarischer Enzian (*Gentiana dinarica*)	5 – 10 cm	blau Mai – Juni	☼ – ◐	Polster bildend, für Steingärten
Sommerenzian (*Gentiana septemfida* var. *lagodechiana*)	10 – 20 cm	blau Juli – September	☼ – ◐	niederliegender Wuchs, für Steingärten
Kreuzenzian (*Gentiana cruciata*)	20 – 40 cm	blau Juli – August	☼	trockener, auch magerer Boden; aufrecht, für Steingärten und Naturgartenbereiche
Gelber Enzian (*Gentiana lutea*)	50 – 150 cm	gelb Juni – August	☼ – ◐	aufrecht, für Steingärten und Naturgartenbereiche
Kalktolerante Arten				
Schmalblättriger Enzian (*Gentiana angustifolia*)	5 – 10 cm	blau Mai – Juni	☼ – ◐	trockener bis frischer Boden; Polster bildend, für Steingärten
Wellensittichenzian (*Gentiana farreri*)	5 – 10 cm	blau August – September	☼ – ◐	Polster bildend, für Steingärten
Frühlingsenzian (*Gentiana verna*)	5 – 10 cm	blau, weiß, lila April – Mai	☼ – ◐	wächst locker rasenartig, für Steingärten
Chinesischer Enzian (*Gentiana dahurica*)	30 – 40 cm	blau Juli – August	☼ – ◐	aufrecht, für Steingärten
Schwalbenwurzenzian (*Gentiana asclepiadea*)	40 – 60 cm	blau, weiß Juli – September	☼ – ◐	aufrecht, für den Gehölzrand und Naturgartenbereiche
Kalk meidende Arten				
Stängelloser Enzian, Keulenenzian (*Gentiana acaulis*)	5 – 10 cm	blau, weiß, violett Mai – Juli	☼ – ◐	Polster bildend, für Steingärten
Prächtiger Herbstenzian (*Gentiana* x *macaulayi*)	10 – 20 cm	blau August – Oktober	☼ – ◐	wächst rasenartig, für Steingärten
Herbstenzian (*Gentiana sino-ornata*)	10 – 20 cm	blau September – November	☼ – ◐	frischer bis feuchter Boden; wächst rasenartig, für Steingärten und Moorbeet
Lungenenzian (*Gentiana pneumonanthe*)	10 – 40 cm	blau Juli – Oktober	☼	nährstoffarmer, frischer bis feuchter Boden; aufrecht, für Teichrand, Sumpf- und Moorbeet sowie feuchte Naturgartenbereiche

Die heimische Mistel ist eine Aufsitzerpflanze – ein Epiphyt.

Enzyme

Auch Fermente oder Biokatalysatoren genannt. Enzyme sind spezielle Eiweißverbindungen, die Stoffwechselprozesse in den Zellen auslösen, beschleunigen oder auf ein Gleichgewicht einstellen. Es gibt zahlreiche unterschiedliche Enzyme, von denen jedes nur für eine bestimmte Reaktion zuständig ist. Sie sind jeweils nur in geringen Mengen vorhanden, aber unverzichtbar für den gesamten Stoffwechsel. Enzyme wirken bei allen Lebensvorgängen der Pflanze mit, vom Keimen bis zum Fruchten.

Epidermis

Die schützende Außen- oder Oberhaut aller Pflanzenteile
→ *Abschlussgewebe*

Epilobium

Botanischer Gattungsname des
→ *Weidenröschens*

Epimedium

Schattenverträgliche Bodendeckerstauden mit zarten Blüten
→ *Elfenblume*

Epiphyten

Auch Aufsitzer- oder Überpflanzen genannt; Pflanzen, die auf Bäumen wachsen und keine Verbindung zum Erdboden haben. Diese Lebensweise kennt man vor allem von Gewächsen, die in tropischen und subtropischen Wäldern beheimatet sind und bei uns als Zimmerpflanzen kultiviert werden, nämlich Bromelien, Tillandsien und einige Orchideen. Am Boden der üppigen Regenwälder herrscht starker Lichtmangel, dem diese Pflanzen durch das „Aufsitzen" entgehen. Dabei entnehmen sie ihren Trägerpflanzen keine Nährstoffe, leben also nicht parasitisch. Zu den Epiphyten gehören außerdem viele Flechten (darunter die Bartflechten heimischer Gebirgswälder) und Moose sowie einige Farne.

Die immergrüne Mistel (*Viscum album*) mit ihren weißen, giftigen Beeren, deren Unterarten entweder nur auf Laubbäumen oder auf bestimmten Nadelbäumen wachsen, dringt als Halbschmarotzer in die Wirtspflanzen ein und entzieht ihnen Wasser und Mineralstoffe. Zu ernsthaften Baumschäden kommt es dadurch allerdings selten.

Equisetum

Botanischer Gattungsname des
→ *Schachtelhalms*

Eranthis

Vorfrühlingsblüher mit gelben Blüten
→ *Winterling*

Erbse

PISUM SATIVUM

Dieser Schmetterlingsblütler ist ursprünglich im Mittelmeergebiet und in Asien beheimatet und gehört mit seinen kohlenhydrat-, eiweiß-, vitamin- und mineralstoffreichen Samen wohl zu den ältesten Nahrungspflanzen der Menschheit. Die Sprossachsen der Erbse sind nicht selbsttragend, hohe Sorten brauchen Stützen, um sich mit ihren Wickelranken festzuhalten. Sie lebt in Symbiose mit Knöllchenbakterien, die sie mit Stickstoff aus der Luft versorgen. Nach der Ernte und dem Verrotten der Wurzelreste kommt dieser auch den Nachfrüchten zugute.

Mit sich selbst sind Erbsen allerdings unverträglich, man sollte sie frühestens nach 4 bis 5 Jahren wieder auf derselben Fläche anbauen, auch als Vorbeugung gegen die Brennfleckenkrankheit (→ *Erbsenkrankheiten*). Geeignete Nachbarpflanzen sind Radieschen, Rettiche, Möhren, Kohlarten, Kopfsalat und Zucchini; Mischkulturanbau ist jedoch wegen der Ranken, die sich auch an anderen Pflanzen festhalten, manchmal problematisch.

Nach Reifeentwicklung der Samenkörner sowie Verwertung unterscheidet man drei Formen:

1) Schalerbsen, auch Pal- oder Brockelerbsen genannt, mit runden, glatten Samenkörnern, die bei Reife stärkehaltig mehlig sind. Frisch kann man sie nur im sehr frühen, unreifen Stadium essen. Sie lassen sich gut trocknen und wieder aufquellen und eignen sich daher bestens für Suppen oder Eintöpfe. Schalerbsen können am frühesten gesät und geerntet werden.

2) Markerbsen bilden runzlige Samenkörner, die durch höheren Zuckergehalt süß schmecken und sehr zart sind, solange man sie vor der Ausreife erntet. Man kann sie gut frisch verwenden, ansonsten werden sie eingefroren oder eingekocht. Zum Trocknen sind sie nicht geeignet, da sie danach selbst beim Kochen hart bleiben.

3) Zuckererbsen bilden anders als Schal- und Markerbsen keine Pergamenthaut aus, so dass die ganzen Hülsen verzehrt werden können. Man erntet sie jung und zart mitsamt den unreifen, zuckerhaltigen Körnern.

Neben dieser Unterteilung gibt es Unterschiede bei den Wuchshöhen, wobei hohe, mittelhohe und niedrige Sorten angeboten werden. Letztere brauchen keine Rankhilfe, ebenso wenig hohe, stark rankende Sorten, bei denen sich die Pflanzen gegenseitig stützen. Da Erbsen als Langtagspflanzen bei später Saat schnell zur Blüte kommen, muss man je nach Aussaattermin geeignete frühe, mittelfrühe oder späte Sorten wählen.

Merkmale: Einjährige Rankpflanze, je nach Sorte 30 – 150 cm hoch; rundliche Blätter, deren oberste Teilblättchen zu Ranken umgebildet sind; weiße oder violette Schmetterlingsblüten; Hülsen mit 7 bis 9 Samenkörnern.
Blütezeit: Mai – Juli
Standort: Tiefgründiger, humoser, nicht zu schwerer Boden.
Kultur: Direktsaat ins Beet; Schalerbsen ab Mitte März, Zuckererbsen ab Ende März, Markerbsen frühestens ab Anfang April; späte Sorten noch bis Mai. Einzelreihen mit 40 cm Abstand oder Doppelreihen mit 20 cm Abstand und 80 cm Zwischenraum zur nächsten Doppelreihe; Abstand in der Reihe 5 cm. Bei vorgesehener Drahtstützung Maschendraht an Pfosten aufspannen, neben den Reihen bzw. zwischen den Doppelreihen. Samen 5 cm tief in den Boden stecken und gut andrücken, bis zum Keimen gut feucht halten, zum Schutz vor Vogelfraß mit Netzen oder Reisig abdecken.
Pflege: Gleichmäßig feucht halten; bei etwa 10 cm Höhe anhäufeln; zwischen höhere und nicht selbststützende Sorten verzweigte Äste (Reisig) als Rankhilfen stecken oder nachträglich Maschendraht anbringen; bei Bedarf Düngung mit Kompost und Gesteinsmehl.
Ernte: Schalerbsen ab Ende Mai, entweder jung oder ausreifen lassen; Markerbsen und Zuckererbsen ab Juni, immer wieder durchpflücken, junge, zarte Hülsen ernten.

Erbsenkrankheiten

Am häufigsten bereitet Echter Mehltau Probleme, der sich durch anfangs weißen, später grau bräunlichen Belag auf den Blättern äußert. Die Hülsen werden braun und verkrüppeln. Die Pilzkrankheit breitet sich vor allem in warmen Sommern schnell aus, Frühsaaten sind weniger betroffen. Notfalls müssen schwefelhaltige Fungizide eingesetzt werden. Weiteres → *Mehltau, Echter*.

Neben Mehltau und der nachfolgend beschriebenen Brennfleckenkrankheit können Viren bei der Erbse mosaikartige Blattverfärbungen und eine Blattrollkrankheit verursachen. Vorbeugend ist die frühzeitige Bekämpfung der Viren übertragenden Blattläuse wichtig, befallene Pflanzen müssen umgehend entfernt werden; auch → *Viruskrankheiten*.

Brennfleckenkrankheit

Verschiedene, nah miteinander verwandte Pilze können diese Krankheit verursachen. Sie überdauern in Pflanzenresten im Boden oder in infizierten Samenkörnern, so dass Symptome schon bald nach dem Keimen auftreten können. Andernfalls kommt es erst in feuchten Sommermonaten zum Auftreten der Flecken.
Schadbild: Bei Frühbefall kümmerliches Wachstum oder Absterben der Jungpflanzen (Fußkrankheit, Umfallkrankheit), bräunliche, runde Flecken auf Blättern, Stängeln und den Resten der Samenschale; ab Juni auf Blättern, Stängeln und Hülsen kleine hellbraune bis schwarzbraune Flecken.
Abhilfe: Kein Anbau auf schweren, im Frühjahr schlecht erwärmten Böden, die die Krankheit begünstigen; weite Fruchtfolge mit mindestens 3 Jahren Anbaupause einhalten; befallene Sämlinge und Pflanzen umgehend entfernen und vernichten, ebenso nach der Ernte sämtliche Pflanzenreste; bei häufigem Auftreten chemisch gebeiztes Saatgut verwenden.

Erbse (Pisum sativum)

Erbsenschädlinge

Außer den nachfolgend beschriebenen Schädlingen treten an Erbsen → *Thripse* auf; Anfangsbefall ist an silbrigen, punktartigen Saugstellen an den Blättern erkennbar. Auch grüne → *Blattläuse* können Saugschäden verursachen und Viren übertragen.

Erbsenblattrandkäfer

Auch Gestreifter Blattrandkäfer genannt, aufgrund der hell- und dunkelbraunen Streifen auf seinen fast schwarzen Flügeldecken. Die etwa 0,5 mm großen, nachtaktiven Käfer fliegen je nach Witterung ab April oder Mai die Erbsenpflanzen an und verursachen Fraßschäden an den Blättern. Ihre im Sommer schlüpfenden Larven fressen an den Wurzeln und Wurzelknöllchen, die durch die Knöllchenbakterien hervorgerufen werden, richten aber kaum merklichen Schaden an. Sie befallen auch andere Schmetterlingsblütler, z. B. Bohnen, sowie Erdbeeren.
Schadbild: Buchtige, bogenförmige Fraßstellen an den Blatträndern.
Abhilfe: Vorbeugend natürliche Feinde wie Laufkäfer, Igel und Spitzmäuse fördern; Saaten und Jungpflanzen mit Schutznetzen abdecken. Pflanzen frühzeitig auf Käfer kontrollieren; Käfer nach Einbruch der Dunkelheit mithilfe einer Taschenlampe ablesen; mehrmalige Spritzungen mit Rainfarn- oder Wermutbrühe; bei sehr starkem Befall notfalls Präparate gegen beißende Insekten spritzen.

Erbsenkäfer

Die um 5 mm großen, bräunlichen, hell gefleckten Käfer überwintern unter Pflanzenresten und vor allem in den Samen, breiten sich jedoch nicht bei trocken gelagertem Erntegut aus. Sie sind ab Beginn der Erbsenblüte unterwegs und legen ihre Eier an jungen Hülsen ab. Die daraus schlüpfenden Larven fressen sich in die Samen hinein, dort verbleiben auch die Käfer. Zu starker Ausbreitung und großen Schäden kommt es vorwiegend in warmen Regionen.
Schadbild: Runde Löcher in den Samenkörnern, teils mit häutigem Rest der Samenschale verschlossen; Käfer in den Löchern bzw. Hülsen sichtbar.
Abhilfe: Vorbeugend natürliche Feinde wie Laufkäfer, Igel und Spitzmäuse fördern; bei Verwendung eigenen Saatguts befallene Samen auslesen und vernichten; während der Blütezeit regelmäßig Käfer ablesen.

Erbsenwickler

Es handelt sich dabei um Raupen von Faltern, die Löcher in Erbsenhülsen und Samen fressen. Die Falter sind olivbraun mit schwarzweißen Streifen auf den vorderen Flügelrändern und haben eine Flügelspannweite von etwa 15 mm. Sie fliegen ab Mitte Mai bis Juli und legen ihre weißen Eier an den Erbsenblüten und den Blattunterseiten ab. Die weißlich gelben Larven bohren sich in die Hülsen ein, entwickeln sich innerhalb von etwa drei Wochen zu Raupen mit derselben Farbe, die sich durch Löcher nach außen fressen. Sie lassen sich dann an einem Spinnfaden zum Boden herab und graben sich dort zum Überwintern ein.
Schadbild: Vorzeitig reif werdende Hülsen mit angefressenen Samenkörnern, Körner mit Gespinst und Kotkrümeln umgeben.
Abhilfe: Vorbeugend natürliche Feinde wie Igel, Spitzmäuse und Schlupfwespen fördern; bei häufigem Auftreten nur sehr frühe oder späte Sorten wählen; nach Befall tiefgründige Bodenbearbeitung nach der Ernte, im Herbst wiederholen. Notfalls nach der Blüte Insektizide gegen beißende Insekten spritzen.

Erdapfel

Anderer Name der → *Kartoffel*

Erdbeere
FRAGARIA

Erdbeeren gehören ebenso wie Apfel oder Pflaume zu den Rosengewächsen, sind aber sonst als krautige, nicht verholzende Stauden ein recht untypisches Obst. Auch die Früchte stellen eine botanische Besonderheit dar: Bei den roten, wohlschmeckenden „Beeren" handelt es sich um den fleischig saftig gewordenen Blütenboden, der mit zahlreichen kleinen Nussfrüchten besetzt ist. Deshalb bezeichnet man die Erdbeeren als Sammelnussfrüchte. Sie enthalten reichlich Vitamin C, daneben weitere Vitamine und Mineralstoffe.

Bis zum 17. Jahrhundert kannte man in Europa nur die heimische Walderdbeere (*F. vesca*) mit kleinen, sehr aromatischen Früchten. Sie wurde schon vor Jahrtausenden gesammelt, ab dem Mittelalter dann teils auch angebaut. Die Walderdbeere blüht und fruchtet nur im Frühjahr und Frühsommer, die von ihr abstammende Monatserdbeere (*F. vesca* var. *hortensis* 'Semperflorens') dagegen von Mai bis Oktober. Monats- wie Walderdbeeren finden heute noch Verwendung in Gärten, eignen sich z. B. gut für Beeteinfassungen oder als Bodendecker und werden wegen ihres intensiven Fruchtgeschmacks teils sehr geschätzt.

Auf Beeten dagegen pflanzt man vorwiegend Sorten der großfrüchtigen Gartenerdbeere (*F.* x *ananassa*), auch Ananaserdbeere genannt. Ihre Vorläufer entstanden im 18. Jahrhundert in Europa als Kreuzungen aus nord- und südamerikanischen Wildarten (*F. virginiana* und *F. chiloensis*). Mittlerweile gibt es Hunderte von Sorten, wobei man einmal tragende und zweimal bzw. mehrmals tragende unterscheidet. Einmal tragende Sorten werden bevorzugt angebaut; sie haben ihren Blütehöhepunkt im

ERDBEERE

Erdbeeren gehören zu den beliebtesten Obstarten.

Mai und Juni und fruchten bis etwa Anfang Juli. Die mehrmals tragenden Sorten blühen von Mai bis Oktober; sie fruchten im Frühsommer eher spärlich und bringen ihren Hauptertrag zwischen August und Oktober.

Die meisten Erdbeersorten sind selbstfruchtbar, das Pflanzen von zwei Sorten mit derselben Blütezeit fördert jedoch die Fruchtbildung.

Besonderheiten sind Kletter- und Hängesorten mit langen Trieben, die sich gut für Pflanzgefäße, z. B. auch auf dem Balkon, eignen und teils sogar in Blumenampeln gedeihen. Als Spezialität gilt die Wiesenerdbeere (*F.* x *vescana*), eine robuste Kreuzung aus Wald- und Gartenerdbeere. Sie bildet in kurzer Zeit dichte wiesenartige Bestände, ihre Früchte schmecken intensiv süß-aromatisch.

Merkmale: Staude, oberirdische Ausläufer bildend (außer Monatserdbeeren); lang gestielte, drei- bis fünfzählige Blätter; Blattrosetten sterben nach Blütenbildung im 2. Jahr ab und werden durch neue Anlagen in den Achseln der Niederblätter ersetzt; weiße Blüten in Trugdolden; rote Sammelnussfrüchte.

Blütezeit: Mai – Juni; mehrmals tragende Erdbeeren Mai – Oktober

Standort: Wald- und Monatserdbeeren noch im Halbschatten; durchlässiger, tiefgründiger, humus- und nährstoffreicher, schwach saurer Boden; etwa zwei Monate vor der Pflanzung gründlich lockern und reifen Kompost einarbeiten.

Pflanzen/Vermehren: Monats- und Walderdbeeren im Frühjahr pflanzen, Gartenerdbeeren Ende Juli bis Mitte August, mehrmals tragende Sorten bis September; Reihenabstand 40 – 50 cm, Abstand in der Reihe 25 cm; nicht zu tief pflanzen, innere Herzknospen müssen knapp über der Erdoberfläche bleiben. Vermehrung durch Abtrennen und Verpflanzen bewurzelter Ausläufer im Juli/August, dazu Ausläufer gut fruchtender Pflanzen zuvor mit Drahtklammern o. Ä. im Boden fixieren; die Ausläufer können auch frühzeitig in mit Vermehrungserde gefüllte Töpfe geleitet werden, die man zwischen den Reihen eingräbt; Monatserdbeeren durch Aussaat vermehren.

Pflege: Im April/Mai mit Folie oder Vlies vor Spätfrösten schützen; regelmäßig gießen, besonders nach der Pflanzung, während der Fruchtbildung und im August, zur Zeit der Blütenneuanlage, gut feucht halten; während der Fruchtreife zurückhaltender wässern; regelmäßig flach zwischen den Reihen lockern; ab Juni Mulchen sehr günstig; bei beginnender Fruchtbildung Stroh, Holzwolle oder feste Pappe unterlegen, um Früchte vor Verschmutzung und Fäulnis zu bewahren; nach der Ernte mit Volldünger oder Kompost und Gesteinsmehl düngen. Bei einmal tragenden Sorten kann man frühzeitig alle nicht für die Vermehrung benötigten Ausläufer entfernen, um die Fruchtbildung zu fördern. Gründliches Entfernen alter Blätter und Ausläufer nach der Ernte beugt Krankheiten und Schädlingen vor. Gartenerdbeeren spätestens nach 4 Jahren durch Jungpflanzen ersetzen, am besten durch Anlegen eines neuen Beets auf anderer Fläche.

Ernte: Einmal tragende Erdbeeren im Juni/Juli, mehrmals tragende und Monatserdbeeren bis Oktober; Früchte durch Abtrennen des Stiels mitsamt Fruchtkelch ernten.

Beim Setzen der Erdbeerpflanzen die weichen Herzknospen in der Mitte nicht mit Erde bedecken.

Erdbeerkragen

Gelegentlich im Fachhandel angebotener breiter Ring aus Kunststoff oder fester Pappe, der reifenden Erdbeerfrüchten untergelegt wird, um Verschmutzung und Fäulnis vorzubeugen.

Erdbeerkrankheiten

Erdbeeren können von einer ganze Reihe an Pilzkrankheiten befallen werden, seltener von → *Bakterienkrankheiten*. Die häufigste Krankheit ist sicher der → *Grauschimmel* (*Botrytis*), der auch an zahlreichen anderen Pflanzen vorkommt. Bei Erdbeeren ruft er einen teilweisen oder vollständigen grauen Belag auf den Früchten hervor. Die beim Erdbeermehltau genannten Vorbeugungsmaßnahmen helfen auch gegen Grauschimmel sowie gegen die meisten anderen Pilzkrankheiten; umgekehrt wirken Präparate, die im Hobbygarten gegen Grauschimmel zugelassen sind, teilweise auch gegen die anderen Pilzkrankheiten.

Daneben sollte man bei häufigem Auftreten solcher Krankheiten die Bestände nicht zu alt werden lassen, sondern alle 2 bis 3 Jahre neue Beete mit neuen Pflanzen anlegen und Erdbeeren frühestens alle 4 bis 5 Jahre wieder auf derselben Fläche anbauen. Mischkulturen mit Zwiebeln oder Knoblauch können den Befallsdruck senken.

Erdbeermehltau

Auf die Erdbeere spezialisierter Mehltaupilz, der sich vor allem bei Wärme und hoher Luftfeuchtigkeit ausbreitet. Die Pilzsporen überwintern an Erdbeerblättern.

Schadbild: Weißlich mehliger Belag vorwiegend auf den Unterseiten der Blätter, die sich allmählich rötlich verfärben und einrollen; deformierte, rötliche Blütenblätter, schwacher Fruchtansatz; unreife Früchte grünbraun und hart, befallene reife Früchte weich mit weißem Pilzbelag, der von den Nüsschen ausgeht, ungenießbar.

Abhilfe: Vorbeugend nicht zu dicht pflanzen; übermäßige Stickstoffdüngung vermeiden, kalibetont düngen; Ausläufer frühzeitig entfernen, abgestorbene Blätter nach der Ernte sowie nochmals im Frühjahr beseitigen; häufig Boden lockern und jäten. Schachtelhalmbrühe, Knoblauchtee oder käufliche Pflanzenstärkungsmittel ab Frühjahr regelmäßig ausbringen. Kranke Pflanze umgehend entfernen; notfalls mit bienenungefährlichen Fungiziden (beispielsweise auf Lecithin- oder Netzschwefelbasis) spritzen.

Lederbeerenfäule, Rhizomfäule

Es handelt sich um ein- und denselben Schadpilz, der entweder die Früchte oder das Rhizom (Wurzelstock) befällt. Der Befall wird durch hohe Sommertemperaturen und vernässte Böden gefördert. Der Schaderreger kann mit Dauersporen viele Jahre im Boden überdauern.

Schadbild: Rhizomfäule: Einige Wochen nach Pflanzung oder kurz nach der Blüte schlagartiges Welken der inneren Herzblätter; baldiges Absterben der Pflanze; im aufgeschnittenen Rhizom rotbraune Faulstellen erkennbar. Lederbeerenfäule: Früchte braun verfärbt, ledrig gummiartig, bitter schmeckend.

Abhilfe: Vorbeugend gering anfällige Sorten verwenden; verdichtete, nasse Böden meiden; Boden vor der Pflanzung tiefgründig lockern, wenn nötig Sand, Kompost oder andere Lockerungsmittel untermischen; ansonsten Maßnahmen wie gegen Erdbeermehltau.

Botrytis

Lederbeerenfäule

Weißfleckenkrankheit

Rote Wurzelfäule
Ein Schadpilz, der wie die Rhizomfäule vor allem auf nassen, verdichteten Böden auftritt, sich jedoch anders als diese bei kühlen Temperaturen ausbreitet. Die Dauersporen können sehr lange im Boden überdauern.
Schadbild: Im Frühjahr schwacher Austrieb, später kaum Ausläuferbildung; ältere Blätter hell bis rotbraun verfärbt; bei starkem Befall nesterweises Absterben der Pflanzen; Wurzeln völlig ohne Seitenwurzeln, bei Längsschnitt innen deutlich rot verfärbt.
Abhilfe: Vorbeugung wie gegen Rhizomfäule.

Weiß- und Rotfleckenkrankheit
Dies sind zwei verschiedene pilzliche Schaderreger, die recht ähnliche Symptome verursachen. Sie werden durch hohe Luftfeuchtigkeit und starke Regenfälle gefördert und überwintern an befallenen Blättern.
Schadbild: Ab Sommer kleine runde, grauweiße, braunrot umrandete Flecken oder unregelmäßige, purpurrote Flecken auf den Blättern.
Abhilfe: Vorbeugend gering anfällige Sorten pflanzen; ansonsten Maßnahmen wie gegen Erdbeermehltau.

Erdbeerschädlinge
Abgesehen von den speziellen, hier vorgestellten Schädlingen treten an Erdbeeren vor allem → *Blattläuse*, → *Schnecken* und → *Spinnmilben* auf. Zum besonderen Problem können → *Nematoden* werden, sowohl wurzel- wie blattschädigende Arten; bei starkem Befall hilft auf Dauer nur das häufige Neuanlegen von Beeten auf anderen Flächen und das Einschalten Nematoden abtötender Studentenblumen- oder Ölrettichsorten als Vorfrüchte. Vögel tun sich manchmal gern an den Früchten gütlich und können durch Netze abgewehrt werden.

Erdbeerblütenstecher
Auch Himbeer- oder Beerenblütenstecher genannt, da er neben Erdbeeren ebenfalls Himbeeren und Brombeeren befallen kann. Dieser 3 – 4 mm große, dunkelbraune bis grauschwarze Rüsselkäfer legt im April/Mai je ein Ei in die Blütenknospen. Da dabei der Stiel angenagt wird, welkt die Knospe und knickt um. Die Larven ernähren sich von den welkenden Knospen. Die jungen Käfer fressen ab Sommer bis zum Herbst an den Blättern und überwintern im Boden oder unter Pflanzenresten. Es kommt nur in einzelnen Jahren zu starkem Auftreten, wobei dann ein Großteil der Ernte ausfallen kann, vor allem bei Sorten mit wenigen, großen Früchten.
Schadbild: Einzelne welke, umgeknickte Blütenknospen, die teils zum Boden fallen; in den Knospen meist weißlich gelbe Larven; ab Juli kleine Fraßlöcher in den Blättern.
Abhilfe: Natürliche Feinde wie Lauf- und Raubkäfer sowie Schlupfwespen fördern; nach der Ernte und im Frühjahr abgestorbene Pflanzenreste beseitigen. Ab April Knospen kontrollieren, abgeknickte, welkende und abgefallene Knospen umgehend entfernen; in starken Befallsjahren notfalls vor der Blüte mit bienenungefährlichen Insektiziden behandeln.

Erdbeermilbe
Die winzige, nur mit der Lupe sichtbare hellbraune Weichhautmilbe saugt vor allem an den weichen Herzblättern, an denen sie auch überwintert. Beim Saugen scheidet sie pflanzengiftige Stoffe ab. Schäden treten hauptsächlich im Sommer auf, besonders bei feuchtwarmem Wetter.
Schadbild: Verkrüppelte, gekräuselte, welkende Blätter und Triebe; nesterweise kümmernde, absterbende Pflanzen; geringer Fruchtansatz, bei mehrmals tragenden Sorten ab Sommer nicht reifende, braun werdende Früchte.
Abhilfe: Vorbeugend natürliche Feinde wie Raubmilben und Raubwanzen fördern; Mischkultur mit Zwiebeln oder Knoblauch. Befallene Pflanzen umgehend entfernen; nach der Ernte und im Frühjahr abgestorbene Pflanzenreste beseitigen; nach starkem Befall keine Ausläufer zur Vermehrung verwenden, da häufig ebenfalls infiziert. Bei starkem Besatz kann es nötig werden, neue Beete mit gesunden Jungpflanzen anzulegen.

Erdbeerstängelstecher
Ein Rüsselkäfer, der dem Erdbeerblütenstecher recht ähnlich ist, jedoch etwas größer wird und meist eine bläulich schwarze Färbung zeigt. Auch Lebensweise und Entwicklung ähneln der des Blütenstechers, wobei der Stängelstecher sich schon ab April durch Fraßschäden bemerkbar macht und neben Blütenknospen weitere Pflanzenteile schädigt.
Schadbild: Im Unterschied zum Erdbeerblütenstecher meist Abknicken und Welken ganzer Blütenstände sowie der Blätter; auch Umknicken von Ausläufern.
Abhilfe: Vorbeugung und Bekämpfung wie bei Erdbeerblütenstecher, Kontrolle der Pflanzen schon ab Anfang April.

Erdbeerblütenstecher

Erdbeerspinat
CHENOPODIUM

Der Erdbeerspinat zählt zu den früher häufiger angebauten Gemüsen, die durch die Einführung des Spinats verdrängt wurden. Heute wird er gelegentlich als Liebhabergemüse angeboten, entweder in kopfbildender Form (*C. capitatum*) oder als Echter Erdbeerspinat (*C. foliosum*), dessen Stiele bis zur Spitze beblättert sind. Das aus Nordamerika stammende Gänsefußgewächs verdankt seinen Namen den kleinen roten Früchten, die Walderdbeeren ähneln, aber recht fad schmecken und nur gesüßt munden. Die länglich dreieckigen, fast spießförmigen Blätter werden vor der Blüte geerntet und wie Spinat zubereitet.

Der einjährige Erdbeerspinat wächst auf jedem durchlässigen, eher leichten Boden. Die Aussaat erfolgt von Mitte März bis Juli, am besten in Folgesaaten, direkt aufs Beet mit 25 – 30 cm Reihenabstand; in der Reihe wird später auf 30 cm Abstand vereinzelt. Wichtig sind regelmäßiges Gießen und Lockern zwischen den Reihen, zum Start empfiehlt sich eine Kompostgabe. Die Blätter kann man ab Mai bis zur Blüte ernten, die Früchte lassen sich zum Dekorieren von Speisen verwenden.

Erdbirne
Teils regional geläufiger Name für die → *Kartoffel,* wird aber auch als Bezeichnung für das Knollengemüse → *Topinambur* verwendet.

Erden
Obwohl man gemeinhin auch den gewachsenen Boden als Erde bezeichnet, versteht man unter Erden im gärtnerischen Sinn speziell hergestellte Mischungen aus organischen und mineralischen Substanzen, teils auch mit künstlichen Zuschlagstoffen. Dabei kann man zwischen Substraten und gärtnerischen Erden unterscheiden, wobei die Begriffstrennung in der Praxis recht uneinheitlich gehandhabt wird.

Substrate
Substrate (lat. für Unterlage, Nährboden) finden vor allem Verwendung bei der Anzucht und Vermehrung von Pflanzen (auch → *Anzuchterde*) sowie bei der Gefäßkultur, also für Topf-, Kübel- und Balkonpflanzen. An Substrate werden hohe Anforderungen gestellt: Sie müssen strukturstabil sowie frei von Krankheitserregern sein und den Wurzeln bei gleich bleibend guter Durchlüftung optimalen Halt bieten. Sie sollten in der Lage sein, Wasser und Nährstoffe zu speichern, diese nach Bedarf an die Pflanzen abzugeben und Nährstoff- und pH-Wert-Schwankungen abzupuffern.

Zu den Substraten gehören u. a. die verschiedenen Blumen- oder Topfpflanzenerden, deren Zusammensetzung und Qualität je nach Produkt sehr unterschiedlich ist. Bei den so genannten Standard- oder Industrieerden dagegen wird eine gleich bleibende Zusammensetzung aus hochwertigen Ausgangsmaterialien garantiert. Die bekanntesten sind Einheitserden und Torfkultursubstrate. Neben diesen Substraten auf Torfbasis werden aus Umweltgründen (Schutz der Moore, auch → *Torf*) zunehmend torfarme oder torffreie Substrate angeboten.

Einheitserden bestehen aus Torf (Weißtorf) und Ton. Der niedrige → *pH-Wert* des Torfs wird durch Kalken erhöht, durch Zugabe unterschiedlich hoher Nährstoffmengen stehen verschiedene Typen zur Verfügung:

- Typ O (Nullerde): nur aufgekalkt, mit pH 5,5 – 6,5, ohne Nährstoffe, z. B. für Sonderkulturen
- Typ VM (Vermehrungserde): geringer Nährstoffgehalt, aufgelockert durch Zusatz von Styromull; für Anzucht und zum Pikieren sowie für schwach wachsende, salzempfindliche Pflanzen
- Typ P (Pikiererde): schwach gedüngt, zum Pikieren und Topfen salzempfindlicher Pflanzen
- Typ T (Topferde): stark gedüngt, zum Topfen nährstoffbedürftiger Pflanzen, z. B. für Kübel- und Balkonpflanzen

Als besonders hochwertig gelten die Fruhstorfer Einheitserden aus Weißtorf, vulkanischem Ton und speziellen Zuschlagsstoffen.

Torfkultursubstrate (TKS) bestehen aus reinem Hochmoortorf (hauptsächlich Weißtorf) und sind auf einen pH-Wert von 5 – 6 aufgekalkt. Ähnlich wie bei den Einheits-

Echter Erdbeerspinat (Chenopodium foliosum), auch Rutenspinat genannt

erden gibt es Typen mit unterschiedlichem Nährstoffgehalt, nämlich TKS 0 (ungedüngt), TKS 1 (schwach gedüngt), TKS 2 (stark gedüngt).

Rindenkultursubstrate (RKS) sind Mischungen aus Rindenhumus (kompostierte Nadelholzrinde), Weißtorf und verschiedenen Zuschlagstoffen. Sie werden ebenso wie die anderen Standarderden mit verschiedenen Nährstoffgehalten angeboten. Die sonstigen, je nach Aufbereitung unterschiedlich verwendbaren → *Rindensubstrate* wie Rindenmulch oder -humus sind unter eigenem Stichwort beschrieben.

Spezialerden sind ähnlich zusammengestellt wie die Standarderden, dabei jedoch auf die besonderen Nährstoff- oder pH-Wert-Ansprüche bestimmter Pflanzengruppen zugeschnitten. Hierzu zählen z. B. spezielle Substrate für Rhododendren bzw. Azaleen, Alpenveilchen, Hortensien oder Pelargonien.

Torffreie Substrate bestehen aus aufbereiteten Holzfasern oder Kokosfasern als strukturbildenden Hauptanteilen. Dazu kommen in der Regel Ton sowie je nach Hersteller Grüngutkompost, Rindenhumus oder Zuschlagstoffe wie Gesteinsmehl und Reisspelzen. Bei torfreduzierten Substraten ist ein Teil des Torfs durch Holzhäcksel oder -fasern ersetzt. Verschiedene Umwelt- und Gütesiegel dienen zur Kennzeichnung hochwertiger Substrate. Sie eignen sich gut für Topf- und Balkonpflanzen, in der Regel jedoch nicht für Aussaaten und Anzuchten. Sie verlangen häufigeres Gießen als Torfsubstrate, sind aber auch nach eventuellem Austrocknen leichter wieder anzufeuchten.

Gärtnerische Erden

Die durch Kompostierung verschiedener Ausgangsmaterialien gewonnenen Erden dienen in erster Linie der Bodenverbesserung sowie dem kleinräumigen Bodenaustausch für Pflanzen mit besonderen Ansprüchen. Sie wurden und werden teils noch in Gärtnereien nach besonderen Rezepten gemischt. Die wichtigsten Komponenten sind Spezialkomposte, die man selbst herstellen (→ *Kompost*) oder teils auch abgepackt in Säcken kaufen kann:

- Komposterde: gesiebter, gut ausgereifter Kompost aus verschiedenen Grüngutabfällen
- Lauberde: schwach saure, humose Erde, die nach mehrjähriger Kompostierung aus Herbstlaub entsteht
- Nadelerde: saure, humose Erde, die nach mehrjähriger Kompostierung aus Nadeln von Nadelgehölzen entsteht
- Misterde: aus kompostiertem Pferde- oder Rindermist
- Rindenerde: Mischung aus Rindenhumus und Grüngutkompost, → *Rindensubstrate*

Je nach Verwendungszweck werden solche Erden mit Sand, Torf, Lehm oder Gartenkompost vermischt.

Erdfloh

Erdflöhe sind 1,5 – 3 mm große, sehr bewegliche Blattkäfer, die wie echte Flöhe ausgezeichnet springen können. Sie treten an Kohl, Rettich, Radieschen und anderen Kreuzblütlern auf und durchsieben häufig regelrecht die Blätter. Schädlich werden verschiedene, teils als Kohlerdflöhe bezeichnete Arten. Sie sind meist blauschwarz glänzend, teils mit gelben Streifen, oder dunkelgrün. Die Erdflöhe können besonders bei warmer, trockener Witterung in Massen auftreten. Sie überwintern im Boden, unter Pflanzenresten oder an Gehölzen, machen sich schon an warmen Frühjahrstagen durch Fraßschäden an Keimpflanzen bemerkbar und treten dann ab Juni mit einer zweiten Generation auf, die ebenfalls an

Schäden durch Erdflöhe an Radieschenblättern

Kreuzblütengewächsen frisst, aber meist keine großen Ausfälle mehr verursacht.

Schadbild: Zahlreiche winzige Löcher an Keimblättern und ausgebildeten Blättern, die oft siebartig zerfressen sind; vor allem an Keimlingen häufig Totalfraß.

Abhilfe: Vorbeugend Boden häufig hacken und gut feucht halten, Jungpflanzen mulchen, durch Kompostgaben für gute Pflanzenentwicklung sorgen; Mischkultur mit Spinat und Salat; Pflänzchen mit Gesteinsmehl oder Algenkalk stäuben; natürliche Feinde wie Laub- und Raubkäfer, Igel und Spitzmäuse fördern; Rainfarn- oder Wermuttee spritzen.

Erdkompost

→ *Kompost*, der aus Grundstoffen mit hohem Erdanteil angesetzt wird, z. B. aus Rasensoden, Aushuberde, Mistbeeterde oder Teichschlamm.

Erdkrebs

Andere Bezeichnung für die → *Maulwurfsgrille*, ein im Boden lebendes Insekt, das vor allem an Jungpflanzen Schäden anrichtet.

Erdkröte

Große Kröte mit gedrungenem Körperbau, die sich an Teichen ansiedeln

Erdmaus

kann und durch Vertilgen von Schnecken sowie Insekten nützlich wird.

→ *Kröte,* auch → *Amphibien*

Erdmaus

Ein zu den Wühlmäusen gehörendes Nagetier, auch als Kleine Wühlmaus bekannt, das vor allem durch Fraß an Gehölzen und Baumwurzeln im Winter schädlich wird.

→ *Wühlmaus*

Erdmiete

Mit Stroh, Laub, Fichtenreisig oder anderem Schnittmaterial abgedeckte Erdgrube im Garten bzw. Freiland zum Einlagern von Wurzel- und Kohlgemüse

Auch → *Gemüselagerung und -konservierung*

Erdorchidee

Erdorchideen wachsen anders als viele Orchideenarten nicht als → *Epiphyten,* sondern wurzeln im Boden. Einige, z. B. Frauenschuh- und Knabenkrautarten, können als Wildstauden kultiviert werden.

→ *Orchidee*

Erdpresstöpfe

Erdpresstopf

Auch Erdtopf genannt. Erdpresstöpfe werden in Gartenbaubetrieben mit speziellen Erdpressen aus Anzuchterde hergestellt und sind eine häufig anzutreffende Verkaufsform, vor allem bei Gemüsejungpflanzen. Die festen, meist viereckigen Erdtöpfe ersparen beim Setzen das Austopfen, die Wurzeln kommen unversehrt ins Erdreich. Vor dem Pflanzen sollte man sie gut anfeuchten.

Erdratte

Andere Bezeichnung für die zu den Wühlmäusen gehörende Schermaus, die durch Fraß an Pflanzenwurzeln schadet.

→ *Wühlmaus*

Erdraupe

Auch Eulenraupe genannt; Erdraupen sind Larven verschiedener Eulenfalter, die die Fraßschäden anrichten. Zu den schädlichen Erdraupen gehören die Larven von Kohleule, Wintersaateule, Gemüseeule, Gammaeule und Hausmutter. Besonders gefährdet sind Kohlarten, Salat, Möhren, Zwiebeln und andere Gemüse, außerdem Erdbeeren sowie einige Stauden, Zwiebel- und Knollenblumen, z. B. Gladiolen. Manche Erdraupen fressen auch an Laubbäumen.

Die Falter sind meist unauffällig grau oder bräunlich mit dunklerer Zeichnung, je nach Art mit 3 – 6 cm Flügelspannweite. In Ruhestellung zeigen sie durch dachförmige Anordnung ihrer Vorderflügel eine fast dreieckige Form.

Sie legen ihre Eier meist an den Blattunterseiten der Pflanzen ab, im Frühsommer entwickeln sich daraus die ersten Raupen. Diese sind grau, braun oder grünlich, dick und 3 – 5 cm lang; bei Störungen rollen sie sich sofort zusammen. Tagsüber bleiben sie in Erdlöchern verborgen, um dann nachts an Blättern, Stän-

Erdraupe

Gammaeule

geln und Wurzeln zu fressen. Die Eulenfalter bringen je nach Art und Wetter pro Jahr 1 bis 2 Generationen hervor, die Raupen überwintern meist im Boden und entwickeln sich im Frühjahr zu glänzend rotbraunen Puppen.

Schadbild: Anfangs teils punktförmiger Fraß, später Fenster-, Loch- und Randfraß an Blättern bis hin zum vollständigen Abfressen; zerfressene junge Triebe und Herzblätter; Absterben junger Pflanzen aufgrund angefressener Wurzeln oder Stängelbasis; bei Kohl im Innern zerfressene Köpfe.

Abhilfe: Vorbeugend natürliche Feinde wie Igel, Spitzmäuse, Vögel, Schlupfwespen und Laufkäfer fördern; bei gefährdeten Gemüsen Mischkultur mit Tomaten oder Sellerie; häufig hacken; nach Befallsjahren Boden im Herbst und im Frühjahr umgraben, Raupen bzw. Puppen aufsammeln; ab Frühjahr Pflanzen und Boden regelmäßig mit Rainfarn- oder Wermuttee übergießen. Bei Befall Eigelege und Raupen (abends) frühzeitig ablesen; im Fachhandel sind teilweise parasitäre Nematoden erhältlich, die die Erdraupen im Boden reduzieren.

Erdschnake
Andere Bezeichnung für die → *Wiesenschnake* und verwandte Arten, deren Larven teils Rasengräser und andere Pflanzen schädigen.

Erdspross
Als Erdsprosse bezeichnet man alle unterirdisch wachsenden Sprosse oder Sprossumbildungen. Dazu gehören Wurzelstöcke (Rhizome), unterirdische Ausläufer, Sprossknollen und Zwiebeln. Obwohl solche Pflanzenorgane teils Wurzeln ähneln, wird ihre ursprüngliche Abstammung von Sprossen durch zu Schuppen oder Schalen umgewandelte Blätter deutlich, teils auch durch Blattnarben oder Knospenbildung. Verdickte Erdsprosse wie die → *Rhizome* zahlreicher Stauden sowie → *Zwiebeln* und → *Knollen* dienen als Überdauerungsorgane und zum Speichern von Nährstoffen und Wasser, → *Ausläufer* sorgen für Ausbreitung und Vermehrung der Pflanzen.

Erdstamm
Andere Bezeichnung für → *Rhizom* oder Wurzelstock, den fleischig verdickten, gestauchten, unterirdischen Spross vieler Stauden

Erdtopf
→ *Erdpresstopf*

Eremurus
Sehr dekorative Stauden mit bis 2 m hohen Blütenkerzen
→ *Steppenkerze*

Ergussgestein
Ergussgesteine, auch Vulkanite genannt, gehören zu den Gesteinen vulkanischen Ursprungs (auch → *Erstarrungsgesteine*). Sie sind bei früheren Vulkanausbrüchen als Magma (flüssige, heiße Gesteinsschmelze) an die Erdoberfläche gelangt und dort relativ schnell abgekühlt und erstarrt. Meist haben sie eine dichte, feinkristalline Struktur und sind dadurch recht verwitterungsbeständig. Zu den Ergussgesteinen zählen Basalt, Diabas und Porphyr. Durch Ablagerung nach Wind- oder Wassertransport bildeten sich leichte, oft poröse Gesteine wie Bimsstein und Tuffe.

Erhaltungsschnitt
Auch Instandhaltungs-, Pflege- oder Ertragsschnitt genannt. Bei Obstbäumen umfasst er die am besten jährlich durchgeführten Schnittmaßnahmen, die sich an den → *Aufbauschnitt* anschließen. Sie dienen dazu, den in den ersten 4 bis 8 Jahren (je nach Baumform und Obstart) erzielten Kronenaufbau beizubehalten und durch Entfernen bzw. Einkürzen abgetragenen Fruchtholzes die Ertragskraft des Baums zu bewahren.

Wichtig ist dabei zunächst das gründliche → *Auslichten*, um den Zutritt von Licht und Luft an das verbleibende, fruchtbildende Holz zu gewährleisten. Konkurrenztriebe zu Mittelast und Leitästen werden entfernt, Äste und Zweige durch → *Ableiten* oder → *Aufleiten* in die gewünschte Stellung gebracht. Die Leitäste hält man durch Schnitt auf gleicher Höhe, der so genannten Saftwaage, die vom Mittelast überragt wird, sofern es sich nicht um eine Hohlkrone handelt. Starke Verzweigungen an den Astenden lichtet man aus, ebenso zu dicht stehendes Fruchtholz. Ältere Fruchttriebe, die meist nach 3 bis 4 Jahren im Ertrag nachlassen, werden auf jüngere Seitentriebe zurückgeschnitten, abgetragenes älteres Fruchtholz ohne Jungtriebbildung wird ganz entfernt.

Bei Spindelbüschen, die nach 4 bis 5 Jahren ihre endgültige Höhe und Breite von im Schnitt etwa 2 m erreicht haben, sorgt man durch Wegschnitt, Ab- oder Aufleiten dafür, dass sich die Krone nicht weiter ausdehnt. Auch → *Obstbaumschnitt*

Auch bei vielen Blütensträuchern führt man einen regelmäßigen Erhaltungsschnitt durch, der die Bildung neuer Blütentriebe fördert.
→ *Gehölzschnitt*

Erica
Botanischer Gattungsname der → *Heide* oder Glockenheide, zu der auch die winterblühende Schneeheide zählt.

Beim Erhaltungsschnitt kommt es vorrangig darauf an, die Krone licht zu halten und den angestrebten Aufbau zu bewahren.

Erigeron
Gattung sonnenliebender Stauden mit asternähnlichen Blüten
→ *Feinstrahl*

Erika
Aus dem botanischen Namen abgeleitete Bezeichnung für die → *Heide*

Eriophorum
Feuchte liebende Staudengräser mit weißwolligen Fruchtschöpfen
→ *Wollgras*

Erle
ALNUS

Die heimischen Erlen sind anspruchslose, robuste Bäume aus der Familie der Birkengewächse. In freier Natur wachsen sie in feuchten Au- und Bruchwäldern sowie an Ufern. Sie bilden mit Stickstoff sammelnden Strahlenpilzen im Boden eine Lebensgemeinschaft, wodurch für sie der Luftstickstoff direkt verfügbar wird. So können sie selbst auf kargen Böden gedeihen. Die Schwarz- oder Roterle (*A. glutinosa*) ist zudem außerordentlich nässeverträglich. Mit bis 25 m Wuchshöhe und im Alter um 10 m Breite kommt der ausladende Baum allerdings für Gärten kaum infrage. Ebenso verhält es sich mit der Grau- oder Weißerle (*A. incana*). Es gibt jedoch kleiner bleibende Sorten und Arten, die sich als Gartenbäume verwenden lassen – sofern man nicht unter Pollenallergie leidet. Denn die im März/April blühenden männlichen Kätzchen stehen denen der Birken in der Pollenproduktion kaum nach.

Für den Garten geeignete Erlen:
- Herzblättrige oder Italienischer Erle (*A. cordata*): kegelförmige Krone, 10 – 15 m hoch, 3 – 5 m breit; herzförmige, dunkelgrüne, lang haftende Blätter
- Kaiser- oder Bambuserle (*A. glutinosa* 'Imperialis'): breitkronig, 8 – 12 m hoch, 3 – 6 m breit; geschlitzte, frischgrüne Blätter
- Golderle (*A. incana* 'Aurea'): Krone anfangs kegelförmig, im Alter rundlich, 8 – 10 m hoch, 3 – 5 m breit; eiförmige Blätter, im Austrieb goldgelb, später gelblich grün; Rinde bei jüngeren Bäumen rotgelb gefärbt; zierende kupferrote männliche Blütenkätzchen

Die Erlen haben vergleichsweise geringe Bodenansprüche, die Kaisererle bevorzugt jedoch frischen bis feuchten Boden, der kalkarm sein sollte. Herzblättrige und Golderle dagegen vertragen einen höheren Kalkgehalt. Die naturnah wirkenden Bäume benötigen keinen Schnitt, wirken schön im Einzelstand oder, bei genügend Platz, auch in kleinen Gruppen und lassen sich für Windschutzpflanzungen einsetzen.

Grauerle (Alnus incana)

Erneuerungsschnitt
Andere Bezeichnung für den → *Verjüngungsschnitt* älterer oder ungepflegter Obstbäume sowie Ziersträucher
Auch → *Gehölzschnitt*, → *Obstbaumschnitt*

Erntereife
Bezeichnet bei Obst und Gemüse den optimalen Erntezeitpunkt und hängt nicht unbedingt mit der eigentlichen, physiologischen Reife der genutzten Pflanzenteile zusammen.

Die Erntereife von Obst entspricht in der Regel der → *Baumreife* oder Pflückreife (deutliche Fruchtausfärbung, leicht lösender Fruchtstiel) und damit auch der Vollreife der Früchte. Sie sollten dann auch bald geerntet werden, da überreifes Obst und Fallobst schlecht verwertbar ist und teils an Geschmacksqualität verliert. Dasselbe gilt für Beerenobst. Doch schon bei den Früchten gibt es einige Ausnahmen: Quitten und frühe Birnen erntet man „hartreif", also bevor das Fruchtfleisch weich wird; für die Verarbeitung vorgesehenes Steinobst, z. B. Pfirsiche, pflückt man noch vor der Vollreife.

Fruchtgemüse wie Tomaten lässt man möglichst ganz ausreifen, Fruchthülsen von Bohnen und Erbsen dagegen werden häufig unreif und damit zart geerntet, sofern man nicht die Samenkörner nutzen will. Ebenso erntet man Möhren teils recht jung und zart. Auch bei anderen Wurzel- und Knollengemüsen, etwa Rettich oder Kohlrabi, kann Größe auf Kosten des Geschmacks gehen. Vor allem in warmen, trockenen Sommerperioden muss man zudem aufpassen, dass solche Pflanzenorgane nicht verholzen. Warme Witterung im Verein mit zunehmenden Tageslängen löst außerdem bei Blattgemüsen, Salat oder Blumenkohl oft frühzeitig die Blütenbildung (Schossen bzw.

Schießen) aus. Kräuter schließlich weisen meistens kurz vor der Blüte den höchsten Aromastoffgehalt auf.

Die Erntereife ist demnach im Allgemeinen der Zeitpunkt, zu dem die verwendeten Pflanzenteile optimale Geschmacksqualitäten und Gehalte an wünschenswerten Inhaltsstoffen aufweisen sowie, falls haltbar, im Zustand guter Lagerfähigkeit sind. Es handelt sich meist um eine „kritische" Zeitspanne, da häufig kurz vor einer unerwünschten Weiterentwicklung (Überreife, Blüte, Verholzen) stehend. Da die Erntereife u. a. von Aussaattermin, Sorte, Witterungsverlauf und Bodenverhältnissen abhängt, kann sie bei ein und derselben Art um Wochen variieren. Außerdem zwingt das Wetter, etwa bei Hitze, Dauerregen oder früh einsetzenden Frösten, des Öfteren zu Kompromissen, sprich vorgezogener Ernte.

Neben den allgemeinen Hinweisen in den Pflanzenporträts helfen beim Bestimmen des jeweils besten Erntetermins etwas Fingerspitzengefühl, Erfahrung und einfache Geschmacksproben am besten. Für die Pflegepraxis ist zu beachten, dass stickstoffreiche Düngung kurz vor der Ernte unterbleiben sollte, da sie die Ausreife verzögert, die Geschmacksqualität mindern und bei einigen Gemüsen für erhöhte Nitratgehalte (→ *Nitrat*) sorgen kann.

Ernteverfrühung

Eine teils deutlich frühere Ernte lässt sich bei Gemüse sowie Erdbeeren durch → *Folienanbau* sowie Nutzung von → *Frühbeet* oder → *Gewächshaus* erzielen. Der Ernteverfrühung dient außerdem das Vorziehen von Gemüse (→ *Anzucht*) anstelle einer Direktsaat ins Beet sowie bei Kartoffeln das Vorkeimen. Die Obsternte kann etwas früher einsetzen, wenn man die Bäume als Spalier an einer wärmenden, nach Süden zeigenden

Kartoffeln unter Vlies zur Ernteverfrühung

Hauswand zieht (auch → *Fächerspalier*, → *Obstbaum, Spalierformen*).

Erosion

Bodenabtrag durch Wind oder Wasser. Dabei wird hauptsächlich der fruchtbare Oberboden weggeweht oder -geschwemmt.

Winderosion tritt besonders auf leichten Böden mit hohem Sandanteil auf. Da Wind zudem die Erde austrocknet, kann der Abtrag umso stärker erfolgen und mit der Zeit ein beachtliches Ausmaß erreichen. Für Abhilfe kann man durch Pflanzen einer Windschutzhecke sorgen, durch nachhaltige Bodenverbesserung mit Kompost und Tonmehlen sowie durch Bodenbedeckung (Mulchen). Wassererosion ist in Hanglagen besonders ausgeprägt, kann aber schon bei leichtem Gefälle auf Dauer zu Bodenverlusten führen. Auch hier ist leichter Boden stärker betroffen als bindiger Lehm- oder Tonboden, so dass sich der Abtrag durch Bodenverbesserung und Mulchen verringern lässt. Eine Bodenbearbeitung erfolgt hier am besten quer zum Gefälle. Bei starker Hangneigung sollte man eine Terrassierung erwägen. Den besten Schutz gegen Wind- und Wassererosion bietet eine Bepflanzung mit schnell einwurzelnden, immergrünen Bodendeckern.

Erstarrungsgestein

Erstarrungsgesteine, auch Magmatite genannt, gehören neben den → *Absatzgesteinen* und den → *Umwandlungsgesteinen* zu den drei großen Gesteinsgruppen, die bei der → *Bodenbildung* ein wichtige Rolle gespielt haben. Sie sind aus dem Magma, der flüssigen Gesteinsschmelze im Erdinnern, entstanden. Aus Magma, das langsam zur Erdoberfläche aufstieg und in der Erdkruste erstarrte, bildeten sich → *Tiefengesteine* (Plutonite), aus flüssigem Gestein, das durch Vulkantätigkeit an die Erdoberfläche gelangte, → *Ergussgesteine* (Vulkanite). Die Erdkruste auf dem Festland besteht hauptsächlich aus dem Tiefengestein Granit, die des Meerbodens aus dem Ergussgestein Basalt.

Erstfrühling

Im → *phänologischen Kalender,* der das Jahr nach klima- und wetterbedingten Naturentwicklungen in zehn Phasen unterteilt, ist der Erstfrühling eine fest definierte Zeitspanne. Er löst den Vorfrühling ab und setzt, unabhängig vom Kalenderdatum, mit Beginn der Forsythienblüte ein sowie mit der Blattentfaltung der Stachelbeere. Mit der Apfelblüte endet der Erstfrühling und geht in den Vollfrühling über. Das Eintrittsdatum des Erstfrühlings kann stark schwanken und liegt je nach Region, Höhenlage und Jahr zwischen Anfang März und Anfang Mai, im Schnitt jedoch Ende März/Anfang April.

Die genannten Zeigerpflanzen des Erstfrühlings geben dem Gärtner zuverlässiger als der Kalender Hinweise, dass nun in seiner Region be-

Die gelben Forsythienblüten zeigen den Beginn des Erstfrühlings zuverlässig an.

stimmte Arbeiten möglich sind bzw. anfallen; so etwa das Pflanzen von Stauden und Beerensträuchern, die Aussaat von Gründüngung, das Vorbereiten der Beete, das Abhäufeln der Rosen oder die Inbetriebnahme des Frühbeets.

Ertragsalter
Bei Obstbäumen der Lebensabschnitt nach dem Jugendstadium, in dem sie ihre höchsten Fruchterträge bringen. Eintritt und Dauer des Ertragsalters hängen stark von der jeweiligen Veredlungsunterlage, Sorte und Baumform ab, außerdem von den Pflege- und Schnittmaßnahmen sowie von örtlichen Standortgegebenheiten. Klein- und schwachwüchsige → *Obstbaumformen* wie der Buschbaum kommen früher ins Ertragsalter als Halb- oder Hochstämme. Dafür setzt bei ihnen auch deutlich früher das Altersstadium ein, in dem die Erträge abnehmen. Dies macht sich meist dadurch bemerkbar, dass der Baum im Kroneninnern verkahlt und hauptsächlich schwache, dünne Triebe hervorbringt. Hier kann häufig ein → *Verjüngungsschnitt* dafür sorgen, dass erneut fruchttragender Austrieb erfolgt. Während des Ertragsalters wird der → *Erhaltungsschnitt* durchgeführt.

Ertragsgesetze
Von dem Chemiker und Begründer der modernen Düngerlehre Justus von Liebig (1803 – 1873) aufgestellte Gesetze zu Wachstum und Ertrag, die später von anderen Wissenschaftlern erweitert und modifiziert wurden. Sie beziehen sich zwar in erster Linie auf Düngung und Nutzpflanzen, lassen sich jedoch auch auf andere Wachstumsfaktoren wie Licht und Bodeneigenschaften und das Gedeihen von Zierpflanzen übertragen.

Das Gesetz vom Minimum besagt, dass das Pflanzenwachstum von dem Wachstumsfaktor begrenzt wird, der im Minimum vorhanden ist. Ein Mangel an Stickstoff z. B. kann durch noch so gute Versorgung mit anderen Nährstoffen nicht ausgeglichen werden. Düngt man Stickstoff nach, so kann im Verhältnis dazu etwa Magnesium ins Minimum geraten oder Lichtmangel trotz guter Nährstoffversorgung das weitere Wachstum begrenzen. Das bedeutet zugleich: Wenn alle anderen Wachstumsfaktoren im Optimum vorhanden sind, dann beeinflusst der im Minimum befindliche Faktor das Wachstum am stärksten; eine Behebung des Mangels zeigt unter diesen Umständen eine besonders deutliche Wirkung. Dieser Zusammenhang wurde auch als Optimumgesetz formuliert.

Allerdings gibt es bei jeder Pflanze erblich veranlagte Wachstumsgrenzen. Je stärker sich Wachstum oder Ertrag dieser Grenze nähern, desto weniger bringt ein Mehraufwand z. B. an Dünger und Wasser. Hier gilt das Gesetz vom abnehmenden Ertragszuwachs. Beim Überschreiten der für den Höchstertrag nötigen Düngermenge kommt es schließlich gemäß des Maximumgesetzes sogar zu Ertragsabfall.

Ertragsschnitt
Andere Bezeichnung für den → *Erhaltungsschnitt* bei Obstbäumen

Eruca
Botanischer Gattungsname der → *Salatrauke,* die auch als Rucola bekannt ist.

Eryngium
Attraktive, distelähnliche Staude
→ *Edeldistel*

Erysimum
Zweijährige Sommerblume mit Blüten in warmen Gelb- und Rottönen
→ *Goldlack*

Erythrina
Botanischer Gattungsname des rot blühenden Korallenstrauchs
→ *Kübelpflanzen*

Erythronium
Zwiebelblume mit alpenveilchenähnlichen Blüten und marmorierten Blättern
→ *Hundszahn*

Erziehungsschnitt
Andere Bezeichnung für den → *Aufbauschnitt* an jungen Obstbäumen
Auch → *Obstbaumschnitt*

Escariol
→ *Endivie* mit glatten, ganzrandigen, breiten Blättern

Esche
FRAXINUS
Die zu den Ölbaumgewächsen zählenden Eschen sind ansprechende Gehölze, die sich teils als markante Gartenbäume verwenden lassen. Die Gewöhnliche Esche wächst in feuch-

ten Au- und Laubmischwäldern und gehört mit 30 m Höhe und ihrer bis zu 20 m breiten, rundlichen Krone zu unseren stattlichsten Laubbäumen. Einige für Parks und Gärten selektierte Sorten bleiben deutlich kleiner. Ein nur mittelgroßer Baum, von dem es ebenfalls einige Sorten gibt, ist die Blumenesche mit zierenden, duftenden Blüten. Sie stammt aus dem Mittelmeerraum und eignet sich nur für Regionen mit nicht allzu harten Wintern. Sie sondert aus Stammrissen einen bräunlichen, nach Honig riechenden, alkoholischen Saft ab, der Manna genannt wird und ihr den Zweitnamen Mannaesche eingetragen hat. Das teils in der Heilkunde und zum Aromatisieren genutzt Manna wurde früher in Italien durch großflächigen Anbau der Bäume wirtschaftlich genutzt.

Blumenesche (Fraxinus ornus)

Gewöhnliche Esche
FRAXINUS EXCELSIOR

Merkmale: Hohe Sorten ('Atlas', 'Diversifolia', 'Jaspidea') mit breit pyramidaler Krone, 15 – 20 m hoch; niedrige Sorten ('Globosum', 'Nana') mit rundlicher Krone, 4 – 6 m hoch; Hängeform 'Pendula' 6 – 10 m hoch; bis 10 cm lange, gefiederte Blätter (bei 'Diversifolia' einfach, ungefiedert); vor dem Laubaustrieb kleine rötlich grüne Blüten in Rispen; ab September bräunliche, lang haftende Nüsschen.
Blütezeit: April – Mai
Verwendung: Meist in Einzelstellung als markantes, prägendes Gehölz.
Standort: Tiefgründiger, nährstoffreicher, frischer bis feuchter Boden.
Pflanzen/Vermehren: Pflanzung im Herbst oder Frühjahr; Vermehrung der Sorten lediglich durch Veredlung möglich.
Pflege: Anspruchslos; gelegentliche Kompostgaben günstig; aus dem Boden sprießende Wildtriebe entfernen.

Blumenesche, Mannaesche
FRAXINUS ORNUS

Merkmale: Baum, teils mehrstämmig, mit rundlicher Krone, 6 – 10 m hoch, 4 – 6 m breit; bis 30 cm lange, gefiederte Blätter; vor dem Laubaustrieb auffällige kleine cremeweiße, duftende Blüten in Rispen; ab September bräunliche, lang haftende Nüsschen.
Blütezeit: Mai – Juni
Verwendung: Als Einzelbaum oder in Gehölzgruppen.
Standort: Geschützter Platz; durchlässiger, kalkhaltiger Boden, sonst sehr anspruchslos; verträgt Hitze wie auch Trockenheit, aber etwas frostempfindlich.
Pflanzen/Vermehren: Pflanzung vorzugsweise im Frühjahr; Vermehrung durch Aussaat möglich, Sorten nur durch Veredlung.
Pflege: In den ersten Jahren nach der Pflanzung Wurzelbereich mit Winterschutz versehen; sonst wie Gewöhnliche Esche.

Eschenahorn
Attraktiver → *Ahorn,* der meist in buntblättrigen Sorten gepflanzt wird.

Eschscholzia
Einjährige Sommerblume mit mohnähnlichen Blüten
→ *Kalifornischer Mohn*

Eselsdistel
ONOPORDUM ACANTHIUM

Das in Mittel- und Südeuropa sowie Vorderasien wild vorkommende, bei uns unter Naturschutz stehende Korbblütengewächs ist eine Zierpflanze mit recht ungewöhnlichem Flair. Besonders an ausgesprochen trockenen, heißen Gartenplätzen lässt sich die Eselsdistel, die erst im Jahr nach der Aussaat zur Blüte kommt, gut als Blickfang einsetzen.
Merkmale: Zweijährig, verzweigter Stängel über grundständiger Blattrosette, 100 – 200 cm hoch; stark bedornt; große, gefiederte oder stark gelappte Blätter mit silbrig weißem Haarfilz; purpurrote Blütenköpfe mit 4 cm Ø.

Esparsette

Eselsdistel (Onopordum acanthium)

Blütezeit: Juli – September
Verwendung: In Einzelstellung in trockenen Naturgartenbereichen, als Akzent in großen Rabatten, an Wegen und Zäunen.
Standort: Gut durchlässiger, nährstoffreicher, nicht zu feuchter Boden.
Kultur: Ab Juli bis Herbst im Freien aussäen, mit etwas Schutz überwintern; im Frühjahr ausdünnen oder mit 100 cm Abstand verpflanzen; vermehrt sich durch Selbstaussaat.
Pflege: Anspruchslos.

Esparsette
Schmetterlingsblütler, der als → *Gründüngungspflanze* verwendet wird; auch für die → *Blumenwiese* geeignet.

Espe
Anderer Name der → *Pappel*

Essigbaum
RHUS HIRTA

Dieser auch Hirschkolbensumach genannte Baum aus dem östlichen Nordamerika beeindruckt mit prächtiger Herbstfärbung in verschiedenen Gelb- und Rottönen sowie durch seine auffälligen rotbraunen Fruchtstände, die bis in den Winter hinein zieren. Das Sumachgewächs treibt zahlreiche Ausläufer, deren Austrieb durch Verletzungen der Wurzeln zusätzlich angeregt wird, also auch durch das Abstechen der unerwünschten Vermehrungsorgane. Dies kann sehr lästig werden. Die in allen Pflanzenteilen, besonders in Blättern und Fruchtkolben enthaltenen Giftstoffe verursachen in erster Linie Hautreizungen.
Merkmale: Meist mehrstämmiger, sparrig verzweigter Großstrauch oder kleiner, flachkroniger Baum, 4 – 8 m hoch und 6 – 8 m breit; starke Ausläuferbildung; bis 50 cm lange, gefiederte Blätter, gelborange bis scharlachrote Herbstfärbung; ab September große, kolbenartige, aufrechte, rotbraune, dicht behaarte Fruchtstände, lang haftend.
Blütezeit: Juni – Juli
Verwendung: Im Einzelstand, gut z. B. auf einer Rasenfläche oder im Vorgarten; seltener auch in Gehölzgruppen.
Standort: Geringe Bodenansprüche, verträgt Trockenheit und Hitze, jedoch keine Bodenverdichtung im Wurzelbereich.

Essigbaum (Rhus hirta, frühere Bezeichnung R. typhina)

Pflanzen/Vermehren: Pflanzung im Herbst oder Frühjahr; Vermehrung über Ausläufer oder durch Aussaat.
Pflege: Anspruchslos, jedoch sehr regelmäßiges, jährliches Entfernen der Ausläufer erforderlich; keine tiefgründige Bodenbearbeitung in der näheren Umgebung; gelegentliches Auslichten zu dicht stehender Zweige.
Hinweis: Der nur 2 – 4 m hohe Geschlitztblättrige Essigbaum (*R. hirta* 'Dissecta') ziert mit tief eingeschnittenen, filigran wirkenden Blättern.

Essigrose
Eine ursprünglich aus Asien stammende Wildrose, die seit Jahrhunderten in Europa kultiviert wird und Stammform vieler → *Alter Rosen* ist.
→ *Rose*

Estragon
ARTEMISIA DRACUNCULUS

Estragon, selten auch Esdragon oder Dragon genannt, ist ein vielfältig verwendbares Würzkraut. Das Korbblütengewächs entstammt ursprünglich verschiedenen Herkünften aus Sibirien, Südasien und Nordamerika, ist schon lange im Mittelmeerraum eingebürgert und gelangte von dort zu uns. Man unterscheidet gemeinhin den robusteren, herb schmeckenden Russischen Estragon sowie den etwas empfindlichen, aromatischeren Französischen oder Deutschen Estragon, bei dem der würzige Geschmack zusätzlich eine fenchel- oder anisartige Note hat. Manche Experten sehen den Französischen Estragon als gesonderte Form an, die noch feinere Nuancen bietet als der Deutsche und fast karamell- oder marzipanartig schmeckt.

Mit Estragon würzt man Salate, Suppen, Soßen sowie Fisch- und Geflügelgerichte. Außerdem dient er zum Aromatisieren von Kräuteressig, -wein und -butter, von Senf und ein-

Estragon (Artemisia drancunculus)

gelegten Essiggurken. Der Französische Estragon verleiht Frischkäse und Quark ein besonderes Aroma. Geeignete Mischkulturpartner sind Gurken und Liebstöckel.
Merkmale: Mehrjähriges Würzkraut, buschig, 50 – 150 cm hoch; dünne Stängel mit lanzettlichen Blättern; gelbgrüne, unscheinbare Blüten in Rispen an den Triebspitzen.
Blütezeit: Juli – September
Standort: Für Französischen Estragon warm und geschützt; humoser, nährstoffreicher, durchlässiger, frischer bis feuchter Boden.
Kultur: Französischer/Deutscher Estragon nicht samenvermehrbar, kann durch Stecklinge und Teilung vermehrt werden; Pflanzung im April/Mai mit 30 – 40 cm Abstand. Russischen Estragon im April mit 40 cm Reihenabstand aufs Beet säen, später in der Reihe auf 40 cm Abstand vereinzeln oder umpflanzen.
Pflege: Gleichmäßig leicht feucht halten, in Trockenzeiten reichlich gießen; im Herbst bodennah zurückschneiden, in rauen Lagen mit Reisig abdecken; im Herbst oder Frühjahr mit Kompost versorgen; alle 3 bis 4 Jahre neu pflanzen.

Ernte: Frische Triebspitzen und Blätter ab Mai bis zum Herbst; zum Trocknen und Einfrieren kurz vor der Blüte.

Etagenprimel
→ *Primel* mit etagenartig angeordneten Blüten

Etagenzwiebel
Seltene Art der → *Zwiebel*, die kleine, essbare Brutzwiebeln an ihren Schäften hervorbringt.

Ethylen
Frühere Schreibweise Äthylen. Eine gasförmige Kohlenwasserstoffverbindung, die das Pflanzenwachstum beeinflusst und teils zu den Pflanzenhormonen gezählt wird. Als Stoffwechselprodukt wird es von reifenden Früchten, z. B. Äpfeln, sowie von verwelkenden Pflanzen freigesetzt. Ethylen beschleunigt den Reife- und Alterungsprozess von Blättern, Blüten und Früchten. Man sollte deshalb Gemüse nicht zusammen mit Obst lagern, da es so leichter verdirbt. Auch Schnittblumen welken schneller, wenn der Ethylengehalt in der Luft erhöht ist.

Eucalyptus
→ *Kübelpflanze* mit zierenden, duftenden Blättern

Eulenfalter
Große Familie der Schmetterlinge mit weltweit über 21000 Arten, die vorwiegend in der Dämmerung und bei Nacht aktiv sind. Durch ihre oft graubraune Grundfarbe mit dunklerer Zeichnung erinnern sie an die Gefiederfärbung der ebenfalls dämmerungsaktiven Eulen. Die Larven einiger Arten können durch Fraß an Pflanzen schädlich werden und sind als → *Erdraupen* bekannt.

Eulenraupe
Andere Bezeichnung für → *Erdraupe*

„Umgekippter" Gartenteich

Euonymus
Große Gehölzgattung, zu der verschiedene gärtnerisch genutzte Arten des → *Spindelstrauchs* sowie das → *Pfaffenhütchen* gehören.

Eupatorium
Gattung hochwüchsiger, naturnaher Stauden für feuchte Standorte
→ *Wasserdost*

Euphorbia
Botanischer Gattungsname der
→ *Wolfsmilch*

Eutrophierung
Anreicherung von Nährstoffen in Gewässern, die zu übermäßigem Algen- und Planktonwachstum führt. Die längerfristigen Folgen sind abnehmender Sauerstoffgehalt des Wassers und verstärkte Faulschlammbildung. In den tieferen Bereichen können dann kaum noch Lebewesen existieren, das Gewässer ist biologisch tot. Dieser als „Umkippen" bezeichnete Prozess kommt auch bei Gartenteichen vor. Häufige Ursachen sind zu nährstoffreiche Teich- oder Pflanzerde sowie zu hoher Fischbesatz.
Auch → *Teich*, → *Algen*

Exochorda
Großer, weiß blühender Zierstrauch
→ *Radspiere*

F

F_1-Hybriden sind besonders ertragsreich.

F_1-Hybride

Saatgut von Gemüse und Sommerblumen trägt häufig die Aufschrift „F_1-Hybriden". Dabei handelt sich um Kreuzungen (Hybriden) aus zwei verschiedenen Elternsorten bzw. -rassen derselben → *Art*. F_1 steht dabei für die erste Filial- oder Tochtergeneration, also die direkte Nachkommenschaft des Elternpaares. Die F_1-Hybriden vereinen in sich die unterschiedlichen Eigenschaften der sorgfältig ausgewählten Elternpflanzen. Häufig sind bei ihnen sogar die erwünschten Eigenschaften noch stärker ausgeprägt als bei den Eltern. Auf diese Weise entstandene Gemüsesorten bringen besonders hohe Erträge, Blumensorten haben meist ausgesprochen große und attraktive Blüten. Zudem zeigen die F_1-Hybriden häufig ein vitaleres Wachstum und eine verbesserte Resistenz gegen Krankheiten. Allerdings sind sie in der Regel auch etwas anspruchsvoller, was Düngung und Bodeneigenschaften betrifft.

Solche Hybriden sind kein Ergebnis von Gentechnik, sondern resultieren aus aufwändiger, meist per Hand vorgenommener Züchtungsarbeit. Deshalb ist das Saatgut recht teuer. Die Elternlinien müssen im Grunde für jede Samenpackung neu gekreuzt werden. Denn anders als so genannte reinerbige Kombinationszüchtungen sind die F_1-Hybriden nicht samenbeständig: Vermehrt man sie aus Samen weiter, dann fallen ihre Nachkommen, die → *F_2-Hybriden*, sehr unterschiedlich aus.

F_2-Hybride

F_2-Hybriden entstehen bei der Samenvermehrung von → *F_1-Hybriden*. F_2 bedeutet zweite Filial- oder Tochtergeneration, die ursprünglich gekreuzten Eltern sind demnach die „Großeltern". Da F_1-Hybriden nicht samenbeständig sind, bringen sie eine uneinheitliche Nachkommenschaft hervor: Die Erbanlagen der beiden Vorgängergenerationen setzen sich auf unterschiedliche Weise durch, was bei Aussaat selbst gewonnener Blumensamen zu sehr interessanten Ergebnissen führen kann. Die zweite Generation ist jedoch oft nicht so vital wie die F_1-Generation.

Anders verhält es sich mit F_2-Hybriden, die als käufliches Saatgut angeboten werden. Hierzu kreuzen die Züchter gezielt zwei verschiedene F_1-Linien. Die Nachkommen sind dann wiederum besonders wüchsige Pflanzen, bei Blumen oft mit ausgefallenen Blütentönen, die in bunter Mischung angeboten werden.

Fächerahorn

Kleiner → *Ahorn* mit tief eingeschnittenen, oft ab Austrieb roten Blättern

Fächerbesen

Handgerät mit fächerartig angeordneten, elastischen Stahlzungen zum Zusammenrechen von Laub und Rasenschnitt

Auch → *Gartengeräte*

Fächerspalier

Wird ebenso wie der Begriff → *Spalier* unterschiedlich verwendet, was teils für Verwirrung sorgt:

1) Meist gitterförmiges Gerüst als Rankhilfe für Kletterpflanzen oder Stütze für Obstgehölze.

2) Erziehungsform von Obstgehölzen, bei der die Triebe fächerartig in einer Ebene angeordnet werden.

Als Fächerspalier gezogener Birnbaum

Obstbäume werden dazu an einer Wand oder einem frei stehenden Gerüst so gezogen, dass die Krone gewissermaßen zweidimensional bleibt. Pflanzt man sie an eine Wand, wird daran zuvor ein Gerüst aus horizontal verlaufenden starken Drähten oder Latten angebracht. Nach der Pflanzung belässt man ihnen nur den Mitteltrieb und nach beiden Seiten je einen Leittrieb, wobei die Leittriebe dann in V-Form zueinander stehen sollen. Dazu bindet man sie in entsprechender Stellung am Draht oder noch besser an zusätzlich angebrachten, zum Mitteltrieb diagonal verlaufenden Stäben an.

Die Triebe werden im zeitigen Frühjahr recht stark, je nach Art und Alter der Veredlung bis fast um die Hälfte zurückgeschnitten. Im darauf folgenden Frühjahr werden die Leittriebe eingekürzt, im Sommer wählt man an ihnen je vier Seitentriebe aus, die die Speichen des Fächers bilden. In den Folgejahren werden die strukturbildenden Leit- und Nebentriebe des Fächers immer wieder entspitzt, die Seitentriebe auf etwa 10 – 15 cm Abstand ausgelichtet. Mit der Zeit müssen ältere Fruchttriebe entfernt und durch Einbinden günstig stehender Neutriebe zum Auffüllen des Fächers ersetzt werden. Je nach Obstart ergeben sich leichte Abwandlungen in der Fächerziehung.

Besonders Pfirsich, Aprikose und Sauerkirsche kommen für diese recht natürlich wirkende Spalierform infrage. Auch Pflaume, Birne und Apfel sowie Brombeere und Stachelbeere können in ähnlicher Weise gezogen werden. Bei den stets veredelten Baumobstarten muss man darauf achten, dass sich dafür nur bestimmte, schwach wachsende Unterlagen eignen. Man sollte sich in der Baumschule gründlich erkundigen, auch nach Schnittbesonderheiten der jeweiligen Art und Sorte. Teils werden bereits entsprechend vorgezogene Jungbäume angeboten.

Fächerzwergmispel

→ *Zwergmispel* mit flach ausgebreiteten, fischgrätenartig verzweigten Trieben

Fackellilie
KNIPHOFIA-HYBRIDEN
☼

Fackellilie (Kniphofia-Hybride)

Diese Liliengewächse fallen durch ihre exotisch wirkenden, fackelähnlichen, leuchtenden Blütenkolben auf. Von den aus Südafrika stammenden Fackellilien werden vor allem die zahlreichen Hybriden mit ein- oder zweifarbigen Blütenständen und unterschiedlichen Wuchshöhen gepflanzt. Die prächtigen Blüher, die gut zu hohen Gräsern und blau oder weiß blühenden Stauden passen, sind nicht zuverlässig winterhart, wobei die Frostempfindlichkeit auch von der Sorte abhängt.

Gelegentlich wird die gut 100 cm hohe Art *K. uvaria* mit gelbroten Blütenkolben angeboten, außerdem die um 60 cm hohe Zwergfackellilie (*K. galpinii*). Beide blühen etwas später als die Hybriden, dafür häufig bis in den Oktober hinein.

Merkmale: Staude, horstartiger Wuchs mit aufragenden Blütenstängeln, je nach Sorte 60 – 120 cm hoch; kräftiger Wurzelstock; schilfartige Blätter mit scharfem Rand, wintergrün; röhrenförmige Blüten in kolben- oder kerzenartigen Ständen, gelb, orange, rot, rosa, häufig zweifarbig.
Blütezeit: Juni – September, einige Sorten nur Juni – Juli
Verwendung: Einzeln oder in kleinen Gruppen auf Rabatten als Leitstaude, in Teichnähe, als Blickfang vor Gehölzen oder im Rasen; als Schnittblume.
Standort: Warmer, auch heißer Platz; humoser, durchlässiger, tiefgründiger, nährstoffreicher, frischer Boden, nicht zu feucht.
Pflanzen/Vermehren: Pflanzung im Frühjahr, je nach Wuchshöhe mit 40 – 60 cm Abstand; Vermehrung durch Teilung im Frühjahr oder nach der Blüte.
Pflege: Bei anhaltender Trockenheit gießen; Blütentriebe nach dem Verblühen abschneiden; im Herbst Blätter locker zusammenbinden, Wurzelbereich mit Laub oder Rindenmulch schützen; im Frühjahr mit Kompost oder organischem Dünger versorgen.

Faden-Scheinzypresse

→ *Scheinzypresse* mit dünnen, filigranen Zweigen

Fadenwurm

Fadenwürmer, auch Älchen oder Nematoden genannt, sind winzige, fadenförmige Würmer, die sich schlängelnd fortbewegen. Im Gartenboden sorgen sie für das Zersetzen der organischen Substanz, manche Arten sind jedoch gefürchtete Schädlinge. Andere wiederum lassen sich bei der biologischen Bekämpfung von Schadinsekten einsetzen. Sie werden unter dem heute am häufigsten verwendeten Begriff → *Nematoden* näher beschrieben.

Fagus

Botanischer Gattungsname der → *Buche*

Falle

Vorrichtung zum Fang von Nagetieren, Schnecken und anderen Schädlingen mit oder ohne Köder.

Gegen Nagetiere werden verschiedene Fallen angeboten. Sie haben in der Regel einen Fangring, -bügel oder Zangen, die über Federn gespannt werden. Ein Auslösemechanismus, meist mit einem Köder gekoppelt, führt zum Zuschnappen der Falle, sobald sich die Tiere darin befinden. Bei den zugelassenen Fallen, z. B. gegen → *Wühlmäuse*, werden die Tiere in der Regel im Genick oder über dem Brustkorb erfasst und schnell getötet. Man sollte nur einfach und sicher funktionierende Fallen verwenden und sie häufig kontrollieren, um eventuell nur schwer verletzten Tieren unnötige Qualen zu ersparen; Vorsicht bei noch lebenden Wühlmäusen, sie können beißen. Die Alternative dazu, vor allem gegen → *Mäuse*, sind Lebendfallen; man muss die Tiere dann irgendwo aussetzen, wo sie keinen Schaden anrichten können. Auch nach solchen Fallen sollte man häufig sehen, damit die gefangenen Tiere darin nicht qualvoll verenden.

Die Fallen sollten stets nur mit Handschuhen angefasst und nach Fängen gründlich gereinigt werden. Als Köder für Wühlmäuse und im Garten schadende Mäuse eignen sich frisches Obst und Gemüse sowie saftige Wurzeln. Beim Aufstellen der Fallen muss man auf mögliche Gefahren für Kinder und Haustiere achten.

Als Fallen für → *Schnecken* dienen ebenerdig eingegrabene, mit Bier gefüllte Gläser oder Becher. Verstecke, mit denen man Schnecken gezielt anlockt, z. B. feuchte Bretter, lassen sich ebenfalls zu den Fallen zählen. Mit einem 2 – 3 cm unter der Erdoberfläche eingegrabenen, leeren Glas kann man → *Maulwurfsgrillen* fangen.

Zum Fang von Insekten werden hauptsächlich Leimfallen eingesetzt, wobei die Tiere am aufgetragenen Leim kleben bleiben. Hierzu gehören z. B. auch die an Bäumen angebrachten Leimringe, mit denen man vor allem Frostspanner fängt. Mit farbigen Leimtafeln können andere Schadinsekten gefangen werden; so ist Blau besonders attraktiv für → *Thripse*, Gelbtafeln, -sticker oder -folien ziehen im Gewächshaus → *Weiße Fliegen*, → *Minierfliegen*, geflügelte → *Blattläuse* und → *Trauermücken* an, in Obstbäumen aufgehängt die Kirschfruchtfliegen (→ *Kirschenschädlinge*).

Lockstoff- bzw. Pheromonfallen gegen Apfelwickler (→ *Apfelschädlinge*) und Pflaumenwickler (→ *Pflaumenschädlinge*) enthalten synthetisch hergestellte Sexuallockstoffe der jeweiligen Weibchen; die dadurch angelockten Männchen bleiben ebenfalls an Leim kleben. Diese Wickler kann man auch mit → *Fanggürteln* ohne Leimaufstrich bekämpfen.

Fallobst

Nicht rechtzeitig geerntetes, überreifes Obst, das von selbst vom Baum fällt. Zu vorzeitigem Fruchtfall kann es auch durch Sturm, Hagel, Schädlinge oder Krankheiten kommen. Fallobst ist nur eingeschränkt verwertungsfähig und dies auch nur, sofern es möglichst bald aufgelesen wird. Häufig sind die abgefallenen Früchte verwurmt. Da in ihnen Schädlinge und Krankheitserreger überwintern können, die im Folgejahr die Bäume wieder befallen, sollte man sie entfernen.

Fallopia

Wuchskräftiges Klettergehölz mit weißen Blütenrispen
→ *Schlingknöterich*

Falscher Fruchttrieb

Schwachwüchsiger Trieb beim → *Pfirsich*, hauptsächlich mit einzeln stehenden, rundlichen Blütenknospen besetzt. Die wahren Fruchttriebe haben dagegen gemischte Blüten- und Holzknospen. Da die Früchte der falschen Fruchttriebe nur schlecht ernährt werden, schneidet man die Triebe auf die erste spitze Blatt- bzw. Holzknospe zurück, über der ein kurzer Zapfen stehen bleibt, damit sich hier ein wahrer Fruchttrieb bildet.

Auch → *Fruchtholz*

Falscher Jasmin

Anderer Name für den weiß blühenden, duftenden → Pfeifenstrauch

Falscher Mehltau

Pilzkrankheit, die häufig weißlich graue Beläge auf den Blattunterseiten hervorruft. Auf der Blattoberseite sind meist nur helle oder bräunliche Flecken zu sehen.
→ *Mehltau, Falscher*

Familie

Kategorie bzw. Rangstufe im → *System der Pflanzen*, entsprechend auch bei den Tieren. Zu Familien werden → *Gattungen* und die jeweils zu ihnen gehörenden → *Arten* mit mehreren gemeinsamen Merkmalen zusammengefasst. Bei den höheren Pflanzen ist der Blütenaufbau eines der

Fallobst sollte man nicht zu lang unter den Bäumen liegen lassen.

Kissenaster, Sonnenblume, Kopfsalat: drei recht unterschiedliche Familienmitglieder der Korbblütengewächse

wichtigsten Merkmale, nach denen die Zuordnung zu einer Familie erfolgt. Deshalb können die Pflanzen ein und derselben Familie ansonsten recht unterschiedlich aussehen. So gehören z. B. zur Familie der Rosengewächse neben der Rose selbst Apfel, Erdbeere, Frauenmantel, Fingerstrauch, Pflaume und Stachelnüsschen. Neben solchen „Großfamilien", denen zahlreiche Gartenpflanzen entstammen, gibt es auch Familien, die nur wenige Gattungen umfassen, beispielsweise die Rohrkolbengewächse mit der einzigen Gattung Rohrkolben.

Die wissenschaftlichen Familiennamen sind häufig von einer Gattung abgeleitet, die die wichtigen Merkmale deutlich zeigt. So heißen z. B. die Rosengewächse *Rosaceae,* die Korbblütengewächse *Asteraceae,* die Kreuzblütengewächse *Brassicaceae,* nach dem botanischen Gattungsnamen für Kohl und Raps. Daneben stößt man immer wieder auf die älteren Bezeichnungen wie *Compositae* für Korbblütler, *Cruciferae* für Kreuzblütler oder *Leguminosae* für Schmetterlingsblütler, die heute *Fabaceae* heißen.

Pflanzen derselben Familie werden häufig von denselben Krankheiten und Schädlingen heimgesucht. Deshalb ist es empfehlenswert, beim Anbau an einer bestimmten Stelle nicht nur die Arten selbst abzuwechseln, sondern möglichst Pflanzen aus verschiedenen Familien zu verwenden; auch → *Bodenmüdigkeit,* → *Fruchtwechsel.*

Fangglas
Ebenerdig eingegrabenes, mit Bier gefülltes Glas zum Fangen von Schnecken oder unter der Erdoberfläche eingegrabenes Glas ohne Köder zum Fang von Maulwurfsgrillen
→ *Falle*

Fanggürtel
Ring aus Wellpappe, der um Stämme von Obstbäumen gelegt wird, um hochkriechende Raupen des Apfelwicklers und anderer Wickler (Schmetterlinge) abzufangen. Solche Ringe gibt es als Obstmaden-Fanggürtel fertig zu kaufen, andernfalls kann man 10 – 20 cm breite Wellpappestreifen zuschneiden. Sie werden in 30 – 50 cm Höhe über dem Boden mit Draht am Baumstamm befestigt, und zwar so, dass die gerillte Seite nach innen kommt und der obere Rand dicht am Stamm anliegt. Die Raupen kriechen von unten in den Ring hinein, kommen dann nicht mehr weiter und können dort abgesammelt bzw. mit dem Fanggürtel vernichtet werden. Gegen die erste Generation des Apfelwicklers bringt man die Streifen Ende Mai an, gegen die zweite erneuert man sie Ende Juli. Mit bereits im zeitigen Frühjahr eingesetzten Fanggürteln kann man die Käfer des Apfelblütenstechers abfangen (auch → *Apfelschädlinge*). Man sollte die Streifen regelmäßig kontrollieren, bei Befall wöchentlich erneuern und Nützlinge wie Marienkäfer und Ohrwürmer, die sich darin ebenfalls verstecken, auslesen.

Leimringe gegen → *Frostspanner* werden manchmal ebenfalls als Fanggürtel bezeichnet. Diese bringt man jedoch erst im Herbst an, um sie über Winter am Baum zu belassen.

Fangpflanze
Pflanzen, die als Köder dienen und dann mitsamt den Schädlingen entfernt werden, z. B. junge Salatpflanzen zum Anlocken von → *Drahtwurm* und → *Engerling.*
Auch → *Anlockpflanzen*

Farbakkord
Andere Bezeichnung für den → *Farbdreiklang*

Farbdreiklang
Farbkombination aus drei verschiedenen Blüten- oder Blattfarben nach Gesetzmäßigkeiten des Farbkreises, z. B. Gelb – Rot – Blau oder Orange – Violett – Grün
→ PRAXIS-SEITE Farben gezielt kombinieren (S. 228/229)

Farbeigenschaften
→ *Farbwirkungen*

Farbenlehre
Die Wissenschaft von der Farbe als optische Erscheinung. Sie basiert auf Erkenntnissen aus Physik, Biologie, Physiologie und Psychologie. Im Ursprung wurde sie wesentlich geprägt von Isaac Newton (1643 – 1727), der die physikalischen Zusammenhänge zwischen Licht und Farbe erforschte, sowie von Johann Wolfgang von Goethe (1749 – 1832), der sich mit der Physiologie der Farbwahrnehmung, mit dem ästhetischen Empfinden und der psychologischen Wirkung von Farben beschäftigte.

Der ästhetische Zweig der Farbenlehre wurde vielfach von Künstlern und Gestaltern weiterentwickelt, wobei verschiedene Farbordnungssysteme entstanden. Hierzu gehört u. a. der → *Farbkreis,* der sich als Ausgangspunkt für Pflanzenzusammenstellungen gut eignet (→ PRAXIS-SEITE Farben gezielt kombinieren, S. 228/229). Innerhalb der gestalterischen Farbenlehre gibt es recht unterschiedliche Ansätze, Farben einzuteilen, → *Farbwirkungen* zu erfassen und Grundsätze für Kombinationen aufzustellen. Dies hängt vom jeweiligen Fachgebiet (z. B. grafisches Design, Wohnraumgestaltung) ab und nicht zuletzt vom subjektiven Empfinden. Sehr intensiv setzt man sich z. B. auch in der Floristik mit der Farbenlehre und ihren verschiedenen Gesichtspunkten auseinander. In der modernen Gartengestaltung geht die Anwendung und Auslegung der Farbenlehre zum nicht unwesentlichen Teil auf berühmte englische Gärtnerinnen wie die künstlerisch ausgebildete Gertrude Jekyll (1843 – 1932) sowie Vita Sackville-West (1892 – 1962) zurück.

Farbgestaltung
Die Farbzusammenstellung und -wirkung ist eines der wesentlichen Elemente der Gartengestaltung. Wer sich beim Anlegen von Pflanzungen, Gartenbereichen oder ganzen Gärten etwas intensiver damit beschäftigt, kann mit einfachen Mitteln große Wirkung erzielen und die bevorzugten Pflanzen optimal zur Geltung bringen. Zugleich sorgen bestimmte Farben und Farbkombinationen, je nach eigenen Vorlieben, dafür, dass man sich in seinem Umfeld wohl fühlt.

Allerdings erweist es sich häufig als nicht ganz leicht, mit den Farben der Pflanzen überzeugende, nachhaltig zufriedenstellende Effekte zu erzielen.

Wohl gibt es mehrere Bücher erfahrener Gartengestalter, die sich ausführlich mit solchen Punkten beschäftigen, freilich jedoch keine Patentrezepte für jede Gartensituation. Für den intensiven Einstieg in das Thema lohnen sich solche Werke auf jeden Fall, ebenso das Besichtigen z. B. von Mustergärten. Hilfreiche Anhaltspunkte bieten aus der → *Farbenlehre* abgeleitete Grundraster für Farbzusammenstellungen sowie Erkenntnisse zu den einzelnen → *Farbwirkungen*.

Solche Leitlinien sind jedoch ebenso wie Empfehlungen von Gartenexperten keine allgemein gültigen Gesetzmäßigkeiten. Insofern spricht nichts dagegen, Grundsätze der Farbgestaltung nach persönlichem Geschmack und eigenen Erfahrungen abzuwandeln und fortzuentwickeln. Der Phantasie sind keine Grenzen gesetzt.

Grundsätzliches zur Praxis
Die Frage nach passenden Farbkombinationen kann sich entweder bei der Anlage einzelner Gartenelemente und -bereiche stellen (z. B. Beet, Rabatte, Strauchgruppe, Teichumfeld, Terrassenvorpflanzung) oder auch im großen Rahmen bei einer Neu- oder Umgestaltung des gesamten Gartens.

Den in mancher Beziehung einfachsten Einstieg in die Farbgestaltung bieten Sommerblumen, im Beet oder auch im Balkonkasten. Als kurzfristige Bepflanzungen, die jährlich neu zusammengestellt werden können, erlauben sie Experimente und das Sammeln von Erfahrungen, die sich dann teils auf längerfristige Pflanzungen mit Stauden und Gehölzen übertragen lassen. Die vielfälti-

Solche stimmigen Kombinationen lassen sich aus der angewandten Farbenlehre ableiten.

FARBGESTALTUNG

Zarte, aufgehellte Töne ergeben einen romantisch-heiteren Gesamteindruck.

gen Farben und oft kräftigen Töne sowie die meist deckungsgleichen Blütezeiten erleichtern das Erproben verschiedenster Kombinationen. Ähnlich verhält es sich mit den frühjahrsblühenden Zwiebelblumen und zweijährigen Sommerblumen (z. B. Gänseblümchen, Goldlack).

Auch Staudenrabatten stellen keine unverrückbaren, endgültigen Pflanzungen dar. In der Praxis wird doch recht häufig umgepflanzt und dazugepflanzt, so dass sich solche Kombinationen erst mit den Jahren entwickeln. Der gewünschte Farbrahmen sollte jedoch von Anfang an in etwa feststehen.

Beim Gestalten einzelner Beete und Gartenteile sollte man stets die Farbauswahl in anderen Gartenbereichen beachten. Kontraste im Gesamtbild können belebend wirken, ein kräftig buntes Sommerblumenbeet stiehlt jedoch einer zarteren Nachbarbepflanzung, z. B. am Teich, leicht die Show.

Hinweise zur Farbabstimmung

Eine stimmige Gesamtwirkung erzielt man am ehesten, wenn man für den ganzen Garten oder zumindest für größere Gartenteile Farbleitlinien bzw. Grundstimmungen festlegt, beispielsweise:

- fröhlich-bunt: mit hohem Gelb- und Orangeanteil sowie starken Kontrasten
- romantisch-verspielt: vorwiegend Pastelltöne, Rosa, helles Violett
- vornehm-dezent: vor allem Blau- und Violetttöne sowie Weiß

Solche Grundstimmungen können sich auch mit dem Jahreszeiten abwechseln.

Beim Zusammenstellen wirkungsvoller Arrangements hilft der Farbkreis, → PRAXIS-SEITE Farben gezielt kombinieren (S. 228/229). Zur Umsetzung auf die tatsächliche Gartensituation einige zusätzliche Gesichtspunkte und Tipps:

- In der Hausumgebung Bepflanzung auf Farbe der Baulichkeiten abstimmen; Helligkeit oder Dunkelheit von Hintergründen (z. B. auch Hecken) berücksichtigen.
- Auf die Wirkung bunter Blütenfarben in Bezug zum Grün achten, das im Garten zwangsläufig dominiert und in verschiedenen Tönen vorkommt.
- In kleinen Gärten kräftige, leuchtende Farben wie Orange und Rot sowie starke Kontraste nicht im Übermaß einsetzen, da sie bei begrenztem Raum leicht beengend wirken.
- Lichteinfluss auf Farbwirkung bedenken: Dunkle, gedeckte Farben kommen im Schatten wenig zur Geltung, brauchen zumindest aufhellende Pflanzpartner; weiße und gelbe Blüten wirken in der Dämmerung am längsten (z. B. an abends genutzter Terrasse).
- Nicht nur auf Blütenfarben konzentrieren, Farben von Blättern, Früchten und Baumrinden bewusst mit einbeziehen.
- Mit Wiederholung arbeiten, d. h. dieselbe Farbkombination an mehreren Stellen im Garten oder Beet umsetzen, mit denselben oder mit anderen Pflanzen; dabei stets die dominierenden Leitpflanzen in derselben Farbe wählen.
- Akzente setzen, z. B. durch einige kräftige rote oder gelbe Blüten inmitten einer zurückhaltenden, blau-weiß dominierten Bepflanzung.

Hinweise zum Vorgehen

Häufig geht man bei der Planung schlicht von seinen Lieblingspflanzen mit entsprechenden Blütenfarben, von Lieblingsfarben oder bevorzugten Farbkombinationen aus. Mithilfe des Farbkreises (→ PRAXIS-SEITE Farben gezielt kombinieren, S. 228/229) kann man dann verschiedene Kombinationen durchspielen. Dabei versprechen oft ganz einfache Lösungen, die später noch etwas ausgefeilt werden, den größten Erfolg.

Sehr hilfreich ist es, die vorgesehenen Kombinationen anschaulich in Form bunter Aufsichtszeichnungen

Farbharmonie

festzuhalten. Dafür benötigt man Umrisspläne des zu gestaltenden Gartens oder Beets (auch → *Gartenplanung*) in mehreren Kopien, außerdem Buntstifte, Wasser-, Aquarell- oder Acrylfarben in möglichst vielen Tönen. Um eine halbwegs realistische Vorstellung der Bepflanzung zu erhalten, sind solche einfachen Hilfsmittel oft besser geeignet als Computerprogramme für den Hobbybereich, die häufig nicht über genügend naturnahe Farben und Farbabstufungen verfügen.

Die Farbgestaltungsentwürfe sollte man jeweils für verschiedene Jahreszeiten durchspielen. Davon abgeleitet bzw. parallel dazu legt man am besten Übersichten mit infrage kommenden Pflanzen an, die nach Blütenfarben und darunter nach Blütezeiten sortiert werden. Ergänzend kann man Blattfarben markanter Blattschmuckpflanzen und Fruchtfarben (vor allem von Gehölzen) festhalten. In der Praxis wird man dabei nicht selten ursprüngliche Farbvorstellungen entsprechend den zur Verfügung stehenden Pflanzen abwandeln müssen, kommt dabei aber auch häufig auf neue Ideen.

Schließlich ist bei allen ästhetischen Überlegungen zu berücksichtigen, dass Pflanzen nicht nur „Farbträger" sind. Zu kombinierende Pflanzen müssen auch von den Standortansprüchen und Wuchseigenschaften her zueinander passen. Bei Gartenstandorten mit eingeschränkter Pflanzenauswahl (z. B. Schattenplätze) geht man daher besser vom verfügbaren Farbangebot aus als von idealen, abstrakten Farbkombinationen, die sich hier anschließend kaum verwirklichen lassen.

Farbharmonie
Farbkombination aus nah miteinander verwandten Tönen, die entweder zu den warmen Farben gehören (z. B. Gelb – Goldgelb – Orange) oder zu den kalten Farben (z. B. Blau – Violett – Türkis).

Auch → PRAXIS-SEITE Farben gezielt kombinieren (S. 228/229)

Farbintensität
Auch als Deckkraft, Sättigungsgrad oder Leuchtkraft bezeichnet; die größte Farbintensität haben reine Farben, die weder aufgehellt noch abgedunkelt sind.

Auch → *Farbwirkungen*

Farbkreis
Farbordnungssystem aus der → *Farbenlehre*. Es gibt verschiedene Ansätze, Farben in Kreis-, Ring- oder Kugelform so anzuordnen, dass Beziehungen zwischen ihnen deutlich und harmonische Kombinationen erleichtert werden.

Bei der Zusammenstellung von Blüten- und Blattfarben geht man häufig vom zwölfteiligen natürlichen Farbkreis aus. Er präsentiert sich wie ein Ring der Regenbogenfarben. Auf ihm sind die drei Grundfarben Gelb, Rot und Blau mit den wichtigsten Mischfarben in gleichmäßiger Abstufung nebeneinander angeordnet. Die Farben um Gelb werden als warm empfunden, die Farben um Blau hingegen gelten als kalte Farbtöne. Vom Gelb zum gegenüberliegenden Violett ergibt sich auf beiden Seiten des Kreises ein Verlauf von Hell nach Dunkel. Aus dem Farbkreis lassen sich als praktische Anwendung sehr einfach wirkungsvolle Verläufe und Kontraste ableiten.

→ PRAXIS-SEITE Farben gezielt kombinieren (S. 228/229).

Farbkombinationen
→ Farbgestaltung, → PRAXIS-SEITE Farben gezielt kombinieren (S. 228/229)

Farbmischung
Samenmischungen bei Sommerblumen, seltener bei Stauden, mit verschiedenen Blütenfarben. Löwenmäulchen, Fleißige Lieschen oder Mittagsblumen werden z. B. häufig als Farbmischungen angeboten. Bunte Zusammenstellungen mit gefüllten Blüten tragen oft die Bezeichnung Prachtmischung.

Farbstoffe
Pflanzliche Farbstoffe können in allen Pflanzenteilen wie Blüten, Hölzern, Rinden, Wurzeln und Früchten auftreten. Die häufigsten Pflanzenfarbstoffe sind das grüne Chlorophyll (Blattgrün), das rote bis orangerote Karotin, das gelbe Xanthophyll, die je nach pH-Wert roten bis blauen Anthocyane sowie die gelben Flavone. Chlorophyll gibt den Blättern, teils auch den Sprossen, ihre grüne Farbe, während Carotin und Xantophyll besonders in Blüten und Früchten vorhanden sind. Durch die Mischung und Zusammenlagerung verschiedener Farbstoffe entstehen die Mischfarben. Weiße Farbstoffe gibt es im

warme Farben

kalte Farben

Der Farbkreis

Pflanzenreich nicht; Weiß entsteht vielmehr durch eingeschlossene Luftbläschen, die das einfallende Licht reflektieren.

Spezielle Pflanzenfarbstoffe wurden über Jahrtausende für technische und künstlerische Zwecke verwendet, insbesondere auch zum Färben von Textilien. Sie wurden mittlerweile weitgehend von synthetischen Farbstoffen verdrängt. Zu den historisch bedeutendsten Färbepflanzen zählen der schon von den alten Ägyptern genutzte Indigostrauch (Blau aus den Blättern), der Färberwaid (Blau aus den Blättern), die Färberdistel (Rot aus den Blüten) und die Färbereiche (Gelb und Schwarz aus der Borke). Der auch für Backwaren genutzte gelbe Safran ist ein karotinähnlicher Farbstoff und entstammt den Narben der Blüten einer Krokusart.

Farbwirkungen im Überblick

Gelb	fröhlich, anregend, warm; in Kombinationen belebend, bringt Weite und Strahlung ins Bild
Orange	lebhaft, warm; in Kombinationen belebend, bei hohem Rotanteil dominierend
Rot	aktivierend, lebhaft; in Kombinationen spannungsreich, kraftvoll, dominierend
Blau	kühl, frisch, beruhigend, dezent-vornehm; setzt in Kombinationen Ruhepunkte, lässt helle Farben leuchten, sorgt für optische Weite
Violett	beruhigend, sanft, bei hohem Blauanteil kühl, dezent-vornehm; in Kombinationen ähnlich wie Blau, schafft Tiefe
Rosa	zart, freundlich; sorgt in Kombinationen für sanfte Helligkeit
Weiß	ruhig, licht, vornehm, neutral; hellt Kombinationen auf, vermittelt zwischen Kontrasten, sorgt für optische Weite
Grün	ausgleichend, beruhigend; unterstreicht in Kombinationen die Wirkung anderer Farben, vermittelt zwischen Kontrasten

Farbverlauf

Farbkombination aus nah verwandten, im → *Farbkreis* nebeneinander liegenden Farben, z. B. Goldgelb – Gelb – Gelbgrün

→ PRAXIS-SEITE Farben gezielt kombinieren (S. 228/229)

Farbwirkungen

Gemäß den Teilgebieten der → *Farbenlehre* gibt es unterschiedliche Zuordnungen und Einteilungen der Farbe nach Wirkungen und Eigenschaften.

Gestalterisch kann man zunächst einmal die drei Grundfarben Gelb, Rot und Blau sowie ihre Mischfarben unterscheiden, nämlich Orange als Mischung aus Gelb und Rot, Violett aus Rot und Blau, Grün aus Gelb und Blau. Während die reinen Grundfarben in ihrer Wirkung recht eindeutig sind (vgl. oben stehende Übersicht), hängt sie bei den Mischfarben davon ab, ob einer der Mischungspartner überwiegt. Orange mit hohem Gelbanteil z. B. hat eine ähnliche Ausstrahlung wie die Grundfarbe Gelb.

Entscheidend ist außerdem die Farbintensität oder Deckkraft. Die den reinen Farbtönen zugeschriebenen Wirkungen werden zurückgenommen oder ändern sich teils sogar völlig, wenn sie durch mehr oder weniger hohen Weißanteil aufgehellt sind, bis hin zu den zarten Pastelltönen. In einer Staudenpflanzung sorgen z. B. hellblaue Rittersporne für einen eher luftigen, sanften, lockeren Eindruck, während tief dunkelblaue Sorten kühl-vornehme Schwerpunkte setzen. Ein aufgehellter Ton, der als Blütenfarbe durchaus eigenes Gewicht hat, ist Rosa. Neben dem Weißanteil spielt hier eine große Rolle, ob es sich eher um aufgehelltes Rot oder um helles Violett handelt. Kräftige Rosa- oder Pinktöne ähneln anders als Zartrosa oder Lachsrosa im Effekt schon eher dem Rot. Umgekehrt verändert sich auch bei abgedunkelten, getrübten Farben der Charakter, man vergleiche etwa das samtige, dezente Dunkelrot mancher Rosensorten mit dem kräftig leuchtenden Rot des Mohns. Es gibt zwar verschiedene Ansätze, Mischfarben und aufgehellte Töne einheitlich zu benennen, doch verbindliche Farbbezeichnungen existieren kaum, so dass man sich besser auf den eigenen Eindruck verlassen sollte.

Für Aufhellung bzw. Abdunklung sind die unbunten Farben Weiß und Schwarz verantwortlich, zu denen außerdem auch Grau und Braun zählen (auch → PRAXIS-SEITE Farben gezielt kombinieren, S. 228/229). Weiß fällt hierbei wie Rosa durch das Grundraster der Farbenlehre, da kein Bestandteil des Farbkreises, ist jedoch als eigenständige Blütenfarbe von großer Bedeutung.

Ein weiterer Faktor der Farbwirkung ist die Farbmenge. Bezogen auf eine Pflanzung bedeutet das: Große Blüten verkörpern einen Farbeffekt wesentlich plakativer als kleine, große Pflanzgruppen viel stärker als eingestreute Einzelpflanzen.

FARBEN GEZIELT KOMBINIEREN

Kombinationen nach dem Farbkreis

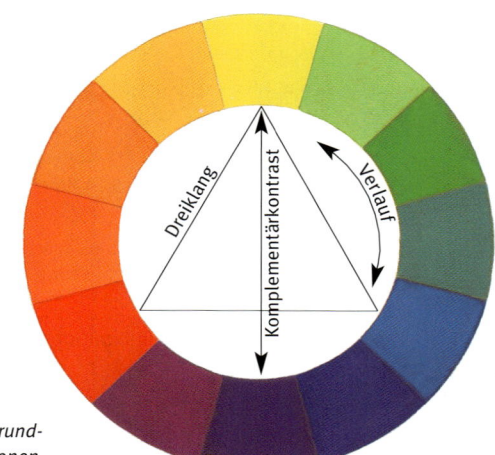

Eine sehr gute Hilfestellung für eigene Farbkompositionen bietet der zwölfteilige Farbkreis. Aus ihm lassen sich drei grundsätzliche Möglichkeiten ableiten:

1) Farbverlauf: Kombination nebeneinander liegender Farben mit sanften Übergängen. Bleibt man dabei innerhalb des warmen oder kalten Farbspektrums, entsteht jeweils eine so genannte Farbharmonie.

2) Farbkontrast: Zum stärksten Kontrast führt das Kombinieren zweier Farben, die auf dem Farbkreis direkt gegenüberliegen und als Komplementärfarben bezeichnet werden. So entstehen sehr spannungsreiche Kontraste, die zugleich auch Hell-Dunkel-Kontraste sind. Durch Ausweichen auf benachbarte Farbtöne, z. B. beim Kontrast zu Gelb auf Violettblau oder rötliches Purpur statt des reinen Violetts, mildern sich die Gegensätze, zugleich erhält man eine Vielzahl attraktiver Zweierkombinationen.

3) Farbdreiklang: Bei diesem auch Farbakkord genannten Prinzip legt man (gedanklich) ein Dreieck in den Farbkreis. Dessen Spitzen deuten auf drei gut zueinander passende Farben. Ein gleichseitiges Dreieck führt zu einem kontrastreichen Farbtrio, ein spitzwinkliges Dreieck schwächt die Kontraste etwas ab. Beim Zusammenstellen von Blütenfarben kommt man zwangsläufig auf den kräftigen Dreiklang Gelb – Rot – Blau. Alle grundsätzlich anderen Dreiklänge beziehen das Grün der Blätter mit ein.

Der Farbkreis als Grundlage für Kombinationen

1. *Farbverlauf: dunkelblaue Bartiris, blauviolette Polsterglockenblume und himmelblauer Lein*

2. *Komplementärfarbenkontrast: gelbe Schafgarbe und blauer Ehrenpreis*

3. *Farbdreiklang: orange Taglilie, blaue Glockenblume und grünes Blattwerk der Funkie*

> **TIPP**
>
> Gerade in Pflanzenkatalogen findet man oft sehr phantasievolle Blütenfarbenbeschreibungen. Zugleich geben Abbildungen den natürlichen Farbton aus technischen Gründen nicht immer zuverlässig wieder. Am gezieltesten lässt sich mit Farben arbeiten, wenn man sich die Arten und Sorten z. B. in einer Gärtnerei ansieht oder bereits blühende Containerpflanzen kauft.

PRAXIS

Einbeziehen aufgehellter Farben

In der einfachen Version des Farbkreises sind nur die reinen Farben aufgetragen. Nun bietet gerade die Natur eine Fülle von Abstufungen, vor allem in Richtung aufgehellter **Pastellfarben**. Hierzu zählt z. B. die häufige Blütenfarbe Rosa als aufgehelltes Rot oder Violett (auch → *Farbwirkungen*). Bei Ersetzen einer oder aller Komponenten in Farbverlauf, -kontrast oder -dreiklang durch ihre pastelligen Töne kann man die Gesamtfarbwirkung vielfältig verändern. Mit den verschiedenen Helligkeitsstufen nur einer Farbe arbeitet man bei **Ton-in-Ton-Kombinationen**, etwa beim Arrangieren von gelben Blüten mit Nuancen vom kräftigen Goldgelb bis zum zarten Zitronengelb. Solche monochrom (einfarbig) genannten Gestaltungen werden in der Praxis meist durch zusätzliches Einbeziehen benachbarter Farben, im Beispiel Gelb etwa Gelborange-Töne, ergänzt, so dass es sich streng genommen schon um einen Farbverlauf handelt. Außerdem trägt stets das grüne Blattwerk zur Wirkung mit bei.

Einbeziehen unbunter Farben

Die „unbunten" Farben kommen im klassischen Farbkreis nicht vor, dabei ist gerade **Weiß** von großer Bedeutung. Weiße Blüten lassen sich z. B. einsetzen:

■ In Ergänzung zu allen gewählten Farbkombinationen. Dunkle, blauviolette Farbkombinationen z. B. werden aufgehellt, zwischen starken Kontrastfarben wirkt das Weiß ausgleichend.

■ Als Ersatz einer der Komponenten im Farbkontrast oder Farbdreiklang. Die Stellvertreterrolle für das helle Gelb liegt nahe, doch auch ein Farbdreiklang Gelb – Rot – Weiß kann sehr überzeugend wirken.

■ In weißen Ton-in-Ton-Bepflanzungen, die einen ganz besonderen Reiz entfalten und die Vielfalt der Weißnuancen – etwa creme-, rötlich oder bläulich weiß – demonstrieren.

Ähnlich vielfältig kombinierbar wie Weiß ist **Grau**, das in der Natur als Rindenfarbe sowie mit weißlichem, bläulichen oder silbrigem Schimmer als Blattfarbe auftritt. Es wirkt beruhigend, ausgleichend und in gewisser Weise edel, besonders im Verein mit Blau- oder Violetttönen. Bei der Rinde hintergrundbildender Gehölze kommt schließlich neben Grautönen auch das **Braun** ins Spiel, eine Farbe, die ähnlich wie Dunkelgrün beruhigend und stabilisierend wirkt. Als rötliches bis orange getöntes Braun von Blättern – bei rotlaubigen Arten nicht nur im Herbst –, seltener als Blütenfarbe, ergänzt es auf besondere Weise die Palette warmer Töne.

Auch → *Farbgestaltung*, → *Farbwirkungen*

CHECKLISTE

Häufig soll eine bevorzugte Blütenfarbe kombiniert werden, dabei aber dominant bleiben. Hier einige mögliche Lösungen zum Durchspielen:

- **Ton-in-Ton**
- **Farbverlauf**
- **Kombination nur mit Weiß**
- **schwacher Kontrast** (die dritt- oder viertnächste Farbe im Farbkreis)
- **Farbdreiklang oder Komplimentärkontrast mit stark aufgehellten Partnern**
- **Kontrast oder Dreiklang mit kleinblütigen oder in geringen Mengen gepflanzten Partnern**

Farbdreiklang mit blauem Rittersporn, gelben Schwertlilien und roter Brennender Liebe; vereinzelte weiße Blüten setzen Lichtpunkte.

Ganz in Weiß – sehr nobel wirken solche Kombinationen, bei denen auch Blattfarben und -formen besonders in den Vordergrund treten.

Komplementärkontrast in Gelb und Violett. Durch die großflächigen Pflanzengruppen entfaltet das Farbenspiel Fernwirkung.

Fargesia
Botanischer Gattungsname des winterharten Schirmbambus
→ *Bambus*

Farne
PTERIDOPSIDA

Farne sind eine rund 10 000 Arten umfassende Klasse der Farnpflanzen, zu denen auch die Bärlappe und Moose zählen. Diese erdgeschichtlich sehr alten Pflanzen sind blütenlos, jedoch wie die höher entwickelten Samen- bzw. Blütenpflanzen deutlich in echte Wurzeln, Stängel und Blätter gegliedert. Die meisten Farne besitzen gefiederte Blätter, die typischen Farnwedel. Sie sind teils einfach gefiedert, z. B. beim Rippenfarn, meist jedoch zwei- bis mehrfach mit weiterer Unterteilung der Fiederblätter, etwa beim Straußfarn oder Wurmfarn. Zu den wenigen Ausnahmen mit ungeteilten Wedeln gehört der Hirschzungenfarn.

Farne vermehren sich anders als die Samenpflanzen durch Sporen. Charakteristisch für ihre Entwicklung ist der Wechsel von zwei Generationen, die beide selbständig leben. Bei den eigentlichen Farnpflanzen handelt es sich schon um die zweite, ungeschlechtliche Generation. Sie legen an der Unterseite der Wedel teils deutlich erkennbare Sporenlager an, die bei Reife die Sporen ausstreuen. Diese keimen auf feuchtem Boden und entwickeln sich zu nur wenigen Zentimetern großen Gametophyten, der ersten, geschlechtlichen Generation. Auf diesen wie kleine Blättchen aussehenden Vorkeimen werden die männlichen und weiblichen Geschlechtsorgane mit Geschlechtszellen gebildet. Nur im Wasser (z. B. Tau- oder Regentropfen, feuchter Untergrund) können die männlichen Geschlechtszellen zu den weiblichen gelangen und diese befruchten. Aus der befruchteten Eizelle entsteht nun der ungeschlechtliche Sporophyt, die Farnpflanze mit Wurzeln, Stängel und Blättern. Nicht alle Wedel bringen Sporen hervor, es gibt auch unfruchtbare Wedel, die bei manchen Arten nur schwer von den fruchtbaren zu unterscheiden sind.

Grundsätzlich kann man Farne, ähnlich wie bei der Anzucht aus Samen, durch Sporenaussaat vermehren. Allerdings ist das Verfahren recht langwierig; von den meisten Arten lassen sich Nachkommen wesentlich einfacher durch Teilung der Rhizome (Wurzelstöcke) im Frühjahr gewinnen.

Durch ihre Gestalt und die sattgrünen Wedel sind Farne Blattschmuckpflanzen mit ganz eigenem Reiz. Im Ursprung meist in Wäldern beheimatet, eignen sie sich hervorragend, um Schattenplätze zu verschönern, wobei man sie meist in Gruppen pflanzt. Stattliche Arten wie der Königsfarn wirken auch in Einzelstellung beeindruckend. Im Verein mit blühenden Schattenstauden, etwa Eisenhut oder Silberkerze, sowie mit Funkien ermöglichen die Farne mit ihren unterschiedlichen Wedelformen und Grüntönen eine Vielfalt von Gestaltungsmöglichkeiten für lichtarme Gartenpartien. Im Halbschatten stellen sie stimmige Begleiter für Rhododendren dar, wobei man darauf achten muss, dass nicht alle Arten auf sauren Böden, wie sie für Rhododendren nötig sind, gedeihen. Manche Farne eignen sich auch gut für schattige Steingartenpartien, die Steinfeder (Streifenfarn) und einige andere Arten wachsen sogar in Mauerritzen. Farne in Töpfen schließlich können dunkle Terrassen- und Balkonecken zieren.

Einen Standort auf humosem, lockerem, feuchtem, aber nicht zu nassem Boden vorausgesetzt, erweisen sich die meisten Farne als ausgesprochen pflegeleicht.

Zierde für Schattenplätze: Straußfarn (Matteuccia struthiopteris)

Farnkraut
Aus der Biogarten-Praxis stammt der Einsatz von Farnwedeln für verschiedenste Zwecke. Gute Erfahrungen hat man hier vor allem mit Blättern von → *Wurmfarn* und Adlerfarn gemacht.

Als Mulchdecke sollen sie Schnecken fern halten, als Unterlage für geerntete Äpfel können sie deren Lagerfähigkeit verlängern. Zu Brühen oder Jauchen verarbeitet, werden sie gegen Blattläuse, Blutläuse und andere Schädlinge eingesetzt.

Auch → *Kräuterauszüge*

Fasertorf

Grobfasriger Weißtorf mit guter Struktur, teils als abgesiebter Fasertorf ohne Grobbestandteile im Handel

Auch → *Torf*

Faserwurzel

Faserwurzeln sitzen als feinste Verzweigungen an den Seiten- und Hauptwurzeln und werden auch Fein-, Saug- oder Kurzwurzeln genannt. Sie haben nur eine kurze Lebensdauer und werden unter günstigen Bedingungen ständig neu gebildet. Sie sind wichtig für die Wasseraufnahme; besonders unterhalb ihrer Spitzen konzentrieren sich außerdem die fadenartigen Wurzelhaare, über die die Pflanze in Wasser gelöste Nährstoffe aufnimmt.

Beim Um- und Neupflanzen gehen zahlreiche Faserwurzeln verloren und beeinträchtigen somit zunächst die Lebensfähigkeit der Pflanze. Anders beim Setzen von → *Containerpflanzen*: Hier bleibt der Großteil dieser Feinverzweigungen erhalten, weshalb man sie selbst im Sommer pflanzen kann. Andererseits regen Verletzungen dieser Wurzelteile auch die Bildung von neuen Faserwurzeln an, was man sich beim → *Pikieren* und Umsetzen von Jungpflanzen zunutze macht.

Fassadenbegrünung

Die Begrünung von Hauswänden und Mauern mit Kletterpflanzen bietet neben dem hübschen Anblick mehrere Vorteile: Die Bepflanzung dient als natürlicher Schutz der Fassade vor Wind, Wetter und Temperaturschwankungen, als Wärmedämmschicht im Winter und als angenehmer Kühlespender im Sommer. Nicht unterschätzen sollte man zudem die ökologischen Wirkungen: Die grünen Blätter produzieren reichlich Sauerstoff, was sich gerade im Stadtklima besonders positiv auswirkt, und filtern Luftschadstoffe bzw. halten diese ab. In dem dichten Ast- und Blattwerk finden Nützlinge wie Marienkäfer und Schwebfliegen Unterschlupf und Lebensraum, manche Vogelarten bauen darin ihre Nester. Letztere reduzieren und regulieren auch den Insektenbesatz in der grünen Wand, was zu begrüßen ist, da sich freilich nicht nur erwünschte Insekten einstellen. Wer seine Wohnhausfassade dicht begrünen möchte, muss sich jedenfalls darauf einstellen, dass direkt vor seinem Fenster reges Leben herrscht, die als Insektenvertilger nützlichen, aber nicht von jedem geliebten Spinnen inbegriffen.

Fassadeneignung und Schadensvermeidung

Größere Bedenken bestehen meist, was eventuelle Mauerschäden angeht. Zu einer manchmal befürchteten Durchfeuchtung der Mauern kommt es kaum – im Gegenteil, das Blattwerk der Pflanzen hält Regen ab und bewahrt die Fassaden vor dem häufigen Wechsel von Feuchte und Trockenheit. In der Regel herrscht zwischen Pflanzen und Wand zudem immer genügend Luftzirkulation, die Vernässung verhindert. Kommt es doch einmal zu Feuchteproblemen, liegt die Ursache meist an schadhaftem Mauerwerk oder Putz.

Rissiger oder löchriger Putz stellt grundsätzlich ein Problem dar, wenn Selbstklimmer wie Efeu und Wilder Wein verwendet werden sollen. Durch deren Haftscheiben bzw. Haftwurzeln können bestehende Schäden vergrößert werden. Völlig intakter Putz wird nicht angegriffen, es gibt jedoch Hinweise, dass die Haftorgane unter Umständen selbst in kleinste Putzrisse eindringen können. Kunststoff- und kunstharzhaltige Putze, die des Öfteren erneuert werden müssen, sind für solche Pflanzen wenig geeignet, ebenso Fachwerkfassaden und Wandplatten. Keine Probleme treten bei einwandfreiem Raupputz oder Ziegelmauerwerk auf. In Zweifelsfällen sollte man unbedingt Fachleute zu Rate ziehen.

Weitaus weniger kritisch ist die Begrünung mit Pflanzen, die ein Klettergerüst brauchen, etwa Pfeifenwinde oder Geißblatt und so nicht in direktem Kontakt mit der Fassade stehen. Bei Glyzine (Blauregen) und Schlingknöterich ist allerdings Vorsicht geboten: Ihre kräftigen Triebe wachsen teils auch nach innen und zwischen offene Fugen. Bei schlecht verfugtem Mauerwerk, Schiefer- oder Wandplatten sollte man von diesen Pflanzen besser absehen.

Aufgrund seiner ansehnlichen Herbstfärbung gehört der Wilde Wein zu den beliebtesten Kletterpflanzen.

Faulbaum

Weitere Gesichtspunkte
Abgesehen von der Fassadeneignung gilt es zu beachten:

- Ausreichend stabile Klettergerüste bzw. -konstruktionen wählen und absolut sicher in der Wand verankern; die Pflanzen entwickeln mit den Jahren ein beachtliches Gewicht.
- Fensterbereich und Gesims stets von Bewuchs frei halten, um Nässeansammlung, vor allem durch Schnee im Winter, zu vermeiden.
- Ebenso Triebe wegschneiden, die sich Ziegeldächern, Regenrinnen und Regenfallrohren nähern; besonders Knöterich und Glyzine können hier Schäden verursachen und z. B. Fallrohre regelrecht eindrücken.
- Regenrinnen regelmäßig kontrollieren; bei bis unters Dach gezogenen Kletterpflanzen kommt es hier zu Laubansammlungen.

Bauamtliche Genehmigungen sind für die Fassadenbegrünung nicht nötig, jedoch kann es Gestaltungsrichtlinien der Gemeinde oder Stadt geben, so dass man sich vor der Pflanzung bei den zuständigen Ämtern erkundigen sollte. Vor allem in Städten bieten häufig die Gartenbauämter Beratung und Unterstützung für die Hausbegrünung an. Zu beachten ist außerdem, dass man bei Begrünung von angrenzenden Nachbarwänden unbedingt die Genehmigung des Eigentümers braucht, ebenso bei einer Wandbepflanzung an einem Miethaus.

Pflanzenwahl
Neben der Vorliebe für bestimmte Pflanzen und Zieraspekte spielt, wie erwähnt, zunächst die Frage Selbst- oder Gerüstkletterer im Hinblick auf die Fassade eine Rolle. Beachtet werden müssen außerdem die Lichtansprüche. Nachfolgend eine Auswahl der wichtigsten Kletterpflanzen für die verschiedenen Ausrichtungen der Fassaden:

- Südseite: Trompetenblume, Glyzine, Schlingknöterich, Wilder Wein, Kletterrose, Spalierobst wie Birne, Apfel, Pfirsich
- Westseite: Baumwürger, Glyzine, Schlingknöterich, Kletterhortensie, Waldrebe, Wilder Wein
- Ostseite: Pfeifenwinde, Schlingknöterich, Efeu, Kletterhortensie, Geißblatt, Waldrebe, Wilder Wein
- Nordseite: Efeu, Pfeifenwinde

Weitere Ansprüche und Hinweise zu den Pflanzen sind in den Porträts unter den jeweiligen Pflanzennamen zu finden.

Für großflächige Begrünungen im Sinne eines „grünen Pelzes" eignen sich vor allem Efeu, Geißblatt, Kletterhortensie, Pfeifenwinde, Schlingknöterich und Wilder Wein, in milden Lagen auch die Weinrebe. Mit den Jahren recht ausgedehnte Begrünungen erreicht man z. B. auch durch Geißblatt und Trompetenblume. Mit Waldrebe, Kletterrose oder Winterjasmin sorgt man eher für besondere Akzente in bestimmten Bereichen der Fassade oder etwa neben dem Hauseingang. Für solche Zwecke kommen neben Klettergehölzen auch einjährige Arten wie Prunkwinde oder Glockenrebe infrage.

Auch → Kletterpflanzen, → Klettergehölze

Faulbaum
FRANGULA ALNUS

Dieses heimische Wildgehölz, oft noch unter dem Namen *Rhamnus frangula* geführt, wächst natürlicherweise in lichten Wäldern, Gebüschen, Heiden und Mooren. Den deutschen Namen verdankt der Faulbaum seiner unangenehm riechenden Rinde, die wie alle Pflanzenteile giftig ist; da er früher zur Herstellung von Schießpulver verwendet wurde, heißt er auch Pulverholz. Im Garten wird er als robustes Gruppengehölz verwendet,

Faulbaum (Frangula alnus)

das Bienen und anderen Insekten sowie Vögeln Lebensraum und Nahrung bietet.

Merkmale: Großer Strauch oder kleiner Baum, 1,5 – 5 m hoch, 2 – 4 m breit; graubraune Rinde mit weißen Korkzellen; eiförmige, dunkelgrüne Blätter, die sich im Herbst gelb färben; gelblich weiße Blüten in achselständigen Büscheln; zunächst rote, später schwarze, zierende Steinfrüchte, giftig.

Blütezeit: Mai – Juli

Verwendung: Für Wildhecken und in Wildstrauchgruppen, für Schutzpflanzungen.

Standort: Humoser, frischer bis feuchter, neutraler bis saurer Boden.

Pflanzen/Vermehren: Pflanzung im Herbst oder Frühjahr; Vermehrung durch Absenker oder Aussaat (Kaltkeimer).

Pflege: Anspruchslos; gelegentliche Kompostgaben günstig; wenn nötig, auslichten.

Fäulniskrankheiten
Fäulnissymptome können an allen Pflanzenteilen auftreten und durch eine Vielzahl von Erregern verursacht sein. Meist handelt es sich um Schadpilze, seltener um Bakterien (→ *Bakterienkrankheiten, Bakterielle Fäulen*).

Wurzel-, Knollen- oder Zwiebelfäulen können auch unbelebte Ursachen haben, nämlich Staunässe bei verdichtetem Boden oder zu häufiges, überreichliches Gießen. Die schlechten Kulturbedingungen führen dann oft erst zum Befall durch → *Bodenpilze*.

Neben speziellen Krankheiten, z. B. Kraut- und Braunfäule bei Tomaten oder Kartoffeln, ruft besonders der → *Grauschimmel* Fäulniserscheinungen an einer Vielzahl von Pflanzen hervor. Die Fäulnis kann, wie bei Erdbeeren, auch auf Früchte übergehen (→ *Erdbeerkrankheiten*).

Fruchtfäulen an reifendem Obst sind häufig die Folge von Befall mit → *Monilia*, einem ebenfalls pilzlichen Erreger. Lagerfäulen, die vor allem bei Äpfeln eine Rolle spielen (auch → *Apfelkrankheiten*), nehmen ihren Ausgang meist von kleinen Verletzungen bzw. dringen über diese in die Früchte ein.

Fäulnis verursachende Schadpilze werden besonders durch feucht-warme Witterung begünstigt sowie generell durch hohe Feuchtigkeit, sei es in der Luft oder im Boden. Durch gute Bodenpflege und -lockerung und sachgerechtes Gießen lässt sich vielen dieser Krankheiten vorbeugen. Beim Obst fördert das Lichthalten der Krone und ein nicht gar zu windstiller Standort das Abtrocknen von Blättern und Früchten nach Regenfällen und mindert somit die Krankheitsausbreitung. Abgesehen von Monilia sind die meisten Fäulniserreger Schwächeparasiten, die man durch richtige Standortwahl, geeignete Kultur- und Pflanzenstärkungsmaßnahmen sowie zurückhaltende Stickstoffdüngung im Zaum hält. Faulende Pflanzen und Pflanzenteile sollten in jedem Fall umgehend entfernt werden.

Fauna

Bezeichnung für die Tierwelt in einem geografisch begrenzten Gebiet oder eines bestimmten Lebensraumes

Fechser

Kräftige Seitenwurzelstücke des → *Meerrettichs*, die zur Vermehrung genutzt werden.

Federborstengras

Gräsergattung, aus der vorwiegend die dekorativen, als → *Lampenputzergras* bekannten Arten im Garten Verwendung finden.

Federbusch

CELOSIA ARGENTEA
☼

Zum aus den Tropen stammenden Federbusch oder Silberbrandschopf gehören zwei Varietäten bzw. – nach neuerer botanischer Lesart – Formengruppen: Beim eigentlichen Federbusch (*Plumosa*-Grp.) erinnern die attraktiven Blüten in der Tat an bunte Federbüschel, beim Hahnenkamm (*Cristata*-Grp.) ebenfalls an das namengebende Vorbild bzw. an den Kamm eines Truthahns. Die Fuchsschwanzgewächse werden meistens in Sortenmischungen mit verschiedenen leuchtenden Blütenfarben angeboten.

Merkmale: Einjährige Sommerblume; Federbusch verzweigt, Hahnenkamm meist einstielig; 20 – 40 cm hoch, die seltenen hohen Sorten und Varietäten bis 100 cm; verkehrt eiförmige Blätter; Blüten rot, orange, gelb, weiß oder rosa.

Blütezeit: Juli – September

Verwendung: In Gruppen auf Beeten; in Balkonkästen und Schalen; als Schnitt- und Trockenblumen.

Standort: Warmer Platz; humoser, durchlässiger, nährstoffreicher, nicht zu feuchter Boden.

Kultur: Anzucht ab Februar bis April bei 18 – 22° C), bei früher Aussaat Blüte schon ab Ende Mai; ein- bis zweimal pikieren; Pflanzung nach Mitte Mai mit 20 – 30 cm Abstand, je nach Wuchshöhe.

Pflege: Gleichmäßig feucht halten, auf mäßig nährstoffreichem Boden etwa alle zwei Wochen düngen, sonst monatlich; Verblühtes regelmäßig entfernen.

Federbusch (Celosia argentea, Plumosa Grp.)

*Federbuschstrauch
(Fothergilla major)*

Federbuschstrauch
FOTHERGILLA MAJOR

Der aus Nordamerika stammende sommergrüne Strauch zeigt wie alle Zaubernussgewächse eine prächtige Herbstfärbung. Die namensgebenden federbuschartigen Blütenstände haben keine Blütenblätter, sondern wirken durch die verdickten, weißen Staubfäden. Ein attraktiver, langsamwüchsiger Strauch, der sich auch für kleinere Flächen eignet. Im Vorgarten z. B. stellt er einen besonderen Blickfang dar; die interessanten Blüten kontrastieren schön mit einer Unterpflanzung aus späten Tulpen.

Merkmale: Strauch; vieltriebig; 1,5 – 3 m hoch, bis 2,5 m breit; eiförmige Blätter, leuchtend gelbe bis rote Herbstfärbung; duftende, weiße Blüten in flaschenbürstenähnlichen, 3 – 6 cm langen Ähren.
Blütezeit: Mai
Verwendung: In Einzelstellung oder kleinen Blütenstrauchgruppen; schöner Partner für Rhododendren und Hortensien sowie Bluthasel und andere rotlaubige Sträucher.
Standort: Durchlässiger, humoser, neutraler bis saurer, frischer bis feuchter Boden.
Pflanzen/Vermehren: Pflanzung vorzugsweise im Frühjahr; Vermehrung durch Stecklinge von krautigen Trieben im Sommer oder durch Absenker.
Pflege: In langen Trockenperioden gießen, Kompostgaben im Herbst oder Frühjahr, kein Schnitt nötig; Wurzelbereich vorm Winter mit Laub abdecken.
Hinweis: Nur bis etwa 1 m Höhe erreicht der Erlenblättrige Federbuschstrauch (*F. gardenii*), der kleinere Blütenähren hervorbringt, der beschriebenen Art sonst aber sehr ähnlich ist.

Federgras
STIPA

Die Federgräser sind attraktive Ziergräser für trockene, sonnige Standorte. Am schönsten wirken sie durch ihre auffälligen Grannen zur Fruchtzeit, die je nach Art in den Sommer oder Herbst fällt.

Geeignete Kombinationspartner sind naturnah wirkende Stauden, die ebenfalls kalkhaltige, nicht zu feuchte Böden bevorzugen, etwa Küchenschelle, Königskerze, Eseldistel sowie einige Storchschnabel- und Ehrenpreisarten. Die Nachbarpflanzen sollten allerdings nicht zu starkwüchsig oder gar wuchernd sein, da die vergleichsweise langsam wachsenden Federgräser durch ausbreitungsstarke Konkurrenz leicht verdrängt werden.

Neben den vorgestellten Arten werden gelegentlich noch einige andere Federgräser angeboten, etwa das Büschelfedergras (*S. capillata*) oder auch das Prachtfedergras (*S. pulcherrima*). Bis auf das in ganz Europa verbreitete Federbuschgras kommen die meisten Arten in erster Linie im Mittelmeerraum wild vor. Alle stehen an ihren Naturstandorten unter strengem Artenschutz.

Reiherfedergras
STIPA BARBATA

Merkmale: Staudengras, 20 – 50 cm hoch, Blütenhalme bis 80 cm; Horste mit langen, schmalen, meist am Rand eingerollten Blättern; sehr lange, fedrig behaarte, silbrig weiße, nach unten hängende Grannen.
Blütezeit: Juli – August
Verwendung: Einzeln oder in kleinen Gruppen; im Natur-, Stein- und Heidegarten, in sonnigen, trockenen Rabatten; als Schnittgras, für Trockensträuße.
Standort: Möglichst vollsonnig und warm; durchlässiger, am besten sandig lehmiger, auch kiesiger, kalkhaltiger Boden.
Pflanzen/Vermehren: Pflanzung vorzugsweise im Frühjahr, möglichst mit Ballen; Vermehrung durch Aussaat im Herbst in kleine Töpfe (Kaltkeimer) oder durch Teilung im Frühjahr bis Frühsommer.
Pflege: Anspruchslos; im Frühjahr zurückschneiden.

Riesenfedergras
STIPA GIGANTEA

Merkmale: Staudengras; 50 – 70 cm hoch, Blütenhalme 100 – 200 cm; locker aufgebaute Horste mit schmalen, eingerollten, blaugrünen Blättern, dicht stehende Halme; große, lockere Blütenrispen, gelb, oft rötlich überhaucht, bis 20 cm lange, stark gespreizte, unbehaarte Grannen.
Blütezeit: Juni – August
Verwendung: In Einzelstellung; in Natur- oder Heidegartenbereichen, in sonnigen, trockenen Staudenbeeten; als Schnittgras, für Trockensträuße.
Standort: Wie Reiherfedergras.
Pflanzen/Vermehren: Wie Reiherfedergras.
Pflege: Winterschutzabdeckung des Wurzelbereichs empfehlenswert, sonst wie Reiherfedergras.

Flauschfedergras (Stipa pennata)

Flauschfedergras
STIPA PENNATA

Merkmale: Staudengras, 20 – 40 cm hoch, Blütenhalme bis 60 cm; dichte Horste mit starren, zusammengefalteten Blättern; einfache Blütenrispe mit bis 20 cm langen, bogig überhängenden, flauschig fedrigen Grannen.
Blütezeit: Mai – Juni
Verwendung: Beste Wirkung bei Pflanzung in kleineren oder größeren Gruppen; sonst wie Reiherfedergras.
Standort: Wie Reiherfedergras.
Pflanzen/Vermehren: Wie Reiherfedergras.
Pflege: Wie Reiherfedergras.

Federkohl
Anderer Name für den → *Grünkohl*

Federmohn, Weißer
MACLEAYA CORDATA

Aus Japan und China stammen die Federmohnarten, von denen hauptsächlich der Weiße Federmohn gepflanzt wird. Bei der Wahl des Gartenstandorts und der Nachbarpflanzen sollte man berücksichtigen, dass der Federmohn mit seinen Ausläufern recht stark wuchert. Wie viele Mohngewächse führt er im Stängel einen giftigen, bräunlichen Milchsaft.
Merkmale: Staude, buschig aufrecht, 200 – 300 cm hoch, unterirdische Ausläufer bildend; große herzförmige, gelappte, blaugrüne Blätter mit silbriger Unterseite; zahlreiche kleine, cremeweiße Blüten in großen, federbuschartigen Rispen, bei Sorten auch rosa.
Blütezeit: Juli – August
Verwendung: In Einzelstellung an Zäunen, vor Mauern oder Gehölzgruppen; zusammen mit hohen Gräsern, mit hohen Blütenstauden in Rabatten; in Gruppen als Sichtschutz; für naturnahe Pflanzungen.
Standort: Durchlässiger, auch sandiger, nährstoffreicher Boden.
Pflanzen/Vermehren: Pflanzung im Herbst oder Frühjahr mit 80 – 120 cm Abstand; ggf. in großem Kübel versenken, um Ausbreitungsdrang einzugrenzen; Vermehrung durch Aussaat, Teilung oder Wurzelschnittlinge.
Pflege: Anspruchslos; Rückschnitt im Spätherbst oder zeitigen Frühjahr möglich.

Weißer Federmohn (Macleaya cordata)

Hinweis: Der Ockerfarbige Federmohn (*M. microcarpa*) unterscheidet sich vom Weißen Federmohn durch bräunlich kupferfarbene Blüten sowie eher graugrüne Blattoberflächen und wird nur bis 250 cm hoch; sonst wie die beschriebene Art.

Federnelke
Mehrjährige, Polster bildende
→ *Nelke*

Feigenbaum
FICUS CARICA

Der Feigenbaum, auch Echte Feige genannt, stammt ursprünglich aus Südwestasien, wird aber im Mittelmeerraum schon lange als Obstgehölz angebaut. Auch weiter nördlich gedeiht das Maulbeergewächs in sommerwarmen, wintermilden Gegenden als Gartenbaum, in etwas kälteren Regionen kann man die Feige als Fächerspalier an einer wärmenden Südwand ziehen. Kurzzeitig erträgt sie Temperaturen bis etwa -15° C, im Jugendstadium ist sie jedoch empfindlicher. Nach starkem Zurückfrieren erfolgt in den meisten Fällen ein Neuaustrieb, solange der Wurzelstock keinen Schaden nimmt. Verbreiteter und risikoärmer ist bei uns jedoch die Kultur der Feige als Kübelpflanze. Da ältere, gut versorgte Kübelbäumchen einige Frostgrade vertragen, können sie im Herbst relativ spät eingeräumt sowie im Frühjahr dann schon vor den empfindlicheren Kübelpflanzenarten nach draußen gestellt werden.

Die im Süden zur Obstgewinnung angebauten Kulturfeigen sind zur Befruchtung auf eine bestimmte Gallwespe angewiesen sowie auf den Pollen der nah verwandten Bocksfeige. Für die Garten- oder Kübelpflanzung werden dagegen meist selbstbefruchtende Feigenbäume angeboten. Bei Kübelkultur sind die Feigenfrüchte al-

lerdings ohnehin nur ein interessanter Nebenaspekt; lohnende Ernten wird man hier kaum erzielen. In erster Linie zieht man die Feige als Zierbäumchen, das mit seinem attraktiven Blattwerk sehr dekorativ ist.
Merkmale: Kleiner, kurzstämmiger Baum mit breiter Krone oder großer Strauch, 2 – 6 m hoch, in Kübelkultur bis etwa 2,5 m; handförmige, drei- bis fünflappige, große, ledrige Blätter, Blüten in krugförmigen bis kugeligen Blütenständen, aus denen nach Befruchtung die grünen, braungelben oder -violetten Feigenfrüchte entstehen, je nach Blütenstandsanlage im Frühjahr oder Spätsommer.
Blütezeit: Mai – September, im Kübel meist nur im Spätsommer
Verwendung: Als attraktive Kübelpflanze mit zierenden Blättern, passt schön in mediterrane Terrassengestaltungen, z. B. mit Rosmarin und Lavendel; an warmen Gartenplätzen als Ziergehölz oder zum Liebhaberobstanbau.
Standort: Warm, geschützt. Kübelkultur: In guter Qualitäts- bzw. Einheitserde. Garten: Tiefgründiger, nährstoffreicher, frischer Boden.
Pflanzen/Vermehren: Kübelpflanzen bei Bedarf im Frühjahr umtopfen; im Garten nur im Frühjahr pflanzen; Vermehrung durch Kopfstecklinge im Spätsommer bei 25° C Bodenwärme und hoher Luftfeuchtigkeit.
Pflege: Kübelkultur: Reichlich gießen, bis Anfang August wöchentlich düngen; hell oder dunkel bei 2 – 8° C überwintern; über Winter sparsam gießen; ab Anfang Mai, je nach Wetterlage, ausräumen. Garten: In Trockenphasen kräftig wässern, im Frühjahr und Sommer Kompost oder organische Volldüngergaben, Kalidüngung zur Förderung der Winterhärte im Herbst günstig; Wurzelbereich im Herbst mit Laub und Reisig abdecken, vor starken Frösten ggf. oberirdische Teile mit Vlies oder Kokosmatten schützen; erfrorene Triebe im Frühjahr zurückschneiden.

Feinboden
Alle Bodenteilchen mit Korngrößen unter 2 mm, also Sand, Schluff und Ton
Auch → *Boden, Bodenstruktur*

Feingemüse
Mehr oder weniger zart schmeckende bzw. in der Regel nur frisch verarbeitete, kaum lagerfähige Gemüse wie Blumenkohl, Kopfsalat, Spargel, junge Erbsenhülsen, junge Möhren. Spätmöhren dagegen zählen wie andere Wurzelgemüse und Kopfkohl zum Grobgemüse.

Feinstrahl
ERIGERON-HYBRIDEN
☼

Diese Korbblütler sind auch als Feinstrahlastern bekannt, da sie in Wuchs und Blüte sehr an Herbstastern erinnern und sich hauptsächlich durch die schmaleren Strahlenblüten unterscheiden. Ein weitere Bezeichnung für die Gattung ist Berufkraut. Bei den Stauden handelt es sich um Hybriden aus verschiedenen nordamerikanischen Arten.

Feinstrahl (Erigeron-Hybride)

Aus Südamerika und Südeuropa dagegen stammt eine nicht winterharte Art, das Spanische Gänseblümchen (*E. karvinskianus*). Die kriechend bis hängend wachsende Pflanze mit weißen oder rosa überhauchten Blüten hat hauptsächlich Bedeutung als recht pflegeleichte Balkon- und Ampelpflanze.
Merkmale: Staude, buschig, reich verzweigt, 50 – 80 cm hoch; lanzettliche Blätter; Blüten je nach Sorte rosa, violett, rot, blau oder weiß mit orangegelber Mitte.
Blütezeit: Juni – Juli, Nachblüte im August/September
Verwendung: In Gruppen für Beete und Rabatten, als Rosenbegleitpflanze; gute Schnittblume.
Standort: Durchlässiger, nährstoffreicher, nicht zu schwerer Boden.
Pflanzen/Vermehren: Pflanzung im Herbst oder Frühjahr mit 30 – 40 cm Abstand; Vermehrung durch Teilung vor der Blüte oder durch Stecklinge.
Pflege: In Trockenzeiten gründlich gießen; nach der Sommerblüte um ein Drittel zurückschneiden, fördert die Nachblüte ab August; nicht standfeste Sorten stützen; alle 3 bis 5 Jahre teilen und neu verpflanzen.

Feinwurzel
Andere Bezeichnung für → *Faserwurzel*

Feigenbaum (Ficus carica)

Felberich
LYSIMACHIA

Gilbweiderich ist eine weitere geläufige Bezeichnung für diese Gattung der Primelgewächse. Die als Zierpflanzen verwendeten Arten wachsen in Mittel- oder Osteuropa wild in feuchten Wäldern oder an Ufern, was entsprechende Standorte im Garten nahe legt. Der bei uns am häufigsten wild vorkommende Gewöhnliche Felberich (L. vulgaris) wird zuweilen ebenfalls an Teiche gepflanzt.

Etwas aus der Reihe fällt eine weitere Felberich-Art, L. congestiflora, als Lyssi oder Sonnengold bekannt. Die aus China stammende, nicht winterharte Pflanze wird meist als Balkon- oder Ampelpflanze kultiviert. Sie hat leicht überhängende Triebe, blüht gelb von Mai bis Oktober und lässt sich auch als einjähriger Bodendecker in Beeten einsetzen.

Pfennigkraut
LYSIMACHIA NUMMULARIA

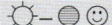

Wird auch Münzkraut genannt.
Merkmale: Staude mit niederliegendem Wuchs und langen, wurzelnden Ausläufern bis 5 cm hoch; rundliche bis eiförmige Blätter; zahlreiche kleine, leuchtend gelbe Blüten.
Blütezeit: Mai – Juli
Verwendung: Als Bodendecker vor oder unter Gehölzen, am Uferbereich von Teichen, zum Überdecken unschöner Teichränder; mäßig wuchernd und verträglich.
Standort: Halbschattiger Platz am günstigsten; frischer bis feuchter, nährstoffreicher Boden.
Pflanzen/Vermehren: Pflanzung im Herbst oder Frühjahr, als Bodendecker mit 8 bis 10 Pflanzen je m²; Vermehrung durch Teilung und Abtrennen der Ausläufer.
Pflege: In Trockenperioden gießen, sonst sehr anspruchslos; im Frühjahr mit Kompost überstreuen.

Goldfelberich
LYSIMACHIA PUNCTATA

Wird auch Drüsiger Gilbweiderich oder Tüpfelstern genannt.
Merkmale: Staude, aufrecht, dicht buschig, 60 – 100 cm hoch; stark Ausläufer bildend; quirlständige, eiförmige bis breit lanzettliche Blätter; goldgelbe, schalenförmige, zart duftende Blüten, in quirlartigen Etagen in den Blattachseln.
Blütezeit: Juni – August
Verwendung: In Gruppen am Teich- und Gehölzrand, auf Rabatten, im Bauerngarten, in Naturgartenbereichen zum Verwildern.
Standort: Wie Pfennigkraut.
Pflanzen/Vermehren: Pflanzung im Herbst oder Frühjahr mit 50 – 80 cm Abstand; Vermehrung durch Teilung im Frühjahr und Herbst; Aussaat möglich, aber oft langwierig.
Pflege: Bei sonnigem Stand und anhaltender Trockenheit kräftig gießen; im Frühjahr Kompost geben; wo kein Verwildern gewünscht, Ausläuferpflanzen regelmäßig abtrennen.
Hinweis: In Wuchshöhe und Verwendung dem Goldfelberich entsprechend, bringt der Schneefelberich (L. clethroides) reinweiße, kleinblütige, dicht besetzte Blütentrauben hervor. Diese ostasiatische Art blüht bis in den September hinein und hat dieselben bescheidenen Ansprüche wie ihre europäischen Verwandten, sollte allerdings Winterschutz erhalten.

Straußfelberich
LYSIMACHIA THYRSIFLORA

Wird auch Straußweiderich genannt.
Merkmale: Staude, aufrecht wachsend, 30 – 50 cm hoch; kriechender Wurzelstock mit unterirdischen Ausläufern; schmal lanzettliche Blätter; kleine gelbe Blüten in federbuschartigen Trauben in den Blattachseln.
Blütezeit: Juni – August
Verwendung: In Gruppen im Rand- und Sumpfbereich von Teichen, in feuchten Naturgartenbereichen.
Standort: Halbschattiger Platz am günstigsten; feuchter bis sumpfiger Boden, bis 10 cm Wassertiefe.
Pflanzen/Vermehren: Pflanzung im Herbst oder Frühjahr mit etwa 30 cm Abstand; Vermehrung durch Teilung.
Pflege: Bei anhaltender Trockenheit gießen; bei unerwünschter Ausbreitung Ausläufer abtrennen.

Pfennigkraut (Lysimachia nummularia)

Felberich (Lysimachia punctata)

Feldahorn
Heimischer → Ahorn, der als stattlicher Baum sowie in Hecken gezogen werden kann.

Feldmaus
Kleine → Wühlmaus, die vor allem durch Fraß an Gehölzwurzeln und Blumenzwiebeln Schäden anrichten kann.

Feldrose
Heimische, kletternd oder kriechend wachsende Wildrose
→ Rose

Feldsalat
VALERIANELLA LOCUSTA

Der auch Ackersalat, Rapunzel, Nissel, Nüssli- oder Vogelsalat genannte Feldsalat ist die einzige Gemüsepflanze in der Familie der Baldriangewächse. Seine Stammform kommt in Mitteleuropa auch wild wachsend vor. Feldsalat lässt sich ausgezeichnet als Nachkultur anbauen, da er erst ab Mitte August gesät wird. Bei früherer Aussaat beginnt er als Langtagpflanze schnell zu blühen und hat kaum noch Geschmack, dasselbe passiert, wenn man ihn im Frühjahr zu lang auf dem Beet lässt. Septembersaaten liefern den ganzen Winter über vitamin- und mineralstoffreiches Grün; der Feldsalat hat von allen Salaten den höchsten Vitamin-C-Gehalt. Beim Anbau unter Glas lohnt es sich besonders, auf wenig mehltauanfällige Sorten zu achten.

Merkmale: Einjährig; bildet Rosetten aus runden oder ovalen, dunkelgrünen Blättern.

Standort: Jeder normale, nicht zu feuchte Boden, am besten etwas kalkhaltig.

Kultur: Aussaat im Freiland Mitte August (für Herbsternte) bis Mitte September (Frühjahrsernte), im Frühbeet und Gewächshaus bis Ende September, im beheizten Gewächshaus (5 – 10° C) bis Ende Oktober; breitwürfige Aussaat oder besser Reihensaat mit 10 – 20 cm Reihenabstand; Samen nur flach mit Erde bedecken, nach dem Auflaufen auf etwa 5 cm Abstand in der Reihe ausdünnen.

Pflege: Nach der Saat auf ausreichende, gleichmäßige Bodenfeuchtigkeit achten; nach Aufgang der Pflanzen regelmäßig Unkraut jäten; wenn starke Fröste drohen, mit Vlies oder Reisig schützen; auf leicht löslichen Stickstoffdünger verzichten, dieser erhöht unnötig den Nitratgehalt im Erntegut und fördert die Mehltauanfälligkeit.

Ernte: Frühsaaten ab Herbst, Spätsaaten bis etwa Ende März; ganze Blattrosetten mit scharfem Messer direkt über der Erdoberfläche abschneiden.

Feldspat
Die Feldspäte sind die häufigsten Mineralien in der Erdkruste und spielen eine wichtige Rolle bei der → Bodenbildung. Diese Silikate (Siliziumsalze) kommen in großen Anteilen in den ursprünglich vulkanischen → Erstarrungsgesteinen vor, besonders in Granit. Durch Verwitterung entstehen aus ihnen die Tonminerale, die für den Nährstoff- und Wasserhaushalt des Bodens von entscheidender Bedeutung sind.
Auch → Boden

Feldthymian
Heimische Art des → Thymians, die vor allem als Zierpflanze im Steingarten Verwendung findet.

Felicia
Attraktive, asterähnliche Sommerblume für Beet und Balkon
→ Kapaster

Felsenbirne
AMELANCHIER

Aus dem östlichen Nordamerika stammen die beiden Felsenbirnen, die hauptsächlich im Garten kultiviert werden, nämlich Kahle oder Hängende Felsenbirne sowie Kupferfelsenbirne. Die robusten, sehr winterharten Gehölze gehören zu den Rosengewächsen, zieren im späten Frühjahr mit hübschen, reich von Bienen besuchten Blüten und im Herbst mit ansehnlicher Laubfärbung sowie schmucken Früchten. Man kann die nur etwa 1 cm großen Apfelfrüchtchen frisch verzehren oder zu Marmeladen, Gelees u. Ä. verarbeiten. Sie schmecken mild süß und leicht nach Bittermandeln. Während der Blütezeit ergibt sich ein besonders schönes Bild, wenn man die Felsenbirnen mit bunten Frühjahrszwiebelblumen unterpflanzt.

Kahle Felsenbirne
AMELANCHIER LAEVIS

Merkmale: Meist mehrtriebiger Strauch mit überhängenden Zweigen, seltener rundkroniger Kleinbaum, 3 – 5 m hoch und breit; eiförmige bis elliptische, fein gesägte Blätter, im Austrieb rötlich, Herbstfärbung gelb bis rot; weiße, duftende, sternförmige Blüten in hängenden Trauben, meist mit der Laubentfaltung erschei-

Feldsalat – vitaminreiches Grün für Herbst und Winter

Felsenblümchen

Kahle Felsenbirne (Amelanchier laevis)

nend; ab August beerenähnliche Früchte, anfangs rot, später blauschwarz bereift, essbar.
Blütezeit: Mai
Verwendung: Einzeln oder in Gruppen, in frei wachsenden Hecken; auch in großen Kübeln und Trögen.
Standort: Verträgt noch leichte Beschattung; humoser, durchlässiger, am besten sandiger Boden, schwach sauer bis neutral; erträgt Trockenheit recht gut, jedoch keine Bodenverdichtung im Wurzelbereich; rauchhart und stadtklimafest.
Pflanzen/Vermehren: Pflanzung im Herbst oder zeitigen Frühjahr; Vermehrung der Art durch Aussaat (Kaltkeimer) und Stecklinge, bei Sorten schwierig, da meist veredelt.
Pflege: Anspruchslos; Kompostgaben und Mulchen außerhalb der Blütezeit günstig; bei veredelten Sträuchern regelmäßig Wildtriebe an der Basis entfernen; Schnitt kaum nötig, ältere Sträucher bei Bedarf behutsam auslichten.

Kupferfelsenbirne
AMELANCHIER LAMARCKII
☼-◐ ☺

Merkmale: Meist aufrechter Strauch, seltener Kleinbaum mit schirmförmiger Krone, 6–8 m hoch, 3–5 m breit; Blätter beim Austrieb rötlich kupferfarben, länglich elliptisch, fein gesägt, leuchtend gelbe bis orangerote Herbstfärbung; weiße, sternförmige Blüten in lockeren, meist aufrechten Trauben, vor der Blattentfaltung; ab August beerenähnliche Früchte, anfangs rot, reif schwarzpurpurn, essbar.
Blütezeit: April – Mai
Verwendung: Wie Kahle Felsenbirne.
Standort: Wie Kahle Felsenbirne, jedoch Kalk liebend und etwas schattenverträglicher.
Pflanzen/Vermehren: Wie Kahle Felsenbirne.
Pflege: Wie Kahle Felsenbirne.

Felsenblümchen
DRABA

Felsenblümchen oder Hungerblümchen heißen diese kleinen, anspruchslosen Pflanzen nach ihren natürlichen, kargen Wuchsorten auf Kalkfelsen, zwischen Geröll und in Felsspalten der Hochgebirge. Das Immergrüne Felsenblümchen wächst in den Alpen, den Pyrenäen und im Jura, das Olymp-Felsenblümchen, ebenfalls immergrün, stammt aus Kleinasien. Die Felsenblümchen gehören als Kreuzblütengewächse zur selben Familie wie Kohl oder Radieschen und können ebenso wie diese im Frühjahr unter → *Erdflöhen* leiden.

Immergrünes Felsenblümchen
DRABA AIZOIDES
☼ ☺

Merkmale: Staude, polsterartiger Wuchs mit grundständigen Blattrosetten; Blütenstiele bis 10 cm hoch; goldgelbe Blütentrauben.
Blütezeit: März – April
Verwendung: Als Polsterpflanze im Steingarten, für die Bepflanzung von Trockenmauern und Steinfugen, für Dachbegrünungen, in Trögen.
Standort: Möglichst vollsonnig; unbedingt durchlässiger, bevorzugt sandig-humoser und kalkhaltiger Boden, der auch nährstoffreich sein kann.
Pflanzen/Vermehren: Pflanzung im Frühjahr; Vermehrung durch Teilung im Frühjahr oder nach der Blüte, auch Aussaat möglich (Kaltkeimer).
Pflege: Anspruchslos.
Hinweis: Sehr ähnlich ist das Sibirische Felsenblümchen (*D. sibirica*), das allerdings erst im Mai/Juni blüht.

Olymp-Felsenblümchen
DRABA BRUNIIFOLIA SSP. OLYMPICA
☼ ☺

Wird auch Goldkissen genannt.
Merkmale: Staude, Polster dichter als bei den anderen Arten, moos- oder rasenähnlich, mit kleinen Blattrosetten und kurzen Blütenstielen, bis 5 cm hoch; zahlreiche kleine, goldgelbe Blüten.
Blütezeit: April – Mai
Verwendung: Wie Immergrünes Felsenblümchen.
Standort: Wie Immergrünes Felsenblümchen.
Pflanzen/Vermehren: Wie Immergrünes Felsenblümchen.
Pflege: Anspruchslos; Polster jedoch sehr empfindlich gegen anhaltende Vernässung.

Immergrünes Felsenblümchen (Draba aizoides)

Felsenkirsche

Andere Bezeichnung für die → *Steinweichsel*, eine heimische Wildkirsche

Felsenmispel

Andere Bezeichnung für einige Arten der → *Zwergmispel*, zu der Bodendecker ebenso wie hohe Sträucher gehören.

Felsensteinkraut

Gelb blühende Polster- und Steingartenstaude
→ *Steinkraut*

Fenchel
FOENICULUM VULGARE

Der in Südeuropa und Westasien heimische Fenchel, ein Doldenblütler, wird schon seit dem Altertum als Heil- und Gewürzpflanze genutzt. Man unterscheidet den Knollenfenchel mit zwiebelartig verdickten Blattscheiden und -stielen, die als bekömmliches, etwas süßliches Gemüse und Salat Verwendung finden, und den Gewürzfenchel, dessen anisähnliche Früchte als Würze und Bestandteil von Heilkräutertees dienen. Auch die aromatischen Blättchen beider Arten können Gerichte verfeinern. Mit Fenchel würzt man z. B. Salate, Suppen sowie Fisch- und Fleischgerichte. Die ätherischen Öle wirken in Kräutertees krampflösend und lindern, z. B. auch in Hustenbonbons, Erkältungskrankheiten.

Knollenfenchel
FOENICULUM VULGARE VAR. AZORICUM
☼

Wird auch Gemüsefenchel oder Finocchio genannt.
Merkmale: Einjährig, 40 – 60 cm hoch; weißlich grüne Zwiebelknolle; fein gefiederte Blätter.
Standort: Warm, geschützt; humoser, durchlässiger, nicht zu schwerer, frischer Boden, am besten etwas kalkhaltig.

Der Knollenfenchel wird als Gemüse oder Salat zubereitet.

Kultur: Anzucht schossfester Sorten ab März bei 16 – 20° C; Sämlinge pikieren, etwa 6 bis 8 Wochen nach der Aussaat unter Folie, Vlies oder ins Frühbeet pflanzen, 20 x 40 cm Abstand; ohne Folienschutz erst im Mai. Direktsaat aufs Beet von Mitte April bis Mitte Juli, je nach Sorte; Reihenabstand 30 – 40 cm, später auf 25 – 30 cm in der Reihe ausdünnen.
Pflege: Gleichmäßig feucht, aber nicht nass halten, Boden zwischen den Reihen regelmäßig lockern, zu Beginn der Knollenbildung anhäufeln.
Ernte: 3 bis 4 Monate nach der Aussaat, je nach Witterung, bis Ende Oktober. Die Knollen sind wochenlang lagerfähig, am besten im kühlen Keller oder frostgeschützten Frühbeet in Sand einschlagen.
Hinweis: Knollenfenchel ist eine Langtagpflanze, die im Sommer schnell schießt, statt Knollen zu bilden. Meist werden heute tagneutrale, schossfeste Sorten angeboten.

Gewürzfenchel
FOENICULUM VULGARE VAR. DULCE
☼

Merkmale: Zwei- bis mehrjährig, kräftiger, nach oben hin verzweigter Stängel, bis 2 m hoch; tief reichende, rübenförmige Wurzel; fein gefiederte Blätter; große Blütendolden mit zahlreichen gelben, süßlich würzig duftenden Einzelblüten, oft erst im Jahr nach der Aussaat erscheinend; kleine, gerippte Spaltfrüchte, wie bei Anis meist vereinfacht als Samen bezeichnet.
Blütezeit: Juli – September
Standort: Wie Gemüsefenchel.
Kultur: Aussaat von April bis Ende Mai ins Freiland, mit 40 cm Reihenabstand; Samen nur dünn abdecken; nach dem Aufgang zunächst auf 10 cm, später auf 30 cm vereinzeln. Auch engere Aussaat mit Verpflanzen im 2. Jahr möglich; für den normalen Bedarf genügen meist wenige Pflanzen, die sich dann oft durch Selbstaussaat verbreiten.
Pflege: Gleichmäßig leicht feucht halten; im Herbst das Kraut 10 cm über dem Boden abschneiden und Wurzelbereich mit Nadelholzreisig oder Stroh schützen.
Ernte: Blätter ab Juni fortlaufend nach Bedarf schneiden; sich bräunlich verfärbende Samenstände ab Spätsommer nach und nach ernten, Samen herausklopfen und auf einem Tuch oder Papier nachtrocknen lassen.

Fermente

Andere Bezeichnung für → *Enzyme*

Fertigrasen

Um 3 cm dicke Rasensoden, die auf einem vorbereiteten Gartenboden verlegt werden und zu schnellem Rasengrün verhelfen; meist in Form von Rollen (Rollrasen), auch als einzelne Platten erhältlich.
Auch → *Rasenanlage*

Fertigteich

Vorgefertigte Wasserbecken aus Kunststoff für die → *Teichanlage*. Ähnliche Formteile gibt es auch für die Anlage eines → *Bachlaufs*.

Festigungsgewebe

Verschiedenartige Zellverbände, die allen Pflanzenorganen Stabilität und z. B. den Sprossachsen Druck- und Biegungsfestigkeit verleihen. In jüngeren Pflanzen, Blattstielen und Blättern überwiegen lebende Festigungsgewebe mit nur stellenweise verdickten Zellwänden (Kollenchym), in ausgereiften Sprossen, Wurzeln, Samen und hartschaligen Früchten Gewebe aus toten Zellen mit allseitig verdickten, oft verholzten Zellwänden (Sklerenchym). Zum toten Festigungsgewebe gehören auch die Pflanzenfasern, etwa von Lein oder Hanf.

Festuca

Botanischer Name der → *Schwingel*, einer großen Gräsergattung

Fetter Boden

Boden mit hohem Nährstoffgehalt und -speichervermögen, was einen entsprechenden Humus- und Tongehalt voraussetzt.
 Auch → *Bodenfruchtbarkeit*

Fettfleckenkrankheit

Bakterielle → *Bohnenkrankheit* mit fettig aussehenden Flecken auf Blättern und Hülsen

Fetthenne
SEDUM

Große Gattung aus der Familie der Dickblattgewächse mit sommer- und immergrünen Pflanzen, die meist polster- bzw. rasenartig wachsen. Das in den fleischigen („fetten") Blättern gespeicherte Wasser ermöglicht den Fetthennen die Besiedlung trockener Standorte. Viele der niedrigen, Polster bildenden Arten können deshalb auch für eine Dachbegrünung eingesetzt werden. Ansonsten finden sie vor allem Verwendung im Steingarten sowie für die Bepflanzung von Trockenmauern, Steinfugen und Trögen.

Das Arten- und Sortenangebot unter den niedrigen Fetthennen ist gewaltig, die unten stehende Übersicht kann nur eine kleine Auswahl vorstellen. Hierzu gehören auch die als

Scharfer Mauerpfeffer (Sedum acre)

Mauerpfeffer bekannten Arten sowie die Tripmadam. Letztere zählt zu den etwas höheren, nur kleine Polster bildenden Arten, während sich die ganz flach wachsenden Fetthennen zu regelrechten Matten entwickeln, die im Sommer mit kleinen Blüten übersät sind. Ansonsten muss man sich in erster Linie zwischen gelb, rosa, röt-

NIEDRIGE FETTHENNEN IM ÜBERBLICK

Name	Wuchshöhe	Blütenfarbe Blütezeit	Hinweise
Scharfer Mauerpfeffer (*Sedum acre*)	5 – 10 cm	gelb Juni – Juli	dichte Rasen bildend, schnelle Ausbreitung
Weißer Mauerpfeffer (*Sedum album*)	5 – 10 cm	weiß, rosa Juni – Juli	dichte Rasen bildend; Sorten teils mit ganzjährig oder nur im Winter braunroten Blättern
Himalaja-Sedum (*Sedum ewersii*)	10 – 15 cm	rosa August – September	Polster bildend, blaugraue Blätter
Goldfetthenne (*Sedum floriferum* 'Weihenstephaner Gold')	10 – 20 cm	gelb Juli – August	dicht polsterartig, starkwüchsig
Mongolen-Sedum, Immergrünchen (*Sedum hybridum*)	10 – 15 cm	gelb Juni – August	verträgt leichten Schatten, dicht polsterartig, immergrün, rötliche Triebe
Tripmadam, Felsenfetthenne (*Sedum reflexum*)	15 – 30 cm	gelb Juli – August	polsterartig, blaugrüne, dachziegelartige Blätter
Kaukasus-Sedum (*Sedum spurium*)	10 – 15 cm	rosa, rot, weiß Juli – August	verträgt noch Halbschatten; dicht polsterartig, starkwüchsig, Sorten mit rötlichen Blättern

Feuchtbiotop

lich oder weiß blühenden Arten entscheiden. Die Fetthennen brauchen sonnige, warme Plätze mit durchlässigem, sandigem oder kiesigem Untergrund, der eher nährstoffarm sein sollte. In zu gut versorgter oder feuchter Erde kann es leicht zu Fäulnis kommen. Beachtet man diese Ansprüche, handelt es sich um sehr pflegeleichte, anspruchslose Pflanzen. Lediglich den starken Ausbreitungsdrang einiger Arten muss man zuweilen durch vorsichtiges Abtrennen einzelner Polster begrenzen. Ähnlich anspruchslos sind die höher wachsenden Fetthennen, die nachfolgend gesondert beschrieben werden.

Purpurfetthenne
SEDUM TELEPHIUM
☼ ☺

Merkmale: Staude, aufrecht wachsend, vieltriebig aus dickem Wurzelstock, 30 – 50 cm hoch; ovale, am Rand gezähnte, graugrüne Blätter, bei Sorte 'Matrona' braunrot; große, flache Blütenstände, dicht besetzt mit je nach Sorte rostroten oder rosa Blüten; braunrote, noch im Winter zierende Fruchtstände.
Blütezeit: September – Oktober
Verwendung: Für sonnige Rabatten und Beete, im Steingarten, für Naturgärten und Dachbegrünung; wertvoller Herbstblüher, schön in Kombination mit Herbstaster, Chrysanthemen und blauem Ziersalbei.
Standort: Durchlässiger, am besten sandiger oder kiesiger, nicht allzu nährstoffreicher Boden.
Pflanzen/Vermehren: Pflanzung im Frühjahr mit 30 – 40 cm Abstand; Vermehrung entweder durch Stecklinge oder durch Teilung.
Pflege: Anspruchslos; Triebe mit Fruchtstände erst im Frühjahr zurückschneiden.
Hinweis: Auch die ebenso hohe Prachtfetthenne (*S. spectabile*) mit Sorten in verschiedenen Rosa- und Rottönen ist ein attraktiver Herbstblüher, der in Beeten sowie in größere Balkonkästen und Kübeln gepflanzt werden kann. Sie blüht etwas früher als die Purpurfetthenne.

Rote Fetthenne (Sedum telephium)

Feuchtbiotop
Durch Wasser bzw. Feuchtigkeit geprägter Lebensraum, vom Bruch- und Auwald bis hin zum kleinen Tümpel oder gar zur Wasserpfütze; im Garten z. B. als Sumpf- und Moorbeet, Teich oder Feuchtwiese ein Gestaltungselement, das das Ansiedeln spezieller Pflanzen ermöglicht.

Feuchter Boden
Ein Boden, der unter der Erdoberfläche im Bereich der Wurzeln meist feucht bleibt und in dem Wasser nur sehr langsam versickert; bedingt durch recht hohen Tonanteil oder auch hohen Humusgehalt.

Feuchtwiese
Besonderer Typ der → *Blumenwiese* auf ständig feuchtem oder nassem Boden, der etwas nährstoffreicher sein kann als bei der üblichen Wildblumenwiese. Die Anlage einer blühenden Feuchtwiese bietet sich in staunassen oder grundwassernahen Gartenbereichen an, die für andere Nutzungen einen großen Verbesserungsaufwand erfordern würden. Auch stets feuchte Mulden und Senken eignen sich für eine derartige Wiese, was allerdings genügend Sonne voraussetzt.

Da die Pflanzengesellschaften solcher Standorte sehr reizvoll sind, kann man im Garten entsprechende Verhältnisse auch künstlich schaffen, etwa durch Einbringen einer Tonschicht oder einer kräftigen Teichfolie in den Boden. In Verbindung mit einem benachbarten Gartenteich ergibt sich eine Gestaltung mit eigenem Flair, die zudem Lebensraum für viele Kleintiere bietet. Auf Feuchtwiesen wachsen viele naturnahe Stauden und Blumen, z. B. Frauenmantel, Günsel, Herbstzeitlose, Kuckucksnelke, Mädesüß, Sumpfschafgarbe, Sumpfdotterblume, Trollblume, Wiesenknöterich, Wiesenschaumkraut und Zittergras. Manche Gärtnereien bieten entsprechende Samenmischungen an. Die Feuchtwiese wird wie andere Blumenwiesen ein- bis zweimal im Jahr gemäht.

Feuchtzone
Feuchter Randbereich außerhalb der Sumpfzone eines → *Teichs* mit vielfältigen Bepflanzungsmöglichkeiten

Feuerahorn
Mittelgroßer → *Ahorn* mit leuchtend rotem Herbstlaub

Feuerbohne
→ *Bohne* mit meist roten Blüten, die als Gemüse oder zierende Schlingpflanze kultiviert wird.

Feuerbrand
Diese gefährliche Bakterienkrankheit wurde in Europa erstmals 1957 in England nachgewiesen. Von dort breitete sie sich über Dänemark in andere europäische Länder aus. Feuerbrand (*Erwinia amylovora*) befällt in erster Linie Gehölze aus der Familie der Rosengewächse, die Kernobst-

Gefürchtet und meldepflichtig: Feuerbrand

bzw. kleine Apfelfrüchte haben, nämlich Birne, Apfel, Quitte und Mispel, unter den Ziergehölzen vor allem Weiß- und Rotdorn, Eberesche, Zwergmispel, Zierquitte und Feuerdorn. Doch es gibt auch Hinweise auf Infektionen an Stein- und Beerenobst sowie an Rosen und anderen Ziersträuchern. Die Infektion führt in der Regel unweigerlich zum Absterben der Gehölze und kann innerhalb weniger Monate ganze Obstpflanzungen zerstören.

Die Feuerbrandbakterien überwintern in der Rinde der Wirtspflanzen. Sie bilden einen Bakterienschleim aus, der im Frühjahr durch Insekten und Vögel verbreitet wird. Die Übertragung kann außerdem auch durch Regen, Wind oder Schnittwerkzeug erfolgen. Besonders bei schwül-warmem Wetter breitet sich die Krankheit sehr rasch aus. Die Schleimbildung der Bakterien führt schließlich zum Verstopfen der Leitgefäße in den befallenen Pflanzen, wodurch das komplette Absterben ganzer Triebteile verursacht wird, die wie versengt aussehen – daher der Name Feuerbrand.

Schadbild: Im Frühjahr zunächst braun und dann bald schwarz werdende Blüten und Blätter; dann entsprechende Verfärbung der befallenen Triebe, deren Spitzen sich haken- bzw. spazierstockartig krümmen; von dort Ausbreitung auf stärkere Äste, schnelles Welken ganzer Baum- oder Strauchpartien; Austreten gelbbrauner schleimige Tröpfchen aus Rissen und Wunden.

Abhilfe: Krankheit bislang nicht chemisch bekämpfbar; vorbeugend gering anfällige Sorten wählen, Schnittwerkzeug nach jedem Schnitt mit Alkohol desinfizieren. Das Auftreten der Krankheit ist meldepflichtig und muss der zuständigen Behörde (z. B. Pflanzenschutzamt, Kreisverwaltung) umgehend mitgeteilt werden; befallene Pflanzen müssen nach Anweisungen der Behörden gerodet und vernichtet werden.

Feuerdorn
PYRACANTHA COCCINEA

Der aus Südeuropa stammende, in unseren Breiten teils schon lange eingebürgerte Feuerdorn ist ein robustes Gehölz mit ganzjährig ansprechendem Blattwerk und schmucken roten, bis in den Winter hinein haftenden Früchten ab Herbst. Bei den der reinen Art sehr ähnlichen *Pyracantha*-Hybriden gibt es auch Sorten mit gelben und orangen Früchte, die einen schönen Kontrast zum dunkelgrünen Laub bilden. Sie sind jedoch etwas anspruchsvoller und frostempfindlicher. Einige neuere Hybridsorten zeigen dagegen eine recht gute Frosthärte und, was wichtig ist, geringe Anfälligkeit gegen → *Feuerbrand*. Denn der Feuerdorn mit seinen kleinen Steinäpfelchen gehört zur Gruppe der feuerbrandgefährdeten Rosengewächse. Die Früchte gelten als schwach giftig, ihr Verzehr kann recht heftige Magen-Darm-Beschwerden verursachen.

Merkmale: Immergrüner Strauch; sparrig verzweigt, vieltriebig, stark bedornt, 1 – 3 m hoch und breit; glänzend dunkelgrüne, ledrige, schmal eiförmige Blätter; weiße, streng duftende Blüten in dichten Schirmrispen; ab September rote, orange oder gelbe, beerenartige Apfelfrüchte, lange haftend.

Blütezeit: Mai – Juni

Verwendung: Einzeln oder in Gruppen als Vorpflanzung höherer Bäume, vor Mauern und Wänden, als dichte, geschnittene oder frei wachsende Hecke.

Standort: Durchlässiger, nicht zu saurer Boden, Kalk liebend, verträgt Hitze und Trockenheit, stadtklimafest und rauchhart.

Pflanzen/Vermehren: Pflanzung im Frühjahr oder Herbst, am besten Containerpflanzen verwenden; Vermehrung durch Stecklinge oder Absenker.

Pflege: Nicht erforderlich; gut schnittverträglich.

Feuerdorn (Pyracantha coccinea)

Feuerlilie
Orange bis rot blühende → *Lilie*

Feuersalbei
Leuchtend rot blühender, einjähriger → *Ziersalbei*

Feuerwanze

Die auffallend schwarz-rot gefärbten Feuerwanzen leben oft in Massen am Fuß von Linden, aber auch von Malven und Robinien. Sie saugen vorwiegend an den abgefallenen Samen dieser Pflanzen, gelegentlich auch an anderen Insekten, z. B. Blattläusen, und deren Eiern, so dass sie sich aus Gärtnersicht als Nützlinge betätigen. Befürchtungen, dass Feuerwanzen an anderen Gartenpflanzen schädlich werden, sind selbst bei massenhaftem Auftreten unbegründet.

Fichte
PICEA

Fichten sind eine große Gattung aus der Familie der Kieferngewächse, von der viele Arten und Formen als Gartengehölze Verwendung finden. Die Sorten zeigen häufig einen sehr charakteristischen Wuchs, der oft kaum noch an ihre Stammarten erinnert, und sind deshalb unter eigenen deutschen Namen bekannt, so etwa die Igelfichte 'Echiniformis' als Zwergform der Rotfichte. Letztere wird zu-

Blaufichte (Picea pungens 'Koster')

weilen auch Rottanne genannt, die als Weihnachtsbaum beliebten Blaufichten heißen auch Blautannen. Von den echten Tannen lassen sich die Fichten dadurch unterscheiden, dass nach Abfallen oder Abreißen der Nadeln deutliche stielartige Blattkissen am Zweig zurückbleiben, während Tannennadeln nur runde Narben hinterlassen. Außerdem hängen die reifen Fichtenzapfen herab, bei Tannen stehen sie aufrecht. Allerdings erscheinen die Zapfen oft erst nach vielen Jahren, bei den meisten Zwergformen bleiben sie ganz aus.

Die mächtigste der in der nebenstehen Übersicht vorgestellten Fichten ist die heimische Rotfichte, einer der wichtigsten Forstbäume in ganz Mitteleuropa. Sie wurde früher recht häufig in Gärten gepflanzt, bereitet aber mit den Jahren durch ihre Größe oft Probleme, obgleich sie mit 6 – 8 m Breite vergleichsweise schmal bleibt. Sie lässt sich im Garten auch als Heckenpflanze einsetzen und dann durch Schnitt auf 2 – 4 m Höhe begrenzen. Mehr Bedeutung haben die zahlreichen Zwergformen. Die anderen Fichtenarten stammen hauptsächlich aus Nordamerika, Omorika-

Zuckerhutfichte (Picea glauca 'Conica')

fichte und Orientalische Fichte aus dem Balkan bzw. aus Kleinasien. Auch von diesen fremdländischen Arten gibt es viele verschiedene Sorten. Die Verwendung der attraktiven, an und für sich robusten Koniferen wird durch ihre Klimaansprüche etwas eingeschränkt: Sie brauchen zwar Sonne bzw. Helligkeit, aber auch hohe Luftfeuchtigkeit und vertragen – mit Ausnahme der Omorikafichte – Hitze nur schlecht.

Merkmale: Immergrüne Nadelgehölze, Wuchshöhen und -formen siehe Übersicht; Nadeln sehr regelmäßig schraubig an den Zweigen angeordnet, bei Zwergformen teils sehr dicht stehend, unterseits oft mit zwei auffälligen weißen Streifen; männliche und weibliche Blütenstände meist um 2 cm groß und oft rötlich gefärbt; junge Zapfen zunächst aufrecht oder seitlich stehend, reif herabhängend.

Blütezeit: April – Mai

Verwendung: Hohe Arten als Solitärbäume, Rotfiche und Omorikafichte auch für hohe Schnitthecken; Zwergformen für Beete, Vorgarten, teils für Stein- oder Heidegärten, auch in Pflanzgefäßen.

Standort: Licht: Absonniger Stand wird vertragen, die P. glauca-Zwergsorten sowie Sitkafichte und Orientalische Fichte gedeihen noch im lichten Schatten.

Klima: Luftfeuchter, kühler Platz, Omorikafichte verträgt mehr Wärme und Trockenheit; für Stadtklima nur Omorikafichte, Stechfichte und Orientalische Fichte geeignet. Diese Arten sind auch, zusammen mit der Mähnenfichte, am frosthärtesten, die anderen können nach starken Frösten geschädigte Zweigpartien aufweisen, die man ausschneidet. Vertragen mit Ausnahme von Omorikafichte und Mähnenfichte Luftschadstoffe sehr schlecht.

Boden: Leicht bis mittelschwer, frisch bis feucht, keine Oberflächenverdichtung. Die meisten Arten gedeihen auf sauren wie kalkhaltigen Böden; Ausnahmen: Omorikafichte höchstens schwach saurer Boden, Mähnenfichte nicht auf alkalischem Boden.

Pflanzen/Vermehren: Pflanzung im Frühjahr oder Herbst; Vermehrung der reinen Arten durchaus durch Aussaat möglich, Sorten hingegen nur durch Veredlung.

Pflege: Bei richtiger Standortwahl anspruchslos; in Trockenperioden durchdringend wässern, auch bei Wintertrockenheit gießen; störende Triebe bei Bedarf einkürzen.

Fichten für den Garten (Auswahl)

Name	Wuchshöhe und -form	Nadelfarbe
Hohe Bäume		
Rotfichte, Gewöhnliche Fichte (*Picea abies*)	25 – 40 m, geschlossen kegelförmig	dunkelgrün
Omorikafichte, Serbische Fichte (*Picea omorika*)	15 – 25 m, schlank kegelförmig	glänzend dunkelgrün, unterseits mit zwei blauweißen Streifen
Orientalische Fichte (*Picea orientalis*)	15 – 20 m (Sorten), geschlossen kegelförmig, 'Nutans' mit hängenden Ästen	glänzend dunkelgrün, Sorte 'Aurea' im Jugendstadium goldgelb, später grün mit gelben Triebspitzen
Stechfichte (*Picea pungens*) und Blaufichte (*P. pungens*-Sorten)	15 – 20 m, Sorten 10 – 15 m, kegelförmig mit fast waagrechten Ästen	bläulich grün, bei den Sorten 'Endtz', 'Glauca', 'Hoopsii' und 'Koster' silbrig blau bis stahlblau
Sitkafichte (*Picea sitchensis*)	15 – 35 m, breit kegelförmig, locker aufgebaut, bis 8 m breit	silbrig weiße Unterseite, durch Zweigstellung nach außen weisend
Mittelhohe und kleine Bäume		
Hängefichte (*Picea abies* 'Inversa')	6 – 8 m, schmal säulenförmig mit herabhängenden Zweigen und Ästen	glänzend frischgrün
Mähnenfichte (*Picea breweriana*)	10 – 15 m, ausgebreitete Äste mit mähnenartig herabhängenden Zweigen	dunkelgrün
Zuckerhutfichte (*Picea glauca* 'Conica')	2 – 3 m, geschlossen kegelförmig	frischgrün bis bläulich grün
Zwergformen		
Igelfichte (*Picea abies* 'Echiniformis')	0,3 – 0,4 m, halbkugelig	dunkelgrün
Zwergfichte 'Little Gem' (*Picea abies* 'Little Gem')	0,2 – 0,3 m, geschlossen halbkugelig, bis 1 m breit	frischgrün
Nestfichte (*Picea abies* 'Nidiformis')	0,8 – 1,2 m, kissenartig mit nestartiger Vertiefung in der Mitte, bis 2 m breit	hellgrün
Blaue Zwergfichte (*Picea abies* 'Pumila Glauca')	0,6 – 1 m, kissenartig, 2 – 3 m breit	blaugrün
Zwergfichte 'Pygmaea' (*Picea abies* 'Pygmaea')	0,6 – 1 m, geschlossen halbkugelig bis kegelig, 2 – 3 m breit	frischgrün
Blaue Igelfichte (*Picea glauca* 'Echiniformis')	0,5 – 0,8 m, geschlossen kugelig	blaugrün
Omorika-Zwergfichte (*Picea omorika* 'Nana')	1,5 – 2 m, kugelig, bis 2 m breit	glänzend dunkelgrün, unterseits mit zwei blauweißen Streifen
Kleine Blaufichte (*Picea pungens* 'Glauca Globosa')	0,8 – 1 m hoch, flachkugelig, bis 1,5 m breit	silbrig blau

Fichtenkrankheiten

An parasitären Krankheiten tritt an Fichten meist nur → *Grauschimmel* auf, zunächst an welkenden jungen Trieben, später am typischen graugrünen Pilzüberzug erkennbar. Einzelne Zweige mit braunen oder gelben Nadeln weisen auf Frostschäden hin; sie werden nach Wegschnitt durch Neuaustrieb ersetzt. Das nachfolgend beschriebene Krankheitsbild tritt nur an Omorikafichten auf.

Omorikasterben

Diese Nadelbräune der Omorikafichte wird nicht durch einen Schaderreger verursacht, sondern tritt auf, wenn die Art auf ungeeigneten Standorten wie sauren, zu schweren, stark verdichteten oder staunassen Böden gepflanzt wird. Auch Magnesiummangel, bedingt durch einen Überschuss an Kalium im Boden, kann zu den Ursachen gehören.
Schadbild: Zunächst an den Zweigspitzen hellgrüne Flecken auf den Nadeln, die verbräunen und abfallen, dann häufig Ausbreitung auf größere Astpartien; unter ungünstigen Bedingungen kann der gesamte Baum absterben.
Abhilfe: Vorbeugend auf geeignete Standortwahl achten; schwere, zu Staunässe neigende Böden durch tief reichende Bearbeitung und Sand oder andere Lockerungsmittel verbessern; kali- und chloridhaltige Dünger meiden. Bei Auftreten Boden vorsichtig lockern, Versorgung mit Magnesiumdüngern (z. B. Bittersalz, Kieserit), am besten durch eine Blattdüngung.

Fichtenschädlinge

Neben den nachfolgend aufgeführten, speziellen Schädlingen können an Fichten → *Spinnmilben* auftreten, vor allem an zu warmen, lufttrockenen Plätzen im Sommer. Sie befallen bevorzugt Zuckerhutfichten.

Sitkafichtenlaus (Fichtenröhrenlaus)

Diese Blattläuse kommen vor allem an Sitka- und Blaufichten vor, seltener an Rotfichten, Omorikafichten, Tannen und Douglasien. Sie sind grün gefärbt, bis 2 mm groß und verursachen durch ihre Saugtätigkeit ein Verbräunen der Nadeln und vorzeitigen Blattfall. Die erste Generation tritt im Frühjahr auf, die zweite entwickelt sich im Spätherbst. Bei milden Temperaturen überwintert sie in Form ungeflügelter Läuse, die den ganzen Winter über saugen. Deshalb sind die Schäden nach warmen Wintern besonders stark. Jüngere Bäume erholen sich nach einmaligem Befall oft nach etwa 2 Jahren wieder, während ein mehrmaliger Befall besonders ältere Bäume stark gefährdet und zum Absterben bringen kann. Zu trockene, windige Standorte begünstigen das Auftreten der Schädlinge ebenso wie sehr feuchte Böden.
Schadbild: Nadeln an älteren Triebabschnitten, d. h. im Bauminnern und unteren Bereich, vergilben zunächst, werden später braun und fallen im Frühsommer ab, Neuaustrieb wird dagegen meist nicht geschädigt; Verkahlen der Bäume von innen her.
Abhilfe: Vorbeugend auf den richtigen Standort achten, an trockenen Plätzen häufiger wässern, auch im Winter. Regelmäßige Befallskontrolle durch Klopfprobe im Herbst und Frühwinter sowie von März bis Mai. Dafür hellen Karton im unteren, inneren Kronenbereich unter die Äste halten, kräftig auf die Zweige klopfen, eventuell vorhandene Läuse fallen herab und werden auf dem Karton sichtbar. Bei starkem Befall nützlingsschonende Präparate einsetzen.

Fichtengallenlaus

Verschiedene Gallenläuse von grüner, gelblicher oder rötlicher Färbung saugen an Triebknospen von Fichten

Ananasgalle einer Fichtengallenlaus

und lösen dadurch die Bildung von meist 1 – 4 cm großen Gallen aus, in denen sich die Larven häuten. Die Gallen sehen aus wie kleine Fichtenzapfen, haben oft auch kleine Haarschöpfe und erinnern dann an winzige Ananasfrüchte. Diese Läuse leben hauptsächlich auf Fichten, befallen aber teils in einem meist zweijährigen Zyklus auch Lärchen oder Douglasien, an denen sie saugen, aber keine Gallen bilden.
Schadbild: Ab Ende März weiße Wachshäufchen auf Triebknospen; an den daraus wachsenden Frühjahrstrieben Bildung grüner, geschuppter, oft ananasähnlicher Gallen, die 2 – 4 mm große Larven enthalten; Triebe verkrüppeln und sterben teils ab.
Abhilfe: Vorbeugend Fichten nicht in der Nähe von Lärchen pflanzen. Bei Befall Gallen ab Frühjahr konsequent ausbrechen und entfernen.

Wicklerraupen

Die Schmetterlingsraupen verschiedener Wicklerarten wie Fichtennadelmarkwickler, Fichtentrieb-, Fichtenrinden- oder Fichtenzapfenwickler, Fichtennestwickler können durch Fraß an verschiedenen Pflanzenteilen schädigen, wobei das Ausmaß meist gering bleibt.
Schadbild: Fraßschäden an Nadeln, Rinde oder Zapfen; mehrere Nadeln röhrenartig zusammengesponnen; bei starkem Auftreten Nadelfall.

Abhilfe: In der Regel keine Bekämpfung erforderlich; notfalls jedoch *Bacillus-thuringiensis*-Präparate einsetzen.

Ficus
Botanischer Gattungsname des
→ *Feigenbaums*

Fieberklee
MENYANTHES TRIFOLIATA
☼ ☺

Die an heimischen Ufern, Gräben und Mooren vorkommende und größere Bestände bildende Pflanze aus der Familie der Fieberkleegewächse gehört zu den empfehlenswertesten Arten für den Flachwasser- oder Randbereich des Gartenteichs. Dort breiten sich die knapp unter dem Wasserspiegel wachsenden Rhizome über die Wasseroberfläche aus. Ihren Namen verdankt diese alte Heilpflanze ihrem Gehalt an Bitterstoffen (Zweitname Bitterklee), die magenstärkend, appetitanregend und fiebersenkend wirken. Steht unter strengem Naturschutz.
Merkmale: Staude; 15 – 30 cm hoch; horizontal wachsende, grüne Rhizome; kleeähnliche, gefingerte Blätter an langen Stielen; traubige Blütenstände mit 10 – 30 weißen oder zartrosa Blüten mit fein gezipfelter Krone.
Blütezeit: Mai – Juni
Verwendung: Für den Flachwasser-, Sumpf- und Randbereich des Gartenteichs; bis 10 cm Wassertiefe; in Quellmauern.
Standort: Kalkarmer, saurer, nasser bis überschwemmter Schlammboden; weiches Wasser.
Pflanzen/Vermehren: Beim Pflanzen darauf achten, dass die Blätter über der Wasseroberfläche stehen; Vermehrung durch Teilung verzweigter Rhizomstücke.
Pflege: Übermäßiges Wuchern benachbarter Pflanzen regelmäßig eindämmen.

Fieberklee (Menyanthes trifoliata)

Fiederspaltig
Blattrandausgestaltung bzw. Blattform: Ein fiederspaltiges Blatt hat paarig angeordnete Einschnitte, die bis zur Mitte der Blattflächenhälften reichen.
→ *Blatt*

Fiederteilig
Blattform: Ein fiederteiliges Blatt hat paarig angeordnete Einschnitte, die fast bis zur Mittelrippe reichen.
→ *Blatt*

Filament
Der den zweiteiligen Staubbeutel (Anthere) mit den Pollensäcken tragende Staubfaden einer → *Blüte*

Filipendula
Hohe Sumpfstaude mit zarten weißen Blüten
→ *Mädesüß*

Filter
Kommen im Garten vor allem bei Teichen zum Einsatz, um Schmutz- und Schwebstoffe aus dem Wasser zu entfernen; vor allem wichtig bei hohem Fischbesatz; → *Teichfilter*.

Spezielle Filteranlagen, die meist nach dem Ionenaustauschprinzip funktionieren, können in Verbindung mit dem Hauswassersystem betrieben werden, um die → *Wasserhärte* des Leitungswassers zu senken. Filter finden auch bei Regenwassernutzungsanlagen Verwendung, entweder als einfaches feines Sieb oder als Filterkammer, in der das Wasser durch verschiedene Filtermedien fließt.

Gebräuchliche Filtermedien, auch bei Teichfiltern, sind z. B. Kies, Schaumstoffe, Kunststofffilze, Naturstein- oder Torfgranulate sowie desinfizierende Filterkohle.

Filterteich
Speziell konstruiertes Fertigteichbecken, bei dem das Wasser durch Kies oder Kiessand sowie durch die Wurzeln von im Klärbereich angesiedelten Teichpflanzen gereinigt wird.

Filzrose
Breit buschige Wildrose mit anfangs rosa, später weißen, leicht duftenden Blüten
→ *Rose*

Fingerhut
DIGITALIS

Sehr attraktive, aber hochgiftige Wildpflanzen aus der Familie der Rachenblütler mit großen trichterförmigen Blüten, die die früheren Namensgeber an die zum Nähen benutzten Fingerhüte erinnerten. In Mitteleuropa wachsen drei geschützte Arten in lichten Wäldern, Kahlschlägen oder an leicht beschatteten, oft steinigen Hängen: der Rote Fingerhut, der Großblütige Fingerhut sowie der zierlichere Gelbe Fingerhut. Die Palette wird ergänzt durch den Rostroten Fingerhut, der aus dem Mittelmeergebiet und Kleinasien stammt. Bei den Giftstoffen der Fingerhüte handelt es sich um Glykoside, deren Aufnahme tödlich sein kann. In niedriger, genau abgestimmter Dosierung dagegen werden die Glykoside des Roten Fingerhuts als wertvolles Arzneimittel gegen bestimmte Herzerkrankungen eingesetzt.

Fingerkraut

Großblütiger Fingerhut (Digitalis grandiflora)

Roter Fingerhut (Digitalis purpurea)

Die meisten Fingerhüte sind kurzlebig, teils nur zweijährig. Da sie jedoch recht zuverlässig durch Selbstaussaat für ihren Fortbestand sorgen und sich die Lebensdauer nach Rückschnitt verlängert, werden sie als Stauden eingestuft.

Großblütiger Fingerhut
DIGITALIS GRANDIFLORA

Merkmale: Staude, aufrecht horstartig, 50 – 100 cm hoch; große, schmal eiförmige, zugespitzte Blätter; große blassgelbe, innen braun genetzte, hängende Blüten in langen Blütenkerzen.
Blütezeit: Juni – August
Verwendung: Einzeln oder in kleinen Gruppen; am Gehölzrand, auf halbschattigen Beeten und Rabatten, in naturnahen Bereichen, im Bauerngarten; schön mit hohen Glockenblumen, Farnen und Schattengräsern.
Standort: Auch sonniger Stand möglich, dann jedoch gleichmäßige Wasserversorgung erforderlich; lockerer, nährstoff- und humusreicher, leicht saurer, frischer Boden.
Pflanzen/Vermehren: Pflanzung im Frühjahr mit 40 – 50 cm Abstand; Vermehrung durch Aussaat im November oder Februar (Kalt- und Lichtkeimer); verbreitet sich durch Selbstaussaat.
Pflege: Anspruchslos; Rückschnitt der Stiele nach der Blüte verlängert Lebensdauer.
Hinweis: Noch weitaus stattlicher wächst der Rostrote Fingerhut (*D. ferruginea*), meist als Sorte 'Gigantea' mit bis 180 cm Wuchshöhe angeboten. Er hat ebenfalls hellgelbe, braun geaderte Blüten, die sich zu langen, schlanken Kerzen formieren.

Gelber Fingerhut
DIGITALIS LUTEA

Merkmale: Staude oder zweijährig gezogene Pflanze, aufrecht horstartig, 60 – 70 cm hoch; große, schmal eiförmige, zugespitzte Blätter; kleine, zitronengelbe, hängende Blüten in lockeren Blütenkerzen.
Blütezeit: Juli – August
Verwendung: Wie Großblütiger Fingerhut.
Standort: Kalk liebend, sonst wie Großblütiger Fingerhut.
Pflanzen/Vermehren: Wie Großblütiger Fingerhut.
Pflege: Wie Großblütiger Fingerhut.

Roter Fingerhut
DIGITALIS PURPUREA

Merkmale: Staude oder zweijährig gezogene Pflanze, aufrecht horstartig, 60 – 150 cm hoch; große, leuchtend rosa gefärbte Blüten in hohen, nach einer Seite gewandten Trauben, Sorten auch mit lilaroten oder weißen Blüten.
Blütezeit: Juni – August
Verwendung: Wie Großblütiger Fingerhut.
Standort: Wie Großblütiger Fingerhut.
Pflanzen/Vermehren: Wie Großblütiger Fingerhut.
Pflege: Wie Großblütiger Fingerhut.
Hinweis: *D.* x *mertonensis* ist eine Kreuzung aus Rotem und Großblumigem Fingerhut. Sie blüht bereits im Mai/Juni in kräftigem Lachsrosa und erreicht 80 cm Höhe.

Fingerkraut
POTENTILLA

Zu dieser artenreichen, reich blühenden Gattung aus der Familie der Rosengewächse gehören mehrere dankbare Blütenstauden. Größte Bedeutung für den Garten hat allerdings die nachfolgend gesondert vorgestellte strauchige Art, *P. fruticosa*, meist Fingerstrauch genannt.

Die als Stauden wachsenden Arten gehören nicht unbedingt zum Standardsortiment; stattdessen kann man bei diversen Anbietern eine Vielzahl unterschiedlicher Arten finden, die zur Blütezeit meist übersät sind mit kleinen Schalenblüten in Gelb, warmen Rottönen, Rosa oder Weiß. Typisch für alle sind die gefingerten, aus kleinen Teilblättchen zusammengesetzten Blätter, die bei manchen Arten an Erdbeeren erinnern. Stellvertretend für diese seien hier einige häufiger angebotene Arten erwähnt:

■ Himalaja-Fingerkraut (*P. atrosanguinea*): aufrecht, bis 40 cm hoch, leuchtend rote Blüten von Juni bis Juli; ähnlich dem Nepalfingerkraut (*P. nepalensis*)

■ **Goldfingerkraut** (*P. aurea*): Rasen bildend, 10 – 25 cm hoch, gelbe Blüten von Mai bis Juni

■ **Dolomitenfingerkraut** (*P. nitida*): Rasen bildend, 5 – 10 cm hoch, rosa Blüten von Juli bis August

Die meisten Fingerkräuter sind vorwiegend Steingartenpflanzen, wünschen sonnige Standorte auf durchlässigem Untergrund und benötigen kaum Pflege. Beim Goldfingerkraut und beim ebenfalls gelb blühenden Hohen Fingerkraut (*P. erecta*) muss man berücksichtigen, dass sie im Gegensatz zu den Kalk liebenden anderen Arten kalkarme- bis freie Plätze benötigen.

Eine Besonderheit stellt das Sumpfblutauge (*P. palustris*) dar: Es wächst an feuchten bis sumpfigen Stellen in Sonne und Halbschatten und eignet sich für naturnahe Teichumgebungen. Von Juni bis August bringt die bis 50 cm hohe Staude purpurrote Blüten hervor, die zu wenigen beisammen stehen.

Fingerstrauch
POTENTILLA FRUTICOSA

Der buschig wachsende, verholzende, sommergrüne Fingerstrauch zählt als robuster Dauerblüher zu den wichtigsten Kleinsträuchern für den Garten.

Merkmale: Kleinstrauch, breit buschig, dicht verzweigt, je nach Sorte 0,6 – 1,2 m hoch und breit; dunkel- bis bläulich grüne, handförmig gefingerte Blätter; wildrosenähnliche, goldgelbe Schalenblüten mit bis 3 cm Ø, Sorten auch weiß, rosa oder orangerot.

Blütezeit: Juni – Oktober, je Sorte

Verwendung: Einzeln, in kleinen oder großen Gruppen; in großen Rabatten und Staudenbeeten, als Begleiter höherer Rosen, für niedrige Hecken, als Flächendecker, zur Böschungsbegrünung, am lichtschattigen Gehölzrand; auch in Pflanzgefäßen.

Standort: Gedeiht noch im Halbschatten, blüht dort aber schwächer; durchlässiger, vorzugsweise frischer bis feuchter Boden, sauer bis schwach alkalisch.

Pflanzen/Vermehren: Pflanzung im Herbst oder Frühjahr, als Flächendecker mit 3 bis 4 Stück pro m²; Vermehrung durch Stecklinge im Frühjahr oder Steckhölzer.

Pflege: Anspruchslos, auf trockenen Böden häufiger gießen, mäßige Kompostgaben im Frühjahr günstig; alle 3 bis 5 Jahre im zeitigen Frühjahr auf eine Handbreit über dem Boden zurückschneiden, fördert Wuchs und Blütenbildung.

Fingerstrauch (Potentilla fruticosa 'Red Ace')

Fingerprobe
Einfache Handprobe zur Einschätzung des Sand-, Schluff- oder Tonanteils im Boden
→ *Bodenart*

Fingersalat
Pflücksalat mit lockerer Blattrosette
→ *Salat*

Finocchio
Andere Bezeichnung für den Knollen- oder Gemüsefenchel
→ *Fenchel*

Fische
→ *Teichtiere*

Fisole
Andere Bezeichnung für die → *Bohne*

Flächendecker
Gehölze, Stauden oder auch Sommerblumen, die sich für die flächige Pflanzung in größeren Gruppen eignen. Neben den flach, oft kriechend wachsenden → *Bodendeckern* zählen hierzu auch andere niedrige oder mittelhoch wachsende Pflanzen, mit denen sich bei Gruppenpflanzung eine geschlossene Begrünung erzielen lässt. Man verwendet sie z. B. für Böschungen, Vorgärten oder andere Bereiche, die pflegeleicht gehalten werden sollen. Meist handelt es sich um besonders robuste Arten, die entweder sehr gut Hitze und Trockenheit vertragen oder noch im Schatten gedeihen.

Infrage kommende Gehölze sind z. B. Bodendeckerrosen, niedrige Zwergmispeln, Heckenkirschen und Fingerstrauchsorten, flach wachsende Wacholderarten oder Kisseneiben.

Zahlreiche Flächendecker gibt es bei den Stauden, von den eigentlichen Bodendeckern wie Günsel über die Polster oder Matten bildenden Steingartenstauden bis hin zu höher wachsenden Arten wie Katzenminze, Kerzenehrenpreis, Wollziest sowie Gräsern und Farnen. Unter den einjährigen Sommerblumen bieten sich für die Flächenpflanzung z. B. Duftsteinrich und verschiedene Salbeiarten an.

In gemischten Pflanzungen stellen die Flächendecker die so genannten Füllelemente dar, die Pflanzgruppen aus höheren Leit- und Begleitpflanzen optisch stützen und harmonisch abrunden.

Flächenkompostierung

Verfahren, bei dem organische Reste nicht in Mieten oder Behältern gesammelt und kompostiert werden, sondern direkt auf dem Beet oder einer anderen zur Bepflanzung vorgesehenen Fläche; im Grunde dem → *Mulchen* ähnlich.

Eine Flächenkompostierung nimmt man vorzugsweise im Sommer vor, etwa nach dem Abräumen früher Gemüse von Beeten, weil die organische Substanz dann schnell verrottet. Man trägt auf den zuvor mit Hacke, Sauzahn oder Grabegabel gelockerten Boden eine dicke Schicht aus zerkleinerten Ernterückständen und anderen Pflanzenresten sowie, falls vorhanden, halb verrotteten Rohkompost oder Stallmist auf.

Haus- und Küchenabfälle sollten vor der Flächenkompostierung mehrere Wochen in einem Haufen anrotten. Das gut durchmischte, gleichmäßig verteilte Material kann man dann mit Kalk oder Gesteinsmehlen überstreuen, danach wird es leicht in die Krume eingearbeitet. Unter günstigen Bedingungen erfolgt die Zersetzung in wenigen Wochen. Nach starken Regenfällen sollte man für eine Oberflächenlockerung sorgen, da Verdichtung, starke Vernässung und damit verbundener Luftmangel die Rotte beeinträchtigen.

Pflanzungen dürfen erst nach vollständigem Verrotten des Materials erfolgen. Wie beim Haufenkompost zeigt ein Geruch nach frischer Walderde an, dass dies der Fall ist. Vor Aussaaten sollte man mit einigen Stichproben einen → *Kressetest* (Keimprüfung mit Kressesamen) durchführen. Durch Flächenkompostierung vorbereitete Beete eignen sich besonders für stark zehrende Gemüsearten mit hohem Nährstoffbedarf. Auf den Anbau von Wurzelgemüsen wie Schwarzwurzeln oder Möhren sollte man jedoch verzichten.

Sät man nachfolgend → *Gründüngungspflanzen* ein, lässt sich die → *Bodenfruchtbarkeit* sehr effektiv steigern. Diese Kombination eignet sich besonders, um z. B. nach dem Hausbau strapazierte Böden zu beleben.

Flachfolie

Alle flach über Saaten oder Pflanzen verlegten → *Folien*, im Gegensatz zu Folientunnel oder Folienhauben

Flachgründiger Boden

Ein Boden, bei dem der gut durchwurzelbare und bearbeitbare Oberboden nur bis etwa 20 – 30 cm Tiefe reicht. Durch Tiefenlockerung, Gründüngung und Kompostzufuhr lässt sich hier die Oberbodenschicht allmählich vergrößern, allerdings nicht, wenn darunter eine Geröll-, Schutt- oder Gesteinsschicht oder eine recht dichte Tonschicht ansteht. Sofern sie nicht zu Vernässung neigen, können auf flachgründigen Böden Rasengräser, etliche robuste Kleinstauden sowie manche anspruchslose Sträucher, z. B. Berberitzen, Felsenbirnen oder Mahonien, gedeihen. Für → *Flachwurzler* unter den Bäumen dagegen genügt diese geringe Gründigkeit oft nicht, sie mangeln hier leicht an Standfestigkeit.

Flachs

Andere Bezeichnung für den → *Lein*

Flachwurzler

Pflanzen, deren Wurzeln sich flach unter der Bodenoberfläche ausbreiten. Dazu gehören unter den krautigen Pflanzen vor allem Einkeimblättrige, die keine tiefe Pfahlwurzel ausbilden, z. B. Rasengräser und Zwiebeln; außerdem viele niedrige, Polster bildende Stauden des Steingartens. Flach wurzelnde Gehölze sind u. a. Fichte, Birke, Erle, Tanne, Felsenbirne, Goldrute, Berberitze sowie Johannis- und Stachelbeersträu-

cher. Sie wachsen natürlicherweise auf flachgründigen Böden mit hohem Grundwasserstand oder steinigem Untergrund. Zumindest als Junggehölze sollten sie unbedingt einen Stützpfahl erhalten. In der Regel reagieren sie sehr empfindlich auf Verdichtungen der Bodenoberfläche und verlangen eine vorsichtige Bodenbearbeitung.

Auch → *Wurzelsystem*

Flammenblume

Anderer Name des → *Phlox,* eine Gattung mit prächtig blühenden, hohen und niedrigen Stauden

Johannisbeeren bilden ein flach ausgebreitetes Wurzelsystem.

Am Baum herangereifte Flaschenbirne

Flammulina

Botanischer Gattungsname des essbaren Samtfußrüblings
→ *Pilzanbau*

Flaschenbirne

Zum einen der Name einer Birnensorte mit flaschenförmigen Früchten, nämlich ‚Bosc's Flaschenbirne', die als gute Herbstbirne gilt.

Zum andern als „Birne in der Flasche" z. B. eine beliebte Präsentform alkoholischer Getränke, bei der eine ganze Birne in einer Flasche mit Obstbrand schwimmt. Um selbst zu solchen Flaschenbirnen zu kommen, braucht man eine bauchige Flasche mit kurzem Hals. Diese wird Ende Mai/Anfang Juni an einem Draht kopfüber aufgehängt und von oben über eine junge Birnenfrucht gestülpt. Zuvor entfernt man rund um die Birne die Blätter. Die Öffnung der Flasche muss nach unten zeigen, damit sich kein Wasser darin sammeln kann. Einen sonnigen Sommer vorausgesetzt, wächst und reift die Birne in der Flasche heran und wird mitsamt dieser im Herbst geerntet. Dann spült man sie mit warmem Wasser aus und füllt den Obstbrand auf. Käufliche Flaschenbirnen werden dagegen teils erst nach der Ernte in Spezialflaschen gelegt, bei denen man den Boden abnehmen und durch Schweißen oder mit Lebensmittelkleber wieder anfügen kann.

Flaschenbürstengras

HYSTRIX PATULA

Das hübsche Ziergras aus Nordamerika besitzt auffallend lockere, hell behaarte Ähren, die durch die Anordnung ihrer Grannen wie Flaschenbürsten aussehen. Es wirkt schön mit spät blühenden Stauden, Heide oder anderen Gräsern, sollte aber nicht mit starkwüchsigen, wuchernden Pflanzen kombiniert werden.

Merkmale: Staudengras, locker horstartig, 30 – 60 cm hoch, Blütenhalme bis 90 cm; schilfähnliche Blätter; locker gespreizte Ähren mit erst weißlichen, später bräunlichen Grannen.
Blütezeit: Juni – Juli
Verwendung: Einzeln oder in Gruppen, auf Staudenrabatten, vor Gehölzen, im Heide- oder Naturgarten; für Trockensträuße.
Standort: Durchlässiger, trockener Boden, am besten humoser Sandboden.
Pflanzen/Vermehren: Pflanzung im Frühjahr; Vermehrung durch Teilung oder Aussaat.
Pflege: In langen Trockenperioden gießen, aber Staunässe unbedingt vermeiden; im Herbst mit Winterschutz versehen.

Flaschenfrucht

Andere Bezeichnung für den → *Flaschenkürbis*

Flaschenkürbis

LAGENARIA SICERARIA

Das auch Kalebassenkürbis oder Flaschenfrucht genannte Kürbisgewächs aus den Tropen fällt durch seine ungewöhnlichen Früchte auf, die nach dem Ausreifen getrocknet und z. B. bemalt als pflanzliche Dekoration verwendet werden können. In ihrer Heimat dienen die ausgehöhlten Früchte als Gefäße für Wasser oder auch, mit Steinchen gefüllt, als Perkussionsinstrumente. Im Garten sowie auf Terrasse und Balkon lässt sich der Flaschenkürbis als Gemüsewie als zierende Kletterpflanze nutzen. Die jungen Früchte mit weichem, etwas süßlich schmeckendem Fruchtfleisch können wie Zucchini oder Kürbis zubereitet werden.

Merkmale: Einjährige Rankpflanze, 2 – 3 m hoch; große, herzförmige, etwas raue Blätter; weiße, trichterförmige Blüten; über 1 m lange gurkenähnliche, hellgrüne Früchte, bei Zierformen auch tropfen- oder keulenförmig.
Blütezeit: Juni – September
Standort: Geschützt und warm; gut durchlässiger, humoser, nährstoffreicher, frischer bis feuchter Boden.
Kultur: Anzucht in Töpfen mit je 1 bis 2 Samen ab März bis Anfang Mai, nach Aufgang vorsichtig kleine Stützstäbe einstecken; Pflanzung ins Freie nach Mitte Mai. Auch Direktsaat draußen ab Mitte Mai möglich; für sichere Gemüseernte Gewächshauskultur günstig.
Pflege: Gleichmäßig feucht, aber nie nass halten; Triebe an Rankhilfen aufleiten; nach dem Anwachsen und zu Beginn der Fruchtbildung mit Kompost oder Volldünger versorgen.
Ernte: Zum Verzehr ab Spätsommer junge, noch unreife Früchte ernten; zum Trocknen bis Herbst ausreifen lassen.

Flaschenkürbis – als Fruchtgemüse oder Zierde nutzbar

Flatterbinse

Hübsche, aber wuchernde → *Binse* für den Gartenteich

Flechten

Flechten, die im Garten z. B. Baumstämme oder Steine überziehen, sind quasi zusammengesetzte Lebewesen: Ein Verband von Algen und Pilzen, die in sehr enger Gemeinschaft miteinander existieren. Die zur → *Assimilation* befähigten Algen liefern dabei die Kohlenhydrate, die Pilze Wasser und Nährstoffe und umhüllen zudem die Algen mit schützendem Geflecht.

Flechten reagieren äußerst empfindlich auf Schadstoffe und dienen deshalb als Bioindikatoren (Zeigerorganismen) für die Luftverschmutzung.

Als selbständige Lebensgemeinschaften sind Flechten keine Parasiten und richten keinen Schaden an besiedelten Pflanzen an. Bei Obstbäumen entfernt man sie jedoch im Rahmen der → *Stammpflege,* da sie ebenso wie Moose als Unterschlupf für überwinternde Schädlinge dienen können und das Abtrocknen der Rinde verzögern.

Flechtzaun

Aus Weidenruten geflochtener, sehr naturnah wirkender Zaun. Auch Lamellenzäune oder -sichtschutzwände aus dünnen Holzlatten oder Kunststoffbändern werden zuweilen als Flechtzäune bezeichnet.

Auch → *Zaun*

Fledermaus

Ordnung weltweit verbreiteter Säugetiere mit behaarten Körpern, die mit ihren Flughäuten fliegen können und meist in der Dämmerung sowie nachts aktiv sind. Mit ihrem hoch spezialisiertem Gehör können sie sich durch selbst erzeugte Ultraschallortungslaute in Form hochfrequenter Schreie orientieren.

Die heimischen Arten ernähren sich von Insekten und sind damit wichtige Schädlingsvertilger. Sie leben gesellig, manche in großen Kolonien und beziehen im Sommer ihr Tagesquartier auf Dachböden, in Spalten an und in Gebäuden, in ausgehöhlten Baumstämmen, auch in leeren Vogelnistkästen. Die kalte Jahreszeit verbringen sie schlafend im Winterquartier, meist Höhlen.

Das Aufhängen von speziellen Fledermauskästen fördert die stark gefährdeten Tiere. Da die heimischen Arten unterschiedliche Ansprüche an ihr Quartier stellen, sind je nach Art verschiedene Kästen erhältlich. Alle Fledermäuse stehen unter Naturschutz.

Fleisch fressende Pflanzen

Fachsprachlich Insektivoren oder Karnivoren genannt; Pflanzen, die mit Hilfe von Klebdrüsen, Fangbläschen, mit Verdauungsflüssigkeit gefüllten Organen, Schlauch- oder Klappfallen Insekten anlocken, einfangen und verdauen. Da Fleisch fressende Pflanzen meist auf stickstoffarmen Böden, z. B. in Mooren, vorkommen, nutzen sie das Eiweiß der Insekten als zusätzliche Stickstoffquelle.

Gewächse dieser Art haben Pflanzenfreunde seit jeher fasziniert. Besonders reizvoll sind oft fremdländische Arten aus den Tropen oder Nord- und Südamerika, die äußerst farbenprächtige Fangorgane ausbilden, um damit Insekten anzulocken. Die bekannteste darunter ist die Venusfliegenfalle (*Dionaea muscipula*), die bei Berührungsreiz ihre rötlich gefärbten Blatthälften schlagartig zusammenklappt. Daneben gibt es u. a. die kletternden Kannenpflanzen (*Nepenthes*) und die Schlauchpflanzen (*Sarracenia*) mit ihren besonders farbenprächtigen Fangschläuchen. Solche Wärme liebenden Pflanzen können bei uns nur im Zimmer oder im beheizbaren Gewächshaus gehalten werden, wobei man für die Pflege reichlich Fingerspitzengefühl braucht. In der Regel benötigen sie saures Substrat, also Torf, das stets gut feucht sein muss, weder zu niedrige noch zu hohe Luftfeuchtigkeit sowie weiches, kalkarmes Gießwasser, aber keinesfalls Dünger.

Ähnliche Ansprüche haben die heimischen, streng geschützten Arten des Sonnentaus (*Drosera rotundifolia, D. intermedia*), die jedoch kälteverträglicher sind und im Garten als Liebhaberpflanzen für Moorbeete kultiviert werden. Es handelt sich um nur 5 – 30 cm hohe Stauden mit grundständigen Blattrosetten, die mit kleinen, roten, klebrigen Fangarmen besetzt sind. Sie scheiden tropfenförmige Sekrete aus, die als in der Sonne glänzende Tröpfchen Insekten anlocken. Diese bleiben auf den Blättern kleben und werden schließlich von der Pflanze verdaut. Von Juli bis August erscheinen kleine weißlich rosa Blüten. Die Pflanzen brauchen stets feuchten oder nassen Boden mit einem pH-Wert von 4 – 4,5, der nährstoff- und besonders stickstoffarm sein muss.

Eine weitere gartentaugliche, Insekten fressende Pflanze ist der → *Wasserschlauch,* eine recht beliebte Wasserpflanze mit gelben Blüten.

Rundblättriger Sonnentau (Drosera rotundifolia), eine heimische Fleisch fressende Pflanze für Moorbeete

Fleischkraut

Andere Bezeichnung für den
→ Zuckerhutsalat

Fleischtomate

→ Tomate mit großen, fleischigen Früchten

Fleißiges Lieschen
IMPATIENS

Die auch als Balsaminen bekannten Fleißigen Lieschen zählen zu den „Klassikern" unter den Balkonpflanzen, haben aber als schattenverträgliche Blüher ebenso besondere Bedeutung für die Beetbepflanzung. Wichtigste Art unter diesen Balsaminen- bzw. Springkrautgewächsen war lange Zeit *I. walleriana* aus dem tropischen Ostafrika, von der es zahlreiche Hybridsorten gibt. Erst vor wenigen Jahrzehnten bekamen sie starke Konkurrenz durch die Impatiens-Neuguinea-Hybride die etwas größer sind und eleganter wirken. Sie entstanden aus einer Kreuzung von in Papua-Neuguinea gefundenen Wildarten und werden ebenfalls in einer gewaltigen Sortenfülle angeboten. Sortenunterschiede betreffen nicht nur Blüten und andere zierende Merkmale. Seit einiger Zeiten werden auch verstärkt gut sonnenverträgliche Züchtungen beider Arten bzw. Hybriden angeboten, so dass man zum Lichtbedarf der Fleißigen Lieschen im Allgemeinen recht unterschiedliche Angaben findet.

Volle Sonne sowie Halbschatten verträgt die Gartenbalsamine (*I. balsamina*), die bereits im 16. Jahrhundert aus Asien nach Europa eingeführt wurde und zu den traditionellen Bauerngartenblumen zählt. Sie wächst 60 – 70 cm hoch, blüht von Juni bis September mit kleinen rosenähnlichen, halb gefüllten oder gefüllten Blüten in Rosa- und Rottönen oder weiß.

Fleißiges Lieschen
IMPATIENS WALLERIANA
☼ – ◐

Merkmale: Einjährig kultivierte Staude, breit buschiger, dichter Wuchs, auch Sorten mit halb hängenden Trieben, 15 – 30 cm hoch; eiförmige, zugespitzte Blätter; tellerförmige, ungefüllte oder gefüllte Blüten, rosa, rot, violett, weiß, auch zweifarbig; häufig in attraktiven bunten Farbmischungen angeboten.
Blütezeit: Mai – Oktober
Verwendung: In Gruppen auf Beeten und Rabatten, unter oder vor Gehölzen, als Bodendecker; in Balkonkästen, Schalen und Ampeln; als Zimmerpflanze.
Standort: Sonnen- oder Schattenverträglichkeit je nach Sorte; nährstoff- und humusreicher, lockerer, frischer bis feuchter Boden.
Kultur: Anzucht im Februar/März bei 18 – 22° C; Samen nur andrücken (Lichtkeimer); nach Mitte, besser Ende Mai mit 20 – 30 cm Abstand auspflanzen; Vermehrung auch über Kopfstecklinge möglich.
Pflege: Gleichmäßig feucht halten, zu Blühbeginn düngen, auf nährstoffarmem Boden alle vier Wochen, in Pflanzgefäßen alle zwei Wochen schwach dosierten Dünger verabreichen; bei Gefäßpflanzung helle Überwinterung bei 15° C möglich.

Neuguinea-Impatiens, Edellieschen
IMPATIENS-NEUGUINEA-HYBRIDEN
☼ – ◐

Merkmale: Einjährig kultivierte Staude, breit buschiger, dichter Wuchs, auch Sorten mit halb hängenden Trieben, 30 – 40 cm hoch; eiförmige, zugespitzte Blätter, dunkelgrün glänzend, oft mit gelber Zeichnung; radförmige, meist einfache Blüten, rosa, rot, violett, orange, weiß; oft in bunten Farbmischungen angeboten.
Blütezeit: Mai – Oktober
Verwendung: Wie Fleißige Lieschen.
Standort: Wie Fleißige Lieschen.
Kultur: Wie Fleißige Lieschen; Sorten sind allerdings nur zum Teil samenvermehrbar.
Pflege: Wie Fleißige Lieschen, jedoch etwas stärker düngen.

Fleißiges Lieschen (Impatiens walleriana)

Flieder
SYRINGA

Diese Gattung aus der Familie der Ölbaumgewächse hat gleich mehrere ansehnliche Blütensträucher für den Garten zu bieten, die ursprünglich aus Südeuropa und Ostasien stammen. Sie werden teils schon seit Jahrhunderten in Mitteleuropa kultiviert. Am beliebtesten ist der Gewöhnliche Flieder mit seinen großen, bis 20 cm langen Blütenrispen. Von ihm gibt es zahlreiche Sorten und Hybriden, denen leider teilweise beim züchterischen Bemühen um eindrucksvolle Blüten der Duft verloren ging. Sie sind oft, ebenso wie Sorten anderer Flieder-arten, auf Sämlingsunterlagen des Gewöhnlichen Flieders veredelt. Durch Veredlung und Erziehung lassen sich baumähnliche Formen mit deutlichem Hauptstamm erzielen.

Reizvolle und zudem noch etwas frosthärtere Alternativen zum großblumigen Gewöhnlichen sowie Chinesischen Flieder sind die kleinblütigen Arten mit fast ebenso langen, lockeren Blütenrispen. Hierunter wird vor allem der Ungarische Flieder recht häufig gepflanzt. Eine Besonderheit stellt der Herbstflieder mit seiner lang währenden Blütezeit dar.

Ungarischer Flieder
SYRINGA JOSIKAEA

Merkmale: Strauch, straff aufrecht, dicht buschig, 2 – 4 m hoch und breit; große, breit eiförmige Blätter; aufrechte, schmal kegelförmige, lockere, violette Blütenrispen, bis 20 cm lang, duftend.
Blütezeit: Mai – Juni
Verwendung: Einzeln, in Gehölzgruppen und frei wachsenden Hecken.
Standort: Verträgt noch lichten Schatten; durchlässiger, nährstoffreicher, frischer bis feuchter Boden, sauer bis schwach alkalisch; stadtklimafest.
Pflanzen/Vermehren: Pflanzung im Herbst oder Frühjahr; veredelt, eigene Vermehrung schwierig.
Pflege: Im zeitigen Frühjahr mit Kompost oder Volldünger versorgen; abgeblühte Rispen ausschneiden; regelmäßig Wildtriebe der Sämlingsunterlage direkt an der Unterlage weg- schneiden oder abreißen; alle paar Jahre auslichten; bei Bedarf kräftiger Verjüngungsschnitt möglich.
Hinweis: Eine weitere hübsche kleinblütige Art ist der Bogenflieder (*S. reflexa*) mit überhängenden Zweigspitzen. Er wird ebenso hoch und breit wie der Ungarische Flieder, seine duftenden Blüten sind außen dunkelrosa, innen weiß.

Herbstflieder
SYRINGA MICROPHYLLA 'SUPERBA'

Merkmale: Strauch, breit buschig, 1 – 2 m hoch und breit; kleine, rundliche bis eiförmige Blätter; 5 – 10 cm lange, aufrechte Blütenrispen, anfangs rosarot, später hellrosa, angenehm duftend.
Blütezeit: Mai – Juni, Nachblüte bis zum Oktober

Herbstflieder (Syringa microphylla)

Gewöhnlicher Flieder (Syringa vulgaris)

Verwendung: Wie Ungarischer Flieder; zudem für große Pflanzgefäße geeignet.
Standort: Wie Ungarischer Flieder, jedoch weder zu saurer noch kalkhaltiger Boden.
Pflanzen/Vermehren: Wie Ungarischer Flieder.
Pflege: Wie Ungarischer Flieder.

Gewöhnlicher Flieder
SYRINGA VULGARIS

Merkmale: Großstrauch, auch baumartig, dicht verzweigt mit steif aufrechten Ästen, 2 – 6 m hoch; ei- bis herzförmige Blätter; einfache oder gefüllte Blüten in 10 – 20 cm langen, dichten Rispen, je nach Sorte violett, blau, weiß, rosa, rot, lila oder gelb; gefüllt blühende Sorten häufig ohne Duft.
Blütezeit: Mai – Juni
Verwendung: Einzeln als auffälliger Großstrauch z. B. im Rasen oder an der Terrasse; in Gehölzgruppen, als frei wachsende Hecke.
Standort: Verträgt noch Halbschatten, blüht dann aber schwächer; durchlässiger, nährstoffreicher, frischer, nicht zu saurer Boden, kalkverträglich, stadtklimafest.

Pflanzen/Vermehren: Vermehrung nicht veredelter Exemplare über Samen möglich.

Pflege: Wie Ungarischer Flieder, ältere Sträucher aber am besten jährlich auslichten; in den ersten Standjahren alle Triebe nach der Blüte um etwa ein Drittel zurückschneiden, um eine stärkere Verzweigung anzuregen.

Fliederbeere

Anderer Name für den → Holunder

Fliedermotte

Eine Miniermotte, die neben Flieder mehrere andere Ziergehölze befallen kann, z. B. Deutzie, Forsythie, Liguster und Esche. Die kleinen, bräunlichen Falter mit nur gut 1 cm Flügelspannweite legen im Mai ihre Eier auf den Blattunterseiten ab, die daraus schlüpfenden, anfangs winzigen Raupen fressen im Blattinnern. Häufig tritt dann nur noch eine zweite Generation im Juli auf, deren Larven meist im Boden überwintern. Bei häufigem Befall können die Sträucher stark geschwächt werden.

Schadbild: Ab Mai hellgrüne, durchscheinende Minen (Fraßgänge) in den Blättern, danach bald verbräunte, blasig aufgetriebene Partien, die welken; eingerollte, zusammengesponnene Blätter, darin grünlich weiße Raupen.

Abhilfe: Von Mai bis Juli regelmäßig kontrollieren, bei festgestellten Minen Larven in den Fraßgängen mit der Hand zerdrücken oder minierte Blätter entfernen; ebenso eingerollte Blätter möglichst schnell entfernen und vernichten; notfalls zugelassene Insektizide einsetzen.

Fliederseuche

Eine Bakterienkrankheit, die an Flieder, Forsythie, Pfeifenstrauch und teils auch an Obstgehölzen vorkommt. Sie tritt vor allem bei feuchtkühler Witterung, nach starken Regenfällen sowie nach Spätfrösten auf.

Schadbild: Auf den Blättern kleine, helle, fettige Flecken, die eintrocknen und verbräunen; auf den Trieben schwarzbraune, eingesunkene Flecken, Triebe knicken um und welken.

Abhilfe: Vorbeugend stickstoffarm und kalibetont düngen; Sträucher regelmäßig auslichten. Erkrankte Triebe bis ins gesunde Holz zurückschneiden, dies nur bei trockener Witterung, um weitere Ausbreitung zu vermeiden.

Fliegen

Gruppe (Unterordnung) weltweit verbreiteter Zweiflügler. Sie besitzen nur ein Paar Flügel, das hintere Flügelpaar ist zu kleinen Schwingkölbchen umgewandelt. Fliegen sind meist gedrungen gebaut und haben kurze Fühler. Zu den Fliegen gehören neben der heimische Stubenfliege Bremsen und Taufliegen. Die weißen, fuß- und kopflosen Larven einiger Arten richten Schäden an den Wurzeln, Blättern und Trieben verschiedener Kulturpflanzen an, z. B. die Bohnen-, Kohl-, Möhren-, Spargel- und Zwiebelfliege. (Die wichtigsten Schadfliegen sind bei den jeweiligen Pflanzen beschrieben, z. B. → Bohnenschädlinge.) Ein Befall kann durch das Abdecken von Saaten und Pflanzen mit Vlies oder Kulturschutznetzen verhindert werden, außerdem durch eine weite Fruchtfolge. Eine weitere Schädlingsgruppe sind die → Minierfliegen, die durch Fraß in den Blättern verschiedener Zierpflanzen helle Flecken oder Linien hervorrufen. Auch die Kirschfruchtfliege (→ Kirschenschädlinge) gehört zu den bedeutenden Schädlingen.

Zu den Fliegen zählen jedoch mit den → Schwebfliegen auch wichtige Nützlinge, die vor allem Blattläuse dezimieren.

Flockenblume
CENTAUREA

Die attraktiven, dankbaren Korbblütengewächse mit ihren zerschlitzt und dadurch „flockig" wirkenden Blütenkörbchen sind die mehrjährigen Verwandten der heimischen Kornblume. Neben der in den Alpen vorkommenden Bergflockenblume und der aus Kleinasien stammenden Roten Flockenblume gibt es noch einige weitere gartenwürdige Arten. Erwähnt sei hier die etwas aus dem Rahmen fallende Gelbe Flockenblume (*C. macrocephala*). Sie wird bis 120 cm hoch, blüht von Juli bis September goldgelb und hat dieselben Standortansprüche wie die Bergflockenblume.

Rote Flockenblume
CENTAUREA DEALBATA
☼ ☺

Merkmale: Staude, locker buschig, 60 – 80 cm hoch; Ausläufer treibender Wurzelstock; fiederlappige, unterseits weißfilzige Blätter; rosa bis purpurrote Blütenkörbchen einzeln an aufrechten Stielen.

Blütezeit: Juni – Juli, Nachblüte im September

Schadbild der Fliedermotte

Verwendung: In kleinen Gruppen auf Rabatten, am sonnigen Gehölzrand, an Böschungen, im Steingarten, im Naturgarten; auch als Schnittblume geeignet.
Standort: Vollsonnig, warm; gut durchlässiger, auch trockener Boden.
Pflanzen/Vermehren: Pflanzung im Herbst mit 40–50 cm Abstand, zu schwachwüchsigen Nachbarn 60 cm und mehr, da wuchernd; Vermehrung durch Teilung im Herbst oder Frühjahr, auch durch Aussaat oder Wurzelschnittlinge im Frühjahr.
Pflege: Anspruchslos; keine übermäßige Düngung, kleine Kompostgaben alle 1 bis 2 Jahre genügen.

Bergflockenblume
CENTAUREA MONTANA

Merkmale: Staude, locker buschig, 40–50 cm hoch; Ausläufer treibender Wurzelstock; breit lanzettliche, flockig behaarte Blätter; blaue, innen rötliche Blütenkörbchen einzeln an aufrechten Stielen, Sorten auch rosa oder weiß.
Blütezeit: Mai – Juni

Bergflockenblume (Centaurea montana)

Verwendung: Wie Rote Flockenblume, jedoch nicht auf trockenen Böschungen.
Standort: Gut durchlässiger, mäßig trockener bis frischer Boden.
Pflanzen/Vermehren: Wie Rote Flockenblume.
Pflege: Wie Rote Flockenblume.

Flor
Bezeichnung für die Gesamtheit der Blüten einer Pflanze oder auch einer ganzen Pflanzengruppe, etwa der Flor der Frühlingsblüher; oft auch im zeitlichen Sinne verwendet, z. B. Sommerflor, Nachflor.

Flora
Gesamtheit aller in einem bestimmten Gebiet vorkommenden Pflanzen, häufig auch als Bezeichnung für die ganze Pflanzenwelt verwendet.

Florfliege
Florfliegen – zoologisch keine Fliegen, sondern Netzflügler – sind eine Insektenfamilie, die in Mitteleuropa mit gut 30 Arten verteten ist. Meist haben sie zarte, durchscheinende Flügel, die fein geädert sind, und gelb glänzende Knopfaugen. Deshalb werden sie auch Goldaugen genannt, aufgrund ihrer Bedeutung als Blattlausfeinde kennt man sie bzw. ihre Larven zudem als Blattlauslöwen. Am häufigsten sieht man bei uns die Grüne Florfliege (*Chrysoperla carnea*), mit grünlichem etwa 1,5 cm langem Leib und 2 – 3 cm Flügelspannweite; in Ruhestellung legt sie ihre Flügel dachförmig zusammen.

Die erwachsenen, in der Dämmerung und nachts aktiven Tiere ernähren sich hauptsächlich von Blattläusen und Thripsen, außerdem von Pollen und Nektar. Noch weitaus gefräßiger sind ihre knapp 1 cm großen, rötlich braunen Larven mit den kräftigen, zangenartigen Mundwerkzeugen. Mit diesen spießen sie andere Insekten sowie deren Eier auf. Während ihrer 2- bis 3-wöchigen Entwicklungszeit vertilgt eine Florfliegenlarve bis zu 500 Blattläuse. Außerdem stehen z. B. Blutläuse, Schmierläuse, Spinnmilben und kleine Raupen auf ihrem Speiseplan. Meist treten zwei Generationen pro Jahr auf, eine mit Eiablage im Mai bis Juli, die andere im August. Die Weibchen legen die Eier an langen Fäden ab, häufig in der Nähe von Blattlauskolonien.

Florfliege

Blütenreiche Gärten und ungestörte Winterquartiere, z. B. im Haus, auf dem Dachboden oder im Geräteschuppen, fördern die Ansiedlung von Florfliegen. Daneben gibt es im Fachhandel spezielle Florfliegenkästen als Nisthilfen. Zur Förderung der Florfliegen gehört selbstverständlich auch der Verzicht auf breit wirksame Insektizide.

Im Gewächshaus, Wintergarten und am Blumenfenster lassen sich Florfliegen gezielt zur Bekämpfung von Blattläusen und Thripsen einsetzen. Man kann sie als gezüchtete Larven über den Fachhandel beziehen und bringt diese auf mit Blattläusen befallenen Pflanzen aus. Die Larven werden in der Regel in abgedeckten Pappzellen geliefert. Die Abtrennungen dieser Behältnisse sind nötig, da sich die stets hungrigen Larven notfalls auch gegenseitig auffressen.

Floribundarosen
Beetrosen mit edelrosenähnlichen Blüten in Dolden oder Büscheln
→ *Rose*

Flügelerbse
TETRAGONOLOBUS PURPUREUS
☼

Der auch Spargelerbse genannte, einjährige, aus Südeuropa stammende Schmetterlingsblütler mit den hübschen roten Blüten galt Gärtnern früherer Generationen als Spezialität, wird heute allerdings selten angebaut. Die interessant aussehenden Hülsen mit den vier Flügelrändern werden wie Zuckererbsen jung gepflückt und als Gemüse gedünstet; im Geschmack erinnern sie an Spargel.

Die Flügelerbse braucht einen sonnigen, warmen Platz auf humosem, am besten sandigem Boden. Man sät sie Anfang Mai mit 50–60 cm Reihenabstand und vereinzelt später in der Reihe auf 30–40 cm Zwischenraum. Geerntet wird ab Juni bis Anfang September.

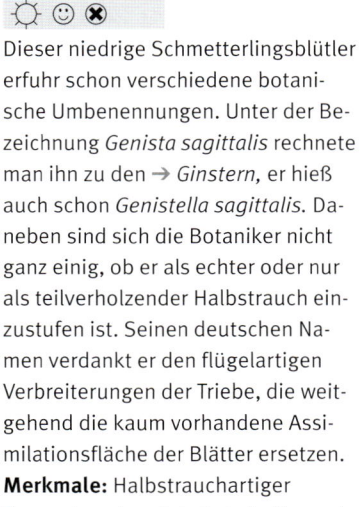

Flügelginster
CHAMAESPARTIUM SAGITTALE
☼ ☺ ✖

Dieser niedrige Schmetterlingsblütler erfuhr schon verschiedene botanische Umbenennungen. Unter der Bezeichnung *Genista sagittalis* rechnete man ihn zu den → *Ginstern,* er hieß auch schon *Genistella sagittalis.* Daneben sind sich die Botaniker nicht ganz einig, ob er als echter oder nur als teilverholzender Halbstrauch einzustufen ist. Seinen deutschen Namen verdankt er den flügelartigen Verbreiterungen der Triebe, die weitgehend die kaum vorhandene Assimilationsfläche der Blätter ersetzen.

Merkmale: Halbstrauchartiger Zwergstrauch, wächst niederliegend mit kriechenden, sich bewurzelnden Ästen und aufsteigenden Zweigen, 10–30 cm; im unteren Bereich verholzt, im oberen krautig und immergrün, Zweige mit je zwei glänzenden Flügeln; gelbe Blüten in rundlichen Trauben; ab Spätsommer kleine braune, behaarte giftige Hülsenfrüchte.

Flügelginster (Chamaespartium sagittale)

Blütezeit: Mai – Juni, teils bis Juli
Verwendung: Im Stein- und Heidegarten, auf der Krone von Trockenmauern, als Flächdecker auf Böschungen; auch für Dachgärten und Trogbepflanzung geeignet.
Standort: Warm, geschützt, ist etwas frostempfindlich, verträgt dagegen Hitze gut; durchlässiger, kalk- und nährstoffarmer, auch trockener neutraler bis saurer Boden; günstig z. B. auf sandigem Substrat mit Torfuntermischung.
Pflanzen/Vermehren: Pflanzung im Frühjahr, möglichst nur mit Topfballen für sicheres Anwachsen; Vermehrung durch Aussaat.
Pflege: Anspruchslos; in rauen Lagen Winterschutz geben, erfrorene Triebe im Frühjahr wegschneiden.

Flüssigdünger
Düngemittel, das in Wasser aufgelöst und mit der Gießkanne ausgebracht wird; häufig angebotene und recht praktische Düngerform.
Auch → *Dünger*

Flusskies
In fließenden Gewässern abgelagerte, durch die Reibung rund geschliffene Gesteine. Je nach Ausgangsgestein sind diese Kiese häufig hellgrau oder -beige, teils fast schneeweiß. Im Garten verwendet man sie z. B. in grober Sortierung (20–60 mm Ø) gern für Wegbeläge oder die Gestaltung des Teichumfelds, größere Exemplare außerdem als dekorative Kieselsteine. Feiner gekörnten Flusskies kann u. a. zum Abdecken des Bodengrunds im Gartenteich verwendet werden, wofür er möglichst kalkarm sein sollte.

Flusssand
Aus Flussablagerungen stammender Sand, dessen Körner anders als beim Quarzsand nicht scharfkantig, sondern rundlich sind. Aufgrund seiner Herkunft aus fließendem Wasser sind sämtliche bindigen Bestandteile herausgewaschen. Er klebt deshalb nicht zusammen und eignet sich gut, um ihn zur Lockerung schwerer Böden oder Topfsubstraten unterzumischen. Als gewaschener (gereinigter) Sand wird er auch als Mischungsanteil in Teicherden verwendet.

Flutender Hahnenfuß
Heimischer → *Hahnenfuß,* der als Wasserpflanze lange, flutende Triebe bildet.

Foeniculum
Botanischer Gattungsname des → *Fenchel*s

Föhre
Anderer Name der → *Kiefer*

Folgesaat
Mehrmaliges Nachsäen von Gemüsen und Kräutern mit kurzer Kultur-

Folie

dauer, z. B. Radieschen, Salat, Buschbohnen, Möhren, Bohnenkraut. Je nach Art und Entwicklungsdauer sät man alle paar Wochen kleinere Mengen aus, um fortlaufend ernten zu können.

Folie

Kunststofffolien finden im Garten hauptsächlich für folgende Zwecke Verwendung:

- zur Wachstumsbeschleunigung, Ernteverfrühung und Kulturzeitverlängerung bei Gemüse
- zum Schutz von Gemüse- und Zierpflanzen vor Kälte oder Frost
- als Eindeckungsmaterial für Gewächshäuser
- zur Abdichtung von Teichgrube oder Bachbett

Für diese Verwendungsmöglichkeiten werden jeweils speziell geeignete Folien angeboten und es empfiehlt sich, im Allgemeinen darauf zurückzugreifen. Sonstige Folien, z. B. aus dem Heimwerkerbereich, sind in der Regel nicht als Ersatz geeignet.

Folien für den Garten bestehen meist aus Polyethylen (PE) oder Polyvinylchlorid (PVC). PVC-Folien sind stabiler und weitaus beständiger gegenüber Witterungseinflüssen und UV-Strahlung. Allerdings enthalten sie chlorierte Kohlenwasserstoffe, die bei den üblichen Entsorgungsverfahren die Umwelt belasten. PE-Folien dagegen lassen sich fast rückstandsfrei entsorgen und zudem recht gut recyceln. Sie werden jedoch vor allem durch den Sonneneinfluss recht schnell spröde und brüchig und sind nur als UV-stabilisierte Folien längere Zeit haltbar, dann aber auch entsprechend teurer. Wenn man nicht stabilisierte PE-Folien nach Gebrauch mit Wasser gründlich reinigt, im Schatten trocknen lässt und dann aufgerollt (nicht gefaltet) an einem dunklen Platz aufbewahrt, können sie 3 bis 4 Jahre verwendet werden.

Durch den guten Start im Frühjahr kann bei einer Folienabdeckung die Ernte durchaus um bis zu drei Wochen verfrüht werden.

Folien zur Ernteverfrühung

Zum Abdecken von Gemüse und Kräutern kommen transparente Folien mit meist um 0,5 mm Stärke zum Einsatz. Sie sind vorwiegend aus PE gefertigt und werden als Abdeckfolien auch in UV-stabilisierter Form angeboten. Folien, die anders als beim → *Folientunnel* direkt über den Kulturen ausgebreitet werden, bezeichnet man als Flachfolien. Sie sollten ein Minimum an Luft und Wasser durchlassen, ungelochte Folien eignen sich nur für die kurzzeitige Verwendung. Gebräuchlich sind drei Typen:

- **Lochfolie:** Sie weist vorgestanzte, gleichmäßig verteilte kleine Löcher auf; günstig sind Folien mit 500 bis 1000 Löchern/m², die etwa drei bis fünf Wochen auf den Pflanzen verbleiben können.
- **Schlitzfolie,** auch wachsende oder mitwachsende Folie genannt: Sie hat ca. 30 000 feine Schlitze/m². Diese sind anfangs fest geschlossen und öffnen sich mit zunehmendem Pflanzenwachstum, so dass immer mehr Luft und Wasser an die Pflanzen gelangt. Durch die Dehnung bleibt auch für größere Pflanzen genügend Platz. Die Schlitzfolie kann so oft bis kurz vor der Ernte auf den Pflanzen belassen werden. Aufgrund der Schlitze sind diese Folien jedoch weniger stabil und haltbar als Lochfolien.
- **Vlies,** auch Vliesfolie, Faser- oder Spinnvlies genannt: Dieses feine Geflecht aus Kunststofffasern besteht aus PE oder PP (Polypropylen), ist sehr leicht, aber trotzdem reißfest. Vliese können aufgrund ihrer Luft- und Wasserdurchlässigkeit ebenso lange auf den Kulturen verbleiben wie Schlitzfolien, sofern man beim Verlegen an den Seiten genügend Dehnungsreserve berücksichtigt hat. Sie lassen sich auch als Schutznetze gegen Gemüsefliegen einsetzen.

Eine andere Möglichkeit der Ernteverfrühung bietet sich mit dunklen Folien und Vliesen:

- **Mulchfolie:** Diese schwarz eingefärbte PE-Folie wird besonders bei Wärme bedürftigen Fruchtgemüsen wie Gurken oder Paprika sowie bei Erdbeeren zur Bodenabdeckung verwendet. Sie sorgen für eine Erwärmung des Bodens und der bodennahen Luftschicht, unterdrücken Unkrautaufwuchs und verhindern außerdem das Verschmutzen der Früchte. Das Gießen und Düngen erfolgt über die Löcher oder Schlitze, in die zuvor die Pflanzen eingesetzt wurden.

■ **Mulchvlies:** Dieses schwarz eingefärbte Faservlies wird wie Mulchfolie eingesetzt, mit geringerem Erwärmungseffekt, aber dem Vorteil des einfacheren Gießens. Außerdem kann auf Mulchvlies kein Wasser stehen bleiben und die Bodenoberfläche besser abtrocknen, was die Gefahr von Pilzbefall verringert.

Zur Verwendung der Folien auch → PRAXIS-SEITE Folie und Vlies richtig einsetzen (S. 260/261).

Folien und Vliese als Kälteschutz

Folien führen zu schnellerer Boden- und Lufterwärmung bzw. schützen vor Kälte. Fröste können sie jedoch nur begrenzt abhalten, wobei ungelochte Folien am wirksamsten sind. Hier besteht jedoch bei Abdeckung zu Frostschutzzwecken die Gefahr, dass es an sonnigen Herbst-, Winter- oder Vorfrühlingstagen zu übermäßiger Erwärmung unter der Folie kommt, außerdem entsteht ein für Pilzkrankheiten günstiges Klima. Folien sollte man deshalb nur zur kurzzeitigen Frostschutzabdeckung verwenden. Anders verhält es sich mit den luftdurchlässigen Vliesen. Sie haben zudem den Vorteil, dass bei Minustemperaturen die vom Gewebe festgehaltenen Wassertröpfchen gefrieren und so eine dünne, aber wirksame Isolierschicht bilden, die die Pflanzen bis etwa -5° C schützt. Vliese eignen sich deshalb auch, um die oberirdischen Teile empfindlicher Zierpflanzen zu umhüllen.

Sonstige Folien

Besonders hohen Anforderungen an Stabilität und Wetterbeständigkeit müssen → *Teichfolien* genügen, ebenso Folien, die als Bespannung von → *Gewächshäusern* eingesetzt werden. Hier finden kräftige PVC-Folien oder UV-stabilisierte, speziell gehärtete PE-Folien Verwendung, für Teiche auch Kautschukfolien. Aus dem Gewächshausbereich stammen zwei Folientypen, die sich teils auch anderweitig nutzen lassen:

■ **Gitterfolie,** auch Drahtfolie genannt: Eine durch Gitternetzeinlage verstärkte PE-Folie, aus der man z. B. Abdeckfenster für → *Frühbeete* herstellen kann.

■ **Luftpolster-** oder **Noppenfolie:** Wirkt durch die Lufteinschlüsse in den Noppen besonders isolierend, als UV-stabilisierte Folie zur zusätzlichen Wärmedämmung für Frühbeet oder Gewächshaus geeignet, außerdem zum Umhüllen von Töpfen bei im Freien überwinternden Zierpflanzen.

Folienanbau

Anbau unter Flachfolie und Vlies (→ *Folie*) oder → *Folientunnel* zum Zweck der Ernteverfrühung oder Kulturzeitverlängerung. Durch Einsatz von Abdeckfolien lässt sich die Ernte um bis zu drei Wochen verfrühen, durch Unterlegen schwarzer Mulchfolien um bis zu zwei Wochen.

Folienhauben sorgen für die Ausreife der letzten Tomaten.

Für den Folienanbau kommen fast alle Gemüse und Kräuter infrage, insbesondere frühe Arten und Sorten, die ab Ende Februar/Anfang März gesät oder ab März gepflanzt werden können. Die zweite Saison des Folienanbaus beginnt etwa Anfang Mai, wenn Wärme bedürftige Gemüse wie Tomaten oder Gurken unter Folientunneln, etwas später dann auch auf schwarzer Mulchfolie nach draußen gepflanzt werden. Im Spätsommer/Herbst kann nochmals ein Anbau, etwa von Radieschen, Salat oder Spinat im Folientunnel erfolgen, in erster Linie nutzt man Folien dann jedoch, um bereits herangewachsene Gemüse zu schützen und zur sicheren Ausreife zu bringen; auch → PRAXIS-SEITE Folie und Vlies richtig einsetzen (S. 260/261).

Mithilfe von Folie oder Vlies lässt sich auch die Erdbeerernte verfrühen. Die feuchtwarmen Bedingungen unter einer Folie können hierbei allerdings leicht verschiedene Pilzkrankheiten, insbesondere den → *Grauschimmel* fördern. Folientunnel oder Vlies haben sich in der Beziehung als günstiger erwiesen als flache Loch- oder Schlitzfolien. Recht gute Erfahrungen gibt es auch mit Erdbeeren auf schwarzem Muchvlies.

Foliengewächshaus

Auch Folienhaus; mit Folie eingedecktes → *Gewächshaus*

Folienhaube

Große, sackähnliche Hauben aus gelochter oder geschlitzter Folie oder Vlies zur Beschleunigung der Reife von Tomaten, Gurken oder Auberginen. Sie werden ab den ersten kühlen Spätsommertagen über die Früchte gestülpt und am oberen Ende des Stützstabs befestigt. An sonnigen Tagen sollte man sie hochrollen.

Auch → PRAXIS-SEITE Folie und Vlies richtig einsetzen (S. 260/261)

Folien und Vlies richtig einsetzen

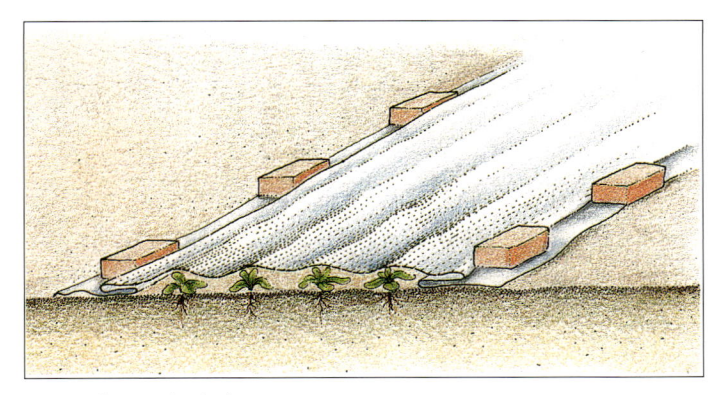

1. Die Folien werden locker aufgelegt; auf beiden Seiten lässt man Streifen als Dehnungsreserve überstehen, die man unter die Steine einschlägt.

TIPP
Mit der Nutzung der Folien kann man bereits vor der Aussaat oder Pflanzung beginnen, indem man sie ab Ende Februar über das noch leere Beet ausbreitet. Darunter erwärmt sich der Boden und die Winterfeuchtigkeit wird bewahrt.

Auslegen von Flachfolien

In der Regel legt man die Folien direkt nach dem Säen oder Pflanzen locker auf. Man befestigt sie durch Eingraben der Ränder oder durch Steine bzw. Bretter, die entlang der Seiten aufgelegt werden. Das Eingraben gewährleistet am besten, dass von den Seiten keine Kälte eindringt. Allerdings erleichtern Steine das zeitweise Abnehmen bzw. Aufrollen. Ein guter Kompromiss ist, eine Seite einzugraben und die andere mit Steinen zu beschweren. Für Lochfolie und Vlies belässt man je nach Beetbreite und späterer Pflanzengröße etwa 20 – 40 cm Dehnungsreserve, bei Schlitzfolie genügen 10 – 20 cm. Recht „stramm" werden dagegen schwarze Mulchfolien oder -vliese verlegt. Zum Einsetzen der Jungpflanzen versieht man sie dann einfach mit Löchern oder kreuzweisen Einschnitten.

Abnehmen der Folien

Vor allem Lochfolien müssen im Lauf der Kulturzeit zum Lüften oder Gießen abgenommen werden. Bei Schlitzfolien ist dies seltener erforderlich, da sich mit zunehmendem Pflanzenwachstum und damit weitenden Schlitzen auch Luft- und Wasserzufuhr verbessern. Darauf kann man sich bei gerade aufgelaufenen Sämlingen jedoch nicht verlassen; bei verfrühten Sommereinbrüchen, wie sie im Frühjahr manchmal vorkommen, wird es unter der Folie schnell zu warm. Am unproblematischsten sind in der Beziehung die luft- und wasserdurchlässigen Vliese. Während man die „mitwachsende" Schlitzfolie auf den meisten Kulturen bis kurz vor der Ernte belassen kann, wird die Lochfolie früher abgenommen – je nach Gemüseart und Saattermin meist in der zweiten Maihälfte, ansonsten dann, wenn die Jungpflanzen schon recht gut entwickelt sind und durch die Folie beim weiteren Wachstum behindert werden könnten. Mit reichlich Dehnungsreserve verlegtes Vlies kann lange auf den Pflanzen bleiben. Ist es auf allen Seiten dicht geschlossen befestigt, schützt es zugleich die Kulturen vor Gemüsefliegen und anderen Schädlingen.

Abnehmen sollte man die Folien und Vliese stets bei bedecktem Himmel oder Regen, die geschützt herangewachsenen Pflanzen vertragen anfangs pralle Sonne schlecht. Außerdem sollte es möglichst windstill sein.

2. Dunkle Mulchfolien erwärmen vor allem die bodennahe Luftschicht und eignen sich für den Anbau vieler Pflanzgemüse.

3. Aufgrund ihrer Wasser- und Luftdurchlässigkeit nimmt man Faservliese erst dann ab, wenn sie das Pflanzenwachstum behindern.

PRAXIS

4. Beim Folientunnel sind Steine oder Bretter als Befestigung günstig, da sie das Hochschieben der Folie zum Lüften erleichtern.

Folientunnel

Zum Errichten der Folientunnel werden die Drahtbügel im Abstand von 0,5 – 1 m in den Boden eingesteckt, dies mit genügend Kraftaufwand und so, dass sie etwas unter Spannung stehen; sie müssen möglichst stabil in der Erde verankert sein.

Die Saat oder Pflanzung erfolgt am einfachsten vor dem Aufstellen der Tunnel, wobei man ein oder zwei Bügel schon einstecken kann, um ein Maß für die Breite des Sä- bzw. Pflanzstreifens zu haben. Die Folie wird dann in Längsrichtung über die Bügel gezogen und an den Längsseiten mit Steinen und/oder Brettern ebenso befestigt wie die Flachfolien. An den Schmalseiten rafft man meist die Folienenden zusammen und beschwert sie ebenfalls mit einem Stein oder bindet sie an einem Pflock fest. Zum Lüften, Gießen und Jäten schiebt man die Folie an einer Seite hoch; praktische Hilfsmittel sind Wäscheklammern, mit denen man die Folie an den Bügeln fixiert. Bei Überspannung mit nicht gelochten Folien muss häufig gelüftet werden. Als Alternativen bieten sich Lochfolien oder Vliese als Abdeckung an.

Folienschutz im Herbst und Winter

Ab Herbst verwendet man Folien meist, um bereits gesäte oder gepflanzte Gemüse vor Kälte und Frost zu schützen oder durch Erhöhung der Temperaturen die Ausreife zu fördern. Dem dienen auch die Folienhauben für Tomaten, die schon dann zum Einsatz kommen, wenn die Temperaturen unter 12° C fallen. An warmen Tagen sollte man sie jedoch vorübergehend abnehmen oder hochrollen, weil dann die verstärkte Kondenswasserbildung unter der Haube das Auftreten von Kraut- und Fruchtfäule begünstigt.

Für Spätsaaten unter Folie eignen sich am ehesten Folientunnel mit ungelochter Folie, die dann als „Minigewächshäuser" dienen; denn hier muss, anders als im Frühjahr, die Abdeckung bis zur Ernte über den Pflanzen bleiben und darf möglichst wenig Kälte einlassen. Gelegentliches Lüften bei milder Witterung ist unverzichtbar.

CHECKLISTE

Einige Punkte sollten beim Folienanbau besonders beachtet werden:
- Bei starkem Wind Befestigung überprüfen und ggf. verstärken.
- An warmen Tagen lüften, Flachfolien jedoch nicht in der prallen Mittagssonne abnehmen.
- Nur mit temperiertem, etwas vorgewärmtem Wasser gießen.
- Die durch die Wärme ebenfalls geförderten Unkräuter frühzeitig jäten.
- Auf Pilzkrankheiten und Schnecken achten.

5. Pfiffige Lösung: Die Tomatenhauben wurden hier mit Haken an einer Querstange über den Pflanzen befestigt.

6. Folienschutz für größere Pflanzen: Mithilfe eines einfachen Lattengerüsts kann man die Ausreife bei Auberginen oder Paprika fördern.

Tomaten in Foliensackkultur

Foliensackkultur
Anbau von Gemüse oder Kräutern in einem mit Substrat gefüllten Sack bzw. großen Folienbeutel, auch Grow Bag genannt. Als Substrat dienen meist Torfkultursubstrat oder Einheitserde (→ *Erden*); die Pflanzen werden in kreuzförmige Einschnitte oder Löcher auf der Sackoberfläche eingesetzt. Im Erwerbsgartenbau nutzt man das Verfahren teils im Gewächshaus, um Befall durch bodenbürtige Schaderreger zu vermeiden; im Hobbybereich lässt es sich z. B. auch für den Gemüse- und Kräuteranbau auf Balkon und Terrasse einsetzen.

Folientunnel
Leicht zu errichtende und versetzbare Folienkonstruktion in Tunnelform, meist aus u-förmig gebogenen Draht- oder Federstahlstützen und darüber gezogener Folie. Durch den im Vergleich zu Flachfolien erhöhten Luftraum werden Witterungsschwankungen ausgeglichen und das Risiko von Frostschäden verringert. Für den Privatgarten verwendet man hauptsächlich niedrige Folientunnel bis 1 m Höhe; begehbare Hochtunnel ähneln im Grunde schon einfachen Gewächshäusern. Im Handel gibt es unterschiedliche Modelle in verschiedenen Breiten und Längen. In der Regel sind Ausführungen, die etwa 1 m Breite und damit fast die übliche Beetbreite von 1,2 m erreichen, vorteilhaft. Folientunnel können auch recht einfach selbst gebaut werden.

Auch → *Folienanbau,* → PRAXISSEITE Folie und Vlies richtig einsetzen (S. 260/261)

Form
Wird im Zusammenhang mit Pflanzen meist vereinfacht für Wuchsform (z. B. kriechend, buschig, hängend) verwendet.

In der botanischen Systematik bezeichnet die Form (lat. forma, Abkürzug fo., früher f.) eine ganz bestimmte Rangstufe unterhalb der → *Art* und der → *Unterart* sowie → *Varietät*. Die manchmal als Wildrose kultivierte Stacheldrahtrose, wissenschaftlich *Rosa sericea* ssp. *omeiensis* fo. *pteracantha,* ist z. B. eine besondere Form der Seidenrose (*Rosa sericea* ssp. *omeiensis*) mit flügelartig verbreiterten, roten Stacheln. Häufig handelt es sich bei solchen Formen um auffällige, natürliche Mutanten oder abweichende Wuchsformen derselben Unterart an verschiedenen Standorten (z. B. im Tiefland aufrecht, im Gebirge niederliegend wachsende Gehölze). Formen im Sinne der Botanik können sich nicht nur im Wuchs, sondern auch in Blüten- oder Blattfarben unterscheiden.

Forma
→ *Form*

Formelmischung
→ *Farbmischung* von Sommerblumen mit verschiedenen Blütenfarben, die in einem genau festgelegten, gleich bleibenden Verhältnis zusammengestellt sind.

Formieren
Bei Obstgehölzen Maßnahmen wie Aufbinden oder Abspreizen von Trieben, mit dem Ziel einen optimalen Aufbau der Krone sowie den Blüten- und Fruchtansatz zu fördern.

→ *Obstbäume* formieren

Formschnitt
Bei Obstbäumen sämtliche Schnittmaßnahmen, die dem Erziehen einer bestimmten Kronenform dienen, → *Obstbaumschnitt*.

Bei Ziergehölzen versteht man darunter das Schneiden von vorwiegend immergrünen Sträuchern und Bäumen in geometrische oder kunstvolle Formen sowie Figuren. Einen einfachen Formschnitt stellt schon das Erziehen strenger Schnitthecken dar. Daneben sind Kugel- oder Kegelformen, besonders bei Buchs und Eibe in Kübeln, geläufig. Weitergehende Gestaltungen, etwa Spiralformen oder Tierfiguren, verbindet man vor allem mit der englischen Gartenkunst, wo der ornamentale Formschnitt unter der Bezeichnung „Topiary" eine lange Tradition hat.

Für den Formschnitt eignen sich mehrere gut schnittverträgliche Gehölze, neben Buchs und Eibe z. B. Wacholder, Stechpalme und Liguster. Empfehlenswert sind Drahtmodelle,

Buchs eignet sich für den ornamentalen Formschnitt besonders gut.

sozusagen als Schnittmuster, die es teils im Fachhandel zu kaufen gibt oder die man nach eigenen Entwürfen herstellt.

Um auch anspruchsvolle Figuren umzusetzen, braucht man mehrere Drahtmodelle, die zusammengesetzt werden, etwa für die verschiedenen Körperteile von Tieren.

Mit dem Formieren beginnt man schon bei den jungen Gehölzen, denen man das Drahtgerüst überstülpt. Überstehende Triebe, z. B. der eine vorgesehene Kugelform überragende Haupttrieb, werden gekappt, die Seitentriebe kürzt man anfangs immer wieder ein, um einen buschigen, kompakten Wuchs zu erzielen. Sobald die Gehölze die durch das Drahtgerüst markierte Form ausfüllen, schneidet man nur noch den Teil des Neuaustriebs weg, der über die Konturen hinausragt. Geschnitten wird je nach Wuchsentwicklung ein- bis zweimal im Jahr. Der Hauptschnitt erfolgt zwischen April und Juni, ein Zweitschnitt im August/September.

Auch → *Gehölzschnitt*

Forsythia
Botanischer Gattungsname der
→ *Forsythie*

Forsythie
FORSYTHIA X INTERMEDIA
☼ ☺

Auch Goldglöckchen genannt. Schon vor Jahrhunderten wurden mehrere Arten dieser Ölbaumgewächse als Ziergehölze aus Ostasien nach Europa eingeführt. Die größte Beliebtheit erlangte jedoch bis heute *F.* x *intermedia*, die vor gut 100 Jahren im Botanischen Garten von Göttingen als Kreuzung aus zwei anderen Arten hervorging. Durch Züchtung und Auslese entstand eine Vielzahl üppig blühender Sorten, die sich vor allem durch verschiedene Gelbtöne ihrer Blüten unterscheiden.

Merkmale: Strauch, dicht verzweigt, zunächst straff aufrechte, später überhängende Triebe, 2 – 3 m hoch und breit; dunkelgrüne, eiförmige bis lanzettliche Blätter; leuchtend gelbe Blüten mit bis 5 cm Ø, dicht gedrängt entlang mehrjähriger, älterer Zweige, erscheinen vor dem Laubaustrieb.
Blütezeit: April – Mai
Verwendung: Einzeln oder in Gehölzgruppen, in frei wachsenden Hecken; sehr schön in Kombination mit rot blühender Blutjohannisbeere sowie mit Zwiebelblumen als Unterpflanzung; beliebt als Barbarazweige, die bei Schnitt am 4. Dezember um Weihnachten in der Vase blühen.
Standort: Verträgt noch lichten Schatten; gedeiht auf jedem normalen Gartenboden.
Pflanzen/Vermehren: Pflanzung im Herbst oder Frühjahr; Vermehrung durch Absenker oder Steckhölzer.
Pflege: Anspruchslos, gelegentliche Kompostgaben günstig. Für anhaltend üppige Blüte alle 3 bis 4 Jahre nach der Blüte auslichten, dabei überalterte, nur noch schwach Blüten treibende Zweige bodennah entfernen oder auf jüngere Seitentriebe zurücksetzen.

Forsythie (Forsythia x intermedia)

Fosteriana-Tulpe
Großblütige Wildtulpen-Hybride
→ *Tulpe*

Fothergilla
Kleiner Strauch mit weißen Blüten im Frühjahr
→ *Federbuschstrauch*

Fotosynthese
Andere Schreibweise für die → *Photosynthese,* die als lichtabhängiger Aufbau von Kohlenhydraten aus anorganischem Kohlendioxid einen der zentralen Lebensvorgänge der Pflanzen darstellt.

Fragaria
Botanischer Gattungsname der
→ *Erdbeere*

Frangula
Robustes Wildgehölz für Hecken
→ *Faulbaum*

Franzosenkraut
Kleines einjähriges Kraut mit überreicher Samenproduktion
→ *Unkräuter*

Fräse

Ein Bodenbearbeitungsgerät, bei dem starre oder federnde Messer sternförmig um eine rotierende Achse angeordnet sind. Die Fräsmesser sind meist gegeneinander versetzt und in unterschiedlichen Winkeln angeordnet.

Fräsen bewirken eine flache Lockerung, Krümelung und Durchmischung des Bodens. Sie eignen sich z. B. gut, um im Frühjahr Saat- und Pflanzflächen vorzubereiten oder organisches Material einzuarbeiten. Entsprechende Handgeräte werden als Stern- oder Gartenfräse, Gartenwiesel oder Kombikrümler angeboten, wobei die Messerausführung und -anordnung etwas unterschiedlich sein kann, die Funktionsweise jedoch im Prinzip dieselbe ist. Motorfräsen machen die Arbeit wesentlich leichter, lohnen sich aber nur für größere Flächen. Fräsen bewirken kurzzeitig eine gute Krümelung, bei häufigem Gebrauch können sie jedoch die stabile Krümelstruktur aus Ton-Humus-Komplexen (→ *Boden, Bodenstruktur*) beeinträchtigen und zum Humusabbau in der oberen Bodenschicht führen.

Fraßgift

Fraßgifte sind Pflanzenschutzmittel, die von Schädlingen mit der Nahrung aufgenommen und dann in ihrem Verdauungstrakt wirksam werden. Um typische Fraßgifte handelt es sich z. B. bei Ködermitteln gegen Schnecken oder Nagetiere. Insekten nehmen Fraßgifte beim Fressen oder Saugen an gespritzten Pflanzen auf, häufig wirken solche Mittel zugleich auch bei Berührung als Kontaktgifte (auch → *Pflanzenschutzmittel*).

Sehr wirkungsvolle Fraßgifte finden sich aber auch bei Pflanzen. Giftige Pflanzeninhaltsstoffe wie → *Alkaloide* dienen Pflanzen als Fraßschutz gegen Tiere.

Minierfraß durch Larven der Minierfliege

Fraßschäden

Tierische Schädlinge können durch Fraß die verschiedensten Pflanzenorgane wie Blätter, Wurzeln, Knollen oder Früchte in Mitleidenschaft ziehen. Die Form des Fraßes ist oft typisch für bestimmte Schädlinge. Man unterscheidet:

- Lochfraß (z. B. zahlreiche Schmetterlingsraupen, Käfer, Schnecken, Erdflöhe)
- Blattrandfraß (meist Käfer, z. B. Dickmaulrüssler)
- Kahlfraß (verschiedene Käfer und Schmetterlingsraupen)
- Skelettierfraß: Nur Blattadern bleiben stehen (z. B. Kohlweißling, verschiedene Käfer).
- Fensterfraß: Schädigung nur auf einer Blattseite, die Außenhaut (Epidermis) auf der anderen Seite bleibt stehen, Blätter wirken halb durchsichtig (verschiedene Käferlarven).
- Minierfraß: Herausfressen von Gewebe im Blattinnern, dadurch linienartige Aufhellungen der Fraßgänge oder kreisrunde Flecken (z. B. Minierfliegen, Miniermotten)
- Schabefraß: Abschaben der Oberfläche von Blatt- oder Stängelteilen (Schnecken)
- Nagefraß (z. B. Wühlmäuse)
- Bohrfraß: Bohrgänge in Trieben, Wurzeln und Früchten (häufig Schmetterlingslarven, z. B. Apfelwickler, außerdem Käfer- und Fliegenlarven)

Frauenfarn
ATHYRIUM FILIX-FEMINA

Der auf der ganzen Nordhalbkugel in Wäldern vorkommende Frauenfarn kann eine stattliche Größe erreichen und wirkt dabei mit seinen fein gefiederten Wedeln dennoch zart. Wer Farne schätzt, findet in dieser Gattung noch einige weitere ansehnliche Arten. Besonders reizvoll ist der 40 – 70 cm hohe Japanische Regenbogenfarn (*A. niponicum* 'Metallicum') mit purpurroten Stielen und silbrig gezeichneten Wedeln, der in rauen Lagen Winterschutz braucht.

Merkmale: Ausdauernder Farn, trichterförmig, durch Rhizomausbreitung buschig, 20 – 80 cm hoch je nach Sorte; mehrfach gefiederte, hellgrüne Wedel mit feinen, eng stehenden Fiederblättchen.

Verwendung: Einzeln oder in Gruppen unter Bäumen, zwischen Sträuchern, am Gehölz- und Gewässerrand, in schattigen Steingartenbereichen.

Standort: Gut durchlässiger, tiefgründiger, humoser, nicht zu trockener Boden.

Pflanzen/Vermehren: Pflanzung im Frühjahr; Vermehrung durch Teilung, auch Sporenaussaat möglich.

Pflege: Anspruchslos; im Frühjahr verwelkte Wedel entfernen, wenn störend.

Frauenfarn (Athyrium filix-femina)

Hufeisenfarn (Adiantum pedatum)

Frauenhaarfarn
ADIANTUM

Die dünnen, schwärzlichen, lackglänzenden Blattstiele dieser Farne erinnerten frühere Namensgeber an Frauenhaare, wodurch die Gattung zu ihrer deutschen Bezeichnung kam. Sie gehört zur Familie der Tüpfelfarngewächse und hat mit dem in Ostasien und Nordamerika heimischen Hufeisenfarn sowie dem Himalaja-Frauenhaarfarn zwei hübsche Gartenfarne zu bieten.

Hufeisenfarn
ADIANTUM PEDATUM

Wird auch Pfauenradfarn genannt.
Merkmale: Ausdauernder Farn, breite Horste bildend, 30 – 60 cm hoch; hellgrüne, mehrfach fein gefiederte Wedel auf dunklen, drahtartigen Stielen, fächerartig angeordnet, im Herbst goldgelbe Färbung.
Verwendung: Einzeln oder in Gruppen unter, zwischen und vor Gehölzen, als Flächendecker.
Standort: Kühl, luftfeucht; durchlässiger, humoser, feuchter Boden.
Pflanzen/Vermehren: Pflanzung im Frühjahr, Rhizome nur flach einsetzen; Vermehrung durch Teilung im Frühjahr, auch Sporenaussaat möglich.
Pflege: Möglichst ungestört wachsen lassen; Mulchen mit Laubkompost günstig; in den ersten Jahren Winterschutz durch Laub- und Reisigabdeckung geben; im Frühjahr verwelkte Wedel entfernen, wenn störend.
Hinweis: Der Zwerghufeisenfarn, *A. pedatum* 'Imbricatum' wird nur 20 – 25 cm hoch und hat bläulich grüne Wedel, die sich dachziegelartig überlappen.

Himalaja-Frauenhaarfarn
ADIANTUM VENUSTUM

Merkmale: Ausdauernder Farn, bildet breite, lockere Horste, 20 – 30 cm hoch; hellgrüne, dreieckige Wedel mit kleinen, keilartigen, fast rundlichen Fiederblättchen, auf dunklen, drahtartigen Stielen, im Herbst bronzefarben.
Verwendung: Einzeln oder in Gruppen unter, zwischen und vor Gehölzen, als Flächendecker; im Steingarten, als Mauerbepflanzung.
Standort: Wie Hufeisenfarn.
Pflanzen/Vermehren: Wie Hufeisenfarn.
Pflege: Wie Hufeisenfarn.

Frauenmantel
ALCHEMILLA MOLLIS

Ihre Zugehörigkeit zur Familie der Rosengewächse sieht man dieser anspruchslosen Staude auf den ersten Blick nicht an. Sie ziert durch ihre großen Blätter ebenso wie durch die zarten gelben Blütenschleier im Sommer und ist vielseitig verwendbar. Als dezent blühende Blattschmuckpflanze lässt sich der Frauenmantel mit einer Vielzahl von Stauden kombinieren. In seiner Heimat in den Karpaten bis zum Kaukasus wächst er auf frischen Wiesen. Typisch sind die Wassertropfen, die häufig morgens von

Frauenmantel (Alchemilla mollis)

Drüsen an den Blatträndern ausgeschieden werden.

Es gibt noch einige kleinere Frauenmantel-Arten, die vorwiegend im Steingarten eingesetzt werden können, so der langsam kriechend wachsende Alpenfrauenmantel (*A. alpina*) mit silbrigen Blatträndern.
Merkmale: Staude, breit horstartig, 30 – 50 cm hoch; rundliche, am Rand regelmäßig gekerbte, graugrüne Blätter; zahlreiche kleine, gelbe, duftende Blüten in lockeren Trugdolden.
Blütezeit: Juni – Juli
Verwendung: In kleinen oder großen Gruppen auf Beeten und Rabatten, als Rosenbegleitpflanze, am Teichrand, unter Gehölzen, am Fuß von Mauern, als Bodendecker.
Standort: Humoser, bevorzugt lehmiger, frischer Boden.
Pflanzen/Vermehren: Pflanzung im Herbst oder Frühjahr mit 30 – 40 cm Abstand; Vermehrung durch Teilung im Herbst oder Frühjahr oder Aussaat im November (Kaltkeimer).
Pflege: Bei Trockenheit gießen; im Herbst mit Kompost versorgen oder im Frühjahr organisch düngen; bei Rückschnitt nach der Blüte erfolgt Nachblüte im September.

Fraxinus

Botanischer Gattungsname der
→ Esche

Freesia

Botanischer Gattungsname der
→ Freesie

Freesie

FREESIA-HYBRIDEN
☼–◐

Die prächtig blühenden Schwertliliengewächse haben in erster Linie Bedeutung als Schnittblumen, können aber auch Beete zieren. Durch Kreuzungen verschiedener südafrikanischer Freesienarten entstanden zahlreiche duftende Gartenhybriden, die im Freiland wie Gladiolen kultiviert werden.
Merkmale: Nicht winterharte Knollenpflanze, je nach Sorte 30 – 100 cm hoch; schmale, lange, schwertförmige Blätter; bis 8 cm lange, trichterförmige Blüten in einseitigen Ähren, Sorten in allen Blütenfarben, von Weiß über Gelb und Rottöne bis zu Rosa, Violett und Blau, duftend.
Blütezeit: August – Oktober
Verwendung: In Gruppen in Beeten und Rabatten; als Schnittpflanze.
Standort: Durchlässiger, lehmiger, humus- und nährstoffreicher Boden.
Pflanzen/Vermehren: Pflanzung Mitte Mai, Knollen ca. 5 cm tief stecken, Pflanzabstand 10 – 15 cm; bei Vortreiben der Rhizomknollen im Warmen ab März Blüte schon im Frühsommer; Vermehrung durch Abnahme von Brutknollen im Herbst oder Anzucht aus Samen im März/April.
Pflege: Auf gleichmäßige Bodenfeuchte achten, während der Wachstumszeit monatlich mit Flüssigdünger versorgen; im Herbst oberirdische Pflanzenteile abschneiden, Knollen aus dem Boden nehmen und in Torf oder Sand einschlagen, frostfrei an nicht zu trockenem Platz überwintern; Knollen dürfen nicht austrocknen.

Freilandaussaat

→ Aussaat direkt ins Freie bzw. aufs Beet, im Gegensatz zur warmen, geschützten → Anzucht mit späterem Auspflanzen

Freesie (Freesia-Hybride)

Freilandgloxinie (Incarvillea delavayi)

Freilandgloxinie

INCARVILLEA DELAVAYI
☼–◐

Mit der als blühende Zimmerpflanze kultivierten Gloxinie (*Sinningia speciosa*) hat die Freilandgloxinie wenig gemein – außer den großen, trichterartig geöffneten Blüten. Das aus Westchina stammende Bignoniengewächs ist eine interessante, etwas exotisch wirkende Gartenstaude, allerdings nicht ganz frosthart.
Merkmale: Staude, breit ausladend, 40 – 60 cm hoch; rübenartig verdickter Wurzelstock; grundständige, bis 45 cm lange, gefiederte Blätter; am bis 60 cm langen Blütenstiel große, trompetenförmige, tiefrosa Blüten mit gelbem Schlund in lockeren Trauben; Sorte 'Alba' mit weißen Blüten.
Blütezeit: Juni – Juli
Verwendung: In kleinen Gruppen auf Staudenbeeten und -rabatten, im Steingarten.
Standort: Durchlässiger, humoser, kalkhaltiger, frischer Boden, am besten sandig-lehmig.
Pflanzen/Vermehren: Pflanzung im Frühjahr mit etwa 40 cm Abstand; Vermehrung durch Aussaat im Frühjahr.
Pflege: Bei anhaltender Trockenheit gießen, aber nie staunass halten; im Herbst Kompost geben, zu Beginn der Wachstumszeit schwach dosiert, am besten organisch düngen; vorm

Winter Wurzelbereich mit Laub und Nadelreisig abdecken, bei drohenden Kahlfrösten vorübergehend Säcke o. Ä. auflegen.

Freilandorchidee

Die Mehrzahl der bei uns als Zierpflanzen kultivierten Orchideen stammt aus den Tropen oder Subtropen und lässt sich nur im beheizten Gewächshaus, Wintergarten oder am Blumenfenster heil über den Winter bringen. Daneben gibt es einige in der gemäßigten Klimazone beheimatete, teils auch in Mitteleuropa heimische Arten, die für den Garten infrage kommen, vor allem verschiedene Frauenschuharten, Knabenkräuter sowie Japan- und Tibetorchidee.
→ *Orchidee*

Frei wachsende Hecke

Nicht in Form geschnittene → *Hecke*, die meist aus verschiedenen Sträuchern zusammengestellt ist.

Fremdbefruchtung

Ein Begriff, der in Botanik und Gartenbau teils etwas unterschiedliche Bedeutung hat:

1) Botanik: Die Befruchtung der Blüte bzw. der weiblichen Eizelle einer Pflanze durch Pollen einer anderen Pflanze derselben Art. Wird häufiger – nach dem der Befruchtung vorangehenden Vorgang – als Fremdbestäubung bezeichnet, kommt bei vielen Pflanzen vor und dient dazu, Inzucht und damit eventuelle Defekte der Nachkommen zu vermeiden. Ausgeprägt ist dies bei zweihäusigen Pflanzen, z. B. bei der Hasel: Für eine erfolgreiche Befruchtung ist jeweils ein weibliches und ein männliches Exemplar nötig.

2) Gartenbau: Die bei manchen Obstgehölzen erforderliche Befruchtung durch eine andere Sorte, den so genannten Pollenspender. Bei den selbstunfruchtbaren Arten und Sorten (z. B. von Apfel und Birne) genügt also nicht nur ein zweiter Baum, es muss sich auch um eine andere Sorte handeln, die in der Lage ist, die Erstsorte zu befruchten.
Auch → *Befruchtung*, → *Bestäubung*

Fremdbestäubung

→ *Fremdbefruchtung*, 1) Botanik; auch → *Bestäubung*

Frischkompost

→ *Kompost*, der schon gut angerottet ist, bei dem die Reste gröberer Ausgangsstoffe aber noch gut erkennbar sind. Er hat einen recht hohen Anteil an leicht löslichen Nährstoffen, eignet sich zur Bodenverbesserung und Grunddüngung noch nicht genutzter Beete sowie als Mulchschicht zwischen ausgewachsenen Pflanzen, nicht jedoch für Saaten und empfindliche Jungpflanzen. Auch vor Wurzelgemüsen wie Möhren sollte man ihn nicht ausbringen.

Friséesalat

Andere Bezeichnung für Sorten der → *Endivie* mit krausen Blättern

Fritillaria

Frühjahrszwiebelblumen mit großen, kronenartigen Blüten
→ *Kaiserkrone*

Frosch

Frösche gehören wie Kröten und Unken zur Ordnung der Froschlurche, unterscheiden sich von jenen aber durch die mehr oder weniger glatte Haut. Sie ernähren sich hauptsächlich von Insekten, Nacktschnecken und Würmern, die sie mit ihrer langen, klebrigen, blitzschnell aus dem Maul schnellenden Zunge fangen. Bekannte heimische Arten sind der etwa 10 cm große, bräunliche Grasfrosch, der höchstens 5 cm große Laubfrosch mit seiner perfekten grünen Tarnfarbe, der bis 12 cm lange, grünliche Wasserfrosch mit zugespitzter Schnauze sowie der etwas kleinere, ähnliche Teichfrosch.

Sie können sich an Gartenteichen ansiedeln, vor allem, wenn eine entsprechend naturnahe Umgebung zusätzlich Unterschlupf bietet. Am häufigsten nutzt der Grasfrosch solche Gelegenheiten, andere Frösche stellen sich oft nur ein, wenn sie schon in unmittelbarer Nachbarschaft vorkommen. Meist sieht man sie dann auch nur zur Laichzeit im Frühjahr, denn viele Arten suchen Gewässer lediglich zur Eiablage auf, manche, wie der Grasfrosch, auch zum Überwintern. Die übrige Zeit des Jahres verbringen sie außerhalb des Wassers, in Gärten und Parkanlagen. Wasser- und Teichfrösche dagegen sind ganz an das nasse Milieu gebunden. Aus den Eiern entwickeln sich die typischen Kaulquappen.

Da alle Frösche unter Naturschutz stehen, dürfen weder sie selbst noch ihr Laich aus natürlichen Gewässern entnommen werden. Dieses Verbot erstreckt sich sogar auf künstlich angelegte Teiche. Selbst bei einer nachgewiesenen hohen Lärmbelästigung bedarf das Entfernen der Frösche aus dem Teich einer Ausnahmegenehmigung der Naturschutzbehörde.

Laubfrösche sind oft nur kurzzeitige Gäste im Garten.

Froschbiss

Froschbiss (Hydrocharis morsus-ranae)

Froschlöffel (Alisma plantago-aquatica)

Froschbiss
HYDROCHARIS MORSUS-RANAE
☼–◐ ☺

Der heimische, in der freien Natur gefährdete Froschbiss aus der gleichnamigen Familie der Froschbissgewächse ist eine hübsche Schwimmblattpflanze für den Gartenteich. Die auf der Oberfläche treibenden Blätter nehmen über feine Haarwurzeln Nährstoffe direkt aus dem Wasser auf und hemmen so durch die beständige Klärung die Ausbreitung von Algen. Im Herbst bildet der Froschbiss kleine Winterknospen, die auf dem Teichboden überwintern und sich im nächsten Frühjahr an der Wasseroberfläche zu neuen Pflanzen entwickeln.

Merkmale: Ausdauernde Schwimmblattpflanze, 10–20 cm hoch; hellgrüne, fast kreisrunde Schwimmblätter mit herzförmigem Einschnitt in Rosetten, an kurzen Stängeln; im Wasser frei treibend, in Ufernähe mit im Boden verankerten Wurzeln; bildet starke Ausläufer mit neuen Blattrosetten; um 2 cm große dreizählige, weiße Blüten mit gelber Mitte.
Blütezeit: Juli – August
Verwendung: Als Schwimmpflanze für die Wasser-, Flachwasser- und Sumpfzone von Gartenteichen; Wasser klärend.
Standort: Möglichst kalkarmes, auch saures Wasser; sumpfiger, schlammiger Bodengrund für die Winterknospen nötig; ab 10 cm Wassertiefe.
Pflanzen/Vermehren: Jungpflanzen ab Ende Mai auf Wasseroberfläche setzen; Vermehrung durch Abtrennen der Ausläuferrosetten.
Pflege: Vor allem in kleinen Teichen regelmäßig auslichten.

Froschlöffel
ALISMA PLANTAGO-AQUATICA
☼–◐ ☺ ✖

Mehrere Arten dieser fast weltweit verbreiteten Froschlöffelgewächse kommen für den Gartenteich infrage. Vorwiegend findet jedoch der nachfolgend beschriebene, heimische Gewöhnliche Froschlöffel Verwendung. Er ist eine ansehnliche, vermehrungsfreudige Sumpfpflanze, die auch wechselnde Wasserstände verträgt. Die Blätter und Wurzeln aller Froschlöffelarten stehen unter Giftverdacht; ihr Milchsaft kann bei Empfindlichkeit Hautreizungen verursachen.
Merkmale: Sumpfstaude, aufrecht buschig mit knolligem Wurzelstock, 30–90 cm hoch; Rosette mit aufrecht stehenden, großen, löffelförmigen Überwasserblättern an langen Stielen, bildet je nach Wasserstand auch Schwimm- und Unterwasserblätter; kleine, weiße oder zartrosa Blüten in verzweigten Rispen.
Blütezeit: Juli – September
Verwendung: Vorzugsweise in kleinen Gruppen, an Teichen einzeln; für Sumpf- und Flachwasserzonen.
Standort: Sumpfiger, nährstoffreicher Boden, bis 30 cm Wassertiefe, auch im gut feuchten Uferbereich.
Pflanzen/Vermehren: Pflanzung im Herbst oder Frühjahr; nicht zu tief setzen, Blätter müssen noch aus dem Wasser ragen; Vermehrung durch Teilung des Wurzelstocks im Frühjahr; verbreitet sich durch Selbstaussaat.
Pflege: Anspruchslos; im Uferbereich stehende Pflanzen bei Trockenheit gründlich wässern; wo Selbstaussaat unerwünscht, Blütenstände nach der Blüte abschneiden; im Frühjahr unansehnliche ältere Blätter entfernen.
Hinweis: Auch der zierlichere Lanzenblättrige Froschlöffel (*A. lanceolatum*) mit bis 60 cm hohen Blütenständen eignet sich für den Flachwasserbereich. Ebenso hoch wird der gedrungen wachsende Rosettenfroschlöffel (*A. plantago-aquatica* var. *parviflorum*) mit rundlich eiförmigen Blättern in dichten Rosetten.

Frost

Absinken der Lufttemperatur unter den Gefrierpunkt von 0° C, üblicherweise gemessen in 2 m Höhe über dem Boden. Da in Gartenbau und Landwirtschaft der Frost ein besonders wichtiges bzw. heikles Thema ist, gibt es mehrere Differenzierungen und spezielle Frostbegriffe:

■ **Bodenfrost:** Frost in Bodennähe, der in 5 cm Höhe über der Erdoberfläche gemessen wird.

■ **Nachtfrost:** Weil nach Sonnenuntergang die Temperaturen besonders stark abfallen und der Boden vermehrt Wärme an die kühlere Luft abstrahlt, kommt es vor allem nachts zu schweren Erfrierungsschäden an Pflanzen.

■ Windfrost: Oft sehr rasche Absenkung der Lufttemperatur durch kalte Nord- und Ostwinde, die besonders für Gehölze gefährlich ist.

■ Kahl- bzw. Barfrost: Frost ohne Schneefall. Da eine Schneedecke isolierend wirkt und Wärmeabstrahlung des Bodens verhindert, sind darunter liegende Pflanzenteile geschützt, bei Kahlfrösten dagegen ist die Gefahr von Schäden auch im Wurzelbereich besonders hoch.

■ Strahlungsfrost: Frost bei wolkenlosem Himmel; der Boden strahlt dann nachts besonders viel Wärme ab, weil eine Gegenstrahlung, wie sie bei Bewölkung erfolgt, ausbleibt.

Kahl- und Strahlungsfröste treten in der Regel bei herbstlichem und winterlichem Hochdruckwetter auf, wenn die Tage bei unbedecktem Himmel sonnig, aber kühl und die Nächte sternklar sind. Herrscht dann noch Windstille, bleibt die untere Kaltluftschicht stabil und kann nicht mit der darüber befindlichen Warmluft durchmischt werden. Besonders groß ist die Gefährdung in Tallagen und Mulden, in denen sich die Kaltluft sammelt.

Pflanzen, die unserem Klima oder Regionen mit vergleichbaren Verhältnissen entstammen, haben ihren Lebensrhythmus auf winterliche Tieftemperaturen eingestellt. Die eigentlichen Winterfröste richten bei ihnen selten Schäden an, selbst wenn die Temperaturen sehr tief fallen. Gefährlicher sind Fröste, die auftreten, wenn die Pflanzen noch nicht oder nicht mehr genügend widerstandsfähig gegen Kälte sind. Von besonderer Bedeutung sind deshalb:

■ Frühfröste: Ab Mitte Oktober, in rauen Lagen schon ab September. Besonders junge oder frisch gesetzte Pflanzen können dann geschädigt werden, außerdem noch nicht ganz ausgereifte Neutriebe von Gehölzen sowie erntereifes Obst und Gemüse.

■ Spätfröste: Im April und bis Mitte Mai, teils sogar noch Ende Mai. Gefährdet sind vor allem Blüten und Neuaustriebe von Gehölzen sowie Wärme bedürftige Gemüse und Sommerblumen, die man deshalb erst nach Mitte Mai pflanzt (auch → *Eisheilige*). Kritisch wird es außerdem für viele Pflanzen, wenn auf einen sehr warmen Frühling nochmals ein später Kälteeinbruch folgt.

Obwohl man bei Frost im Zusammenhang mit Gärtnern oft nur an → *Frostschäden* denkt, haben winterliche Tieftemperaturen durchaus auch positive Aspekte. Für die Entwicklung klimaangepasster Pflanzen ist ein kalter Winter oft günstiger als ein zu warmer, bei manchen Arten lösen sogar Kältereize erst die Keimung, den späteren Austrieb oder die Blütenanlage aus. Manche Wintergemüse, entfalten erst nach Frosteinwirkung ihren Geschmack, ebenso einige Wildobstarten. Schließlich können Fröste überwinternde Schädlingspopulationen dezimieren, wobei davon allerdings meist auch ihre Gegenspieler betroffen sind. Deshalb hat selbst ein sehr strenger Winter nicht zwangsläufig ein geringeres Auftreten von Schädlingen zur Folge.

Frostfreie Tiefe

Beginnt im Boden ab etwa 80 cm unter der Erdoberfläche. Fundamente z. B. für hohe Mauern oder größere Gewächshäuser sollten wenigstens bis in diese Tiefe reichen, zumindest in Regionen mit erfahrungsgemäß starken Frösten. Andernfalls kann das Gefrieren und nachfolgende Tauen des Bodenwassers zu Lockerungen führen. Die genannte Tiefe ist auch Voraussetzung für einen Teich, in dem Fische überwintern sollen.

Frostgare

Günstiger Bodenzustand, der durch das Gefrieren und Wiederauftauen des Bodenwassers zustande kommt. Die Schollen im Herbst umgegrabener Böden werden durch Frosteinwirkung zerkleinert und fein zerkrümelt.

Auch → *Bodengare*

Frosthärte

Die Fähigkeit von Pflanzen, längere Zeit Temperaturen unter dem Gefrierpunkt ohne Schädigungen zu ertragen, ist vor allem eine arttypische Eigenschaft. Sie hängt davon ab, welche Wintertemperaturen die Pflanzen von ihren natürlichen Standorten her gewohnt sind. Teils gibt es auch einzelne Sorten, die gezielt auf Frosthärte gezüchtet und ausgelesen wurden, z. B. die Kiwisorte 'Weiki', die wesentlich mehr Minusgrade aushält als andere Kiwipflanzen. Daneben sind in der Regel ältere Pflanzen frosthärter als jüngere.

Neben diesen genetischen Voraussetzungen spielt für die Frosthärte die Wahl eines geeigneten Standorts eine wichtig Rolle, z. B. das Meiden von Kaltluftmulden und windexponierten Plätzen oder die Pflanzung an einer Wärme spendenden Hauswand. Gut gepflegte und ausgewogen ernährte Pflanzen sind im Allgemeinen widerstandsfähiger gegen Frost. Besonders eine ausreichende Versorgung mit Kalium verbessert die Frosthärte; durch eine übermäßige oder spät im Jahr verabreichte Stickstoffdüngung dagegen wird sie gemindert.

Frostkeimer

Pflanzen, deren Samen zur Keimung eine Kälteperiode benötigen, z. B. Adonisröschen, Nieswurz und Trollblume. Da die meisten zwar Kälte, aber nicht unbedingt Frosttemperaturen brauchen, bezeichnet man sie häufiger als → *Kaltkeimer*.

FROSTPLATTEN

Bei empfindlichen Pflanzen empfiehlt sich in Frostperioden auch das Schützen der oberirdischen Teile.

Frostplatten
Plattenartiges Ablösen der Rinde von Obstbäumen und anderen Gehölzen infolge von → *Frostschäden*

Frostresistenz
Andere Bezeichnung für → *Frosthärte*, insbesondere bei züchtungsbedingter Minderung der Frostempfindlichkeit

Frostrisse
Rindenrisse bei Gehölzen infolge von → *Frostschäden*

Frostschäden
Frost kann direkt oder indirekt verschiedene Schäden an Pflanzen verursachen. Neben den nachfolgend beschriebenen Auswirkungen zählt dazu auch das → *Auffrieren*, bei dem sich Wurzeln lösen und den Bodenschluss verlieren. Probleme können auch beim Gartenteich durch das Zufrieren der Wasseroberfläche entstehen, → *Teichpflege*.

Erfrierungen
Erfrierungen kommen vor allem an oberirdischen Pflanzenteilen vor. Bei leichten Erfrierungen verfärben sich Blätter teils nur gelb oder rötlich, bei stärkeren werden sie glasig oder braun und welk. Schwer geschädigte Immergrüne reagieren mit deutlichem Blatt- bzw. Nadelfall. Erfrorene Triebe zeigen deutliche Absterbeerscheinungen und werden dunkelbraun oder schwarz. Betroffen sind vor allem die Triebspitzen. Spätfrostgeschädigte Knospen oder Blüten verbräunen und werden oft abgestoßen.

Bei Erfrierungen einzelner oberirdischer Pflanzenteile können sich die meisten mehrjährigen Gewächse recht gut erholen. Abgestorbene Partien sollte man herausschneiden, erfrorene Triebe bis ins gesunde Holz zurücknehmen oder ganz herausschneiden; zu vorbeugenden Maßnahmen → *Winterschutz*.

Viel gravierender sind Erfrierungen unterirdischer Pflanzenteile, nämlich von Wurzeln, Wurzelstöcken, Zwiebeln oder Knollen, die zum Totalausfall führen. Bei klimaangepassten Pflanzen kommt es dazu allerdings erst, wenn die Temperaturen im Boden selbst unter -10° C fallen, was nur in sehr strengen Wintern der Fall ist. Empfindlichere Arten sowie junge Pflanzen dagegen werden schon durch geringere Minusgrade gefährdet, weshalb ein Abdecken des Wurzelbereichs mit Laub und/oder Nadelreisig erfolgen sollte (auch → *Winterschutz*).

Bodenbedeckungen können allerdings für die oberirdischen Pflanzenteile nachteilig sein, da sie die nächtliche Wärmeabstrahlung des Bodens verhindern. Zur Vermeidung von Spätfrostschäden, vor allem an Obstbaumblüten, sollte man deshalb spätestens im April Bodenabdeckungen entfernen.

Frosttrocknis
Tritt bei Immergrünen auf, z. B. an Rhododendren, Kirschlorbeer, Buchs, Eibe, Fichte und Lebensbaum, und äußert sich durch Gelb- oder Braunwerden der Blätter, häufig auch durch Blatt- bzw. Nadelfall. Immergrüne Gehölze verdunsten auch im Winter Wasser, besonders an sonnigen Tagen. Bei gefrorenem Boden wird jedoch der Wassernachschub über die Wurzeln unterbunden. Deshalb empfiehlt es sich, Immergrüne an frostfreien Tagen zu gießen, wenn längere Zeit keine Niederschläge in Form von Regen oder Schnee gefallen sind. Besonders empfindliche Gehölze wie Rhododendren kann man zusätzlich an sonnigen Wintertagen mit Matten, Leintüchern o. Ä. schattieren.

Rindenschäden
Rinden- und Holzschäden an Bäumen entstehen vor allem im Spätwinter durch den Temperaturwechsel zwischen sonnigen Tagen und frostigen Nächten. Besonders die nach Süden und Südwest zeigende Seite der Gehölze ist gefährdet, weil sie tags-

FROSTSPANNER

Durch Frost geschädigter Rosentrieb

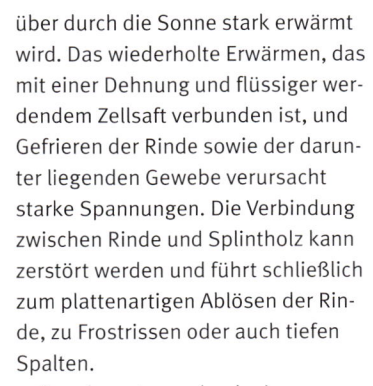

Erfrorene Magnolienblüten

Frostschaden an Zeder

über durch die Sonne stark erwärmt wird. Das wiederholte Erwärmen, das mit einer Dehnung und flüssiger werdendem Zellsaft verbunden ist, und Gefrieren der Rinde sowie der darunter liegenden Gewebe verursacht starke Spannungen. Die Verbindung zwischen Rinde und Splintholz kann zerstört werden und führt schließlich zum plattenartigen Ablösen der Rinde, zu Frostrissen oder auch tiefen Spalten.

Dem beugt man durch einen → *Weißanstrich* mit Kalk, Kalk-Lehm-Gemischen oder geeigneten Fertigpräparaten vor. Die weiße Farbe reflektiert die Sonnenstrahlen und beugt so übermäßiger Erwärmung vor. Kurzfristig kann man die Stämme auch durch Anbringen von Säcken, Schilfmatten oder Pappe auf der Sonnenseite schützen.

Bei Frostplatten und -rissen sollte man abgestorbene Teile sorgfältig herausschneiden und ein geeignetes Wundverschlussmittel (Baumwachs o. Ä.) auftragen. Bei größeren Rissen kann das Anlegen eines Baumverbands nötig werden, bei Frostspalten sogar das Zusammenziehen mit Metallklammern. Die Wunden stellen gefährliche Eintrittspforten für Krankheiten und Schädlinge dar.

Frostschutz
Vorkehrungen zum Schutz empfindlicher Pflanzen und Pflanzenteile vor winterlichen Frösten
→ *Winterschutz*

Frostschutzberegnung
Eine im Erwerbsgartenbau angewandte Methode zum Schutz vor Spätfrösten. Das direkt auf die Pflanzen beregnete Wasser gibt beim Gefrieren Wärme frei, so dass die Temperatur an der Pflanzenoberfläche nicht unter den Nullpunkt fällt. Die Beregnung muss über die ganze Frostperiode beständig weiterlaufen, sonst verkehrt sich die Schutzwirkung ins Gegenteil. Erforderlich ist eine genau dosierte, beständig verregnete Wassermenge sowie etwas Erfahrung und Fingerspitzengefühl. Für den Privatgarten ist das Verfahren nicht zu empfehlen.

Frostspalten
Tiefe, bis in den Holzkörper reichende Risse bei Obstbäumen und anderen Gehölzen infolge von → *Frostschäden*

Frostspanner
Der Kleine und der Große Frostspanner sind Schmetterlinge, deren Raupen schwerwiegende Fraßschäden an Obstbäumen und -sträuchern sowie Ziergehölzen anrichten können. Gefürchtet ist besonders der Kleine Obstspanner als Kirschen- und Apfelschädling. Pfirsich ist die einzige Baumobstart, die verschont bleibt. Die Flugzeit der Falter beginnt – ganz unüblich – im Herbst um die Zeit der ersten Nachtfröste, deshalb der Name Frostspanner. Das „Spannen" bezieht sich auf die charakteristische Fortbewegungsweise der Raupen, die sich durch katzenbuckelartiges Anspannen nach vorn schieben.

Weitaus häufiger als der Große tritt der Kleine Frostspanner auf. Die männlichen Falter sind graubraun mit dunklen Wellenlinien auf den Vorderflügeln und erreichen etwa 2,5 cm Flügelspannweite. Bei den Weibchen sind die Flügel zu kleinen Stummeln zurückgebildet. Die um 2,5 cm langen Raupen sind hellgrün mit dunkler Rückenlinie und gelben Streifen an den Seiten. Gut 1 cm größer sind die Falter des Großen Frostspanners mit hellgelben, rötlich gezeichneten Flügeln. Ihre Raupen zeigen eine rotbraune Färbung mit hellen Flecken. Entwicklung und Schadbilder sind bei beiden Spannern ähnlich.

Die flugunfähigen Weibchen klettern ab Oktober an den Stämmen der Gehölze hoch bis in die Kronen und legen ihre anfangs hellgrünen, später roten Eier in die Nähe von Knospen oder in Rindenritzen ab. Im zeitigen Frühjahr schlüpfen die Raupen; nach Fraß an den Gehölzen seilen sie sich zur Verpuppung an einem Faden zum Boden ab. Die Puppe ruht in einem Kokon im Boden, bis im nächsten Jahr Falter daraus hervorgehen.

Schadbild: Lochfraß an Knospen, Blüten und jungen Blättern, oft auch Kahlfraß, nach dem nur die zusammengesponnenen Mittelrippen stehen bleiben; bei Obstgehölzen später ausgehöhlte junge Früchte.

Abhilfe: Vorbeugend Vögel als Raupen fressende Nützlinge fördern. Ab Ende September gegen hochkriechende Weibchen Leimringe um die Stämme legen, ebenso um Stützpfähle; darauf achten, dass die Ringe fest anliegen; bis März an den Bäumen belassen, wenn nötig, Ringe oder Leimauftrag zwischendurch erneuern. Reicht das nicht, dann können die Raupen notfalls mit *Bacillus-thuringiensis*-Präparaten oder Neem-haltigen Mitteln bekämpft werden.

Grünliche Raupe des Kleinen Frostspanners

Frosttrocknis
→ *Frostschäden*

Frucht

Die als Obst, Gemüse oder Pflanzenzierde begehrten Früchte sind – botanisch nüchtern betrachtet – nach der → *Befruchtung* aus dem Fruchtknoten hervorgehende Organe, die die Samen bis zur Reife umschließen. Bei der Bildung der Frucht können neben dem Fruchtknoten bzw. den Fruchtblättern weitere Blütenteile wie z. B. der Blütenboden beteiligt sein (auch → *Blüte*). Die Fruchtwand ist je nach Art fest oder fleischig und trägt nicht selten Hafteinrichtungen wie Kletten oder Haken zur Ausbreitung durch Tiere oder Flügel bzw. Flughaare zur Ausbreitung durch den Wind.

Wenn man bedenkt, dass die die Samen beherbergenden Früchte zur Erhaltung und Verbreitung der Art dienen, kann man leicht nachvollziehen, warum es so mannigfaltige Fruchtformen gibt. Die Pflanzenfamilien und Gattungen haben je nach natürlichem Lebensraum und Wuchstyp sehr unterschiedliche Fruchtformen entwickelt, die die Ausbreitung optimal fördern sollen. Nicht wundern wird man sich außerdem, dass viele Früchte von Natur aus schmackhaft sind: Was uns zum Genuss dient, sollte ursprünglich Tiere anlocken, die durch Fraß und Ausscheidung die Samen weitertragen. Umgekehrt schützen zahlreiche Pflanzen ihre Früchte durch Giftstoffe vor übermäßigem Verzehr, wobei die enthaltenen Substanzen nicht selten für Säugetiere giftig, für Vögel dagegen unschädlich sind.

Die Trennung zwischen Samen und Frucht fällt dem Betrachter nicht immer leicht: Die Spaltfrüchte (Achänen) der Doldenblütler, z. B. Anis oder Kümmel, werden meist der Einfachheit halber als Samen bezeichnet, obwohl die eigentlichen Samen in den bei Reife auseinander fallenden kleinen Teilfrüchten mit gerippter Fruchtwand enthalten sind. Andererseits ist die „Nuss" der Walnuss keine Frucht, sondern der Samenkern einer Steinfrucht, deren ledrige Fruchtwand bei Reife zerfällt.

Bei den Fruchtformen unterscheidet man Einzel- und Sammelfrüchte, die sich aus mehreren Einzelfrüchten zusammensetzen. Weiterhin gibt es Fruchtverbände, die aus ganzen Blütenständen hervorgehen.

Einzelfrüchte

Einzelfrüchte gehen aus einzelnen oder weitgehend miteinander verwachsenen Fruchtblättern der Blüte hervor. Öffnet sich die Frucht nach der Reife zum Ausstreuen der Samen, so handelt es sich um eine Streu- bzw. Öffnungsfrucht, während eine Schließfrucht bei Samenreife geschlossen bleibt und als Ganzes abfällt.

■ **Streufrüchte** sind die Balgfrucht (z. B. Rittersporn, besteht aus einem Fruchtblatt, das sich an der Verwachsungsnaht öffnet), die Hülse der Schmetterlingsblütler (aus einem Fruchtblatt, dass sich an zwei Nähten, der Bauch- und Rückennaht, öffnet), die aus mindestens zwei verwachsenen Fruchtblättern bestehende Kapsel (Iris, Tulpe, Gauchheil, Mohn, öffnet sich mit Löchern, Poren oder Spalten) sowie die Schote der Kreuzblütler (aus zwei Fruchtblättern bestehend, die durch eine falsche Scheidewand voneinander getrennt sind).

■ **Schließfrüchte** sind die Nuss (Haselnuss, enthält meist nur einen Samen, verholzte Fruchtwand), die Karyopse der Gräser (Fruchtwand mit Samenschale verwachsen), die Achäne der Korbblütler (meist mit Flugorgan, z. B. Löwenzahn), die Spaltfrucht bzw. Achäne der Doldenblütler (zerfällt in einsamige Teilfrüchte), die

FRUCHTFALL

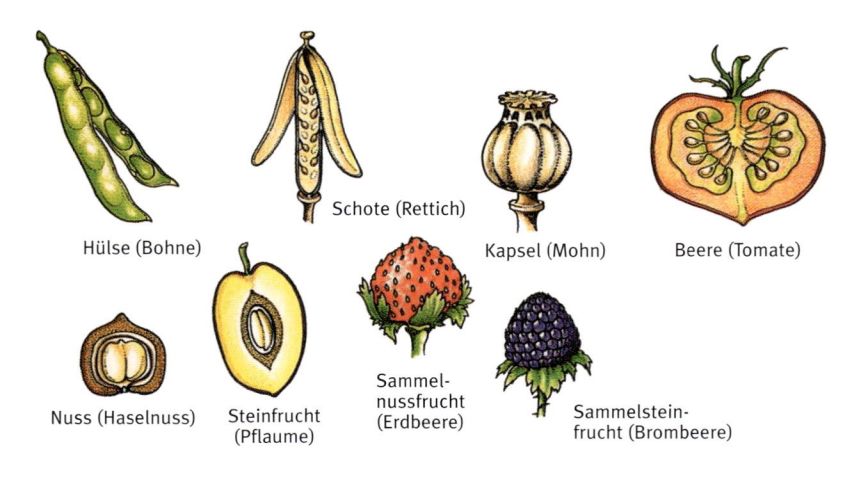

Verschiedene Fruchtformen: Hülse (Bohne), Schote (Rettich), Kapsel (Mohn), Beere (Tomate), Nuss (Haselnuss), Steinfrucht (Pflaume), Sammelnussfrucht (Erdbeere), Sammelsteinfrucht (Brombeere)

Beere (Johannisbeere, Weinbeere, Tomate, Gurke, Banane, mit fleischiger Fruchtwand) sowie die Steinfrucht (Kirsche, Pfirsich, Pflaume, Kokosnuss, mit teils fleischiger, teils verholzter Fruchtwand).

Schließfrüchte treten zuweilen als „Doppelfrüchte" auf, so z. B. die verwachsenen Doppelbeeren bei Geißblattarten oder die kleiderbügelartigen Flugnüsschen der Ahorne, die bei Reife zerfallen.

Sammelfrüchte

Sammelfrüchte gehen aus mehreren Fruchtblättern hervor, die sich zu je einer Einzelfrucht entwickeln, und bilden einen einheitlichen Verband. Sie wirken dadurch wie eine Einzelfrucht und werden deshalb auch Scheinfrüchte genannt. Nach der Ausbildung der Einzelfrüchtchen unterscheidet man Sammelnussfrüchte (z. B. Erdbeere, Rose), Sammelsteinfrucht (z. B. Himbeere, Brombeere) und Sammelbalgfrucht (z. B. Sternanis) sowie als deren Sonderform die Apfel- bzw. Kernfrucht (z. B. Apfel, Birne, Eberesche). Bei dem „fruchtigen" Anteil der Erdbeere handelt es sich um den verdickten, weichen, saftigen ehemaligen Blütenboden, auf dem die kleinen, geschmacklich uninteressanten Früchte als Nüsschen sitzen.

Fruchtverbände

Fruchtverbände gehen aus Blütenständen hervor, wobei durch die Einzelfrüchte die gemeinsame Blütenstandsachse zusammengehalten wird und verwachsen ist, so dass sie Einzelfrüchten ähneln. Diese eher seltenen Fruchtformen kann man unterteilen in Nussfruchtverband (Maulbeere), Beerenverband (Ananas) und Steinfruchtverband (Feige).

Fruchtabwurf

→ *Fruchtfall*

Fruchtansatz

Wird im Zusammenhang mit Obst oder Fruchtgemüse in gleich drei etwas unterschiedlichen Bedeutungen verwendet:

1) Der eigentliche Vorgang, während dessen nach der → *Befruchtung* aus der Blüte die Früchte gebildet (angesetzt) werden.

2) Menge der Früchte, die sich nach Befruchtung aus den Blüten entwickeln (z. B. guter, schlechter Fruchtansatz).

3) Abgeblühter Blütenstand, an dem sich gerade die Früchte bilden.

Fruchtast

Ast eines Obstbaums, der reich mit → *Fruchtholz* besetzt ist; in der Regel handelt es sich dabei um Seitenäste, die von den Haupt- oder Leitästen abzweigen.

Fruchtausdünnung

Bei Obstbäumen das gezielte Verringern des Fruchtbehangs im Frühsommer, wodurch eine bessere Erntequalität erreicht werden soll.
→ *Ausdünnen*

Fruchtblatt

Fruchtblätter bilden zusammen mit den Samenanlagen den weiblichen Teil einer → *Blüte* und sind meist zum Fruchtknoten verwachsen.

Fruchtbogen

Bei Obstbäumen, besonders bei Apfel und Birne, ein bogig überhängender älterer Ast oder Zweig, der fruchtende Oberseitentriebe hervorbringt.
→ *Fruchtholz*

Fruchtfall

Wenn von Fruchtfall beim Kern- oder Steinobst gesprochen wird, ist in der Regel das vorzeitige Abfallen der Früchte, oft noch in sehr jungem, unreifem Stadium gemeint.

Mehr oder weniger deutlich stoßen vor allem Apfelbäume im Frühsommer von selbst überzählige Früchte ab, was als Junifruchtfall bekannt ist. Dieser natürliche Vorgang kommt dem Bestreben des Gärtners entgegen, möglichst große und gut ausreifende Früchte zu erzielen statt einen übermäßigen Behang kleiner, schlecht ernährter Früchte.

Ein sehr starker vorzeitiger Fruchtfall deutet jedoch auf Störungen im Wasser- oder Nährstoffhaushalt hin oder kann durch Schädlinge oder Krankheiten verursacht sein. Auch Sturm und Hagel können vorzeitigen Fruchtfall verursachen.

Fruchtfäule

Fruchtfäulen an Obst und Gemüse werden meist durch pilzliche Krankheitserreger verursacht. Häufig treten z. B. → *Grauschimmel*, → *Monilia* oder Kraut- und Braunfäule (→ *Tomatenkrankheiten*) auf; auch → *Fäulniskrankheiten*. Zuweilen spielen auch Störungen bei der Nährstoffaufnahme eine Rolle, so bei der Blütenendfäule der Tomaten, die durch akuten Calciummangel hervorgerufen wird (→ *Tomatenkrankheiten*).

Fruchtfolge

Aufeinanderfolge von Nutzpflanzen auf einer bestimmten Anbaufläche, bezogen auf den jährlichen Turnus. Wenn dieselbe Gemüseart häufig hintereinander angebaut wird, spricht man von enger oder einseitiger Fruchtfolge; bei größeren Anbaupausen, während derer andere Gemüse das Beet belegen, von weiter Fruchtfolge. In ähnlichem Wortsinn bezeichnet man als Fruchtfolge auch die aufeinander abgestimmte, sich im mehrjährigen Abstand wiederholende Abfolge verschiedener Pflanzen; z. B. Zucchini – Kohlrabi – Erbsen, im 4. Jahr dann wieder Zucchini usw.

Im Gegensatz dazu steht der ständige Anbau ein- und derselben Art, Monokultur genannt. Hier nehmen auf Dauer selbst bei ausreichender Düngung die Erträge ab, die Anbauprobleme zu. Die Gründe dafür sind:

- einseitiger Nährstoffentzug und allmähliche Beeinträchtigung der Bodenfruchtbarkeit
- Vermehrung typischer und auf die angebaute Art spezialisierter Schädlinge und Krankheiten
- Zunahme bestimmter Unkräuter, die sich unter stets gleich bleibenden Bedingungen gut entwickeln können.
- Teils auch Ausscheidung wachstumshemmender Stoffe über die Wurzeln der Kulturpflanzen, die sich im Boden anreichern.

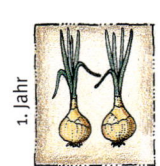

Monokultur: *jährlicher Anbau derselben Pflanze*

Fruchtfolge: *jährliche Aufeinanderfolge verschiedener Pflanzenarten*

Fruchtwechsel: *jährliche Aufeinanderfolge von Pflanzen aus verschiedenen Familien*

Kulturfolge: *Aufeinanderfolge mehrerer Pflanzenarten innerhalb eines Jahres*

Das Zusammenwirken dieser Faktoren ist auch als → *Bodenmüdigkeit* bekannt. Um dies zu vermeiden, sollte man stets eine weite Fruchtfolge einhalten, indem man z. B. Kohl oder Tomaten nur alle 3 bis 4 Jahre auf der Fläche anbaut, und zudem einen → *Fruchtwechsel* mit Pflanzen aus verschiedenen Familien anstreben. Auch → PRAXIS-SEITE Fruchtfolge und Fruchtwechsel im Gemüsegarten (S. 276/277)

Traditioneller Fruchtfolgeanbau

Das historische Vorbild der Fruchtfolge ist die im Mittelalter eingeführte Dreifelderwirtschaft, bei der im dreijährigen Rhythmus Wintergetreide, Sommergetreide und Brache (unbebaute Fläche, zur Erholung des Bodens eingeschaltet) miteinander abwechselten. Dazu wurde die gesamte Ackerfläche einer Dorfgemeinschaft in drei Teile unterteilt. Ab dem 18. Jahrhundert entwickelte man dann die verbesserte Dreifelderwirtschaft, bei der die Brache durch den Anbau von Futterpflanzen (z. B. Rotklee) oder Hackfrüchten (z. B. Kartoffeln) ersetzt wurde.

Beim Gemüseanbau, auch im Hausgarten, waren die Fruchtfolgen lange Zeit durch die vorherrschende Stallmistdüngung bestimmt. Man teilte die Gemüsefläche in meist drei verschiedene Quartiere auf, von denen jährlich jeweils nur eins mit Mist gedüngt wurde. So ergeben sich drei Quartiere mit unterschiedlichem Nährstoffgehalt. Man bezeichnet dies auch als Trachten, wobei die erste Tracht die frisch gedüngte Parzelle darstellt. Die Fruchtfolgen entstehen durch den jährlichen Wechsel von

Gemüsen mit verschiedenen Nährstoffansprüchen:

- Erste Tracht: Hier stehen gut mistverträgliche Starkzehrer, z. B. Kohlarten, Gurken.
- Zweite Tracht: Geeignet für Mittelzehrer, die ihren Nährstoffbedarf aus den Resten des verrottenden Stallmists decken, z. B. Zwiebeln, Rettiche, Möhren.
- Dritte Tracht: Hier wachsen Schwachzehrer mit geringen Ansprüchen, z. B. Bohnen, Erbsen, Feldsalat.

Als viertes Quartier kann eine Fläche mit Dauerkulturen hinzukommen oder eine vierte Tracht, die jeweils mit Gründüngung eingesät wird.

Fruchtfolgeanbau im modernen Garten

Die Gemüseflächen in den heutigen Gärten sind meist recht bescheiden, eine Düngung mit Mist ist eher die Ausnahme und mit käuflichem Dünger stellt es kein Problem dar, anspruchsvolle Starkzehrer jährlich auf demselben Beet anzubauen. Trotzdem bietet das bewährte Modell mit den unterschiedlich stark gedüngten Trachten immer noch Vorteile, selbst wenn es sich bei den jeweiligen Quartieren nur um einzelne Beete handelt. Die Nährstoffe werden so optimal ausgenutzt, man kann Dünger sparen und bei Verwendung von Kompost auch nachhaltig die Bodenfruchtbarkeit fördern. Die Stallmistdüngung lässt sich durch Einarbeiten von reichlich Kompost im Herbst vor der ersten Tracht, z. B. vor Tomaten, ersetzen – wenn nötig, ergänzt durch eine Kalidüngung – sowie eine zusätzliche organische oder mineralische Volldüngung im Frühjahr. Für eine nachhaltige Nährstoffversorgung kann man auch etwa jedes 4. Jahr eine → *Gründüngung* einsetzen, die zudem den Boden mit strukturförderndem Humus anreichert.

Noch wichtiger als der Nährstoffaspekt ist beim Zusammenstellen von Fruchtfolgen allerdings die Vermeidung von Krankheiten und Schädlingen, außerdem die optimale Nutzung der oft begrenzten Fläche. Deshalb werden bei einer optimalen Fruchtfolgeplanung zugleich folgende Verfahren bzw. Prinzipien mit einbezogen:

- Fruchtwechsel: wechselnder Anbau von Gemüsen aus verschiedenen Familien
- Mischkultur: Mischanbau verschiedener, sich gegenseitig fördernder Pflanzen auf einem Beet
- Kulturfolge: aufeinander folgender Anbau mehrerer Pflanzen innerhalb eines Jahres durch Einbeziehen von Vor-, Zwischen- und Nachkulturen

→ PRAXIS-SEITE Fruchtfolge und Fruchtwechsel im Gemüsegarten (S. 276/277); auch → *Anbauplanung*, → *Fruchtwechsel*, → *Mischkultur*

Fruchtformen
→ *Frucht*

Fruchtgemüse
Gemüsearten, von denen die Früchte geerntet werden. Dazu gehören Tomaten, Paprika, Auberginen, Gurken, Kürbisse, Melonen sowie die Hülsenfrüchte von Erbsen und Bohnen.

Fruchtholz
Auch Blüh- oder Tragholz genannt; alle Triebe bzw. Zweige von Obstbäumen und Beerensträuchern, die Blütenknospen tragen und demnach Früchte hervorbringen können. Zur verstärkten Bildung von Fruchttrieben kommt es bei Bäumen erst mit beginnendem Ertragsalter, je nach Art und Baumform ab etwa dem 5. bis 8. Standjahr; zuvor werden hauptsächlich Holztriebe entwickelt. Im Alter überwiegt dann das Fruchtholz. Fruchtholz ist reichlich mit Blütenknospen besetzt, die im Vergleich zu den schmalen Holzknospen eher rundlich sind. Ort und Form der Fruchtholzbildung hängen von der jeweiligen Art, teils sogar von der Sorte ab. Dabei gibt es grundlegende Unterschiede zwischen Kern- und Steinobst. Die Fruchtholzbildung beim Beerenobst ist vergleichsweise recht unkompliziert (vom Weinstock abgesehen); vgl. dazu die Beschreibungen der einzelnen Arten.

Als abgetragenes Fruchtholz bezeichnet man ältere Triebe und Verzweigungen, die nur noch spärlich Blütenknospen hervorbringen.

Kernobst
Beim Kernobst, also Apfel, Birne und Quitte, tragen die einjährigen Langtriebe fast nur Holzknospen, aus denen Seitentriebe entstehen. Nur bei schwächerem Wuchs sitzen an den Langtrieben auch vereinzelt Blütenknospen. Aus der Endknospe entwickelt sich dann im darauf folgenden Jahr die ebenfalls mit Holzknospen besetzte Triebverlängerung, während im älteren, nunmehr zweijährigen Abschnitt des Langtriebs seitlich Fruchtholz austreiben kann. Dabei handelt es sich um Kurztriebe, die meist in einer Blütenknospe enden, teils auch in einer ebenfalls rundlichen Blattknospe. Deren seitliche Knospen bringen wiederum neue Kurztriebe hervor. Das Fruchtholz beim Kernobst ist dementsprechend zwei- bis mehrjährig. Im Einzelnen unterscheidet man folgende Fruchtholzformen:

- Fruchtspross: Kurzer Fruchttrieb, aus dessen endständiger Blütenknospe sich im Folgejahr eine Frucht bilden kann.
- Fruchtspieß: Wie Fruchtspross, wird jedoch 5 – 15 cm lang.
- Fruchtrute: Bis 30 cm lang. Durch das Gewicht der Früchte an ihrem Ende hängt die Fruchtrute mit den Jahren zunehmend nach unten und wird dann Fruchtbogen genannt.

Fruchtfolge und Fruchtwechsel im Gemüsegarten

Beispiel für eine Anbauplanung mit Fruchtwechsel, Kulturfolge und Mischkultur. Die Beetbelegungen rotieren jährlich und wiederholen sich damit in jedem 4. Jahr

Starkzehrerbeet: Auf den frisch bzw. im Herbst gedüngten Boden kommt als Hauptkultur Blumenkohl. Radieschen und Eissalat als kurzlebige Zwischenkulturen; als Nachkultur Winterlauch (Porree)

Mittelzehrerbeet: Als Hauptkultur Zwiebeln und Möhren in Mischkultur; im zeitigen Frühjahr und Herbst zusätzlich Spinat und Feldsalat

Schwachzehrerbeet: Nährstoffreserve noch für Vorkultur ausreichend; ab Mai Buschbohnen als Hauptkultur, Schnittsalat als früh geernteter Zwischenkultur; mit etwas Dünger noch Endivie als Nachkultur

Häufig vertretene Pflanzenfamilien

Familie	Gemüse, Kräuter, Gründungspflanzen
Doldenblütler	Möhre, Pastinake, Sellerie, Petersilie, Dill, Liebstöckel, Fenchel, Anis, Kerbel, Kümmel
Gänsefußgewächse	Spinat, Mangold, Rote Bete, Gartenmelde
Korbblütler	Kopf-, Eis- und Bindesalat, Schnitt- und Pflücksalat, Endivie, Chicorée, Radicchio, Zuckerhutsalat, Löwenzahn, Schwarzwurzel, Artischocke, Topinambur, Estragon, Kamille; Gründüngung: Sonnenblume, Ringelblume
Kreuzblütler	Weiß-, Rot- und Wirsingkohl, Kohlrabi, Blumenkohl, Brokkoli, Rosenkohl, Grünkohl, Chinakohl, Pak Choi, Radieschen, Rettich, Kohlrübe, Speiserübe, Rübstiel, Meerrettich, Kresse, Salatrauke; Gründüngung: Senf, Ölrettich, Raps
Kürbisgewächse	Gurke, Kürbis, Zucchini, Melone
Lippenblütler	Basilikum, Bohnenkraut, Majoran, Oregano, Salbei, Thymian, Rosmarin, Ysop, Minze
Nachtschattengewächse	Tomate, Paprika, Aubergine, Kartoffel
Schmetterlingsblütler (Leguminosen)	Busch-, Stangen- und Feuerbohne, Puffbohne, Erbse; Gründüngung: Wicken- und Kleearten, Luzerne, Lupine, Serradella
Zwiebelgewächse	Zwiebel, Schalotte, Schnittlauch, Knoblauch, Porree, Spargel

PRAXIS

Unentbehrlich – ein wenig Planung

Eine Anbaufolge von Stark-, Mittel- und Schwachzehrern, die jeweils unterschiedlichen Familien angehören -- diese gilt es zu finden, wenn man gemäß den Prinzipien von Fruchtfolge und -wechsel Gemüse anbauen will. Recht knifflig wird das Ganze, wenn zusätzlich ein Anbau in → *Mischkultur* erfolgen soll und wenn man außerdem Vor-, Zwischen- und Nachkulturen nutzen will.

Zuweilen werden spezielle grafische Hilfen oder sogar Computerprogramme angeboten, um alle Anforderungen unter einen Hut zu bringen. Wenn man Gemüse nur in bescheidenem Maßstab anbaut, genügen aber einfache Beetpläne (am besten mehrfach kopieren), die nebenstehenden Tabellen für die Grundplanung und jährliche Notizen zur Beetbelegung (auch → *Anbauplanung*).

Beim Planen sinnvoller Anbaufolgen wird schnell klar, dass dies eine gewisse Vielfalt an Arten und damit auch in der Küche voraussetzt. Andererseits wird niemand ein ungeliebtes Gemüse oder Würzkraut pflanzen, nur weil es die Fruchtfolge erfordert. Dies und andere Gründe führen in der Praxis öfter dazu, dass man die strengen Grundregeln nicht ganz einhalten kann. Beachten Sie deshalb im Zweifelsfall vor allem folgende Punkte:

- Der Fruchtwechsel (von Arten/Familien) ist wichtiger als die Fruchtfolge nach Nährstoffansprüchen.
- Hauptkulturen (Gemüse mit langer Kulturdauer) sollten frühestens nach 3 Jahren wieder auf derselben Fläche angebaut werden.
- Anbaupausen sind besonders zwischen Kreuzblütlern und Gänsefußgewächsen wichtig.

Erleichtert wird das Einhalten des Fruchtwechsels durch Arten, die zu keiner der großen Familien gehören. Unter den Gemüsen sind dies vor allem Feldsalat, Portulak, Winterportulak, Neuseeländer Spinat und Zuckermais; unter den Gründüngungspflanzen *Phacelia,* Roggen, Hafer und Buchweizen.

NÄHRSTOFFANSPRÜCHE DER GEMÜSEARTEN

Starkzehrer	Artischocke, Gurke, Kartoffel, Kohl: fast alle Arten (Ausnahmen siehe Mittelzehrer), Kürbis, Melone, Neuseeländer Spinat, Paprika, Sellerie, Spargel, Tomate, Zucchini, Zuckermais,
Mittelzehrer	Aubergine, Chicorée, Chinakohl, Endivie, Fenchel, Knoblauch[2], Kohlrabi, Liebstöckel, Mangold, Möhre, Pastinake, Petersilie, Porree[1], Puffbohne, Radicchio, Rettich, Rote Bete, Salate[2], Stangenbohne, Spinat[2], Zuckerhut, Zwiebel[2]
Schwachzehrer	Buschbohne, Erbse, Feldsalat, Portulak, Radieschen, Speiserübe, Kräuter (Ausnahmen siehe Mittelzehrer)

[1] tendiert zum Starkzehrer [2] tendiert zum Schwachzehrer

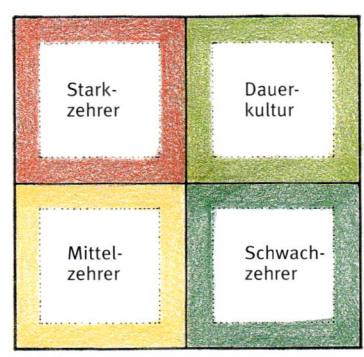

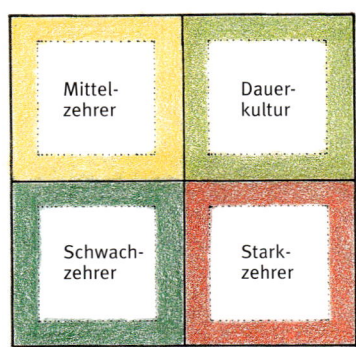

Fruchtfolgeprinzip mit wechselnden Trachten; die Quartiere erhalten im jährlichen Wechsel eine organische Düngung (Starkzehrerquartier). Dadurch ergibt sich eine Beetrotation, die nur die Dauerkultur (z. B. Erdbeeren) ausspart.

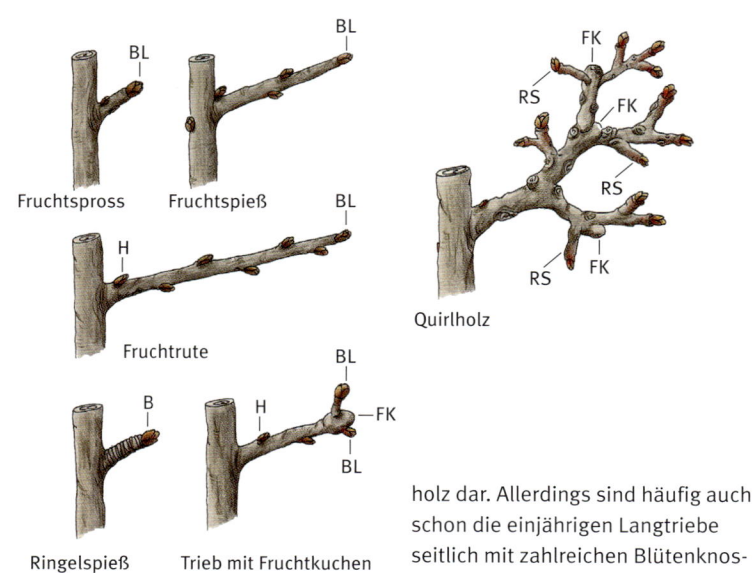

FRUCHTHOLZSCHNITT

*Fruchtholz beim Kernobst
(BL = Blütenknospe,
B = Blattknospe, H = Holzknospe, FK = Fruchtkuchen, RS = Ringelspieß)*

*Fruchtende Lang- und Kurztriebe beim Steinobst
(BL = gemischte Blütenknospe, H = Holzknospe,
BU = Bukettknospe)*

Auf dessen Oberseite entstehen wiederum reichlich neue Fruchttriebe, die am höchsten Punkt (Scheitel) des Bogens am kräftigsten sind.

■ Ringelspieß: Entsteht meist aus Blattknospen am Langtrieb oder am Quirlholz und trägt eine Blattknospe am Ende. Er wird ungenügend ernährt, wächst jährlich nur wenige Millimeter und sieht deshalb gedrungen und wie eingeschnürt aus. Junge Ringelspieße können sich noch zu brauchbarem Fruchtholz entwickeln.

■ Fruchtkuchen: Nach vorjähriger Fruchtbildung verdicktes Triebende, aus dem sich wiederum neue Fruchttriebe entwickeln.

■ Quirlholz: Älteres, mehrfach verzweigtes Fruchtholz, das einen hohen Anteil an Fruchtkuchen und Ringelspießen aufweist.

Steinobst

Beim Steinobst tragen die Kurztriebe ebenfalls die meisten Blütenknospen und stellen somit wichtiges Fruchtholz dar. Allerdings sind häufig auch schon die einjährigen Langtriebe seitlich mit zahlreichen Blütenknospen besetzt, vor allem im unteren Bereich, bei älteren, an der Basis verkahlten Zweigen hauptsächlich in der Triebmitte.

Die ersten Blütenknospen erscheinen meist an schwachen, kurzen Seitentrieben. Die Kurztriebe enden in einer Blattknospe, darunter sitzen oft dicht gedrängt die Blütenknospen. Es handelt sich häufig um gemischte Knospen, bei denen eine spitze Holzknospe von zwei oder mehreren Blütenknospen flankiert wird. Buketttriebe finden sich vor allem bei Süß- und Sauerkirsche, aber auch beim Pfirsich; an diesen stark gestauchten Kurztrieben umgeben mehrere rosettenartig angeordnete Blütenknospen eine Triebknospe.

Von solchen beim Pfirsich vor allem an älteren Bäumen ausgebildeten Bukettzweigen abgesehen, fruchtet dieses Obstart hauptsächlich an Langtrieben. Wichtigstes Fruchtholz beim Pfirsich sind die so genannten wahren Fruchttriebe: Sie werden etwa 60–75 cm lang, tragen im Basis- und Spitzenbereich vereinzelte Holzknospen, auf dem langen Abschnitt dazwischen jedoch gemischte Knospen aus je einer Holzknospe und ein bis zwei Blütenknospen. Falsche Fruchttriebe dagegen sind schwächer entwickelt und weisen nur einzeln stehende Blütenknospen auf. Die bis 1 m langen Holztriebe schließlich haben nur Holzknospen (→ *Pfirsich*). Bei der sonst in vielen Beziehungen ähnlichen Aprikose sind die Verhältnisse einfacher: Sie bildet an langen wie kurzen Fruchttrieben Blatt-, Blüten- und gemischte Knospen.

Fruchtholzschnitt

Wird beim Baumobst im Rahmen des → *Erhaltungsschnitts* möglichst regelmäßig durchgeführt, außerdem beim → *Verjüngungsschnitt*. Schnittziel ist dabei, abgetragenes, unproduktiv gewordenes → *Fruchtholz* beständig durch jüngeres zu ersetzen.

An Apfel- und Birnbäumen beginnt man damit, wenn die Fruchtzweige drei- bis viermal getragen haben. Etwa die Hälfte des ältesten Fruchtholzes wird dann entfernt. Der Schnitt betrifft in erster Linie Fruchtbögen und Quirlholz (→ *Fruchtholz*). Fruchtbögen, also überhängende, ältere Fruchttruten, schneidet man bis zu einem kräftigen Trieb auf der Oberseite zurück. Beim Quirlholz entfernt man die ältesten Teile sowie nach unten weisende, schwächere Triebe, wobei die Fruchtkuchen nicht verletzt werden dürfen.

An Steinobstbäumen kürzt man das Fruchtholz an den Leitästen meist nach 4 bis 5 Jahren ein bzw. leitet es auf jüngere, basisnahe Seitentriebe ab. Vergreistes Fruchtholz an den Astunterseiten sollte ganz entfernt werden. Lange, hängende Triebe bei Pflaumen- und vor allem bei Sauerkirschbäumen kann man auf jüngere Seitentriebe in der Nähe der Ansatzstelle zurücknehmen. Einen besonderen Fruchtholzschnitt erfordert der → *Pfirsich*.

Fruchtknoten
Weiblicher Teil der → *Blüte* aus verwachsenen Fruchtblättern, die die Samenanlagen umschließen.

Fruchtkuchen
→ *Fruchtholz*

Fruchtmumie
Diese vertrockneten, zusammengeschrumpften, braunschwarzen Stein- und Kernobstfrüchte sind mit → *Mo-*

nilia befallen. Sie fallen meist nicht herab, sondern bleiben im Winter am Baum hängen. Da sie im Frühjahr junge Triebe und Blüten erneut infizieren können, muss man Fruchtmumien frühzeitig entfernen und vernichten.

Fruchtreifegas
Andere Bezeichnung für das als gasförmiges Stoffwechselprodukt von reifenden Früchten freigesetzte → *Ethylen*

Fruchtrute
→ *Fruchtholz*

Fruchtschalenwickler
Verschiedene kleine Schmetterlinge, deren Raupen Schäden an Obstfrüchten anrichten, vor allem an Apfel, Birne und Pflaume. Charakteristisch ist der muldenartige Schabefraß an den Früchten, die oft mit einem Blatt versponnen sind. Am häufigsten kommt der Apfelschalenwickler vor; die bei ihm genannten Angaben zu Auftreten und Bekämpfung (→ *Apfelschädlinge*) gelten auch für die anderen Fruchtschalenwickler.

Fruchtspieß
→ *Fruchtholz*

Fruchtspross
→ *Fruchtholz*

Fruchtstand
Ebenso wie die Blüten häufig in unterschiedlichen → *Blütenständen* zusammengefasst sind, vereinen sich auch die daraus hervorgehenden Einzelfrüchte zu Fruchtständen. Oft entsprechen sie in Form und Anordnung den jeweiligen Blütenständen, z. B. bei Tomate, Anis, oder Weinrebe. Als Fruchtstände im engeren Sinn bezeichnet man die Fruchtverbände aus miteinander verwachsenen Einzelfrüchten, z. B. bei der Ananas.

Auch → *Frucht*

Fruchttrieb
→ *Fruchtholz*

Fruchtverband
→ *Frucht*

Fruchtwechsel
Aufeinander abgestimmte Abfolge von Nutzpflanzen auf einer bestimmten Anbaufläche, bei der stets Arten aus verschiedenen → *Familien* miteinander abwechseln.

Der Fruchtwechsel stellt im Grunde eine Verfeinerung der → *Fruchtfolge* dar. Er ist eine der wichtigsten Maßnahmen zur Vorbeugung gegen Krankheiten und Schädlinge, die oft auf bestimmte Pflanzenfamilien spezialisiert sind oder zumindest an deren Vertretern am häufigsten vorkommen. Eine gefürchtete Krankheit z. B. der Kohlarten ist die → *Kohlhernie*; sie kann neben Kohl auch andere Pflanzen aus der Familie der Kreuzblütler befallen, etwa Rettich, Radieschen oder als Gründüngung eingesetzten Senf. Solche Schaderreger überwintern häufig im Boden oder an Pflanzenresten; wird im nächsten Jahr wieder eine Wirtspflanze derselben Familie angebaut, finden sie beste Voraussetzungen für eine weitere Vermehrung und Ausbreitung.

Zur Zugehörigkeit von Gemüsen und Kräutern zu den verschiedenen Familien → PRAXIS-SEITE Fruchtfolge und Fruchtwechsel im Gemüsegarten (S. 276/277)

Ein wechselnder Anbau verschiedener Arten/Familien nach dem Prinzip des Fruchtwechsels ist zum Vermeiden der → *Bodenmüdigkeit* auch bei Zierpflanzen empfehlenswert.

Frühanbau
Begriff aus dem Gemüseanbau mit zwei etwas unterschiedlichen Bedeutungen:

1) Mithilfe von → *Folien,* → *Frühbeet* oder → *Gewächshaus* vorgezo-

Fruchtmumien sollten spätestens im Winter entfernt werden.

gener Saat- bzw. Pflanztermin, der die Ernteverfrühung zum Ziel hat.

2) Bei Gemüsen, die zu mehreren Jahreszeiten oder über mehrere Monate gesät werden können, der Anbau zum jeweils frühestmöglichen Termin; z. B. bei Salaten, Radieschen, Möhren oder Kohl. Man sollte dabei auf die Wahl geeigneter Sorten achten, die für den Frühanbau ausgewiesen sind.

Frühbeet

Als Kasten mit isolierenden Seitenwänden und transparenter Abdeckung bietet das Frühbeet vielerlei Möglichkeiten des geschützten Anbaus. Es hat im Privatgarten wie im Erwerbsanbau eine lange Tradition; da es früher durch Einbringen von Pferdemist erwärmt wurde, kennt man es heute noch häufig als Mistbeet. Eine andere Bezeichnung für das Mistbeet ist „warmer Kasten", das unbeheizte Frühbeet wird „kalter Kasten" genannt.

Für den Hobbyanbau werden Frühbeete in den unterschiedlichsten Größen und Ausführungen angeboten, meist als einfach zu montierende Bausätze. Die Kästen bestehen aus druckimprägniertem Holz, Metall, Faserzement oder Kunststoff, wobei zunehmend Recycling-Kunststoffe Verwendung finden. Bei der Abdeckung haben sich neben den Glasfenstern Hohlkammer- bzw. Stegdoppelplatten aus Acryl oder ähnlichem Material durchgesetzt. Teils ist auch die Kastenumrandung aus solchen Platten gefertigt, was eine bessere Lichtausbeute ermöglicht.

So genannte Wanderkästen aus leichten Materialien (Aluminium, Kunststoff) können beliebig umgesetzt werden. Die fest installierten Frühbeete bezeichnet man dagegen als Dauerbeete. Daneben gibt es die Unterscheidung in Einfach- und Doppelkästen, wobei die Grundfläche des Einfachkastens den Normfenstergrößen von 80 x 150 cm oder 100 x 150 cm entspricht. Diese Größen haben allerdings im Hobbyangebot nur eingeschränkt Bedeutung.

Aufwändigere Ausführungen werden mit selbst lüftenden Fenstern angeboten; die Steuerung erfolgt über einen automatischen Fensteröffner mit Temperaturfühler, der die Abdeckungen bei Wärmestau im Kasten anhebt und wieder schließt, wenn es kühler wird. Sehr vorteilhaft sind außerdem Verstellhebel mit Windsicherung.

Beim Kauf sollte man auf einfache Montage, Stabilität und Witterungsbeständigkeit des Materials Wert legen. Trotz des vielfältigen Angebots an Fertigkästen stellt der Eigenbau immer noch eine interessante Möglichkeit dar, die so manchen Vorteil bietet, → PRAXIS-SEITE Frühbeete selbst bauen (S. 282/283); die dort genannten Kriterien für Werkstoffe usw. gelten selbstverständlich auch für käufliche Frühbeete.

Das Frühbeet wird an einem sonnigen Platz errichtet, möglichst weder an wind- noch an frostexponierter Stelle. Günstig ist ein Platz in Hausnähe, da recht häufig gegossen und gelüftet werden muss. Die vordere, niedrigere Seite des Kastens sollte nach Süden oder wenigstens Südosten ausgerichtet sein.

Isolierung und Beheizung

Schon ohne zusätzliche Wärmeversorgung können Pflanzen im Frühbeet stärkere Fröste überstehen, wenn man für entsprechende Wärmedämmung sorgt. Zunächst sollten dazu bei Dauerkästen die Wandungen wenigstens 5 cm tief in den Boden reichen. Durch Hochziehen von Erde an den Außenseiten sowie Aufschütten von Laub erreicht man eine zusätzliche Abdichtung. Die Innenwände können für den Früh- oder Spätanbau in kritischen Phasen mit Styroporplatten gedämmt werden, die Fenster lassen sich mit Luftpolster- bzw. Noppenfolie zusätzlich isolieren.

Im Frühbeet kann zeitig der erste Salat geerntet werden.

Solche Zusatzisolierungen sind in Frostphasen auch sinnvoll, wenn eine Frühbeetheizung betrieben wird. Dafür bietet der Handel spezielle Heizmatten oder -kabel an, die in eine Sandschicht unter der Pflanzerde verlegt werden. Die Verwendung von Isolierungen wie Heizung – am besten mit Thermostat – erfordert allerdings erhöhte Aufmerksamkeit: Es darf keinesfalls zu Wärmestau kommen, außerdem muss für ausreichende Lüftung gesorgt werden.

Mistbeet, Warmbeet

Sofern man strohigen Pferdemist besorgen kann, ist die natürliche Erwärmung nach alter Väter Sitte möglich. Dazu hebt man im zeitigen Frühjahr die Erde im Beet 40 – 50 cm tief aus, legt die Grube mit Maschendraht als Schutz gegen Wühlmäuse aus und füllt dann etwa 10 cm Laub oder Stroh als Isolierung auf. Darauf kommt die 30 – 50 cm hohe Mistpackung, die anschließend festgetreten wird. Nun legt man die Fenster auf, um die sich entwickelnde Verrottungswärme festzuhalten. Nach einigen Tagen, wenn sich der Mist abgekühlt hat, tritt man ihn erneut fest, gibt am besten noch eine Lage Laub darüber und füllt dann etwa 20 cm hoch mit reifem Kompost vermischte Gartenerde auf. Die noch lange Zeit frei werdende Verrottungswärme des Mists sorgt für gleich bleibend hohe Bodentemperaturen, die frühe Saaten und Pflanzungen begünstigen. Zuvor führt man jedoch am besten einen → *Kressetest* durch, um sicherzustellen, dass aus dem Mist kein schädlicher Ammoniak mehr entweicht.

Anstelle von Mist kann man auf dieselbe Weise auch mit Grünabfällen vermischtes Laub oder Stroh verwenden. Die Verrottungswärme ist dann freilich geringer, aber für die Pflanzenentwicklung immer noch von Vorteil.

Frühbeetnutzung

Das Frühbeet ist ab März, bei Beheizung sogar früher, für die Anzucht von Gemüse, Sommerblumen oder Stauden nutzbar. Ab Mitte April kann man darin auch meist schon die Wärme bedürftigeren Arten mit Pflanzung ab Mitte Mai vorziehen. Es vermag den ganzen Sommer über bis zum Herbst als Anzuchtbeet zu dienen, lässt sich aber auch als geschützter Kulturraum für Früh- und Spätgemüse mit deutlicher Ernteverfrühung nutzen. Kälteempfindliche Pflanzen wie Paprika oder Aubergine kann man im Frühbeet so lange geschützt heranwachsen lassen, bis sie die Kastenhöhe überragen. Einen halbwegs günstigen Sommer vorausgesetzt, wird durch den so verschafften guten Start eine Ernte auch ohne Gewächshaus möglich. Ab Spätsommer steht das Frühbeet dann für Herbst- und Wintergemüse wie Spinat und Feldsalat zur Verfügung. Schließlich eignet es sich im Spätherbst auch recht gut als Gemüselager (auch → *Gemüselagerung und -konservierung*).

Wie beim Anbau unter Folie und im Gewächshaus ist häufiges Lüften von großer Bedeutung, vor allem, wenn intensive Sonneneinstrahlung die Luft im Kasten stark erwärmt. Aufgrund der unter der Abdeckung hohen Luftfeuchtigkeit muss besonders auf Pilzkrankheiten und Schnecken geachtet werden; bei rauen, für die Tiere gut erklimmbaren Wänden kann das Umgeben mit einem Schneckenzaun ratsam sein. Schließlich sollte der intensiv genutzte Boden im Frühbeet durch Bearbeitung und Kompostgaben stets gut gepflegt werden.

Frühherbst

Nach dem → *phänologischen Kalender,* der die Jahreszeiten anhand der Naturentwicklung unterteilt, beginnt der Frühherbst mit der Blüte der

Die Blüte der Herbstzeitlose markiert den Eintritt des Frühherbstes.

Herbstzeitlosen und der Reife der Holunderbeeren; dies ist im langjährigen Mittel für unterschiedliche Regionen um den 31. August der Fall. Sobald die Hauszwetsche und die Kornelkirsche reif werden, kündet sich das Frühherbstende und damit der Beginn des Vollherbstes an. In den Frühherbst fällt meist auch der Wegzug der Schwalben, durchschnittlich am 15. September.

Solche Zeichen der Natur bieten auch für die Gartenarbeit Anhaltspunkte: Nun ist eine günstige Zeit für das Pflanzen von Stauden, Zwiebel- und Knollenblumen und Beerensträuchern; letzte Gründüngungs- oder Raseneinsaaten sollten baldmöglichst vorgenommen werden, ebenso der letzte Schnitt immergrüner Hecken. Die deutlich kühler werdenden Nächte können in Hochlagen schon leichte Fröste bringen und mahnen zu ersten Vorsichtsmaßnahmen.

Frühjahrssteckling

Andere Bezeichnung für das → *Steckholz*, ein gut verholztes Triebstück

Frühbeete selbst bauen – individuelle Lösungen

> **TIPP**
>
> Eine interessante Selbstbau-Variante ist ein hölzernes Frühbeet auf stabilen Rollen, das sich schnell umplatzieren und z. B. gut auf der Terrasse einsetzen lässt. Es braucht einen Boden aus Brettern oder kräftigem Maschendraht, den man mit Folie auskleidet (Wasserabzugslöcher durchstechen). Bei Tieftemperaturen sollte es allerdings von unten isoliert werden.

Unkomplizierter Selbstbau

Frühbeete gehören zu den dankbarsten Selbstbauprojekten im Garten; ihre Konstruktion erfordert weder besondere handwerkliche Fähigkeiten noch ausgefallenes Spezialwerkzeug. So kommt man mit recht wenig Aufwand zu maßgeschneiderten Lösungen, je nach Platzverhältnissen und vorgesehener Nutzungsintensität. Zudem sind ganz nach Belieben verschiedene Do-it-yourself-Stadien möglich, vom kompletten Eigenbau bis zur Verwendung von Fertigteilen, etwa von vorgefertigten Frühbeetfenstern.

Rahmenkonstruktion und Größe

Für die Kastenwandung kommen neben Holz Betonformteile, Faserzementplatten sowie aufgemauerte Steine infrage. Ziegelsteine und Holz sehen am natürlichsten aus. Holz lässt sich am einfachsten zu Frühbeeten jeder Größe verarbeiten und setzt lediglich exaktes Messen sowie genauen Zuschnitt voraus. Kleinere, nicht allzu schwere Holzkästen kann man sogar als „Wanderkästen" nach Bedarf umsetzen. Die Wandstärke sollte wenigstens 2 cm betragen. Meist wird man nicht allzu teures Kiefern- oder Fichtenholz verwenden; wenn man die Möglichkeit hat, günstig an stabile Hartholzbretter (Eiche, Buche) zu kommen, ist dies freilich vorteilhaft. Doch selbst bei bestem Material und guter Imprägnierung hält Holz durch den ständigem Kontakt mit Nässe und feuchter Erde nicht ewig. Vor allem verziehen sich mit den Jahren häufig die Wandungen, so dass die Fenster nicht mehr richtig aufliegen. Dem kann man ein wenig durch Einschlagen von genügend Verankerungspfosten, die über ihre ganze Länge fest mit den Brettern verschraubt sind, vorbeugen. Die Verankerung im Boden kann statt mit verrottungsanfälligen Holzpfosten auch mit Flacheisen o. Ä. erfolgen.

Bei vorhandenen bzw. gekauften Fertigfenstern ergeben sich die Maße automatisch. Andernfalls empfiehlt sich in der Regel eine Breite bzw. Tiefe von 0,8 – 1 m; die Länge hängt lediglich vom Platz und der benötigten Frühbeetfläche ab. In jedem Fall sollte die vordere Wand 10 – 15 cm niedriger sein als die hintere, um einen optimalen Lichteinfall zu gewähren. Für die Vorderwand ist eine Mindesthöhe von 30 cm ratsam.

Frühbeetfenster

Ausgemusterte Fensterflügel aus dem Wohnbereich machten früher oft den individuellen Charme von Eigenbau-Frühbeeten aus. Alte Kunststofffenster, wie sie heute hauptsächlich anfallen, sind allerdings im Garten Geschmackssache, zudem bei Doppelverglasung schon recht schwer. Käuf-

1. Die Teile werden am besten verschraubt. Angespitzte Füße erleichtern später das Einsetzen.

2. Das Holz sollte unbedingt einen pflanzenverträglichen Schutzanstrich erhalten.

3. Als Abdeckung bzw. Fensterersatz dient ein mit stabiler Gitterfolie bespannter Holzrahmen.

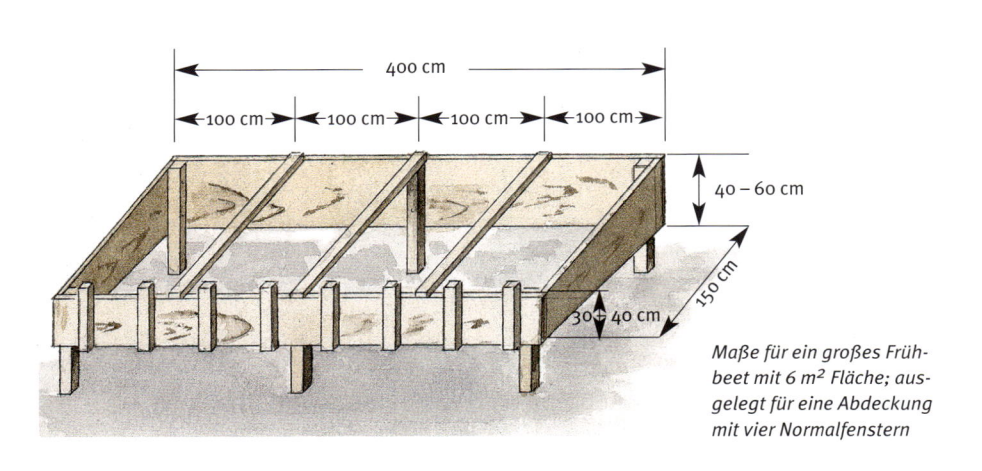

PRAXIS

Maße für ein großes Frühbeet mit 6 m² Fläche; ausgelegt für eine Abdeckung mit vier Normalfenstern

CHECKLISTE

Einige Hinweise zur Auswahl geeigneter Materialien:

- **Glas:** vorzugsweise innen genörpeltes Klarglas (streut starke Sonneneinstrahlung)
- **Folie:** UV-stabilisiert oder aus PVC, am besten drahtverstärkt
- **Metallteile:** rostfrei, verzinkt oder aus Aluminium
- **Holz:** möglichst druckimprägniert
- **Holzschutz:** unbedingt pflanzenverträglich

liche, fertig verglaste Frühbeetfenster gibt es mit Metall- und Holzrahmen, zuweilen auch mit schmaler Kunststoffeinfassung. Die üblichen Maße sind 80 x 150 cm („Holländer Fenster") sowie 100 x 150 cm („Deutsches Normalfenster").

Als Alternativen zur bruchgefährdeten Glasabdeckung bieten sich passend zugeschnittene Hohlkammer- bzw. Stegdoppelplatten an, die auch beim Gewächshausbau Verwendung finden. Des Weiteren kann man, wie in den Abbildungen gezeigt, kräftige, für Gartenzwecke geeignete Folie verwenden (auch → *Folie*), die einfach auf einen Holzrahmen getackert wird. Das geringe Gewicht der Folienfenster ist z. B. für das Lüften von Vorteil; bei starken Winden sollte man allerdings vorsichtshalber Bretter o. Ä. auflegen. Zudem empfiehlt sich bei sehr kalter Witterung eine zusätzliche Isolierung mit Luftpolsterfolie.

Wer auch beim Eigenbau nicht auf technische Raffinessen verzichten möchte, kann „selbst lüftende" Frühbeetfenster mit integriertem automatischem Öffner verwenden. Solche Lüftungsöffner, die die Fenster je nach Temperatur selbsttätig öffnen und schließen, gibt es aber auch separat, so dass sie für Abdeckungen jeglicher Art eingesetzt werden können.

4. Aufgestellt wird der Kasten möglichst so, dass die niedrigere Seite nach Süden zeigt.

5. Einfache Scharniere aus dem Heimwerkermarkt verhelfen zum klappbaren Fenster.

6. Die schlichteste Lösung zum Lüften: ein in passender Größe zugesägtes Lattenstück

283

von Gehölzen, das zur Vermehrung im Herbst geschnitten und oft erst im Frühjahr gesteckt wird.

Der Begriff wird verwirrenderweise manchmal auch für im Frühjahr oder Frühsommer geschnittene, krautige → *Stecklinge* verwendet.

Frühkartoffel
Sorten der → *Kartoffel*, die nach etwa drei Monaten bzw. ab Mitte Juni erntereif sind.

Frühlingsadonisröschen
Heimische, im Frühjahr gelb blühende Kleinstaude
→ *Adonisröschen*

Frühlingsknotenblume
Anderer Name für den Märzenbecher
→ *Knotenblume*

Frühlingsplatterbse
Mit der Staudenwicke verwandte niedrige Wildstaude
→ *Wicke*

Frühlingssternblume
IPHEION UNIFLORUM

Dieses Liliengewächs mit den an kleine Sterne erinnernden Blüten stammt aus Südamerika. Es wird auch als Zimmerpflanze kultiviert, lässt sich mit Winterschutz jedoch recht gut als Freilandblume verwenden.
Merkmale: Zwiebelblume, 10 – 20 cm hoch; riecht bei Berührung nach Speisezwiebeln; grasähnliche, bis 30 cm lange Blätter in dichten Büscheln, erscheinen schon im Herbst und welken nach der Blüte; pro Zwiebel mehrere Blütenschäfte mit je einer weißen, blau oder violett überhauchten, sternförmigen, süßlich duftenden Blüte.
Blütezeit: März – Mai
Verwendung: In kleinen und größeren Gruppen im Steingarten, im Rasen; schön mit Krokus und Blaustern;

Frühlingssternblume (Ipheion uniflorum)

als Schnittblume (dann leicht knoblauchartig duftend).
Standort: Geschützt; gut durchlässiger, lockerer, am besten sandiger Boden.
Pflanzen/Vermehren: Im September/Oktober oder aber im Frühjahr 3 – 5 cm tief pflanzen, mit 10 cm Abstand; Vermehrung durch Teilung der Zwiebelhorste nach Einziehen der Blätter, auch Samenanzucht möglich.
Pflege: Während des Wachstums bei Frühjahrstrockenheit gleichmäßig leicht feucht halten; im Herbst mit Laub oder Torf und Nadelholzreisig abdecken.

Frühlingswasserstern
Immergrüne → *Unterwasserpflanze*

Frühlingszwiebel
Andere Bezeichnung für die Lauch- oder Bundzwiebel, von der hauptsächlich das Laub genutzt wird.
→ *Zwiebel*

Frühsommer
Gegen Ende Mai/Anfang Juni vollzieht sich gewöhnlich der Übergang vom Frühling zum Frühsommer, wobei sich nach warmen, trockenen Ta-

Mit der Holunderblüte beginnt der Frühsommer.

gen häufig in der ersten oder zweiten Juniwoche nochmals eine nasskalte Witterung, bekannt unter dem Namen Schafskälte, einstellt. Auch im an der Naturentwicklung orientierten → *phänologischen Kalender* ist der Frühsommer eine feste Größe: Sein Beginn wird durch die Holunder- und Robinienblüte markiert, außerdem durch den Blühbeginn der Gräser, den vor allem Menschen mit entsprechender Allergie deutlich und leidend wahrnehmen. Signal für das Ende des Frühsommers und damit den Hochsommerbeginn ist die Lindenblüte.

Im Garten beginnt mit dem Frühsommer das regelmäßige Gießen und Mulchen, spätestens dann sollte man auch die letzten Sommerblumen pflanzen, die letzten Raseneinsaaten vornehmen und Stauden zurückschneiden.

Frühsorten
Bei Gemüsen, die zu mehreren Jahreszeiten oder über mehrere Monate gesät werden können, gibt es meist spezielle Sorten für den jeweils frühestmöglichen Aussaattermin. Solche Frühsorten sind robuster und

besser an die jahreszeitlichen Verhältnisse, z. B. auch an die Tageslänge, angepasst als Sommer- oder Spätsorten. Teils eignen sie sich aber auch für den Spätanbau im Spätsommer/Herbst.

Fruhstorfer Erde
Hochwertige Einheitserde
→ *Erden*

Frühwinter
Wird im allgemeinen Sprachgebrauch schlicht mit den ersten winterlichen Temperaturen gleichgesetzt, die je nach Region und Jahr schon ab November auftreten können. Meteorologen bezeichnen teils die erste ausgeprägte Frostphase, die sich durchschnittlich jedes 2. Jahr um die Dezembermitte einstellt, als Frühwinter. Gemäß des → *phänologischen Kalenders*, der sich an der Naturentwicklung orientiert, beginnt der Winter mit dem Auflaufen des Winterweizens und mit dem letzten Blattfall bei spät reifenden Apfelsorten und endet mit der Schneeglöckchenblüte. Anders als bei den sonstigen Jahreszeiten gibt es hier für den Winter keine Unterteilung in einzelne Phasen.

Fuchsia
Botanischer Gattungsname der
→ *Fuchsien*

Fuchsie
FUCHSIA
Die Fuchsien gehören zu den Nachtkerzengewächsen und sind ursprünglich in den südamerikanischen Anden beheimatet. Von Europäern wurden sie Ende des 17. Jahrhunderts entdeckt, bis ins 19. Jahrhundert führte man zahlreiche Wildarten ein. Benannt ist die Gattung nach dem deutschen Arzt und Botaniker Leonhart Fuchs (1501–1566). Aus den vielen Wildarten, darunter auch einige aus Neuseeland, ist eine gewaltige Fülle von heute etwa 2 000 Sorten mit unterschiedlichsten Blütentönen und -formen entstanden. Diese Hybridsorten verholzen ebenso wie ihre wilden Stammarten, sind jedoch bei uns nicht winterhart. Man zieht sie deshalb oft wie einjährige Sommerblumen oder als drinnen zu überwinternde Kübelpflanzen.

Im wintermilden Klima Englands, ebenso in Dänemark, werden Fuchsien schon lange auch als Freilandpflanzen kultiviert und oft sogar als Hecken gepflanzt. Es handelt sich um robuste Sorten von Wildarten, die teils auch bei uns den Winter recht gut überstehen. Die wichtigste Art für die Pflanzung im Freien ist die Scharlachfuchsie (*F. magellanica*).

Nicht winterharte Fuchsien
FUCHSIA-HYBRIDEN

Merkmale: Strauchartig mit dünnen Ästen, aufrechte, halb hängende und hängende sowie hohe und niedrige Sorten, 20–150 cm hoch, als Hochstämmchen gezogene Exemplare auch höher; ovale, gezähnte oder ganzrandige, meist dunkelgrüne Blätter; Blüten in Trauben oder Rispen an dünnen Stielen, röhren- oder glockenförmig mit oft weit herausragenden Staubblättern, bunt gefärbten Kelchblättern und oft andersfarbigen Kronblättern, vorwiegend rosa, rot, lila, blauviolett oder weiß mit vielen Farbnuancen, einfach, halb gefüllt oder gefüllt.
Blütezeit: Mai – Oktober
Verwendung: Aufrechte Sorten in Beeten, als Kübel- und Balkonpflanzen, hohe Hängesorten als Hochstämmchen; niedrige Sorten mit Hängewuchs in Balkonkästen und Schalen, als Ampelpflanzen.
Standort: Einige Sorten auch sonnenverträglich; windgeschützter Platz; durchlässiger, nährstoffreicher Gartenboden, in Pflanzgefäßen gute Einheits- oder Balkonblumenerde.
Pflanzen/Vermehren: Pflanzung auf Beete ab Mitte Mai mit 30–50 cm Abstand; Balkon- und Kübelpflanzen

*Traubenblütige Fuchsie
(Fuchsia-Triphylla-Hybride)*

FUCHSREBE

Scharlachfuchsie (Fuchsia magellanica)

ab Mitte Mai nach draußen stellen. Vermehrung durch Stecklinge von September bis April bei etwa 20° C, Jungpflanzen entspitzen; Samenvermehrung möglich, aber schwierig.
Pflege: In der Wachstumszeit stets feucht halten, bis Mitte August monatlich düngen, Verblühtes regelmäßig entfernen, an heißen Tagen zum Erhöhen der Luftfeuchtigkeit mit Wasserzerstäuber übersprühen (nicht in praller Sonne, sonst Gefahr von Verbrennungen), Hochstämmchen an Stäben aufbinden. Überwinterung hell oder dunkel bei 6° C, im Frühjahr schneiden und umtopfen.
Hinweis: Die auch Traubenblütige Fuchsien genannten *Fuchsia-Triphylla*-Hybriden bevorzugen einen sonnigen Standort.

Scharlachfuchsie
FUCHSIA MAGELLANICA

Merkmale: Kleiner Strauch, breit aufrecht mit überhängenden Trieben, 0,8 – 1,5 m hoch; ovale, schwach gezähnte, frisch grüne Blätter; kleine, röhrenförmige, scharlachrote Blüten in hängenden Trauben; auch groß- und weißblütige Sorten.
Blütezeit: Juni – Oktober
Verwendung: Einzeln oder in kleinen Gruppen, mit anderen Kleinsträuchern und Stauden, auch in großen Rabatten; günstig ist eine Unterpflanzung mit gering wuchernden Bodendeckerstauden, z. B. Waldsteinien, zur Beschattung der Wurzeln.
Standort: Blüht in der Sonne am reichsten, braucht aber einen beschatteten Wurzelbereich; im Schatten nur spärliche Blüte; durchlässiger, humoser Boden, neutral bis schwach sauer.
Pflanzen/Vermehren: Pflanzung ab Mitte Mai bis Anfang Juli, am besten in eine etwa 10 cm tiefe Mulde, die dann zum Schutz des Wurzelstocks mit Erde aufgefüllt wird; Vermehrung wie nicht winterharte Fuchsien.
Pflege: In der Wachstumszeit gleichmäßig leicht feucht halten, im Frühjahr mit Kompost oder schwach dosiertem Volldünger düngen, Mulchen vorteilhaft; nicht unterpflanzte Exemplare im Herbst anhäufeln, Wurzelbereich mit Laub und Reisig abdecken.
Hinweis: Die oberirdischen Teile frieren über Winter meist zurück, weshalb die Pflanzen teils auch als Staudenfuchsien geführt werden. Der Neuaustrieb erfolgt ab April.

Fuchsrebe
Mit der → *Weinrebe* verwandte Kletterpflanze

Fuchsrose
Gelb blühende Wildrose
→ *Rose*

Fuchsschwanz
AMARANTHUS CAUDATUS

Das schon im 16. Jahrhundert aus Südamerika nach Europa eingeführte Amarantgewächs mit den langlebigen Blütenständen gehört zu den klassischen Bauerngartenblumen. Zur Blütezeit zieht der Fuchsschwanz zahlreiche Schmetterlinge an. Neben *A. caudatus* findet man zuweilen

Fuchsschwanz (Amaranthus caudatus)

noch einige andere Arten im Handel, die entweder, wie *A. cruentus,* ebenfalls durch lange, fuchsschwanzartige Blütenstände zieren oder aber, wie *A. tricolor* und *A. salicifolius,* Blattschmuckpflanzen mit auffälliger rötlicher Blattfärbung sind.
Merkmale: Einjährig, kräftig aufrechter Wuchs, 60 – 80 cm hoch; lang gestielte, länglich ovale Blätter; herabhängende, dunkelrote Blütenähren, bei der Sorte 'Viridis' gelbgrün.
Blütezeit: Juli – Oktober
Verwendung: In Gruppen in Sommerblumenbeeten; in Pflanzkübeln; als Schnitt- und Trockenblume.
Standort: Möglichst vollsonnig sowie warm; nährstoffreicher, leichter Boden.
Kultur: Anzucht im März/April, Sämlinge drei bis vier Wochen nach der Aussaat in Töpfe pikieren; nach Mitte Mai, bei Spätfrostgefahr Ende Mai, im Abstand von 30 – 50 cm auspflanzen; auch Direktsaat ab Ende April ins Frühbeet oder ins ungeschützte Beet möglich.
Pflege: Bei anhaltender Trockenheit gießen; zum Wachstumsbeginn Kompost oder Dünger verabreichen, nach Blühbeginn nachdüngen.

Füllpflanzen
Pflanzen mit zurückhaltender Wirkung, die man einsetzt, um Kombinationen aus auffälligeren Arten optisch abzurunden und Pflanzlücken zwischen ihnen zu füllen. Sie haben besonders als → *Füllstauden* in Beeten und Rabatten gestalterische Bedeutung. Aber auch Gehölzgruppen kann man durch Füllpflanzen wie Farne, Gräser, Kleinsträucher und Bodendecker harmonisch ergänzen (auch → *Füllstrauch*). Typische Füllpflanzen in Sommerblumenbeeten sind Lobelien (Männertreu) und Duftsteinrich. Füllpflanzen werden in der Regel in Gruppen oder flächig gepflanzt.

Füllstauden
Neben dominierenden Leitstauden und etwas dezenteren Begleitstauden sind Füllstauden das dritte, ebenso wichtige Element bei der Gestaltung von Staudenbeeten und -rabatten. Sie unterstreichen die Wirkung der auffälliger blühenden Pflanzen und runden das Gesamtbild harmonisch ab.

Als Füllstauden dienen Blattschmuckpflanzen und zurückhaltende Blüher (z. B. Frauenmantel, Wolfsmilch, Wollziest, Salbei, niedrige Storchschnabelarten und Glockenblumen, niedrige Ziergräser, Farne) sowie niedrige, teppich- oder polsterartig wachsende Pflanzen (z. B. Schleierkraut, Schaumblüte, Polsterphlox, Goldnessel, Günsel, Immergrün). Gerade die etwas höheren Arten sind jedoch nicht unbedingt auf die Füllstaudenfunktion festgelegt. Je nach Zusammenstellung können sie auch als Begleitstauden oder teils sogar als Leitstauden wirken.

Füllstrauch
Füllsträucher sind robuste, zumindest leicht schattenverträgliche, eher unauffällige Arten, die sich für gemischte Gehölzgruppen, frei wachsende Hecken und Schutzpflanzungen eignen, z. B. Heckenkirschen, Hartriegelarten, Faulbaum.

Fungizide
Mittel gegen pilzliche Schaderreger → *Pflanzenschutzmittel*

Funkie
HOSTA

Die auch Herzlilien genannten Funkien wachsen in Japan, China und Korea wild in Bergwäldern sowie an schattigen Hängen und Ufern. Schon lange werden diese Liliengewächse mit den schmucken Blättern als Zierpflanzen kultiviert, zunächst in Japan, später

Funkien gibt es in großer Sorten- und Formenvielfalt.

dann in Europa und vor allem auch in den USA, wo eine Vielzahl von Sorten entstanden ist. Zwischendurch galten die Funkien vielen Gartenbesitzern als etwas altmodische, biedere Pflanzen. Doch spätestens, als vor einigen Jahrzehnten das Interesse an japanischer Gartenkunst erwachte und verstärkt ostasiatische Pflanzen wie der Bambus eingeführt wurden, lernte man auch die schattenverträglichen Funkien wieder zu schätzen.

Die Fülle an Arten und Sorten ist gewaltig, oft tragen die Züchtungen eigene deutsche Namen, die nicht immer einheitlich verwendet werden. Die auf S. 289 stehende Tabelle vermag nur einen Überblick über die geläufigsten Funkien zu geben. Die Einteilung nach grün-, blau- und gelb- bzw. buntblättrigen Funkien erleichtert ein wenig die Übersicht. Allerdings gibt es von vielen Arten sowohl bunt- oder blaublättrige als auch rein grüne Sorten. Obgleich die Funkien vorwiegend als Blattschmuckpflanzen eingestuft werden, tragen auch die zarten Blüten an den langen Stielen zur Zierwirkung bei.

Fusarium-Krankheiten

Weißrandfunkie (Hosta sieboldii)

Graublattfunkie (Hosta 'Fortunei')

Graublaue Funkie (Hosta 'Tradiflora')

Einige Sorten blühen sogar ausgesprochen reich und dicht, die Lilienfunkie bringt große, auffällige, duftende Blüten hervor.

Merkmale: Stauden, breit horstartig, Wuchshöhen vgl. Übersicht; meist große, lanzettliche bis rundlich eiförmige Blätter mit mehr oder weniger deutlicher Nervatur; Laub zieht im Herbst ein und treibt erst spät, meist im April, wieder aus; trichterförmige, nickende Blüten in lockeren Trauben entlang aufragender Blütenstängel, lila, bläulich oder weiß.

Verwendung: Einzeln oder zu mehreren vor und unter Gehölzen, auf schattigen Beeten, am Teichufer; schön mit Silberkerze, Prachtspiere, Farnen, Primeln, Bambus oder Fuchsien; kleine Arten und Sorten auch in Töpfen.

Standort: Auch an sonnigen, nicht zu heißen Plätzen, dann besonders auf gute Wasserversorgung achten; humoser, frischer, am besten lehmiger Boden.

Pflanzen/Vermehren: Pflanzung im Herbst oder zeitigen Frühjahr mit 30 – 40 cm Abstand; Vermehrung durch Teilung vor oder nach der Blüte.

Pflege: Bei Trockenheit gießen, im Frühjahr mit Kompost versorgen; besonders auf Schnecken achten.

Fusarium-Krankheiten

Zur Pilzgattung *Fusarium* gehören verschiedene Schaderreger, die im Boden überdauern und von dort aus die Pflanzen, hauptsächlich Gemüse und Blumen, befallen. Besonders betroffen sind Gurken, Erbsen und Knoblauch sowie Sommerastern und Zwiebel- und Knollenblumen. Die durch Wärme und Luftfeuchtigkeit

Zwiebelfäule

geförderten Pilze verursachen Welken, Fußkrankheiten (Fäulnis am Stängelgrund) oder Stängel- und Zwiebelfäulen. Teils sind sie auch für das Absterben von Sämlingen und Stecklingen verantwortlich.

Schadbild: Plötzliches Welken der Pflanzen, oft schlagartiges Absterben; schwärzliche Verfärbung am Stängelgrund mit nachfolgendem Umknicken der Pflanzen; an Blumenzwiebeln dunkle Faulstellen, kaum Wurzelbildung.

Abhilfe: Vorbeugend häufiger Frucht- bzw. Anbauwechsel, nur gesundes Saat- und Pflanzgut sowie möglichst resistente Sorten verwenden; Gurken auf Feigenblattkürbis veredeln; befallene Exemplare umgehend mitsamt Wurzeln entfernen, die nächsten Jahre keine anfälligen Pflanzen an derselben Stelle einsetzen.

Fußkrankheit

→ *Fusarium-Krankheiten*

Fußstamm

Bei auf Stämmchen veredelten Rosen, Beerensträuchern und Kübelpflanzen die niedrigste Form mit meist 40 cm Stammhöhe

Funkien im Überblick

Name	Wuchshöhe	Blütenfarbe Blütezeit	Blätter
Grünblattfunkien			
Grüne Riesenfunkie (Hosta 'Elata')	60 – 90 cm	hell blauviolett Juni – Juli	länglich herzeiförmig mit kräftigen Blattnerven, stark gewellter Rand
Graublattfunkie (Hosta 'Fortunei', grünblättrige Sorten)	50 – 60 cm	weiß, lila Juli	länglich herzförmig, dunkel- bis bläulich grün, teils weiß gerandet
Lanzenblattfunkie (Hosta 'Lancifolia')	30 – 50 cm	lila August – September	schmal, lanzettlich, glänzend dunkelgrün
Schmalblattfunkie (Hosta longissima)	30 – 50 cm	lila Juli – August	schmal, lanzettlich, lang zugespitzt, grün
Lilienfunkie (Hosta plantaginea)	50 – 80 cm	weiß August – September	breit herzförmig, frisch grün
Blaublattfunkien			
Hyazinthenfunkie (Hosta 'Fortunei Hyacinthina')	50 – 70 cm	violett Juli – August	herzförmig, graublau bereift
Große Blaublattfunkie (Hosta sieboldiana)	40 – 80 cm	helllila Juni – August	herzförmig, graublau bereift, mit auffälligen Blattnerven
Blaue Herbstfunkie (Hosta x tardiana 'Halcyon')	40 – 50 cm	lilablau Juli – September	herzförmig, sehr intensives Blau
Graublaue Funkie (Hosta 'Tardiflora Blue Wedgewood')	25 – 35 cm	helllila Juli – August	herzförmig, graublau bereift mit metallischem Schimmer, prägnante Blattnervenstruktur
Blaue Löffelblattfunkie (Hosta 'Tokudama')	30 – 40 cm	weiß Juni – Juli	rundlich, löffelartig, blau bereift
Weißrand- und Gelbblattfunkien			
Riesenweißrandfunkie (Hosta 'Crispula')	50 – 60 cm	lila Juli – August	herz- bis eiförmig, lang zugespitzt, unregelmäßiger weißer, welliger Rand
Goldfunkie, Grünrandfunkie (Hosta 'Fortunei', gelbblättrige Sorten)	40 – 60 cm	lila Juli – August	herzförmig, grüngelb bis goldgelb, bei einigen Sorten grün gerandet, Blätter teilweise im Sommer vergrünend
Weißrandfunkie (Hosta sieboldii)	30 – 60 cm	lila, weiß Juli – August	breit lanzettlich, mit schmalem, weißem Rand
Wellblattfunkie (Hosta 'Undulata')	20 – 40 cm	lila Juli – August	lanzettlich eiförmig, lange, teils gedrehte Blattspitzen, mit weißer Mitte und grünem Rand, weiße Blattstiele
Glockenfunkie (Hosta ventricosa)	60 – 90 cm	violettblau Juli – August	herzförmig, am Rand gewellt, Sorten weißrandig ('Aureomarginata') oder gelblich weiß gestreift und gefleckt und im Sommer vergrünend ('Aureomaculata'); auch reingrüne Formen erhältlich

G

Gaillardia
Sonnenliebende, in warmen Farbtönen blühende Staude
→ *Kokardenblume*

Galanthus
Botanischer Gattungsname des
→ *Schneeglöckchens*

Galinsoga
Botanischer Gattungsname des einjährigen Franzosen- oder Knopfkrauts
→ *Unkräuter*

Galium
Botanischer Gattungsname des als Bodendecker und aromatisches Kraut genutzten → *Waldmeisters*

Gallen
Rundliche Gebilde, Ausstülpungen oder Schwellungen an Blättern, Trieben, Wurzeln oder Knospen von Pflanzen. Sie sind meist durch Insekten bzw. Milben, seltener durch Pilzkrankheiten, verursacht. Bei tierischen Erregern wird die Gallenbildung durch Saug- oder Fraßtätigkeit ausgelöst, teils auch durch die Eiablage. In manchen Gallen wachsen die Larven von Insekten heran, die sich vom Gewebe der Galleninnenwand ernähren.

Gallenlaus
Gallenläuse sind eine Gruppe von kleinen, blattlausähnlichen Tieren, die hauptsächlich an Nadelgehölzen als Schädlinge auftreten. Befallen werden Fichte, Lärche und Douglasie, wobei die bis 4 cm großen, oft ananasähnlichen Gallen nur an Fichten entstehen; diese Fichtengallenläuse sind bei den → *Fichtenschädlingen* beschrieben. Ein weiterer Vertreter dieser Gruppe ist die Tannentrieblaus, → *Tannenschädlinge*. An Pappeln rufen manche Gallenläuse sehr auffällige Gebilde an den Blättern oder Blattstielen hervor, schädigen die Bäume aber kaum. Dass an den Pflanzen außer den Gallen oft auch weißliche Wachshäufchen zu sehen sind, weist auf die enge Verwandtschaft zu den → *Wollläusen* hin.

Gallmilbe
Auch Pockenmilbe genannt; es handelt sich um winzige, 0,1 – 0,2 mm große weißlich gefärbte Spinnentiere, deren lang gestreckten, wurmartigen Körper mit nur zwei Beinpaaren man nur mit einer starken Lupe erkennen kann. Sie treten im Garten recht häufig auf, hauptsächlich an Obst- und Ziergehölzen, und verursachen durch ihre Saugtätigkeit verschiedene Missbildungen. Am häufigsten sind kleine Gallen bzw. Pocken, nach denen die Schädlinge benannt wurden. Da die verschiedenen Gallmilbenarten oft auf bestimmte Pflanzen spezialisiert sind, kennt man z. B. Ahorn-, Haselnuss- und Johannisbeergallmilben. Wo die Gallenbildung in den Blüten- oder Triebknospen erfolgt, z. B. bei Johannisbeere und Eibe, spricht man auch von Knospengallmilben. In den unnatürlich verdickten Rundknospen können sich bis zu 50 000 Gallmilben und Eier befinden.

Schadbild: Gallen- bzw. pockenartige Ausstülpungen auf den Blättern, oft aufgehellt oder bräunlich; filzartige Flecken (z. B. an Linde), eingerollte Blätter (z. B. an Hainbuche); stark an-

Durch Gallmücken verursachte Gallen

Durch Gallwespen verursachte Gallen

geschwollene Blüten- oder Triebknospen (Johannis- und Stachelbeere, Hasel, Eibe).
Abhilfe: Vorbeugend wenig anfällige Sorten pflanzen; natürliche Feinde wie Raubmilben, Marienkäfer und Raubwanzen fördern. Bei Befall verdächtige Knospen ausbrechen, betroffene Blätter und Triebe entfernen; bei sehr starkem Auftreten ist an schnittverträglichen Gehölzen ein kräftiger Rückschnitt ratsam; chemische Bekämpfung z. B. mit schwefelhaltigen Präparaten möglich, dann regelmäßige Spritzungen ab Austrieb nötig.

Gallmücke

Die Gallmücken zählen wie andere Mücken und Fliegen zu den Zweiflüglern. Mit einer Lupe kann man an den nur 1,5 – 2,5 mm großen Insekten breite, oft behaarte Flügel, lange, dünne Beine und lange Fühler erkennen. Einige Arten treten im Garten als Schädlinge von mäßiger Bedeutung auf. Andere dagegen, die so genannten räuberischen Gallmücken, sind wichtige Nützlinge, deren Larven Schädlinge dezimieren und entsprechend eingesetzt werden können.

Gallmücken als Nützlinge

Es gibt mehrere räuberische Arten, die u. a. Spinnmilben oder Schildläuse parasitieren; die häufigste und bekannteste ist allerdings *Aphidoletes aphidimyza,* deren auffallend orangerot gefärbte Larven sich auf Blattläuse als Beute spezialisiert haben. Die bräunlich orangen Mücken leben tagsüber versteckt, oft an Obstbäumen und -sträuchern. In der Dämmerung fliegen die Weibchen los und legen bis zu 100 Eier auf den Pflanzen ab, dies gezielt in der Nähe von Blattlauskolonien. Bald darauf schlüpfen die Larven und beginnen sofort mit dem Aussaugen der Schädlinge, die sie zuvor mit einem Gift betäuben.

Nach ein bis zwei Wochen verpuppen sie sich im Boden, nach weiteren zwei bis drei Wochen schlüpfen die nächsten Gallmücken, so dass im Lauf des Sommers mehrere Generationen auftreten. Während ihrer kurzen Entwicklungszeit kann eine Larve immerhin bis zu 50 Blattläuse aussaugen.

Im Gewächshaus und Wintergarten lassen sich die Gallmücken sogar gezielt einsetzen. Man kann sie im Fachhandel als Puppen, oft in Torf eingelegt, kaufen und bringt sie unter den befallenen Pflanzen auf der Erde aus. Schon nach wenigen Tagen schlüpfen die Mücken, die ohne Zusatzheizung und -belichtung etwa ab April bis August einsetzbar sind.

Wirkung können die Gallmücken im Gewächshaus wie im Freien allerdings nur dann entfalten, wenn man auf Insektizide mit Rundumwirkung verzichtet.

Gallmücken als Schädlinge

Pflanzenschädliche Gallmücken treten vor allem an Obstbäumen und -sträuchern auf, außerdem u. a. an Buchs, Erbsen, Chrysanthemen, Taglilien und verschiedenen Sommerblumen. Nicht alle verursachen Gallenbildung. Die meisten Arten legen ihre Eier an Blättern oder jungen Trieben ab. Lästiger können diejenigen Gallmücken werden, bei denen die Eiablage in die Blütenknospen erfolgt, besonders an Birnbäumen, Erbsen und Taglilien, da hier die Früchte bzw. Blüten in Mitleidenschaft gezogen werden. Anders als die räuberischen Gallmücken bringen ihre pflanzenschädlichen Verwandten häufig lediglich eine Generation im Jahr hervor.
Schadbild: Gallenartige Wucherungen an Blättern und – besonders bei Himbeeren und Brombeeren – an Trieben; eingerollte, teils verformte Blätter, in denen man die Larven findet; unnatürliches Anschwellen der Knospen; an Früchten kugelige Schwellungen, Wucherungen und Wachstumsstörungen.
Abhilfe: Vorbeugend die natürlichen Fraßfeinde wie Vögel und Spinnen fördern. Alle befallenen Pflanzenteile frühzeitig und stets regelmäßig entfernen, angeschwollene Knospen ausbrechen.

Gallwespe

Die Gallwespen sind schwarze, ameisenähnliche kleine Tiere mit rötlich braunem Hinterleib, durchsichtigen Flügeln, langen Vorderbeinen und Fühlern. Es kommen auch ungeflügelte Tiere vor.

Sie bzw. ihre Larven rufen die auffälligsten Gallen hervor, spielen aber als Gartenschädlinge kaum eine Rolle. Am häufigsten findet man sie an Eichen, Weiden und Rosen, vor allem Wildrosen, seltener an anderen Zier- oder Beerensträuchern.

Die Weibchen legen ihre Eier an Stängel oder Blätter ab. Um die ausgeschlüpften Larven bilden sich als Reaktion auf deren Fraßtätigkeit teils sehr eigenartige Gallen. In den Gallen findet nach mehreren Tagen die Verpuppung statt. Die kugeligen „Galläpfel" auf Eichenblättern enthalten dunkle Gerbstoffe und wurden früher zum Färben von Kleidern, im Mittelalter auch zur Tintenherstellung verwendet.
Schadbild: Meist rundliche Gallen mit bis 5 cm Ø, oft zu mehreren in Knäueln, auf Blättern oder Trieben; bei Rosen ab Spätsommer („Rosen-, Schlafäpfel"), besetzt mit rötlich gelben Haaren; Triebe oberhalb der Gallen können absterben.
Abhilfe: Vorbeugend Schlupf- und Erzwespen als natürliche Feinde fördern. Befallene Pflanzenteile bei Rosen abschneiden, wenn sie störend wirken; sonst Bekämpfung nicht nötig.

GALTONIA

Galtonia
Hochwüchsige, weiß blühende Zwiebelblume
→ *Sommerhyazinthe*

Gamander
TEUCRIUM CHAMAEDRYS
☼ ☺

Auch Edelgamander genannt. Der anspruchslose, aber nicht zuverlässig frostharte Lippenblütler wächst in Südeuropa und Westasien wild an sonnigen, trockenen, kalkhaltigen Felshängen. Damit bietet er sich als Steingartenpflanze an, lässt sich aufgrund seiner guten Schnittverträglichkeit aber auch, ganz ähnlich wie Buchs, für niedrige Einfassungshecken verwenden. Da die Triebe im unteren Bereich verholzen, zählt der Gamander zu den Halbsträuchern, gärtnerisch wird er jedoch oft als Staude geführt.
Merkmale: Immergrüner Halbstrauch, dicht buschig, 30 – 50 cm hoch; länglich eiförmige, gekerbte Blätter; kleine rosa bis violette Lippenblüten in endständigen Scheinähren.
Blütezeit: Juli – September
Verwendung: Einzeln oder in Gruppen im Steingarten, auf Rabatten, als geschnittene Beeteinfassung, als Flächendecker, z. B. für trockene Böschungen.
Standort: Trockener, eher magerer Boden, Kalk liebend.
Pflanzung/Vermehrung: Pflanzung im Frühjahr mit etwa 40 cm Abstand, für Hecken mit 25 – 30 cm Zwischenraum; Vermehrung durch Teilung oder Aussaat im Frühjahr oder durch im Mai/Juni geschnittene Stecklinge.
Pflege: Anspruchslos, bei Heckenverwendung jährlicher Schnitt; in rauen Lagen bzw. vor Barfrösten mit Fichtenreisig abdecken.
Hinweis: Beim nur 10 cm hohen Zwerggamander 'Nanum' handelt es sich um eine Sorte des Edelgamanders, der durch Ausläuferentwicklung dichte Matten bildet. Der 30 – 60 cm

Gamander (Teucrium chamaedrys)

hohe Salbeigamander (*T. scorodonia*) blüht gelb, bildet Ausläufer und eignet sich, da Kalk meidend, vor allem für Heidegärten.

Gänseblümchen
BELLIS PERENNIS
☼ – ◐ ☺

Auch als Maßliebchen, Tausendschön und unter unzähligen regionalen Volksnamen bekannt. Die ausdauernd wachsende Wildform dieses Korbblütlers kommt in ganz Mitteleuropa auf Wiesen und Weiden, an Feld- und Wegrändern vor, bis in höhere Berglagen hinauf. Schon die alten Germanen und Römer schätzten den anmutigen Blüher, der in der Natur ab März bis in den Herbst hinein weiße oder zartrosa Blütenkörbchen hervorbringt, die sich abends und bei Regen schließen. Die jungen Blätter lassen sich zu gesunden Salaten verarbeiten, die Blüten als essbare Garnierung nutzen (jedoch nicht von den Zuchtformen).

Im Rasen werden die wilden Verwandten der Ziergänseblümchen allerdings oft als störend empfunden, da sie sich rasch ausbreiten und die Grasnarbe stark beeinträchtigen. Wer keinen Wert auf eine Gänseblümchenwiese legt, muss die Rosetten sorgfältig ausstechen (auch → *Rasenpflege*).

Die Auslese besonders groß und reich blühender Gänseblümchen dürfte schon vor Jahrhunderten begonnen haben. Mit ihren oft pomponartigen, kräftig gefärbten Blüten erinnern die modernen Züchtungen allerdings nur noch entfernt an die bescheidene Wildform. Anders als diese sind sie nur zweijährig bzw. lassen bei mehrjähriger Kultur in der Wuchs- und Blühfreude stark nach.
Merkmale: Zweijährige Sommerblume, kompakt mit flacher Blattrosette, 10 – 20 cm hoch; längliche bis spatelförmige Blätter; an kurzen Stängeln zahlreiche Blütenkörbchen mit bis zu 7 cm Ø, meist dicht gefüllt, weiß, rosa oder rot, teils mit goldgelber Mitte.
Blütezeit: April – Juni
Verwendung: In kleinen Gruppen für Beete und Rabatten, als Einfassung; in Balkonkästen und Schalen; schön in Kombination mit Frühjahrszwiebelblumen und Vergissmeinnicht.
Standort: Nährstoffreicher, nicht zu trockener Boden.
Kultur: Ab Mitte Juni bis Mitte Juli ins Frühbeet oder ins Freie säen, schatti-

Gänseblümchen (Bellis perennis)

ge Stelle wählen oder später für Beschattung sorgen, Samen nur andrücken oder leicht abdecken; stets gut feucht halten. Im August/September an vorgesehene Stelle pflanzen und über Winter mit Fichtenreisig schützen oder für Frühjahrspflanzung zunächst in Töpfe setzen; Pflanzabstand 15 – 20 cm.
Pflege: Gleichmäßig feucht halten, Verblühtes entfernen; auf nährstoffarmem Boden ab Frühjahr mehrmals mit schwach dosiertem Volldünger versorgen.

Gänseblümchen, Blaues
BRACHYSCOME IBERIDIFOLIA

Auch Kurzschopf genannt. Aus Südaustralien stammt dieser Korbblütler, der seinem deutschen Namen zum Trotz eher an Margeriten oder Astern erinnert. Die Benennung als Gänseblümchen hat sich als Übersetzung des englischen „Blue Daisy" eingebürgert. Unter dieser Bezeichnung wurde vor wenigen Jahrzehnten die eng verwandte Art *B. multifida* bei uns eingeführt. Sie blüht noch reicher als *B. iberidifolia,* hat hängende Triebe und findet in erster Linie Verwendung als Ampel- und Balkonpflanze. *B. multifida* ist mehrjährig und kann an einem kühlen, hellen Platz überwintert werden.
Merkmale: Einjährige Sommerblume, aufrecht, stark verästelt, um 30 cm hoch; fein gefiederte Blätter; margeritenähnliche Blüten mit ca. 4 cm Ø, blau, rosa, violett oder weiß.
Blütezeit: Juni – September
Verwendung: In Gruppen auf Beeten und in Rabatten, im Steingarten; für Kübel und Balkonkästen.
Standort: Durchlässiger, mäßig nährstoffreicher Boden.
Kultur: Anzucht im März/April, hohe Keimtemperaturen (20 – 22° C) nötig, frühzeitig pikieren und nach Mitte Mai mit 15 – 20 cm Abstand auspflanzen.
Pflege: Gleichmäßig feucht, aber nicht zu nass halten; Verblühtes regelmäßig entfernen.

Gänseblümchen, Spanisches
Weiß bis rosa blühende Balkon- und Ampelpflanze
→ *Feinstrahl*

Gänsefuß
CHENOPODIUM

Die namensgebende Gattung der Familie der → *Gänsefußgewächse.* Die Gänsefußarten werden als Unkräuter eingestuft, wobei der Weiße Gänsefuß (*C. album*), auch Melde genannt, am häufigsten vorkommt. Die länglich ovalen, gezähnten bis gebuchteten Blätter der einjährigen Pflanze sehen anfangs wie mit Mehl bestäubt aus. Später sind sie meist blaugrün. Der Weiße Gänsefuß wächst je nach Standort recht unterschiedlich, wird 20 – 200 cm hoch und hat einen kantigen, meist von Grund an verzweigten Stängel. Von Juni bis September erscheinen die kleinen, grünlichen Blütenknäuel, aus denen pro Pflanze etwa 3000 Samen entstehen.

Sofern man die Pflanzen rechtzeitig jätet, ist der Gänsefuß ein unproblematisches Begleitkraut, das zudem bei guter Wuchsentwicklung als Zeigerpflanze für einen lockeren, humosen Boden dient. Seine jungen Blätter können als Wildgemüse zubereitet werden, schmackhafter und ergiebiger ist hingegen der → *Gute Heinrich,* auch als Dorfgänsefuß bekannt.

Weißer Gänsefuß (Chenopodium album)

Blaues Gänseblümchen (Brachyscome iberidifolia)

Gänsefußgewächse
Mit wissenschaftlichem Namen *Chenopodiaceae*; zu dieser Familie gehören mehrere Nutzpflanzen, im Ackerbau die Zucker- und Futterrübe, im Garten Spinat, Mangold und Rote Bete. Die Gänsefußgewächse sind selbstunverträglich, man sollte sie nicht kurz hintereinander auf demselben Beet anbauen (auch → *Fruchtwechsel*). Weitere Gänsefußgewächse kommen als Unkräuter vor, so der namensgebende → *Gänsefuß* und die sehr ähnlichen Melden, die sich fast nur in Blütendetails unterscheiden. Es handelt sich oft um typische Begleiter von Hackfrüchten wie z. B. Kartoffeln.

Gänsekraut
Anderer Name für die → *Gänsekresse*

GÄNSEKRESSE

Gänsekresse (Arabis caucasia)

Gänsekresse
ARABIS CAUCASIA
☼ ☺

Vom östlichen Mittelmeergebiet bis zum Kaukasus kommt dieser rasenartig wachsende Kreuzblütler wild zwischen Felsen und Steinen vor. Seine Genügsamkeit bewahrt er sich auch bei Gartenpflanzung, wo er selbst karge Stellen mit einem attraktiven Blatt- und Blütenteppich überzieht.
Merkmale: Wintergrüne Polsterstaude, 10 – 20 cm hoch, Ausläufer bildend; Blattrosetten mit spatelförmigen, graugrünen Blättern; zahlreiche kleine weiße Blüten, Sorten auch rosa oder blassgelb; Sorte 'Plena' weiß und dicht gefüllt.
Blütezeit: April – Mai
Verwendung: Einzeln oder in Gruppen auf Rabatten, im Steingarten, als Einfassung oder Bodendecker, für Dachbegrünung.
Standort: Warm; durchlässiger, trockener bis frischer Boden, der auch steinig und nährstoffarm sein kann.
Pflanzen/Vermehren: Pflanzung im Herbst oder Frühjahr; Vermehrung durch Abtrennen junger Ausläuferrosetten, durch Teilung oder Aussaat im Herbst bzw. zeitigen Frühjahr (Kaltkeimer).
Pflege: Anspruchslos; nach der Blüte um mindestens ein Drittel zurückschneiden.
Hinweis: Es gibt noch eine Reihe ähnlicher Arten, darunter die rosa blühende *A.* x *arendsii* und die immergrüne, weiß blühende Schaumkresse (*A. procurrens*).

Ganzrandig
Blattrand ohne Einschnitte oder Einkerbungen
   Auch → *Blatt*

Garbe
Anderer Name für → *Schafgarbe,* eine Gattung sonnenliebender Beetstauden

Gare
Günstiger Bodenzustand mit guter Struktur und Krümelung
   → *Bodengare*

Garnierung
Begriff aus dem Obstbau, der den Besatz von Ästen und Zweigen mit → *Fruchtholz* bzw. Blütenknospen bezeichnet. Ob ein Baum eine gute, gleichmäßige Garnierung mit Fruchtholz zeigt, hängt zwar viel vom Schnitt ab, ist zum Teil aber auch eine Sorteneigenschaft.

Gartenananas
Bezeichnung für großfrüchtige → *Erdbeeren*

Gartenaurikel
Reich und in kräftigen Farben blühende → *Primel* mit doldigem Blütenstand

Gartenbeleuchtung
Leuchten und Lampen im Garten können grundsätzlich drei verschiedene Funktionen haben:
  1) Als Hilfsmittel, um den Garten auch im Dunkeln sicher begehen zu können.
  2) Als Ausleuchtung, um Terrasse oder Gartensitzplatz auch nach Sonnenuntergang noch nutzen zu können.
  3) Als gestalterische Elemente, die abends für besondere Atmosphäre sorgen.

In die erste Kategorie fallen auch die automatischen Bewegungsmelder, die zum einen unerwünschte Besucher abschrecken sollen, zum andern den schnellen abendlichen Gang in den Garten bequem machen. Lampen, die an Gartenwegen, Treppen, Zugängen oder beim Geräteschuppen platziert sind, erweisen sich immer wieder als vorteilhaft und werden am besten schon bei der Neuanlage eines Gartens mit eingeplant – inklusive Überlegungen zum optimalen Anbringungsort der Schalter.

An einem Gartensitzplatz genügen, je nach Nutzung, oft flexible, nicht ortsfeste Lösungen wie Strahler auf Erdspießen. Einfache, für Atmosphäre sorgende Lichtquellen wie Windlichter, Fackeln, Lampions oder Petroleumlampen werden häufig ohnehin bevorzugt. Doch auch hier lernt man eine zusätzliche feste Lichtinstallation meist zu schätzen.

Zweckleuchten zum sicheren Begehen und abendlichen Sitzen haben freilich auch einen Gestaltungsaspekt, da die Lampen tagsüber nicht wie Fremdkörper wirken sollten. Die Abstimmung der Formen und Farben der Lampen ist im Einzelnen Geschmackssache, will aber gut überlegt sein. Ebenso die Frage, ob auffällige Ständerleuchten bevorzugt werden oder eventuell niedrige Kugelleuchten genügen, um z. B. einen Weg oder Treppenaufgang zu erhellen.

Wirkungsvoller Einsatz
Wo es vorrangig um Lichteffekte geht, empfiehlt es sich, diese nur punktuell oder kleinräumig einzusetzen, denn erst im Wechselspiel mit Dunkelzonen entfaltet die Beleuchtung ihre Wirkung. Im abendlichen Lichtkegel treten vor allem Strukturen stark hervor. Von daher sind z. B. größere Ziergräser, Blattschmuckpflanzen oder Sträucher mit interessantem Habitus lohnende Objekte für das Ausleuchten. Auch Pflanzen mit großen weißen Blüten bzw. Blütenständen kommen im Licht recht gut zur Geltung. Für besonders schöne Impressionen sorgen angestrahlte Wassermotive, vom Gartenteich, für den der Fachhandel u. a. Schwimmleuchten anbietet, bis zu kleinen Quellen, Sprudeln oder Springbrunnen. Nicht zuletzt lässt sich auch im winterlichen, schneebedeckten Garten mit Leuchten ein bezauberndes Bild schaffen.

Hinweise zu Sicherheit und Technik
Die verwendeten Leuchten müssen selbstverständlich für den Außenbereich geeignet sein und ebenso wie Anschlüsse und Leitungen den besonderen Anforderungen (z. B. Feuchteunempfindlichkeit) genügen, auch → *Elektroinstallationen*. Risiken lassen sich durch Gartenleuchten vermeiden, die mit Niederspannung betrieben werden, wofür ein Transformator zum Wandeln der Netzspannung nötig ist. Zunehmend findet man auch Lampen, die mit Solarenergie arbeiten. Das reicht je nach benötigter Leistung von Modellen mit integrierten Solarzellen bis zu einer kleinen Photovoltaikanlage, die die komplette Gartenbeleuchtung versorgt.

Schließlich sollte man genau überlegen, welche Beleuchtungsstärken gebraucht werden. Kräftige Strahler und sehr helle Lampen sind für die meisten Zwecke nicht erforderlich, beeinträchtigen eher die abendliche Gartenstimmung und können unangenehm blenden. Es empfiehlt sich, auch an die Nachbarn zu denken; auffällige allabendliche oder nächtliche Lichtspiele findet nicht jeder angenehm.

Gartenboden
Steht allgemein für einen schon länger in Kultur befindlichen Boden, der durch häufige Bearbeitung und Bodenpflege in der oberen Schicht gut gelockert und humusreich ist. Die teils schon seit Jahrhunderten gartenbaulich genutzten Böden, z. B. in alten Klostergärten, haben einen bis 80 cm tief reichen, humosen A-Horizont (Oberboden). Solche Böden werden in der Bodenkunde als Hortisole bezeichnet.

Auch → *Boden,* → *Bodentyp*

Gartenchrysantheme
Bezeichnung für die mehrjährigen, bis zum Herbst prächtig blühenden → *Chrysanthemen*

Gartengeräte
Gartengeräte kommen hauptsächlich als „muskelbetriebene" Handgeräte zum Einsatz. Neben den üblichen Geräten mit langem Stiel sind verschiedene kurzstielige Kleingeräte vorteilhaft, z. B. eine Handhacke zum gezielten Arbeiten zwischen empfindlichen Jungpflanzen. Beim Kauf lohnt es sich, auf Qualität und gute Verarbeitung zu achten, da die Geräte oft starker Beanspruchung und die meiste Zeit über Feuchtigkeit ausgesetzt sind. Metallteile sollten aus einem Stück geschmiedet, die Holzstiele auswechselbar sein. Nach Möglichkeit achtet man darauf, die Stiellängen passend zur Körpergröße zu wählen. Praktisch sind so genannte Systemgeräte mit auswechselbaren Werkzeugen, für die man nur einen Stiel braucht.

Motorbetrieb hat in erster Linie bei Rasenmäher und Heckenschere Bedeutung, außerdem bei → *Häckslern* zum Zerkleinern von Gehölzschnitt. Motorhacken und -fräsen erleichtern das Bearbeiten großer Flächen, werden aber selten Jahr für Jahr benötigt. Bei gelegentlichem Bedarf kann man sie mancherorts im Garten-, Land- oder Maschinenhandel gegen Gebühr ausleihen. Dasselbe gilt für Vertikutierer zum Entfilzen von Rasenflächen. Wenn man mehrere große

Eine Gartenbeleuchtung sorgt für Sicherheit im Dunkeln und kann zudem Atmosphäre schaffen.

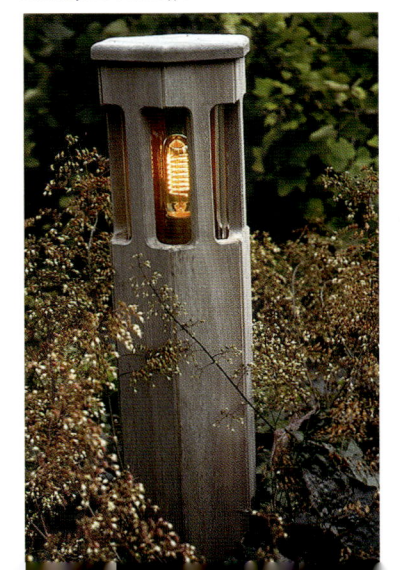

GARTENGERÄTE

Obstbäume zu pflegen und schneiden hat, kann die Anschaffung von Astsägen und -scheren mit Elektromotor sinnvoll sein. Neben Benzin- und Elektromotoren sorgen vereinzelt auch Solarzellen für den Antrieb, z. B. bei Rasenmähern.

Bei der Auswahl von Motorgeräten ist neben der Qualität und Stabilität der Funktionsteile auch die einfache, praxisnahe Bedienung (z. B. Anwerfen des Motors, Umschalten zwischen verschiedenen Arbeitsstärken, Abschaltautomatik) ein wichtiges Kriterium. Ganz besonderes Augenmerk muss man auf die Betriebssicherheit legen. Spezielle Sicherheitssiegel können hier als Orientierung dienen, außerdem Vergleichstests in Garten- und Verbraucherzeitschriften. Weiterhin sollte man auf Geräte mit möglichst geringer Lärm- und Abgasentwicklung achten.

Nachfolgend werden die geläufigsten Gartengeräte im Sinne einer erweiterten Grundausstattung kurz vorgestellt; die wichtigsten Gerätegruppen sind zudem jeweils unter einem eigenen Stichwort behandelt.

Geräte für Boden- und Erdarbeiten
- Grundausstattung: Spaten, Grabegabel, Schaufel (→ *Bodenbearbeitungsgeräte*)
- erweiterte Ausstattung: Mist- oder Kompostgabel (Forke) mit langen gebogenen Zinken zum Auf- und Umsetzen sowie Verteilen von Kompost, Aufnehmen von Laub und Wiesenschnitt

Geräte zur Bodenlockerung und -pflege sowie Unkrautbekämpfung
- Grundausstattung: verschiedene Hacken, Kultivator (Grubber), Rechen, auch Harke genannt (am besten in zwei verschiedenen Breiten)
- Erweiterte Ausstattung: Sauzahn, Sternfräse bzw. Gartenwiesel, Krail, Handhacke, -grubber und -rechen mit kurzem Stiel

Auch → *Bodenbearbeitungsgeräte*

Pflanzhilfen
- Grundausstattung: Pflanzschaufel (kleine Handschaufel), Markierschnur an zwei Pflöcken (für Saat- und Pflanzreihen, Beetanlage)
- erweiterte Ausstattung: Blumenzwiebelpflanzer, Pflanzholz, Pikierholz, Pflanzetiketten (beschriftbare Stecketiketten)

Schnittwerkzeug
- Grundausstattung: mehrere Gartenscheren und Gartenmesser, Baumsäge mit verstellbarem Sägeblatt, Hand- oder Elektroheckenschere
- erweiterte Ausstattung: Astschere mit langen Bügeln, große Astsägen

Bewässerungszubehör
- Grundausstattung: Gießkannen in verschiedenen Größen; Schläuche mit unterschiedlichen Aufsätzen
- erweiterte Ausstattung: Schlauchwagen, → *Regner*

Auch → PRAXIS-SEITE Bewässerungsmethoden und -technik (S. 108/109), → *Gartenschlauch*

Geräte zur Rasenpflege
- Rasenmäher, am besten mit Grasfangkorb

Wichtige Gartengeräte und nützliches Zubehör: (1) Spaten, (2) Grabegabel, (3) Grubber (Kultivator), (4) Rechen, (5) Fächerbesen, (6) Ziehhacke, (7) Schlaghacke, (8) Krail, (9) Sauzahn, (10) Gießkannen, (11) Eimer und Körbe, (12) Baumsäge, (13) Pflanzschaufel, (14) Gartenschere, (15) Astschere, (16) Sackkarre, (17) Schubkarre, (18) Schlauchwagen, (19) Rasenmäher

- Fächerbesen zum Abrechen von Grasschnitt und Laub
- Kantenschneider zum Nachschneiden der Ecken und Ränder
- für Wiesen Sense, Elektrosense (auch einsetzbar für Rasenränder)

Auch → *Rasenpflegegeräte*

Transporthilfen
- Grundausstattung: möglichst stabile, aber leichte Schubkarre mit genügend langen Holmen, Eimer (robust: Baueimer) und Körbe
- erweiterte Ausstattung: Sackkarre (z. B. für Dünger- und Rindenmulchsäcke, Transport von Kübelpflanzen), Traggurte, Bauwannen

Sonstiges nützliches Zubehör
- Spritzgerät (Gartenspritze), oft als 5-Liter-Rückenspritze sinnvoll
- Steh- und Anlegeleiter für Gehölz- und Kletterpflanzenpflege, für den Außenbereich geeignet, stabil, standfest und einfach aufstellbar
- Kompostdurchwurfsieb
- Kleinzubehör: Gartenschnur, Bindedraht, Unkrautstecher, robuste Gartenhandschuhe

Der Fachhandel bietet daneben eine Vielzahl von Spezialgeräten an, z. B. Häufelgeräte zum Anhäufeln von Gemüse, vielerlei Spezialhacken, Obstpflücker oder Laubsauger. Der tatsächliche Bedarf an solchen Hilfen sollte gründlich erwogen werden.

Eine regelmäßige Gerätepflege verlängert die Haltbarkeit der nicht ganz billigen Utensilien und erhält die Funktionsfähigkeit aufrecht. Im Spätherbst, zum Ende der Gartensaison, werden die Geräte mit Bürste, Lappen und Wasser von anhaftenden Erdresten befreit, dann trocknet man die Metallteile ab und fettet sie ein (z. B. mit Pflanzenöl). Flugrost lässt sich mit einer Drahtbürste, notfalls mit Rostentferner entfernen. Schnittwerkzeuge sollte man regelmäßig schärfen und stumpfe Klingen oder Sägeblätter austauschen, Motorgeräte jährlich warten (z. B. Ölwechsel, Zündkerzenreinigung) und gründlich von Erd- und Pflanzenresten säubern; bei Motorgeräten und teils auch Schnittwerkzeugen ist die regelmäßige Wartung und Inspektion durch Fachbetriebe empfehlenswert.

Die Aufbewahrung in einem trockenen Schuppen oder Gartenhaus verlängert die Lebensdauer der Geräte. Wandhalterungen, Hakenleisten und Geräteständer sorgen nicht nur für ordentliche, Platz sparende Unterbringung, sondern vermeiden auch Unfallgefahren, wie sie durch herumliegende Geräte mit spitzen oder scharfen Metallteilen entstehen.

Gartengestaltung

Als anspruchsvolle Gartenkunst und -architektur hat die Gartengestaltung eine lange Tradition, die bis ins alte Ägypten und Persien zurückreicht. Die Villen- und Stadthausgärten der Antike, die mittelalterlichen Klostergärten, die prächtigen Renaissanceanlagen, die eindrucksvollen formalen Barockgärten und schließlich die auf Natürlichkeit setzenden englischen Landschaftsgärten – all diese historischen Vorbilder haben ihre Spuren hinterlassen und Elemente zur modernen Gartengestaltung beigesteuert.

Die verschiedenen Epochen der Gartenkunst sind nicht nur durch sehr unterschiedliche Geschmäcker gekennzeichnet, sondern demonstrieren immer auch einen Wandel des vorherrschenden Naturverständnisses; häufig waren Maler, Künstler und Dichter maßgeblich an der Herausbildung neuer Stile beteiligt.

Neben den oft hochtheoretisch untermauerten Epochenstilen, die hauptsächlich von Adligen und vermögenden Zeitgenossen umgesetzt wurden, spielen aber auch die historischen Gärten der einfachen Leute eine wichtige Rolle. Eher pragmatisch und dennoch – häufig auf engem Raum – reizvoll angelegt, haben sie ebenfalls bis heute Auswirkungen auf die Gestaltung von Hausgärten; so etwa der bürgerliche Stadtgarten früherer Zeiten, der klassische → *Bauerngarten* und der englische → *Cottagegarten*.

Schließlich entstammen wichtige Gestaltungsimpulse auch der hoch entwickelten Gartenkunst Japans und Chinas, der eine jahrtausendealte Tradition zugrunde liegt. Der Einfluss reicht von der Verwendung typischer Stilelemente, z. B. Bambus, Bonsai und Kiesbeet, bis zum Orientieren an der chinesischen Gestaltungslehre Feng Shui.

Gestaltung im eigenen Garten

Bei Neuanlage eines Gartens ist die Gestaltung eng mit der → *Gartenplanung* verbunden und stellt dabei die ästhetische Komponente dar. Doch auch im bereits bestehenden Garten wird man beim Anlegen neuer Pflanzungen und Bereiche gestalterisch tätig. Tatsächlich ist die Gartengestaltung häufig keine einmalige Angelegenheit, sondern ein langjähriger Prozess. Gerade wenn man den eigenen Garten ohne professionelle Hilfe anlegt, empfiehlt es sich, zunächst nur die nötige Grundstruktur zu schaffen und diese allmählich weiterzuentwickeln. Die Gestaltung wächst dann gewissermaßen mit dem Garten, ebenso das eigene Gespür für Pflanzenkombinationen und optische Zusammenhänge. Man kann aus Zeitschriften oder Büchern zu diesem Thema viel lernen, ebenso durch genaues Betrachten gelungener Gärten. Das Heranziehen versierter Gartenarchitekten erleichtert einem jedoch vieles, besonders wenn es um problematische Gartenstandorte und -bereiche geht.

Der Rahmen für die Gartengestaltung wird vorgegeben durch
- die Gegebenheiten des Grundstücks, also Größe, Zuschnitt, Lichtverhältnisse und andere Standortfaktoren (auch → *Gartenplanung*);
- die eigenen Anforderungen und Bedürfnisse, etwa ob ein Nutzgartenteil oder eine große Rasenfläche vorgesehen sind, ein großer Sitzplatz oder ein Teich gewünscht wird.

Zu den eigenen Wünschen zählen im Grunde auch die Lieblingspflanzen, die man auf jeden Fall in seinem Garten sehen möchte. Besonders wenn es sich dabei um größere Gehölze handelt, stellen sie wichtige Ausgangs- und Eckpunkte der Gestaltung dar. Dasselbe gilt für bereits vorhandene Bäume oder große Sträucher, die erhalten bleiben sollen.

Gartengestaltung

Formaler Garten

Moderner Garten

Naturnaher Garten

Schattengarten

Grundsätzliche Überlegungen

Nach Klären der Rahmenbedingungen stellen sich einige gestalterische Grundfragen und -erfordernisse:

■ Einfriedung und Baumbestand: Art und Höhe der Grundstückseinfassung (für die es teils örtliche/kommunale Richtlinien gibt) prägen stark die Gesamtwirkung. Eine niedrige oder lockere, optisch durchlässige Umgrenzung oder gar der völlige Verzicht darauf vermittelt selbst bei kleinem Grundstück den Anschein von Offenheit und Weite. Wo dagegen hohe Hecken, Mauern oder Zäune gewünscht bzw. nötig sind, stellt sich ein Eindruck von Intimität, aber leicht auch von Enge ein. In Bezug auf Bepflanzungsdichte, hochwüchsige Sträucher und optisch dominierende Elemente (z. B. kräftig bunte Staudenbeete) ist hier mehr Fingerspitzengefühl geboten, damit das Ganze nicht beengend oder gar erdrückend wirkt. Ähnliches bringt die Entscheidung für große Bäume mit sich: Sofern man nicht gerade über ein parkähnliches Grundstück verfügt, verlangt die restliche Bepflanzung etwas Zurückhaltung.

■ Bezug zu Umgebung und Haus: Bei offenen Gärten, besonders im ländlichen Bereich, bestimmt die umgebende Landschaft das Gartenbild mit. Es ist vorteilhaft, wenn die Gestaltung dies berücksichtigt und typische regionale Elemente sowie Pflanzen mit einbezieht. Die Umgebung kann außerdem durch die Bepflanzung der Nachbargärten geprägt sein; auch hier ist eine gewisse Abstimmung der eigenen Gestaltung empfehlenswert. Im von hohen Hecken oder Mauern umschlossenen Garten sind solche Gesichtspunkte zu vernachlässigen. Hier rücken viel stärker Stil und Farbe des Hauses oder sogar der Inneneinrichtung in den Vordergrund, so dass die Gartengestaltung im optimalen Fall darauf Bezug nimmt.

■ Gartenstil und Farbgebung: Für eine stimmige Gestaltung ist eine Grundlinie hilfreich. Das können klassische Stile wie der formale Garten mit strenger Gliederung, geometrischen Formen und gerade Linien sein. Dessen Grundprinzipien finden sich in gewisser Weise auch im Bauerngarten wieder. Andere „Stilvorlagen" sind z. B. der romantische Garten mit eher weichen Formen und Linien, der wildnishafte Naturgarten, der bunte Blumen- und Staudengarten, der Cottagegarten, der ländliche Zier- und Nutzgarten, der japanische Garten. Dabei muss man freilich die Gestaltung nicht bis ins Detail an solchen Vorbildern ausrichten; größere Gartenteile können zudem in verschieden Stilrichtungen gehalten werden. Eine bewusst gewählte Farblinie (→ *Farbgestaltung*) unterstützt die harmonische Wirkung und erleichtert auch das Einbinden von an sich stilfremden Elementen.

■ Jahreszeitenwirkung: Die Pflanzenzusammenstellung sollte unbedingt so erfolgen, dass sie nicht nur im Frühjahr und Sommer etwas fürs Auge zu bieten hat. Dies ist im Rahmen der Grundplanung besonders bei den strukturbildenden Gehölzen zu berücksichtigen, indem man Arten mit schöner Herbstfärbung, Fruchtschmuck, attraktiver Rinde und immergrünem Laub hinzunimmt. Immergrüne sollten jedoch nicht im Übermaß eingesetzt werden, da sie den Garten dann leicht etwas düster und eintönig wirken lassen.

Strukturen und Räume

Obgleich die → *Farbgestaltung* wesentlichen Anteil an der Gartengestaltung hat, steht zunächst die Frage nach Strukturen und Formen im Vordergrund. Sie werden in erster Linie durch Gehölze geschaffen: Sträucher, Bäume und Hecken gliedern den Garten, daneben Baulichkeiten wie Mauern, Lauben oder Pergolen. Sie lenken oder bremsen das Auge, schaffen Blicklinien, Perspektiven und Räume im Garten.

Demgegenüber stehen die Flächen, wie Beete, Rabatten und – als optisch ausgleichendes, oft im Mittelpunkt stehendes Element – der Rasen. Ihre Anordnung, Größen und Umrisse bestimmen ebenfalls die Struktur mit, können den Garten z. B. gestückelt oder großzügig erscheinen lassen. Ebenso haben befestigte Flächen gestalterische Bedeutung, können beispielsweise als gepflastertes Rondell am Sitzplatz sogar zentrale Funktion einnehmen. Die Gesamtwirkung lässt sich zudem mit Wegen bzw. der Wegeführung beeinflussen. So betonen etwa schnurgerade Wege die Sichtachse, verhelfen zu klarer Gliederung und unterstützen bei ausgedehnter Fläche den Eindruck von Großzügigkeit. In kleinen Gärten dagegen führen sie leicht zur optischen Verengung und zum Zerschneiden der Fläche. Hier bieten sich eher versetzt und geschwungen geführte Wege an, die den Garten etwas größer erscheinen lassen.

Für all diese Gesichtspunkte und Strukturelemente gibt es eine Vielzahl von Variationen, zu ihrem Zusammenwirken und Einsatz zahlreiche Erkenntnisse und Detailregeln. Hierunter findet man jedoch nicht selten widersprüchliche Angaben, da dies im Einzelnen stark von der jeweiligen Gartengröße und -form abhängt oder auch von der Geländeneigung und Umgebung. Für den Einstieg ist es zunächst einmal wichtig, sich der strukturbildenden Elemente bewusst zu sein, auf Höhen, Staffelungen, Linien und Formen, Perspektiven und Sichtachsen zu achten. Dabei erweist es sich bei wenig Gartenerfahrung oft als schwierig, die spätere Gehölzentwicklung abzuschätzen und eine räumliche Vorstellung zu entwickeln.

Hier können dreidimensionale Modelle aus Pappe, teils als Beigabe zu Gartenbüchern angeboten, oder auch Computersimulationen hilfreich sein.

Schließlich noch drei wesentliche Punkte grundsätzlicher Art:

1) Das Auge strebt nach einer gewissen optischen Ordnung; diese wird jedoch schnell langweilig, wenn sie keine Ergänzung durch Kontraste und herausragende Blickpunkte erfährt.

2) Vorteilhaft ist ein gezielter Wechsel zwischen ruhigen, ausgleichenden und belebten, spannungsreichen Zonen (z. B. dunkelgrüne Koniferengruppe – kontrastreich bepflanztes Staudenbeet).

3) Stets sollten die Proportionen beachtet werden, sowohl zwischen den gewählten Pflanzen und sonstigen Gestaltungselementen als auch im Bezug zur Gartengröße. Ein kleiner Garten wirkt z. B. mit ausladenden Gehölzen oder einer ausgedehnten Teichfläche schnell überfrachtet; schmale, mit niedrigen Blumen bepflanzte Rabatten am Rand einer großen Rasenfläche kommen kaum zur Geltung.

Gartenhaus

In Form eines schlichten Holzverschlags oder -schuppens, teils auch gemauert, dient das Gartenhaus seit jeher zum Aufbewahren von Geräten und Werkzeug. Doch ebenso wie die Verwendung als Gerätehaus hat auch die Nutzung als geschützter Aufenthaltsort eine jahrhundertealte Tradition. Schon im Mittelalter schätzte man zum Sitzen oder Feiern feste Gartenhäuser, die besser vor Wind und Wetter bewahrten als die nach allen Seiten offenen Lauben.

Die **Gartenlaube** trägt ihre ursprüngliche Beschaffenheit im Namen: Am Anfang handelte es sich um einen nur aus Pflanzen geschaffenen Schutzraum, bei dem die Blätter von Weinreben und anderen Kletterpflanzen in erster Linie für Sonnenschutz sorgten – ähnlich einer überwucherten Pergola. Später kam eine Überdachung aus Holz, Metall oder Schindeln hinzu, die aufrechten Stützen und Streben wurden teils sehr kunstvoll getischlert oder geschmiedet. Heute verwendet man den Begriff Laube oft gleichbedeutend mit dem im Umriss sechs- bis zwölfeckigen oder runden **Pavillon** samt Spitzdach.

Einfache Ausführungen sind nach einer Seite ganz, nach den restlichen halb offen; Luxusmodelle werden rundum verglast und mit allerlei aufwändigem Zubehör ausgestattet. Dazwischen gibt es die unterschiedlichsten Zwischen- bzw. Ausbaustufen. Ebenso verhält es sich bei den heutigen Gartenhäusern, die im Unterschied zu Laube oder Pavillon stets Viereckform aufweisen und ein Satteldach tragen. Meist werden sie als Bausätze oder kleine „Fertighäuser" angeboten, häufig in rustikaler Blockbohlenbauweise.

Ganz gleich, welche Form und Ausstattung gewählt wird – es empfiehlt sich, zuvor beim zuständigen Bauamt oder der Verwaltung nach Auflagen und Vorschriften zu fragen. Bei einfachen, kleineren Häusern oder Pavillons genügt meist eine Bauanzeige. Für größere Baulichkeiten, die zudem auf einem betonierten Fundament errichtet werden, sind jedoch Baugenehmigungen nötig, wobei die Kriterien kommunal unterschiedlich geregelt sind. Außerdem muss man die ortsüblichen Grenzabstände zum Nachbargrundstück beachten.

Für das Aufstellen ist zumindest ein Streifenfundament ratsam, auf dem die tragenden Teile verankert werden. Vor aufsteigender Feuchte, die auf Dauer das Holz zerstört, bewahrt ein wenigstens 20 – 30 cm starker Kiesunterbau, der mit Splitt aufgefüllt wird.

Gartenhortensie
→ *Hortensie* mit großen, kugeligen Blütenständen

Gartenjasmin
Anderer Name für den nach Jasmin duftenden → *Pfeifenstrauch*

Gartenkerbel
Leicht süßlich schmeckendes Küchenkraut
→ *Kerbel*

Gartenklima
Die klimatischen Verhältnisse innerhalb eines Gartengrundstücks. Sie werden nicht nur vom regionalen Großklima bestimmt, sondern auch von der Lage des Gartens, der Umbauung und Bepflanzung. In Maßen lässt sich das Gartenklima beeinflussen, z. B. durch Pflanzen von Hecken.
→ *Kleinklima*

Gartenkresse
Andere Bezeichnung für die einjährige, schnellwüchsige → *Kresse,* in Abgrenzung zur → *Brunnenkresse*

Gartenkrokus
Bezeichnung für großblumige Krokusse, im Gegensatz zu den botanischen Arten bzw. Wildarten
→ *Krokus*

Gartenkürbis
Im Vergleich zum Riesenkürbis kleinere, in zahlreichen Formen angebotene Art des → *Kürbisses*

Gartenlaube
→ *Gartenhaus*

Gartenmauer
→ *Mauer*

Gartenmelde
Die → *Melde,* meist nur als Unkraut angesehen, diente vor Einführung des Spinats als Gemüsepflanze. Es

Bevorzugte Elemente wie ein Kinderspielbereich kommen ganz nach oben auf die Wunschliste.

existieren noch heute essbare Kulturformen, die als Gartenmelden bezeichnet werden.

Gartenmesser
Gehört zur Grundausstattung an Gartengeräten; fast unentbehrlich bei vielerlei Arbeiten, z. B. Schnitt von Blumen, Gemüseernte, Entfernen unschöner Pflanzenteile, Nachschneiden von Sägewunden, Zuschneiden von Bindeschnur; sollte stets scharf sein. Im Grunde eignet sich jedes robuste Taschenmesser mit stabilem Holzgriff und möglichst rostfreier Klinge als Gartenmesser. Spezielle Garten- oder Gärtnermesser, auch Hippe genannt, haben eine gebogene Klinge, die den Schnitt holziger Teile erleichtert.
Auch → *Schnittwerkzeug*

Gartennelke
Ein- oder zweijährige Nelkenart mit duftenden, oft dicht gefüllten Blüten
→ *Nelke*

Gartenplanung
Eine sorgfältige Gartenplanung ist Voraussetzung bei jeder Gartenneuanlage oder auch beim völligen Umgestalten größerer Gartenbereiche. Man entwickelt dabei auf dem Papier ein Konzept, das die eigenen Vorstellungen und Wünsche mit den Gegebenheiten des Grundstücks und Aspekten der → *Gartengestaltung* in Einklang bringt. Die Gartenplanung erfordert ein gründliches Vorgehen und Berücksichtigen zahlreicher Details. Es sollte deshalb gut überlegt werden, ob man nicht einen Gartenarchitekten bzw. -gestalter hinzuzieht.

Lageplan und Bestandsaufnahme
Als Ausgangspunkt für Entwürfe dient ein Lageplan, in dem Größe und Umriss des Grundstücks sowie bereits vorhandene Baulichkeiten und Bepflanzungen maßstabsgerecht eingezeichnet werden; → PRAXIS-SEITE Vom Lageplan zum Entwurfsplan (S. 304/305).

Der erste Schritt besteht in einer Bestandsaufnahme des Grundstücks, deren Ergebnisse man so weit wie

GARTENPLANUNG

möglich im Lageplan bzw. einer Kopie davon festhält. Hierbei geht es zum einen um Grundstücksgrenzen, Bauten und eventuell vorhandenen Baumbestand; zum andern um die Lage des Gartens zur Himmelsrichtung und die Standortfaktoren, die die Eignung für bestimmte Bepflanzungen und Gartenbereiche bedingen:

■ Lichtverhältnisse: Diese sind abhängig von Himmelsrichtung, Bebauung (auch der Nachbargrundstücke) und vorhandener Bepflanzung. Die Verteilung sonniger und schattiger Bereiche entscheidet sehr stark über die mögliche Bepflanzung und Gestaltung. Berücksichtigen sollte man dabei auch den unterschiedlichen Sonneneinfall im Tages- wie im Jahreslauf.

■ Temperaturverhältnisse: Wird hauptsächlich vom regionalen und örtlichen Klima bestimmt, aber auch durch Bebauung, Lage des Grundstücks (z. B. geschützt zwischen Häusern oder exponiert in Ortsrandlage) oder Bepflanzung der Nachbargärten beeinflusst.

■ Bodenverhältnisse: Sollten durch eine → *Bodenuntersuchung* genau ermittelt werden. Wichtige Kriterien sind → *Bodenart*, Humus- und Nährstoffgehalt und → *Bodenreaktion* (pH-Wert). Der Bodenzustand ist derjenige Standortfaktor, der sich am stärksten verändern und verbessern lässt.

■ Geländeneigung und -verlauf: Hänge, Mulden oder Höhenunterschiede können bei der Bepflanzung Probleme bereiten und größere Erdarbeiten im Vorfeld erfordern. Sie bieten teils aber auch besondere Gestaltungsmöglichkeiten, z. B. durch Einbau von Treppen oder Steingartennutzung eines Hangs.

■ Windeinflüsse: Stark dem Wind ausgesetzte Stellen und Flächen sind meist ungünstige Pflanzenstandorte (kühl, schnelle Austrocknung, Gefahr

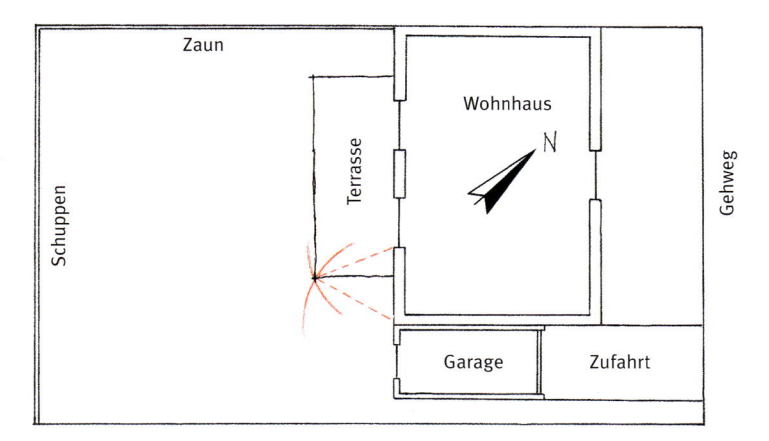

Einfacher Lageplan eines Grundstücks mit Grenzverlauf, Gebäuden und Nordpfeil zur Angabe der Himmelsrichtung. Die roten Linien zeigen eine Dreiecksmessung zum Ermitteln der Terrassenecke, ausgehend von zwei Fixpunkten am Haus.

Ein erster Grobentwurf mit Verteilung der bevorzugten Bereiche sowie der dafür benötigten „Infrastruktur" (Wege, Wasser- und Stromleitungen)

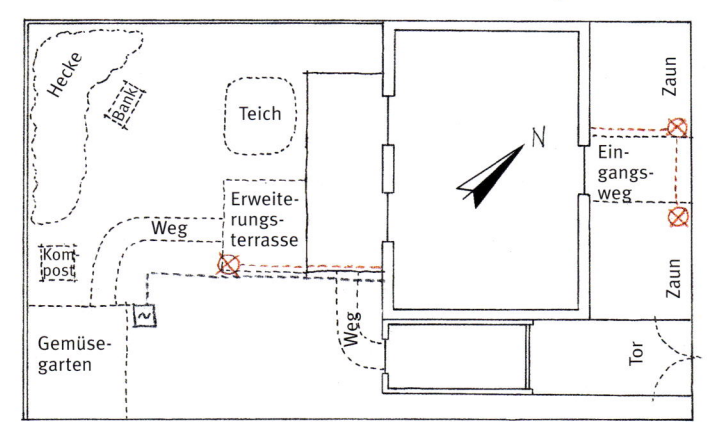

von Astbruch). Durch Einplanen von Schutzpflanzungen oder -wänden lässt sich der Windeinfluss verringern; dabei ist zu bedenken, dass solche Einrichtungen aber häufig auch stärkere Beschattung mit sich bringen.

Zu den Rahmenbedingungen, die man von Anfang an berücksichtigen sollte, gehören außerdem gesetzliche Vorgaben und Regelungen. Diese können folgende Aspekte betreffen:

■ Grenzabstände von Gehölzen, Hecken und Baulichkeiten zum Nachbargrundstück

■ Vorgaben zur Art der Einfriedung oder Zaunhöhe und ähnliche Gestaltungsleitlinien im Rahmen eines Bebauungs- oder Grünordnungsplans

■ erforderliche Bauanzeigen oder Baugenehmigungen für Baulichkeiten wie z. B. Mauern sowie Aufschüttungen und Abgrabungen

■ Rodungsverbot vorhandener Baumbestände durch eine → *Baumschutzverordnung*

■ Nötige Grundstücksabsicherung bei Teichanlage, da Grundbesitzer bei Unfällen haftbar sind.

Abgesehen vom letzten Punkt sind solche Regelungen auf Länder-, Kreis- oder Gemeindeebene festgelegt und fallen deshalb je nach Wohnort unterschiedlich aus. Man erkundigt sich am besten beim zuständigen Bauamt oder einer entsprechenden kommunalen Behörde.

Gartennutzung und -wünsche

Teich, Gemüse- und Kräutergarten, Obstbäume, bunte Staudenbeete, Lieblingsbäume und -sträucher, Spielflächen für die Kinder, Sitz- oder Grillplatz – bevorzugte Elemente und Bereiche dieser Art stellt man zunächst einmal in einer Wunschliste zusammen. Anschließend erfolgt die Prioritätensetzung nach Abgleich mit der Bestandsaufnahme.

Begrenzender Faktor ist neben der Grundstücksfläche häufig der Lichteinfall. Viele bevorzugte Gartenbereiche wie Rosen- und Prachtstaudenbeete, Teich und Gemüsebeet brauchen Sonne, auch eine stark genutzte Rasenfläche sollte nicht zu schattig liegen. Unbedingt zu berücksichtigen ist zudem der spätere Schattenwurf durch geplante Bäume, hohe Sträucher und Hecken.

Ein weiterer wichtiger Gesichtspunkt ist der Pflegeaufwand. Viel und regelmäßige Pflege verlangen Gemüsebeete, gefolgt von Sommerblumenbeeten, Zierrasen, Obstgehölzen und Prachtstaudenrabatten. Wenig Aufwand erfordern die meisten Ziergehölze, nicht allzu hochgezüchtete Stauden, ein gut angelegter Teich sowie naturnahe Pflanzungen.

Beim Planen der Bereiche sollte man auch bedenken, dass sich die Anforderungen mit der Zeit ändern können. Wenn z. B. die Kinder älter werden, ist die große Rasenfläche zum Spielen und Toben nicht mehr erforderlich. Es empfiehlt sich deshalb, schon bei der Erstplanung spätere Umgestaltungen, etwa eine Teichanlage, im Auge zu behalten.

Entwurfs- und Ausführungsplanung

Ausgehend von der Bestandsaufnahme und der vorsortierten Wunschliste spielt man mehrere verschiedene Vorentwürfe durch; → PRAXIS-SEITE Vom Lageplan zum Entwurfsplan (S. 304/305). Damit tritt die eigentliche Gestaltungsphase ein, wobei die Gesichtspunkte der → *Gartengestaltung* und → *Farbgestaltung* mit einbezogen werden.

Der Entwurf, für den man sich entscheidet, muss längst nicht bis in jedes Detail ausgearbeitet sein. Wie bei der → *Gartengestaltung (Gestaltung im eigenen Garten)* erwähnt, ist es bei Eigenplanung ohnehin günstiger, zunächst nur Grundstrukturen festzulegen und die Einzelbereiche nach und nach auszugestalten.

Ebenso empfiehlt es sich, die Pflanzung nicht zu dicht anzulegen. Es dauert dann zwar etwas länger, bis der neue Garten ansehnliche Wirkung entfaltet. Doch Gehölze, die sich nach wenigen Jahren gegenseitig bedrängen und später zum Teil gerodet werden müssen, sind eine Fehlinvestition. Der Pflanzplan sollte frühzeitig und sorgfältig erstellt werden, damit genügend Zeit bleibt, um eventuell auch seltenere Arten oder Sorten zu besorgen. Mit → *Containerpflanzen* ist es kein Problem, Pflanzungen fast zu jeder Jahreszeit vorzunehmen. Schon aus Kostengründen empfiehlt sich jedoch das Terminieren auf Frühjahr oder Herbst; dann kann preiswertere Pflanzware verwendet werden.

Wo kleine Kinder im Haus sind, sollte man beim Erstellen des Pflanzplans giftige Arten unbedingt vermeiden, am besten auch stark mit Dornen oder Stacheln bewehrte Gewächse.

Noch vor dem Pflanzplan kümmert man sich um alles, was entsprechenden Vorlauf braucht: Bodenuntersuchung, Bodenverbesserung, Beauftragung von Firmen für Bau- und Erdarbeiten sowie Elektro- und Wasserinstallationen. Es ist ratsam, dies alles in einem Ablauf- bzw. Ausführungsplan zu listen und dabei recht großzügig zu terminieren, da viele der anfallenden Arbeiten vom Wetter und dessen Launen abhängig sind.

Gartenranunkel

Nicht winterharte Knollenpflanze mit großen, dicht gefüllten, kugeligen Blüten
→ *Ranunkel*

Gartenrecht

Unter diesem Begriff werden gelegentlich → *Rechtsvorschriften* und Rechtsfälle zusammengefasst, die den Garten betreffen; auch → *Gartenplanung*, → *Grenzabstand*.

Früher verstand man unter Gartenrecht die Befugnis, kleine Flächen inmitten der Feldflur einzuzäunen und als Garten zu nutzen.

Gartensandrohr

CALAMAGROSTIS × ACUTIFLORA
☼–☁ ☺

Das ausdauernde Süßgras entstand als natürliche Kreuzung zweier heimischer Reitgrasarten und wurde im letzten Jahrhundert durch die Gärtnerei des berühmten Staudenexperten Karl Foerster verbreitet. Ihm zu Ehren ist auch die häufigste Sorte benannt. Das attraktive Gartensandrohr wirkt sehr schön mit hohen Stauden wie Phlox, Rittersporn oder Sonnenbraut und bereichert mit seiner Blatt- und Blütenverfärbung den herbstlichen Garten.

Gartensandrohr (Calamagrostis x acutiflora)

Merkmale: Staudengras, kompakter Horst, 60 – 100 cm hoch, zur Blüte bis 150 cm, keine Ausläufer bildend; straff aufrechte Halme mit schmal linealischen, grünen Blättern, rötlich gelbe Herbstfärbung; lange Blütenrispe, zur Blütezeit federartig ausgebreitet, im Herbst rötlich braun, noch im Winter zierend.
Blütezeit: Juli – August
Verwendung: Einzeln, zu wenigen oder in Gruppen; als Hintergrundgras in Staudenbeeten, im Heide- und Naturgarten, vor Gehölzen.
Standort: Nährstoffreicher, mäßig trockener bis frischer Boden.
Pflanzen/Vermehren: Pflanzung im Frühjahr oder Herbst; Vermehrung durch Teilen im Frühjahr.
Pflege: Anspruchslos; alte Blütentriebe im Frühjahr zurückschneiden.

Gartensauerampfer

Als Gemüse genutzte Kulturform des → *Sauerampfers*

Gartenschlauch

Gartenschläuche werden meist in Längen von 20 m oder 50 m angeboten, seltener in verschiedenen Zwischengrößen oder als Meterware mit beliebiger Länge nach Wunsch des Kundens. Zum Abschätzen der benötigten Längen sollte man beim Messen zwischen Zapf- bzw. Anschlussstelle und dem entferntesten Einsatzort stets genügend Zuschlag einberechnen. Üblich sind lichte Weiten (Durchmesser) von ½" (Zoll; entspricht 13 mm) und ¾" (entspricht 19 mm).

Die angebotenen Qualitäten sind sehr unterschiedlich, dementsprechend auch die Preise. Da die Schläuche durch Umlegen, Aufrollen, Ziehen usw. ständig strapaziert werden und fast das ganze Jahr über im Freien bleiben, ist höherwertiges Material sehr empfehlenswert. Billigschläuche, die ständig umknicken und verknoten, nach wenigen Jahren spröde werden oder gar aufplatzen, lohnen die Geldersparnis nicht. Wichtige Kriterien sind:

- UV-Beständigkeit des Materials
- Abriebfestigkeit
- Aushalten eines Berstdrucks von mindestens 20 bar
- Hohe Knickfestigkeit durch ein feinmaschiges Innengewebe, wobei Trikotgewebe für mehr Belastbarkeit sorgt als Kreuzgewebe.

Am sichersten fährt man mit Schläuchen, auf die die Hersteller eine Garantie von 10 bis 15 Jahren geben. Meist sind die Gartenschläuche aus PVC (Polyvinylchlorid) gefertigt. Sie sollten unbedingt cadmium- und bleifrei sein. Doch auch in diesem Fall ist das Material nicht ganz unbedenklich, da PVC erst durch große Mengen an Weichmachern biegsam und elastisch wird. Diese Stoffe gelten teils als giftig und können ins Wasser gelangen. Gartenschläuche eignen sich deshalb keinesfalls für eine Trinkwasserentnahme; Wasser, das mehrere Tage im Schlauch gestanden hat, sollte man zudem besser nicht zum Wässern des Gemüse- oder Kräuterbeets verwenden. Unter Umwelt- und Gesundheitsaspekten werden Gummischläuche, die es ebenfalls in hochwertiger Qualität gibt, als günstiger beurteilt.

Auch → PRAXIS-SEITE Bewässerungsmethoden und -technik (S. 108/109)

Gartenschere

Zählt zur unentbehrlichen Grundausstattung an Werkzeug, zum Schnitt von Gehölzen, Entfernen verwelkter Blütenstände, Rückschnitt von Stauden usw. Gartenscheren werden in einer Vielzahl von Modellen mit meist 19 – 22 cm Länge angeboten. Dabei unterscheidet man → *Ambossscheren* mit geraden Klingen und → *Schwalbenschwanzscheren* mit gebogenen Klingen. Einschneidige Scheren (Amboss- und manche Schwalbenschwanzscheren) ermöglichen ein Schneiden mit weniger Kraftaufwand, führen aber viel eher zu ungünstigen Rindenquetschungen als zweischneidige Ausführungen.

Für den normalen Bedarf reicht eine handliche, nicht allzu schwere Gartenmehrzweckschere, auch Rosenschere genannt und meist zweischneidig mit Schwalbenschwanzklingen; ähnlich ist die vielseitig einsetzbare Rebschere. Wo im größeren Umfang Gehölze zu schneiden sind, empfiehlt sich zusätzlich eine besonders stabile, kräftige Baumschere.

Es gibt für Rechts- wie Linkshänder ausgelegte Scheren sowie spezielle Linkshändermodelle. Besondere ergonomische Ausführungen schonen Hände und Handgelenke, z. B. Rollgriffe, Gummipufferauflagen oder abgewinkelte Schneidklingen. Empfehlenswert sind darüber hinaus Vorrichtungen wie ein Einhandverschluss, eine Saftrille sowie ein Anschlagdämpfer, die Qualitätsscheren üblicherweise aufweisen.

Vom Lageplan zum Entwurfsplan

Zeichnen des Lageplans

Als Grundlage für alle Entwürfe sollte der Lageplan möglichst exakt und wirklichkeitsgetreu angelegt werden. Für das Zeichnen braucht man Bögen im DIN-A3-Format, am besten Millimeterpapier. Der übliche Maßstab ist 1 : 100; für kleine Gärten und einzelne Gartenbereiche eignet sich der Maßstab 1 : 50, für die Feinplanung geht man mit 1 : 20 noch etwas „näher". Große Grundstücke erfasst man im Maßstab 1 : 200, sofern man nicht mit dem etwas unhandlichen DIN-A2-Format bzw. zusammengeklebten Bögen arbeiten möchte. Dieser kleinere Maßstab kann auch schnell nötig werden, wenn man das gesamte Grundstück mitsamt Vorgarten erfassen will. Solch ein Übersichtsplan ist als Ergänzung recht sinnvoll, um später die Gestaltung des Vorgartens an die des Hausgartens anzubinden. Die eigentliche Gartenplanung führt man dann im günstigeren Maßstab 1 : 100 durch. Dabei genügt es, den zum Garten gerichteten Teil des Hauses sowie alle Zugänge festzuhalten.

Der fertige Lageplan enthält alle Grenzen, Mauern, Zugänge, Bauten und vorhandenen Pflanzen, auch Details wie Schachtdeckel u. Ä. sowie Vermerke von Höhenunterschieden. Ein Nordpfeil markiert die für Lichteinfall und Windeinfluss entscheidende Lage zu den Himmelsrichtungen. Günstig ist es, auf einer Kopie bzw. Transparentpapier den Schattenwurf vorhandener Elemente durch eine Schraffur zu markieren. Sind besonders windige oder sehr feuchte Bereiche bekannt,

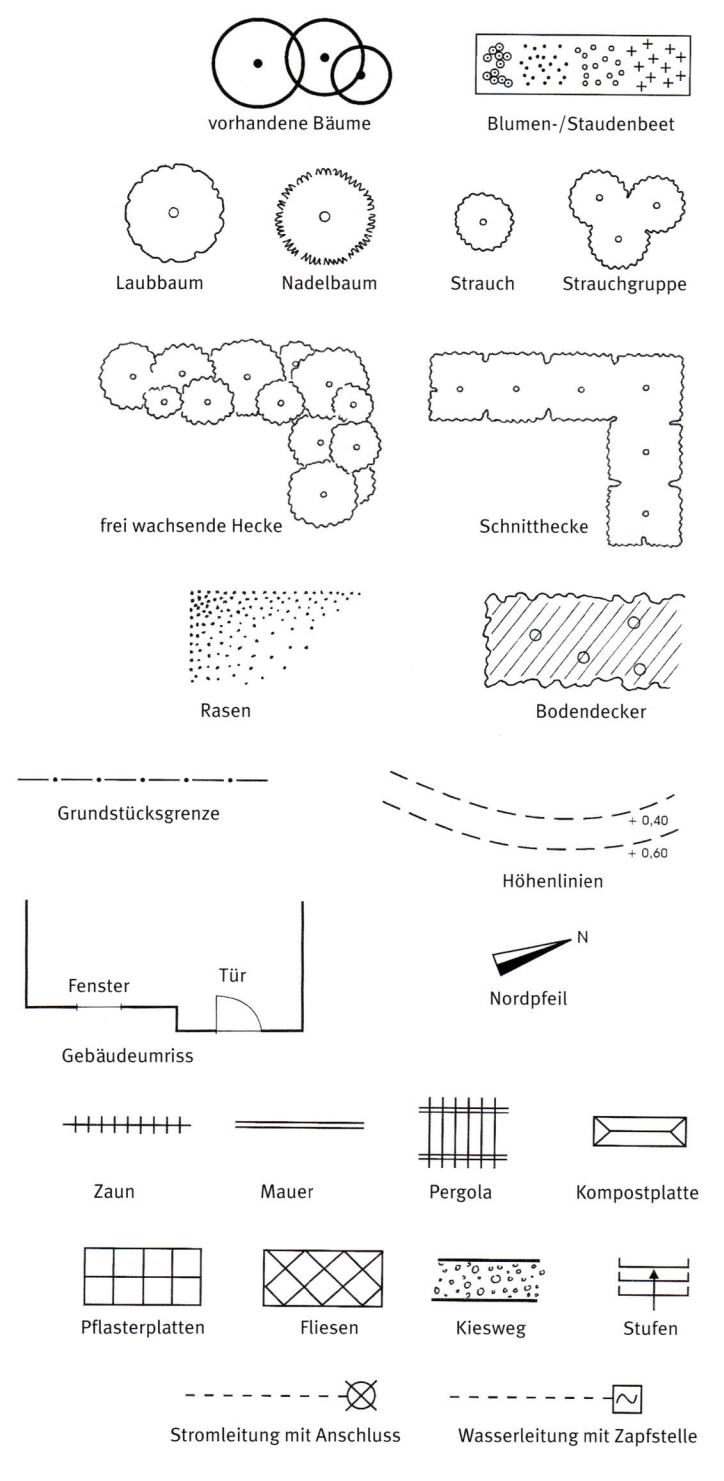

Grafische Symbole für Lage- und Entwurfsplan

MASSSTÄBE FÜR PLANZEICHNUNGEN

1 : 50	1 cm auf dem Papier entspricht 0,5 m im Gelände; ein DIN-A3-Bogen entspricht 14 x 19 m (266 m²).
1 : 100	1 cm auf dem Papier entspricht 1 m im Gelände; ein DIN-A3-Bogen entspricht 28 x 38 m (1064 m²).
1 : 200	1 cm auf dem Papier entspricht 2 m im Gelände; ein DIN-A3-Bogen entspricht 56 x 76 m (4256 m²).

so sollte man diese auch eintragen. Für das Einzeichnen der vorhandenen sowie später beim Entwurf der geplanten Elemente haben sich die nebenstehenden Symbole bewährt, die man nach Bedarf etwas variieren kann.

Ermitteln von Messpunkten und Strecken

Bei Neubauten existiert in der Regel ein zum Bauantrag gehörender Lageplan bzw. Vermessungsplan, von dem man die wichtigsten Maße übernehmen kann. Andernfalls bzw. zum Ermitteln von Objekten, die nicht im Lageplan des Architekten vermerkt sind, kommen lange Maßbänder mitsamt Pflöcken oder Latten zum Einsatz. Am besten arbeitet man zu zweit. Die Messungen sollten stets von klar definierten Fixpunkten ausgehen, etwa von den Hausecken oder Zaunpfosten an der Grundstücksgrenze. Die Dreiecksmessung (vgl. Abbildung) erleichtert exaktes Ausmessen von Einzelpunkten. Muss der Grundstücksumriss ermittelt werden, empfehlen sich möglichst viele Kontrollmessungen in gleichmäßigen Abständen quer, längs und diagonal über das Grundstück, da dieses in den seltensten Fällen exakte rechte Winkel aufweist.

Entwurfspläne entwickeln

Fertigen Sie für die Entwürfe genügend Kopien des Lageplans an. In der ersten Phase arbeiten Sie am besten mit Bleistift und Radiergummi. Die Entwürfe der engeren Wahl werden dann mittels Buntstiften anschaulich.

Für die Entwurfsentwicklung ist im Allgemeinen folgende Reihenfolge beim Planen bzw. Verteilen der Elemente zu empfehlen:

1) Terrasse und/oder befestigter Sitzplatz, Pergola sowie Wege, deren Bedarf und Verlauf von vornherein feststeht.

2) Einfriedung, also Hecken, Zäune, Mauern und Sichtschutzwände (bei Hecken Breite berücksichtigen)

3) Rasenfläche (vorläufiges Festlegen)

4) Bäume, große Sträucher und Gehölzgruppen (späteren Schattenwurf beachten)

5) Sonnenbedürftige Gartenbereiche, also z. B. Gemüsegarten, Steingarten, Teich, danach endgültiges Festlegen der Rasenfläche

6) Kompostplatz, Gartenhaus, eventuell Regenwasserzisterne

7) Haupt- und Nebenwege, Treppen

8) abrundende Bereiche und Pflanzungen, z. B. Rabatten, Wildstaudenbereiche, Gehölzvorpflanzung

Nachdem der Entwurf steht, wird schließlich auch der Verlauf von Wasser- und Elektroleitungen festgelegt.

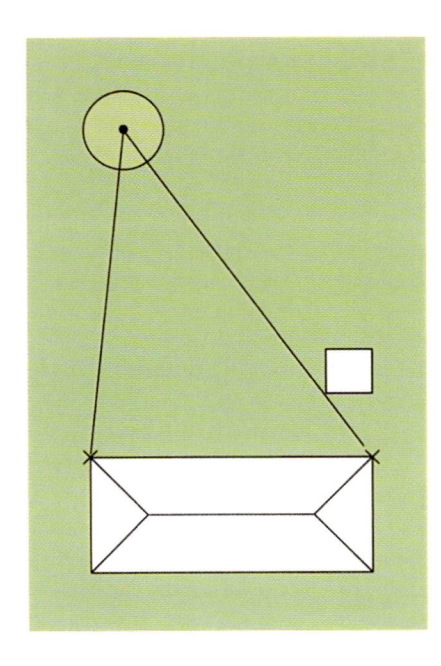

CHECKLISTE

Zubehör beim Zeichnen und Planen:
- DIN-A-3-Millimeterpapier
- Transparentpapier als Alternative zu Kopien
- Bleistift
- Buntstifte
- Radiergummi
- Lineal
- Geodreieck
- Zirkel
- selbst gefertigte Pappschablonen für verschiedene Flächen und Gehölzdurchmesser

1. *Dreiecksmessung im Gelände: Von zwei feststehenden Punkten, z. B. den Hausecken, wird die Entfernung zum Objekt (runder Kreis) gemessen. Die beiden Strecken überträgt man aufs Papier, indem man mit einem Zirkel von beiden Fixpunkten aus einen Kreis zieht. An der Schnittstelle der beiden Kreisbögen ergibt sich dann die genaue Position des Objekts.*

2. *Höhenmessung: Sobald sich die Querlatte im Wasser befindet, also exakt waagrecht steht, lässt sich an der senkrechten Latte der genaue Höhenunterschied ablesen. Bei bekannter Länge der Querlatte kann man dann das Gefälle, bezogen auf 1 m, berechnen.*

Gartensitzplatz

Hausferner Sitzplatz im Garten, als Alternative oder Ergänzung zu einer Terrasse. Die Möglichkeiten der Ausgestaltung reichen von einer schlichten Gartenbank, die mit Rosen oder anderen Sträuchern gesäumt ist, bis zum gepflasterten Grillplatz, an dem Feste gefeiert werden können. Bei zugleich vorhandener Terrasse bietet es sich an, den Zweitsitzplatz gezielt als Gegenpol anzulegen; etwa als ruhigen, beschatteten Rückzugsort, wenn die Terrasse sonnig liegt und als häufiger Aufenthaltsort für die ganze Familie dient.

Als Gartensitzplatz lässt sich schon eine bevorzugte Stelle definieren, z. B. unter einem Baum, an der des Öfteren die Liege ausgebreitet oder mit Klappmöbeln eine Essensrunde eingerichtet wird. Dafür bedarf es keines besonderen Aufwands. Bei häufiger Nutzung solcher Flecken leidet jedoch oft der Rasen. Hier sollte man die Einsaat von robustem Strapazierrasen erwägen. Gartenmöbel mit breiten Aufstellfüßen oder Kufen sind für die Grasnarbe am verträglichsten und stehen außerdem am sichersten. Solche Freisitze entstehen meist als Provisorium, an das man sich bald und gern gewöhnt. Durch nachträgliche Umpflanzung mit Sträuchern, hohen Stauden oder Kletterpflanzen lässt sich der Sitzplatzcharakter unterstreichen und für Sichtschutz sorgen.

Befestigte, gepflasterte Sitzplätze dagegen sollte man von vornherein gut planen. Für eine Fläche, auf der ein runder Tisch mit ca. 1 m Ø und vier Stühle Platz finden, muss man etwa 9 – 12 m² veranschlagen. Für größere Runden und gelegentliche Feste kann man mit einem Bedarf von wenigstens 20 m² bis zur üblichen Terrassenfläche (30 – 40 m²) rechnen. Die Möglichkeiten der Anlage und Bodenbefestigung sind vielfältig. Neben Beton- und Natursteinpflaster kommen Klinker und Holz infrage; bei der Materialwahl ist die Trittsicherheit bei Nässe ein wichtiger Gesichtspunkt. Die Bodenbeläge sollten einen Unterbau aus Kies und Splitt (wenigstens 30 cm stark) erhalten, die Flächen mit leichtem Gefälle angelegt werden, damit Wasser ablaufen kann. Attraktive und beliebte Anlageformen sind z. B. ein mit Pergola überbauter Freisitz, ein etwas erhöht angelegtes Rondell oder auch unter Erdniveau angelegte Plätze, die einen speziellen Wasserabfluss brauchen. In die Planung fest installierter Sitzplätze bezieht man am besten gleich eventuelle → *Elektroinstallationen* mit ein.

Wird ein Sicht- oder Windschutz benötigt, kann man den Sitzplatz mit Hecken, Sträuchern, Kletterpflanzen an Gitterwänden oder geschlossenen Sichtschutzelementen einfassen. Neben Sommerblühern, die den Sitzplatz während der Hauptaufenthaltszeit zieren, tragen Duftpflanzen und Beerensträucher zum angenehmen Verweilen bei.

Am Gartenteich lässt sich gut ausruhen und entspannen.

Gartentagebuch

Notizbuch oder Heft, in dem regelmäßig Eintragungen zu allen Gartenaktivitäten vorgenommen werden. Gut eignet sich für solche Zwecke z. B. ein Kalender in Buchform (Jahresplaner). Hierin vermerkt man, was zu welchen Terminen gesät, gepflanzt, geschnitten oder geerntet wurde. Per Auflistung oder – besser noch – in einem beigefügten Lageplan werden Pflanzorte und Beetbelegungen festgehalten. Weiterhin notiert man die verwendeten Sorten, eventuelle Pflanzenschutzmaßnahmen, Zeitpunkt und Art der Düngung, den Blühbeginn der wichtigsten Zierpflanzen und Obstgehölze, besondere Erfolge oder auch Misserfolge. Eine sehr sinnvolle Ergänzung sind Aufzeichnungen zum Tages- oder zumindest Wochenwetter, am besten mit Temperatur- und Niederschlagsangaben, Auftreten der letzten und ersten Fröste usw.

Konstante Eintragungen vorausgesetzt, verfügt man damit schon nach einem Jahr über wertvolle Planungsgrundlagen für die nächste Saison und kommt oft schon beim Durchblättern auf Verbesserungsmöglichkeiten und neue Ideen. Das Gartentagebuch kann selbstverständlich auch als Planungs- und Terminierungshilfe dienen, indem man checklistenartig die vorgesehenen Arbeiten festhält. Bereichert durch Fotos und festgehaltene Erinnerungen an schöne Gartentage wird es zum persönlichen Dokument, das man immer wieder gern zur Hand nimmt.

Gartenteich

→ *Teich*

Gartenthymian

Bezeichnung für den als Würzkraut genutzten → *Thymian,* im Gegensatz zum Feldthymian, der meist nur als Zierpflanze dient.

Gartentreppe
→ *Treppe*

Gartentulpen
Bezeichnung für die große Gruppe der züchterisch stark bearbeiteten → *Tulpen*, in Abgrenzung zu den botanischen oder Wildtulpen

Gartenweg
→ *Weg*

Gartenwiesel
Handgerät mit sternförmigen Scheiben zum Lockern und Krümeln der Bodenoberfläche
Auch → *Bodenbearbeitungsgeräte*, → *Fräse*

Gartenzaun
→ *Zaun*

Gartenzwerg
Der Gartenzwerg, in der klassischen Ausführung eine bemalte, gnomenhafte, freundliche Terrakottagestalt mit roter Zipfelmütze, ist wohl die bekannteste Gartendekoration der letzten Jahrhunderte.

Seine Ursprünge werden teils im alten Mesopotamien, teils im antiken Griechenland vermutet. Nach einer in neuerer Zeit verbreiteten Untersuchung entstand die Vorlage zum Gartenzwerg um 1300 in der Türkei. Als steinerne Nachbildung von pygmäenhaften Bergbausklaven sollte sie magische Kräfte konservieren. Jedenfalls kannte man den Zwerg schon im 15. Jahrhundert in Italien, der Schweiz und schließlich auch in Deutschland als „Gartenwächter" und Schmuckfigur. Er wurde während der Romantik und später beim Bürgertum des 19. Jahrhunderts hoch geschätzt. Nachdem 1872 eine Keramikmanufaktur in Thüringen mit der Produktion im größeren Stil begonnen hatte, gab es in ganz Europa einen wahren Gartenzwerg-Boom.

Die Nachfahren der traditionellen Gartenzwerge kommen oft recht originell daher.

Im Lauf des 20. Jahrhunderts sahen immer mehr Gartenbesitzer die Figuren als bieder und kitschig an und verbannten sie aus ihren Gärten. Manche Gartenzwergfreunde ließen sich jedoch nicht beirren und mittlerweile sind auch originelle, teils skurrile Varianten im Handel, die ebenfalls ihre Liebhaber finden.

Besonders freche Zwerge, beispielsweise mit herausgestreckter Zunge, können jedoch Nachbarn provozieren und führten bereits zu Gerichtsurteilen, die das Entfernen der Figuren verfügten. „Brave" Modelle dagegen sind reine Geschmackssache und können nach bisherigen Gerichtsentscheidungen von Anwohnern, die der Anblick stört, nicht aus dem Garten geklagt werden.

Gärung
Ein Abbau organischer Substanzen, in erster Linie von Kohlenhydraten, bei dem die darin gebundene Energie frei wird; entspricht damit der Funktion der → *Atmung*, läuft jedoch ganz oder weitgehend ohne Sauerstoff ab. Vornehmlich sind es Bakterien und niedere Pilze, vor allem Hefen, die Gärungen durchführen. Auch in sauerstoffarmen Geweben höherer Pflanzen können Gärungen zur Energiegewinnung stattfinden, besonders bei Wasserpflanzen. Am bekanntesten sind alkoholische Gärung und Milchsäuregärung, die in der Lebensmitteltechnologie eine wichtige Rolle spielen (auch → *Einsäuern*).

Gärprozesse laufen auch beim Ansetzen von Pflanzenjauchen ab (→ *Kräuterauszüge*). Die Energiefreisetzung äußert sich wie bei alkoholischer Gärung durch heftige Blasenbildung. Wird statt Kohlenhydraten Eiweiß unter Luftabschluss vergoren, spricht man von Fäulnis. Hierzu kann es z. B. im schlecht durchlüfteten Komposthaufen kommen oder im stark mit Pflanzenresten und Tierausscheidungen angereicherten Gartenteich. Am Bodengrund reichert sich dann entsprechend Faulschlamm an (auch → *Eutrophierung*).

Gattung

Wichtige Einheit bzw. Rangstufe im → *System der Pflanzen,* ebenso bei den Tieren, fachsprachlich als Genus bezeichnet. Die Gattung ist eine Gruppe von → *Arten* mit einer Reihe von gemeinsamen Merkmalen, die dementsprechend denselben → *Gattungsnamen* tragen, z. B. *Acer,* der Ahorn. Die nächsthöhere Rangstufe, in der Gattungen mit gemeinsamen Merkmalen zusammengefasst werden, ist die → *Familie.* Verschiedene Arten, die zu einer Gattung gehören, können häufig miteinander gekreuzt werden, → *Arthybriden.* Neben großen, sehr artenreichen Gattungen wie etwa Kiefer (*Pinus*) oder Primel (*Primula*) gibt es auch so genannte monotypische Gattungen, zu denen nur eine Art zählt. So kennt man z. B. von der Kolkwitzie nur die Art *Kolkwitzia amabilis*.

Gattungshybride

Auch Gattungsbastard genannt; Kreuzung aus zwei verschiedenen Gattungen, die beständig bleibt und somit eine neue, eigene Gattung darstellt. Im Gegensatz zu → *Arthybriden* kommen Gattungshybriden selten vor. Eine der bekanntesten ist die Leylandzypresse (x *Cupressocyparis leylandii*). Sie entstand als Hybride aus einer Zypresse (*Cupressus macrocarpa*) und einer Scheinzypresse (*Chamaecyparis nootkatensis*). Das x steht für Kreuzung.

Gattungsname

Bezeichnung für die → *Gattung,* z. B. Veilchen, mit botanischem, international gültigem Gattungsnamen *Viola*. Im wissenschaftlichen, zweigliedrigen Namen, z. B. *Viola odorata* (Duftveilchen), benennt der erste, groß geschriebene Begriff die Gattung, der klein geschriebene die Art.
 Auch → *Botanische Namen,* → *Artname*

Gauchheil (Anagallis monellii)

Gauchheil
ANAGALLIS MONELLII

Das aus dem Mittelmeerraum stammende Primelgewächs führte lange Zeit ein eher bescheidenes Dasein im Sommerblumensortiment, bis es durch neue Sorten mit stärkerem Hängewuchs zur beliebten Ampel- und Balkonpflanze wurde. Doch auch im Garten stellt die niedrige Pflanze mit den meist enzianblauen Blüten eine Zierde dar. Ziegelrot blüht dagegen der heimische Ackergauchheil (*A. arvensis*), der teils als Unkraut angesehen wird, aber einen hübschen Bodendecker für naturnahe, lehmige Gartenbereiche abgibt. Beide Arten öffnen ihre Blüten nur bei Sonnenschein.
Merkmale: Einjährige Sommerblume, buschig mit teils niederliegenden Trieben, 10 – 15 cm hoch; kleine, schmale Blätter; bis 2 cm große, schalenförmige Blüten an dünnen Stängeln, blau bis scharlachrot.
Blütezeit: Juni – September
Verwendung: In Gruppen für Sommerblumenbeete und Steingärten, als Einfassung; für Ampeln und Blumenkästen.
Standort: Warm; durchlässiger, humoser, nährstoffreicher Boden.
Kultur: Im April ins Freie säen oder Anzucht von Februar bis März mit späterem Verpflanzen, Pflanzabstand 15 cm.
Pflege: Anspruchslos.

Gauklerblume
MIMULUS

Auch Affenblume genannt. Die zu den Braunwurzgewächsen zählenden Gauklerblumen sind teils in Chile, teils in Nordamerika beheimatet und wachsen dort auf feuchten Wiesen und an Ufern. Im Garten können sie mit ihren kräftigen Blütenfarben Teich- und Bachufer zieren, eignen sich aber auch für den feuchteren Bereich bis hin zur Sumpfzone.
Merkmale: Stauden, aufrechter Wuchs, Gelbe Gauklerblume teils niederliegend, Kupferrote Gauklerblume polsterartig; Wuchshöhe vgl. Übersicht; länglich eiförmige, scharf gezähnte Blätter; trichter- bis glockenförmige Blüten mit ausgebreiteten Zipfeln, einzeln oder in lockeren Trauben.
Blütezeit: Vgl. Übersicht.

Gauklerblume (Mimulus luteus)

Gauklerblumen im Überblick

Name	Wuchshöhe	Blütenfarbe	Blütezeit
Kardinal-Gauklerblume (*Mimulus cardinalis*)	40 – 60 cm	scharlachrot	Juni – September
Kupferrote Gauklerblume (*Mimulus cupreus*)	10 – 20 cm	kupferrot	Juli – September
Gefleckte Gauklerblume (*Mimulus guttatus*)	30 – 60 cm	gelb mit roten Flecken	Juni – Oktober
Gelbe Gauklerblume (*Mimulus luteus*)	20 – 40 cm	gelb, teils rot gefleckt	Mai – August
Blaue Gauklerblume (*Mimulus ringens*)	30 – 60 cm	blauviolett	Juni – August

Standort: Kardinal-Gauklerblume vorwiegend sonnig; humoser, frischer bis nasser Boden.
Verwendung: In Gruppen an Teich- und Bachrändern, höhere Arten auch auf feuchten Beeten, Kardinal- und Kupferrote Gauklerblume auch im Steingarten.
Pflanzen/Vermehren: Pflanzung im Herbst oder Frühjahr, je nach Wuchshöhe mit 20 – 40 cm Abstand; Vermehrung durch Aussaat im Frühjahr oder Teilung im Frühjahr sowie nach der Blüte; häufig Ausbreitung durch Selbstaussaat.
Pflege: Regelmäßiges Entfernen verwelkter Blüten fördert Nachblüte; Kardinal- und Kupferrote Gauklerblume mit Winterschutz versehen.
Hinweis: Neben den in der Übersicht vorgestellten Stauden gibt es die nur einjährig gezogenen *Mimulus*-Hybriden (*M.* x *hybridus*) mit oft zweifarbigen, rot oder gelb gefleckten Blüten, auch in Orangetönen und Cremeweiß. Sie werden meist in Farbmischungen angeboten, wachsen 15 – 30 cm hoch und lassen sich für Beete und Rabatten ebenso verwenden wie für Balkonkästen und Töpfe. Die Hybriden haben ähnliche Standortansprüche wie die Stauden, vertragen jedoch keine Nässe. Man pflanzt sie nach Mitte Mai ins Freie.

Gaultheria
Immergrüner, teppichartiger Zwergstrauch mit roten Früchten
→ *Scheinbeere*

Gazania
Botanischer Gattungsname der
→ *Gazanie*

Gazanie
GAZANIA-HYBRIDEN

Auch als Mittagsgold bekannt. Wildarten dieses prächtigen Korbblütengewächses sind in Südafrika beheimatet und dienten als Ausgangsmaterial für die meist einjährig kultivierten Hybriden. Die leuchtend gefärbten Blüten der Gazanien sind nur bei voller Sonne ganz geöffnet und schließen sich abends sowie an Regentagen. In stark verregneten, kühlen Sommern hat man wenig Freude an den Pflanzen, sofern sie nicht in Gefäßen auf einem geschützten Balkon stehen.
Merkmale: Einjährige kultivierte Staude, kompakt aufrecht wachsend, 15 – 30 cm hoch; kräftige Rosetten mit länglichen, glatten, dunkelgrünen Blättern, Blattunterseiten silbrig grau bereift, bei einigen Sorten auch die Oberseiten; Blütenköpfe mit etwa 10 cm Ø, je nach Sorte in gelb, orange, rot, rosa oder weiß, oft mit andersfarbiger ringförmiger Zeichnung.
Blütezeit: Juni – Oktober
Verwendung: In kleinen Gruppen auf Beeten und Rabatten, im Steingarten; für Balkonkästen und Töpfe.
Standort: Möglichst vollsonnig und warm; nährstoffreicher, durchlässiger Boden, keine Staunässe.
Anzucht: Anzucht von Februar bis April, Pflanzung ab Mitte Mai mit 20 – 25 cm Abstand.
Pflege: Zurückhaltend gießen, alle zwei bis vier Wochen düngen, Verblühtes regelmäßig abschneiden; helle Überwinterung bei 8 – 10° C möglich, im Frühjahr dann Triebe um die Hälfte zurückschneiden.

Gebirgshängenelke
Einjährige Sortengruppe der → *Nelke,* die in höher gelegenen Regionen am besten gedeiht.

Gebrauchsrasen
Rasengrasmischung für mittlere Belastung, in manchen Varianten auch stärker strapazierbar; üblicherweise für den Hausgarten am besten geeignet. Wird manchmal auch als Wohnrasen bezeichnet.
Auch → *Rasen*

Gazanie (Gazania-Hybriden)

G

Gebuchtet
Bestimmte Ausprägung eines eingeschnittenen Blattrands, bei dem die Einschnitte und Zähne abgerundet sind.
Auch → *Blatt*

Gedenkemein
OMPHALODES VERNA

Auch Frühlingsgedenkemein oder Waldvergissmeinnicht genannt. Das in Bergwäldern Süd- und Südosteuropas beheimatete Borretschgewächs überzieht schattige Flächen mit dichten Teppichen und ist ein hübscher, verträglicher Bodendecker. Seine leuchtend himmelblauen, manchmal auch weißen Blüten ragen in lockeren Trauben über die frisch grünen Blätter heraus und bilden zu diesen einen zarten Kontrast.
Merkmale: Staude mit buschigem Wuchs und teppichartiger Ausbreitung durch Ausläufer, 10 – 20 cm hoch; lang gestielte, eiförmige, frisch grüne Blätter; himmelblaue Blüten mit weißer Mitte; die schwächer wüchsige Sorte 'Alba' mit weißen Blüten.
Blütezeit: März – Mai
Verwendung: Als Bodendecker für kleinere Flächen, als Unterpflanzung für Gehölze und hochwachsende Stauden, am Gehölzrand, in beschatteten Steingartenbereichen; lässt sich schön z. B. mit Tränendem Herz, Waldsteinie, Primeln, Gräsern und Farnen kombinieren.
Standort: Jeder humose Gartenboden, jedoch bevorzugt frisch und kalkhaltig.
Pflanzen/Vermehren: Pflanzung im Herbst oder Frühjahr, sieben bis neun Pflanzen je m²; durch Teilen vor der Blüte oder Abtrennen von Ausläufern einfach zu vermehren.
Pflege: Anspruchslos; reagiert allerdings dankbar auf gelegentliche Kompostgaben.

Gedenkemein (Omphalodes verna)

Gefäßkultur
Das Pflanzen und Pflegen von Gewächsen in Töpfen, Kübeln, Kästen und anderen geeigneten Behältern. Neben Balkonblumen und Kübelpflanzen kommen dafür auch etliche Stauden, Gehölze und Kletterpflanzen sowie kleine Obstbäume, Gemüse und Kräuter infrage.
Auch → *Topfgarten,* → *Balkonbepflanzung*

Gefüllte Blüte
Blüte, die durch mehrere, dicht stehende Blütenblattkreise besonders üppig wirkt. Zuchtformen mit gefüllten Blüten sind meist steril, d. h., sie können keine Früchte und Samen ansetzen.
→ *Blütenfüllung*

Gegenständig
→ *Blattstellung,* bei der sich zwei Blätter an einem Knoten auf gleicher Höhe gegenüberstehen, im Gegensatz zu wechselständigen Blättern; sehr häufig anzutreffen, z. B. bei Ahorn, Buchs, Oregano, Brennnessel.

Gegenzunge
Begriff aus der → *Veredlung von Gehölzen;* bei der → *Kopulation* mit Gegenzungen werden in den Schrägschnitten von Edelreis und Unterlage zusätzliche Einschnitte angebracht. So entstehen „Zungen", die ineinander geschoben werden, wodurch das Zusammenwachsen verbessert wird.

Gehäuseschnecke
→ *Schnecke,* die im Gegensatz zu den Nacktschnecken ein Gehäuse trägt, wie z. B. Weinbergschnecke.

Gehölze
Ausdauernde, Holz bildende Pflanzen, zu denen neben Bäumen und Sträuchern auch Kletterpflanzen und kriechende, bodenbedeckende Gewächse gehören. Eine besondere Lebensweise und Wuchsform zeigen Aufsitzergehölze (auch → *Epiphyten*), von denen in unseren Breiten nur die Mispeln heimisch sind. Weitere Sonderformen, die bei uns nur als eingeführte Pflanzen vorkommen, sind Schopfgehölze wie die Palmen sowie die Bambusse, die als verholzende Gräser ebenfalls zu den Gehölzen gerechnet werden. Doch auch von solchen Spezialfällen abgesehen, gibt es bei den Gehölzen eine Vielfalt von Erscheinungsformen und Ausprägungen, die zu unterschiedlichen Einteilungen geführt haben.

Nach **Art der Belaubung** unterscheidet man:

■ Laubgehölze mit flächigen Blättern: Hier gibt es sommergrüne Arten, die im Herbst ihr Laub abwerfen, wintergrüne Arten, die das vorjährige Laub bis zum Frühjahr behalten, sowie immergrüne Arten, bei denen sich der Laubwechsel fast unmerklich nach und nach vollzieht.

■ Nadelgehölze mit sehr schmalen, nadelartigen oder schuppenförmigen Blättern: Sie sind bis auf wenige Ausnahmen (z. B. Lärche) immergrün. Die meisten bilden Samen tragende Zapfen aus und werden danach Koniferen (= Zapfenträger) genannt. Selten kommen statt dessen beerenähnliche Gebilde vor (Eibe, Wacholder).

GEHÖLZE

Nach dem grundsätzlichen **Aufbau** des Sprosssystems wird unterteilt in:

■ Baum: Deutliche Gliederung in einen Stamm und die ihm aufsitzende Krone, die aus Ästen und Zweigen gebildet wird. Bei vielen Bäumen sind die Spitzenknospen im Austrieb besonders gefördert.

■ Strauch: Mehrere gleichwertige Stämme bzw. Äste entspringen einer gemeinsamen Basis am oder im Erdboden. Bei Sträuchern werden die Knospen im unteren und mittleren Bereich gefördert.

■ Halbstrauch: Nur die Sprossteile im unteren Bereich verholzen, der Rest der Triebe bleibt krautig.

Zahlreiche Gehölze können je nach Platz und Standort sowohl als Baum wie als Strauch wachsen oder entwickeln erst nach vielen Jahren einen Stamm. Die Wuchsform ist oft auch durch Züchtung oder Veredlung (z. B. bei Hochstämmchen) beeinflusst.

Ihre endgültige **Wuchshöhe** erreichen viele Gehölze erst nach Jahrzehnten oder gar Jahrhunderten. Besonders Nadelbäume wachsen meist ausgesprochen langsam. Diesbezüglich ist folgende Einteilung verbreitet:

■ bei Bäumen: großer Baum (über 20 m), Baum (12 – 20 m), kleiner Baum (5 – 12 m)

■ bei Sträuchern: Großstrauch (3 – 7 m), Strauch (1,5 – 3 m), Kleinstrauch (0,5 – 1,5 m), Zwergstrauch (0,1 – 0,5 m)

Für Zwergformen von Nadelgehölzen gilt das genannte Zwergstrauchmaß nicht unbedingt, denn es handelt sich häufig von der Grundform her um kleine Bäume. Sie können durchaus 2 m und mehr erreichen, aber dies meist erst nach vielen Jahren.

Halbsträucher, z. B. Lavendel oder Immergrün, werden häufig unter gärtnerischen Gesichtspunkten zu den → *Stauden* gezählt, ebenso auf Beeten gepflanzte Zwergsträucher wie das Heidekraut.

Die Fülle der Wuchsformen und -größen sowie die unterschiedlichsten Zieraspekte machen Gehölze – neben den Rasengräsern – zur wichtigsten Pflanzengruppe für den Garten. Kaum ein Garten kann ohne Gehölze auskommen, und sei es nur in Form von Hecken. Zudem kommt ihnen bzw. den meisten Arten aufgrund ihrer Größe, Langlebigkeit und Dauerpräsenz, die selbst im Winter unübersehbar ist, eine ganz besondere Rolle zu. Als strukturbildende Gerüstpflanzen prägen Gehölze mehr als jede andere Pflanzengruppe den Charakter eines Gartens (auch → *Gartengestaltung*).

Bäume und Sträucher sollten deshalb besonders sorgfältig ausgewählt werden, auch in Bezug auf die Standortverhältnisse, die man ihnen bieten kann. Zudem sie als Pflanzware nicht gerade billig und schon nach einigen Jahren nur noch mit großem Aufwand zu verpflanzen sind. Auch dies spricht für die überlegte Pflanzen- und Standortwahl; außerdem muss unbedingt die spätere Endgröße und der damit verbundene Platzbedarf sowie Schattenwurf bedacht werden.

Schließlich empfiehlt es sich, durch geschickte Zusammenstellung möglichst viel von dem zu nutzen, was Gehölze zu bieten haben: je nach Art Frühjahrs-, Sommer- oder Herbstblüte, ja sogar Blüten im Winter (z. B. Hamamelis), zierendes Blattwerk, attraktive Herbstfärbung, zierende Früchte, immergrüne Belaubung, auffällige Rindenfarben sowie schöne und interessante Wuchsformen.

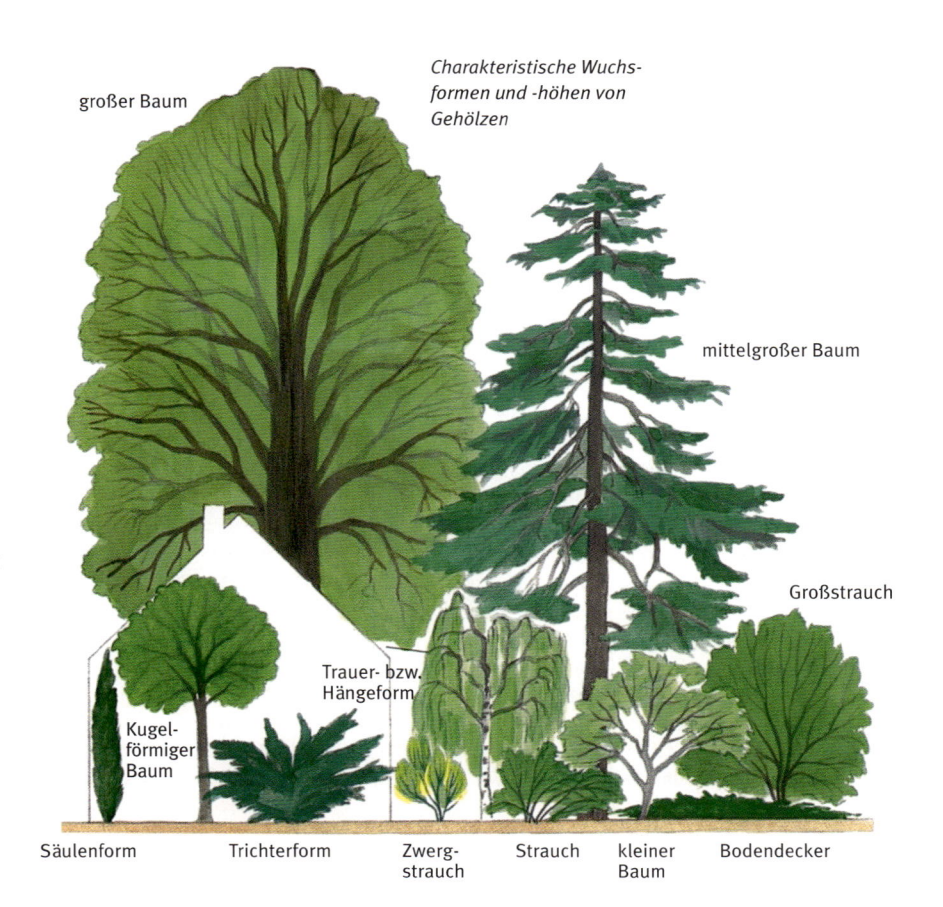

Charakteristische Wuchsformen und -höhen von Gehölzen

großer Baum · mittelgroßer Baum · Großstrauch · Trauer- bzw. Hängeform · Kugelförmiger Baum · Säulenform · Trichterform · Zwergstrauch · Strauch · kleiner Baum · Bodendecker

311

Gehölzgruppe

Zusammenpflanzung von wenigen, in Wuchshöhe und -form aufeinander abgestimmten Bäumen und/oder Sträuchern. Mit solchen Gruppen lassen sich gestalterische Schwerpunkte setzen, etwa am Rasenrand, in Terrassennähe oder an einer Wegbiegung. Sie stellen wichtige struktur- und raumbildende Elemente dar und werden oft im hinteren, dem Haus gegenüberliegenden Gartenbereich als Abschluss des Grundstücks gepflanzt. Bei neu erschlossenen Baugebieten sind solche Gehölzgruppen teils sogar im Bebauungsplan vorgeschrieben, meist mit der Auflage, standortgerechte, heimische Gehölze zu verwenden.

Die Gruppen werden aus ein oder zwei dominierenden Leitgehölzen und mehreren Begleitsträuchern mit unterschiedlichen Wuchshöhen zusammengestellt. In großen Gruppen übernehmen Bäume die Leitfunktion, häufig Arten mit eher schmaler Krone oder schlankwüchsige Nadelbäume. Ihnen kann man z. B. breit- oder hängewüchsige Sträucher beigesellen sowie Kleinsträucher. Hohe, dunkelgrüne Nadelgehölze bilden in Gehölzgruppen oft den Hintergrund, als Leitelemente sind dann eher die ihnen vorgepflanzten, auffälligeren Sträucher (häufig blühende Arten) anzusehen. Kleine Gruppen können z. B. aus einem hohen Leitstrauch mit überhängenden Zweigen, kompakten aufrechten Kleinsträuchern sowie breit bis kissenartig wachsenden Zwergsträuchern kombiniert werden.

Attraktive Gehölzgruppen erhält man, wenn man beim Zusammenstellen nicht nur verschiedene Wuchsformen, sondern auch unterschiedliche Zier- und Jahreszeitenaspekte beachtet, z. B. Blütezeiten, Herbstfärbung und Fruchtschmuck. Die gewählten Arten müssen ähnliche Standortansprüche haben. Unter Berücksichtigung der Endgröße wählt man die Abstände so, dass sich später die Äste und Zweige leicht durchdringen, aber nicht zu sehr ins Gehege kommen (Überlappung bis maximal ein Drittel des Gehölzdurchmessers).

Gehölzhäcksel

Mit dem Häcksler zerkleinertes bzw. geschreddertes Schnittgut von Bäumen, Sträuchern und Hecken. Gehölzhäcksel lässt sich gut als Wegbelag sowie zum → *Mulchen* unter Bäumen und Sträuchern einsetzen. Er kann je nach Herkunft und Zusammensetzung recht hohe Mengen an Gerbsäure und anderen wachstumshemmenden Stoffen enthalten. Dann wirkt er Unkraut unterdrückend, kann aber auch krautige Zier- und Nutzpflanzen und sogar frisch gesetzte Junggehölze beeinträchtigen. Vorsichtshalber sollte man den Häcksel deshalb nur als Bodenbedeckung zwischen eingewachsenen Gehölzen und Stauden verwenden. Außerdem ist Gehölzhäcksel ein wertvolles Kompostmaterial, das Struktur und Luft zwischen Rasenschnitt und Küchenabfälle bringt (auch → *Kompost*). Gehölzhäcksel hat ein weites → *C/N-Verhältnis;* bei häufiger Verwendung sollte man für Stickstoffausgleich sorgen.

Gehölzpflanzung

Gehölzpflanzungen sollten besonders gut vorbereitet werden, angefangen von der sorgfältigen Pflanzen- und Standortwahl bis zum gründlichen Herrichten der Pflanzstelle.

Pflanzware

Hier ist zunächst zu unterscheiden zwischen → *ballenlosen Pflanzen* (wurzelnackt, ohne Erdballen), → *Ballenpflanzen* (mit Tuch oder Netz zusammengehaltener Wurzelballen) und → *Containerpflanzen* (im Topf oder Folienbeutel angezogen). Anwachssicherheit und damit bequemes Pflanzen steigen in der genann-

Gehölzgruppen können zu frei wachsenden Hecken erweitert werden.

ten Reihenfolge, aber auch die Verkaufspreise.

Deutliche Preisunterschiede ergeben sich zudem je nach Größe und Alter der Junggehölze. Vorteilhaft, aber teurer sind Gehölze, die in der Baumschule schon ein- bis mehrmals verpflanzt wurden. Sie besitzen ein kräftiges Wurzelwerk und zeigen meist auch oberirdisch einen dichteren, kompakteren Wuchs. Bei Obstbäumen kann man zwischen einjährigen Veredlungen (halbfertige Pflanzware) und mehrjährigen Veredlungen wählen. Letztere haben bereits festgelegte Stammhöhen (→ *Obstbaumformen*) und einen bestimmten Kronenaufbau. Beerenobststräucher werden in verschiedenen Sortierungen mit unterschiedlicher Triebanzahl angeboten.

Beim Kauf sollte man auf gesunde Triebe und Wurzeln, gute Verzweigung und – je nach Zeitpunkt – auf reichen Knospenbesatz achten. Am sichersten fährt man mit Pflanzware aus → *Baumschulen,* die den landesweiten Baumschulverbänden angeschlossen sind (in Deutschland z. B. dem BdB), den so genannten Markenbaumschulen. Die Junggehölze müssen sehr genau festgelegten Qualitätsanforderungen entsprechen.

Pflanzzeitpunkt

Bestimmte Pflanztermine muss man besonders bei ballenlosen und Ballenpflanzen beachten:

■ Laub abwerfende Gehölze werden am günstigsten während ihrer Ruhezeit, also im unbelaubten Zustand gepflanzt; entweder im Herbst, etwa ab Mitte Oktober bis November, oder ab Ende Februar bis April, also bis kurz vor Austriebsbeginn. Frostempfindliche sowie langsam einwurzelnde Arten sollte man möglichst nur zum Frühjahrstermin pflanzen.

■ Immergrüne Gehölze müssen möglichst schnell ein ausreichendes Wurzelwerk entwickeln können, um die beständig vorhandenen Blätter zu versorgen. Man setzt sie deshalb bei Herbstpflanzung schon ab Mitte August bis September, bei Frühjahrspflanzung ab Ende März bis April.

■ Containerware kann man – mit Ausnahme von Frostperioden – das ganze Jahr über pflanzen. Empfindliche Arten werden jedoch ebenfalls besser nicht im Herbst, sondern erst ab Frühjahr gesetzt. Außerdem sollte man die Pflanzzeit nicht unbedingt in heiße, anhaltend trockene Hochsommerphasen verlegen.

Pflanzgrube, Pflanztiefe, Stützpfahl

Die Pflanzgrube für große Gehölze hebt man am besten bereits ein bis zwei Monate vor dem Pflanztermin aus und legt sie im Zweifelsfall lieber etwas geräumiger als zu eng an. Wurzeln bzw. Wurzelballen sollen darin bequem Platz finden, etwas „Luft" nach beiden Seiten sowie nach unten ist vorteilhaft. Der Aushub wird neben der Grube abgelegt, die Grubensohle gründlich mit der Grabegabel gelockert. Den Boden in der Grube kann man bei Bedarf ebenso mit Kompost, Sand und Gesteinsmehl verbessern wie den Aushub. Die Aushuberde sollte allerdings nicht durch reinen Kompost ersetzt werden: Wenn die Erde im Pflanzloch deutlich besser ist als im angrenzenden Erdreich, konzentrieren sich die Wurzeln im Grubenbereich und verzweigen sich schlecht. Das führt zu mangelnder Standfestigkeit und – nach zunächst schneller Anfangsentwicklung – zu schwächerem Wachstum der oberirdischen Teile.

Im Allgemeinen setzt man die Pflanzen so tief ein, wie sie vorher in der Baumschule standen, so dass der Wurzelhals, die Übergangsstelle zwischen Stamm und Wurzel, mit der Erdoberfläche abschließt. Veredelte Ziergehölze, z. B. Rosen, Flieder oder *Clematis*-Hybriden, setzt man etwas tiefer, damit die Veredelungsstelle unter der Erde zu liegen kommt (bei Rosen 5 cm tief). Bei Obstbäumen muss die leicht verdickte Veredlungsstelle dagegen etwa 10 cm über der Erde zu stehen kommen. Während des Einsetzens ist zu berücksichtigen, dass sich die später eingefüllte Erde durch Angießen und Festtreten noch setzt.

Für alle größeren Gehölze sowie Pflanzen mit Stamm, ob Baum oder Hochstämmchen, ist ein Stützpfahl wichtig, den man zur Hauptwindrichtung hin gut in der Erde verankert. Bei ballenlosen Gehölzen geschieht dies schon vor dem Pflanzen, bei Ballen- und Containerpflanzen erst danach. Um größere Wurzelballen nicht zu verletzen, schlägt man hier den Pfahl schräg am Ballen vorbei ein. Der Stützpfahl sollte später bis kurz in den Kronenansatz reichen. Wertvolle Solitärgehölze können stattdessen ein Stützgerüst aus drei Pfählen und Querlatten erhalten. Nach dem Pflanzen wird der Stamm mit Kokosstrick oder anderem weichen, aber stabilem Bindematerial mittels → *Achterschlinge* am Pfahl festgebunden. Zusätzliche Wicklungen des Schnurendes zwischen Pfahl und Stamm sorgen für Festigkeit und wirken wie ein Abstandshalter, der das Scheuern der Rinde verhindert. Mit zunehmendem Dickenwachstum wird die Verbindung gelockert. Sobald der Baum gut verwurzelt ist und der Stamm kräftig genug, entfernt man den Pfahl.

Pflanzen ballenloser Gehölze

Wenn Junggehölze ohne Wurzelballen nicht gleich nach Kauf bzw. Lieferung gesetzt werden können, sollte man sie vorübergehend in einem freien Beet → *einschlagen*. Vor dem Pflanzen stellt man sie mit den Wurzeln über Nacht in einen Eimer mit

Gehölzpflanzung

Wasser. Bei Rosen wird sogar häufig empfohlen, die Pflanzen komplett in ein Wasserbad zu legen, bei Frühjahrspflanzung bis zu 24 Stunden. Etwas umstritten ist der Wurzelschnitt. Das Einkürzen der Wurzeln um etwa ein Drittel regt zwar die Neubildung und Verzweigung an, stellt aber vorübergehend einen Verlust der benötigten Wurzelmasse dar. In jedem Fall sollte man beschädigte Wurzeln wegschneiden und überlange einkürzen. Teils werden entsprechende Schnittmaßnahmen, auch an den oberirdischen Pflanzenteilen, schon in der Baumschule vorgenommen.

Nach Einschlagen des Stützpfahls wird das Gehölz in der richtigen Höhe angehalten (am besten zu zweit arbeiten). Während des Einfüllens der Erde das Gehölz etwas rütteln und nach halber Füllhöhe wässern, damit die Wurzeln guten Bodenschluss bekommen. Nach dem Auffüllen der restlichen Erde wird die Oberfläche festgetreten, dann erfolgt gründliches → *Einschlämmen*. Hierfür legt man gleich eine → *Baumscheibe* samt ringförmigem Gießwall an.

Wenn alle Wurzeln zuvor eingekürzt wurden, schneidet man abschließend auch die Triebe um etwa ein Drittel zurück; anderenfalls genügt ein schwächerer Rückschnitt.

Pflanzen von Ballen- und Containergehölzen

Der Pflanzvorgang ist im Prinzip derselbe wie bei ballenlosen Pflanzen, wobei aufwändige Vorbereitungen entfallen. Sind Ballenpflanzen mit Sackleinen oder anderem verrottendem Material umgeben, kann man sie komplett mit Tuch setzen und muss nach dem Einsetzen lediglich die obere Verknotung lösen. Kunststoffnetze werden dagegen ganz entfernt. Containerpflanzen topft man vorsichtig aus; zuvor kann es nötig werden, mit einem scharfen Messer die Wurzeln von der Topfwand zu lösen, notfalls sogar die Hülle aufzuschneiden. Vor dem Einsetzen schneidet man lange, dünne, aus dem Ballen ragende Wurzeln weg.

Auch → *Heckenpflanzung*

Gehölzschnitt

Wird als Begriff nicht nur für den Vorgang des Schneidens verwendet, sondern auch für das anfallende Schnittgut.

Der Schnitt von Sträuchern und Bäumen kann mehrere Ziele haben:

- Lichthalten der Baumkrone bzw. des Strauchinnern (auch → *Auslichten*)
- Entfernen abgestorbener, beschädigter oder kranker Teile, wobei stets ein kräftiger Rückschnitt bis ins gesunde Holz erfolgt.
- Erzielen einer bestimmten Form, vom sanften Lenken und Unterstützen des natürlichen Wuchsbilds bis hin zum starken Eingriff des → *Formschnitts*
- Fördern eines reichen Blüten- und Fruchtansatzes, zugleich das Aufrechterhalten von Blüh- und Fruchtbildungsfähigkeit
- Vermeiden des vorzeitigen Alterns (Vergreisens) des Gehölzes bzw. die Verlängerung der Lebensdauer

Zu den nicht selten angestrebten Zielen gehört außerdem das Begren-

Gehölzpflanzung

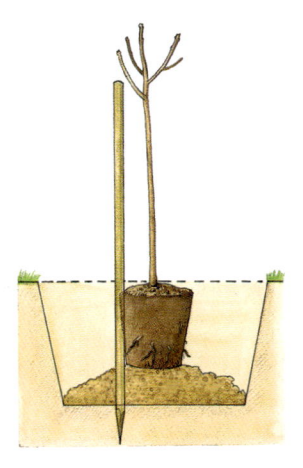

1. *Pflanzgrube großzügig ausheben; bei Containerpflanzen Pfahl nach dem Einsetzen einschlagen.*

2. *Eine Baumscheibe mit Gießwall erleichtert das durchdringende Einschlämmen.*

3. *Wenn das Gehölz eingewachsen ist, wird die Baumscheibe mit organischem Material gemulcht.*

zen des Wachstums; dies ist jedoch meist nur sehr eingeschränkt möglich, von Hecken- und Formgehölzen abgesehen. Die Wahl eines zu großen Strauchs oder Baums lässt sich auf Dauer nicht durch Schnitt korrigieren.

Die verschiedenen Schnittziele einerseits, das sehr unterschiedliche Wuchs- und Austriebsverhalten der Gehölze andererseits führen dazu, dass es eine Reihe spezifischer Techniken und Methoden gibt. Besonders ausgeprägt ist dies beim → *Obstbaumschnitt,* der gesondert behandelt wird. Erwähnt sei weiterhin, dass zu einzelnen Schnittthemen auch recht unterschiedliche Meinungen und Erfahrungen existieren.

Grundsätzliche Hinweise

Der Erfolg bzw. die Auswirkungen von Schnittmaßnahmen beruhen im Prinzip darauf, dass durch das Entfernen von Trieben oder Triebteilen neue Knospen zum Austrieb gebracht werden. Welche das im Einzelnen sind und wie stark sie reagieren, hängt zum einen von der Schnittführung, zum andern von der jeweiligen Art, teils sogar von der Sorte ab.

Pflanzschnitt bei ballenlosen Gehölzen: Die Triebe werden um etwa ein Viertel bis ein Drittel eingekürzt.

Generell gilt es, zwei Wuchs- bzw. Schnittgesetze zu beachten:

- Spitzenförderung: Triebspitzen sowie höher stehende Triebe und Knospen werden im Wuchs und Austrieb stärker gefördert als darunter stehende Triebe und Knospen. Ausnahmen stellen Sträucher dar, die sich stark aus Bodentrieben erneuern und so eine deutliche Basisknospenförderung zeigen.
- Je stärker insgesamt zurückgeschnitten wird, desto stärker erfolgt der Neuaustrieb.

Jeder Schnitt stellt einen starken Eingriff dar und verursacht Wunden, über die Krankheitserreger eindringen können. Je sauberer und glatter der Schnitt, desto schneller erfolgt die Verheilung. Man sollte deshalb stets nur geeignetes, scharfes → *Schnittwerkzeug* verwenden. Bei größeren Sägewunden glättet man zerfranste Ränder mit einem scharfen Messer bzw. mit einer Hippe mit gebogener Klinge (auch → *Gartenmesser*). Diese eignet sich auch gut, um unsaubere Sägeschnitte nachzuschneiden. Anschließend verstreicht man die Wunde mit einem Wundverschlussmittel.

Schnitttermine

Traditionell gilt die Ruhephase der Laub abwerfenden Gehölze zwischen Spätherbst und Winterausgang als beste Schnittzeit. Sie bietet vor allem den Vorteil, dass man an den unbelaubten Gehölzen den Aufbau der Verzweigung sehr gut erkennen kann. Allerdings sollte man bei der Terminwahl einige zusätzliche Punkte und Abweichungen beachten:

- Frühjahrs- und Frühsommerblüher werden erst im Sommer nach der Blüte geschnitten.
- Ein Schnitt im Spätwinter bzw. zeitigen Frühjahr ist günstiger als im Herbst. Dann kann man gleich eventuell erfrorene Triebe herausnehmen und diese Lücken beim weiteren Schnitt berücksichtigen.
- Bei Temperaturen unter -5° C sollte nicht geschnitten werden.
- Manche Experten empfehlen einen Schnittzeitpunkt erst kurz vor dem Austrieb, wenn die Knospen schon anschwellen, oder gar erst im Sommer. Der Grund: Die Wundverheilung erfolgt in der Wachstumszeit wesentlich schneller.

Schnitt von Ziergehölzen

Die wichtigsten Schnitthinweise zu Ziersträuchern und -bäumen sind auf der → PRAXIS-SEITE Gehölzschnitt im Ziergarten (S. 316/317) zusammengefasst. Es handelt sich dabei um Maßnahmen, die man dem Erhaltungs- oder Pflegeschnitt zurechnet. Einen Pflanzschnitt, der in erster Linie bei Bäumen anfallen kann, lässt man am besten von der Baumschule durchführen, bei der man das Gehölz ersteht, oder zumindest vom Fachverkäufer erläutern. Andernfalls kann man sich an den entsprechenden Maßnahmen beim → *Obstbaumschnitt* orientieren. Dasselbe gilt für einen speziellen Aufbauschnitt, der vor allem bei Zierkirsche und Zierapfel erforderlich ist.

Zum Verjüngen der Ziergehölze genügt in der Regel der normale Auslichtungsschnitt. Wenn jedoch starkwüchsige Sträucher lange nicht geschnitten werden, entwickeln sie sich zum dichten Gestrüpp mit vielen kahlen Zweigen im Innern und überalterten Trieben, die kaum noch Blüten ansetzen. Arten, die aus Basisknospen reichlich Bodentriebe bilden, können dann radikal auf 30 – 50 cm Höhe zurückgeschnitten werden, um sich neu aufzubauen. Bei anderen Sträuchern muss man den Verjüngungsschnitt dagegen behutsamer angehen und die ältesten Äste sowie zu dicht stehende Zweige nach und nach herausnehmen.

Gehölzschnitt im Ziergarten

CHECKLISTE

Die wichtigsten Schnittzeiten im Ziergarten:
- Frühjahrs- und Frühsommerblüher im Sommer nach der Blüte
- Sommer- und herbstblühende Sträucher im Spätwinter oder Vorfrühling
- Bäume im Spätwinter oder Vorfrühling
- Rosen und Buchs erst ab April

Allgemeines

Die Vielfalt an Ziergehölzen bringt es mit sich, dass es für viele Arten und Wuchsformen spezielle, teils auch altersabhängige Schnittmethoden und -erfordernisse gibt. Hierbei ist man im Zweifelsfall auf einen erfahrenen Gärtner angewiesen, der das Gehölz vor Ort begutachtet. Die nachfolgenden Hinweise ermöglichen jedoch, die geläufigsten Maßnahmen des Erhaltungsschnitts umzusetzen. Spezielle Tipps finden sich bei den Porträts sowie bei den Beschreibungen besonderer Gehölzgruppen.
→ *Heckenschnitt,* → *Kletterpflanzen,*
→ *Rosenschnitt*

Schnittregeln und Schnitttechniken

Im Grunde kann man zwei Schnittverfahren unterscheiden: den Wegschnitt, also das komplette Entfernen von Trieben, und den Rückschnitt, also das Einkürzen.

Der Wegschnitt von Haupttrieben erfolgt bei Sträuchern meist kurz über dem Erdboden. Seitenzweige oder -äste werden direkt an ihrer Ansatzstelle auf → *Astring* entfernt. Eine Alternative stellt das → *Ableiten* dar, wobei man den störenden Trieb bis zu einem günstiger stehenden oder jüngeren Seitenzweig zurücknimmt.

Beim Rückschnitt setzt man die Schere möglichst über einer nach außen weisenden Knospe an, und zwar schräg (vgl. Abbildung). Man schneidet mit etwas Sicherheitsabstand über der Knospe, es sollten jedoch keine größeren Stummel stehen bleiben. Ein starker Rückschnitt führt in der Regel zu starkem Neuaustrieb, schwacher Rückschnitt zu schwachem Austrieb.

1. Richtige Schnittführung im Detail: (1) Der Schnitt erfolgt schräg im Abstand von 0,5 – 1 cm über der Knospe. Die Schnittfläche darf nicht zur Knospe hinweisen (2) und weder zu dicht an der Knospe liegen (3) noch zu weit von ihr entfernt sein (4).

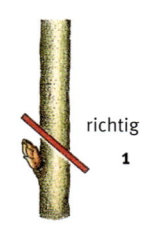

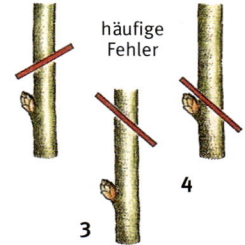

Schnitt von Ziersträuchern

Bei vielen Sträuchern genügt das Auslichten in größeren Abständen, wobei man ältere Triebe kurz über dem Boden herausschneidet, ggf. abgestorbene Zweige herausnimmt sowie zu dicht stehende, sich stark überkreuzende und anderweitig störende Triebe entfernt oder auf günstiger wachsende ableitet.

Ein Einkürzen der verbleibenden Triebe ist meist nicht nötig, sofern sie nicht durch Überlänge stören. Bei jungen Sträuchern, die sich schlecht verzweigen, lässt sich durch den Rückschnitt die Seitentriebbildung verbessern. Das häufige Zurückschneiden aller Triebe auf gleiche Höhe führt jedoch zu unansehnlichem Besenwuchs. Besondere Schnittmaßnahmen empfehlen sich für zwei Gruppen von Blütengehölzen:

- Sträucher, die ihre Blütenknospen an diesjährigen Trieben anlegen. Das sind z. B. Spiersträucher, Johanniskraut und Rispenhortensie. Hier schneidet man jährlich im Spätwinter oder Frühjahr alle Triebe bis auf etwa 30 – 50 cm über dem Boden zurück.

TIPP

Einige Gehölze sollte man keinesfalls zurückschneiden, da sie kaum schlafende Augen ausbilden, aus denen ein Neuaustrieb erfolgen könnte. Hierzu gehören Zaubernuss, Goldregen, strauchige Ahornarten, Strauchkastanie und Essigbaum. Sie werden nur bei Bedarf zurückhaltend ausgelichtet. Auch Magnolien, Zierkirschen und Zieräpfel belässt man besser ohne Schnitt.

PRAXIS

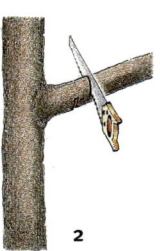

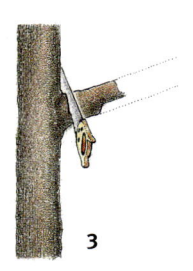

2. Entfernen dicker Äste: (1) Zunächst sägt man den Ast nahe beim Stamm bis zur Mitte hin von unten ein. (2) Dann setzt man die Säge etwa 10 cm zur Astspitze hin versetzt von oben an und sägt den Ast ganz ab. (3) Zuletzt wird der Stummel direkt am Stamm entfernt.

■ Sträucher, die mit den Jahren lange Bogentriebe mit reich blühenden Seitenzweigen bilden. Hierzu gehören z. B. Forsythie, Pfeifenstrauch, Weigelie und Kerrie (Ranunkelstrauch). Bei ihnen schneidet man die Bogentriebe nach der Blüte bis zu einem kräftigen Seitenzweig auf der Oberseite zurück. Zugleich muss man regelmäßig die überalterten Bogentriebe bodennah entfernen.

Schnitt bei Zierbäumen

Bei den meisten Laubbäumen, ebenso bei den Nadelbäumen, ist regelmäßiges Schneiden nicht erforderlich und führt eher dazu, das natürliche Wuchsbild zu beeinträchtigen.

Ansonsten genügt es meist, bei älteren Laubbäumen die Krone etwas auszulichten sowie gelegentlich störende oder beschädigte Äste zu entfernen. Wenn Bäume zwei gleich starke Gipfeltriebe ausbilden, sollte man einen davon an seiner Ansatzstelle entfernen; hierzu neigen u. a. Birken und Fichten. Zurückhaltende Korrekturschnitte sind bei allen Nadelgehölzen möglich, keinesfalls darf man sie jedoch stark auslichten. Ein Rückschnitt ist, von Heckenpflanzen abgesehen, nicht üblich und kann noch am ehesten bei Eiben und Wacholder durchgeführt werden.

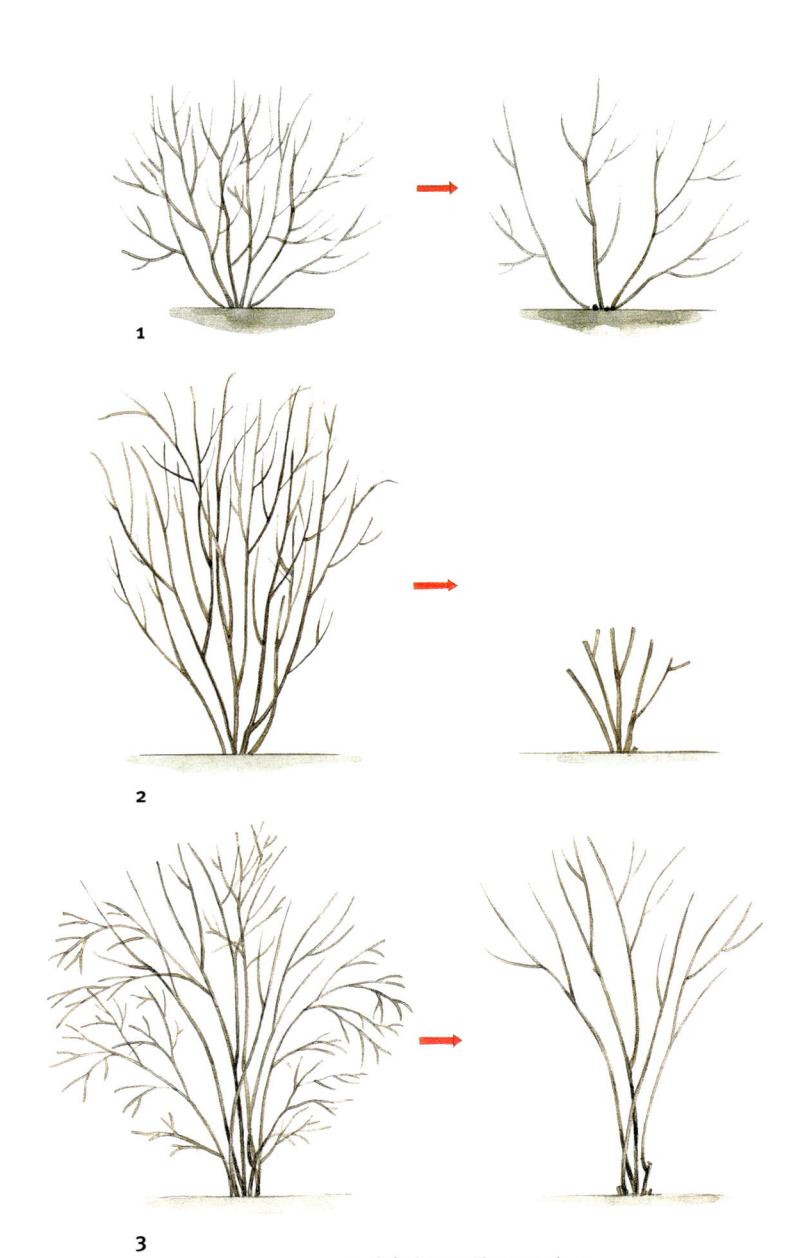

3. Schnitt von Ziersträuchern: (1) Alle 3 bis 4 Jahre werden überalterte und zu eng stehende Äste bodennah weggeschnitten. (2) Arten, die vor allem an jungen Triebspitzen blühen, brauchen jährlich einen starken Rückschnitt. (3) Bilden Sträucher so genannte Bogentriebe aus, kürzt man diese nur bis zu einem kräftigen, nach oben ragenden Seitenzweig ein.

Geissbart

Geißbart (Aruncus dioicus)

Geißblatt (Lonicera caprifolium)

Geißbart
ARUNCUS DIOICUS
☼–◐ ☺

Auch als Waldgeißbart oder Johanniswedel bekannt. Die stattliche Staude ist in feuchten Wäldern Europas, Nordamerikas und Ostasiens zu Hause und steht bei uns unter Naturschutz. Der Geißbart, ein Rosengewächs, ist zweihäusig, was auch der botanische Artname *dioicus* besagt. Die weiblichen Pflanzen tragen reinweiße, gedrungen wirkende Blüten; die der männlichen Pflanzen sind graziler und creme- bis gelblich weiß. Als Jungpflanzen werden bevorzugt männliche Exemplare angeboten. Neben den Blüten tragen auch die Blätter zur zierenden Wirkung bei.
Merkmale: Staude, aufrecht, dicht buschig, 1,2 – 2 m hoch; kräftiger Wurzelstock; große, doppelt gefiederte, am Rand stark gesägte Blätter; lang gestielte, vielblütige, cremefarbene oder weiße Blütenrispen, um 50 cm lang.
Blütezeit: Juni – Juli
Verwendung: Einzeln oder zu wenigen, am Gehölzrand und zwischen Gehölzen, auf schattigen Rabatten, im feuchten Mauerschatten, am Teichrand; besonders attraktiv vor dunklem Hintergrund, zusammen mit Eisenhut, Fingerhut, Silberkerze, Glockenblumen und Farnen.
Standort: Humoser, frischer bis feuchter Boden.
Pflanzen/Vermehren: Pflanzung im Frühjahr mit 70 – 80 cm Abstand; Vermehrung durch Teilung (nur bei jüngeren Exemplaren möglich) oder Aussaat im November bzw. Februar (Kaltkeimer).
Pflege: In Trockenperioden gießen, sonst anspruchslos; ebenerdiger Rückschnitt im Spätherbst möglich.

Geißblatt
Lonicera
☼–◐ ☺ ✖

Die Geißblätter, die der Familie der Geißblattgewächse ihren Namen gaben, werden auch Geißschlingen genannt. Tatsächlich sind es ausdauernde Schlinggehölze, die sich rechts, also im Uhrzeigersinn, an ihren Unterlagen hochwinden. Zu selben Gattung gehören einige strauchige, nicht kletternde Arten, die unter der Bezeichnung → *Heckenkirsche* bekannt sind.

Als gemeinsames Kennzeichen hat die Gattung *Lonicera* gegenständige, ungeteilte Blätter. Außerdem bringen alle Arten mehr oder weniger giftige Beeren hervor. Diese sind nur für Vögel genießbar, die sich gern in den dichten Gehölzen aufhalten. Die kletternden Arten entfalten auffällige, röhrenartige, meist mehrfarbige Blüten, die meist quirlartig beieinander stehen. Sie verströmen abends und nachts einen betörenden Duft, um Nachtfalter zur Bestäubung anzulocken.

Am bekanntesten ist wohl das heimische Jelängerjelieber (*L. caprifolium*) mit weißgelben, rötlich überhauchten Blüten. Recht ähnlich präsentiert sich das Waldgeißblatt (*L. periclymenum*). Die unter Einkreuzung amerikanischer Arten entstandenen Hybriden *L.* x *heckrottii* und *L.* x *brownii* haben etwas auffälligere, stärker rot bis orangerot gefärbte Blüten.

Besonderheiten sind das Immergrüne Geißblatt (*L. henryi*), das ganzjährig sein Laub behält und in China beheimatet ist, sowie das überaus kräftig gelb blühende Goldgeißblatt (*L.* x *tellmanniana*).
Merkmale: Rechtswindende Schlingsträucher, 3 – 5 m hoch, Goldgeißblatt bis 6 m; Blätter eiförmig, ganzrandig, oberstes Blattpaar oft scheibenartig verwachsen; Blüten gelblich weiß, orange oder rot, oft mehrfarbig, beim Goldgeißblatt goldgelb; ab August schwach bis stark giftige Beeren, hell- bis dunkelrot, teils zu Doppelbeeren verwachsen, beim Immergrünen Geißblatt schwarz.
Blütezeit: Juni – August, Jelängerjelieber und Waldgeißblatt Mai – Juni
Verwendung: Zur Begrünung von Wänden, Mauern auch an Bäumen.
Standort: Im Schatten geringer Blütenansatz; humoser, frischer Boden vorteilhaft, jedoch recht anspruchslos.
Pflanzen/Vermehren: Im Herbst oder Frühjahr pflanzen, eine Pflanze meist ausreichend; Vermehrung durch Stecklinge oder Steckhölzer.

Pflege: Kletterhilfe erforderlich; bei recht sonnigem Stand im Sommer öfter gießen; ältere Pflanzen gelegentlich auslichten, bei Bedarf störende Triebe entfernen, Rückschnitt ebenfalls möglich.

Geißfußpfropfung

Methode der → *Veredlung* von Gehölzen, z. B. bei Obst häufig praktiziert. Die Geißfußpfropfung findet Anwendung, wenn die Unterlage stärker ist als das einzusetzende Edelreis. Das Edelreis wird dazu mit zwei schrägen Schnitten angespitzt, so dass ein Keil mit zwei Schnittflächen entsteht, die etwa im 60°-Winkel zueinander stehen. Dieser erinnerte die Namensgeber der Methode an einen Ziegenfuß. An der zuvor gekappten Unterlage wird ein entsprechender keilförmiger Einschnitt vorgenommen, das Edelreis eingesetzt und dann die Veredlungsstelle mit Bast o. Ä. verbunden. Das passende Zuschneiden von Keil und Aussparung an der Unterlage erfordert recht viel Übung.

Geißklee

CYTISUS

Man nennt sie Besen-, Elfenbein- oder Kriechginster und tatsächlich ähneln diese Arten sehr dem echten → *Ginster* (*Genista*). Sie haben jedoch kleine dreizählige Laubblätter, während die Ginsterarten einfache Blätter aufweisen, und werden unter dem deutschen Gattungsnamen Geißklee zusammengefasst. Eine rötlich blühende Art, der Purpurginster, wurde früher ebenfalls als Geißklee eingestuft, gehört aber nach neuerer Meinung zur Gattung → *Zwergginster* (*Chamaecytisus*).

Trotz dieser botanischen Feinheiten ist all diesen Sträuchern ein recht hoher Alkaloidgehalt gemeinsam; sie sind in allen Teilen giftig. Vorsicht ist besonders bei Kindern geboten, damit diese keine Fruchthülsen verzehren.

Als Schmetterlingsblütler vermögen die Geißkleearten durch die Lebensgemeinschaft mit Knöllchenbakterien den Luftstickstoff zu nutzen und kommen so selbst mit kargen Böden zurecht. Der heimische Besenginster wird vielfach auch als Landschaftsgehölz gepflanzt. Der Kissenginster kommt in Südeuropa wild vor, aus dem Mittelmeerraum stammen ebenso die Elternarten des Elfenbeinginsters.

Kissenginster
CYTISUS DECUMBENS

Merkmale: Zwergstrauch, niederliegend, Zweige oft wurzelnd, 0,2 – 0,6 m hoch; kleine dunkelgrüne, einfache, längliche Blätter; leuchtend gelbe Blüten; unauffällige Fruchthülsen.
Blütezeit: Mai – Juni
Verwendung: Für Hänge und Böschungen sowie Stein- und Heidegärten; auch für Pflanzgefäße.
Standort: Warm; leichter, durchlässiger, auch kalkhaltiger Boden; verträgt Stadtklima.
Pflanzen/Vermehren: Pflanzung im Frühjahr; Vermehrung durch Stecklinge möglich.
Pflege: Anspruchslos.
Hinweis: Weitere niederliegende bis kriechende Arten sind der besonders reich blühende Duftende Kriechginster (*C.* x *beanii*) mit gelben Blüten sowie der Zwergelfenbeinginster (*C.* x *kewensis*) mit rahmweißen bis schwefelgelben Blüten.

Elfenbeinginster
CYTISUS X PRAECOX

Merkmale: Strauch, breit buschig mit bogig überhängenden Zweigen, 1,5 – 2 m hoch; kleine länglich lanzettliche, seidig behaarte Blätter; rahmweiße bis hellgelbe Blüten, bei Sorten auch rot oder lila, streng duftend; unauffällige Fruchthülsen.

Kissenginster (Cytisus decumbens)

Blütezeit: April – Mai
Verwendung: Einzeln oder in Gruppen, im Heidegarten.
Standort: Warm, geschützt; leichter, durchlässiger, kalkfreier Boden; verträgt Stadtklima.
Pflanzen/Vermehren: Wie Kissenginster.
Pflege: Nach der Blüte einen Teil der Triebe bodennah herausnehmen oder bis zu einer Verzweigung zurückschneiden.

Besenginster
CYTISUS SCOPARIUS UND HYBRIDEN

Die Hybriden werden auch als Edelginster bezeichnet.
Merkmale: Strauch, breit buschig aufrecht mit kräftig grünen Zweigen, 1 – 2 m hoch; zahlreiche Seitenzweige, dadurch besenartig; dunkelgrüne, lanzettliche, behaarte Blätter; streng riechende, goldgelbe Blüten, bei den Hybridsorten auch rot, braunrot, rosa, teils mehrfarbig; schwarze, bis 5 cm lange Fruchthülsen.
Blütezeit: Mai – Juni
Verwendung: Einzeln oder in Gruppen, in gemischten Gehölzgruppen und Blütenhecken, im Heidegarten.
Standort: Wie Elfenbeinginster.
Pflanzen/Vermehren: Wie Kissen- und Elfenbeinginster.

Pflege: Wie Elfenbeinginster; allerdings ist Winterschutz durch Reisigauflage ratsam, besonders bei den Hybriden.

Geißschlinge
Anderer Name für → *Geißblatt*

Geiztrieb
Auch Geiz genannt; aus einer → *Blattachsel* entspringender Seitentrieb, der mit den bevorzugten, fruchttragenden Trieben konkurriert, z. B. bei Tomaten. Bei Brombeeren versteht man darunter wüchsige Seitentriebe an den Haupttrieben.
Auch → *Ausgeizen*

Gekerbt
Bestimmte Ausprägung eines eingeschnittenen Blattrands, bei dem die Einschnitte spitz zulaufen und die Zähne abgerundet sind.
→ *Blatt*

Gelappt
→ *Blattform*, bei der die Blattfläche durch mehr oder weniger starke Einschnitte in Abschnitte (Lappen) unterteilt ist.

Gelbe Rübe
Anderer Name für die → *Möhre*

Gelbe Teichrose
Gelb blühende Schwimmpflanze → *Teichrose*

Gelblupine
Einjährige Lupine, die hauptsächlich als → *Gründüngungspflanze* eingesetzt wird.

Gelbrandkäfer
Um 3 cm langer, schwarzbrauner Schwimmkäfer mit breitem gelbem Rand auf den Flügeldecken; stellt sich recht häufig in Gartenteichen ein. Die Käfer, gute Schwimmer und Taucher, leben ebenso wie ihre bis 8 cm langen Larven, die durch kräftige Mundwerkzeuge auffallen, räuberisch. Sie machen Jagd auf Insektenlarven, Wasserschnecken, Kaulquappen, Molche und sogar auf kleine Fische.
Auch → *Teichtiere*

Gelbsenf
Einjährige → *Gründüngungspflanze* aus der Familie der Kreuzblütengewächse. Mit nematodenresistenten Gelbsenfsorten können → *Nematoden* (Älchen) im Boden bekämpft werden.

Gelbsticker
→ *Gelbtafel*

Gelbstreifigkeit
Eine Viruskrankheit, die vor allem an Zwiebeln, Porree und Schnittlauch, aber auch an Narzissen und Lilien auftreten kann, wobei es sich um verschiedene, aber sehr ähnliche Erreger handelt. Die Krankheit wird durch Blattläuse sowie infizierte Steckzwiebeln übertragen.
Schadbild: Gelbgrüne Blätter, oft zusätzlich gelb gestreift, Blattröhren häufig verbogen und gewellt; Kümmerwuchs; weiche, oft missgebildete Zwiebeln.
Abhilfe: Vorbeugend Blattläuse bekämpfen; befallene Pflanzen umgehend entfernen und vernichten; direkte Bekämpfung nicht möglich.

Gelbsucht
Andere Bezeichnung für → *Chlorose*, eine gelbe bis weißliche Blattaufhellung, die häufig durch Eisenmangel verursacht ist.

Gelbtafel
Mit Leim bestrichene gelbe Kunststofftafel, deren Farbe bestimmte Insekten anzieht, die dann an der klebrigen Oberfläche haften bleiben. Man kann die Tafeln im Gewächshaus oder Wintergarten aufhängen, um → *Weiße Fliegen*, → *Minierfliegen*, → *Blattläuse* und → *Trauermücken* zu bekämpfen. So genannte Gelbsticker sind kleinere, meist dreieckige Tafeln. Sie werden direkt in die Töpfe gesteckt und hauptsächlich bei Zimmerpflanzen verwendet.

Spezielle Gelbtafeln finden zur Befallskontrolle und Bekämpfung von Kirschfruchtfliegen (→ *Kirschschädlinge*) Verwendung. Die Tafeln werden vor Flugbeginn der Fliegen, etwa Anfang Mai, in die Kirschbäume gehängt, vorwiegend an der Südseite. Eine verbesserte Wirkung ergibt sich, wenn die Gelbtafeln zusätzlich mit Lockstoffen versehen sind.

Gelenkblume
PHYSOSTEGIA VIRGINIANA

Auch Etagenerika genannt. Die Gelenkblume stammt aus Nordamerika, wo sie in feuchten Wiesen und Wäldern wächst, und zählt zur Familie der Lippenblütengewächse. Ihren Namen verdankt sie der enormen Beweglichkeit ihrer Blüten, die sich in alle Richtungen drehen lassen, ohne abzubrechen.

Gelenkblume (Physostegia virginiana)

GEMÜSE

Merkmale: Staude, lockerer, aufrechter Wuchs, 60 – 120 cm hoch, kriechender Wurzelstock; grasartige, glänzend grüne Blätter mit gesägtem Rand; ährenähnlicher Blütenstand mit trichterförmigen, rosa Einzelblüten, bei Sorten auch violettrot oder weiß.
Blütezeit: Juli – September
Verwendung: Einzeln oder in kleinen Gruppen auf Beeten und Rabatten, am Teichrand; als Schnittblume.
Standort: Gedeiht noch im Schatten, jedoch mit schwächerer Blüte; humoser, nährstoffreicher, frischer Boden.
Pflanzen/Vermehren: Pflanzung vorzugsweise im Frühjahr mit 40 – 50 cm Abstand; Vermehrung durch Teilung oder Kopfstecklinge, auch Aussaat möglich (Kaltkeimer).
Pflege: In Trockenperioden durchdringend gießen, im Frühjahr Kompost geben; ebenerdiger Rückschnitt ab Spätherbst möglich; in rauen Lagen mit Winterschutz versehen.

Gemischte Knospe

→ *Knospe,* aus der neben Blüten auch Blätter hervorgehen, z. B. beim Kernobst (Apfel, Birne).

Gemswurz

DORONICUM ORIENTALE

Der Frühlingsblüher aus der Familie der Korbblütengewächse ist in Südosteuropa, im Kaukasus und in Kleinasien beheimatet und wurde schon vor Jahrhunderten in den Bauerngärten gepflanzt.
Merkmale: Staude, horstartig buschig, 25 – 50 cm hoch, kriechender Wurzelstock; straff aufrechte, behaarte Stängel mit herzförmigen, unregelmäßig gekerbten, kräftig grünen Blättern; goldgelbe, margeritenähnliche Korbblüten.
Blütezeit: April – Mai
Verwendung: In Gruppen am Gehölzrand, auf Beeten und Rabatten, schön

Gemswurz (Doronicum orientale)

mit roten Tulpen und blauen Traubenhyazinthen; niedrige Sorten auch im Steingarten; als Schnittblume.
Standort: Am günstigsten im Halbschatten; durchlässiger, nährstoffreicher, frischer Boden.
Pflanzen/Vermehren: Pflanzung im Frühsommer mit 30 – 40 cm Abstand; Vermehrung durch Teilung nach der Blüte; auch Anzucht aus Samen möglich, Aussaat im Februar/März bei 15° C.
Pflege: Bei Trockenheit gießen, besonders bei sonnigem Stand auf genügend Feuchtigkeit achten; im Frühjahr vor dem Austrieb mit etwas Kompost versorgen.
Hinweis: Bis 80 cm hoch wächst die von Mai bis Juni blühende Hohe Gemswurz (*D. plantagineum*), die meist in der sehr großblütigen Sorte 'Excelsum' angeboten wird.

Gemüse

Zum Gemüse gehören hauptsächlich einjährig gezogene Nutzpflanzen, die der menschlichen Ernährung dienen und roh, gegart oder konserviert genossen werden. Anders als Getreide oder Kartoffeln braucht man sie nicht zur Grundversorgung mit Kohlenhydraten, sie gelten als schmackhafte, gesunde „Beikost". Frühkartoffeln im Garten kann man allerdings ebenfalls zum Gemüse rechnen. Außerdem werden der Einfachheit halber oft die Küchenkräuter hinzugezählt.

Die Gemüse haben durch ihren Mineralstoff-, Vitamin- und Ballaststoffgehalt besondere Bedeutung für die menschliche Ernährung. Weiterhin sind die geschmacksbildenden Stoffe – ebenso wie bei den Kräutern – häufig auch gesundheitsfördernd.

Nach den verwendeten Pflanzenteilen unterscheidet man in Blatt- und Salatgemüse (z. B. Kohl, Kopfsalat, Spinat, Endivie), Fruchtgemüse (z. B. Gurke, Tomate, Paprika, Bohne, Erbse), Stängel- und Sprossengemüse (z. B. Spargel, Kohlrabi, Rhabarber, Artischocke), Wurzelgemüse (z. B. Möhre, Schwarzwurzel, Rettich, Sellerie) und Zwiebelgemüse (Zwiebel, Lauch). Dies ist allerdings nur ein grobes Raster, durch das z. B. der Blumenkohl sowie mit verschiedenen Teilen genutzte Arten fallen, etwa Blatt- und Stielmangold. Je nach Erfordernis fasst man z. B. auch die Kohlgemüse oder die Hülsenfrüchtler (Erbse, Bohne, Puffbohne) extra zusammen.

Auch → *Gemüsegarten*

Aus dem Garten frisch auf den Tisch – eigener Anbau ermöglicht vielfältige Genüsse.

Gemüsebeet

Gemüsebeete werden vorwiegend nach praktischen Gesichtspunkten angelegt, um die Saat und Pflanzung in Längsreihen sowie die Bearbeitung und Ernte zu erleichtern. Üblich ist die Rechteckform mit 1,2 m Breite und beliebiger Länge, die meist zwischen 1,8 und 2,5 m liegt. Am günstigsten legt man die Beete in Nord-Süd-Richtung an, damit sie gleichmäßig besonnt werden. Damit verlaufen sie auch quer zur Hauptwindrichtung, was ebenfalls günstig ist. Vorteilhaft sind feste → *Beeteinfassungen*.

Bei einem kreis- oder halbkreisförmigen → *Gemüsegarten* ergeben sich dreieckige Beete. Hier wird es mit der Bestellung in Längsreihen schon etwas schwieriger; man muss dann teils andere Anordnungen erproben, wobei die nötigen Pflanzenabstände dennoch einzuhalten sind.

Eine völlige Abweichung vom Beetprinzip findet man teils beim intensiven Mischkulturanbau (auch → *Mischkultur*). Hier können über das ganze Gemüseland Reihen mit 30 – 50 cm Abstand gezogen werden, von denen jede nach Mischkulturprinzipien mit unterschiedlichen Gemüsen bestückt wird. Der Zugang erfolgt dann über Trittplatten oder ganz einfach über die stets gemulchten Zwischenräume.

Auch → PRAXIS-SEITE Beete neu anlegen (S. 98/99)

Gemüsefenchel

Anderer Name für den Knollenfenchel → *Fenchel*

Gemüsefliege

Gemüsefliegen nennt man eine Gruppe verschiedener Fliegen, deren Larven an unter- oder oberirdischen Pflanzenteilen von Gemüsen Fraßschäden verursachen. Sie sind in der Regel auf bestimmte Arten spezialisiert, etwa die Möhren-, Zwiebel-, Bohnen-, Spargel- und Kohlfliege. Die wichtigsten Schadfliegen sind bei den jeweiligen Pflanzen beschrieben, z. B. → *Bohnenschädlinge*. Wichtige Vorbeugungsmaßnahmen sind eine weite Fruchtfolge sowie das Abdecken von Saaten und Pflanzen mit speziellen Gemüsefliegennetzen. Bei der bewährten Mischkultur von Zwiebeln und Möhren halten die Zwiebeln die Möhrenfliege fern und umgekehrt die Möhren die Zwiebelfliege.

Gemüsegarten

Der Gemüsegarten, früher das Kernstück jeden Hausgartens, ist heute längst kein Muss mehr. Bei den oft begrenzten Grundstücksflächen werden häufig Zier- und Wohngartenbereiche bevorzugt, zumal Gemüsegärten auch recht viel und vor allem regelmäßigen Pflegeaufwand verlangen. Unter wirtschaftlichen Aspekten lohnt sich die eigene Gemüsekultur bei den heutigen Lebensmittelpreisen kaum, höchstens bei einem großflächigen, intensiv betriebenen Anbau. Allerdings wissen viele Gartenbesitzer den besonderen Genuss frischen, selbst geernteten Gemüses zu schätzen. Und bei eigener Ernte kann man sicherstellen, dass sie ohne übermäßigen Pflanzenschutzmittel- und Düngereinsatz herangezogen wurde.

Statistisch gesehen wären pro Person etwa 40 – 50 m² Anbaufläche nötig, um den durchschnittlichen Gemüsebedarf zu decken; ein anderer Richtwert aus der Gartenplanung geht von 15 – 20 m² Nutzgartenfläche pro Person aus. In der Praxis richtet man sich freilich eher nach der vorhandenen Fläche und der verfügbaren Zeit für die Gartenarbeit aus. Im Grunde genügen für etwas Frischgemüse und Kräuter schon drei bis vier Beete.

Der Gemüsegarten braucht einen sonnigen Platz und sollte möglichst nicht in stark windexponierter sowie frostgefährdeter Lage angelegt werden. Eine Hecke kann für ein günsti-

Der Gemüsegarten sollte möglichst sonnig und etwas windgeschützt liegen.

GENERATIVE VERMEHRUNG

ges Kleinklima sorgen und stellt zugleich eine passende Abgrenzung zum restlichen Garten dar. Allerdings darf sie den Gemüseteil nicht übermäßig beschatten. Bei einer Neuanlage ist eine → Bodenuntersuchung empfehlenswert, gefolgt von einer gründlichen → Bodenbearbeitung, ggf. auch einer → Bodenverbesserung. Man sollte von Anfang an auf regelmäßige Humuszufuhr achten, die im Vorfeld schon durch eine → Gründüngung erfolgen kann.

Der eher nüchterne Anblick eines rein praktisch konzipierten Gemüsegartens lässt sich z. B. durch Elemente des → Bauerngartens auflockern. Interessant wirkt eine Gestaltung des gesamten Gemüsebereichs in Form eines Kreises oder Halbkreises. Dabei entstehen tortenförmige Beetstücke; in der Mitte eines kreisförmigen Gemüsegartens kann man ein Rondell platzieren, das mit Kräutern oder einer Hochstammrose bepflanzt wird.

Unabhängig von der Gestaltung sollte man die „Infrastruktur" im Auge behalten. Wichtig sind Wege, von denen aus man alle Beete gut erreichen kann. Für Nebenwege reichen 30 – 40 cm Breite. Bei einem größeren Gemüsegarten empfiehlt sich außerdem ein Hauptweg von wenigstens 80 cm, besser 100 – 120 cm Breite. Nach Möglichkeit stattet man den Gemüsegarten gut mit Wasseranschlüssen bzw. Zapfstellen oder auch einer Regentonne aus. Kompostplatz und Geräteschuppen sollten nicht allzu weit entfernt sein.

Auch → Gemüsebeet, → Anbauplanung

Gemüselagerung und -konservierung

Selbst wenn man Gemüseanbau nicht im großen Stil betreibt, fallen des Öfteren Erntemengen an, die sich nicht gleich verwerten lassen. Ungelegen kommt das vor allem bei

Wurzelgemüse und Kohl lassen sich gut in Erdgruben lagern.

schlecht lagerfähigen Arten wie Salat oder Radieschen. Dem kann man jedoch durch gut überlegte → Folgesaaten vorbeugen.

Für eine kurzzeitige Lagerung ist der Kühlschrank der geeignete Ort. Denn unter dem Einfluss von Wärme, Licht und reichlich Sauerstoff welken die meisten Gemüse nicht nur rasch, sondern verlieren auch bald einen Großteil der Vitamine. Das Vitamin C in Blattgemüsen und Salaten ist z. B. bei ungekühltem Lagern schon nach zwei bis drei Tagen fast vollständig abgebaut. Soweit man über verschiedene Kältezonen im Kühlschrank verfügen kann, bringt man Salat und Blattgemüse im kühlsten Bereich unter, und zwar unzerkleinert und ungewaschen, am besten in Folienbeuteln. Fruchtgemüse wie Tomaten, Gurken oder Auberginen kommen dagegen in die wärmste Kühlzone. Noch grün geerntete Tomaten bringt man am besten im warmen Zimmer zum Nachreifen; sie brauchen dafür kein Licht.

Die längerfristige Lagerung wird besonders zum Haupterntetermin im Spätsommer und Herbst interessant.

Bei geeigneter Aufbewahrung oder Konservierung kann man teils bis zum nächsten Frühjahr den Speisezettel mit selbst erzeugtem Gemüse bereichern.

→ PRAXIS-SEITE Gemüse lagern und haltbar machen (S. 324/325)

Gemüsemais
Varietät des → Maises mit süß schmeckenden Körnern

Gemüsepaprika
Die bei uns meist angebauten Formen des → Paprikas mit breiten, mild schmeckenden Früchten, im Gegensatz zum Gewürzpaprika

Gemüsezwiebel
Spezielle Sortengruppe der Speisezwiebel mit großen, mild schmeckenden Früchten
→ Zwiebel

Generative Vermehrung
Auch geschlechtliche Vermehrung; die Fortpflanzung bzw. Vermehrung von Pflanzen durch Samen. Als gezielt durch den Gärtner betriebene Vermehrung entspricht dies der → Aussaat bzw. → Anzucht aus Samen.

Voraussetzung für die Samenbildung ist die → Befruchtung. Da sich hierbei weibliche und männliche Geschlechtszellen vereinigen, die häufig von verschiedenen Individuen derselben Art stammen, wird das Erbgut bei generativer Vermehrung immer wieder neu kombiniert. Die Samen bergen die Eigenschaften beider Eltern, die Nachkommen variieren in ihren Merkmalen. Dadurch entstehen teils auch gegenüber den Eltern verbesserte Nachkommen, die als Neuzüchtungen unsere Gärten bereichern. Im Gegensatz dazu steht die → *vegetative Vermehrung,* z. B. über Ausläufer oder Stecklinge, die sehr einheitliche Nachkommen ergibt.

Gemüse lagern und haltbar machen

1. Zwiebeln machen eine Ausnahme: Sie sollten trocken gelagert werden, ansonsten kühl und möglichst luftig.

2. In Sand eingeschlagen halten sich Wurzelgemüse etliche Wochen, wenn der Lagerraum kühl und nicht zu trocken ist.

3. Praktische Lösung für die Erdgrube: Ein mit Stroh isolierter Holzdeckel vereinfacht die Entnahme.

Aufbewahren in Lagerräumen

Frostfrei, aber kühl (3 – 5° C), mit relativer Luftfeuchtigkeit von 70 – 80 %, jedoch nicht zu nass, dunkel und gut lüftbar – so wäre der optimale Lagerraum für Gemüse beschaffen. Ein Naturkeller mit Lehmboden kann diese Anforderungen gut erfüllen, Keller in neueren Häusern sind allerdings meist zu trocken, teils auch zu warm. Durch Aufstellen von mit Wasser gefüllten Eimern lässt sich die Feuchtigkeit etwas erhöhen. Statt eines Kellers kommen z. B. auch ein frostfreier Dachboden oder kühler Abstellraum infrage.

Kohlköpfe und Endivien kann man in luftigen Regalen lagern oder, noch besser, am Strunk mit dem Kopf nach unten aufhängen, ebenso Zuckerhut und Grünkohl. Chinakohl und Chicorée halten sich gut, wenn man sie in Zeitungspapier einwickelt. Lagerfähiges Wurzelgemüse wie Möhren und Rote Bete legt man am besten in eine Kiste mit leicht feuchtem Sand; zuvor werden die Blätter abgeschnitten. Ob man das Regal oder den Sandeinschlag wählt, das Erntegut sollte auf keinen Fall zu dicht nebeneinander gepackt werden.

Äpfel darf man nicht zusammen mit Gemüse im selben Raum lagern, da sie → *Ethylen* ausscheiden, das zum schnelleren Verderben der Gemüse führt. Es empfiehlt sich, bei frostfreiem Wetter die lagernden Gemüse regelmäßig auf Faulstellen zu kontrollieren. Faulendes muss umgehend entfernt werden, um eine Ausbreitung zu vermeiden.

> **TIPP**
>
> Ernten Sie Gemüse, die gelagert werden sollen, möglichst nur bei trockenem Wetter. Das Erntegut sollte weder Beschädigungen noch Faulstellen aufweisen. Kohlgemüse erntet man am besten mitsamt Strunk. Winterkohl, Grünkohl und Porree können Sie einfach dicht an dicht ins geschützte Frühbeet stellen und die Wurzeln in die Erde einschlagen.

Lagerung im Garten

Wo die Möglichkeiten im Haus fehlen, bietet sich eine geschützte Lagerung im Garten an – besonders einfach, wenn man über ein Frühbeet verfügt. Hier werden die grob geputzten Gemüse nach Einfüllen einer etwa 10 cm hohen Lage Sand schichtweise eingelagert und jeweils mit Erde abgedeckt. Zum Schluss kommt wieder eine Schicht Sand darüber. Wenn Fröste drohen, isoliert man die Frühbeetfenster mit Strohmatten oder Noppenfolie.

Auf dieselbe Weise lagert man Gemüse in Erdmieten oder -gruben, die ca. 50 cm tief und bis 80 cm breit ausgehoben werden. Am besten kleidet man die ganze Grube zum Schutz gegen Mäuse mit feinmaschigem Draht aus; das empfiehlt sich auch bei Frühbeetlagerung. Nach dem schichtweisen Einfüllen der Gemüse packt man Stroh oder trockenes Laub als Isolierung darüber, schließlich wird alles mit dem Erdaushub abgedeckt.

Konservierungsmethoden

Das Tiefgefrieren ist heute die geläufigste Methode, um Gemüse haltbar zu machen, zugleich diejenige, die die Vitamine am besten erhält. Sie werden auch durch das Blanchieren, das kurzzeitige Erhitzen, nur mäßig beeinträchtigt – umgekehrt führt dieses Verfahren dazu, dass vitaminabbauende Enzyme zerstört werden. Das Blanchieren wirkt außerdem Geruchs-, Geschmacks- und Farbänderungen entgegen. Tipp: Um das Verbräunen von Blumenkohl und Spargel zu verhindern, dem Blanchierwasser etwas Ascorbinsäure (Vitamin C) oder Zitronensäure zugeben.

Zum Blanchieren wird das gereinigte, zerkleinerte Gemüse je nach Art, Größe und Konsistenz 2 – 8 min in kochendes Wasser gegeben oder mittels eines Siebeinsatzes in Wasserdampf erhitzt. Danach lässt man es schnell in sehr kaltem Wasser abkühlen, gut abtropfen, verpackt es in nicht allzu großen Portionen in geeignete Gefrierbeutel und friert es anschließend sofort ein. Die Gefrierbeutel sollten möglichst wenig Luft enthalten, da Luftpolster das Einfrieren deutlich verlangsamen. Bei Temperaturen zwischen -18 und -22° C bleibt das Gemüse dann bis zu einem Jahr lagerfähig.

Weitere, im Lexikonteil kurz beschriebene Konservierungsmethoden sind → *Einkochen,* → *Einlegen* und → *Einsäuern*. Daneben gibt es Salzkonservierung, Trocknen und Dörren; diese Verfahren werden heute nur noch selten bzw. für Spezialzwecke praktiziert. Das Einkochen bietet den Vorteil, dass die Gemüse dann bei Verwendung quasi schon fertig gegart sind. Vom ernährungsphysiologischen Standpunkt ist neben dem Einfrieren das Einsäuern (Milchsäuregärung) besonders empfehlenswert.

4. *Gefrierbeutel sollten unbedingt beschriftet und mit dem Datum des Einfrierens versehen werden.*

5. *Auch für eingekochtes Gemüse und Obst ist ein kühler, nicht zu heller Platz am günstigsten.*

CHECKLISTE

Vor dem Gefrieren kann bzw. sollte man bei folgenden Gemüsen auf das Blanchieren verzichten:
- Gurken
- zarte Möhren
- Porree
- Stangensellerie
- Chinakohl
- Tomaten (für Soßenzubereitung)
- Küchenkräuter

Schlecht einfrieren lassen sich:
- Radieschen
- Rettiche
- Blattsalate
- Melonen

Genistella
Früherer botanischer Gattungsname des → *Flügelginsters,* der heute als *Chamaespartium* bekannt ist.

Genista
Botanischer Gattungsname des → *Ginsters*

Gentiana
Botanischer Gattungsname des → *Enzians*

Genus
Fachsprachliche Bezeichnung für → *Gattung*

Genussreife
Zeitpunkt, ab dem Obst vollreif ist; das Fruchtfleisch ist dann art- bzw. sortentypisch mürbe oder saftig, das Verhältnis zwischen Zucker und Säure ausgeglichen, alle Aromastoffe sind vollends entwickelt. Bei Stein- und Beerenobst fallen Ernte- und Genussreife zusammen, manche Apfel- und Birnensorten entfalten die Genussreife erst nach einiger Zeit der Lagerung. Einige Wildobstarten, z. B. Mispel, Schlehe und Berberitze, werden erst nach Frosteinwirkung genussreif.

Georgine
Andere Bezeichnung für die beliebte → *Dahlie*

Geranie
Verbreitete Bezeichnung für die Pelargonien, die seit langem zu den beliebtesten Balkonblumen gehören, → *Balkonbepflanzung.* Sie wurden um 1700 aus Südafrika nach Europa eingeführt und anfangs für Mitglieder der Gattung *Geranium* (Storchschnabel) gehalten. Obwohl man sie dann schon Ende des 18. Jahrhunderts der Gattung *Pelargonium* zuordnete, hat sich der Begriff Geranien bis heute gehalten.

Geranium
Botanischer Name der Gattung → *Storchschnabel,* zu der zahlreiche Gartenstauden gehören.

Geräte
→ *Gartengeräte*

Gerbstoffe
Pflanzliche Stoffwechselprodukte mit fäulniswidrigen Eigenschaften. Bei Bäumen sind sie im dunkel gefärbten Kernholz und in Rinden enthalten und schützen das Holz vor zersetzenden Organismen. Rinden mit hohen Gerbstoffgehalten, z. B. die der Eiche, lassen sich zum Gerben, d. h. zum Verarbeiten tierischer Häute zu Leder nutzen, daher der Name. Gerbstoffe kommen auch in Blättern, etwa von Kräutern, vor sowie in Wurzeln und Früchten. Bei Heidelbeeren, Wein oder Schwarztee beispielsweise tragen sie zum herben Geschmack bei. In kleineren Mengen sind Gerbstoffe günstig für die Verdauung und werden auch zur Behandlung von Magen-Darm-Erkrankungen eingesetzt. Außerdem wirken sie entzündungshemmend und fördern auch die Wundheilung.

Kräuter wie Ysop sind nicht zuletzt durch ihren Gerbstoffgehalt gesund.

Gerüstast
Andere Bezeichnung für Leitast; bei Obstbäumen bilden meist drei oder vier Leitäste zusammen mit der Stammverlängerung das Gerüst der Krone.
Auch → *Obstbaumschnitt*

Gerüstbildner
Kommt im Zusammenhang mit Pflanzen und Garten in zwei völlig unterschiedlichen Bedeutungen vor:
1) Bei hochstämmigen Obstbäumen eine Veredlungsunterlage, die nicht nur den Stamm, sondern auch einen Teil des Kronengerüsts beisteuert.
2) In der Gestaltung Pflanzen, die optisch Struktur schaffen; bei der → *Gartengestaltung* sind dies größere Gehölze, auf Beeten und Rabatten z. B. Kleinsträucher oder hohe Gräser.

Gesägt
Bestimmte Ausprägung eines eingeschnittenen Blattrands, bei dem sowohl die Einschnitte als auch die Zähne spitz zulaufen; beim gezähnten Blattrand dagegen sind die Einschnitte abgerundet.
Auch → *Blatt*

Geschlechtliche Vermehrung
Vermehrung über Samen
→ *generative Vermehrung*

Geschlechtszellen
Männliche und weibliche Keimzellen, die bei der → *Befruchtung* miteinander verschmelzen. Die männlichen Pollen werden in den Staubgefäßen der → *Blüte* gebildet, die weiblichen Eizellen befinden sich in den Samenanlagen des Fruchtknotens.

Geschützte Pflanzen
Pflanzenarten, die in der freien Natur im Bestand bzw. vom Aussterben bedroht sind und deshalb unter gesetzlichem Schutz sehen, → *Artenschutz.*

Sie dürfen nicht beschädigt oder ausgegraben werden, auch nicht zum Verpflanzen in den eigenen Garten. Viele geschützte Arten können als Pflanzen aus gärtnerischer Vermehrung über Stauden- oder Spezialgärtnereien bezogen werden.

Gespannte Luft

Luft mit gleich bleibend hoher relativer Luftfeuchtigkeit unter einer Folien- oder Glasabdeckung, wichtig bei der → *Anzucht* und Vermehrung über → *Stecklinge*.

Gespinstmotte

Gespinstmotten sind kleine Schmetterlinge der Gattung *Yponomeuta*, die in Mitteleuropa in über 50 Arten vorkommen und an verschiedenen Gehölzen als Schädlinge auftreten können. Die weißgrauen Flügel der um 1 cm großen Falter sind schwarz gepunktet. Sie fliegen je nach Art zwischen Juni und August und legen ihre zahlreichen Eier in typisch dachziegelartiger Anordnung ab, meist an Zweigen. Die daraus schlüpfenden hellgrauen oder cremefarbenen Raupen überziehen die Bäume mit zähen Gespinsten, in denen sie sich verpuppen. In der Zwischenzeit fressen sie an Blättern und anderen Pflanzenteilen.

Gespinstmotten treten besonders in heißen, trockenen Sommern auf. Vor allem an Traubenkirschen kommt es alle paar Jahre zu einem Massenbefall, bei dem die Raupen innerhalb kurzer Zeit die Blätter kahl fressen. Die Gehölze regenerieren sich jedoch in der Regel gut, die jeweiligen Gespinstmotten sind zudem auf bestimmte Arten spezialisiert und gehen nicht auf andere Gehölze über. Eine Bekämpfung wird in erster Linie nötig, wenn Obstbäume wie Apfel und Pflaume befallen werden; Bekämpfungsmaßnahmen sind bei der Apfelbaumgespinstmotte (→ *Apfelschädlinge*) genannt.

Gestaltung
→ *Gartengestaltung*

Gesteinsmehl

Auch Steinmehl genannt; in Schotterwerken bei der Steinverarbeitung gewonnene, fein geriebene Gesteine. Zusammensetzung bzw. Inhaltsstoffe hängen von den jeweiligen Ausgangsgesteinen ab. Urgesteinsmehle werden aus Granit und Basalt gewonnen. Gesteinsmehle haben einen hohen Gehalt an Silikaten, oft auch an Tonmineralen, und enthalten außerdem in unterschiedlichen Anteilen Magnesium, Kalk, Phosphor, Kalium und verschiedene Spurennährstoffe. Vor allem bezüglich Spurennährstoffen und – bei entsprechendem Gehalt – Kalk sowie Magnesium kann man Gesteinsmehle als Dünger einsetzen. Ansonsten sind sie in erster Linie Bodenverbesserungsmittel, besonders wertvoll in Form von Tonmehlen wie → *Bentonit*. Man kann sie bei jeder Bodenbearbeitung mit einarbeiten, dem Kompost zugeben und zwischen den Pflanzen ausstreuen. Der hohe Silikatanteil verbessert zudem die Widerstandskräfte der Pflanzen gegen Krankheiten und Schädlinge. Gesteinsmehle werden deshalb auch als Pflanzenstärkungsmittel angeboten und dienen, fein zerstäubt auf den Pflanzen verteilt, als Abwehrmittel gegen Pilzbefall und Schädlinge.

Gesundungskalkung
→ *Kalkung* zum Verbessern kalkarmer, versauerter und verdichteter Böden

Getrenntgeschlechtig

Andere Bezeichnung für → *zweihäusig*; männliche und weibliche Blüten stehen getrennt an verschiedenen Individuen verteilt, es gibt also männliche und weibliche Pflanzen, z. B. bei Sanddorn, Hopfen und Kiwi.
Auch → *Eingeschlechtig*

Gesteinsmehl kann zur Bodenverbesserung und zur Pflanzenstärkung eingesetzt werden.

Geum

Mittelhohe oder niedrige Stauden mit leuchtend roten, orangen oder gelben Blüten
→ *Nelkenwurz*

Gewächshaus

Auch als Treibhaus oder Glashaus bekannt. Gewächshäuser für den Hausgarten werden in einer Vielzahl von Modellen und Ausführungen als so genannte Kleingewächshäuser angeboten, selbst wenn sie recht groß ausfallen. Sie erweitern die Möglichkeiten für die Anzucht und Kultur von Gemüse wie Zierpflanzen und können rund ums Jahr genutzt werden.

Dazu verhilft der Gewächshaus- oder Treibhauseffekt: Die einfallenden kurzwelligen Sonnenstrahlen werden im Gewächshaus vielfach gebrochen und reflektiert und dabei zu größeren Teilen in langwellige Wärmestrahlen umgewandelt. Diese werden von der Abdeckung aus transparenten Kunststoffen oder Glas kaum durchgelassen, die Wärmestrahlung

Gewächshaus

verbleibt im Haus und sorgt für entsprechende Temperaturen. Wie weit und wie lang dieses Prinzip der „Wärmefalle" funktioniert, hängt natürlich von der Isolierung ab.

Standort und Voraussetzungen

Für die optimale Lichtausnutzung ist ein möglichst sonniger Platz nötig. Dabei sollte man bei der Standortwahl besonders auf den Lichteinfall von Herbst bis Frühjahr achten, wenn die Sonne niedriger steht, das Licht aber am nötigsten gebraucht wird. Ungeeignet sind sehr windige und ausgesprochen feuchte Plätze sowie frostgefährdete Senken. An Flächenbedarf muss man mit wenigstens 4 – 5 m² rechnen; wenn ein Anbau in Grundbeeten gewünscht ist, werden mindestens 10 m² erforderlich.

Sofern es sich einrichten lässt, platziert man das Gewächshaus am günstigsten in der Nähe des Wohnhauses. Zumindest ist es vorteilhaft, wenn Wasser- und Stromanschlüsse nicht allzu weit entfernt liegen; andernfalls sollte man frühzeitig entsprechende Leitungen und Installationen einplanen.

Ob eine Bauanzeige oder Baugenehmigung nötig ist, hängt einerseits von der Größe und Ausstattung des Hauses ab, andererseits von den regionalen bzw. kommunalen Vorschriften. Hier bleibt nur die Anfrage bei der örtlich zuständigen Behörde. In der Regel sind auch bestimmte Grenzabstände zum Nachbargrundstück zu beachten.

Gewächshaustypen und -nutzung

Nach Bauweise und Form unterscheidet man folgende Gewächstypen:

■ Anlehngewächshaus: Dieses wird direkt an die Hauswand angebaut, meist mit drei senkrechten Wänden und Pultdach; teils auch mit schräger, bis zum Boden durchgehender Vorderseite. Ein Anlehngewächs kann man schon als Wintergarten betrachten bzw. einrichten; es nutzt die Wärmeabstrahlung des Hauses, die Lichtmenge ist jedoch geringer als beim frei stehenden Gewächshaus.

■ Satteldachgewächshaus: Dies ist die verbreitete Bauweise bei frei stehenden Gewächshäusern, mit rechteckigem Grundriss und zwei geneigten Dachflächen; bei Hobbygewächshäusern meist mit einem Dachneigungswinkel zwischen 25 und 30°.

■ Rundbogengewächshaus: Dieses hat eine tonnenartiger Form, im Hobbybereich fast nur bei Foliengewächshäusern üblich.

■ Rundgewächshaus bzw. Pavillon: Diese Form hat eine 6- bis 16-eckige Grundfläche, ist sehr dekorativ, allerdings für Gemüseanbau weniger geeignet und in Bezug auf Einrichtung (z. B. Anbringen von Regalen) etwas unpraktisch.

Gleich, für welchen Gewächshaustyp man sich entscheidet, sollte man auf jeden Fall auf halbwegs bequeme Begehbarkeit (mindestens 2 m Firsthöhe) achten. Ein sehr wichtiges Kriterium ist außerdem die Belüftungsmöglichkeit über Fenster und Türen: Die Lüftungsfläche sollte wenigstens 10 %, besser 20 % der Gesamtfläche von Dach und Seitenwänden betragen.

Obwohl auch im Winter das Sonnenlicht für eine gewisse Erwärmung sorgt, können die meisten Pflanzen nur mit Zusatzheizung über die kalte Jahreszeit gebracht werden. Nach Temperaturbereich und Heizungseinsatz unterscheidet man:

■ unbeheiztes Haus: für Aussaat- und Ernteverfrühung, Anzucht, Sommerkultur (z. B. von Paprika)

■ zeitweise beheiztes Haus: verbesserte Anzuchtmöglichkeiten durch Zusatzheizung oder Mist- bzw. Laubpackungen (wie beim → *Frühbeet*) im Frühjahr

Kleingewächshaus im Garten

■ Kalthaus: Es wird durch einfache Heizeinrichtung stets frostfrei gehalten; dadurch verstärkt Anbau von Wintergemüse möglich, außerdem Überwinterung unempfindlicher Kübelpflanzen.

■ temperiertes Haus: Wird ab Herbst tagsüber auf 12 – 18° C beheizt; erlaubt vielfältigen Winteranbau, zeitige Anzucht, auch für Wärme liebende Dauerkulturen, winterblühende Topfpflanzen, Bromelien und Orchideen.

■ Warmhaus: Wird ab Herbst tagsüber auf 18 – 22° C beheizt; für tropische Pflanzen und exotische Gemüse, außerdem frühzeitige Anzucht ab Januar möglich.

Beim temperierten und warmen Haus werden nachts die Temperaturen auf bis zu 3° C abgesenkt, je nach Wärmebedarf der Kulturen.

Die Nutzung mit Zusatzheizung setzt eine gute Isolierung voraus (vgl. Konstruktions- und Bedachungsmaterialien). Am günstigsten ist der Anschluss an die Zentralheizung des Wohnhauses. Der Heizkörper (in Feuchtraumausführung) im Gewächshaus wird dann über einen Thermostat gesteuert. Allerdings braucht es dann spezieller Vorrichtungen (z. B.

Soll das Gewächshaus das ganze Jahr über genutzt werden, braucht man unbedingt eine Heizung.

Für das Lüften des Gewächshauses hat sich eine automatische Fensteröffnung bewährt.

gesonderte Umwälzpumpe), damit das Gewächshaus auch nachts genügend beheizt wird. Wer das Gewächshaus intensiv nutzen möchte, sollte sich zuvor im Fachhandel gründlich über passende Heizlösungen informieren. Je nach Bedarf kann beispielsweise eine Gas-, Vegetations- oder elektrische Gewächshausheizung infrage kommen. Für Öl-, Kohle- und Holzöfen ist unbedingt eine Abgasabführung über Rohre oder Schornsteine erforderlich.

Konstruktions- und Bedachungsmaterialien

Es gibt verschiedene Möglichkeiten, zu einem eigenen Gewächshaus zu kommen: vom kompletten Selbstbau über die Verwendung vorgefertiger, beliebig kombinierbarer Einzelteile (Erwerbsgärtnerbedarf) bis zum Fertiggewächshaus, das vom Lieferanten im Garten aufgebaut wird. Die häufigste Lösung ist die Selbstmontage von Bausätzen. Solche werden meist mit einem Aluminium-Fundamentrahmen samt hilfreichem Fundamentplan geliefert, der für einfache Zwecke genügt. Bei ganzjährig beheizten Häusern empfiehlt sich allerdings ein gemauertes oder betoniertes Streifenfundament, das bis in 80 cm Tiefe reicht. Es isoliert nicht nur, sondern bietet ebenfalls Schutz vor unterirdisch eindringenden Schädlingen.

Tragende Teile und Verstrebungen von Hobbygewächshäusern sind meist aus **Aluminium** gefertigt. Es ist leicht und gut formbar, dabei stabil und chemisch sowie witterungsbeständig. Voraussetzung für die Belastbarkeit sind allerdings hinreichend kräftige Formteile. Hauptsächlicher Nachteil dieses Materials ist die mangelnde Isolierwirkung. Für stärker beheizte Gewächshäuser und Wintergärten sollte man spezielle wärmegedämmte Aluprofile wählen.

Holz dagegen bietet eine gut Wärmedämmung; Gewächshäuser mit Holzkonstruktionen fügen sich zudem besonders schön in den Garten ein. Allerdings sind Fertiggewächshäuser aus Holz nicht gerade preiswert. Für Eigenkonstruktionen jedoch bietet sich Holz am ehesten an. Man sollte dafür nur gut abgelagertes Holz von bester Qualität verwenden. Nachteile: Für ein stabiles Gewächshaus müssen die Streben recht kräftig sein, was zwangsläufig den Lichteinfall einschränkt. Holz muss zudem des Öfteren mit einem pflanzenverträglichen Holzschutzmittel behandelt werden.

An **sonstigen Materialien** sind in erster Linie die verzinkten Stahlstreben bei Foliengewächshäusern zu erwähnen. Gelegentlich werden Tragekonstruktionen zum Teil aus Kunststoff gefertigt, das durch seine gute Wärmedämmung sehr vorteilhaft ist.

Kunststoffe spielen – in transparenter Ausführung – vor allem bei der Bedachung eine Rolle. Weit verbreitet sind mittlerweile **Stegdoppelplatten,** auch Hohlkammerplatten genannt, aus Polycarbonat oder Acryl. Sie bieten eine gute Wärmedämmung, sind leicht und bruchfest und lassen sich einfach verarbeiten. Sie werden in Stärken von 4 – 32 mm angeboten, wobei 16-mm-Scheiben den Wärmedämmungsgrad von Isolierglasscheiben erreichen.

Glas hat gegenüber den Kunststoffplatten den Vorteil größerer Lichtdurchlässigkeit, wird außerdem durch chemische Einflüsse kaum angegriffen. Die preisgünstige Einfachverglasung, mit 4 – 5 mm Stärke zu empfehlen, bietet keine Wärmeisolierung. Man unterscheidet völlig glattes, durchsichtiges Blankglas sowie an der Innenseite genörpeltes (gerifeltes) Klarglas, das für etwas günstigere Lichtstreuung sorgt. Gut dämmende Isolierglasscheiben sind sehr schwer und finden meist nur als Seitenwände Einsatz.

Folie ist die preiswerteste Lösung, muss allerdings nach etwa 5 bis 8 Jahren erneuert werden. Die in der Regel nicht beheizten Folienhäuser kann man im Grunde wie komfortable → *Folientunnel* nutzen. Die Abdeckung besteht meist aus UV-stabilisierter PE-Folie, teils mit Gitternetz verstärkt (auch → *Folie*).

Gewebe

Verband von gleichen oder auch unterschiedlich gebauten Zellen, die annähernd die gleiche Aufgabe erfüllen. Gewebe entstehen durch fortlaufende Zellteilung. Grundsätzlich unterscheidet man bei den Pflanzen → *Bildungsgewebe* und → *Dauergewebe*.

Gewitterblume

STERNBERGIA LUTEA

Auch Goldkrokus genannt. Das ausdauernde Amaryllisgewächs stammt aus dem Mittelmeergebiet und Vorderasien und ist bei uns nur bedingt winterhart. Seine Blüten erinnern sehr an Krokusse, öffnen sich aber erst im Herbst. Kurz nach den Blüten erscheinen dann auch die schmalen Blätter, die erst im darauf folgenden Frühjahr einziehen.
Merkmale: Ausdauernde Zwiebelpflanze, 10 – 20 cm hoch; riemenartige, sattgrüne Blätter; schalenförmige, bis 5 cm lange, goldgelbe Blüten auf kurzen Stielen.
Blütezeit: September – Oktober
Verwendung: In Gruppen im Steingärten, vor Gehölzen oder höheren Herbststauden; auch als Topfpflanze.

Gewitterblume (Sternbergia lutea)

Standort: Warm, geschützt; gut durchlässiger, am besten steiniger, trockener Boden; reagiert recht empfindlich auf Nässe, auch im Winter.
Pflanzen/Vermehren: Ab Juni bis Anfang August Zwiebeln 10 – 15 cm tief stecken; Pflanzabstand 10 cm; Vermehrung am einfachsten durch Abtrennen von Brutzwiebeln.
Pflege: Im Frühjahr etwas Kompost oder organischen Dünger geben; im Herbst 10 – 15 cm hoch, aber locker gepackt, mit Fichtenreisig abdecken.

Gewürzfenchel

Varietät des → *Fenchels*, von der Blätter und Samen als Würze genutzt werden.

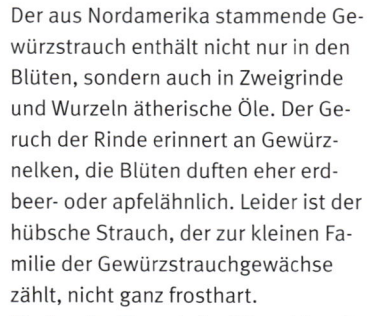

Gewürzpaprika

Formen des → *Paprikas* mit länglichen, scharf schmeckenden Früchten, im Gegensatz zum milderen Gemüsepaprika

Gewürzstrauch

CALYCANTHUS FLORIDUS

Der aus Nordamerika stammende Gewürzstrauch enthält nicht nur in den Blüten, sondern auch in Zweigrinde und Wurzeln ätherische Öle. Der Geruch der Rinde erinnert an Gewürznelken, die Blüten duften eher erdbeer- oder apfelähnlich. Leider ist der hübsche Strauch, der zur kleinen Familie der Gewürzstrauchgewächse zählt, nicht ganz frosthart.
Merkmale: Strauch, breit buschig mit aufrechten Trieben, 1 – 3 m hoch, bis 2 m breit; eiförmige bis rundliche, dunkelgrüne Blätter, unterseits graugrün; dunkel braunrote, magnolienähnliche Blüten mit ca. 5 cm Ø, stark duftend.
Blütezeit: Juni – Juli
Verwendung: In Einzelstellung oder in kleinen Gruppen; als Duftpflanze an Terrasse oder Sitzplatz; auch als Kübelpflanze.

Gewürzstrauch (Calycanthus floridus)

Standort: Warm, geschützt; durchlässiger, tiefgründiger, humoser, nährstoffreicher, frischer bis feuchter Boden, schwach alkalisch bis sauer.
Pflanzen/Vermehren: Pflanzung im Frühjahr; Vermehrung über Steckhölzer oder Aussaat im Spätherbst (Kaltkeimer).
Pflege: Bei Trockenheit gießen, im Frühjahr Kompost verabreichen; Wurzelbereich im Herbst mit Laub und Nadelreisig abdecken; erfrorene Triebe im Frühjahr zurückschneiden; alle 3 bis 4 Jahre die ältesten Triebe bodennah herausschneiden.

Gezähnt

Bestimmte Ausprägung eines eingeschnittenen Blattrands, mit abgerundeten Einschnitten und spitzen Zähnen; beim gesägten Blattrand dagegen sind auch die Einschnitte spitz.
Auch → *Blatt*

Giersch

AEGOPODIUM PODAGRARIA

Auch Zaungiersch, Geißfuß oder Zipperleinskraut genannt. Der Giersch, ein ausdauerndes Doldengewächs, kann als Unkraut recht lästig werden. Er breitet sich mit kriechendem Wurzelstock und dünnen, bis zu 50 cm langen Ausläufern rasch aus und bildet bald größere Bestände, wenn man ihn lässt. Die 30–100 cm hohe Pflanze hat kantige, gefurchte, innen hohle Stängel, die sich ästig verzweigen. Die Blätter sind doppelt dreizählig gefiedert oder dreieckig, die Blattränder deutlich gesägt. Von Mai bis August erscheinen die weißen Doldenblüten mit 12 bis 18 Strahlen.

Im Halbschatten, auf feuchten Böden, entwickelt sich der Giersch am besten. Sein Vorkommen zeigt einen lehmigen, stickstoffreichen Boden an. Er lässt sich nur durch regelmäßiges Entfernen und Ausgraben der Ausläufer zurückdrängen; am besten durch konsequentes → *Aushungern* oder Abdecken stark überwucherter Flächen mit kräftiger schwarzer Mulchfolie, die allerdings lange liegen bleiben muss. Die Blätter und jungen Sprosse des Gierschs geben im Frühjahr ein schmackhaftes, vitaminreiches Wildgemüse ab.

Gießen

Unter Gießen versteht man meist die direkte Wasserversorgung mit Kanne oder Schlauch, im weiteren Sinne kann man auch andere Verfahren der → *Bewässerung* dazuzählen.

Erforderliche Gießmengen und -häufigkeiten hängen nicht nur von Jahreszeit, Wetter, Pflanzenart und -alter (Jungpflanzen brauchen häufiger Wasser) ab, sondern auch von der → *Bodenart*. Bodenbedeckung durch → *Mulchen* spart Gießgänge und damit Wasser, ebenso häufige Bodenlockerung. Eine alte Gärtnerregel besagt: „Einmal hacken spart zweimal gießen."; denn durch die Lockerung werden feinste Verdunstungskanäle (Kapillaren) im Boden zerstört, die Feuchte in tieferen Schichten bleibt länger erhalten. Ein gut gelockerter Boden nimmt zudem das Wasser besser auf. Der nötige Zeitpunkt zum Gießen lässt sich am besten durch leichtes Aufgraben des Bodens feststellen; wenn er ab 5–10 cm Tiefe noch feucht ist, muss die Gießkanne bei Pflanzen mit normalem Wasserbedarf noch nicht zum Einsatz kommen.

Für das Gießen haben sich einige Regeln bewährt, die zugleich günstig für die Pflanzen sind und den Wasserverbrauch gering halten:

■ Vorzugsweise morgens oder abends gießen, nie in der prallen Mittagssonne (hohe Verdunstung, Brennglaswirkung der Wassertropfen auf den Blättern). Morgendliches Gießen ist am günstigsten; abends sollte man nicht allzu spät wässern, dies kann Schnecken und Pilzkrankheiten fördern.

■ Direkt in den Wurzelbereich wässern, am besten ohne Brausenaufsatz. So gelangt das Wasser am schnellsten dahin, wo es die Pflanze braucht.

■ Besser seltener und gründlich gießen als häufig nur kleine Mengen. Geringe Wassergaben verdunsten im Sommer zum größeren Teil, bevor sie tiefer in den Boden einsickern können. Zugleich fördert man so eine ungünstige Wurzelentwicklung, bei der sich die Faserwurzeln unter der Bodenoberfläche konzentrieren.

Wenn die Fühlprobe mit der Hand Trockenheit unter der Oberfläche anzeigt, sind z. B. auf Gemüse- und Blumenbeeten durchaus 10 bis 20 l Wasser pro m² angebracht, um im Sommer den Boden richtig zu durchfeuchten. Dabei verabreicht man nicht alles auf einmal, sondern lässt zwischendurch das Wasser immer wieder einsickern (und gießt derweil das nächste Beet). Gründlich gießen heißt keinesfalls Staunässe verursachen. Man muss stets bedenken, dass sich Pflanzen von Trockenschäden oft wieder erholen – durch Dauernässe verfaulte Wurzeln können sich dagegen nicht regenerieren. Besonders ist dies bei Zwiebeln und Knollen zu beachten; Pflanzen mit solchen Speicherorganen sollte man deutlich zurückhaltender gießen.

Auch → *Gießwasser*, → *Bewässerung*, → *Angießen*, → *Einschlämmen*

Gießkanne

Gefertigt aus Kunststoff oder verzinktem Metall, mit auswechselbarem Brauseaufsatz an der Tülle (Gießrohr). Gängige Größen für den Garten haben 8, 10 oder 12 l Fassungsvermögen. Die Größen- und Materialwahl ist nicht zuletzt eine Frage des Gewichts. Für Anzucht und Topfpflanzen sind handliche 5-Liter-Kannen praktisch, für Ampelpflanzen Kannen mit extra langer Tülle. Vorm Winter die Kannen entleeren und am besten zum Trocknen mit der Gießöffnung nach unten aufhängen.

Gießrand

Bei Topfpflanzen und Anzuchtgefäßen lässt man als Gießrand einen Abstand zwischen Substratoberfläche und Gefäßrand, um das Überlaufen von Gießwasser zu vermeiden; je nach Gefäßgröße zwischen 1 und 3 cm.

Gießwall

Hochgezogener Erdwall um die Baumscheibe von Gehölzen; verhindert das Ablaufen von Gießwasser.
→ *Gehölzpflanzung*

Gießwasser

Beim Gießen kommt meist Leitungswasser zum Einsatz, mittlerweile recht häufig auch Regenwasser, seltener aus einem → *Brunnen* entnommenes Wasser.

Leitungswasser hat drei Nachteile: Es ist teuer, es ist häufig zu kühl und in vielen Regionen auch zu hart. Die → *Wasserhärte* spielt eine große Rolle für die Pflanzenverträglichkeit, genauer: die Karbonathärte, die vor allem mit dem Kalkgehalt zusammenhängt. Hartes, d. h. kalkhaltiges Wasser, führt zu einer Erhöhung des → *pH-Werts* in der Bodenlösung. Dadurch wird die Aufnahme von Pflanzennährstoffen, besonders einiger Spurenelemente, gehemmt (→ auch *Bodenreaktion*). Die meisten Pflanzen vertragen höchstens mittelhartes Wasser (bis 14° dH; Schweiz: 25° fH). Sämtliche Pflanzen, die auf sauren bzw. kalkarmen Boden angewiesen sind, brauchen weiches Wasser (bis 7° dH bzw. 15° fH); also z. B. Rhododendren und andere Heidekrautgewächse, Kamelien und viele Farne.

Bei hoher Wasserhärte (zu erkunden beim zuständigen Wasserversorger) ist deshalb eine Enthärtung ratsam. Im kleinen Maßstab geht das durch Abkochen, für größere Wassermengen kommen die Zugabe von Torf oder Wasseraufbereitungsmitteln (Kationenaustauscher) infrage. Beides – auch so genannten Filtertorf als gut dosierbares Fertigprodukt – gibt es im Garten-, Teich- oder Aquariumsfachhandel. Zumindest sollte man bei Leitungswasserverwendung die Kannen nach dem Gießen gleich wieder befüllen, damit sich der Kalk schon einmal absetzt und das Nass im Sommer vorwärmt.

Regenwasser ist weich und von daher ideal zum Gießen, beim Sammeln in einer Tonne zudem genau richtig temperiert. Es gibt verschiedene Möglichkeiten der → *Regenwassernutzung,* die nicht unbedingt aufwändig sein müssen. Da sich jedoch nach längerer Trockenheit auf dem Dach Ruß- und Schadstoffteilchen ansammeln können, sollte man danach die ersten Regengüsse ungenutzt ablaufen lassen. In Regionen mit erhöhter Luftverschmutzung muss man eventuell auf Regenwasser verzichten; eine Untersuchung auf Schadstoffe ist unbedingt empfehlenswert. Dasselbe empfiehlt sich vor Bohrung eines → *Brunnens.*

Giftklassen

Einteilung von Pflanzenschutzmitteln und anderen Chemikalien nach Giftigkeit bzw. Gefährdungspotenzial
→ *Pflanzenschutzmittel*

Giftpflanzen

Zahlreiche Pflanzen enthalten in allen oder einigen Pflanzenteile mehr oder weniger starke Gifte, die hauptsächlich Fraßfeinde abwehren sollen. Es handelt sich dabei um Stoffgruppen wie Alkaloide, Glykoside, Saponine oder Terpene – häufig Substanzen, die in kleinen Mengen geschmacksfördernd oder anregend wirken, ja sogar medizinische Verwendung finden. In größerer Dosis lösen sie jedoch Symptome aus, die von Magen- und Darmbeschwerden über Schwindelgefühle bis zu Atemlähmung und Herzstillstand reichen können. Neben solchen Giftwirkungen betrachtet man seit einiger Zeit auch starke Hautreizungen und allergische Reaktionen, die durch Pflanzen wie z. B. der Herkulesstaude (Riesenbärenklau) verursacht werden, mit größerer Aufmerksamkeit.

Nun sind längst nicht alle als giftig ausgewiesenen Pflanzen ein Grund zur Besorgnis. Teils müssten unrealistisch hohe Mengen verzehrt werden, damit sich ernsthafte Symptome einstellen; teils schmecken giftige Früchte so unangenehm, dass Kinder kaum Besorgnis erregende Mengen davon essen. Bei Zwiebelblumen sind häufig die Zwiebeln selbst am giftigsten; also Pflanzenteile, die eher selten zum Naschen verleiten.

Trotzdem ist bei allen giftigen Pflanzen Vorsicht geboten, nicht nur in Bezug auf Kinder. Gärtner tragen beim Umgang damit besser Handschuhe. Kinder sollten frühzeitig vor giftigen Pflanzen gewarnt werden; solange sie klein sind, verzichtet man besser auf die Anpflanzung. Außerdem sollte man die giftigsten Pflanzen kennen. Dazu gehören im Garten vor allem:

Giftpflanzen sehen oft sehr hübsch aus. So z. B. die Küchenschelle (Pulsatilla vulgaris).

■ Eisenhut, Fingerhut, Herbstzeitlose, Rittersporn, Goldlack, Aronstab, Maiglöckchen, Oleander, Engelstrompete, Wunderbaum (Rizinus), außerdem rohe Bohnen
Unter den Gehölzen sind besonders giftig:

■ Goldregen, Seidelbast, Stechpalme, Pfaffenhütchen, Wacholderarten (besonders der Sadebaum), Eibe und Lebensbaum

Die Gefährlichkeit vieler anderer Arten wird teils uneinheitlich beurteilt. Zudem ist über die Giftigkeit der zahlreichen Pflanzen, die erst in den letzten Jahrzehnten in unsere Gärten kamen, noch wenig oder gar nichts bekannt.

Die wichtigsten Sofortmaßnahmen bei Verdacht auf Pflanzenvergiftungen:

■ Umgehend einen Arzt, die nächste Giftnotrufzentrale oder den allgemeinen Notruf anrufen.

■ Den Patienten in kleinen Schlucken Tee, Wasser oder Saft trinken lassen (nie Milch!); Kohletabletten geben.

■ Stark betroffene Patienten in stabile Seitenlage bringen.

■ Bei Kindern ohne Rücksprache mit Arzt oder Giftzentrale kein Erbrechen auslösen, auch nicht mit Salzwasser.

■ Reste der unter Giftverdacht stehenden Pflanze und eventuell Erbrochenes aufheben, um die Diagnose zu erleichtern.

Gilbweiderich

Gelb blühende Staude für feuchte Plätze
→ *Felberich*

Ginkgo

GINKGO BILOBA
☼ ☺

Auch Fächerblattbaum genannt; stammt ursprünglich aus China und wurde um 1730 aus Japan nach Europa eingeführt. Der Ginkgo repräsentiert als einziger Überlebender erdgeschichtlicher Veränderungen die Familie der Ginkgogewächse. Schon vor 150 – 200 Millionen Jahren gab es diese Bäume, die als Nacktsamer den Nadelgehölzen verwandtschaftlich näher stehen als den Laubbäumen. Damit gilt der Ginkgo als älteste noch lebende Pflanzenart der Erde. Durch seine eher sparrige und damit lichtdurchlässige Krone ist er im Garten trotz seiner Ausmaße nicht ganz so dominierend wie andere große Bäume.

Merkmale: Kurzstämmiger Baum, teils mehrstämmig, mit breiter, lockerer Krone, 10 – 30 m hoch, 10 – 15 m breit; fächerförmige, teils deutlich zweilappige, ledrige Blätter, goldgelbe Herbstfärbung; männliche und weibliche Blüten auf verschiedenen Bäumen, unscheinbar; an älteren weiblichen Exemplaren mirabellenähnliche Samen, bei Reife sehr unangenehm riechend.

Blütezeit: März – April
Verwendung: Als prägender Baum in größeren Gärten.
Standort: Verträgt noch leichte Beschattung und absonnigen Stand; tiefgründiger Boden, sonst anspruchslos, rauchhart, verträgt Stadtklima.
Pflanzung/Vermehrung: Pflanzung im Herbst oder Frühjahr; Vermehrung durch Aussaat oder Stecklinge.
Pflege: Kein besonderer Pflegebedarf.

Ginster

GENISTA

Wie ihre engen Verwandten, nämlich → *Geißklee,* → *Flügelginster* und → *Zwergginster,* kommen auch die „echten" Ginster mit Hitze und Trockenheit gut zurecht. Und ebenso wie diese vermögen sie als Schmetterlingsblütler mit Hilfe von Knöllchenbakterien den Luftstickstoff zu nutzen und so selbst karge Böden zu besiedeln. Mit den genannten anderen Arten haben sie aber auch die Frostempfindlichkeit sowie die Giftigkeit all ihrer Teile gemeinsam.

Lydischer Ginster
GENISTA LYDIA
☼ ☺ ✖

Wird auch Stein- oder Balkanginster genannt.
Merkmale: Zwergstrauch mit kissenartigem Wuchs, 0,3 – 0,5 m hoch, bis 2 m breit; graugrüne, oft bläulich bereifte, bedornte Zweige; kleine lanzettliche, graugrüne Blätter; sehr zahlreiche goldgelbe Blüten in kurzen, dichten Trauben; kleine bräunliche Fruchthülsen.
Blütezeit: Mai – Juni
Verwendung: Einzeln oder zu wenigen im Stein- und Heidegarten, an Trockenmauern und Böschungen.

Ginkgo (Ginkgo biloba)

Lydischer Ginster (Genista lydia)

Standort: Warm, geschützt; durchlässiger, nährstoffarmer Boden, auch karger, trockener Sandboden, gut kalkverträglich; für Stadtklima geeignet.
Pflanzen/Vermehren: Pflanzung im Frühjahr; Vermehrung durch Aussaat im Herbst oder Frühjahr.
Pflege: Kaum nötig; bei Bedarf leicht zurückschneiden, ggf. abgefrorene Triebe im Frühjahr entfernen.

Färberginster
GENISTA TINCTORIA
☼ ☺ ✖

Merkmale: Zwergstrauch, buschig aufrecht, 0,3 – 0,7 m hoch und breit; unbedornte Zweige; lanzettliche Blätter; goldgelbe Blüten, dicht in gestreckten, endständigen Trauben; kleine bräunliche Fruchthülsen.
Blütezeit: Juni – August
Verwendung: Wie Lydischer Ginster.
Standort: Kalkunverträglich, sonst wie Lydischer Ginster.
Pflanzen/Vermehren: Wie Lydischer Ginster; Sorten veredelt, kaum Eigenvermehrung möglich.
Pflege: Wie Lydischer Ginster; kann jedoch alle 3 bis 4 Jahre um ein Drittel zurückgeschnitten werden.

Gipskraut

Anderer Name für das zart blühende
→ *Schleierkraut*

Gitterfolie

Gitterfolie
Durch Drahteinlage verstärkte → *Folie*

Gladiole
GLADIOLUS-HYBRIDEN
☼

Die Ursprungsarten dieser prächtig blühenden Schwertliliengewächse stammen aus südafrikanischen Grasländern. In mehr als 200-jähriger Züchtungsarbeit entstanden daraus die heutigen großblumigen Hybriden. Es gibt auch einige europäische, bei uns recht winterharte Wildarten dieser Gattung, die eher in naturnahen Bereichen gepflanzt werden und unter dem Namen → *Siegwurz* bekannt sind. Von den nicht winterharten Garten- oder Edelgladiolen existiert eine schier unüberschaubare Fülle von Sorten, die ständig erweitert wird.

Merkmale: Nicht winterharte Knollenblume, straff aufrecht, 40 – 150 cm hoch; lange, schwertförmige Blätter; tüten- bis glockenförmige Blüten in Ähren an langen Schäften; alle Farben außer Blau, Braun und Schwarz, auch mehrfarbig, teils duftend.

Blütezeit: Juni – September, je nach Sorte und Pflanztermin

Verwendung: In Gruppen auf Sommerblumen- und Staudenbeeten, im Bauerngarten, vor Zäunen; niedrige Sorten auch für Töpfe und Balkonkästen; als Schnittblume.

Standort: Möglichst windgeschützt; durchlässiger, nährstoffreicher, frischer bis feuchter Boden, vorzugsweise leicht alkalisch; keine frische organische Düngung.

Pflanzen/Vermehren: Ab Mitte April bis Juni Knollen 10 cm tief einsetzen, Pflanzenabstand 20 – 30 cm; ab März für frühere Blüte in Töpfen an kühlem, hellem Ort vortreiben. Vermehrung durch Abtrennen von Brutknöllchen im Herbst; diese im Frühjahr in gesondertes Beet pflanzen, wo sie in 2 bis 3 Jahren zu Pflanzzwiebelgröße heranwachsen.

Gladiole (Gladiolus-Hybriden)

Pflege: Austrieb bei Frühpflanzung vor kalten Nächten abdecken; bei Trockenheit ausreichend gießen; nach der Pflanzung mit gut ausgereiftem Kompost versorgen, zum Blühbeginn Volldünger geben; bei 30 cm Höhe anhäufeln und mulchen; hohe Sorten an Stützstäben aufbinden; nach dem Verblühen Blütenstände abschneiden, Blätter und restliche Stiele stehen lassen. Im Oktober Knollen ausgraben, Stängel- und Laubreste auf 5 cm zurückschneiden, Knollen säubern und dann kühl und frostfrei bei etwa 5° C überwintern.

Hinweis: Gladiolen sollten frühestens alle 2 Jahre wieder an derselben Stelle gepflanzt werden, keinesfalls jährlich. Sie sind recht anfällig für Rost und Thripse.

Gladiolus
Botanischer Gattungsname von → *Gladiole* und → *Siegwurz*

Glashaus
→ *Gewächshaus*

Glaskirsche
Sortengruppe der → *Sauerkirsche* mit farblosem Saft

Glattblattaster
Mittelhohe bis hohe, im Herbst blühende Aster
→ *Astern, Herbstblüher*

Glechoma
Schattenverträgliche Bodendeckerstaude
→ *Gundermann*

Glockenblume
CAMPANULA

Die hübschen Sommerblüher gaben mit ihrer charakteristischen Blütenform einer ganzen Familie, den Glockenblumengewächsen, ihren Namen. Mit ihren Blau- und Violetttönen oder strahlendem Weiß sind sie eine Bereicherung für jeden Garten. Bei den vielseitig einsetzbaren, recht anspruchslosen Glockenblumen kann man unter hochwüchsigen, niedrigen und Polster bildenden Stauden wählen. Mit der Marienglockenblume steht zudem eine schmucke zweijährige Art zur Verfügung.

Wem das noch nicht genügt, der kann sich in Spezialgärtnereien nach heimischen Wildarten wie Ackerglockenblume (*C. rapunculoides*) und Nesselblättriger Glockenblume (*C. trachelium*) umsehen. Beide sind hochwüchsige, blau blühende Stauden, die Rundblättrige Glockenblume (*C. rotundifolia*) bleibt 20 – 40 cm niedrig.

Knäuelglockenblume (Campanula glomerata)

Glockenblume

Glockenblumen im Überblick

Name	Wuchshöhe	Blütenfarbe Blütezeit	Wuchs, Blütenform
Hohe Glockenblumen			
Knäuelglockenblume (*Campanula glomerata*)	40 – 60 cm	violett, weiß Juli – August	Blüten in endständigen, knäueligen Büscheln; wuchert
Riesenglockenblume (*Campanula lactiflora*)	80 – 150 cm	violett, lila, blau, weiß Juni – August	Blüten in dichten, doldenartigen Rispen
Waldglockenblume (*Campanula latifolia* var. *macrantha*)	um 100 cm	violett, weiß Juni – Juli	große Blüten, breite, stark gezähnte, rauhaarige Blätter
Pfirsichblättrige Glockenblume (*Campanula persicifolia*)	50 – 100 cm	blau, lila, weiß Juni – Juli	große Blüten, sehr schmale Blätter
Pyramidenglockenblume (*Campanula pyramidalis*)	100 – 120 cm	blau, weiß Juni – August	lang gestreckte Blütenkerzen
Niedrige Glockenblumen			
Karpatenglockenblume (*Campanula carpatica*)	20 – 30 cm	blau, weiß Juni – August	buschig, ohne Ausläufer; glockige Blüten
Zwergglockenblume (*Campanula cochleariifolia*)	bis 10 cm	blau, weiß Juni – Juli	rasenartig; glockige Blüten
Garganoglockenblume (*Campanula garganica*)	10 – 15 cm	lila Juni – August	Polster bildend, immergrün; sternförmige Blüten
Dalmatinerglockenblume (*Campanula portenschlagiana*)	10 – 15 cm	blau, violett Juli – August	Polster bildend; sternförmige Blüten
Hängepolsterglockenblume (*Campanula poscharskyana*)	10 – 15 cm	lila Mai – August	teppichartig mit langen Trieben, überhängend; sternförmige Blüten

Hohe Glockenblumen
CAMPANULA

Die meisten dieser Glockenblumen sind in Südosteuropa oder Vorderasien beheimatet. Knäuel- und Pfirsichglockenblume kommen auch bei uns wild vor.
Merkmale: Stauden, aufrecht, locker oder dicht buschig, Wuchshöhe vgl. Übersicht; kantige Stängel mit eiförmigen, zugespitzten Blättern; glockenförmige Blüten in Ähren, Trauben oder Büscheln.
Blütezeit: Vgl. Übersicht
Verwendung: Einzeln oder in kleinen Gruppen vor Gehölzen, als Leitstauden in Beeten und Rabatten, als Rosenbegleiter, in Naturgartenbereichen; als Schnittblumen; Pyramiden-glockenblume auch für Kübelkultur geeignet.
Standort: Jeder normale, durchlässige Gartenboden; Knäuel- und Pfirsichglockenblume vertragen Trockenheit, Riesen- und Waldglockenblume brauchen stetige Bodenfeuchte.
Pflanzen/Vermehren: Pflanzung im Herbst oder zeitigen Frühjahr, je nach Wuchshöhe mit 30 – 60 cm Abstand; Vermehrung durch Teilung im Frühjahr oder Herbst (nicht möglich bei Waldglockenblume), reine Arten auch durch Spätherbstsaat (Kaltkeimer).
Pflege: Bei Trockenheit gießen, besonders an sonnigen Plätzen, hohe Arten stützen; Knäuelglockenblume bei Bedarf eingrenzen; Pyramidenglockenblume in rauen Lagen Windschutz geben.

Niedrige Glockenblumen
CAMPANULA

Ebenso wie die hohen Glockenblumen stammen diese Arten vorwiegend aus Südosteuropa sowie dem Kaukasus. Bei einigen erscheinen die kleinen, weit geöffneten Glockenblüten mit den ausgebreiteten Zipfeln sternförmig.
Merkmale: Stauden, niedrig, meist polsterartig, vgl. Übersicht; herzförmige bis rundliche, frisch grüne Blätter; dicht besetzt mit glocken- oder sternförmigen Blüten.
Blütezeit: Vgl. Übersicht
Verwendung: In kleinen oder großen Gruppen im Steingarten, als Beeteinfassung, auf Trockenmauern, in Fugen; in Pflanzgefäßen.

Glockenheide

Hängepolsterglocke (Campanula poscharskyana)

Marienglockenblume (Campanula medium)

Glockenrebe (Cobaea scandens)

Standort: Warm, Karpatenblume bevorzugt sonnig; durchlässiger, auch nährstoffarmer Boden, Kalk liebend.
Pflanzen/Vermehren: Pflanzung im Frühjahr mit 10 – 20 cm Abstand; Vermehrung über Ausläufer oder Teilung jüngerer Pflanzen, teils auch durch Aussaat ab Spätherbst (Kaltkeimer).
Pflege: Bei Trockenheit gießen, Garganoglockenblume in rauen Lagen leichten Winterschutz geben.

Marienglockenblume
CAMPANULA MEDIUM
☼–◐

Die aus Südeuropa stammende Marienglockenblume wurde schon vor Jahrhunderten in den Bauerngärten kultiviert.
Merkmale: Zweijährige Sommerblume, 50 – 90 cm hoch, im 1. Jahr nur Bildung einer Blattrosette, im 2. Jahr aufrecht verzweigt mit zugespitzten, rau behaarten Blättern sowie großen, glockenförmigen Blüten in lockeren Trauben, je nach Sorte blau, violett, rosa oder weiß.
Blütezeit: Juni – Juli
Verwendung: In kleinen Gruppen für Beete und Rabatten; im Bauern- und Naturgarten; als Schnittblume.

Standort: Durchlässiger, nährstoffreicher, frischer Boden.
Kultur: Von Mai bis Juli auf ein Anzuchtbeet im Freien säen oder in eine Saatkiste, die draußen geschützt aufgestellt wird; Sämlinge auf 10 cm Abstand vereinzeln; im August bis Anfang September mit 20 – 30 cm Abstand an die gewünschte Stelle pflanzen.
Pflege: Bei Trockenheit gießen; über Winter locker mit Nadelreisig abdecken; ab Frühjahr alle vier bis sechs Wochen düngen; wenn nötig, an Stützstäbe anbinden.

Glockenheide
Anderer Name für die → *Heide (Erica)*, zu der u. a. die winterblühende Schneeheide zählt.

Glockenrebe
COBAEA SCANDENS
☼

In ihrer mexikanischen Heimat wächst die Glockenrebe ausdauernd, bei uns übersteht das rankende Himmelsleitergewächs jedoch den Winter draußen nicht.
Merkmale: Einjährig kultivierter Rankenkletterer, 2 – 3 m hoch, schnell-

wüchsig, stark verzweigt; frisch grüne, unpaarig gefiederte Blätter, endständige Wickelranken; große, violette Glockenblüten an langen Stielen.
Blütezeit: Juli – Oktober
Verwendung: Zur Begrünung von Zäunen und Pergolen, mit Rankgerüst auch für Wände und Mauern; auch für Pflanzgefäße geeignet.
Standort: Humoser, nährstoffreicher, durchlässiger Boden.
Kultur: Anzucht Ende Februar bei 18 – 22° C, in Töpfen mit einem bis zwei Samen; Jungpflanzen schon im Topf mit Stützstäben versehen; nach Mitte Mai ins Freie pflanzen, in rauen Lagen erst Ende Mai.
Pflege: Gleichmäßig feucht halten, an trockenen Tagen kräftig gießen; je nach Bodenzustand alle drei bis sechs Wochen nachdüngen.

Glockenstrauch
Andere Bezeichnung für die → *Weigelie,* einen Strauch mit rosa oder roten Glockenblüten

Glyceria
Dekoratives Teichrand- und Sumpfgras
→ *Wasserschwaden*

Glyzine
WISTERIA
☼ – ◐ ✖

Auch als Blauregen oder Wisterie bekannt. Zwei recht ähnliche Arten dieser Schmetterlingsblütler finden hauptsächlich Verwendung: die Japanische Glyzine (*W. floribunda*) mit sehr langen, lockeren Blütentrauben und die Chinesische Glyzine (*W. sinensis*) mit kürzeren, dichter gedrängten Blütenständen. Außerdem unterscheiden sie sich in der Schlingrichtung. Angeboten werden meist Veredlungen von blühfreudigen Selektionen, da Sämlinge häufig blühfaul sind. Giftstoffe finden sich in allen Pflanzenteilen, besonders konzentriert in den Samen.
Merkmale: Mehrjährige, verholzende Schlingpflanze, *W. floribunda* rechtswindend, *W. sinensis* linkswindend, 6 – 10 m hoch; sehr große, unpaarig gefiederte Blätter mit häufig zahlreichen Teilblättchen, gelbe Herbstfärbung; blauviolette, bei Sorten auch hellrosa oder weiße Schmetterlingsblüten in Trauben, bei *W. floribunda* bis 50 cm lang; lange bräunliche Hülsenfrüchte, werden nur gelegentlich ausgebildet.
Blütezeit: Mai – Juni, teils Nachblüte im August
Verwendung: Besonders gut für Pergolen geeignet, auch für Lauben und, mit Kletterhilfen, für die Fassadenbegrünung; sehr stabile Klettergerüste erforderlich.
Standort: Etwas geschützt; durchlässiger, humoser, nährstoffreicher, frischer bis feuchter, Boden, bevorzugt kalkarm.
Pflanzen/Vermehren: Pflanzung vorzugsweise im Frühjahr; Vermehrung nur bei nicht veredelten Pflanzen über Stecklinge möglich.
Pflege: Bei Trockenheit durchdringend gießen; bei veredelten Pflanzen Unterlagentriebe regelmäßig entfernen; Triebe von Regenrinnen und Fallrohren fern halten; gelegentlich auslichten. Zur Förderung der Blütenbildung kann man nach der Blüte die einjährigen (vorjährigen) Seitentriebe auf zwei bis drei Knospen zurückschneiden oder zunächst auch nur auf vier bis sechs Blätter einkürzen und dann erst im Winter zurückschneiden.

Glyzine (Wisteria sinensis)

Gneis
Mittel- bis grobkörniges Gestein, durch ausgeprägte Lagenstruktur und durch verschiedene Mineralanteile (heller Feldspat und Quarz, dunkler Muskovit, Biotit) häufig gebändert; oft graue Grundfarbe, aber auch grüngrau, beige, rotgrau, rotbraun. Gneis findet als ansprechender Naturstein im Garten vielfältige Verwendung, beispielsweise für Bodenbeläge, Trockenmauern und im Steingarten.

Godetia
Farbenprächtige Sommer- und Schnittblume
→ *Mandelröschen*

Goldakazie
Kleiner Baum; Sorte der → *Robinie* mit goldgelbem Laub

Goldfelberich
Hohe, goldgelb blühende Staude für feuchte Plätze
→ *Felberich*

Goldflachs
Niedrige, goldgelb blühende Staude für den Steingarten
→ *Lein*

Goldgarbe
Hohe Beetstaude, goldgelb blühende Art der → *Schafgarbe*

Goldglöckchen
Anderer Name für die → *Forsythie*

Goldkamille
Einjährige → *Margerite* mit gelben oder weißen, meist dicht gefüllten Blüten

Goldkolben
Anderer Name für die → *Ligularie*, eine Gattung gelb blühender, halbschattenverträglicher Stauden für feuchte Standorte

Goldkrokus
Gelb blühende Art des → *Krokus*; wird zuweilen auch als Bezeichnung für die krokusähnliche, herbstblühende → *Gewitterblume* verwendet.

Goldlack

Goldlack (Erysimum cheiri)

Platz überwintern und im darauf folgenden März nach draußen setzen. In wintermilden Regionen auch Herbstpflanzung an Ort und Stelle möglich, über Winter abdecken.
Pflege: Während der Überwinterung und vor dem Pflanzen welke Blätter entfernen; Pflanzstelle mit Kompost versorgen, zum Blühbeginn Volldünger geben; bei Frühjahrstrockenheit regelmäßig gießen.

Goldlauch
Gelb blühende Art des → *Zierlauchs*

Goldmohn
Einjährige Sommerblume mit mohnähnlichen Blüten
→ *Kalifornischer Mohn*

Goldnessel
Attraktiver immergrüner Bodendecker für Halbschatten und Schatten
→ *Taubnessel*

Goldregen
LABURNUM

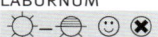

Von diesen attraktiven Frühsommerblühern wird meist der Edelgoldregen (*L. x watereri*) gepflanzt, eine Kreuzung aus dem heimischen Gewöhnlichen Goldregen (*L. anagyroides*) und dem südeuropäischen Alpengoldregen (*L. alpinum*). Fast ausschließlich findet man die Sorte 'Vossii' mit besonders langen, intensiv goldgelben Blütentrauben. Auch der Gewöhnliche Goldregen ist gartentauglich, blüht jedoch nicht ganz so reich. Vorsicht, die Schmetterlingsblütler sind in allen Teilen hochgiftig, die Früchte und Blüten können kleine Kinder zum überaus gefährlichen Naschen verleiten.
Merkmale: Strauch oder kleiner Baum, aufrecht mit überhängenden Zweigen, 4–8 m hoch, 2–4 m breit; frisch grüne, dreifingrige Blätter; gelbe Schmetterlingsblüten in hängenden Trauben, 20–30 cm (*L. anagyro-*

Goldregen (Laburnum anagyroides)

ides) bzw. 40–50 cm (*L. x watereri*) lang; ab August bis 8 cm lange, flache, grünbraune Fruchthülsen.
Blütezeit: Mai – Juni
Verwendung: Einzeln als Blickfang, z. B. im Rasen oder Vorgarten; auch in Gehölzgruppen und Blütenhecken; möglichst nicht in der Nähe von Kinderspielplätzen und an Schulwegen pflanzen.
Standort: Jeder normale Gartenboden, Kalk liebend; rauchhart, verträgt Stadtklima.
Pflanzen/Vermehren: Pflanzung im Herbst oder Frühjahr; Eigenvermehrung nur beim Gewöhnlichem Goldregen durch Steckhölzer oder Aussaat im Herbst möglich.
Pflege: Kaum nötig; jedoch im Winter von Schneelasten befreien, da Astbruchgefahr; möglichst wenig schneiden, höchstens abgestorbene und zu dicht stehende Äste nur sparsam auslichten.

Goldrute
SOLIDAGO-HYBRIDEN

Von diesen in Nordamerika und Kanada heimischen Korbblütlern wurden mehrere Arten eingeführt, von denen vor allem die Kanadische Goldrute (*S. canadensis*) als ausbreitungsstarker Gartenflüchtling die heimische Flora in Bedrängnis brachte. Die etwas

Goldlack
ERYSIMUM CHEIRI

Wird teils noch unter dem alten botanischen Namen *Cheiranthus cheiri* geführt. Dieser seit Jahrhunderten in Bauerngärten kultivierte, aus Südeuropa stammende Kreuzblütler gehört zu den ältesten Gartenpflanzen, seit jeher beliebt wegen seiner satten, warmen Blütenfarben. Die ganze Pflanze ist allerdings hochgiftig.
Merkmale: Zweijährige Sommerblume, je nach Sorte 30–50 cm hoch und buschig oder nur schwach verzweigt und bis 70 cm hoch; schmale, linealische Blätter; einfache oder gefüllte Blüten in traubenartigen Blütenständen, in Gelb-, Rot- und Brauntönen, oft in Farbmischungen, süßlich duftend; gut 5 cm lange Schotenfrüchte.
Blütezeit: April – Juni
Verwendung: In kleinen oder großen Gruppen für Beete und Rabatten, niedrige Sorten auch im Steingarten sowie in Balkonkästen und Schalen; hohe Sorten als Schnittblumen.
Standort: Nährstoffreicher, kalkhaltiger, eher schwerer und frischer Boden.
Kultur: Aussaat von Mai bis Juli in Anzuchtschalen oder ins Frühbeet, Samen gut abdecken (Dunkelkeimer); nach vier bis sechs Wochen vereinzeln; Anfang Herbst einzeln in Töpfe pflanzen, an hellem, geschütztem

verträglichere *S. caesia* dagegen hat sich hauptsächlich wild an Bahndämmen angesiedelt. Im Gegensatz zur kanadischen Art pflanzt man sie heute noch im Garten, meistens werden jedoch die reicher blühenden Hybriden bevorzugt.
Merkmale: Staude, dicht buschig, 50–80 cm hoch; lanzettliche, fein gezähnte Blätter; kleine, goldgelbe Blüten in dichten Rispen, je nach Sorte spitzkegelig oder flach.
Blütezeit: Juli – September
Verwendung: Einzeln oder in Gruppen auf Beeten und Rabatten, schön z. B. mit Indianernessel, Phlox und Rittersporn sowie Herbstastern; auch als Schnittblume.
Standort: Verträgt noch Halbschatten, dann jedoch schwächere, blassere Blüte; jeder normale Gartenboden.
Pflanzen/Vermehren: Pflanzung im Herbst oder Frühjahr mit 30–40 cm Abstand; Vermehrung durch Teilung oder Stecklinge.
Pflege: Bei anhaltender Trockenheit gießen; im Herbst oder Frühjahr mit Kompost versorgen; bei schwachem Stand ggf. aufbinden; nach der Blüte oder im Frühjahr bis kurz über dem Boden zurückschneiden.

Goldrute (Solidago-Hybride 'Laurin')

Goldwolfsmilch
Niedrige, goldgelb blühende Staude mit orangeroter Herbstfärbung
→ Wolfsmilch

Götterblume
DODECATHEON MEADIA

Die Götterblume gehört zu den Primelgewächsen und stammt aus dem östlichen Nordamerika. Ihre Blüten ähneln denen der Alpenveilchen.
Merkmale: Staude mit grundständiger Blattrosette, 20–50 cm hoch; länglich ovale, stumpf grüne Blätter, die nach der Blüte einziehen; Blüten nickend an aufrechten Stielen, hell- bis dunkelrosa, Sorten auch weiß oder rot.
Blütezeit: Mai – Juni
Verwendung: In Gruppen am Teichrand, in feuchten Steingartenbereichen, am Gehölzrand, als Rhododendronbegleiter.
Standort: Bevorzugt halbschattig; humoser, durchlässiger, frischer bis feuchter Boden.
Pflanzen/Vermehren: Pflanzung im Herbst oder Frühjahr, mit 15–20 cm Abstand, 30–40 cm zu anderen Pflanzen; Vermehrung durch Teilung im Herbst oder Aussaat im Frühjahr.
Pflege: Bei Trockenheit regelmäßig gießen, nach dem Einziehen jedoch trocken halten; in rauen Lagen Winterschutz ratsam.

Grabegabel
→ *Bodenbearbeitungsgerät* mit vier bis fünf breiten Stahlzinken, zur nicht wendenden Bodenlockerung; daneben vielfältig einsetzbar, z. B. zum Ernten von Wurzelgemüse, für Pflanzarbeiten, zum Ausgraben von Wurzelunkräutern, zum Umsetzen und Einarbeiten von Kompost.

Granit
Helles, saures, quarzhaltiges → *Erstarrungsgestein* mit hohem Silizium-

Götterblume (Dodecatheon meadia)

und Kaligehalt. Aus dem Ausgangsgestein Granit haben sich teils fruchtbare Braunerden, teils sehr tonhaltige Böden entwickelt. Granit ist frostsicher, sprichwörtlich hart und widerstandsfähig und eignet sich poliert oder naturbelassen für die Verwendung im Außenbereich.

Granuliertes Saatgut
Speziell aufbereitetes, mit einer Hüllmasse umgebenes → *Saatgut* von feinsamigen Gemüse- und Zierpflanzensamen sowie Rasengräsern; erleichtert die gleichmäßige Aussaat.

Gräser
Gräser zählen zu den → *einkeimblättrigen Pflanzen*. Zu ihnen gehören drei Familien, die Süßgräser (*Gramineae*) die Sauer- oder Riedgräser (*Cyperaceae*) sowie die Binsengewächse (*Juncaceae*). Charakteristisch für alle Gräser ist der Halm, bei den Süßgräsern meist rund und hohl, bei den Sauergräsern meist dreieckig und markhaltig, bei den Binsengewächsen stielrund und oft luftgefüllt. Die Blätter sind gewöhnlich linealisch, länglich oder lanzenförmig, manchmal auch breiter; bei den Binsen da-

Grasnelke

gegen fehlend oder stängelähnlich. Unauffällig präsentieren sich die ganz auf Windbestäubung ausgelegten Blüten. In der Regel sind es kleine Ährchen, geschützt durch Spelzen und teils spitze Grannen, die sich wiederum zu größeren Ähren oder Rispen vereinigen. Die vielfältigen Arten können von niedrigem bis meterhohem Wuchs sein, es gibt horstbildende wie rhizombildende Vertreter, ausdauernde und kurzlebige Arten.

Neben den Getreiden, die alle der Familie der Süßgräser entstammen, verdanken wir den Gräsern etliche Gartenzierden. Gräser mit apart gefärbten Halmen und Blättern oder auch mit dekorativen Blüten- und Fruchtständen bereichern Staudenbeete und -rabatten und sind häufig noch im Winter zierend, weshalb man sie erst im Frühjahr zurückschneidet. Es gibt stattliche Ziergräser für die Solitärpflanzung, genügsame Bodendecker, ansehnliche Arten für Teich, Steingarten oder den Gehölzschatten. Nicht zuletzt sind Gräser auch die bestandsbildenden Pflanzen des Rasens und der Wiesen. Daneben kommen im Garten auch sehr lästige „Un"-Gräser vor, z. B. die → *Quecke*.

Grasnelke
ARMERIA MARITIMA

Die Grasnelke, auch Strandnelke genannt, bildet große Bestände entlang der Sandküsten West- und Nordeuropas, die unter Naturschutz stehen. Der genügsame Frühsommerblüher entstammt der Familie der Bleiwurzgewächse.

Merkmale: Staude, kissenartiger Wuchs, 10 – 25 cm hoch; wintergrüne, grasartige Blätter in grundständiger Rosette; rosa oder weiße Blütenköpfe an aufrechten Stängeln.
Blütezeit: Mai – Juni
Verwendung: In Gruppen für Stein- und Heidegärten, als Randbepflanzung und Beeteinfassung, in Plattenfugen.
Standort: Gut durchlässiger, am besten sandiger Boden, kann auch steinig und nährstoffarm sein.
Pflanzen/Vermehren: Pflanzung im Frühjahr oder Herbst, mit 10 – 20 cm Abstand; Vermehrung durch Teilung oder Stecklinge.
Pflege: Ungestört gedeihen lassen; überalterte Pflanzen, die von innen verkahlen, einfach teilen und neu verpflanzen.

Grasnelke (Ameria maritima)

Hinweis: Die Zwerggrasnelke (*A. juniperifolia*) wird nur 10 cm hoch und hat kleinere, nadelartige Blätter, die an Wacholderzweige erinnern.

Graublattfunkie
Mittelhohe Blattschmuckstaude, die im Schatten gedeiht und blüht.
→ *Funkie*

Graufäule
Andere Bezeichnung für den → *Grauschimmel*

Grauheide
Immergrüner, sommerblühender Zwergstrauch
→ *Heide*

Grauschimmel
Grauschimmel oder Graufäule wird durch den weltweit verbreiteten, bodenbürtigen Schadpilz *Botrytis cinerea* verursacht. Er kann zahlreiche Pflanzen befallen, beim Obst insbesondere Erdbeeren, Himbeeren und Brombeeren, bei Gemüse vor allem Salat, Gurken, Bohnen, Tomaten sowie Zwiebeln (*B. allii*), unter den Zierpflanzen Sommerblumen, Stauden, Zwiebel- und Knollengewächse sowie Gehölze. Der Pilz überwintert in Form

Gräser können recht unterschiedlich aussehen: Rasengräser ...

... Pampasgras (Cortaderia selloana)

kleiner, widerstandsfähiger Dauerkörper (Sklerotien) an abgestorbenen Pflanzenteilen im Boden. Hohe Luftfeuchtigkeit und Wärme begünstigen seine rasante Ausbreitung, vor allem bei dichtlaubigen Arten und Sorten.
Schadbild: Grüne Früchte anfangs mit braunen Flecken; reife und halbreife Früchte, Blätter, Stängel, Triebspitzen, Knospen sowie Blüten werden weich und faul; Bildung von mausgrauem, stark stäubendem Pilzrasen.
Abhilfe: Vorbeugend weite Fruchtfolge, bei Zierpflanzen häufiger Standortwechsel; auf gering anfällige Sorten achten, soweit verfügbar; luftiger Standort, durchlässiger Boden; nicht zu eng pflanzen, Sträucher regelmäßig auslichten, bei Gewächshauspflanzen häufig lüften; beim Gießen Pflanzen möglichst wenig benetzen; zurückhaltende Stickstoffdüngung, kalibetont düngen. Außerdem vorbeugender Einsatz von Gesteinsmehl, Schachtelhalmauszügen oder anderen Pflanzenstärkungsmitteln. Bei Befall kranke Teile und Pflanzen umgehend entfernen; Einsatz von zugelassenen Fungizid muss sehr früh bzw. vorbeugend erfolgen, falls Grauschimmel erfahrungsgemäß häufig auftritt.

Greiskraut
Als Volksname für zwei verschiedene Pflanzen geläufig:
1) Für die Gattung *Senecio*, aus der im Garten hauptsächlich das → *Silberblatt*, eine einjährig kultivierte Blattschmuckpflanze, Verwendung findet.
2) Für die Gattung *Ligularia*, zu der gelb blühende, halbschattenverträgliche Stauden für feuchte Standorte wie die → *Ligularie* gehören.

Gretel im Busch
Andere Bezeichnung für die → *Jungfer im Grünen*, eine naturnah wirkende Sommerblume mit zarten Blüten

Grenzabstand
Im Nachbarrecht der Bundesländer bzw. Kantone festgelegte Abstände zu benachbarten Grundstücksgrenzen und Gebäuden; diese sind einzuhalten bei der Pflanzung von Bäumen, Sträuchern und Hecken sowie bei der Errichtung z. B. von Gerätehäusern. Gerichtliche Auseinandersetzungen bezüglich solcher Grenzabstände sind sehr häufig. Die Vorschriften dazu fallen allerdings je nach Bundesland bzw. Kanton recht unterschiedlich aus. Man sollte sich vor Pflanzungen und Baumaßnahmen unbedingt bei den zuständigen Behörden erkundigen, meist wissen z. B. Orts- und Kreisverwaltungen oder Bauämter Bescheid. Bei bereits eingewachsenen Gehölzen kann die häufig ebenfalls vorgeschriebene Verjährungsfrist oder auch eine → *Baumschutzverordnung* den Besitzer vom Zwang zur Beseitigung befreien.

Griffel
Teil der weiblichen Blütenorgane, bildet mit Fruchtknoten und Narbe den Stempel.
→ *Blüte*

Grobboden
Mineralische Bodenbestandteile mit einer Korngröße über 2 mm, wird auch Bodenskelett genannt.
→ *Boden, Bodenstruktur*

Grobgemüse
In Abgrenzung zum → *Feingemüse* mehr oder weniger gut lagerfähiges Gemüse, hauptsächlich Kohl und Wurzelgemüse; schmeckt durch höheren Trockensubstanz- bzw. Zelluloseanteil etwas „derber".

Großklima
Die durchschnittlichen Wetterverhältnisse und -verläufe in einem größeren Gebiet, vom Regionalklima bis hin zu den großen Klimazonen der Erde (z. B. gemäßigtes Klima, Tropen)
→ *Klima*

Großstrauch
Strauch, der im Alter eine Wuchshöhe von 3 – 7 m erreicht.
Auch → *Gehölze*

Grp.
Im → *botanischen Namen* Abkürzung für Gruppe; steht für eine Gruppe besonderer Formen bzw. für eine gärtnerische Züchtungsgruppe mit speziellen Merkmalen innerhalb einer → *Art*.

Grubber
Gerät zur Bodenbearbeitung, im Garten im Allgemeinen nur als Handgerät; hat meist drei, seltener fünf gekrümmte spitze Zinken; wird häufig auch als Kultivator bezeichnet, wobei der Kultivator im engeren Sinne verbreiterte Schare an den Spitzen hat. Der Grubber wird vor allem zur oberflächlichen Bodenlockerung und Unkrautbekämpfung eingesetzt.
Auch → *Bodenbearbeitungsgeräte*

Grundbirne
Mundartliche Bezeichnung für die → *Kartoffel*

Grunddüngung
Vor der Saat oder Pflanzung, oft bereits im Herbst vorgenommene Düngung zur Bevorratung des Bodens, im Gegensatz zur stickstoffreicheren Nachdüngung bei den wachsenden Pflanzen
Auch → PRAXIS-SEITE Düngeverfahren und -methoden (Band 1, S. 174/175)

Gründigkeit
Ausmaß der Lockerheit eines Bodens bis in tiefere Bereiche bzw. Tiefe der durchwurzelbaren Zone
→ *Flachgründiger Boden*, → *Tiefgründiger Boden*, auch → *Boden, Bodeneigenschaften*

Grundsteckling

→ *Steckling*, der aus einem Triebteil nahe der Pflanzenbasis bzw. in Bodennähe geschnitten wird.

Gründüngung

Anbau blattreicher, oft tief wurzelnder Pflanzen mit nachfolgendem Einarbeiten in den Boden. Die verrottenden Pflanzenreste werden von den Bodenorganismen in nährstoffreichen → *Humus* umgewandelt, deshalb bezeichnet man das Verfahren als Düngung.

Der wichtigere und nachhaltigere Effekt einer Gründüngung ist jedoch die Verbesserung der Bodenstruktur und -fruchtbarkeit durch Anregung und Förderung des → *Bodenlebens* und die Bildung von Dauerhumus. Stark wurzelnde Arten können sogar die tieferen Bodenschichten aufschließen.

Auf freien Flächen schützt eine Gründüngung vor Bodenabtrag durch → *Erosion* und unterdrückt Unkrautaufwuchs. Zudem wirken manche Pflanzen gegen → *Nematoden* (→ *Gründüngungspflanzen*) und setzen teils auch den Befallsdruck durch Pilzkrankheiten herab.

Eine Gründüngung ist demnach eine regelrechte Bodenkur und empfiehlt sich auf allen vorübergehend freien Flächen im Garten sowie vor der Neuanlage von Gärten oder von einzelnen Beeten und anderen Pflanzflächen.

Die Gründüngungspraxis ist sehr einfach: Gesät wird je nach → *Gründüngungspflanze* oder -mischung meist zwischen April und Anfang September. Man bereitet die Fläche wie bei jeder anderen → *Aussaat* vor und sät die → *Gründüngungspflanzen* in Reihen mit 20 – 25 cm Abstand oder, noch unkomplizierter, breitwürfig aus. Feines Saatgut vermischt man für eine gleichmäßigere Verteilung vor dem Ausbringen mit Sand. Die Samen werden eingeharkt bzw. mit Erde abgedeckt und bis zum Aufgang gut feucht gehalten. Auch danach sollte man bei anhaltender Trockenheit gießen.

Bei Blühbeginn, spätestens kurz vor dem Aussamen, wird die Gründüngung abgemäht. Im Spätsommer gesäte, nicht winterharte Arten lässt man einfach abfrieren. Das Einarbeiten in den Boden erfolgt nach dem Abrechen grober Pflanzenteile mit Krail, Sauzahn, Grubber oder Grabegabel. Spätsaaten auf leichten Böden werden im Frühjahr nach dem Abfrieren oder Zerkleinern eingemischt. Auf schweren Böden sollte dies bereits im Spätherbst geschehen, ggf. vor dem Umgraben.

Gründungungspflanzen (Auswahl) im Überblick

Name	Saatzeit	bevorzugte Bodenart	Hinweise
Ringelblume (*Calendula officinalis*)	Ende März – Mitte September	alle	geringe Wirkung gegen Nematoden; nicht winterhart
Blaue Lupine (*Lupinus angustifolius*)	Mitte April – Anfang September	sandig bis mittelschwer	Stickstoffsammler, Tiefwurzler; nicht winterhart
Gelbe Lupine (*Lupinus luteus*)	Mitte April – Anfang September	sandig, leicht sauer	Stickstoffsammler, Tiefwurzler; nicht winterhart
Hopfenklee (*Medicago lupulina*)	März – Juni	mittelschwer bis schwer	Stickstoffsammler; winterhart
Bienenfreund (*Phacelia tanacetifolia*)	Mitte März – Ende August	alle	frosthart bis -8° C
Ölrettich (*Raphanus sativus*)	Mitte April – Anfang September	alle	Tiefwurzler, teils gegen Nematoden; nicht winterhart
Gelbsenf (*Sinapis alba*)	Mitte März – Ende September	alle	raschwüchsig, teils gegen Nematoden; nicht winterhart
Studentenblume (*Tagetes*-Arten)	Anfang Mai – Mitte September	alle	gegen Nematoden; nicht winterhart
Inkarnatklee (*Trifolium incarnatum*)	Ende Juli – Anfang September	alle	Stickstoffsammler; winterhart
Winterroggen (*Secale cereale*)	Ende September – Mitte Oktober	alle	spätestmögliche Einsaat; winterhart

Gründüngungspflanzen

Für eine Gründüngung kommen grundsätzlich alle Pflanzen infrage, die rasch viel Blattmasse und Wurzelwerk bilden. Einige bewährte Gründüngungspflanzen stellt die nebenstehende Übersicht vor. Vorteilhaft sind Gründüngungsmischungen aus verschiedenen Arten, wie sie der Fachhandel anbietet.

Gern werden Schmetterlingsblütler (*Leguminosen*) verwendet, weil sie durch ihre Stickstoffbindung selbst auf kargen Böden wachsen und den Boden entsprechend anreichern. Hierzu zählen neben den verschiedenen Klee- und Lupinenarten auch Sommer- und Winterwicke sowie Serradella und Esparsette.

Besonders günstig ist die *Phacelia* bzw. der Bienenfreund. Da die Pflanze keiner im Gemüsegarten vorkommenden Pflanzenfamilie angehört, lockert sie vorteilhaft die Fruchtfolge auf. Ähnliches gilt für Winterroggen und Buchweizen, ebenso für Feldsalat, den man auch als Gründüngung einsetzen kann. Spinat kommt dafür ebenfalls infrage.

Etwas kompliziert sind die Verhältnisse bei Ölrettich und Senf. Zum einen sind sie beide Kreuzblütler und sollten wie Raps nicht vor oder nach Kohl und anderen Gemüsen derselben Familie angebaut werden. Dies vor allem, um einer Ausbreitung der → *Kohlhernie*, aber auch von → *Nematoden* entgegenzuwirken. Eine Ausnahme gilt jedoch für ausgewiesen nematodenresistente Ölrettich- und Senfsorten, die sogar zur Bekämpfung dieser Bodenschädlinge beitragen.

Grüne Pfirsichblattlaus

Grün gefärbte Blattlaus, die an Pfirsichbäumen überwintert, aber ebenso zahlreiche andere Pflanzen befallen kann; eine der häufigsten → *Blattläuse*.

Grünkohl ist ein beliebtes Wintergemüse.

Grünkohl
BRASSICA OLERACEA ACEPHALA-GRP.

Der auch als Braun-, Kraus- oder Federkohl bekannte Grünkohl gehört wie die anderen Kohlarten zu den Kreuzblütlern. Er ist ein deftiges, gesundes Wintergemüse mit hohem Mineralstoff- und Vitamingehalt. Im Mischanbau gedeiht er gut neben Zuckerhut, Roten Beten, Radicchio und spätem Salat.

Merkmale: Zweijährige Pflanze, 40–80 cm hoch, je nach Sorte unterschiedlich stark gekrauste Blätter, rosettenartig an kräftigem Strunk.

Standort: Humoser, nährstoffreicher, bevorzugt kalkhaltiger Boden.

Kultur: Anzucht Mitte Mai bis Mitte Juni auf dem Freilandbeet, mit 15 cm Reihenabstand; Pflanzung ab Ende Juni bis Anfang August mit 50 x 50 cm Abstand.

Pflege: Bei Trockenheit kräftig gießen, regelmäßig hacken oder mit Mulchdecke versehen; zum Pflanzen Kompost oder Volldünger verabreichen, im Herbst kalibetont nachdüngen und etwas anhäufeln.

Ernte: Volle Aromaentfaltung erst nach Frosteinwirkung, deshalb frühestens ab Oktober ernten; bis zum Frühjahr entweder Pflanzen ganz abschneiden oder nach Bedarf junge, zarte Blätter abernten.

Grünspargel
→ *Spargel*, der nicht durch Erdabdeckung gebleicht wird und etwas kräftiger als Bleichspargel schmeckt.

Grünsteckling
Nicht verholzter, krautiger → *Steckling* von jungen Trieben

Guano
Organischer Handelsdünger, sehr stickstoff- und phosphatreich. Er wird aus Verwitterungsprodukten von Seevogelkot an den niederschlagsarmen Küsten Südamerikas und Afrikas gewonnen.

Gummifluss
Wird auch als Harzfluss oder Gummose bezeichnet. Am Holz von Steinobst, besonders Kirsche und Pfirsich, auftretende helle bis bräunliche, tropfen- bis klumpenförmige, zähflüssige bis verhärtete Ausscheidungen. Das „Wundgummi" entsteht durch Wundreize, die Stoffwechselstörungen verursachen. Auslöser der Krankheit können mechanische Verletzungen sein sowie verschiedene parasitäre Erkrankungen und tierische Schädlinge, die wiederum über Wunden eindringen. Auch unausgewogene Düngung, vor allem übermäßige Stickstoffgaben, oder Staunässe spielen häufig eine Rolle.

Demnach stellen generell eine gute Standortwahl und Pflege sowie das Vermeiden unnötiger Verletzungen und sorgfältige Wundbehandlung nach dem Schnitt wichtige Vorbeugungsnahmen dar. Harzende Stellen schneidet man tief bis ins gesunde Gewebe aus, danach muss eine gründliche Behandlung mit Wundverschlussmittel erfolgen.

Gundermann

Gundermann (Glechoma hederacea)

Gundermann
Glechoma hederacea

Der bei uns auch wild wachsende Gundermann, ein Lippenblütengewächs, ist einer der eher unscheinbaren, aber wertvollen Problemlöser für Schattenpartien.
Merkmale: Staude mit oberirdisch kriechenden Ausläufern, 10 – 20 cm hoch, starkwüchsig; rundliche, am Rand gekerbte, dunkelgrüne Blätter; blauviolette, duftende Blüten.
Blütezeit: April – Juni
Verwendung: Als Bodendecker vor oder zwischen Gehölzen, im feuchten Mauerschatten; ebenfalls in Pflanzgefäßen.
Standort: Humoser, nährstoffreicher, frischer bis feuchter Boden.
Pflanzen/Vermehren: Im Herbst oder Frühjahr acht bis zehn Pflanzen je m² setzen; Vermehrung durch Abtrennen der Ausläufer; versamt sich leicht selbst.
Pflege: Übermäßiges Wuchern durch Abstechen von Teilen begrenzen; gelegentlich mit reifem Kompost überstreuen.

Gunnera
Staude mit sehr großen Blättern
→ Mammutblatt

Günsel
Ajuga reptans

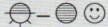

Besonderer Beliebtheit erfreuen sich Züchtungen dieses heimischen Lippenblütlers, die mit attraktiver Blattfärbung aufwarten.
Merkmale: Staude mit oberirdisch kriechenden Ausläufern, 10 – 20 cm hoch; starkwüchsig; immergrüne, spatelförmige, leicht gekerbte Blätter; blaue Blüten; mehrere Sorten mit rötlichen und mehrfarbigen Blättern sowie rosa oder weißen Blüten.
Blütezeit: April – Juni
Verwendung: Als Bodendecker vor oder zwischen Gehölzen, im feuchten Mauerschatten; vor allem buntlaubige Sorten in Pflanzgefäßen.
Standort: Buntlaubige Sorten an eher sonnigen Plätzen; humoser, nährstoffreicher, frischer Boden.
Pflanzen/Vermehren: Im Herbst oder Frühjahr acht bis zehn Pflanzen je m² setzen; Vermehrung durch Abtrennen der Ausläufer oder Teilung.
Pflege: Wuchern durch Abstechen von Teilen begrenzen; gelegentlich mit reifem Kompost überstreuen; kann jährlich mit dem Rasenmäher (größte Schnitthöhe) nach der Blüte abgemäht werden.

Günsel (Ajuga reptans)

Gurke
Cucumis sativus

Die Gurken gehören zu den Kürbisgewächsen und sind ursprünglich in Ostindien, möglicherweise auch in Afrika beheimatet. Sie werden schon seit Jahrhunderten in Europa angebaut, wobei auch etwas robustere Formen entstanden sind. Nach Kälteverträglichkeit, Fruchtgröße und Verwendung unterscheidet man:

■ Freilandgurken: Einlegegurken mit bis 15 cm langen Früchten; Schäl- oder Senfgurken mit dicken, etwa 50 cm langen Früchten; robuste Salatgurken mit 20 – 40 cm langen Früchten

■ Gewächshausgurken: Salat- oder Schlangengurken mit 40 – 50 cm langen Früchten

Gurken haben getrennte männliche und weibliche Blüten auf einer Pflanze, wobei die weiblichen einzeln in den Blattachseln sitzen. Heute werden jedoch meist rein weibliche Sorten angeboten, die ohne Bestäubung Früchte hervorbringen (jungfernfrüchtig bzw. parthenokarp).

Ansonsten sollte man bei der Sortenwahl auf bitterstofffreie und möglichst krankheitsresistente Züchtungen achten. Besonders empfindlich sind die Gewächshausgurken. Durch Veredeln auf Kürbisunterlagen (→ *Ablaktieren*) werden sie widerstandsfähiger gegen Krankheiten. Als Mischkulturpartner eignen sich Buschbohnen, Kohl, Knoblauch, Zwiebeln, Salat und Dill, jedoch keine Tomaten.
Merkmale: Einjährig, niederliegend oder mit Blattranken kletternd; große handförmig gelappte, rauhaarige Blätter; gelbe Blüten; wasserreiche Früchte (botanisch gesehen Beeren).

Einlegegurke (Cucumis sativus)

Blütezeit: Juni – September
Standort: Warm, geschützt; humoser, nährstoffreicher, lockerer Boden.
Kultur: Bei Freilandgurken warme Anzucht ab April, in Töpfen mit je zwei bis drei Samen, später schwächere Pflanze entfernen; Pflanzung Ende Mai/Anfang Juni ins Freiland, Abstand 110 x 30 cm, bei Hochleiten an Gerüsten genügen 100 cm Reihenabstand; günstig ist die Kultur auf schwarzer Mulchfolie, dann Pflanzen in kreuzförmige Einschnitte setzen; auch Direktsaat ins Freie ab Mitte Mai bis Anfang Juni. Für Gewächshausgurken Anzucht März bis April bei 20 – 25° C, April bis Mai Pflanzung an Gittern oder Schnüren mit 100 cm Reihenabstand, in der Reihe 50 cm Abstand.
Pflege: Mit vorgewärmtem Wasser stets gut feucht halten, Trockenheit führt leicht zu bitteren Gurken; mulchen oder regelmäßig Boden vorsichtig lockern; reichlich mit Kompost und organischem Dünger versorgen (Mineraldünger ungünstiger, da salzempfindlich). Bei Einlege- und Schälgurken nicht fruchtende Triebe bis auf das siebte Blatt einkürzen. Bei Gewächshaus- und Freilandsalatgurken bei Erreichen von etwa 2 m Höhe Haupttrieb abschneiden, Seitentriebe mit Fruchtansätzen in den Blattachseln oberhalb des zweiten Blatts kappen.
Ernte: Einlegegurken und Freilandsalatgurken ab Mitte Juli, Schälgurken ab August, Gewächshausgurken ab Ende Juni; nicht zu groß werden lassen, mehrmals durchpflücken.

Gurkenkrankheiten
Eine ganze Reihe von Krankheiten können an Gurken auftreten, sowohl Echter wie Falscher → *Mehltau* als auch → *Grauschimmel,* außerdem durch Viren verursachtes Blattmosaik (→ *Viruskrankheiten*).

Eckige Blattfleckenkrankheit
Häufige Bakterienkrankheit, tritt besonders an Freilandgurken auf. Die Bakterien überdauern auf Samen und Pflanzenrückständen im Boden.
Schadbild: Anfangs glasige, unregelmäßige Blattflecken, die bald an den Rändern braun werden und eine eckige Form annehmen; zunächst dunkelgrüne, später bräunliche Flecken auf den Früchten.
Abhilfe: Vorbeugend nur gesundes Saatgut verwenden; Gurken frühestens alle 3 Jahre an derselben Stelle anbauen; Pflegearbeiten und Ernte nur bei trockenem Wetter. Bei Befall erkrankte Pflanzen und Pflanzenreste gründlich entfernen.

Gurkenwelke
Das Welken der Gurkenpflanzen, im Sommer häufig recht plötzlich um die Mittagsstunden, kann verschiedene Ursachen haben. Abgesehen von ungenügender Wasserversorgung führt vor allem eine Versalzung des Bodens, hervorgerufen durch übermäßige Mineraldüngergaben, zu solchen Erscheinungen. Die zweite häufige Ursache ist ein Befall durch *Fusarium*-Pilze, → *Fusarium-Krankheiten.* In beiden Fällen müssen künftig andere Standorte gewählt werden, im Gewächshaus ist ein Bodenaustausch unverzichtbar, falls man sich nicht für eine längere Anbaupause entscheidet.

Gurkenschädlinge
Hauptsächlich treten → *Blattläuse* auf, die man bekämpfen sollte, da sie den Gurkenmosaikvirus übertragen. Im Gewächshaus hat man häufig mit → *Spinnmilben* und → *Weißen Fliegen* zu tun, die durch käufliche Nützlinge reduziert werden können.

Gurkenkraut
Anderer Name für den → *Borretsch*

Guter Heinrich
CHENOPODIUM BONUS-HENRICUS

Der Gute Heinrich, ein heimisches Gänsefußgewächs, war vor Einführung des Spinats ein beliebtes Blattgemüse. Danach wurde er so intensiv als Unkraut bekämpft, dass er heute zu den gefährdeten Arten zählt. In Spezialgärtnereien erhält man allerdings Samen, die man einfach im Frühjahr oder Herbst breitwürfig aufs Beet säen kann. Später wird dann auf 50 cm Abstand vereinzelt. Die Pflanzen gedeihen auf jedem guten Gartenboden. Man erntet fortlaufend junge Triebe und Blätter, die wie Spinat oder Mangold zubereitet werden.

Gymnospermae
Fachsprachlich für → *Nacktsamer,* also für Pflanzen wie die Nadelgehölze, bei denen die Samenanlagen nicht von einem Fruchtknoten umschlossen sind.

Gypsophila
Botanischer Gattungsname des zart blühenden →*Schleierkrauts*

H

Haarmarbel
Zierliches Ziergras für halbschattige Plätze
→ *Marbel*

Haarröhrchen
Sehr feine Röhren bzw. Kanäle im Boden, die Wasser festhalten und transportieren.
→ *Kapillaren*

Haberlee
HABERLEA RHODOPENSIS
☼-◐ ☺

Das nach dem ungarischen Botaniker Haberle benannte Gesneriengewächs stammt aus Bulgarien, ist aber auch in den nordöstlichen Gebirgsregionen Griechenlands zu finden. Die Haberlee ist nahe verwandt mit den bekannten Zimmerpflanzen Usambaraveilchen und Drehfrucht.
Merkmale: Kleine, immergrüne Rosettenstaude, 10 – 15 cm hoch; grob gesägte Blätter; violette bis lilablaue, röhrenförmige, vorne trichterförmig sich erweiternde Blüten, einzeln oder zu mehreren an langen Stängeln; erhältlich ist auch eine weiß blühende Sorte.
Blütezeit: April – Mai
Verwendung: Im Steingarten, in Mauer- und Felsspalten, auch in Treppenfugen, harmoniert gut mit kleinen Gräsern und Farnen.
Standort: Sehr hell, aber nicht in voller Sonne, am besten an nord- und ostseitigen Hängen, im Schatten nur spärliche Blüte; bevorzugt windgeschützte sowie luftfeuchte Lagen; frischer bis mäßig feuchter, kalkhaltiger Boden.

Haberlee (Haberlea rhodopensis)

Pflanzen/Vermehren: Pflanzung im Frühjahr in senkrechte Spalten und Fugen, die Blattrosetten sollen vertikal stehen. Vermehrung im Frühjahr und Frühsommer über Tochterrosetten oder Blattstecklinge; Aussaat (Lichtkeimer) im Frühjahr möglich, aber langwierig.
Pflege: Am richtigen Standort pflegeleicht, ungestört wachsen lassen; im Winter mit Reisig abdecken.

Habichtskraut
HIERACIUM
Habichtskräuter zählen zu den Korbblütlern und zeigen sich sehr vielgestaltig. Sie kreuzen sich leicht untereinander und breiten sich bisweilen ungestüm aus. Die Gattung gehört zu den umfangreichsten der europäischen Flora, die über 200 Arten werden noch um zahlreiche Unterarten und Varietäten ergänzt.

Das in ganz Europa vorkommende Orangerote Habichtskraut stammt ursprünglich aus den Gebirgen, hat sich aber über die Gärten auch im Flachland weit verbreitet. Das Kleine Habichtskraut wächst in Magerrasen und Heiden in ganz Europa, aber auch im Kaukasus und Westsibirien. Sein Kraut wird bis heute in der Naturheilkunde gegen Magen-Darm-Beschwerden sowie als stärkendes Augenwasser verwendet.

Neben diesen beiden, nachfolgend beschriebenen Arten bietet sich für den Garten auch eine Hybride an, das Rote Habichtskraut (*Hieracium* x *rubrum*), das seine rostroten bis braunroten Blütenköpfe von Juni bis weit in den Herbst hinein unermüdlich über seine Blattteppiche emporhebt. Man pflanzt es am besten an sonnige Stellen im Steingarten oder an Böschungen in nicht zu trockenen Boden, wo es sich zu kleinen Rasen ausbreiten darf. Ebenfalls für den Steingarten eignet sich das Silberhaar-Habichtskraut (*Hieracium villosum*), das mit seinen dicht behaarten Blättern silbrige Teppiche bildet und goldgelb blüht. Auch diese Art liebt sonnige Standorte im Steingarten auf trockenem, kalkhaltigem Boden. Diese beiden Habichtskräuter lassen sich leicht über Teilung vermehren.

Orangerotes Habichtskraut
HIERACIUM AURANTIACUM
☼ ☺

Merkmale: Über unterirdische Ausläufer große Rasen bildende Staude, 20 – 40 cm hoch, mit behaarten Blattrosetten; orangefarbene bis zie-

gelrote Blütenköpfe mit fast schwarzen Deckblättern auf langen Stängeln; kleine Früchte mit Haarschopf, löwenzahnähnlich; wuchert und versamt sich sehr stark.
Blütezeit: Juli – September
Verwendung: In kleinen Gruppen in naturnahen Gartenteilen wie Wiesen oder an Böschungen, wo man das Wuchern dulden kann, auch am Gehölzrand. Schön in Gemeinschaft mit anderen Wildblumen wie Färberkamille oder Knäuelglockenblume.
Standort: Gedeiht selbst in praller Sonne auf trockenen, mageren, kalkhaltigen Böden; auf nährstoffreicherem Untergrund verstärkt sich das Wuchern.
Pflanzen/Vermehren: Pflanzung bevorzugt im Frühjahr; Vermehrung durch Teilung im Frühjahr oder im Herbst, Aussaat direkt nach der Fruchtreife.
Pflege: Nicht nötig, nur dem Wuchern muss man ab und an durch Abstechen unerwünschter Pflanzen Einhalt gebieten; Verhindern von Selbstaussaat durch frühzeitiges Abschneiden verwelkter Blütenköpfe.

Orangerotes Habichtkraut (Hieracium aurantiacum)

Kleines Habichtskraut
HIERACIUM PILOSELLA

Wird auch Mausöhrchen genannt.
Merkmale: Staude mit Rosetten aus filzig behaarten Blättern, 5 – 30 cm hoch; gelbe, unterseits rostrot gefärbte Blütenkörbchen auf blattlosen Stängeln; Fruchtstände mit weißen Haarbüscheln.
Blütezeit: Mai – September
Verwendung: Als Bodendecker in naturnahen Steingärten, an Böschungen, in Magerwiesen, am Gehölzrand. Hübsch in Begleitung von kleinen Glockenblumen und niedrigen Fetthennen (*Sedum*-Arten).
Standort: Gedeiht selbst in praller Sonne auf trockenen, kargen, auch steinigen Böden.
Pflanzen/Vermehren: Pflanzung im Frühjahr oder Herbst mit 10 – 20 cm Abstand; Vermehrung durch Teilung von Frühjahr bis Herbst, durch Aussaat gleich nach der Fruchtreife.
Pflege: Sehr anspruchslos, ungezügeltem Ausbreiten ist durch Abstechen zu begegnen.

Habitus
Das Erscheinungsbild einer Pflanze einschließlich ihrer individuellen Besonderheiten; bezieht sich in erster Linie auf die Wuchsform, aber auch auf Anordnung, Stärke und Verzweigungsgrad von Trieben sowie auf Blattgrößen und -formen.

Hacke
Als Werkzeuge für die Bodenbearbeitung und Unkrautbekämpfung gehören Hacken zu den wichtigsten → *Gartengeräten*. Nach der Arbeitsweise unterscheidet man bei den Handgeräten Zieh-, Stoß- und Schlaghacken:

■ Ziehhacken: Meist als Bügelziehhacke mit kurzem (ca. 4 cm), breitem Blatt an zwei Bügeln; sie eignet sich vor allem zur Unkrautbekämpfung sowie zur flachen Lockerung zwischen Pflanzen bzw. Gemüsebeetreihen. Das Blatt wird dazu – rückwärts gehend – fast waagrecht, also parallel zur Oberfläche durch den Boden gezogen, so dass man die Unkräuter quasi abschneidet bzw. abschält. Pendelhacken dienen demselben Zweck. Sie haben ein breites, dünnes Messer, das über einen Metallrahmen mit einem Pendelgelenk verbunden ist. Mit ihnen kann man stoßend und ziehend arbeiten.

Zu den Ziehhacken im weiteren Sinn zählen auch Geräte, die statt eines durchgehenden Blatts kräftige Zinken aufweisen, nämlich Kultivator, Grubber und Krail (→ *Bodenbearbeitungsgeräte*, → *Gartengeräte*). Man bezeichnet sie auch als Zinkenziehhacken.

■ Stoßhacken: Diese auch Schuffel genannten Geräte mit allseitig geschliffenem Blatt, also umlaufend scharfen Kanten, kommen bei der Unkrautbekämpfung zum Einsatz und können stoßend wie ziehend verwendet werden.

■ Schlaghacken: Hierzu gehören die Unkrauthacke mit kurzem Blatt, die Blatthacke mit 10 – 12 cm langem Blatt, sowie die Haue mit noch größerem, besonders kräftigem Hackenblatt. Man schlägt hier die Blattschneiden regelrecht in die Erde, deshalb die Bezeichnung Schlaghacken. Bei Blatthacken und besonders bei der Haue erfordert dies recht viel Kraft, weshalb man damit in der Regel vorwärts gehend arbeitet. Blatthacke sowie Haue eignen sich neben der Unkrautbekämpfung auch zur tieferen Bodenlockerung oder zum Zerkleinern von Erdschollen. Die Haue lässt sich zudem zur Erstbearbeitung stark verunkrauteter oder schwerer Böden einsetzen.

■ Doppelhacke: Auch Duo- oder Kombihacke genannt; sie hat ein durchgängiges, breites Blatt auf der

Hacken

einen Seite und drei kräftige Zinken auf der andern; somit ist sie als Schlag- wie auch als Ziehhacke verwendbar.

Daneben gibt es mehrere Spezialhacken bzw. -ausführungen:

■ Handhacken: mit kurzem Stiel zum gezielten, kleinflächigen Hacken zwischen Pflanzen

Schuffel

Doppelhacke

Ziehhacke

■ Spitzhacken (Pickel): zum Auflockern stark verfestigter Oberflächen und Untergründe

■ Radhacken: Mit Stützrad und zwei langen Holmen; hinter dem Rad sind je nach Ausführung einzelne Hackmesser oder Pendelhackmesser angebracht, gefolgt von Zinken, die in breitere Schare auslaufen (wie beim Kultivator); teils auch mit auswechselbaren Anbaugeräten. Die Radhacken werden vorwärts geschoben und erleichtern das Bearbeiten größerer Flächen bzw. langer Reihen. Sie stellen eine Energie sparende Alternative zur Motorhacke dar.

■ Motorhacken: Diese haben um eine Achse rotierende Hackmesser. Sie werden mit verschiedenen Arbeitsbreiten und Hacktiefen (meist zwischen 10 und 25 cm) angeboten und finden in erster Linie bei der Beetvorbereitung Verwendung. Für gelegentliche Einsätze kann man solche Geräte bei manchen Gartenbaufirmen oder im Maschinenfachhandel ausleihen.

Welche Art von Hacke man braucht, hängt vor allem von der Gartennutzung ab, insbesondere vom Anteil an Gemüsebeeten; außerdem von der → *Bodenart* bzw. Bearbeitbarkeit des Bodens. In vielen Fällen genügen eine Doppelhacke sowie eine kräftige Blatthacke als Grundausstattung. Als Alternativen zur Bügelziehhacke bevorzugen viele Gärtner Grubber oder Kultivator, die vielseitiger verwendet werden können. Die Hackenblätter sollten aus verzinktem Metall oder Edelstahl gefertigt sein. Für körpergerechtes Arbeiten ist bei Ziehhacken eine Stiellänge zwischen Schulter- und Stirnhöhe günstig, bei Schlaghacken zwischen Brust- und Schulterhöhe

Hacken

Das Hacken dient dem Entfernen von Unkräutern und der Lockerung des Bodens, um die Durchlüftung zu verbessern. Zugleich werden durch das Hacken die → *Kapillaren* unterbrochen, über die beständig Wasser aus dem Boden verdunstet. Weiterhin verbessert das Aufreißen einer verdichteten Bodenoberfläche außerdem das Einsickern von Regen- und Gießwasser.

Das Hacken empfiehlt sich sowohl zur Vorbereitung von Beeten und anderen Pflanzflächen wie auch als laufende Pflegemaßnahme während der Vegetationszeit. Zu Geräten, Arbeitsrichtung und -technik → *Hacke,* auch → *Bodenbearbeitung*

Eine Alternative zum Hacken stellt das → *Mulchen,* d. h. die Bodenbedeckung mit organischem Material, dar.

Häcksel

Mit dem Häcksler zerkleinerte Zweige und Äste

→ *Gehölzhäcksel*

Häcksler

Auch Schredder genannt; Gerät zum Zerkleinern von Gehölzschnitt und anderen Pflanzenteilen, die sich dann als Kompost- oder Mulchmaterial verwenden lassen. Die im privaten Bereich gebräuchlichen Modelle werden häufig als Garten- oder Komposthäcksler bezeichnet.

Der **Antrieb** erfolgt über einen Elektro- oder Benzin- bzw. Dieselmotor. Handelsübliche Häcksler für den Hausgarten haben meist Elektromotoren mit Leistungen zwischen 1500 und 2500 Watt. Entsprechend können sie Äste zwischen etwa 2,5 cm und 4,5 cm Stärke verarbeiten. Dickere Äste schaffen Geräte mit Starkstrommotoren sowie die meist leistungsstark ausgelegten benzinbetriebenen Häcksler. Solche Geräte sind jedoch für den normalen Gebrauch überdimensioniert und zudem recht teuer. Es gibt jedoch auch kleinere Benzinhäcksler, die für Gärten ohne Stromanschluss infrage kommen.

Es gibt verschiedene **Schneidsysteme:**

■ Messerschneidwerke zerhacken das Material mit rotierenden Messern bei hoher Umdrehungsgeschwindigkeit. Aufgrund dieser Arbeitsweise und der dafür nötigen Motordrehzahlen sind sie meist ausgesprochen laut. Auch lärmreduzierte Ausführungen haben teils noch einen recht hohen Geräuschpegel. Vorteile: Messerhäcksler sind vergleichsweise preiswert, zerkleinern auch Materialien wie Staudenstängel oder Laub recht problemlos und liefern feines, klein geschnittenes Häckselgut, das sich gut zum Mulchen eignet.

■ Walzenhäcksler zerquetschen das Material. Dies geht wesentlich leiser, allerdings auch langsamer vor sich. Ähnlich verhält es sich mit Spindel-, Wendel- und Schneckenhäckslern, bei denen auf das Quetschen noch ein Schneidvorgang folgt. Solche Geräte werden als Leisehäcksler bezeichnet, sofern sie einen Schallpegel von 91 Dezibel nicht übersteigen. Das zerquetschte Häckselgut verrottet auf dem Kompost hervorragend. Mit feuchteren, krautigen Pflanzenresten kommen diese Häcksler allerdings nicht so gut zurecht.

Zu diesen Grundmodellen gibt es eine Vielzahl von Varianten und besonderen Ausstattungen. Man sollte sich vor einer Anschaffung gründlich informieren und in Fachgeschäften beraten lassen, was für die eigenen Zwecke infrage kommt. Wichtige Gesichtspunkte sind neben Leistungsstärke und Arbeitsweise die Betriebssicherheit und der Bedienungskomfort. Da Häcksler meist nur ein- oder zweimal im Jahr gebraucht werden, bietet sich z. B. ein gemeinsamer Kauf mit Nachbarn oder gärtnernden Freunden an. Wie bei anderen selten gebrauchten Motorgeräten kann man auch das gelegentliche Leihen bei Gerätevermietungen oder Fachhändlern erwägen.

Zum Betrieb sollte der Häcksler auf einem ebenen Platz aufgestellt werden. Neben der Beachtung aller Sicherheitsvorschriften des Herstellers ist das Tragen von Schutzbrille und Arbeitshandschuhen unbedingt ratsam, bei lauteren Häckslern empfiehlt sich zudem ein Gehörschutz.

Haferpflaume

Ältere, gebietsweise verwilderte Form der → *Pflaume*, die auch Haferschlehe, Krieche oder Spilling genannt wird.

Haftmittel

Zusatzstoffe von → *Pflanzenschutzmitteln*, die für ein besseres Haften der Spritzbrühen auf den Pflanzenoberflächen sorgen. Selbst hergestellten → *Kräuterauszügen* kann man zu diesem Zweck etwas Schmierseife untermischen.

Haftpflicht

Die Verpflichtung eines Grundstückseigentümers, für eventuelle Schäden aufzukommen, gilt grundsätzlich bei Verschulden durch vorsätzliches oder fahrlässiges Verhalten. Im Zusammenhang mit dem Garten spielt die so genannte Verkehrssicherungspflicht eine wichtige Rolle. Danach ist ein Eigentümer sowie bis zu einem gewissen Grad auch ein Mieter verpflichtet, Vorkehrungen zu treffen, damit Dritte keinen Schaden erleiden. Zur Haftung kann er herangezogen werden, wenn er diese Pflicht schuldhaft verletzt.

Zu entsprechenden Streitfällen kann es z. B. kommen, wenn abbrechende Äste Schäden verursachen oder Nachbarkinder auf einem frei zugänglichen Gartengrundstück Unfälle erleiden. Gerichte entscheiden hierbei nach genauer Einzelfallprüfung, so dass sich Urteile nicht unbedingt verallgemeinern lassen. Grundsätzlich empfiehlt es sich, entsprechende Vorkehrungen zum Vermeiden von Schäden zu treffen. Insbesondere sollte man Gartenteiche und ähnliche Gefahrenquellen genügend absichern, falls kleine Kinder unbemerkt auf das Grundstück gelangen können.

Haftscheibe

Besondere scheibenförmige Haftorgane an den Ranken des → *Wilden Weins*, mit denen die Pflanzen auch ohne Kletterhilfen an senkrechten, glatten Wänden emporklettern können. Bei der dreilappigen Art (*Parthenocissus tricuspidata*) sind die Haftscheiben sehr kräftig entwickelt; bei der fünfblättrigen Art (*P. quinquefolia*) reichen sie dagegen auf Dauer oft nicht aus, um das Gewicht der Pflanzenmasse ohne Unterstützung festzuhalten.

Haftwasser

Das Wasser im Boden, das durch Saugkräfte in den → *Kapillaren* und an der Oberfläche fester Bodenteilchen festgehalten wird und dadurch nicht versickern kann. Je enger die Poren im Boden sind, desto stärker wird das Wasser gehalten. Dies führt dazu, dass ein Tonboden mit sehr feinen Mineralteilchen und entsprechend kleinen Zwischenräumen eine wesentliche bessere Wasserhaltekraft aufweist als ein grobkörniger Sandboden (auch → *Bodenarten*). Durch die zahlreichen Grobporen eines Sandbodens läuft das Wasser recht schnell als Sickerwasser ab. Ein günstiger Lehmboden oder humusreicher Boden hat dagegen einen hohen Anteil an Mittelporen, in denen das Wasser entgegen der Schwerkraft festgehalten wird, aber pflanzenverfügbar bleibt. Anders in den Feinporen, die im Tonboden besonders stark vertreten sind: Darin bleibt das Wasser mit so starker Spannung gebunden, dass es für die Pflanzenwurzeln nicht verfügbar ist und entsprechend als „Totwasser" bezeichnet wird.

Häcksler verhelfen zu wertvollem Kompost- und Mulchmaterial, das gut verrottet.

Haftwurzel

An den Sprossen gebildete, büschelige Wurzeln, mit denen sich einige Kletterpflanzen wie → *Efeu* oder → *Kletterhortensie* an senkrechten Unterlagen festhalten. Sie kommen deshalb ohne Klettergerüst aus. Man bezeichnet solche Pflanzen als Wurzel- bzw. Haftwurzelkletterer.

Hagebuche

Anderer Name der → *Hainbuche*

Hagebutte

Nach den überlieferten Bezeichnungen „Hag" für dichtes Gebüsch und „Butte" bzw. „Butzen" für Klumpen bzw. Knollen werden die Früchte der → *Rosen* heute noch Hagebutten genannt. Zur Ausbildung der Früchte kommt es nur bei Wildrosen und wildrosenähnlichen Strauchrosen. Besonders große Hagebutten bringt die Kartoffelrose hervor. Botanisch handelt es sich bei den roten, orangefarbenen, seltener auch schwarzen Hagebutten um Sammelnussfrüchte (auch → *Frucht*). Zwischen den kleinen Nüsschen innerhalb der Hagebutte befinden sich Borsten, die sehr unangenehm jucken können. Hagebutten enthalten wenigstens 400 g, teils sogar über 1 000 g Vitamin C je 100 g essbarem Anteil und übertreffen damit z. B. die Kiwi (300 g) bei weitem. Zudem sind sie reich an anderen Vitaminen sowie Mineralstoffen. Nach Entfernen der Nüsschen und Kelchreste kann man sie zu Marmelade, Gelee, Tee oder Saft verarbeiten.

Hagelschaden

Hagel, ein fester Niederschlag aus Eiskugeln oder -klumpen, fällt hauptsächlich während der Sommermonate, wenn sich die Erdoberfläche stark erwärmt hat, während die Wolkenspitzen extrem kalt sind. Die Hagelkörner, die fast 10 cm Ø erreichen können, bilden sich infolge starker Auf- und Abwinde in Schauer- und Gewitterwolken. Ein sehr schneller Abfall des Luftdrucks (→ *Barometer*) im Sommer ist häufig ein Vorbote eines Hagelschauer.

Aufgrund ihres Gewichts und der damit verbundenen Geschwindigkeit beim Aufprall auf die Erde können Hagelkörner gewaltige Schäden an Pflanzen anrichten, ebenso an Gewächshäusern und Frühbeeten. Ein wenig vorbeugen kann man, indem man bei Hagelgefahr Gewächshaus- und Frühbeetfenster schließt, Frühbeete mit Brettern abdeckt sowie empfindliche Pflanzen durch engmaschige Kunststoffnetze oder Folientunnel schützt. Nach einem kräftigen Hagelschauer schneidet man am besten geknickte und verletzte Pflanzenteile gleich weg.

Hahnenfuß

Ranunculus

Artenreiche, sehr vielgestaltige Gattung einjähriger bis ausdauernder Pflanzen, die einer großen Familie, den Hahnenfußgewächsen, ihren Namen gab. Hahnenfußarten sind weltweit in den gemäßigten Zonen bis in die Gebirgsregionen der Tropen verbreitet. Die meisten tragen geteilte oder gelappte Blätter, haben knollenartig verdickte Wurzeln oder Rhizome. Auffälligste Gemeinsamkeit sind jedoch die Blüten: Fünf überwiegend lebhaft gefärbte Blütenblätter formen eine schalenförmige Blüte, in deren Mitte die Fruchtknoten von goldgelben Staubblättern umkränzt werden.

Einige Arten wie der Scharfe Hahnenfuß (*R. acris*), auch als Butterblume bekannt, sowie der Ackerhahnenfuß (*R. arvensis*) und der Kriechende Hahnenfuß (*R. repens*) werden in Gärten als → *Unkräuter* lästig. Nichtsdestotrotz bieten ihre leuchtenden Blüten einen hübschen Anblick, weshalb man weniger stark wuchernde Arten als Zierpflanzen schätzt.

So gibt es vom Scharfen Hahnenfuß auch ansehnliche gefüllte Formen, die als naturnahe Stauden gepflanzt werden. Die Art ist über ganz Europa bis Nordasien weit verbreitet. Ihr Saft reizt Haut und Schleimhäute, alle Pflanzenteile, vor allem die Wurzeln enthalten Giftstoffe. Das Scharbockskraut (*R. ficaria*), ebenfalls ein zierender Hahnenfuß, kommt in den Wäldern Europas und Südwestasiens vor. Seine frischen, vitaminreichen Blätter sind im Frühjahr vor der Blüte noch frei von Scharfstoffen und werden als gesundes Wildgemüse sowie für Tees gegen Hautleiden genutzt. Zu den Zierarten zählen weiterhin der in Gebirgen Mittel- und Südeuropas heimische Silberhahnenfuß (*R. aconitifolius*), der von West- und Südeuropa bis Nordafrika verbreitete Grasblättrige Hahnenfuß (*R. gramineus*) sowie der Zungenhahnenfuß (*R. lingua*), der wild an Gewässerufern von Europa bis in den Himalaja vorkommt.

In Spezialgärtnereien für Wasserpflanzen stößt man bisweilen auf zwei weitere Arten, die Gartenteich und Bachlauf bereichern können. Der Wasserhahnenfuß (*R. aquatilis*) ist fast weltweit in stehenden und langsam fließenden Gewässern zu finden. Er trägt zweierlei Blätter, zum einen ständig untergetauchte, fadenförmig zerschlitzte, zum andern rundliche, gelappte über der Wasseroberfläche. Die weißen Blüten heben sich im Sommer an Stielen über das Wasser empor. Der Flutende Hahnenfuß (*R. fluitans*) besitzt dagegen ausschließlich fädig zerschlitzte Blätter, die stets untergetaucht bleiben. Er blüht ebenfalls weiß im Sommer. Sein Vorkommen erstreckt sich auf saubere, fließende Gewässer in Europa.

Schließlich gehören zu dieser Gattung auch die nicht winterharten → *Ranunkeln* (*R. asiaticus*), die sich im Erscheinungsbild deutlich von den hier beschrieben Arten abheben.

Hahnenfuss

Silberhahnenfuß (Ranunculus aconitifolius)

Scharfer Hahnenfuß (Ranunculus acris)

Schabrockskraut (Ranunculus ficaria)

Silberhahnenfuß
RANUNCULUS ACONITIFOLIUS

Merkmale: Horstig wachsende Staude, 40 – 70 cm hoch; mehrfach geteilte Blätter; weiße Blüten; auch gefüllt blühende Sorte erhältlich.
Blütezeit: Mai – Juni
Verwendung: Am Gehölzrand, zusammen mit anderen Großstauden mit Wildcharakter wie Fingerhut, Storchschnabelarten, Farne und Gräser.
Standort: Am besten absonnig bis halbschattig, an luftfeuchten Stellen; auf frischen bis feuchten, nährstoffreichen Böden.
Pflanzen/Vermehren: Pflanzung im Frühjahr oder Herbst; Vermehrung durch Teilung nach der Blüte oder Aussaat (Kaltkeimer).
Pflege: Bei anhaltender Trockenheit gießen, sonst keine weitere Pflege erforderlich.

Scharfer Hahnenfuß
RANUNCULUS ACRIS

Merkmale: Kurzlebige, horstartige Staude, 40 – 80 cm hoch; fein zerteilte Blätter; goldgelbe Blüten, bei Sorten dicht gefüllt und ballförmig.
Blütezeit: Mai – Juni
Verwendung: Naturnah gestaltete Beete, Wiesen, am Gehölzrand und an Gewässerufern, schön in Nachbarschaft mit Mädesüß, Storchschnabel oder Nelkenwurz.
Standort: Vorzugsweise sonnig auf frischen bis feuchten, nährstoffreichen Böden.
Pflanzen/Vermehren: Wie Silberhahnenfuß.
Pflege: Wie Silberhahnenfuß.

Scharbockskraut
RANUNCULUS FICARIA

Merkmale: Kleine, niederliegende Staude mit fleischigen Wurzelknöllchen, 5 – 15 cm hoch; herzförmige Blätter, die nach der Blüte absterben; gelbe, bei Sorten auch weiße sternförmige Blüten.
Blütezeit: März – Mai
Verwendung: Als Bodendecker am Gehölzrand, an Gewässerufern, in kleinen Gruppen auf naturnah gestalteten Beeten oder zur Kaschierung wenig genutzter offener Flächen.
Standort: Bevorzugt leicht sonnig auf eher feuchten und nährstoffreichen Böden.
Pflanzen/Vermehren: Pflanzung bevorzugt im Frühjahr; Vermehrung nach der Blüte durch Teilung oder durch Abtrennen von Brutknospen, die sich in den Blattachseln entwickeln und wie Getreidekörner aussehen.
Pflege: Bei Trockenheit gießen.

Grasblättriger Hahnenfuß
RANUNCULUS GRAMINEUS

Merkmale: Horstartig wachsende Staude, 20 – 40 cm hoch; grasförmige Blätter, die nach der Blüte einziehen; gelbe Blüten.
Blütezeit: Mai – Juni
Verwendung: Im naturnah gestalteten Steingarten, am Gehölzrand, schön in Begleitung zu Glockenblumen und Gräsern.
Standort: Am besten leicht sonnig auf mäßig trockenen, gut durchlässigen Böden, auch auf steinigem, magerem Untergrund.
Pflanzen/Vermehren: Pflanzung bevorzugt im Frühjahr; Vermehrung durch Teilung nach der Blüte oder durch Aussaat (Kaltkeimer).
Pflege: Einfach nur ungestört wachsen lassen.

HAHNENKAMM

Zungenhahnenfuß
RANUNCULUS LINGUA

Wird auch Speerkraut genannt.
Merkmale: Hochwüchsige, horstartige Staude, 50 – 150 cm hoch; schmale, lange Blätter; gelbe Blüten.
Blütezeit: Juni – August
Verwendung: Am Gewässerrand und in Sumpfbeeten, sehr hübsch in Kombination mit Mädesüß oder blau blühenden Iris.
Standort: Nasser Boden, verträgt bis 30 cm Wassertiefe.
Pflanzen/Vermehren: Pflanzung bevorzugt im späten Frühjahr; Vermehrung nach der Blüte durch Teilung oder Abtrennen von Ausläufern, auch Aussaat (Kaltkeimer) möglich.
Pflege: Jährlich kräftig auslichten, um Wuchern einzudämmen.

Hahnenkamm
Sommerblume mit interessant geformter Blüte, die an einen Truthahnkamm erinnert.
→ *Federbusch*

Hainblume
NEMOPHILA MENZIESII

Die anmutige Hainblume gehört zur Familie der Wasserblattgewächse. Wildvorkommen finden sich nur im westlichen Nordamerika. Dort nennt man sie liebevoll auch „Baby Blue Eyes".
Merkmale: Einjährige Sommerblume mit niederliegenden bis halb aufrechten Trieben, 15 – 20 cm hoch; fiedrig geteilte Blätter; himmelblaue, zur Mitte hin fast weiß werdende, flach schalenförmige Blüten.
Blütezeit: Juni – August
Verwendung: In Gruppen auf Sommerblumenbeeten und Rabatten, vorzugsweise als Einfassung oder Vorpflanzung, auch in Balkonkästen, Schalen und Ampeln, als Unterpflanzung für Hochstämmchen.

Hainblume (Nemophila menziesii)

Standort: Am besten nicht in praller Sonne; humoser, frischer Boden.
Kultur: Aussaat ab März direkt ins Freiland, nach Aufgang auf 10 – 15 cm Abstand vereinzeln; für anhaltenden Flor Folgesaaten im Abstand von 3 bis 4 Wochen empfehlenswert.
Pflege: Anspruchslos, in Gefäßkultur alle 4 bis 6 Wochen schwach düngen.
Hinweis: Mitunter versamt sich die Hainblume von selbst, sie kann dann an völlig anderen Stellen auftauchen.

Hainbuche
CARPINUS BETULUS

Von Europa bis nach Vorderasien erstreckt sich das natürliche Verbreitungsgebiet der Hainbuche, die auch Weißbuche oder Hagebuche genannt wird. Sie gehört mit vielen anderen Gehölzen wie Hasel, Erle und Birke zur Familie der Birkengewächse. Gärtnerische Bedeutung hat die Hainbuche vor allem als Heckenpflanze.
Merkmale: Gehölz mit recht variabler Gestalt, je nach Standort hoher Baum mit durchgehendem Stamm und schmaler bis breit ausladender Krone oder bereits knapp über dem Boden reich verzweigt, einem Strauch ähnlich; 10 – 25 m hoch, bis 15 m breit; silbrig grauschwarze, glatte Rinde; Blätter bis 10 cm lang, länglich eiförmig mit gesägten Rändern, im Herbst erst leuchtend gelb, dann bräunlich, Laub bleibt teils bis ins Frühjahr an den Zweigen haften; unscheinbare, grünlich gelbe Kätzchenblüten; ab September auffällige, von dreilappiger Hülle umgebene Früchte in langen Fruchtständen.

Es gibt mehrere Sorten, deren Wuchsform deutlich von der der Art abweicht, z. B. bildet 'Columnaris' eine dicht verzweigte rundliche Krone. Die Säulenhainbuche 'Fastigiata' entwickelt einen durchgehenden Stamm mit spitzkegeliger Krone. Bei der Hängeform 'Pendula' stehen die Äste erst waagrecht, später hängen sie herab, die Wuchshöhe dieser Sorte liegt je nach Veredlung zwischen 2 und 5 m.
Blütezeit: April – Mai
Verwendung: Hauptsächlich als Heckengehölz mit ganzjährig wirksamem Sicht- und Windschutz, für frei wachsende wie für Schnitthecken mit 1 – 4 m Höhe; für Gehölzgruppen oder Einzelstellung; zur Bodenfestigung an Böschungen und Hängen.

Hainbuche (Carpinus betulus)

Standort: Vorzugsweise sonnig bis leicht schattig, auf tiefgründigem, humosem Lehmboden; gedeiht aber auch in schattigen Lagen auf weniger günstigen Böden, außer auf trockenen Sandboden und staunassem Untergrund; rauchhart, für Stadtklima geeignet.
Pflanzen/Vermehren: Pflanzung bevorzugt im Herbst, Vermehrung durch Aussaat direkt nach der Ernte (Schwerkeimer), durch Ableger, Absenker oder Steckhölzer.
Pflege: Sehr gut schnittverträglich, kann in jede beliebige Form getrimmt werden, regeneriert sich auch nach radikalem Rückschnitt.
Hinweis: Das Laub der Hainbuche verrottet sehr schnell und wirkt zudem bodenverbessernd.

Hainsimse
Anderer Name für die → *Marbel,* eine Gattung mit verschiedenen attraktiven, meist schattenverträglichen Ziergräsern

Hakenlilie
CRINUM X POWELLII

In freier Natur kommt die Hakenlilie nicht vor, sie ist das Ergebnis gärtnerischer Züchtung. Die Elternarten *C. bulbispermum* und *C. moorei* stammen aus Südafrika und zählen zur Familie der Amaryllisgewächse. Wegen ihrer eleganten Blüten nennt man sie auch Liliennarzisse oder Freilandamaryllis.
Merkmale: Ausdauerndes Zwiebelgewächs mit sehr großer, keulenförmiger Zwiebel; lange, riemenförmige, überhängende Blätter in dichtem Schopf; 80 – 100 cm hohe Blütenschäfte mit je 5 bis 8 weißen, duftenden Trichterblüten, bei Sorten auch rosafarben.
Blütezeit: Juli – August
Verwendung: Einzeln oder in kleinen Gruppen als sommerlicher Blickpunkt

Hakenlilie (Crinum x powellii)

in Beeten und Rabatten, auch als Kübelpflanze.
Standort: Sonnig, warm und geschützt; gut durchlässiger, humoser und vor allem sehr nährstoffreicher Boden.
Pflanzen/Vermehren: Zwiebeln im Frühjahr 25 – 30 cm tief einsetzen, der flaschenförmige Hals muss mindestens fingerbreit aus dem Boden herausragen, Pflanzabstand mindestens 40 cm; Vermehrung durch Brutzwiebeln im Mai, dabei die bruchempfindlichen Wurzeln nicht beschädigen. Auch Aussaat möglich, aber langwierig, dazu reife Samen gleich nach der Ernte ausbringen, warm und feucht im Haus überwintern, im Frühjahr pikieren.
Pflege: Gleichmäßig feucht halten, nach der Blüte trockener; während der Wachstumszeit alle zwei Wochen düngen. Im Herbst dick mit Laub und Reisig abdecken, in rauen Gegenden Zwiebeln aufnehmen und in lockeres Substrat topfen, im Haus frostfrei überwintern.

Halb gefüllte Blüte
Blüte, die statt einem mehrere Blütenblattkreise aufweist. Diese stehen hier nicht ganz so dicht gedrängt wie bei den gefüllten Blüten. Bei Rosen beispielsweise haben halb gefüllte Blüten 11 bis 20 Blütenblätter, gefüllte Blüten 21 bis über 40.
Auch → *Blütenfüllung*

Halbimmergrün
Bezeichnet eine bestimmte Form des Laubwechsels bei Gehölzen und wird meist gleichbedeutend mit wintergrün verwendet: Die Blätter bleiben wie bei → *immergrünen Gehölzen* über Winter erhalten, fallen dann jedoch im Frühjahr ab und werden durch Neuaustrieb ersetzt. Teils bezeichnet man auch speziell solche Arten als halbimmergrün, die lediglich in milden Wintern ihr Laub behalten, so manche Zwergmispeln und Liguster.

Halbreifer Steckling
→ *Steckling,* der im Sommer von einem noch nicht vollständig ausgereiften Trieb geschnitten wird.

Halbschatten

Gekennzeichnet durch das Symbol ☼. Standort, der entweder ungefähr die Hälfte des Tages im Schatten liegt oder ganztägig leicht beschattet wird. Für die Auswahl einer passenden Bepflanzung spielt dabei auch die zeitliche Verteilung des Schattenfalls eine Rolle: Bei Beschattung gegen Süden oder Südwesten, also ab der Mittagszeit, verfügt man über einen guten Pflanzplatz für Halbschattengewächse wie Rhododendren, manche Glockenblumen oder Primeln. Ist der Standort dagegen vormittags beschattet und liegt dann ab Mittag in der prallen Sonne, eignet er sich eher für sonnenverträgliche Pflanzen als für echte Halbschattenpflanzen.

Ganztägiger Halbschatten ergibt sich z. B. am Schattenrand großer Gehölze und Gehölzgruppen oder unter mäßig dicht belaubten Bäumen, die recht viel Sonne durchlassen. Wenn die lichtmindernde Auswirkung der Gehölze sehr gering ist, spricht man von → *lichtem Schatten*. Für Halbschatten ausgewiesene Pflanzen kommen meist auch an → *absonnigen* Plätzen gut zurecht.

Auch → *Lichtverhältnisse*,
→ *Schatten*

Halbstamm

Allgemein als Bezeichnung für veredelte Gehölze üblich, bei denen die Krone, also die Verzweigung, in mittlerer Stammhöhe beginnt. Was die mittlere Höhe ist, hängt von den jeweiligen Gehölzen ab. Fest definiert ist der Begriff bei:

1) Obstbäumen: Halbstämme haben Stammhöhen von 100 – 120 cm, seltener bis 160 cm. Sie werden in der Regel als drei- bis vierjährige Veredlungen verkauft und erreichen mit den Jahren solche Ausmaße, dass sie für kleinere Gärten nicht geeignet sind. Als Platzbedarf muss man je nach Wuchsstärke zwischen 6 x 6 und 10 x 10 m veranschlagen.

2) Rosen: Halbstämme sind etwa 60 cm hoch. Auf die Stämmchen werden meist Zwerg- oder Bodendeckerrosen veredelt.

Bei sonstigen Ziergehölzen für den Garten werden vor allem Hänge- und Trauerformen öfter als so genannte Halbstämme angeboten, meist mit einer Stammhöhe von 80 – 120 cm, bei Zwerggehölzen von 40 – 80 cm. Schließlich gibt es auch Halbstämmchen bei Kübelpflanzen, besonders bei Zitrusbäumchen. Sie sind meist 20 – 30 cm hoch.

Halbstaude

Wird zuweilen als Bezeichnung für → *zweijährige Pflanzen* wie Goldlack und Vergissmeinnicht verwendet. Diese bilden im 1. Jahr nur Blätter aus, im darauf folgenden dann Blüten und Samen. Teils benennt man als Halbstauden speziell solche Zweijährigen, die durch reichliche Selbstaussaat für ihren Fortbestand sorgen und durch Rückschnitt nach der Blüte zu mehrmaligem Neuaustrieb angeregt werden können. Hierzu zählen z. B. Fingerhut und Stockrosen.

Salbei zählt zu den Halbsträuchern.

Halbstrauch

Ausdauernde Pflanze, bei der die unteren oder älteren Teile verholzen, während die Triebe im oberen Bereich krautig bleiben. Letztere frieren in kalten Wintern zurück, die verholzten Teile dagegen sind mehr oder weniger frosthart. Zu den Halbsträuchern gehören z. B. Lavendel, Salbei, Preiselbeere und Blauraute.

Halesia

Kleiner Baum oder Großstrauch mit attraktiven weißen Blüten vor dem Laubaustrieb
→ *Schneeglöckchenbaum*

Halm

Von Blattscheiden umgebener und in einem Blütenstand endender Stängel der → *Gräser,* der bei den Süßgräsern rund und hohl, bei den Sauergräsern dreieckig und markgefüllt ist.

Hamamelis

Botanischer Gattungsname der
→ *Zaubernuss*

Hammelmöhre

Anderer Name der → *Pastinake*

Hammerstrauch

Orangegelb bis rot blühender, kälteempfindlicher Strauch
→ *Kübelpflanzen*

Handförmig

Form eines geteilten (stark eingeschnittenen) oder gelappten Blatts, bei dem die Blattteile an die Finger einer Hand erinnern.
→ *Blatt*

Handgerät

Begriff, der mit zwei verschiedenen Bedeutungen verwendet wird:

1) Für alle → *Gartengeräte,* die nur mit Muskelkraft bedient werden, in Abgrenzung zu motorbetriebenen Geräten.

Hängeform der Japanischen Zierkirsche

2) Für Gartengeräte mit kurzem Stiel, mit denen man im Hocken oder Knien kleinräumig zwischen den Pflanzen arbeiten kann. Hierzu zählen beispielsweise Handrechen oder Handkultivator.

Handrasenmäher
→ *Rasenmäher* ohne Motor, mit einer Messerspindel bzw. -walze, die zwischen zwei Rädern angebracht ist und mithilfe eines kräftigen Rahmenbügels über das zu schneidende Gras gezogen wird.

Hanfpalme
Stattliche Palme mit unverzweigtem Stamm und großen, fächerartigen Blättern. Der 4 – 10 m hohe Schopfbaum ist in ostasiatischen Gebirgswäldern beheimatet und gilt als kälteverträglichste Palmenart. In wintermilden Regionen wird die Hanfpalme gelegentlich im Garten gepflanzt, meist kultiviert man sie jedoch als → *Kübelpflanze*.
Auch → *Palmen*

Hängeformen
Formen und Sorten mit langen, herabhängenden Trieben gibt es von Gehölzen ebenso wie von Stauden und Sommerblumen. Selbst Erdbeeren und Tomaten werden als Hängeformen angeboten. Der Hängewuchs ist meist ein Ergebnis gezielter Züchtung, die teils auf in der Natur vorkommende Varietäten oder spontane → *Mutationen* zurückgreifen kann.

Gehölze mit langen Hängetrieben werden häufig auch als Trauerformen bezeichnet. Sie bieten ein besonderes Erscheinungsbild, das sich gut als auflockerndes Element sowie als Blickpunkt in der Gartengestaltung einsetzen lässt. Zudem entwickeln sich Hängeformen oft weniger ausladend als die aufrechten Formen, etwa bei der Birke oder Buche, und lassen sich damit leichter in den Garten einfügen.

Kleinere Hängegehölze sind meist auf Stämme veredelt, so dass die langen Zweige malerisch herabhängen, etwa bei der Hängekätzchenweide oder bei Trauer- bzw. Kaskadenrosen. Stauden mit Hängewuchs, z. B. die Hängepolsterglockenblume, eignen sich als Bodendecker, kommen aber am schönsten zur Geltung, wenn sie über Steine oder von Mauerkronen herabwallen. Besonders groß ist das Angebot an Hängeformen bei den Sommerblumen. Sie haben in erster Linie Bedeutung für die → *Balkonbepflanzung* und als → *Ampelpflanzen*, so etwa die Hängepelargonien, -petunien oder -lobelien.

Hängegitterkorb
Deutsche Bezeichnung für den → *Hanging Basket*. Da dieses spezielle Pflanzgefäß ursprünglich aus Großbritannien stammt, wird es meist auch bei uns unter dem englischen Namen angeboten.

Hanggarten
Garten in → *Hanglage*

Hanging Basket
Schalenförmiges Pflanzgefäß aus grobmaschigem Draht- oder Kunststoffgitter, meist mit 25 – 50 cm Ø. Diese Gitterkörbe, die man wie Blumenampeln an der Decke oder einem Balken aufhängt, können rundum bepflanzt werden und so mit allseitiger Blütenpracht Balkon, Terrasse sowie Gartensitzplatz zieren.

Auch → PRAXIS-SEITE Balkongefäße bepflanzen (S. 82/83)

Hanglage
Gartengrundstücke in geneigtem, abschüssigem Gelände sind in mancher Beziehung problematisch, eröffnen aber auch sehr reizvolle Möglichkeiten der Gestaltung. Davor steht jedoch leider oft ein beträchtlicher Kosten- und Arbeitsaufwand.

Hinweise zur Gartenanlage
Zuallererst müssen Lösungen gefunden werden, um das Abrutschen von Erde zu verhindern. Häufig sollen außerdem wenigstens kleinere ebene

Harfenstrauch

Hanggärten machen häufig spezielle Vorkehrungen nötig, bieten jedoch auch besondere Gestaltungsmöglichkeiten.

Flächen, vor allem in Hausnähe, modelliert werden, um eine angenehme Gartennutzung zu ermöglichen. Grundsätzlich stellt sich meist die Alternative, den abschüssigen Teil durch kleinere Mauern in mehrere Terrassen zu unterteilen oder aber durch ein oder zwei große Stützmauern zwei oder drei Bereiche mit unterschiedlichem Höhenniveau zu schaffen. Solche massiven Stützmauern werden bei starkem Gefälle auch nötig, um die untere Grundstücksgrenze abzusichern oder den Bereich hinter dem Haus, sofern der Hang auf das Haus zufällt. Wichtig ist in diesem Fall zudem eine sorgfältig angelegte Dränage, um das Haus vor abfließendem Oberflächenwasser zu schützen. Diese kann z. B. auch in einem kiesgefüllten Bachbett bestehen. Zumindest für die Planung sollte man bei allen Hanggestaltungen, -befestigungen und -terrassierungen Fachleute hinzuziehen. Die einzelnen Gefälle und Mauern sowie gut begehbare Treppen (schon ab 8 – 10 % Gefälle sinnvoll) müssen exakt berechnet und geplant werden, ebenso die Dränageeinrichtungen.

Der gut durchdachte Wechsel von Gefälle und Ebene hat aber auch gestalterische Aspekte und sorgt von vornherein für eine optische Gliederung. Sehr interessant wirkt der Hanggarten z. B., wenn sich kleine Stützmauern, flache und steilere Steigungen sowie kleine und größere ebene Terrassen abwechseln.

Zum Befestigen der Terrassen kann man u. a. Trockenmauern, Holzpalisaden, größere Felsen oder bepflanzbare Betonformsteine einsetzen, die ebenso wie die Treppen zugleich Gestaltungselemente sind. Oft bieten sich steingartenähnliche Gestaltungen mit von Mauern und zwischen Steinen herabwallenden Polsterpflanzen geradezu an. Das Gefälle bietet aber auch die beste Voraussetzung für die Anlage eines Bachlaufs. Höhenunterschiede können sogar durch Anlage eines beidseitig gut befestigten Hangteichs überbrückt werden.

Der Hang als Pflanzenstandort

Besondere Vorkehrungen sollten gegen die → *Erosion,* den Abtrag von Erde, getroffen werden. Pflanzflächen legt man am besten quer zum Hang an; immergrüne Bodendecker sowie eine Gründüngung auf freien Beetflächen verhindern den unnötigen Verlust fruchtbaren Bodens. Maßnahmen zur Förderung des Humusgehalts sind bei Böden am Hang besonders wichtig, da sie zum einen den Abtrag vermindern, zum andern die Aufnahmefähigkeit des Bodens für abfließendes Regenwasser erhöhen.

Durch Abfließen des Wassers sowie durch verstärktes Einwirken austrocknender Winde sind Pflanzenstandorte am Hang häufig trockenheitsgefährdet, was man bei Pflanzenwahl und Gießhäufigkeit berücksichtigen muss. Besonders an einem Westhang, also zur Hauptwindrichtung hin, sollte man außerdem auf windempfindliche Pflanzen besser verzichten. An nach Osten oder Norden gerichteten Hängen besteht aufgrund kalter Winde erhöhte Frostgefahr, der man ggf. durch Pflanzung von Sträuchern oder Hecken vorbeugen kann. Ein Südhang bietet dagegen die aus dem Weinanbau bekannten Vorteile: Aufgrund des recht flachen Einfallswinkels im Frühjahr und Herbst gedeihen hier Wärme liebende Pflanzen besonders gut, Früchte schmecken aufgrund der guten Reifebedingungen sehr aromatisch. Ein sonniger Südhang verlangt allerdings auch häufiges Gießen.

Harfenstrauch
Blattschmuckpflanze mit herabhängenden Trieben für die → *Balkonbepflanzung*

Harke
Andere Bezeichnung für den Rechen, der als Gerät zum Ebnen und Glätten des Bodens sowie zum Einarbeiten von Samen oder Dünger zur unentbehrlichen Grundausstattung zählt.
  Auch → *Bodenbearbeitungsgeräte*

Harnstoff
→ *Stickstoffdünger,* der im Boden langsam wirkt, aber auch als flüssiger Blattdünger mit schneller Wirkung ausgebracht werden kann.

Hartes Wasser
Wasser mit hohem Gehalt an gelösten Salzen (Karbonaten, Nitraten, Chloriden und Sulfaten). Die → *Wasserhärte* bzw. die meist besonders interessierende Karbonathärte wird in Härtegraden angeben; hartes Wasser beginnt bei 14° dH (deutsche Härte) bzw. 25° fH (französische Härte; übliche Bezugsgröße in der Schweiz). Es ist wenig pflanzenverträglich und sollte mit geeigneten Maßnahmen enthärtet werden.
  → *Gießwasser*

Hartheu
Anderer Name für das → *Johanniskraut*

Hartholzsteckling

Andere Bezeichnung für → *Steckholz*, ein Triebstück von gut ausgereiften, verholzten Zweigen, das für die Gehölzvermehrung geschnitten wird.

Hartriegel
CORNUS

Zur Gattung Hartriegel, die für die Pflanzenfamilie der Hartriegelgewächse namensgebend ist, gehört eine Reihe Laub abwerfender Sträucher, daneben auch einige Stauden. Die Blüten bleiben bei allen eher unscheinbar. Bei einigen Arten, den Blumenhartriegeln, sind sie jedoch von auffälligen Hochblättern umgeben, die wie Blütenblätter wirken.

Andere Hartriegel entfalten vor allem durch ihren Wuchs, durch die Belaubung und Herbstfärbung oder durch auffällig gefärbte Rinden Zierwirkung. Hierzu zählen der Tatarische Hartriegel aus Ostasien, der Rote Hartriegel aus Europa und der Niedrige Etagenhartriegel aus Nordamerika sowie der Gelbholz-Hartriegel, eine Sorte des nordamerikanischen Weißen Hartriegels. Alle bilden im Herbst bunt gefärbte, beerenartige Früchte aus, die Vögeln als Nahrung dienen, für Menschen allerdings ungenießbar sind. Anders verhält es sich mit den Früchten der heimischen → *Kornelkirsche* (*C. mas*), die ebenfalls zu dieser Gattung gehört.

Die meisten Hartriegelarten entwickeln ein flach unter der Bodenoberfläche verlaufendes Wurzelwerk und reagieren deshalb empfindlich auf zu intensive Bodenbearbeitung in ihrem direkten Umfeld.

Tatarischer Hartriegel
CORNUS ALBA

Wird ebenso wie die Stammart des Gelben Hartriegels (S. 359) auch als Weißer Hartriegel bezeichnet, was zu Missverständnissen führen kann.

Merkmale: Breit aufrecht wachsender Großstrauch, 2 – 4 m hoch und breit, äußere Triebe bogenförmig niederliegend; leuchtend rote Rinde; spitz zulaufende, elliptische Blätter, kräftig orangegelbe Herbstfärbung; Blüten weißlich, unscheinbar; ab September beerenartige bläulich weiße Früchte; Flachwurzler. Mehrere Sorten, z. B. 'Argenteomarginata' mit weiß-buntem Laub, das sich im Herbst karminrot färbt, 'Sibirica' mit scharlachroter Rinde (Sibirischer Hartriegel), 'Spaethii' mit gelb gerandetem Laub.

Verwendung: In Gehölzgruppen und frei wachsenden Hecken, Sorten auch als Solitärsträucher.

Standort: Frischer bis mäßig trockener Boden; rauchhart, für Stadtklima geeignet.

Pflanzen/Vermehren: Pflanzung im Frühjahr oder Herbst; Vermehrung durch Stecklinge, Steckhölzer oder Absenker.

Pflege: Sehr anspruchslos, verträgt selbst radikalen Rückschnitt.

Etagenhartriegel
CORNUS ALTERNIFOLIA

Merkmale: Strauch mit etagenartig abzweigenden Ästen, 4 – 6 m hoch, 3 – 5 m breit; breit elliptische, dunkelgrün glänzende Blätter, bei der Sorte 'Argentea' mit weißem Rand; Herbstfärbung anfangs gelb, dann orangerot bis dunkelviolett; kleine, weiße Blütchen in auffälligen, bis 8 cm breiten Trugdolden; ab September blau-schwarze, beerenartige Früchte.

Blütezeit: Mai – Juni

Verwendung: In Gehölzgruppen oder einzeln, auch für Kübel geeignet.

Standort: Bevorzugt absonnig bis halbschattig auf feuchtem, nährstoffreichem Boden.

Pflanzen/Vermehren: Pflanzung vorzugsweise im Herbst; Vermehrung durch Absenker, Stecklinge oder Steckhölzer.

Pflege: Anspruchslos, verträgt mäßigen Rückschnitt.

Hinweis: Der Hohe Etagenhartriegel oder Pagodenhartriegel (*C. controversa*) kommt als 8 – 10 m hoher Baum ebenfalls für den Garten infrage; er braucht jedoch viel Platz, da er mit seinen ausgeprägt waagrecht stehenden Ästen mit den Jahren bis 10 m Ø erreichen kann. Blüten erscheinen erst an älteren Exemplaren im Juni/Juli. In Ansprüchen und Pflege ähnelt er *C. alternifolia,* sollte jedoch möglichst wenig geschnitten werden, um die attraktive Wuchsform nicht zu beeinträchtigen. Bei Trockenheit ist gründliches Wässern nötig.

Teppichhartriegel
CORNUS CANADENSIS

Wird auch Kanadischer Blumenhartriegel genannt.

Merkmale: Niedrige Staude mit niederliegenden, kriechenden Trieben, über Ausläufer rasch dichte Bodendecken bildend, 10 – 20 cm hoch; ovale Blätter in Quirlen, Herbstfärbung orange- bis karminrot; Blüten unscheinbar, von je vier weißen Hochblättern umgeben; im Herbst korallenrote, kugelige Früchte; feines, reich verzweigtes, flach unter der Oberfläche verlaufendes Wurzelwerk.

Blütezeit: Juni – Juli

Verwendung: Bodendecker für kleinere Flächen, unter Gehölzen, schön unter Rhododendren.

Standort: Gut durchlässiger, humoser, frischer bis feuchter, saurer Boden; für Stadtklima nicht geeignet.

Pflanzen/Vermehren: Pflanzung bevorzugt im Frühjahr, 10 bis 12 Stück je m²; Vermehrung durch Ableger.

Pflege: Möglichst ungestört wachsen lassen, bei Trockenheit gut wässern.

Hartriegel

Sibirischer Hartriegel (Cornus alba 'Sibirica variegata')

Teppichhartriegel (Cornus canadensis)

Japanischer Blumenhartriegel (Cornus kousa)

Die auffälligen Früchte des Japanischen Blumenhartriegels

Etagenhartriegel (Cornus alternifolia 'Argentea')

Gelber Hartriegel (Cornus sericea)

Amerikanischer Blumenhartriegel
CORNUS FLORIDA
☼–◐

Merkmale: Sehr langsam wachsender Strauch mit mehreren aufrechten, stammartigen Haupttrieben, Seitenäste locker ausladend und an den Spitzen bogenförmig aufstrebend, 4 – 6 m hoch und breit; grünlich graue, blau oder weiß bereifte Rinde; große, elliptische Blätter mit leicht gewelltem Rand, leuchtend rote Herbstfärbung; unauffällige Blüten, jeweils von vier dekorativen großen, weißen Hochblättern umgeben, bei Sorten auch rosa; ab September scharlachrote Früchte (selten); Flachwurzler.
Blütezeit: Mai – Juni
Verwendung: Extravaganter Blütenstrauch für Solitärstellung oder in lockeren Gruppen mit zurückhaltenden Gehölzen, besonders schön in Partnerschaft mit Rhododendren oder dunklen Koniferen.
Standort: Nur zeitweise sonnig, besser halbschattig auf gut durchlässigem, humosem, frischem, saurem Boden; für Stadtklima nicht geeignet.
Pflanzen/Vermehren: Pflanzung bevorzugt im Frühjahr; Vermehrung durch Absenker.
Pflege: Ungestört wachsen lassen, Schnitt schadet der Form; bei Trockenheit gut wässern.
Hinweis: Die feinen, flach unter der Erdoberfläche verlaufenden Wurzeln reagieren sehr empfindlich auf Bodenverdichtungen, deshalb auf genügenden Abstand zu Wegen und Sitzplätzen achten.

Japanischer Blumenhartriegel
CORNUS KOUSA
☼–◐

Merkmale: Langsam wachsender Strauch mit kurzem Stamm, mehreren aufrechten Hauptästen und in Etagen abzweigenden Seitenästen, 4 – 6 m hoch und breit; bis 9 cm lange, elliptische Blätter, im Herbst scharlachrot gefärbt; unscheinbare Blüten von je vier großen, weißen Hochblättern umrahmt; ab September rosafarbene, erdbeerähnliche Früchte; Flachwurzler. Angeboten werden auch Sorten mit rahmweißen Hochblättern und gelbbuntem Laub.
Blütezeit: Mai – Juni
Verwendung: Wie Amerikanischer Blumenhartriegel.
Standort: Wie Amerikanischer Blumenhartriegel.
Pflanzen/Vermehren: Wie Amerikanischer Blumenhartriegel.
Pflege: Wie Amerikanischer Blumenhartriegel.
Hinweis: Recht ähnlich präsentiert sich Nutalls Blumenhartriegel (*C. nuttallii*), dessen Blütchen von 4 bis 8 erst gelblich weißen, später rosa überhauchten Hochblättern umkränzt sind. Seine großen Blätter färben sich im Herbst leuchtend hellrot, die orangeroten Früchte erinnern an Himbeeren. Die Art ist etwas frostempfindlich und sollte einen möglichst warmen, geschützten Platz erhalten.

Roter Hartriegel
CORNUS SANGUINEA
☼–◐ ☺

Merkmale: Reich verzweigter Strauch mit breit ausladendem, leicht überhängendem Wuchs, 2 – 4 m hoch und breit; Rinde erst grün, dann rot, zuletzt fast schwarz; große elliptische Blätter, scharlachrote Herbstfärbung, Laub bleibt bis weit in den Winter hinein haften; weiße Blüten in Trugdolden; im Herbst kugelige, dunkelviolette Früchte; Flachwurzler.
Blütezeit: Mai – Juni
Verwendung: Wegen der dekorativen Rinde vor allem als winterlicher Farbtupfer, in Gehölzgruppen, in frei wachsenden und geschnittenen Hecken, zur Böschungsbefestigung.
Standort: Frischer bis mäßig trockener Boden, wächst auch auf steinigen, kargen, trockenen Böden noch gut, verträgt sauren wie stark basischen Untergrund; mäßig rauchhart, für Stadtklima geeignet.
Pflanzen/Vermehren: Pflanzung im Frühjahr oder Herbst; Vermehrung durch Steckhölzer, Stecklinge oder Ableger.
Pflege: Gut schnittverträglich, jedoch kein radikaler Rückschnitt; überaus anpassungsfähig und genügsam.

Gelber Hartriegel
CORNUS SERICEA 'FLAVIRAMEA'
☼–◐ ☺

Die reine Art wird auch Weißer Hartriegel genannt.
Merkmale: Straff aufrecht wachsender Strauch, äußere Zweige bogenförmig niederliegend, 2 – 3 m hoch und breit; leuchtend gelbgrüne Rinde, später gelbgrau; große, eiförmige, gelbgrüne Blätter; unscheinbare gelblich weiße Blüten; ab August weiße, beerenartige Früchte; Flachwurzler.
Blütezeit: Mai – Juni
Verwendung: Wegen der bunten Rinde ergänzend zu anderen Hartriegelarten, in Gehölzgruppen und frei wachsenden Hecken.
Standort: Feuchter bis mäßig trockener Boden, mäßig rauchhart, für Stadtklima geeignet.
Pflanzen/Vermehren: Pflanzung im Herbst oder Frühjahr; Vermehrung durch Absenker, Stecklinge oder Steckhölzer.
Pflege: Durch regelmäßigen Rückschnitt bleibt die Rindenfärbung intensiv, radikaler Rückschnitt wird dagegen nicht vertragen.
Hinweis: Wird im Handel gleichfalls als *C. stolonifera* 'Flaviramea' angeboten.

Harz
Harze sind Endprodukte des pflanzlichen Stoffwechsels, die sowohl bei Nadel- als auch Laubgehölzen auftre-

ten. Chemisch betrachtet bestehen sie aus Gemischen verschiedener Kohlenwasserstoffverbindungen und → *ätherischer Öle*. Sie werden in besonderen Zellen abgelagert, in Harzkanälen abgesondert oder direkt an der Oberfläche von Pflanzenorganen ausgeschieden. Häufig treten sie erst nach Verletzungen aus, z. B. durch Tierfraß, Insektenstiche oder auch durch gezieltes Anritzen, da einige Harze wirtschaftlich genutzt werden. Die beim Austreten anfangs zähflüssigen Harze erstarren an der Luft bald zu einer gelblich bis bräunlich gefärbten, glasartig durchscheinenden Masse.

Am bekanntesten sind die Harze der Nadelhölzer, zu denen das Terpentin zählt. Bei Bernstein handelt es sich um fossiles Harz. Den Harzen sehr ähnlich sind die so genannten Balsame, die einen höheren Anteil an ätherischen Ölen aufweisen und deshalb einen intensiven aromatischen Duft verströmen.

Harzfluss

Durch Wundreize und Stoffwechselstörungen verursachter Harzaustritt beim Steinobst
   → *Gummifluss*

Hase

Hasen (*Leporidae*) sind eine fast über die ganze Welt verbreitete Familie der Säugetiere. Trotz ihrer bekannten Nagezähne zählen sie (anders als → *Haselmaus* oder → *Wühlmaus*) nicht zu den Nagetieren.

Zu den Hasen gehören ebenfalls die → *Kaninchen,* wobei bei uns in freier Natur der Feldhase (*Lepus europaeus*) und das Wildkaninchen (*Oryctolagus cuniculus*) vorkommen. Wichtigstes Unterscheidungsmerkmal sind die auch als „Löffel" bekannten Ohren, die beim 50 – 75 cm großen Feldhasen deutlich länger sind als der Kopf, bei den etwa 40 cm großen Kaninchen kürzer als der Kopf. Die meist gelblichen oder rostbraunen Feldhasen flüchten außerdem wesentlich schneller und ausdauernder als die Wildkaninchen. Zudem sind sie anders als die geselligen Kaninchen Einzelgänger und haben die Landschaftsveränderungen während der letzten Jahrzehnte wesentlich schlechter verkraftet: Die Feldhasen sind selten geworden und stehen heute auf der Roten Liste gefährdeter Tierarten.

Gelegentlich dringen die vorwiegend dämmerungs- und nachtaktiven Tiere in wald- und feldnah gelegene Gärten ein. Hier kann es besonders im Winter zu Fraßschäden an Rinden, Knospen und Zweigen von Obstbäumen und anderen Gehölzen kommen. Die Vorbeugungsmaßnahmen (vor allem Zäune und schützende Drahtgeflechte um Gehölze) entsprechen denen gegen → *Kaninchen*.

Hasel
CORYLUS

Haselarten aus der Familie der Birkengewächse sind weltweit vertreten, allerdings spielen in hiesigen Gärten nur Arten mit europäischer und vorderasiatischer Herkunft eine Rolle. Diese füllen sie in vielfältiger Hinsicht aus, denn sie sind Zier- und Nutzgehölze zugleich, außerdem wertvolle Vogelschutz- und Bienennährgehölze. Holz und Früchte werden seit Urzeiten geschätzt.

Bereits im März oder sogar noch früher blühen die schon im Herbst angelegten männlichen Kätzchen auf und entlassen reichlich gelben Blütenstaub; dieser kann bei dafür empfindlichen Menschen heftige Allergiereaktionen auslösen. Etwas später entfalten sich auch die unscheinbaren weiblichen Blüten, die in den Blattachseln versteckt bleiben. Allein die roten Narben ragen deutlich heraus. Männliche und weibliche Blüten

Haselnüsse sind vitamin- und mineralstoffreich.

stehen stets an unterschiedlichen Pflanzen, d. h., Haseln sind zweihäusig. Zu Zierzwecken bevorzugt man männliche Pflanzen mit ihrem dekorativen Blütenschmuck, bei der Kultur als Nutzpflanzen werden natürlich vorwiegend weibliche Exemplare gepflanzt und durch einzelne männliche Pollenlieferanten ergänzt.

Die Früchte der Haseln sind echte Nüsse, sie werden zum Schalenobst gerechnet und enthalten reichlich Vitamine und Mineralstoffe sowie Fett und Eiweiß. Bei Zierformen der Haseln bleiben die Erträge eher gering, bei Nutzsorten dagegen kann ein Strauch bis zu 12 kg Ernte einbringen. Die sich leicht aus der holzigen Schale lösenden Früchte der Gewöhnlichen Hasel werden Zellernüsse, die der Lamberts Hasel Lambertsnüsse genannt; letztere gelten als die geschmacklich hochwertigeren, die Kerne sind jedoch nur schwer von der Schale zu befreien. Da sich Haseln leicht miteinander kreuzen, lassen sich Kultursorten kaum eindeutig einer dieser Gruppen zuordnen, man spricht von Zeller- bzw. Lambertshybriden, je nachdem, welche Eigenschaften jeweils überwiegen. Für die

Korkenzieherhasel (Corylus avellana 'Contorta')

Nutzung als Obstgehölze sollten veredelte Pflanzen bevorzugt werden; sie bilden kurzstämmige, leicht zu pflegende Büsche und tragen reicher. Seltener findet die Baumhasel (*C. colurna*) Verwendung, ein mittelgroßer Baum mit 10 – 15 m Wuchshöhe und schöner, sehr regelmäßig gebauter Krone. Ihre Früchte sind ebenfalls essbar.

Gewöhnliche Hasel, Waldhasel
CORYLUS AVELLANA
☼ – ◐ ☺

Merkmale: Strauch mit aufrechtem, trichterförmigem Wuchs, im oberen Bereich breit ausladend, 4 – 7 m hoch und breit; rundliche, deutlich geaderte, am Rand gesägte Blätter, goldgelbe Herbstfärbung; Blütenkätzchen vor dem Blattaustrieb, männliche gelbbraun, hängend, weibliche unscheinbar; Früchte rundlich, braun, nur an der Basis von zwei- bis dreiblättrigem Fruchtbecher umgeben, Kerne mit brauner Außenhaut, lösen sich leicht aus der holzigen Schale.

Zu Zierzwecken wird am häufigsten die 2 – 4 m hohe Sorte 'Contorta', die Korkenzieherhasel, angeboten, deren Zweige einen verdrehten und mehrfach gebogenen Wuchs aufweisen. Als Kultursorten zur Nussgewinnung sind vor allem 'Cosford', 'Daviana' und 'Hallesche Riesennuss' verbreitet.
Blütezeit: März
Verwendung: Für Gehölzgruppen, frei wachsende Hecken, als Sicht- und Windschutz; Korkenzieherhasel für Einzelstellung, z. B. im Vorgarten; Nutzsorten vor allem als Randpflanzung im Obstgarten.
Standort: Vorzugsweise sonnig, im Halbschatten geringerer Fruchtansatz; geringe Bodenansprüche, zu meiden sind sehr trockene und sehr feuchte Böden; gut rauchhart und für Stadtklima geeignet.
Pflanzen/Vermehren: Pflanzung bevorzugt im Herbst; Vermehrung durch Absenker oder Stecklinge, auch Aussaat (Kaltkeimer) möglich, aber langwierig; Kultursorten werden veredelt.
Pflege: Genügsam und sehr pflegeleicht; gelegentlich auslichten, auch radikaler Rückschnitt möglich; bei der Korkenzieherhasel alle aus der Basis erscheinenden Wildtriebe entfernen.
Ernte: Je nach Witterungsverlauf und Sorte ab August bis Oktober. Die Früchte sind reif, wenn sich die anfangs grünschaligen Nüsse braun verfärben und hart werden. Zum Abernten am besten große Tücher am Boden ausbreiten und Nüsse abschütteln. Nüsse eignen sich zum sofortigen Verzehr oder nach Trocknen zur Lagerung an dunklem, trockenem, kühlem Ort; Haltbarkeit etwa 1 Jahr.

Lamberts Hasel, Große Hasel
CORYLUS MAXIMA
☼ – ◐ ☺

Merkmale: Strauch mit straff aufstrebenden Trieben, an der Basis zu dichtem Horst vereint, 2 – 6 m hoch und breit; rundliche, deutlich geaderte Blätter, gelbe Herbstfärbung; Blütenkätzchen vor dem Blattaustrieb, männliche gelbbraun, hängend, weibliche unscheinbar; Früchte länglich, fast vollständig von einblättrigem, röhrenförmigen Fruchtbecher eingehüllt, Kerne mit rötlicher Haut, lösen sich kaum von der holzigen Schale.

Zu Zierzwecken findet hauptsächlich die Sorte 'Purpurea', die Blut- oder Purpurhasel, Verwendung, die im Austrieb hellrotes, später dunkelrotes Laub trägt und 3 – 4 m hoch wird. Unter den Kultursorten hat vor allem 'Webbs Preisnuss' Bedeutung.
Blütezeit: März
Verwendung: In Gehölzgruppen und frei wachsenden Hecken, Bluthasel besonders schön zu weiß blühenden Ziergehölzen; Nutzsorten bevorzugt als Randpflanzen im Obstgarten.
Standort: Wie Gewöhnliche Hasel; die Bluthasel behält auch bei halbschattigem Stand ihre Blattfärbung.
Pflanzen/Vermehren: Wie Gewöhnliche Hasel.
Pflege: Wie Gewöhnliche Hasel.
Ernte: Wie Gewöhnliche Hasel.
(Auch → *Haselnussschädlinge*)

Haselmaus
Wie Sieben-, Garten- und Baumschläfer gehört die Haselmaus zu den Bilchen oder Schläfern, einer Gruppe von scheuen, nachtaktiven Nagetieren mit dicht behaartem Schwanz. Die Haselmaus ist der kleinste heimische Bilch und lebt in Wäldern, Parks, Feldhecken und Gebüsch. Hier klettert sie flink und gewandt entlang dünner Äste und baut ihr kugeliges Sommernest aus trockenem Gras, Laub und Moos.

Den Winter verschläft die Haselmaus in ihrem Winternest am Boden. Ihre bevorzugte Nahrung besteht aus Samen, Früchten, Knospen und Rinden, wobei die namensgebenden Haselnüsse zu den Lieblingsspeisen zählen. Größere Schäden richtet sie im Garten kaum an. Da ihr ursprüng-

Haselnussschädlinge

Frühlingsbote: Die Haselmaus beendet ihren Winterschlaf erst, wenn es zuverlässig warm geworden ist.

licher Lebensraum, der Wald, durch Rodungen immer kleiner wird, ist die Haselmaus im Bestand bedroht und steht wie alle Bilche unter Naturschutz.

Haselnussschädlinge

Neben dem nachfolgend beschriebenen Haselnussbohrer können an der Hasel → *Gallmilben* auftreten, deren Befall zur Bildung kugeliger, gallenartiger, bis 1,5 cm großer Knospen im Frühjahr führt. Diese treiben später keine Blätter aus. Vorbeugend sollte man solche Knospen frühzeitig entfernen. Zuweilen wollen auch Vögel, → *Eichhörnchen* oder → *Haselmaus* an der Ernte teilhaben.

Haselnussbohrer

Das Weibchen dieses kleinen braunen Rüsselkäfers sticht im April/Mai mit seinem Rüssel Jungnüsse mit weicher Schale an und legt in jede ein Ei. Die sich entwickelnden Larven zerfressen die Früchte von innen. Im August bohren sie sich durch die Schale nach außen, um im Boden zu überwintern, wo sie sich dann im Frühjahr verpuppen.

Schadbild: Ab Mai Loch- oder Schabefraß an den Blättern; angefressene Blütenstiele; kleine Bohrlöcher an jungen Früchten, in der Nuss eine gelblich weiße Larve; Früchte im Spätsommer mit großem Bohrloch, oft vorzeitig abfallend.

Abhilfe: Vorbeugend befallene Früchte frühzeitig entfernen; bei häufigem Befall im April/Mai regelmäßig morgens Äste abklopfen und weißes Papier darunter halten, um Besatz mit Käfern zu prüfen; notfalls mit ölhaltigem Präparat vorm Austrieb und vor der Blüte spritzen.

Haselwurz
ASARUM EUROPAEUM

Die Haselwurz, auch als Brechwurzel oder Hasenpfeffer bezeichnet, ist ein Osterluzeigewächs, das in Laubwäldern von Westeuropa bis Westsibirien wild vorkommt. Früher fand sie vielfach als Heilpflanze Verwendung. Da sie jedoch in allen Teilen Giftstoffe enthält, ist vor einer Anwendung als Hausmittel ernsthaft zu warnen. Die Haselwurz gehört zu den schattenverträglichsten Pflanzen und lässt sich als anmutiger Bodendecker einsetzen, der andere Pflanzen kaum bedrängt.

Merkmale: Immergrüne Staude mit kriechendem Rhizom, 5 – 10 cm hoch; nierenförmige, ledrige, glänzend grüne Blätter; unscheinbare, braunrote, glockenförmige Blüten.

Blütezeit: März – Mai

Verwendung: Bodendecker am Gehölzrand, zur Gehölzunterpflanzung; hübsch in Gemeinschaft mit Leberblümchen, Anemonen und Primeln.

Standort: Frischer bis mäßig feuchter, humoser, kalkhaltiger Boden.

Pflanzen/Vermehren: Pflanzung im Herbst oder Frühjahr, für dichte Teppiche 10 – 12 Pflanzen pro m², Rhizom nur flach in die Erde setzen; Vermehrung durch Teilung der Rhizome im Frühjahr oder Herbst.

Pflege: Bei längerer Trockenheit gut wässern; jährlich im Frühjahr mit Kompost versorgen.

Hasenglöckchen
HYACINTHOIDES

Die zu den Hyazinthengewächsen zählende Gattung umfasst nur wenige Arten, die man bisweilen noch unter dem alten botanischen Namen *Scilla* findet. Bedeutung haben vor allem zwei Arten, das in Südeuropa beheimatete Spanische Hasenglöckchen, auch als Glockenscilla bekannt, sowie das Gewöhnliche Hasenglöckchen, auch Waldhyazinthe genannt, das in Westeuropa beheimatet ist und mit seinen Wildvorkommen zu den geschützten Arten zählt.

Spanisches Hasenglöckchen
HYACINTHOIDES HISPANICA

Merkmale: Ausdauerndes Zwiebelgewächs mit bandförmigen Blättern, 25 – 40 cm hoch; glockenförmige, blaue Blüten in lockeren, aber sehr

Haselwurz (Asarum europaeum)

üppigen Trauben; Sorten auch mit weißen, rosafarbenen oder dunkelblauen Blüten.
Blütezeit: Mai – Juni
Verwendung: In Gruppen am Gehölzrand, zur Unterpflanzung von Gehölzen, zum Verwildern; hübsche Begleiter für Narzissen.
Standort: Bevorzugt halbschattig, in vollem Schatten spärlichere Blüte; frischer, im Frühjahr sehr feuchter, lockerer, nährstoffreicher, humoser Boden, am besten auch leicht sauer.
Pflanzen/Vermehren: Zwiebeln im September/Oktober 5 – 10 cm tief und mit 15 – 20 cm Abstand einsetzen, Außenschale der Zwiebel dabei nicht verletzen; Vermehrung durch Teilung größerer Bestände oder Abnahme von Brutzwiebeln, sobald das Laub vergilbt ist; auch durch Aussaat, dazu im Herbst direkt ins Freiland säen oder im Frühjahr vorziehen.
Pflege: Bei Trockenheit gut wässern, insbesondere im Frühjahr; wo kein Laub liegen bleibt und durch Verrotten für Humusnachschub sorgt, jährlich einmal mit Kompost überziehen.

Gewöhnliches Hasenglöckchen
HYACINTHOIDES NON-SCRIPTA

Merkmale: Ausdauerndes Zwiebelgewächs mit riemenförmigen Blattschöpfen, 15 – 30 cm hoch; glöckchenartige, blaue Blüten in lockeren Trauben.
Blütezeit: April – Mai
Verwendung: Wie Spanisches Hasenglöckchen.
Standort: Bevorzugt halbschattig; frischer bis feuchter, lockerer, humoser und nährstoffreicher Boden.
Pflanzen/Vermehren: Pflanzung wie Spanisches Hasenglöckchen; Vermehrung durch Abnahme von Brutzwiebeln, nachdem das Laub eingezogen hat, oder durch Aussaat unmittelbar nach der Samenernte direkt ins Freiland.

Gewöhnliches Hasenglöckchen (Hyacinthoides non-scripta)

Pflege: Anspruchslos und genügsam, ab und zu mit etwas reifem Kompost düngen.

Hasenschwanzgras
LAGURUS OVATUS

Seinen Namen hat das zu den Süßgräsern gehörende Hasenschwanzgras von den puscheligen Blütenständen. Es wird auch Sammetgras genannt, weil es sich samtweich anfühlt. Das natürliche Vorkommen zieht sich über den gesamten Mittelmeerraum bis zu den Kanarischen Inseln hin, wo es sandige Stellen, Brachflächen sowie Wegränder besiedelt.
Merkmale: Ein- bis zweijähriges Gras mit dichten Horsten aus überhängenden Blättern, 10 – 30 cm hoch; dichte, flauschige, cremefarbene Blütenstände auf bis zu 40 cm langen, drahtigen Stielen.
Blütezeit: Juni – August
Verwendung: Einzeln oder zu mehreren in Beeten und Rabatten, im Steingarten, für Einfassungen, als Ergänzung zu bunten Sommerblumen; auch für Balkonkästen geeignet.

Hasenschwanzgras (Lagurus ovatus)

Standort: Möglichst warm; lockerer, bevorzugt sandiger, nicht zu nährstoffreicher Boden.
Kultur: Aussaat ab Ende April ins Freiland, dann Blüte im Juli; oder Anzucht ab Anfang März und Pflanzung im Mai, Blüte dann schon ab Juni.
Pflege: Bei anhaltender Trockenheit etwas gießen; nicht düngen, sonst spärliche Blüte.
Hinweis: Die Zwergform 'Nanus' bleibt in allen Teilen zierlicher.

Häufeln
Anhäufen von Erde oder reifem Kompost über dem Wurzelbereich bzw. im unteren Sprossbereich von Pflanzen
→ *Anhäufeln*

Hauptast
Auch als Leitast oder Ast 1. Ordnung bezeichnet; ein Ast, der direkt vom Stamm abzweigt und zusammen mit der Stammverlängerung bzw. dem Mitteltrieb das Hauptgerüst der Krone bildet.
Auch → *Obstbaum, Kronenaufbau*

Häuptelsalat
Anderer Name für den Kopfsalat
→ *Salat*

Hauptfrucht
Anderer Ausdruck für → *Hauptkultur*

Hauptkultur
In einer → *Kulturfolge,* bei der nacheinander mehrere Gemüsearten auf demselben Beet angebaut werden, das Gemüse mit der längsten Kulturdauer; also die Art, die hauptsächlich die Beetnutzung bestimmt. Typische Hauptkulturen sind z. B. Kopfkohl, Kartoffeln, Tomaten oder Gurken.

Hauptnährstoffe
Für den pflanzlichen Stoffwechsel und das Wachstum unentbehrliche Stoffe, die in größeren Mengen benötigt werden. Dazu zählen:
- die aus dem Boden aufgenommenen, mineralischen Nährstoffe, die durch Düngung ergänzt werden, also Stickstoff (N), Phosphor (P), Kalium (K), Magnesium (Mg), Calcium (Ca) und Schwefel (S); teils wird auch Eisen (Fe) dazu gerechnet;
- die nichtmineralischen Nährstoffe Kohlenstoff (C) und Sauerstoff (O), aus der Luft aufgenommen, sowie Wasserstoff (H), das mit dem Wasser aus dem Boden aufgenommen wird.

Da es sich bei den genannten „Stoffen" um chemische Elemente handelt, wird fachsprachlich der Begriff Hauptnährelemente bevorzugt. Im Gegensatz dazu stehen die Spurennährstoffe oder -elemente, z. B. Zink (Zn), die nur in kleineren Mengen gebraucht werden, aber ebenso unverzichtbar sind.

Auch → *Nährstoffe,* → *Düngung*

Haupttrieb
Der dominierende Trieb bzw. Spross einer Pflanze, von dem die Seitentriebe abzweigen, auch Hauptachse genannt; bei krautigen Pflanzen als Stängel bezeichnet, bei Bäumen als Stamm. Bei Obstbäumen versteht man darunter den Mitteltrieb bzw. die Stammverlängerung (→ *Obstbaum*, *Kronenteile*). Sträucher und horstartig wachsende Pflanzen treiben aus dem Boden mehrere gleichrangige Sprosse. Sie bauen sich demnach mit mehreren Haupttrieben auf, sofern es sich dabei nicht um unverzweigte Halme (wie bei Grashorsten) oder Schäfte handelt.

Hauptwurzel
Oft als kräftige, langlebige, tief in den Boden reichende Pfahlwurzel ausgebildet, von der zahlreiche Seitenwurzeln abzweigen. Solche deutlich ausgeprägten Hauptwurzeln zeigen viele → *zweikeimblättrige Pflanzen,* also die Mehrzahl der Gartengewächse; die → *einkeimblättrigen Pflanzen* dagegen, z. B. Liliengewächse, haben Büschelwurzeln aus dünneren, gleichrangigen Wurzelsträngen.

Hausbaum
Frei stehender, eindrucksvoller Baum, der das Bild des Gartens oder zumindest des Vorgartens prägt. Die Pflanzung eines Haus- oder Hofbaums entstammt der Tradition bäuerlicher Anwesen. Sofern genügend Platz war, zierten breitkronige Bäume wie Linde, Walnussbaum, Rosskastanie, Feld- und Spitzahorn oder ein großer Obstbaum das Grundstück und spendeten im Sommer kühlenden Schatten. Teils sollte der Baum das Haus auch symbolisch vor Unglück und bösen Mächten bewahren.

Vor einigen Jahrzehnten hat man die Hausbaumtradition wieder entdeckt und setzt sie gern auch bei modernen Einfamilienhäusern um. Freilich kommen hier gewaltige, ausladende Bäume selten infrage und ein großräumiger Schattenwurf, den solche Gehölze mit den Jahren verursachen, ist in der Regel nicht erwünscht. Da schon früher nicht alle Bauern über großzügige Grundstücke verfügten, gehören zu den klassischen Hausbäumen auch Kleinbäume und Großsträucher wie Holunder sowie für wärmere Regionen Quitte und Mispel. Daneben eignen sich u. a. Eberesche, Magnolie, Zierkirsche und Zierapfel, Flieder, Blumenhartriegel, klein bleibende Obstbäume sowie niedrige Ahorn-, Birken- oder Buchenarten bzw. -sorten.

Hausbegrünung
Begrünung von Wänden und Fassaden mit Kletterpflanzen
→ *Fassadenbegrünung*

Hausgarten
Bezeichnet im Allgemeinen den privat genutzten Garten mit Anbindung an das Wohnhaus. Allerdings wird der Begriff meist in Abgrenzung zu erwerbsmäßig bewirtschafteten Gartenflächen verwendet, also schlicht als Synonym für Privatgarten, und schließt dann unausgesprochen hausferne Klein- bzw. Schrebergärten mit ein. So häufig auch in Bebauungs- oder Grünordnungsplänen, wo die „Zweckbestimmung Hausgarten" nicht unbedingt voraussetzt, dass auf dem Grundstück ein Haus steht. Sie benennt lediglich eine Nutzungsart und bestimmt, dass die Fläche nur wie ein Hausgarten genutzt werden darf.

Hauspflaume
Andere Bezeichnung für die als Obstbaum kultivierte → *Pflaume,* in Unterscheidung zu eng verwandten verwilderten oder Wildarten und -formen

Hauswurz
SEMPERVIVUM

„Immer lebendig" bedeutet der botanische Gattungsname *Sempervivum* übersetzt, was auf die Überlebenskünste dieser Dickblattgewächse anspielt. Diese Pflanzen stammen von allen Kontinenten, sie besiedeln vorwiegend trockene, karge Orte, an denen sie sich dank ihrer Fähigkeit, in fleischigen Blättern Wasser zu speichern, behaupten können. Diese Eigenschaft wird als Sukkulenz bezeichnet. Die bei uns gepflanzten Exemplare sind in europäischen, teils auch in westasiatischen Gebirgen beheimatet. An ihren Wildstandorten stehen sie allesamt unter Naturschutz.

Für die Gartenkultur gibt es eine breite Palette verschiedenster Arten und Sorten; insbesondere die Hybriden zeichnen sich durch ein reiches Formenspiel ihrer Blattrosetten aus. Dabei ist die eindeutige Zuordnung der Sorten zu bestimmten Arten teils eine Sache für Spezialisten.

Die wichtigsten Arten sind die Dach- oder Gewöhnliche Hauswurz, ein nur in Kultur zu findendes Gewächs, die Spinnwebhauswurz sowie zahllose Hauswurz-Hybriden. Seltener stößt man im Handel auf die Riesensteinwurz (S. marmoreum) mit besonders großen Blattrosetten und die Berghauswurz (S. montanum), die dichte Polster aus kleinen Kugelrosetten bildet.

Hauswurz-Hybriden
SEMPERVIVUM-HYBRIDEN

Merkmale: Sukkulente Kleinstaude, 5 – 15 cm hoch; mit fleischigen Blättern in dicht gepackten bis rosenähnlich geöffneten Rosetten, je nach Sorte in unterschiedlicher Färbung von Grün über Rot bis hin zu Purpur und Blau; auf dachziegelartig beblätterten, dicken Schäften, die sich aus den Rosetten erheben, sternförmige Blüten in Rosa, Rot oder Weiß; nach der Blüte stirbt die Hauptrosette ab, es bilden sich zahlreiche Tochterrosetten.
Blütezeit: Juni – Juli
Verwendung: Im Steingarten, in Felsspalten und Mauerfugen, auf Mauerkronen und Dächern, Zaunpfosten, in Schalen und Trögen; am schönsten in Gemein-schaft mit anderen Hauswurzen.
Standort: Vollsonnig, höchstens in den Morgenstunden beschattet; gut durchlässiger, kiesiger, sandiger oder schotterreicher, humushaltiger Boden.
Pflanzen/Vermehren: Pflanzung am besten im Frühjahr, es reicht sehr wenig Substrat, in das die Rosetten fest hineingedrückt werden; Vermehrung durch Tochterrosetten im Frühjahr oder Herbst.
Pflege: Sehr genügsam, ungestört wachsen lassen, nicht düngen.

Spinnwebhauswurz
SEMPERVIVUM ARACHNOIDEUM

Merkmale: Sukkulente Kleinstaude, 5 – 15 cm hoch, mit kugeligen Blattrosetten, dicht mit weißen Haaren überzogen; rosarote, strahlenförmige Blüten aus kräftigem Schaft.
Blütezeit: Juli – August
Verwendung: Wie Hauswurz-Hybriden.
Standort: Sonnig, auch prallsonnig,

Spinnwebhauswurz (Sempervivum arachnoideum)

Die genügsamen Hauswurze lassen sich gut in Gefäßen kultivieren.

auf steinigem, sandigem, trockenem, nährstoffarmem Untergrund.
Pflanzen/Vermehren: Wie Hauswurz-Hybriden.
Pflege: Wie Hauswurz-Hybriden.

Dachwurz, Gewöhnliche Hauswurz
SEMPERVIVUM TECTORUM

Merkmale: Sukkulente Kleinstaude, 5 – 15 cm hoch; kugelige bis weit geöffnete, flache Rosetten aus fleischigen, am Rand bewimperten Blättern, deren Spitzen rötlich überlaufen sind; leuchtend rote bis rosafarbene Blüten auf dicken Schäften.
Blütezeit: Juli – August
Verwendung: Wie die Hybriden.
Standort: Vollsonnig auf sehr gut durchlässigem, sandigem, kiesigem oder schotterreichem, nährstoffarmem Untergrund, der jedoch Humus enthalten muss.
Pflanzen/Vermehren: Wie Hauswurz-Hybriden; auch Aussaat möglich, gesät wird im Frühjahr in Saatschalen.
Pflege: Extrem genügsam, am besten ungestört wachsen lassen und nicht düngen.

Hauszwetsche

Name einer altbewährten, robusten Zwetschensorte
→ *Pflaume*

Hautflügler

Eine der größten Ordnungen innerhalb der Insekten mit weltweit über 100 000 Arten, fachsprachlich *Hymenoptera* genannt. Zu dieser Insektengruppe gehören → *Bienen,* → *Hummeln,* → *Hornissen,* → *Wespen* und → *Ameisen* sowie die als Nützlinge besonders geschätzten → *Schlupfwespen,* → *Zehrwespen* (Erzwespen) und räuberischen → *Gallwespen,* die verschiedene Schädlinge parasitieren. Einige Gallwespen verursachen aber auch Pflanzenschäden, ebenso mehrere → *Blattwespen.*

Die Insektenordnung erhielt ihren Namen nach den zwei häutigen Flügelpaaren, von denen das vordere deutlich größer ist als das hintere. Eine Ausnahme stellen die Ameisen dar, die nur während der Paarungszeit Flügel tragen. Von den genannten Insekten weisen fast alle die typische „Wespentaille" auf; die Blattwespen zählen dagegen zu den Hautflüglern ohne Körpereinschnürung, die man als Pflanzenwespen zusammenfasst.

Hautreizende Pflanzen

Zahlreiche Pflanzen vermögen auf sehr unterschiedliche Weise Hautreizungen beim Menschen hervorzurufen, die bis zu Verletzungen oder starken allergischen Reaktionen reichen können. Grundsätzlich empfiehlt es sich, beim Umgang mit vielen Pflanzen Gartenhandschuhe zu tragen, besonders wenn man etwas empfindliche Haut hat. Notfalls müssen bestimmte Pflanzen, die ausgeprägte Hautentzündungen (Dermatitis) verursachen, aus dem Garten verbannt werden.

Jedem Gärtner unangenehm bekannt sind die **mechanischen Hautreizungen** durch Dornen, Stacheln, spitze Haare und ähnliche „Anhängsel" von Pflanzen. Sie schmerzen, heilen aber mehr oder weniger schnell und in der Regel recht unproblematisch ab. Da über die Verletzungen Bakterien eindringen können, sollte man sich allerdings vorbeugend durch eine Tetanusimpfung schützen. Mechanische Reizungen gehen manchmal zusätzlich mit **chemischen Hautirritationen** durch bestimmte Pflanzeninhaltsstoffe einher, etwa durch organische Säuren oder das Nesselgift der Brennnesseln. Die Hautreaktionen sind oft heftig, klingen aber bald wieder ab.

Weitaus heikler sind anhaltende **Allergieerscheinungen,** die je nach individueller Empfindlichkeit durch verschiedene Pflanzen ausgelöst werden können. Sie äußern sich in anhaltenden Hautrötungen, Schwellungen oder Bläschenbildung, meist verbunden mit anhaltendem Jucken oder Brennen. Solche Kontaktallergien können z. B. beim häufigen Umgang mit Pflanzenzwiebeln und -knollen auftreten; die durch Zwiebelblumen hervorgerufene Dermatitis ist auch als „Tulpenfinger" bekannt. Zu den verbreiteten Auslösern von Hautallergien zählen daneben auch Primeln sowie Pflanzen mit hohen Gehalten an → *ätherischen Ölen* und manche Nadelgehölze, z. B. Wacholder. Häufig sind die hautreizenden Substanzen **phototoxisch,** d. h., die Reaktionen treten nur oder aber deutlich verstärkt bei gleichzeitiger bzw. nachfolgender Lichteinwirkung auf die Haut auf. Ein bekanntes Beispiel für phototoxisch wirkende Pflanzen ist die → *Herkulesstaude* (Riesenbärenklau).

Hechtkraut

PONTEDERIA CORDATA

Die Gattung *Pontederia* besteht aus zwei Arten; neben dem Hechtkraut aus Nordamerika gehört nur noch das recht ähnliche Lanzenhechtkraut (*P. lanceolata*) aus dem tropischen Amerika dazu. Die Pflanzen sind namensgebend für die Familie der Hechtkrautgewächse.

Merkmale: Ausdauernde Wasserpflanze mit wucherndem Rhizom und horstartigem Wuchs, 60 – 100 cm hoch; herzförmige, glänzende Blätter auf kräftigen Stielen; blaue Blütenähren.

Blütezeit: Juni – Oktober

Verwendung: In Sumpfzonen von stehenden und fließenden Gewässern.

Standort: Nasser, schlammiger, kalkarmer Boden, verträgt bis 50 cm Wassertiefe, optimal sind 20 – 30 cm.

Pflanzen/Vermehren: Pflanzung bevorzugt im späten Frühjahr, am besten in Pflanzkorb oder Container setzen, um Wuchern einzudämmen; Vermehrung durch Teilung der Rhizome im Frühjahr oder Herbst.

Pflege: Während der Wachstumszeit keine Pflege nötig. Im Herbst in mindestens 50 cm tiefes Wasser umsetzen, da Rhizome frostempfindlich

Ihre häutigen Flügel weisen die Honigbiene als Vertreterin der Hautflügler aus.

Hechtkraut (Pontederia cordata)

sind; in der Sumpfzone dick mit Laub überschütten; Überwinterung auch im Haus möglich, dazu die Pflanzen zurückschneiden, in große Pflanzkübel setzen und den Winter über gleichmäßig feucht halten.

Hechtrose
Kaum bestachelte Wildrose mit blau bereiften Blättern und rosafarbenen, einfachen Blüten
→ *Rose*

Hecke
Linien- bzw. bandförmige Gehölzpflanzung zur Umgrünung, Abgrenzung, Abtrennung oder räumlichen Aufteilung eines Grundstücks bzw. Gartenbereichs. Das Wort Hecke leitet sich vom althochdeutschen „Hag" ab, das sowohl dichtes Gebüsch als auch Umzäunung bzw. Einfriedung bedeutet. Grundsätzlich unterscheidet man im Garten Schnitthecken und frei wachsende Hecken; außerdem hohe, Sichtschutz gewährende Hecken sowie niedrige Einfassungshecken.

Kennzeichnend für **Schnitthecken** ist zunächst einmal der namensgebende strenge Formschnitt. Die natürliche Wuchsform der Gehölze kommt hier nicht zur Geltung, aufgrund des regelmäßigen Rückschnitts fällt zudem die Blüte meist aus. Dafür bieten Schnitthecken ein einheitliches, geschlossenes Grün, das bei relativ wenig Platzbedarf verschiedene Heckenfunktionen erfüllen kann. In der Regel besteht eine Schnitthecke nur aus Gehölzen einer Art, die recht dicht und meist nur einreihig gepflanzt werden. Man kann sommer- oder immergrüne Laubgehölze sowie Nadelgehölze wählen, wobei die jeweiligen Standortansprüche beachtet werden müssen. Von der verwendeten Art hängt die mögliche Schnitthöhe ab.

Für Einfriedungen, Wind- und Sichtschutz finden Großsträucher oder baumartig wachsende Gehölze Verwendung, z. B. Hainbuche, Gewöhnlicher Liguster (Rainweide) oder Scheinzypresse, die auf 2 – 4 m Höhe geschnitten werden. Zwischen 1 und 2 m Höhe lassen sich z. B. Berberitzen und Eiben halten. Für niedrige Schnitthecken mit 0,5 – 1 m Höhe kommen z. B. Alpenjohannisbeere und Lorbeerkirsche infrage, Buchs und Gamander lassen sich als Einfassungen sogar auf 0,3 m stutzen; auch → *Heckengehölze*. Die Breite bzw. Tiefe der Hecke kann durch strengen Schnitt je nach Gehölzart auf etwa 0,5 – 1 m begrenzt werden, die niedrigen Einfassungsarten werden natürlich noch schmaler gehalten.

Als Übergangsform zur frei wachsenden Hecke kann man die ungeschnittene bzw. nicht streng in Form geschnittene Hecke aus gleichartigen Gehölzen ansehen. Gerade Nadelholzhecken, z. B. aus Eibe oder Lebensbaum, wirken oft schöner, wenn sie etwas lockerer gepflanzt und geschnitten werden und brauchen trotzdem nicht allzu viel Platz. Eine Zwischenstellung nehmen auch kleine Blütensträucher wie Spierstrauch und Fingerstrauch ein, die man nicht streng in Form trimmt, sondern regelmäßig oder gelegentlich nach der Blüte stark zurückschneidet. Zu den **Sonderformen** zählen weiterhin Obsthecken aus kleinen Baumformen oder Beerensträuchern sowie die Bambushecke.

Frei wachsende Hecken haben deutlich mehr Raumbedarf als Schnitthecken. Je nach verwendeten Gehölzen ist dafür ein mindestens 1,5 m, besser 2 m breiter Pflanzstreifen nötig; für mehrreihige Blütenhecken sind sogar 3 – 5 m zu veranschlagen. Allerdings wird man sich in Gärten üblicher Größe auch bei frei wachsenden Hecken meist mit einreihiger Bepflanzung begnügen. Besonders beliebt sind **Blütenhecken.** Man kann dafür nur eine Strauchart mit langer Blütezeit verwenden, z. B. Rosen oder sommerblühende Spiersträucher; häufiger werden jedoch unterschiedliche Sträucher mit verschiedenen Blütezeiten kombiniert. Achtet man bei der Zusammenstellung dann noch auf weitere Zieraspekte wie rot oder weißbunt gefärbte Blätter, attraktive Herbstfärbung, immergrünes Laub und Fruchtschmuck, lassen sich ganzjährig attraktive Hecken gestalten. Bei nur kurzen Heckenzeilen ist es allerdings günstiger, wenn man sich auf einige wenige Arten und Zierwirkungen beschränkt; sie wirken sonst leicht überladen und entfalten kaum Wirkung. Für die Anlage einer kombinierten Hecke ist ein gut durchdachter Pflanzplan empfehlenswert.

Gemischte und frei wachsende Hecken werden nur gelegentlich ausgelichtet bzw. man schneidet die einzelnen Sträucher so, wie es jeweils erforderlich ist (→ *Gehölzschnitt*). Niedrige, ungeschnittene, blühende Hecken mit und ohne dekorativen Fruchtbehang werden als dekorative Einfassung sowie häufig zur Abwehr unliebsamer Gäste (inklusive Hunde) im Vorgarten gepflanzt – in diesem

Heckengehölze

Hainbuchenhecke

Bambushecke

Fall gerne mit Dornen oder Stacheln. Hierfür eignen sich z. B. Berberitzen, Heckenkirsche, Mahonie, Spierstrauch oder Zierquitte.

Zu den frei wachsenden Hecken zählt schließlich auch die **Naturhecke,** die möglichst artenreich aus heimischen Gehölzen zusammengestellt wird. Im optimalen Fall ist sie mehrreihig und mehrstöckig, unter Verwendung unterschiedlich hoher Pflanzen, woraus sich Baum-, Strauch- und Krautschichten ergeben. Das lässt sich freilich nur auf entsprechend großen Grundstücken umsetzen, doch schon eine einreihige, gemischte Pflanzung z. B. mit Felsenbirne, Eberesche, Rotem Hartriegel, Hundsrose, Brombeere, Sanddorn, Waldrebe, Liguster oder Besenginster bietet zahlreichen Tieren Schutz und Nahrung. Nicht zuletzt unterstützen solche Hecken viele Nützlinge, die sich durch Schädlingsvertilgung revanchieren.

Zu den vielfältigen **Heckenfunktionen** zählt zunächst einmal die Abgrenzung bzw. Grundstückseinfriedung. Hierbei muss man beachten, dass je nach Bundesland oder Kanton verschiedene → *Grenzabstände* vorgeschrieben sind. Außerdem gibt es teils örtliche Vorschriften für die Art und Höhe der Grundstückseinfriedung. Nicht zuletzt sollte man bedenken, dass manche Heckengehölze sehr giftig sind, z. B. Goldregen, Stechpalme und Lorbeerkirsche. Wo häufig kleine Kinder vorbeikommen, z. B. in der Nähe von Kindergärten, Schulen oder Spielplätzen, weicht man daher besser auf ungiftigere Arten aus.

Hecken dienen als Sichtschutz, Lärmschutz und → *Windschutzpflanzung,* zum Verdecken unansehnlicher Bereiche, z. B. des Mülltonnenstellplatzes, lassen sich zum Abtrennen und Einfassen von Gartenbereichen einsetzen und haben große Bedeutung für die Gliederung und Struktur des Gartens (auch → *Gartengestaltung*). Als grüne Kulisse bringen sie davor gepflanzte Staudenpflanzungen und Blütensträucher besonders gut zur Geltung.

Weiterhin sorgen sie in ihrem Umfeld für ein geschütztes → *Kleinklima*. Im Einflussbereich einer Hecke sind die Boden- und Lufttemperaturen ausgeglichener, die Gefahr von Spätfrösten sinkt. Das günstige Kleinklima kann allerdings auch die Ausbreitung von Pilzkrankheiten fördern, zumal abtrocknende Winde ferngehalten werden. Daher ist es ratsam, besonders Gemüsebeete in 1 – 2 m Abstand zu einer Hecke anzulegen. Weiterhin muss man schon bei der Pflanzung den späteren Schattenwurf der Gehölze bedenken.

Schließlich erfüllen selbst Schnitthecken einen Teil der Funktionen, die bei der Naturhecke genannt sind: In ihnen finden verschiedene Tierarten, z. B. Igel, Singvögel und Laufkäfer, Nistplätze und Unterschlupf.

Auch → *Heckengehölze,* → *Heckenpflanzung,* → *Heckenschnitt,* → PRAXIS-SEITE Hecken pflanzen, pflegen und schneiden (S. 374/375), → *Gehölzgruppe*

Heckengehölze

Für die Heckenpflanzung geeignete Gehölzarten und -sorten zeigen je nach gewünschtem Heckentyp eine besondere Eignung für regelmäßigen Schnitt oder die Kombination mit anderen Heckengehölzen, wachsen dicht verzweigt und entwickeln sich auch bei enger Pflanzung gut. Beim Pflanzenkauf sollte man spezielle Heckensträucher bevorzugen, die von unten her verzweigt sind. Von den normalerweise als Bäume wachsenden Gehölzen gibt es entsprechend gezogene Baumschulpflanzen, die so genannten → *Heister.*

Gehölze **für Schnitthecken** müssen die Prozedur des häufigen Formschnitts gut vertragen und entsprechend kräftig wieder austreiben. Von daher ist die Zahl der infrage kommender Gehölze deutlich kleiner als bei frei wachsenden Hecken. Einen Überblick über die wichtigsten Arten gibt die nebenstehende Tabelle. Wo ganzjähriger Sichtschutz gewünscht ist, vor allem an der Grundstücksgrenze bzw. zur Straße hin, beschränkt sich die Auswahl auf Immergrüne. Ansonsten sollte man bedenken, dass immergrüne Hecken den Garten im Winter recht düster erscheinen lassen können. Sommergrüne Hecken machen durch das Falllaub im Herbst etwas mehr Arbeit. Allerdings muss es nur an Straßen entfernt werden. Im Garten kann das Laub liegen bleiben, sofern es einen nicht stört. Dort ist es sogar vorteilhaft, indem es für Humusnachlieferung sorgt und Tieren, z. B. Igeln, Winterverstecke bietet.

Einige der in der Übersicht genannten Schnittheckengehölze können ungeschnitten ebenso gut **für frei wachsende Hecken** eingesetzt werden. Ansonsten eignet sich eine Vielzahl von Sträuchern und kleinen Bäumen, sofern sie Engpflanzung vertragen und die Nachbarn nicht durch zu kräftigen Wuchs oder Ausläuferbildung bedrängen.

Einige Beispiele für gern verwendete Blüten- oder Naturheckengehölze sind Blutjohannisbeere, Brombeere, Felsenbirne, Deutzie, Flieder, Forsythie, Hartriegel, Heckenkirsche, Kolkwitzie, Kornelkirsche, Liguster, Pfeifenstrauch, Schmetterlingsstrauch, Schneeball, Spierstrauch, Traubenholunder, Weigelie und Zierkirsche.

Ebenfalls gut eignen sich Weiß- und Rotdorn, Feuerdorn, Eberesche, hohe Zwergmispeln sowie Zierquitte, von deren Pflanzung man jedoch in feuerbrandgefährdeten Gebieten absehen sollte (→ *Feuerbrand*). Etwas problematisch kann auch die Gewöhnliche Berberitze sein, da sie der Zwischenwirt des Getreiderosts ist (→ *Berberitze*).

GEHÖLZE FÜR SCHNITTHECKEN (AUSWAHL)

Gehölzart	Lichtbedarf	Schnitthöhe	Laub
Feldahorn (*Acer campestre*)	☼–◐	2 – 4 m	gelbe bis orangerote Herbstfärbung
Blutberberitze (*Berberis* x *ottawensis* 'Superba')	☼	1 – 3 m	braunrot, rote Herbstfärbung
Thunbergs Berberitze, Heckenberberitze (*Berberis thunbergii*)	☼–◐	1 – 3 m	auch rotlaubige Sorten, orangerote Herbstfärbung
Buchs (*Buxus sempervirens*)	☼–●	0,3 – 1 m	immergrün
Hainbuche (*Carpinus betulus*)	☼–◐ (●)	1 – 4 m	gelbe Herbstfärbung
Scheinzypresse (*Chamaecyparis lawsoniana*)	☼–◐	1,5 – 4 m	immergrün
Runzlige Zwergmispel (*Cotoneaster bullatus*)	☼–◐	1 – 3 m	rote Herbstfärbung
Leylandzypresse (x *Cupressocyparis leylandii*)	☼–◐	2 – 3 m	immergrün
Rotbuche (*Fagus sylvatica*)	☼–◐	2 – 4 m	gelbe bis rotbraune Herbstfärbung
Stechpalme (*Ilex aquifolium*)	◐–●	1 – 4 m	immergrün
Stumpfblättriger Liguster (*Ligustrum obtusifolium*)	☼–●	0,5 – 2 m	braunviolette Herbstfärbung
Gewöhnlicher Liguster (*Ligustrum vulgare*)	☼–●	2 – 4 m	in milden Lagen wintergrün
Heckenkirsche (*Lonicera*-Arten)	☼–◐	0,5 – 2 m	einige Arten winter- oder immergrün
Lorbeerkirsche (*Prunus laurocerasus*)	☼–●	0,5 – 1,5 m	immergrün
Rotfichte (*Picea abies*)	☼	2 – 4 m	immergrün
Omorikafichte (*Picea omorika*)	☼	2 – 3 m	immergrün
Feuerdorn (*Pyracantha coccineus*)	☼–◐	1 – 2 m	immergrün
Alpenjohannisbeere (*Ribes alpinum* 'Schmidt')	☼–●	0,5 – 1 m	gelbliche Herbstfärbung
Eiben (*Taxus*-Arten)	☼–●	2 – 4 m	immergrün
Lebensbaum (*Thuja occidentalis*)	☼–◐	1,5 – 4 m	immergrün

Heckenkirsche

Schirmheckenkirsche (Lonicera maackii)

Frei wachsende Hecken lassen sich wesentlich lockerer anlegen als die eher strengen Schnitthecken.

Heckenkirsche
LONICERA

In der Gattung *Lonicera* versammelt sich eine stattliche Anzahl recht verschiedener Arten; neben den hier beschriebenen, gemeinhin als Heckenkirschen bezeichneten Sträuchern haben vor allem auch kletternde Arten Bedeutung, die → *Geißblatt* genannt werden und der Familie der Geißblattgewächse ihren Namen gaben. Eine Zwischenstellung nimmt die Kriechende Heckenkirsche (*L. acuminata*) ein: Sie kann sich an Stützen hochschlingen, wächst aber auch kriechend, bildet dann dichte Teppiche und lässt sich an sonnigen bis halbschattigen Stellen als Bodendecker einsetzen.

Die Heckenkirschen sind auf allen Kontinenten außer Australien verbreitet, die Gewöhnliche Heckenkirsche wächst auch bei uns wild. Dieser ähneln mehrere andere sommergrüne Arten, die ebenfalls für den Garten angeboten werden. Niedriger und kleinblättriger bleiben dagegen Wintergrüne und Immergrüne Heckenkirsche, beide aus Ostasien stammend. Die Früchte vieler Arten enthalten Giftstoffe. Heckenkirschen sollte man nicht in unmittelbare Nähe von Kirschbäumen pflanzen, da sie Wirtspflanzen der Kirschfruchtfliege sind.

Wintergrüne Heckenkirsche
LONICERA PILEATA

Wird auch Böschungsmyrte genannt.
Merkmale: Wintergrüner Strauch mit flachem, nestartigem Wuchs und dünnen, dicht verzweigten Trieben, 30 – 50 cm hoch, 80 – 120 cm breit; kleine, längliche, glänzend grüne Blätter, treiben sehr früh aus und fallen nur bei starkem Frost ab; unauffällige, duftende, hellgelbe Blütchen; ab August dunkelviolette Beeren.
Blütezeit: Mai
Verwendung: Für Gehölzgruppen, zur Unterpflanzung, für kleine Hecken; auch für Gefäßkultur geeignet.
Standort: Gedeiht in fast allen Lagen, am besten auf humosen, kalkhaltigen Böden; rauchhart, für Stadtklima gut geeignet.
Pflanzen/Vermehren: Pflanzung im Herbst, für flächige Pflanzung drei Pflanzen pro m²; Vermehrung durch Stecklinge oder Steckhölzer.
Pflege: Sehr genügsam, regelmäßiger Rückschnitt wird gut vertragen; radikaler Schnitt dagegen nicht empfehlenswert.
Hinweis: Ähnlich ist die Immergrüne Heckenkirsche oder Heckenmyrte (*L. nitida*), ein dicht buschiger, kleiner Strauch von etwa 1 m Höhe, der über Winter stets sein Laub behält.

Gewöhnliche Heckenkirsche
LONICERA XYLOSTEUM

Wird auch Rote Heckenkirsche genannt.
Merkmale: Strauch, breit ausladend mit dünnen, leicht überhängenden Zweigen, 1 – 3 m hoch; eiförmige, schwach seidig behaarte Blätter, die früh austreiben; gelbliche, röhrenförmige Blüten, paarweise in den Blattachseln; dunkelrote Beerenfrüchte.
Blütezeit: Mai – Juni
Verwendung: Blüten- und Fruchtschmuckstrauch für Gehölzgruppen und frei wachsende Hecken, Vogelschutz- und -nährgehölz.
Standort: Gedeiht an nahezu jedem Standort, außer auf nassen Böden; rauchhart, für Stadtklima geeignet.
Pflanzen/Vermehren: Pflanzung bevorzugt im Herbst; Vermehrung durch

Stecklinge oder Steckhölzer, auch Aussaat ist möglich.
Pflege: Gelegentlich auslichten, verträgt auch radikalen Rückschnitt.
Hinweis: Mehrere Arten zeigen ein ähnliches Erscheinungsbild. Die Kalifornische Heckenkirsche (*L. ledebourii*) bildet leicht trichterförmige Sträucher aus langen, rutenartigen Ästen, blüht gelb-rot und trägt dunkel purpurne Früchte mit roten Deckblättern. Die Tatarische Heckenkirsche (*L. tatarica*) wächst mit straff aufrechten Ästen zu einem buschigen, ausladenden, dichten Strauch von 3 – 4 m Höhe, ihre weißen Blüten verfärben sich später gelb und rosa, im Herbst zieren leuchtend hellrote Beerenfrüchte. Die Schirmheckenkirsche (*L. maackii*) zeigt sich als aufrechter hoher Strauch mit leicht schirmförmiger Krone, sie wird 3 – 4 m hoch, trägt zahlreiche gelbe, duftende Blüten und dunkelrote Früchte.

Heckenpflanzung

Wie schon bei den allgemeinen Ausführungen zur → *Hecke* erwähnt, müssen bei der Heckenpflanzung zum Nachbargrundstück hin entsprechende → *Grenzabstände* eingehalten werden.

Meist wird man die Gehölze nur in einer Reihe pflanzen, da andernfalls der Platzbedarf zu groß wird. Wo zweireihige Pflanzung möglich ist, legt man die beiden Reihen zueinander versetzt an, so dass die Gehölze der einen Reihe jeweils in der Mitte („auf Lücke") zwischen zwei Gehölzen der Nachbarreihe zu stehen kommen.

Frei wachsende Hecken können wesentlich lockerer angelegt werden als Schnitthecken, z. B. auch in geschwungenen Linien oder mit abwechselnden ein- und mehrreihigen Partien.

Lange Hecken mit hohem Pflanzenbedarf kann man durch Verwendung balloser bzw. wurzelnackter Pflanzen recht kostengünstig anlegen. Ansonsten werden Heckengehölze meist als Ballen- oder Containerware gepflanzt (auch → *Gehölzpflanzung, Pflanzware*). Mit Containerpflanzen können die Hecken, abgesehen von Frostperioden, fast ganzjährig angelegt werden.

Zu sonstigen Pflanzzeiten, Pflanzenbedarf und Pflanzvorgang → PRAXIS-SEITE Hecken pflanzen, pflegen und schneiden (S. 374/375)

Heckenschere

Als Werkzeuge für das Schneiden von Schnitt- bzw. Formhecken stehen Handheckenscheren sowie elektrische oder benzinbetriebene Motorheckenscheren zur Verfügung. Heckenscheren mit Benzinmotoren sind meist in Größe und Leistungsstärke für den Profibedarf ausgelegt und kommen schon aufgrund ihres höheren Gewichts und des recht lauten Betriebs im Hobbygarten selten zum Einsatz. Ob sich die Anschaffung einer elektrischen Heckenschere lohnt, hängt natürlich vom regelmäßig anfallenden Schnittbedarf ab. Spätestens ab einer Heckenlänge von etwa 10 m macht sich die Arbeitserleichterung durch eine Elektroheckenschere schon deutlich bemerkbar. Doch auch dann ist zusätzlich eine Handheckenschere zum Nachschneiden sinnvoll.

Praxisgerechte **Handheckenscheren** haben etwa 30 cm lange, rostgeschützte Klingen und ca. 20 cm lange, kräftige Hebelgriffe, am besten mit Gummipuffer zum Abfedern des Schnittschlags dazwischen. Sie sollten bei aller Stabilität nicht allzu schwer sein, mit etwa 1 – 1,5 kg Gewicht sind sie am besten zu handhaben. Neben Ausführungen mit Hohl- oder Doppelschliff werden auch solche mit Wellenschliffklingen angeboten, die ein Wegrutschen der zu schneidenden Zweige verhindern. Als vorteilhaft erweist sich oft ein eingegliederter Astabschneider. Wichtig ist eine Stellschraube oder ein ähnlicher Mechanismus zum Nachstellen ohne gesondertes Werkzeug.

Einige Hinweise zur **Elektroheckenschere:**

■ Nur sicherheitsgeprüfte Qualitätsgeräte verwenden; wichtige Vorrichtungen sind z. B. automatische Sicherheitsabschaltung (Schnellstopp), Anstoßschutz oder so genannte Sicherheitsmesser, Schutzschild für die Hände oder Sicherheitsbügel.

■ Auf bedienungsfreundliche Ausführung und Details achten, allem voran ein geringes Gewicht; außerdem u. a. auf günstige Lage der Schalter, geeignete Griffposition, leichtes Auswechseln der Klingen, Rutschkupplung (schützt Motor und Getriebe vor harten Gegenständen und zu dicken Ästen).

■ Motorleistung ab 400 Watt, falls nicht ausschließlich dünnästige Hecken beschnitten werden; Messer bzw. Schwerter sollten möglichst so lang sein, wie die Hecke breit ist.

■ Ausführungen der beiden gegenseitig arbeitenden Messer sind in der Regel standardisiert. Beidseitig schneidende Scheren erleichtern das Arbeiten in Ecken und Winkeln.

■ Akku-Geräte ersparen Ärger und Risiken beim Umgang mit Elektrokabeln. Die Energiespeicher reichen jedoch oft nur für kurze Einsätze und müssen häufig aufgeladen werden.

Nach dem Heckenschneiden sollten die Messer stets gereinigt und abgetrocknet sowie Motor- und Lüftungsbereich gründlich von Schnittresten befreit werden; für solche wie alle anderen Wartungsarbeiten stets das Netzkabel aus der Steckdose ziehen! Von Zeit zu Zeit wird ein Austausch der Messer nötig; ein Nachschleifen lohnt nur bei hochwertigen Geräten.

Heckenschnitt

Beim Schnitt von frei wachsenden Hecken orientiert man sich am üblichen → *Gehölzschnitt,* wobei die Sträucher am besten je nach Blütezeit und Wuchstyp individuell geschnitten werden. Teils genügt auch schon das gelegentliche Auslichten. Anders bei Schnitthecken: Hier gehört das regelmäßige Schneiden von Beginn an zu den unverzichtbaren Pflegemaßnahmen, sonst wächst ein sehr lückiger, unten und innen früh verkahlender Gehölzbestand heran.

Ob frei wachsend oder streng geformt – Hecken sind bevorzugte Nistplätze von Vögeln. Man führt deshalb Schnittmaßnahmen möglichst außerhalb der Hauptbrutzeit durch, die sich vom späten Frühjahr bis etwa Ende Juli erstreckt. Zumindest sollte man die Hecke vor dem Schneiden gründlich auf besetzte Nester untersuchen, die gerade in dichten Schnitthecken oft sehr gut versteckt sind.

Zu Schnittzeiten und -praxis → PRAXIS-SEITE Hecken pflanzen, pflegen und schneiden (S. 374/375)

Heddewigsnelke

Anderer Name der Kaiser- oder Chinesennelke
  → *Nelke*

Hedera

Botanischer Gattungsname des
  → *Efeus*

Heide
ERICA

Die Gattung, auch als Glockenheide oder Erika bekannt, umfasst eine Vielzahl von Arten und natürlichen Hybriden, deren Heimat in Europa, hauptsächlich in Südeuropa, sowie in Südafrika liegt. Sie ist kennzeichnend für die Familie der Erika- oder Heidekrautgewächse. Sehr ähnlich im Erscheinungsbild präsentiert sich das → *Heidekraut* (*Calluna*), auch Besenheide genannt. *Erica-* wie *Calluna-*Arten prägen das Bild der natürlichen Heidelandschaften, die vielerorts durch menschliche Eingriffe stark beeinträchtigt wurden. Sie gehören zu den insgesamt unter Schutz gestellten Pflanzengesellschaften.

Die meisten Heiden sind kompakte Zwergsträucher und werden aufgrund ihrer Verwendung gärtnerisch oft als Stauden eingestuft. Nur in milden Klimaregionen kann man die bis 4 m hohe Baumheide (*E. arborea*) ziehen, einen baumartigen Strauch mit grauweißen, duftenden Blütenglöckchen.

Neben den nachfolgend beschrieben Arten ist vor allem *E. gracilis* erwähnenswert, die wegen mangelnder Frosthärte nur einjährig gezogen wird. Aufgrund ihrer späten Blütezeit zwischen September und Dezember sowie ihrer ansprechenden Wuchsform verwendet man sie gern als Balkon- und Topfschmuck, außerdem zur Grabbepflanzung. Ähnlich eingesetzt wird die Prachtheide (*E.* x *willmorei*), die sich durch sehr große, tütenförmige Blüten auszeichnet.

Schneeheide
ERICA CARNEA

Wird auch Winter- oder Alpenheide genannt und ist häufig noch unter ihrem früheren botanischen Namen *E. herbacea* im Handel.
Merkmale: Immergrüner, buschiger Zwergstrauch, 15 – 25 cm hoch, ebenso breit; nadelförmige, dunkelgrüne Blättchen; krug- bis glockenartige, lilarosa Blüten. Zahlreiche Sorten mit verschiedenen Blütenfarben (neben Rosa auch Weiß, Rot, Violett), teils mit hellgrünem, bronzefarbenem oder goldgelbem Laub; außerdem variiert die Blütezeit.
Blütezeit: Dezember – Mai
Verwendung: Im Heidebeet, am besten flächig gepflanzt in verschiedenen Sorten und in Kombination mit anderen Heidearten, ergänzt um Kleingehölze, Gräser und Stauden; auch für Gefäßkultur geeignet.
Standort: Im Halbschatten spärlichere Blüte; durchlässiger, frischer, sandiger bis lehmiger, humoser Boden, schwach sauer oder kalkhaltig.
Pflanzen/Vermehren: Pflanzung vorzugsweise im Frühjahr oder Frühherbst, für flächige Gestaltung 8 bis 10 Pflanzen pro m²; Vermehrung durch Kopfstecklinge im Sommer.
Pflege: Alle paar Jahre nach der Blüte um etwa ein Drittel einkürzen und mit Kompost düngen.
Hinweis: Eine Reihe von Hybridheiden ergänzt das Sortiment. Dazu gehört z. B. *Erica darleyensis*, die kräftiger wächst als die Schneeheide, sich auch mit sehr kargen Böden zufrieden gibt, aber auch leichten Winterschutz benötigt. Es gibt sie in vielen Sorten, die zwischen Januar und Mai blühen.

Ein Sommerblüher ist dagegen die sonst recht ähnliche Grau- oder Ascheheide (*E. cinerea*), ein buschiger Zwergstrauch mit steif aufrechten Trieben, 10 – 35 cm hoch, die grüne, im Winter aschgraue Blättchen und lilarosa Glöckchenblüten trägt.

Schneeheide (Erica carnea)

HEIDEGARTEN

Cornwallheide (Erica vagans)

Glockenheide, Moorheide
ERICA TETRALIX

Merkmale: Immergrüner, dicht buschiger, im Alter flach ausgebreiteter Zwergstrauch, 15 – 45 cm hoch; nadelartige, grüngraue Blättchen; große, bauchige Glockenblüten in Rosa, die in kleinen Büscheln an den Zweigspitzen stehen. Sorten mit unterschiedlichen Laub- und Blütenfärbungen.
Blütezeit: Juni – September
Verwendung: Wie Schneeheide.
Standort: Absonnig auf frischen bis feuchten, humosen, sauren Böden.
Pflanzen/Vermehren: Wie Schneeheide.
Pflege: Wie Schneeheide, jedoch im Winter locker mit Reisig abdecken.
Hinweis: Ähnlich ist die Cornwall-, Sommer- oder Wanderheide (*E. vagans*), mit kleineren, zahlreicheren Blüten in kerzenähnlichen Ständen.

Heidebeet
Flächige Pflanzung, vornehmlich mit den vielfältigen Arten und Sorten der → *Heide (Erica)* sowie mit → *Heidekraut (Calluna)*. Dazu können Gräser und weitere Pflanzen gesellt werden, wie sie beim → *Heidegarten* genannt sind. Das Heidebeet ist die kleinflächige, einfacher zu realisierende Ausgabe des Heidegartens; für die Standortvoraussetzungen gilt das dort Gesagte.

Heidegarten
Pflanzung, die sich am Vorbild natürlicher Heiden orientiert. Den herben Charme solcher Landschaften kann man auf einzelnen Beeten oder auch in größeren Gartenbereichen in die Gestaltung mit einbeziehen.

Am besten lassen sich solche Heidepflanzungen freilich dort umsetzen, wo Heiden auch in der freien Landschaft vorkommen. Das aus Norddeutschland und Küstengebieten bekannte Erscheinungsbild mit vielfältigen Heidekrautgewächsen setzt sandige, magere Böden und hohe Niederschlagsmengen voraus. In trockeneren Regionen können eher Heideflächen der Gebirge als Vorbild dienen, wo Schneeheide (*Erica carnea*) und Gräser das Bild prägen.

So oder so muss man den Pflanzen eines Heidegartens neben vorzugsweise sonnigem Stand kalkarmen, nicht allzu nährstoffreichen, humosen, sandigen, gut durchlässigen, eher trockenen Boden bieten können. Abgesehen von der Schneeheide und einigen wenigen anderen kalkverträglichen Arten brauchen die meisten Pflanzen einen sauren Boden mit → *pH-Werten* von 4 – 5,5. Wenn diese Bedingungen nicht gegeben sind, werden umfangreiche Zugaben von Rhododendronerde oder Torf und ggf. auch von Sand erforderlich. Stimmen allerdings die Standortbedingungen, ist ein Heidegarten recht pflegeleicht.

Im Heidegarten werden neben den prägenden Arten und Sorten von → *Heide (Erica)* und → *Heidekraut (Calluna)* häufig niedrige Wacholder und Kiefern sowie Ginster und Geißklee gepflanzt. Zusätzliche Wirkung erzielt man mit standortangepassten Stauden wie Glockenblumen, Ehrenpreis, Heidenelke und Fetthennen. Weiterhin können Ziergräser wie Pfeifengras das Bild abrunden.

Heidegärten entfalten einen besonderen Charme.

Hecken pflanzen, pflegen und schneiden

Pflanzenbedarf und Pflanzvorbereitung

1. Zunächst einen ca. 30 cm tiefen Graben ausheben und dessen Sohle gründlich lockern. Dann wieder so viel Aushub einfüllen, dass die Pflanzen in der richtigen Höhe zu stehen kommen.

2. Nach Einsetzen der Pflanzen Graben zu etwa zwei Drittel auffüllen, wässern und Stand der Pflanzen korrigieren. Restliche Erde einfüllen, antreten und einschlämmen.

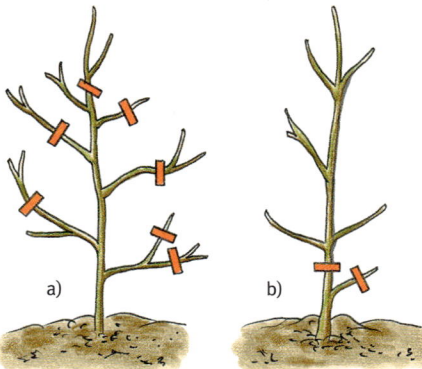

3. Sofern nicht schon in der Baumschule geschehen, sommergrüne Gehölze wie Hainbuche um ein Drittel einkürzen (a); an der Basis schwach verzweigte Arten wie Liguster auf 15 cm zurückschneiden (b).

Für Schnitthecken aus mittelhohen bis hohen Gehölzen rechnet man im Allgemeinen 3 bis 4 Pflanzen pro laufenden Meter. Von kleinen Sträuchern benötigt man 5 bis 10 Exemplare je m, vom niedrigen Einfassungsbuchs sogar bis zu 15 Stück. In frei wachsenden Hecken setzt man die Pflanzen je nach Größe und Breite sowie gewünschter Dichte mit 0,5 – 1 m Abstand.

Der vorgesehene Pflanzstreifen wird schon einige Zeit vor der Pflanzung umgegraben und tiefgründig gelockert. Für weite frei wachsenden Hecken gräbt man einzelne, hinreichend geräumige Pflanzlöcher. Bei enger Schnittheckenpflanzung hebt man statt dessen einen durchgehenden Graben aus; dies am besten entlang einer gerade gespannten Schnur. Die Sohle sollte man gründlich mit einer Grabegabel lockern.

Ballenlose bzw. wurzelnackte Pflanzen stellt man zuvor über Nacht mit den Wurzeln in einen wassergefüllte Eimer oder Wannen, vor dem Einsetzen nimmt man ggf. einen Wurzelschnitt vor (auch → *Gehölzpflanzung*).

Der Pflanzvorgang

Für das später geschlossene, einheitliche Bild einer Schnitthecke ist es wichtig, dass recht akkurat gepflanzt wird. Nehmen Sie deshalb beim Verteilen der Pflanzen im Graben Zollstock oder Bandmaß, beim Ausrichten in der Reihe die gespannte Richtschnur zu Hilfe. Ansonsten geht man vor wie bei der üblichen → *Gehölzpflanzung* bzw. wie es die nebenstehenden Abbildungen demonstrie-

> **T I P P**
>
> Beim Schnitt mit elektrischen Heckenscheren unbedingt kräftige Gartenhandschuhe und feste Kleidung tragen, Schere stets mit beiden Händen führen! Häufig ist das Kabel im Weg. Um es nicht aus Versehen zu zerschneiden, bindet man es am besten mit einer Schlaufe am Gürtel bzw. Hosenbund fest. So hat man stets nur ein kurzes, frei bewegliches Kabelstück vor sich.

ren; bei Ballenpflanzen nach dem Einsetzen das Tuch aufknoten. Zum Schluss wird der Boden um die Pflanzen festgetreten und gründlich eingeschlämmt. Ob und inwieweit ein Pflanzschnitt nötig ist, erkundet man am besten beim Kauf.

Heckenpflege

Vorteilhaft ist Unkraut unterdrückendes Mulchen, das auch für feuchten Boden und langsame Nährstoffnachlieferung sorgt. Je nach Nährstoffzustand des Bodens sind regelmäßige Kompostgaben oft schon ausreichend. Bei häufig geschnittenen Hecken sollte man allerdings mit gelegentlichen Volldüngergaben im Frühjahr oder nach dem Schnitt nachhelfen (nicht nach Mitte August düngen, damit die Triebe noch ausreifen können). Wenn Nadelholzhecken gelb werden oder verbräunen und übermäßig Nadeln abwerfen, handelt es sich häufig um Magnesiummangel. Dies lässt sich mit Düngern wie Bittersalz beheben.

In den ersten Jahren werden Hecken häufiger gewässert, später ist dies nur in längeren Trockenperioden erforderlich. Denken Sie daran, dass Immergrüne ganzjährig Wasser brauchen; in trockenen Wintern sollten sie daher an frostfreien Tagen gegossen werden.

Das Schneiden der Hecken

Schnitthecken müssen anfangs bis zu zweimal jährlich kräftig zurückgeschnitten werden, damit sie sich dicht verzweigen. In den meisten Fällen kann man sich an folgender Faustregel orientieren: Nach jedem Schnitt 5 – 10 cm höher und 1 – 2 cm breiter als zuvor. Von Beginn an sollte man die Hecke im Querschnitt nicht rechteckig, sondern leicht konisch bzw. trapezförmig halten, also so, dass sie nach oben hin schmaler wird. Andernfalls erhält der untere Heckenbereich zu wenig Licht und verkahlt. Wo im Winter viel Schnee fällt, empfiehlt sich oben ein spitz zulaufendes oder abgerundetes „Profil". So rutscht der Schnee auf der Heckenkrone ab.

Ältere, verkahlte oder stark verwilderte Hecken lassen sich oft durch kräftigen Rückschnitt verjüngen, sofern es sich um Arten handelt, die willig neu austreiben, z. B. Heckenkirschen. Besser schneidet man jedoch nur die Seitentriebe im Frühjahr bis zu den aufrechten Hauptästen bzw. -stämmen zurück, und zwar zunächst nur auf einer Seite. Danach gut wässern und düngen. Erst wenn die geschnittene Seite hinreichend Neuaustrieb entwickelt hat, kommt die gegenüberliegende Seite an die Reihe. Bei Nadelgehölzen sollte man jedoch auf solche radikalen Maßnahmen unbedingt verzichten; nur Eiben und – in Maßen – Fichten vertragen einen stärkeren Rückschnitt.

> **CHECKLISTE**
>
> **Pflanztermine für Hecken:**
> - sommergrüne Gehölze im Oktober/November oder Februar/März
> - immergrüne Gehölze Ende August/September oder auch Ende März/April
>
> **Schnitttermine:**
> - stets außerhalb der Vogelbrutzeiten
> - sommergrüne Hecken ab Ende Juli, bei zweimaligem Schnitt im Frühjahr und im Spätsommer
> - immergrüne Hecken im August oder im Frühjahr vor dem Austrieb

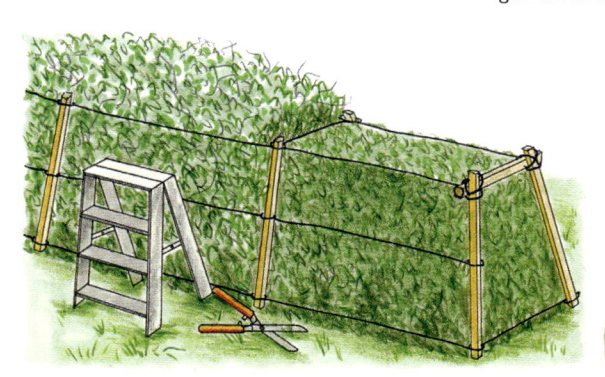

1. Damit die Hecke unten nicht verkahlt, schneidet man sie im Querschnitt trapezförmig. Für die exakte Schnittführung sorgt eine Schablone aus Latten und Schnur oder Draht. Für das Schneiden über Schulterhöhe eine stabile Trittleiter verwenden.

2. Nicht ganz einfach zu schneiden, aber für schneereiche Lagen empfehlenswert: ein oben spitz zulaufender Querschnitt.

3. Verjüngung vernachlässigter Hecken: Zunächst nur eine Seite stark schneiden, die gegenüberliegende dann nach 1 bis 2 Jahren.

Heidekraut

Heidekraut (Calluna vulgaris)

Heidekraut
CALLUNA VULGARIS
☼–☺

Die Art wird auch Besen- oder Herbstheide genannt, ist die einzige Art ihrer Gattung und gehört wie die → *Heide* (*Erica*) zu den Erika- oder Heidekrautgewächsen. Man findet sie in ganz Europa bis hin nach Kleinasien.

Merkmale: Immergrüner, dicht buschiger Zwergstrauch, niederliegend bis straff aufrecht; 10–60, selten bis 80 cm hoch, 20–60 cm breit; schuppenartige, frisch grüne, im Winter eher bräunliche Blättchen; schalenförmige, mehrzipfelige, lilarosa Blüten in reicher Zahl entlang der Triebspitzen, Blüten bei Sorten auch weiß, rot, purpurn, violett, teils gefüllt; manche mit goldgelber oder silbriger Laubtönung.

Blütezeit: Juni – Oktober, teilweise bis Dezember

Verwendung: Im Heidebeet, am schönsten in verschiedenen Sorten flächig gepflanzt und durch andere Heidearten ergänzt, dazu Wacholder, Gräser und kleine Stauden; auch für Kübel, Tröge und Kästen geeignet.

Standort: Vorzugsweise sonnig, insbesondere buntlaubige Formen; frischer, humoser, saurer Boden.

Pflanzen/Vermehren: Pflanzung im Frühjahr oder Herbst, für flächige Gestaltung je nach Wuchs 6 bis 12 Pflanzen pro m²; Vermehrung durch Kopfstecklinge im Spätsommer.

Pflege: Regelmäßig im Frühjahr um ein Drittel zurückschneiden, um Verkahlen zu verhindern; alle paar Jahre mit etwas Kompost düngen, keinen mineralischen Dünger verwenden; in rauen Lagen leichten Winterschutz geben.

Hinweis: Eine Besonderheit sind die so genannten Knospenblüher. Bei diesen Sorten öffnen sich die Blüten nicht, sondern verharren im Knospenstadium, geschützt durch die gefärbten Kelchblätter. So zeigen sie bis in den Winter hinein Farbe.

Heidelbeere
VACCINIUM
☼–☼

Heidelbeeren, die zu den Heidekraut- oder Erikagewächsen gehören, bilden eine Gattung mit einer Reihe von Arten, zu denen auch die → *Preiselbeere* (*V. vitis-idaea*) gehört. In Wäldern, Heidemooren und Zwergstrauchheiden wächst die bei uns heimische Heidel-, Blau- oder Bickbeere (*V. myrtillus*), die im Garten jedoch kaum verwendet wird. Meist pflanzt man großfrüchtige Kultursorten, die weitgehend von der nordamerikanischen Strauchheidelbeere (*V. corymbosum*) abstammen. Ihre süßsäuerlichen, leicht herb schmeckenden Früchte sind allerdings nicht so vitaminreich wie die der heimischen Wildart. Angeboten werden verschiedene Sorten, die sich vorwiegend in Ertragshöhe, Fruchtgröße und Reifezeit unterscheiden.

Merkmale: Wintergrüner, sparrig wachsender Strauch, 1–3 m hoch; spitzovale, glänzend dunkelgrüne Blätter; kleine krugförmige, weiße, rosa angehauchte Blüten; ab Ende Juli rundliche, leicht abgeflachte, dunkelblaue, grau bereifte, 1–2 cm große Beeren mit weißem Fruchtfleisch.

Blütezeit: Mai

Standort: Möglichst windgeschützt; lockerer, stark humoser, saurer, frischer bis feuchter Boden.

Pflanzen/Vermehren: Pflanzung im Herbst oder Frühjahr, Pflanzabstand 1,5–2 m, etwa 10 cm tiefer setzen, als die Jungpflanzen zuvor standen; Vermehrung durch Stecklhölzer, Stecklinge oder Absenker.

Pflege: Für gleichmäßig feuchten Boden sorgen, um vorzeitigen Fruchtfall („Rieseln") zu verhindern, am besten mulchen; jährlich im Frühjahr mäßig düngen, dazu nur sauer wirkende Dünger verwenden. Regelmäßig im Spätwinter schneiden, dabei abgetragenes, drei- bis vierjähriges Holz sowie dünne, zu dicht stehende Seitentriebe entfernen; es sollen 6 bis 8 Leitäste stehen bleiben; auch radikaler Verjüngungsschnitt auf 30 cm Höhe möglich.

Kulturheidelbeeren haben wesentliche größere Früchte als die heimische Wildart.

Ernte: Nach etwa 4 Standjahren erster nennenswerter Ertrag. Vollreife bei vollständiger Ausfärbung der Beeren; es muss mehrmals durchgepflückt werden, da die Beeren nicht gleichzeitig reifen. Verwendung für Frischverzehr oder zum Backen und Einkochen; bei sehr kühler Lagerung etwa 4 bis 6 Wochen haltbar, nach Einfrieren 3 bis 6 Monate.

Heidenelke
Anspruchslose, rot blühende Polsterstaude für sonnige Plätze
→ *Nelke*

Heideröschen
Anderer Name für den Rosmarinseidelbast, einen immergrünen Zwergstrauch mit rosa Blüten
→ *Seidelbast*

Heiligenkraut
SANTOLINA CHAMAECYPARISSUS
☼

Das Heiligenkraut, auch Santoline, Currykraut oder Graue Heiligenblume genannt, stammt aus dem Mittelmeerraum und zählt zu den Korbblütengewächsen. Gärtnerisch wird der aromatisch duftende Zwergstrauch oft zu den Stauden gezählt.

Merkmale: Immergrüner, dicht buschiger Zwergstrauch, 20 – 50 cm hoch; silbrig graues, kammartig gefiedertes Laub, stark würzig nach Curry duftend; goldgelbe, kugelige Blütenstände.
Blütezeit: Juli – August
Verwendung: In Beeten und Rabatten, als Einfassung oder niedrige Schnitthecke, im Steingarten, als Rosenbegleiter.
Standort: Vollsonnig, warm und geschützt; durchlässiger, trockener, nährstoffarmer Boden.
Pflanzen/Vermehren: Pflanzung bevorzugt im Frühjahr; Vermehrung im Sommer durch Stecklinge.
Pflege: Nach der Blüte um ein Drittel zurückschneiden und dabei in Form bringen; im Winter mit Reisig abdecken.

Heilkräuter
Kräuter mit heilenden oder lindernden Inhaltsstoffen, die oft schon seit Jahrhunderten in der Pflanzenheilkunde genutzt werden. Bewährte Heilpflanzen, die sich gut im Garten kultivieren lassen, sind Salbei, Thymian, Pfefferminze, Zitronenmelisse, Lavendel und Fenchel. Aber auch viele andere Kräuter, die vorwiegend in der Küche Verwendung finden, haben gesundheitsfördernde oder heilende Inhaltsstoffe: so etwa Anis, Bohnenkraut, Borretsch, Dill, Oregano, Rosmarin und Ysop. Etwas speziellere, seltener im Garten angebaute Heilkräuter sind z. B. Baldrian, Beifuß, Beinwell, Eibisch, Huflattich, Kamille und Wermut. Teils haben sie auch Bedeutung als Zierpflanzen.

Die Blätter, Blüten, Samen oder Wurzeln werden meist für Tees genutzt, daneben kann man aromatische Kräuter als Badezusätze verwenden oder Beinwell sowie Ringelblume zu Salben verarbeiten. Während die beiden letztgenannten Pflanzen die Wundheilung fördern, dienen die anderen gartentauglichen Kräuter vorwiegend als Mittel gegen Erkältungskrankheiten (z. B. Thymian, Eibisch) oder Magen- bzw. Darmprobleme (z. B. Fenchel, Zitronenmelisse). Häufig wirken die Inhaltsstoffe auch beruhigend oder krampflösend. Bei Dauerverwendung bestimmter Kräuter bzw. intensiver Selbstbehandlung sollte man sich zuvor gründlich über Wirkungen und Inhaltsstoffe informieren und am besten ärztlichen Rat einholen. Denn auch Heilkräuter können bei unsachgemäßer oder einseitiger Anwendung unerwünschte Nebenwirkungen zeigen.

Auch → *Arzneipflanzen*

Heister
Besondere Pflanzware bei Gehölzen, zugleich ein definierter Qualitätsbegriff: Baumartig wachsendes Gehölz mit durchgehendem Mitteltrieb, der über die ganze Länge mit Seitentrieben besetzt ist, aber keine deutliche Krone aufweist. Wird bis zum Verkauf in der Baumschule zweimal verpflanzt. Solche Heister verwendet man vor allem für → *Hecken*.

Helenium
Hochwüchsige Beetstaude mit gelben bis roten Blüten für sonnige Plätze
→ *Sonnenbraut*

Helianthemum
Sonnenliebender, staudenähnlicher, niedriger Halbstrauch mit gelben bis roten Blüten
→ *Sonnenröschen*

Helianthus
Botanischer Gattungsname von
→ *Sonnenblume* und → *Topinambur*, einer Gemüsepflanze mit kartoffelähnlichen Knollen

Heiligenkraut (Santolina chamaecyparissus)

Helichrysum
Botanischer Gattungsname der
→ *Strohblume,* die sich als einjährige Beetpflanze wie als Trockenblume eignet.

Helictotrichon
Immergrünes Staudengras mit blaugrauen Blättern
→ *Blaustrahlhafer*

Heliopsis
Hochwüchsige Beetstaude mit gelben bis roten Blüten für sonnige Plätze
→ *Sonnenauge*

Heliotropium
Einjährig kultivierte hohe Sommerblume mit blauvioletten, duftenden Blüten
→ *Vanilleblume*

Helleborus
Botanischer Gattungsname der
→ *Nieswurz,* zu der auch die Christ- oder Schneerose zählt.
→ *Nieswurz*

Helmkraut
SCUTELLARIA

Von diesen Lippenblütlern mit den an Helme erinnernden Einzelblüten werden hauptsächlich zwei in Europa heimische Arten kultiviert, das Alpenhelmkraut und das Sumpf- oder Kappenhelmkraut.

Alpenhelmkraut
SCUTELLARIA ALPINA

Merkmale: Kleinstaude mit buschigem bis leicht rasenartigem Wuchs, 15 – 30 cm hoch; dunkelgrüne, gezähnte Blätter; helmartige, violette Blüten mit weißem Schlund in vierseitigen Ähren. Es gibt auch rein-weiße Sorten.
Blütezeit: Juni – August
Verwendung: Im Steingarten, auf Trockenmauern.

Alpenhelmkraut (Scutellaria alpina)

Standort: Durchlässiger, mäßig trockener, kalkhaltiger Boden.
Pflanzen/Vermehren: Pflanzung im Herbst oder Frühjahr; Vermehrung durch Teilung oder Aussaat im Frühjahr.
Pflege: Anspruchslos, am besten ungestört wachsen lassen.

Sumpfhelmkraut
SCUTELLARIA GALERICULATA

Merkmale: Staude, aufrechter Wuchs, locker buschig, 15 – 40 cm hoch; längliche, leicht gekerbte Blätter; paarweise angeordnete, helmförmige, violette Blüten, weiße Schlundzeichnung; neigt zum Wuchern.
Blütezeit: Juli – September
Verwendung: Für Gewässerränder, Sumpfbeete oder auch zur Uferbefestigung.
Standort: Feuchter bis nasser, leicht saurer Boden.
Pflanzen/Vermehren: Pflanzung im Frühsommer, am besten in Container setzen, um Wuchern einzudämmen; Vermehrung im Frühjahr durch Teilung, Abtrennen von Ausläufern oder Aussaat.
Pflege: Anspruchslos.

Hemerocallis
Der botanische Gattungsname der
→ *Taglilien,* die als prächtig blühende Stauden in nahezu allen Blütenfarben angeboten werden.

Hemlocktanne
TSUGA CANADENSIS

Wie aus dem botanischen Namen schon ersichtlich, stammt dieses Kieferngewächs aus Kanada, kommt aber auch in den nördlichen USA vor. Andere Bezeichnungen sind Schierlingstanne oder Kanadischer Hemlock. Die reine Art entwickelt sich mit den Jahren zu einem ausladenden Baum; im Garten finden hauptsächlich Zwergformen Verwendung.
Merkmale: Immergrüner Nadelbaum mit breitkegeliger Krone und breit ausladenden Ästen in Etagen, Seiten- und Gipfeltriebe meist überhängend, 15 – 20 m hoch, 5 – 8 m breit; kurze, flache, dunkelgrüne Nadelblätter; an älteren Bäumen hell- bis rotbraune, 2 cm lange Zapfen an den Zweigenden; starke, tief und weit reichende Wurzeln. Verbreitete Sorten sind z. B. 'Nana', die Kissenhemlocktanne mit nestförmigem Wuchs und nur 0,5 – 1 m Höhe und bis 2 m Breite, die ähnlich wachsende, noch kleiner bleibende 'Jeddeloh' sowie 'Pendula', eine Hängeform mit 4 m Höhe.
Verwendung: Für Einzelstellung oder lockere Gehölzgruppen; zwergige Sorten für Rabatten und Steingärten, zu Rhododendren.
Standort: Bevorzugt absonnig bis halbschattig, windgeschützt; durchlässiger, frischer, humoser Boden, am besten leicht sauer; sehr rauchempfindlich, für Stadtklima nicht geeignet.
Pflanzen/Vermehren: Pflanzung bevorzugt im Herbst; Vermehrung durch Stecklinge, die reine Art auch durch Aussaat.
Pflege: Junge Bäume vor praller Sonne, Hitze sowie vor kalten Winden

HERBIZIDE

Zwerghemlocktanne (Tsuga canadensis 'Jeddeloh')

Zwerghemlocktanne (Tsuga canadensis 'Cole')

Blaue Berghemlocktanne (Tsuga mertensiana 'Glauca')

schützen; am besten ungeschnitten lassen, obwohl Schnitt vertragen wird.
Hinweis: Die Blaue Berghemlocktanne, *T. mertensiana* 'Glauca', wächst als schmal kegeliger Baum, 8 – 15 m hoch und 3 – 6 m breit, mit blaugrauen Nadeln, die spiralig um rotbraune Zweige angeordnet sind. Die Form ist sehr robust und völlig winterhart.

Hemmstoffe

Von Pflanzen selbst produzierte Substanzen, die wachstumshemmend wirken. Meist spricht man von Hemmstoffen im Zusammenhang mit pflanzeneigenen Hormonen (→ *Phytohormone*), die in sehr geringen Konzentrationen viele pflanzliche Stoffwechselvorgänge steuern. Die meisten wirken als fördernde Wuchshormone. Ihr Gegenspieler ist die Abscisinsäure, der natürliche Hemmstoff von Pflanzen. Sie ist für den Eintritt von Ruhephasen zuständig. In den Knospen von Laubgehölzen beispielsweise nimmt der Abscisinsäuregehalt im Herbst zu, ab Frühjahr dann bis zum Austrieb wieder ab. Auch die Samenruhe sowie das Altern und Abfallen von Blättern werden durch dieses Hormon bedingt.

Weitere, spezielle Hemmstoffe können eine stark ausgeprägte Keimhemmung bewirken. Hier kommt eine Anpassungsmaßnahme der Natur zum Tragen, die die Samen vor dem Keimen zur Unzeit schützt. Teils werden besondere Reize, etwa eine gewisse Kälteperiode, benötigt, um die Hemmstoffe abzubauen (auch → *Keimförderung*, → *Kaltkeimer*). Sie sind nicht nur in den Samen selbst enthalten; auch im Fruchtfleisch von Tomaten z. B. hat man Hemmstoffe nachgewiesen.

Die pflanzeneigenen Hormone lassen sich durch synthetische Hemmstoffe beeinflussen. Sie finden als so genannte Wachstumsregulatoren im Getreideanbau zur Halmverkürzung Verwendung, bei der Anzucht von Topfpflanzen werden sie manchmal eingesetzt, um das Triebwachstum zu stauchen und so kompaktere Pflanzen zu erhalten.

Hemmstoffe anderer Art verursachen Unverträglichkeiten, sowohl beim mehrmaligen Anbau derselben Pflanzen als auch zwischen Nachbarpflanzen. Es handelt sich um organische Substanzen, teilweise phenolische Verbindungen, und Abbauprodukte, die über die Pflanzenwurzeln ausgeschieden werden. Bei Anreicherung im Boden können sie zur → *Bodenmüdigkeit* beitragen. Auch für bekannte Unverträglichkeiten bei → *Mischkulturen* werden Hemmstoffausscheidungen als Erklärung herangezogen.

Hepatica

Kleine, blau blühende Staude für Halbschatten und Schatten
→ *Leberblümchen*

Heracleum

Botanischer Gattungsname der → *Herkulesstaude*, die auch als Riesenbärenklau bekannt ist.

Herbizide

Chemische Pflanzenschutzmittel zur Unkrautbekämpfung. Nach der Wirkungsbreite unterscheidet man breit wirksame Totalherbizide, die den gesamten Bewuchs abtöten, und selektive Mittel, die nur begrenzt bestimmte Arten oder Pflanzengruppen, z. B. Gräser, treffen.

Nach der Wirkungsweise wird unterteilt in Kontakt- und Wuchsstoffherbizide. Kontaktherbizide verätzen oberirdische, grüne Pflanzenteile oder rufen vernichtende Stoffwechselstörungen hervor; die Wurzeln bleiben allerdings intakt, Wurzelunkräuter können also neu austreiben. Wuchsstoffherbizide dagegen erfassen auch die unterirdischen Teile. Sie wirken sys-

Herbstanemone

temisch, d. h., sie werden hauptsächlich über die Blätter aufgenommen und in der gesamten Pflanze verteilt. Ihre Wirkstoffe ähneln den pflanzeneigenen → *Phytohormonen;* durch die hohe Konzentrationen kommt es zu starken Wuchsstörungen, die Pflanzen wachsen sich regelrecht tot.

Der Einsatz von Herbiziden kann gerade auf den oft begrenzten Flächen der Hausgärten unerwünschte Nebenwirkungen zeigen: Bei unsachgemäßem Gebrauch oder schon durch Windabdrift kann es leicht zu Schäden an benachbarten Kulturpflanzen kommen. Nach Verwendung von Totalherbiziden wird zudem eine bestimmte Wartezeit nötig, bis auf der Fläche wieder Pflanzen gedeihen.

Der überreichliche und nicht selten überdosierte Herbizideinsatz in den letzten Jahrzehnten, gerade auch in Privatgärten, führte außerdem zu beträchtlichen Umweltbelastungen. Die Abschwemmung von versiegelten bzw. befestigten Flächen ist eine der Haupteintragsquellen von Herbiziden ins Oberflächen- und Grundwasser und belastet das Trinkwasser. Es gibt deshalb mittlerweile starke gesetzliche Einschränkungen. In Deutschland ist die Anwendung auf gärtnerisch nicht genutzten Flächen, z. B. auch auf Wegen, verboten. Gleiches gilt in der Nähe von Gewässern jeder Art. Zur Anwendung dürfen nur für den Haus- und Kleingartenbereich zugelassene Mittel kommen. In manchen Bundesländern besteht sogar ein völliges Herbizidverbot für Privatgärten. Die örtlich zuständigen Pflanzenschutzdienststellen erteilen diesbezüglich aktuelle Auskünfte.

Auch → *Pflanzenschutzmittel,* → *Unkräuter*

Herbstanemone
Schattenverträgliche, im Herbst blühende Anemone
→ *Anemonen, Herbstblüher*

Herbstaster
Verschiedene mehrjährige Asternarten, die ab September, teils bis in den November hinein blühen.
→ *Astern, Herbstblüher*

Herbstchrysantheme
Im Herbst und Spätherbst blühende Beetstaude mit kräftigen Blütenfarben
→ *Chrysantheme*

Herbsteisenhut
Hohe, herbstblühende Staude mit violettblauen Blüten
→ *Eisenhut*

Herbstenzian
Niedrige, blau blühende Steingartenstaude mit später Blütezeit
→ *Enzian*

Herbstfärbung
Mit der herbstlichen Verfärbung der Blätter beginnt bei den sommergrünen, also Laub abwerfenden Gehölzen der Eintritt in die winterliche Ruhephase. Ausgelöst durch die sinkenden Temperaturen sowie die abnehmenden Tageslängen und gesteuert durch die innere Uhr der Pflanzen werden die Nährstoffe aus den Blättern abgezogen und in Zweigen und Stamm als Reserve für den nächsten Austrieb eingelagert. Zugleich wird das → *Chlorophyll* (Blattgrün) abgebaut, dadurch treten gelbe und rote Blattfarbstoffe in den Vordergrund und bewirken die arttypische, teils sehr dekorative Herbstfärbung.

Diese ist ein wichtiger Zieraspekt von Gehölzen. Zusammen mit den Blüten von → *Herbststauden* sorgt sie dafür, dass der Garten bis ins Spätjahr attraktiv bleibt und vor dem Winter nochmals einen ganz besonderen Zauber entfaltet. Gehölze mit sehr ansprechender Herbstfärbung sind z. B. viele Ahornarten, Felsenbirne, Essigbaum, Perückenstrauch,

Die bunt verfärbten Blätter von Gehölzen tauchen den Garten oft über Wochen in leuchtende Farben.

Prachtglocke, Schneeball, Zaubernuss, Zierapfel, manche Berberitzen, Zwergmispeln und Hartriegel sowie der prächtige Eisenholzbaum, unter den Klettergehölzen der Wilde Wein.

Auch manche Stauden, u. a. Bergenien, Elfenblumen und Storchschnabelarten, sowie Gräser, z. B. Chinaschilf, zeigen im Herbst eine auffällige Verfärbung ihrer Blätter.

Herbstflieder
Sommerblühende Art des → *Flieders* mit Nachblüte im Oktober

Herbstgemüse
Im Herbst reifende Gemüsearten oder -sorten, entweder mit langer Vegetationszeit oder schnellwüchsig und daher als Nachkultur (→ *Kulturfolge*) geeignet. Typische Herbstgemüse sind Kohlgemüse wie Weiß-, Rot- und Blumenkohl, Brokkoli, Chinakohl, Rote Bete, Sellerie, Herbstrübe, Lauch, späte Möhrensorten und Kürbis. Zu den Herbst- und teils auch Wintersalaten zählen Endivie, Zuckerhut, Radicchio und Feldsalat.

Herbstkrokus
Verschiedene Krokusarten, z. B. Prachtkrokus, die ab September blühen.
→ *Krokus*

Herbstlaub

Im gehölzreichen Ziergarten und im Obstgarten hat man im Herbst mit reichlich Falllaub zu tun. Während früher oft akkurat jedes Blättchen entfernt wurde, hat sich heute vielfach die Einsicht durchgesetzt, dass Falllaub an Ort und Stelle nützliche Funktionen erfüllen kann.

Unter Bäumen, Sträuchern und Hecken stellt das Laub wie auch in der Natur eine vorteilhafte Bodenbedeckung dar. Beim Verrotten liefert es Nährstoffe nach und erhöht den Humusgehalt des Bodens. Dasselbe bewirkt Falllaub auf Gartenbeeten. Belässt man es hier wie unter Gehölzen, kann man sich zudem Arbeit sparen und muss es nur ggf. mit dem Rechen etwas gleichmäßiger verteilen.

Von Laub freihalten sollte man allerdings Rasenflächen, sonst drohen auf Dauer Fäule und Schneeschimmelbefall. Auch eine Anreicherung im Gartenteich ist sehr ungünstig; dem kann man durch Überspannen mit Laubschutznetzen vorbeugen, andernfalls sollte man die Blätter im Herbst regelmäßig abfischen. Schließlich müssen Gehwege von Laub befreit werden, um Rutschgefahr bei Nässe zu vermeiden.

Das Entfernen des Laubs ist außerdem ratsam, wenn die Blätter deutliche Anzeichen einer Krankheit zeigen bzw. von Gehölzen stammen, die während das Jahres unter einer Pilzkrankheit gelitten haben. In manchen Fällen schafft ein gut belebter Boden die risikolose „Entsorgung" solchen Materials. Teils können aber die Pilzsporen im Boden überdauern, so dass man die Blätter im Zweifelsfall besser entfernt und dann auch nicht auf den Kompost, sondern in die Mülltonne gibt.

Gesundes Falllaub dagegen ist ein wertvolles Material, und zwar zum → *Mulchen* und für den → *Kompost* als auch für den → *Winterschutz*. Sofern man es nicht gleich für die genannten Zwecke verwendet, sammelt man es vorteilhaft in gut durchlüfteten Drahtbehältern. Gegen Verwehungen, z. B. nach Verteilen auf einem Beet, hilft das Abdecken mit Reisig oder Überstreuen mit etwas Komposterde.

Bestimmte Laubarten, vor allem von Walnuss, Kastanie, Platane und Eiche, verrotten allerdings sehr schlecht und können durch hohe Gerbstoffgehalte den Pflanzenwuchs beeinträchtigen, wenn man sie als Mulch verwendet. Zum Kompostieren werden sie am besten in kleineren Mengen unter Zugabe von Steinmehl mit anderen Materialien vermischt. Man kann jedoch auch ihre wuchshemmende Wirkung nutzen, indem man sie zerkleinert und unter Holzhäcksel oder Rindenmulch mischt, der als Wegbeleg Verwendung findet. Größere, überschüssige Laubmengen schließlich leisten als aufgeschüttete, mit Gehölzschnitt vermischte Laubhaufen in einer abgelegenen Gartenecke gute Dienste: Hier können Tiere, z. B. Igel, den Winter überdauern.

Herbstrübe

Herbstrüben sind spezielle Sorten der → *Speiserübe*, die spät gesät und geerntet werden und sich über Winter lagern lassen.

Herbststauden

Herbstblühende Stauden bereichern den Garten im Spätjahr und verlängern die Blütezeit oft bis zum Frostbeginn, teils bis in den November hinein. Man kann ausgesprochene Herbstbeete mit vornehmlich spät blühenden Arten anlegen, die dann einen besonderen Höhepunkt im Jahresverlauf darstellen. Meist kombiniert man die Herbststauden jedoch in Beeten mit Frühjahrs- und Sommerblühern, um ein fortlaufendes „Durchblühen" zu erzielen. Attraktiv

Auf sonnigen Beeten zaubern Herbstastern noch spät im Jahr bunte Akzente.

Herbststaude mit den Farben des Sommers: der Sonnenhut (Rudbeckia fulgida)

sind Kombinationen von Herbststauden mit Ziergräsern, die häufig im Spätjahr besondere Schmuckwirkung entfalten.

Einige bewährte Herbststauden:

■ Für sonnige Plätze Herbstastern, Chrysanthemen, Sonnenbraut, Sonnenhut, spät blühende Ritterspornsorten und Purpurfetthenne; in ihre Gesellschaft passen neben Ziergräsern auch Dahlien sowie als Klein- bzw. Halbsträucher Bartblume, Säckelblume und Blauraute.

■ Für beschattete Plätze Herbsteisenhut, Herbstanemone, Oktobersilberkerze; hier gedeihen auch Blattschmuckpflanzen wie Bergenien, die

Herbststeinbrech

teils im Herbst noch einen Nachflor hervorbringen, sowie Funkien, von denen einige Arten bis September blühen.

Spätjahresspezialisten gibt es auch im Steingarten, so der Herbstenzian und der schattenverträgliche Herbststeinbrech, und unter den ausdauernden Knollenpflanzen, nämlich herbstblühende Krokusse sowie Herbstzeitlose.

Herbststeinbrech

Niedrige, spät blühende Staude für Steingarten und Gehölzrand
→ Steinbrech

Herbstzeitlose

COLCHICUM AUTUMNALE

Das natürliche Verbreitungsgebiet dieses Zeitlosengewächses liegt in Europa. Es handelt sich um eine Giftpflanze, denn alle Teile enthalten Stoffe, die schon in geringsten Dosen sehr gefährlich sind.

Merkmale: Knollengewächs mit zwiebelartigen Knollen, 10 – 25 cm hoch; treibt im Frühjahr ein dichtes Büschel straffer, breit riemenförmiger Blätter und grüne Fruchtkapseln, im Herbst erscheinen – völlig blattlos – rosalila gefärbte, sechszipfelige Blütenkelche; Sorten auch mit weißen oder gefüllten Blüten.

Blütezeit: August – Oktober
Verwendung: In kleinen und großen Gruppen als herbstliche Farbtupfer am Gehölzrand, im Steingarten.
Standort: Sonnig bis absonnig, je mehr Schatten, desto spärlicher die Blüte; durchlässiger, frischer, humoser Boden.
Pflanzen/Vermehren: Knollen im Juli/August 5 – 15 cm tief und mit 20 cm Abstand pflanzen; Vermehrung durch Teilung oder Abnahme von Brutknollen, jedoch erst bei älteren Beständen, auch durch Aussaat im Juli.
Pflege: Ungestört wachsen lassen.
Hinweis: Neben der heimischen Art kommen für den Garten vor allem Colchicum-Hybriden infrage, die mit besonders großen, leuchtend rosa bis violett, auch weiß gefärbten und teils üppig gefüllten Blüten aufwarten. Weiterhin empfehlenswert sind einige Wildarten aus Südeuropa und Kleinasien, die der Herbstzeitlosen recht ähnlich sehen, z. B. *C. agrippinum*, deren Blüten ein hübsches Würfelmuster tragen, *C. byzantinum* mit sehr reichem Flor oder *C. speciosum*, die zahlreiche, fast schon tulpenähnliche Blüten treibt.

Herkulesstaude

HERACLEUM MANTEGAZZIANUM

Die stattliche, übermannshohe Staude – ein Doldengewächs, auch Riesen-Bärenklau genannt – stammt aus dem Kaukasus und hat sich in den letzten Jahrzehnten in Mitteleuropa sehr stark ausgebreitet. Mit ihrem riesenhaften Wuchs bis weit über 3 m, den mächtigen, gefiederten Blättern und großen Blütendolden mit bis zu 0,5 m Ø schätzte man sie früher als ornamentale Zierpflanze. Aber sie verdrängt alle Nachbarpflanzen und vermehrt sich so vehement, dass bald nichts anderes mehr gedeiht. Aus den Gärten verwilderte die Großstaude in die Felder und Wiesen, daher wird sie heute als unerwünschter Eindringling in die heimische Flora bekämpft.

Zudem enthält die Herkulesstaude in allen Pflanzenteilen Giftstoffe. Bei Berührung, bisweilen sogar schon bei bloßem Vorbeigehen an der Pflanze, und gleichzeitiger Sonneneinstrahlung kommt es zu stark

Herbstzeitlose (Colchicum agrippinum)

Herbstzeitlose (Colchicum autumnale 'Alboplenum')

Herbstzeitlose (Colchicum 'Waterlily')

Herkulesstaude (Heracleum mantegazzianum)

juckenden Hautausschlägen mit heftiger Blasenbildung, die erst nach Wochen verheilen – oft unter Narbenbildung. Besonders gefährlich ist es, wenn durch Schnitt- oder Häckselmaßnahmen der Saft der Pflanze verspritzt wird. Die Hautreizung ist phototoxisch, d. h., ohne anschließende Lichteinwirkung bleibt ein Kontakt in der Regel folgenlos (auch → *Hautreizende Pflanzen*).

Herunterbinden
Erziehungsmaßnahme für Obstbäume zur Förderung der Blütenbildung oder Hemmung des Triebwachstums
→ *Obstbäume formieren*

Herzblume
Anderer Name für das → *Tränende Herz,* eine Halbschattenstaude mit eigentümlicher Blütenform

Herzförmig
Begriff zur Beschreibung der Form einer Blattspreite
→ *Blatt*

Herzkirsche
Früh reifende Süßkirsche mit vergleichsweise platzfesten Früchten und weichem Fruchtfleisch
→ *Süßkirsche*

Herzwurzler
Bezeichnung für ein Wurzelsystem von Gehölzen, bei dem mehr oder weniger gleichrangige, verzweigte Hauptwurzeln in alle Richtungen verlaufen. So zeigt das Wurzelwerk im Querschnitt eine herzförmige Anordnung. Oft kommt es dadurch zustande, dass die eigentliche pfahlförmige Hauptwurzel nur anfangs von Bedeutung ist und später durch kräftige Seitenwurzeln ersetzt wird. Typische Beispiele dafür sind Buche, Lärche und Feldahorn. Mit den schräg nach unten weisenden Wurzeln verankern sich Herzwurzler wesentlich besser im Boden als → *Flachwurzler*. Da sie aber anders als reine → *Tiefwurzler* auch oberflächennahe Wurzeln haben, reagieren sie teils sehr empfindlich auf Oberflächenverdichtung und Bodenbearbeitung. Das gilt vor allem für die Buche, die sich zudem wegen dichter Oberbodendurchwurzelung schlecht unterpflanzen lässt.

Herzzittergras
Niedriges Ziergras für Heidebeete und Trockenstandorte
→ *Zittergras*

Hesperis
Zweijährige bis ausdauernde Bauerngartenblume mit Wildcharakter und am Abend duftenden Blüten
→ *Nachtviole*

Heterosis
Begriff aus der Pflanzenzüchtung; bezeichnet einen positiven Effekt bei der Züchtung von → *Hybriden,* bei dem die Nachkommen nicht nur die Merkmale beider Eltern in sich vereinen, sondern deren erwünschte Eigenschaften sogar noch in verbesserter Ausprägung zeigen. Dies macht man sich bei den so genannten → F_1-*Hybriden* zunutze, die es vor allem von Gemüse und Sommerblumen gibt.

Heterotroph
Ernährungsweise von Lebewesen, die auf die Zufuhr bzw. Nahrungsaufnahme von organischer Substanz angewiesen sind, um Energie für ihre Stoffwechselvorgänge zu gewinnen. Dazu gehören sämtliche Lebewesen außer den grünen Pflanzen und einigen spezialisierten Bakterien, die man als → *autotroph* bezeichnet. Für Menschen wie Tiere stellt deshalb die → *Assimilation* der Pflanzen eine unverzichtbare Lebensgrundlage dar, ebenso für Pilze und niedrige Mikroorganismen, die nicht selbst in der Lage sind, organische Substanz aufzubauen. Sie versorgen sich damit entweder als → *Parasiten* lebender Pflanzen oder als → *Saprophyten* durch das Zersetzen toter Pflanzen bzw. Pflanzenreste.

Heuchera
Mittelhohe halbschattenverträgliche Staude mit rötlichen Blüten
→ *Purpurglöckchen*

Heuwurm
Bezeichnung für die Raupen der Traubenwickler, die das Ausreifen von Weintrauben verhindern.
→ *Weinrebenschädlinge*

Hexenbesen
Besenartige Missbildung an den Triebenden von Gehölzen; dabei bezeichnet man im engeren Sinn die Symptome einer Pilzkrankheit, die besonders an Birken auftritt, als Hexenbesen. Ähnliche Triebbildungen können aber auch durch falschen Schnitt und durch → *Phytoplasmen* verursacht sein.
→ *Besenwuchs*

Hexenring
Im Rasen ringförmig angeordnet wachsende Fruchtkörper von Ständerpilzen
→ *Rasenkrankheiten*

Hiba-Lebensbaum
THUJOPSIS DOLABRATA
☼-◐ ☺

Aus Bergwäldern Japans stammt die einzige Art der Gattung *Thujopsis*, die zu den Zypressengewächsen gehört.
Merkmale: Immergrüner kleiner Baum oder Strauch mit unregelmäßig breiter, kegeliger Krone und quirlig bis zerstreut abstehenden Ästen, daran fächerförmig ausgebreitet dünne Zweige; sehr langsamer Wuchs, erst im hohen Alter 3 – 5 m hoch und 2 – 3 m breit; glänzend dunkelgrüne, unterseits weiß gemusterte, schuppige Nadelblätter; wenig auffällige, eiförmige, bis 2 cm lange Zapfen.
Verwendung: In Einzelstellung oder Gehölzgruppen; zur Bonsaigestaltung geeignet.
Standort: Bevorzugt halbschattig, bei hoher Luftfeuchtigkeit auch sonnig, auf frischen, humosen Böden; rauchhart, für Stadtklima bedingt geeignet.
Pflanzen/Vermehren: Pflanzung bevorzugt im Herbst; Vermehrung durch Aussaat oder Stecklinge.
Pflege: Anspruchslos, sollte ungeschnitten bleiben.
Hinweis: Angeboten wird auch eine Zwergform mit kissenartigem Wuchs, die nur 0,3 – 0,5 m Höhe erreicht.

Hibernakel
Hibernakeln nennt man die speziellen Überwinterungsknospen von Wasserpflanzen wie Froschbiss, Krebsschere und Tausendblatt. Sie werden im Herbst gebildet, überwintern nach Ablösung von der Mutterpflanze auf dem Teichgrund und kommen im Frühjahr wieder an die Wasseroberfläche, um sich zu neuen Pflanzen zu entwickeln. Somit dienen sie der ungeschlechtlichen, vegetativen Fortpflanzung

Hibiscus
Wärme liebender Strauch mit großen Malvenblüten
→ *Roseneibisch*

Hieracium
Niedrige, rot oder gelb blühende Staude für den Steingarten
→ *Habichtskraut*

Himalajazeder
Großer, immergrüner Nadelbaum mit blaugrünen Nadeln
→ *Zeder*

Himbeere
RUBUS IDAEUS
☼

Diese beliebten Beerenobstpflanzen sind Rosengewächse, deren Urahnen von jeher in Wäldern der Nordhalbkugel wild wachsen. Sie werden seit dem 16. Jahrhundert in Gärten kultiviert und gelten seit alters als wertvolle Heilpflanzen. So ist z. B. Himbeersaft nicht nur schmackhaft und erfrischend, sondern wird auch zur Senkung von Fieber verabreicht. Aus den Blättern bereitet man einen blutreinigenden Tee. Die süßaromatischen Beeren, bei denen es sich streng botanisch um Sammelfrüchte aus beerenartigen Steinfrüchtchen handelt, weisen recht hohe Vitamin- und Mineralstoffgehalte auf.

Durch Auslese und Einkreuzung anderer Himbeerarten sind zahlreiche Kultursorten entstanden. Generell unterscheidet man einmal tragende und zweimal bzw. mehrmals tragende Arten: Erstere liefern ab dem Frühsommer Früchte, letztere nochmals im Herbst oder durchgehend von Sommer bis Spätherbst. Neben den rotfrüchtigen gibt es auch gelb- bis orangefrüchtige Sorten. Außerdem sind einige stachellose Sorten im Angebot. Beim Kauf sollte auf virusfrei deklariertes Pflanzgut geachtet werden (→ *Himbeerkrankheiten*).
Merkmale: Halbstrauch mit langen, straff aufrechten bis leicht überhängenden, bestachelten Ruten, die sich ab dem 2. Jahr verzweigen, 1,5 – 2,5 m hoch; meist fünfteilig gefiederte, gezähnte Blätter mit weiß filziger Unterseite; weiße, nickende Blüten; rundliche bis kegelförmige oder länglich walzenförmige Sammelfrüchte, rot, rosa oder gelb gefärbt; nach dem Abpflücken bleibt ein weißer Kegel zurück, der so genannte Zapfen; Flachwurzler.
Blütezeit: Mai – Juni, bei manchen Sorten bis September
Standort: Windgeschützt; frischer, humoser, nährstoffreicher Boden.
Pflanzen/Vermehren: Pflanzung im Frühjahr oder Herbst, mit den grundständigen Triebknospen etwa 5 cm tief in der Erde; Haupttrieb auf 20 – 30 cm einkürzen, alle Seitentriebe entfernen; Vermehrung über Ausläufer, die knapp unter der Erde kriechen und bald wieder ausschlagen.
Pflege: Für einfache Ernte und Pflege am besten heckenförmig an niedrigen Spalieren oder am Drahtrahmen ziehen, Triebe daran ordentlich aufbinden; da Himbeeren Flachwurzler

Hiba-Lebensbaum (Thujopsis dolabrata 'Variegata')

Himbeeren  *Himbeermosaikvirus*  *Himbeerrutenkrankheit*

sind, für gleichmäßige Bodenfeuchtigkeit sorgen und rund um die Pflanzen nicht hacken oder graben, Boden mulchen; jährlich zum Austrieb organisch düngen; nach der Ernte abgetragene Ruten bis zum Boden zurückschneiden.
Ernte: Vollreife bei intensiver Ausfärbung der Früchte; mehrfach durchpflücken, die Früchte reifen nicht gleichzeitig; nur wenige Tage lagerfähig, eignen sich gut zum Einfrieren.
Hinweis: Einige Himbeerarten gelten als schöne Zierpflanzen, deren Früchte zwar essbar sind, aber recht fad schmecken, so z. B. die Zimthimbeere (*R. odoratus*), ein horstartiger Strauch mit großen, duftenden, rosaroten Blüten, der recht viel Schatten verträgt.

Himbeerkrankheiten

Pilzliche Erreger sind an der nachfolgend beschriebenen Rutenkrankheit beteiligt, daneben spielt unter den Pilzkrankheiten an Himbeeren vor allem der → *Grauschimmel* eine Rolle. Große Probleme können außerdem Viruskrankheiten bereiten. Grundsätzlich sollte man auf möglichst widerstandsfähige und, soweit vorhanden, resistente Sorten achten.

Himbeermosaikvirus

Unter diesem Begriff fasst man mehrere ähnliche Symptome (Fleckenmosaik, Adernchlorose, Adernbänderung) zusammen, die häufig durch Mischinfektionen verschiedener Viren hervorgerufen werden. Die Übertragung erfolgt durch Blattläuse, vor allem durch Große und Kleine Himbeerblattlaus. Außerdem können Pflanzen über Wunden, z. B. durch Vermehrungs- und Pflegemaßnahmen, angesteckt werden, wahrscheinlich sogar schon durch Kontakt mit Teilen kranker Nachbarpflanzen. Die Anfälligkeit sowie die Ausprägung der Symptome sind stark sortenabhängig. Bei starkem Befall können die Pflanzen innerhalb weniger Jahre absterben.
Schadbild: Blätter durch gelbe Flecken mosaikartig gescheckt oder im Bereich der Blattadern konzentrierte Gelbfärbung; schwacher Wuchs und beeinträchtigte Rutenbildung; geringe Erträge mit fad schmeckenden Früchten.
Abhilfe: Keine direkte Bekämpfung möglich, kranke Pflanzen umgehend entfernen. Vorbeugend nur ausgewiesen virusfreies Pflanzgut verwenden, Blattläuse bekämpfen.

Hinweis: Ein weiterer Schaderreger, das Ringfleckenvirus, verursacht ähnliche Symptome, wobei die Blattflecken unregelmäßig rundlich und die Blätter oft gekräuselt sind. Seine Überträger sind im Boden lebende → *Nematoden,* die sich schwer bekämpfen lassen. Vorbeugend Himbeeren nicht nach Erdbeeren anbauen, ansonsten Maßnahmen wie beim Himbeermosaikvirus.

Rutenkrankheit

An dieser Krankheit sind mehrere Pilze beteiligt, die in erster Linie bei ungünstigen Umweltbedingungen und Pflegefehlern auftreten. Sie dringen über Verletzungen und Rindenrisse, wie sie bei Trockenheit entstehen, in die Ruten ein, außerdem über Fraßstellen der Himbeergallmücken-Larven (→ *Himbeerschädlinge*). Feuchtes Wetter und zu dichte, schlecht abtrocknende Bestände fördern dann die Ausbreitung. Schließlich bringen die Pilze die Ruten zum Absterben und überwintern in kranken Pflanzenteilen; von dort aus können sie im Frühjahr den Neuaustrieb befallen.
Schadbild: Ab Frühjahr, meist erst im Frühsommer erst weißgraue Flecken auf der Rinde junger Triebe, die sich

Himbeerschädlinge

zu größeren bis stängelumfassenden violettbraunen Partien ausweiten; teils schon bis zum Herbst dann silbrig graue Rindenverfärbung und Sichtbarwerden der Pilzsporen als schwarze Pünktchen; Ruten werden brüchig, vertrocknen und sterben ab.
Abhilfe: Die Krankheit lässt sich am wirkungsvollsten durch vorbeugende Kulturmaßnahmen verhindern: gleichmäßige Bewässerung, nur direkt in den Wurzelbereich und möglichst morgens, Mulchen, Bestand durch Entfernen überschüssiger Jungtriebe locker halten, abgetragene Ruten sofort nach der Ernte entfernen, keine stickstoffbetonte Düngung, Vermeiden unnötiger Verletzungen. Zusätzlich kann man die Pflanzen durch Schachtelhalmbrühe oder andere Pflanzenstärkungsmittel etwas widerstandsfähiger machen.

Himbeerschädlinge

Direkte Fraßschäden spielen in der Regel eine geringere Bedeutung als indirekte Schäden durch Entwicklungsstörungen, Verletzungen und Virusübertragung. Schutzmaßnahmen und vorbeugenden Kulturmaßnahmen (→ *Himbeerkrankheiten*) sind im Hobbygarten einer chemischen Bekämpfung, falls sie denn möglich wäre, vorzuziehen. Je vitaler eine Himbeerpflanzung, desto geringer ist ihre Anfälligkeit gegenüber folgenden Schädlingen. Auch die Förderung der natürlichen Feinde und Gegenspieler kann eine große Rolle bei der Verminderung eines Schädlingsbefalls spielen.

Ein Umknicken von Blütenknospen wird durch den Himbeer- bzw. Erdbeerblütenstecher verursacht (→ *Erdbeerschädlinge*).

Himbeerblattlaus

Zwei gelblich grün gefärbte Arten, die Kleine und die Große Himbeerblattlaus, haben sich auf diese Obstart spezialisiert. Auch einige andere Blattläuse treten an Himbeeren auf. Sie alle können durch Saugen Kräuselungen der Blätter hervorrufen, die direkten Schäden bleiben aber gering. Da sie jedoch Überträger der Himbeermosaikviren (→ *Himbeerkrankheiten*) sind, sollte man stets ein Augenmerk auf Blattläuse haben und sie mit geeigneten, nützlingsschonenden Maßnahmen bekämpfen (→ *Blattlaus*).

Himbeerkäfer

Die Larven dieses graubraunen, etwa 5 mm großen, ovalen Käfers sind auch als Himbeermaden oder -würmer bekannt. Sie zerfressen die reifenden Früchte von innen und verleiden durch ihre Anwesenheit die Ernte. Die Käfer selbst fressen ab Mai an den Knospen, ab Juni legen dann die Weibchen gut 100 Eier an Blüten und jungen Früchten ab, aus denen die Larven schlüpfen und sich ins Innere der Früchte fressen.
Schadbild: Im späten Frühjahr Fraßschäden an Blüten- und Blattknospen; in den reifen Früchten schmutzig weiße Larven.
Abhilfe: Vorbeugend Himbeeren möglichst sonnig pflanzen, da Beschattung das Auftreten der Käfer begünstigt; Nützlinge wie Vögel, Spitzmäuse und Schlupfwespen fördern. Ab Anfang Mai auf Käfer achten, die Tiere am besten nach kühlen Nächten, wenn sie noch starr sind, morgens in einen wassergefüllten Eimer abschütteln; bei starkem Befall notfalls vor der Blüte mit geeignetem Mittel, z. B. einem Pyrethrumpräparat, spritzen.

Himbeerrutengallmücke

Diese winzigen, um 2 mm langen, braunen Mücken fliegen ab Mitte Mai, sobald die Temperaturen 15° C erreichen. Sie legen je etwa 50 bis 60 Eier in die Rinde der jungen Ruten ab. Nach dem Schlüpfen bohren sich die rosafarbenen, 2 – 3 mm großen Larven in die Ruten und fressen dort vor allem unter der Rinde. Im Lauf des Jahres treten zwei weitere Generationen auf, die Larven der letzten überwintern im Boden. Besonders gefährlich wird dieser Schädling dadurch, dass er Eintrittspforten für die pilzlichen Erreger der Rutenkrankheit (→ *Himbeerkrankheiten*) schafft.
Schadbild: Braune, leicht eingesunkene Flecken auf den Ruten, die sich mit der Zeit dunkelgrau bis braunviolett verfärben; Schadstellen besonders in Bodennähe, da die Mücke höchstens 40 cm hoch fliegen und Eier ablegen kann; bei starkem Befall im darauf folgenden Jahr meist Auftreten der Rutenkrankheit.
Abhilfe: Vorbeugend sind die bei der Rutenkrankheit (→ *Himbeerkrankheiten*) genannten Maßnahmen am wichtigsten; außerdem natürliche Feinde wie Schlupfwespen fördern. Befallene Ruten entfernen und vernichten.

Himmelsleiter

Anderer Name für die → *Jakobsleiter*, eine blau blühende, naturnahe Staude

Himbeerkäfer

Himmelsschlüssel
Gelb blühende, heimische Doldenprimel, die auch als Waldschlüsselblume bekannt ist.
→ *Primel*

Hippe
Spezialmesser mit leicht gebogener, spitzer Klinge und ähnlich geschwungenem, robustem Griff. Die gebogene, kräftige, recht breite Klinge ermöglicht einen ziehenden Schnitt. Dies ist besonders günstig beim Nachschneiden von Sägewunden und unsauberen Schnittstellen an Gehölzen. Dazu werden die Wundränder mit der Hippe geglättet, da sie dann besser verheilen als raue, zerfranste oder gar gequetschte Wunden. Am besten eignet sich für diesen Zweck eine so genannte schwere Hippe mit stärker gekrümmter Klinge. Sie muss für das Nacharbeiten von Wundrändern stets gut scharf sein.

Weiterhin finden Hippen Einsatz bei der Veredlung von Obstbäumen und Rosen. Auch bei der Gemüseernte oder zum Schneiden von Zierblumen kann man sie gut verwenden.
Auch → *Schnittwerkzeug*

Hippophaë
Botanischer Gattungsname des heimischen → *Sanddorns,* ein Großstrauch oder kleiner Baum mit sehr vitaminreichen Früchten

Hippuris
Wasserpflanze mit an Tannenzweige erinnernden Überwassertrieben
→ *Tannenwedel*

Hirschkolbensumach
Anderer Name für den → *Essigbaum,* ein Gehölz mit sehr prägnanter Herbstfärbung

Hirschmöhre
Anderer Name für die möhrenähnliche → *Pastinake*

Eine Hippe eignet sich gut, um damit Wundränder glatt zu schneiden.

Hirschzungenfarn
ASPLENIUM SCOLOPENDRIUM

Dieser Farn ist vielfach noch besser bekannt unter seinem früheren botanischen Namen *Phyllitis scolopendrium,* wird aber jetzt zur Gattung *Asplenium* gestellt. Das Streifenfarngewächs kommt nicht nur in Europa, sondern fast weltweit wild vor und steht unter Naturschutz.

Im 19. Jahrhundert war der Hirschzungenfarn eine überaus beliebte Pflanze, vor allem auch in Zimmerkultur; das beweisen die über 400 Sorten, die man einst von ihm kannte. Auch heute gibt es noch eine breite Palette von Sorten, die man der besseren Übersicht halber zu Gruppen zusammenfasst: Sorten der *Angustifolia*-Grp. tragen sehr schmale Wedel, die der *Marginata*-Grp. haben Wedel mit umgebogenen Rändern, Sorten der *Cristata*-Grp. bestechen durch Wedel, die an den Enden zerteilt sind. Darüber hinaus gibt es viele weitere Formen, etwa mit gewellten oder gekrausten Wedeln.

Merkmale: Büscheliger, aufrechter bis ausgebreitet wachsender, immergrüner Farn, 10 – 40 cm hoch; zungenförmige, ledrige, glänzend grüne Wedel, straff aufrecht gerichtet oder schwungvoll überhängend.

Verwendung: Vorwiegend in Gruppen zur Unterpflanzung von Gehölzen, im Steingarten, als Bodendecker.

Standort: Möglichst luftfeucht; lockerer, frischer, humoser Boden, am besten kalkhaltig.

Pflanzen/Vermehren: Pflanzung bevorzugt im Frühjahr oder Herbst, für flächige Verwendung 8 bis 10 Pflanzen pro m²; Vermehrung durch Teilung oder Aussaat der Sporen; identische Jungpflanzen erhält man über Vermehrung durch Blattstielstecklinge.

Pflege: Bei anhaltender Trockenheit gießen; jährlich im Herbst mit Laubhumus überziehen; unter Laub abwerfenden Gehölzen im Winter möglichst schattieren.

Hirtentäschel
Einjähriges, sehr weit verbreitetes Unkraut aus der Familie der Kreuzblütengewächse
→ *Unkräuter*

Hirschzungenfarn (Asplenium scolopendrium)

Hitzeschäden

Obwohl man in unserem gemäßigten Klimabereich das Augenmerk eher auf → *Frostschäden* oder Auswirkungen von Dauerregen richtet, kann es durchaus auch zu Hitzeschäden an Pflanzen kommen. Im Lauf des Juli und August, teils auch schon im Juni, gibt es bisweilen bis zu zehn so genannte Tropentage mit Temperaturen über 30° C – dies gemessen im Schatten. In der prallen Mittagssonne werden auch an nicht ganz so heißen Tagen schnell über 35° C erreicht.

Solche Temperaturen machen vielen Pflanzen zu schaffen, selbst Arten, die für einen sonnigen, warmen Standort ausgewiesen sind. Besonders empfindlich reagieren Jungpflanzen sowie Halbschattengewächse, die über Mittag besonnt stehen. Arten dagegen, die in der Natur an trockenen, heißen Plätzen wachsen, etwa viele Steingartenpflanzen, haben damit keine Probleme, denn sie sind z. B. durch kleine Blattflächen oder derbe, kräftige Blätter entsprechend angepasst.

Bei Hitzeschäden spielen häufig zugleich die starke direkte Sonneneinstrahlung sowie Trockenheit eine Rolle; ihre Auswirkungen sind oft kaum voneinander zu trennen. Kann die Pflanze bei über 30° C die Wärme an der Blattoberfläche nicht mehr durch Verdunstung ableiten, entstehen dort Temperaturen, die noch um 10 – 15° C über der Lufttemperatur liegen. Zunehmend stellen dann auch die Spaltöffnungen (→ *Blatt*) ihre Tätigkeit ein. Dies führt nach anfänglichen **Welkerscheinungen** bis zum Absterben, zumindest einzelner Blattpartien, da der Wasserhaushalt in der Pflanze stark beeinträchtigt ist und schließlich auch Eiweiße zerstört werden. Der schnelle Griff zur Gießkanne kann dann eher schaden, sofern man nicht sehr gezielt in den Wurzelbereich wässert: Wassertropfen auf den Blättern wirken in praller Sonne wie kleine Lupen, es kommt zu regelrechten **Verbrennungen,** die sich in braunen Blattflecken äußern.

Spezielle Hitzeschäden kennt man vor allem bei Gemüse und Obst, u. a. vorzeitiges Schießen von Salat, starkes Verzweigen von Möhrenwurzeln, verlangsamte Entwicklung von Kartoffelknollen, verringerter Fruchtansatz bei Tomate und Hülsenfrüchten, Verfärbungen und Schrumpfen von Früchten, z. B. bei Stachelbeeren, Erdbeeren, Äpfeln und Tomaten. Direkte Sonneneinstrahlung in Kombination mit Hitze führt überdies zum Aufreißen der Tomaten am Stängelansatz und zu den gefürchteten Rissen in der Rinde der Obstbäume und der Himbeerruten, die Eintrittspforten für Pilzerreger darstellen.

Standorte und Hilfsmittel, die sonst durch erhöhte Wärme für besseres Wachstum sorgen, verstärken bei Spitzentemperaturen das Hitzerisiko: Vor hellen Mauern, am Südhang, auf schwarzer Mulchfolie, im Gewächshaus oder Frühbeet sowie unter Folie steigen die Temperaturen besonders stark an. Zugleich werden Schädlinge wie → *Spinnmilben* und → *Weiße Fliegen* begünstigt, die den geschwächten Pflanzen weiter zusetzen.

Wichtigste **Vorbeugungsmaßnahme** ist wie bei allen klima- und wetterbedingten Schäden die richtige Standortwahl. Unter Glas und Folie ist ausreichendes Lüften wichtig, im Gewächshaus und teils auch im Freiland lassen sich empfindliche Pflanzen durch Schattierungsmatten o. Ä. schützen. Schließlich beugt auch ausreichendes → *Gießen* sowie → *Mulchen* Hitzeschäden vor.

Hochbeet

Durch Aufschichten von organischen Abfällen, Kompost und/oder Erde erhöht angelegte Beetfläche mit fester Rahmenkonstruktion. Das Prinzip ist dasselbe wie beim → *Hügelbeet:* Das mit Bedacht gewählte, ordentlich geschichtete organische Material unter der Pflanzerde verrottet allmählich und entwickelt sich zu einem besonders humusreichen, tiefgründigen

Bunt bepflanztes Hochbeet

Untergrund. Besonders aber kommt den Pflanzen dabei die Verrottungswärme zugute. Diese erlaubt ein früheres Bepflanzen, die Pflanzen entwickeln sich schneller und besser, Gemüse wird früher erntereif.

Anders als beim Hügelbeet mit seinen zusätzlich bepflanzbaren „Hängen" bietet das Hochbeet keine Vergrößerung der nutzbaren Anbaufläche. Dafür kann es beim Hochbeet nicht zum Abschwemmen von Erde kommen, nach den Seiten läuft weniger Wasser ab und die Gefahr des Austrocknens ist geringer. Bei fugendichtem Rahmen und Maschendrahtschutz am Grund wird zudem das Eindringen von Mäusen wesentlich besser verhindert.

Der besondere Vorteil des Hochbeets besteht jedoch darin, dass es bequemes, rückenschonendes Arbeiten ohne Bücken ermöglicht. Das lernen schon gesunde Gartenbesitzer schnell zu schätzen. Wer starke Rücken-, Hüft- oder Kniebeschwerden hat oder auf einen Rollstuhl angewiesen ist, für den stellen Hochbeete teils die einzige Möglichkeit dar, mühelos zu gärtnern. Die Anlage der Beete erfordert freilich einiges an Aufwand, mit dem man unter Umständen eine Gartenbaufirma beauftragen kann.

Je nach Körpergröße und gewünschter Arbeitshöhe legt man die Beete mit etwa 0,8 – 1 m hohen Seitenwänden an. Um von beiden Seiten bequem arbeiten zu können, veranschlagt man für die Hochbeetbreite 1,2 – 1,5 m, die Länge ist beliebig. Als Material für den Rahmen wird am häufigsten Holz in Form von Holzbalken, Rundhölzern, Brettern oder Palisaden verwendet. Bauteile und Konstruktion müssen hinreichend stabil sein, denn auf den Seitenwänden lastet durch die Füllung ein beachtlicher Druck. Man sollte aus Gründen der längeren Haltbarkeit nur druckimprägniertes Holz verwenden; die Innenseiten werden am besten mit kräftiger Teichfolie gegen durchrieselnde Erde und Feuchtigkeit geschützt. Anstelle von Holz kommen für den Bau eines Hochbeets auch Hohlblock- oder Betonsteine infrage. Bei Bedarf lässt sich ein Hochbeet leicht zu einem improvisierten Gewächshaus umwandeln, indem man mithilfe einiger Dachlatten eine Folienüberspannung anbringt.

Zur Anlage und Befüllung eines Hochbeets → PRAXIS-SEITE Hügelbeete und Hochbeete anlegen (S. 402/403)

Hochblatt

Laubblatt an der Sprossachse im Bereich des Blütenstands. Hochblätter, auch Brakteen oder Hüllblätter genannt, bilden schützende Decken um die jungen Blüten und weichen in Form und Farbe oft stark von den übrigen Laubblättern ab. Deutlich ausgeprägte Hoch- bzw. Hüllblätter haben z. B. Maiglöckchen, Schneeglöckchen und Aronstab. Teils sind sie bunt gefärbt und dienen wie die Kronblätter (→ *Blüte*) dem Anlocken von Insekten. Zuweilen präsentieren sich die Hochblätter wesentlich auffälliger als die eigentlichen Blüten, etwa bei den Blumenhartriegeln oder einigen Wolfsmilcharten.

Hochsommer

Allgemein gebräuchliche Bezeichnung für die wärmsten Wochen im Juli und August. Meteorologen verstehen darunter trocken-heiße Hochdruckwetterlagen, die durch kontinentale Warmluft aus Richtung Osten geprägt sind und sich recht regelmäßig in den ersten zwei Juliwochen sowie als „Hundstage" dann wieder ab Ende Juli/Anfang August einstellen. Bei sehr schneller Erwärmung sowie bei labiler Schichtung der Atmosphäre kann es dann leicht zu Wärmegewittern oder Hagelschlag kommen.

Die Lindenblüte kennzeichnet den Eintritt des Hochsommers.

Im → *phänologischen Kalender*, der auf dem Zusammenhang zwischen Wetter und Wachstum basiert, ist der Eintritt des Hochsommers durch die Blüte der Sommerlinde (durchschnittlich um den 5. Juli), ersatzweise der etwas späteren Winterlinde, gekennzeichnet. Auch Kartoffelblüte und Reife der Johannisbeeren zeigen den phänologischen Hochsommerbeginn an. Mit den ersten reifenden Äpfeln und Eberschenfrüchten wird der Hochsommer dann vom Spätsommer abgelöst.

Wichtigste Gartenarbeit im Hochsommer ist natürlich das Wässern, wobei möglichst die Grundregeln für pflanzengerechtes und zugleich Wasser sparendes → *Gießen* beachtet werden sollten. → *Mulchen* zum Bewahren der Bodenfeuchte ist nun besonders empfehlenswert, ansonsten muss häufig gehackt und gelockert werden. In den Hochsommer fällt auch die Anzucht der zweijährigen Sommerblumen sowie der Schnitt sommergrüner Hecken (erst ab Ende Juli, nach Abschluss der Vogelbrutzeit.) Keine Gartenarbeit ist nun allerdings so wichtig, dass man sich stundenlang der prallen Sonne aussetzen muss. Vorsicht auch bei erhöhten Ozon-Werten; bei entsprechenden Meldungen auf anstrengende Arbeiten verzichten.

Hochstamm

Allgemein als Bezeichnung für baumartig wachsende Gehölze mit hoch ansetzender Krone üblich, im Gegensatz zum so genannten → *Halbstamm* oder ausgesprochen niedrigen Wuchsformen (z. B. → *Buschbaum*). Für folgende vier Pflanzengruppen ist der Begriff Hochstamm genau festgelegt:

1) Obstbäume: Hochstämme haben als Baumschulpflanzen eine Stammhöhe von 160 – 180 cm, seltener bis 200 cm. Sie werden in der Regel als drei- bis fünfjährige Veredlungen verkauft und eignen sich aufgrund ihrer späteren Ausmaße kaum für Gärten üblicher Größe. Der Platzbedarf der im Alter je nach Art 15 – 25 m hohen Bäume liegt zwischen 8 x 8 und 12 x 12 m.

Auch → *Obstbaumformen*

Durch Veredlung als Hochstämme werden Rosen zu kleinen Blütenbäumchen.

2) Zierbäume: Unter Hochstämmen versteht man hier Baumschulpflanzen mit geradem Stamm und entwickelter Krone, die in der Baumschule dreimal („leichte" Hochstämme nur zweimal) verpflanzt worden sind. Die Stammhöhe der Pflanzware beträgt je nach Art mindestens 180 cm. Entscheidender ist jedoch der Stammumfang, der zwischen 10 und 20 cm liegt.

3) Beerenobst: Bei Hochstämmchen von Johannis- und Stachelbeeren werden die Sträucher auf stammförmig gezogene Unterlagen (meist Goldjohannisbeere, *Ribes aureum*) veredelt. Die Hochstämmchen sind zwischen 80 und 100 cm hoch, daneben gibt es kleinere Fußstämme mit 40 – 60 cm Höhe.

4) Rosen: Hochstämme sind hier um 90 cm hoch und entstehen durch Veredeln von Bodendecker-, Beet- oder Edelrosen auf stammförmig gezogene Unterlagen (spezielle Wildrosenselektionen). Werden stattdessen Kletter- oder Bodendeckerrosen mit hängenden Trieben aufveredelt, erhält man so genannte Trauerstämme oder Kaskadenrosen; die Stammhöhe beträgt hier meist 140 cm.

Ebenso wie Beerensträucher und Rosen werden auch andere Sträucher als veredelte Hochstämme angeboten, z. B. Mandelbäumchen und Salweide. Hochstämmchen von Kübelpflanzen dagegen entstehen vorwiegend durch Auswahl und Freischneiden eines kräftigen Mitteltriebs. Diese stammartige Erziehung, bei der die Verzweigung meist erst zwischen 80 und 150 cm Höhe einsetzt, kann man recht einfach selbst durchführen. Wenn das Stämmchen, von dem man beständig die Seitentriebe wegschneidet, die gewünschte Höhe erreicht hat, wird es im Gipfelbereich oberhalb einiger Blattpaare entspitzt (→ *Entspitzen*). Später kappt man dann auch die Seitentriebe, um eine gute Verzweigung der „Krone" zu erreichen. Verbreitet ist die Stammerziehung z. B. bei Wandelröschen, Enzianbaum, Strauchmargerite und Fuchsie.

Hochstämmchen

Aus strauchartigen Gehölzen durch Veredlung oder Schnittmaßnahmen gewonnene Wuchsform mit unverzweigtem, kräftigem Haupttrieb, der die Funktion eines Stamms übernimmt.

→ *Hochstamm*

Hochstammrose

→ *Hochstamm*, 4), auch → *Rose*

Hohlgabel

Gartenwerkzeug zur tieferen Belüftung stark verdichteten, festen Bodens sowie stark verfilzter, vermooster Grasnarbe; auch Aerifiziergabel oder -stecher genannt. Mit ihren hohlen, an der Spitze scharfen Stacheln bzw. Zinken wird sie 10 – 15 cm in den Boden getreten. So entstehen Lochkanäle, die für bessere Belüftung sorgen.

Auch → *Aerifizieren*

Hohlkrone

Kronenform ohne Mitteltrieb, die besonders bei Steinobst wie Sauerkirsche oder Pflaume oft Verwendung findet. Sie sorgt für bessere Belichtung des Kroneninnern und fördert so die Fruchtqualität.

Auch → *Obstbaum, Kronenaufbau*

Hohlpflanzer

Gerät mit nach unten hin leicht verjüngtem Hohlzylinder aus Metall an einem festen Griffbügel; praktisches Hilfsmittel für das Pflanzen von Blumenzwiebeln; wird meist → *Zwiebelpflanzer* genannt.

Holder

Anderer Name für den beliebten → *Holunder*

Holland-Iris
Mittelhohe Iris mit zahlreichen Sorten in vielen verschiedenen Blütenfarben
→ *Iris, Zwiebelbildende*

Holler
Anderer Name für den beliebten
→ *Holunder*

Holunder
SAMBUCUS NIGRA

Wenn von Holunder die Rede ist, meint man in der Regel S. nigra, den Schwarzen Holunder, der gebietsweise auch als Holler, Holder oder Flieder bekannt ist. Das Geißblattgewächs kommt in Europa wie in Asien wild vor und wird schon immer als Zier-, Nutz- und Heilpflanze geschätzt. Seinen deutschen Namen soll der Holunder nach Frau Holle, ursprünglich eine freundliche germanische Göttin, erhalten haben, deren Wohnsitz man in diesem Strauch vermutete, ebenso wie die Anwesenheit von guten Geistern und Hausgöttern. Möglicherweise rührt der Name aber auch von alten Bezeichnungen für „hohler Baum" oder „Bruchholz" her. Jedenfalls hielt man den Holunder früher in hohen Ehren und zog sogar den Hut, wenn man an ihm vorbeiging.

In der Pflanzenheilkunde wird Holunder seit jeher vielseitig eingesetzt, z. B. gegen Erkältungen, Rheuma oder Durchfall. Aus den anmutigen, streng duftenden Blütenschirmen bäckt man Hollerküchlein, aus den Beerenfrüchten stellt man Saft, Gelee und Marmeladen her. Die sehr vitaminreichen Früchte, die „Fliederbeeren", sind allerdings roh nicht sehr bekömmlich, gekocht dagegen gut genießbar. Blätter und Rinde allerdings enthalten Giftstoffe, die Erbrechen und Magen-Darm-Störungen verursachen können. Der Blütenstaub des Holunders ruft Heuschnupfen hervor, aber nur in unmittelbarer Umgebung, denn das Gehölz wird von Insekten bestäubt und produziert keine besonders großen Pollenmengen.

Schwarzer Holunder (Sambucus nigra)

Traubenholunder (Sambucus racemosa)

Angeboten werden einige Fruchtsorten, die besonders reiche Ernten bringen. Meist pflanzt man den Holunder jedoch als robusten, ansehnlichen Zierstrauch, wobei man sich auf seine wildstrauchartige Wuchsfreude einstellen muss.

Merkmale: Mehrstämmiger Großstrauch mit aufrechtem, im oberen Bereich bogig bis schirmartig ausladendem Wuchs, 5 – 7 m hoch und 3 – 4 m breit; hellgraue, korkige Rinde; gefiederte Blätter; kleine weiße Sternblüten in üppigen Doldentrauben, streng duftend; ab Juli blauschwarze Beerenfrüchte.

Blütezeit: Mai – Juni

Verwendung: In frei wachsenden Hecken, Gehölzgruppen, als Hausbaum, zur Begrünung von wenig genutzten Gartenwinkeln, als Schattenspender am Kompostplatz.

Standort: Verträgt noch Schatten, dort aber spärliche Blüte; sehr anpassungsfähig, gedeiht auf nahezu allen Böden, ausgenommen sind nasse Standorte.

Pflanzen/Vermehren: Pflanzung bevorzugt im Herbst; Vermehrung durch Stecklinge, Steckhölzer oder Aussaat (Kaltkeimer).

Pflege: Überaus genügsam und robust; für reichen Flor und üppige Ernten allerdings alle 2 bis 3 Jahre auslichten.

Ernte: Blüten werden geerntet, sobald die Schirme gerade eben voll erblüht sind; die Früchte sind vollreif, wenn sie sich tief schwarz verfärbt haben, dann die Dolden komplett mit einer Schere abschneiden und die Beeren mit einer Gabel abstreifen. Sofort weiterverarbeiten.

Hinweis: Sehr ähnlich ist der Kanadische Holunder (S. canadensis), jedoch mit dunkelroten Früchten. Der Rote oder Traubenholunder (S. racemosa) unterscheidet sich durch einen strafferen Wuchs, kleinere Fiederblätter und rote Früchte, seine grüngelben Blüten verströmen einen oft als unangenehm empfundenen Geruch. Beide Arten werden nur zu Zierzwecken gezogen.

Holz

Mit Holz hat man im Garten in mehreren Zusammenhängen zu tun:

1) Botanisch gesehen ist Holz das spezielle **Gewebe der verholzenden Pflanzen,** das ihnen besondere Festigkeit bei gleichzeitiger Elastizität verleiht. Das Holz wird mittels des → *Kambiums* gebildet. Dieses stets teilungsfähige Gewebe liegt nicht weit unter der Rinde und bildet gewissermaßen einen Ring um den inneren Holzteil. Es ermöglicht das sekundäre → *Dickenwachstum,* das auch bei ausgewachsenen Gehölzen für eine weitere Zunahme des Durchmessers von Stämmen und Ästen sorgt. Infolge fortlaufender Zellteilung werden nach außen wie nach innen Zellen abgegeben. Das nach außen erzeugte Gewebe nennt man → *Bast;* es wird von der Rinde bzw. – nach Absterben – von Borke umschlossen. Vom Kambium nach innen abgegebene Zellen bilden das Holz, in dessen Zellwände mit der Zeit Lignin eingelagert wird. Diese Substanz macht die Zellwände druckfest und steif.

Im Querschnitt eines Baumstamms erkennt man den jährlichen Zuwachs durch die Kambiumtätigkeit als oft deutlich nachvollziehbare Jahresringe. Das älteste Holz im Innern, das Kernholz, besteht aus bereits abgestorbenen Zellen. Durch Einlagerung von Gerbstoffen ist es dunkler gefärbt und besonders gut vor Zersetzung geschützt. Umgeben wird dieser Holzkern von den jüngeren Zuwachsringen, dem weicheren Splintholz mit noch lebenden, Wasser leitenden und nährstoffspeichernden Zellen. Bei den Laubgehölzen findet man zusätzlich die Markstrahlen. Sie verlaufen von der Mitte des Stamms strahlenförmig nach außen, transportieren Wasser und Nährstoffe und bilden einen zusätzlich festigenden Querverband.

2) Gärtnerisch bezeichnet man als Holz oft auch die **verholzten Triebe** und unterscheidet dabei z. B. junges und altes Holz oder zwischen ein- und zweijährigem Holz. Zur Eindämmung von Krankheiten wird häufig empfohlen, befallene Triebe bis ins gesunde Holz zurückzuschneiden. Damit ist die Entfernung der erkrankten Ast- oder Zweigabschnitte mitsamt eines Teils der noch unversehrten Abschnitte gemeint.

3) Schließlich ist Holz – als Ergebnis der unter 1) beschriebenen Holzbildung – im Garten ein wichtiger, natürlicher **Bau- und Werkstoff.** Holz findet Verwendung beim Bau von Gartenlauben, Geräteschuppen, Frühbeeten, Pergolen, Rankgittern, Zäunen, Treppen, Brücken, Sandkästen und Spielgeräten sowie für Beeteinfassungen, Bodenbeläge (→ *Holzbodenbelag*), Pflanztröge, Baumpfähle, Kompostbehälter usw., außerdem als Material für diverse Gartenmöbel.

Beim Einsatz von Holz im Außenbereich spielt der Schutz vor Verwitterung und Zersetzung eine besonders große Rolle; → *Holzschutz.* Das härtere, durch Gerbstoffe geschützte Kernholz wird weniger stark angegriffen und deshalb als Bau- und Werkstoff besonders geschätzt.

Die gebräuchlichsten **Holzarten** im Außenbereich sind unter den Nadelhölzern Fichte, Kiefer, Tanne und Lärche (härtestes Nadelholz), seltener Douglasie; unter den Laubhölzern Eiche und Buche, seltener Edelkastanie. Für hochwertige Holzprodukte, z. B. Gartenmöbel, werden häufig importierte Hölzer verarbeitet, etwa Teak, Bangkirai („Eisenholz") und andere Tropenhölzer sowie Zeder (oft kanadische Red Cedar). Sie zeichnen sich durch besondere Unempfindlichkeit aus und sind durch spezielle Inhaltsstoffe gegen zersetzende Pilze und Insektenbefall geschützt. Allerdings können sie aus Urwaldgebieten Südostasiens oder Südamerika stammen oder aus gemäßigten Regenwäldern in Kanada, in denen Raubbau betrieben wird. Man sollte beim Kauf unbedingt auf das international anerkannte FSC-Siegel des Forest Steward Council achten; dieses garantiert, dass Holz nicht aus Raubbaunutzung stammt. Eine Alternative zu solchen Hölzern liefert die ebenfalls sehr robuste Robinie (Akazie), die kaum von Pilzen und Insekten angegriffen wird. Da das Holz aus Beständen in Süd- und Osteuropa stammt, bietet sie gegenüber Tropenhölzern den ökologischen Vorteil kurzer Transportwege.

Bauteile und Elemente aus dem Naturstoff Holz fügen sich harmonisch in den Garten ein.

Holzapfel
MALUS SYLVESTRIS
☼

Der Holz- oder Wildapfel, ein Rosengewächs, ist in Europa und Vorderasien heimisch. Er gehört zu den Stammeltern der Kulturapfelsorten (→ *Apfel*) und hat als Wildgehölz nur noch geringe Bedeutung. Bei in freier Landschaft wachsenden „Wildäpfeln" handelt es sich häufig um verwilderte Kulturäpfel, den bis 10 m hohen, an Kurztrieben manchmal bedornten Holzapfelbaum trifft man in Reinform nur noch selten an. Manchmal wird er in Wild- und Vogelschutzhecken angepflanzt. Die sehr herb und sauer schmeckenden, lediglich 2–4 cm großen Apfelfrüchte werden zuweilen zu Essig verarbeitet oder ähnlich wie die des → *Speierlings* als konservierende Würze für Fruchtwein verwendet.

Holzasche

Rückstand aus der Verbrennung von Holz, als Dünger und zum Desinfizieren von Schnittstellen verwendbar.
→ *Asche*

Holzbirne

PYRUS PYRASTER

Die Holz- oder Wildbirne, ein Rosengewächs, gilt als einer der Urahnen der Kulturbirnen (→ *Birne*). Der 5–20 m hohe Baum mit teils bedornten Kurztrieben ist vor allem in sommerwarmen, wintermilden Regionen Mitteleuropas zu finden, wächst aber auch dort nur vereinzelt. Sein Holz nutzt man gerne für den Möbelbau und zum Schnitzen. Die sauren, herb schmeckenden Früchte mit zahlreichen verholzten Steinzellen werden manchmal zum Mosten verwendet.

Im Handel werden zuweilen Holzbirnen angeboten, die jedoch keine echten Wildbirnen (*P. pyraster*) sind, sondern Abkömmlinge der Kulturbirne (*P. communis*). Dabei handelt es sich meist um Sämlinge für Unterlagen oder von nicht näher bezeichneten Kulturformen.

Holzbodenbelag

Als Material zur Befestigung von Wegen, Terrassen, Sitzplätzen und anderen Flächen im Außenbereich findet Holz in verschiedenen Formen Verwendung:

1) Holzpflaster sind runde oder eckig zugeschnittene Holzklötze oder dicke Stammscheiben, mit Durchmessern bzw. Kantenlängen zwischen ca. 6 und 20 cm, bei Scheiben bis zu 30 cm, die als rustikaler Bodenbelag besonders gut in naturnahe oder Bauerngartengestaltungen passen. Es ermöglicht eine ökologisch vorteilhafte Befestigung, da Regenwasser durchsickern kann und in den Ritzen Spontanvegetation aufkommt, wobei sich die Fugen auch gezielt mit Kleinstauden bepflanzen lassen. Holzpflaster wird in Sand über einer Dränageschicht aus Kies oder grobem Splitt verlegt und mit Sand, teilweise auch mit Splitt, verfugt. Da das Holz bei Nässe quillt und sich ausdehnt, sollte man das Material nicht zu dicht verlegen. Bei Rundpflaster verwendet man häufig abwechselnd große und kleinere Stücke.

2) Holzfliesen, oft mit reizvoller Diagonalstruktur, Schachbrett- oder ähnlichem Muster, werden meist mit quadratischem Umriss und einer Kantenlänge von 50–100 cm angeboten. Sie wirken deutlich eleganter als Holzpflaster und bieten sich vor allem für Terrassen an. Für das Verlegen gilt das beim Holzpflaster Gesagte, wobei sich eine Unterkonstruktion aus imprägnierten Latten oder Kanthölzern empfiehlt.

3) Holzdecks oder -roste bestehen aus einzelnen Brettern (Außendielen), Gartenschwellen oder aus quadratischen bis rechteckigen Elementen, die im Grunde den Holzfliesen gleichen. Sie werden meist mit schmalen Fugen auf kesseldruckimprägnierten Kanthölzern befestigt, die in einem Kies- oder Kies-Sand-Bett verlegt sind.

Bodenbeläge aus Holz wirken sehr natürlich, sind ansprechend und, an Terrasse oder Sitzplatz verlegt, angenehm fußwarm, heizen sich zudem in praller Sonne nicht zu stark auf. Zu beachten sind jedoch mögliche Nachteile:

■ Selbst bei Verwendung kesseldruckimprägnierter Qualitäten (→ *Holzschutz*) ist Holz nur von begrenzter Lebensdauer. Neben Witterungseinflüssen und Sonnenlicht setzt ihm besonders auch die erhöhte Feuchtigkeit im bodennahen Bereich zu. Anspruchsvollere, aber auch entsprechend teure Beläge, z. B. für Terrassen, werden aus Robinie oder Bangkirai (→ *Holz, 3)*) angeboten, die als äußerst beständig gelten.

■ Holzbeläge werden bei Nässe leicht rutschig und sind dann schlecht begehbar. Man sollte sie deshalb bevorzugt an sonnigen Plätzen verwenden, wo sie schnell abtrocknen. Holzfliesen und -decks haben teils gerippte Oberflächen, die die Rutschgefahr vermindern.

Hölzer

Zum einen gebräuchlich für verschiedene Holzarten, → *Holz, 3)*; zum andern ein früher häufiger verwendeter Begriff für → *Gehölze*, z. B. in Bezeichnungen wie Laubhölzer, Nadelhölzer.

Holzhäcksel

Mit dem Häcksler zerkleinerte Zweige und Äste
→ *Gehölzhäcksel*

Holzimprägnierung

→ *Holzschutz*

Holzpflaster

→ *Holzbodenbelag*

Holzschutz

Obgleich → *Holz* durch Lignineinlagerung von Natur aus einen gewissen Schutz gegen Bakterien und Pilze aufweist, sind bei seiner Verwendung als Bau- und Werkmaterial zusätzliche Vorkehrungen nötig. Feuchtigkeit, die UV-Strahlen der Sonne und der Wechsel von Temperatur- wie Feuchteverhältnissen führen zum Altern und Vergrauen, vor allem in Bodennähe. Bei Erdkontakt kann frühzeitig Fäulnis einsetzen, Pilze und Insekten setzen dem Holz ebenfalls zu.

Holztrieb

Wichtigste Vorbeugungsmaßnahme ist die Verwendung geeigneter Hölzer. Für manche Zwecke kommen spezielle, äußerst widerstandsfähige Holzarten (→ *Holz, 3)*) infrage, die allerdings recht teuer sind. Ansonsten sollte man bereits imprägniertes Holz wählen. Das übliche Verfahren hierfür ist die **Kesseldruckimprägnierung.** Hierbei werden spezielle Holzschutzsalze mit hohem Druck in das Holz gepresst, das dann eine grünliche Färbung annimmt. Dies bietet guten Dauerschutz, wenn ein Auswaschen der Schutzsalze verhindert wird. Hierfür muss das Holz mit Heißluft- oder Vakuumverfahren nachbehandelt oder, besser noch, 3 bis 6 Wochen lang gelagert werden. Leider ist dies nicht immer gewährleistet und damit die Qualität kesseldruckimprägnierter Hölzer nicht einheitlich. Außerdem werden teils noch Chromsalze und ähnliche stark umweltbelastende Stoffe verwendet. Man sollte möglichst chromfrei imprägniertes Holz mit entsprechenden Gütezeichen wählen. Es gibt zunehmend auch Alternativen, etwa Hölzer, die unter Luftabschluss intensiv mit pflanzlichen Ölen imprägniert werden.

Auch hier ist Holzschutz wichtig.

Zu den selbst durchzuführenden Maßnahmen zählt zunächst der so genannte **konstruktive Holzschutz,** d.h. bauliche und sonstige Vorkehrungen, die Feuchtigkeit vom Holz fern halten. Hierzu zählen z. B. Metallschuhe für Holzstützen von Pergolen und Terrassen, Vordächer und Dachüberstände zum Schutz von Holzbodenbelägen, Tropfrillen und Regenrinnen, Folienauskleidungen von Holztrögen oder Beeteinfassungen.

Schließlich kann eine Behandlung mit **Holzschutzmitteln** nötig werden. Bei der Auswahl sollte man möglichst ungiftige und unbedingt pflanzenverträgliche Mittel bevorzugen, die ausdrücklich für den Außenbereich geeignet sind, und auf eventuelle Anwendungs- und Nutzungsbeschränkungen (Packungsaufschrift) achten. Produkte auf der Basis von Borsalzen sind für den Menschen vergleichsweise unschädlich, diese Salze werden jedoch ohne besondere Fixierzusätze leicht wieder ausgewaschen. Verstärkt findet man Mittel im Angebot, die verschiedene pflanzliche Wirkstoffe (z. B. Leinöl, Zitrusschalenöl sowie → *Neem* als Insektizid) mit mineralischen Bestandteilen kombinieren und den Holzschutzanforderungen im Außenbereich genügen können. Entsprechende Schutzanstriche müssen allerdings sehr gründlich und recht häufig durchgeführt werden, meist ist eine Nachbehandlung mit Leinöllasur oder Bienenwachs nötig.

Holztrieb

Ein Trieb bzw. junger Spross von Gehölzen, aus dessen Knospen vorwiegend wiederum neue Triebe hervorgehen – dies im Gegensatz zu Blüten- bzw. Fruchttrieben, deren Knospen in erster Linie Blüten hervorbringen. Die Einstufung solcher Triebe als Holztriebe ist vor allem bei Obstbäumen üblich. Es handelt sich um Langtriebe mit eher schmalen Holzknospen, die recht weit auseinander stehen; auch an der Spitze tragen sie eine Holz- bzw. Triebknospe. Beim Kernobst lassen sie sich eindeutig von den fruchttragenden Kurztrieben unterscheiden, die als Seitentriebe der Holztriebe entstehen. Beim Steinobst können dagegen auch Langtriebe reich fruchten (→ *Fruchtholz*). Wichtig ist die Unterscheidung der Holztriebe von den ebenso langen Fruchttrieben vor allem beim → *Pfirsich*.

Die Holztriebe sind die eigentlichen „Wachstumstriebe" und stellen bei jungen Bäumen die hauptsächliche Triebform dar. Ihre Bildung wird im Allgemeinen durch starken Rückschnitt angeregt. Teils zählt man auch die auf Astoberseiten senkrecht in die Höhe wachsenden → *Wasserschosse* zu den Holztrieben.

Honigtau

Zuckerhaltige, flüssige Ausscheidungen saugender Insekten, insbesondere auffällig bei → *Blattläusen* und → *Schildläusen*. Als Begleiterscheinung eines starken Befalls mit solchen Schädlingen überzieht Honigtau die Blätter und Stängel als klebrige, glänzende Schicht. Diese dient als Nährboden für so genannte Rußtau- oder Schwärzepilze. Sie bilden einen schmutzig grauschwarzen Belag, der die Pflanzen unansehnlich macht und die → *Assimilation* der Blätter vermindert. → *Ameisen* und → *Bienen* schätzen Honigtau als Nahrungsquelle.

Hopfen, Japanischer
HUMULUS JAPONICUS

Die auch Japanhopfen genannte einjährige Kletterpflanze stammt aus Ostasien und gehört zu den Hanfgewächsen. Sie ist zweihäusig, d. h., es gibt rein weibliche und rein männliche Pflanzen. Die einzige weitere Art der Gattung ist der Gewöhnliche

HORNDÜNGER

Japanischer Hopfen (Humulus japonicus)

Hopfen (*H. lupulus*), dessen Blütendolden zum Bierbrauen unerlässlich sind und dem Gerstensaft seine herbe Würze und Haltbarkeit verleihen. Anders als der Japanische Hopfen wächst er ausdauernd und wird zuweilen ebenfalls als Zierpflanze in Gärten eingesetzt. Pergolen und Wände lassen sich mit ihm schnell begrünen, allerdings neigt er stark zum Wuchern.
Merkmale: Einjährige, raschwüchsige, rechtswindende Schlingpflanze, bis 4 m hoch; leicht behaarte, gelappte Blätter, bei Sorten auch weißgrün gemustert; unscheinbare Blüten; gelbgrüne, zapfenartige Früchte.
Blütezeit: Juli – September
Verwendung: Zur Begrünung von Spalieren, Klettergerüsten, hohen Zäunen; für Gefäßkultur geeignet.
Standort: Für alle Lagen, weißbunte Formen jedoch sonnig; frischer, humoser Boden.
Kultur: Aussaat ab März unter Glas bei 20° C, Sämlinge pikieren und an Stäben aufleiten, ab Mitte Mai ins Freie pflanzen; ab April auch Direktaussaat möglich.
Pflege: Stets auf reichliche Wasserversorgung achten. Kletterhilfen in Form von Drähten, Stangen oder Spalieren geben.

Horde

Vorrichtung zum Lagern von Obst, Kartoffeln oder Gemüse im Keller, Schuppen oder einem anderen kühlen, frostfreien Raum. Die in passende Stellagen eingeschobenen Horden ähneln Regalbrettern bzw. flachen Schubladen, wobei der Boden oft aus Stäben oder schmalen Leisten statt aus durchgehenden Brettern besteht. Häufig erhält man sie auch als drahtkorbartige Schubladen. Solche Konstruktionen sorgen für eine gute Luftzirkulation, wodurch Pilzbefall und -ausbreitung vorgebeugt wird. Das Erntegut wird auf ihnen einschichtig gelagert und sollte sich dabei nicht gegenseitig berühren.

Auch → *Obstlagerung und -konservierung,* → *Gemüselagerung und -konservierung*

Hordeum

Botanischer Gattungsname der Gerste; als Ziergras findet die → *Mähnengerste* Verwendung.

Hormone

Wie bei Menschen und Tieren regeln auch bei Pflanzen bestimmte, nur in kleinsten Mengen nötige körpereigene Substanzen den Stoffwechsel, das Wachstum und die Entwicklung. Man bezeichnet sie als Pflanzen- oder → *Phytohormone.*

Auch → *Auxine,* → *Hemmstoffe*

Hornblatt

Ausdauernde, wurzellose → *Unterwasserpflanze*

Horndünger

Stickstoffreiche organische → *Dünger* aus vermahlenen Rinderhörnern und -hufen. Sie enthalten etwa 10 – 14 % Stickstoff (N), etwa 5 % Phosphor (P) sowie Magnesium und Kalk; der Gehalt an Kalium (K) und Spurennährelementen ist gering. Nach dem Vermahlungsgrad unterscheidet man drei Sortierungen:
- Hornspäne: grob geschrotet
- Horngries: fein geschrotet und granuliert
- Hornmehl: fein zermahlen

Je feiner die Aufbereitung, desto schneller wird der organisch gebundene Stickstoff durch die Tätigkeit der Bodenorganismen für die Pflanzen verfügbar. Auf feuchtem Boden rechnet man bei Hornmehl mit etwa 10 bis 14 Tagen, bei Horngries mit vier Wochen, bei Hornspänen mit 10 bis 12 Wochen. Mit einer Mischung aus den drei Vermahlungsgraden lässt sich recht gut eine fortlaufende Stickstoffversorgung erreichen.

Nach allen bisherigen Untersuchungen und Erkenntnissen besteht bei Rinderhörnern, -hufen und -haaren keinerlei Risiko durch die Rinderkrankheit BSE.

Horngries
→ *Horndünger*

Hornisse
Hornissen gehören wie → *Bienen* und → *Hummeln* zu den → *Hautflüglern*. Nach ihren in Ruhestellung zusammengefalteten Flügeln zählt man sie zu den Faltenwespen. Sie leben ebenso wie die Honigbienen in Staaten mit strenger „Arbeitsteilung" zwischen Königin, Arbeiterinnen und Männchen. Die eindrucksvollen rötlich braunen Insekten mit schwarzer Bänderung auf dem rotgelben Hinterleib werden um 2 cm groß, die Königinnen sogar bis 4 cm. Gefürchtet sind sie aufgrund ihres kräftigen Wehrstachels, mit dem sie äußerst schmerzhafte Stiche verursachen können. Das Hornissengift, von dem man früher glaubte, dass es nach sieben Stichen ein Pferd und nach drei einen Menschen töten kann, ist allerdings nicht giftiger als das von Bienen oder Wespen. Ebenso wie bei jenen können jedoch in Einzelfällen schwere allergische Reaktionen auftreten und die Stiche außerdem für kleine Kinder gefährlich werden. Ansonsten gelten Hornissen eher als friedfertig und scheu. Die ungerechtfertigte Angst vor ihnen beruht in erster Linie auf ihrer Größe und hat früher vielfach zum Zerstören ihrer Nester geführt.

Dies ist mit ein Grund, dass Hornissen schon lange auf der Roten Liste der gefährdeten Arten und somit streng unter Naturschutz stehen. Falls die Beseitigung eines Hornissennests, etwa im Wohnbereich, erforderlich wird, sollte man sich unbedingt an die zuständige Naturschutzbehörde oder die Feuerwehr wenden, um eine schonende Entfernung zu gewährleisten. Umgekehrt bringen Naturfreunde und manche Gärtner sogar spezielle Nistkästen an, um die bedrohte Tierart zu fördern. Die Anwesenheit von Hornissen im Garten wirkt sich schließlich sehr vorteilhaft aus, denn die Arbeiterinnen vertilgen große Schädlingsmengen.

Mit Nistkästen kann man die vom Aussterben bedrohten Hornissen unterstützen.

Hornkraut
Bezeichnet zum einen die auch als Hornblatt bekannte → *Unterwasserpflanze Ceratophyllum demersum;* zum andern die nachfolgend beschriebene Staude.

Hornkraut
CERASTIUM TOMENTOSUM
☼ ☺

Dieses Wärme liebende, ansonsten anspruchslose Nelkengewächs stammt aus Südeuropa. Neben der reinen Art gibt es noch eine Varietät, *C. tomentosum* var. *columnae,* die im Wuchs zierlicher bleibt und sich durch silbrig wirkendes, feinblättriges Laub auszeichnet.
Merkmale: Wintergrüne, Polster oder Matten bildende Staude mit niederliegenden Trieben, 10 – 20 cm hoch; schmale, weißfilzige Blätter; weiße, sternförmige Trichterblüten.
Blütezeit: Mai – Juni
Verwendung: In Steingärten, auf Trockenmauern, an Treppen- und Wegrändern, als Bodendecker; trittfest, auch als Rasenersatz.

Hornkraut (Cerastium tomentosum)

Standort: Vollsonnig, warm; mäßig trockener bis frischer, sandiger bis steiniger Boden; auf humosen, nährstoffreichen und feuchten Böden neigen die Pflanzen zum Wuchern und zeigen wirren, unschönen Wuchs.
Pflanzen/Vermehren: Pflanzung bevorzugt im Herbst oder Frühjahr, bei flächiger Verwendung 5 bis 8 Pflanzen pro m²; Vermehrung nach der Blüte durch Teilung oder Kopfstecklinge, im Frühjahr durch Aussaat.
Pflege: Nach Bedarf in Form schneiden; kräftiger Rückschnitt alle 2 bis 3 Jahre beugt Verkahlen vor.

Hornmehl
→ *Horndünger*

Hornspäne
→ *Horndünger*

Hornveilchen
Lang blühende, niedrige Staude für Sonne und Halbschatten, wird teils nur einjährig gezogen.
→ *Veilchen*

Horst
Verbreitete Wuchsform von Gräsern und Stauden; durch Aufbau der Pflanzen aus zahlreichen gleichwertigen, dem Boden entspringenden Sprossen wirken sie buschig.

In der Regel bilden Horstpflanzen keine ausgeprägten Ausläufer und breiten sich nicht allzu stark aus, können sich jedoch zu stattlichen Exemplaren entwickeln. Nahezu alle Ziergräser gehören zu den Horstbildnern. Horstbildende Blütenstauden wachsen aufrecht, die Büsche können locker oder sehr dicht sein. Mit ihrem kompakten Wuchs eignen sie sich gut als Beetstauden.

Horstsaat

Auch Dibbelsaat genannt. Bei diesem Saatverfahren werden die Samenkörner nicht einzeln, sondern in kleinen Häufchen mit gleichmäßigen Abständen ausgelegt; dies entweder in einer Reihe oder, wie bei Stangenbohnen üblich, kreisförmig rund um die Kletterstange. Da die Samen fast gleichzeitig keimen, erleichtern sie sich gegenseitig das Durchstoßen des Bodens. Vorteilhaft ist diese Methode bei größeren Samen wie Bohnen, Erbsen, Wicken oder Kapuzinerkresse und auf Böden, die gern verschlämmen oder verkrusten. Nach dem Aufgehen können sich die Pflanzen zudem gegenseitig stützen. Meist legt man 4 bis 8 Samen je Horst aus und lässt dann später nur die 2 bis 3 kräftigsten Pflanzen stehen.

Hortensie
Hydrangea

Die Gattung *Hydrangea* umfasst eine ganze Reihe Laub abwerfender Sträucher, die überwiegend in Ostasien beheimatet sind; nur die Strauchhortensie stammt aus Nordamerika. Mit Deutzien, Pfeifensträuchern und einigen anderen bilden sie die Familie der Hortensiengewächse.

Gemeinsames Kennzeichen der Blütengehölze sind die ball-, rispen- oder schirmförmigen Blütenstände, die stattliche Ausmaße erreichen. In der Mitte stehen dicht gedrängt kleine, fruchtbare Blüten, außen werden sie von sterilen Blüten umringt, bei denen auffallend gefärbte, blütenblattähnliche Kelchblätter die Schauwirkung übernehmen. Beliebt und weit verbreitet sind vor allem die Bauernhortensien, wobei man unter diesem Namen sowohl die Art *H. macrophylla* als auch Hybriden in zahlreichen Sorten versteht. Mit der Kletterhortensie hat die Gattung außerdem eine Art für Fassaden- und Pergolabegrünung zu bieten.

Bei der Strauchhortensie ist zu beachten, dass sie bei empfindlichen Personen, die häufig in Kontakt mit ihr kommen, eventuell Allergien auslösen kann.

Kletterhortensie
Hydrangea anomala ssp. petiolaris

Merkmale: Kletterstrauch mit Haftwurzeln, 5 – 8 m hoch; herzförmige, glänzend grüne Blätter; weiße, schirmförmige Blütenstände.
Blütezeit: Juni – Juli

Verwendung: Zur Begrünung von Wänden, Mauern, Pergolen oder alten Bäumen.
Standort: Am besten halbschattig, Sonne wird nur vertragen, wenn der Boden stets reichlich Wasser führt; frischer, humoser Boden, leicht sauer bis leicht alkalisch; wenig rauchhart, für Stadtklima wenig geeignet.
Pflanzen/Vermehren: Pflanzung bevorzugt im Herbst, Triebe anfangs aufleiten, meist nur zögerndes Anwachsen; Vermehrung durch Absenker oder Stecklinge.
Pflege: Überalterte Triebe entfernen, Rückschnitt nicht erforderlich, wird aber vertragen.

Strauchhortensie
Hydrangea arborescens

Wird auch Waldhortensie genannt.
Merkmale: Strauch, dicht buschig, breit aufrecht mit vielen Trieben, 2 – 3 m hoch, um 2 m breit; eiförmiges Laub, früher Austrieb, gelbe

Hortensien bestechen durch ihre eindrucksvollen Blütenstände.

Hortensie

Gartenhortensie (Hydrangea macrophylla)

Rispenhortensie (Hydrangea paniculata)

Herbstfärbung; weiße, ballförmige Blütenstände, vorwiegend aus sterilen Blüten. Es gibt einige Sorten, z. B. 'Grandiflora', die Schneeballhortensie, mit besonders großen Blüten.
Blütezeit: Juli – September
Verwendung: Auffälliger Blütenstrauch für Einzelstellung, in Gehölzgruppen, in Beeten, schön zu Rhododendren.
Standort: Am besten absonnig bis halbschattig; frischer, humoser, stark bis schwach saurer Boden; wenig rauchhart, für Stadtklima nur bedingt geeignet.
Pflanzen/Vermehren: Pflanzung bevorzugt im Herbst; Vermehrung durch Stecklinge.
Pflege: Boden gleichmäßig feucht halten; im Frühjahr organisch düngen; im Spätwinter auslichten.

Samthortensie
HYDRANGEA ASPERA

Auch als Raue Hortensie bekannt.
Merkmale: Strauch, straff aufrecht, etwas sparrig mit wenig verzweigten Trieben, 1 – 3 m hoch und breit; lange, schmale, samtig behaarte Blätter, die lange haften bleiben; am einjährigen Holz schirmförmige Blütenstände, innen weiß, rötlich oder bläulich, außen lockerer Kranz von weißen oder hellrosa Randblüten.
Blütezeit: Juli – August
Verwendung: Für Einzelstellung, dominantes Gehölz in kleinen Gruppen.
Standort: Wie Strauchhortensie.
Pflanzen/Vermehren: Wie Strauchhortensie.
Pflege: Auf reichliche Wasserversorgung achten; im Frühjahr organisch düngen; im zeitigen Frühjahr kräftig zurückschneiden.
Hinweis: Es gibt zwei Varietäten, die sich hauptsächlich in der Blütenfarbe unterscheiden. *Hydrangea aspera* var. *strigosa* blüht weiß-rosa, *Hydrangea aspera* var. *sargentiana* bläulich weiß, außerdem sind ihre Blätter unterseits dicht wollig behaart und erscheinen dadurch grauweiß.

Bauernhortensie
HYDRANGEA MACROPHYLLA, HYDRANGEA-HYBRIDEN

Wird auch Gartenhortensie genannt, die Sorten mit kugeligen Blütenständen kennt man außerdem als Ballhortensien.
Merkmale: Strauch, sehr dicht buschig, mit wenig verzweigten, straff bis bogig aufrechten Trieben, 1 – 2 m hoch und breit; eiförmige, fleischige Blätter; üppige, ball- oder tellerförmige Blütenstände in Weiß, Rosa oder Blau, überwiegend sterile Blüten.
Blütezeit: Juli – September
Verwendung: In Beeten und Rabatten, für Einzelstellung, in Kübeln.
Standort: Wie Strauchhortensie, zudem möglichst windgeschützt. Vom Säuregrad des Untergrunds hängt die Blütenfärbung ab, je saurer, desto bläulicher, je alkalischer, desto rötlicher werden die Blüten.
Pflanzen/Vermehren: Wie Strauchhortensie.
Pflege: Stets gleichmäßig feucht halten; im Frühjahr organisch düngen, eventuell auch Spezialdünger (sauer wirkenden Aluminiumdünger) verabreichen, damit die blaue Blütenfarbe erhalten bleibt; im Spätwinter auslichten; in rauen Lagen leichten Winterschutz geben.
Hinweis: Es sind zahlreiche Sorten erhältlich, deren Zuordnung zur Art oder zu den Hybriden nicht immer eindeutig ist. Im Wesentlichen unterscheiden sich die Sorten in der Blütenfarbe und in der Form der Blütenstände.

Rispenhortensie
HYDRANGEA PANICULATA

Merkmale: Strauch, breit buschig mit gabelig verzweigten Trieben, deren Enden leicht überhängen, 2 – 3 m hoch und breit; eiförmige Blätter, orangegelbe Herbstfärbung; am einjährigen Holz cremeweiße, im Verblühen zunehmend rosafarbene, kegelförmige Doldenrispen, ausschließlich aus sterilen Blüten.
Blütezeit: Juli – September
Verwendung: Für Einzelstellung, in Gehölzgruppen, in frei wachsenden Hecken.

Standort: Wie Strauchhortensie.
Pflanzen/Vermehren: Wie Strauchhortensie.
Pflege: Wie Strauchhortensie.

Hortisol

Ein besonderer → *Bodentyp,* der durch teils jahrhundertelange gärtnerische Nutzung entstanden ist und einen mächtigen, bis 80 cm tief reichenden, humosen A-Horizont (Oberboden) aufweist.
Auch → *Gartenboden*

Hosta

Botanischer Gattungsname der → *Funkien,* die als Blattschmuckstauden in zahlreichen Arten und Sorten Schattenplätze zieren können.

Hottonia

Feinblättrige Flachwasserpflanze
→ *Schwimmpflanzen*

Houttuynie
HOUTTUYNIA CORDATA

Die auch Eidechsenschwanz genannte Pflanze ist in Ostasien heimisch und zählt zur Familie der *Saururaceae*. Besonderen Zierwert haben Sorten mit buntem, grün, gelb und rot gemustertem Laub.
Merkmale: Kriechende, kleine Matten bildende Staude, 15 – 40 cm hoch; herzförmige Blätter an rot überlaufenen Stängeln; ährige Blütenstände aus gelblichen Blütchen, jeweils von einem Kranz aus weißen Tragblättern umgeben.
Blütezeit: Juni – Juli
Verwendung: Für Sumpfbereiche, als Bodendecker an nassen Stellen.
Standort: Am besten absonnig bis halbschattig auf sehr feuchten bis nassen Böden, Wassertiefe bis 10 cm.
Pflanzen/Vermehren: Pflanzung im Frühjahr in Containern, um Wuchern einzudämmen; Vermehrung durch Teilung im Frühjahr.
Pflege: Nicht ganz winterhart, deshalb im Herbst in mindestens 50 cm tiefes Wasser umsetzen, dick mit Laub abdecken oder kühl im Haus überwintern.

Hufeisenfarn

Mittelgroßer, breite Horste bildender Farn mit mehrfach gefiederten Wedeln, der zur Gattung der → *Frauenhaarfarne* zählt.

Huflattich
TUSSILAGO FARFARA

Das Korbblütengewächs kommt in ganz Europa, in Nordafrika, in Nord- und Westasien sowie in Nordamerika vor. Es ist eine altbewährte Heilpflanze, die vor allem gegen Husten eingesetzt wird. Mit seiner zeitigen Blüte bei noch nicht entfalteten Blättern bietet er im Frühjahr einen reizvollen Anblick. Trotzdem ist der Huflattich nicht bei allen Gärtnern beliebt: Wo das heilkräftige Kraut ungewollt auftritt, wird es zum hartnäckigen „Un"-Kraut, das man aufgrund der tief reichenden Wurzeln und bis 2 m langen Ausläufer nur schwer wieder los wird. Man pflanzt den Huflattich, der durch die frühe Blüte besonders wertvoll für Bienen, Schmetterlinge und andere Insekten ist, deshalb besser nur dort, wo etwas Wildwuchs willkommen ist.
Merkmale: Staude mit kriechenden Rhizomen, bildet kleine Matten oder lockere Rasen, 5 – 20 cm hoch; flache Rosetten aus lang gestielten, herzförmigen, grob gezähnten Blättern, unterseits weißfilzig behaart, treiben erst nach der Blüte aus; gelbe, nach Honig duftende Blütenköpfe auf schuppigen Schäften, schließen sich nachts; Fruchtstände ähnlich dem Löwenzahn.
Blütezeit: Februar – April
Verwendung: In naturnahen Bereichen, am Rand von Wildblumenwiesen, zur Begrünung von Brachflächen.
Standort: Bevorzugt im Frühjahr feuchten bis frischen, später auch trockenen Boden, der durchaus karg sein kann.
Pflanzen/Vermehren: Pflanzung bevorzugt im Frühjahr oder Herbst; Vermehrung durch Aussaat oder Teilung.
Pflege: Völlig anspruchslos; wenn nötig, durch Abstechen von Ausläuferpflanzen eindämmen.

Houttuynie (Houttuynia cordata)

Huflattich (Tussilago farfara)

Hügelbeet

Durch Aufschichten von organischen Abfällen, Kompost und/oder Erde angelegtes Beet mit hügelförmigem Querschnitt. In China nutzte man Beete solcher Art schon vor Jahrhunderten; vor einigen Jahrzehnten wurde sie bei uns für den biologischen Gemüseanbau wiederentdeckt.

Diese besondere Form der Beetanlage weist gegenüber normalen Flachbeeten einige **Vorteile** auf: Beim Verrotten des organischen Materials im Hügelkern entsteht Wärme, die das Pflanzenwachstum begünstigt, Anbau- und Erntezeiten lassen sich dadurch verfrühen. Die Bodentemperatur im Hügelbeet liegt nach Anlaufen des Rottevorgangs um 5 – 8° C höher als im gewachsenen Gartenboden. Wie in einem Komposthaufen werden die aufgeschichteten Pflanzenreste nach und nach zu fruchtbarem Humus umgewandelt, ab dem 2. Jahr werden verstärkt pflanzenverfügbare Nährstoffe frei.

Die schräg ansteigenden Beetseiten sorgen außerdem für einen günstigeren Sonneneinfallswinkel und für zusätzlich nutzbare Pflanzfläche, so dass die Anbaufläche etwa um ein Drittel größer ist als bei einem Flachbeet mit gleichem Grundriss. Im oberen Bereich des Hügels wird überdies ein bequemes Arbeiten möglich, allerdings ist in dieser Beziehung ein → *Hochbeet* vorteilhafter.

Da die Pflanzfläche des Hügelbeets unabhängig vom gewachsenen Boden entsteht, bietet es schließlich auch die Möglichkeit, selbst bei ungünstigen Bodenverhältnissen wie etwa Staunässe erfolgreich Gemüse anzubauen. Nicht zuletzt stellt das Hügelbeet eine gute Methode dar, um Gehölzschnitt, der für seinen Aufbau benötigt wird, sinnvoll und nutzbringend zu entsorgen.

Es gibt jedoch auch **Nachteile:** Die Austrocknungsgefahr ist recht hoch, der Wasserbedarf enorm. Bei starken Niederschlägen und unbedachtem Gießen drohen Erdabschwemmungen an den Seiten. Die Hügel bieten zudem Wühl- und anderen Mäusen einen idealen Aufenthaltsort, auch ein zuunterst ausgelegtes Maschendrahtgitter hilft gegen diese unerwünschten Gäste nur begrenzt.

Zur Anlage von Hügelbeeten → PRAXIS-SEITE Hügelbeete und Hochbeete anlegen (S. 62/63)

Nutzung des Hügelbeets

Das Hügelbeet dient in allererster Linie dem Anbau von Gemüse, den man hier auf begrenzter Fläche sehr intensiv betreiben kann. Durch die verlängerte Vegetationszeit, zu der die Verrottungswärme verhilft, lassen sich zusätzlich zur Hauptkultur gut frühe Vorkulturen und späte Nachkulturen nutzen (auch → *Kulturfolge*). Eine möglichst lange Nutzung ist ohnehin zu empfehlen, da so die Gefahr von Erdabschwemmung im Winter verhindert wird. Dazu kann auch eine spät ausgesäte → *Gründüngung* dienen. In der Regel erfolgt der Anbau in → *Mischkultur*.

Am günstigen wird das Hügelbeet im Herbst angelegt und dann ab dem darauf folgenden Frühjahr genutzt. Ab wann und in welchem Ausmaß Nährstoffe im Hügelinnern freigesetzt werden, hängt vom aufgeschichteten Material und vom Witterungsverlauf ab. Im Allgemeinen setzt eine verstärkte Nährstoffnachlieferung erst ab dem 2. Jahr ein, so dass man im 1. Jahr bevorzugt Schwach- und Mittelzehrer wie Buschbohnen, Erbsen, Salat oder Chinakohl anbaut. Am besten verwendet man vorwiegend Pflanzgemüse, da bei Saaten im ersten Jahr die Erde noch recht leicht abgeschwemmt wird.

Im 2. und 3. Jahr, wenn die Nährstoffnachlieferung so richtig in Gang kommt, sind Starkzehrer wie Kohl, Sellerie, Gurken oder Tomaten an der Reihe. Ab dem 4. Jahr lassen Nähr-

Hügelbeete ermöglichen einen intensiven Gemüseanbau durch Nutzung natürlicher Vorgänge.

stofffreisetzung und Wärmeentwicklung nach, so dass nun wieder hauptsächlich Mittel- und Schwachzehrer angebaut werden (auch → *Fruchtfolge*). Hoch wachsende Arten wie Tomaten werden am günstigsten zur Mitte hin gepflanzt, niedrigere Gemüse an den unteren Seiten.

Mit der Zeit flacht der Hügel zunehmend ab. Nach etwa 6 Jahren ist er so weit abgetragen, dass nur noch eine dicke Schicht guter Komposterde verbleibt, die entweder z. B. mit Erdbeeren bepflanzt oder an anderer Stelle im Garten verwendet werden kann; so etwa auch zum Anlegen eines weiteren Hügelbeets, für das man am besten einen neuen Platz wählt.

Aufgrund der Austrocknungsgefahr ist Mulchen sehr empfehlenswert, außerdem der Einsatz von Tropfschläuchen oder automatischer Bewässerung mit Einzeltropfern.

Hühnermist

Hühnerkot mit Beimengungen von Stroh oder anderer Einstreu, der als langsam wirkender organischer Dünger genutzt werden kann. Er nimmt unter den Mistarten (→ *Mist*) eine Sonderstellung ein, da die Nährstoffkonzentration aufgrund des geringen Wassergehalts vergleichsweise hoch ist. Vor allem enthält er recht viel Stickstoff und Phosphor. Für Direktausbringung aufs Beet eignet sich Hühnermist jedoch weniger, da er schnell verhärtet und ätzend wirken kann. Am besten wird er deshalb, vermengt mit Pflanzenabfällen, kompostiert. Man sollte möglichst nur Hühnermist aus extensiver Haltung ohne Tiermehlfütterung und hohem Antibiotikaeinsatz verwenden.

Hüllblatt

Andere Bezeichnung für → *Hochblatt*; häufig besonders geformtes oder gefärbtes Laubblatt in der Blütenregion

Hülse

Der Begriff bezeichnet eine charakteristische Fruchtform, ist aber in manchen Regionen auch als Name für ein bestimmtes Gehölz geläufig:

1) Fruchtform der → *Hülsenfrüchtler*: Sie ist eine Einzelfrucht (→ *Frucht*) und besteht aus nur einem Fruchtblatt, das sich bei Reife der Samen an zwei Seiten öffnet, nämlich längs der Verwachsungsnaht (Bauchnaht) und der Mittelnaht (Rückennaht). Im Gegensatz zur → *Schote* findet sich im Innern der Hülse keine Längsscheidewand.

2) Anderer Name der → *Stechpalme*, ein immergrünes Gehölz, das dornenbewehrten Blätter und zierende, giftige Früchte aufweist.

Hülsenfrüchtler

Botanisch als *Fabales* bezeichnet, stellen die Hülsenfrüchtler eine sehr artenreiche Ordnung innerhalb der zweikeimblättrigen Pflanzen dar. Früher hießen sie *Leguminosae* und sind deshalb auch als Leguminosen bekannt. Zu den Hülsenfrüchtlern gehören drei Familien, die → *Schmetterlingsblütengewächse* (*Fabaceae*), die Johannisbrotgewächse (*Caesalpiniaceae*) und die Mimosengewächse (*Mimosaceae*). In unseren Breiten und Gärten sind fast nur die Schmetterlingsblütler von Bedeutung; dazu zählen z. B. Bohnen, Erbsen und Lupinen sowie etliche Gehölze, darunter Robinie, Ginster, Goldregen und Glyzine.

Viele Hülsenfrüchtler haben stark gefiederte, attraktive Blätter. Gemeinsam ist ihnen freilich vor allem die namensgebende Fruchtform, die → *Hülse*. Einige Hülsenfrüchtler wie Bohne, Erbse, Linse und Sojabohne gehören mit ihren eiweißreichen Samen zu den ältesten und wichtigsten Nahrungspflanzen. Viele Hülsen enthalten jedoch gerade bei Gehölzen hochwirksame Giftstoffe; so zählt der

Hülsenfrüchte können recht unterschiedlich gefärbt sein.

Goldregen zu den giftigsten Pflanzen überhaupt. Giftig sind auch rohe Bohnen.

Fast alle Hülsenfrüchtler bilden Lebensgemeinschaften mit → *Knöllchenbakterien,* die sich in ihren Wurzeln ansiedeln und Stickstoff aus der Luft binden können. Das ermöglicht vielen Pflanzen dieser Ordnung, selbst noch an kargen Standorten zurechtzukommen. Das Stickstoffaneignungsvermögen nutzt man im Garten durch → *Gründüngung* mit Schmetterlingsblütlern wie Wicke, Klee, Lupine und Luzerne.

Humides Klima

Klimabereich, in dem die jährliche Niederschlagsmenge größer ist als die jährliche Verdunstung (von lat. humidus = feucht). Dies ist bei uns in Mitteleuropa der Fall, wobei viele Regionen als semihumid einzustufen sind, d. h., während einiger Monate übersteigt die Verdunstung regelmäßig die Niederschlagsmengen.

Auch → *Klima*

Humifizierung

Humusbildung, also die Umwandlung von organischen Resten zu stabilen Huminstoffen und damit zu Dauerhumus

→ *Humus*

Hügelbeete und Hochbeete anlegen

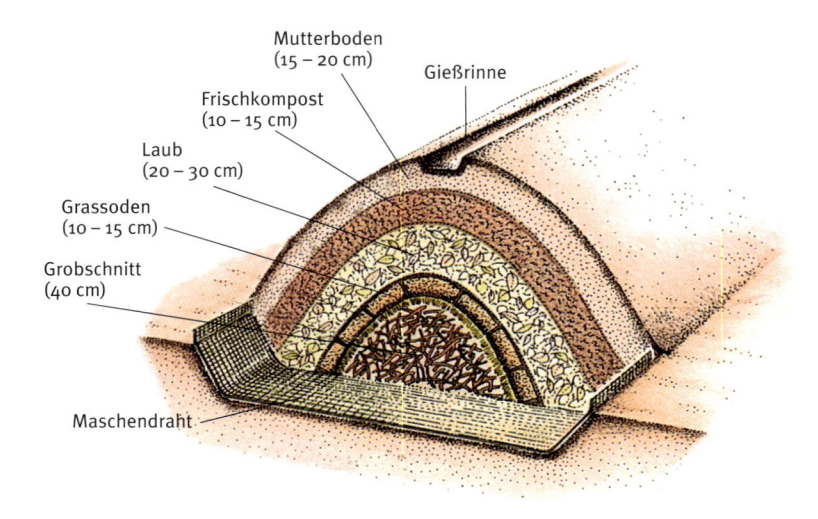

1. Aufbau eines Hügelbeets

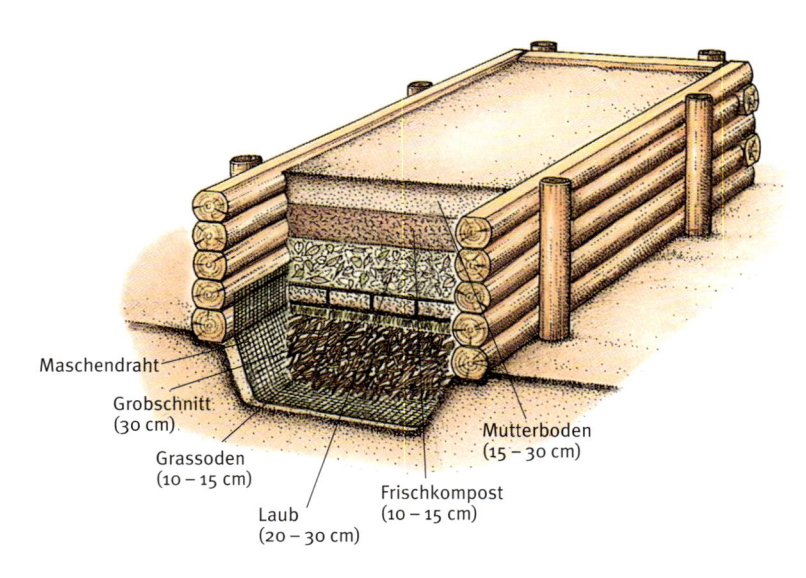

- Mutterboden (15 – 20 cm)
- Gießrinne
- Frischkompost (10 – 15 cm)
- Laub (20 – 30 cm)
- Grassoden (10 – 15 cm)
- Grobschnitt (40 cm)
- Maschendraht

2. Aufbau eines Hochbeets

- Maschendraht
- Grobschnitt (30 cm)
- Grassoden (10 – 15 cm)
- Laub (20 – 30 cm)
- Frischkompost (10 – 15 cm)
- Mutterboden (15 – 30 cm)

Vorbereitung und Standort

Im Grunde kann man → *Hügelbeet* und → *Hochbeet* als bepflanzte Kompostmieten ansehen. Wie beim → *Kompost* geht es um ein Zusammenstellen und Aufschichten von Materialien, das einen möglichst guten Rotteverlauf gewährleistet. Laub und Gehölzschnitt bilden dabei als langsam verrottende Bestandteile den Kern. Es empfiehlt sich, frühzeitig mit dem Sammeln der benötigten Materialien zu beginnen. Das Laub wird dazu am besten in luftigen Drahtbehältern untergebracht. Selbstverständlich sollten keine Gartenabfälle verwendet werden, die Anzeichen von Krankheitsbefall zeigen.

Für Hügel- wie Hochbeet ist ein sonniger Standort nötig, hier legt man sie möglichst in Nord-Süd-Richtung an, um beste Lichtausnutzung zu gewährleisten. Das Anlegen erfolgt vorzugsweise im Herbst, dann hat sich bis zur Erstbepflanzung im Frühjahr das Material hinreichend gesetzt. Für das Hochbeet muss man freilich schon früher mit dem Errichten der Rahmenkonstruktion beginnen (vgl. auch Hinweise bei → *Hochbeet*).

Empfohlene Maße

Hügelbeete werden bei schmaler Anlage leicht zu steil, bei Breiten über 1,8 m zur Mitte hin schlecht zugänglich; etwa 1,5 m Breite haben sich als günstig erwiesen. Wenigstens 3 m, besser 4 m Länge sind ratsam; so lohnt sich auch der nicht unbeträchtliche Aufwand. Die Höhe von 1 – 1,3 m ergibt sich durch die Schichtung; bis zum Frühjahr sackt der Hügel oft schon 30 cm und mehr zusammen.

TIPP

Vorteilhafte Zusätze sind Gesteinsmehl und, falls verfügbar, Stall- oder Pferdemist. Das Gesteinsmehl streut man fein über alle Lagen aus. Mist kann etwa 10 cm hoch jeweils über der Grobschnitt- und Laubschicht eingebracht werden. Dabei muss man beachten, dass dann schon im 1. Jahr die Nährstofffreisetzung recht hoch ist.

Eine Breite von 1,2 – 1,5 m bei 0,8 – 1 m hoher Einfassung gilt für Hochbeete als optimal. Die Länge kann beliebig gewählt werden, bei mehr als 2 m sind Seitenstützen erforderlich, um dem Druck standzuhalten.

Der Aufbau

Zunächst steckt man die benötigte Fläche ab, schält auf graswachsener Fläche die Soden etwa 10 – 15 cm tief mit Grabegabel oder Spaten ab und hebt dann den Boden einen Spatenstich tief aus; Grassoden und Aushub getrennt neben der Grube lagern. Dann geht es an das Aufschichten. Der grundsätzliche Aufbau ist bei Hügel- und Hochbeet identisch:

■ Maschendraht als Wühlmausschutz: rostfreies, engmaschiges Drahtgeflecht (günstig: 16 mm Maschenweite); beim Hügelbeet sollte das Drahtgitter wenigstens 10 cm über Erdniveau hinausreichen, beim Hochbeet kann man es noch weiter an den Seitenwänden hochziehen.

■ Grobschnitt: grob zerkleinerte Äste und Zweige, Heckenschnitt, auch zerkleinerte Stauden- oder Kohlstängel. Beim Hügelbeet etwa 60 cm breit und 40 cm hoch und halbkreisförmig gewölbt; beim Hochbeet etwa 30 cm hoch und möglichst noch etwas grober, um zu starkes Einsacken zu verhindern. Diese Schicht dient vor allem der Dränage.

■ Grassoden: Sehr vorteilhaft, falls verfügbar; mit den Wurzeln nach oben aufschichten. Als Alternative eignet sich eine 10 – 15 cm dicke Lage aus Frischkompost oder Mist.

■ Laub: 20 – 30 m hoch schichten, dann gut anfeuchten.

■ Frischkompost, also halbreifer, noch nicht ganz zersetzter Kompost, 10 – 15 cm hoch ausbringen.

■ Mutterboden: Der Aushub, am besten mit reichlich reifem Kompost vermischen, wenigstens 15 cm stark; beim Hochbeet, wo keine Gefahr des Abrutschens besteht, sind 20 – 30 cm empfehlenswert.

Auf dem Scheitelpunkt des Hügelbeets schließlich eine breite, tiefe Gießrinne eindrücken, damit Gießwasser auch ins Innere dringt und nicht außen abläuft. Bis zur Nutzung im Frühjahr rät sich ein Abdecken der gesamten Oberfläche mit Stroh, Laub oder einer schwarzen Mulchfolie.

CHECKLISTE

Die wichtigsten Punkte, die bei der Nutzung zu berücksichtigen sind:

- Nährstofffreisetzung meist im 2. und 3. Jahr am stärksten
- hoher Wasserbedarf, vor allem beim Hügelbeet
- Mulchen und über Winter Gründüngung besonders vorteilhaft
- erhöhte Wühlmausgefahr
- Nutzungsdauer etwa 5 bis 6 Jahre, dann Neuaufbau nötig

1. Solche Stangen für die spätere Tomatenpflanzung steckt man am besten gleich schon im Frühjahr mit ein.

2. Aufgrund der erhöhten Austrocknungsgefahr ist Mulchen – hier mit Langstroh – in jedem Fall sehr empfehlenswert.

3. Pfiffige Idee: Kompostbehälter als Hochbeete genutzt. Hochbeete eignen sich bestens auch für Sommerblumen.

Huminstoffe
Schwer zersetzbare organische Substanz, die den wertvollen Dauerhumus bildet und den Boden dunkel färbt.
→ *Humus*

Humos
Kennzeichnung eines Bodens mit wenigstens 2 – 4 % Humusgehalt
→ *Humus*

Hummel
Hummeln gehören zur Familie der Bienen, innerhalb der sie eine eigene Gattung bilden. In Mitteleuropa kommen gut 30 Arten vor. Sie sind teils stark vom Aussterben bedroht, alle stehen unter Naturschutz. Die gedrungenen, pelzig behaarten Hautflügler haben zwischen ihren schwarzen oder dunkelbraunen Streifen oft sehr auffällige gelbe bis rote Partien. Sie sind plumper und mit längerem Saugrüssel ausgestattet als andere Bienen. Die Weibchen besitzen am Hinterleib einen kräftigen Wehrstachel. Sie stechen jedoch nur im Notfall, wenn sie sich bedroht fühlen.

Wie die → *Bienen* im engeren Sinn, also etwa die Honigbiene, bilden die Hummeln Staaten mit einer Königin, zahlreichen Arbeiterinnen und männlichen Drohnen. Die Völker sind recht klein, mit nur 50 bis höchstens 500 Tieren. Nester werden häufig im trockenen, durchlässigen Boden angelegt, gern in verlassenen Mauselöchern oder auch im Mauerwerk alter Gebäude. Ein Hummelstaat besteht nur ein Jahr, im Herbst bleibt lediglich die befruchtete Jungkönigin am Leben.

Hummeln haben sehr große Bedeutung für die Bestäubung von Pflanzen. Sie fliegen früher als Bienen und sind selbst noch bei Temperaturen um den Nullpunkt unterwegs. In Jahren mit ungünstiger Witterung werden bis zu 50 % aller Blütenpflanzen allein durch Hummeln bestäubt, die dann z. B. als einzige Insekten die Obsternte sicherstellen. Außerdem können sie mit ihrem langen Rüssel auch Blüten bestäuben, deren Nektar für Honigbienen nicht erreichbar ist, etwa die der Puffbohnen oder Taubnesseln.

Wo Hummeln fliegen, sollten keinesfalls bienengefährliche Spritzmittel eingesetzt werden. Die Tiere können durch Aufstellen spezieller Nistkästen gefördert werden, außerdem durch möglichst viele herbstblühende Pflanzen, da sie noch spät im Jahr nach Nahrung suchen.

Humulus
Botanischer Gattungsname des Japanischen → *Hopfens,* der als Kletterpflanze Verwendung findet.

Humus
Gesamtheit der abgestorbenen organischen Substanz im Boden, die mehr oder weniger stark zersetzt ist. Der hauptsächlich in den oberen 30 cm angereicherte Humus sorgt für die dunkle Färbung des Bodens. Obwohl der Humusanteil in einem normalen Gartenboden nur bei etwa 2 – 4 % liegt, hat er sehr großen Einfluss auf die Bodeneigenschaften. Dabei muss man bedenken, dass es sich um Gewichtsprozente handelt und Humus im Vergleich zu den mineralischen Bodenteilen (auch → *Boden*) sehr leicht ist.

Ein entsprechender Humusgehalt, der bei gut versorgten Böden durchaus über 4 % liegen kann, verbessert deutlich die **Bodeneigenschaften.** Er sorgt für gute Wasser- und Nährstoffspeicherung, fördert Erwärmung und Durchlüftung sowie ein vielfältiges, vorteilhaftes → *Bodenleben*. Die Bodenorganismen wiederum verkleben mit ihren Ausscheidungen die winzigen Humusteilchen mit Tonteilchen. So entstehen Ton-Humus-Komplexe, die ein stabiles Krümelgefüge bilden (auch → *Boden, Bodenstruktur*). Weiterhin vermag der Humus im Boden starke Nährstoff- und pH-Wert-Schwankungen (→ *Bodenreaktion*) auszugleichen, was man als Pufferung bezeichnet. Die noch nicht so stark zersetzten Anteile schließlich dienen als langsam fließende Nährstoffquelle.

Ausgangsmaterialien für die **Humusbildung** sind alle pflanzlichen Rückstände im und auf dem Boden, außerdem abgestorbene Wurzeln und Bodentiere. Durch die Tätigkeit von Bodentieren wie Regen- und Borstenwürmern oder Asseln wird das Material zerkleinert und vermischt, Mikroorganismen wie Bakterien sorgen dann für die weitere Zersetzung, auch Verwesung genannt. Die leicht abbaubaren Substanzen werden dabei mineralisiert, d. h. in pflanzenverfügbare Nährstoffe zerlegt. Diesen Anteil bezeichnet man als **Nährhumus.** Aus den schwerer zersetzbaren Resten entstehen infolge komplexer biochemischer Vorgänge Neubildungen, die stabilen Huminstoffe. Sie bilden den **Dauerhumus,** der die oben genannten positiven Bodeneigenschaften bewirkt.

Hummeln fliegen auch bei kühlen Temperaturen und bis in die späten Abendstunden hinein.

Hundertjähriger Kalender

Zur Humuspflege gehört die Versorgung des Bodens mit Kompost.

Daneben kennt man eine weitere, eher ungünstige Form, den **Rohhumus.** Er entsteht als stark saure Auflageschicht auf untätigen Böden, wo der Abbau stark gehemmt ist, z. B. bei sehr nassen, schlecht durchlüfteten Böden, bei ungünstigem → *C/N-Verhältnis* oder aus der schwer zersetzbaren Streu von Nadelgehölzen. Dies ist mit ein Grund dafür, dass unter großen Nadelbäumen im Garten kaum etwas gedeiht.

Humus, selbst der Dauerhumus, wird mit der Zeit abgebaut, zum Teil auch in tiefere Bodenschichten verlagert. Vor allem die starke Durchlüftung durch intensive Bodenbearbeitung fördert den Humusabbau, auch übermäßige Kalkgaben können dazu beitragen. Wichtig ist deshalb eine fortwährende **Humuspflege** und -ergänzung. Dies erreicht man vor allem durch Versorgung mit → *Kompost,* → *Gründüngung* und → *Mulchen.* Auch oberflächlich eingearbeitete Erntereste, die auf dem Beet verbleiben, und Herbstlaub, das man unter Gehölzen und zwischen Stauden belässt, sorgen für Humusnachschub. Eine schonende, nicht wendende → *Bodenbearbeitung* mit der Grabegabel reduziert den Humusabbau. Der Humusgehalt lässt sich allerdings nicht beliebig erhöhen, da sich bei guter Versorgung ein Gleichgewicht zwischen Humusaufbau und -abbau einstellt. Wird mehr organische Substanz zugeführt, als die Bodenorganismen abbauen können, bilden sich nachteilige Rohhumus-„Nester", besonders bei schweren, tonreichen Böden.

Den **Humusgehalt** seines Gartenbodens kann man bei einer → *Bodenuntersuchung* ermitteln lassen. Nach dem Gehalt an organischer Substanz ergibt sich folgende Unterteilung:

Humusdünger
Organische → *Dünger* und → *Bodenverbesserungsmittel,* die zur Erhöhung des Humusgehalts beitragen. Der preiswerteste Humusdünger ist selbst hergestellter Kompost. Ersatzweise oder auch ergänzend können abgepackte Humusdünger aus dem Handel eingesetzt werden; sie sind oft nach firmeneigenen Rezepturen aus verschiedenen Spezialkomposten gemischt, teils auch mit Hornspänen o. Ä. aufgedüngt. Käuflicher Rindenhumus bzw. -kompost fällt ebenfalls in diese Kategorie, ebenso Torf, den man jedoch aus Umweltgründen nicht in allzu hohen Mengen verwenden sollte. Zu den Humus bildenden Düngern zählt außerdem Stallmist.

Humusstoffe
Alle abgestorbenen organischen Stoffe im Boden, sowohl die Huminstoffe des Dauerhumus als auch die so genannten Nichthuminstoffe des Nährhumus
→ *Humus*

Hundertjähriger Kalender
Auch unter Gärtnern populärer Kalender, der von periodischen Wiederholungen des langjährigen Wetterverlaufs ausgeht und so das Wetter über Hundert-Jahres-Zeiträume vorhersagen will. Ursprünglich geht er zurück auf Wetterbeobachtungen, die der Bamberger Abt Mauritius Knauer von 1652 bis 1659 auf der Suche nach Gesetzmäßigkeiten sorgfältig aufzeichnete. Er begnügte sich mit 7 Jahren, da er wie viele seiner Zeitgenossen überzeugt war, dass Wettergeschehen wie Weltenlauf durch siebenjährige Zyklen bestimmt werden. Dies leitete man von den seinerzeit sieben bekannten Planeten ab, zu denen man neben Saturn, Jupiter, Mars, Venus und Merkur auch Sonne und Mond zählte.

Um das Jahr 1700 entdeckte der Erfurter Arzt Christoph Hellwig eine Abschrift von Knauers Aufzeichnungen, rechnete sie auf 100 Jahre hoch, änderte sie dabei für seine Zwecke kräftig ab und schuf damit einen Bestseller. In der Folge wurde das Kalendarium vielfach nachgedruckt, für spätere Jahrhunderte fortgeschrieben, auf andere Klimagebiete übertragen und erfuhr dabei immer wieder neue Veränderungen durch seine Bearbeiter. So hat das Werk vor allem kulturhistorische Bedeutung; für eine zuverlässige Jahreswettervorhersage lässt es sich – trotz möglicher Übereinstimmungen in Einzelfällen – jedoch nicht verwenden.

Humusgehalt im Boden

Bezeichnung	Humusanteil
humusarm	weniger als 1 %
humushaltig	1 – 2 %
humos	2 – 4 %
stark humos	4 – 8 %
sehr stark humos	8 – 15 %

Die letztgenannte Kategorie entspricht schon einem Waldboden mit Streuauflage, noch höhere Gehalte findet man nur in anmoorigen und Moorböden.

Hundskamille

Hundskamille
ANTHEMIS

Nur zwei Arten dieser Korbblütengewächse aus der Gattung haben Gartenbedeutung, zum einen die Berg- oder Silberkamille, zum andern die Färberkamille aus Westasien und Europa. Letztere wurde früher als Färbepflanze verwendet.

Bergkamille
ANTHEMIS MARSCHALLIANA
☼–◐ ☺

Merkmale: Kleinstaude, buschig wachsend, 15 – 30 cm hoch; kammartig gefiederte, seidig behaarte Blätter; goldgelbe Blütenköpfe auf langen Stielen.
Blütezeit: Mai – Juni
Verwendung: Als Bodendecker, im Steingarten, auf Trockenmauern.
Standort: Möglichst warm; trockener, gut durchlässiger, sandiger oder steiniger Boden.
Pflanzen/Vermehren: Pflanzung bevorzugt im Frühjahr, bei flächiger Verwendung 6 bis 8 Pflanzen pro m²; Vermehrung durch Teilung nach der Blüte oder im Frühjahr, durch Stecklinge im Frühsommer oder durch Aussaat im Frühjahr.
Pflege: Nach der Blüte auf 10 cm zurückschneiden; bei nachlassender Blühfreudigkeit durch Teilung verjüngen; in rauen Lagen etwas Winterschutz geben.

Färberkamille
ANTHEMIS TINCTORIA
☼–◐ ☺

Merkmale: Staude, dicht buschig, 50 – 90 cm hoch; fein gefiederte Blätter; goldgelbe Blütenkörbe auf langen, drahtigen Stängeln.
Blütezeit: Juni – September
Verwendung: Für Beete und Rabatten, Böschungen oder auf großen Trockenmauerkronen, hübsch in Begleitung von Gräsern sowie blau blühenden Stauden.

Färberkamille (Anthemis tinctoria)

Standort: Möglichst sonnig; trockener bis frischer, leicht humoser Boden.
Pflanzen/Vermehren: Wie Bergkamille; 30 – 40 cm Pflanzabstand.
Pflege: Wie Bergkamille.

Hundsrose
Verbreitet vorkommende heimische Wildrose mit sehr breitem, buschigem Wuchs
→ *Rose*

Hundstage
Heißeste Zeit des Jahres, im langjährigen Durchschnitt recht häufig als Hochdruckwetterphase in der letzten Juli- und ersten Augustwoche (auch → *Hochsommer*) auftretend; im allgemeinen Sprachgebrauch auch gebräuchlich als Bezeichnung für ausgeprägte Hitzewellen außerhalb dieses Zeitraums. Die hochsommerliche Hitzephase hat ihren Namen von einer astronomischen Periode, mit deren Beginn sie oft eintritt: Im Zeitraum zwischen dem 23. Juli und dem 23. August geht die Sonne fast gleichzeitig mit dem Sirius auf, der auch Hundsstern genannt wird.

Hundszahnlilie (Erythronium dens-canis)

Hundszahnlilie
ERYTHRONIUM DENS-CANIS
◐

Die Hundszahn- oder Forellenlilie ist ein Liliengewächs aus Europa. Ihren Namen erhielt sie aufgrund ihrer weißlichen Zwiebelknollen, die in der Form an Eckzähne eines Hunds erinnern. In Standortansprüchen, Pflege und Verwendung ähneln ihr einige weitere Arten aus dem westlichen Nordamerika sowie Hybridformen, die etwas später zur Blüte kommen und allgemein etwas höher wachsen. Hierzu gehören z. B. *E. revolutum* mit weißrosa Blüten und *E. tuolumnense* mit gelben Blüten. Hybriden gibt es in mehreren Sorten mit großen, weißen, rosafarbenen oder gelben Blüten und oft sehr interessant gefärbtem Laub.
Merkmale: Zwiebelknollen tragendes Gewächs, 10 – 20 cm hoch; wenige, breit lanzettliche, purpurn bis bläulich gesprenkelte Blätter; lilienähnliche, nickende Blüten an langen Stielen, rosa, Sorten auch weiß oder violett.
Blütezeit: März – April

HÜTTENKALK

Hundszunge (Cynoglossum officinale)

Husarenknopf (Sanvitalia procumbens)

Verwendung: In Gruppen am Gehölzrand, im Steingarten, hübsch in Kombination mit Hasenglöckchen.
Standort: Durchlässiger, frischer, humoser Boden mit guter Nährstoffversorgung.
Pflanzen/Vermehren: Zwiebelknollen im August/September 10 cm tief mit 15 – 20 cm Abstand setzen; Vermehrung durch Brutzwiebeln, Aussaat möglich, aber langwierig.
Pflege: Für gleichmäßige Feuchtigkeit sorgen; im Frühjahr mit Kompost düngen; leichten Winterschutz geben.

Hundszunge
CYNOGLOSSUM AMABILE
☼ ☺

Das Borretsch- oder Raublattgewächs stammt aus Westchina und wird auch Sommervergissmeinnicht genannt. Die heimische Hundszunge (*C. officinale*) gilt eher als Unkraut denn als Zierpflanze, sie ist zudem für Tiere giftig.
Merkmale: Zweijährige Sommerblume mit locker buschigem Wuchs, 25 – 60 cm hoch; zungenförmige, rau behaarte Blätter; kleine, himmelblaue, an Vergissmeinnicht erinnernde Blüten auf verzweigten Stängeln.
Blütezeit: Juli – September
Verwendung: In Gruppen in Beeten und Rabatten, auch in Kästen und Schalen, schöne Ergänzung zu anderen Sommerblumen.
Standort: Humoser, durchlässiger Boden.
Kultur: Aussaat ab April ins Freiland, Sämlinge auf 20 cm Abstand ausdünnen; versamt sich leicht von selbst.
Pflege: Völlig anspruchslos, nicht düngen; Rückschnitt nach der ersten Blühphase regt Nachflor an.

Hungerblümchen
Anderer Name für das → *Felsenblümchen,* eine sehr anspruchslose, Polster bildende kleine Staude

Husarenknopf
SANVITALIA PROCUMBENS
☼ ☺

Das Korbblütengewächs aus Mittelamerika trägt viele weitere Namen, z. B. Goldrandblümchen, Miniatursonnenblume oder Sanvitalie. Es sind mehrere Sorten erhältlich, darunter gefüllt blühende oder orangefarbene. Als weitere Art wird die besonders reich und dauerhaft blühende *S. speciosa* angeboten, außerdem sind *S.-*Hybriden im Handel.
Merkmale: Einjährige Sommerblume, locker buschig, niederliegend bis hängend, 10 – 25 cm hoch; spitz ovale Blättchen an stark verzweigten, biegsamen Trieben; an kleine Sonnenblumen erinnernde Blütenköpfe.
Blütezeit: Juni – Oktober
Verwendung: In Gruppen in Beeten und Rabatten, als Beeteinfassung, in Kästen, Schalen und Ampeln.
Standort: Gut durchlässiger, humoser Boden.
Kultur: Anzucht bei 15 – 18° C ab März, Sämlinge auf 15 cm Abstand pikieren; ab Mitte Mai auspflanzen.
Pflege: Mäßig feucht halten, alle vier Wochen düngen; Verblühtes regelmäßig entfernen.

Hüttenkalk
Sehr langsam wirkender Kalkdünger, entstammt der bei Verhüttung anfallenden Hochofenschlacke; enthält neben Kalk auch Magnesium und Spurenelemente.
Auch → *Kalk*

Hyacinthoides

Gattung frühjahrsblühender Zwiebelblumen mit blauen, glockigen Blüten
→ *Hasenglöckchen*

Hyacinthus

Botanischer Gattungsname der
→ *Hyazinthe*

Hyazinthe

HYACINTHUS ORIENTALIS
☼

Hyazinthen sind sowohl als Gartenzier wie für die Treiberei beliebt. Sie gaben der Familie der Hyazinthengewächse ihren Namen und stammen ursprünglich aus dem Mittelmeerraum. Es gibt eine stattliche Anzahl von Sorten mit ungefüllten wie gefüllten Blüten in einer breiten Farbenpalette.

Merkmale: Zwiebelgewächs, 15 – 30 cm hoch; mit straff aufrechter Rosette aus riemenförmigen Blättern, Laub zieht nach der Blüte ein; intensiv duftende, sternförmige Blüten mit stark zurückgebogenen Zipfeln, in dichten, walzenförmigen Blütenständen, je nach Sorte blau, violett, rot, rosa, orange, gelb oder weiß.

Blütezeit: April – Mai

Verwendung: Stets in Gruppen in Rabatten und Beeten, in Pflanzgefäßen; besonders hübsch in Kombination mit kleinen Frühlingsblühern wie Vergissmeinnicht oder Stiefmütterchen.

Standort: Warm und geschützt; gut durchlässiger, humoser, nährstoffreicher Boden.

Pflanzen/Vermehren: Zwiebeln im September/Oktober je nach Größe 10 – 20 cm tief und mit 15 – 20 cm Abstand einsetzen; Vermehrung durch Abnahme von Brutzwiebeln nach Einziehen des Laubs.

Pflege: Gleichmäßig feucht, aber keinesfalls nass halten; schwere Blütenköpfe bei Bedarf stützen; Verwelktes entfernen; den Winter über mit Reisig abdecken. Bei mehrjähriger Kultur nimmt die Blütenzahl pro Schaft immer mehr ab.

Hinweis: Zur Treiberei sollten speziell präparierte Zwiebeln erworben werden. Sie erfolgt meist in besonderen Hyazinthengläsern, die man anfangs kühl stellt und erst nach dem Austrieb an einen wärmeren Platz bringen sollte.

Hybride

Mischerbiges Kreuzungsprodukt aus unterschiedlichen Pflanzeneltern, auch als Bastard bezeichnet. Hybriden entstehen als Ergebnis natürlicher (spontaner) Kreuzung oder als gezielte Kreuzung im Rahmen der Pflanzenzüchtung. Sie vereinen in sich verschiedene Merkmale der Elternpflanzen, übertreffen diese teils sogar in bestimmten Eigenschaften (→ *Heterosis*). In vielen Fällen bleiben Hybriden beständig, d. h., die neue Erbgutkombination wird unverändert an die Nachkommen weitergegeben. Allerdings sind Hybriden nicht selten steril, also nicht zur → *Befruchtung* fähig, so dass eine → *vegetative Vermehrung,* z. B. durch Stecklinge, erfolgen muss.

Recht selten kommen Hybriden aus verschiedenen Gattungen vor, → *Gattungshybride*; sehr häufig dagegen hat man im Garten mit → *Arthybriden* zu tun. Daneben gibt es Hybriden zwischen verschiedenen → *Unterarten*, → *Varietäten* und → *Formen* einer Art. Besonders bei seit Jahrhunderten beliebten, züchterisch stark bearbeiteten Zierpflanzen handelt es sich teils um Mehrfachhybriden, bei denen schon die Elternpflanzen Hybriden waren. Hier lassen sich teils die Arten oder Unterarten, die bei der Entwicklung Pate standen, nicht mehr exakt zurückverfolgen, so z. B. bei vielen Rosen und etlichen Rhododendren.

Auch neue → *Sorten* entstehen als Hybridkreuzungen. Die Eltern entstammen dann bereits vorhandenen Sorten oder speziellen Zuchtlinien. Oft sind sie nicht beständig; die häufig angebotenen → F_1-*Hybriden* liefern keine einheitlichen Nachkommen.

Hybridsaatgut

Saatgut von so genannten → F_1-*Hybriden,* das von zahlreichen Gemüse- und Sommerblumenarten angeboten wird. Die daraus gezogenen Pflanzen sind meist besonders wüchsig und zeigen mehrere vorteilhafte Eigenschaften.

Hydrangea

Botanischer Gattungsname der
→ *Hortensie*

Hydrocharis

Ausdauernde, weiß blühende Schwimmblattpflanze
→ *Froschbiss*

Hyazinthe (Hyacinthus orientalis)

Hygrometer

Gerät zur Messung der relativen → *Luftfeuchtigkeit*. Klassische Hygrometer funktionieren mithilfe bestimmter Materialien, die sich je nach Feuchtigkeit, aber unabhängig von der Temperatur, ausdehnen; schon seit langem nutzt man dafür entfettete Menschenhaare, in neuerer Zeit auch synthetische Fasern oder sensible Kunststofffolien. Die jeweilige Änderung wird über einen Zeiger auf einer Skala angegeben. Zunehmend findet man auch erschwingliche elektronische Hygrometer mit Feuchtesensoren, die die feuchtebedingte Kapazitätsänderung eines Kondensators anzeigen. Eine besondere Form ist das Psychrometer, bei dem man die Feuchtigkeit über die Temperaturdifferenz zwischen einem Trocken- sowie einem Feuchtthermometer ermittelt.

Die Kenntnis der relativen Luftfeuchtigkeit, d. h. der Sättigung der Luft mit Wasser bei einer bestimmten Temperatur, ist für Hobbygärtner vor allem bei intensiver Gewächsnutzung und bei der Pflanzenanzucht von Interesse. Außerdem hilft sie in Verbindung mit → *Barometer* und → *Thermometer,* die weitere Wetterentwicklung einzuschätzen. Im professionellen Bereich ist die Ermittlung dieser Kenngröße hingegen vor allem für Befallsprognosen bei Pilzerregern sehr wichtig.

Hygromull

Synthetisches Bodenverbesserungsmittel aus aufgeschäumtem Aldehydharz (Kunststoff) in flockiger Form. Durch die offenzellige, poröse Oberfläche wirkt es ähnlich wie Torf und wird sandigen, leichten Böden zur Verbesserung des Wasser- und Nährstoffhaushalts untergemischt. Hygromull enthält etwa 30 % Stickstoff, der bei der Zersetzung allmählich freigesetzt wird.

Nachteilig ist, dass beim Befeuchten des Materials anfangs Formaldehyd entweicht, ein stechend riechendes Gas, das die Atemwege reizt und Krebs auslösen kann sowie auf Pflanzen giftig wirkt. Aus diesem Grund ist sein Einsatz im Hobbygarten fragwürdig. Zumindest sollte man vorsichtig damit umgehen, besonders bei Verwendung im Gewächshaus, wo mangelnde Luftbewegung den Effekt verstärkt. Nach Einarbeiten und Anfeuchten muss man einige Tage warten, bis gesät und gepflanzt werden kann.

Hygropor

Bodenverbesserungsmittel zur Förderung von Wasserspeicherung und Durchlüftung; Mischung aus → *Hygromull* (70 %) und → *Styromull*

Hymenostemma

Botanischer Gattungsname einer niedrig wachsenden, einjährigen → *Margerite*

Hypericum

Botanischer Name des → *Johanniskrauts,* einer artenreichen Gattung gelb blühender Kleinsträucher

Hyphen

Dünne Fäden aus einfachen Zellreihen, die von den höheren → *Pilzen* gebildet werden. Sie bilden ein weit verzweigtes, meist gegliedertes Geflecht, das Myzel. Dieses stellt den eigentlichen, in einem Substrat (z. B. Erde, Holz) verborgenen Wachstumskörper der Pilze dar; bei den augenfälligeren Gebilden der Hut- oder Schirmpilze handelt es sich um die Fruchtkörper. Pilzsporen keimen bei günstiger Temperatur und Feuchtigkeit mit so genannten Keimhyphen aus. Damit dringen Schadpilze in das Pflanzengewebe ein, um dort ihr

Die Radieschenknollen entstehen aus dem Hypokotyl der Keimpflanze.

Myzel aus reifenden Hyphen zu entwickeln, oder sie bilden spezielle Saughyphen (Haustorien) aus, mit denen sie den Wirtszellen Nährstoffe entnehmen.

Hypokotyl

Fachsprachlich für das Keimstängelchen der Samenpflanze; dies ist das Sprossstück des Keimlings, das unterhalb der Keimblätter und oberhalb der Keimwurzeln liegt. Bei manchen Pflanzen verdickt es sich während des weiteren Wachstums und wird zu einem Speicherorgan. Solche Hypokotylknollen bilden z. B. Alpenveilchen und Winterling; bei Radieschen und Roten Beten stellen sie das Erntegut dar.

Hyssopus

Als Würzpflanze genutzter Halbstrauch mit hübschen blauvioletten oder rosa Blüten
→ *Ysop*

Hystrix

Horstbildendes, mittelhohes, mehrjähriges Ziergras mit aufrechten, lang begrannten, dekorativen Ähren
→ *Flaschenbürstengras*

I

Igel sind außerhalb der Paarungszeit nächtlich lebende Einzelgänger.

Iberis
Botanischer Gattungsname der → *Schleifenblume,* zu der zarte Polsterstauden und niedrige Sommerblumen zählen.

Igel
Der Igel gehört wie Spitzmaus und Maulwurf zur Ordnung der Insektenfresser. Er ist ein recht häufiger und gern gesehener Gast im Garten. Denn neben Insekten und deren Larven, darunter auch schädliche wie z. B. Maulwurfsgrillen, vertilgt er auf seinen nächtlichen Jagdzügen auch Schnecken und Würmer, ja sogar Schlangen und junge Mäuse. Freilich unterscheidet er dabei nicht zwischen Nützlingen und Schädlingen, wie sie der Gärtner einstuft. Er frisst auch sehr gern Regenwürmer, die er besonders im Sommer auf frisch geschnittenen Rasenflächen reichlich findet. Notfalls weicht er auch auf pflanzliche Nahrung aus, so etwa im herbstlichen Garten auf Fallobst, Beeren und Pilze.

Bei Gefahr rollt sich der Igel zu einer Kugel mit aufgerichteten Stacheln zusammen und wird dadurch für Feinde unangreifbar. Ansonsten ist er recht unbekümmert und macht sich des Öfteren durch lautes Schlurfen, Schnaufen oder Prusten bemerkbar, besonders während der Paarungszeit zwischen April und Juli. Die Igelweibchen bringen dann im Sommer 2 bis 10 Junge zur Welt, manchmal gibt es noch einen späten zweiten Wurf.

Den Tag und den Winter (von Oktober bis März) verschläft er gern in Holz- und Geräteschuppen, in Stein- oder Holzhaufen mit größeren Höhlungen oder unter einem Laub- und Komposthaufen. Durch Bereitstellen solcher Unterschlupfmöglichkeiten kann man Igeln über den Winter helfen und sie häufig als nützliche Dauerbesucher erhalten. Da sein Revier größer als ein herkömmlicher Garten ist, muss er regelmäßig Straßen überqueren und gehört so neben Katzen zu den häufigsten Todesopfern des Straßenverkehr – jedes Jahr sterben eine Viertelmillion Igel auf unseren Straßen. Der Igel steht deshalb unter Naturschutz. Ob es allerdings sinnvoll ist, spätgeborene und daher im Herbst noch gar zu leichte Igel (mit einem Gewicht unter 500 g) in Pflege zu nehmen und groß zu päppeln, ist unter Experten umstritten.

Igelfichte
Halbkugelig wachsende Zwergfichte
→ *Fichte*

Igelkolben
SPARGANIUM EMERSUM

Die Sumpfpflanze aus der Familie der Igelkolbengewächse ist über ganz Europa, weite Teile Asiens, den Malayischen Archipel sowie in Nordamerika verbreitet.

Merkmale: Staude mit straff aufrechtem, horstartigem Wuchs, 30 – 60 cm hoch; schmale, grasartige Blätter; unverzweigte Blütenstiele mit kugeligen, gelblichen Blütenständen, hierbei größere weibliche unterhalb der kleinen männlichen; igelartige Fruchtstände.
Blütezeit: Juni – August
Verwendung: Am Gewässerrand, in Sumpfzonen, zusammen mit Röh-

Ästiger Igelkolben (Sparganium erectum)

richtpflanzen wie Rohrkolben, Binsen oder Schwanenblume.
Standort: Nasser Boden, bis 30 cm Wassertiefe.
Pflanzen/Vermehren: Pflanzung bevorzugt im Frühsommer; Vermehrung durch Teilung oder Aussaat im Frühjahr.
Pflege: Anspruchslos.
Hinweis: Der Ästige Igelkolben (*S. erectum*) wird etwas größer und trägt verzweigte Blütenstängel. Er bildet Ausläufer und neigt zum Wuchern, deshalb sollte er in Containern gepflanzt werden.

Ilex
Botanischer Gattungsname der → *Stechpalme,* ein immergrünes Gehölz mit dornenbewehrten Blättern und zierenden, giftigen Früchten

Immergrün
VINCA MAJOR

Ganzjährig grüner Laubschmuck und anmutige Blütenzier kennzeichnen dieses in Europa heimische Hundsgiftgewächs, das in allen Teilen giftig ist. Neben der reinen Art umfasst das Sortiment einige Sorten mit gelbgrün gemusterten Blättern.
Merkmale: Immergrüner Halbstrauch, dicht buschig, aufrecht bis niederliegend, 20 – 30 cm hoch, mit kriechenden Ausläufern; schmal eiförmige, im Austrieb maigrüne, später dunkelgrüne Blätter; fünfzipfelige, sternartige, violettblaue Blüten.
Blütezeit: April – Mai
Verwendung: Als Bodendecker am Gehölzrand, unter Gehölzen, auf schattigen Flächen und Böschungen, schön in Gemeinschaft mit Gräsern und Farnen.
Standort: Am besten halbschattig auf durchlässigem, frischem, humosem, nährstoffreichem Boden.
Pflanzen/Vermehren: Pflanzung im Frühjahr oder Frühherbst, für flächige

Kleines Immergrün (Vinca minor)

Verwendung 8 bis 10 Pflanzen pro m²; Vermehrung durch Teilung, Abtrennen bewurzelter Seitentriebe oder Kopfstecklinge nach der Blüte.
Pflege: Leichten Winterschutz geben, dafür am besten locker mit Laub abdecken; alle 2 bis 3 Jahre mit Kompost düngen.
Hinweis: Viel zierlicher wächst das ebenfalls giftige Kleine Immergrün (*V. minor*), das sich stärker ausbreitet. Von dieser Art sind ebenfalls mehrere, verschiedene Sorten im Handel erhältlich, die hellblau, weiß oder rosa blühen.

Immergrün
Laub- und Nadelgehölze sowie Stauden, die ganzjährig ihre grünen Blätter behalten, bezeichnet man als immergrün, dies im Gegensatz zu den sommergrünen bzw. Laub abwerfenden Arten. Als Zwischen- bzw. Sonderformen gibt es → *halbimmergrüne* bzw. → *wintergrüne* Pflanzen, die ihr Laub erst im Frühjahr abwerfen. Auch die Immergrünen vollziehen einen Laubwechsel, der allerdings fast unbemerkt bleibt, da dies nach und nach über einen längeren Zeitraum hinweg geschieht.

Als noch im Winter zierende Pflanzen haben immergrüne Gehölze und Stauden besondere Bedeutung für die Gartengestaltung. Neben den Nadelgehölzen, die fast alle ihre Blätter behalten (wichtigste Ausnahme: die Lärche), gibt es mehrere attraktive immergrüne Laubgehölze; darunter Kirschlorbeer, Buchs, Feuerdorn und Stechpalme. Immergrüne Stauden sind hauptsächlich unter den Bodendeckern zu finden, außerdem bei den Gräsern und Farnen. Vor allem bei der Wahl immergrüner Gehölze muss man beachten, dass die meisten Arten giftig sind.

Da die Immergrünen über Winter keine vollständige Ruhepause einlegen, widerstehen sie starken Frösten häufig weniger gut als vergleichbare sommergrüne Arten. Außerdem kann ihnen an sonnigen Wintertagen die → *Frosttrocknis* zu schaffen machen. Da sie auch über Winter Wasser verdunsten, sollte man sie an frostfreien Tagen gießen, wenn längere Zeit keine Niederschläge fallen.

Immortelle
Anderer Name für die einjährige → *Strohblume,* die vor allem als Trockenblume bekannt ist. Die Bezeichnung Immortelle, abgeleitet vom lateinischen Wort für unsterblich, wird teils auch für andere oder sogar sämtliche → *Trockenblumen* verwendet.

Impatiens
Botanischer Gattungsname für das → *Fleißige Lieschen*

Impfmittel
Präparat, meist aus Bakterien bestehend, zum Starten, Beschleunigen und Lenken der Rotte beim → *Kompost.* Gelegentlich werden auch karge Böden mit speziellen → *Bakterienpräparaten* „geimpft", um ihre Fruchtbarkeit zu erhöhen.

INCARVILLEA

Indianernessel (Monarda-Hybride)

Incarvillea
Mittelhohe, Wärme liebende Staude mit großen trichterförmigen Blüten
→ *Freilandgloxinie*

Indianernessel
MONARDA-HYBRIDEN
☼ – ◐ ☺

Die Indianernessel, ein Lippenblütengewächs aus Nordamerika, findet hauptsächlich in Form der prächtigen Gartenhybriden Verwendung. Reine Arten wie etwa die Scharlach-Monarde oder Goldmelisse (*M. didyma*), auch als Tee- und Heilpflanze nutzbar, werden kaum kultiviert.

Merkmale: Staude, buschig mit unverzweigten Stängeln, von unten her leicht verkahlend, 80 – 150 cm hoch; lanzettliche, gesägte Blätter; aromatisch duftende Lippenblüten in dichten Quirlen, je nach Sorte rot, violett, rosa oder weiß.

Blütezeit: Juni – September

Verwendung: In Beeten und Rabatten, am Gehölzrand, sehr wirkungsvoll in Gemeinschaft mit Astern, Sonnenhut, Goldrute oder hohen Gräsern.

Standort: Durchlässiger, frischer bis feuchter, humoser, nährstoffreicher Boden; im Halbschatten auch auf eher trockenen Böden, aber hier spärlichere Blüte.

Pflanzen/Vermehren: Pflanzung bevorzugt im Frühjahr mit 40 – 60 cm Abstand; Vermehrung durch Teilung im Frühjahr oder Herbst.

Pflege: Bei Trockenheit gut wässern, jährlich im Frühjahr organisch düngen; lässt die Blühfreudigkeit nach, durch Teilung verjüngen.

Indische Erdbeere
Anderer Name für die → *Scheinerdbeere,* ein Bodendecker mit erdbeerähnlichen Früchten

Indisches Blumenrohr
Nicht winterharte Knollenpflanze mit meist tiefroten Blüten
→ *Blumenrohr, Indisches*

Indocalamus
Großblättriger, gut schattenverträglicher → *Bambus*

Infloreszenz
Fachwort für einen → *Blütenstand,* in dem mehrere Blüten vereinigt sind. Dabei unterscheidet man einfache Blütenstände, z. B. Traube oder Ähre, und zusammengesetzte Blütenstände, z. B. Rispe oder Doppeldolde.

Inkalilie
ALSTROEMERIA AUREA
☼

Nur in Chile findet man diese früher zu den Narzissengewächsen zählende, heute als Inkaliliengewächs aufgefasste Pflanze. Die Art eignet sich am besten für Freilandkultur, man kann aus mehreren Sorten mit gelben oder orangefarbenen Blüten wählen. Die in vielerlei Blütenfarben erhältlichen und reizvoll gemusterten A.-Hybriden sind etwas empfindlicher und vor allem als herrliche, sehr haltbare Schnittblumen bekannt.

Merkmale: Staude, locker buschig, 60 – 100 cm hoch, mit fleischigem

Inkalilie (Alstroemeria aurea)

Rhizom; schmale Blätter, deren Unterseite nach oben zeigt; orangegelbe, lilienähnliche Blüten mit interessanter Musterung in doldenartigen Blütenständen.

Blütezeit: Juni – August

Verwendung: In Beeten und Rabatten, hübsch mit blau blühenden Stauden wie Ziersalbei oder früh blühenden Astern; auch für Gefäßkultur geeignet.

Standort: Warm und geschützt; gut durchlässiger, frischer, humoser, nährstoffreicher, vorzugsweise leicht saurer Boden.

Pflanzen/Vermehren: Pflanzung im Frühjahr, 15 – 25 cm tief, mit 30 cm Abstand, dabei die leicht brechenden Rhizome nicht zerbrechen; Vermehrung durch Aussaat im Frühjahr bei 20° C, die Schwerkeimer gehen oft erst im nächsten Jahr auf; auch Teilung im Hochsommer möglich, allerdings wachsen die Teilstücke oft nicht an.

Pflege: Die wenig standfesten Pflanzen abstützen und aufbinden; bei Trockenheit wässern, alle 4 bis 6 Wochen düngen; in milden Gegenden mit Winterschutz versehen, in rauen Gebieten besser im Herbst aufnehmen und frostfrei im Haus überwintern.

Inkarnatklee
Wichtige → *Gründüngungspflanze*

Inkrustiertes Saatgut
Speziell aufbereitetes → *Saatgut* mit einer dünnen Umhüllung, die Pflanzenschutzmittel und/oder Nährstoffe enthält.

Insekten
Die artenreichste Tierklasse der Erde, die in jedem Lebensraum vorkommt. Bisher sind über eine Million verschiedene Arten bekannt. Ihr dreigeteilter Körper ist stets in Kopf, Brust und Hinterleib gegliedert; an der Brust setzen drei Beinpaare an, ebenso wie die Flügel bei den geflügelten Arten.

Niedere Insekten, z. B. Heuschrecken und Schaben, durchlaufen in ihrer Entwicklung eine unvollständige Metamorphose, d. h., aus dem Ei schlüpft eine den ausgewachsenen Tieren schon recht ähnliche Larve, die nach mehreren Häutungen zum so genannten Adulttier heranwächst. Höhere Insekten etwa Hautflügler wie Biene, Hummel oder Ameise, aber auch Schmetterlinge und Käfer brauchen für ihre Entwicklung vier Stadien: Aus dem Ei schlüpft die Larve (auch Raupe oder Made genannt), die völlig anders aussieht als das ausgewachsene Tier. Meist lebt sie auch in einem anderen Lebensraum und ernährt sich anders als die Adulten. Nach mehreren Häutungen verpuppt sie sich zum fertigen Insekt. Die Überwinterung kann je nach Art in Form von Eiern, als Larve oder als erwachsenes Tier erfolgen. Larven überwintern oft in einer selbst gesponnen schützenden Umhüllung, dem Kokon.

Zahlreiche Insekten treten als Schädlinge an Pflanzen auf, wobei häufig die Larven die Hauptschadensverursacher sind, während sich die erwachsenen Tiere teils nur von Pollen und Nektar ernähren. Viele dieser Schädlinge haben unter den Insekten ihre Gegenspieler bzw. Fraßfeinde, die als Nützlinge eingestuft werden und unter geeigneten Bedingungen die unliebsamen Arten sehr effektiv in Schach halten. Ausgesprochen nützlich werden Insekten natürlich auch durch die → *Bestäubung*, die zwingende Voraussetzung für die Ernte von Obst und Fruchtgemüse ist. Schließlich bereichern manche Insekten auch durch ihren hübschen Anblick das Gartenerlebnis, so etwa Libellen und viele Schmetterlinge. Schon aus diesen Gründen ist Zurückhaltung beim Einsatz von Pflanzenschutzmitteln geboten. In vielen Fällen reagieren gerade die als nützlich oder als attraktiv eingestuften Insekten ganz besonders empfindlich auf giftige chemische wie pflanzliche Wirkstoffe.

Schönheit der Insektenwelt: Tagpfauenauge

Insektenblütig
So bezeichnet man alle Pflanzen, die auf die → *Bestäubung* durch Insekten angewiesen sind. Entsprechend sind ihre Blüten ausgebildet: Sie locken die Bestäuber mit Farben, Saftmalen, zuckerreichem Nektar, durch Duft und teils auch mit ölreichen Substanzen an. Dieser Taktik der Natur verdanken wir letztendlich unsere zahlreichen attraktiven Blütenpflanzen.

Die Blüten und Insekten haben in einem viele Millionen Jahre dauernden Evolutionsprozess eine enge Beziehung zum gegenseitigen Nutzen entwickelt. So bieten manche Arten ihren Nektar in einer tiefen Blütenröhre an, den nur Schmetterlinge mit ihrem langen Rüssel erreichen können.

Insekten fressende Pflanzen
Pflanzen stickstoffarmer Standorte, die für ihre Eiweißernährung zusätzlich auf den Fang von Insekten angewiesen sind, z. B. Sonnentau und Venusfliegenfalle.

→ *Fleisch fressende Pflanzen*

Libellen gehören zu den eindrucksvollsten Insekten.

Marienkäfer – geradezu ein Symbol für Nützlinge

Spitzmäuse gelten als gefräßige Räuber und dezimieren hauptsächlich Insekten.

Insektenfresser
Auch Insektivoren genannt. Recht urtümliche Ordnung von meist kleinen Säugetieren, zu der in Europa der Igel, der Maulwurf sowie die Spitzmäuse, die eine große, artenreiche Familie bilden, gehören. Sie erbeuten im oder am Boden Insekten, nehmen aber auch Regenwürmer und Schnecken zu sich und bereichern ihren Speisezettel nur gelegentlich durch pflanzliche Kost. Typisch ist ihr Insektenfressergebiss mit zahlreichen gleichförmigen, spitzen Zähnen.

Insektenschutznetz
Kunststoffnetz zum Abdecken von Beeten als Schutz gegen Gemüsefliegen, im Handel meist als → *Kulturschutznetz* geführt. Unter der Bezeichnung Insektenschutznetz werden außerdem Gewebe für Pavillons und Sonnenschirme angeboten, die Stechmücken fern halten.

Insektivoren
Fachsprachliche Bezeichnung sowohl für die tierischen → *Insektenfresser* als auch für Insekten bzw. → *Fleisch fressende Pflanzen*

Insektizide
Pflanzenschutzmittel zur Bekämpfung von Insekten (direkt übersetzt: mit Insekten tötender Wirkung). Hierzu zählen sowohl chemisch-synthetische Präparate als auch Mittel mit natürlichen Wirkstoffen wie Pyrethrum oder Neem. Sie werden als Spritz-, Sprüh- oder Gießmittel ausgebracht, für speziellere Anwendung auch als Vernebelungs-, Stäube- oder Beizmittel.

Nach Art der Aufnahme durch die Insekten werden Atem-, Kontakt- und Fraßgifte unterschieden. Weiterhin gibt es systemisch wirkende Mittel; sie werden von den Pflanzen über die Wurzeln oder Blätter aufgenommen, in den Leitungsbahnen verteilt und erst dann wirksam, wenn Insekten an ihnen fressen oder saugen.

Die meisten Insektizide wirken als Nervengift und führen durch die Schädigung des Nervensystems und des Gehirns zu tödlichen Lähmungen; sie sind oft nicht nur für die so genannten Zielorganismen giftig, sondern auch für Nützlinge, Bienen und in hoher Dosierung auch für Warmblüter. Raffiniertere Wirkstoffe setzen an der Entwicklung bzw. im Hormonhaushalt der Insekten an. Sie verhindern z. B. die Ausbildung eines festen Chitin-Panzers oder die Häutung und Verpuppung der Larven. Solche Mittel treffen gezielter vorwiegend die zu bekämpfenden Schädlinge.

Generell sollten Insektizide erst dann eingesetzt werden, wenn z. B. sinnvolle Kulturmaßnahmen, sanftere Vorbeugungsmittel und der Einsatz von Nützlingen nicht wirken. Um nützliche Insekten zu schonen, verwendet man möglichst selektiv gegen einen bestimmten Schädling wirkende, außerdem bienenungefährliche Mittel. Unter solchen Gesichtspunkten sind auch systemische Gießmittel vorteilhaft, sofern gegen den Schaderreger verfügbar. Zur eigenen Sicherheit müssen die Anwendungsvorschriften der Hersteller genau beachtet werden; feste Kleidung und Handschuhe, bei giftigeren Mitteln auch spezielle Schutzkleidung, sind unbedingt empfehlenswert.

Auch → *Pflanzenschutzmittel*

Instandhaltungsschnitt
Andere Bezeichnung für den → *Erhaltungsschnitt* bei Obstbäumen und Blütensträuchern

Integrierter Anbau
Eine heute verbreitete → *Anbauweise*, die nicht vollständig auf synthetische Dünger und chemische Pflanzenschutzmittel verzichtet, jedoch versucht, den Einsatz durch sorgfältig aufeinander abgestimmte Maßnahmen möglichst niedrig zu halten.

Integrierter Pflanzenschutz
Pflanzenschutzkonzept innerhalb der integrierten → *Anbauweise*. Angestrebt wird ein Aufeinanderabstimmen verschiedener Pflanzenschutzmaßnahmen, das den Einsatz umweltbelastender Mittel so weit wie möglich entbehrlich macht. Vorbeugungsmaßnahmen sowie mechanischer, biotechnischer und biologischer Pflanzenschutz stehen dabei im Vordergrund. Da das Konzept aus dem Erwerbsanbau stammt, hängt der Einsatz chemischer Präparate von so genannten wirtschaftlichen Schadschwellen ab, die für einzelne Kulturen und Schaderreger individuell festgelegt werden. Erst bei deren Überschreiten greift man zu härteren Mitteln, möglichst zu selektiv wirkenden. Im Hausgarten, wo der Anbau nicht durch ökonomische Zwänge bestimmt ist, sollte man die „Hemmschwellen" höher anlegen, sofern

man nicht ganz auf umweltbelastende Stoffe verzichten will.

Wichtiger Bestandteil des Integrierten Pflanzenschutzes sind Befallsprognosen. Dazu dienen z. B. Leimtafeln oder Lockstofffallen; Zeitpunkt und Zahl der damit gefangenen Schädlinge zeigen an, ob und wann eine Bekämpfung nötig wird. Eine entscheidende Rolle spielen die Warndienste der Pflanzenschutzämter, die z. B. über die wetterabhängige Ausbreitung von Schadpilzen informieren. Aktuelle Warnungen können teils auch von Privatleuten telefonisch (Anrufbeantworter) oder aus dem Internet abgerufen werden.

Auch → Pflanzenschutz

Intensivrasen

Stark genutzter → Rasen wie Spiel-, Sport- und Liegerasen, z. B. auch Flächen am nicht befestigten Gartensitzplatz. Er wird häufig gemäht, braucht entsprechend viel Düngung und sollte regelmäßig belüftet und vertikutiert werden.

Internodium

Blattfreier Stängelabschnitt, der zwischen den Ansatzstellen (Knoten) der Blätter liegt.

Auch → Spross

Inula

Gelb blühende Wildstaude und alte Heilpflanze
→ Alant

Iochroma

Botanischer Gattungsname des Veilchenstrauchs, einer violettblau blühenden → Kübelpflanze

Ion

Ein- oder mehrfach geladene Atome oder Atomgruppen (Moleküle). Positiv geladene Ionen heißen Kationen, negativ geladene Anionen. Durch die elektrische Ladung werden chemische Elemente und Verbindungen, z. B. die Pflanzennährstoffe, meist erst „reaktionsfreudig". Sie ziehen sich an oder stoßen sich ab, gehen neue Verbindungen ein oder lösen andere Ionen aus bestehenden Verbänden. Das schafft ganz grundsätzlich die Voraussetzungen für Austausch und Bewegung, für dynamische Prozesse, so im Stoffwechsel der Pflanzen oder im Nährstoffhaushalt des Bodens.

Fast stets ist dabei Wasser mit im Spiel. Seine Einzelteile, die Moleküle (mit der Formel H_2O), sind zwar als Ganzes elektrisch neutral, weisen aber ein positiv und ein negativ geladenes Ende auf. Dadurch ist Wasser ein ideales Medium für Transport und Austausch von geladenen Ionen. Die Düngesalze, feste Verbindungen von Anionen und Kationen, werden im Bodenwasser gelöst, die Pflanze nimmt die Nährstoffe dann in Ionenform auf, z. B. das Kalium (K^+) als Kation, das Stickstoffsalz Nitrat (NO_3^-) als Anion.

Ipheion

Niedrige Zwiebelblume mit weißen, duftenden Blüten
→ Frühlingssternblume

Ipomoea

Botanischer Gattungsname der → Prunkwinde, einer einjährigen Kletterpflanze mit trichterförmigen Blüten

Iresine

IRESINE HERBSTII
☼ ☺

Das Amarant- oder Fuchsschwanzgewächs ist im tropischen Südamerika zuhause, wegen seiner eigenartigen Blätter nennt man es auch „Beefsteakpflanze". Neben Formen mit intensiv rot leuchtendem Laub finden sich außerdem Sorten mit lebhaft bunt geaderten Blättern. Eher selten wird I. lindenii angeboten, eine stets einjährig kultivierte Staude mit aufrechtem Wuchs und zugespitzten Blättern in Blut- bis Braunrot.

Merkmale: Einjährige Sommerblume, buschiger bis überhängender Wuchs, 20 – 40 cm hoch; fleischige, blutrote Stängel; rundliche, eiförmige, hell- bis dunkelrote Blätter, oft mit pinkfarbener Aderung und dunklen Flecken; selten erscheinende, unauffällige Blüten.

Verwendung: Als Blattschmuckpflanze in Beeten und Rabatten zwischen bunten Sommerblumen, in Ampeln und Balkonkästen, auch als Zimmerpflanze.

Standort: Vollsonnig, bei Lichtmangel fahle Blattfarbe; lockerer, humoser Boden.

Kultur: Zwischen Januar und März Kopfstecklinge von überwinterten Pflanzen abnehmen und in Wasser oder Substrat bewurzeln, mehrfach entspitzen; ab Mitte Mai auspflanzen.

Pflege: Anspruchslos, für buschigeren Wuchs ab und zu entspitzen; zur Gewinnung von Jungpflanzen im Herbst in Töpfe umsetzen und im Haus weiterkultivieren.

Iresine (Iresine herbstii)

Iris
IRIS

Auch als Schwertlilien bekannt. Zur Gattung *Iris* gehören zahlreiche, sehr unterschiedliche Arten, die in den verschiedensten Vegetationsformen auf der gesamten Nordhalbkugel verbreitet sind und allesamt unter Naturschutz stehen.

Wegen des Arten- und Formenreichtums dieser Schwertliliengewächse gibt es hinsichtlich der exakten botanischen Unterteilung verschiedene Meinungen. Manche Fachleute bevorzugen die Zusammenfassung eng verwandter Arten in so genannte Sektionen. In der gärtnerischen Praxis hat sich hingegen weitgehend eine Unterteilung nach den unterirdischen Organen, Rhizomen oder Zwiebeln, und der Verwendung im Garten durchgesetzt:
→ *Iris*, Rhizombildende für Freiflächen
→ *Iris*, Rhizombildende für Gewässerränder
→ *Iris*, Zwiebelbildende

Iris, Rhizombildende für Freiflächen

Unter den Irisarten, die mit Rhizomen (fleischigen Wurzelstöcken) zu dichten Horsten wachsen und vorwiegend in Beeten verwendet werden, finden sich als wichtigste Vertreter die so genannten Bartiris. Es sind reine Kulturformen, durch Züchtung aus verschiedenen Wildarten hervorgegangen.

Die Urahnen stammen aus Südeuropa und Vorderasien. Ihr Kennzeichen sind bartähnliche, bürstenförmige Auswüchse auf den drei niedergeschlagenen Hängeblättern der Blüten. Weitaus weniger bekannt als die prächtigen Bartiris sind einige Wildarten aus Europa und Vorderasien, unter denen vor allem die Pflaumenduftiris in Bauerngärten noch oft zu finden ist.

Bartiris
IRIS-BARBATA-HYBRIDEN

Botanisch teils auch als *I. germanica* geführt. Man unterscheidet Hohe Bartiris (*Barbata-Elatior*-Grp.), Mittelhohe Bartiris (*Barbata-Media*-Grp.) und Niedrige Bartiris (*Barbata-Nana*-Grp.). Von allen gibt es jeweils ein gewaltiges, häufig durch Neuzüchtungen ergänztes Sortenangebot.
Merkmale: Hohe Bartiris 70 – 120 cm hoch, Mittelhohe Bartiris 40 – 70 cm hoch, Niedrige Bartiris 10 – 40 cm hoch; horstbildende Stauden mit flach unter der Erdoberfläche wachsenden Rhizomen; graugrüne, schwertförmige Blätter; Blütenschäfte mit mehreren Blüten; Blüten aus drei herabgeschlagenen Hängeblättern mit dem typischen, stets kontrastfarbenen Bart und drei aufrechten, den so genannten Dom bildenden Blütenblättern, Sorten in allen Farben, oft mehrfarbig.
Blütezeit: Hohe Bartiris Mai – Juli, Mittelhohe Bartiris Mai, Niedrige Bartiris April – Mai
Verwendung: Auf Beeten und Rabatten, hohe Sorten als Leitstauden; niedrige auch im Steingarten.
Standort: Gut durchlässiger, mäßig trockener bis frischer, nährstoffreicher, kalkhaltiger Boden.
Pflanzen/Vermehren: Pflanzung bevorzugt im Frühjahr, dazu die Rhizome flach in den Boden setzen, so dass sie noch etwas aus der Erde ragen; in regenreichen Gebieten oder auf weniger durchlässigen Böden am besten leicht erhöht auf einen flachen Pflanzhügel setzen und nur mit Erde abdecken; Vermehrung durch Teilung nach der Blüte.
Pflege: Verblühtes regelmäßig entfernen; hohe Sorten bei Bedarf abstützen; im Frühjahr mit gut verrottetem Kompost düngen; übermäßige Stickstoffdüngung und frischer Mist werden nicht vertragen; bei nachlassender Blühfreude teilen.

Pflaumenduftiris
IRIS GRAMINEA

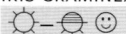

Wird auch grasblättrige Schwertlilie genannt.
Merkmale: Horstbildende Staude, 20 – 40 cm hoch; grasartig schmale Blätter; Stängel mit meist nur einer stark duftenden, dunkelvioletten Blüte, Blüten aus je drei schlanken, herabgebogenen Hängeblättern mit gelbem, dunkel geadertem Fleck sowie drei kurzen, aufwärts weisenden Domblättern.
Blütezeit: Mai – Juni
Verwendung: Für Beete und Rabatten.
Standort: Vorzugsweise halbschattig; frischer, humoser, kalkhaltiger Boden.
Pflanzen/Vermehren: Wie Bartiris; Vermehrung auch durch Aussaat (Dunkelkeimer) möglich.
Pflege: Anspruchslos; im Frühjahr mit etwas reifem Kompost düngen.
Hinweis: Ähnlich in Ansprüchen und Verwendung zeigt sich die Bunte Schwertlilie (*I. variegata*). Ihre Blüten haben gelbe Domblättern und weiße, purpurn geaderte Hängeblättern.

Iris, Rhizombildende für Gewässerränder

Mehrere Irisarten mit Rhizomen (fleischigen Wurzelstöcken) bereichern durch ihre eleganten Blüten Gewässerufer. Die ausgefallenste unter ihnen ist die Japanische Prachtiris aus Ostasien. Sehr beliebt, weil robust und willig blühend, erweist sich die Sibirische Schwertlilie aus Eurasien.

Japanische Prachtiris
IRIS ENSATA

Merkmale: Staude, locker horstartig, 60 – 100 cm hoch; straff aufrechte, schwertförmige Blätter; kräftige Blütenstiele; tellerförmige, violette Blüten mit bis zu 20 cm Ø aus drei rundlichen, seitwärts gerichteten Blättern

Iris

Bartiris (Iris-Barbata-Hybride)

Sibirische Schwertlilie (Iris sibirica 'Marilyn Holmes')

Geweihiris (Iris bucharica)

Holland-Iris (Iris × hollandica 'Imperator')

Iris danfordiae

Netziris (Iris reticulata)

Sumpfschwertlilie (Iris pseudacorus)

Bartiris (Iris-Barbarta-Elatior-Grp. 'Coralie')

Japanische Sumpfiris (Iris laevigata)

Iris, Zwiebelbildende

mit gelbem Fleck und den sehr kurzen, aufrechten Blütenblättern im Zentrum; große Zahl verschiedener Sorten in diversen Farbtönen von Weiß über Rot bis Violett, oft dunkler geadert.
Blütezeit: Juni – Juli
Verwendung: Am Gewässerrand, im Sumpfbeet, sehr hübsch in Begleitung von Hechtkraut, Etagenprimel oder Rohrkolben.
Standort: Feuchter bis nasser, nährstoffreicher, humoser, leicht saurer Boden; am günstigsten an Stellen, die im Frühjahr überschwemmt werden, im Sommer dagegen eher trocken fallen.
Pflanzen/Vermehren: Pflanzung bevorzugt im Frühjahr, am besten in großen Containern oder Becken mit regulierbarem Wasserstand; Vermehrung durch Teilung nach der Blüte, bei der reinen Art auch Aussaat möglich (Dunkelkeimer), diese ist allerdings langwierig.
Pflege: Zum Austrieb und während der Blüte sehr nass halten, Wasserstand kann bis 20 cm angehoben werden; nach der Blüte Wasserstand absenken und nur mit kalkfreiem Wasser gießen; im Winter dick mit Laub und Stroh abdecken.
Hinweis: Die Japanische Sumpfiris (*I. laevigata*) bezaubert ebenfalls durch exotisch anmutende Blüten, die allerdings zierlicher bleiben. Sie ist etwas anspruchsloser und darf ganzjährig im feuchten Untergrund oder in bis zu 20 cm tiefem Wasser stehen.

Sibirische Schwertlilie
IRIS SIBIRICA

Merkmale: Staude, bildet dichte Horste, 60 – 100 cm hoch; schmale, grasartige Blätter; kräftige Blütenschäfte; Blüten aus je drei weißgrundigen, violett geäderten Hängeblättern und drei aufrechten, violetten Domblättern; zahlreiche Sorten mit Blüten in verschiedenen Blautönungen, Weiß, Gelb oder Rot, auch zweifarbig.
Blütezeit: Mai – Juni
Verwendung: Am Gewässerrand, im Sumpfbeet, auf feuchten Wiesen; besonders schön in Begleitung von Gräsern; bei reichlicher Wasserversorgung auch im Staudenbeet.
Standort: Nasser bis feuchter, nährstoffreicher Boden.
Pflanzen/Vermehren: Pflanzung bevorzugt im Frühjahr; Vermehrung durch Teilung nach der Blüte; bei der reinen Art auch Aussaat (Kaltkeimer) möglich, aber langwierig.
Pflege: Anspruchslos; im Herbst mit gut verrottetem Kompost überziehen.
Hinweis: Ähnlich in Wuchs und Verwendung geben sich weitere Arten. Die heimische Sumpfschwertlilie (*I. pseudacorus*) blüht reingelb, die Hängeblätter tragen einen bräunlichen Fleck. Da sie sich durch Ausläufer aber stark vermehrt und zum Wuchern neigt, verwendet man sie nur an weitläufigen Teich- und Bachufern. Die Steppeniris (*I. spuria*) zeichnet sich durch besonders elegante Blüten aus, denn ihre schlanken Domblätter werden von sehr breiten, gewellten Hängeblättern untermalt.

Iris, Zwiebelbildende

Eine ganze Reihe von Irisarten, die hauptsächlich aus Klein-, Vorder- und Zentralasien sowie dem Mittelmeerraum stammen, entwickelt sich aus Zwiebeln. Sie blühen vergleichsweise früh im Jahr, bleiben zierlich im Wuchs und werden vorzugsweise in Steingärten verwendet. Grob teilt man sie in drei Gruppen ein:

■ Hohe Arten oder Xiphium-Iris, deren bekanntester Vertreter die Holland-Iris ist.

■ Kleine Arten mit netzhäutigen Zwiebeln, die auch Reticulata-Iris genannt werden, mit der Netziris als wichtigster Art.

■ Kleine Arten mit glatthäutigen Zwiebeln, Juno- oder Scorp-Iris, unter denen vor allem die Geweihiris verbreitet ist.

Die beiden letzteren findet man auch als so genannte Botanische Iris angeboten.

Geweihiris
IRIS BUCHARICA

Merkmale: Ausdauernde Zwiebelpflanze, dichte Horste bildend, 30 – 50 cm hoch; glatthäutige Zwiebeln mit fleischigen Wurzeln; kräftige Stängel mit breiten Blättern; duftende Blüten aus drei leicht herabhängenden, gelben und drei schräg nach oben gerichteten, weißen Blütenblättern.
Blütezeit: April – Mai
Verwendung: In kleinen Gruppen im Steingarten, am Gehölzrand, begleitet von kleinen Polsterstauden oder Zwerggehölzen.
Standort: Warm und geschützt auf gut durchlässigen, im Frühjahr frischen, im Sommer aber unbedingt trockenen, kalkhaltigen Böden.
Pflanzen/Vermehren: Zwiebeln im Oktober 10 – 15 cm tief und mit 25 cm Abstand einsetzen, dabei die Wurzeln nicht beschädigen; Vermehrung durch Teilung oder Brutzwiebeln nach der Blüte, auch Aussaat direkt nach der Samenreife möglich.
Pflege: Während des Wachstums für ausreichend Feuchtigkeit sorgen, im Sommer dagegen trocken halten und auch im Winter gegen Nässe schützen; jährlich im zeitigen Frühjahr organisch düngen.
Hinweis: Nah verwandt sind zwei seltener kultivierte Arten mit denselben Ansprüchen. *I. graebneriana* trägt pro Stängel 4 bis 6 lavendelblau getönte, weiß gemusterte Blüten, *I. magnifica* treibt weiße, bläulich überhauchte Blüten mit goldgelben Flecken.

Holland-Iris
IRIS X HOLLANDICA
☼

Merkmale: Ausdauernde Zwiebelpflanze, 40 – 60 cm hoch; zieht nach der Blüte ein; straff aufrechte, schmale, schwertförmige Blätter; zierliche Blüten aus drei herabgeschlagenen und drei nach oben gerichteten Blütenblättern, oft mit gelber Zeichnung; viele Sorten in verschiedenen Blütenfarben, neben weißen, gelben, blauen und violetten auch mehrfarbige Spielarten.
Blütezeit: Mai – Juni
Verwendung: In Beeten, im Steingarten, schön zu Tulpen und vor dunklen Nadelgehölzen, auch als Schnittblumen und zur Treiberei geeignet.
Standort: Geschützt; gut durchlässiger, trockener bis frischer Boden.
Pflanzen/Vermehren: Zwiebeln im September/Oktober 7 – 8 cm tief und mit 15 cm Abstand einsetzen
Pflege: Verwelkte Blüten entfernen, Laub erst nach dem vollständigen Vergilben abschneiden; während der sommerlichen Ruhezeit für trockenen Stand sorgen oder nach der Blüte aufnehmen und trocken lagern; im Winter mit Reisig abdecken.
Hinweis: Recht ähnlich, aber weniger bekannt sind zwei weitere Arten, ebenfalls in mehreren Sorten mit weißen, gelben oder blauen Blüten erhältlich. Die Spanische Iris (*I. xiphium*, im Handel meist als *I.-Anglica*-Hybriden erhältlich) braucht einen feuchteren Standort. Die Englische Iris (*I. latifolia*, im Handel meist als *I.-Anglica*-Hybriden geführt) trägt üppiger wirkende Blüten und will ebenso trocken stehen wie die Holland-Iris.

Netziris
IRIS RETICULATA
☼ ☺

Merkmale: Ausdauernde Zwiebelpflanze mit netzhäutiger Zwiebel, 10 – 20 cm hoch; straff aufrechte,

Irrgarten im Garten von Alcazar Real

schmale Blätter; nach Veilchen duftende, violettblaue Blüten aus drei seitwärts abstehenden Blütenblättern mit orangefarbenem Mittelstreifen und drei nach oben gerichteten Blütenblättern; Sorten in unterschiedlichen Blautönen.
Blütezeit: Februar – März
Verwendung: Stets in kleinen Gruppen im Steingarten, am Beetrand, besonders hübsch zwischen kleinen Polsterstauden; auch für Gefäßkultur und zur Treiberei geeignet.
Standort: Möglichst geschützt; gut durchlässiger, sandiger bis steiniger Boden, im Sommer trocken.
Pflanzen/Vermehren: Zwiebelchen im September/Oktober 5 cm tief mit 10 cm Abstand einsetzen, am besten auf eine Sandschicht zur Dränage; Vermehrung durch Brutzwiebeln im Frühsommer.
Pflege: Anspruchslos, im Sommer auf trockenen Stand achten.
Hinweis: Ähnliche Arten sind *I. histrio* und *I. histrioides* mit leicht duftenden, enzianblauen, lebhaft bunt gemusterten Blüten. Goldgelb blüht dagegen *I. danfordiae*, bei der die drei seitlichen Blütenblätter schwarz punktiert sind und die drei aufstrebenden, reingelben Blütenblätter ziemlich kurz bleiben.

Irrgarten
Interessante historische Gartenform, die in der Gartenarchitektur der Renaissance und besonders des Barocks eine große Rolle spielte. Mit übermannshohen Hecken wurde ein undurchschaubares Wegsystem geschaffen. Die Aufgabe, vom Eingang zum Zentrum und von dort wieder zum Ausgang zu finden, hatte ursprünglich einen religiösen Hintergrund, wurde aber spätestens im Barock als besonderes Vergnügen angesehen.

Islandmohn
Meist einjährig kultivierter → *Mohn* mit Blüten in großer Farbenvielfalt

Ixia
Nicht winterharte Knollenpflanze mit prächtigen Blüten im Frühsommer
→ *Klebschwertel*

J

Jahreszeiten, phänologische
Feinstufig unterteilte Jahreszeiten wie Vor-, Erst- und Vollfrühling, die sich nicht am starren Kalenderdatum, sondern an der klimabedingten Naturentwicklung orientieren.
→ *Phänologischer Kalender*

Jakobsleiter
POLEMONIUM CAERULEUM

Das eurasische Sperrkrautgewächs heißt wegen seiner charakteristischen Blütenstände auch Himmelsleiter und steht unter Naturschutz. Die ansprechende Staude ist recht kurzlebig, vermehrt sich aber durch Selbstaussaat.
Merkmale: Staude, locker buschig, 40 – 80 cm hoch; gefiederte Blätter; duftende, himmelblaue Schalenblüten in reichblütigen Rispen; Sorte 'Album' weiß blühend.
Blütezeit: Mai – Juni
Verwendung: In Gruppen in Beeten und Rabatten, am Gewässerrand, in Wildblumenwiesen; hübsch als Ergänzung zu Taglilien, Primeln oder Wiesenraute.
Standort: Halbschattig, auf gleichmäßig feuchten Böden auch sonnig; frischer bis feuchter, humoser, nährstoffreicher Boden.
Pflanzen/Vermehren: Pflanzung im Frühjahr oder Herbst mit 30 – 40 cm Abstand; Vermehrung durch Teilung oder grundständige Stecklinge, auch Aussaat ist möglich.
Pflege: Bei Trockenheit gut wässern; ein Rückschnitt nach der Blüte fördert den Nachflor, dann jedoch erfolgt keine Selbstaussaat mehr; durch stetige Vermehrung für den langfristigen Erhalt der kurzlebigen Pflanze sorgen.
Hinweis: Polsterförmig und nur bis 40 cm hoch wächst *P. reptans*, buschig und 50 cm hoch wird *P.* x *richardsonii* mit großen, blassblauen Blüten.

Japananemone
Großblütige Varietät der Herbstanemone
→ *Anemonen, Herbstblüher*

Japanische Blütenkirsche
Bezeichnung für verschiedene Arten der → *Zierkirsche*

Japanische Kartoffel
Andere übliche Bezeichnung für den → *Knollenziest*

Japanischer Ahorn
Niedriger → *Ahorn* mit grazilem Wuchs, schönen Blättern und prächtiger Herbstfärbung

Japanischer Hopfen
Einjährige Kletterpflanze
→ *Hopfen, Japanischer*

Jasmin
JASMINUM

Jasmin, geradezu sprichwörtlich für betörenden Duft, ist der Name einer Gattung der Ölbaumgewächse mit zahlreichen Arten, die ihre Heimat hauptsächlich in Westchina haben. Die meisten sind für unser Klima zu kälteempfindlich, einige Arten werden gelegentlich als Zimmerpflanzen oder → *Kübelpflanzen* kultiviert, so etwa der Echte Jasmin (*J. officinale*) mit weißen Blüten. Eine Ausnahme stellt der ab Dezember gelb blühende → *Winterjasmin* (*J. nudiflorum*) dar, ein relativ frosthalter, langtriebiger Strauch. Der so genannte Falsche Jasmin oder → *Pfeifenstrauch* gehört einer anderen Gattung (*Philadelphus*) an.

Jasmin, Falscher
Anderer Name für den robusten, nach Jasmin duftenden → *Pfeifenstrauch*

Jasminum
→ *Jasmin,* → *Winterjasmin*

Jäten
→ *Unkrautbekämpfung* durch Ausreißen mit der Hand, mit Geräten wie beispielsweise dem Unkrautstecher oder durch → *Hacken*

Blaue Himmelsleiter (Polemonium caeruleum

Jauche

Jauchen, die im Hobbygarten Verwendung finden, sind in erster Linie vergorene Pflanzenjauchen, die der organischen Düngung, seltener auch der Schädlingsbekämpfung dienen; → *Kräuterauszüge*.

Ansonsten versteht man unter Jauche den Harn von Stalltieren. Er wird in der Landwirtschaft ebenso wie die mit Kot versetzte Gülle als Dünger eingesetzt und enthält vor allem Stickstoff und Kalium. Da bei Jauche wie Gülle starke Nitratauswaschung ins Grundwasser droht, ist ihre Verwendung und Ausbringung durch Rechtsverordnungen, besonders zu Lagerung, Ausbringungsmenge und -zeitpunkt, geregelt. Sie dürfen z. B. nicht im Winter ausgebracht werden. Im Garten empfiehlt sich ein Verzicht auf Dünger dieser Art, sofern man nicht über entsprechende Sachkenntnis verfügt.

Jehovablümchen

Andere Bezeichnung für das Porzellanblümchen, eine halbschattenverträgliche, weiß blühende Art des → *Steinbrechs*

Jelängerjelieber

Kletterndes → *Geißblatt* mit duftenden Blüten

Jiffy-Pot

Anzuchttopf aus Weißtorf und Zellulose, der beim Pflanzen mit eingesetzt werden kann und nach etwa 3 bis 5 Monaten verrottet. Die geschützte Bezeichnung, abgeleitet aus dem englischen jiffy = unkompliziert, geht auf die gleichnamige Firma Jiffy zurück, die solche Töpfe produziert, seit sie 1954 in Norwegen erfunden wurden. Neben den topfähnlichen Pots gibt es auch Jiffy-Torfquelltöpfe, die nach der Zugabe von Wasser aufquellen.

Auch → *Anzuchtgefäße*

Rote Johannisbeere (Ribes rubrum)

Johannisbeere
R IBES

Die beliebten Beerenobststräucher gehören zu den Stachelbeergewächsen. Ihren Namen haben sie nach der Reifezeit ihrer Früchte erhalten, die um den → *Johannistag* beginnt. Nach Fruchtfarbe und botanischer Artzugehörigkeit unterscheidet man zweierlei Johannisbeeren:

Rote Johannisbeeren (*R. rubrum*) werden auch Ribisel oder Träubli genannt und sind in Europa beheimatet. Neben den rotfrüchtigen Formen finden sich auch solche mit gelblichen bis weißlichen, durchscheinenden Beeren, die Weißen Johannisbeeren. Die Kleingehölze lassen sich als Sträucher mit 8 bis 12 Haupttrieben ziehen, aber auch in Form von Fächerspalier oder Palmette. Beliebt sind durch Veredlung gewonnene Hochstämmchen, weil sie sich leicht abernten und schneiden lassen, allerdings tragen sie weniger üppig.

Schwarze Johannisbeeren (*R. nigrum*), auch Ahlbeeren oder Cassis, stammen ursprünglich aus einem Gebiet von Europa über Asien bis in die Mongolei. Sie tragen, wie der Name schon sagt, zur Reife schwarze bis schwarzbraune Früchte. Diese sind sehr Vitamin-C-reich, man verwendet sie deshalb seit alters gegen Erkältungskrankheiten. Sie schmecken allerdings recht herb, so dass man sie vorwiegend verarbeitet genießt, z. B. als Marmelade oder Saft. Gewöhnlich zieht man sie als Sträucher mit 8 bis 10 Haupttrieben, seltener in Form von Hochstämmchen.

Nahe mit den Johannisbeeren verwandte Obstlieferanten sind → *Stachelbeere* und → *Jostabeere*. Zur Gattung gehören außerdem einige Zierarten, beispielsweise die → *Blutjohannisbeere*.

Rote und Weiße Johannisbeere
R IBES RUBRUM

Merkmale: Strauch mit mehreren grundständigen Trieben, auch als Hochstämmchen gezogen; je nach Erziehung 1,5 – 2 m hoch; Flachwurzler; eiförmige bis rundliche, gelappte Blätter; am vorjährigen Holz kleine, grünliche bis gelbe Blüten in hängenden Trauben; rundliche, etwa erbsengroße Beeren mit roter bzw. weißlicher Färbung, angenehm süßsäuerlicher Geschmack; selbstfruchtbar, jedoch besserer Fruchtansatz bei Pflanzung einer zweiten zur gleichen Zeit blühenden Sorte. Eine Auswahl verbreiteter Sorten zeigt die auf S. 423 stehende Übersicht; unter Rieseln versteht man den vorzeitigen Abwurf unreifer Früchte, meist durch ungünstige Witterung zur Blütezeit verursacht.

Blütezeit: April – Mai
Standort: Möglichst sonnig, vor Wind und früh blühende Sorten auch vor Spätfrösten schützen; mittelschwerer, frischer, humoser, nährstoffreicher, am besten leicht saurer Boden.
Pflanzen/Vermehren: Pflanzung bevorzugt im Spätherbst, auch im zeitigen Frühjahr vor dem Austrieb möglich; Sträucher so tief setzen, dass die untersten Triebknospen knapp mit Erde bedeckt sind, Hochstämmchen kommen ebenso tief in den Boden, wie sie vorher standen; Ver-

JOHANNISBEERKRANKHEITEN

*Weiße Johannisbeere
(Ribes sativum)*

*Schwarze Johannisbeere
(Ribes nigrum)*

mehrung durch Steckhölzer, Hochstämmchen werden generell veredelt.
Pflege: Sträucher anfangs, Hochstämmchen zeitlebens abstützen; bei Trockenheit wässern, am besten den Boden mulchen; in direkter Umgebung nicht hacken oder graben; zum Austrieb organisch düngen; chloridempfindlichste Beerenobstart, was bei Verwendung von Mineraldüngern beachtet werden muss.
  Auch → PRAXIS-SEITE Johannisbeeren pflanzen und schneiden (S. 424/425)
Ernte: Reifezeit ab Ende Juni bis Anfang August, angezeigt durch volle Ausfärbung; Beeren können dann noch 2 bis 3 Wochen an den Ästen hängen bleiben; vollständig abpflücken oder mehrmals nur die reifesten Früchte durchpflücken, dabei die Beerentrauben am besten komplett abschneiden, um das Holz zu schonen, Beeren dann mit einer Gabel abstreifen; Früchte nur 2 bis 3 Tage lagerfähig.
Hinweis: Johannisbeersträucher tragen etwa 15 Jahre lang, danach vergreisen sie und sollten durch neue ersetzt werden.

Schwarze Johannisbeere
RIBES NIGRUM

Merkmale: Strauch mit mehreren grundständigen Trieben, auch als Hochstämmchen gezogen; je nach Erziehung 1 – 2 m hoch; Flachwurzler; streng riechende, rundliche, gelappte Blätter; am vorjährigen Holz unscheinbare Blüten in nicht allzu reichblütigen, hängenden Trauben; rundliche, schwarze oder schwarzbraune Beeren, herb-säuerlich schmeckend und saftreich; nur in geringem Maße selbstfruchtbar, Fruchtansatz durch Zupflanzung von mindestens einer weiteren Sorte als Pollenspender sichern. Mehrere Sorten im Angebot; eine Auswahl zeigt die nebenstehende Übersicht; zum Rieseln vgl. Hinweis bei Roter Johannisbeere.
Blütezeit: April – Mai
Standort: Wie Rote Johannisbeeren.
Pflanzen/Vermehren: Wie Rote Johannisbeeren, jedoch etwa eine Handbreit tiefer pflanzen, als die Sträucher vorher standen.
Pflege: Wie Rote Johannisbeeren, mit etwas abweichendem Schnitt;
→ PRAXIS-SEITE Johannisbeeren pflanzen und schneiden (S. 424/425).

Ernte: Fruchtreife etwa ab Juli; die Vollreife bei voller Ausfärbung; Beerentrauben am besten komplett abschneiden und dann die Beeren abstreifen; Früchte nur wenige Tage lagerfähig.

Johannisbeerkrankheiten
Neben den nachfolgend beschriebenen Krankheiten können vor allem Amerikanischer Stachelbeermehltau (→ *Stachelbeerkrankheiten*), → *Bleiglanzkrankheit,* → *Verticillium-Welke* und → *Grauschimmel* auftreten.

Blattfallkrankheit
Diese Pilzkrankheit tritt häufiger und besonders bei feuchter Witterung an Roter und Weißer Johannisbeere sowie an Stachelbeersträuchern auf. Schwarze Johannisbeeren werden seltener befallen.
Schadbild: Ab Ende Mai kleine bräunliche bis schwarze Flecken an den Blätter, beginnend im unteren Strauchbereich; Blätter vergilben, rollen die Ränder ein und fallen schließlich ab; bei starkem Befall auch Schäden an Trieben und Früchten.
Abhilfe: Vorbeugend widerstandsfähige Sorten wählen; Falllaub der Sträucher im Herbst entfernen; ab Frühjahr mehrmals Pflanzenstärkungsmittel ausbringen. Kranke Blätter umgehend entfernen, bei häufigem Befall notfalls geeignetes Fungizid einsetzen.

Brennnesselblättrigkeit
Besonders Schwarze Johannisbeeren sind anfällig für diese Viruskrankheit, die auch Nesselblattvirus oder Viröser Atavismus genannt wird. Die Übertragung des Virus erfolgt durch die Johannisbeergallmilbe (→ *Johannisbeerschädlinge*).
Schadbild: Übermäßig starke Blüte mit unnormal lang gestreckten Blütenständen, aber kaum Fruchtansatz; die namensgebende Blattveränderung oft

JOHANNISBEERKRANKHEITEN

JOHANNISBEERSORTEN IM ÜBERBLICK

Sorte	Blütezeit	Reifezeit	Früchte	Hinweis
Rote und Weiße Johannisbeeren				
'Blanka'	mittelfrüh	spät, ab Mitte Juli	groß, gelblich	wenig krankheitsanfällig
'Heinemanns Spätlese'	spät	sehr spät, ab Ende Juli	mittelgroß, hellrot	regelmäßiger, hoher Ertrag
'Heros'	früh	früh, ab Ende Juni	groß, kräftig rot	kräftiges Aroma
'Jonkher van Tets'	früh	sehr früh, ab Ende Juni	groß, intensiv rot	neigt zum Rieseln
'Red Lake'	früh	mittelfrüh, ab Anfang Juli	groß, glänzend rot, sehr lange Beerentrauben	neigt kaum zum Rieseln
'Rolan'	mittelfrüh	mittelfrüh, ab Anfang Juli	groß, kräftig rot	neigt kaum zum Rieseln
'Rondom'	mittelspät	spät, ab Mitte Juli	mittelgroß, leuchtend rot	neigt kaum zum Rieseln
'Rotet'	mittelspät	mittelfrüh, ab Anfang Juli	sehr groß, leuchtend rot	neigt kaum zum Rieseln
'Rovada'	mittelfrüh	mittelfrüh, ab Anfang Juli	sehr groß, kräftig rot	sehr robust
'Weiße Versailler'	früh	mittelfrüh, ab Mitte Juli	mittelgroß, gelblich	neigt zum Rieseln
Schwarze Johannisbeeren				
'Ometa'	mittelfrüh	spät, ab Mitte Juli	groß, blauschwarz	weitgehend resistent
'Silvergieters Schwarze'	früh	früh, ab Anfang Juli	groß, tiefschwarz	mild-säuerlich, eher geringer Vitamin-C-Gehalt
'Titania'	früh	mittelspät, ab Mitte Juli	sehr groß, schwarz	sehr hohe Erträge
'Wellingtons XXX'	sehr früh	früh, ab Anfang Juli	mittelgroß, tiefschwarz	neigt zum Rieseln

weniger auffällig und nur an einzelnen Trieben: Blätter bleiben kleiner und sind weniger gelappt, aber stärker gezähnt, teils fleckig aufgehellt.
Abhilfe: Vorbeugend nur virusfreies Pflanzgut verwenden, Sorten bevorzugen, die gegen Johannisbeergallmilben widerstandsfähig sind, Gallmilben bekämpfen; befallene Pflanzen vollständig entfernen.

Johannisbeersäulenrost
Vor allem Schwarze Johannisbeeren sind anfällig für den Befall mit dem Säulenrostpilz. Dieser überwintert an fünfnadeligen Kiefernarten wie Weymouthskiefer und Zirbelkiefer. An deren Trieben verursacht er im Frühjahr blasige Verdickungen (Kiefernblasenrost genannt). Dies sind die Sporenlager, von denen aus der Pilz die Johannisbeere befallen kann. Im Spätsommer wechselt er dann wieder auf Kiefern über. Es gibt Hinweise, dass der Erreger notfalls auch ohne Kiefern im Falllaub der Johannisbeersträucher überwintern kann.
Schadbild: Ab Juni orangegelbe Pusteln auf den Blattunterseiten, die bis zum Spätsommer dann dicht mit säulchenförmigen, braunen Fruchtkörpern überzogen sind; vorzeitiger Blattfall.
Abhilfe: Vorbeugend gering anfällige Sorten wählen; Johannisbeeren nicht in der Nähe fünfnadeliger Kiefernarten pflanzen; Falllaub entfernen. Bei häufigem, starkem Befall notfalls mit geeignetem Fungizid spritzen.

Brennnesselblättrigkeit der Johannisbeere

Johannisbeeren pflanzen und schneiden

1. Rote Johannisbeeren werden so tief gepflanzt, dass ein Teil der unteren Triebknospen mit Erde bedeckt ist. Pflanzloch etwa 50 – 60 cm breit anlegen, bei Ballen- oder Containerware in doppelter Ballenbreite.

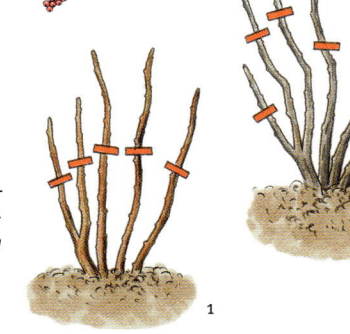

2. Pflanzschnitt bei Roter Johannisbeere: Man lässt 3 bis 5 der kräftigsten Triebe stehen und kürzt sie etwa um die Hälfte ein (1). In den nächsten 3 bis 4 Jahren dann Leitzweige anschneiden (2).

3. Beim Erhaltungsschnitt ab dem 4. bis 5. Jahr lässt man jährlich 2 bis 3 neue Bodentriebe stehen und schneidet die ältesten, fünfjährigen Zweige bodennah heraus.

Pflanz- und Schnitttermine

Optimale Pflanzzeit ist bei ballenlosen (wurzelnackten) wie Ballenpflanzen ab Mitte Oktober nach Abfallen der Blätter. Stattdessen kann man auch im Frühjahr vor dem Austrieb pflanzen. Mit Containerpflanzen sind Sie nicht an diese Termine gebunden, doch gerade bei den flach wurzelnden Beerensträuchern müssen Sie bei Sommerpflanzung sehr auf gute Wasserversorgung achten; dann am besten auch gleich mulchen. Auch nach Herbstpflanzung ist Bodenbedeckung empfehlenswert.

Der Pflanzschnitt erfolgt auch bei Herbstpflanzung am besten erst im darauf folgenden Frühjahr. Später schneidet man entweder gleich nach der Ernte oder im Spätwinter.

Rote und Weiße Johannisbeersträucher

Die Sträucher werden mit etwa 1,5 m Abstand gesetzt. Man kann sie auch an einem Rahmen mit quer gespannten Drähten hochziehen, dann genügen je nach Wuchsstärke meist 1 – 1,2 m Abstand. Berücksichtigen Sie beim Graben der Pflanzlöcher, dass die Wurzeln später nicht allzu tief reichen und dafür nach der Seite genügend Platz brauchen **(1)**. Sträucher setzt man etwas tiefer, als sie vorher standen. Das Bedecken der untersten Triebknospen fördert den Neuaustrieb an der Basis. Nach Einfüllen der Erde antreten und kräftig wässern. Sofern sie nicht am Drahtrahmen stehen, empfiehlt sich ein Stützen der jungen Sträucher durch Pfähle.

TIPP

Bei älteren Sträuchern ist eine Verjüngung durch radikalen Rückschnitt sämtlicher Zweige möglich. Danach baut man die Sträucher wieder wie nach dem Pflanzschnitt. Mit etwa 15 Jahren hat sich allerdings die Lebensdauer der Sträucher erschöpft, dann bringt auch eine Verjüngung nicht viel.

Ausgangspunkt für die später angestrebten 8 bis 12 Haupt- oder Leitzweige sind 3 bis 5 kräftige, möglichst gut verteilte Triebe, die man beim Pflanzschnitt stehen lässt. Durch deren Rückschnitt knapp oberhalb einer nach außen weisenden Knospe regt man die Seitentriebbildung an. In den Folgejahren lässt man jeweils 1 bis 2 kräftige Neutriebe hinzukommen, bis die gewünschte Zahl an Leitzweigen erreicht ist. Während dieser Aufbauzeit kürzt man die Leitzweige um etwa ein Drittel ein, bei schwachwüchsigen Sorten auch bis zur Hälfte **(2)**.

Dann beginnt der eigentliche Erhaltungsschnitt, bei dem es vor allem darauf ankommt, durch bodennahen Wegschnitt älterer Leitzweige und überzähliger, nach innen wachsender Triebe kräftigen Neuzugang aus der Basis (jährlich 2 bis 3 Triebe) zu fördern.

Schwarze Johannisbeersträucher

Etwas weiter, nämlich mit 1,8 – 2 m Abstand, pflanzt man die Schwarzen Johannisbeeren. Diese Johannisbeerenart verzweigt sich schwächer, zudem müssen die Leitzweige schon nach 3 Jahren ersetzt werden. Durch etwa 10 cm tiefere Pflanzung lässt sich verstärkte Bodentriebbildung fördern, durch kräftigen Pflanzschnitt die buschige Verzweigung (vgl. Abbildung).

Ziel beim weiteren Schnitt ist ein Aufbau mit 8 bis 10 Leitzweigen. Im 1. Standjahr bleiben alle neuen Triebe ungeschnitten, im 2. lässt man höchstens 5 bis 6 kräftige Neutriebe stehen. Hat der Strauch im 3. Jahr schon genügend Zweige, dann kann man die ältesten, sofern sie zweimal getragen haben, an der Basis wegschneiden. Im Folgejahr setzt schon der Erhaltungsschnitt ein, bei dem man die überzähligen ältesten Zweige entfernt.

Hochstämmchen

Hochstämmchen pflanzt man im Abstand von 1,5 – 2 m. Anders als die Sträucher werden Hochstämmchen beider Arten nicht tiefer gesetzt, als sie zuvor standen. Sie brauchen unbedingt einen Stützpfahl, der bis in die Krone reicht und vor dem Pflanzen eingeschlagen wird.

Die Krone wird aus 4 bis 6 kräftigen Leittrieben aufgebaut, die man beim Pflanzschnitt auf 3 bis 4 nach außen zeigende Knospen zurückschneidet, später dann jährlich um ein Drittel einkürzt. Auch die Seitentriebe werden jedes Jahr auf 2 bis 4 Knospen zurückgeschnitten. Entfernen Sie zudem regelmäßig Triebe, die unterhalb der Krone erscheinen oder als Wildtriebe aus dem Boden wachsen.

CHECKLISTE

Die wichtigsten Zahlen im Überblick:

Rote und Weiße Johannisbeeren:
- **Pflanzabstand: 1,5 m**
- **Strauchaufbau: 8 bis 12 Triebe**
- **Leitzweige fruchten 3 bis 5 Jahre gut**

Schwarze Johannisbeeren:
- **Pflanzabstand: 1,8 – 2 m**
- **Strauchaufbau: 8 bis 10 Triebe**
- **Leitzweige fruchten 2 bis 3 Jahre gut**

Sträucher der Schwarzen Johannisbeere pflanzt man ca.10 cm tiefer, als sie im Anzuchtbeet bzw. Container gestanden haben.

Pflanzschnitt bei Schwarzer Johannisbeere: Alle Triebe bis etwa 5 cm über dem Boden bzw. auf 1 bis 2 Knospen zurückschneiden.

Bis zum 2. Jahr schneidet man nur schwache und überzählige Triebe heraus. Danach Zweige, die älter als 3 Jahre sind, entfernen.

Stämmchen erzieht man mit 4 bis 6 Leitzweigen. Diese jährlich um ein Drittel einkürzen, die Seitentriebe auf 2 bis 4 Knospen.

Johannisbeerschädlinge

Johannisbeeren sind auch bei Schädlingen beliebt: Außer den hier beschriebenen Tieren kommen vor allem → *Spinnmilben*, → *Schildläuse* und → *Blattwanzen* vor. Gegen Amseln, Drosseln, Stare und andere Vögel schützt man die Beeren am besten durch Überspannen mit Netzen.

Johannisbeerblasenlaus

Diese gelbliche Blattlaus wechselt im Sommer mittels einer geflügelte Generation zwischen Johannisbeeren und Ziest (*Stachys*-Arten). Die Eier überwintern an Rindenschuppen der Johannisbeeren.
Schadbild: Ab Frühjahr beulig hochgewölbte Blasen auf den Blattoberseiten, bei Roten Johannisbeeren rötlich verfärbt; Honigtau- und Schwärzepilzbelag.
Abhilfe: Allgemeine Vorbeugung und Bekämpfung → *Blattlaus*; bei häufigem Befall Austriebsspritzung mit ölhaltigem Präparat.

Johannisbeergallmilbe

Verursacht hauptsächlich an Schwarzen Johannisbeeren die so genannte Rundknospenkrankheit. Neben direkten Schäden an den Blättern können diese Gallmilben beim Saugen auch die die Brennnesselkrankheit auslösenden Viren übertragen (→ *Johannisbeerkrankheiten*). In einer einzigen angeschwollenen Knospe überwintern bis zu 3 000 Milben.
Schadbild: Im Frühjahr auffällig kugelförmig angeschwollene Knospen, die nicht austreiben und vertrocknen.
Abhilfe: Vorbeugend gering anfällige Sorten wählen; angeschwollene Knospen noch im Winter ausbrechen, stark befallene Triebe ganz zurückschneiden und vernichten.

Johannisbeerglasflügler

Durchscheinende, glasartige Flügel mit knapp 20 mm Spannweite kennzeichnen diesen Schmetterling, dessen weißliche Raupen hauptsächlich an Schwarzen Johannisbeeren fressen. Ab Ende Mai bis Juli legt das Weibchen seine Eier in Knospennähe ab. Die daraus schlüpfenden Raupen fressen im Mark der Ruten, so dass diese schließlich absterben. Nach Überwinterung in den ausgehöhlten Ruten bohren sich die Raupen im April zum Verpuppen wieder nach außen.
Schadbild: Kümmern einzelner Triebe ohne ersichtlichen Grund; ab Sommer brüchige oder vertrocknete Ruten, innen ausgehöhlt und mit braunen Kotkrümeln gefüllt.
Abhilfe: Vorbeugend beim Schnitt keine Zapfen stehen lassen und keine unnötigen Schnittstellen verursachen, da hier bevorzugt Eiablage erfolgt; bei Befallsverdacht Triebe ab April auf Raupenbesatz untersuchen; befallene Ruten ausschneiden und vernichten.

Johannisbeertrieblaus

Die dunkelgrüne, weiß bestäubte Blattlaus überwintert im Eistadium an den Trieben und bildet ab Frühjahr dichte Kolonien an jungen Triebspitzen, die stark besaugt werden.
Schadbild: Nestartig zusammengekrümmte Blätter, Triebe verdreht und gestaucht.
Abhilfe: Wie bei Johannisbeerblasenlaus.

Johanniskraut
Hypericum calycinum

Ihren Namen trägt die artenreiche Gattung nach dem Echten Johanniskraut (*H. perforatum*), einer heimischen, sehr geschätzten Heilpflanze, die ab dem → *Johannistag* zu blühen beginnt. Diese spielt gärtnerisch jedoch kaum eine Rolle, sie wird höchstens in Naturgärten verwendet. Sehr viel dekorativer sind Arten aus dem Mittelmeerraum und aus Asien sowie einige Kulturformen. Botanisch werden Johanniskräuter zu den Balsamapfelgewächsen gerechnet, früher sah man sie als eigenständige Familie der Johanniskrautgewächse. Ein weiterer deutscher Name der Gattung ist Hartheu, da die Stängel der heimischen Art ein hartes Heu ergeben.

Die bekannteste Art für den Garten ist *H. calycinum*, auch Teppichjohanniskraut oder Schattenhartheu genannt. Es kommt auf dem Balkan bis hin zum Kaukasus vor und ist auch in Teilen Europas heimisch. Ebenso anspruchslos und robust sind weitere Arten und Kulturformen, über die die

Johannisbeertrieblaus

Johannisbeerglasflügler

Johannistag

Die große, goldgelbe Schalenblüte des Johanniskrauts (Hypericum calycinum)

unten stehende Übersicht in komprimierter Form Auskunft gibt.

Merkmale: Wintergrüner, in rauen Lagen Laub abwerfender Strauch mit breit buschigem Wuchs, 20 – 40 cm hoch; zahlreiche, wenig verzweigte, nur wenig verholzte Triebe, aufrecht, leicht überhängend oder niederliegend; durch Ausläufer teppichbildend; längliche, ledrige, frisch grüne, unterseits blaugrüne Blätter, früher Austrieb; bis 8 cm große, goldgelbe Schalenblüten mit üppigem Staubblattbüschel in der Mitte.

Blütezeit: Juni – Oktober

Verwendung: Als Füllstrauch in Gehölzgruppen, in Beeten und Rabatten, auf Böschungen und an Hängen, als Bodendecker.

Standort: Am besten sonnig; trockener bis leicht feuchter Boden, keine besonderen Ansprüche; sehr gut rauchhart, für Stadtklima bestens geeignet.

Pflanzen/Vermehren: Pflanzung im Frühjahr oder Herbst, für flächige Verwendung 4 bis 6 Pflanzen pro m²; Vermehrung durch Teilung oder Kopfstecklinge nach der Blüte, auch durch Rhizomschnittlinge und Ausläufer sowie durch Aussaat.

Pflege: Sehr anspruchslos und genügsam; in rauen Lagen leichter Winterschutz empfehlenswert; wird der Strauch unansehnlich, kann er kräftig zurückgeschnitten werden.

Johannistag

Der 24. Juni, ein Datum, das ebenso den → *Johannisbeeren* ihren Namen verlieh wie dem → *Johannistrieb*. Da um diese Zeit die Sonne auf der Nordhalbkugel am höchsten steht und die Tage am längsten sind, verwundert es nicht, dass nun besondere Entwicklungen in der Pflanzenwelt zu beobachten sind. Die eigentliche Sonnenwende und damit der längste Tag sowie der Sommeranfang fallen jedoch schon auf den 21. Juni. Mögli-

Weitere Johanniskrautarten im Überblick

Name	Wuchshöhe	Blüte	Verwendung	Besonderes
Blutjohanniskraut (*Hypericum androsaemum*)	breit buschig, 30 – 100 cm hoch, halbimmergrün	gelb, Juni – Oktober	Gehölzgruppen, Beete und Rabatten, an Böschungen, für niedrige Hecken	Fruchtschmuck aus ungenießbaren rotbraunen, später schwarzen Beeren
Großblumiger Johannisstrauch (*Hypericum* 'Hidcote')	erst straff aufrecht, später überhängend, 100 – 150 cm hoch, immergrün	goldgelb, August – Oktober	Gehölzgruppen, Beete und Rabatten, niedrige, frei wachsende Hecken	groß- und reichblütig; kräftiger Rückschnitt im Frühjahr fördert Blütenfülle
Bastard-Johanniskraut (*Hypericum x moserianum*)	breit buschig, leicht überhängend, 30 – 50 cm hoch, halbimmergrün	goldgelb mit roten Staubgefäßen, Juni – Oktober	Beete und Rabatten, Steingarten	besonders großblütig
Zwergjohanniskraut (*Hypericum olympicum*)	breit buschig, 15 – 20 cm hoch, in milden Regionen wintergrün	hellgelb, Juni – August	Beete und Rabatten, Steingarten, auf Trockenmauern	reichblütig; Sorte 'Citrinum' mit zitronengelben Blüten
Polsterjohanniskraut (*Hypericum polyphyllum*)	breit buschig, 10 – 15 cm hoch, in milden Regionen wintergrün	goldgelb, Mai – August	Beete und Rabatten, Steingarten, auf Trockenmauern	sehr reichblütig; einige Sorten mit großen, hellgelben Blüten
Kleines Johanniskraut (*Hypericum pseudohenryi*)	dicht buschig, 100 – 200 cm hoch, immergrün	goldgelb, Juli – September	Gehölzgruppen, Beete und Rabatten, Dachgärten	auch als *H. patulum* var. *henryi* geführt

Johannistrieb

Am Johannistag wird traditionell der letzte Spargel des Jahres gestochen.

cherweise hat man sich in früheren Zeiten trotzdem lieber den 24. gemerkt, da er mit Johannes dem Täufer einen recht prominenten Namenspatron hat.

Der 24. Juli gilt auch als Fixtermin für die Ernte von Spargeln, um ihnen die nötige Ruhezeit zu gewährleisten, sowie von Rhabarber, dessen Gehalt an gesundheitsschädlicher Oxalsäure danach zu hoch wird.

Johannistrieb
Bei manchen Gehölzen deutlich zu beobachtender Zweitaustrieb ab Mitte Juni, der schwächer ausfällt als der im Frühjahr. Bei Obstbäumen wird er teils entfernt, da er mit den sich gleichzeitig entwickelnden Früchten um Nährstoffe konkurriert. Nach starken Frösten oder Schädlingsbefall können sich die Gehölze jedoch mithilfe des Johannistriebs wieder ausreichend regenerieren.

Jonquille
Spezielle Sortengruppe der → *Narzisse*

Jostabeeren sind eine recht robuste Obstart.

Jostabeere
RIBES NIDIGROLARIA

Das Beerenobst ist das Ergebnis einer Kreuzung von Schwarzer Johannisbeere mit Stachelbeere. Es vereint die Eigenschaften der beiden Fruchtarten in sich: Die vitamin- und mineralstoffreichen Beeren werden je nach Sorte etwa haselnuss- bis kirschgroß, sind braun- bis schwarzrot gefärbt und schmecken fein süßsäuerlich. Sie eignen sich zum Frischverzehr, lassen sich aber auch gut verarbeiten und einfrieren. Es gibt einige Sorten, z. B. 'Jogranda' oder 'Jostine', beide mit hoher Resistenz gegenüber Krankheiten.

Merkmale: Strauch, meist starker, breit ausladender Wuchs, je nach Erziehung 1,5 – 2 m hoch; Flachwurzler; rundliche, gelappte Blätter; unscheinbare, gelbliche Blüten in kurzen, hängenden Trauben; 1 – 2 cm große, braun- oder schwarzrote Beeren.
Blütezeit: April – Mai
Standort: Vorzugsweise sonnig und geschützt; humoser, nährstoffreicher, am besten leicht saurer Boden.
Pflanzen/Vermehren: Pflanzung bevorzugt im Spätherbst oder noch vor dem Blattaustrieb, ebenso tief einsetzen, wie die Pflanzen vorher standen; Vermehrung durch Steckhölzer.
Pflege: Bei Trockenheit wässern; Boden unter den Sträuchern mulchen; im Frühjahr organisch düngen; nach der Ernte oder kurz vor dem Austrieb nur auslichten; Jostabeeren blühen und fruchten an Kurztrieben, die sich am alten Holz bilden.
Ernte: Ab Mitte Juli nach voller Ausfärbung, dann abpflücken oder Trauben abschneiden, dabei unbedingt die Kurztriebe schonen und nicht durch Abreißen der Beerentrauben verletzen; Beeren sofort verzehren oder weiterverarbeiten.

Judassilberling
Anderer Name für den einjährigen → *Silberling*, der auch Judaspfennig oder -taler genannt wird.

Jugendstadium
Auch juvenile Phase genannt. Beginnt bei Pflanzen mit dem Keimen und endet mit Ausbildung der ersten Blütenanlagen. Diese je nach Pflanzenart unterschiedlich lang andauernde Entwicklungsperiode ist durch rein vegetatives Wachstum gekennzeichnet. Sie wird durch so genannte Juvenilhormone gesteuert.

Juglans
Botanischer Gattungsname der → *Walnuss*

Juncus
Botanischer Gattungsname der → *Binse*

Jungfer im Grünen
NIGELLA DAMASCENA

Mit vielen weiteren deutschen Namen wie Gretel im Busch, Braut in Haaren, Lieschen im Grünen, Jungfer im Netze oder Venushaar versucht der Volksmund die außergewöhnliche Gestalt dieses Hahnenfußgewächses zu beschreiben. Die Jungfer im Grünen stammt aus dem Mittelmeerraum und Kleinasien und wird bereits seit dem 16. Jahrhundert in unseren Gärten gezogen. Ein weiterer Name ist Türkischer Schwarzkümmel, in Anlehnung an den nah verwandten Echten Schwarzkümmel (*N. sativa*), eine alte Heilpflanze, deren Samen auch als Gewürz verwendet werden.

Merkmale: Einjährige Sommerblume, locker buschig, 40 – 50 cm hoch; nadelförmig zerteilte Blätter; an den Triebenden hellblaue, sternartige Blüten, von einem Kranz fein zerschlitzter Hochblätter umgeben; kugelig aufgeblähte Fruchtstände aus 5 bis 10 Balgkapseln mit hornartigen Spitzen. Mehrere Sorten, darunter dicht gefüllte, weiß oder rosafarben blühende.

Blütezeit: Juni – September
Verwendung: In Beeten und Rabatten, als Vasenschmuck, die Fruchtstände als Trockenschmuck.
Standort: Möglichst warm; lockerer, nährstoffreicher Boden.
Kultur: Anzucht ab Ende März, Sämlinge pikieren und ab Mai auspflanzen; oder Direktsaat ab Mitte März, später Sämlinge auf 20 – 30 cm ausdünnen; mehrere Folgesaaten sorgen für anhaltenden Flor.
Pflege: Anspruchslos; versamt sich reich.

Jungfernfrüchtigkeit

Fachsprachlich Parthenokarpie genannt; die Fähigkeit mancher Pflanzen, ohne → *Bestäubung* Früchte zu bilden, kommt z. B. bei einigen Birnensorten und Gurken vor. Die Züchtung kernloser Früchte beruht auf dieser Fähigkeit.

Jungfernrebe

Anderer Name für den → *Wilden Wein*, eine Kletterpflanze mit prächtiger Herbstfärbung

Jungfer im Grünen (Nigella damascena)

Jungpflanzenanzucht
→ *Anzucht*

Junifruchtfall

Bei Obstgehölzen natürlicher Fruchtfall im Juni oder Juli, etwa 3 bis 4 Wochen nach der Blüte. Die Bäume stoßen dann überschüssige Früchte ab, die sie nicht hinreichend versorgen können. Dies ist im Grunde erwünscht, da es die Qualität der verbleibende Früchte entscheidend fördert; auch → *Ausdünnen*. Starker Junifruchtfall kann allerdings auch ein Anzeichen für mangelnde Wasser- oder Nährstoffversorgung sein.

Junikäfer

Brauner Käfer, dessen Larven, die so genannten → *Engerlinge*, an Pflanzenwurzeln fressen.

Juniperus

Botanischer Gattungsname des → *Wacholders*

Junkerlilie
ASPHODELINE LUTEA
☼ ☺

Die im Mittelmeergebiet häufig anzutreffende Pflanze gehört zu den Affo-

Junkerlilie (Aspholedine lutea)

dillgewächsen, früher zählte man sie zu den Liliengewächsen. Man nennt sie auch Gelben Affodill oder Königszepter.

Merkmale: Horstartig wachsende Staude, 80 – 100 cm hoch; kräftige Blütenschäfte mit grasähnlichen, blaugrünen Blättern; gelbe, sternförmige Blüten in üppiger Traube, blühen nacheinander auf; Fruchtstände mit kugeligen, beerenartigen Früchten.
Blütezeit: Mai – Juni
Verwendung: In Beeten und Rabatten, am besten in Steppenbeeten; besonders schön in Gemeinschaft mit Lavendel, Mannstreu und Gräsern.
Standort: Vollsonnig auf trockenem, durchlässigem Boden.
Pflanzen/Vermehren: Pflanzung bevorzugt im Frühjahr oder Herbst; Vermehrung durch Teilung nach der Blüte oder durch Aussaat.
Pflege: Im Winter mit Reisig abdecken; sonst anspruchslos.

Juvenil

Fachsprachlich für jugendlich
→ *Jugendstadium*

K

Maikäfer treten in manchen Jahren sehr zahlreich auf.

Kabis
Anderer, besonders in der Schweiz üblicher Name für Weiß- und Rotkohl → *Kopfkohl*

Käfer
Ordnung der Insekten mit weltweit ca. 500 000 Arten, von denen bei uns rund 5 700 vorkommen. Käfer besitzen meist einen harten Chitinpanzer. Ihre Vorderflügel sind harte Deckflügel, die in Ruhestellung die zusammengefalteten, dünnhäutigen Hinterflügel überdecken. Die meisten Arten zeigen eine kompakte ovale oder längliche Körperform sowie gut ausgebildete kauende Mundwerkzeuge. Viele Käfer ernähren sich von Pflanzen, dabei richten einige große Schäden an Nutz- und Zierpflanzen sowie an Waldbäumen an, z. B. Kartoffelkäfer (→ *Kartoffelschädlinge*), verschiedene Rüsselkäfer und Borkenkäfer. Zudem leben die Larven einiger Käfer im Boden und ernähren sich von Wurzeln, z. B. die → *Engerlinge* und → *Drahtwürmer*. Zahlreiche Arten leben aber auch räuberisch, darunter aus Sicht des Gärtners wichtige Nützlinge wie → *Marienkäfer* und → *Laufkäfer*, die große Mengen an schädlichen Insekten vertilgen. Weiterhin gibt es Käfer, die hauptsächlich von toten Pflanzen- und Tierresten leben und so eine wichtige Rolle für die Humusbildung und als „Gesundheitspolizei" spielen.

Kahlfrost
Frost in Zeiten ohne Schneefall und damit ohne schützende Schneedecke, deshalb besonders gefährlich, auch als → *Barfrost* bekannt.
Auch → *Frost*

Kainit
Natürlich vorkommendes Mineral, das als → *Kaliumdünger* genutzt wird.

Kaiserkrone
FRITILLARIA
Die Arten der Gattung, die man auch Fritillarien nennt, zeigen sich sehr vielgestaltig. Die Liliengewächse sind über die ganze Nordhalbkugel verbreitet.

Die imposanteste Erscheinung ist zweifellos die eigentliche Kaiserkrone, die aus Vorderasien stammt. Weniger pompös, aber nicht weniger reizvoll gibt sich die in Europa heimische, unter Naturschutz stehende Schachbrettblume. Liebhaber begeistern sich der ungewöhnlichen Blüten wegen auch für weitere Arten, z. B. für die intensiv duftende, pflaumenblau blühende *F. persica*, die fast schwarze *F. camschatcensis* oder für *F. pyrenaica* mit ihren nickenden Glockenblüten, die außen rotbraun, innen aber gelbgrün sind. Alle Arten enthalten in sämtlichen Teilen, besonders aber in der Zwiebel, Giftstoffe.

Kaiserkrone
FRITILLARIA IMPERIALIS

Merkmale: Stattliche Zwiebelpflanze, 60 – 100 cm hoch; kräftiger Blütenschaft, rundum mit schmalen, bogig überhängenden Blättern besetzt; endständig ein Kranz aus mehreren, hängenden, glockigen Blüten in leuchtendem Orange, gekrönt von einem Blattschopf; die ganze Pflanze, besonders die Zwiebel, verströmt einen unangenehmen, raubtierartigen Geruch. Im Handel sind neben einer geruchlosen Varietät einige Sorten mit gelben oder auch ziegelroten Blüten.
Blütezeit: April – Mai

Kaiserkrone (Fritillaria imperialis 'Rubra Maxim')

Verwendung: Einzeln oder in kleinen Gruppen, auf Beeten als Leitpflanze zwischen niedrigen Frühlingsblühern, vor Gehölzen, im Bauerngarten; auch als Schnittblume.
Standort: Durchlässiger, humoser, nährstoffreicher Boden.
Pflanzen/Vermehren: Die faustgroßen, gelbweißen, hüllenlosen Zwiebeln im Juli/August 20–30 cm tief und mit 40–50 cm Abstand leicht schräg einsetzen, am besten auf eine dicke Dränageschicht aus Sand oder feinem Kies; Vermehrung nach der Blüte durch Brutzwiebeln, auch Aussaat möglich, aber sehr langwierig.
Pflege: Während des Wachstum reichlich wässern und mit Nährstoffen versorgen; verwelkte Blütenstiele bis zum ersten Blattansatz abschneiden, erst nach vollständigem Vergilben des Laubs bis knapp über den Boden zurückschneiden; möglichst ungestört wachsen lassen.
Hinweis: Häufig werden Kaiserkronen mit ihrem strengen Geruch als Abwehrpflanzen gegen Wühlmäuse empfohlen. Die lästigen Nager meiden die Pflanzen tatsächlich, doch eine Schutzwirkung für benachbarte Pflanzen ist oft nicht festzustellen.

Schachbrettblume, Kibitzei
FRITILLARIA MELEAGRIS

Merkmale: Zwiebelpflanze, die mit der Zeit üppig dichte Büsche bildet, 15–30 cm hoch; schmale, grasartige, überhängende, graugrüne Blätter; große, nickende, glockige Blüten, hell- und dunkelpurpurn gewürfelt, bei Sorten auch rein weiß oder rosa bis violett gemustert.
Blütezeit: April – Mai
Verwendung: In Gruppen am Gehölzrand, an Gewässerufern, in Sumpfwiesen, sehr schön mit Frühlingsknotenblumen und Mehlprimeln.
Standort: Halb- bis lichtschattige, kühle Stellen; feuchter, lehmiger, nährstoffreicher Boden, der auch zeitweise staunass sein kann.
Pflanzen/Vermehren: Zwiebeln im August/September 5–10 cm tief mit 15 cm Abstand einsetzen; Vermehrung durch Brutzwiebeln, reine Art auch durch Aussaat, aber langwierig.
Pflege: Anspruchslos, am besten ungestört wachsen lassen.

Kaisernelke
Einjährige → *Nelke,* die auch Chinesische, Heddewigs- oder Sommernelke genannt wird.

Kakteen
Sehr formenreiche, überaus vielgestaltige Pflanzenfamilie mit etwa 100 Gattungen und 2000 Arten, deren Vorkommen auf den amerikanischen Kontinent beschränkt ist. Fast alle Vertreter sind → *Sukkulenten,* d. h., sie speichern in ihren verdickten, oft kugeligen, säulenförmigen oder flachgedrückten Körpern Wasser und können so in Trockengebieten überleben. Die meisten Arten verzichten auf Laubblätter, sie haben diese vielmehr in Dornen umgewandelt. Bei vielen erscheinen außergewöhnlich große, überaus prachtvolle Blüten, nicht wenige zieren sich auch mit attraktiven Früchten.

Die meisten Kakteen gedeihen bei uns nur im Haus oder im Gewächshaus, allerdings kann man sie während der heißen Monate zur Sommerfrische ins Freie, etwa auf die Terrasse, stellen, was ihnen in der Regel gut bekommt. Nur wenige Arten erweisen sich als derart robust, dass sie in milden Gebieten ganzjährig im Freiland bleiben dürfen, in erster Linie die Feigenkakteen oder Opuntien (*Opuntia*-Arten). Sie benötigen einen sonnigen, regengeschützten Platz, z. B. vor einer Hauswand oder unter einem vorspringenden Dach, mit gut durchlässigem, sandigem Boden. An ungeschützten Stellen brauchen sie einen Winterschutz aus Reisig. So können sie durchaus über Jahre gut gedeihen, sofern keine Winter mit starken Frösten dazwischenkommen. Grundsätzlich stellt jedoch die Freilandkultur in unseren Breiten stets ein Risiko dar.

Kakteen können warme Sommertage gut im Freien verbringen.

Kaktusdahlie
Gefüllt blühende → *Dahlie* mit an Kakteen erinnernde Blüten

Kalebasse
Anderer Name für den → *Flaschenkürbis,* der sich als Gemüse- sowie als zierende Kletterpflanze nutzen lässt.

Kalender, Hundertjähriger
Historisch interessanter Kalender, der angeblich langfristige Wetterprognosen erlaubt.
→ *Hundertjähriger Kalender*

Kalender, phänologischer
Einteilung der Vegetationsperiode in natürliche Jahreszeiten, die klimaabhängig sind und durch bestimmte Ereignisse in der Pflanzenwelt markiert werden.
→ *Phänologischer Kalender*

Kali
Kurzwort für Kalisalz, die übliche Bindungsform des Pflanzennährstoffs → *Kalium* in Düngern.

Kalidünger
Geläufiger Begriff für → *Kaliumdünger*

Kalibriertes Saatgut
Abgesiebtes und dadurch in der Größe einheitliches → *Saatgut*

Kalifornischer Mohn
ESCHSCHOLZIA CALIFORNICA
☼ ☺

Auch Goldmohn genannt. Das hübsche Mohngewächs aus dem pazifischen Nordamerika ist Kaliforniens Wappenblume. Es öffnet seine Blüten nur bei Sonnenschein und schließt sie am späten Nachmittag.
Merkmale: Einjährige Sommerblume, buschig, 25 – 50 cm hoch; Pfahlwurzel; blaugrüne, fein gefiederte Blätter; schalenförmige, seidig glänzende Blüten mit etwa 8 cm Ø, einfach, halb oder ganz gefüllt, gelb, orange, rot, cremeweiß oder rosa, oft in Farbmischungen.
Blütezeit: Juni – Oktober
Verwendung: Einzeln oder in Gruppen für Sommerblumenbeete und Rabatten, niedrige Sorten für Steingärten, trockene Hänge und Einfassungen; auch für Balkonkästen sowie Kübel geeignet.
Standort: Vollsonnig, warm; sandiger, leichter, durchlässiger Boden.
Kultur: Aussaat März bis Anfang April direkt ins Freie; für frühere Blüte ab Mai auch Aussaat im September mit Überwinterung draußen möglich. Sämlinge auf 20 – 30 cm Abstand ausdünnen, wegen Pfahlwurzelbildung kaum verpflanzbar. Vermehrt sich oft durch Selbstaussaat.
Pflege: Regelmäßiges Ausputzen von Verblühtem verlängert die Blütezeit, ansonsten einfach ungestört wachsen lassen.

Kalifornischer Mohn (Eschscholzia californica)

Kalium
Chemisches Element mit der Abkürzung K; für Pflanzen einer der unentbehrlichen Hauptnährstoffe, den sie in größeren Mengen benötigen. Kommt in Düngern und natürlichen Lagerstätten als Kalisalz vor, deshalb die gebräuchliche Kurzform Kali. Kalium erfüllt in der Pflanze mehrere wichtige **Funktionen:**

■ Es spielt eine große Rolle bei der Regulierung des Wasserhaushalts und beim Stofftransport.

■ Es festigt das Pflanzengewebe und sorgt für bessere Standfestigkeit.

■ Es erhöht die Widerstandsfähigkeit gegen Frost sowie Schädlinge und Krankheiten.

■ Es unterstützt die Aktivität pflanzlicher Enzyme und somit viele Stoffwechselvorgänge.

Bei **Kaliummangel** machen die Pflanzen einen schlaffen, welken Eindruck. Die Blätter hellen sich von den Rändern und Spitzen her auf und werden zunehmend braun. Mangelsymptome zeigen sich zuerst an den älteren Blättern der Pflanzen.

Zur **Düngung:** Ausgeprägter Kaliummangel tritt im Garten selten auf. Kalium ist in den weit verbreiteten Mineralen Feldspat und Glimmer enthalten, die im Lauf der → *Bodenbildung* verwittern. Dadurch sind Böden häufig schon von Natur aus recht kaliumreich; eine Ausnahme machen in erster Linie tonarme Sandböden sowie mit → *Kalk* überversorgte Böden. Als so genannter Kernnährstoff findet sich Kalium neben Stickstoff und Phosphor in allen Voll- oder Mehrnährstoffdüngern (auch → *Dünger*). Der in der Vergangenheit oft überreichliche Gebrauch solcher Dünger hat dazu geführt, dass die Böden in vielen Privatgärten sogar mit Kalium überversorgt sind. Ein **Überschuss** kann indirekt einen Magnesium- und Kalkmangel hervorrufen sowie zur Verschlechterung der Bodenstruktur führen.

Kaliumunterversorgung kommt am ehesten bei Rasenflächen vor sowie in Gärten, die nur organisch gedüngt werden, da die Kaliumgehalte der meisten organischen Dünger gering sind. Hier kann der Einsatz reiner → *Kaliumdünger* sinnvoll sein. Darüber gibt am besten eine regelmäßige → *Bodenuntersuchung* Auskunft. Spezielle Kaliumdüngung erweist sich in manchen Fällen auch bei einzelnen Pflanzen als sinnvoll, wenn die Frosthärte und die Widerstandskraft gegen Krankheiten gezielt verbessert werden soll. Hierzu wird häufig auch „kalibetonte" Düngung empfohlen (im Gegensatz zu stickstoffbetonter Düngung); dies erreicht man entweder durch Verwendung von Volldüngern mit ausgewiesen hohem Kalianteil oder eben durch reine Kalidüngung, die meist als Grunddüngung im Herbst ausgebracht wird.

Kaliumdünger

Auch als Kalidünger bekannt; aus bergmännisch abgebauten Kalisalzablagerungen hergestellte Düngemittel. Teils werden die Salze nur zerkleinert und als so genannte Kalirohsalze eingesetzt, teils sind sie auf verschiedene Weise aufbereitet. Kalisalz bedeutet, dass das Kalium in einer wasserlöslichen Verbindung vorliegt, entweder als Kaliumsulfat (K_2SO_4; mit Schwefelanteil) oder als Kaliumchlorid (KCl; mit Chloranteil). Zum Vergleich der Kaligehalte dient die „fiktive" Verbindung Kaliumoxid (K_2O), die auf den Düngersäcken ausgewiesen ist. Zum Teil kommt auch → *Magnesium* als Nebenbestandteil vor.

Die Kenntnis des jeweiligen Kalisalzes ist wichtig, da manche Pflanzen auf Chlorid empfindlich reagieren; dies betrifft Beerensträucher, Erdbeeren, Wein, Tomaten, Gurken, Zwiebeln, Radieschen, Porree, Kartoffeln sowie die meisten Zierpflanzen. Hier sollten also nur Kaliumsulfatdünger Verwendung finden.

Die wichtigsten Kaliumdünger, jeweils angeordnet nach steigenden Kaliumgehalten:

- Sulfathaltig: Kalimagnesia (Patentkali), Kaliumsulfat bzw. Schwefelsaures Kali, Korn-Kali;
- Chloridhaltig: Kalirohsalze (Kainit, enthält auch Magnesiumsulfat; Sylvinit), 40er, 50er und 60er Kali.

Wie bei den meisten Mineraldüngern handelt es sich im Grunde um Naturprodukte. Problematisch für die Umwelt sind in erster Linie verschiedene Aufschluss- und Aufbereitungsverfahren, bei denen schädliche Nebenprodukte anfallen und viel Energie verbraucht wird. Weniger stark aufbereitete Kaliumdünger wie Kaliumsulfat, Kalimagnesia sowie die Kalirohsalze sind auch im ökologischen Anbau zugelassen.

Kalk

Hat als chemisches Element die Abkürzung Ca für Calcium. Mit dem Begriff Kalk meint man meist verschiedene Bindungsformen des Calziums, z. B. mineralisch in Gesteinen und im Boden oder in Stoffen organischen Ursprungs wie Algen- oder Muschelkalk. Calzium zählt zu den unentbehrlichen Hauptnährstoffen, obwohl es von den Pflanzen in nicht allzu großen Mengen aufgenommen wird. Denn es hat neben seinen **Funktionen** in der Pflanze besondere Bedeutung für den Bodenzustand. Seine wichtigsten Aufgaben in der Pflanze:

- Aufbau der Zellwände;
- Stabilisierung der Membranen in der Pflanzenzelle;
- Unterstützung von Enzymen und Hormonen und damit Förderung wichtiger Stoffwechselprozesse.

Die Auswirkungen im Boden:

- Förderung der Krümelstruktur;
- Anregung der Bodenorganismentätigkeit;
- Verbesserung saurer Böden, dadurch auch bessere Pflanzenverfügbarkeit von Hauptnährstoffen (Stickstoff, Kalium, Phosphor, Magnesium). Der letztgenannte Effekt beruht darauf, dass Kalkgaben indirekt den → *pH-Wert* erhöhen. Kalkreiche Böden sind in der Regel alkalisch, kalkarme sind häufig sauer (auch → *Bodenreaktion*, → *Kalkung*).

Kalkmangel, genauer: Calcium-Mangel, äußert sich bei Pflanzen oft nur durch schwaches Wachstum. Ansonsten ist die Aufhellung zunächst der jüngsten Blätter, besonders der Spitzen und Ränder, typisch; die älteren werden dagegen oft auffällig dunkelgrün. Teils verbräunen die Blattadern, Blütenstiele und Triebspitzen können abknicken. Bei Früchten entstehen durch Zusammenbruch von Gewebepartien braune oder schwarze Flecken, so bei der Stippigkeit des Apfels (→ *Apfelkrankheiten*) oder der Fruchtendfäule der Tomate (→ *Tomatenkrankheiten*).

Ursache für solche Symptome ist allerdings häufig nicht zu wenig Kalk im Boden, sondern ein sogenannter physiologischer Calcium-Mangel: Der Nährstoff kann entweder nicht hinreichend aufgenommen oder in der Pflanze nicht dahin transportiert werden, wo er benötigt wird. Dem liegen recht komplizierte Zusammenhänge zugrunde, zumindest als Hobbygärtner kann man da kaum gezielt eingreifen. Vorbeugend ist eine gleichmäßige Wasserversorgung günstig. Außerdem sollte man den Boden nicht mit → *Kalium* und → *Magnesium* überversorgen, da diese Nährstoffe im Übermaß die Calcium-Aufnahme beeinträchtigen. Umgekehrt kann ein **Überschuss** an Kalk zu Kalium- oder Magnesiummangel der Pflanzen führen.

Der Kalkgehalt der Böden ist für die eigentliche Calcium-Versorgung der Pflanzen meist ausreichend. Eine Düngung mit Kalk zielt vor allem darauf ab, Bodeneigenschaften zu erhalten oder zu verbessern. Man spricht deshalb auch eher von → *Kalkung* als von Kalkdüngung.

Kalkanstrich

Weißer Anstrich von Baumstämmen im Herbst zur Vorbeugung von Rindenschäden bei starkem Temperaturwechsel im Spätwinter
→ *Stammpflege*

Kalkausblühung

Kalkablagerung auf Tontöpfen, Mauern oder Fliesen
→ *Ausblühung*

Kalkchlorose

Gelbfärbung von Blättern aufgrund von Eisenmangel, der bei zu hohem Kalkgehalt im Boden auftritt.
Auch → *Eisen*

Kalkdünger

Dünger von weißer oder hellgrauer Farbe, die oft nur → *Kalk,* teils auch → *Magnesium* und → *Spurennährstoffe* enthalten. Der Kalk liegt darin meist in Form von Karbonaten (Salze der Kohlensäure) vor, mit dem chemischen Kürzel $CaCO_3$. Vergleichsbasis für den Kalkgehalt ist das in der Regel auf den Säcken ausgewiesene CaO (Calciumoxid).

Als Kompostzugabe bindet Kalk Gerüche und fördert die Verrottung.

Gebräuchliche Kalkdünger entstammen recht unterschiedlichen Quellen:

- Aus Kalkgesteinen entstehen Kohlensaurer Kalk (Kalkmergel), Dolomitkalk, Muschelkalk.
- Aus kalkhaltigen Algen wird Meeresalgenkalk gewonnen.
- Schadstofffreie Kalkrückstände der Eisen- und Stahlerzeugung, der Zuckergewinnung oder der Wasseraufbereitung finden z. B. als Hüttenkalk, Thomaskalk (phosphathaltig), Konverterkalk oder Carbokalk Verwendung.

Diese Kalkdünger sind im Grunde „naturbelassen", d. h., die Ausgangsmaterialien werden lediglich zermahlen und/oder gesiebt. Im Boden entfalten sie ihre Wirkung nur allmählich. Eine Ausnahme bilden Hütten-, Thomas- und Konverterkalk, die den Kalk zudem nicht als Karbonat, sondern als Silikat (Salz der Kieselsäure) enthalten: Sie wirken in normalen Böden langsam, in sauren dagegen schnell.

Eine weitere Besonderheit stellt der AZ-Kalk dar, ein kohlensaurer oder Algenkalk, dem → *Azotobakter,* Stickstoff bindende Bakterien, beigemischt sind.

Zu den langsam wirkenden Kalkdüngern kann man schließlich auch → *Gesteinsmehle* mit höherem Kalkgehalt zählen.

Generell rasche Wirkung zeigen zwei speziell aufbereitete Kalkdünger:

- Branntkalk: Zermahlenes, bei hohen Temperaturen gebranntes Kalkgestein.
- Löschkalk: Wird aus Branntkalk durch Wasserzugabe (Löschen) bei starker Wärmeentwicklung hergestellt.

Beide Dünger sind ätzend; man sollte deshalb beim Umgang mit ihnen Handschuhe tragen und Kontakt mit Augen und Schleimhäuten (Nase, Mund) sowie mit offenen Wunden vermeiden. Die ätzende Wirkung betrifft auch Pflanzen und Bodenlebewesen. Im Allgemeinen ist von der Verwendung dieser Kalkdünger im Hausgarten abzuraten. Ähnlich verhält es sich mit → *Kalkstickstoff.*
Auch → *Kalkung*

Kalkgestein
→ *Kalkstein*

Kalkmergel

Kalkgestein mit Tonanteil; wird nach Vermahlen als Kohlensaurer Kalk genutzt (→ *Kalkdünger*). Kalkmergel ist in manchen Regionen auch das vorherrschende bodenbildende Gestein. Solche Böden können sehr fruchtbar sein, bei hohem Tonanteil aber auch verdichtet bzw. recht flachgründig.

Kalksalpeter

Kalkhaltiger → *Stickstoffdünger,* der Stickstoff in Form von schnell wirkendem Nitrat enthält.

Kalkstein

Kalksteine oder Kalkgestein sind aus Ablagerungen kalkhaltiger Lebewesen entstandene → *Absatzgesteine,* durch Druck verfestigt und häufig über Jahrtausende hinweg durch verschiedene Prozesse verändert. Das bekannteste → *Umwandlungsgestein* dieser Gruppe ist der kristalline Marmor.

Kalksteine, die in nahezu allen geologischen Formationen vorkommen, haben wichtigen Anteil an der → *Bodenbildung* und dienen als Rohstoff für → *Kalkdünger.* Außerdem werden Kalksteine, die es nicht nur in ansprechendem Weiß, sondern je nach Ursprung in vielen anderen Farben gibt, gern für Garten- und Trockenmauern, Steingärten und ähnliche Zwecke verwendet. Das recht weiche Gestein lässt sich gut verarbeiten, ist aber vergleichsweise wenig beständig. Bei

Kalksteine als Baumaterial für eine Kräuterschnecke

Verwendung im → *Steingarten* muss man darauf achten, dass im näheren Umfeld solcher Steine nur kalkverträgliche Pflanzen gedeihen.

Kalkstickstoff

→ *Stickstoffdünger* mit Calciumcyanamid und Branntkalk (→ *Kalkdünger*) als Hauptbestandteil. Kalkstickstoff ist nicht nur ein langsam wirkender Stickstoff- und schnell wirkender Kalkdünger. Er lässt sich auch zur Unkraut- und Schadpilzbekämpfung einsetzen. Zu dieser Wirkung trägt einmal der ätzende Branntkalk, zum andern das Cyanamid bei, eine Verbindung der giftigen Blausäure. Letzteres zerfällt bei genügend Bodenfeuchte nach 1 bis 2, spätestens 4 Wochen, in ungiftige Stickstoffverbindungen.

Kalkstickstoff wirkt recht effektiv gegen manche Bodenpilze, besonders gegen die gefürchtete Kohlhernie (→ *Kohlkrankheiten*). Außerdem hat er sich beim Kompostieren von schwer zersetzbaren Materialien wie Holzhäcksel und Laub bewährt; die nützlichen Kompostorganismen erholen sich von der vorübergehenden Giftwirkung recht schnell. Vor unbedachtem Einsatz ist jedoch abzuraten. Vor allem muss man sich selbst beim Ausbringen durch Tragen von Schutzkleidung samt Schutzbrille und strenges Beachten aller Sicherheitshinweise des Herstellers schützen. Alkoholgenuss und Rauchen während des Ausbringens sind besonders gefährlich, denn sie verstärken die Giftwirkung. Wo Kalkstickstoff ausgestreut worden ist, muss man mit dem Säen oder Pflanzen einige Wochen warten.

Kalkung

Kalk dient vorwiegend als Bodendünger, weil er die Bildung einer vorteilhaften Krümelstruktur und die Aktivität der Bodenorganismen fördert (auch → *Kalk*). Da er in recht hohem Anteil in der gesamten Erdrinde vorkommt und Bestandteil vieler bodenbildender Gesteine ist, herrscht in vielen Böden grundsätzlich kein Mangel an Kalk. Allerdings bewirken Niederschläge mit der Zeit eine Kalkauswaschung und damit eine → *Bodenversauerung,* die das Aufkalken nötig macht. Auf stark sauren Böden stellt dies zudem ein Bodenverbesserungsmaßnahme dar.

In Hausgärten wird jedoch häufig zu viel und zu oft des Guten getan – die Böden sind häufig mit Kalk überversorgt. Dies kann einmal zu einer verschlechterten Aufnahme von → *Kalium* und → *Magnesium* durch die Pflanze führen. Bei zu hohem Kalkgehalt werden außerdem → *Eisen* und → *Spurennährstoffe* festgelegt (auch → *Bodenreaktion*). Aus diesen Gründen sollte der Kalkgehalt regelmäßig durch eine → *Bodenuntersuchung* überprüft werden. Im Allgemeinen sind langsam wirkende → *Kalkdünger* gut geeignet, besonders solche, die zusätzlich Magnesium und Spurennährstoffe enthalten, z. B. Algenkalk. Häufig genügen auch schon Gesteinsmehlgaben. Schnell wirksamer Brannt- oder Löschkalk empfiehlt sich am ehesten zum Aufkalken saurer, stark tonhaltiger Böden, wobei Hüttenkalk eine gute Alternative darstellt. Dabei erhöht man den → *pH-Wert* am besten nur allmählich; abrupte Änderungen durch hohe Kalkgaben können die Bodenstruktur stark beeinträchtigen.

Eine Kalkung erfolgt vorwiegend im Herbst; die Kalkdünger müssen gut in den Oberboden eingemischt werden.

Kallus

Wundverschlussgewebe, das sich bei Verletzungen aus dem stets teilungsfähigen → *Kambium* bildet und so allmählich die Wunde überwallt. Die Kallusbildung spielt vor allem beim Gehölz- bzw. Obstbaumschnitt eine wichtige Rolle, da sie das Holz vor dem Eindringen von Fäulnis- und anderen Pilzen schützt. Durch glattes Nachschneiden der Schnittwunden,

z. B. mit einer → *Hippe,* fördert man die Kallusbildung. Bei → *Veredlungen* überwächst der Kallus die Verbindungsstelle zwischen Unterlage und Edelreis, so dass sich dort eine deutliche Verdickung bildet.

Kalmia
Immergrünes Blütengehölz für saure Standorte
→ *Lorbeerrose*

Kalmus
ACORUS CALAMUS

Die grasartige Pflanze ist eine der ältesten Heilpflanzen, sie stammt ursprünglich aus Südostasien, ist aber in Europa seit dem 16. Jahrhundert eingebürgert. Das Kalmusgewächs, früher zu den Aronstabgewächsen gerechnet, enthält ätherische Öle, die sehr würzig riechen, allerdings auch Haut und Schleimhäute reizen können.

Eine ähnliche, jedoch wesentlich zierlichere und nicht ganz winterharte Art ist der ostasiatische Zwergkalmus (*A. gramineus*), der lediglich 20 – 30 cm hoch wird.

Kalmus (Acorus calamus)

Merkmale: Staude, horstartig mit fleischigem Rhizom, 60 – 120 cm hoch; dreikantiger Stängel; lange, straff aufrechte, riemenförmige Blätter, an den Spitzen oft leicht überhängend; kolbenartiger Blütenstand aus kleinen, grünlichen Einzelblüten, von langem Hüllblatt überragt. Es gibt auch buntblättrige Sorten, die jedoch frostempfindlich sind.
Blütezeit: Mai – Juli
Verwendung: Am Rand stehender oder langsam fließender Gewässer, im Sumpfbeet, attraktive Ergänzung zu Rohrkolben, Sumpfschwertlilien oder Sumpfgräsern.
Standort: Am besten vollsonnig auf nassen, nährstoffreichen Böden; bis 20 cm Wassertiefe.
Pflanzen/Vermehren: Pflanzung bevorzugt im späten Frühjahr; Vermehrung durch Rhizomteilung im Frühjahr oder Herbst.
Pflege: Sehr genügsam; Sorten im Herbst in Gefäße umpflanzen und frostfrei überwintern.

Kalter Kasten
Unbeheiztes → *Frühbeet* mit Fensterauflage

Kälteschäden
Bei Wärme liebenden, empfindlichen Arten sowie bei Jungpflanzen kann es schon bei niedrigen Temperaturen, die noch über dem Nullpunkt liegen, zu Schäden kommen. Die Gefahr ist besonders groß, wenn drinnen überwinterte oder angezogene Pflanzen ohne → *Abhärten* nach draußen kommen.

Typische Symptome: Die Blätter verfärben sich fahl gelb oder rötlich, manchmal werden sie glasig oder braun. Häufig werden auch bereits angesetzte Blütenknospen abgeworfen, ebenso schon entfaltete Blütenblätter, die ähnliche Verfärbungen oder Aufhellungen zeigen wie die Blätter.

Auch → *Frostschäden*

Kalthaus
Über Winter gerade frostfrei gehaltenes → *Gewächshaus*

Kaltkeimer
Auch Frostkeimer genannt; Pflanzen, deren Samen eine Zeit lang kühlen Temperaturen oder gar vorübergehendem Frost ausgesetzt sein müssen, bevor sie im Frühjahr auskeimen. Kaltkeimer findet man häufig unter den Stauden, besonders unter den typischen Steingartengewächsen, so z. B. Adonisröschen, Eisenhut, Enzian, Pfingstrose und Trollblume. Auch die Samen von Tulpen, Lilien, Schneeglöckchen und manchen zweijährigen Arten brauchen einen winterlichen Kältereiz. Weiterhin sind zahlreiche Gehölze, darunter Ahorn, Hasel und Holunder, Kaltkeimer.

Die Kaltkeimer unter den Stauden sät man am besten bereits im November, notfalls auch im Spätwinter, in Anzuchtgefäße, bringt sie in einen warmen Raum und hält sie gut feucht, bis die Samen quellen. Das dauert in der Regel etwa 2 Wochen. Dann werden sie an einer geschützten Stelle im Freien aufgestellt oder samt Topf in die Erde eingesenkt. Im Februar oder Anfang März kommen sie an einen mäßig warmen, hellen Platz im Haus oder im Frühbeet, wo sich dann bald die Keimblätter zeigen.

Gehölze sind oft zugleich so genannte Schwerkeimer. Man schichtet die Samen deshalb im **Stratifikation** genannten Verfahren in Sand ein. Dazu genügt für kleinere Mengen ein Tontopf, unbedingt mit Abzugsloch. Er wird mit etwas Sand befüllt, darauf kommt eine Schicht mit Samen, darüber wieder Sand usw. Den Topf stellt man an einen schattigen Platz im Freien. Optimal sind in der Regel 0 – 5° C, wobei Frost vertragen wird, aber meist nicht unbedingt nötig ist. In Anzuchtbetrieben wird die Stratifi-

Die Samen des Adonisröschens keimen erst nach Kälteeinwirkung.

kation in Kühlhäusern durchgeführt, mit einem normalen Kühlschrank, in dem die Temperaturen meist zwischen 4 und 8° C liegen, wird man jedoch keinen Erfolg haben. Je nach Art, Temperatur und Feuchtigkeit dauert es 4 bis 16 Wochen, teils auch mehrere Monate, bis die Samen keimen. Sie müssen dann umgehend an der gewünschten Stelle ausgesät werden.

Kaltwasserauszug
In kaltem Wasser angesetzte Kräuter für die sofortige Verwendung
→ *Kräuterauszüge*

Kambium
Bildungs- und Zuwachsgewebe aus stets teilungsfähigen Zellen. In Stämmen und Ästen von Gehölzen sowie in Wurzeln ist es ringförmig angeordnet und liegt im äußeren Bereich bzw. unter der Rinde. Bei den → *zweikeimblättrigen Pflanzen* bewirkt es das sekundäre → *Dickenwachstum* und die Bildung von → *Holz*, außerdem die Wundüberwallung durch den → *Kallus*.

Kamelie
CAMELLIA

Die edlen Sträucher waren in Ostasien bereits lange geschätzt, als sie im 18. Jahrhundert erstmals nach Europa kamen. Wegen ihrer edlen, früh erscheinenden Blüten nennt man die Teestrauchgewächse, die mit der echten Teepflanze sehr nahe verwandt sind, auch Rosen des Winters. Im Handel findet man ein überaus breites Sortiment von *C. japonica*, *C.* x *williamsii* und *C. reticulata*-Hybriden, wobei sich die Sorten voneinander jeweils stärker unterscheiden als die genannten Arten. Sie präsentieren sich mit unterschiedlichen Wuchsformen, vor allem aber mit vielfältig geformten und gefärbten Blüten. Kamelien werden in hiesigen Breiten vorwiegend als Zimmer- oder Kübelpflanzen gehalten, doch nicht wenige Sorten sind derart unempfindlich, dass sie in milderen Gegenden den Winter schadlos überstehen; selbst in raueren Regionen kann man sie durchaus auspflanzen. Wenn sie in harten Wintern teilweise erfrieren, treiben sie in der Regel wieder kräftig durch.

Merkmale: Immergrüne Sträucher mit aufrechtem, breit buschigem, überhängendem oder eher niederliegendem Wuchs, 1 – 3 m hoch; breit ovale, zugespitzte, ledrige, glänzend dunkelgrüne Blätter; ungefüllte bis dicht gefüllte, schalenförmige Blüten in Weiß, Rosa oder Rot, teils zweifarbig, mit gelbem Staubblattbüschel im Zentrum, Blütenblätter glatt, leicht gewellt oder stark gekraust.
Blütezeit: Februar – April
Verwendung: Als Solitärgehölze an gut einsehbarem Platz; als Kübelpflanzen auf Balkon und Terrasse.
Standort: Möglichst geschützt; gut durchlässiger, stark humoser, nährstoffreicher, kalkfreier, auch saurer Boden.
Pflanzen/Vermehren: Pflanzung bevorzugt im Frühherbst; Vermehrung im Frühsommer durch halbreife bis reife Stecklinge, auch durch Aussaat, aber langwierig.
Pflege: Während des Wachstums gleichmäßig leicht feucht halten, möglichst mit weichem, kalkarmem Wasser; sparsam düngen, am besten

Kamelien werden meist als Kübelpflanzen kultiviert, es gibt aber auch winterharte Sorten.

im Herbst mit reifem Kompost versorgen, in Gefäßkultur alle 2 bis 4 Wochen in schwacher Dosierung düngen; möglichst ungeschnitten lassen, aber Rückschnitt wird gut vertragen; den Winter über den Boden dick mulchen, mit Strohmatten schattieren und vor kalten Winden schützen; Kübelpflanzen bei 5 – 10° C hell und luftfeucht im Haus überwintern.
Hinweis: Wenn Kamelien ihre Blütenknospen abwerfen, liegt dies meist daran, dass der Wurzelballen – wenn auch nur kurzfristig – ausgetrocknet ist oder war, dass die Luftfeuchtigkeit zu niedrig ist und/oder dass die Sträucher zu warm stehen.

Kamille, Echte
MATRICARIA RECUTITA

Ursprünglich nur im Mittelmeerraum und Kleinasien verbreitet, hat sich die Echte Kamille heute weltweit ausgebreitet. Als typische Begleitpflanze in

Kanadische Goldrute

Kamille, eine unserer wichtigsten Heilpflanzen

Äckern, vor allem Getreidefeldern, ist das Korbblütengewächs durch den Einsatz von Unkrautvernichtungsmitteln heute eher selten anzutreffen. Man baut sie vielmehr erwerbsmäßig an, denn sie ist eine der vielseitigsten und am häufigsten genutzten Heilpflanzen, etwa bei Magenbeschwerden, Entzündungen und Erkältungen. Außerdem lässt sich die Pflanze auch im Garten gut nutzen, etwa zur Herstellung von → *Kräuterauszügen*. Allerdings fallen die Erntemengen bei kleinflächigem Anbau im Garten recht bescheiden aus.
Merkmale: Einjährig, locker buschig, 20 – 50 cm hoch; fein gefiederte Blätter; weiße Blütenkörbchen mit gelber, hochgewölbter Mitte.
Blütezeit: Mai – August
Verwendung: In Gruppen in Beeten, im Naturgarten, an Rainen oder Böschungen; im Nutzgarten.
Standort: Vollsonnig und warm; humoser Boden.
Kultur: Aussaat ab April direkt ins Beet, in Reihen oder breitwürfig; Sämlinge auf 20 cm Abstand vereinzeln.
Pflege: Völlig anspruchslos.
Ernte: Den Sommer über voll erblühte Blütenköpfe ohne Stängel und Blätter abschneiden, möglichst nach einer anhaltenden Schönwetterperiode; ausgebreitet bei milder Wärme an einem luftigen Ort trocknen lassen, dunkel und trocken aufbewahren.
Hinweis: Ein sicheres Erkennungszeichen für die Echte Kamille sind ihre hohlen Blütenköpfe: Schneidet man die Körbchen auf, ist deutlich ein Hohlraum zu sehen. Bei anderen, sehr ähnlich wirkenden, aber als Unkräuter betrachteten Kamillen, z. B. Stinkende Hundskamille (*Anthemis cotula*) oder Geruchlose Kamille (*Tripleurospermum perforatum*), sind die Blütenköpfe stets fest gefüllt.

Kanadische Goldrute
Wuchskräftige → *eingebürgerte Pflanze,* die gebietsweise die heimische Flora stark bedrängt hat. Eng verwandte, aber verträglichere → *Goldruten* werden als Zierstauden gepflanzt.

Kanarienkresse
Kletternde, zitronengelb blühende Verwandte der → *Kapuzinerkresse*

Kaninchen
Kaninchen gehören zur Familie der Hasen und sind bei uns in freier Natur durch das Wildkaninchen (*Oryctolagus cuniculus*) vertreten, gebietsweise auch als Karnickel, Leppes oder unter dem französischen Namen Lapin bekannt. Vom Feldhasen lassen sich die etwa 40 cm großen, grauen oder graubraunen Tiere dadurch unterscheiden, dass ihre Ohren kürzer sind als der Kopf (auch → *Hase*). Anders als Feldhasen leben Kaninchen gesellig. Der Bejagung durch den Menschen, vielen natürlichen Feinden (z. B. Wiesel, Habicht, Eule, Fuchs) und der tödlichen Viruskrankheit Myxomatose zum Trotz kommen Kaninchen recht verbreitet vor. Sie treten wesentlich häufiger im Siedlungsbereich auf als Feldhasen und leben sogar in Stadtparks und Friedhöfen.

Wildkaninchen lieben allerlei pflanzliche Kost.

In Gärten können hungrige Kaninchen lästig werden, da sie meist zu mehreren auftauchen und manchmal ganze Gemüsebeete leer fressen oder während schneereicher Winter Gehölze benagen. Beste Vorbeugung bietet ein 1 m hoher, 30 cm tief in den Boden eingegrabener engmaschiger Drahtzaun. Baumstämme kann man im unteren Bereich durch Plastikspiralen oder so genannte Drahthosen schützen. Manche Gärtner haben auch gute Erfahrungen mit ausgelegtem alten Brot als Ablenkungsfütterung gemacht.

Kantalupe
Sortengruppe der Zuckermelone mit gerippter Schale und orangefarbenem Fruchtfleisch
  → *Melone*

Kantenstecher
Spatenähnliches Handgerät mit halbmondförmigem Blatt, meist aus Edelstahl, zum sauberen Abstechen von Rasen- und Beetkanten. Um gerade Kanten, also Umgrenzungslinien, zu erzielen, arbeitet man damit am besten entlang einer aufgespannten Markierschnur.

Kapaster
FELICIA AMELLOIDES

Das Korbblütengewächs mit den hübschen blauen Blüten wächst in seiner südafrikanischen Heimat mehrjährig, wird bei uns aber wegen mangelnder Winterhärte oft nur einjährig gezogen. Als Balkon- oder Kübelpflanze lässt es sich jedoch gut drinnen überwintern. Eine echte einjährige Verwandte ist die nur 10 – 20 cm hohe *F. bergeriana*, die sich z. B. gut für Einfassungen verwenden lässt. Teils werden die Kapastern auch als Blaue Gänseblümchen bezeichnet; dann droht Verwechslungsgefahr mit dem *Brachyscome* (→ *Gänseblümchen, Blaues*).
Merkmale: Staude bis Halbstrauch, buschig, 20 – 50 cm hoch; längliche, dunkelgrüne Blätter; an den Trieben den asternähnliche, himmel- bis lavendelblaue Blüten mit gelber Mitte.
Blütezeit: Mai – Oktober
Verwendung: In Gruppen auf Beeten und Rabatten, in Kübeln und Balkonkästen; besonders schön als Hochstämmchen.
Standort: Am besten vollsonnig; lockerer, trockener, humoser Boden; auch für windige Lagen geeignet.

Kapaster (Felicia amelloides) als Beetpflanze

Pflanzen/Vermehren: Pflanzung ab Mitte Mai mit 15 – 25 cm Abstand; Vermehrung durch Kopfstecklinge, die im zeitigen Frühjahr von überwinterten Mutterpflanzen geschnitten werden; Aussaat möglich, aber langwierig.
Pflege: Sparsam gießen; alle 4 Wochen düngen; regelmäßig entspitzen; bei 10 – 15° C hell überwintern, im Frühjahr kräftig zurückschneiden.

Kapillare
Auch Haarröhrchen genannt. Kapillare, die man sich als hauchfeine Röhrchen vorstellen kann, bilden im Boden ein Wasser leitendes System. In den Kapillaren wird das Bodenwasser entgegen der Schwerkraft festgehalten, steigt nach oben und verdunstet schließlich an der Oberfläche (auch → *Kapillareffekt*). Durch das andauernde Verdunsten entsteht ein Sog. Dies führt zum weiteren Aufsteigen von Wasser aus tieferen Schichten, das schließlich ebenfalls verdunstet. Deshalb ist es wichtig, die Kapillaren durch → *Hacken* zu unterbrechen.

Kapillareffekt
Ganz allgemein die Eigenschaft sehr dünner Röhren oder Poren, Flüssigkeiten festzuhalten und zum Aufsteigen zu bringen. Dies kann man z. B. bei hauchdünnen Glasröhren, die ebenfalls Kapillaren genannt werden, beobachten, wenn man sie in Wasser eintaucht. Die Wassermoleküle lagern sich dann an den Röhrchenwänden so zusammen, dass sie als Faden hochgezogen werden.

Solche Kapillarkräfte spielen eine wichtige Rolle beim Wassertransport in der Pflanze wie im Boden (→ *Kapillare*). Bei Gartenteichen kann die auch als „Dochteffekt" bekannte Kapillarwirkung dazu führen, dass Wasser ins angrenzende Erdreich gesogen wird und der Wasserspiegel merklich sinkt.

Kapillarsperre
Teichfolie, die am Rand des Feuchtbereichs senkrecht an die Erdoberfläche hochgezogen und kurz darüber abgeschnitten wird. Dies verhindert den → *Kapillareffekt* an Teich- und Bachrändern.

Kapkörbchen
DIMORPHOTHECA SINUATA

Bezüglich der botanischen Zuordnung dieses schmucken, aus Südafrika stammenden Korbblütengewächses herrscht einige Verwirrung. Als Kapkörbchen oder Kapringelblumen werden auch die früher ebenfalls zur Gattung *Dimorphotheca* gezählten, sehr ähnlichen *Osteospermum*-Arten bezeichnet, die man außerdem als → *Kapmargeriten* kennt. Anders als diese sind *Dimorphotheca*-Arten jedoch einjährig, die im Garten gezogenen Formen stammen von *D. sinuata* ab. Es gibt eine Fülle hübscher Arten und Sorten, die alle durch Samen vermehrbar sind. Nicht selten sind bestimmte Sorten bei einem Anbieter unter *D. sinuata, D. pluvialis* oder als Hybridform, bei einem anderen unter *Osteospermum* geführt.

Kapkörbchen (Dimorphotheca pluvialis)

Kapmargerite

Merkmale: Einjährige Sommerblume, buschig, 30 – 50 cm hoch; längliche, dunkelgrüne Blätter; an den Triebenden margeritenähnliche Blütenkörbe, Blütenfarben je nach Sorte von reinem Weiß über Creme, Gelb und Orange bis Rosa oder Lachs.
Blütezeit: Juni – September
Verwendung: In Gruppen auf Beeten und Rabatten, in Steingärten, in Kästen und Kübeln.
Standort: Möglichst vollsonnig; lockerer, trockener bis frischer, humoser Boden; Blüten empfindlich gegen häufigen Regen.
Kultur: Aussaat ab Mitte März unter Glas, Jungpflanzen pikieren und ab Mitte Mai ins Freie pflanzen, Abstand 20 – 25 cm.
Pflege: Sparsam gießen; alle 2 bis 4 Wochen düngen; Verblühtes regelmäßig entfernen, um den Neuaustrieb und die Blütenbildung zu fördern.

Kapmargerite
OSTEOSPERMUM ECKLONIS

Kapmargeriten stammen wie die → *Kapkörbchen* aus Südafrika und gehören zu den Korbblütengewächsen. Im Gegensatz zu diesen wachsen sie jedoch ursprünglich ausdauernd, werden bei uns aber meist einjährig gezogen.

In Kultur sind vor allem Formen von *O. ecklonis* sowie vielerlei Hybriden. Besonders auffällig sind Sorten mit Blütenkörbchen, deren äußere Zungenblüten bizarr verdreht oder teilweise zusammengefaltet sind und dadurch löffelartig erscheinen.
Merkmale: Meist einjährig gezogene Staude oder Halbstrauch, dicht buschig, 30 – 50 cm hoch; längliche, ganzrandige bis mehrfach gezahnte Blätter; an den Triebenden margeritenähnliche Blütenköpfe, je nach Sorte weiß, rosa, violett oder gelb, auch zweifarbig.
Blütezeit: Juni – Oktober

Kapmargerite (Osteospermum ecklonis)

Verwendung: In Gruppen auf Beeten und Rabatten, in Kästen (zu zweit oder zu dritt als Leitpflanzen) und Kübeln.
Standort: Gut durchlässiger, trockener bis frischer, humoser, nährstoffreicher Boden.
Pflanzen/Vermehren: Pflanzung ab Mitte Mai, mit mindestens 30 cm Abstand; Vermehrung durch Kopfstecklinge, die im Januar/Februar von überwinterten Mutterpflanzen gewonnen werden.
Pflege: Sparsam gießen; alle 2 bis 4 Wochen düngen; Verblühtes regelmäßig entfernen, um Neuaustrieb zu fördern; mehrfach entspitzen; hell bei 8 – 12° C überwintern.

Kapringelblume
Anderer Name des einjährigen → *Kapkörbchens*

Kapsel
Streufrucht aus mindestens zwei Fruchtblättern, die bei Samenreife durch Klappen (beim Veilchen), Löcher (beim Mohn) oder Deckel (beim Bilsenkraut und Wegerich) geöffnet wird.
Auch → *Frucht*

Kapuzinerkresse
TROPAEOLUM MAJUS

Die eher kleine Gattung, die namensgebend für die Kapuzinerkressegewächse ist, umfasst vorwiegend kurzlebige Arten, deren Ursprung stets in Südamerika liegen. Die bekannteste Art ist die Große Kapuzinerkresse, von der es zahlreiche Gartenformen mit unterschiedlichem Wuchs gibt. Alle Pflanzenteile enthalten ätherische Öle, die aromatisch-würzig duften. Blätter wie Blüten sind essbar, sie schmecken leicht pfeffrig. Die Kanarienkresse (*T. peregrinum*), auch Kletternde Kapuzinerkresse genannt, wächst bis zu 3 m in die Höhe und schmückt sich mit zitronengelben, stark zerfransten Blüten.
Merkmale: Einjährig gezogene, nicht winterharte Staude mit je nach Sorte buschigem, niederliegendem, hängendem oder rankendem Wuchs, 25 – 30 cm hoch oder kletternd mit 2 – 3 m langen Trieben; runde, schildförmige Blätter an langen Stielen; große, vielfach lang gespornte Trichterblüten in Gelb, Orange oder Rot.
Blütezeit: Juli – Oktober
Verwendung: Einzeln oder in kleinen Gruppen auf Beeten und Rabatten, niedrige Sorten als Bodendecker, kletternde zum Beranken von Zäunen und Gerüsten; in Pflanzgefäßen, hängende Sorten auch in Ampeln.

Kapuzinerkresse (Tropaeolum majus)

Standort: Bevorzugt sonnig, im Halbschatten spärlichere Blüte; lockerer, humoser, nährstoffreicher Boden.
Kultur: Anzucht ab März mit Pflanzung ab Mitte Mai oder Aussaat direkt ins Freie ab April; kompakte Sorten mit 20 – 25 cm Pflanzenabstand, langtriebige bis 50 cm.
Pflege: Gleichmäßig gut feucht halten; alle 3 bis 4 Wochen düngen; kletternde Sorten brauchen Kletterhilfen.

Karbonat
Fachsprachlich Carbonat; Salz der Kohlensäure, häufige Bindungsform von → *Kalk*

Karbonathärte
Anteil der → *Wasserhärte*, der in der Regel für die Pflanzenverträglichkeit entscheidend ist.
 Auch → *Gießwasser*

Kardone
Anderer Name für den als Blattstielgemüse genutzten Cardy
 → *Artischocke*

Karenzzeit
Auch Wartezeit genannt. Sie gibt den Zeitraum zwischen der letztmöglichen Anwendung eines Pflanzenschutzmittels und dem Erntebeginn an. Man muss diese Frist unbedingt beachten und darf erst nach Ablauf der auf dem Mittel angegebenen Karenzzeit ernten. Nur so kann man sichergehen, dass das Erntegut frei ist von Pflanzenschutzmittelrückständen.

Karfiol
Anderer Name für den → *Blumenkohl*

Karger Boden
Boden mit geringem Nährstoffgehalt und -speichervermögen, der meist sandig oder steinig und entsprechend trocken ist.
 Auch → *Bodenart*, → *Bodenfruchtbarkeit*

Ringelblumenblüten verdanken dem Karotin ihre hübsche Färbung.

Karotin
Auch in der Schreibweise Carotin geläufig und als Provitamin A bekannt, da es eine Vorstufe zum Vitamin A darstellt. Der in Pflanzen häufig vorkommende rote bis orangerote → *Farbstoff* trägt deshalb zum Gesundheitswert mancher Gemüse bei. Dies kennt man besonders von der Karotte bzw. Möhre, von der der Farbstoffname abgeleitet ist. Hohe Karotingehalte weisen aber auch viele Blattgemüse auf, bei denen der rötliche Farbstoff durch das grüne → *Chlorophyll* (Blattgrün) überdeckt ist. Bei Gehölzen bedingt es neben den → *Anthozyanen* die oft prächtige Herbstfärbung. Karotin kommt außerdem in Früchten vor, z. B. in Tomaten, Paprika, Hagebutten und Sanddorn, und verleiht vielen Blüten ihre Farben, z. B. bei Stiefmütterchen und Kapuzinerkresse. Es gibt eine Reihe weiterer, chemisch ähnlich aufgebauter, roter bis gelber Farbstoffe. Sie werden als Karotinoide zusammengefasst.

Karotte
Anderer Name der → *Möhre,* wobei man als Karotten im engeren Sinn die Sorten mit kurzen, rundlichen Rüben bezeichnet.

Karpartenglockenblume
Niedrige, buschig wachsende → *Glockenblume* mit schalenförmigen Blüten

Karst
Spezielle, im Garten selten eingesetzte Form der → *Hacke* mit zwei kräftigen, abgeflachten Zinken.

Kartäusernelke
Mehrjährige, polsterartig wachsende, rosa oder rot blühende → *Nelke*

Kartoffel
SOLANUM TUBEROSUM

Das Nachtschattengewächs stammt ursprünglich aus Südamerika und gelangte durch die spanischen Eroberer um 1555 nach Europa. Zunächst bewunderte man die Pflanze nur als Zierde. Da alle grünen Teile der Kartoffel, auch die im Licht ergrünenden Sprossknollen, Giftstoffe enthalten, wurde sie zunächst als Nutzpflanze abgelehnt. In Preußen musste Friedrich der Große den Anbau zunächst mit Gewaltmaßnahmen durchsetzen. Erst seit Ende des 18. Jahrhunderts wird die Kartoffel, die man auch Erdbirne, Erdapfel, Grundbirne oder Erdartischocke nennt, in Europa als wichtiges Grundnahrungsmittel angebaut.

 Im Garten zieht man vor allem Frühkartoffeln, d.h. frühzeitig reifende, ab Mitte Juni zu erntende Sorten. In rauen Lagen werden dagegen eher mittelfrühe oder späte Sorten gepflanzt, die zwischen August und September die Erntereife erlangen und sich weniger empfindlich gegenüber widrigen Witterungsbedingungen zeigen. Ansonsten wird bei den Sorten, die übrigens alle Frauennamen tragen, im Wesentlichen zwi-

Kartoffel, Japanische

Das Anhäufeln der Kartoffeln verhindert das Vergrünen der Knollen.

Kraut- und Knollenfäule

auflesen; frühe Sorten sind wenig lagerfähig, späte können dunkel und kühl 3 bis 6 Monate gelagert werden.
Hinweis: Mit vorgetriebenen Kartoffeln kann der Erntetermin um etwa 2 Wochen vorgezogen werden; dazu Saatkartoffeln in Kisten legen und hell bei 12 – 15° C aufstellen; gekeimte Kartoffeln dann etwa Anfang April auspflanzen. Kartoffeln eignen sich auch sehr gut als Vorfrucht für anspruchsvolle Gemüse, denn sie lockern den Boden hervorragend.

Kartoffel, Japanische
Anderer Name für den → *Knollenziest*

Kartoffelkäfer
→ *Kartoffelschädlinge*

Kartoffelkrankheiten
Neben der Kraut- und Knollenfäule bereiten beim Kartoffelanbau vor allem → *Viruskrankheiten* Probleme, weshalb man unbedingt nur gesunde, virusfreie Pflanzknollen verwenden sollte.

Kraut- und Knollenfäule
Diese gefürchtete Kartoffelkrankheit wird durch den Pilz *Phytophthora infestans* verursacht, der auch Tomaten befallen kann und an diesen die Kraut- und Braunfäule hervorruft. Die Ausbreitung ist im feuchtwarmen Spätsommer und Herbst besonders stark. Der Erreger überwintert in den Knollen, die gelagert werden oder nach der Ernte im Boden verbleiben.
Schadbild: Anfangs gelbe, später braune Flecken auf den Blättern, unterseits weißlicher Schimmelbelag; befallene Blätter sterben bald ganz ab; Knollen mit eingesunkenen grauen Flecken, darunter rotbraun verfärbtes Gewebe, faulen bei Lagerung schnell.
Abhilfe: Vorbeugend wenig empfindliche Sorten und nur gesundes Pflanzgut verwenden; weiten Fruchtwechsel einhalten; nicht neben Tomaten und nicht zu dicht pflanzen; zurückhaltende Stickstoffdüngung; möglichst nur morgens gießen. Ab Sommer Kartoffelpflanzen regelmäßig mit Pflanzenstärkungsmitteln und Gesteinsmehl kräftigen, bei Anfangsbefall wiederholt Schachtelhalmtee spritzen; notfalls zugelassenes Fungizid beim ersten Auftreten der Symptome einsetzen.

Kartoffelrose
Robuste Wildrose, die oft bis September nachblüht und sehr große Hagebutten hervorbringt.
→ *Rose*

Kartoffelschädlinge
Ihre giftigen Blätter bewahren die Kartoffeln weitgehend vor den üblichen Schädlingen, der Kartoffelkäfer jedoch lässt sich davon nicht abschrecken.

Daneben sind → *Nematoden* die wichtigsten Kartoffelschädlinge, denen man am besten durch eine weite Fruchtfolge vorbeugt. Bei häufigem Anbau auf derselben Fläche bewirken diese im Boden lebenden winzigen Fadenwürmer die so genannte Kartoffelmüdigkeit.

---

schen fest bzw. speckig kochenden, vorwiegend fest kochenden und mehligen Kartoffeln unterschieden.
Merkmale: Buschig wachsend mit gefiederten, weiche Blätter; weiße bis violette Blüten; grüne, giftige Beerenfrüchte; unterirdisch je nach Sorte walnuss- bis faustgroße, runde bis längliche Knollen mit gelbem, auch violettem Fleisch und gelber, brauner, roter oder violetter Schale.
Blütezeit: Juni – August
Standort: Lockerer, humoser, am besten leicht saurer Boden.
Pflanzen/Vermehren: Saatknollen ab Mitte April, wenn sich der Boden auf mindestens 7° C erwärmt hat, in Reihen 8 – 10 cm tief und mit 30 – 40 cm Abstand pflanzen; am besten mit Vlies oder Folie abdecken; wegen Gefahr von Viruskrankheiten besser keine Eigenvermehrung, sondern Kauf von virusfreiem Pflanzgut.
Pflege: Pflanzen anhäufeln, sobald sie etwa 15 cm hoch sind; regelmäßig hacken und unkrautfrei halten, dabei Pflanzen immer wieder anhäufeln; bei Trockenheit wässern.
Ernte: Frühkartoffeln ab Mitte Juni, mittelfrühe Sorten ab August, späte ab Ende August ernten, dazu die Pflanzen mit einer Grabgabel aus dem Boden hebeln und die Knollen

Kartoffelkäfer

Kartoffelkäfer
Dieser glänzend gelb-schwarz gestreifte Käfer aus der Familie der Blattkäfer wird nach seiner ursprünglichen Heimat in den Rocky Mountains auch Colorado-Käfer genannt. Ende des 19. Jahrhunderts gelangte er mit Kartoffellieferungen von Amerika nach Europa. Der unter trocken-warmen Bedingungen besonders ausbreitungsfreudige Kartoffelkäfer kann auch an anderen Nachtschattengewächsen wie Tomaten, Auberginen und Paprika auftreten. Sowohl der Käfer als auch seine rötlichen, bis 15 mm langen Larven fressen an den Blättern. Nach Überwinterung im Boden fliegen die Käfer ab Mai. Die Weibchen legen dann orangerote, länglich ovale Eier an den Blattunterseiten ab, wobei es jedes Weibchen auf insgesamt 400 bis 800 Eier bringen kann. Die 2. Käfergeneration fliegt ab Juli.
Schadbild: Rand- und Lochfraß an Blättern bis hin zum völligen Kahlfraß.
Abhilfe: Vorbeugend natürliche Feinde wie Kröten und Laufkäfer fördern; Beete frühzeitig mit Kulturschutznetzen oder Vlies abdecken. Ab Mai Blätter auf Eigelege kontrollieren und diese gleich zerdrücken; regelmäßig Larven und Käfer absammeln; biologische Bekämpfung der jungen Larven mit *Bacillus-thuringiensis*-Präparaten möglich.

Kaskadenrose
Hochstammrose mit aufveredelter Kletterrose, deren Triebe kaskadenartig herabhängen; auch Trauerrose genannt.
Auch → *Rose,* → *Hochstamm*

Kastanie
Deutscher Name für zwei verschiedene Gattungen von Laubgehölzen, zum einen für die → *Rosskastanie* (*Aesculus*) mitsamt der Strauchkastanie, zum andern für die Esskastanie oder Marone (*Castanea sativa*). Letztere ist bei uns in Gartenkultur kaum von Bedeutung, da sehr kälteempfindlich und außerdem mit den Jahren zu einem gewaltigen Baum heranwachsend; zuweilen wird sie in Weinbaugebieten an besonders begünstigten Stellen angebaut.

Kasten
Damit kann je nach Zusammenhang Verschiedenes gemeint sein, da als Bezeichnung geläufig für → *Frühbeete, Balkonkästen* (→ *Balkonbepflanzung*) oder auch Anzuchtkisten und -schalen (→ *Anzuchtgefäße*).

Kation
Positiv geladenes Atom oder Molekül (Atomgruppe). Pflanzen nehmen die im Bodenwasser gelösten mineralischen Nährstoffe in Form von elektrisch geladenen Teilchen auf, den so genannten → *Ionen*. Hierbei unterscheidet man die positiv geladenen Kationen und die negativ geladenen →*Anionen*. Als Kationen werden z. B. Kalium (K^+), Magnesium (Mg^{2+}) und Kalk (Ca^{2+}) aufgenommen. In Düngesalzen sind diese Kationen aufgrund der Anziehung entgegengesetzter Ladungen an Anionen angelagert. Ein weiteres wichtiges Kation im Boden ist das Wasserstoffion (H^+). Sein Anteil in der Bodenlösung entscheidet über den → *pH-Wert*.
Auch → *Düngung,* → *Pflanzennährstoffe*

Kätzchen
Hängende Ähre oder Traube aus unscheinbaren Einzelblütchen, die nach dem Verblühen als Ganzes abfällt, z. B. bei Hasel, Weide, Pappel und Erle.
Auch → *Blütenstand*

Katzenminze
NEPETA X FAASSENII

Dieser duftende Lippenblütler, auch unter den Namen Blauminze bekannt, ist eine Kulturform. Seine wilden Vorfahren stammen aus Südeuropa und Nordafrika.
Merkmale: Staude, dicht buschig bis breit ausladend, teils auch niederliegend, 30 – 60 cm hoch; kleine Blätter mit herb-würzigem Geruch; kleine, lavendelblaue Lippenblüten in langen, ährenförmigen Blütenständen.
Blütezeit: Mai – September
Verwendung: In Gruppen auf Beeten und Rabatten, als Flächendecker, als Begleitpflanze für Rosen.

Katzenminze (Nepeta x faassenii)

Standort: Verträgt pralle Sonne; trockener bis frischer, durchlässiger Boden, der auch karg sein kann.
Pflanzen/Vermehren: Pflanzung bevorzugt im Frühjahr mit 15 – 25 cm Abstand; Vermehrung durch Teilung oder Kopfstecklinge im Frühsommer, auch durch Aussaat.
Pflege: Sehr anspruchslos, nach der ersten Hauptblüte zurückschneiden.

Katzenpfötchen
ANTENNARIA DIOICA

Das anmutige Korbblütengewächs kommt vorwiegend in Gebirgen von Europa bis Sibirien und Japan vor und steht an seinen Wildstandorten unter Naturschutz.
Merkmale: Staude, lockere Teppiche bildend, 5 – 20 cm hoch; spatelförmige, dicht silbergrau behaarte Blätter in Rosetten; rosafarbene Blütenköpfchen, von silbrigen Hüllschuppen umgeben.
Blütezeit: Mai – Juni
Verwendung: In Gruppen im Steingarten, im Heidebeet.
Standort: Vollsonnig und warm; trockener, steiniger bis sandiger, saurer und karger Boden.

Pflanzen/Vermehren: Pflanzung im Frühjahr oder Herbst mit 10 – 15 cm Abstand; Vermehrung durch Teilung im zeitigen Frühjahr oder durch Aussaat, den sehr feinen Samen nur dünn mit Erde abdecken und nur mit dem Zerstäuber befeuchten.
Pflege: Völlig anspruchslos.

Kaukasusvergissmeinnicht
BRUNNERA MACROPHYLLA

Der Name verrät bereits einiges über das Borretsch- oder Raublattgewächs: Es stammt aus dem Kaukasus und erinnert im Aussehen an das → *Vergissmeinnicht* (*Myosotis*). Außerhalb der Blütezeit ziert die Staude durch ihre ansehnlichen Blätter.
Merkmale: Staude, dicht buschig, 40 – 50 cm hoch; große, herzförmige, frischgrüne Blätter; kleine, blaue Sternblüten mit gelber Mitte an dicht verästelten Stängeln.
Blütezeit: April – Juni
Verwendung: In kleinen Gruppen am Gehölz- und Gewässerrand, im Steingarten, in Frühlingsbeeten unter Laubgehölzen; schön in Gemeinschaft mit Tränendem Herz und Gemswurz.

Standort: Am besten halbschattig, bei guter Wasserversorgung auch sonnig; frischer, humoser, nährstoffreicher Boden.
Pflanzen/Vermehren: Pflanzung im Herbst oder Frühjahr mit 20 – 30 cm Abstand; Vermehrung durch Teilung im Herbst, durch Wurzelschnittlinge oder Aussaat; vermehrt sich leicht durch Selbstaussaat.
Pflege: Sehr anspruchslos.

Keimblatt
Bereits im Samen angelegtes Blatt, das sich bei der Keimung als erstes entfaltet und den Keimling versorgt, bis er sich selbst ernähren kann. Die Keimblätter sind in der Regel deutlich anders gestaltet als die später erscheinenden, eigentlichen Laubblätter. Ihr paarweises Erscheinen gab der großen Gruppe der → *zweikeimblättrigen Pflanzen* ihren Namen, bei denen die Keimblätter häufig oval oder eirundlich sind. Demgegenüber stehen die → *einkeimblättrigen Pflanzen* mit nur einem, meist schmalen länglichen Keimblatt, z. B. Lilien- und Zwiebelgewächse. Die Nadelgehölze keimen mit mehreren Keimblättern.

Katzenpfötchen (Antennaria dioica)

Kaukasusvergissmeinnicht (Brunnera macrophylla)

Buschbohnenkeimpflanze mit zwei Keimblättern

Keimdauer

Die Zeitspanne zwischen Aussaat und → *Keimung* wird zwar durch die Umweltbedingungen (Temperatur, Feuchtigkeit, Licht) beeinflusst, hängt aber auch sehr stark von der jeweiligen Art ab. Während z. B. die Kresse schon nach wenigen Tagen keimt, brauchen Möhren dafür 2 bis 4 Wochen. Bei manchen Stauden und Gehölzen kann es Monate oder gar Jahre dauern. Bei den meisten Pflanzen, die üblicherweise durch Aussaat vermehrt werden, liegt die Keimdauer zwischen 1 und 3 Wochen.

Keimfähigkeit

Das Vermögen von Samen, unter günstigen Bedingungen auszukeimen. Die Keimfähigkeit von Saatgut wird in Prozent angegeben: Eine Keimfähigkeit von 80 % bedeutet, dass 80 von 100 Samen keimen; dies wird auch als Keimrate bezeichnet. Die Keimfähigkeit ist stark abhängig vom Alter des Saatguts. Sie bleibt im Allgemeinen je nach Pflanzenart zwischen 1 und 6 Jahre erhalten und nimmt dabei kontinuierlich ab. Samen sollten kühl (zwischen 0 und 5° C), trocken und möglichst unter weitgehendem Luftabschluss gelagert werden, so lässt sich die Keimfähigkeit am besten erhalten. Vor Verwendung älteren oder ungünstig gelagerten Saatguts empfiehlt sich eine → *Keimprobe*.

Keimförderung

Neben den für alle Samen nötigen Keimbedingungen (→ *Keimung*) gibt es einige spezielle Möglichkeiten und Verfahren, das Keimen zu beschleunigen. Man wendet sie bei so genannten Schwerkeimern mit ausgeprägter → *Keimruhe* an, die teils durch Hemmstoffe, teils durch eine besonders harte, undurchlässige Samenschale bedingt ist.

Die einfachste Methode, die z. B. bei Bohnen, Mangold, Roten Beten und Möhren Erfolg zeigt, ist das so genannte Vorkeimen oder Vorquellen. Dazu legt man die Samen vor der Aussaat über Nacht in eine flache Schüssel mit handwarmem Wasser, so dass sie gerade bedeckt sind. Für hartschalige Gehölzsamen gibt es die Möglichkeit des → *Anritzens*. Bei einigen Arten, etwa bei Robinie, lässt sich durch Übergießen mit warmem oder heißem Wasser die Keimruhe durchbrechen.

Ein besonders bei Gehölzen verbreitetes Verfahren ist die → *Stratifikation*, das Einschichten der Samen in feuchten Sand, Torf oder ein Sand-Torf-Gemisch, wie es auch bei den → *Kaltkeimern* beschrieben ist. Die für Kaltkeimer nötige Praxis, die Samen einer gewissen Kälteperiode auszusetzen, zählt ebenfalls zur Keimförderung. Sofern es sich bei schwer keimenden Samen nicht um Kaltkeimer handelt, wird die Stratifikation im Warmen durchgeführt, wobei man das Substrat stets gut feucht halten muss.

Schließlich kennt man die Methode der Gärung, die bei Früchten mit keimhemmenden Stoffen angewandt wird, z. B. bei Tomate, Holunder oder Hagebutte. Hierzu gibt man die Früchte in einen Eimer mit Wasser; das weich werdende Fruchtfleisch, das die Hemmstoffe enthält, löst sich so allmählich von den Samen und wird schließlich mit einem Sieb abgetrennt.

Keimling

Wird in der Praxis oft als Bezeichnung für die → *Keimpflanze* verwendet. Im streng botanischen Sinn handelt es sich beim Keimling um den Embryo innerhalb der Samenschale, im Grunde schon ein fertiges Pflänzchen mit Keimwurzel, Keimstängel, Keimblättern und Keimknospe. Er ist durch die Samenschale geschützt und wird durch Nährgewebe im Samen versorgt.

Keimlingskrankheiten

Verschiedene Pilze, die Keimpflanzen oder bereits weiter entwickelte Sämlinge zum Absterben bringen. Die Symptome kennt man unter Bezeichnungen wie Schwarzbeinigkeit, Umfallkrankheit oder Wurzelbrand. Sie können auch bei Aussaat im Freien auftreten, sind aber bei geschützter Anzucht unter feuchtwarmen Bedingungen am häufigsten.

Schadbild: Schwarzbraune Flecken auf den Stängeln, besonders am Stängelgrund, der schließlich fault; Einschnürungen am Wurzelhals; Umknicken und Absterben der Pflänzchen.

Abhilfe: Vorbeugend nur keimfreie Erde und gesundes Saatgut verwenden, bei häufigen Problemen nur gebeiztes Saatgut; nicht zu dicht säen, Saaten nicht zu nass halten; unter Glas regelmäßig lüften; bei Befall Schachtelhalmbrühe oder -präparat spritzen; Neuaussaat nur in frische Erde.

Keimpflanze

Jungpflanze, die gerade erst die Keimblätter, aber noch keine echten Laubblätter ausgebildet hat.

Keimprobe

Empfiehlt sich vor der Aussaat von Samen, die schon etwas älter sind oder nicht optimal gelagert wurden. Man ermittelt dabei die → *Keimfähigkeit,* indem man eine genau abgezählte, kleine Anzahl von Samen unter kontrollierten Bedingungen keimen lässt. Von kleineren Samen nimmt man dazu 20 bis 30 Körner, von größeren 10 bis 20 als Probe.

Man braucht dafür eine flache Saatschale ohne Loch oder einen Teller. Darauf wird ein saugfähiges Papier, z. B. Küchenpapier, ausgebreitet, auf das man die Samen in gleichmäßigen Abständen auslegt. Entweder befeuchtet man zuvor das Papier oder man übersprüht später die Samen gründlich mit einem Zerstäuber. Es soll jedoch kein Wasser in der Schale stehen bleiben. Das Ganze wird mit einer Folie abgedeckt und hell bei der jeweils optimalen Keimtemperatur (meist 18 – 22° C) aufgestellt.

Ideal ist es, wenn man die genaue Keimdauer der Art kennt. Ansonsten wartet man ab, bis die meisten Samen gekeimt haben (in der Regel nach 1 bis 3 Wochen) und die restlichen keinerlei Anzeichen einer Entwicklung zeigen. Dann berechnet man die Prozentzahl der gekeimten Samen im Verhältnis zu den ausgesäten. Liegt die Keimfähigkeit über 75 %, lassen sich die Samen noch gut verwenden; liegt sie nur um 50 %, sollte man etwas dichter säen. Bei noch niedrigeren Keimraten wird besser neues Saatgut verwendet.

Keimrate
Andere Bezeichnung für die → *Keimfähigkeit*

Keimruhe
Die Samen der meisten Pflanzen sind nicht sofort nach ihrer Reife keimfähig. Sie brauchen eine gewisse Zeitspanne der Keimruhe, die z. B. bei im Herbst reifen Samen über die Wintermonate hinweg andauern kann, bei einigen Arten aber auch jahrelang anhält. So sind die Samen vor vorzeitiger Keimung während ungünstiger Witterungsbedingungen geschützt. Durch verschiedene Verfahren der → *Keimförderung* lässt sich die Keimruhe verkürzen oder unterbrechen.

Keimschutzpackung
Spezielle Samentüte; Doppelverpackung mit Innentüte, in der das Saatgut optimal vor ungünstigen Einflüssen geschützt ist und seine arttypische → *Keimfähigkeit* lange behält.

Keimsprossen und Grünkraut liefern selbst im Winter frische Vitamine.

Keimsprossen
In wassergefüllten Schalen oder Spezialgefäßen aus Samen herangezogene Keimlinge, die als Salat, Salatzugabe oder Gemüsebeigabe eine sehr gesunde Nahrungsergänzung darstellen. Das Nährgewebe im Samen, das den Keimling anfangs versorgt, enthält in hoch konzentrierter Form Eiweiße, Fette und Kohlenhydrate sowie Vitamine und Mineralstoffe. Weiterhin tragen Ballaststoffe und spezielle Wirkstoffe im Samen zum hohen Gesundheitswert der Keimsprossen bei, die vor allem im Winter als Bereicherung des Speisezettels geschätzt werden.

Um „echte" **Keimsprossen** handelt es sich, wenn die zarten Keimlinge noch vor Entfalten der Keimblätter geerntet werden. Lässt man sie noch etwas länger wachsen oder gar die ersten Laubblättchen spitzen, spricht man von **Grünkraut.** Als Grünkraut finden vor allem Kresse, Rettich, Radieschen, Salatrauke, Senf und Weizen Verwendung. Man kann sie aber auch früher und damit ebenso als Keimsprossen genießen wie Alfalfa (Luzerne), Azuki- und Mungobohnen (Sojabohnen), Linsen und Kichererbsen. Auch Gerste, Roggen, Hafer, Buchweizen und Sonnenblumen liefern schmackhafte Sprossen. Man darf für diesen Zweck ausschließlich ungebeizte (unbehandelte), gesunde Samen verwenden, am besten speziell dafür angebotene aus dem Reformhaus oder Naturkostladen.

Für die Anzucht sind Keimboxen aus dem Fachhandel sehr praktisch, am besten „mehrstöckig", mit übereinander stapelbaren Schalen. Zweimal täglich wird die Saat übergossen. Das Wasser fließt dabei in die untere Auffangschale; so lässt sich Staunässe und damit Fäulnis verhindern. Auch beim Keimen in einer einfachen, mit einem Tuch abgedeckten Schale oder im Weckglas muss man die Samen zwar mehrmals täglich anfeuchten, jedoch stets das überschüssige Wasser wieder abgießen. Bei den meisten Samenarten ist es vorteilhaft, wenn man sie vor dem Auslegen im Keimgefäß 4 bis 6 Stunden in Wasser einweicht. Die Keimung erfolgt

Genügend Wärme ist eine entscheidende Voraussetzung für die Keimung.

am besten bei Zimmertemperatur bzw. bei 15 – 24° C. Keimsprossen können dunkel stehen, Grünkraut dagegen braucht Licht. Sehr wichtig für den Anzuchterfolg ist Hygiene, die Gefäße müssen vor jedem Neuansetzen gründlichst gereinigt werden.

Keimstimmung

Andere Bezeichnung für → *Keimförderung*

Keimtemperatur

Einer der wichtigsten Faktoren bei der Keimung. Nahezu alle Samen der im Garten genutzten Pflanzen brauchen Wärme, selbst die → *Kaltkeimer*, nachdem durch vorübergehende Kälte der Keimprozess in Gang gebracht worden ist. Im Allgemeinen gilt: Die optimale Keimtemperatur entspricht der Temperatur, die auch später für das Wachstum am günstigsten ist.

Für die meisten Pflanzen bedeutet das in Zahlen etwa 18 – 20(22)° C, einige robuste Arten mögen es auch etwas kühler (um 16° C). Wärme liebende Pflanzen wie Paprika oder Gurken dagegen brauchen 22 – 25° C.

Auch → *Anzucht*

Keimung

Der Vorgang, bei dem der → *Keimling* die Samenschale durchstößt; zunächst tritt die → *Keimwurzel* hervor, dann die zarte Triebspitze mit den → *Keimblättern*. Grundvoraussetzungen für die Keimung aller Samen sind:

■ Feuchtigkeit, da Wasser für das Quellen der Samen nötig ist und die nötige Stoffwechselaktivität des Keimlings anregt;

■ Sauerstoff, den der Keimling unbedingt braucht, um durch → *Atmung* Energie aus dem Nährgewebe im Samen zu gewinnen;

■ ein Mindestmaß an Wärme, → *Keimtemperatur*.

Ist nach bereits begonnener Keimung eine dieser Voraussetzungen vorübergehend nicht mehr gegeben, kann es schnell zum Absterben des Keimlings kommen.

Die Samen einiger Arten müssen außerdem unbedingt abgedeckt werden (→ *Dunkelkeimer*), bei den → *Lichtkeimern* dagegen hemmt das Licht den Keimvorgang. Die meisten Samen keimen jedoch bei Licht und Dunkelheit gleich gut, eine Erdabdeckung verbessert allerdings den → *Bodenschluss*. Schließlich gibt es bei etlichen Pflanzen noch besondere Keimungsvoraussetzungen, die eine spezielle → *Keimförderung* verlangen.

Keimwurzel

Die bereits im Samen angelegte Wurzel des → *Keimlings*, mit der er während der → *Keimung* gewissermaßen als Erstes Fuß fasst. Bei den → *einkeimblättrigen Pflanzen* stirbt sie später ab und wird durch eine Büschelwurzel ersetzt, bei den → *zweikeimblättrigen* wächst sie zur Hauptwurzel bzw. einer kräftigen Pfahlwurzel heran.

Keimzellen

Andere Bezeichnung für die männlichen und weiblichen → *Geschlechtszellen*, die in den → *Blüten* der Samenpflanzen angelegt werden.

Kelchblatt

Fachsprachlich Sepale genannt. Die Kelchblätter schützen als äußere Blütenhülle die bunt gefärbten Kron- oder Blütenblätter sowie die Staub- und Fruchtblätter und bilden gemeinsam den Kelch. Meist sind sie grün und laubblattartig, zuweilen aber auch wie Kronblätter gefärbt, z. B. bei Fuchsie und Magnolie.

Auch → *Blüte*

Kerbel

ANTHRISCUS CEREFOLIUM

Der würzig-süßlich duftende und schmeckende Kerbel, u. a. auch Körfel, Karweil oder Suppenkraut genannt, ist nur in Kultur bekannt. Er soll schon mit den Römern nach Mitteleuropa gelangt sein. Das Gewürzkraut gehört zu den so genannten „fines herbes", den feinen Kräutern der französischen Küche. Kerbel findet außerdem als Tee oder Saft zur Blutreinigung Verwendung. Als Mischkulturpartner schützt er Salat vor Schädlingen.

Kerbel (Anthriscus cerefolium)

Kerbelrübe

Merkmale: Einjähriges Würzkraut, dicht buschig, 30–60 cm hoch; mehrfach gefiederte, hellgrüne Blätter, die im Aussehen an Petersilie erinnern; kleine, weiße Blüten in duftigen, schirmförmigen Dolden.
Standort: Lockerer, frischer bis mäßig feuchter Boden.
Kultur: Ab Ende März in Reihen mit 10–15 cm Abstand ins Freiland säen; Sämlinge etwas vereinzeln; versamt sich später leicht von selbst. Kultur auch im Gewächshaus oder auf der Fensterbank möglich.
Pflege: Anspruchslos; bei Trockenheit gut wässern.
Ernte: Bereits 6 bis 8 Wochen nach der Aussaat kann das Kraut geschnitten werden, danach noch mehrere Ernten bis zur Blüte möglich; sofort verwenden, Aroma geht sehr rasch verloren.

Kerbelrübe
CHAEROPHYLLUM BULBOSUM

Die Kerbelrübe, auch Rübenkerbel, Knollenkerbel oder Kälberkropf, ist ein weitgehend in Vergessenheit geratenes, vitaminreiches Wintergemüse. Zuweilen erlebt sie in der Gartenpresse eine kleine Renaissance, manche Spezialgärtnereien bieten Samen an. Der 1–2 m hohe, dicht buschige, zweijährige Doldenblütler wächst in Europa auch wild. Seine kleinen, leicht mehligen, aber sehr aromatisch und süßlich schmeckenden Rüben werden wie Kartoffeln zubereitet.

Der Anbau im Garten ist recht problemlos. Man braucht dafür nur einen leicht schattigen bis halbschattigen Platz mit lockerem, nicht zu trockenem Boden. Dort wird der Kaltkeimer im Herbst in Reihen mit 20–25 cm Abstand gesät, im Frühjahr auf 15 cm vereinzelt. Ab Anfang Juli, wenn das Laub vergilbt ist, werden die noch meist sehr kleinen Rüben geerntet und in Sand geschichtet; im August/September bringt man sie erneut aus, 10 cm tief mit 5–10 cm Abstand in 20 cm entfernten Reihen.

Die eigentliche Ernte erfolgt dann im Juli des 2. Jahres. Nun sind die hell graubraunen Kerbelrüben etwa daumengroß. Am besten werden sie im Keller, in feuchten Sand gebettet, noch einige Wochen gelagert, da sich erst dann der volle Geschmack entfaltet.

Kernholz

Das älteste → *Holz* im Innern eines Baumstamms, das im Gegensatz zum jüngeren Splintholz aus bereits abgestorbenen Zellen besteht, besonders hart und durch Gerbstoffe dunkler gefärbt ist.

Kernobst

Obstarten mit apfelähnlichen Früchten, die ein Kerngehäuse mit fünf pergamentartigen Fächern aufweisen, wobei jede Kammer zwei Samenkerne enthält. Botanisch gesehen handelt es sich um eine besondere Form der Sammelbalgfrucht (→ *Frucht*). Zum Kernobst gehören neben dem Apfel auch Birne, Quitte und Nashi (Apfel- oder Asienbirne).

Kerria

Botanischer Gattungsname der → *Kerrie*

Kerrie
KERRIA JAPONICA

Der aus Ostasien stammende Strauch beweist seine Zugehörigkeit zu den Rosengewächsen deutlich anhand der Form seiner Blüten, die wie kleine goldene Rosen wirken. Man nennt die Kerrie deshalb auch Japanisches Goldröschen, ein weiterer geläufiger Name ist Ranunkelstrauch.
Merkmale: Strauch, trichterförmig mit zahlreichen, auseinander strebenden, rutenartigen Trieben, 1–2 m hoch; bildet Ausläufer; längliche, am Rand gesägte, frischgrüne Blätter; goldgelbe Schalenblüten, bei der Sorte 'Pleniflora' dicht gefüllt.
Blütezeit: Mai–Juni, vereinzelt bis Oktober
Verwendung: Für Gehölzgruppen und frei wachsende Blütenhecken, im Hintergrund von Beeten und Rabatten.
Standort: Am besten sonnig, im Halbschatten geringere Blühfreudigkeit; trockener bis leicht feuchter Boden; rauchhart, für Stadtklima geeignet.

Alle Kernobstarten weisen ein gefächertes Kerngehäuse auf.

Kerrie (Kerria japonica 'Pleniflora')

Pflanzen/Vermehren: Pflanzung bevorzugt im Herbst; Vermehrung durch Teilung, Stecklhölzer oder Absenker.
Pflege: Sehr robust und genügsam; alle paar Jahre ältere Triebe auslichten; verträgt selbst radikalen Rückschnitt. Ausläufer frühzeitig und regelmäßig abtrennen.

Kerzenveronika
Andere Bezeichnung für den Kerzenehrenpreis, eine stattliche, blau blühende Staude
→ *Ehrenpreis, feuchte Standorte*

Keulenenzian
Niedriger, Kalk meidender → *Enzian*

Kibitzei
Anderer Name für die frühjahrsblühende Schachbrettblume
→ *Kaiserkrone*

Kiefer
PINUS

Die Vertreter dieser Gattung, die auch der Familie der Kieferngewächse ihren Namen gab, sind charakteristisch benadelt: An Kurztrieben stehen – stets in Bündeln – sehr lange Nadeln, an Langtrieben befinden sich dagegen kurze, schuppenförmige Blätter sowie die Blüten. Die männlichen fallen aufgrund ihrer gelblichen Färbung sofort ins Auge, im Frühsommer verstäuben sie wolkenweise ihren Pollen. Aus den weiblichen Blüten entwickeln sich aufrechte bis hängende Zapfen.

Die Waldkiefer (*P. sylvestris*) ist ein von Europa bis Sibirien sehr häufiger Waldbaum. In Gartenkultur werden vielerlei Spielarten gezogen, insbesondere veredelte Zwergformen. Zu Zierzwecken findet auch die in europäischen Gebirgen heimische Krummholzkiefer häufig Verwendung, von der einige Unterarten und Varietäten, z. B. die niedrig wachsende Latsche oder Legföhre (*Pinus mugo* ssp. *pumilio*), sowie zahlreiche, hauptsächlich sehr kleinwüchsige Sorten im Handel sind.

Innerhalb der Gattung gibt es eine Fülle weiterer Arten, deren Heimatgebiete auf der ganzen Nordhalbkugel der Erde zu finden sind. Viele von ihnen haben ebenfalls in unsere Gärten Einzug gehalten, vor allem elegant benadelte Bäume mit attraktiven Wuchsformen. Einen Überblick über gern gepflanzte, im Ursprung fremdländische Kiefernarten mit mittelhohem Wuchs bietet die auf S. 451 stehende Tabelle.

Waldkiefer, Föhre
PINUS SYLVESTRIS

Merkmale: Immergrüner, hoher Baum mit kegel- bis schirmförmiger Krone, 10 – 20 m hoch, 5 – 10 m breit; Sorten meist wesentlich niedriger, darunter auch kleine Bäume oder strauchartig wachsende; rotbraune, raue, tief rissige Borke; graugrüne, bis 7 cm lange, oft leicht gedrehte Nadeln, stets zu zweit; eiförmige, oliv- bis hellbraune Zapfen; Flachwurzler.

Zahlreiche Sorten, z. B. die strauchartige Silberkiefer 'Watereri' mit blausilbrig schimmernden Nadeln, 2 – 3 m hoch, und die schlanke Säulenkiefer 'Fastigiata' mit säulenförmigem Wuchs, 8 – 10 m hoch.
Blütezeit: Mai – Juni
Verwendung: Die reine Art wegen ihrer Größe nur in weitläufigen Gärten; Sorten für Einzelstellung, in Gehölzgruppen, im Steingarten; teils auch für Gefäße und Dachgärten geeignet.
Standort: Durchlässiger, mäßig trockener bis frischer, leichter bis mittelschwerer Boden; wenig rauchhart, für Stadtklima bedingt geeignet.
Pflanzen/Vermehren: Pflanzung bevorzugt im Herbst; Vermehrung durch Aussaat, Sorten durch Veredelung.
Pflege: Anspruchslos; möglichst ungeschnitten lassen.

Säulenkiefer (Pinus sylvestris 'Fastigiata')

Hinweis: Ähnlich zeigt sich die Schwarzkiefer (*Pinus nigra*), die mit besonders ebenmäßigem Wuchs und dunkler Benadelung aufwartet.

Krummholzkiefer, Bergkiefer
PINUS MUGO

Merkmale: Immergrüner, meist mehrstämmiger Strauch mit breit ausladendem Wuchs, 3 – 5 m hoch, Sorten meist niedriger; graubraune, schuppige Borke; dunkelgrüne, starre, oft bogig gekrümmte, bis 4 cm lange Nadeln, stets zu zweit; eiförmige, dunkelbraune Zapfen, Flachwurzler. Angeboten werden mehrere Zwergformen, z. B. 'Gnom' oder 'Mops' mit polsterförmigem Wuchs.
Blütezeit: Mai – Juli
Verwendung: Für Einzelstellung, in Gehölzgruppen, in Stein- und Heidegärten, zu Rosen und Rhododendren; auch für Gefäßkultur geeignet.
Standort: Möglichst vollsonnig; durchlässiger, mäßig trockener bis feuchter, humoser Boden; rauchhart, für Stadtklima geeignet.
Pflanzen/Vermehren: Pflanzung bevorzugt im Herbst; Vermehrung durch Aussaat, Sorten meist veredelt.

Kiefernkrankheiten

Pummelkiefer (Pinus pumila)

Mädchenkiefer (Pinus parviflora 'Negishi')

Schlangenhautkiefer (Pinus leucodermis)

Pflege: Anspruchslos; möglichst ungeschnitten lassen.
Hinweis: Eine ähnliche Art ist die japanische Pummel- oder Zwergkiefer (*Pinus pumila*), deren blau bereifte Nadeln jedoch zu fünft gebündelt stehen.

Weitere Kiefernarten
Pinus-Arten

Die in der Übersicht auf S. 451 kurz vorgestellten Kiefern gedeihen am besten auf mäßig trockenen bis frischen Böden. Am meisten Trockenheit verträgt die Zirbelkiefer. Eher frischen bis feuchten Boden bevorzugen Mädchen-, Pinsel-, Weymouths- und Tränenkiefer. Noch absonnigen Stand kann man Dreh-, Weymouths- und Tränenkiefer zumuten. Als stadtklimaverträglich und rauchhart gelten Grannen-, Zirbel-, Dreh-, Schlangenhaut- und Mädchenkiefer.

Kiefernkrankheiten
Kiefern sind im Allgemeinen recht robuste Bäume, die nicht allzu stark von Krankheiten heimgesucht werden. Im Garten kommen fast nur die beiden hier beschriebenen Pilzkrankheiten vor.

Kiefernblasenrost
Der Schadpilz befällt nur fünfnadelige Kiefern wie Weymouths-, Zirbel- oder Mädchenkiefer. Im Sommer infiziert er Johannisbeeren, an denen er den Säulenrost hervorruft (→ *Johannisbeerkrankheiten*).
Schadbild: Im Frühjahr große, blasige, gelbe Sporenlager an der Rinde von Zweigen und Ästen; vom Pilz befallene Triebe sterben mit der Zeit nach und nach ab.
Abhilfe: Vorbeugend möglichst keine Johannisbeersträucher in die Nähe fünfnadeliger Kiefern pflanzen; befallene Triebe bis ins gesunde Holz zurückschneiden.

Hinweis: Ein ähnliches Schadbild wie der Kiefernblasenrost verursacht der auch an zweinadeligen Kiefern auftretende Kieferndrehrost, wobei die Triebe zusätzlich S-förmig verkrümmt wachsen. Auch hier hilft am ehesten radikaler Wegschnitt befallener Teile; notfalls schwefelhaltiges Mittel einsetzen.

Kiefernschütte
Diese Pilzkrankheit tritt vor allem an jungen, ein- bis achtjährigen Kiefern auf; ältere Bäume sind kaum noch gefährdet. Begünstigt wird sie durch feuchtwarme Sommer. Der Erreger überdauert in den abgefallenen Nadeln.
Schadbild: Ab Herbst gelbfleckige Nadelverfärbung; Nadeln werden über Winter bräunlich; im Frühjahr fallen Nadeln und ganze Kurztriebe ab. Bei häufigem Auftreten dieser Pilzkrankheit Kümmerwuchs der jungen Bäume.
Abhilfe: Vorbeugend sonnigen Standort wählen, auf ausgewogene Wasser- und Nährstoffversorgung achten. Bei Befall abgefallene Nadeln frühzeitig und gründlich entfernen. Bei häufigem Auftreten notfalls in feuchten Sommern mit geeignetem Fungizid behandeln.

Kiefernschädlinge
Neben den hier vorgestellten Schädlingen können → *Wollläuse* und → *Schildläuse* den Kiefern zu schaffen machen, außerdem verschiedene → *Blattwespen,* deren Larven ab Mai Nadeln und teils ganze Triebe abfressen. Eine Blattwespenart bildet zusätzlich Gespinströhren um die befallenen Triebe, die man gleich nach Entdecken entfernen sollte. Mit dem Kiefernspanner und verschiedenen Käfern, die in den heimischen Wäldern große Schäden anrichten, hat man im Garten zum Glück recht selten Probleme.

Weitere Kiefernarten im Überblick

Name	Wuchs; Höhe	Nadeln	Hinweise
Grannen-, Fuchsschwanzkiefer (*Pinus aristata*)	kleiner Baum, dicht buschige, unregelmäßige Krone; 4 – 5 m hoch	bis 4 cm lang, zu fünft, dunkelgrün, mit weißen, körnigen Harzausscheidungen	Harzflöckchen nicht mit Schädlingsbefall verwechseln
Zirbelkiefer, Arve (*Pinus cembra*)	Baum mit kegeliger Krone; 2 – 5 m hoch, selten höher	bis 8 cm lang, zu fünft, dunkelgrün, weich	einige Sorten, z. B. Zwergform oder blau benadelte Form
Drehkiefer (*Pinus contorta*)	Baum mit kegeliger bis runder Krone; 5 – 7 m hoch, selten höher	bis 6 cm lang, zu zweit, gedreht, gelb- bis dunkelgrün	auffallender Zapfenschmuck
Schlangenhautkiefer, Bosnische Kiefer (*Pinus leucodermis*)	Baum mit breit kegeliger Krone; 5 – 7 m hoch, selten höher	bis 8 cm lang, zu zweit, glänzend dunkelgrün, steif	graue Borke, schuppig abblätternd; auffallender Zapfenschmuck
Mädchenkiefer (*Pinus parviflora*)	Baum mit breit pyramidaler Krone; 2 – 5 m hoch, selten höher	bis 7 cm lang, zu fünft, gebogen, dunkelgrün, steif	Sorte 'Glauca' mit grazilem Wuchs, gras- bis blaugrüner Benadelung, rotbraune Zapfen
Pinselkiefer (*Pinus peuce*)	Baum mit breit kegeliger Krone; 7 – 15 m hoch	bis 8 cm lang, zu fünft, blaugrün	violette Zapfen
Weymouths-, Seidenkiefer (*Pinus strobus*)	großer Baum mit lockerer Krone; 20 – 30 m hoch, Sorten niedriger	bis 10 cm lang, zu fünft, grau- bis dunkelgrün	einige Sorten, z. B. Streichelkiefer 'Radiata', flach kugelig
Tränenkiefer (*Pinus wallichiana*)	großer Baum mit breit kegeliger Krone; 20 – 25 m hoch; Sorten weitaus niedriger	bis 20 cm lang, zu fünft, blaugrün bis blausilbern, weich, schlaff herabhängend	einige Sorten, z. B. 'Densa Hill', 5 – 7 m hoher Baum, schmal kegelförmig

Kiefernknospentriebwickler

Auch als Kieferntriebwickler bekannt. Die ziegelroten Schmetterlinge mit 16 – 22 mm Flügelspannweite fliegen im Juni und Juli, die Weibchen legen insgesamt bis zu 300 Eier an Triebknospen oder Nadeln ab. Daraus schlüpfen bräunliche, bis 24 mm lange Larven mit schwarzem Kopf, die an den Nadeln fressen. Sie wandern dann zwischen Quirle endständiger Knospen und fressen sich in die Triebe, wo die Überwinterung erfolgt. Im Frühjahr wird dann eine neue Larvengeneration durch Knospen- und Triebfraß besonders schädlich.

Schadbild: Junge Triebknospen von Raupen zerfressen; Triebe vertrocknet oder verkrüppelt, knicken teils um, innen durch Fraß ausgehöhlt.

Abhilfe: Befallene Knospen und Triebe abschneiden und vernichten; notfalls spezielles Raupenspritzmittel einsetzen.

Kies

Bezeichnet generell abgerundetes, meist unregelmäßig geformtes Gestein. In der Bodenkunde versteht man unter Kies alle gerundeten mineralischen Bestandteile, die größer sind als 2 mm und mit eckigen Steinen sowie Geröll den Grobboden bilden (→ *Boden, Bodenstruktur*). Geologisch gesehen ist Kies ein Gesteinsverwitterungsprodukt, das durch Gletscher zermahlen und in Schmelzwässer sowie Flüsse abgelagert und abgeschliffen wurde. Heute stellt es den rundlichen Anteil in Schottervorkommen dar, wird in Kieswerken gewonnen, abgesiebt und in verschiedenen Größensortierungen angeboten.

Für Gartenzwecke sollte man nur gewaschenen Kies verwenden. Er kann hier zum einen als Bodenlockerungsmittel eingesetzt werden, zum anderen als vielseitig einsetzbares Material im Rahmen der Gestaltung; hierbei meist als → *Flusskies*.

Auch → *Kiesbeet*

Kiesbeet

Ein Beet, bei dem Kies als Bodenbedeckung ein wichtiges Gestaltungselement darstellt. Die Pflanzen entfalten auf dem ansprechenden, hellen Untergrund besondere Wirkung. Wenn das Beet – das auch eine schmale Rabatte oder unregelmäßig geformt sein kann – quasi als flächiger → *Steingarten* angelegt werden soll, sind einige größere Vorbereitungen nötig.

Man hebt den Boden 30 – 40 cm tief aus, entfernt gründlich alle Wurzelunkräuter, füllt die Grube dann etwa zur Hälfte mit Schotter oder Grobkies auf und stampft das Material fest. Dabei kann man auch gleich einige sanfte Höhenunterschiede modellieren. Über dieses Fundament kommen entweder die zuvor abgestochenen Grassoden oder ein durchlässiges Spezialvlies. Dies verhindert das Ausschwemmen des darüber ausgebrachten Substrats, das man aus Aushuberde, Humus oder Lehm sowie feinem Kies oder Splitt mischt. Schließlich folgt die Deckschicht aus Kies, wobei unterschiedlich große Steine am natürlichsten wirken. Die Bepflanzung erfolgt mit kleinen blühenden Steingartenstauden, die man in Grüppchen, so genannten Tuffs, zusammensetzt; im Frühjahr können Zwiebelblumentrupps zwischen den Kieseln hervorleuchten. Auch einzelne Zwerggehölze und Ziergräser passen gut in das Kiesbeet.

Weniger Aufwand erfordern Beetflächen, die lediglich mit Kies abgedeckt werden und nicht als Variante eines Steingartens gedacht sind. Hier sollte man allerdings ebenfalls zuvor gründlich die Unkrautwurzeln entfernen, da immer wieder durchwachsende Gräser und Kräuter lästig werden. Anders als beim eher naturnahen Kiesbeet kommen für derlei Beetabdeckungen auch gleichmäßig große und ausschließlich weiße Kiesel infrage. Mit sparsam gepflanzten Blattschmuckstauden und Zwerggehölzen lässt sich so etwas japanisches Flair in den Garten holen; bei Verwendung entsprechender Pflanzen, z. B. Funkien, stellt dies auch eine ansprechende Lösung für schattige Partien dar.

Die Kindel oder Tochterrosetten der Hauswurz können einfach abgenommen und neu eingepflanzt werden.

Kieserit
→ *Magnesiumdünger*

Kiesweg
→ *Weg*

Kindel
Auch Tochterpflanze oder Tochterrosette genannt. Kindel sind junge Pflänzchen, die aus der Stängelbasis der Mutterpflanze hervorgehen oder dicht neben ihr heranwachsen, z. B. bei Hauswurzarten, Agave und Bromelien. Sie bilden frühzeitig eigene Wurzeln aus und können zur Vermehrung einfach abgenommen und neu eingepflanzt werden.

Kinder und Garten
Im Freien spielen, Spannendes in der Natur entdecken, Spaß und Erfolgserlebnisse mit einem eigenen Kinderbeet haben – ein Garten ist für Kinder in vielerlei Hinsicht von Vorteil und bietet ihnen attraktive Möglichkeiten der Entfaltung. Bei der Neuanlage von Gärten kann man hierfür besonders gut geeignete Rahmenbedingungen schaffen. Dabei sollte man jedoch berücksichtigen, dass spezielle Kinderbereiche und -einrichtungen früher oder später nicht mehr gebraucht werden. Dann ist es günstig, wenn sich entsprechende Gartenpartien ohne allzu großen Aufwand für andere Zwecke umgestalten lassen (auch → *Gartenplanung, Gartennutzung und -wünsche*).

So lange die Kinder noch klein sind, gilt es alle unnötigen **Risiken** auszuschalten, die ein Garten mit sich bringen kann:

■ Keine → *Giftpflanzen* verwenden; besonders giftige Früchte sind für Kinder verlockend und damit sehr gefährlich. Auch auf Pflanzen mit starken Stacheln oder Dornen verzichtet man besser.

■ Eine besondere Gefahrenquelle für Kleinkinder stellt ein Teich dar. Sofern man in den ersten Jahren nicht ganz auf ein Kleingewässer verzichten will, ist eine genügend hohe Umzäunung die sicherste Lösung. Eine unauffälligere Alternative stellt ein Baustahlgitter mit 5 – 10 cm Maschenweite dar, dass etwa 8 cm unter der Wasseroberfläche fest und kippsicher installiert wird.

■ Alle Teile des Gartens sollten möglichst gut einsehbar sein. Ist dies in einem bereits angelegten Garten nicht der Fall, empfehlen sich möglichst dezente, umsteckbare Zaunelemente, um versteckte Ecken zeitweilig abzutrennen.

Was Teich und Giftpflanzen angeht, muss man auch Vorkehrungen treffen, falls fremde Kinder Zugang zum Grundstück haben; → *Haftpflicht*.

Für Kleinkinder bieten in der Regel ein Sandkasten (mit häufig erneuertem, sauberem Sand), eine geeignete Spielfläche mit weichem Untergrund (Sand, Rasen) und evtl. ein Planschbecken hinreichende **Spiel- und Beschäftigungsmöglichkeiten.** Werden die Kinder älter, lernt man eine robuste Bepflanzung schätzen. Wo

KIRSCHENKRANKHEITEN

Kindertraum: das Baumhaus, hier in aufwändiger „Luxus"-Ausführung

Baustahlgitter als Kindersicherung am Teich

gespielt und getobt wird, platziert man besser keine zarten, wertvollen Lieblingspflanzen. Flächen, die von vornherein als Spielflächen vorgesehen sind, werden am besten mit so genanntem Spiel- oder Strapazierrasen eingesät.

Der Handel führt ein breites Angebot an Rutschen, Schaukeln und sonstigem Spielgerät, wobei man auf hinreichende Stabilität achten sollte sowie auf sicherheitsgeprüfte Marken. Für ältere Kinder stellen dann auch verborgene Winkel keine Gefahr mehr dar, sondern sind als eigenes kleines Reich – am besten noch mit Indianerzelt oder Holzhütte – sehr beliebt. Eine besondere Attraktion bietet das Baumhaus, das entsprechend sicher angebracht und begehbar sein muss. Schließlich finden Kinder oft Interesse daran, Pflanzen selbst zu ziehen und zu pflegen, wenn auch freilich nicht unbedingt beständig. Am meisten Spaß macht das mit schnell wüchsigen Pflanzen wie Radieschen, Löwenmäulchen oder Ringelblumen. Beliebt sind z. B. auch die Sonnenblume, die Wunderblume mit ihren duftenden vielfarbigen Blüten, Kürbisse mit ihren teils skurrilen Fruchtformen bis hin zum großen „Halloween"-Kürbis, in den man im Herbst ein Gesicht schnitzen kann. Faszinierend ist für Kinder auch ein reges Tierleben im Garten, das man durch entsprechende Gestaltungen und Unterschlupfmöglichkeiten fördern kann.

Kirsche

Trotz der sehr ähnlichen Früchte handelt es sich bei → *Sauerkirsche,* auch Weichsel genannt, und → *Süßkirsche* um zwei botanisch verschiedene Arten. Die Sauerkirsche ist robuster und lässt sich als schwächer wachsende Art leichter in Gärten üblicher Größe eingliedern.

Kirschenkrankheiten

Viren, Bakterien, Pilze – an Kirschen können allerlei Schadderreger Probleme bereiten, wobei → *Sauerkische* und → *Süßkirsche* jeweils unterschiedliche Anfälligkeit zeigen. Zu den nachfolgend beschriebenen kommen als wichtige Obstkrankheiten die → *Monilia* in Form von Spitzendürre und/oder Fruchtfäule sowie der → *Bakterienbrand* vor; außerdem → *Bleiglanzkrankheit* und → *Verticillium-Welke.*

Nichtparasitäre Schäden

Bei Kirschen kommen recht häufig Erscheinungen vor, bei denen Hobbygärtner Krankheiten vermuten, die aber nicht durch bestimmte Erreger verursacht werden. Dazu zählt das Röteln der Süßkirschen, seltener bei Sauerkirschen, bei dem die Früchte zunächst gelb, dann rötlich werden und schließlich vorzeitig abfallen. Es handelt sich im Grunde um einen natürlichen Vorgang, bei dem die Bäume Früchte abstoßen, die sie nicht ernähren können oder die in einem nasskalten Frühjahr nur unzureichend befruchtet wurden. Die Sorten sind dafür unterschiedlich anfällig. Dies gilt teils auch für die Neigung zum Aufplatzen der reifen Früchte, das im Wesentlichen witterungsbedingt ist. Nicht oder nur indirekt von Schadderregern verursacht wird

Kirschenschädlinge

außerdem der → *Gummifluss*. Geeignete Standort- und Sortenwahl, gute Pflege und ausgewogene Nährstoffversorgung beugen solchen Schäden am besten vor.

Pfeffingerkrankheit

Eine Viruskrankheit an Süßkirschen; derselbe Erreger verursacht an Himbeeren das Ringfleckenvirus. Die Übertragung der Krankheit erfolgt vor allem durch Veredlung und → *Nematoden*, möglicherweise auch auf anderem Wege.
Schadbild: Anfangs gelbliche, recht unauffällige Flecken auf den Blättern; in den Folgejahren Bildung völlig untypischer, schmaler, am Rand scharf gezähnter Blätter, wulstartige Wucherungen auf den Blattunterseiten; im fortgeschrittenen Stadium gestauchte Triebe, schließlich Absterben ganzer Zweige und Äste.
Abhilfe: Vorbeugend nur gesundes Pflanz- und Veredlungsmaterial verwenden. Bei Befall müssen die Bäume ganz gerodet werden; keine Bekämpfung möglich.

Schrotschusskrankheit

Aufgrund der Löcher in den Blättern wird manchmal Schädlingsbefall vermutet, doch Verursacher der Schrotschusskrankheit ist ein Pilz. Er kann alle Steinobstarten befallen und tritt nach feuchtem Frühjahr verstärkt auf. Die Überwinterung erfolgt an befallenen Zweigen.
Schadbild: Ab Frühjahr rötliche Flecken auf den Blättern, die später ausbrechen und schrotschussartig verteilte Löcher hinterlassen; Abfallen der Blätter; kleine, dunkle Flecken auf den Früchten; auf Zweigen eingesunkene, dunkle Stellen, oft mit hervorstehendem Gummitropfen.
Abhilfe: Rückschnitt befallener Triebe bis ins gesunde Holz; bei häufigem Auftreten in feuchtem Frühjahr zugelassenes Fungizid einsetzen.

Schrotschusskrankheit

Hinweis: Die Symptome können teils mit denen des → *Bakterienbrands* verwechselt werden.

Sprühfleckenkrankheit

Der Schadpilz befällt Süß- und Sauerkirschen, teils auch Pflaumen und Aprikosen, und wird durch feuchte Sommer sehr begünstigt. Bei regelmäßigem Auftreten können die Bäume so geschwächt werden, dass sie absterben. Der Erreger überwintert hauptsächlich auf abgefallenen Blättern.
Schadbild: Ab Ende Mai kleine, violettrote, rundliche Flecken auf den Blattoberseiten, blattunterseits weißlich mit dunkler Umrandung; im Sommer Ausbreitung der wie versprüht wirkenden Flecken, Blätter werden gelb oder rötlich und fallen vorzeitig ab.
Abhilfe: Vorbeugend erkranktes und herbstliches Falllaub gründlich entfernen und vernichten; bei jährlichem Auftreten notfalls mit geeignetem Fungizid behandeln.

Valsakrankheit (Kirschensterben)

Diese gefährliche Pilzkrankheit kann an Süß- und Sauerkirsche auftreten, durch nah verwandte Erreger verursacht auch an Pflaume, Pfirsich und Aprikose. Die Pilze dringen durch Wunden in die Bäume ein und überdauern im erkrankten Holz. Besonders anfällig sind Süßkirschen auf schweren, nassen Böden.

Sprühfleckenkrankheit

Schadbild: Rinde mit krebsartigen Wucherungen und dunklen, warzenartigen Punkten („Krötenhaut"); oft starker → *Gummifluss;* Blätter befallener Äste welken frühzeitig; Zweige, Äste oder sogar ganze Bäume sterben ab.
Abhilfe: Vorbeugend schwere, nasse Böden als Pflanzort meiden; stets auf ausgeglichene Wasser- und Nährstoffversorgung der Bäume achten. Befallene Äste bis ins gesunde Holz zurückschneiden und größere Wunden mit Wundpflegemitteln behandeln; Schnittholz gründlich entfernen; notfalls geeignete Fungizide einsetzen.

Kirschenschädlinge

An → *Sauerkirsche* wie → *Süßkirsche* treten eine Reihe von Schädlingen auf. Neben → *Frostspanner* und der nachfolgend beschriebenen Kirschfruchtfliege treten besonders häufig Schwarze Kirschläuse auf. Schadbild und Abhilfe entsprechen dem, was allgemein für → *Blattläuse* gilt. Bei Sauerkirschen beobachtet man zudem oft vorzeitigen Fruchtabwurf. Am warmen, geschützten Standort werden zuweilen → *Spinnmilben* lästig. Zur Ernte stellen sich gern Vögel als Mitesser ein, die man am besten durch Netze über den Bäumen abhalten kann.

Schwarze Kirschlaus

Kirschblattwespe
Nicht nur Süß- und Sauerkirsche, sondern auch Zierkirschen können von dieser Wespe befallen werden. Auch an anderen Obstbäumen tritt sie gelegentlich auf. Die kleinen schwärzlichen Wespen bringen meist zwei Generationen pro Jahr hervor, wobei die erste ab Ende Mai, die zweite ab Ende Juli fliegt. Schädlich werden die bis 1 cm großen, in schwarzen Schleim eingehüllten Larven.
Schadbild: Fensterfraß auf den Blättern, die sich oft zusammenrollen und abfallen; darauf schwarze, nacktschneckenähnliche Larven.
Abhilfe: Ab Juni regelmäßig kontrollieren, Larven oder befallene Blätter komplett entfernen; notfalls mit Pyrethrum-Präparat bekämpfen.

Kirschblütenmotte
An Kirschen- wie an Pflaumenknospen tun sich die Raupen dieses kleinen, weißbraunen Falters gütlich. Die Weibchen legen von Juni bis September je etwa 25 grünliche Eier in Rindenritzen der Zweige ab. Daraus schlüpfen im nächsten Frühjahr während des Anschwellens der Knospen die Raupen, die die Blütenknospen von innen auffressen.
Schadbild: Zerstörte Knospen; sich noch entfaltende Blüten mit angefressenen Kronblättern und Staubblättern, Fruchtknoten oft ganz zerfressen.
Abhilfe: Bei häufigem Auftreten notfalls mit Pyrethrum oder anderem zugelassenem Mittel während des Austriebs oder kurz vor der Blüte spritzen.

Kirschfruchtfliege
Die etwa 5 mm große, glänzend schwarze Fliege mit kleinem gelbem Rückenschild fliegt im Mai/Juni und legt ihre Eier vor allem an Süßkirschen ab, seltener an Sauerkirschen und verwandten Ziergehölzen. Mit ihrem Legestachel sticht sie unreife Früchte an und legt je ein Ei ab. Die daraus schlüpfenden Maden zerfressen das Fruchtfleisch um den Kern herum. Zur Reifezeit der Kirschen verlassen sie Früchte durch ein kleines Loch in Stielnähe, um im Boden zu überwintern. Da ein Fliegenweibchen 100 bis 250 Eier ablegt, kann die Kirschernte dadurch stark beeinträchtigt werden.
Schadbild: Matte, stellenweise weiche Früchte, Kern lässt sich umherschieben; in den Kirschen teils noch weißliche Maden; bräunliche, faulige Stellen in Stielnähe; oft vorzeitiges Abfallen der Früchte.
Abhilfe: Vorbeugend natürliche Feinde wie Schlupfwespen, Laufkäfer und Spinnen fördern; keine Hecken- und Vogelkirschen, die ebenfalls Wirte sind, in die Nähe pflanzen; bevorzugt früh blühende Sorten wählen, die kaum befallen werden; Früchte vollständig abernten, auch am Boden liegende entfernen. Je nach Witterung ab Ende April bis Ende Juni Kirschfruchtfliegenfallen (gelbe Leimtafeln mit Lockstoff) aufhängen; bei Aufhängen von genügend Fallen (gut verteilt, etwa eine je Meter Baumhöhe) in der Regel keine weitere Bekämpfung nötig.

Kirschlorbeer
Anderer Name für die immergrüne
→ *Lorbeerkirsche*

Kirschpflaume
PRUNUS CERASIFERA

Auch Myrobalane genannt. Der in Südwestasien beheimatete Baum oder Großstrauch zählt zu den Rosengewächsen und ist in Mitteleuropa bisweilen verwildert anzutreffen. Zu Zierzwecken werden fast nur rotlaubige Formen verwendet, die als → *Blutpflaumen* bekannt sind und unter diesem Namen beschrieben werden. Die reine Art kann man als anspruchsloses Gehölz für frei wachsende Hecken und Gruppen verwenden, ihre Früchte sind essbar und recht wohlschmeckend. Mehr Bedeutung haben die grünblättrigen Kirschpflaumen bzw. Myrobalanen jedoch als stark wachsende → *Unterlagen* für veredelte Pflaumenbäume.

Kirschtomate
Tomatensorten mit kleinen, kirschenartigen Früchten, auch Cocktailtomaten genannt
→ *Tomate*

Kirschwoche
Angabe zur Reifezeit von Kirschen. Die Kirschwochen umfassen einen Zeitraum von 7 Wochen im Juni und Juli. Ihr jeweiliger Verlauf ist witterungsabhängig, also nicht exakt datumsgebunden. Bei schlechtem Wetter etwa beginnt die 1. Kirschwoche, in der die frühesten Sorten reifen, etwas später, entsprechend verschieben sich in derselben Region die weiteren Kirschwochen und damit die Reifezeiten der späteren Sorten nach hinten.

Kissenaster
Niedrige, teils Polster bildende Astern in vielen Blütenfarben
→ *Astern, Herbstblüher*

Kissenberberitze
Breitwüchsiger, immergrüner Zwergstrauch
→ *Berberitze*

Kissenginster
Zwergstrauch mit niederliegenden Trieben und gelben Blüten im Frühsommer
→ *Geißklee*

Kissenmispel
Mit niederliegenden bis kriechenden Trieben wachsender Zwergstrauch
→ *Zwergmispel*

Kissenpflanzen
Niedrige Pflanzen, die mit dicht aneinander gedrängten Trieben kissenartige Polster bilden, z. B. Blaukissen oder Kissenprimeln; im Allgemeinen geläufiger unter der Bezeichnung → *Polsterpflanzen*. Von „Kissenformen" spricht man auch bei Gehölzen mit niedrigem, halbkugeligem Wuchs.

Kissenprimel
Niedrige → *Primel* mit kompaktem, kissenartigem Wuchs

Kiwi
ACTINIDIA DELICIOSA

Chinesischer Strahlengriffel, ein anderer Name für die Kiwi, gibt schon einen Hinweis auf die Familie (Strahlengriffelgewächse) und die ursprüngliche Herkunft. In Ostasien wird die Kiwi, auch Chinesische Stachelbeere genannt, schon seit mehr als 1000 Jahren als Obstgehölz kultiviert, Mitteleuropa hat sie erst seit wenigen Jahrzehnten erobert. Die Früchte sind ausgesprochen vitaminreich und schmecken ausgewogen süß-säuerlich, sie werden meist frisch verzehrt.

Die Wärme bedürftige Schlingpflanze ist zweihäusig, d. h., es gibt weibliche und männliche Exemplare,

Kiwi (Actinidia deliciosa)

so dass wenigstens zwei Pflanzen für die Fruchtbildung benötigt werden. Eine Ausnahme macht die einhäusige und somit selbstfruchtbare Züchtung 'Jenny'. Insbesondere für rauere Klimaregionen eignet sich die Sorte 'Weiki', auch als Bayerische Kiwi bekannt. Sie stammt von einer verwandten Art, *A. arguta,* ab und hat kleinere, unbehaarte, sehr wohlschmeckende Früchte. Von derselben Art wird auch eine selbst befruchtende Sorte namens 'Issai' angeboten. Abgesehen von diesen Fruchtsorten pflanzt man *A. arguta* ebenso wie weitere Strahlengriffel hauptsächlich zu Zierzwecken.

Merkmale: Schlingstrauch, je nach Erziehung 3 – 10 m hoch; große, herzförmige, weich behaarte Blätter; schalenförmige, weiße Blüten, männliche zu mehreren in Scheindolden mit zahlreichen gelben Staubfäden, weibliche meist einzeln oder zu wenigen mit strahlenförmig angeordneten Griffeln; ei- bis walzenförmige Beerenfrüchte mit brauner, behaarter Schale, grünes Fruchtfleisch mit vielen kleinen Samenkernen.

Blütezeit: Juni – Juli

Standort: Warm und geschützt, am besten an südseitiger Hauswand, je-

Haben die Kiwifrüchte etwa Walnussgröße erreicht, schneidet man die Seitentriebe auf 4 bis 6 Blätter zurück.

doch möglichst über Mittag leicht beschattet; gut durchlässiger, frischer, humoser, nährstoffreicher und leicht saurer Boden.

Pflanzen/Vermehren: Pflanzung bevorzugt im Frühjahr, mindestens eine männliche Befruchtersorte zu den weiblichen setzen, sofern keine einhäusige Sorte gewählt wird; Vermehrung durch Steckhölzer.

Pflege: An sehr stabilen, gut tragfähigen Klettergerüsten spalierartig aufleiten; stets auf reichliche Wasserversorgung achten; zum Austrieb, vor der Blüte und während der Fruchtentwicklung düngen; im Sommer fruchttragende Seitentriebe soweit zurückschneiden, dass vor den Früchten 4 bis 6 Blätter verbleiben; Früchte bei dichtem Behang auf 6 bis 8 Stück pro Seitentrieb ausdünnen; im Spätwinter abgestorbene Triebe entfernen; Jungpflanzen in den ersten Jahren mit Winterschutz versehen.

Ernte: Reife erst ab Ende Oktober; Vollreife ist erreicht, wenn die Früchte auf Druck leicht nachgeben; Früchte vorsichtig abpflücken; sind bei 0° C und hoher Luftfeuchtigkeit etwa 3 Monate lagerfähig.

Klatschmohn

Ein- bis zweijähriger → *Mohn,* der als Wildform und in Kulturformen im Garten Verwendung findet.

Klebschwertel

IXIA-HYBRIDEN
☼

Afrikanische Kornlilien, wie die Klebschwertel auch genannt werden, sind in Südafrika heimisch und gehören zu den Schwertliliengewächsen. Die Gartenformen stammen im wesentlichen von *I. paniculata* und *I. viridiflora* ab.
Merkmale: Nicht winterharte Knollenpflanze mit locker horstartigem Wuchs, 40 – 60 cm hoch; schmale, grasartige Blätter, die klebrigen Saft enthalten; sternförmige Blüten in reichblütigen Rispen, weiß, gelb, rosa oder rot, meist zweifarbig, nur bei voller Sonne weit geöffnet.
Blütezeit: Mai – Juli
Verwendung: Auf Beeten und Rabatten, im Steingarten; auch für Gefäßkultur geeignet.
Standort: Vollsonnig und warm; gut durchlässiger, leichter Boden.
Pflanzen/Vermehren: Knollen im Frühjahr 5 cm tief mit 10 cm Abstand pflanzen; Vermehrung durch Brutknollen, auch durch Aussaat möglich aber langwierig.
Pflege: Während des Wachstums gleichmäßig leicht feucht halten, nach der Blüte jedoch trocken; Verblühtes entfernen; im Herbst Knollen aufnehmen, in Sand einschlagen und kühl und trocken aufbewahren.

Klebschwertel (Ixia-Hybride)

Klee

Verschiedene Kleearten spielen im Garten insbesondere als → *Gründüngung* sowie als → *Rasenunkraut* eine Rolle.

Kleiner Frostspanner

Schmetterling, dessen Raupen besonders an Obstbäumen großen Schaden durch ihre Fraßtätigkeit anrichten können.
→ *Frostspanner*

Kleingarten

Gartengrundstück mit in der Regel nicht allzu großer Fläche, das anders als der → *Hausgarten* nicht in Wohnungsnähe, sondern meist in einer siedlungsnahen Kleingartenanlage liegt. Kleingärten, auch als Schrebergärten und in der Schweiz als Familiengärten bekannt, sind vor allem im städtischen Umfeld häufig.

Historische Vorläufer waren die mittelalterlichen Festungs- und Bürgergärten vor den Stadttoren sowie die um 1800 entstandenen Carls-Gärten, die auf Weisung des Landgrafen Carl von Hessen für die ärmeren Schichten der Bevölkerung angelegt wurden. Im 19. Jahrhundert kamen neben der Möglichkeit zur Selbstversorgung andere wichtige Aspekte hinzu: Die Kleingärten in der Umgebung von Großstädten sollten der Stadtbevölkerung, besonders den Industriearbeitern und ihren Familien, den Kontakt mit der Natur ermöglichen, gesunde Betätigung und das soziale Leben fördern. Solche stadtnahen Gartenanlagen wurden u. a. vom Roten Kreuz und von Selbsthilfeorganisationen der Arbeiter und Stadtbürger eingerichtet. Ein wichtiger Impuls ging auch von der Lebensreformbewegung um den Leipziger Arzt Daniel Gottlieb Moritz Schreber (1808 – 1861) aus, nach dem die Schrebergärten benannt wurden. In der Folge entstanden, auch als Reaktion auf die Wohnungsnot in Großstädten, die berühmten „Laubenkolonien", etwa in Berlin. Anfang des 20. Jahrhunderts wurden schließlich Kleingartenverbände gegründet, die die Interessen ihrer Mitglieder, der Kleinpächter, nach außen vertraten.

Heute schätzt man neben den genannten Nutzungen und Vorteilen auch die wichtige ökologische Funktion, die die Kleingärten als „grüne Lungen" und Rückzugsgebiete für die Natur innerhalb der Ballungsräume erfüllen.

Aufgrund ihrer besonderen Bedeutung wird die Anlage von Kleingärten in → *Bebauungsplänen* mit berücksichtigt. Detaillierte Kleingartengesetze und -verordnungen regeln u. a. Größe, Nutzung und Pachtverhältnisse in Kleingartenanlagen.

Das Hobbygärtnern, auch im Hausbzw. Eigentümergarten, verdankt den zahlreichen engagierten Kleingärtnern viele Anregungen und Weiterentwicklungen. In den meisten europäischen Ländern gibt es sehr aktive Kleingärtnerorganisationen, die in einem in Luxemburg residierenden Dachverband zusammengeschlossen sind.

Kleingewächshaus

→ *Gewächshaus*

Kleingewässer

Im Garten steht der Begriff für den → *Teich,* der allgemein als von Menschenhand angelegtes Gewässer mit bis zu 2 m Tiefe definiert wird. In der Landschaft zählt man dazu auch Tümpel (das sind seichte Gewässer, die zeitweise trocken fallen) und Weiher (natürlich entstandene, stehende kleine Gewässer mit bis 2 m Tiefe).

Kleinklima

Ein Bachlauf im Garten sorgt im Sommer für erfrischende Luftfeuchtigkeit.

Kleinklima

Auch Mikroklima genannt; die klimatischen Verhältnisse in der bodennahen Luftschicht bis 2 m Höhe. Neben den atmosphärischen Bedingungen spielen für das Kleinklima die Wärmeabgabe und -aufnahme des Bodens eine wichtige Rolle. Das Kleinklima ist letztendlich entscheidend für den Pflanzenwuchs und kann gewissermaßen mit dem „Gartenklima" gleich gesetzt werden. Grundsätzlich vorgegeben durch das Großklima und das Lokalklima (→ *Klima*) weichen hier die Temperaturen, Niederschlags- und Windverhältnisse häufig doch stark von den großräumigen Gegebenheiten ab. Sie lassen sich sogar in Maßen beeinflussen.

Abgesehen von Gewächshäusern und Folien, mit deren Hilfe man ein künstliches, kontrollierbares Klima schafft, gibt es mehrere Faktoren, die das Kleinklima im Garten prägen oder auch eine gewisse Lenkung erlauben:

■ Lage und Umbauung: Ein Garten am Dorf- oder Stadtrand ist allen Witterungseinflüssen viel stärker ausgesetzt als ein Grundstück inmitten von Häusern. Spezielle Verhältnisse herrschen in manchen Reihenhaussiedlungen, die so ungünstig angelegt sind, dass regelrechte Windkanäle entstehen. Ansonsten schützt dichte Umbauung vor Winden, die Durchschnittstemperatur liegt etwas höher, die Frostgefährdung ist geringer. Nachteilig wirken sich oft Schattenwurf und so genannter Regenschatten aus, d. h., die Niederschläge können nicht ungehindert einfallen. Andererseits trocknen bei weitgehender Windstille die Pflanzen nach Regen oder Gießen langsamer ab, dadurch breiten sich Pilzinfektionen leichter aus.

■ Geländeform: Mögliche Auswirkungen von geneigtem Gelände sind unter dem Stichwort → *Hanglage* beschrieben. Als sehr ungünstig können sich Senken und Mulden erweisen. Hier sammelt sich nicht nur übermäßig viel Wasser, leicht bilden sich auch so genannte Kaltluftseen mit erhöhter Frostgefahr.

■ Hecken und Mauern: Haben im Grunde dieselben Vor- und Nachteile wie eine Umbauung. Durch ihren gezielten, überlegten Einsatz lässt sich das Kleinklima jedoch auf günstige Weise beeinflussen. Dabei sind im Allgemeinen Hecken aufgrund ihrer begrenzten Winddurchlässigkeit vorteilhafter (auch → *Windschutzpflanzung*).

■ Steine als Wärmespeicher: Mauern und Steine speichern tagsüber die Sonnenwärme und geben sie nachts allmählich ab. Diesen Effekt nutzt man, indem man Wärme bedürftige Obstgehölze als Spalier an einer Hauswand pflanzt oder empfindliche Steingartenpflanzen in die Nähe eines großen Steins setzt. So verringert sich die Gefahr von Früh- und Spätfrösten, das Pflanzenwachstum setzt etwas früher ein, bei Obst wird ab Spätsommer die Fruchtreife gefördert. Es gibt allerdings auch nachteilige Auswirkungen, die man beachten muss: An sonnigen Frühjahrstagen kommt es an einer Wärme abstrahlenden Wand besonders leicht zu verfrühtem Austrieb; dieser ist durch nachfolgende starke Fröste gefährdet, vor denen der „Mauereffekt" nicht ganz bewahren kann. Außerdem wird es im Sommer vor weiß gestrichenen Wänden und Mauern sehr heiß. Dies vertragen insbesondere Rosen und Nadelgehölze schlecht, meist treten dann auch häufiger Spinnmilben, Weiße Fliegen und Thripse auf.

■ Bepflanzung: Auch Pflanzen selbst zeigen Einfluss auf das Kleinklima, vor allem große Sträucher und Bäume. Neben kühlendem Schatten macht sich ihre Wirkung im Sommer auch durch erhöhte Luftfeuchtigkeit angenehm bemerkbar.

■ Wasser im Garten: Teich und Bachlauf sorgen im Sommer für feuchtere Luft und leichte Kühlung. Dadurch wird ihre Umgebung zum besonders beliebten Aufenthaltsort. Die erhöhte Luftfeuchtigkeit kommt auch den Pflanzen zugute, kann allerdings auch Pilzbefall fördern.

■ Mulchen: Bodenbedeckung mindert die nächtliche Wärmeabstrahlung des Bodens. Dies wirkt sich im Allgemeinen günstig aus. In Frostzeiten kann es allerdings für Gehölze nachteilig sein, da die Luft über gemulchtem Boden kälter ist als über unbedecktem. Besonders bei spätfrostgefährdeten Frühblühern empfiehlt sich deshalb ein zeitweises Entfernen der Mulchschicht.

Auch → *Frost*

Klematis

Aus dem botanischen Namen *Clematis* abgeleitete Bezeichnung für die → *Waldrebe*.

Kleopatranadel

Andere Bezeichnung für die → *Steppenkerze*, eine Gattung von Knollenpflanzen mit hochaufragenden, schlanken Blütenkerzen im Sommer.

Klette

Hoch wachsender Kulturbegleiter, vor allem auf Lehmböden, mit hakenbesetzten Blütenkörbchen, die „wie Kletten" an Kleidern und Haut haften.
→ *Unkräuter*

Klettenlabkraut

Niederliegend oder klimmend wachsendes → *Unkraut* auf nährstoffreichen Böden, das sich durch zahlreiche Stachelhärchen klebrig anfühlt.

Klettererdbeere

Sorten der → *Erdbeere* mit langen Trieben, vor allem für die Gefäßkultur geeignet.

Klettergehölze

Auch als mehrjährige Kletterpflanzen oder Lianen bekannt. Die allmählich verholzenden Kletterer wachsen zwar anfangs in der Regel langsamer als einjährige Kletterpflanzen, ermöglichen jedoch die dauerhafte, flächendeckende Begrünung von Wänden und Mauern, Pergolen und Rankgittern, teils bis zu 20 m Höhe und mehr, sofern gewünscht. Dabei entwickeln sie mit den Jahren auch ein beachtliches Gewicht, was man bei jeder Verwendung und bei der Auswahl von → *Kletterhilfen* beachten muss. Das Klettern erfolgt mittels verschiedener Techniken und spezieller Pflanzenorgane (→ *Kletterpflanzen*), die unterschiedliche Kletterhilfen erforderlich machen, sofern sie sich nicht ähnlich wie Efeu, Wilder Wein und Kletterhortensie selbst anheften.

Eine besonders beliebte **Verwendung** für Klettergehölze ist die → *Fassadenbegrünung,* die einiges an Vorinformation erfordert. Unter diesem Stichwort finden sich Tipps zur Pflanzenwahl, zu besonderen Wuchseigenschaften und Vorkehrungen, die manche Arten erfordern. Bei sonstigem Einsatz im Garten gelten sinngemäß die dort genannten Hinweise. Sollen die Pflanzen Sichtschutz abgeben, bieten sich vor allem groß- und dichtblättrige Pflanzen an, die an einem Gitter oder einer Rankwand hochgezogen werden, z. B. Schlingknöterich, Baumwürger (beide schnellwüchsig) Pfeifenwinde oder Kletterhortensie (beide anfangs langsam wachsend). Als Pergolabegrünung sorgen Klettergehölze im Sommer für kühlenden Schatten; hierfür eignen sich besonders Glyzine, Trompetenblume, Wilder Wein, Strahlengriffel und wiederum Schlingknöterich sowie Baumwürger. Allerdings lassen sich längst nicht alle Arten als Sonnenschutz einsetzen: Pfeifenwinde, Kletterhortensie, Geißblätter und einige andere gedeihen in praller Sonne nicht. Weitere Einsatzmöglichkeiten für Klettergehölze sind z. B. das Kaschieren von hölzernen Sichtschutzwänden, unschönen Mauern oder Geräteschuppen, die Umrahmung von Türen, Tor- und Mauerdurchgängen oder das Pflanzen an Rundbogengittern, womit sich auch romantische Bogengänge schaffen lassen. Dabei kann man die ganze Pracht blühender Kletterer nutzen, z. B. der zahlreichen Waldrebenarten und -sorten (*Clematis*) und der Kletterrosen. Am Wilden Wein und am Baumwürger dagegen schätzt man besonders die attraktive Herbstfärbung. Bis auf Efeu und Immergrünes Geißblatt sind alle geläufigen Arten Laub abwerfend. Einen schmackhaften Zusatznutzen bieten Weinrebe und Kiwi, die in warmen, wintermilden Regionen eine herrliche Pergolabegrünung abgeben.

Für die **Pflanzung** von Klettergehölzen sollte man eine möglichst große Grube ausheben, den Untergrund gründlich lockern und darüber eine 10 – 20 cm hohe Dränageschicht aus Kies oder Schotter ausbringen. Dies ist besonders beim Pflanzen an Hauswänden wichtig, da hier der Untergrund oft verdichtet oder teils mit Bauschutt aufgefüllt ist. Falls überhaupt brauchbar, wird der Aushub vor dem Wiedereinfüllen gut mit reifem Kompost vermischt, ansonsten durch bessere Gartenerde ersetzt. Den Sockel der Wand sollte man durch eine Kiesschicht und eine davor ange-

Sonnenliebendes Klettergehölz: die Trompetenblume (Campsis radicans)

Hybridsorten der Waldrebe haben besonders prächtige Blüten.

Kletterhilfen

brachte kräftige Folie vor eindringender Feuchtigkeit schützen. Die Pflanzenballen werden schräg zur Hauswand hin eingesetzt. Nach Auffüllen der Erde und gründlichem Angießen wird die Pflanzstelle am besten gemulcht, die jungen Triebe leitet man anfangs behutsam zum Klettergerüst auf und bindet sie dort an. Die meisten Kletterpflanzen bevorzugen einen beschatteten Wurzelbereich, auch wenn sie ansonsten für sonnigen Standort ausgewiesen sind. Entsprechende Voraussetzungen lassen sich z. B. durch Vorpflanzen hochwüchsiger Stauden schaffen.

Die meisten Klettergehölze gedeihen auch in **Gefäßkultur,** wobei sie freilich nicht ganz so stark wachsen wie bei freier Auspflanzung. Auf Dauer werden dafür 20 – 40 Liter Erde fassende Kübel nötig. Wichtig sind eine gute Dränage auf dem Topfboden (Kies, Blähton o. Ä.) sowie die Verwendung von Qualitäts-Pflanzerde (auch → *Erde*). Eine praktische und ansehnliche Möglichkeit für die Gefäßkultur bieten große Blumenkästen mit integriertem Rankgitter.

Beim **Schnitt** gelten grundsätzlich die Hinweise zum → *Gehölzschnitt*.

Pflanzung von Klettergehölzen an eine Hauswand

Häufig reicht es schon, wenn man ganz nach Bedarf und vorhandenem Platz den Ausbreitungsdrang mancher Arten durch Rückschnitt begrenzt oder gelegentlich auslichtet. Zu einigen Schnittbesonderheiten → PRAXIS-SEITE Klettergehölze – Hinweise zum Schnitt (s. S. 462/463).

Kletterhilfen

Die meisten Kletterpflanzen benötigen eine spezielle Konstruktion, an der sich ihre langen Triebe festhalten können. Häufig muss man anfangs durch Aufleiten und Anbinden etwas nachhelfen, teils ist es auch später noch nötig, einzelne Triebe anzuheften oder hochzubinden, z. B. bei Spreizklimmern. Je nach arttypischer Klettertechnik (→ *Kletterpflanzen*) werden Hilfen mit unterschiedlicher Struktur benötigt:

- Ranker brauchen gitterartige Unterlagen.
- Schlinger benötigen vorwiegend senkrechte Stützen.
- Spreizklimmer verhaken sich am besten in waagrecht verlaufenden Latten.

Dabei lassen sich an Gitterstrukturen auch Schlinger und Spreizklimmer noch recht gut hochziehen.

Für einjährige Kletterpflanzen reichen oft schon einfache Schnursysteme, Maschendraht oder Bambusstäbe aus. Bei mehrjährigen Arten, also Klettergehölzen, muss man von vornherein an das spätere Gewicht denken. Kein Problem ist dies bei einer → *Pergola,* die in der Regel schon entsprechend dimensioniert ist. Für andere Begrünungszwecke kommen neben hinreichend stabilen Fertiggerüsten Eigenkonstruktionen aus kräftigen Dachlatten oder dünnen Kanthölzern infrage. Das Holz muss ausreichend imprägniert sein (auch → *Holzschutz*). Nicht ganz so ansprechend wie Holz ist eine Baustahlmatte, die jedoch die meiste Zeit des Jahres unter dem Blattwerk verborgen ist. Eine weitere mögliche Lösung stellt die Kombination von Latten und Drahtverspannung (z. B. senkrecht angebrachte, durch waagrechte Drähte stabilisierte Latten für Schlinger). Da die Pflanzen mit den Jahren oft deutlich höher wachsen als 2 m, muss das Gerüst entsprechend ausgelegt bzw. erweiterbar sein.

An Fassaden und Mauern sollten Gerüste und Latten stets mit Abstandshaltern bzw. untergelegten Distanzstücken angebracht werden. Eine Alternative zum Eindübeln und festen Verschrauben der Klettergerüste ist das Einhängen in an der Wand befestigte Haken. So kann das Gerüst samt Bepflanzung recht einfach entfernt werden, wenn Ausbesserungsarbeiten an der Fassade anfallen.

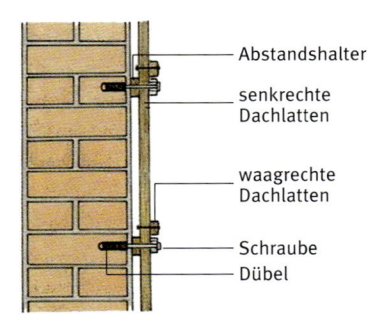

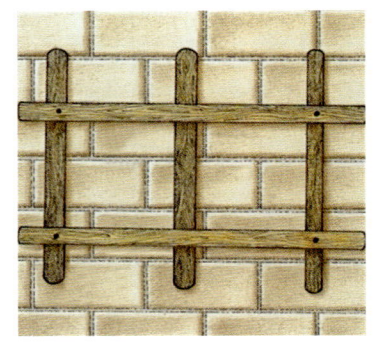

Lattengerüst für Klettergehölze (oben Schnitt, unten Draufsicht)

Kletterhortensie

Anfangs langsam wachsendes, mit Haftwurzeln kletterndes Gehölz
→ *Hortensie*

Klettermaxe

Volkstümliche Bezeichnung für den → *Schlingknöterich*, ein sehr wuchsfreudiges, weiß blühendes Klettergehölz

Kletterorgane

→ *Kletterpflanzen*

Kletterpflanzen

Pflanzen, die hauptsächlich oder ausschließlich lange Sprosse mit Kletterorganen zum Festhalten ausbilden. Diese Sprosse können nicht selbst aufrecht stehen, sondern brauchen eine Unterlage, an der sie in die Höhe streben. Andernfalls wachsen die Pflanzen häufig kriechend. Viele Kletterpflanzen entstammen ursprünglich Wäldern, wo sie andere Bäume und Sträucher als Unterlage nutzen, um ihre kletternden Triebe näher ans Licht zu bringen.

Nach Art der **Kletterorgane** und der damit verbundenen Klettertechnik unterscheidet man:

■ Schling- oder Windepflanzen: Haben Sprosse mit sehr langen → *Internodien,* die sich rechts- und/oder linksherum um die Unterlage nach oben winden. Beispiele: Geißblatt, Glyzine, Hopfen, Bohne.

■ Rankpflanzen: Halten sich mit Wickelranken fest; dabei handelt es sich um umgebildete Blätter, Blattstiele oder Sprosse. Beispiele: Waldrebe, Weinrebe, Kürbis, Erbse.

■ Selbstklimmer wie der Wilde Wein bilden am Ende von Sprossranken Haftscheiben aus.

■ Wurzelkletterer: Vermögen sich mit Hilfe von Haftwurzeln an den Sprossen selbst an rauen Unterlagen festzuhalten. Beispiele: Efeu, Kletterhortensie.

■ Spreizklimmer: Halten sich mit Stacheln, Dornen oder anderen widerhakenähnlichen Organen an der Unterlage fest. Beispiele: Kletterrose, Brombeere, Winterjasmin.

Einjährige Kletterer wie die Prunkwinde sind sehr vielseitig einsetzbar.

Die als Zierpflanzen genutzten Klettergewächse gehören in der Hauptsache zu den → *Klettergehölzen* oder zu den → *einjährigen Pflanzen* bzw. → *Einjahrsblumen*. Recht selten kommen kletternde Stauden wie etwa die Staudenwicke zum Einsatz. Gern verwendete **einjährige Kletterpflanzen** sind z. B. Duftwicke, Glockenrebe, Japanischer Hopfen, Prunkwinde oder Schwarzäugige Susanne. Sie wachsen recht schnell, lassen sich meist auch gut in Pflanzgefäßen kultivieren und eignen sich u. a. als Sichtschutz oder zum Verschönern bzw. Verdecken von Zäunen. Auch unter den → *Kübelpflanzen* finden sich einige kletternde Arten, meist nicht winterharte Sträucher oder Halbsträucher wie etwa Bougainvillee oder Passionsblume.

Schließlich finden sich auch im Gemüsegarten Kletterpflanzen wie Bohne, Erbse, Kürbis und Gurke. Lästig werden können kletternde → *Unkräuter* wie Zaunwinde oder Klettenlabkraut, die die Kulturpflanzen stark überwuchern und teils regelrecht „strangulieren".

Kletterrosen

→ *Rosen* mit besonders langen Trieben, die in der Regel aufgebunden werden müssen.

Kletterspindel

Langsam wachsendes, mit Haftwurzeln kletterndes Gehölz
→ *Spindelstrauch*

Klettertrompete

Anderer Name für die → *Trompetenblume,* ein langsam wachsendes, meist rot blühendes Klettergehölz

Klima

Unter Klima versteht man den durchschnittlichen Zustand und Verlauf der atmosphärischen Vorgänge in einem bestimmten Gebiet. Als Mindestzeitraum für die Ermittlung von entsprechenden Durchschnittswerten gelten 30 Jahre. Zum Beschreiben des „Durchschnittswetters" dienen statistische Kenngrößen wie mittlere Sonnenscheindauer, Durchschnittstemperaturen, Niederschlagssummen, aber auch die jeweilige Verteilung übers Jahr sowie gemessene Extremwerte.

Das **Großklima** wird wesentlich bestimmt durch die geographische Breite, die damit verbundene Einstrahlungsintensität der Sonne und die Lage zu den globalen Windsystemen. Dadurch ergeben sich als grobe Einteilung die vier großen Klimazonen, die sich wie Gürtel parallel zu den Breitengraden über die Erde verteilen, nämlich Tropen, Subtropen, gemäßigte Klimazone (Mittelbreiten) und Polarzone. Der **gemäßigte Klimabereich,** in dem wir leben, erstreckt sich etwa zwischen dem 35. und 60. Breitengrad und umfasst auch das Mittelmeerklima. Wir haben es jedoch in der Regel mit immerfeuchten, mehr oder weniger humiden Klimabedingungen zu tun, unter denen die Hauptniederschlagsmengen im Sommer und Herbst fallen und die meiste Zeit über die Verdunstung übersteigen.

(Fortsetzung auf S. 464)

Klettergehölze – Hinweise zum Schnitt

Allgemeine Hinweise

Bei den meisten Klettergehölzen genügt es, wenn die Schere nur gelegentlich in Aktion tritt. Im Spätwinter oder direkt nach der Blüte werden vor allem abgestorbene oder abgeknickte Triebe entfernt. Da meist ein dichter Bewuchs erwünscht ist, lichtet man nur bei Bedarf aus, wobei vorrangig die ältesten Triebe auf jüngere Verzweigungen zurückgeschnitten werden (auch → Gehölzschnitt). Häufiger erforderlich wird ein Rückschnitt, also ein kräftiges Einkürzen der Triebe, wenn diese den zugedachten Raum überschreiten. Besonders beim wüchsigen Schlingknöterich wird dies des öfteren nötig. Bei diesem wie bei anderen kräftigen Schlingern, z. B. Glyzine, sollte man vor allem auch Dachrinnen, Fallrohre u. Ä. stets frei schneiden, da sie andernfalls beträchtliche Schäden anrichten können. Die Mehrzahl der Arten kann, wenn nötig, auch kräftig zurückgeschnitten werden.

Etwas stärkere Eingriffe empfehlen sich bei noch jungen Kletterpflanzen, so dass man von Anfang an einen gesunden, gut verzweigten Aufbau erzielt und den Wuchs in der erwünschten Form lenken kann. Bei eher sparrig wachsenden Arten wie dem Winterjasmin sollte man einen solchen Schnitt auch nach den ersten Jahren fortsetzen, wie es die Abbildung auf S. 463 zeigt. Wenn man reiche Blütenfülle fördern möchte, verlangen manche Waldreben (*Clematis*) und Glyzinen (Blauregen) sowie Trompetenblumen etwas mehr Schnittarbeit.

1. Gruppe der Waldreben: Früh blühende Wildarten werden nur ausgelichtet und bei Bedarf etwas eingekürzt.

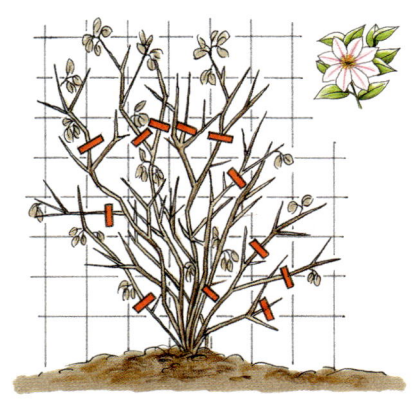

2. Gruppe der Waldreben: Bei Frühsommerblühern mit großen Blüten schneidet man die vorjährigen Triebe etwas zurück und lichtet bei der Gelegenheit gleich Störendes aus.

3. Gruppe der Waldreben: Sommer- und Herbstblüher werden im Vorfrühling bis auf 20 – 40 cm zurückgeschnitten, um die Bildung diesjähriger Blütentriebe anzuregen.

TIPP

Es ist gerade bei Schlingpflanzen nicht ganz einfach, den Verlauf der Triebe zu verfolgen, wie es für den Schnitt oft nötig ist. Scheuen Sie sich nicht, zu einem einfachen Trickmittel zu greifen und die Triebe mit buntem Klebeband in verschiedenen Farben zu markieren. Das erleichtert den Überblick.

Schnitt der Waldrebe (Clematis)

Von der Waldrebe werden sowohl zahlreiche großblumige Hybridsorten verschiedener Herkunft gepflanzt als auch attraktive Wildarten, wobei die Blütezeiten recht unterschiedlich liegen. Nach Wuchs und Blütezeit teilt man sie in drei Schnittgruppen ein:

1. Gruppe: Früh blühende Wildarten, nämlich Berg-, Alpen- und Großblumige Alpenwaldrebe sowie ihre Sorten. Sie blühen schwerpunktmäßig im Mai/Juni an vorjährigem Holz, teils mit zurückhaltendem Nachflor im Herbst. Diese Waldreben kann man weitgehend ungeschnitten lassen bzw. man beschränkt sich wie bei den meisten anderen Kletterpflanzen auf Auslichten und gelegentlichen Rückschnitt.

2. Gruppe: Früh blühende großblumige Sorten; sie blühen ebenfalls ab Mai/Juni an vorjährigen Trieben, der Flor setzt sich jedoch durch Bildung neuer Blütentriebe den Sommer über fort oder erscheint im Herbst nochmals als Nachblüte. Bei diesen Frühsommerblühern schneidet man die Haupttriebe im Frühjahr um etwa 10 – 20 cm auf ein paar kräftiger Blattachselknospen zurück. Zu dieser Gruppe gehören Sorten wie 'Elsa Späth', 'Lasurstern', 'Niobe', 'Nelly Moser' und 'The President'

3. Gruppe: Spät blühende Sorten und Arten, bei denen sich die Blüten im Sommer und Herbst ausschließlich an diesjährigen Trieben entfalten. Ihre vorjährigen Triebe schneidet man bereits im Vorfrühling stark bis auf ein paar kräftige Knospen zurück, um die Ausbildung neuer Blütentriebe anzuregen. Zu dieser Gruppe spät blühender Klettergehölze gehören die Jackmanii-Waldreben, Sorten wie 'Ernest Markham', 'Gipsy Queen', 'Ville de Lyon' sowie Italienische und Mongolische Waldrebe.

Beim Pflanzschnitt schneidet man die Waldreben unabhängig von der Schnittgruppe etwa 30 cm über den Boden auf ein paar gut ausgebildete Knospen zurück, damit sie sich mit wenigstens 3 oder 4 Haupttrieben aufbauen.

Blütenförderung bei der Glyzine

Nachdem die Pflanzen sich in den ersten Jahren wie gewünscht aufgebaut haben, werden die als Langtriebe angelegten Seitentriebe kaum noch benötigt, sondern konkurrieren vielmehr mit der Blütenbildung. Diese lässt sich fördern, indem man im Sommer nach der Blüte die vorjährigen, langen Seitentriebe auf kurze Stummel mit nur 2 bis 3 Knospen einkürzt. Kurze Blütentriebe dürfen jedoch nicht geschnitten werden. Auf dieselbe Weise kann man mit den langen Seitentrieben der Trompetenblume (*Campsis*) verfahren.

CHECKLISTE

Triebe, die vorrangig auszulichten sind:
- abgestorbene und beschädigte Zweige
- Triebe mit störender Wuchsrichtung
- bei veredelten Gehölzen, z. B. Glyzinen, Triebe, die aus der Unterlage hervorwachsen
- überalterte Äste, die kein Blühholz mehr hervorbringen
- altes, abgestorbenes Holz, das sich unter dem Neuwuchs ansammelt

---

1. Bei noch jungen und wenig verzweigten Pflanzen schneidet man die Haupttriebe regelmäßig etwas stärker an und die Seitentriebe auf wenige kräftige Knospen zurück.

2. Die langen, vorjährigen Seitentriebe von Glyzinen können nach der Blüte stark zurückgeschnitten werden. Kurze Triebe sind aber Blütenzweige, die man schonen muss.

Im Gebirgsklima ist die Sonneneinstrahlung besonders intensiv, Fröste treten jedoch schon zeitig auf.

Wichtige Einflussgröße ist außerdem die Lage zum Meer. Im vom nahen Atlantik beeinflussten maritimen oder **Seeklima** sind die Temperaturen ausgeglichener, die Niederschläge häufiger und die Winde heftiger als im kontinentalen oder **Festlandklima**. Letzters ist mehr geprägt durch die ausgedehnten Festlandmassen Asiens, bringt frostigere Winter mit sich und eine Konzentration der Niederschlagsmengen auf den Sommer.

In die Kategorie **Lokalklima** oder Regionalklima fallen besondere Ausprägungen, bedingt durch die Geländegestaltung oder die Höhe über dem Meeresspiegel. Hierzu kann man z. B. das Gebirgsklima, das Waldklima, das Weinbauklima oder das Stadtklima rechnen. Für den Gärtner ist es besonders wichtig, die jeweiligen Gegebenheiten des Lokalklimas zu kennen sowie über das → *Kleinklima* Bescheid zu wissen.

Klinker
Besonders hart gebrannte Steine oder Platten aus Ton, vom Material her Backsteinen und Ziegeln entsprechend. Als natürliches, witterungsbeständiges Material mit meist rotbraunen Farbtönen eignen sie sich gut als Baumaterial im Garten und finden z. B. Verwendung als Pflasterklinker für Bodenbeläge, bepflanzbare Formsteine, für Rasenkanten und Beeteinfassungen sowie für Gartenmauern.

Klon
Nachkomme eines Lebewesens, der genau dieselben Erbinformationen hat und somit mit dem Ursprungslebewesen völlig identisch ist. Im Grunde schafft man bei vielen Formen der → *vegetativen Vermehrung* Klone, da z. B. durch Stecklinge gewonnene Pflanzen „reinerbige" Nachkommen der Mutterpflanzen sind. Besondere Klone werden in speziellen Verfahren aus einzelnen Zellen oder Zellverbänden von Pflanzen auf Nährböden herangezogen (auch → *Meristemvermehrung*). So lassen sich z. B. sehr wertvolle, seltene Sorten weiter vermehren und insbesondere auch virusfreie Jungpflanzen sowie → *Unterlagen* für Obstgehölze gewinnen.

Klopfprobe
Einfaches Verfahren zum Feststellen von Schädlingsbefall, besonders bei Gehölzen: Man hält ein weißes Papier oder eine Pappe unter die Zweige und klopft dann auf diese. Die Schädlinge fallen dann herab und sind auf der hellen Unterlage gut erkennbar, so dass man die Befallsstärke einschätzen kann. Nützlich z. B. bei der Sitkafichtenlaus (→ *Fichtenschädlinge*).

Knabenkraut
Gattung der → *Orchideen*, zu der einige heimische, als Wildstauden verwendbare Arten zählen.

Knallerbsenstrauch
Volkstümlicher Name für die → *Schneebeere*, deren Früchte mit lautem Geräusch zerplatzen, wenn man sie auf den Boden wirft.

Knäuelbinse
Große, grasartige Sumpf- und Teichrandstaude
→ *Binse*

Knäuelglockenblume
Halbhohe → *Glockenblume* mit knäueligen Blütenbüscheln

Kniphofia
Hohe Liliengewächse mit kerzenartigen Blütenständen im Sommer
→ *Fackellilie*

Knoblauch
ALLIUM SATIVUM
☼ ☺

Auch als Knofel oder Knoflak bekannt. Schon in der Antike schätzte man dieses Zwiebelgewächs als Heilpflanze und zum kräftigen Würzen. In neuerer Zeit wurde seine desinfizierende, Blutdruck senkende und durchblutungsfördernde Wirkung nachgewiesen und bestätigt. Charak-

Knoblauch – konzentrierte Würz- und Heilkraft

teristisch und sprichwörtlich sind die Eigenschaften des Knoblauch in der Küche, mit seinem typischen Aroma würzt er Speisen oder wird sogar als deftiges Gemüse zubereitet. Und nicht zuletzt hat ihm sein unverwechselbarer Geruch Namen wie Stinkerzwiebel oder Windwurzel eingetragen. Im Garten nutzt man die schädlingsvertreibenden und pilzhemmenden Wirkungen des Knoblauchs in Form von → *Kräuterauszügen* sowie durch Mischpflanzungen, z. B. mit Tomaten, Gurken, Möhren und Erdbeeren.

Merkmale: Ausdauernde, meist jedoch nur ein- oder zweijährig gezogene Zwiebelpflanze, 50 – 90 cm hoch; lange, schmale, überhängende Blätter; auf kräftigem Schaft kugeliger, weißer oder rötlicher Blütenstand, von papierartigem Hüllblatt eingefasst, darunter kranzförmig kleine Brutzwiebeln; bis faustgroße unterirdische Speicherorgane, als „Knollen" bekannt, die aus einer Hauptzwiebel mit dicht daran gedrängten Nebenzwiebeln, den Zehen, bestehen.

Standort: Möglichst vollsonnig; lockerer, humoser, keinesfalls frisch gedüngter Boden; auf verdichtetem, feuchtem Boden sind Misserfolge häufig.

Pflanzen/Vermehren: Im März/April, in milden Regionen auch im Herbst einzelne Zehen etwa 5 cm tief mit 15 cm Abstand in Reihen pflanzen, Reihenabstand 20 – 25 cm; Vermehrung durch Brut- und Seitenzwiebeln.

Pflege: Sehr anspruchslos; an günstigen Standorten oft zum Verwildern neigend.

Ernte: Sobald die Blätter vergilbt sind, Zwiebeln aus dem Boden holen; luftig lagern.

Knoblauch, Wilder

Andere Bezeichnung für den in Duft und Geschmack knoblauchähnlichen → *Bärlauch*

Die Blätter des Knoblauchschnittlauchs entfalten intensives Knoblaucharoma.

Knoblauchschnittlauch

ALLIUM TUBEROSUM

Auch Schnittknoblauch, Chinalauch oder Knolau genannt. Bereits dem Namen lässt sich entnehmen, dass dieses Zwiebelgewächs aus Ostasien über ähnliche Eigenschaften wie Knoblauch und Schnittlauch verfügt. Von ihm verwendet man ausschließlich die kräftig aromatischen Blätter zum Würzen von Speisen, er bildet keine Zwiebeln.

Merkmale: Staude, 30 – 40 cm hoch, buschig mit grasartigen, flachen Blättern; kleine, weiße Blüten in schirmförmigen Dolden an langen Stängeln.

Standort: Am besten sonnig; frischer bis feuchter, humoser, durchlässiger, nährstoffreicher und kalkhaltiger Boden.

Kultur: Anzucht ab März, dann Jungpflanzen ab Juni auspflanzen, oder Direktsaat ab April; nur dünn mit Erde abdecken.

Pflege: Gleichmäßig feucht halten; regelmäßig hacken; alle 2 bis 3 Jahre teilen.

Ernte: Fortlaufend frische Blätter schneiden, sofort verwenden.

Knochenmehl

Phosphatreicher und stickstoffhaltiger, langsam wirkender organischer → *Dünger* aus vermahlenen Knochenabfällen. Obwohl noch keine gesicherten Erkenntnisse zur BSE-Gefahr vorliegen, wird es im ökologischen Anbau nicht mehr verwendet (auch → *Dünger, Organische Dünger*).

Knofel

Anderer Name für den → *Knoblauch*

Knolau

Anderer Name für den → *Knoblauchschnittlauch*

Knöllchenbakterien

Auch Rhizobien genannt; Stickstoff bindende Bodenbakterien der Gattung *Rhizobium,* die sich in der Wurzelrinde der → *Schmetterlingsblütengewächse* und anderer → *Hülsenfrüchtler (Leguminosen)* ansiedeln und dort gallenähnliche Wucherungen, die typischen Knöllchen, erzeugen. Diese lassen sich mit bloßem Auge erkennen. Wie die frei lebenden → *Azotobakter* vermögen die Knöllchenbakterien Stickstoff aus der Luft zu binden, den ihre Wirtspflanzen nutzen können. Umgekehrt beziehen sie von den Pflanzen kohlenhydratreiche Nährlösung aus den Wurzeln. Man spricht hier von einer Symbiose, einer Lebensgemeinschaft zum gegenseitigen Nutzen. Dabei sind verschiedene Bakterienstämme jeweils auf eine bestimmte Hülsenfruchtart spezialisiert. Die Pflanzen reichern nach dem Absterben den Boden mit organischem Stickstoff an, was man sich bei der → *Gründüngung* zunutze macht. Auch die verrottenden Wurzelreste von Hülsenfruchtgemüsen, also Bohnen und Erbsen, haben diese günstige Wirkung. Hohe Stickstoffdüngung beeinträchtigt die Aktivität der Knöllchenbakterien.

Knolle

Stark verdickter, mehr oder weniger fleischiger Stängel- oder Wurzelteil, der Pflanzen als Speicherorgan für Reservestoffe dient. Knollen bestehen aus vergleichsweise einheitlichem Gewebe und im Unterschied zu → *Zwiebeln* nicht aus mehreren, deutlich abgegrenzten Schichten. Man unterscheidet grundsätzlich Sprossknollen und Wurzelknollen.

Sprossknollen können sehr unterschiedlich gestaltet sein, je nachdem aus welchem Sprossteil sie entstanden sind. Stets unterirdische, rundliche Knollen aus unteren Sprossabschnitten, die von ein oder zwei trockenhäutigen Blättern umgeben sind, nennt man Rhizom- oder Zwiebelknollen; dazu zählen z. B. Krokus, Herbstzeitlose und Gladiole. Auch die Scheinbulben mancher Erdorchideen, die zumindest teilweise aus der Erde herausragen, sind Sprossknollen. Aus dem Keimstängelchen zwischen Keimwurzel und Keimblatt entwickeln sich die Hypokotylknollen, abgeflacht wie bei Alpenveilchen und Knollenbegonien oder rundlich wie bei Anemonen und Winterlingen. Solche Sprossknollen bilden meist kleine Tochter- oder Brutknollen, die man zur Vermehrung abnehmen kann.

Zu den Sprossknollen gehören auch einige als Gemüse genutzte Pflanzenteile, z. B. die Kartoffelknollen, die Radieschen und Roten Bete, beides Hypokotylknollen, sowie die deutlich über der Erde angelegten Stammknollen des Kohlrabi.

Wurzelknollen wachsen als Umwandlungen von Wurzeln stets unterirdisch. Man findet sie bei Dahlien, Steppenkerzen, Ranunkeln und manchen Iris. Sie bestehen in der Regel aus mehreren Teilknollen, so die spindelförmigen Knollen der Dahlien und die zu einem Kranz vereinten, verdickten Wurzeln von Steppenkerzen und Ranunkeln, in deren Zentrum die Sprossknospen an der Spitze sitzen.

Knollenbegonie

Von Sommer bis Herbst prächtig blühende, schattenverträgliche, nicht winterharte Knollenpflanze
→ *Begonie*

Knollenblumen

Blütenpflanzen, die mit Hilfe einer → *Knolle* überdauern und daraus alljährlich neu austreiben. Im Vergleich zu den ähnlich wie sie genutzten und oft im selben Atemzug genannten → *Zwiebelblumen* ist die Zahl der im Garten genutzten Knollenblumen relativ überschaubar; die wichtigsten Arten sind unter dem Stichwort → *Knolle* genannt. Neben Krokussen und Herbstzeitlosen als robusten Früh- bzw. Spätblühern kommt vor allem nicht winterharten, im Sommer blühenden Knollenblumen wie Dahlien und Gladiolen große Bedeutung zu. Ihre Knollen werden im Herbst ausgegraben, gesäubert und dann bis zur Neupflanzung im späten Frühjahr hell und kühl gelagert. Zu den Knollenblumen zählt man auch Pflanzen mit knollenartig verdickten Rhizomen wie das Indische Blumenrohr.

Die Pflanzen werden überwiegend in ihrer Ruhephase als Knollen verkauft. Beim Kauf sollte man auf gesunde, saftige, nicht eingetrocknete Knollen ohne Faulstellen achten. Durchlässiges, keinesfalls staunasses Erdreich ist für Knollenpflanzen besonders wichtig. Man pflanzt die Knollen gemäß einer Faustregel etwa dreimal so tief ein, wie sie selbst hoch sind, Ausnahmen sind bei den jeweiligen Pflanzenporträts genannt. Dabei muss man stets darauf achten, dass die Augen bzw. Sprossknospen nach oben kommen. Rundliche Knollen lassen sich gut mit Hilfe eines → *Zwiebelpflanzers* (auch → *Hohlpflanzer*) in die Erde bringen. Ein Angießen, wie bei anderen Pflanzen üblich, ist nach dem Setzen der Knollen nicht erforderlich.

Knollenfäule

Fäule an den unterirdischen Organen der → *Knollenblumen* kann durch Dauernässe bzw. Staunässe, Schadpilze oder → *Bakterienkrankheiten* ausgelöst werden, indirekt auch durch → *Nematoden*. Da die eigentliche Ursache oft nicht eindeutig zuzuordnen ist, sollte man faulende Knollen unverzüglich entfernen; bei starkem bzw. häufigem Auftreten im nächsten Jahr unbedingt den Pflanzort wechseln. Vorbeugend hilft eine

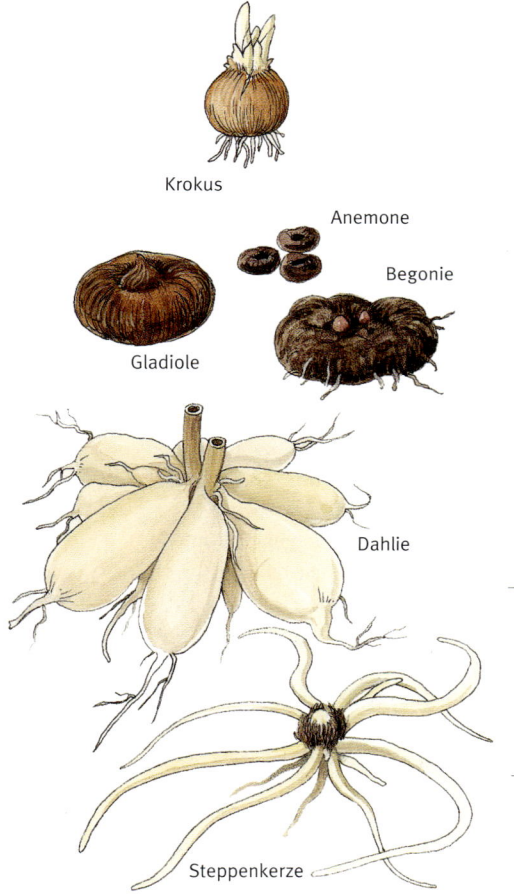

Verschiedene Knollenformen bei Knollenblumen

Krokus
Anemone
Begonie
Gladiole
Dahlie
Steppenkerze

optimale Standortwahl, eine gründliche Bodenlockerung, evtl. durch zusätzliches Untermischen von Sand, Kies o. Ä., die Verwendung gesunden Pflanzguts sowie eine nicht allzu enge Pflanzung.

Knollenfäule bei Kartoffeln wird vereinzelt durch Bakterien hervorgerufen, meist handelt es sich jedoch um die pilzliche Kraut- und Knollenfäule (→ Kartoffelkrankheiten).

Knollenfenchel

Varietät des → Fenchel, die als Gemüse und Salat genutzte Knollen ausbildet

Knollengemüse

Sammelbegriff für alle Gemüse, von denen man → Knollen als Erntegut gewinnt; dabei handelt es sich in der Regel um Sprossknollen, so etwa bei Kartoffeln, Radieschen, Kohlrabi, Knollenfenchel und -sellerie oder Topinambur.

Knollenkerbel

Andere Bezeichnung für die → Kerbelrübe

Knollenpetersilie

Varietät der → Petersilie, von der die fleischig verdickten Wurzeln verwendet werden.

Knollenpflanzen

→ Knollenblumen, → Knollengemüse

Knollensellerie

Varietät des → Sellerie, die als Gemüse, Salat und Würze genutzte Knollen ausbildet.

Knollenteilung

Vermehrungsmethode für → Knollenblumen, die pro Knolle mehrere Triebknospen bzw. Augen ausbilden, etwa Dahlie, Knollenbegonie, Anemone, Winterling und Alpenveilchen. Bei Dahlien spricht man auch von Knol-

Beim herbstlichen Abbau des Blattgrüns treten die roten und gelben Farbstoffe hervor.

lenvereinzelung, da die büschelig gewachsene Knolle in einzelne Teilstücke zerlegt wird. Winterharte Arten nimmt man dazu kurz vor dem Einziehen der oberirdischen Teile aus dem Boden, bei nicht winterharten werden die Knollen nach Überwinterung drinnen kurz vor dem Pflanzen geteilt.

Man zerschneidet dabei die Knollen mit einem scharfen Messer in Teilstücke, von denen jedes mindestens 2 bis 3 kräftige Triebknospen aufweisen sollte; dies möglichst an einer schmalen Stelle, um die Schnittfläche klein zu halten. Vorteilhaft ist ein Desinfizieren der Schnittstellen mit Holzkohlenpulver. Die Teilstücke werden dann mit den Knospen nach oben eingesetzt.

Auch Kartoffeln lassen sich auf diese Weise vermehren, wobei sogar eine Knospe (Auge) mit abgeschälter Schale für die Anzucht einer Pflanze reicht. Allerdings besteht bei Eigenvermehrung die Gefahr der Verbreitung von Viruskrankheiten.

Knollenziest
STACHYS AFFINIS

Das nur wenig bekannte Knollengemüse stammt aus China. Man nennt es auch Crosne, Chinesische Artischocke oder Japanische Kartoffel. Die eiweißreichen, mehrfach eingeschnürten Knollen des Lippenblütlers erinnern im Geschmack an Artischocken, sie werden ungeschält gekocht oder gebraten.

Lockerer, leichter, aber nährstoffreicher Boden eignet sich für den Anbau am besten. Saatknollen werden im Frühjahr 10 cm tief mit 40 x 40 cm Abstand gepflanzt. Der Knollenziest ist mehrjährig, die Pflanzen bringen 3 bis 4 Jahre gute Erträge. Zwischen den Reihen sollte man nicht hacken, besser mulchen und Unkraut mit der Hand jäten; im Frühjahr organisch düngen. Zum Ernten kann man ab Ende Oktober bis zum Frühjahr Knollen ganz nach Bedarf aus der Erde holen.

Knopfkraut

Kleines einjähriges Kraut mit überreicher Samenproduktion, auch als Franzosenkraut bekannt
→ Unkräuter

Knorpelkirsche

Relativ spät reifende Sorte der → Süßkirsche mit festem Fruchtfleisch, jedoch nicht zuverlässig platzfesten Früchten

Knospe

Auch Auge genannt; von Blattanlagen, die oft als derbe Knospenschuppen ausgebildet sind, umhüllter Sprossscheitel bzw. Wachstumspunkt. Dieser liegt endständig am späteren, bereits in der Knospe angelegten Spross und besteht aus teilungsfähigem Gewebe.

Aus **Blattknospen,** Trieb- oder Holzknospen gehen Laubsprosse oder Triebverlängerungen hervor; Knospen, die sich zu Blüten tragenden Sprossen entwickeln, nennt man bei Obstgehölzen auch Tragknospen. Als **Blütenknospen** bezeichnet man die noch geschlossene Einzelblüte. Eine Unterscheidung zwischen Blatt-

Knospengallmilbe

Besonders bei Gehölzen sind die Knospen meist durch kräftige Knospenschuppen geschützt.

und Blütenknospe ist nicht immer leicht: Häufig sind Blattknospen länglich und spitz, während die Blütenknospen eine eher rundliche, verdickte Form aufweisen. Daneben gibt es auch **gemischte Knospen,** z. B. beim Kernobst (Apfel, Birne), die zugleich Blüten- und Blattanlagen enthalten. Die Kenntnis der verschiedenen Knospenarten ist insbesondere bei Obstgehölzen wichtig; auch → *Fruchtholz*. Triebknospen treiben nicht immer zu Beginn der nächsten Vegetationsperiode aus, sondern können lange Zeit in der so genannten Knospenruhe verharren und werden dann **schlafende Knospen** oder Augen genannt (→ *Auge, schlafendes*).

Nach der **Stellung der Knospen** an der Pflanze unterscheidet man Achselknospen, die, in den → *Blattachseln* angelegt, die Bildung von Seitentrieben und damit eine Verzweigung ermöglichen, und End- oder Spitzenknospen (Gipfel- oder Terminalknospen), die sich an der Spitze der Sprossachse befinden. Aus diesen Endknospen entwickeln sich bei Gehölzen die Verlängerungen der Haupttriebe. Auch Blüten bzw. Blütenstände können als Achsel- oder Spitzenknospen angelegt sein. Weitere Knospenbildungen sind Beiknospen, den Achsel- oder Spitzenknospen unmittelbar benachbarte Knospen, die bei Ausfall deren Funktion übernehmen können.

Knospengallmilbe
→ *Gallmilben,* die eine unnatürliche Verdickung an Blüten- und Triebknospen hervorrufen

Knospenmutation
Zufällige, sprunghafte Veränderung der Erbanlagen im Wachstumspunkt einer Knospe, z. B. durch extreme Witterungsbedingungen verursacht. Solche Knospenmutationen, in der Fachwelt auch „Sports" genannt, haben schon des öfteren zur Entstehung neuer Sorten geführt, z. B. bei Rosen und Äpfeln.

Auch → *Mutation*

Knoten
Auch Blattknoten genannt, fachsprachlich Nodium; meist verdickte Ansatzstelle der Blätter an der Sprossachse. Der unbeblätterte Knotenzwischenraum wird als Internodium bezeichnet.

Auch → *Spross*

Knotenblume
LEUCOJUM
Die kleine Gattung der Amaryllisgewächse umfasst nur drei Arten, die alle in Europa und Vorderasien beheimatet sind. Der bekannteste Vertreter ist die Frühlingsknotenblume, auch Märzenbecher genannt. Die Art ist giftig und steht unter Naturschutz. Die Sommerknotenblume, ebenfalls geschützt, wird gerne an Gewässerränder gepflanzt. Die dritte, im Garten recht seltene Art schließlich, die Herbstknotenblume (*L. autumnale*), öffnet ihre weißen, länglichen Glockenblüten, die rosa überhaucht oder rot gezeichnet sind, erst spät im Jahr.

Frühlingsknotenblume oder Märzenbecher (Leucojum vernum)

Frühlingsknotenblume
LEUCOJUM VERNUM

Auch als Märzenbecher bekannt.
Merkmale: Ausdauernde Zwiebelblume, 10 – 30 cm hoch; schmale, riemenförmige Blätter; große, bauchige, nickende Glockenblüten in Weiß mit grüner Zeichnung auf den Zipfeln.
Blütezeit: März – April
Verwendung: In Gruppen am Gehölzrand, in Frühlingsbeeten, in feuchten Wiesen, sehr hübsch unter Rhododendren.
Standort: Bei sehr guter Wasserversorgung auch sonnig; frischer bis nasser Boden.
Pflanzen/Vermehren: Zwiebeln im August/September 5 – 10 cm tief mit 10 – 15 cm Abstand einsetzen; Vermehrung durch Brutzwiebeln, Teilung älterer Bestände oder Aussaat.
Pflege: Ungestört wachsen lassen.

Sommerknotenblume
LEUCOJUM AESTIVUM

Merkmale: Ausdauernde, horstig wachsende Zwiebelblume, 30 – 50 cm

hoch; schmale, riemenförmige Blätter; weiße, glockige Blüten, die zu mehreren an dünnen Stängeln am Schaft hängen.
Blütezeit: Mai – Juni
Verwendung: In Gruppen am Ufer von stehenden und fließenden Gewässern, im Sumpfbeet.
Standort: Nasser, auch zeitweise überfluteter Boden.
Pflanzen/Vermehren: Zwiebeln im September/Oktober 10 – 20 cm tief mit etwa 20 cm Abstand einsetzen; Vermehrung durch Brutzwiebeln oder Aussaat.
Pflege: Anspruchslos.

Knöterich
BISTORTA

Die hier erwähnten Arten wurden früher zur Gattung *Polygonum* gerechnet, häufig sind sie noch unter dieser Bezeichnung im Handel. Den Namen Knöterich, der sich auf die vielen, deutlich hervortretenden Blattknoten am Stängel bezieht, tragen auch Arten anderer Gattungen, so etwa der → *Schlingknöterich*. Alle gehören zu den Knöterichgewächsen. Schnecken- wie Kerzenknöterich stammen aus dem Himalaja, beim heimischen Wiesenknöterich erstreckt sich das Verbreitungsgebiet über die gesamte Nordhalbkugel der Erde.

Schneckenknöterich
BISTORTA AFFINIS
☼-◐ ☺

Wird auch Schecken- oder Teppichknöterich genannt.
Merkmale: Staude, niederliegend, Teppich bildend, 15 – 30 cm hoch; kriechende, an den Knoten wurzelnde Stängel mit elliptischen Blätter, im Herbst rötlich bis bronzefarben getönt; schlanke, walzenförmige Blütenähren mit zahlreichen kleinen, zuerst weiß, dann rosa bis rot gefärbten Blüten.

Blütezeit: Juni – Oktober
Verwendung: Als Bodendecker am Gehölzrand, an Beeträndern, an Gewässerufern, im Steingarten, auch als Rasenersatz geeignet.
Standort: Am besten absonnig; frischer bis feuchter, humoser und nährstoffreicher Boden.
Pflanzen/Vermehren: Pflanzung bevorzugt im Frühjahr, für flächige Verwendung 6 bis 8 Pflanzen pro m²; Vermehrung durch Teilung, die reine Art auch durch Aussaat.
Pflege: Bei Trockenheit gut wässern; alle paar Jahre durch Teilung verjüngen.

Wiesenknöterich
BISTORTA OFFICINALIS
☼-◐ ☺

Andere Bezeichnungen für diese heimische Pflanze sind Nattern-, Schlangenknöterich, Otternzunge oder Lämmerschwanz.
Merkmale: Staude mit horstartigem Wuchs, 60 – 100 cm hoch; lanzettliche Blätter mit lang am Stiel herablaufenden Flügeln in bodenständigen Rosetten; leicht geknickt wirkende Stängel; kleine rosa, selten weiße Blüten in walzenförmigen Ständen.
Blütezeit: Mai – Juli
Verwendung: Einzeln oder in kleinen Gruppen in naturnah gestalteten Beeten, in feuchten Wiesen, am Gewässerrand.
Standort: Frischer bis feuchter, humoser Boden.
Pflanzen/Vermehren: Pflanzung im Frühjahr oder Herbst mit etwa 40 cm Abstand; Vermehrung durch Teilung oder Aussaat (Kaltkeimer).
Pflege: Bei Trockenheit wässern; sonst anspruchslos.
Hinweis: Sehr ähnlich erscheint der Kerzenknöterich (*B. amplexicaulis*), der jedoch sehr schlanke, leuchtend rote Blütenähren entwickelt, etwas höher wächst und vor allem in Beeten verwendet wird.

Knupper
Andere Bezeichnung für → *Knorpelkirschen*

Schneckenknöterich (Bistorta affinis)

Köcherblümchen

Köcherblümchen
CUPHEA IGNEA
☼–◐ ☺

Das aus Mexiko stammende Weiderichgewächs fasziniert durch seine ungewöhnlichen Röhrenblüten, nach denen es auch Zigarettenblümchen oder Streichholzfuchsie genannt wird.

Als Japanische Myrte oder Falsche Heide bezeichnet man die nah verwandte Art *C. hyssopifolia* aus Mittelamerika, ein kleiner Strauch, der meist nur einjährig gezogen wird. Er ziert sich mit kleinen, nadelförmigen Blättern und einer Fülle von violetten oder weißen Sternblütchen. Daneben wird unter dem Namen Mauseöhrchen von der halbstrauchigen *C. llavea* die Sorte 'Tiny Mice' angeboten, deren scharlachrote Blüten wie zwei Ohren wirken.

Merkmale: Staude, oft nur einjährig kultiviert, buschig, etwas sparrig wachsend mit reicher Verzweigung, 25 – 30 cm hoch; dünne Stängel, die teils niederliegen bzw. überhängen; ovale, glänzend dunkelgrüne Blätter; lange, schmale, röhrenförmige scharlachrote Blüten mit weiß und schwarz gesäumtem Kronrand.
Blütezeit: Mai – Oktober
Verwendung: Dauerblüher für Beete und Rabatten, in Kästen, Gefäßen, Schalen und Kübeln.
Standort: Am besten sonnig und windgeschützt; mäßig trockener bis frischer, humoser Boden.
Pflanzen/Vermehren: Pflanzung Mitte Mai mit etwa 15 cm Abstand; Vermehrung im Frühjahr durch Kopfstecklinge von überwinterten Pflanzen oder durch Aussaat mit Vorkultur unter Glas.
Pflege: Nur leicht feucht halten; alle 2 bis 4 Wochen mäßig düngen; vor Wind schützen; beliebiger Rückschnitt; Überwinterung hell und kühl bei 5 – 10° C, jedoch häufig nicht sehr lohnend.

Köcherblümchen (Cuphea ignea)

Kochsalat
Anderer Name für den Römischen Salat, eine Kopfsalatvarietät
→ *Salat*

Köderpflanzen
Andere Bezeichnung für → *Anlockpflanzen,* die für bestimmte Schädlinge attraktiv sind und sie regelrecht anlocken. Die Schädlinge können von ihnen abgelesen oder mitsamt den Köderpflanzen entfernt und vernichtet werden.

Kohl
Entspricht in allgemeiner Verwendung dem → *Kohlgemüse,* häufig ist aber, z. B. in der Gartenliteratur, der → *Kopfkohl* gemeint.

Kohl, Brüsseler
Andere Bezeichnung für den → *Rosenkohl*

Kohl, Geschlitzter
Andere Bezeichnung für den → *Grünkohl*

Kohl, Krausblättriger
Andere Bezeichnung für den → *Grünkohl*

Kohlendioxid
Chemische Abkürzung CO_2; auch als Kohlenstoffdioxid bezeichnet, da eine Sauerstoffverbindung (Oxid) des Kohlenstoffs (C). Kohlendioxid ist ein farbloses, schwach säuerlich riechendes und schmeckendes Gas, das mit 0,03 % zu den Bestandteilen der Luft gehört. In Wasser bildet es – durch Verbindung mit dem Wasserstoff (H) – Kohlensäure und kommt in gebundener Form auch in deren Salzen, den → *Karbonaten,* vor.

Kohlendioxid wird beständig bei der → *Atmung* aller Lebewesen frei gesetzt, in hohem Maße außerdem bei Verbrennung von Kohle, Holz und Gas. Letzteres hat zu erhöhter Konzentration in der Luft geführt, damit wird Kohlendioxid zum Schadstoff und trägt wesentlich zum Treibhauseffekt mit bei. Andererseits ist Kohlendioxid einer der wichtigsten nichtmineralischen → *Nährstoffe* für die Pflanzen: Sie nehmen dieses Gas über die Spaltöffnungen der Blätter aus der Luft auf und bauen es bei der → *Photosynthese* mittels Lichtenergie in körpereigene, organische Substanz um (auch → *Assimilation*, → *Kohlenhydrate*).

Vielen Pflanzen kommt der erhöhte Kohlendioxidgehalt verunreinigter Luft sogar zugute, denn die normale Konzentration in der Luft ist besonders im Sommer für das Wachstum nicht optimal. Im Erwerbsanbau wird die Luft im Gewächshaus sogar mittels spezieller Anlagen zusätzlich mit Kohlendioxid angereichert. Für den Hobbyanbau ist dies aufgrund fehlender Steuermöglichkeiten nicht zu empfehlen, hier ist der Luftaustausch durch häufiges Lüften die wichtigste Maßnahme. Außerdem bringen Kompost, Mulchen und Gründüngung auch in dieser Beziehung Vorteile, da beim Zersetzen wiederum Kohlendioxid in Bodennähe frei und für die Pflanzen verfügbar wird.

Kohldrehherzmücke
→ *Kohlschädlinge*

Kohlenhydrat
Kohlenhydrate sind, wie von der Ernährung her bekannt, energiereiche Stoffe, z. B. Zucker und Stärke. Sie bestehen nur aus den chemischen Elementen Kohlenstoff (C), Wasserstoff (H) und Sauerstoff (O), die in teils hochkomplexen Strukturen angeordnet sind und bilden gewissermaßen das Kernstück jeder organischen Substanz. Kohlenhydrate entstehen als Ergebnis der pflanzlichen → *Photosynthese* aus den energiearmen, anorganischen Ausgangsstoffen → *Kohlendioxid* und Wasser unter Einbindung der Lichtenergie. Die einfachen Kohlenhydrate wie Traubenzucker liefern der Pflanze die erforderliche Energie für alle Lebensvorgänge und dienen als Bau- und Ausgangsstoff für komplexere Verbindungen wie Stärke und Zellulose, ferner für Fette und Eiweiße. Besonders Stärkeverbindungen sind als wertvolle Nährstoff- und Energiespeicher mit hohem Anteil in Samen oder unterirdischen Speicherorganen von Pflanzen zu finden, z. B. bei Getreide und Kartoffeln.

Kohlensäure
Wässrige Lösung des → *Kohlendioxid*, die als schwache Säure z. B. mit Calcium (Kalk) und Magnesium Salze bildet, die so genannten Karbonate. Im Boden gelöste Kohlensäure neutralisiert Wasserstoffionen und erhöht dadurch den → *pH-Wert*. Sie wirkt demnach trotz ihres Namens im Boden nicht sauer, sondern alkalisch (auch → *Bodenreaktion*).

Kohlensaurer Kalk
Vermahlener Kalkmergel, langsam wirkender → *Kalkdünger*

Kohlenstoff
Chemisches Element mit der Abkürzung C. Für die Pflanzen ein lebensnotwendiger, nichtmineralischer Nährstoff, der als → *Kohlendioxid* aus der Luft aufgenommen wird. Seinen Namen erhielt dieses Element nach der Kohle, die sich aus abgestorbenen Pflanzen früherer Erdzeitalter gebildet hat. Gesteinsbildungen aus Kohlenstoff sind Graphit und Diamant.

Kohlerdfloh
Winziger, sehr beweglicher Blattkäfer, der Fraßschäden an Blättern von Kohl und anderen Kreuzblütlern verursacht.
→ *Erdfloh*

Kohleule
Eulenfalter, dessen Larven, die so genannten → *Erdraupen*, an Blättern und Trieben von Kohlpflanzen fressen.

Kohlfliege
→ *Kohlschädlinge*

Kohlgallenrüssler
→ *Kohlschädlinge*

Kohlgemüse
Unter diesem Begriff fasst man eine große Zahl verschiedener Gemüsearten zusammen, die nicht nur alle derselben Familie (Kreuzblütengewächse) angehören, sondern auch der selben Gattung, mit wissenschaftlichem Namen *Brassica*. Hierzu zählen neben den Kopfkohlarten Weißkohl, Rotkohl und Wirsing weitere verbreitete Arten wie Blumenkohl, Brokkoli, Rosenkohl, Chinakohl, Kohlrabi und Grünkohl, als seltener angebaute Gemüse Pak Choi, Kohlrübe und Meerkohl. Die Kohlgemüse haben recht hohe Gehalte an Mineralstoffen und Vitaminen und sind als Blattgemüse auch vergleichsweise kohlenhydrat- und eiweißreich. Senföle und Zucker erzeugen den charakteristischen Kohlgeschmack.

Beim Anbau muss man beachten, dass die meisten Arten einen hohen Nährstoffbedarf haben, frische organische Düngung (Mist, unreifer Kompost) jedoch den Geschmack beeinträchtigt und die Kohlfliege (→ *Kohlschädlinge*) anzieht. Auch der Platzbedarf bzw. die Pflanzweiten sind beim Anbau entsprechend groß. Kohlgemüse haben mit anderen Kreuzblütlern wie Rettich, Radieschen, Senf und Ölrettich zahlreiche Schädlinge gemeinsam, deshalb muss ein ausreichender → *Fruchtwechsel* beachtet werden.

Kohlhernie
Auch Kropfkrankheit genannt; wird durch einen bodenbürtigen, gefährlichen und häufig auftretenden Schleimpilz verursacht. Gefährdet alle Kohlarten, besonders Kohlrabi und Blumenkohl, weniger Grünkohl. Auch

Kohlkragen

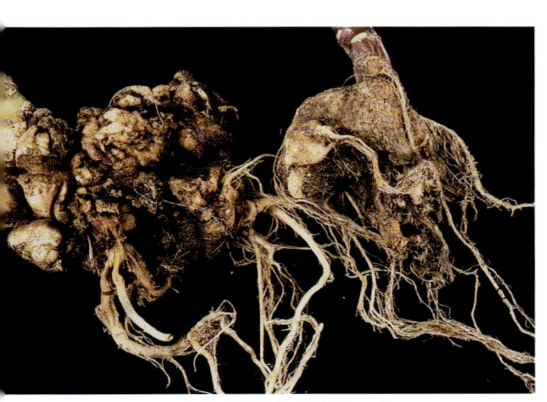

Schadbild der Kohlhernie

Rettich, Radieschen und wild wachsende Kreuzblütler wie Ackersenf, Hederich, Hirtentäschel, Hellerkraut werden befallen, unter den Zierpflanzen z. B. Goldlack. Außerdem sind einige Pflanzen aus anderen Familien Wirte des Pilzes, besonders Gräser, Mohn und Kapuzinerkresse.

Die Krankheit kann von infizierten Setzlingen oder befallenen Unkräutern ausgehen sowie von verseuchter Erde (z. B. aus dem Früh- oder Anzuchtbeet) und Ernteresten. Die Pilzsporen haften an Schuhen und Werkzeugen und werden sogar durch Tiere verbreitet. Bei Feuchtigkeit sind sie im Boden sehr beweglich. Auf stets feuchten oder gar nassen, schweren und zu sauren Böden findet der Pilz besonders gute Bedingungen, ebenso nach organischer Düngung mit unvollständig verrottetem Kompost oder Frischmist. Der Pilz bildet äußerst hartnäckige Dauersporen aus, die bis zu 10 Jahre im Boden infektionsfähig bleiben können.

Schadbild: An den Wurzeln knollige, kropfartige Wucherungen oder Verdickungen mit schorfiger, runzliger Oberfläche; nicht zu verwechseln mit den Gallen des Kohlgallenrüsslers, in denen sich Fraßgänge und meist auch die Larven finden (→ *Kohlschädlinge*); starke Nebenwurzelbildung; Gewebe in den Wucherungen verbräunt mit der Zeit und wird morsch; Pflanzen kümmern, Blätter bald welk und blaugrün verfärbt.

Abhilfe: Vorbeugend möglichst weite Fruchtfolge bei Kohl und anderen Kreuzblütlern einhalten; zu sauren Boden auf neutralen → *pH-Wert* (auch → *Bodenreaktion*) aufkalken; schwere Böden gut lockern, keine frische organische Düngung. Erkrankte Pflanzen umgehend entfernen, keinesfalls kompostieren; schnelle pH-Wert-Erhöhung mit Kalkstickstoff kann Ausbreitung vermindern. Nach Befall Kohl und die anderen eingangs genannten Pflanzengruppen wenigstens 6 Jahre nicht mehr auf derselben Fläche anbauen; Gartengeräte, die mit verseuchtem Boden in Berührung kamen, gründlich reinigen, ggf. mit Alkohol desinfizieren.

Kohlkragen

Manschette, meist aus Kunststoff, die zum Schutz gegen Kohlfliegen (→ *Kohlschädlinge*) dicht um die Sprossbasis junger Pflanzen gelegt wird. Man kann auch Scheiben aus festem Karton mit 10 – 15 cm Ø verwenden; diese an einer Stelle bis zur Mitte einschneiden und mit diesem Schlitz an die Pflanze schieben, so dass diese ganz umschlossen ist.

Kohlrabi

BRASSICA OLERACEA GONGYLODES-GRUPPE

Kohlrabi, auch Oberkohlrabi genannt, ist ein Kreuzblütengewächs, bei dem oberirdische Sprossknollen als Gemüse Verwendung finden. Das Kohlgemüse hat eine vergleichsweise kurze Entwicklungszeit von nur 2 bis 3 Monaten und lässt sich deshalb gut als Vor-, Zwischen- oder Nachkultur anbauen. Je nach Zeitpunkt muss man auf geeignete Sorten für Früh-, Sommer- oder Herbstanbau achten und sollte außerdem möglichst schoss- und platzfeste Sorten wählen. Die so genannten weißen Kohlrabi haben hellgrüne Knollen, Blätter und Blattstiele, die blauen Sorten blau- bis rotviolette Knollen, Blattstiele und dunkelgrüne Blätter

Blauer und weißer Kohlrabi

KOHLSCHÄDLINGE

mit bläulicher Aderung. In Mischkultur bieten sich z. B. Sellerie, Bohnen, Rote Bete oder Salate als Nachbarn an, meiden sollte man Kombinationen mit anderen Kohlgewächsen und Zwiebeln.
Merkmale: Je nach Sorte runde, abgeflachte oder ovale, fleischige Sprossknollen mit mehreren Blattansätzen.
Standort: Vorzugsweise sonnig, wächst aber im Halbschatten noch zufriedenstellend; leichter bis mittelschwerer, gleichmäßig leicht feuchter, humoser, neutraler bis alkalischer Boden.
Kultur: Frühe Sorten von Februar bis April bei 15 – 20° C anziehen, Sommersorten mit Folienschutz im April, Herbstsorten im Juni aussäen; Pflanzung früher Sorten ab Mitte März unter Folie oder im Frühbeet, Sommersorten im Mai, Herbstsorten ab Ende Juli, mit 30 x 30 cm Abstand.
Pflege: Für gleichmäßige Bodenfeuchtigkeit sorgen, sonst drohen die Knollen zu platzen; Frühsorten mit Vlies oder Folie schützen; Boden mehrmals hacken und unkrautfrei halten; vor der Pflanzung Boden düngen, andernfalls während der Kulturzeit düngen.
Ernte: Frühsorten ab Mai, Sommersorten ab Juli, Herbstsorten ab August ernten. Man bevorzugt in der Regel kleinere, noch sehr zarte Knollen, die sich durch einen hohen Vitamin- und Mineralstoffgehalt auszeichnen. Große Knollen werden oft hart und im Innern holzig. Kühl und bei hoher Luftfeuchtigkeit bis 3 Wochen lagerfähig.

Kohlrübe
BRASSICA NAPUS SSP. RAPIFERA

Die Kohlrübe, Krautrübe, Steckrübe oder Wruke, ein Kreuzblütengewächs, bildet verdickte Wurzeln, also vorwiegend unterirdisch wachsende

Die Kohlrübe ist ein gut lagerfähiges Herbstgemüse.

Rüben aus und wird deshalb auch Unterkohlrabi genannt. Im Allgemeinen zieht man sie als Nachkultur, da sie leichten Frost problemlos verträgt.

Das anspruchslose, rasch wachsende Kohl- oder Wurzelgemüse sicherte früher in Notzeiten oft den Nahrungsbedarf, hat aber heute als Tierfutter mehr Bedeutung. Als Speiserüben kommen insbesondere gelbfleischige Sorten in Betracht, die zarter und wohlschmeckender sind als die weißfleischigen.
Merkmale: Blätter mit leicht gewellten Rändern an kräftigen Stielen; rundliche, gelbe Rüben mit grünem oder rötlichem Kopf.
Standort: Schwerer bis mittelschwerer, frischer bis leicht feuchter Boden.
Kultur: Aussaat direkt ins Beet oder im Anzuchtbeet ab Ende Mai bis Juni in Reihen mit 20 cm Abstand; Mitte Juli bis Anfang August mit 50 x 40 cm Abstand pflanzen, dabei nicht zu tief einsetzen.
Pflege: Regelmäßig hacken; anhäufeln verhindert Grünfärbung der Rübenköpfe.
Ernte: Ab Mitte September, hauptsächlich aber von Oktober bis November ernten; zum Lagern Blätter entfernen und kühl bei hoher Luftfeuchtigkeit aufbewahren, 4 bis 6 Monate haltbar.

Kohlschädlinge
Die recht kohlenhydrat- und eiweißreichen Kohlgemüse sind bei „Mitessern" aus der Tierwelt sehr begehrt, so dass hier allerhand Schädlinge auftreten. Dazu können auch bei nicht umzäunten Gärten → *Kaninchen* zählen, weitaus häufiger schaden jedoch → *Erdfloh,* → *Erdraupen* der Kohleule sowie die nachfolgend beschriebenen Schädlinge. An warmen, geschützten Standorten treten zudem verstärkt → *Weiße Fliegen* auf.

Fast alle Kohlschädlinge befallen auch weitere Pflanzen aus der Familie der → *Kreuzblütengewächse,* häufig auch Unkräuter (z. B. Hirtentäschelkraut, Ackersenf), die deshalb im Umfeld der Kulturen ab Frühjahr gründlich gejätet werden sollten. Zu den wichtigen Vorbeugungsmaßnahmen gehört außerdem alles, was Schlupfwespen, Lauf- und Raubkäfer sowie Spitzmäuse fördert, denn diese Nützlinge sind die natürlichen Hauptfeinde der meisten Kohlschädlinge.

Kohldrehherzmücke
Besonders in feuchtwarmen Jahren treten diese zierlichen, gelbbraunen Gallmücken auf, die ab Mitte Mai ihre glasigen Eier an die Herzblätter junger Kohlpflanzen ablegen. Die daraus schlüpfenden weißlich gelben Larven schaden durch ihre Saugtätigkeit und die dabei ausgeschiedenen Sekrete. Im Juli, August und September können jeweils weitere Generationen auftreten, die Larven der letzten überwintern im Boden.
Schadbild: Verdrehte, verkrümmte Herzblätter; Kopfbildung sowie bei Rosenkohl die Bildung der Röschen bleiben aus.
Abhilfe: Nach einem Befall Boden gründlich umgraben. Bei häufigem Auftreten während Flugzeit und Eiablage junge Herzblätter mit Schmierseifenlösung oder geeigneten Insektiziden behandeln.

Kohlschädlinge

Kohlfliege

Die Kleine Kohlfliege ist einer der gefährlichsten Schädlinge an allen Kohlarten und kommt auch an anderen Kreuzblütlern (z. B. Rettich, Radieschen, Unkräuter) vor. Gefördert wird das Auftreten des Insekts, das wie eine kleine graue Stubenfliege aussieht, durch trockenwarme Witterung. Im April/Mai, um die Zeit der Rosskastanienblüte, fliegt die erste Generation, ernährt sich vom Nektar früh blühender Wildkräuter und Gartenunkräuter (z. B. Wiesenkerbel) und legt winzige weiße Eier an den Wurzelhals von Jungpflanzen oder in die Erde daneben ab. Aus diesen schlüpfen weißlich gelbe Larven bzw. Maden. Pro Jahr gibt es 3 bis 4 Generationen, die sich teils zeitlich überschneiden. Die Überwinterung erfolgt im Boden.

Schadbild: Ab Mai welkende junge Kohlpflanzen, lassen sich leicht aus dem Boden ziehen, Blätter grau verfärbt, Wurzeln und Wurzelhals zerfressen, innen teils hohl; in Rettichen und Radieschen braune Miniergänge; beim Blumenkohl welken die äußeren Blätter, beim Rosenkohl vor allem die unteren Röschen.

Abhilfe: Vorbeugend keine Düngung mit frischem Kompost oder Mist im Herbst vorher oder zur Kultur; Hauptflugzeit durch Früh- oder Spätsaat umgehen; Pflanzen tief setzen und gleich anhäufeln; frühzeitig mit Schutznetzen abdecken; um Setzlinge Kohlkragen aus Kunststoff oder Filz anlegen, die die Eiablage an den Wurzelhals verhindern, nach Flugzeit entfernen. Notfalls mit Pyrethrumpräparat oder anderem Insektizid spritzen.

Kohlmotte

Der auch als Kohlschabe bekannte, graubraune Nachtfalter mit ca. 16 mm Flügelspannweite fliegt ab Mai. Die Weibchen legen dann an die Blattunterseiten von Kohlgemüsen, Radieschen, Rettich und anderen Kreuzblütlern winzige hellgelbe Eier ab. Die daraus schlüpfenden, durch Fraß schadenden Larven sind anfangs gelblich, später hellgrün mit schwarzen Punkten und etwa 1 cm groß. Pro Jahr treten 3 und mehr Generationen auf; die letzte überwintert im Puppenstadium an Pflanzenresten.

Schadbild: An Blättern anfangs Minierfraß (Fraßgänge) und Schabefraß (Blattoberhaut bleibt stehen), später auch unregelmäßiger, dichter Lochfraß; Fraßschäden auch an Blumen des Blumenkohl.

Abhilfe: Vorbeugung und Bekämpfung wie beim → *Kohlweißling*; zusätzlich nach einem Befallsjahr Pflanzenreste auf dem Beet entfernen.

Kohlgallenrüssler

Der grauschwarze, nur wenige Millimeter große Rüsselkäfer überwintert im Boden, die Weibchen legen im Mai/Juni ihre Eier an den Wurzelhals von Kohlpflanzen ab. Durch Fraßtätigkeit der gelblichen, um 6 mm langen Larven entstehen die typischen Gallen. Es gibt noch einen zweiten Schädlingsstamm, der die Eier erst im Frühherbst ablegt und in Kohlstrünken bzw. Unkrautwurzeln überwintert.

Schadbild: Etwa erbsengroße, rundliche Gallen an Wurzelhals und Wurzeln, anders als bei der → *Kohlhernie* innen hohl und mit Larven besetzt.

Abhilfe: Vorbeugend Pflanzen tief setzen und früh anhäufeln. Junge Gallen aufschneiden; befallene Pflanzen samt Wurzeln entfernen; sonstige Bekämpfung aufgrund des geringen Schadens meist nicht nötig.

Kohlweißling

Man hat es hier mit zwei recht ähnlichen Schmetterlingsarten, dem Großen und dem Kleinen Kohlweißling, zu tun. Der weißlich gelbe Große Kohlweißling erreicht eine Flügelspannweite von 4–6 cm, hat schwarze Spitzen an den Vorderflügeln, die

Kohlweißlingsraupen treten oft in Massen auf.

Mehlige Kohlblattläuse

der Weibchen sind zusätzlich mit je zwei schwarzen Punkten gekennzeichnet. Seine Raupen werden bis 4 cm lang, sind gelbgrün und schwarz gefleckt. Der Kleine Kohlweißling ist etwas gelblicher, seine Zeichnung blasser, die Flügel haben nur um 4 cm Spannweite. Die grünlichen, nur 2,5 cm langen Raupen treten anders als die des Großen Kohlweißlings nur einzeln auf. Beide Arten fliegen ab April/Mai und bringen pro Jahr 2 bis 3 Generationen hervor, wobei vor allem die Raupen der zweiten ab Juli empfindliche Fraßschäden verursachen. Die gelben Eier der ersten Generation werden vorwiegend an Un-

kräuter aus der Familie der Kreuzblütler abgelegt, später dann direkt an Kohlblätter.
Schadbild: Starker Lochfraß an Kohlblättern, teils hin bis zum völligen Skelettierfraß (nur Blattrippen bleiben stehen); Raupen des Kleinen Kohlweißlings fressen verstärkt im Innern von Kohlköpfen.
Abhilfe: Vorbeugend Schlupfwespen als wichtigste natürliche Feinde fördern (Vorsicht, deren gelbliche Kokons nicht mit Kohlweißlingseiern verwechseln); Mischkultur mit Tomaten oder Sellerie; frühzeitig vorm Schmetterlingsflug Kulturschutznetze aufbringen. Bei Befall regelmäßig Eigelege an den Blattunterseiten zerdrücken und Raupen ablesen; Bekämpfung mit *Bacillus-thuringiensis*-Präparaten möglich.

Mehlige Kohlblattlaus

Trockenheit und Wärme im Frühjahr und Frühsommer führen häufig zu einem Massenbefall mit diesen auffällig mehlig hellgrauen Blattläusen. Sie treten an allen Kohlarten und weiteren Kreuzblütlern auf. In trockenwarmen Jahren können sich bis zu 14 Generationen entwickeln. Schäden und Gegenmaßnahmen entsprechen dem, was allgemein bei der → *Blattlaus* beschrieben ist. Weiterhin sollte man nach Befall alle Ernterückstände entfernen und gründlich umgraben.

Kokardenblume
GAILLARDIA PULCHELLA

Das Korbblütengewächs stammt aus den USA und wird wegen seiner bunten Blüten auch Malerblume genannt.
Merkmale: Einjährige Sommerblume, locker buschig 40 – 60 cm hoch; lanzettliche, behaarte Blätter; gelb, orange, rot und braun gefärbte Blütenköpfe mit rotbrauner Mitte; auch halbgefüllte und gefüllte Sorten.
Blütezeit: Juni – September

Kokardenblume (Gaillardia pulchella)

Verwendung: In Gruppen auf Beeten und Rabatten; als Schnittblume.
Standort: Verträgt volle Sonne, Trockenheit und Hitze; durchlässiger, frischer, humoser Boden.
Kultur: Anzucht bei 15 – 18° C ab April, Jungpflanzen pikieren und ab Mitte Mai auspflanzen, 25 cm Pflanzabstand; auch Direktsaat ab Mai.
Pflege: Verblühtes stets entfernen.
Hinweis: Ähnlich präsentiert sich *G. aristata,* eine kurzlebige Staude mit gelben, in der Mitte roten Blütenköpfen.

Kokon
Von Insekten und anderen wirbellosen Tieren gesponnene oder abgeschiedene Hülle, die das Puppenstadium schützt und häufig auch der Überwinterung dient; häufig oval oder kugelig geformt.

Kolben
→ *Blütenstand* mit verdickter Hauptachse, an dem die Einzelblüten sitzen, z. B. bei Aronstab und Mais.

Kolkwitzia
Botanischer Gattungsname der
→ *Kolkwitzie*

Kolkwitzie (Kolkwitzia amabilis)

Kolkwitzie
KOLKWITZIA AMABILIS

Das Geißblattgewächs, das auch Perlmuttstrauch heißt, ist in China beheimatet. Neben der reinen Art gibt es einige Sorten, die besonders reich in schönen Rosatönen blühen.
Merkmale: Strauch, straff aufrechter Wuchs, 2 – 3 m hoch, bis 2,5 m breit; Seitenäste dicht verzweigt und weit bogig überhängend; eiförmige, stumpfgrüne Blätter; glockenförmige, hellrosa Blüten in dichten Büscheln.
Blütezeit: Mai – Juni
Verwendung: Für Einzelstellung, in Gehölzgruppen, für frei wachsende Blütenhecken, im Hintergrund von Beeten.
Standort: Frischer, auch zeitweilig trockener Boden; rauchhart, für Stadtklima geeignet.
Pflanzen/Vermehren: Pflanzung bevorzugt im Herbst; Vermehrung durch Stecklinge.
Pflege: Sehr anspruchslos; alle paar Jahre auslichten.

Kölle
Anderer Name für das → *Bohnenkraut*

Koloradotanne
Breit kegelförmige, grau- bis blaugrün benadelte → *Tanne*

Kombihacke
Auch Doppel- oder Duohacke genannt; Hacke mit durchgängigem, breitem Blatt auf der einen Seite und drei kräftigen Zinken auf der anderen.
Auch → *Hacke,* → *Bodenbearbeitungsgeräte*

Kombikrümler
Handgerät mit sternartig zugespitzten Metallscheiben und spiralig umlaufendem Metallgestänge, ähnlich Sternfräse oder Gartenwiesel. Eignet sich zum Feinkrümeln und Rückverfestigen des Bodens sowie zum Einarbeiten von Kompost, Dünger und Saatgut.
Auch → *Bodenbearbeitungsgeräte*

Komfrey
Andere Schreibweise für Comfrey, eine mit dem → *Beinwell* nah verwandte Staude

Kommaschildlaus
→ *Schildläuse* mit gelblich braunen, länglichen Schilden, die manchmal wie eine Kruste Äste von Obst- und anderen Gehölzen überziehen.

Kompost
Organisches Material, das gezielt zum Zweck der natürlichen Zersetzung gesammelt und in der Regel aufgeschichtet wird. Der lateinische Wortursprung compositum bedeutet „zusammengesetzt" und weist darauf hin, dass Kompost meist aus verschiedenartigen Ausgangsmaterialien entsteht. Das Verrottungsprodukt ist ein sehr vorteilhaftes Bodenverbesserungsmittel, zugleich ein nachhaltiger organischer Dünger. Bei noch nicht ganz abgeschlossener Zersetzung spricht man von **Frischkompost** oder Rohkompost, vollständigere Verrottung ergibt den **Reifekompost** (auch → *Kompostreife*).

Die Nährstoffgehalte von Komposten sind je nach Ausgangsmaterialien sehr unterschiedlich, bei vielseitiger Mischung unterschiedlicher Garten- und Küchenabfälle auch entsprechend ausgewogen. Neben den Hauptnährstoffen wie Stickstoff, Kalium, Phosphor und Magnesium, die hauptsächlich in langsam löslicher Form vorliegen, enthält Kompost in der Regel auch alle nötigen Spurennährstoffe. Kompostgaben verbessern die Struktureigenschaften des Bodens, puffern starke pH-Wert- und Nährstoffschwankungen ab und regen das Bodenleben an und damit auch die weitere Humusbildung. Zudem wirkt Kompost manchen bodenbürtigen Pilzkrankheiten entgegen.

Der Rottevorgang
Die Verwandlung organischer Abfälle in wertvolle Komposterde wird durch Klein- und Kleinstlebewesen bewirkt, die einen Komposthaufen zu Milliarden bevölkern. Es handelt sich um Organismen, die auch das → *Bodenleben* bilden. Durch ihre Tätigkeit laufen im aufgeschichteten Material dieselben Prozesse ab wie bei der Bildung von → *Humus,* im Kompost jedoch in sehr konzentrierter und intensiver Form. Diese Zersetzung, die genügend Sauerstoff voraussetzt, wird Rotte bzw. Verrottung oder auch Verwesung genannt. Unter Luftabschluss kommt es dagegen zur ungünstigen Fäulnis. Man kann drei Phasen der Rotte unterscheiden:

■ In der Abbauphase werden vor allem Bakterien, Schleimpilze und Pilze aktiv. Sie bauen besonders Kohlenhydrate und Eiweiße ab, das Material erhitzt sich durch ihre Aktivität stark, im Kompostkern bis auf 60 – 75° C. Danach fällt die Temperatur ab, es wird zunehmend Zellulose abgebaut, der Haufen sackt deutlich zusammen.

■ In der nachfolgenden Umbauphase herrschen noch immer Temperaturen um 40° C, die allmählich abfallen. Zuerst treten Springschwänze und andere Kleintiere in Aktion: Sie zerkleinern und vermischen die organischen Abfälle. Mikroorganismen bauen diese dann weiter ab und neue Substanzen auf, insbesondere → *Huminstoffe.*

■ Während der Reifephase zerlegen Regenwürmer, Tausendfüßer, Asseln und andere Tiere die Reste, teils bilden sie durch ihre Ausscheidungen die wertvollen → *Ton-Humus-Komplexe;* Pilzhyphen und Schleime verbinden winzige Partikel zu Krümeln – das Ausgangsmaterial wird endgültig vererdet.

Erfolgreiches Kompostieren besteht darin, möglichst gute Voraussetzungen für diese Organismen zu schaffen. Wichtig sind hierbei vor allem genügend Sauerstoff, Feuchtigkeit, Wärme und ein geeignetes → *C/N-Verhältnis* (Kohlenstoff-Stickstoff-Verhältnis).
Auch → PRAXIS-SEITE Kompostieren (S. 482/483)

Kompostplatz und Kompostieren
Der Kompostplatz sollte möglichst etwas beschattet bzw. halbschattig liegen, da der Kompost in praller Sonne zu schnell austrocknet. Ein vollschattiger Platz dagegen ist ungünstig, da zu kühl, um den Rotteprozess optimal in Gang zu bringen. Durch Hinterpflanzen mit Sträuchern kann man für entsprechende Bedingungen sorgen und den Kompostplatz zugleich den Blicken entziehen. Man neigt oft dazu, ihn in einer abgelegenen Gartenecke zu platzieren. Es erweist sich allerdings als vorteilhaft, wenn die Wege vom Haus sowie vom Gemüsegarten zum Kompost nicht allzu weit sind, außerdem durch festen Bodenbelag oder Trittplatten auch nach Regen und im Winter gut begehbar.

Bei der Standortwahl sollte man auch an den Nachbarn denken bzw. sich mit absprechen. Von Kompoststätten direkt an der Grundstücksgrenze kann vor allem bei unsachgemäßer Kompostierung eine Geruchsbelästigung ausgehen. Das nach Bundesländern bzw. Kantonen unterschiedliche Nachbarrecht schreibt häufig 0,5 m → *Grenzabstand* vor, eine etwas größere Entfernung ist im Zweifelsfall ratsam.

Im Minimum rechnet man mit einem Platzbedarf von 1,5 x 1,5 m für einen → *Kompostbehälter* plus Arbeitsfläche. Wenn möglich, sollte man jedoch wenigstens zwei, besser drei Behälter nebeneinander aufstellen, die ein optimales Kompostieren erleichtern (auch → PRAXIS-SEITE Kompostieren (S. 482/483)). Mehr Platz als Behälter bzw. Boxen brauchen → *Kompostmieten*.

Ob Behälter oder Miete: Der Kompost muss Verbindung mit dem Erdreich haben und wird stets auf gewachsenem Boden angelegt, damit die Bodenorganismen ungehindert zuwandern können und Sickerwasser abfließt. Eine Ausnahme stellen geschlossene Spezialbehälter für Terrassen und Balkone dar. Der Untergrund sollte gut wasserdurchlässig sein, durch Einbringen von grobem Sand oder Kies kann man dies fördern.

Nicht selten werden Garten- und Küchenabfälle einfach so, wie sie anfallen, in einem Kompostbehälter oder an einer abgelegenen Stelle übereinander geschüttet. Auch dabei kann brauchbarer Kompost entstehen, unpraktischerweise jedoch nur im unteren und inneren Kern des Haufens. Die Zersetzung dauert zudem lange und die Gefahr, dass statt der Rotte nachteilige Fäulnisprozesse ablaufen, ist recht groß. Wesentlich bessere Ergebnisse erreicht man durch gutes Vorbereiten, Vermischen oder abwechselndes Schichten des → *Kompostmaterials* sowie eine gewisse Kompostpflege; → PRAXIS-SEITE Kompostieren (S. 142/143). Das dort genannte Verfahren des Umsetzens wird nicht von allen Experten empfohlen. Tatsächlich greift es stark in die Lebensbedingungen der Mikroorganismen ein. Andererseits führt die damit verbundene Sauerstoffzufuhr zu einer Verbesserung, die sich bald wieder durch gesteigerte Organismentätigkeit bemerkbar macht.

Eine besondere Form des Kompostierens stellt die → *Flächenkompostierung* dar.

Spezialkomposte

Spezielle Kompostarten entstehen in der Hauptsache durch die Verwendung lediglich eines bestimmten Ausgangsmaterials. Sie werden angesetzt, weil eben jenes Material im Übermaß anfällt oder auch, weil man Kompost bzw. gärtnerische → *Erden* mit ganz bestimmten Eigenschaften erhalten möchte. Das Aufsetzen erfolgt dabei meist ebenso wie beim ganz normalen Mischkompost mit einer Basis aus Grobschnitt, Erdzwischen-schichten und -abdeckung (→ PRAXIS-SEITE Kompostieren (S. 482/483)). Solche Spezial- oder Sonderkomposte sind:

■ **Laubkompost:** Aufgesetzt aus großen Mengen von Herbstlaub; dabei schwer verrottende Laubarten (→ *Herbstlaub*) nur in kleineren Anteilen untermischen. Nicht zu feucht ansetzen, am besten Holzhäcksel untermischen. Zur Stickstoffergänzung Hornmehl, Guano o. Ä. zugeben, außerdem etwas Tonmehl. Laubkompost braucht vom Aufsetzen bis zur Reife 1 bis 1,5 Jahre, ergibt aber schon vorher ein gutes Mulchmaterial, vor allem für Gehölze. Dieser Kompost hat einen niedrigen → *pH-Wert* und sollte bevorzugt zu Pflanzen gegeben werden, die schwach sauren bis sauren Boden brauchen.

Dem Kompost, Lieferant des wertvollsten Gartenhilfsstoffs, sollte man schon etwas Platz einräumen.

■ **Nadelholzkompost:** Wie Laubkompost, jedoch komplett aus Nadeln und Zweigen von Nadelgehölzen; die Rotte dauert deutlich länger, der reife Kompost ist noch saurer als normaler Laubkompost; er eignet sich gut für Rhododendren und andere Heidekrautgewächse.

■ **Mistkompost:** Aus Pferde-, Hühner- oder Rindermist, der in der Regel mit Stroh vermischt ist. Man sollte das stickstoffreiche Material mit reichlich Erde oder Reifkompost aufsetzen, bei geringem Strohanteil Gehölzhäcksel, Sägespäne oder Pappe zum Kohlenstoffausgleich zugeben. Höchstens 0,8 m hoch aufschichten, da sonst extreme Hitzeentwicklung möglich, die zu großen Stickstoffverlusten führen kann. Der Kompost braucht so lange wie normaler Gartenkompost und ist sehr nährstoffreich.

■ **Rasenschnittkompost:** Geschnittenes Gras vorher flach ausbreiten und einige Tage anwelken lassen; nur trocken und maximal bis 1 m Höhe

Kompostbehälter

aufsetzen, wie bei Mistkompost reichlich Erde zugeben sowie struktur- und kohlenstoffreiches Material. Sollte nach der ersten Hitzephase (Abbauphase) umgesetzt werden, ist dann meist schon nach 6 Monaten reif; Verwendung wie normaler Gartenkompost.

Eine weitere Besonderheit ist der **Wurmkompost**: Er wird mit Hilfe zugekaufter Kompost- oder Mistwürmer (*Eisenia foetida*) in speziellen Wurmkisten aus Holz oder Kunststofftonnen hergestellt. Dies kann sogar auf dem Balkon oder im Keller geschehen. Ausgangsmaterial sind normale gemischte Abfälle mit hohem Erd- oder Reifkompostanteil, die man anfangs nur in kleineren Portionen nach und nach in das Behältnis gibt, bis sich die Würmer etabliert haben. Obst-, Gemüse- sowie Kaffeereste munden ihnen besonders gut. Im Garten kann die Kompostierung in größeren Kisten erfolgen, die man an einem möglichst warmen, halbschattigen Platz im Garten aufstellt; Unterseite vorher mit zahlreichen kleinen Löchern versehen. Durch eine Trennwand aus Lochziegelsteinen in der Mitte entstehen zwei Kammern, so dass die Würmer nach Durcharbeiten des Materials in der ersten Kammer ins das neu eingefüllte der zweiten Kammer wandern können. Am besten erhält die Kiste noch einen Deckel, muss dann aber gelegentlich gelüftet werden. Kompostwürmer kann man auch in einen normalen Komposter einsetzen, der Boden sollte dann eine feinmaschige Drahtauflage zum Schutz vor Wurmfressern (Wühl- und Spitzmäuse, Maulwürfe) erhalten. Den Behälter füllt man zunächst nur bis zu etwa einem Drittel auf, gibt dann im späten Frühjahr die Würmer zu, deckt mit Erde oder Kompost ab; später folgen weitere Abfälle in nicht allzu hohen Schichten; die Hitzeentwicklung in einer hohen Kompostaufschüttung vertragen die Würmer nicht. Wurmkompost ist nährstoffreich, neutral bis leicht alkalisch und enthält einen sehr hohen Anteil an → *Ton-Humus-Komplexen*. Wurmkompost kann auch fertig gekauft werden.

Käufliche **Fertigkomposte** sind meist Spezialkomposte, wie z. B. der aus Baumrinde entstandene Rindenkompost (auch → *Rindensubstrate*). Als „Biokompost" wird Kompost aus der kommunalen Kompostierung bezeichnet, der aus Abfällen aus privaten Haushalten und Gärten, Baum- und Strauchschnitt aus öffentlichen Anlagen sowie Laub und Mähgut hergestellt wird. Durch gezielte Rottesteuerung und Qualitätsüberwachung haben solche Komposte definierte und gleich bleibende Güteeigenschaften. Grünkompost entsteht nur aus pflanzlichen Materialien ohne Küchenabfälle. Es gibt für Fertigkomposte Gütesiegel landesweiter Gütegemeinschaften und -verbände, an denen man sich beim Kauf orientieren kann.

Kompostbehälter

Auch Komposter oder Kompostsilo genannt. Grundsätzlich lassen sich offene und geschlossene Behälter unterscheiden. Unter den **offenen Behältern** ist die als preiswerter Bausatz erhältliche Holzstiege oder -lege am weitesten verbreitet. Sie sollte annähernd 1 m² Grundfläche aufweisen. Meist sind diese Behälter so konstruiert, dass man die Bretter je nach Füllhöhe auflegen und abnehmen kann. Entsprechendes bieten auch etwas aufwändigere Modelle mit Eckpfosten aus Metall oder Beton, die eine dauerhafte Alternative zu den mit der Zeit verrottenden Holzpfosten darstellen (auch → *Holzschutz*). Ebenfalls weitgehend verrottungsstabil sind Behälter aus Recyclingkunststoff. Die beständigste Lösung stellen freilich gemauerte Kompostbehälter dar; für gute Luftzufuhr verwendet man am besten Lochziegelsteine oder setzt die Mauer mit einigen Aussparungen auf. Für die Vorderseite sind aushängbare Bretter (Hakenbefestigung o. Ä.) praktisch. Drahtbehälter bieten optimale Belüftung, was z. B. beim Kompostieren von Laub oder Rasenschnitt vorteilhaft ist. Andererseits halten sie die Wärme schlecht, die er-

Die gut durchlüfteten Drahtbehälter eignen sich besonders zum Anrotten und Kompostieren von Laub.

Gut ausgereifter Kompost lässt sich zur Bodenverbesserung und Düngung bei nahezu allen Pflanzen einsetzen.

wünschten hohen Temperaturen während der ersten Rottephase werden in kleineren Drahtbehältern oft nicht erreicht.

Im Gegensatz dazu setzen **geschlossene Behälter** besonders auf die hohe Wärmeentwicklung. Die verbreitetsten Modelle mit zusätzlich aufgebrachter Isolierschicht werden deshalb auch Thermokomposter genannt. Sie haben eine verschließbare Einfüllöffnung und meist einen Bodeneinsatz aus feinmaschigem Draht oder Kunststoffgeflecht. Unter optimalen Bedingungen verläuft die Kompostierung hier sehr rasch, der fertige Kompost kann über eine Klappe im unteren Bereich entnommen werden. Je nach Ausgangsfeuchte des Materials kann es allerdings leicht entweder zu Fäulnis oder zu Austrocknung kommen; besonders wichtig sind gute Materialmischungen und häufige Kontrollen. Dasselbe gilt für rundum geschlossene Behälter mit seitlichen Lüftungslöchern oder -schlitzen, die sich zum Kompostieren auf Terrasse oder Balkon eignen.

Kompostdurchwurf

Aufstellbares, stabiles Drahtgitter an einem Metallrahmen, das zum Absieben grober Kompostbestandteile dient.

Komposter

→ *Kompostbehälter*

Kompostmaterial

Grundsätzlich ist nahezu alles, was auf natürliche Weise zersetzt werden kann, zum Kompostieren geeignet: neben Garten- bzw. Pflanzenabfällen auch Küchenreste wie Gemüseabfälle, Obst- und Eierschalen, Kaffee- und Teesatz, Nussschalen in kleinen Mengen, außerdem Blumenerde, normaler Haushaltskehricht und Holzasche. Besonders gutes Kompostmaterial liefert eine abgemähte → *Gründüngung*.

Nicht mitkompostieren sollte man alles, was den Rotteprozess stören könnte, hygienisch zweifelhaft ist, evtl. Schadstoffe freisetzt oder Ratten anlockt. **Ungeeignet** sind deshalb besonders:

■ Fleisch- und Fischabfälle sowie Knochen
■ Öle und Fette
■ verschimmelte Küchenabfälle
■ farbig bedrucktes und Hochglanzpapier
■ Katzenstreu und Haustierkot
■ Staubsaugerbeutel
■ Reste von Pflanzenschutzmitteln jeder Art
■ Zigarettenkippen
■ Asche aus Stein-, Braun-, Grillkohle
■ Pflanzen und Pflanzenteile mit Pilz-, Bakterien- und Viruskrankheiten

Zwar werden Schaderreger in einem heißen Kompostkern bei Temperaturen über 70° C abgetötet. Dies ist allerdings bei Eigenkompostierung nicht immer gewährleistet. Die professionellen Kompostanlagen der Kommunen bewerkstelligen dies sicherer, so dass solche Pflanzenteile besser in der Biotonne landen. Material mit bekanntlich hochinfektiösen, dauerhaften Erregern, z. B. → *Kohlhernie,* gehört sogar eher in den Restmüll (wird von den Entsorgern unterschiedlich beurteilt).

Daneben gibt es einige **Zweifelsfälle,** bei denen im Allgemeinen gilt: in nicht allzu großen Mengen gut kompostierbar. Hierzu gehören:

■ behandelte Zitrus- und Bananenschalen: bauen sich langsam, aber ohne Schadstoffreste ab;
■ Papier (auch Zeitungspapier) und Pappe: in Maßen sogar günstig;
■ gekochte Speisereste: möglichst in die Kompostmitte und mit Gartenabfällen mischen;
■ samentragende Unkräuter: unbedingt in die Kompostmitte, wo die Temperaturen am stärksten ansteigen (stark triebfähige Ausläufer besser in die Biotonne geben).

Kompostmiete

Mieten, also ohne Behälter aufgesetzte Haufen, sind die einfachste Lösung, die allerdings etwas Platz braucht. Im Hausgarten legt man sie unten mit 1,2 – 1,8 m Breite und 0,8 – 1,2 m hoch an. Oben sollte der Haufen noch möglichst breit sein (etwa 0,8 – 2 m). Die Schichtung erfolgt, wie auf der → PRAXIS-SEITE Kompostieren (S. 482/483) beschrieben.

Kompostplatz

→ *Kompost*

Kompostreife

Unter Reifekompost versteht man völlig vererdetes Material, das höchstens noch ein paar grobe, stark angerottete Reste enthält. Reifer Kompost ist dunkel und duftet nach frischer Walderde, weist also keinerlei unangenehme Gerüche mehr auf. Weiteres Anzeichen für die Reife: Die Regenwürmer haben ihn weitgehend ver-

Kompostmiete; mit einem Thermometer kann man die Temperaturentwicklung während der Rotte prüfen.

lassen. Unter normalen Bedingungen und bei guter Kompostpraxis ist die Kompostreife nach 6 bis 12 Monaten erreicht. Zur Verwendung etwa für empfindliche Jungpflanzen lässt man ihn jedoch besser noch einige Monate liegen und nutzt dann den gut **abgelagerten Kompost.** Zur Überprüfung der vollständigen Reife kann man den Kompost einem → *Kressetest* unterziehen. Unreifen, aber für manche Zwecke schon einsetzbaren **Frischkompost** oder Rohkompost erhält man schon nach 2 bis 4 Monaten (auch → *Kompostverwendung*).

Kompostsilo
→ *Kompostbehälter*

Kompoststarter
→ *Kompostzusätze*

Kompostverwendung
Nur halb zersetzter Frischkompost (→ *Kompostreife*) enthält noch zahlreiche Umbaustoffe, darunter recht leicht lösliche Nährstoffe und organische Säuren. Man kann ihn zum Mulchen zwischen bereits gut entwickelten, nährstoffliebenden Pflanzen einsetzen (dabei den Kompost nicht ganz an die Stängelbasis heranziehen) sowie für Baumscheiben von Gehölzen. Brauchbar ist er auch für Kulturen mit entsprechendem Nährstoffbedarf, z. B. Tomaten oder Gurken. Hier wird er im Herbst oder zeitigen Frühjahr oberflächlich in den Boden eingearbeitet; nicht jedoch vor Kohl, Wurzelgemüsen und Zwiebelpflanzen verwenden.

Wesentlich verträglicher und damit vielseitiger einsetzbar ist der Reifekompost, den man zuvor am besten über einen Kompostdurchwurf absiebt. Die gut angerotteten groben Reste werden mit dem nächsten Kompost wieder mit aufgesetzt. Man kann den Reifekompost das ganze Jahr über einsetzen, u. a.:

■ für Neuanlagen von Beeten und neuen Pflanzflächen
■ zum Verbessern der Pflanzstelle bei Gehölzen, Stauden, Sommerblumen und Gemüsen (dem Aushub untermischen bzw. in den Boden einarbeiten)
■ zum Mulchen und zum Düngen
■ als Mischungsbestandteil für Pflanzenerden (nur gut abgelagerter Kompost)

Kompost wird stets nur flach eingearbeitet, z. B. mit dem Rechen, Kultivator oder Gartenwiesel. Eine Faustzahl für die Ausbringung sind 10 Liter pro m², das entspricht einer Schichthöhe von 1 cm; bei Gehölzen kann es durchaus die doppelte Menge sein, für Beetneuanlagen noch etwas mehr. Begrenzender Faktor sind häufig die Phosphatgehalte, die in vielen Gartenböden ohnehin schon hoch sind. Vorteilhaft ist deshalb eine regelmäßige → *Bodenuntersuchung,* bei der man zugleich auch seinen Kompost auf Nährstoffgehalte analysieren lassen kann.

Eine weitere Verwendungsmöglichkeit ist die Herstellung von Kompostextrakt bzw. -wasser, das als vorbeugendes Mittel gegen Pilzkrankheiten eingesetzt werden kann. Dazu 1 Liter guten Reifekompost in 5 Liter Wasser rühren, 1 Woche stehen lassen und täglich umrühren; schließlich durch ein Tuch oder feines Sieb abseihen. In Praxisversuchen haben solche Extrakte z. B. bei Tomaten, Gurken, Erdbeeren und Rosen deutlich pilzmindernde Wirkung gezeigt. Sie müssen dazu vorbeugend mehrmals in Abständen von wenigen Tagen auf die Pflanzen und den Boden gespritzt werden.

Kompostzusätze
Der Fachhandel bietet diverse Zusatzstoffe für die Kompostierung an, mit Bezeichnungen wie „Kompoststarter" o. Ä.. Dabei handelt es meist um Mikroorganismen (auch → *Bakterienpräparate*), oft unter Zugabe von etwas Stickstoff und/oder Kalk. Für schwer verrottende Materialien sowie auf noch untätigen Böden können solche Hilfen durchaus sinnvoll sein. Sofern man jedoch selbst schon über reifen Kompost verfügt, erfüllt dieser als Zugabe dieselbe Funktion; auch humose Gartenerde enthält reichlich Mikroorganismen, die den Rotteprozess schnell in Gang bringen. Dazu und zu weiteren günstigen Zusatzstoffe → PRAXIS-SEITE Kompostieren (S. 482/483).

Im → *biologisch-dynamischen Anbau* kommen spezielle Kompostpräparate zum Einsatz.

Koniferen
Unter der botanischen Bezeichnung *Coniferae* die wichtigste und artenreichste Unterklasse der heute lebenden nadelblättrigen → *Nacktsamer* (Gymnospermen). Dazu zählen fast alle im Garten gebräuchlichen → *Nadelgehölze,* weshalb man diese der Einfachheit halber häufig mit den Koniferen gleichsetzt. Der Begriff bedeutet allerdings übersetzt „Zapfenträger", umfasst also nur Nadelgehölze,

Kennzeichen der Koniferen: Die aus den weiblichen Blütenständen gebildeten Fruchtzapfen

die Fruchtzapfen bilden. Die Eiben mit ihren roten Samenbechern gehören demnach nicht zu den Koniferen, sondern bilden eine eigene Unterklasse. Wacholder dagegen stuft man trotz seiner „Beeren", die nach ihrer botanischen Beschaffenheit Beerenzapfen genannt werden, als Konifere ein.

Königsfarn
OSMUNDA REGALIS

Der Königs- oder Rispenfarn ist namengebend für die Familie der Königsfarngewächse. Er stammt aus Nordamerika und steht unter Naturschutz. Im Handel werden mehrere Sorten angeboten, z. B. der Zwergkönigsfarn 'Gracilis' mit zierlichem Wuchs.
Merkmale: Ausdauernder Farn mit dicht buschigem Wuchs, 50 – 180 cm hoch; sehr regelmäßig zweifach gefiederte Wedel, im Herbst goldgelbe Färbung.
Verwendung: Am Gehölzrand, an Gewässerufern, im Hintergrund von Schattenbeeten.
Standort: Auf feuchtem Untergrund auch sonnig; frischer bis feuchter, humoser, schwach saurer Boden.
Pflanzen/Vermehren: Pflanzung bevorzugt im Frühjahr; Vermehrung durch Sporenaussaat, aber schwierig und langwierig.
Pflege: Bei Trockenheit wässern; vertrocknete Wedel entfernen.

Königskerze
VERBASCUM BOMBYCIFERUM

Die Königskerzen aus der Familie der Braunwurzgewächse nennt man auch Fackelblumen wegen ihrer langen, kerzenförmigen Blütenstände, die wie Fackeln aufleuchten. Ihr Hauptverbreitungsgebiet erstreckt sich von Südeuropa bis nach Asien. Als die Königskerze schlechthin ist die nachfolgend beschriebene, stattliche Seidenkönigskerze bekannt, von der es auch Hybridformen gibt. Bedeutung haben daneben einige weitere, gelb blühende Arten wie die Balkankönigskerze (*V. longifolium*), die Olymp-Königskerze (*V. olympicum*) oder die auch Wollblume genannte Großblütige Königskerze (*V. densiflorum*). Letztere ist als Heilpflanze gegen Husten geschätzt. Graziöser als die anderen Arten erscheint die Purpurkönigskerze (*V. phoeniceum*) mit violetten Blüten.
Merkmale: Zweijährige, bisweilen auch mehrere Jahre ausdauernde Pflanze, 100 – 200 cm hoch; im ersten Jahr nur bodenaufliegende Rosette aus großen, weißfilzigen Blättern; im zweiten Jahr mächtiger Blütenschaft, daran gelbe Blüten, die von unten nach oben erblühen; Hybriden auch mit weißen oder rosa Blüten.
Blütezeit: Mai – August
Verwendung: Für Einzelstand, im Hintergrund von Beeten und Rabatten, an Böschungen.
Standort: Warm; gut durchlässiger, möglichst sandiger, aber nährstoffreicher Boden.
Pflanzen/Vermehren: Pflanzung bevorzugt im Herbst; Vermehrung durch Tochterrosetten oder Wurzelschnittlinge; durch Aussaat vermehrte Pflanzen sind oft wesentlich weniger attraktiv.
Pflege: Sehr anspruchslos; Blütenschäfte nach den Verblühen bodennah zurückschneiden.

Großblütige Königskerze (Verbascum densiflorum)

Königsfarn (Osmunda regalis)

Kompostieren – bewährte Methoden und Massnahmen

1. Zerkleinertes, getrennt gesammeltes Grobmaterial eignet sich gut, um es schlecht strukturierten Abfällen wie Rasenschnitt unterzumischen.

2. Gerade bei geschlossenen Kompostern sollte man öfter die Feuchtigkeit kontrollieren und, wenn nötig, mit der Gießkanne nachhelfen.

3. Grobe, nur halb verrottete Reste, die beim Absieben übrig bleiben, sind hervorragendes Mischmaterial für neu aufgesetzten Kompost.

Gezieltes Sammeln und Aufsetzen

Empfehlenswert sind zwei oder noch besser drei → *Kompostbehälter:* Im ersten werden die Abfälle gesammelt, im zweiten dann aufgeschichtet, wenn genug → *Kompostmaterial* vorhanden ist; die angerottete Substanz setzt man schließlich in die dritte Box um, der man nach wenigen Monaten den fertigen Kompost entnehmen kann. Derweil hat sich die erste Box schon wieder mit neuem Sammelgut gefüllt. Auf dieselbe Weise kann man auch ohne Behälter mit drei verschiedenen Mieten verfahren. Eine praktische Alternative bei lang gestrecktem Kompostplatz stellt die „Wandermiete" dar, wie sie die Abbildung auf Seite 483 zeigt.

In der Sammelbox oder -miete werden die Abfälle möglichst schon beim Aufschütten etwas vermischt. Überstreuen mit Steinmehl, Algen- oder kohlensaurem Kalk ist vorteilhaft und bindet ein wenig die unangenehmen Gerüche. Besonders grobe oder feine Abfälle sowie Materialien mit ungünstigem → *C/N-Verhältnis* lagert man am besten extra neben dem Sammelbehälter, um sie beim Aufsetzen in kleineren Mengen einzubringen. Dies betrifft z. B. Gehölzschnitt, der ebenso wie große Stauden- und Gemüsestängel zerkleinert bzw. gehäckselt werden sollte; andererseits Rasenschnitt und Laub, die man möglichst locker und luftig und nicht allzu hoch aufhäuft.

Das Aufschichten

Als erster Schritt nicht unbedingt nötig, aber praktisch: das Ausheben einer knapp spatentiefen Grube; den Aushub, bestehend aus humoser Erde bzw. aus Kompostresten, kann man später als Abdeckung oder für Zwischenschichten gut brauchen. Auf den Grubenboden bringt man eine 20 – 30 cm hohe Basisschicht aus grob zerkleinertem Gehölzschnitt, Kohlstrünken u. Ä. ein; sie dient als Dränage und zur besseren Belüftung. Wer zusätzlich noch über genügend Holzhäcksel verfügt, kann diesen ganz zuunterst bis 30 cm hoch einbringen, diese Schicht saugt dann durchsickernde Feuchtigkeit auf.

PRAXIS

Über die Grobschnittdränage schichtet man die restlichen Abfälle in etwa 20 cm hohen Lagen, dazwischen kommt jeweils eine etwa 5 cm hohe Schicht Gartenerde oder, wenn verfügbar, reifer Kompost. Die darin befindlichen Mikroorganismen beschleunigen die Rotte deutlich. So folgen abwechselnd Garten- und Küchenabfälle – in möglichst guter Mischung von weichem, feuchtem und trockenem, strukturreichem Material – und Erd- bzw. Kompostschichten; dies insgesamt bis wenigstens 0,8 m, maximal 1,2 m Höhe, bei großen Mieten auch bis 1,5 m. Zuletzt wird alles mit einer weiteren Schicht Gartenerde überzogen und diese möglichst noch mit Laub, Stroh oder Rasenschnitt (bis 10 cm hoch) abgedeckt; das fördert die Erwärmung und hemmt die Verdunstung.

Kompostpflege und Umsetzen

Es ist nicht verkehrt, den Kompost als eine besondere „Kultur" anzusehen, die ebenso gepflegt wird wie Beete. Dabei reicht es freilich, bei ausgeprägter Trockenheit zu gießen und umgekehrt bei Dauerregen den Kompost mit einer Plane vor übermäßiger Vernässung zu bewahren. Die Abdeckung aus Rasenschnitt oder Stroh sollte man, wenn nötig, erneuern, Unkrautbewuchs regelmäßig entfernen. Außerdem kann man gelegentlich mit einem Rechenstiel o. Ä. Löcher einstechen, um die Durchlüftung zu fördern.

An einem zu sonnigen Platz können die Blätter von daneben gesetzten Kürbispflanzen oder Kapuzinerkresse das Rottegut beschatten. Deren Ranken müssen freilich vorsichtig zur Seite gelegt werden, wenn es ans Umsetzen geht.

Umgesetzt wird, sobald das aufgeschichtete Material stark zusammengesunken ist, bei Aufsetzen im Herbst beispielsweise im späten Frühjahr. Es sollte allerdings nicht im Winter, bei für die Mikroorganismen hemmenden Temperaturen geschehen. Man schichtet dabei den Kompost vollkommen um, kehrt das Obere nach unten, vermischt das Rottegut gründlich und bringt insbesondere äußere Schichten nach innen, damit auch sie hohen Rottetemperaturen ausgesetzt werden; zu trockenes Material nochmals anfeuchten. Die bessere Durchlüftung nach dem Umsetzen sorgt wiederum für gesteigerte Aktivität der Mikroorganismen. Bei sehr langsam rottendem Material kann der Kompost auch mehrmals umgesetzt werden.

Je nach Ausgangsmaterial und Rottebedingungen dauert es 6 bis 12 Monate, bis der Kompost fertig, also vollständig vererdet ist (auch → *Kompostreife*), unter sehr günstigen Bedingungen geht es sogar noch etwas schneller.

1. Wandermiete: Wenn der reife Kompost an der Vorderseite entnommen ist, „wandern" die Backsteine wieder nach hinten, wo man die neu anfallenden Abfälle sammelt.

2. Kürbis oder Kapuzinerkresse beschatten den Kompost und verhelfen ihm zu einem gefälligen Anblick. Sie werden direkt daneben gepflanzt, keinesfalls auf den Kompost.

CHECKLISTE

Optimale Bedingungen für die Kompostorganismen:
- hinreichender Sauerstoffgehalt
- genügend Feuchte (Wassergehalt um 25%)
- Temperaturen zwischen 20 und 45° C
- ausgewogenes C/N-Verhältnis (etwa 25 – 30:1)
- pH-Wert zwischen 5,5 und 7,5

TIPP

Vorteilhafte Zusätze sind kohlensaurer Kalk oder Algenkalk, die man dünn über die Erdschichten streut; ebenso etwas Gesteins- oder Tonmehl. Mit Hornmehl, Guano, Mist lässt sich der Stickstoffgehalt bei weitem C/N-Verhältnis verbessern, bei engem C/N-Verhältnis (z. B. viel Rasenschnitt oder Küchenabfälle) helfen Häcksel, Stroh oder Sägespäne.

Königslilie
Stattliche → *Lilie* mit großen weißen, außen purpurrosa gestreiften Trompetenblüten

Konkurrenztrieb
Bei Obstbäumen ein Trieb bzw. Ast, der mehr oder weniger parallel zum Mittelast (Stammverlängerung) wächst und mit diesem konkurriert. Entsprechende Konkurrenztriebe treten auch an den seitlichen Leitästen auf. Sie sollten frühzeitig entfernt werden, sofern man sie nicht als Ersatz, z. B. für kranke oder überalterte Äste, braucht.
　Auch → *Obstbaumschnitt*

Konservierung
→ *Gemüselagerung und -konservierung*, → *Obstlagerung und -konservierung*

Kontaktgift
Pflanzenschutzmittel, meist Insektizid, das bei Berührung des Schädlings mit dem Gift seine tödliche Wirkung entfaltet. Kontaktgifte werden meist auf Blattflächen oder direkt auf die Schadorganismen ausgebracht.
　Auch → *Insektizide*, → *Pflanzenschutzmittel*

Konventioneller Anbau
→ *Anbauweise*

Köpfchen
→ *Blütenstand* mit zahlreichen, auf der verkürzten, kegelförmig verbreiterten Hauptachse sitzenden Einzelblüten, z. B. bei Eberraute und Grasnelke

Kopfdüngung
Nachdüngung während der Wachstumszeit, die eine vor Kulturbeginn verabreichte Grunddüngung ergänzt.
　Auch → PRAXIS-SEITE Düngeverfahren und -methoden (S. 174/175)

Kopfkohl
BRASSICA OLERACEA

Unter Kopfkohl werden alle Formen der Kohlgemüse zusammengefasst, die einen mehr oder weniger festen Kopf aus dicht gepackten Blättern bilden. Zu dieser Gruppe der Kreuzblütler zählen Weiß- und Rotkohl sowie Wirsing oder Welschkohl. Spitzkohl und Butter- oder Adventskohl sind bestimmte Sorten bzw. besonders kultivierte Formen des Weißkohls und Wirsings. Weiß- und Rotkohl, je nach Region auch Weiß- und Rotkraut, Kabis oder Kappes genannt, sind wohl mit die ältesten Gemüsearten in Mitteleuropa. Schon lange macht man auch den Weißkohl durch Milchsäuregärung haltbar, das dabei entstehende Sauerkraut ist ein wertvoller Vitaminspender, vor allem im Winter (auch → *Einsäuern*).

Die wenig kälteempfindlichen Gemüse werden als Vor- oder Nachfrucht sowie als Hauptkultur angebaut. Man unterscheidet im Wesentlichen frühe, mittelfrühe und späte Sortengruppen. Frühe Sorten zieht man hauptsächlich in warmen Klimaregionen mit leichten Böden, Sommer-, Herbst- und Winteranbau wird in niederschlagsreichen Regionen mit schweren Böden betrieben. Bei der Auswahl der Sorten ist auf Schoss- und Platzfestigkeit zu achten.

Für Mischkultur kommen Bohnen, Erbsen, Spinat, Tomaten und Gurken in Frage. Die Kopfkohlarten zählen zu den Paradebeispielen für Starkzeher (auch → *Fruchtfolge*).
　Auch → *Kohlhernie*, → *Kohlschädlinge*

Weiß- und Rotkohl
BRASSICA OLERACEA CAPITATA-GRUPPE
☼–◐

Merkmale: Fester Kopf aus glatten, wachsartig bereiften Blättern; kurzer, dicker Strunk; Weißkohl mit weißlich grünen bis hellgrünen, Rotkohl mit rötlichen bis blauvioletten, außen grünen, blau geäderten Blättern.
Standort: Mittelschwerer bis schwerer, frischer bis feuchter, humoser, nährstoffhaltiger und unbedingt kalkhaltiger Boden.
Kultur: Anzucht von Frühsorten im Februar/März, Pflanzung ins Freie ab März mit 40 x 40 cm Abstand; Aussaat von mittelfrühen und späten Weiß- und Rotkohlsorten im März/April ins Frühbeet oder ab Mai ins Freie, Pflanzung ab Ende Mai mit 50 x 50 cm Abstand.
Pflege: Frühsorten mit Vlies oder Folie schützen; Boden regelmäßig lockern; Pflanzen etwas anhäufeln; mehrmals mit Kompost oder Volldünger nachdüngen.
Ernte: Frühe Sorten ab Juni, mittelfrühe von Juli bis September, späte von Oktober bis November ernten; Köpfe am Strunk abschneiden, äußere Hüllblätter entfernen.
Hinweis: Als Spitzkohl bezeichnet man bestimmte Sorten des Weißkohls, die längliche, zugespitzte Köpfe bilden, insbesondere aber die Sorte 'Filderstadt'. Spitzkohl verwendet man hauptsächlich zur Herstellung von Sauerkraut. Zu Butterkohl vgl. Hinweis bei Wirsing.

Weißkohl

Kohlarten: Gesundes für die deftige Küche

Wirsing
BRASSICA OLERACEA SABAUDA-GRUPPE

Merkmale: Fester Kopf aus dunkel- bis hellgrünen, stark gekrausten Blättern mit erhabenen, helleren Blattrippen; kurzer Strunk.
Standort: Wie Weiß- und Rotkohl (S. 144).
Kultur: Anzucht früher Sorten im Januar/Februar, Pflanzung ins Freie ab Ende März; Aussaat mittelfrüher Sorten im März/April ins Frühbeet, auspflanzen ab Juni; Direktsaat später Sorten ab April; Pflanzabstand jeweils 40 x 50 cm.
Pflege: Wie Weiß- und Rotkohl.
Ernte: Frühe Sorten ab Ende Juni, mittelfrühe ab Ende August, späte von September bis zu den ersten Frösten; bis auf Frühsorten kühl und luftfeucht mehrere Wochen lagerfähig.
Hinweis: Butterkohl stammt vom Wirsing ab, er bildet lockere Köpfe aus gekräuselten, gelbgrünen Blättern. Man kultiviert ihn wie frühe Wirsingsorten. Andererseits werden mit Butterkohl hingegen auch bestimmte Weißkohlsorten bezeichnet, die man erst im Oktober pflanzt, auf dem Beet überwintert und ab April erntet.

Kopfsalat
→ *Salat*

Kopfsteckling
→ *Steckling*, der von Triebspitzen geschnitten wird

Kopulation
Auch Reiserveredlung genannt; Methode der → *Veredlung*, die vor allem beim Kernobst angewandt wird, auch bei Beerenobst-Hochstämmchen und Walnussbäumen, seltener bei Steinobst. Dieses Verfahren lässt sich gut einsetzen, wenn Unterlage und Edelreis (Trieb der zu veredelnden Sorte) etwa gleich stark sind. Das Prinzip: Unterlage wie Edelreis werden so abgeschnitten, dass sie schräge, jeweils 4 – 8 cm lange Schnittflächen aufweisen, die möglichst deckungsgleich aufeinander passen. Durch die großen Überlappungsflächen verwachsen die beiden Triebe gut miteinander.

Die Kopulation führt man im Spätwinter bzw. Vorfrühling durch, am besten mit einem speziellen Kopuliermesser oder einer Kopulierhippe (auch → *Hippe*). Diese müssen sehr scharf sein, um einen sauberen, exakten Schnitt zu ermöglichen. Die Schnitte werden an Unterlage wie Edelreis so angesetzt, dass sich jeweils auf der gegenüber liegenden Seite eine Knospe befindet. In welcher Höhe die Unterlage angeschnitten wird, hängt davon ab, ob eine bodennahe oder eine Stammveredlung vorgesehen ist; bei ersterer schneidet man 10 – 20 cm über dem Wurzelhals, bei letzterer meist knapp unterhalb der Krone. Das Edelreis wird auf 3 bis 4 Knospen über der schrägen Schnittstelle eingekürzt, bei Stammveredlung auf 4 bis 6. Nun werden die Schnittstellen deckend übereinander gelegt und mit Bast umwickelt, beginnend etwa 1 cm oberhalb der Schnitt- bzw. Verbindungsstelle und bis ebensoweit unterhalb reichend. Die Knospen bleiben dabei frei. Abschließend verstreicht man die Veredlungsstelle sowie die Spitze des Edelreises mit Baumwachs. Falls die beiden Triebe nicht ganz dieselbe Breite haben, legt man das Edelreis keinesfalls mittig auf die Unterlage. Es ist wichtig, dass wenigstens eine Seite bündig anliegt; denn direkt neben der Rinde befindet sich das → *Kambium*, das das Verwachsen überhaupt ermöglicht.

Korallenbeere
Anspruchsloser Strauch mit lufthaltigen roten Beeren
→ *Schneebeere*

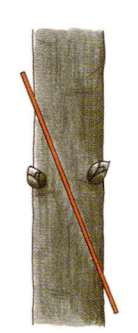

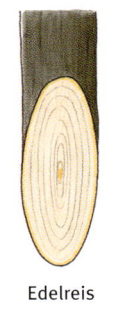

Kopulation: 1) Geschnitten wird stets schräg gegenüber einer Knospe. 2) Die Schnittstellen von Unterlage und Edelreis müssen möglichst deckungsgleich sein. 3) Beim Verbinden mit Bast die Knospen aussparen.

KORBBLÜTENGEWÄCHSE

Nach den Astern heißen die Korbblütengewächse botanisch Asteraceae.

Korbblütengewächse

Kurz Korbblütler; wissenschaftlich *Asteraceae* (früher: *Compositae*). Sehr große Pflanzenfamilie mit weltweit etwa 19 000 Arten, deren Blütenstand immer das namensgebende Körbchen ist. Zudem schützen stets grüne Hüllblätter den Blütenstand im Knospenstadium, besonders auffällig z. B. bei der Artischocke. Was man bei den Korbblütlern häufig als eine große Blüte wahrnimmt, etwa bei der Aster oder beim Gänseblümchen, setzt sich tatsächlich aus zahlreichen kleinen Einzelblüten zusammen, die auf dem Körbchenboden sitzen. Besonders deutlich wird dies bei der Sonnenblume, in deren „Blütenmitte" zahlreiche Körner, die Früchte, entstehen. Sie entwickeln sich aus kleinen, unscheinbaren Röhrenblüten, die die Scheibe bilden, deshalb auch Scheibenblüten genannt. Bei den scheinbaren gelben „Blütenblättern" handelt es sich ebenfalls um ganze Einzelblüten, aufgrund ihres Baus Zungenblüten genannt. Sie dienen als so genannter Schauapparat zur Insektenanlockung. Röhren- wie Zungenblüten setzen sich jeweils aus verwachsenen Blütenblättern zusammen. Viele Korbblütler weisen beide Blütenarten auf, manche haben nur Röhrenblüten, z. B. Estragon; eine recht große Gruppe bzw. Unterfamilie besitzt dagegen nur Zungenblüten, z. B. Löwenzahn und Wegwarte, und führt häufig Milchsaft. Zu den Korbblütengewächsen gehören zahlreiche wichtige Zierpflanzen, u. a. Ringelblumen, Dahlien, Margeriten, Tagetes und Zinnien, außerdem mehrere Gemüse und Kräuter, darunter Kopfsalat, Schwarzwurzel und Endivie.

Körbchen

Von Hüllblättern umgebener → *Blütenstand* der → *Korbblütengewächse*

Korbweide

Mittelhohe → *Weide* mit bläulich grünen Blättern und zahlreichen Kätzchen, deren Ruten früher oft für die Korbflechterei verwendet wurden.

Kordon

Erziehungsform von Obstgehölzen, auch Schnurbaum genannt. Ein Kordon besteht lediglich aus einer Hauptachse bzw. einem Stamm, von dem nur kurzes Seitenholz abgeht. Man kann so Obst recht Platz sparend an einer Hauswand oder heckenartig entlang eines Drahtgerüsts pflanzen. In Frage kommen dafür z. B. Apfel und Birne auf schwach wachsenden Unterlagen, die man dann als einjährige Veredlungen mit nur 80 – 100 cm Abstand pflanzt. Die Seitentriebe müssen häufig eingekürzt und anfangs entspitzt werden, die Stammverlängerung lässt man in der Regel ungeschnitten; sie wird bis 4 m hoch. Am günstigsten ist es, wenn man bereits als Kordon erzogene Jungbäume pflanzt. Die laufenden Schnittmaßnahmen sind allerdings recht aufwändig und im Detail nicht ganz einfach, so dass der Kordon heute nur recht selten zu finden ist. Ähnliche Erziehungsformen stellen die U-Form und die Verrier-Palmette dar (auch → *Obstbaum, Spalierformen*).

Neben der senkrecht gezogenen Form kennt man auch den waagrechten Kordon. Die Bäume werden hierbei mit 5 – 6 m Abstand an einem 40 – 50 cm hohen Spanndraht erzogen, wobei man sie im Frühjahr nach der Pflanzung rechtwinklig abbiegt.

Verbreiteter als beim Baumobst ist die Kordonerziehung bei der Weinrebe, die man häufig als zweiarmigen Kordon mit je einem nach links und nach rechts abgehenden Haupttrieb formiert.

Senkrechter Kordon oder Schnurbaum

Koreatanne

Nicht allzu groß werdende → *Tanne*, die schon in jungen Jahren sehr viele Zapfen bildet.

Koriander

CORIANDRUM SATIVUM
☼ ☺

Seit mehr als 3 000 Jahren findet dieses Doldenblütengewächs Verwendung als Würz- wie als Heilpflanze. Die frischen Blätter der nur in Kultur bekannten, aber teilweise verwilderten Pflanze nutzt man in der Küche, vor allem für asiatische Gerichte; die Früchte, der Einfachheit halber als

Koriander ist eine altbewährte Würz- und Heilpflanze.

Samen angesehen und bezeichnet, kommen in Backwaren und Sude zum Einkochen sowie in Gewürzmischungen vor. Ähnlich wie Kümmel wirkt Koriander gegen Blähungen. Da das Gewächs etwas merkwürdig riecht, nennt man es auch Wanzendill.
Merkmale: Einjährige Gewürzpflanze, locker buschig, 30 – 70 cm hoch; gerillte Stängel mit gefiederten Blättern; weiße Blütchen in schirmförmigen Dolden; kugelige Samen (eigentlich zweisamige Früchte).
Blütezeit: Juni – August
Standort: Lockerer, neutraler bis leicht basischer Boden.
Kultur: Direktsaat ab April in Reihen mit 30 cm Abstand; mehrere Folgesaaten verlängern die Erntezeit.
Pflege: Anspruchslos.
Ernte: Ernte frischer Blättchen bis zu Beginn der Blüte; zur Samenernte reife Samenstände abschneiden und Körner herausschütteln.

Kork
An älteren Spross- und Wurzelteilen unter der äußeren Rindenschicht gebildetes Gewebe aus Korkzellen, deren Zellwände durch eine eingelagerte fettartige Substanz wasser- und luftundurchlässig sind. Dadurch werden die außerhalb des Korks gelegenen Gewebe von der Nährstoff- und Wasserversorgung abgeschnitten, sterben ab und bilden die Borke. Besonders ausgeprägt und anhaltend ist dieser Korkbildungsprozess bei der in Südeuropa kultivierten Korkeiche, die den Rohstoff für wirtschaftlich genutzten Kork liefert.

Korkenzieherhasel
Sorte der → *Hasel* mit in sich verdrehten, mehrfach gebogenen Zweigen

Korkenzieherweide
Sorte einer Weidenart mit spiralig gewundenen Ästen und in sich verdrehten Zweigen
→ *Weide*

Korkflügelstrauch
Strauch mit kantigen Korkleisten an den Zweigen und leuchtender Herbstfärbung
→ *Spindelstrauch*

Kornblume
CENTAUREA CYANUS

Waren früher Getreidefelder zur Blütezeit der Kornblume blau gefärbt, muss man heute fast schon nach ihnen suchen. Das von Europa über Asien bis Nordamerika einst weit verbreitete Korbblütengewächs ist heute häufiger in Gärten anzutreffen als auf freier Flur. Zierformen der eng mit der → *Flockenblume* verwandten Art sind vielfach dicht gefüllt und haben neben dem typischen Kornblumenblau auch andere Blütenfarben zu bieten.
Merkmale: Einjährige Sommerblume, straff aufrecht, buschig, 40 – 100 cm hoch; kantige, drahtige Stängel mit schmalen, graugrünen Blättern; blaue Blütenkörbchen mit einem Kranz mehrzipfeliger Randblüten, oft gefüllt, blau, auch rosa, rot oder weiß.

Kornblume (Centaurea cyanus)

Blütezeit: Juni – September
Verwendung: In Gruppen auf Beeten und Rabatten, besonders schön mit Margeriten und Mohn; für Gefäßkultur geeignet; gute Schnittblume.
Standort: Lockerer, mäßig trockener bis frischer, humoser Boden.
Kultur: Anzucht ab März, auspflanzen ab Mitte Mai; Direktsaat ab April ins Beet, auf 20 cm Abstand vereinzeln.
Pflege: Bei Bedarf stützen.

Kornelkirsche
CORNUS MAS

Das Hartriegelgewächs ist auch als Herlitze oder Dirlitze bekannt. Seine frühe Blüte, die zierenden, zugleich schmackhaften Früchte sowie seine Anspruchslosigkeit machen dieses in Eurasien heimische Gehölz so beliebt. Aus den Früchten lässt sich Konfitüre, Gelee, Kompott oder Saft herstellen.
Merkmale: Großstrauch, meist mit mehreren Stämmen, dicht buschig, etwas sparrig, im Alter mit überhängenden Zweigen, 3 – 8 m hoch und 3 – 6 m breit; elliptische, glänzend grüne, unterseits leicht bläulich schimmernde Blätter, gelbe Herbstfärbung; grünlich gelbe Blütchen in büscheligen Dolden; ab August rote, kirschenähnliche Früchte.

KORNRADE

Kornelkirsche (Cornus mas)

Kornrade (Agrostemma githago)

Blütezeit: März – April
Verwendung: Als Blüten- und Fruchtschmuckstrauch für frei wachsende Wildhecken, für Schnitthecken, in Gehölzgruppen; gut rauchhart, für Stadtklima geeignet.
Standort: Durchlässiger, mäßig trockener bis frischer Boden.
Pflanzen/Vermehren: Pflanzung bevorzugt im Herbst; Vermehrung durch Steckhölzer, Stecklinge oder Absenker, auch Aussaat möglich, aber sehr langwierig.
Pflege: Anspruchslos; verträgt selbst scharfen Rückschnitt, muss aber nicht regelmäßig geschnitten werden.

Kornrade
AGROSTEMMA GITHAGO
Die anmutigen Blüten blitzten früher vielfach aus Getreidefeldern heraus, doch weil das Nelkengewächs in allen Teilen stark giftig ist, wurde es nachhaltig bekämpft und kommt heute so selten vor, dass es vom Aussterben bedroht ist. Eine Überlebenschance kann man der auf der ganzen Nordhalbkugel vorkommenden Pflanze im Garten geben.

Merkmale: Einjährige Sommerblume, aufrecht, leicht buschig, 40 – 100 cm hoch; lange, schmale Blätter; fünfstrahlige, purpurrote Blüten mit hellerem Schlund.
Blütezeit: Juni – September
Verwendung: In Gruppen auf Beeten und Rabatten, hübsch mit Kornblumen und Mohn; gute Schnittblume.
Standort: Am besten sonnig; mäßig trockener bis frischer, sandiger bis lehmiger, nährstoffreicher Boden.
Kultur: Breitwürfige Direktaussaat im Herbst oder März ins Beet; Sämlinge auf 20 – 30 cm Abstand vereinzeln.
Pflege: Völlig anspruchslos.

Körnung
1) Korngrößenverteilung der mineralischen Bodenbestandteile, die die → *Bodenart* bestimmt.
2) Größenklassierung bei käuflichem Sand, Kies, Splitt und Schotter, in der Regel in Millimeter angegeben, z. B. grober Sand mit Körnung 0 – 8 mm, als vereinfachte Schreibweise 0/8.

Kosmee
Einjährige Sommerblume mit roten, rosa, weißen oder gelben Blüten
→ *Schmuckkörbchen*

Krachsalat
Auch Eis- oder Eisbergsalat genannter → *Salat* mit knackigen Blättern

Kragenfäule
Pilzkrankheit, die vom Boden aus Obstbäume befällt, in erster Linie Apfel, wobei die Sorten unterschiedlich empfindlich sind, daneben auch Birne.
  Der Pilz dringt meist über Verletzungen in den Baum ein und zerstört die Leitungsbahnen. Schlimmstenfalls stirbt der ganze Baum ab.
Schadbild: Anfangs violette, verbräunende kleine Flecken an der Veredlungsstelle, die sich zu einem Fäulnisherd ausbreiten; dieser meist als „Kragen" rund um den Stamm; Blattfall und Fruchtfäule.
Abhilfe: Vorbeugend gering anfällige Sorten und Bäume auf widerstandsfähigen Unterlagen wählen; unnötige Wunden vermeiden, stets auf gute Stamm- und Wundpflege achten. Faulende Früchte am Baum und Fallobst sorgfältig entfernen; Faulstellen am Stamm sauber ausschneiden und mit desinfizierendem Wundverschlussmittel behandeln; notfalls muss der ganze Baum gerodet werden.

Krail
Handgerät mit vier klauenartig im rechten Winkel abgebogenen, kräftigen Zinken. Eignet sich gut zur Bodenlockerung, zum Einarbeiten von Kompost und zum Entfernen von Wurzelunkräutern.
  Auch → *Bodenbearbeitungsgeräte*

Krankheiten
→ *Pflanzenkrankheiten*

Kranklbeere
Regionaler Volksname der → *Preiselbeere*

Kratzdistel
Auch Acker- oder Stechdistel; gehört zu den ausdauernden, hartnäckigen

→ *Unkräutern,* entwickelt eine tief reichende Pfahlwurzel. Stark bestachelte Blätter, durchaus zierende lila bis purpurrote Blütenkörbchen. Die Stacheln können starke allergische Reaktionen hervorrufen. Sehr selten werden einige verwandte Arten der Gattung *Cirsium* als Wildstauden im Naturgarten eingesetzt.

Kräuel
Andere Bezeichnung für den → *Krail*

Kräuselkrankheit
Wichtige Pilzkrankheit des Pfirsichbaums, die starke Blattdeformationen verursacht
→ *Pfirsichkrankheiten*

Krauskohl
Anderer Name für den → *Grünkohl*

Kraussalat
Kreuzung aus Pflück- und Eichblattsalat
→ *Salat*

Kraut
1) → *Kräuter*
2) → *krautige Pflanzen*
3) Vor allem im süddeutschen Raum übliche Bezeichnung für → *Kopfkohl*

Kräuter
Während der Begriff im botanischen Sinn für nicht verholzende, → *krautige Pflanzen* steht, fasst man gärtnerisch die Gewächse als Kräuter zusammen, die aufgrund ihrer besonderen Inhaltsstoffe als Würz- oder Heilpflanzen genutzt werden.

Würz- und Heilkräuter gehören verschiedenen **Pflanzengruppen** an. Viele sind einjährig bzw. werden nur einjährig kultiviert, beispielsweise Basilikum, Kresse und Majoran. Daneben gibt es einige Zweijährige wie Petersilie und Löffelkraut. Recht groß ist weiterhin die Zahl der ausdauernden Kräuter, die botanisch zu den Stauden gehören, z. B. Beinwell, Liebstöckel und Pfefferminze. Hierunter finden sich auch etliche Halbsträucher, die meist aus Südeuropa stammen, so etwa Oregano, Thymian und Lavendel. Manche Arten stellen „Grenzfälle" zum Gemüse dar, z. B. Knoblauch, Zwiebel, Gewürzpaprika und Schnittsellerie; andere werden vorwiegend den Blumen und Stauden zugerechnet, darunter Ringelblume oder Lavendel.

Die Substanzen, die diesen Gewächsen Würz- und Heilkräfte verleihen, werden teils als sekundäre **Pflanzeninhaltsstoffe** bezeichnet, da man sie gewissermaßen als Nebenprodukte des pflanzlichen Stoffwechsels ansieht. Es handelt sich dabei oft um sehr komplexe biochemische Verbindungen wie ätherische Öle, Senföle und andere Scharfstoffe, Bitter- und Gerbstoffe, Flavonoide, Saponine und Cumarine. Sie finden sich in Blättern, Stängeln, Blüten oder Wurzeln. Nahezu alle Kräutersubstanzen, die als aromatische Würzstoffe Speisen abrunden, haben auch eine gesundheitsfördernde Wirkung. Verbreitet und bekannt ist der appetitanregende und verdauungsfördernde Effekt vieler Kräuter, den man auch in Tees, Likören und Schnäpsen nutzt, außerdem wirken viele Kräuter krampf- und schleimlösend (z. B. Thymian, Anis), entzündungs- oder bakterienhemmend (z. B. Kamille, Knoblauch), beruhigend (z. B. Zitronenmelisse, Baldrian) oder anregend (z. B. Rosmarin, Salbei). Die Wirkstoffe sind durchaus effektiv und werden selbst in der modernen Heilkunde genutzt; ihr übermäßiger Gebrauch bzw. einseitige Kräuterverwendung können aber auch ins Gegenteil umschlagen (auch → *Arzneipflanzen,* → *Heilkräuter*). Das gilt ebenso bei Verwendung als Würzkraut.

Um in den Genuss der erwünschten Inhaltsstoffe zu kommen, müssen bei **Anbau und Ernte** manche Punkte besonders beachtet werden. Die meisten Kräuter brauchen viel Sonne, um die entsprechenden Substanzen auszubilden. Übermäßige Düngung, besonders mit Stickstoff, kann die Wirk-

Viele Kräuter lassen sich gut in Töpfen ziehen.

stoffbildung einschränken. Die Gehalte in Blättern und teils auch Wurzeln nehmen häufig bis kurz vor der Blüte zu, fallen aber dann nach Einsetzen des Flors rapide ab, so dass rechtzeitig geerntet werden muss. Auch das Konservieren der Aromen, soweit überhaupt möglich, verlangt besondere Sorgfalt; → PRAXIS-SEITE Kräuter verarbeiten und konservieren (S. 492/493).

Aufgrund ihrer Inhaltsstoffe bieten Kräuter neben der Nutzung für Würz- und Heilzwecke noch einige besondere **Verwendungsmöglichkeiten**. Die von vielen Arten gebildeten ätherischen Öle machen sie zu ausgesprochenen → *Duftpflanzen*, die man für Geruchserlebnisse gezielt im Garten einsetzen und platzieren kann. Manche dieser Düfte sind so intensiv, dass Kräuter als → *Abwehrpflanzen* gegen Schädlinge dienen. Die abwehrende Wirkung macht man sich auch bei Zubereitung von → *Kräuterauszügen* zunutze. Kräuter lassen sich auf vielfältige Weise unterbringen und in die **Gestaltung** mit einbeziehen. Nicht alle Arten müssen vor dem Flor geerntet werden; wenn man ohnehin nur Blättchen pflücken will, kann man z. B. den Thymian seine hübschen Blüten entfalten lassen. Bei manchen stellen die Blüten sogar das Erntegut dar. Hübsche Blüher sind z. B. Borretsch, Ringelblume, Oregano, Lavendel und Tripmadam (Fetthenne). Weiterhin ist das Laub vieler Kräuter so ansehnlich, das sie durchaus als Blattschmuckpflanzen durchgehen. Das gilt besonders für grau- bis blaublättrige Arten wie Salbei und Wermut sowie für Sorten mit roten oder bunten Blättern, wie sie etwa von Basilikum, Pfefferminze und Salbei angeboten werden. Neben der „klassischen" Platzierung im Gemüsebeet kommt deshalb z. B. die Verwendung zwischen Stauden und Sommerblumen oder als Beeteinfassung in Frage. Dies ist nicht nur sehr hübsch, sondern auch besonders praktisch in Terrassen- bzw. Küchennähe, wo man zudem häufig den Duft genießen kann. Gerade für Terrasse und Balkon und bei Kräutern des täglichen Bedarfs bietet sich außerdem die Kultur in Töpfen und Kästen an. Eine besonders reizvolle Möglichkeit, die Pflanzen gestalterisch im Garten einzusetzen, stellt die → *Kräuterspirale* dar.

Kräuterauszüge

Schon seit Jahrhunderten stellen Gärtner wässrige Auszüge aus verschiedenen Pflanzen her, um Schädlinge und Krankheiten zu bekämpfen. Im Rahmen des Bio-Anbaus wurden viele dieser Auszüge, Brühen und Jauchen als Alternative zum chemischen Pflanzenschutz wiederentdeckt und weiterentwickelt, neue Rezepturen kamen hinzu. Die tatsächliche Bekämpfungswirkung ist allerdings zum Teil umstritten, manches wurde jedoch auch wissenschaftlich bestätigt, z. B. die pilzhemmende Wirkung des Knoblauch. Die verstärkte Forschung in dieser Richtung hat in neuerer Zeit zu einem breiten Angebot von Fertigpräparaten aus Kräutern geführt, die als → *Pflanzenstärkungsmittel* deklariert sind.

In der vorbeugenden Pflanzenstärkung und Schädlingsabwehr liegen auch die Schwerpunkte der meisten Kräuterauszüge, die man selbst herstellen kann. Bei stark vergorenen Jauchen kommt schließlich auch ein nicht unbeträchtlicher Düngeeffekt hinzu; diese lassen sich dann wie Flüssigdünger mit der Gießkanne ausbringen.

Neben → *Kräutern* im engeren Sinn haben als Rohstoffe für Auszüge Ackerschachtelhalm, Brennnesseln und Rainfarn besondere Bedeutung. Dies zeigt nebenbei, wie fragwürdig die Einstufung solcher Pflanzen als „Un"-Kräuter ist. Wirkungsvolle Auszüge liefern aber auch Teile mancher Gemüsepflanzen, z. B. Tomatenblätter. Die Pflanzen werden meist frisch und zerkleinert verwendet, teils auch getrocknet. Bei den Zubereitungen unterscheidet man grundsätzlich:

■ Jauche: Pflanzenteile in einer Tonne ansetzen und mit Wasser übergießen; im Allgemeinen nimmt man 1 kg Frischmaterial auf 10 Liter Wasser. Tonne an sonnigem Platz unverschlossen aufstellen und täglich umrühren, zur Geruchsbindung etwas Gesteinsmehl zugeben. Hier wird eine Gärung angestrebt, die an starker Bläschen- bzw. Schaumbildung zu erkennen ist. Nach deren Abklingen und Absinken der restlichen Pflanzenteile ist die Jauche verwendungsfähig (nach etwa 10 bis 14 Tagen). Man kann sie – abgedeckt – in der Tonne lassen und nach und nach aufbrauchen. Vor Gebrauch abseihen; zum Gießen als stärkenden Dünger 1:10 mit Wasser verdünnen, als Spritzmittel in der Verdünnung 1:20.

■ Brühe: Pflanzenteile 24 Stunden in kaltem Wasser einweichen, dann

Zubereiten von Beinwelljauche: Die Pflanzen werden auf 10 – 20 cm Länge zerkleinert.

20 bis 30 Minuten bei geringer Hitze sieden lassen, schließlich nach Abkühlung absieben.

- Tee: Pflanzenteile mit kochendem Wasser übergießen, dann 10 bis 15 Minuten ziehen lassen, abseihen; nach Abkühlung verwendungsfähig.
- Kaltwasserauszug: Pflanzenteile nur 1 bis 2 Tage in kaltes Wasser legen, anschließend abseihen; der Auszug darf nicht gären.

Für Brühen, Tees und Kaltwasserauszüge werden meist zwischen 200 g und 1 kg Frischmaterial verwendet, die Anwendung erfolgt häufig unverdünnt oder im Verhältnis 1:5 mit Wasser gemischt, direkt auf die Pflanzen gesprüht. Aufgrund der zahlreichen, teils recht unterschiedlichen Rezepte für die verschiedensten Pflanzen sei auf die entsprechende Spezialliteratur verwiesen. Im Folgenden sind kurz einige häufig verwendete Auszüge genannt; in Klammer jeweils die Masse an Frischmaterial je 10 Liter Wasser sowie die Verdünnung:

- Ackerschachtelhalmbrühe (1 kg/ 1:5): vorbeugend und eindämmend gegen Pilzkrankheiten sowie Blattläuse
- Beinwelljauche (Ansatz vgl. Jauche): kalireicher organischer Dünger
- Brennnesseljauche (Ansatz vgl. Jauche): stickstoffreicher organischer Dünger; halbvergoren und 1:50 verdünnt als Spritzmittel gegen Blattläuse und Spinnmilben
- Brennnesselkaltwasserauszug (200 g/unverdünnt): gegen Blattläuse
- Knoblauchtee (75 g/unverdünnt): vorbeugend und eindämmend gegen Pilzkrankheiten, Blattläuse, Spinnmilben
- Rainfarnbrühe (300 g/unverdünnt): gegen Insekten, teils auch vorbeugend gegen Pilze; mit Schachtelhalmbrühe mischen
- Wermuttee oder -brühe: (300 g/ unverdünnt): gegen Insekten, als Jauche auch gegen Ameisen
- Zwiebeltee: wie Knoblauchtee, jedoch eher schädlingshemmend

Für Pflanzenschutzzwecke ist es wichtig, dass die Auszüge frühzeitig und häufig in kurzen Abständen versprüht werden, dabei die Pflanzen gründlich benetzen. Als Haftmittel kann man etwas Schmierseife hinzufügen.

Kräuterspirale

Auch als Kräuterschnecke bekannt. Kräuterbeet mit rundlichem Grundriss, das durch spiralartig angeordnete Natursteine ohne Mörtelverbindung strukturiert wird. Dabei steigt es zur Mitte hin turmartig an und erinnert so an die Form eines Schneckenhauses. Die Kräuterspirale sollte 2 – 3 m Ø haben, um Wirkung zu entfalten. Man legt sie an einem sonnigen Platz an.

Zunächst wird die Fläche 20 cm tief ausgehoben und mit Kies als Dränage aufgefüllt. Kein Muss, aber vorteilhaft ist die Anlage eines kleinen Teichs (mit Folie oder eingesenkter Bauwanne) an der Südseite. Die Steine werden nun von außen nach innen in Spiralform ausgelegt, wobei man die Höhe durch mehrlagiges Aufschichten allmählich etwas ansteigen lässt. Die Mauerzwischenräume werden bis auf halbe Höhe mit Kies oder Schotter aufgefüllt, darüber kommt die Pflanzerde bzw. der Aushub. Für die Pflanzen im unteren Bereich der Spirale verbessert man ihn mit Kompost, für die ganz oben dagegen wird er mit Sand oder auch etwas Kies abgemagert.

Durch die unterschiedliche Höhe ergeben sich verschiedenartige Pflanzenstandorte, was durch einen Teich noch verstärkt wird. Unten pflanzt man die eher feuchtigkeits- und nährstoffliebenden Kräuter wie Pfefferminze, Schnittlauch und Petersilie. Aufsteigend folgen z. B. Bohnenkraut oder Estragon, ganz oben, am sonnigsten Platz, setzt man trockenheitsliebende Arten, z. B. Thymian, Oregano und Lavendel. Die Kräuterbestückung kann nach Belieben durch passende Sommerblumen oder Kleinstauden ergänzt werden.

Frisch angelegte Kräuterspirale

Krautfäule

Meint meist die Kraut- und Braunfäule bei Tomaten bzw. die vom selben Schadpilz verursachte Kraut- und Knollenfäule, die bei Kartoffeln auftritt (→ *Tomatenkrankheiten,* → *Kartoffelkrankheiten*).

Krautige Pflanzen

Alle nicht verholzenden Pflanzen mit weichen, saftigen oberirdischen Sprossen, die am Ende der Vegetationsperiode ganz absterben (Ein- und Zweijährige) oder nur mit ihren unterirdischen Teilen überdauern (Stauden, Zwiebel- und Knollenblumen).

Krautiger Steckling

Bei Gehölzen ein noch nicht verholzter → *Steckling* von jungen Trieben

Krautrübe

Anderer Name für die → *Kohlrübe*

KRÄUTER VERARBEITEN UND KONSERVIEREN

1. Schon durch Sorgfalt bei der Ernte lassen sich Aromastoffverluste vermeiden.

2. Zum Trocknen werden die Kräuter nur locker gebündelt, keinesfalls stark aneinander gepresst.

3. Lufttrocknung und Einlegen in Öl oder Essig sind bewährte Konservierungsmethoden.

Ernte und Erntezeitpunkt

Häufigstes Erntegut bei Kräutern sind die Triebe und Blätter, auf die sich nachfolgende Ausführungen in erster Linie beziehen. Während man einzelne Blätter meist die ganze Wachstumszeit über pflücken kann, ist es für Konservierungszwecke wichtig, den Erntetermin mit dem höchsten Aromastoffgehalt zu wählen. Dieser liegt bei den meisten Arten kurz vor der Blüte, zu den wenigen Ausnahmen gehört der Oregano, den man während der Blüte erntet. Auch bei der Ernte selbst gilt es einige Punkte zu beachten, um Wirkstoffverluste möglichst gering zu halten, vgl. Checkliste. Zum Zerkleinern, für die Konservierung wie den Frischgebrauch, verwendet man am besten ein Wiegemesser oder eine spezielle Kräutermühle.

Kräuter trocknen

Das einfachste und meist auch schonendste Konservierungsverfahren für Kräuter ist die Lufttrocknung. Dafür braucht man einen schattigen, warmen Platz, an dem die Luft zirkulieren kann, z. B. auf dem Dachboden, in einem Schuppen, einer Remise o. Ä. Geschlossene Räume sollten stets gut gelüftet werden. Die Pflanzenteile werden vor dem Trocknen möglichst nicht gewaschen, nur vorsichtig ausgeschüttelt. Lediglich bei starker Verschmutzung spült man sie unter sanftem Wasserstrahl ab und tupft sie hinterher mit saugfähigem Küchenpapier trocken.

Kräuterstängel bindet man mit einem Faden zusammen und hängt sie einfach zum Trocknen kopfunter auf. Einzelblätter, Trieb-

> **TIPP**
>
> Kräuterpasten, ähnlich dem italienischen Pesto, kann man nicht nur aus Basilikum, sondern z. B. auch aus Kerbel, Oregano oder Bärlauch herstellen. Dabei kommen 100 g sehr fein gehackte oder zerstoßene Kräuter sowie ein Teelöffel Salz auf 100 ml Öl. Gut vermischen und in dunklen Schraubgläsern an kühlem, dunklem Ort aufbewahren.

PRAXIS

spitzen oder Blüten werden in dünner Lage ausgebreitet, z. B. in Obststeigen oder flachen Holzkisten. Am besten eignen sich dafür jedoch Siebe oder tischartige Holzgerüste, die man mit Mull oder feinmaschigem Draht bespannt. So kann die Luft auch von unten gut zirkulieren. Eine Schnelltrocknung lässt sich auch im spaltbreit geöffneten Backofen bei Temperaturen von höchstens 35° C durchführen. Die getrockneten Kräuter werden gerebelt, d. h., man zerreibt sie zwischen den Fingern oder mit Hilfe eines Siebs. Das Aroma hält sich am längsten, wenn man sie in luftdicht verschlossenen Schraubgläsern an einem dunklen Ort aufbewahrt.

Kräuter einfrieren

Blätter und Triebspitzen zahlreicher Kräuter lassen sich gut einfrieren, z. B. Basilikum, Petersilie, Dill, Bohnenkraut, Estragon, Thymian und Zitronenmelisse. Dies bietet sich allerdings nur für kleine Portionen an, da man die Kräuter gleich nach dem Auftauen verwenden muss. Vor dem Einfrieren werden sie unter fließendem Wasser abgespült, trocken getupft und dann als Ganzes oder fein zerhackt in kleine Gefrierbeutel bzw. Plastikdosen luftdicht verpackt (Beschriftung samt Einfrierdatum nicht vergessen).

Einlegen in Essig oder Öl

Das Einlegen ist eine kulinarisch besonders interessante Variante, zugleich eine optisch ansprechende, wenn man schön geformte Flaschen und Gläser dafür auswählt. Basilikum, Thymian, Salbei, Dill, Estragon und Ysop eignen sich besonders gut für diese Methode. Am besten verwendet man kalt gepresste Öle bzw. Wein- oder Obstessig.

Die Gefäße, die gut verschließbar sein müssen, werden zuvor mit heißem Wasser ohne Spülmittelzusatz gründlich gereinigt. Danach lässt man sie vollständig trocknen. Nach Auslesen vertrockneter und stark verschmutzter Teile, behutsamem Abspülen und Trockentupfen kommen die Kräuter in die Gefäße, wobei es in der Regel genügt, wenn der Gefäßboden gut bedeckt ist. Ansonsten rechnet man mit 3 bis 4 Stängeln je Liter Essig oder halbem Liter Öl. Nun wird so weit Essig oder Öl eingefüllt, bis die Kräuter völlig in Flüssigkeit getaucht sind. Schließlich das Ganze schütteln, danach die Behältnisse verschließen und an sonnigem Platz aufstellen, etwa 10 bis 21 Tage. In Öl eingelegte Kräuter während dieser Zeit öfter schütteln und nach der Zeit des Ziehens über ein Sieb abseihen. Bei Kräuteressig ist dies nicht nötig. Kräuteröl wie -essig dann an einem dunklen, kühlen Platz lagern.

CHECKLISTE

Kräuter schonend ernten:
- Möglichst in den Vormittagsstunden eines sonnigen Tags, nach Abtrocknen der Morgenfeuchte sammeln.
- Nur mit scharfem Messer oder scharfer Schere schneiden.
- Erntegut locker und luftig in Korb oder durchlöchertem Karton legen, nicht in die pralle Sonne stellen.

4. Für das schonende Zerkleinern der Kräuter eignet sich ein Wiegemesser besonders gut.

5. Wenn man häufig Kräuter konservieren möchte, lohnen sich spezielle Dörr- oder Trocknungsgeräte.

6. In gut verschließbaren Schraub- und Einmachgläsern sind getrocknete Kräuter am besten aufgehoben.

Krebs
Durch Schadpilze hervorgerufene Wucherungen an Stämmen von Obstbäumen
→ *Obstbaumkrebs*

Krebsschere
Meist untergetaucht lebende, nur zur Blütezeit aus dem Wasser ragende
→ *Schwimmpflanze*

Kren
Anderer Name für den → *Meerrettich*

Kresse
LEPIDIUM SATIVUM

Die auch Pfefferkraut genannte Kresse gehört wie Kohl und Rettich zu den Kreuzblütengewächsen. Ursprünglich aus Vorderasien und Nordafrika stammend, ist sie heute über die ganze Welt verbreitet. Schon im Mittelalter schätzte man die vitaminreiche und scharf-aromatische Pflanze, die innerhalb weniger Tage erntereif ist und vielfach auch auf der Fensterbank gezogen wird. Man findet glatt- und krausblättrige Züchtungen, zudem gibt es für jede Anbauform und -zeit unterschiedlich geeignete Sorten. Kresse lässt sich überall im Nutzgarten einsetzen und kann zwischen langsamer wachsenden Kulturen als → *Markiersaat* oder auch als Beetumrandung gezogen werden.
Merkmale: Ein- bis zweijährige Würzpflanze, 2 – 5 cm hoch; länglich eiförmige, sattgrüne Blättchen, leicht gefiedert.
Standort: Sonnig, im Sommer besser halbschattig; bevorzugt frischer bis feuchter Boden.
Kultur: Ab März in Reihen mit 10 cm Abstand oder breitwürfig säen; Folgesaaten sichern beständige Ernte.
Pflege: Stets gut feucht halten.
Ernte: Sobald die Pflanzen 7 – 10 cm hoch sind, mit der Schere abschneiden und sofort verwenden.

Schnellwüchsig und gesund: die Kresse oder Gartenkresse

Kressetest
Auch Kressekeimtest genannt; einfaches Verfahren, um die Pflanzenverträglichkeit von Kompost oder mit Kompost angemischter Pflanzerde zu prüfen. Dabei macht man sich die kurze Keimdauer der Kresse zunutze und nimmt die besondere Empfindlichkeit von Keimlingen gegenüber leicht löslichen Nährstoffen und anderen unverträglichen Substanzen als Maßstab. Man sät die Kresse gleichmäßig verteilt in eine flache Schale mit dem fraglichen Kompost oder Substrat, drückt die Samen leicht an, befeuchtet die Erde gut und deckt mit einer Glasscheibe oder Folie ab.

Sobald sich grüne Spitzen zeigen, wird die Abdeckung abgenommen. Hat nach 3 bis 4 Tagen der größte Teil der Kresse gekeimt, ist dies das erste Anzeichen für Pflanzenverträglichkeit. Bleiben die Blätter auch nach 6 bis 8 Tagen noch grün, handelt es sich um gut einsetzbaren Reifekompost (auch → *Kompostreife*); verfärben sie sich dagegen gelblich oder braun, sollte der Kompost nur zum Düngen verwendet werden.

Kreuzblume
Als Volksname für zwei verschiedene Pflanzen geläufig:

1) für das → *Mandelröschen* (*Clarkia*), eine farbenprächtig blühende Sommerblume;

2) für den → *Zwergbuchs* (*Polygala*), einen niedrigen, anmutig blühenden Halbstrauch für Steingärten.

Kreuzblütengewächse
Kurz Kreuzblütler; wissenschaftlich *Brassicaceae* (früher *Cruciferae*). Wichtige Pflanzenfamilie mit weltweit etwa 3 000 Arten. Hierzu zählen u. a. die → *Kohlgemüse,* Rettich, Radieschen, Kresse, Meerrettich, Gründüngungspflanzen wie Senf, Ölrettich und Raps, einige verbreitete Unkräuter, z. B. Hederich und Hirtentäschelkraut, sowie einige hübsche Zierpflanzen, darunter Goldlack, Blaukissen und Steinkraut.

Namensgebend für die Familie sind die kreuzförmig angeordneten Blütenteile, typisch ist auch die Bildung von → *Schoten* oder Schötchen als Früchte. Leider gibt es mehrere hartnäckige Schädlinge (→ *Kohlschädlinge*) sowie mit der → *Kohlhernie* einen äußerst ausdauernden Pilzkrankheitserreger, die nahezu sämtliche Kreuzblütler befallen können. Eine weite → *Fruchtfolge* bzw. ein häufiger → *Fruchtwechsel* ist deshalb bei Kreuzblütlern zwingend.

Kreuzdorn
RHAMNUS CATHARTICUS

Das Wildgehölz, das auf der gesamten Nordhalbkugel anzutreffen ist und zu den Kreuzdorngewächsen zählt, wird auch Purgierstrauch, Amselbeere oder Hexendorn genannt. Diese Namen beziehen sich auf die rabenschwarzen Beerenfrüchte, die heilkundlich vor allem als Abführmittel genutzt werden, unreif ebenso wie die Rinde jedoch giftig sind.

KRIECHTIERE

Kreuzdorn (Rhamnus catharticus)

Merkmale: Großstrauch oder kleiner Baum, sparrig, 4–6 m hoch; Äste mit kreuzförmig angeordneten, dornigen Kurztrieben; ovale, stumpfgrüne Blätter mit gelber Herbstfärbung; wenig auffällige, gelbgrüne Blütchen mit unangenehmem Geruch; schwarze, kleinen Kirschen ähnelnde Früchte.
Blütezeit: Mai – Juni
Verwendung: Als Fruchtschmuckstrauch in Wildhecken, in Gehölzgruppen; Vogelschutz- und -nährgehölz.
Standort: Trockener, kalkhaltiger, auch karger oder steiniger Boden; rauchhart, für Stadtklima geeignet.
Pflanzen/Vermehren: Pflanzung bevorzugt im Herbst; Vermehrung durch Absenker oder Aussaat (Kaltkeimer).
Pflege: Anspruchslos; kann nach Bedarf geschnitten werden.

Kreuzkraut
Als Volksname für zwei verschiedene Pflanzen geläufig:
1) für die Gattung *Senecio,* aus der im Garten hauptsächlich das → *Silberblatt* Verwendung findet;
2) für die Gattung *Ligularia,* zu der mehrere gelb blühende Stauden für Feuchtstandorte gehören.
→ *Ligularie*

Kreuzung
Vermischung von Erbmaterial unterschiedlicher Eltern; nicht nur der Vorgang, sondern auch ein dadurch entstehender Nachkomme wird als Kreuzung bezeichnet.

Zu einer Kreuzung von Pflanzen kommt es zufällig oder gezielt im Rahmen der Züchtung, indem der Pollen einer bestimmten Vaterpflanze die Eizellen einer Mutterpflanze mit anderen genetischen Eigenschaften befruchtet (auch → *Befruchtung,* → *Bestäubung*). Die entstehenden Nachkommen sind mischerbig, weisen also Erbanlagen und Merkmale beider Eltern auf. Sie werden auch → *Hybriden* oder Bastarde genannt.

In der Züchtung von → *Sorten* werden die Begriffe etwas abweichend verwendet: Hier versteht man unter Hybriden die so genannten → F_1-Hybriden*,* die bei Weitervermehrung stets uneinheitliche Nachkommen ergeben. Kreuzungen dagegen, die über Generationen konstant bleiben, bezeichnet man als samenbeständig bzw. „reinerbig", obwohl sie ebenfalls gemischte Erbanlagen besitzen. Sie werden in besonders aufwändiger Kombinationszüchtung erzielt, durch die man neue Sorten erhält.

Krieche
Ältere, gebietsweise verwilderte Form der → *Pflaume,* auch Haferpflaume bzw. -schlehe oder Spilling genannt.

Kriechmispel
Teppichartig wachsender Kleinstrauch mit dem Boden aufliegenden Zweigen
→ *Zwergmispel*

Kriechrose
Heimische, weiß blühende Wildrose mit kriechendem, zuweilen kletterndem Wuchs
Auch → *Rose*

Kriechspindel
Immergrüner, kriechender bis kletternder Strauch mit zierendem Blattwerk
→ *Spindelstrauch*

Kriechend
Wuchsform mit dem Boden aufliegenden Trieben, die sich nicht selten an den → *Knoten* bewurzeln; verbreitet bei Gehölzen und Stauden, die als → *Bodendecker* Verwendung finden. Auch oberirdische → *Ausläufer* wachsen meist kriechend.

Kriechtiere
Klasse wechselwarmer Wirbeltiere, auch als Reptilien bekannt. Anders als bei den → *Amphibien* ist jedoch der fachsprachliche Ausdruck „Reptilien" für die bei uns wild lebenden Arten nicht allgemein geläufig. Im Garten hat man auch recht selten mit Vertretern dieser Klasse zu tun, sofern man dort keine Schildkröten hält, die zu einer der großen Gruppen innerhalb der Kriechtiere zählen. Von selbst stellen sich an feuchten Plätzen gelegentlich die völlig ungiftige → *Ringelnatter* sowie die ebenfalls harmlose → *Blindschleiche* ein. Letztere gehört zu den Echsen, ebenso wie die → *Eidechsen,* die eher trocke-

Die Zauneidechse – ein Vertreter der Kriechtiere, der zuweilen in Gärten seinen Lebensraum findet.

ne, warme Plätze bevorzugen. Sie alle vertilgen Insekten und sonstiges Kleingetier, erwischen dabei so manchen Schädling und sollten gefördert werden, nicht zuletzt, da sie sämtlich unter Naturschutz stehen.

Die stets schuppigen Kriechtiere legen ähnlich wie Vögel recht große Eier ab, je nach Gattung und Art in Sand, Kompost, Moos oder morsche Baumstämme. Die daraus schlüpfenden Jungtiere sind Lungenatmer, es gibt also kein Kiemen tragendes, an Wasser gebundenes Stadium wie bei den Amphibien.

Kriechwacholder
Niedrige Art des → *Wacholders* mit dem Boden aufliegenden Ästen; auch Bezeichnung für entsprechend wachsende Wacholdersorten

Kriechweide
Kleine → *Weide* mit niederliegenden Trieben

Kristallkraut
Anderer Name für das → *Eiskraut*

Krokus
CROCUS

Die zahlreichen Arten der Gattung gelten als Frühlingsboten par excellence. In voller Sonne öffnen sie ihre großen Kelche weit und recken sich dem Licht entgegen, nachts und bei trüber Witterung verharren sie geschlossen. Die meisten dieser anmutigen Schwertliliengewächse, die aus Südeuropa, Kleinasien und Vorderasien stammen, öffnen ihre Blütenkelche tatsächlich schon zeitig im Jahr, aber es gibt auch eine Reihe von Herbstblühern. Nach Blütezeit sowie nach der Größe der Blüten werden drei Hauptgruppen von Krokussen unterschieden:

■ Vorfrühlingsblüher oder auch Botanische Krokusse wie Elfenkrokus, Bunter Krokus oder Goldlackkrokus

■ Großblumige Gartenkrokusse, zu denen neben vielen Hybridformen des Frühlingskrokus auch der Goldkrokus gehört.

■ Herbstblühende Krokusse wie Prachtkrokus und Safrankrokus Nachfolgend ist je ein Vertreter dieser Gruppen ausführlicher beschrieben. Die reinen Arten stehen, bis auf den Safrankrokus, der zur Gewinnung des kostbaren Safrangewürzes auch erwerbsmäßig angebaut wird, unter Naturschutz; als gärtnerische Züchtungen und Auslesen können sie jedoch in vielerlei Sorten kultiviert werden.

Bezaubernde Frühjahrspracht: Krokuswiese

Elfenkrokus
CROCUS TOMMASINIANUS

Merkmale: Kleine Zwiebelpflanze, 5 – 10 cm hoch; schmale, grasartige Blätter, oft erst nach der Blüte erscheinend; schlanke, hellviolette Blütenkelche mit leuchtend orangeroten Staubgefäßen und Narben; Sorten mit verschieden Violett- und Lilatönen.

Blütezeit: Februar – März
Verwendung: Stets in Gruppen am Gehölzrand, im Steingarten, in lückigen Magerwiesen.
Standort: Am besten vollsonnig; gut durchlässiger, auch sandiger bis steiniger Boden.
Pflanzen/Vermehren: Zwiebelknollen im Herbst 5 cm tief und mit 10 cm Abstand einsetzen; Vermehrung durch Brutknöllchen oder durch Aussaat.
Pflege: Anspruchslos; Laub bis zum Vergilben stehen lassen.
Hinweis: Ebenso pflegeleicht und anspruchslos sind viele weitere Vorfrühlingsblüher, z. B. der Bunte Krokus (*C. chrysanthus*) mit bauchigen Blütenkelchen, mehrfarbig gezeichnet und oft außen kontrastierend getönt; der Goldlackkrokus (*C. angustifolius*) mit sternförmigen, fein geäderten Blüten in Goldgelb; der Silberlackkrokus (*C. versicolor*) mit weißen Blüten mit violettem Strichmuster. Für Liebhaber stehen noch weitere Arten zur Wahl, u. a. der goldgelbe Ankarakrokus (*C. ancyrensis*), der weiße, purpurn getuschte Schottische Krokus

(*C. biflorus*), der lavendelblaue Etruskerkrokus (*C. etruscus*) sowie der hell violett blühende *C. sieberi*.

Frühlingskrokus
CROCUS VERNUS

Merkmale: Kleine Zwiebelpflanze, 5 – 10 cm hoch; grasartige Blätter mit weißem Mittelstreifen; große Blütenkelche mit intensiv orange gefärbten Narben und Staubgefäßen; mit der Zeit dichte Büsche bildend; zahlreiche Sorten mit weißen, lilafarbenen, purpurnen bis blauvioletten Blüten, auch zweifarbig.
Blütezeit: März – April
Verwendung: Stets in Gruppen im Vordergrund von Beeten und Rabatten, am Gehölzrand, in Wiesen; auch für Gefäßkultur und zur Treiberei geeignet.
Standort: Am besten sonnig, im Halbschatten spärlichere Blüte; gut durchlässiger, humoser Boden.
Pflanzen/Vermehren: Zwiebelknollen im Herbst 5 – 10 cm tief mit 5 – 10 cm Abstand einsetzen; Vermehrung durch Brutknöllchen sowie durch Aussaat.
Pflege: Anspruchslos; Laub bis zum Einziehen stehen lassen.

Frühlingskrokus (Crocus vernus 'Jeanne d' Arc')

Hinweis: Große Blütenkelche in sattem Gelb steuert der Goldkrokus (*C. flavus*) zu den Gartenkrokussen bei.

Prachtkrokus
CROCUS SPECIOSUS

Merkmale: Kleine Zwiebelpflanze, 5 – 10 cm hoch; grasartige Blätter, oft erst nach der Blüte erscheinend; becherförmige, hell blauviolette bis fast weiße Blütenkelche mit dunkler Aderung und orangefarbenen Narben; unter den Sorten auch reinweiß blühende sowie sehr großblumige.
Blütezeit: September – November
Verwendung: Stets in Gruppen am Gehölzrand, im Steingarten, in Pflanztrögen.
Standort: Vorzugsweise sonnig; gut durchlässiger Boden.
Pflanzen/Vermehren: Zwiebelknollen im Juli/August 5 – 10 cm tief mit 5 – 10 cm Abstand einsetzen; Vermehrung durch Brutknöllchen oder Aussaat.
Pflege: Anspruchslos.
Hinweis: Der Herbstreigen kann durch weitere Arten ergänzt werden, z. B. mit dem Safrankrokus (*C. sativus*), der schieferblaue Blüten bringt, mit dem lila gefärbten Siebenbürger Krokus (*C. banaticus*), dem rosalila blühenden *C. kotschyanus*, dem dunkellila *C. medius* oder dem purpurvioletten *C. nudiflorus*.

Kronblatt
Kronblätter oder Blütenkronblätter nennt man die in der Regel bunt gefärbten eigentlichen Blütenblätter.
Auch → *Blüte*

Krone
Kommt im Zusammenhang mit Pflanzen in zwei völlig unterschiedlichen Bedeutungen vor:
1) Blüten- oder Blumenkrone, die aus den frei stehenden oder miteinander verwachsenen Blüten- bzw. Kronblättern gebildet wird; auch
→ *Blüte*.
2) Beim → *Baum* das Gerüst aus Ästen und Zweigen, das von der Hauptsprossachse, dem Stamm, ausgeht.

Kronenanemone
Prächtig blühende, niedrige bis halb hohe Knollenpflanze
→ *Anemonen, Frühlingsblüher*

Kronenaufbau
→ *Obstbaum, Kronenaufbau*

Kronendachwinkel
Auch vereinfacht Kronenwinkel genannt; Begriff aus dem → *Obstbaumschnitt*: Der Winkel, der sich an der Spitze des Mittelasts ergibt, wenn man diese durch gedachte Linien mit den Spitzen der Leitäste verbindet.
Auch → *Obstbaum, Kronenaufbau*

Kronenform
Bei Obstbäumen übliche Kronenformen sind Pyramidenkrone (mit Mittelast), Hohlkrone (ohne Mittelast, hauptsächlich beim Steinobst) und Spindelkrone (recht tief am Stamm ansetzende, fast waagrecht abgehende Seitentriebe, die nach oben kürzer werden).
Auch → *Obstbaum, Kronenaufbau*

Kronsbeere
Regionaler Volksname für die → *Preiselbeere*

Kropfkrankheit
Andere Bezeichnung für die → *Kohlhernie*

Kröte
Kröten zählen wie Frösche und Unken zur Ordnung der Froschlurche (auch → *Amphibien*). Sie sind plumper als die → *Frösche,* ihre Haut ist mit deutlich sichtbaren Warzen besetzt. Anders als die Frösche vermögen sie

sich nur mit kleinen Sprüngen oder Schritten fortzubewegen. Zur Abwehr natürlicher Feinde können Kröten ein giftiges weißes Sekret absondern, das beim Menschen die Augenschleimhäute reizt.

Als eifrige Vertilger von Schadinsekten und Schnecken sind die sämtlich unter Naturschutz stehenden Krötenarten hilfreiche Nützlinge. Im Garten stellt sich am ehesten die Erdkröte ein, mit bis 15 cm Länge der Weibchen (Männchen nur 9 cm) die größte europäische Krötenart. Die stark gedrungen wirkenden Tiere mit seitlich ausladendem Bauch sind in der Färbung sehr variabel, von verschiedenen Brauntönen bis zu fast schwarzer Haut. Die Oberseite ist dabei stets einheitlich gefärbt, die Unterseite etwas heller. Daneben kann die deutlich kleinere Kreuzkröte mit meist rötlichen Warzen auftreten, außerdem die vergleichsweise schlanke Wechselkröte mit grünen Flecken heller Haut sowie die deutlich dunkel gefleckte Knoblauchkröte, aufgrund ihrer glatten Haut als Krötenfrosch eingestuft.

Mit naturnah angelegten Gartenteichen, die nur zur Laichzeit, also zur Fortpflanzung und Eiablage, aufgesucht werden, dichten Hecken, Stein- und Geröllhaufen kann es gelingen, die Ansiedlung von Kröten im Garten zu fördern. Die meist nachtaktiven Kröten sind allerdings, was Laichgewässer angeht, ausgesprochen ortstreu und besiedeln neue Gewässer ausgesprochen zögerlich.

Krötenlilie
TRICYRTIS HIRTA

Die aus Japan stammende Krötenlilie ist mit dem Maiglöckchen verwandt und zählt wie dieses zu den Maiglöckchengewächsen. Neben der reinen Art finden sich im Handel auch Hybriden mit rosa oder violett getönten Blüten.

Merkmale: Staude, buschig wachsend, 40 – 80 cm hoch; länglich herzförmige Blätter; sternförmige, an Orchideen erinnernde Blüten, weißlich bis gelb mit roten bis violetten Punkten.
Blütezeit: September – Oktober
Verwendung: In kleinen Gruppen am Gehölzrand, in Beeten, besonders vorteilhaft vor dunklem Hintergrund.
Standort: Kühl und luftfeucht; gut durchlässiger, feuchter, humoser und saurer Boden.
Pflanzen/Vermehren: Pflanzung bevorzugt im Frühjahr; Vermehrung durch Teilung nach der Blüte oder durch Aussaat (Kaltkeimer).
Pflege: Stets leicht feucht halten; im Frühjahr organisch düngen, am besten mit reifem Kompost; im Winter mit Laubdecke schützen.

Krume
Andere Bezeichnung für den humusreichen Oberboden
→ *Bodenhorizont*

Krümelstruktur
Auch Krümelgefüge genannt; sehr günstige Struktur eines Bodens, die durch Verkleben kleinster Ton- und Humusteilchen zu so genannten → *Ton-Humus-Komplexen* zustande kommt.
→ *Boden, Bodenstruktur*

Krötenlilie – aparter Halbschattenblüher

Krummholzkiefer
Breit ausladende → *Kiefer,* wird meist in Zwergformen verwendet.

Kubaspinat
Anderer Name für den → *Winterportulak,* ein anspruchsloses, vitaminreiches Wintergemüse

Kübel
Steht allgemein für ein geräumiges Pflanzgefäß; entweder in Form eines großen Topfes (aus Ton, Terrakotta oder Kunststoff) oder als vier- bis sechseckiges, trogähnliches Behältnis (meist aus Holz oder Kunststoff).
Auch → *Balkonbepflanzung, Pflanzgefäße und Pflanzerde*

Kübelpflanzen
Unter Kübelpflanzen im engeren Sinn versteht man fremdländische, bei uns nicht winterharte Pflanzen, die in großen Gefäßen kultiviert werden. So lassen sie sich gut in geschützten, frostfreien Räumen überwintern, verbringen aber – anders als Zimmerpflanzen – den Sommer am besten im Freien. In der Hauptsache handelt es sich um Gehölze, seltener um Halbsträucher oder Stauden. Daneben zählt man teils Arten zu den Kübelpflanzen, die den Winter im Garten durchaus draußen überstehen, jedoch auch gut im begrenzten Erdvorrat eines Kübels gedeihen, z. B. Buchs oder Eibe.

Besondere Bedeutung haben Kübelpflanzen bei der Gestaltung von Terrassen, Innenhöfen, großen Balkonen und Wintergärten. Doch auch im Garten lassen sich mit ihnen besondere Akzente setzen, etwa am Sitzplatz oder an optisch exponierter Stelle inmitten des Rasens. Je nach Herkunftsregion, die zumeist in Südeuropa, Südamerika, Afrika oder Ostasien liegt, eignen sie sich gut, um mediterranes oder gar exotisches

Beliebte Kübelpflanzen im Überblick

Name	Licht	Blütezeit Blütenfarbe	Wuchshöhe	Überwinterung/Hinweise
Rosetten-Dickblatt (*Aeonium arboreum*)	☀	entfällt	bis 1 m	hell bei 10 – 12° C; baumartiger Wuchs, grün- und rotblättrige Sorten
Schmucklilie (*Agapanthus*-Arten)	☀	Juli – August blau, violett, weiß	bis 1,2 m	mäßig hell bei 4 – 8° C; so wenig wie möglich umtopfen
Agave (*Agave americana*)	☀–◐	entfällt	bis 1,2 m	hell bei 5° C; auch gelb- und weißrandige Sorten
Aukube (*Aucuba japonica*)	◐–●	unbedeutend	bis 1,5 m	hell bei 0 – 4° C; verträgt etwas Frost; zierende Blätter, giftige rote Beeren
Bougainvillee (*Bougainvillea glabra*)	☀	April – Juni lila, weiß	bis 3 m	hell bei 8 – 12° C; an Stäben im Topf oder Rankgerüst hochziehen
Hammerstrauch (*Cestrum*-Arten)	☀	April – September rot, orange	1 – 2 m	hell bei 4 – 10° C, nach Rückschnitt auch dunkel; giftig
Zwergpalme (*Chamaerops humilis*)	☀	entfällt	1 – 3 m	hell oder dunkel bei 5 – 10° C; große Palmwedel, kompakter Wuchs
Zistrose (*Cistus*-Arten)	☀	April – Juli rosa, rot, weiß	bis 2 m	hell bei 5 – 10° C; geschützter Sommerstandort
Zierbanane (*Ensete ventricosum*)	☀–◐	entfällt	bis 3 m	hell bis 10° C, vor Einräumen bis auf Herzblätter zurückschneiden
Korallenstrauch (*Erythrina crista-galli*)	☀	Juli – September rot	bis 1,8 m	dunkel bei 6 – 8° C, vorher zurückschneiden
Veilchenstrauch (*Iochroma cyanea*)	☀–◐	Juli – August violett, blau, rot	1 – 1,5 m	dunkel oder hell bei 5 – 12° C, vorher zurückschneiden; giftig
Echter Jasmin (*Jasminum officinale*)	☀	Juni – September weiß	Triebe bis 10 m	hell bei 5 – 10° C, notfalls auch dunkel; intensiver Duft, braucht Rankgerüst, verträgt etwas Frost
Kreppmyrte (*Lagerstroemia indica*)	☀	August – Oktober rosa, violett, weiß	bis 3 m	dunkel bei 4 – 8° C, vorher zurückschneiden, verträgt etwas Frost
Enzian-, Kartoffelbaum (*Lycianthes rantonnetii*)	☀–◐	Juli – Oktober blauviolett	bis 2 m	dunkel bei 4 – 10° C, vorher zurückschneiden; giftig
Passionsblume (*Passiflora*-Arten)	☀	Juni – September violett, weiß, gelb	1 – 2 m	hell beim 8 – 12° C; an Stäben im Topf oder Rankgerüst hochziehen
Bleiwurz (*Plumbago auriculata*)	☀	Juni – Oktober blau, weiß	bis 2,5 m	hell bei 5 – 8° C, notfalls auch dunkel, dann vorher zurückschneiden
Granatapfel (*Punica granatum*)	☀	Juli – August rot, weiß, gelb	1 – 2 m	hell bei 2 – 6° C, notfalls auch dunkel; fruchtet nur selten
Hanfpalme (*Trachycarpus fortunei*)	☀	entfällt	1,5 – 4 m	dunkel bei 0 – 8° C oder hell bei Zimmertemperatur; verträgt etwas Frost; attraktive Wedel
Palmlilie (*Yucca aloifolia*, *Y. elephantipes*)	☀	Juli – September weiß	1 – 4 m	hell bei 5 – 10° C; Blüte nur an älteren Pflanzen; lässt sich gut einkürzen

Küchenkräuter

Bougainvillee

Schmucklilie

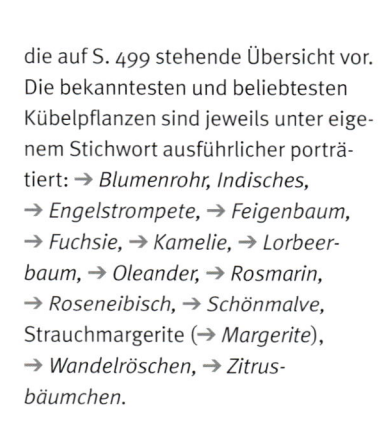

Küchenschelle (Pulsatilla)

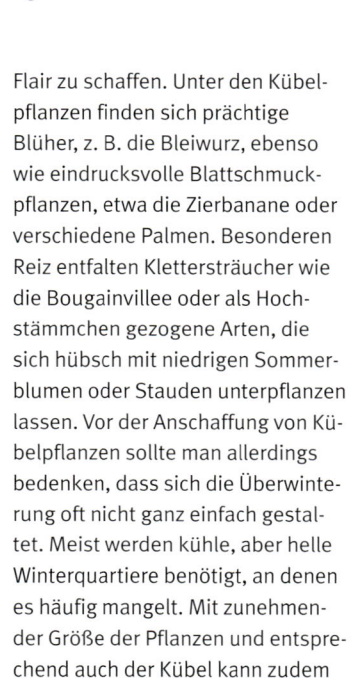

Flair zu schaffen. Unter den Kübelpflanzen finden sich prächtige Blüher, z. B. die Bleiwurz, ebenso wie eindrucksvolle Blattschmuckpflanzen, etwa die Zierbanane oder verschiedene Palmen. Besonderen Reiz entfalten Klettersträucher wie die Bougainvillee oder als Hochstämmchen gezogene Arten, die sich hübsch mit niedrigen Sommerblumen oder Stauden unterpflanzen lassen. Vor der Anschaffung von Kübelpflanzen sollte man allerdings bedenken, dass sich die Überwinterung oft nicht ganz einfach gestaltet. Meist werden kühle, aber helle Winterquartiere benötigt, an denen es häufig mangelt. Mit zunehmender Größe der Pflanzen und entsprechend auch der Kübel kann zudem der Transport in den Überwinterungsraum und im Mai dann wieder ins Freie zum Problem werden.

Auch → PRAXIS-SEITE Kübelpflanzen pflegen und überwintern (S. 504/505), → *Balkonbepflanzung*

Wer sich mit dem Angebot spezialisierter Kübelpflanzengärtnereien beschäftigt, wird Dutzende exotischer Schönheiten entdecken, die Terrasse, Hof oder Garten zieren können. Eine kleine Auswahl stellt die auf S. 499 stehende Übersicht vor. Die bekanntesten und beliebtesten Kübelpflanzen sind jeweils unter eigenem Stichwort ausführlicher porträtiert: → *Blumenrohr, Indisches,* → *Engelstrompete,* → *Feigenbaum,* → *Fuchsie,* → *Kamelie,* → *Lorbeerbaum,* → *Oleander,* → *Rosmarin,* → *Roseneibisch,* → *Schönmalve,* Strauchmargerite (→ *Margerite*), → *Wandelröschen,* → *Zitrusbäumchen.*

Küchenkräuter
Andere Bezeichnung für Würzkräuter
→ *Kräuter*

Küchenschelle
PULSATILLA VULGARIS

Die Küchenschelle oder Pelzanemone ist ein Hahnenfußgewächs der europäischen Flora, das unter Naturschutz steht. Alle Teile der Pflanze enthalten Giftstoffe, der Pflanzensaft kann außerdem die Haut reizen. Für Liebhaber der anmutigen Frühlingsblüher bieten Spezialgärtnereien noch weitere Arten an, u. a. *P. albana* mit meist hellgelben Blüten, *P. halleri* mit violetten oder rosa Blüten und die dunkel violette *P. montana.*

Merkmale: Staude, buschig wachsend, 20 – 30 cm hoch; mehrfach gefiederte, silbrig behaarte Blätter; glockige, dunkelviolette Blüten, außen dicht silbrig behaart; zottige Fruchtstände mit langen Flugfäden.
Blütezeit: März – Mai
Verwendung: In kleinen Gruppen im Steingarten, am sonnigen Gehölzrand; hübsch mit kleinen Gräsern und Adonisröschen.
Standort: Bevorzugt sonnig und warm; durchlässiger, mäßig trockener bis frischer, magerer, kalkhaltiger Boden.
Pflanzen/Vermehren: Pflanzung im Frühjahr oder Herbst mit 10 – 20 cm Abstand; Vermehrung durch Aussaat (Kaltkeimer).
Pflege: Ungestört wachsen lassen.

Küchenzwiebel
→ *Zwiebel*

Kuckucksblume
Mittelhohe, naturnahe Staude mit rosaroten Blüten
→ *Lichtnelke*

Kuckucksspeichel
Schaumartige Absonderung von
→ *Zikaden,* in denen sich ihre Larven

an Stängeln oder in Blattachseln befallener Pflanzen verstecken.

Kugelakazie
Sorte der → *Robinie* mit kugelförmiger Krone

Kugelblume
GLOBULARIA CORDIFOLIA

Die Kugelblume, namensgebend für die Familie der Kugelblumengewächse, ist in europäischen Gebirgen heimisch und steht unter Naturschutz. Sie enthält in allen Teilen Giftstoffe.
Merkmale: Teppiche bildender, wintergrüner Halbstrauch, 5 – 10 cm hoch; niederliegende, Wurzeln schlagende Triebe; ledrige, herzförmige Blätter; kugelige, blaue Blütenstände; bei Sorten auch weiß oder rosa.
Blütezeit: Mai – Juni
Verwendung: In Gruppen im Steingarten, am Gehölzrand, auf Trockenmauern.
Standort: Gut durchlässiger, mäßig trockener, sandiger bis steiniger, kalkhaltiger Boden.
Pflanzen/Vermehren: Pflanzung bevorzugt im Frühjahr und Sommer; Vermehrung durch Teilung nach der Blüte oder durch Kopfstecklinge, reine Art auch durch Aussaat (Kaltkeimer).
Pflege: Im Winter mit Reisig abdecken.
Hinweis: Rasen bildend, 10 – 30 cm hoch, wächst *G. punctata* mit größeren Blütenkugeln.

Kugeldistel
ECHINOPS BANNATICUS

Ihren Namen trägt die Kugeldistel, ein Korbblütler aus Südosteuropa, nach ihren kugeligen Blütenständen und den bedornten Blättern. Im Handel wird die Art oft als *E. ritro* geführt. Sorten zeigen eine intensivere Blütenfärbung.
Merkmale: Staude, straff aufrecht, horstartig, 100 – 160 cm hoch; distelähnliche, gefiederte, graugrüne, unterseits graufilzig behaarte Blätter mit kleinen Dornen; igelartige, kugelige Blütenstände aus stahlblauen Einzelblüten.
Blütezeit: Juli – August
Verwendung: Einzeln oder in kleinen Gruppen auf Beeten und Rabatten; sehr attraktiv mit Schafgarbe, Türkischem Mohn und hohem Zierlauch; als Schnitt- und Trockenblume.
Standort: Gut durchlässiger, mäßig trockener, eher magerer Boden.
Pflanzen/Vermehren: Pflanzung im Frühjahr oder Herbst; Vermehrung durch Teilung oder Wurzelschnittlinge im Spätherbst oder Frühjahr, die reine Art auch durch Aussaat.
Pflege: Bei Bedarf abstützen; verwelkte Blüten abschneiden, um übermäßige Selbstaussaat zu verhindern; nur sehr sparsam mit Kompost düngen, sonst geht die blaue Färbung verloren.
Hinweis: Recht ähnlich präsentiert sich die bis 180 cm hohe *E. sphaerocephalus*.

Kugelprimel
Niedrige → *Primel* mit kugeligen, ballförmigen Blütenständen

Kuhschelle
Anderer Name für die → *Küchenschelle*

Kuhtritt
Anderer Name für die → *Wulfenie,* eine blauviolett blühende Staude

Kukuruz
Besonders in Österreich gebräuchlicher Name für den Mais
→ *Zuckermais*

Kultivator
Handgerät zur Bodenbearbeitung mit drei, seltener fünf gekrümmten Zinken; wird teils auch als Grubber bezeichnet, wobei der Kultivator im engeren Sinne verbreiterte Schare an den Spitzen hat. Eignet sich gut zur oberflächlichen Bodenlockerung und Unkrautbekämpfung sowie zum Einarbeiten von Kompost.
Auch → *Bodenbearbeitungsgeräte*

Kultur
Der in ganz anderem Zusammenhang als Bezeichnung für geistig-künstlerische Hervorbringungen bekannte Be-

Kugelblume (Globularia cordifolia)

Kugeldistel (Echinops bannaticus)

griff stammt ursprünglich vom lateinischen colere ab, das „pflegen, bebauen" bedeutet. Entsprechend steht das Wort im Zusammenhang mit Pflanzen für:
- den → *Anbau* und die Pflege, insbesondere für die Vermehrung bzw. → *Anzucht*
- eine bestimmte Beetnutzung bzw. Pflanzenart, in der Regel für Gemüse oder Feldfrüchte

Kulturdauer
Bei Gemüse die Zeitspanne zwischen Aussaat und Erntereife

Kulturfolge
Begriff aus dem Gemüseanbau: Aufeinander folgender Anbau mehrerer Pflanzen innerhalb eines Jahres auf derselben Fläche. Dabei kann die Hauptkultur, die Art mit der längsten Kulturdauer, durch eine kurzlebigere Vor-, Nach- und/oder Zwischenkultur ergänzt werden. So lässt sich ein Beet sehr intensiv nutzen.

Eine typische Kulturfolge wäre z. B.: frühe Radieschen (Vorkultur) – Tomaten (Hauptkultur) – Eissalat (Zwischenkultur) – Spinat (Nachkultur). Die Radieschen werden vor der Tomatenpflanzung Mitte Mai geerntet, der Eissalat wächst zeitweise in Mischkultur zwischen den Tomatenpflanzen, räumt das Beet aber wesentlich früher; der Spinat wird im September gesät und belegt dann nach der Tomatenernte das Beet allein.

Auch bei Kulturfolgen sollten möglichst die Regeln von → *Fruchtwechsel* und → *Fruchtfolge* beachtet werden.

Kulturheidelbeere
Großfrüchtige Gartensorten der → *Heidelbeere*

Kulturpflanzen
Gezielt angebaute Pflanzen, die im Gegensatz zu Wildpflanzen züchterisch bearbeitet sind.

Kulturschutznetz
Auch Gemüsefliegen- oder Insektenschutznetz genannt; feinmaschiges Netz aus Kunstfasern, das über Gemüsejungpflanzen ausgebreitet und an den Seiten eindringsicher befestigt wird. Es schützt vor der Eiablage von Gemüsefliegen und andere Schädlingen; besonders empfehlenswert bei Kohl, Rettich, Radieschen, Möhren, Zwiebeln und Lauch. Anders als unter einem Vlies (→ *Folie*), das ebenfalls vor Schädlingen bewahrt, kann sich unter solch einem Netz keine Hitze stauen, so dass es sich auch für Sommerkulturen verwenden lässt.

Kümmel
CARUM CARVI

Kümmel, Kümmich oder Karbei ist ein Doldenblütengewächs, das man fast auf der ganzen Welt antrifft. Genutzt werden hauptsächlich die sichelförmigen Samen (eigentlich Teilfrüchte), die ein sehr typisches Aroma haben. Mit ihnen würzt man vor allem fette und schlecht verdauliche Speisen. Kümmel wird seit alters heilkundlich gegen Magen-Darm-Beschwerden, gegen Völlegefühl und Blähungen eingesetzt.

Merkmale: Zweijährige Würzpflanze, straff aufrecht wachsend, reich verzweigt, 50 – 100 cm hoch; spindelförmige bis rübenartige Pfahlwurzel; fein gefiederte Blätter; im 2. Jahr weiße bis hellrosa Blütendolden; Früchte zerfallen bei Reife in je zwei Teilfrüchte, die Kümmelsamen.
Blütezeit: Mai – Juni
Standort: Frischer bis feuchter, humoser, nährstoffreicher Boden.
Kultur: Im April in Reihen mit 30 cm Abstand säen (Lichtkeimer); Sämlinge auf 15 cm Abstand vereinzeln.
Pflege: Bei Trockenheit wässern.
Ernte: Im 1. Jahr junge Blätter ernten und für Suppen und Salate verwenden; im 2. Jahr Samenstände abschneiden, sobald sie sich braun färben, an schattigem, luftigem Platz nachreifen lassen, dann Kümmelsamen herausschütteln.

Vom Kümmel können neben den Samen auch die Blätter als Würze genutzt werden.

Kunstdünger
Vereinfachende Bezeichnung für mineralische → *Dünger*, die durch physikalisch-chemische Verfahren aufgeschlossen werden. Auf „künstliche" Weise werden nur einige → *Stickstoffdünger* gewonnen.

Kupfer
Chemisches Element mit der Abkürzung Cu; für Pflanzen ein unentbehrliches Spurennährelement. Kupfer fördert über die Aktivierung von → *Enzymen* den Aufbau von → *Chlorophyll*, Kohlenhydraten und Eiweißen sowie verschiedene weitere Stoffwechselvorgänge. Außerdem trägt es zur Stabilisierung der Zellwände bei. Kupfermangel tritt relativ selten auf. Er äußerst sich in einer Gelb- oder Weißfärbung der jüngsten Blätter, bei Obstbäumen können Blüten- und Fruchtansatz beeinträchtigt werden. Zu Kupfermangel kommt es in erster Linie auf sehr humosen,

sauren Böden, besonders auf Moor- und Heideböden. Abhilfe lässt sich mit speziellen Kupferdüngern schaffen, die entweder als Blatt- oder als Bodendüngung ausgebracht werden.

Kupfer wurde außerdem früher vielfach als Pilzbekämpfungsmittel eingesetzt. Es wird heute aber zunehmend als bedenklich eingestuft, da sich die schwer löslichen Kupferverbindungen im Boden und im Wasser anreichern und das Bodenleben beeinträchtigen.

Kupferfelsenbirne

Großstrauch oder Kleinbaum mit weißer Frühjahrsblüte und attraktiver Herbstfärbung
→ *Felsenbirne*

Kürbis

CUCURBITA

Kürbisse sind sehr alte Kulturpflanzen, deren Ahnen aus Mittel- und Südamerika stammen. Sie wachsen ungeheuer schnell und bilden eine große Blattmasse, wodurch dann auch teils riesige, hartschalige Früchte entstehen, bei denen es sich botanisch gesehen um Beeren handelt. Die Früchte werden sehr vielseitig genutzt. In früheren Zeiten fertigte man Gefäße daraus, noch heute schätzt man das wohlschmeckende Fruchtfleisch als Gemüse, zum Einlegen oder Backen und presst aus den Samen wertvolles Öl. Kürbiskerne sind auch heilkundlich bedeutsam, sie helfen bei Blasenleiden und Prostataschwäche.

Von den Kürbisgewächsen wird im Garten vor allem der formenreiche Gartenkürbis (*C. pepo*) gezogen. Zu dieser Art gehören auch Ölkürbis, Patisson oder Fliegende Untertasse, Spaghettikürbis und Rondini sowie die → *Zucchini* und die vielen Spielarten des → *Zierkürbis*. Der dekorative → *Flaschenkürbis* (*Lagenaria siceraria*) dagegen ist zwar ein Kürbisgewächs, aber keine echte Kürbisart. Der Riesenkürbis (*C. maxima*) war lange Zeit vor allem aus den USA bekannt, gedeiht aber auch bei uns. Zu Halloween höhlt man ihn aus, schnitzt kunstvoll „Gruselmasken" hinein und macht ihn durch Hineinstellen von Windlichtern zur Laterne.

Gartenkürbis
CUCURBITA PEPO
☼–◐ ☺

Wird auch Gemüse- oder Sommerkürbis genannt.

Merkmale: Einjährige Pflanze mit kriechenden oder mit Hilfe von Blattranken kletternden Trieben, aber auch buschig wachsende Sorten; große, gelappte, raue Blätter; einhäusig, große, gelbe Blüten; vorwiegend kugelige bis ovale, grüne bis gelbe, auch mehrfarbige Früchte mit harter Schale, gelbem Fruchtfleisch und zahlreichen Samen.

Standort: Vorzugsweise sonnig und warm; frischer bis leicht feuchter, humoser, nährstoffreicher, möglichst mittelschwerer Boden.

Kultur: Anzucht bei 18–20° C ab April, Pflanzung mit 100 x 160 cm Abstand ab Mitte Mai; ab Mitte Mai auch Direktsaat, 2 bis 3 Samen pro Beet, davon nur die stärkste Pflanze stehen lassen.

Pflege: Reichlich gießen; mehrmals düngen; zu üppiges Blattwerk etwas ausdünnen, Blüten und Früchte sollen viel Licht und Luft haben.

Ernte: In der Regel unreif, die ersten schon etwa 4 bis 6 Wochen nach dem Auspflanzen.

Hinweis: Bei anhaltend schlechter Witterung sollte man bei der Befruchtung der Blüten nachhelfen, indem man mit einem Pinsel über die Staubgefäße männlicher Blüten streift und den Pollen auf die dicken Narben weiblicher Blüten (erkennbar an dem kugeligen Fruchtknoten unter der Blütenhülle) überträgt.

Der Patissonkürbis ist eine besondere Form des Gartenkürbis.

Riesenkürbis
CUCURBITA MAXIMA
☼–◐ ☺

Andere Namen sind Zentner-, Speise- oder Winterkürbis.

Merkmale: Einjährige Pflanze mit niederliegenden Trieben; große, gelappte, raue Blätter; einhäusig, große, gelbe Blüten; kugelige bis ovale, meist grüne Früchte mit gelbem Fruchtfleisch.

Standort: Wie Gartenkürbis.
Kultur: Wie Gartenkürbis.
Pflege: Wie Gartenkürbis.
Ernte: Noch vor den ersten Frösten ab Ende September bis Oktober ernten; kühl einige Wochen lagerfähig.

Kurztagpflanzen

Pflanzen, die nur in Phasen kurzer Tageslängen (unter 12 Stunden) zum Blühen kommen
→ *Blüteninduktion*

Kurztrieb

Gestauchter, im Längenwachstum gehemmter Trieb; typische Form der Seitentriebbildung bei vielen Gehölzen. Oft sind es diese als Abzweigung der Langtriebe gebildeten Kurztriebe, an denen hauptsächlich die Blüten angelegt werden; beim Obst zählen Kurztriebe zum wichtigsten → *Fruchtholz*.

Kübelpflanzen pflegen und überwintern

1. Für den Transport ins Winterquartier ist eine Sackkarre ein praktisches Hilfsmittel.

2. Die meisten Kübelpflanzen kommen an einem hellen, aber kühlen Platz am besten über den Winter.

3. Durch Abhärten an einem etwas geschützten Platz gewöhnt man die Pflanzen allmählich an den späteren Frischluftaufenthalt.

Hinweise zur Sommerpflege

Die Kübelpflanzensaison beginnt etwa ab Mitte Mai mit dem Ausräumen, wobei ein hinreichendes → *Abhärten* sehr wichtig ist.

Wurde im Frühjahr umgetopft, muss man frühestens vier Wochen nach dem Ausräumen mit dem **Düngen** beginnen; der Topferde untergemischter Langzeit- bzw. Depotdünger reicht sogar in der Regel für die ganze Wachstumsperiode. Ansonsten verabreicht man je nach Wuchsstärke alle 1 bis 3 Wochen Flüssigdünger. Für kalkempfindliche Pflanzen wie Zitrusbäumchen oder Kamelie sollte man kalkarme Düngemittel verwenden. Unbedingt beachten: Ab Anfang, spätestens Mitte August jede Düngung einstellen, damit die Pflanzen nicht zu „mastig" ins Winterquartier kommen.

Auch beim **Gießen** ist zu berücksichtigen, dass manche Pflanzen ausgesprochen kalkempfindlich sind; sie sollten nur mit weichem oder zumindest abgestandenem Wasser versorgt werden (auch → *Gießwasser*). Ansonsten gelten die beim → *Gießen* genannten allgemeinen Empfehlungen. Besonders viel Wasser brauchen Engelstrompete und Oleander, wie man schnell selbst feststellt. Den Oleander kann man sogar gut über einen stets wassergefüllten Untersetzer versorgen. Dies ist jedoch eine Ausnahme: „Nasse Füße" vertragen ansonsten die wenigsten Kübelpflanzen. In der Regel sollte man die obersten Zentimeter der Topferde abtrocknen lassen und im Zweifelsfall lieber etwas seltener gießen als die Pflanzen zu nass zu halten.

> **TIPP**
>
> Starkwüchsige Pflanzen, besonders Engelstrompete und Oleander, entwickeln mit der Zeit ein gewaltiges Wurzelwerk. Hier gibt es jedoch die Möglichkeit, beim Umtopfen den Wurzelballen rundum abzuschneiden oder keilförmig einzuschneiden. So lässt sich genügend frische Erde einfüllen, ohne dass ein größerer Topf nötig wird.

PRAXIS

Weitere **regelmäßige Pflegemaßnahmen** sind das → *Ausputzen* und die Kontrolle auf Schädlinge und Krankheiten, was sich vor dem Einräumen ins Winterquartier ganz besonders empfiehlt. Verfestigte Substratoberflächen kann man gelegentlich z. B. mit einer alten Gabel auflockern.

Überwinterung

Die wichtigsten Vorkehrungen und Gesichtspunkte, die es gegen Saisonende zu beachten gilt, sind unter dem Stichwort → *Einräumen* beschrieben. Geeignete Überwinterungsquartiere müssen frostfrei, aber kühl sein und für viele Arten bevorzugt hell (vgl. auch Tabelle „Beliebte Kübelpflanzen im Überblick", S. 499). Bei notgedrungen dunkler Überwinterung empfiehlt es sich häufig, zuvor einen Rückschnitt durchzuführen. Nach Möglichkeit sollten zudem sowohl extrem feuchte als auch zu lufttrockene Räumlichkeiten gemieden werden. Sofern kein Wintergarten vorhanden ist, eignen sich am ehesten Treppenhäuser, verglaste Hauseingangsbereiche, wenig geheizte Haushalts- oder Kellerräume oder Remisen mit Fenster. Eine weitere Möglichkeit, falls kein passendes Winterquartier zur Verfügung steht: Manche Gärtnereien bieten Gewächshausplätze samt komplettem Überwinterungsservice für Kübelpflanzen an.

Schneiden und Umtopfen

Bei älteren, dicht verzweigten Kübelpflanzen kann alle 1 bis 2 Jahre ein → *Auslichten* erforderlich werden. Dabei geht man im Grunde genau so vor, wie beim → *Gehölzschnitt* beschrieben.

Vorher sollte man genau beobachten, an welchen Zweigen jeweils die Blüten angelegt werden, um nicht versehentlich junges Blühholz zu entfernen. Ein solcher Schnitt erfolgt am besten im zeitigen Frühjahr. Dann kann man auch einen Rückschnitt vornehmen, was sich bei Pflanzen mit sparrigem Wuchs empfiehlt, um eine bessere Verzweigung anzuregen. Dabei kürzt man die Triebe je nach Wuchsstärke um ein Drittel oder bis zur Hälfte über einer nach außen weisenden Knospe ein. Bei dunkel überwinterten Pflanzen wird der Rückschnitt häufig auf den Herbst vorgezogen.

Sobald sich im Frühjahr der neue Austrieb regt, kann man umtopfen. Bei sich gut entwickelnden, noch jungen Kübelpflanzen ist ein jährliches Umtopfen ratsam, später reicht es dann, wenn man alle 2 bis 4 Jahre zu einem neuen Topf greift. Das neue Pflanzgefäß wählt man für jüngere Pflanzen 2 – 4 cm größer als den bisherigen Kübel, für ältere gibt man möglichst 6 – 8 cm zu. Zur Praxis des Umtopfens vgl. Abbildungen.

Auch → *Eintopfen*

CHECKLISTE

Kübelpflanzenpflege im Winterquartier:

- Topfballen leicht feucht halten, bei dunkler Überwinterung fast trocken.
- Regelmäßig auf Schädlinge und Krankheiten kontrollieren.
- Gelbe und vertrocknete Blätter sowie lange, dünne, gelbblättrige Neutriebe entfernen.
- Bei frostfreiem Wetter gelegentlich lüften.

---

1. Beim Ein- und Umtopfen ist eine ausreichende Dränageschicht über dem Abzugsloch besonders wichtig.

2. So viel Erde auffüllen, dass der Wurzelballen oben kurz unter dem Topfrand zu stehen kommt.

3. Restliche Erde nach Einfüllen etwas andrücken, oben Gießrand von 2 – 3 cm lassen; gut angießen.

L

Laburnum
Gehölz mit goldgelben Blütentrauben
→ *Goldregen*

Lamium
Gattung bodendeckender Stauden für Halbschatten und Schatten
→ *Taubnessel*

Lampenputzergras
PENNISETUM ALOPECUROIDES

Das zierende Süßgras aus Ost- und Südostasien wird auch Federborstengras genannt.
Merkmale: Ausdauerndes Gras, buschig, 40 – 100 cm hoch; kerzenartiger Blütenstand mit feinen Borsten.
Blütezeit: Juli – Oktober
Verwendung: In Beeten und Rabatten, sehr schön zu Rosen.
Standort: Frischer bis feuchter, gut durchlässiger, humoser Boden.
Pflanzen/Vermehren: Pflanzung bevorzugt im Frühjahr; Vermehrung durch Teilung oder Aussaat.

Lampenputzergras (Pennisetum alopecuroides)

Pflege: Bei Trockenheit wässern; jährlich düngen; im Frühjahr bis knapp über den Boden zurückschneiden; in rauen Gegenden Winterschutz geben.

Langtagpflanzen
Pflanzen, die erst dann blühen, wenn die Tageslänge einen bestimmten kritischen Wert (meist 14 Stunden) überschreitet.
→ *Blüteninduktion*

Lantana
Meist als Kübelpflanze gezogener Strauch
→ *Wandelröschen*

Lärche
LARIX DECIDUA

Die Europäische Lärche, ein Kieferngewächs, ist die einzige heimische Konifere, die im Herbst alle Nadeln abwirft.
Merkmale: Laub abwerfender Nadelbaum mit einer kegelförmigen Krone, 25 – 30 m hoch, 10 – 20 m breit; Sorte 'Pendula' je nach Veredlung zwischen 5 – 12 m hoch, mit überhängenden Ästen; frisch grüne Nadeln in quirligen Büscheln, Herbstfärbung goldgelb; kugelige, gelbe männliche und purpurne weibliche Blütenstände; kugelige, braune Zapfen.
Blütezeit: März – April
Verwendung: In Einzelstellung; auch für Schnitthecken geeignet.
Standort: Durchlässiger, frischer, leichter, humoser Boden; nicht rauchhart, verträgt Stadtklima nicht.
Pflanzen/Vermehren: Pflanzung bevorzugt im Herbst; Vermehrung durch

Japanische Lärche (Larix kaempferi)

Stecklinge oder Absenker.
Pflege: Im Bereich der Krone den Boden nicht hacken; außer in Hecken ungeschnitten lassen.
Hinweis: Die etwas kleiner bleibende Japanische Lärche (*L. kaempferi*) trägt blaugrüne Nadeln und wird ebenfalls in einer 6 – 8 m hohen Hängeform namens 'Pendula' angeboten.

Larix
Botanischer Gattungsname der
→ *Lärche*

Lauch
Anderer Name für den → *Porree*
Auch → *Zierlauch*

Laufkäfer
Meist metallisch glänzende, braun bis schwarz gefärbte Käfer verschiedener Größe, die räuberisch am Boden leben. Sie können schnell laufen,

die meisten Arten sind jedoch flugunfähig. Da die gefräßigen Laufkäfer viele schädliche, im und auf dem Boden lebende Insekten samt Eiern und Larven sowie Schnecken erbeuten, zählen sie zu den Nützlingen. Als Lebensräume bevorzugen sie feuchte Wiesen und Hecken. Im Garten kann man die vorwiegend nachtaktiven Helfer durch Unterschlupfmöglichkeiten wie aufgeschüttetes Laub, Holzreste oder lockere Steinhaufen fördern sowie durch den Verzicht auf breit wirksame Pflanzenschutzmittel.

Laurus

Botanischer Gattungsname des
→ Lorbeerbaums

Lavendel

LAVANDULA ANGUSTIFOLIA

Der bekannte Lippenblütler mit dem herb-würzigen Duft ist im westlichen Mittelmeerraum heimisch. Lavendel, als Heil- wie als Würzpflanze nutzbar, besticht im Garten durch mediterranes Flair samt Wohlgeruch.
Merkmale: Immergrüner, buschiger Halbstrauch, 30 – 90 cm hoch; schmal linealische, silbergraue Blätter; blauviolette Lippenblüten in schlanken Ähren, bei Sorten auch weiß oder rosa.
Blütezeit: Juni – August
Verwendung: Einzeln oder in kleinen Gruppen in Beeten und Rabatten, im Steingarten; klassische Begleitpflanze für Rosen; auch in Kübeln und Trögen.
Standort: Vollsonnig und warm; trockener bis frischer, gut durchlässiger, möglichst kalkhaltiger Boden.
Pflanzen/Vermehren: Pflanzung bevorzugt im Frühjahr mit 30 – 40 cm Abstand; Vermehrung durch Kopfstecklinge, reine Art auch durch Aussaat.
Pflege: Im Frühjahr alle Triebe um ein Drittel einkürzen; sehr sparsam düngen; in rauen Lagen den Winter über mit Reisig schützen.

Lebensbaum

THUJA OCCIDENTALIS

Bei „dem" Lebensbaum schlechthin, der häufig als Heckengehölz Verwendung findet, handelt es sich um den Abendländischen Lebensbaum. Er stammt aus Nordamerika und zählt zu den Zypressengewächsen. Seine Triebe, vor allem Triebspitzen, und Früchte enthalten starke Giftstoffe. Eine weitere, recht ähnliche Art ist der Riesenlebensbaum (*T. plicata*).
Merkmale: Immergrünes Nadelgehölz mit schmal kegeliger Krone, 10 – 15 m hoch; Sorten auch in kugeligen oder säulenartigen Formen, oft nur 3 – 4 m hoch; dunkelgrüne, flache, eng anliegende Schuppenblätter; bei Sorten auch hellgrüne, gelbe oder bläuliche Belaubung; kleine, braune Zapfen.
Verwendung: In Einzelstellung, in Gehölzgruppen, für Hecken; Zwergsorten auch für Beete, Steingärten und für Gefäßkultur geeignet.
Standort: Bevorzugt sonnig; frischer bis nasser Boden; gut rauchhart und für Stadtklima geeignet, aber sehr streusalzempfindlich.
Pflanzen/Vermehren: Pflanzung bevorzugt im Herbst; Vermehrung durch Stecklinge, die reine Art auch durch Aussaat.
Pflege: Sehr anspruchslos; verträgt selbst kräftigen Rückschnitt.

Leberbalsam

AGERATUM HOUSTONIANUM

Die Ursprungsart dieses in zahlreichen Sorten kultivierten Korbblütlers stammt aus Mittelamerika.
Merkmale: Einjährig gezogener Halbstrauch; herz- bis eiförmige Blätter; blauviolette, feinstrahlige Korbblüten, auch weiß oder rosa blühende Sorten.
Blütezeit: Mai – Oktober
Verwendung: In Gruppen in Beeten und Rabatten, niedrige Sorten auch in Kästen und Schalen.
Standort: Frischer, humoser Boden.
Kultur: Anzucht im Februar/März, ab Mitte Mai auspflanzen, Pflanzabstand 20 – 30 cm.
Pflege: Feucht halten; Verblühtes entfernen; mehrmals düngen.

Lavendel (Lavandula angustifolia) zählt zu den Heilkräutern.

Abendländischer Lebensbaum (Thuja occidentalis 'Europe Gold')

L LEBERBLÜMCHEN

Leberbalsam (Ageratum houstonianum)

Leberblümchen (Hepatica nobilis)

Goldlein (Linum flavum)

Leberblümchen
HEPATICA NOBILIS

Der anmutige, aber in allen Teilen giftige Frühlingsblüher, ein Hahnenfußgewächs, ist in Europa heimisch und steht unter Naturschutz.
Merkmale: Lockere Teppiche bildende Kleinstaude, 10 – 15 cm hoch; glänzend grüne, im Winter bräunliche, dreilappige, ledrige Blätter, erscheinen erst nach der Blüte; zart blauviolette Blüten, bei Sorten auch weiß oder rosa.
Blütezeit: März – April
Verwendung: Unter Gehölzen, im Steingarten, in lückigen Wiesen.
Standort: Frischer, humoser, kalkhaltiger Boden.
Pflanzen/Vermehren: Pflanzung im Frühjahr oder Herbst mit 10 – 15 cm Abstand; Vermehrung durch Aussaat (Kaltkeimer), Teilung ist ebenfalls möglich.
Pflege: Einfach ungestört wachsen lassen.

Lehm
Günstig zusammengesetzte → *Bodenart* mit je etwa gleichen Anteilen von Sand, Schluff und Ton

Lein
LINUM PERENNE

Unter den Leingewächsen, heimisch hauptsächlich im Mittelmeerraum, gibt es mehrere hübsche Ziergewächse, allen voran Stauden wie der hier beschriebene Ausdauernde Lein.
Merkmale: Kurzlebige Staude, lockere Horste bildend, 30 – 60 cm hoch; linealische Blätter; glocken- bis tellerförmige, blaue Blüten, bei Sorten auch weiß.
Blütezeit: Juni – August
Verwendung: In Beeten und Rabatten, in naturnah gestalteten Bereichen.
Standort: Mäßig trockener bis frischer, durchlässiger, kalkhaltiger Boden.
Pflanzen/Vermehren: Pflanzung bevorzugt im Frühjahr; Vermehrung durch Teilung oder Aussaat.
Pflege: Nach der Blüte kräftig zurückschneiden; alle paar Jahre durch Teilung verjüngen.
Hinweis: Goldgelb blüht der Goldlein (*L. flavum*), der höchstens 50 cm hoch wird. Große violettblaue Blüten kennzeichnen den Berglein (*L. narbonense*), der schon ab Mai zur Blüte kommt.

Leitast
Ast, der direkt vom Stamm abzweigt und neben dem Mitteltrieb das Hauptgerüst der Krone bildet.
→ *Obstbaum, Kronenaufbau*

Leitstauden
Auf → *Staudenbeeten* und -rabatten dominierende, meist hochwüchsige Arten wie Rittersporn, die man mit farblich abgestimmten Begleitstauden und niedrigen Füllstauden zu Pflanzengruppen kombiniert.

Lerchensporn
CORYDALIS

Lerchensporne gehören zu den Erdrauchgewächsen. Namensgebend sind die schlanken, röhrenartigen Blüten, die in einem Sporn enden und an den Kopf einer Haubenlerche erinnern. Es gibt zahlreiche Arten, zum einen Knollen tragende Kleinstauden, zum anderen etwas höhere Stauden mit fleischigem Wurzelstock. Stellvertretend für beide Gruppen sind nachfolgend zwei beliebte, anspruchslose Arten beschrieben, der giftige Hohle Lerchensporn, sowie der Gelbe Lerchensporn, der neuerdings zur Gattung *Pseudofumaria* gestellt wird.

Hohler Lerchensporn (Corydalis cava)

Levkoje (Matthiola incana)

Hohler Lerchensporn
CORYDALIS CAVA

Merkmale: Knollenpflanze mit 10 – 30 cm Höhe; gefiedertes Laub, zieht nach der Blüte ein; blassrote, trübviolette oder weiße Blüten in lockeren Trauben; durch Selbstaussaat und Brutknollen bald große Bestände bildend.
Blütezeit: März – April
Verwendung: Zur Unterpflanzung von Gehölzen und Hecken.
Standort: Lockerer, humoser Boden.
Pflanzen/Vermehren: Knollen im September 10 – 15 cm tief und mit mindestens 30 cm Abstand einsetzen; Vermehrung durch Aussaat oder durch Teilung älterer Bestände.
Pflege: Ungestört wachsen lassen.

Gelber Lerchensporn
PSEUDOFUMARIA (CORYDALIS) LUTEA

Merkmale: Wintergrüne Staude, buschig, Polster bildend, 20 – 40 cm hoch; gefiederte Blätter; goldgelbe, röhrenförmige Blüten in Trauben.
Blütezeit: Mai – September
Verwendung: In Beeten und Rabatten, an Wegrändern, auf Trockenmauern, in Felsfugen und Mauerritzen.
Standort: Frischer bis feuchter, humoser, nährstoffreicher Boden.
Pflanzen/Vermehren: Pflanzung im Frühjahr oder Herbst; Vermehrung durch Aussaat (Kaltkeimer).
Pflege: Sehr anspruchslos.

Leucanthemum
Botanischer Gattungsname der ausdauernden → *Margeriten*

Leucojum
Zwiebelblumen mit weißen, glockigen Blüten
→ *Knotenblume*

Levkoje
MATTHIOLA INCANA

Der schon seit dem 16. Jahrhundert in Gärten kultivierte, duftende Kreuzblütler stammt aus Südeuropa und wird in zahlreichen Zuchtformen angeboten.
Merkmale: Einjährige Sommerblume, straff aufrecht, 30 – 90 cm hoch; längliche, grauweiß behaarte Blätter; an kleine Rosen erinnernde weiße, gelbe, rosa, rote oder violette Blüten, einfach bis dicht gefüllt, in Trauben.
Blütezeit: Juni – September
Verwendung: Für Beete und Rabatten; niedrige Sorten auch für Gefäßkultur geeignet; gute Schnittblumen.
Standort: Durchlässiger, humoser, kalkhaltiger Boden.
Kultur: Anzucht ab Ende März, kräftigste Sämlinge auslesen; ab Mitte Mai mit 15 – 20 cm Abstand auspflanzen.
Pflege: Bei Bedarf abstützen; mehrmals schwach düngen, zu reichliche Nährstoffversorgung führt zu Standschwäche.

Leylandzypresse
x CUPRESSOCYPARIS LEYLANDII

Das Zypressengewächs gehört zu den wenigen → *Gattungshybriden* unter den Gartenpflanzen. Das schnellwüchsige Gehölz ist etwas frostempfindlich, Sorten zeigen teils größere Winterhärte.
Merkmale: Immergrüner Nadelstrauch, säulen- bis kegelförmig, dicht verzweigt, 8 – 30 m hoch; schuppenförmige, dicht anliegende, grüne Nadeln an feinen Zweigen, auch goldgelb und bläulich benadelte Sorten; unauffällige gelbe Blüten; braunviolette Zapfen.
Blütezeit: April
Verwendung: Im Einzelstand, für Gehölzgruppen und Schnitthecken.
Standort: Etwas geschützt; jeder normale, auch saure Gartenboden.
Pflege: Recht anspruchslos; gut schnittverträglich.

Liatris
Staude mit auffälligen Blütenkolben
→ *Prachtscharte*

Licht
Licht ist für das Pflanzenwachstum unentbehrlich, insbesondere für die lebenswichtige → *Photosynthese*. Die Lichtstrahlung liegt als sichtbarer Teil der Sonnenstrahlung zwischen den langwelligen Wärmestrahlen und

LICHTER SCHATTEN

den kurzwelligen UV-Strahlen. Weiß erscheint das Licht durch Überlagerung der verschiedenen Spektralfarben (Regenbogenfarben), die wiederum unterschiedlichen Wellenlängen entsprechen.

Je nach natürlichem Ursprungsstandort sind die Gartenpflanzen optimal an jeweils unterschiedliche → *Lichtverhältnisse* angepasst. Danach unterteilt man sie in Sonnen-, Halbschatten- und Schattenpflanzen. Entsprechend reagieren sie unterschiedlich stark auf **Lichtmangel:** Er führt zur Ausbildung langer dünner Sprosse, die Blätter dagegen bleiben klein und gelblich bzw. bleich. Bei weniger stark ausgeprägtem Mangel beobachtet man lediglich verminderte Wuchs- und Blühfreude.

Auch → *Beleuchtungsstärke*

Lichter Schatten
Standort mit nur leicht vermindertem Sonneneinfall, etwa in der Umgebung von Laubbäumen mit hoch ansetzender Krone und lockerem, recht lichtdurchlässigem Blattwerk

Lichtkeimer
Pflanzen, deren Samen im Gegensatz zu den → *Dunkelkeimern* Helligkeit zum Keimen benötigen. Daher deckt man die Samen nicht oder höchstens hauchdünn mit Erde ab und drückt sie nur etwas an. Lichtkeimer sind z. B. Vergissmeinnicht, Salat und Möhren.

Lichtnelke
LYCHNIS
Gemeinsam sind diesen vorwiegend aus Europa und Nordasien stammenden Nelkengewächsen ihre leuchtkräftigen Blüten in Pink oder Rot. Eine alte, schon seit dem Mittelalter bekannte Bauerngartenpflanze ist die feurig rot blühende Brennende Liebe. Sie konkurriert im Pflanzenangebot mit einer Reihe ähnlich zierender Beetstauden wie Vexier- oder Pech-

Brennende Liebe (Lychnis chalcedonica

nelke. Die eher für naturnahe, feuchte, auch halbschattige Bereiche geeignete Kuckuckslichtnelke (*L. floscuculi*) wird 60 – 90 cm hoch und blüht von Mai bis August rosarot, seltener weiß.

Brennende Liebe
LYCHNIS CHALCEDONICA

Merkmale: Staude, straff aufrecht, 60 – 100 cm hoch; zugespitzt eiförmige Blätter; schirmförmige Dolde aus zinnoberroten, bei Sorten auch weißen, rosa oder karminroten Sternblüten.
Blütezeit: Juni – August
Verwendung: In Beeten und Rabatten; schön z. B. zu Rittersporn.
Standort: Auch absonnig; frischer, humoser, nährstoffreicher Boden.
Pflanzen/Vermehren: Pflanzung im Herbst oder Frühjahr; Vermehrung durch Teilung oder Aussaat.
Pflege: Nach der Blüte bis auf Handbreite über den Boden zurückschneiden und düngen, dann oft zweiter Flor im Herbst.
Hinweis: Eher sparrig wächst die kurzlebige Vexierlichtnelke (*L. coronaria*) mit weißen oder dunkelrosa Blüten; dicht buschig dagegen die 40 – 50 cm hohe Pechnelke (*L. viscaria*) mit rosa bis roten oder weißen Blüten im Mai und Juni.

Lichtverhältnisse
Aufgrund der großen Bedeutung des → *Lichts* für das Pflanzenwachstum zählen die Lichtverhältnisse neben dem Boden zu den wichtigsten Standortfaktoren. Der jeweilige Lichtanspruch einer Pflanze wird im Allgemeinen mit sonnig, halbschattig oder schattig angegeben und durch die geläufigen Kreissymbole gekennzeichnet (siehe auch S. 4).

Auch → *absonnig*, → *halbschattig*, → *Schatten*

Liebstöckel
LEVISTICUM OFFICINALE

Seit Jahrhunderten schätzt man diesen ursprünglich in Persien beheimateten, heute in Europa eingebürgerten Doldenblütler als Heil- und Würzpflanze. Nach seiner „klassischen" Nutzung als Suppenwürze ist er auch als Suppen- oder Maggikraut bekannt.
Merkmale: Staude, 100 – 200 m hoch; hohle, kantige Stängel; große, glänzend grüne, gefiederte Blätter; gelbgrüne Blütchen in lockeren Dolden.
Blütezeit: Juli – August
Standort: Vorzugsweise sonnig, tiefgründig, nährstoffreiche Böden.

Liebstöckel, auch Maggikraut genannt

Pflanzen/Vermehren: Pflanzung im Frühjahr, mindestens 50 x 50 cm Abstand; Vermehrung durch Abtrennen von seitlich erscheinenden Jungpflanzen oder von Teilen des Wurzelstocks; auch Aussaat im März/April möglich.
Pflege: Anspruchslos; bei Trockenheit wässern, jährlich Kompost geben.
Ernte: Junge Blätter fortlaufend ernten; frisch verwenden, trocknen oder einfrieren.

Ligularie
LIGULARIA DENTATA

Ligularien oder Goldkolben, auch als Greis- oder Kreuzkräuter bezeichnet, sind Korbblütler, deren Heimat im asiatischen Raum liegt. Die Gattung umfasst zahlreiche stattliche Riesenstauden. Stellvertretend für die einander sehr ähnlichen, in gleicher Weise zu pflegenden Gewächse wird hier die zierlichste Art, *L. dentata,* vorgestellt, die deutsche Namen wie Strauß-, Sternligularie oder Japanischer Goldkolben trägt.
Merkmale: Staude, dicht und breit buschig, 80 – 150 cm hoch; große, dunkelgrüne, derbe, rundliche Blätter, Sorten teils rotlaubig; goldgelbe oder orangefarbene sternförmige Blüten in schirmartigen Blütenständen.
Blütezeit: Juli – September
Verwendung: In Einzelstellung, als Leitstauden auf Beeten, am Gewässerrand, vor Gehölzen.
Standort: Nur bei guter Wasserversorgung sonnig; feuchter bis nasser, humoser, nährstoffreicher Boden.
Pflanzen/Vermehren: Pflanzung im Frühjahr oder Herbst; Vermehrung durch Teilung oder Aussaat.
Pflege: Stets für ausreichende Bodenfeuchtigkeit sorgen.

Liguster
LIGUSTRUM VULGARE

Der Liguster, ein auch Rainweide genanntes Ölbaumgewächs aus Eurasien, ist ein beliebtes Heckengehölz. Für Hecken in eher wintermilden Regionen bietet sich außerdem der Großblättrige Liguster (*L. ovalifolium*) an. Beeren, Blätter und Rinde der Pflanzen enthalten Giftstoffe.
Merkmale: Strauch, locker aufrecht, ausladend, 2 – 5 m hoch und breit; längliche, dunkelgrüne Blätter, lange haftend, in milden Lagen wintergrün; weiße Blütchen; ab September blauschwarze, beerenartige Steinfrüchte.
Blütezeit: Juni – Juli
Verwendung: Für frei wachsende oder geschnittene Hecken, auch in Gehölzgruppen.
Standort: In allen Lagen auf jedem normalen Gartenboden; rauchhart, für Stadtklima sehr gut geeignet.
Pflanzen/Vermehren: Pflanzung bevorzugt im Herbst; Vermehrung durch Stecklinge und Steckhölzer, die reine Art auch durch Aussaat.
Pflege: Anspruchslos; selbst radikaler Rückschnitt wird gut vertragen.

Lilie
LILIUM

Nach dieser artenreichen Gattung ist die Pflanzenfamilie der Liliengewächse benannt, zu der u. a. auch Tulpen und Kaiserkronen gehören. Einige Arten wie Feuerlilie, Madonnenlilie und Türkenbundlilie kommen in Europa auch wild vor und stehen unter strengem Naturschutz. Das große Sortiment für die Gartenkultur umfasst vor allem Zuchtsorten, die überwiegende Zahl davon Hybriden. Aus dem schier unüberschaubaren Angebot werden hier stellvertretend die wichtigsten Formen vorgestellt, die sich häufig im Angebot finden und recht einfach kultivieren lassen.

Feuerlilie
LILIUM BULBIFERUM

Merkmale: Zwiebelpflanze, straff aufrecht, 40 – 120 cm hoch; kräftige Stängel, dicht mit schmalen Blättern besetzt; schalenförmige, orange- bis zinnoberrote Blüten mit auffällig herausragenden Staubgefäßen, in Dolden.
Blütezeit: Mai – Juli
Verwendung: Leitpflanzen für Beete und Rabatten; auch für Gefäßkultur geeignet; gute Schnittblume.

Ligularie (Ligularia dentata

Liguster (Ligustrum vulgare)

Lilienhähnchen

Feuerlilie (Lilium bulbiferum)

Madonnenlilie (Lilium candidum)

Standort: Bevorzugt sonnig; sehr gut durchlässiger, frischer, humoser, nährstoffreicher Boden.
Pflanzen/Vermehren: Zwiebeln nicht lagerfähig, gleich nach Kauf im September/Oktober, in rauen Lagen besser im März/April 20 – 30 cm tief und mit 30 cm Abstand einsetzen, dicke Dränageschicht aus Sand, Kies oder Splitt ins Pflanzloch geben; Vermehrung durch Zwiebelschuppen, durch Brutknöllchen, die sich in den Blattachseln bilden, oder Aussaat (Dunkelkeimer).
Pflege: Zum Austrieb mit Kompost oder kaliumbetonten Mineraldünger versorgen; während des Wachstums reichlich gießen; bei Bedarf stützen; Verwelktes entfernen; nach der Blüte eher trocken halten; im Herbst bodennah zurückschneiden; alle paar Jahre zu dicht stehende Zwiebeln aufnehmen und neu pflanzen.

Türkenbundlilie
LILIUM MARTAGON

Merkmale: Zwiebelpflanze, aufrecht, meist eintriebig 50 – 150 cm hoch; kräftige Stiele mit quirlig stehenden, schmalen Blättern; rosa bis purpurne, dunkel getupfte, nach hinten gerollte Blütenblätter, duftend.
Blütezeit: Juni – Juli
Verwendung: In Beeten und Rabatten, am Gehölzrand.
Standort: Bodenansprüche wie Feuerlilie, zudem kalkhaltig.
Pflanzen/Vermehren: Wie Feuerlilie.
Pflege: Wie Feuerlilie.

Madonnenlilie
LILIUM CANDIDUM

Merkmale: Zwiebelpflanze, straff aufrecht, 80 – 150 cm hoch; kräftige Stängel mit zahlreichen, schmalen Blättern; seitlich abstehende bis nickende, strahlend weiße und duftende Trichterblüten in Trauben.
Blütezeit: Juni – Juli
Verwendung: Leitpflanze in Beeten und Rabatten, besonders schön zu Rosen und Rittersporn.
Standort: Wie Feuerlilie, Boden am besten leicht sauer.
Pflanzen/Vermehren: Zwiebeln im August mit 30 – 40 cm Abstand nur so tief einsetzen, dass die Zwiebelspitze gerade eben mit Erde bedeckt ist; Vermehrung wie Feuerlilie.
Pflege: Wie Feuerlilie; für den bereits im Herbst austreibenden Blattschopf ist Winterschutz in Form einer dicken Laub- oder Reisigdecke ratsam.

Königslilie
LILIUM REGALE

Merkmale: Zwiebelpflanze, straff aufrecht, 80 – 150 cm hoch; kräftige Stängel mit vielen schmalen Blättern; große, sehr stark duftende, trompetenförmige Blüten, strahlend weiß mit purpurrosa gestreifter Außenseite.
Blütezeit: Juli – August
Verwendung: Leitpflanze in Beeten und Rabatten, attraktiv zu Rosen.
Standort: Wie Feuerlilie.
Pflanzen/Vermehren: Wie Feuerlilie.
Pflege: Wie Feuerlilie; durch Reisig oder übergestülpte Töpfe vor Spätfrösten schützen.

Lilienhähnchen

Der leuchtend scharlachrote, etwa 6 – 7 mm große Blattkäfer befällt neben Lilien, besonders Madonnenlilien, zuweilen auch andere Zwiebel- und Knollengewächse, z. B. Kaiserkrone und Maiglöckchen. Die ab Mai/Juni schlüpfenden Larven richten ebenso Fraßschäden an wie die Käfer selbst.
Schadbild: Ab April dicht aneinander gereihte Fraßlöcher an Blättern und Blütenknospen.
Abhilfe: Pflanzen regelmäßig auf Befall kontrollieren; Larven und Käfer sofort gründlich absammeln.

Linde
TILIA

Linden sind mit ihren schön geformten Kegelkronen und den großen, herzförmigen Blätter seit jeher geschätzte Haus- und Hofbäume. Winterlinde (*T. cordata*) wie Sommerlinde (*T. platyphyllos*) wurden früher vielfach gepflanzt und kommen in Europa auch wild vor. Die Sommerlinde blüht im Juni, die Winterlinde nur wenig später von Juni bis Juli. Für Gärten üblicher Größe werden die Arten allerdings mit den Jahren zu mächtig, da sie 20 – 30 m Höhe und bis 20 m Breite erreichen können. Am ehesten eignen sich als Gartenbäume noch Sorten der Winterlinde, die sich teils mit 10 – 15 m Höhe begnügen, oder die Krimlinde (*T. x euchlora*) mit 15 – 20 m Wuchshöhe. Letztere verträgt Stadtklima, ebenso einige Sorten der Winterlinde, während die reine Art sowie die Sommerlinde auf Rauch, Hitze und Trockenheit sehr empfindlich reagieren. Ansonsten sind Linden, einen geeigneten Standort auf tiefgründigem Boden vorausgesetzt, recht anspruchslose Bäume, die man am besten ungeschnitten lässt.

Lobelie
LOBELIA

Lobelien sind Glockenblumengewächse mit besonders anhaltendem und reichem Flor. Unter dem Namen Gartenlobelie werden gleich mehrere aus Amerika stammende Arten sowie Hybridformen angeboten; stellvertretend für diese Gruppe ist nachfolgend *L. fulgens* beschrieben. Auch vom niedrig wachsenden Männertreu gibt es mehrere Arten, unter denen *L. erinus,* ursprünglich aus Südafrika, die geläufigste ist.

Gartenlobelie, Scharlachlobelie
LOBELIA FULGENS

Merkmale: Meist einjährig kultivierte Staude, aufrechte Horste bildend, 50 – 100 cm hoch; längliche, dunkelgrüne Blätter; scharlachrote Blüten in lockeren, kerzenförmigen Trauben.
Blütezeit: Juni – September
Verwendung: In Gruppen auf Beeten und Rabatten; gute Schnittblume.
Standort: Durchlässiger, frischer, humoser Boden.
Kultur: Anzucht im Februar/März (Lichtkeimer), Sämlinge pikieren und ab Mitte Mai mit 20 cm Abstand auspflanzen.
Pflege: Auf gleichmäßige Wasserversorgung achten; mehrmals düngen; bei Bedarf abstützen. In milden Gebieten an geschützten Stellen Überwinterung draußen möglich; andernfalls kann man die Pflanzen im Herbst aus dem Boden nehmen, eintopfen und hell bei 5 – 10° C überwintern.

Männertreu
LOBELIA ERINUS

Merkmale: Einjährige Sommerblume, je nach Sorte mit aufrechtem oder hängendem Wuchs, 10 – 20 cm hoch, hängende Sorten bis 40 cm lang; schmale, dunkelgrüne Blätter; kleine blaue Blüten, oft mit weißem Auge; auch weiße, rosa und lila Sorten.
Blütezeit: Mai – Oktober
Verwendung: Im Vordergrund von Beeten und Rabatten; in Kästen und Schalen, hängende Sorten auch in Ampeln.
Standort: Durchlässiger, frischer, humoser Boden.
Kultur: Anzucht im März (Lichtkeimer), ab Mitte Mai mit 20 cm Abstand auspflanzen; einige Sorten können nur durch im November geschnittene Stecklinge vermehrt werden.
Pflege: Stets gleichmäßig feucht halten; nach der ersten Blüte um ein Drittel zurückschneiden (bei neueren Sorten ohne Blühpause nicht nötig); mehrmals schwach dosiert düngen.

Lobelie, Männertreu (Lobelia erinus)

Lobularia
Einjährige Polsterpflanze mit duftenden, weißen bis violetten Blüten → *Duftsteinrich*

Lockstofffalle
Falle mit einem Duftstoff (Pheromon) zur gezielten Anlockung von Männchen schädlicher Schmetterlingsarten. Als Hobbygärtner erhält man sie in erster Linie gegen Apfelwickler (→ *Apfelschädlinge*) und Pflaumenwickler (→ *Pflaumenschädlinge*). Sie enthalten synthetisch hergestellte Sexuallockstoffe der jeweiligen Weibchen. Die angelockten Faltermännchen fliegen dem Duft entgegen und werden auf den klebrigen Flächen in der Falle festgehalten. Somit können sie die Weibchen nicht befruchten – die Eiablage und damit die Entwicklung der schädlichen Raupen bleibt aus.

Lonicera
Große Gehölzgattung mit kletternden, als → *Geißblatt* bekannten Arten sowie strauchig wachsenden Arten, den → *Heckenkirschen*

Lorbeerbaum
LAURUS NOBILIS

Der Lorbeerbaum oder Gewürzlorbeer entstammt dem Mittelmeerraum und wird bei uns, da nur mäßig winterhart, meist als Kübelpflanze gezogen. Er ist zweihäusig, wer also auf die schwarzen Beerenfrüchte Wert legt, braucht eine männliche und eine weibliche Pflanze. Die Blätter kann man getrock-

LORBEERKIRSCHE

Lorbeerbaum (Laurus nobilis)

net als Gewürz verwenden.
Merkmale: Immergrüner kleiner Baum oder Strauch, dicht buschig, 1–2 m hoch; elliptische, zugespitzte, dunkelgrün glänzende, ledrige Blätter; unscheinbare, grünlich gelbe Blütchen.
Blütezeit: April – Mai
Verwendung: Nur in milden Gebieten ausgepflanzt, sonst in Kübeln; besonders attraktiv in Form gezogen, z. B. als Kronenbäumchen.

Standort: Warm; gut durchlässiger, frischer, humoser, nährstoffreicher Boden oder entsprechende Topferde.
Pflanzen/Vermehren: Pflanzung bevorzugt im Frühjahr; Vermehrung durch halbreife Stecklinge.
Pflege: Für ausgeglichene Bodenfeuchtigkeit sorgen; mehrmals düngen; beim Formschnitt im Spätsommer oder -winter nicht scheren, sondern Triebe einzeln am Holz einkürzen; hell bei etwa 5° C überwintern.

Lorbeerkirsche
PRUNUS LAUROCERASUS

Die Lorbeerkirsche, auch Kirschlorbeer genannt, wächst wild in Südosteuropa sowie in Klein- und Vorderasien. Das Rosengewächs ist die einzige immergrüne Art aus der sehr artenreichen Gattung *Prunus*. Alle Teile der Pflanze enthalten Giftstoffe.
Merkmale: Immergrüner Strauch, je nach Sorte mit aufrecht kegeligem bis flach niederliegendem Wuchs, 1–3 m hoch; dunkelgrün glänzende, ledrige Blätter; streng duftende, weiße Blütchen; kleine schwarze Steinfrüchte.
Blütezeit: Mai – Juni

Lorbeerkirsche (Prunus lauocerasus)

Verwendung: In Gehölzgruppen, für Hecken; flach wachsende Sorten als Bodendecker; auch für Gefäßkultur.
Standort: Bevorzugt halbschattig; durchlässiger, frischer, humoser, nährstoffreicher Boden; gut rauchhart, für Stadtklima geeignet.
Pflanzen/Vermehren: Pflanzung bevorzugt im Frühjahr; Vermehrung durch Stecklinge oder Absenker.
Pflege: Bei anhaltender Trockenheit gießen; Junggehölzen in rauen Lagen Winterschutz geben; Rückschnitt wird gut vertragen.

Lorbeerrose
KALMIA ANGUSTIFOLIA

Die Lorbeerrose oder Kalmie ist ein Erika- oder Heidekrautgewächs aus Nordamerika. Neben der schmalblättrigen *K. angustifolia* wird auch der breitblättrige, bis 3 m hohe Berglorbeer (*K. latifolia*) angeboten.
Merkmale: Immergrüner Kleinstrauch, straff aufrecht, 50–100 cm hoch; lanzettliche, frisch grüne Blätter; purpurrote, glockige Blüten in dichten Trauben.
Blütezeit: Juni – Juli
Verwendung: In Gehölzgruppen, im Moorbeet; passt zu Rhododendren.
Standort: Durchlässiger, frischer, humoser, unbedingt saurer Boden.
Pflanzen/Vermehren: Pflanzung im Frühjahr oder Herbst; Vermehrung durch Stecklinge und Absenker.
Pflege: Ungestört wachsen lassen.

Löwenmäulchen
ANTIRRHINUM MAJUS

Seinen Namen verdankt das Löwenmäulchen den charakteristischen Rachenblüten, die sich auf leichten seitlichen Druck „maulartig" öffnen. Das Braunwurzgewächs stammt ursprünglich aus Südeuropa und Nordafrika.
Merkmale: Meist einjährig gezogene Staude, je nach Sorte straff aufrecht

Lorbeerrose (Kalmia angustifolia)

Löwenmäulchen (Antirrhinum majus)

Bunte Pracht in jedem Garten: Lupinen

bis polsterartig oder leicht hängend, 10 – 100 cm hoch; längliche Blätter; Blüten in kerzenartigen Trauben, alle Farbtöne außer Blau, häufig auch mehrfarbig.
Blütezeit: Mai – Oktober
Verwendung: In Gruppen auf Beeten und Rabatten; niedrige Sorten auch in Kästen, hängende in Ampeln.
Standort: Bevorzugt sonnig; durchlässiger, frischer, humoser Boden.
Kultur: Anzucht ab Januar bis März; ab April mit 20 – 30 cm Abstand auspflanzen.
Pflege: Gleichmäßig feucht halten; mehrmals schwach düngen; Verblühtes regelmäßig entfernen.

Löwenzahn
TARAXACUM OFFICINALE

Die weltweit verbreitete, überaus durchsetzungsstarke Wildpflanze ist einerseits ein ungeliebtes Unkraut, wird andererseits aber auch als Heilpflanze und Gemüse bzw. Salat geschätzt. Man zieht den Korbblütler, um frische, junge Blätter zu ernten, kann ihn aber auch ähnlich wie → *Chicorée* treiben, wofür es spezielle Zuchtsorten gibt, außerdem durch Überstülpen eines Eimers → *bleichen*. Als Kulturpflanze wird Löwenzahn im März bis Mai in Reihen mit 30 cm Abstand gesät und später in der Reihe auf 20 – 30 cm Abstand vereinzelt. Der Boden sollte frisch bis leicht feucht und nährstoffreich sein. Ab Frühjahr werden fortlaufend die jungen Blätter geerntet, dabei muss man die inneren Herzblätter stehen lassen.

Luftfeuchtigkeit
Die Menge des in der Luft enthaltenen Wasserdampfs. Die absolute Luftfeuchtigkeit gibt den Wasserdampfgehalt in g pro cm^3 Luft an. Die in der Praxis meist interessantere Angabe ist jedoch die relative Luftfeuchtigkeit in %; „relativ", weil sie von der Temperatur abhängt: Je wärmer die Luft, desto mehr Wasserdampf kann sie aufnehmen. Wenn sie kälter wird, kondensiert der überschüssige Dampf in Form von Wassertröpfchen. Das temperaturabhängige Höchstmaß (= völlige Wasserdampfsättigung) wäre 100 %. Darauf bezieht sich die Angabe der relativen Luftfeuchtigkeit, die man mit einem → *Hygrometer* messen kann.

Lupine
LUPINUS POLYPHYLLUS

An ihren stattlichen Blütenkerzen sind die aus Nordamerika stammenden Schmetterlingsblütler leicht zu erkennen. Als Gartenzierde werden besonders die ausdauernden Hybridformen geschätzt, deren Flor in allen Farben des Regenbogens strahlen kann. Andere Lupinenarten haben als Stickstoffsammler für die → *Gründüngung* Bedeutung. Lupinen enthalten vor allem in ihren Samen Giftstoffe.
Merkmale: Staude, buschig wachsend, 80 – 100 cm hoch; gefingerte, blaugrüne Blätter; Schmetterlingsblüten in Quirlen etagenweise in langen, üppigen, kerzenartigen Blütenständen.
Blütezeit: Mai – Juli und September – Oktober
Verwendung: In Beeten und Rabatten; gute Schnittblumen.
Standort: Gut durchlässiger, mäßig trockener bis frischer, eher magerer, vorzugsweise leicht saurer Boden.
Pflanzen/Vermehren: Pflanzung im Frühjahr mit 40 – 50 cm Abstand; Vermehrung im Frühjahr durch Grundstecklinge, bei den meisten Sorten auch Aussaat möglich.
Pflege: Für einen zweiten Flor nach der ersten Blüte kräftig zurückschneiden und mäßig düngen.

Lychnis
Bauerngartenstaude mit nelkenähnlichen roten oder weißen Blüten
→ *Lichtnelke*

Lysimachia
Gattung Feuchte liebender, meist gelb blühender Stauden
→ *Felberich*

Lythrum
Heimische Staude mit rötlichen, kerzenähnlichen Blütenquirlen
→ *Blutweiderich*

Fotos: Toni Angermaier, Holzkirchen: S. 426 u., 474 u.; **Bildagentur ipo,** Linsengericht-Altenhaslau: S. 1, 7, 14 l., 43 alle, 66, 68 alle, 71 alle, 73 alle, 81 o. M., 85 l., 94 u., 107 alle, 109 o. r., 125 u., 130, 162, 164, 168 l., 175 2 x M., 177 o., 179, 192, 195, 202 l., 205, 216, 219 r., 220 o., 223 l., r., 237 alle, 261, 279, 281, 286 o., 288 o. l., o. M., 294, 300, 308 alle, 309, 320, 321 o., 324 o., 325 o., 332, 336 r., 338 l., 339 u., 343; **Bildagentur Geduldig,** Vaihingen/Enz: S. 19 M. r. / Layer: S. 19 l. o. / Spaeth: S. 4 o., 20; **Ellen Henseler, Die Grüne Fotoagentur;** Bonn: S. 193 o., 208 M., 212 o., 243 o., 255, 271 alle, 288 u., 423, 472; **Floraprint International Est.** / Bärtels: S. 19 r. o. / Haaster: S. 103 o. r., u.; **Pflanzenbildarchiv MFW,** Basel: S. 21 u., 22 o., u., 23, 35 u., 36, 37, 58 o., 81 M. r., u. l., u. r., 86, 88 l., r., 90 r., 93, 95, 96 M., 103 M., 112 r., 115, 116, 120, 123 r., 140 r., 142, 149 u., 154 l., 155, 168 r., 330 u., 347, 354, 361, 363 o. r., 383, 390, 392, 395, 398 l., 399 l., 412 r., 415, 417 M. l., 421, 435, 440 alle, 461, 470, 478 o., 481 o., 500 M., 514 o., 515 l.; **Marion Nickig,** Essen: Titelbild (oben); **Photopress Bildagentur,** Stockdorf / Apel: S. 353 / Aska: S. 214, 232 / Geduldig: S. 430 o. / Rauh: S. 432 / Rogler: S. 513 / Rutel: S. 419; **Wolfgang Redeleit,** Bienenbüttel: Titelbild (unten), Umschlagrückseite (2. und 4. Foto von links), S. 82 alle, 83 alle, 84 alle, 85 r., 108 alle, 109 o. l., u., 135, 175 l. r., 202 r., 236 o., 263, 282 alle, 283 alle, 312, 321 u., 348 alle, 349, 355, 356, 358 M. r., 368 alle, 370 r., 376 o. l., 381 alle, 387 o., 396 o., 398 r., 400, 401, 403 alle, 404, 413 alle, 417 u. r., 434, 437 l., 439 r., 441, 446, 447 o., 452, 453 o., 459 alle, 478 u., 479, 382 alle, 486, 489, 490, 492 o., M., 493 l., r., 504 o.; **Nils Reinhard,** Heiligkreuzsteinach-Eiterbach: S. 48, 64, 124 l., 158 M., 161, 166, 168 M., 185 r., 189 o., 210, 218 o., 222. 224, 229 r., 239 o., 249, 257, 262 u., 293 u., 295, 298 beide o., 328, 336 M., 338 r., 339 o., 344 u., 346, 358 M. l., 360, 379 u., 387 u., 394, 408, 410 o., 411, 417 u. M., 430 u., 443 u., 444 M., 450 M., 456, 464 o., 468 l., 469, 480, 498, 500 r., 501 l., 503, 507 l., 508 r., 510 o., 515 r.; **Reinhard-Tierfoto,** Heiligkreuzsteinach-Eiterbach: Umschlagrückseite (1. und 3. Foto von links), S. 2, 3, 4 u., 6, 9, 12, 13, 14 M., r., 15, 16, 17, 19 M. l., u. l., u. r., 22 u. l., 24, 25, 26, 28, 30, 31 alle, 33, 34, 35 o., 39 alle, 41, 45, 46 o. r., 51, 52, 53, 54 M., r., 55, 57, 58 u., 59 alle, 60 alle, 62, 63, 69, 74, 77, 78, 81 o. l., o. r., u. M., 88 M, 89, 90 l., 91, 92, 94 o., 96 o. l., 97, 101 alle, 102, 103 o. r., 105, 106, 110 alle, 111, 112 l., 113 u. r., 121, 122, 123 l., 124 r., 126, 127 alle, 128, 131, 132, 133 alle, 137, 140 l., 146, 147, 148, 149 o., 150 alle, 151 alle, 153, 154 r., 156, 157, 158 o., u., 159, 160 r., 163 alle, 165 alle, 167, 169, 170, 171 alle, 172, 173, 177 u., 178, 180, 181, 182 alle, 183 alle, 184 alle, 185 l., 186, 187, 188 alle, 189 u., 193 u., 194, 197 alle, 198 alle, 199, 200, 204, 215, 217, 218 u., 219 l., 220 u., 221, 223 M., 225, 229 l., M., 230, 231, 233, 234, 235 alle, 236 u., 238, 239 u., 240, 243 u., 244 alle, 247, 248 alle, 250 alle, 251, 252, 253, 254 alle, 256 o., 258, 259, 260 alle, 262 o., 265 alle, 266 alle, 267, 268 r., 270, 272, 280, 284 alle, 285, 287, 288 o. r., 290 alle, 292 alle, 293 o., 298 beide u., 303, 306, 307, 310, 318 l., 323, 324 M., u., 325 u., 329 alle, 330 o., 333 alle, 334 alle, 336 l., 337, 340 alle, 344 o., 345, 351 alle, 352 alle, 358 o. l., o. r., u. l., u. r., 362 alle, 363 o. l., 365 alle, 366, 367, 370 l., 372, 373 alle, 376 o. r., 377, 379 o., M., 380, 382 alle, 384, 385 l., 388, 391 alle, 396 u., 397, 399 r., 405, 406 alle, 407 alle, 410 u., 412 l., 474, 477 o. alle, M. M., M. r., u. l., 422 alle, 429 alle, 431, 436, 437 r., 438 alle, 439 l., 448 alle, 449, 450 o., u., 457, 464 u., 465, 468 r., 472 u., 473, 474 o., 475 alle, 477, 481 u., 484, 485, 487, 488 alle, 491, 492 u., 493 M., 494, 495 u., 496, 497, 500 l., 501 r., 502, 504 M., u., 506 o., 507 r., 508 l., 509 alle, 510 u., 511 alle, 512 alle, 514 u. l., u. r.; **Silvestris Fotoservice,** Kastl: / Bühler: S. 242, 428 r., 455, 506 u. / De Cuveland: S. 286 u. / Galan: S. 326, 378, 427 / Gross: S. 256 / Hecker: S. 495 o. / Jacobi: S. 268 l., 444 l. / Mühlbauer: S. 447 u. / Partsch: S. 318 r., 420 / Redeleit: S. 319, 327 / Dr. Sauer: S. 264 o., 386 / Schnizler und Sailer: S. 264 u. / Skibbe: S. 212 M. / Silvestris: S. 207 / Wendler: S. 241 / Weißenberger: S. 428; **FALKEN Archiv:** / hapo, Hans-Peter Oetelshofen: S. 21 o., 27, 29, 32, 46 o. l., u., 47 alle, 49, 50, 54 l., 56, 67, 76, 96 o. r., 113 o., u. l., 119, 125 o., 145, 160 l., 208 l., r., 209, 211, 246, 322, 385 M., r., 426 o., 442 r., 443 o., 444 r., 454 alle

Zeichnungen: Ulrike Hoffmann, Bodenheim: S. 70 alle, 98 alle, 99 alle, 100, 116, 117 u. alle, 118 alle, 121 alle, 129 r. außen, 131 alle, 134, 138 alle, 139 alle, 141, 174 M., u., 278, 304, 374 alle, 375 alle, 424 alle, 425 alle, 462 alle, 463 alle, 483 alle; **FALKEN Archiv:** / S. 117 o. / Peter Beckhaus: S. 301 / Gabriele Hampel: S. 72 alle, 74, 142 / Ulrike Hoffmann: S. 8, 42 alle, 179, 485 alle / Horst Lünser: S. 11 alle, 37, 65 alle, 167, 207, 213, 261 u., 283, 456, 460 o., 486 / Klaus Ohl: S. 305 / Gerhard Scholz: S. 93, 129 alle außer r. außen, 136 alle, 137 alle, 144 alle, 153, 174 o., 201, 226, 228 alle, 296, 311, 314 alle, 315, 317 r., 322 r., 460 u., 466, 467 / Erik Stegemann: S. 128, 130 alle, 191, 260, 261 o., 273, 274, 276, 277, 316, 317 o. l., 322 o. l., 402 alle

Umwelthinweis: Dieses Buch wurde auf chlorfrei gebleichtem Papier gedruckt. Die Einschrumpffolie – zum Schutz vor Verschmutzung – ist aus umweltverträglichem und recyclingfähigem PE-Material.

Nach den Regeln der neuen Rechtschreibung.

In Zusammenarbeit mit der Zeitschrift FLORA, Hamburg.

Bibliografische Information Der Deutschen Bibliothek
Die Deutsche Bibliothek verzeichnet diese Publikation in der Deutschen Nationalbibliografie; detaillierte bibliografische Daten sind im Internet über http://dnb.ddb.de abrufbar.

ISBN: 3-8001-4232-5

Das Werk einschließlich aller seiner Teile ist urheberrechtlich geschützt. Jede Verwertung außerhalb der engen Grenzen des Urheberrechtsgesetzes ist ohne Zustimmung des Verlages unzulässig und strafbar. Das gilt insbesondere für Vervielfältigungen, Übersetzungen, Mikroverfilmungen und die Einspeicherung und Verarbeitung in elektronischen Systemen.

© 2003 Eugen Ulmer GmbH & Co.
Wollgrasweg 41, 70599 Stuttgart (Hohenheim)
Internet: www.ulmer.de
Einbandgestaltung: Michaela Mayländer, Stuttgart
Druck und Bindung: Printer Trento S.r.l., Trento
Printed in Italy

BUCHTIPPS

Über 700 Seiten prall gefüllte Informationen für jeden Gärtner!

Das Ulmer Gartenbuch
Dieses umfassende Gartenbuch beantwortet alle Fragen: Wie plane ich meinen Garten richtig? Wie wird der Boden vorbereitet? Wie funktioniert das mit dem Düngen, dem Mulchen, dem Kompost? Wie wird gepflanzt, gepflegt, geschnitten? Wie schütze ich Pflanzen vor Krankheiten? Welche Kübelpflanzen für meine Terrasse? Wie lassen sich Pflanzen überwintern? ... und 1000 Antworten mehr. Dazu: Die schönsten Pflanzen aller Art im Überblick.
Das Ulmer Gartenbuch. W. Kawollek. 2001. 720 Seiten, über 1.000 Farbabbildungen. ISBN 3-8001-6684-4.

Monatliche Übersicht der wichtigsten Arbeiten. Ratschläge für jede Gartensituation.

Rat für jeden Gartentag
In der jetzt 25. Auflage liefert dieses Standardwerk für den Freizeitgärtner aktuellen Gartenrat für jedermann. Monatliche Übersichten nennen die wichtigsten Arbeiten. Außerdem hilft das Buch bei der Art- und Sortenwahl bei Obst, Gemüse und Zierpflanzen (auch Stauden, Ziergehölze und Zimmerpflanzen) und liefert über 1500 Ratschläge.
Rat für jeden Gartentag. 1515 Ratschläge. F. Böhmig. 25., völlig neu bearb. Aufl. 2003. 390 Seiten, zahlreiche Pflanzen- und Anbautabellen, 525 Zeichnungen. ISBN 3-8001-3673-2.

Von den Top-Autoren zum Thema „Gehölze und Stauden".

Das große Ulmer Buch der Gartenpflanzen
Dieses umfassende Nachschlagewerk bietet zu Heimat, Pflanzeneigenschaften und dem Verwendungszweck von 1520 Ziergehölzen und 1160 Stauden, Sommerblumen, Zwiebel- und Knollenpflanzen umfangreiche und zuverlässige Informationen. Ein Farbfoto zu jeder Pflanze ergänzt den Text.
Das große Ulmer-Buch der Gartenpflanzen. Sonderausgabe 2000. Stauden, Sommerblumen, Ziergehölze. F. Köhlein, P. Menzel, A. Bärtels. 639 Seiten, 2680 Abbildungen. ISBN 3-8001-3178-1.

BUCHTIPPS

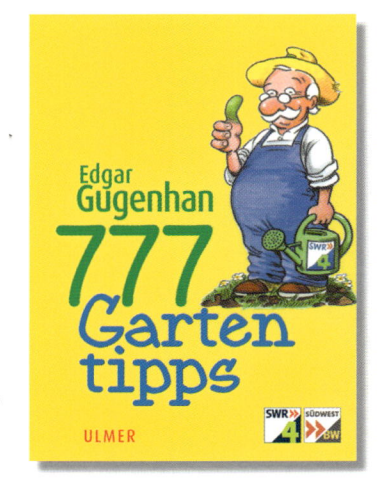

777 Gartentipps
Sie fragen, wir antworten: Für die häufigsten Fragen von Hobbygärtnern hat unser aus Rundfunk und Fernsehen bekannter Autor Edgar Gugenhan die passenden Antworten parat, die er noch mit Tricks und Wissenswertem würzt. Mit diesem praktischen Ratgeber erhalten Sie eine Fülle an Expertentipps, wie Sie Ihre Pflanzen in Zier- und Nutzgarten, auf Balkon, Terrasse oder im Zimmer fachgerecht kultivieren, pflegen und dabei wirkungsvoll Pflanzenschädigungen begegnen.
777 Gartentipps. E. Gugenhan. 2002. 384 S., 75 Karikaturen. ISBN 3-8001-4374-7.

Der aus Rundfunk und Fernsehen bekannte Autor E. Gugenhan beantwortet die häufigsten Fragen.

Das Jahr im Biogarten
Als knappes und präzises Nachschlagewerk und als Aussaat- und Arbeitskalender für den Biogarten bietet dieses Buch eine nützliche Hilfe. Alle Themen wurden gründlich überarbeitet und auf den neuesten Stand gebracht. Eine rundum neue Ausstattung, neue Fotos und Zeichnungen und ein neues Layout unterstreichen den Nutzen dieses Taschenbuchs und machen es zu einem attraktiven Angebot.
Das Jahr im Biogarten. Mit Aussaat- und Arbeitskalender. R. Eichenberger, S. Henggeler. 3. Auflage 2002. 128 Seiten, 105 Farbf., 15 Zeichn. ISBN 3-8001-3896-4.

Der praktische Aussaat- und Arbeitskalender für den Biogarten.

Taschenbuch Pflanzenschutz
Mit der Novellierung des Pflanzenschutzgesetzes ergeben sich oft Unsicherheiten, ob und welche Pflanzenschutzmaßnahmen bei den Kulturen zu ergreifen sind. Dieser Ratgeber rund um den Pflanzenschutz ist ein kompetenter und praktischer Helfer mit Arbeitskalender, Steckbriefe der wichtigsten Schädlinge, aktuelle zugelassene Pflanzenschutzmittel, Aufstellung toleranter und resistenter Sorten bei Obst, Gemüse, Ziergarten und Weinbau.
Taschenbuch Pflanzenschutz von Januar bis Dezember. T. Lohrer. 2002. 128 Seiten, 64 Farbf. u. Zeichn. ISBN 3-8001-3865-4.

Neuartige Kombination von Kalendarium und Wissenswertem rund um den Pflanzenschutz.

BUCHTIPPS

Ulmers großes Obst- und Gemüsebuch

Frische Früchte und knackiges Gemüse schmecken nicht nur lecker, sondern sie enthalten auch wichtige Vitamine und Mineralien, die unser Körper zum Fitsein braucht. In diesem Buch wird auf je einer Doppelseite das Wichtigste zu den gängigen Obst- und Gemüsearten informativ zusammengefasst. Abgerundet wird jede Vorstellung mit einem leckeren Rezept, das Lust aufs Nachkochen macht.
Ulmers großes Obst- und Gemüsebuch. G. Lehari. 2002. 176 Seiten, 70 Tabellen, 135 Farbfotos, 5 Zeichnungen. ISBN 3-8001-3975-8.

Alle auf einen Blick: Inhaltsstoffe, deren Wirkung, Anbau, Ernte, Einkauf, Lagerung und Rezepte!

Vorratshaltung

Sie möchten die reiche Ernte aus Ihrem Garten auch außerhalb der Saison genießen? Sie haben keine Lust, täglich einkaufen zu gehen? Dann ist dieses Buch genau das Richtige für Sie. Hier erfahren Sie alles über die verschiedenen Lagerungs- und Konservierungsmethoden und für welche Lebensmittel sie sich eignen. Mit einer durchdachten Vorratshaltung haben Sie immer ein reichhaltiges Sortiment an frischen und konservierten Lebensmitteln im Haus.
Vorratshaltung. Frisch halten, einfrieren, konservieren. G. Lehari. 2003. Etwa 128 S., 60 Farbf., 5 Zeichn. ISBN 3-8001-4379-8.

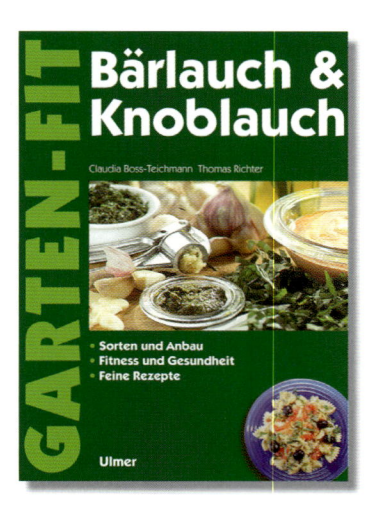

Richtige Lagerung von Frischwaren und alle Konservierungsmethoden in einem Buch.

Bärlauch & Knoblauch

Bärlauch und Knoblauch sind „in", denn diese beiden Gewürzpflanzen bringen Pfiff in die verschiedensten Speisen und haben auch eine gesundheitsfördernde und heilende Wirkung. Erfahren Sie mehr über die Hintergründe und probieren Sie die köstlichen Rezepte.
Bärlauch & Knoblauch. Sammeln und Anbau, Fitness und Gesundheit, Feine Rezepte. C. Boss-Teichmann, T. Richter. 2002. 79 S., 50 Farbf. ISBN 3-8001-3905-7. Aus der Reihe Garten-Fit sind viele weitere Bände (Tomaten, Beeren, Erdbeeren, ...) im Verlag Eugen Ulmer erschienen.

Sammeln und Anbau, Fitness und Gesundheit, Feine Rezepte.